Le XX si

COLLECTION MAJOR
DIRIGÉE PAR
PASCAL GAUCHON

Le siècle des excès.

Le XXe siècle de 1870 à nos jours

Sous la direction de

Patrice Touchard

Ancien élève de l'École normale supérieure de Saint-Cloud
Agrégé d'Histoire
Professeur en Classes préparatoires à IPESUP-PREPASUP

Christine Bermond-Bousquet

Ancienne élève de l'École normale supérieure de Fontenay
Agrégée d'Histoire

Patrick Cabanel

Ancien élève de l'École normale supérieure
Docteur en Histoire, Agrégé d'Histoire
Maître de conférences en Histoire contemporaine
à l'Université de Toulouse-Le Mirail

Maxime Lefebvre

Diplômé d'HEC et de l'Institut d'Études politiques de Paris
Ancien élève de l'ENA

Presses Universitaires de France

Des mêmes auteurs

Ph. Joutard, J. Poujol, P. Cabanel, *Cévennes terres de refuge : 1940-1944*, Presse du Languedoc, 3e éd. 1994.

P. Cabanel et D. Poton, *Les protestants français du XVIe au XXe siècle,* Paris, Nathan, coll. « 128 », 1994.

P. Cabanel, *Nation, nationalités et nationalismes en Europe,* 1850-1920, Paris-Gap, Ophrys, 1995.

P. Cabanel, *La question natinale au XIXe siècle*, Paris, La Découverte, coll. « Repère », 1997.

M. Lefebvre, D. Rotenberg, *La genèse du nouvel ordre mondial : de l'invasion de l'Afghanistan à l'effondrement du communisme,* Paris, Ellipse, 1992.

P. Gauchon, M. Lefebvre, *Méthodologie de la dissertation : histoire et géographie économiques, classes préparatoires commerciales,* Ellipse-Marketing, 1990.

P. Gauchon, M. Lefebvre, *Se préparer à l'oral : histoire et géographie économiques, classes préparatoires commerciales,* Ellipse-Marketing, 1990.

P. Gauchon, Th. Buron, A. Roger, P. Touchard, *La dissertation d'histoire à l'entrée de Sciences-Po,* Ellipse-Marketing, 1992.

P. Gauchon, Th. Buron, A. Roger, P. Touchard, *L'épreuve des questions multiples à l'entrée de Sciences-Po,* Ellipse-Marketing, 1992.

ISBN 978 2 13 053078 7

Dépôt légal : 1re édition : 1992, octobre
6e édition refondue : 2002, juillet
5e tirage : 2007, septembre

6, avenue Reille, 75014 Paris

Sommaire

PREMIÈRE PARTIE
Continuités

DEUXIÈME PARTIE
Affaires internationales

TROISIÈME PARTIE
Affaires françaises

QUATRIÈME PARTIE
Un monde d'excès ?

L'histoire est un grand présent
et pas seulement un passé.
Émile Chantier dit Alain.

Pour avoir oublié cette vérité et prédit après tant d'autres la fin de l'histoire en 1989 F. Fukuyama s'est trouvé démenti : l'histoire du XXe siècle est celle du temps présent c'est-à-dire déjà un peu celle de l'avenir. L'accélération de l'histoire dont la période actuelle est le témoin rend plus difficile la compréhension des faits et leurs enjeux : l'esprit du temps rejoint celui des programmes, situation assez rare pour être soulignée.

Notre équipe a voulu satisfaire cette double demande : connaître pour comprendre, apprendre efficacement pour réussir. Formée de jeunes enseignants elle apporte à l'histoire du XXe siècle un regard dépourvu d'a priori ; constituée de professeurs habitués à des publics divers, de l'université aux classes terminales en passant par les classes préparatoires, elle connaît les besoins et les difficultés de chacun ; pour avoir affronté les mêmes examens et concours que ses lecteurs elle en sent les urgences.

Cet ouvrage est d'abord un instrument de travail. Le découpage des chapitres qui est resté volontairement classique, insiste sur les charnières chronologiques car on n'apprécie bien les continuités et les évolutions lentes que si l'on sait en décrire précisément les étapes. Quatre chapitres placés à la fin de l'ouvrage embrassent l'ensemble de la période dans les domaines où la continuité l'emporte. Dans ce cadre défini on a recherché l'équilibre entre l'exposé des faits, l'analyse des facteurs explicatifs et lorsque cela était nécessaire les débats qu'ils suscitent, mais en ayant toujours le souci de dégager les problématiques essentielles qui permettent de construire une réflexion personnelle.

Cet ouvrage peut être à la fois le complément d'un cours magistral et le support du travail personnel des étudiants. C'est pourquoi l'on trouvera dans chaque chapitre outre le texte fondamental :

- une courte chronologie des dates à connaître absolument ;
- le corps du texte regroupe un ensemble de cartes et un grand nombre de paragraphes en petits corps (biographies, exposés d'événements précis) particulièrement destinés aux étudiants se présentant à l'entrée en 1re et 2e année à l'IEP de Paris ;
- une section « approfondir » comportant une courte bibliographie où nous n'avons retenu que des ouvrages permettant d'approfondir aisément un point précis ; tous comportent des bibliographies fournies, tous sont aisés à trouver dans le commerce ou dans une bibliothèque générale ;
- la section « utiliser » comporte un plan rédigé et pas uniquement un squelette. La plupart des sujets sont difficiles, ils doivent inciter à la réflexion et permettre une auto-évaluation en comparant les travaux personnels au « corrigé ».

Le travail intellectuel, surtout quand il porte sur des réalités aussi vivantes, ne doit pas être rébarbatif, aussi avons-nous apporté le plus grand soin à la qualité de la présentation, toute l'équipe veut ici exprimer sa gratitude à Danielle Gauchon sans l'amicale efficacité et l'abnégation de laquelle rien n'aurait été possible.

Patrice Touchard.

PREMIÈRE PARTIE

Continuités

1

Un siècle de crises et de mutations économiques

L'ÉCONOMIE MONDIALE DEPUIS 1870

Connaître

1869	Ouverture du canal de Suez
1882	Faillite de la banque de l'Union générale
1895	Découverte de l'or du Yukon (Alaska)
1914	Suspension de la convertibilité des monnaies
1920-1921	Crise de retour à la paix
1922	Conférence de Gênes : Création du *Gold Exchange Standard*
1923	Inflation galopante en Allemagne
1928	Dévaluation de Poincaré (25 juin)
1929	Krach de Wall Street (jeudi 24 octobre)
1933	Cent jours de Roosevelt (mars-mai)
	Échec de la conférence économique de Londres
1936	Dévaluation du franc (octobre)
	Publication de *La théorie générale* de Keynes
1937-1938	Crise dans la crise
1944	Accords de Bretton Woods (22 juillet)
1947	Signature des accords du Gatt
	Annonce du Plan Marshall (6 juin)
1971	Suspension de la convertibilité du dollar (15 août)
1973	Premier choc pétrolier, le baril passe de 3 à 12 $ (octobre-décembre)
1976	Les accords de la Jamaïque : fin au système de Bretton Woods
1979	Second choc pétrolier, le baril passe de 13 à 32 $
1982	Contre-choc pétrolier. Crise de la dette mexicaine
1991-1995	Nouvelle phase de récession

Entre 1890 et 1919, le XXe siècle naît sous le signe de l'économie, elle lui impose ses rythmes propres qui se superposent à ceux de la politique : alternance des phases de croissance et de prospérité et des phases de crise et de dépression ; succession de plus en plus rapide des mutations industrielles. La « Grande Dépression » (1873-1896) donne naissance à la seconde révolution industrielle dont l'apogée coïncide avec les Trente Glorieuses, alors que sa remise en cause en 1973 ouvre une nouvelle crise de fin de siècle.

La Grande Guerre dilapide l'héritage accumulé par l'Europe en trois siècles d'expansion et déplace le centre de l'économie-monde vers les États-Unis. Au-delà des pertes et des destructions immédiates elle plonge le monde dans l'inflation, véritable mal du siècle. En troisième lieu la guerre marque l'irruption de l'État dans l'économie.

Au second conflit mondial correspond une nouvelle césure que l'on peut résumer par les mots *croissance* et *développement*, c'est-à-dire l'augmentation quantitative et qualitative des quantités produites et du niveau de vie des populations, notamment dans les pays occidentaux. Malgré les difficultés économiques et le chômage, la « crise » économique des années soixante-dix et quatre-vingt n'a pas remis ces progrès en cause au moins dans les pays développés.

I. La naissance de l'économie contemporaine (1880-1919)

Entre 1880 et 1919, on assiste à une mutation de l'ensemble des techniques de production : de l'âge du charbon, du fer et de la machine à vapeur, que les économistes ont l'habitude de nommer la première révolution industrielle, on passe à l'ère de l'acier, de l'électricité, du pétrole et du moteur à explosion. Cette seconde révolution industrielle entraîne des mutations profondes dans la nature et l'organisation du travail industriel et du capitalisme. Les répercussions sur la vie quotidienne des hommes ne sont pas moins nombreuses et rapides. L'histoire ne repasse pas les plats, mais on ne peut s'empêcher d'établir un parallèle avec la situation contemporaine.

1. La « Grande Dépression » accélère le passage à la seconde révolution industrielle

► **Entre 1870 et 1898 le monde connaît un quart de siècle de problèmes économiques.** Le diagnostic tient en quelques faits. Le taux de croissance diminue de moitié de 3 à 4 % par an pour les années 1840-1870 à moins de 2 % par an de 1870 à 1890. Le taux de profit s'effondre ce qui entraîne de multiples faillites industrielles et bancaires, les plus retentissantes étant celles de l'Union générale en France en 1882 et de la Baring en 1890. L'augmentation du chômage et de la misère se traduit par la marginalisation d'une part croissante de la population (à Paris, entre 1880 et 1892, les délits de vagabondage augmentent de 48 %). En même temps, le mouvement ouvrier se radicalise.

Les facteurs explicatifs sont évidemment multiples, mais trois d'entre eux semblent jouer un rôle prépondérant.

Le ralentissement de la demande, de 1850 à 1870, la croissance a été tirée par l'investissement dans les infrastructures et les biens d'équipement (chemins de fer, sidérurgie, production de machines, etc.). Vers 1870 les lignes les plus rentables sont construites, les usines sont équipée : la rentabilité des investissements diminue alors que la concurrence s'exacerbe.

L'épuisement du « paradigme technologique » de la première révolution industrielle explique que les innovations attendues se heurtent à un blocage : pour faire face à la concurrence les compagnies maritimes et ferroviaires souhaiteraient des navires plus gros et plus rapides, des trains plus lourds, faute d'acier bon marché en grande quantité et faute de moteurs plus efficaces que la machine à vapeur ne peut les satisfaire.

L'épargne se détourne de la sphère productive européenne : en Grande-Bretagne elle s'oriente préférentiellement vers les économies émergentes (États-Unis, Amérique latine, Empire colonial) alors que les Français privilégient les placements financiers tels que les emprunts de l'État russe.

La solution passe par la recherche de nouveaux produits, de nouveaux consommateurs et de nouvelles technologies.

▸ **Entre 1880 et 1914 les innovations se multiplient et diffusent très vite dans l'ensemble de l'économie et de la société.** Des inventions remontant aux années 1850 et 1860 permettent de surmonter les blocages technologiques.

Dans la sidérurgie les procédés Bessemer (1856) et Thomas-Gilchrist (1878) pour la conversion de la fonte, de même que l'acier électrique Martin (1865), permettent de produire en masse des aciers de grande qualité et bon marché. Bien plus souple et résistant que le fer, l'acier devient le nouveau matériau de base adapté à de multiples usages. Le textile bénéficie également des progrès de la chimie de synthèse, les colorants d'abord, dont l'Allemagne contrôle 90 % de la production en 1913, puis la cellulose et ses multiples dérivés comme les plaques photographiques (1884) ou la soie artificielle (1884).

La production d'énergie est bouleversée par la mise au point du moteur à explosion entre 1876 et 1890, de petites dimensions, léger grâce à l'utilisation de l'acier, il ouvre de nouvelles possibilités à la mécanisation ; il donne naissance à de nouvelles branches industrielles (automobile, aviation, industrie pétrolière). L'électricité pénètre rapidement tous les domaines de la production et de la vie quotidienne. Les innovations se succèdent à un rythme très élevé : la lampe à incandescence et le tramway électrique (1879), les centrales électriques (1881), l'électrométallurgie de l'aluminium (1886), la TSF (1895).

Les machines-outils se développent grâce à l'électricité, la qualité de leur production dépasse celle des ouvriers les plus qualifiés et leur vitesse décuple entre 1880 et 1914. Grâce à la machine à coudre ou au tracteur la mécanisation pénètre la vie quotidienne.

► **La mise en œuvre des nouvelles technologies soulève des problèmes d'organisation du travail d'une nature tout à fait nouvelle.** L'utilisation des nouvelles machines marque le triomphe de l'usine et de la mécanique sur l'atelier et l'ouvrier de métier : il faut surmonter l'hostilité ou l'indifférence des travailleurs ; rentabiliser des investissements beaucoup plus lourds que dans la phase précédente de développement ; gérer des concentrations ouvrières de plus en plus importantes. Ce sont autant de difficultés auxquelles l'ingénieur américain Taylor tente d'apporter une réponse.

> **Le Taylorisme** part de l'idée que pour atteindre un rendement optimum il faut adapter l'homme à la machine, on se heurte aux habitudes et à l'intuition des ouvriers qualifiés. Il devient nécessaire d'ouvrir un bureau des méthodes peuplé d'ingénieurs en organisation, ils doivent étudier chaque phase du travail ouvrier pour la décomposer en une série d'opérations et de gestes très simples que l'on peut rationaliser : chaque ouvrier se voit confier une opération unique, qu'il répète à l'infini perfectionnant ainsi son efficacité. Il ne doit pas réfléchir, mais exécuter exactement les gestes prévus par le bureau des méthodes. « Former un travailleur, écrit Taylor, ne signifie rien d'autre que de le mettre en état d'exécuter les prescriptions de son bordereau de travail. S'il peut le faire, sa formation professionnelle est terminée, quel que soit son âge. » Un fossé va désormais séparer les nouvelles couches de techniciens de la masse des ouvriers pour lesquels l'espoir de promotion est quasi nul.

Les critiques contemporaines contre le taylorisme sont proférées dès les années mille neuf cent par les syndicats américains, il n'empêche que le système de Taylor est appliqué aux abattoirs de Chicago, puis Henry Ford l'introduit à Detroit en 1909 ; Louis Renault l'adopte en 1912. Le Français Fayol prolonge et applique les mêmes préoccupations à la gestion des entreprises.

On voit donc naître à cette époque l'une des grandes obsessions du XXe siècle : la croissance intensive et le productivisme.

2. La concentration renouvelle le capitalisme

► **Le capitalisme individuel qui avait accompagné les débuts de l'industrialisation cède le pas à de grands groupes** seuls capables de mobiliser les moyens humains et financiers nécessaires à l'ouverture de branches et de marchés nouveaux de dimension planétaire. Les petites entreprises subsistent cependant dans la mesure où elles sont capables de s'insérer dans les réseaux de sous-traitance ou bien dans les branches peu modernisées, mais ce sont les très grandes entreprises qui orientent l'économie au niveau national et au niveau mondial.

Dans chaque pays, la concentration aboutit à la formation de quelques firmes dominantes. Dans les branches traditionnelles la recherche des économies d'échelle tend à privilégier la concentration horizontale. Dans les branches nouvelles (automobile ou électricité), le manque de fournisseurs compétents freine le développement des entreprises qui doivent prendre le contrôle de l'ensemble du processus de production, l'intégration est alors verticale. Ces grands groupes commencent à ouvrir des établissements à l'étranger pour mieux pénétrer les marchés. À la veille de 1914, on comptait près de 300 multinationales dont plus de 120 américaines.

► **La concentration touche aussi le secteur financier qui se spécialise.** Les banques d'affaires accumulent les prises de participation à travers des holdings et prennent ainsi le contrôle de nombreux secteurs. Elles bâtissent également des réseaux mondiaux afin d'exporter les capitaux sans emploi vers les pays neufs et les colonies. Comme l'industrie, la finance est devenue multinationale à la veille de la Grande Guerre. Ce n'est pas sans conséquences politiques : alors que la *City* et les banques européennes sont plutôt pacifistes en 1914, les grands groupes industriels voient dans la guerre une opportunité (Krupp, Schneider...).

► **Dans l'ensemble l'État, fidèle au libéralisme, reste discret.** Ce n'est cependant pas toujours le cas. En Russie et au Japon il assure la collecte de l'épargne nationale ou emprunte à l'étranger afin de contrôler et d'orienter l'investissement : le décollage de la sidérurgie bénéficie des commandes publiques en particulier des commandes d'armements. Aux États-Unis, l'État met en place la législation antitrust afin de sauvegarder la loi du marché (affaire de la Standard Oil).

3. Une nouvelle organisation économique mondiale se met en place

► **La hiérarchie des grandes puissances industrielles évolue au détriment de la Grande-Bretagne et de la France.** En 1913, dix pays seulement assurent 90 % de la production industrielle mondiale. Avec 46 % du total, l'Europe conserve sa supériorité mais elle n'a plus le monopole de la grande industrie moderne : les États-Unis sont déjà la première puissance industrielle (35,8 %), suivis de loin par l'Allemagne (15,7 %), et la Grande-Bretagne (14 %) ; avec seulement 6,4 % de la production industrielle mondiale la France n'est déjà plus que la première des puissances moyennes talonnée par la Russie (5,5 %), mais à la différence de ce pays elle se trouve sur la défensive.

► **L'Europe fonde sa supériorité sur le commerce et la finance.** Durant les trente années qui précèdent la Première Guerre mondiale la valeur du commerce mondial est multipliée par quatre. L'essor des échanges découle d'abord des progrès enregistrés par les transports. La marine à voile a définitivement perdu la partie en 1913, sur Le Havre-New York la durée des traversées a été divisée par huit et le coût du fret de moitié. La construction du réseau ferré, presque achevée en Europe vers 1890, progresse rapidement dans les pays neufs et les colonies. Au Canada, en Australie, en Russie, le chemin de fer unifie l'espace national et crée les conditions du démarrage économique ; dans les colonies des lignes isolées relient les mines et les plantations aux ports. L'association des deux accélère le drainage des richesses au profit principalement de la France et du Royaume-Uni. L'extension du réseau télégraphique transocéanique (450 000 km en 1913, dont 60 % appartiennent à la

Grande-Bretagne) contribue à la formation d'un espace économique mondial dominé par les milieux d'affaires européens. C'est alors que la nécessité d'une heure mondiale de référence se fait sentir : en 1897 on adopte la division du globe en un système de 24 fuseaux horaires et c'est bien évidemment le méridien de Greenwich (près de Londres), symbole de la puissance britannique, qui est choisi comme méridien d'origine. Ces atouts techniques font de l'Europe la plaque tournante des échanges commerciaux et financiers.

Entre 1890 à 1913, l'Europe voit le volume de ses exportations augmenter de 4,1 % par an ; elle assure à elle seule 62 % des échanges mondiaux contre 13 % pour les États-Unis. Au même moment l'Europe possède 90 % des capitaux investis à l'étranger (44 milliards de dollars en 1913 contre 28 milliards en 1900 et 9 en 1870). La Grande-Bretagne en possède 44 %, la France 22,5 %, l'Allemagne vient loin derrière avec 13 %. L'Europe est véritablement le « banquier du monde » puisqu'elle intervient partout et réalise toutes les opérations : investissements industriels directs ou indirects, prêts aux gouvernements étrangers, placements à court terme sur les marchés extérieurs peuvent constituer une véritable « arme financière ».

► **Malgré son recul relatif dans le domaine industriel l'Europe reste au centre de la division internationale du travail.** L'essentiel de l'Asie, la totalité du continent africain, l'Amérique latine sont intégrés dans le commerce mondial, mais seulement comme fournisseurs et clients des pays industriels. À côté de cette économie extravertie, subsiste une économie essentiellement vivrière, archaïque et fragile : la famine fait des ravages (19 millions de victimes en Inde entre 1891 et 1901 et au moins autant en Chine). Le drainage des richesses entrave l'essor des industries locales même si quelques pôles de développement apparaissent malgré tout en Asie (filatures de coton en Inde) et en Amérique latine (industries mécaniques au Brésil et en Argentine). Mais la dépendance financière de ces pays réduit l'intérêt de ce développement : en Argentine, vers 1900, 80 % des recettes des exportations servent à payer les intérêts de la dette ; l'Empire ottoman, la Chine ou l'Égypte, incapables de rembourser, se voient imposer des commissions internationales surveillant le budget et donnant la priorité au remboursement des dettes sur le développement du pays.

4. Les mutations économiques conduisent à l'éclatement de la société européenne

► **A partir de 1895 la Grande Dépression cède la place à une reprise durable.** Ce retournement suit la découverte des mines d'or d'Alaska (1896) et d'Afrique du Sud (1897), cet afflux de monnaie facilite le crédit et fait légèrement augmenter les prix ce qui encourage les industriels et les agriculteurs à produire. La demande repart, tirée par les commandes des pays neufs et le développement de la consommation des produits nouveaux élaborés durant la « dépression ». La croissance atteint 5 % par an entre 1910 et 1913 : l'embauche reprend et les salaires augmentent, du moins dans les branches modernes. Un peu partout un sentiment de prospérité et d'euphorie s'installe ; on s'en souviendra avec nostalgie après la Première Guerre mondiale : c'est l'origine de l'expression « la Belle Époque ». Toutefois ce progrès social est mal réparti.

► **L'écart entre les villes et les campagnes se creuse.** Le monde paysan a souffert de la « crise agricole » des années 1880 et de la baisse du prix des denrées. Le rétablissement du protectionnisme et le redressement des prix au début du XXe siècle améliorent la situation sans faire disparaître la tentation de l'exode rural. Le monde des campagnes apparaît très contrasté suivant le pays dans lequel on se trouve.

Au sud et à l'est de l'Europe, les ruraux restent très largement majoritaires (80 % de la population russe, 52 % des actifs en Italie, 62 % en Hongrie). L'archaïsme est le lot commun : dans l'Italie du Sud ou en Castille, les paysans labourent à l'araire un sol ingrat qui donne de 3 à 5 q de céréales à l'hectare. Le système latifundiaire prédomine avec des relations sociales proches du servage lorsque les paysans sont endettés. Dès que l'année est médiocre la misère, voire la famine s'installent et avec elles des révoltes.

Dans les pays développés, la population rurale décline mais son poids politique et social demeure important. Il ne reste plus que 22 % de ruraux en Angleterre et au pays de Galles, mais 40 % en Allemagne et 56 % en France. Les paysans ne représentent que 6 % des actifs en Grande-Bretagne, mais encore 28 % en Allemagne et 42 % en France. La seconde révolution industrielle gagne les campagnes au début du siècle. Aux États-Unis, dans une partie en Allemagne, en Angleterre, dans les plaines du Bassin parisien, les exploitants utilisent des machines nouvelles et améliorent leurs rendements qui peuvent atteindre 25 q de blé à l'hectare, on en est déjà au stade de l'agriculture commerciale. Dans ces campagnes le niveau de vie s'élève, les contacts avec le monde extérieur se multiplient.

► **Vers 1900, la société urbaine apparaît en décalage par rapport à la réalité économique :** malgré un siècle d'industrialisation et d'urbanisation elle reste plus proche de celle du début du XIXe siècle que de la société des années vingt. Le changement se fera durant la guerre et contribuera à la nostalgie de la « Belle Époque » notamment dans les classes supérieures.

Dans la haute société la fusion entre aristocratie et haute bourgeoisie s'achève.

Les aristocraties ont conservé une bonne part de leur influence malgré la succession des révolutions et le déclin de l'agriculture : elles ont préservé leurs racines rurales même si elles vivent en ville : les maires et députés de nombreux villages sont les descendants des anciens seigneurs ; l'armée, la haute fonction publique, la diplomatie restent peuplées d'aristocrates ; en Allemagne et en Angleterre on les trouve de plus en plus dans les affaires. Élite cultivée et distinguée, la noblesse donne le ton à la vie mondaine.

La haute bourgeoisie est presque aussi fermée. On trouve les dirigeants de la haute banque et surtout des hommes d'affaires, créateurs ou héritiers déjà de véritables dynasties, comme les Say et les Schneider en France, les Krupp et les Thyssen en Allemagne, les Agnelli, Pirelli et Olivetti en Italie. A partir des années 1880, la haute bourgeoisie se ferme : la seconde révolution industrielle produit peu d'hommes nouveaux sauf aux États-Unis, Marcel Berliet, ancien canut lyonnais, est un cas exceptionnel. La bourgeoisie se transmet par héritage avec la fortune et l'éducation qui la caractérisent.

Bourgeois et aristocrates sont attachés à des valeurs (famille, religion, conservatisme...) et à un mode de vie commun, cela facilite la fusion au sein d'une classe dirigeante qui s'oppose à tout le reste de la population.

Entre 1850 et 1900, les classes moyennes se sont élargies par le haut vers les « talents » et par le bas grâce à l'intégration des employés issus du monde ouvrier et paysan. L'ensemble est devenu hétérogène, mais dans la diversité des conditions matérielles, elles ont pour principal point commun de chercher à se distinguer du peuple à tout prix, il faut paraître bourgeois par le vêtement et les distractions, et l'on rêve de voir ses enfants « réussir » grâce à l'école en devenant ingénieur, ou bien membre des professions libérales ou encore professeur d'université.

Au tournant du siècle, la fermeture de la classe dirigeante a rejeté **la moyenne bourgeoisie** du côté des classes moyennes. Elle est constituée des professions libérales – médecins, avocats, notables –, des chefs d'entreprises moyennes et des « propriétaires ». Leurs « talents » certifiés par les diplômes d'études supérieures, à commencer par le baccalauréat (7 600 bacheliers en 1913), fondent leur statut qui d'une génération à l'autre reste précaire.

Entre l'aisance et la misère, **les classes moyennes inférieures** constituent un ensemble extrêmement divers : aux groupes anciens de petits commerçants et d'artisans se juxtapose la catégorie de plus en plus nombreuse des employés et des fonctionnaires. La condition des premiers se dégrade avec la concurrence de la grande entreprise, le passage vers le prolétariat les menace (à Lille, en 1908, un petit commerçant sur deux meurt sans héritage). Le renforcement de l'État (enseignement, poste, etc.) offre aux autres un avenir plus brillant avec notamment la perspective d'une ascension sociale grâce à l'enseignement public dont fils d'ouvriers ou de paysans, ils ont eux-mêmes bénéficié. Ces classes moyennes qui croient dans l'avenir sont à l'origine du redressement de l'Allemagne entre les deux guerres, puis de celui des différents pays européens après la Seconde Guerre mondiale.

Les classes populaires gagnent en homogénéité en s'identifiant de plus en plus aux ouvriers. Malgré une augmentation de 20 % du salaire réel entre 1880 et 1913, la condition ouvrière reste médiocre, marquée par la fatigue d'une journée de dix heures et marquée surtout par la crainte du lendemain : le chômage, la maladie, la vieillesse sont toujours sources de drames. Aussi la mise en place d'une protection sociale efficace constitue une des revendications principales : Bismarck qui en attend un recul de l'audience des socialistes dès les années 1880, Clemenceau en 1909 l'ont bien compris. En Allemagne, en Angleterre et en France la législation du travail et l'enseignement obligatoire ont fait disparaître l'exploitation des enfants et des femmes, l'analphabétisme recule et une véritable culture ouvrière se développe grâce à la presse.

En raison même de la poussée numérique qui le touche entre 1880 et 1914, le monde ouvrier présente des différences considérables de salaires et de qualification : en France, à la veille de la guerre, une lingère ne touche que 1,50 F par jour, un ouvrier qualifié 10 F, un artisan 15 F ou plus.

La hiérarchie ouvrière permet de distinguer *l'ouvrier professionnel qualifié* (verrier, mineur, métallurgiste, mécanicien...), son savoir technique lui donne une certaine liberté, il recrute parfois son équipe mais son emploi est menacé par l'expansion de la grande industrie. Le taylorisme donne naissance à une catégorie nouvelle, les *ouvriers d'industrie* (on ne dit pas encore les ouvriers spécialisés-OS), interchangeables, payés à la journée, très mal, ils constituent une masse de plus en plus revendicative. Enfin, les *ouvriers à* *domicile,* des femmes ou des travailleurs immigrés dans la plupart des cas, travaillent principalement dans le textile et la confection, isolés, payés aux pièces leur sort est particulièrement dur.

► **La « belle époque » est le temps des grands affrontements sociaux.** Avec la reprise, la peur du lendemain s'éloigne un peu alors que la mauvaise répartition de ses fruits engendre des mécontentements et des revendications qui trouvent à s'exprimer, de manière coordonnée, grâce aux progrès de la démocratie et de l'instruction dans les pays d'Europe occidentale et aux États-Unis. On passe de la révolte anomique à l'action collective, syndicale ou politique.

À partir de 1880 le mouvement syndical arrive à maturité. Suivant l'évolution de l'industrie, les syndicats de métier sont remplacés par de puissantes *fédérations d'industries* regroupant des *sections d'usines* ou de localités où se retrouvent tous les ouvriers volontaires d'une branche quelle que soit leur spécialité et leur niveau de qualification.

La naissance des grandes centrales syndicales achève le processus, leur poids est suffisant pour négocier avec le pouvoir politique sur le plan national : en Angleterre, le *Trade Union Congress* compte plus de 4 millions d'adhérents en 1913 ; l'*American Federation of Labor* fondée par Samuel Gompers en 1881 dépasse 2 millions de membres en 1914 ; la *DGB* allemande (2,5 millions d'adhérents) s'est érigée en une véritable contre-société : elle emploie des avocats, des médecins, gère des assurances, une banque, des magasins, des journaux et organise même les loisirs de ses membres.

Les conflits se multiplient durant la « Belle époque ». Les grèves deviennent l'arme principale du combat ouvrier : elles touchent toutes les catégories d'ouvriers, hommes et femmes ; elles peuvent être violentes, le mouvement ouvrier international décide de commémorer le massacre de Haymarket à Chicago (1er mai 1886). Il existe cependant un conflit de stratégie à l'intérieur du mouvement syndical. Les grosses organisations allemandes, américaines, britanniques ou scandinaves cherchent à obtenir des progrès par la négociation, elles revendiquent une législation sociale protectrice mais récusent la révolution politique ou sociale. Ce réformisme est fustigé par le courant anarcho-syndicaliste bien représenté en France, en Italie et aux États-Unis parmi les immigrés récents, l'action vise le renversement du capitalisme, on rêve d'une grève générale insurrectionnelle, d'une Commune victorieuse car elle serait internationale.

► **Après une longue méfiance, le mouvement syndical et les partis socialistes finissent par se « rencontrer » entre 1890 et 1910.** Cette convergence est la conséquence des progrès de la démocratie et de l'instruction, ainsi que de la croissance numérique de la classe ouvrière. Pour les réformistes, la mise en place d'une législation sociale passe nécessairement par la participation à la vie parlementaire et si possible au gouvernement. Les partis socialistes ont de leur côté besoin de moyens et plus encore d'électeurs ! Trois types de relations se nouent suivant les pays.

En Allemagne le Parti social-démocrate (SPD) est fondé en 1875 au Congrès de Gotha, près de vingt ans avant l'émergence du mouvement syndical. Bridé par la législation antisocialiste de Bismarck, le SPD approfondit ses références idéologiques marxistes avec ses grands leaders (Kautsky, Bebel, Liebknecht) et en même temps il élargit sa base grâce aux associations culturelles et sportives, aux coopératives, etc. L'abrogation de la législation bismarckienne par Guillaume II permet l'essor du syndicalisme, le SPD en prend tout naturellement la tête pour le mettre au service de ses objectifs politiques. La réussite du mouvement ouvrier allemand est cependant amoindrie par les « contradictions » entre l'idéologie marxiste révolutionnaire du SPD et le réformisme syndical de la DGB qui négocie avec le patronat en signant des conventions collectives (2 millions de travailleurs concernés en 1914). En janvier 1919 cette ligne réformiste s'impose par la force en éliminant les spartakistes (aile gauche du SPD) avec l'aide des corps francs.

En Angleterre, le mouvement syndical a suscité la naissance du Parti travailliste. Jusqu'en 1900, le TUC (Trade Unions Congress) faisait voter les ouvriers en faveur du Parti libéral. Le durcissement des luttes durant les années 1890 fait naître l'idée d'un parti politique propre aux travailleurs. Le Comité pour la représentation ouvrière qui prend le nom de *Labour Party* après un premier succès électoral en 1906. Le Parti travailliste est conçu comme une courroie de transmission au Parlement des positions des syndicats, qui le financent et dont il est *l'émanation.* Les résultats sont presque immédiats avec l'aide des libéraux de Lloyd George, les travaillistes imposent une législation favorable aux syndicats et obtiennent en 1911 que les organismes d'assurance chômage dépendant des syndicats servent de base au système national d'assurance maladie et chômage.

En France, l'hostilité du mouvement syndical à l'égard de la SFIO entrave le développement du mouvement ouvrier. Le retard économique explique la persistance des syndicats de métiers qui ne commencent à se regrouper au niveau national qu'entre 1890 et 1900. La CGT (Confédération générale des travailleurs), fondée en 1895 seulement, n'acquiert de réelle stabilité qu'en 1902, elle compte alors 120 000 adhérents, on est loin du modèle allemand. L'émiettement idéologique du socialisme français a des effets analogues : il faut une pression énergique de la Seconde internationale pour que soit fondée en 1905 la SFIO (Section française de l'internationale socialiste). Mais dès 1906, lors du Congrès d'Amiens, la CGT affirme la séparation absolue entre le syndicalisme et les partis politiques et se montre favorable à l'action directe et à la grève générale révolutionnaire. Le résultat de cette division est clair : malgré des mouvements revendicatifs puissants et répétés, la France n'a qu'une législation sociale embryonnaire sans assurances sociales et sans mécanisme de négociation collective.

II. Des années grises aux années noires : l'entre-deux-guerres

Il est excessif d'opposer de manière tranchée la prospérité des années vingt et la dépression des années trente. Les États-Unis, vainqueur économique de la guerre, sont les seuls à connaître une réelle prospérité. Encore est-elle incomplète et instable ; les autres pays rencontrent des difficultés persistantes jusqu'en 1925-1926. Inversement, certains pays restent englués dans la dépression alors que d'autres trouvent des solutions plus ou moins efficaces et dangereuses pour en sortir.

1. La prospérité des années vingt est une période de difficultés monétaires et économiques

► **L'après-guerre commence par une sévère crise de retour à la paix.** L'activité économique mondiale poursuit sur sa lancée jusqu'en mars 1920 : les pays atteints par la guerre se reconstruisent avec ardeur alors que les populations dans leur ensemble cherchent à oublier les privations en consommant. La croissance très rapide de la production industrielle mondiale (près de 20 % en 1920) est alors financée par les crédits distribués par les banques américaines.

> **La crise économique de 1920-1921** commence aux États-Unis qui s'inquiètent du gonflement du crédit et de la poussée inflationniste. Le secrétaire d'État au Trésor Andrew Mellon décide soudainement de restreindre le crédit (hausse du taux d'escompte) et d'annuler des commandes publiques. En même temps le renforcement des mesures protectionnistes systématisées par le tarif Fordney-MacCumber (1922) ferme le marché américain aux exportations européennes. Les conséquences sont pratiquement immédiates : les Européens qui manquent de dollars faute de pouvoir vendre ou emprunter *(dollar-gap)* cessent leurs achats ; les nouveaux pays exportateurs comme le Japon et l'Amérique du Sud se retrouvent sans débouchés et plongent dans une longue phase de dépression. La crise frappe également l'économie américaine elle-même : la production industrielle baisse de 30 % entre mars 1920 et juillet 1921, entraînant un triplement du nombre des chômeurs (5 millions en juillet 1921) ; les produits agricoles ne trouvent plus preneurs.

La reprise qui se manifeste au cours de l'automne 1921 aux États-Unis et se généralise ensuite est inégale. Le marasme persiste au Japon, touché de surcroît par le tremblement de terre de Tokyo (1923), et surtout en Grande-Bretagne. Il en va de même de l'Inde où la fermeture des usines textiles sert de toile de fond à la première campagne de désobéissance civile de Gandhi. Dans le textile, l'agriculture, les constructions navales la surproduction se prolonge durant tout l'entre-deux-guerres.

► **La crise de 1920-1921 met en évidence la prégnance des problèmes financiers mondiaux.** L'instabilité monétaire freine le retour à la prospérité en Europe. Contrairement à ce que l'on avait espéré, le retour à la paix ne permet pas le rétablissement rapide de l'étalon-or et de la convertibilité des monnaies. Cela a pour conséquence l'essor de l'inflation et l'instabilité monétaire. Plusieurs facteurs interagissent : le stock d'or des banques centrales européennes ayant été partiellement cédé aux États-Unis entre 1914 et 1917, il est devenu insuffisant pour assurer la couverture de la masse monétaire ; le financement de la reconstruction aggrave la situation en France et en Allemagne surtout. De très importantes masses de capitaux « flottent » d'une place financière à l'autre en quête du meilleur placement du moment. Le manque de confiance dans les autorités politiques induit dès lors des vagues spéculatives ; les risques de change dont on n'avait pas l'habitude freinent le commerce mondial et renforcent les tendances protectionnistes. La spéculation internationale se double parfois d'une fuite devant la monnaie nationale comme c'est le cas au moment du Cartel des gauches. Ces mécanismes sont poussés jusqu'à la totale volatilisation de la monnaie allemande.

La crise monétaire allemande de 1923 tire son origine de l'inflation due à la guerre, mais le manque de crédit du nouveau gouvernement et les premiers versements au titre des Réparations (5 milliards de marks-or en 1920-1921) accentuent le processus. L'occupation de la Ruhr par l'armée française en janvier 1923 et la « résistance passive » soutenue financièrement par le gouvernement du chancelier Cuno achèvent de déséquilibrer la monnaie : de 18 000 marks-papier pour un dollar en janvier on passe à 4 200 milliards en novembre. Les conséquences sociales sont inégales : commerçants et ouvriers parviennent à se faire payer assez souvent pour suivre l'inflation, en revanche rentiers et fonctionnaires sont rapidement ruinés. L'activité est paralysée, le troc réapparaît, le chômage monte et la violence politique prend de l'ampleur. La solution de la crise est assez rapidement trouvée par le Dr Schacht : la création en décembre d'une monnaie intérimaire dont le volume est proportionné à la valeur de la production allemande (Renten-mark) permet de ramener la confiance, les Allemands rapatrient leurs capitaux. En 1924, le prêt américain annexé au Plan Dawes rend possible le retour à l'étalon-or un an avant la livre.

Le cas de l'Allemagne montre que la solution des problèmes se trouve aux États-Unis, seul pays dont la monnaie soit convertible entre 1919 et 1924. Or les financiers américains attendent la clarification de la situation européenne pour reprendre leurs opérations. Les initiatives britanniques permettent de sortir de l'impasse en deux temps : la conférence de Gênes définit un nouveau système monétaire international, le *Gold exchange Standard* ; ensuite, le règlement politique de la question des dettes de guerre interalliées et des réparations dues par l'Allemagne ramène la confiance.

Le *Gold Exchange Standard* constitue un progrès mais tout n'est pas réglé pour autant : car les grands pays, dont le prestige international exige que leur monnaie soit convertible en or, cherchent à sortir de l'ornière par leurs propres moyens. La plupart des pays préfèrent recourir à la dévaluation qui fait coïncider le pouvoir d'achat de la monnaie et sa valeur en or. C'est le cas de la France en 1928. La Grande-Bretagne désireuse de retrouver son rôle financier de l'avant-guerre choisit une sévère cure de déflation (restriction du crédit, austérité budgétaire...) qui permet à la livre de retrouver sa parité-or de 1913 en 1925. Le prix à payer est une économie exsangue : faute de crédit les entreprises n'ont pu renouveler leur outil de production et un déclin de la part de la Grande-Bretagne dans les exportations mondiales qui régresse de 14 % en 1913 à 9,3 % en 1929.

▸ **Un bref épanouissement de la prospérité suit le retour à la stabilité monétaire.** Le terme de *Prospérité* désigne la phase de rapide expansion industrielle et financière des années vingt. Elle se manifeste d'abord aux États-Unis puis au niveau mondial : les taux de croissance (4 % en moyenne entre 1922 et 1929) retrouvent les meilleurs taux du XIXe siècle. Dans certains pays comme la France, où la croissance industrielle atteint 9 % par an, l'impulsion donnée par la reconstruction se prolonge ensuite dans de nombreuses branches nouvelles (automobile, électricité, chimie...). La croissance est en effet directement liée au dynamisme de l'industrie qui connaît sa seconde révolution technique : après le trio de la première révolution industrielle (charbon, textile, fer) l'essor de l'industrie automobile, du pétrole et de l'électricité entraîne dans son sillage de nouvelles branches.

La guerre a accéléré le développement des innovations scientifiques et techniques de la fin du XIXe siècle. Le moteur à explosion et la dynamo engendrent une révolution énergétique : alors que la production de charbon qui représente toujours 80 % de l'énergie utilisée plafonne (+ 25 % entre 1913 et 1929) celle de pétrole quadruple et celle d'électricité triple. L'électrométallurgie (aluminium) et la pétrochimie trouvent des débouchés dans l'aéronautique, l'automobile, les textiles synthétiques (Rayonne en 1920, Nylon en 1937), les matières plastiques (plexiglas en 1928, PVC en 1932). Dans le domaine aéronautique les années vingt commencent avec les grandes premières (traversée de l'Atlantique Sud en 1922) et s'achèvent avec les premières lignes postales intercontinentales (1928, 1re liaison postale régulière France-Amérique du Sud) en attendant que les Parisiens aillent tout naturellement acclamer Daladier au Bourget en 1938.

La révolution technique bouleverse l'organisation et la structure financière des entreprises. La production de masse implique la constitution de groupes industriels géants. La guerre avait déjà privilégié les entreprises les plus puissantes, celles-ci profitent de la crise de 1921 puis, en Europe, des difficultés monétaires pour absorber les entreprises rivales ou complémentaires : aux États-Unis les *Big Three* (Ford, General Motors, Chrysler) s'imposent face aux petites marques, dans la chimie de très grands groupes commencent à s'internationaliser (Du Pont de Nemours, I. G. Farben, Courtaulds...). Dans le domaine pétrolier, les sept plus grandes compagnies surnommées *les sept sœurs* concluent un accord de cartel en 1928 qui leur donne la maîtrise du marché pétrolier mondial.

La concentration financière est la conséquence de l'essor de la production de masse. L'automobile est l'industrie motrice de la seconde révolution industrielle. Son taux de croissance est le plus élevé (33 % par an aux États-Unis entre 1923 et 1929), elle dispose d'une grande puissance d'entraînement (en 1929 la production automobile américaine absorbe 90 % de la production d'essence, 85 % de la production de caoutchouc et 60 % de la production de tôles d'acier) ; l'automobile innove enfin en matière d'organisation de la production et de gestion, elle prend la relève du chemin de fer sur ce plan également.

Le fordisme repose sur l'accroissement continu de la productivité du travail et du capital : elle seule permet à la fois d'élever la rémunération des ouvriers pour qu'ils acceptent les conditions du travail à la chaîne (cadence, parcellisation des tâches, discipline rigoureuse et hiérarchie pesante...), de réduire les coûts de production par unité afin de vendre les produits moins chers donc en plus grande quantité tout en dégageant un profit total substantiel pour rémunérer le capital et financer de nouveaux investissements. Le taylorisme et le travail à la chaîne qui en découle ne sont que le versant technique d'un mode de production qui englobe en outre la conception des produits (standardisation, réutilisation d'un même type de pièces pour plusieurs modèles...), la commercialisation (publicité, vente à crédit, service après-vente...). En France André Citroën est le premier à développer un réseau de garagistes-concessionnaires, il encourage la multiplication des pompes à essence (souvent des épiceries qui vendaient auparavant du pétrole en bidon pour les lampes et les quelques automobiles de passage).

Michelin couvre la France de bornes indicatrices et édite des cartes et des guides touristiques. Le fordisme s'avère ainsi un facteur de la tertiarisation de l'économie.

Sur le plan social le fordisme précipite le déclin des ouvriers de métier au profit des OS, les syndicats ébranlés par l'échec des grandes grèves de 1919-1920 sont contraints de se réorganiser sur la base des branches industrielles (syndicat d'industrie) et non plus des métiers semi-artisanaux du XIXe siècle (syndicats de métier). Jusqu'au début des années trente le mouvement syndical s'en trouve affaibli, ce qui explique la stagnation des salaires réels. Les équilibres sociaux sont modifiés puisqu'une partie de la classe ouvrière peut accéder à la consommation de masse au prix d'un fort endettement (30 % des voitures sont possédées par des ouvriers en 1929 aux États-Unis contre 27 % pour les cadres et les patrons, mais les deux tiers de ces véhicules ont été achetés à crédit).

Loin de freiner le développement du fordisme, la crise des années trente en accélère la généralisation : les grands groupes sont sévèrement touchés et licencient massivement mais la plupart traversent la tourmente et profitent de la disparition des plus faibles.

▸ **L'éclat de la prospérité dissimule d'importantes faiblesses.** Le système fordiste repose en dernière analyse sur le dynamisme de la demande qui est stimulé par la baisse des prix, la publicité et le crédit. Or elle commence à stagner dès le milieu des années vingt.

Le marché intérieur est saturé dans de nombreux pays. Différents facteurs contribuent à cette situation : aux États-Unis la croissance des salaires réels reste très en deçà de celle de la production et des profits (respectivement 17 %, 40 % et 62 %), le crédit permet seulement de retarder le moment où la demande devient insolvable. En Europe où la prospérité est plus tardive, l'inflation de l'après-guerre a privé les classes moyennes de leur épargne qu'elles reconstituent en priorité alors que la crise du mouvement ouvrier se traduit également par une stagnation des salaires réels.

Des secteurs entiers sont en crise. C'est le cas de l'agriculture dans les pays exportateurs (États-Unis, URSS, Pologne, Amérique du Sud). Ils sont pris dans une « crise des ciseaux » : les prix mondiaux des produits agricoles baissent plus vite que ceux des produits industriels au moment où beaucoup d'agriculteurs doivent rembourser les emprunts contractés pendant la guerre. En définitive l'industrie perd l'important marché rural. Les surcapacités concernent aussi les industries les plus dynamiques durant la guerre (textile, sidérurgie, constructions navales).

Le faible dynamisme du commerce mondial empêche de trouver au-dehors les marchés qui font défaut au-dedans. Au niveau mondial les exportations de produits manufacturés ont augmenté de 29 % contre 40 % pour la production. Le ralentissement des échanges est particulièrement sensible en Europe puisque le commerce intra-européen passe de 40 % en 1913 à 29 % du total mondial en 1938 : le morcellement politique et le protectionnisme qui en est la conséquence expliquent cette situation.

2. Les années trente sont à la fois les années de la Dépression et une période d'expérimentation économique

▸ **En 1927 une récession de dix-huit mois sert de signe avant-coureur à la crise.** La fragilité qui se révèle alors n'empêche pas une vigoureuse flambée spéculative sur les grandes places mondiales.

En effet les liquidités sont abondantes. Les grands groupes qui ne distribuent qu'une partie de leur profits accumulent des provisions en vue d'investissements ultérieurs qu'ils placent à court terme (prêts à l'Europe par exemple) ou bien investissent sur le marché boursier. Ils peuvent orienter les marchés en raison de leur poids économique (le groupe financier Morgan contrôle à lui seul 15 % des capitaux investis aux États-Unis, en Europe des groupes comme Schneider, Paribas, Danat Bank en Allemagne jouent un rôle analogue).

La liquidation des contentieux internationaux inaugure un vaste circuit de capitaux transatlantique. Les financiers américains prêtent largement à l'Europe (25 milliards de marks-or entre 1924 et 1929 pour l'Allemagne, beaucoup plus que les 7 milliards qu'elle doit rembourser au titre des réparations). Ces transferts sont fragiles car il s'agit de capitaux à court terme entre trois et six mois que les banques américaines peuvent rapatrier à tout moment, or les Européens les convertissent en investissement à long terme dans leurs propres industries ou les transfèrent pour régler leurs créanciers. En d'autres termes si les banques américaines veulent rapatrier rapidement leurs avoirs il sera difficile à l'Europe de satisfaire ses engagements. Tout repose donc sur la confiance des différents acteurs !

Le fonctionnement de la bourse américaine encourage la spéculation : un spéculateur peut emprunter auprès de son agent de change *(broker)* jusqu'à 90 % des sommes dont il a besoin sous réserve qu'il laisse en dépôt les 10 % restants ainsi que les titres qu'il a acquis. La spéculation se démocratise mais il n'y a qu'environ un million d'actionnaires, l'essentiel provient donc des entreprises et des fonds de retraites. Entre 1926 et 1929 le cours des actions augmente 5,5 fois plus vite que la valeur de la production. Cette distorsion finit par apparaître excessive en octobre 1929.

► **Le krach de Wall Street est le détonateur d'une crise globale de l'économie mondiale.** L'inévitable correction des déséquilibres du marché intervient entre le 24 et le 29 octobre 1929. La paralysie immédiate du crédit révèle la situation de surproduction qui caractérise alors l'industrie américaine : le mécanisme de la dépression s'enclenche et l'activité décélère régulièrement jusqu'en 1932. La place des États-Unis au centre de l'économie mondiale entraîne la propagation de la crise au reste du monde. **Cette mondialisation se fait en deux temps.**

Les pays vendeurs de matières premières sont touchés dès 1930 par une baisse très profonde de la demande : car situés très en amont du processus de transformation, ces produits sont très sensibles à la variation des stocks chez les intermédiaires, l'effondrement des cours en est la conséquence.

La crise mondiale du crédit est le facteur essentiel de l'extension à l'Europe en 1931. En un premier temps l'interruption du flux de crédits américains empêche les Européens de régler leur créances internationales. Le moratoire accordé par le président Hoover en juin 1931 ne résout pas la question des créances privées. La spéculation déclenchée par la tentative d'union douanière austro-allemande de mars 1931 explique que la crise bancaire européenne commence par la faillite du *Kredit Anstalt* de Vienne en mai, qui entraîne dans sa chute les trois premières banques allemandes (Dresdner, Danat et Diskonto). La crise gagne Londres : l'accélération des sorties de capitaux épuise les réserves de la Banque d'Angleterre et le gouvernement Macdonald se résigne en septembre à suspendre la convertibilité de la monnaie et à la laisser flotter. Le franc considéré comme surévalué est attaqué à son tour et la crise gagne la France qui s'était crue immunisée.

► **Le déclin du commerce mondial est la conséquence de la généralisation de la crise.** Trois facteurs expliquent le déclin des échanges : la réduction de la demande liée à la baisse de la consommation et de l'investissement, les difficultés monétaires des grands pays et l'essor sans précédent du protectionnisme.

La faillite du système monétaire international inauguré à Gênes en 1922 découle directement de ce repli sur soi : chacune des grandes puissances constitue une zone monétaire avec les pays ou les colonies qui lui sont liés : à l'intérieur les échanges se font dans la monnaie de la puissance dominante et bénéficient d'avantages réciproques ; avec l'extérieur de la zone règne la guerre commerciale et monétaire. L'échec de la conférence économique de Londres en 1933 n'est que l'écho diplomatique d'un état de fait déjà ancré dans la réalité ; le message qu'envoie Roosevelt à la conférence est une véritable apologie de l'égoïsme national : « La santé économique interne d'une nation est un plus grand facteur de son bien-être que la valeur de sa monnaie en termes de change vis-à-vis des autres nations. »

► **La crise économique mondiale débouche sur une critique plus ou moins radicale du capitalisme libéral. Le Komintern** analyse la crise mondiale comme une manifestation des contradictions du capitalisme dont il prédit l'effondrement imminent et sanglant. La Seconde Guerre mondiale s'inscrit effectivement dans le prolongement de la crise et le capitalisme libéral du XIXe siècle disparaît, mais il s'agit seulement de l'abandon d'un certain nombre de dogmes et de la redéfinition des rapports entre l'État, l'économie et la société.

Pour les économistes libéraux la crise provient d'un excès de l'offre sur la demande. Le déséquilibre est triple : excès de produits qui ne se vendent pas ; excès de l'offre de main-d'œuvre qui ne trouve pas à s'employer ; excès de capitaux sur le marché financier en raison d'un crédit trop facile et de l'inflation, l'abondance de capitaux a favorisé des investissements excessifs au regard de la capacité d'absorption du marché. Dans tous les cas, l'équilibre doit se rétablir de lui-même et à brève échéance : la baisse des prix et des salaires engendrée par la mévente et le chômage relance l'économie car les produits se vendent à nouveau et les ouvriers moins exigeants trouvent de l'embauche ; dans l'intervalle les entreprises incapables de réduire leurs coûts disparaissent, les survivantes étant plus compétitives peuvent s'adapter aux prix déprimés et reprendre leurs investissements. Un nouveau cycle s'amorce. Face à cette mécanique inéluctable, l'État doit faciliter l'assainissement de l'économie en rétablissant l'équilibre budgétaire, en restreignant la circulation monétaire et le crédit et en favorisant la baisse des salaires. La déflation validée par l'expérience du XIXe siècle est adoptée dans un premier temps par tous les gouvernements.

Les mesures déflationnistes vont dans trois directions :

— *Le rétablissement de l'équilibre budgétaire* implique à la fois une augmentation des impôts dont le rendement baisse en raison du ralentissement de l'activité, et une réduction des dépenses plus facile à faire accepter politiquement. Les traitements et les pensions sont amputés (en France Laval les réduit de 10 % en 1935 ; au Royaume-Uni Macdonald abaisse de 5 à 20 % les traitements et l'indemnité de chômage en 1931 ; Hoover envoie la troupe contre les anciens combattants réclamant une prime de démobilisation *(Bonus)* promise et jamais versée...). L'État fait des économies sur ses dépenses inutiles et ses frais de fonctionnement, il fait des efforts pour réduire la charge de la dette. L'austérité ne laisse aucune place à une grande politique d'assistance aux chômeurs (selon la théorie ils y trouveraient une raison supplémentaire de refuser la baisse des salaires).

— *La défense de la monnaie* est le second impératif car l'inflation (définie dans ce cas comme un déséquilibre entre la monnaie en circulation et les réserves d'or disponibles) est considérée comme un mal absolu. Dans le cas de la France qui est l'un des derniers pays à dévaluer (octobre 1936), il s'y ajoute des considérations politiques et éthiques : la dévaluation est ressentie comme une spoliation inadmissible des épargnants vertueux.

— *Le rééquilibrage du commerce extérieur* doit renforcer la richesse nationale (accumulation des réserves d'or et de devises). Un commerce extérieur équilibré signifie aussi que les entreprises exportatrices accumulant à nouveau des profits pourront embaucher et investir.

Ces politiques ont toutes échoué entre 1931 et 1935, elles ont été remplacées par des politiques pragmatiques dans lesquelles l'État est amené à assumer de nouvelles responsabilités. Il appartient à J. M. Keynes de démontrer les raisons de l'échec de la déflation et de théoriser les nouvelles mesures dans la *Théorie générale de l'emploi, de l'intérêt et de la monnaie* parue en 1936.

Keynes est né en 1883, l'année de la mort de Marx, dans une famille d'universitaires de Cambridge. Keynes fait lui-même de brillantes études de mathématiques et d'économie mais il appartient à la génération qui s'écarte de la morale victorienne et fait figure d'anticonformiste. Il joue un rôle important comme conseiller du Trésor durant la Première Guerre mondiale. Sa démission bruyante au moment de la conférence de Paris et la publication des *Conséquences économiques de la paix* en 1920 constituent ses premiers coups d'éclat : il affirme alors que de lourdes réparations sont un non-sens économique car l'Allemagne n'a pas les moyens de payer, une impossibilité technique (impossibilité de transférer les sommes en cause) et finalement une faute morale et politique. Il récidive en critiquant sévèrement le rétablissement de l'étalon-or en 1925 dans *Les conséquences de Mr. Churchill.*

Keynes prend le contre-pied des libéraux en considérant que c'est la demande qui est insuffisante et non l'offre qui est excédentaire. Il explique que le facteur déterminant est la *demande effective* (celle que les ménages qui consomment et les chefs d'entreprises qui investissent sont prêts à réaliser effectivement). L'évolution de la demande dépend des choix des agents économiques : *propension* à consommer ou à épargner un surcroît de revenu ; investir l'épargne à long terme ou bien la placer sur le marché financier ou encore la conserver le plus liquide possible ce qui peut lui ôter toute efficacité économique (en cas de thésaurisation). Ces choix, et c'est une autre originalité de Keynes, dépendent des *anticipations* des agents économiques, c'est-à-dire de l'image qu'ils se font de l'avenir à court et moyen terme : l'anticipation d'une réduction de l'activité peut conduire à une stagnation de l'investissement, à l'accumulation d'une épargne de précaution, au choix de placements liquides, au bout du compte le ralentissement anticipé s'en trouve aggravé, ce qui renforce les anticipations négatives, c'est une autre manière de comprendre la formule « la crise nourrit la crise ».

Keynes est d'accord pour reconnaître avec les libéraux que l'économie reviendra à l'équilibre au bout d'un certain temps mais il fait observer que rien n'indique qu'il s'agira de l'équilibre antérieur : la crise des années trente montre que l'économie peut rester durablement déprimée (le chômage et la crainte du chômage réduisent la consommation n'incitant pas les entreprises à produire davantage, les salaires et les profits restent bas réduisant l'épargne et élevant les taux d'intérêts...). Pour Keynes que scandalisent le chômage et la misère alors que les moyens de produire existent, il appartient à l'État d'intervenir pour relancer la demande effective et maintenir un climat optimiste. La très large panoplie de mesures qu'il indique contraste avec la pauvreté des moyens de la déflation : mesures favorisant le crédit et les exportations (dévaluation par exemple) ; injection de pouvoir d'achat parmi les plus démunis car leur pauvreté les contraint à consommer immédiatement ; financement de grandes infrastructures, etc. Le financement peut provenir d'une inflation *contrôlée et limitée* dans le temps.

Il ne faudrait pas en conclure que l'intervention régulatrice de l'État signifie le passage à l'étatisme ou au socialisme : Keynes reste un farouche partisan de la liberté économique et du capitalisme. L'autarcie et les politiques économiques des États fascistes ne correspondent pas davantage à ses conceptions bien que ses analyses permettent d'en comprendre les effets.

Publiée en 1936, la *Théorie générale* n'a pas eu une influence directe immédiate : les grandes politiques anticrise qui relèvent de l'analyse keynésienne ont été entreprises antérieurement pour le *New Deal* (1933) et la politique britannique (1931). Seule la politique de reflation du Front populaire a pu en être influencée. L'après-guerre et les Trente Glorieuses sont en revanche largement marquées par le keynésianisme.

III. Les Trente Glorieuses voient l'expansion du capitalisme occidental, libéral, concentré, multinational et innovateur

A l'aube d'une nouvelle crise (1975) l'économiste français Jean Fourastié fait pour la France le bilan des trente années de croissance ininterrompue de la production et de développement qui ont soulevé les pays capitalistes depuis la fin de la guerre. Pour lui se sont les « Trente Glorieuses ».

Le capitalisme triomphant change de nature avec la mise en place d'un capitalisme régulé par l'intervention de l'État et l'instauration de l'État-providence *(Welfare State)* suivant les préceptes du keynésianisme.

Dès la fin des années soixante les limites de cette croissance semblent atteintes ; trois chocs mondiaux annoncent une crise mondiale : le choc social de 1968, le choc monétaire de 1971 et pour finir le choc pétrolier de 1973. Une crise paradoxale commence.

1. Croissance et mutations économiques sont indissolublement liées

► **L'équilibre mondial s'est déplacé définitivement vers les États-Unis.** Plus encore qu'en 1919, les États-unis sortent victorieux de la Seconde Guerre mondiale. Leur puissance tient en quelques faits et chiffres : le dollar assis sur les deux tiers du stock d'or mondial est la seule monnaie convertible ; en 1945 les États-Unis réalisent 50 % de la production industrielle mondiale et 25 % du commerce international ; encouragée par l'Administration américaine, la multinationalisation des grandes firmes commence avec la création de nombreuses filiales en Europe et en Asie (elles sont plus de 1 000 en France dès 1959). La guerre a également permis au capitalisme américain d'accroître son avance technique et technologique sur ses concurrents.

Cette omnipotence permet aux États-Unis de faire accepter leur conception du libéralisme. La création de l'ONU dont le siège est symboliquement installé à New York quand celui de la SDN l'était à Genève, puis la signature des accords de Bretton Woods et ceux du Gatt montrent que les États-Unis sont devenus au sens propre le « mono-pôle » mondial.

Les accords de Bretton Woods sont négociés du 1er au 22 juillet 1944. Ils ont pour objet la mise en place d'un système monétaire international stable permettant un développement rapide des échanges mondiaux. **Keynes,** représentant l'Angleterre, propose la création d'une monnaie internationale indépendante reposant sur un panier des différentes monnaies et dont le volume serait proportionnel à celui du commerce mondial. **White** pour les États-Unis impose un retour au *Gold Exchange Standard* accompagné de différents mécanismes de contrôle. Comme le dollar est et demeure la seule monnaie convertible jusqu'en 1971, les États-Unis se font reconnaître le privilège exorbitant de régler leurs échanges dans leur propre monnaie. L'accord se fait autour de trois principes :

— **un système de parités fixes** (les monnaies pourront varier les unes par rapport aux autres à l'intérieur d'une étroite marge de ± 1 %) ; la **libre convertibilité** des monnaies est garantie ;

— **la discipline monétaire est assurée par le FMI** (Fonds monétaire international) chargé d'aider les membres momentanément en difficulté et de négocier les dévaluations et réévaluations qui peuvent être assorties de mesures économiques de rigueur. Les réserves du Fonds proviennent des quotes-parts versées par les États proportionnellement à leur poids dans le commerce mondial, ils reçoivent en échange un certain nombre de droits de vote. Les États-Unis fournissant 20 % du total ont un droit de *veto* sur les décisions qui doivent être prises à la majorité qualifiée de 85 % des droits de vote ;

— **la BIRD** (Banque internationale pour la reconstruction et le développement), surnommée Banque mondiale, prête à long terme aux États pour financer des projets productifs dont elle surveille la réalisation.

L'Accord général sur les tarifs douaniers et le commerce (Gatt) conclu en 1947, reconnaît le principe de la « porte ouverte » défendu par les États-Unis depuis le début du siècle : le commerce est censé rapprocher les peuples et garantir la paix, il s'agit de permettre le libre accès de tous à tous les marchés, selon deux principes :

— **le libre-échange mondial** doit être atteint par la suppression de tous les contingentements (limitation quantitative des importations) ; l'abaissement généralisé et définitif des tarif douaniers ; l'interdiction des pratiques déloyales comme le *dumping* (vente en dessous du prix de revient) et les subventions aux exportations ;

— **le multilatéralisme** se traduit par l'octroi réciproque de la *clause de la nation la plus favorisée* (chaque membre s'engage à accorder à tous les autres les avantages particuliers qu'il pourrait consentir à l'un d'entre eux), dès lors les négociations commerciales deviennent collectives et font l'objet de sessions périodiques étalées sur plusieurs années en raison de la complexité des questions traitées (dans l'ordre de succession le *Dillon Round* en 1959-1960, le *Kennedy Round* entre 1963 et 1967, le *Nixon Round* ou *Tokyo Round* de 1971 à 1979 et enfin l'*Uruguay Round* ouvert en 1986).

Interrompue durant l'entre-deux-guerres, la mondialisation des échanges reprend. Exprimé en volume, c'est-à-dire en déduisant les effets de l'inflation, le commerce mondial est multiplié par 3,5 entre 1950 et 1973, deux fois plus vite que la production. La libération des échanges n'est pas le seul facteur en jeu : le progrès technique des transports maritimes essentiellement a permis d'augmenter la capacité des navires (de 25 000 t à 500 000 t pour les pétroliers), d'augmenter leur vitesse et leur sûreté ; des navires spécialisés ont été mis au point ou perfectionnés (navires bananiers, méthaniers, porte-conteneurs dans les années soixante) ; les ports ont été modernisés.

La substitution du pétrole au charbon est un des grands facteurs de la croissance du commerce mondial et de la croissance économique elle-même, elle est associée à la généralisation de la seconde révolution industrielle et à l'élévation du niveau de vie (automobile, chauffage domestique, production d'électricité thermique...). Les échanges ne se limitant pas au commerce, les progrès des télécommunications, de la mondiovision, des transports aériens ont multiplié les modalités d'échange et les ont ouvertes à l'ensemble de la population.

Les États-Unis demeurent durant toute la période des Trente Glorieuses le pôle mondial des échanges mais leur poids relatif diminue à mesure que l'Europe et le Japon se reconstruisent et se développent : l'évolution se fait en direction d'une multipolarisation. En revanche une dissymétrie accentuée apparaît entre les pays du Nord en ceux du Sud.

La pénétration du capitaliste américain est largement approuvée sinon sollicitée à la fin des années cinquante sauf par les partis communistes européens et quelques courants nationalistes dont le poids est alors marginal. Les États-Unis ont en effet analysé leurs responsabilités dans le désordre économique de l'entre-deux-guerres et ils se montrent généreux avec leurs alliés comme avec leurs anciens adversaires. Près d'une vingtaine de milliards de dollars de prêts, de dons et de commandes pour l'armée américaine sont déversés sur l'Europe et le Japon entre 1945 et 1953, à lui seul le Plan Marshall apporte 12,8 milliards de dollars aux pays d'Europe occidentale puisque l'URSS a empêché ses satellites d'accepter la proposition américaine. La générosité américaine n'est pas sans contreparties : pour obtenir une aide financière américaine en 1946, L. Blum et J. Monnet doivent faire des concessions commerciales et notamment accepter la libre entrée des films américains en France ; en 1947, l'octroi de l'aide annoncé par Truman en mars est implicitement subordonné à l'éviction des communistes présents dans les gouvernements français, italien et belge ; avant d'être aidé le Japon est d'abord démocratisé et démilitarisé. Dans tous les cas le dollar a servi de levier *(dollar diplomacy)*. Le résultat est que le bloc occidental s'affirme capitaliste libéral et démocratique.

▸ **Le capitalisme des Trente Glorieuses est un capitalisme régulé.** L'État a pris ses distances avec le *credo* libéral : au moment où le « laisser passer » devient le fondement de l'ordre économique international, il n'est plus question de « laisser faire » sans contrôle à l'intérieur des États.

La disparition des cycles, et donc des crises, est l'objectif des politiques conjoncturelles. Les théories de Keynes décrivent l'économie nationale comme un circuit complexe dont il peut être nécessaire de régler le débit afin d'éviter la surchauffe ou la dépression cyclique et d'obtenir ainsi une croissance aussi homogène et régulière que possible. La politique conjoncturelle s'appuie sur une batterie d'indicateurs statistiques (comptabilité nationale, statistiques démographiques, de l'emploi, etc.) qui servent à élaborer des modèles de plus en plus réalistes à mesure que progressent l'analyse économique et la technologie informatique. La prospective économique devient la norme.

L'État-providence assume la fonction de redistribution des revenus. Pour un fonctionnement harmonieux de la société et du système économique chacun doit pouvoir disposer d'un bien-être et d'une sécurité matériels minimaux. L'État-providence assure d'abord la Sécurité sociale qui s'adresse en priorité aux catégories les plus vulnérables, personnes âgées, handicapées, chômeurs, qui reçoivent des pensions ou des indemnités ; malades qui peuvent accéder à la médecine moderne quelque soit leur niveau de ressources ; jeunes mères et leurs enfants. Suivant les pays ce système est plus ou moins universel et égalitaire : les pays européens (France, Grande-Bretagne, RFA...) sont plus généreux que le Japon ou les États-Unis. La redistribution concerne également les inégalités régionales à travers des politiques d'aménagement de l'espace ; les inégalités socio-culturelles grâce à l'ouverture croissante de la formation secondaire et supérieure.

L'État intervient dans la production et la distribution (politique des structures) dans certains pays comme la France ou le Royaume-Uni. Les instruments d'action ont été définis à la fin de la guerre grâce aux nationalisations et à la planification de la production. L'idée de base est de substituer l'action des pouvoirs publics à un capitalisme national défaillant, puis d'accompagner l'essor par des politiques agricoles, industrielles et commerciales adéquates, des subventions ou des commandes publiques.

Cet interventionnisme ne va pas nécessairement à l'encontre des intérêts des entreprises même si elles doivent en supporter en partie le coût, puisqu'il assure le maintien d'un niveau minimum de consommation et une certaine harmonie sociale. Le principe du profit et la différenciation des niveaux de revenu et de fortune ne sont pas contestés ce qui satisfait l'individualisme libéral.

Les résultats économiques sont impressionnants. Les crises cycliques sont atténuées au point de n'être que de brèves périodes de ralentissement de la croissance. Celle-ci est forte (entre 4,5 et 5 % par an en moyenne sur trente ans pour les pays de l'OCDE) ; le plein-emploi de la main-d'œuvre est globalement assuré. L'inflation est dans l'ensemble contenue entre 2 et 4 %, niveau où elle constitue un stimulant pour la croissance (elle pousse à ne pas différer les achats et allège le dettes).

▸ **La demande tire la croissance.** Non seulement l'élévation du niveau de vie encourage la consommation de masse, mais la relative pénurie de main-d'œuvre (plein-emploi) et son coût élevé poussent les entreprises à faire des efforts de productivité : on cherche à substituer du capital (machine...) au travail, ce qui renforce l'investissement. L'évolution est différente suivant les secteurs mais elle va globalement dans le même sens :

— **l'agriculture** accélère la mécanisation, développe l'usage des engrais, des pesticides, de l'irrigation, les gains de productivité entraînent un fort exode rural qui grossit les rangs des autres secteurs. Le culte du rendement et de la productivité touche également certains pays du Tiers Monde qui se lancent dans la révolution verte au milieu des années soixante ;

— **l'industrie** entre dans l'ère de l'« automation » qui prolonge et amplifie l'efficacité du taylorisme. La concentration technique (intégration verticale de la production « depuis la mine jusqu'à la commercialisation ») et la concentration financière gagnent du terrain : elles sont très avancées dans certains secteurs (automobile, industrie pétrolière et pétrochimie), elles se développent dans des secteurs nouveaux (agro-alimentaire) ; la multinationalisation des firmes américaines puis européennes et japonaises est un phénomène majeur des années cinquante et soixante ;

— **les services** restent à la traîne car la mécanographie et l'informatique ne sont pas encore très efficaces.

Il existe un consensus général en faveur du productivisme et de l'industrialisation. Le mode de production fordiste parvient à son apogée.

Le progrès technique et scientifique est un facteur de la croissance. La Seconde Guerre mondiale puis la guerre froide ont laissé un important héritage technologique transposable à la production civile : les industries de pointe, le plus souvent liées à la défense, apparaissent (électronique, nucléaire, industrie pharmaceutique...) ou connaissent une vigoureuse accélération (aéronautique, chimie organique, matériaux...). L'innovation devient la clef de la réussite commerciale des entreprises et entraîne une évolution de la notion d'industrie stratégique au détriment de la sidérurgie et des constructions navales. Les implications politiques sont considérables : l'État oriente la recherche qu'elle soit civile (le MITI au Japon) ou militaire (plus de la moitié de l'effort de recherche en France et aux États-Unis durant les années soixante). Sur le plan social une catégorie nouvelle, le « chercheur » professionnel, apparaît.

2. En réponse aux mutations économiques les sociétés changent plus lentement

► **L'expansion démographique a des effets opposés au Nord et au Sud.** La population mondiale passe de 2,5 milliards à 3,7 milliards entre 1950 et 1970. Le Nord développé et le Tiers Monde connaissent des phénomènes parallèles : poussée de la natalité, déclin de la mortalité grâce au progrès médical, urbanisation et exode rural, mais leur signification en termes de développement est différente. Au Sud la transition démographique se fait sur un rythme beaucoup plus rapide qu'en Europe au XIXe siècle (doublement en vingt ou trente ans contre quatre-vingts à cent ans), cela entraîne une paralysie des mécanismes de développement et de grandes famines en Inde notamment au début des années soixante. Au Nord, où la plupart des pays ont achevé leur transition démographique dans l'entre-deux-guerres, le *babyboom,* caractérisé par une poussée de la natalité (20 ‰ à 24 ‰) et accompagné par une baisse rapide de la mortalité, est une heureuse surprise. Il stimule la croissance en garantissant un élargissement durable du marché et en suscitant des besoins de logements, d'infrastructures, d'équipement des ménages.

Les rapports sociaux changent, prolongeant les évolutions entreprises dans les années trente.

Le taux de salarisation passe de deux tiers environ à près de 80 % de la population active des pays développés à la fin des années soixante. L'élévation du niveau de vie et la demande de services de santé, d'éducation, les consommations culturelles et touristiques expliquent l'essor du secteur tertiaire. A la distinction entre salariés et travailleurs indépendants (agriculteurs, petits patrons et commerçants, professions libérales) se substitue l'opposition entre « cols bleus » et « cols blancs ». Le monde ouvrier reste dans l'ensemble socialement dévalorisé et relativement oublié dans le partage des fruits de la croissance.

L'accélération de l'urbanisation qui atteint 75 à 80 % de la population vers 1970 ainsi que le développement de la *rurbanisation* (installation de citadins à la campagne) amènent une redéfinition des rapports entre villes et campagnes. En même temps le dualisme entre centres-villes et banlieues s'accroît, chaque espace se subdivisant selon une zonation sociale et économique complexe.

La consommation de masse et l'*American way of life* gagnent le monde entier. Les effets culturels de cette américanisation sont considérables. Sur le plan économique la consommation des produits de base peu élaborés recule au profit des biens de consommation durables (l'électroménager puis la télévision rejoignent l'automobile pour tirer la croissance) et des services.

Des stratifications sociales plus subtiles que la banale opposition entre riches et pauvres, prolétaires et bourgeois se mettent en place. La possession d'un patrimoine important et de hauts revenus sont toujours déterminants pour les classes supérieures, mais dans la vaste classe moyenne la hiérarchie se fait en fonction de l'accès plus ou moins tardif à certaines consommations (culture et voyages en particulier), en fonction également du niveau atteint dans certaines gammes de produits. Toutefois, les hiérarchies sociales sont moins bouleversées que précisées.

Malgré sa généralisation à l'ensemble des sociétés développées, la pauvreté n'a pas disparu. En 1973, 11 % des Américains vivent en dessous du minimum vital placé pourtant assez bas par le gouvernement ; en Grande-Bretagne et en France les pays noirs poursuivent leur agonie ; au Japon les salariés des grandes entreprises (30 % de la population active) profitent des avantages de l'emploi à vie (hauts salaires, paternalisme, prestige social), alors que les autres connaissent la médiocrité salariale et la précarité. Il ne faut pas négliger le poids individuel des reconversions qui bouleversent les repères sociaux, les habitudes et les solidarités de populations importantes (agriculteurs, mineurs, artisans et petits commerçants contraints de renoncer à leur indépendance). Vingt-cinq ans de croissance aboutissent fréquemment à des blocages sociaux.

IV. La crise annonce le passage à la croissance lente

De manière paradoxale les deux décennies de la crise économique mondiale coïncident avec le triomphe du capitalisme libéral : au début des années quatre-vingt le problème de la dette et l'effondrement du marché des matières premières mettent fin aux espoirs du Tiers Monde ; au début des années quatre-vingt-dix, la décomposition du système soviétique révèle un désastre économique insoupçonné. Cette victoire n'a pourtant rien d'un triomphe car les pays occidentaux sont loin d'avoir résolu leurs problèmes internes et d'avoir réglé les conflits économiques qui les opposent.

1. Après un quart de siècle, la croissance rencontre ses limites dès la fin des années soixante

► **La « contestation » met en cause les effets de la croissance productiviste.** Dans les **entreprises** le personnel supporte de plus en plus mal les contraintes tayloriennes : le « malaise de l'OS » entraîne une plus grande combativité, la fuite devant le travail (absentéisme, revendication de la réduction du travail, *turn over* accéléré), déséquilibre nerveux et psychologique qui se traduit par une baisse de l'attention, la multiplication des accidents du travail et un recul fréquent de la qualité des produits.

Dans **l'ensemble même de la société,** la logique productiviste est critiquée, remise en cause. Aux États-Unis et dans les pays nordiques les mouvements de consommateurs *(consumerism)* imposent le retrait de produits dangereux. Les préoccupations écologiques avivées par une succession d'accidents (Minamata au Japon, pétrolier *Torrey canyon* sur les côtes bretonnes...) suscitent l'inquiétude de la population et des économistes : en 1968 puis en 1970 dans son rapport *Halte à la croissance* le Club de Rome qui regroupe des futurologues du monde entier prédit un effondrement catastrophique de l'économie mondiale vers 2050. La « contestation du système » prend des formes diverses et arrive à son apogée en 1968.

Les États-Unis sont le centre du mouvement contestataire. La contre-culture américaine née dans les universités au début des années soixante se radicalise et s'internationalise à partir de 1965. Le *gauchisme* renvoie dos à dos le capitalisme « impérialiste » et le communisme soviétique en raison notamment de la course aux armements, le *tiers-mondisme,* l'aventure de Che Guevara et le maoïsme de la révolution culturelle semblent s'adresser à la jeunesse pour renverser l'ordre établi.

En eux-mêmes ces mouvements ne sortent guère du monde étudiant et de la jeunesse des classes moyennes mais en 1968 ils entrent en conjonction avec d'autres phénomènes (problèmes ethniques ravivés par l'assassinat de Martin Luther King aux États-Unis ; crise ouvrière en France). Avec quelques réformes et la crise économique des années soixante-dix la contestation s'amortit d'elle-même.

► **Les mécanismes économiques de la croissance sont perturbés par l'inflation interne et mondiale. À l'intérieur des pays développés** la crise du fordisme se combine avec la montée en puissance du secteur tertiaire dont la productivité est faible pour déséquilibrer la répartition des gains de productivité : la part des salaires augmente au détriment de celle des profits. Cela a une double conséquence : d'une part l'investissement est de plus en plus difficile à financer, il est donc freiné au moment où la hausse du pouvoir d'achat pousse la demande, il en résulte des tensions inflationnistes (situation de surchauffe particulièrement caractérisée en France). Le réglage conjoncturel qui devrait y remédier aboutit en fait à des alternances de freinage (refroidissement) et de reprise (ou de relance). Le *stop and go* se substitue ainsi aux cycles, ses effets sont moins marqués mais ils indiquent l'apparition de « rigidités » économiques, ce qui est une manière de dire que la théorie économique keynésienne n'est plus tout à fait en accord avec la réalité et que par conséquent on « pilote à vue » (V. Giscard d'Estaing).

Au niveau mondial l'inflation met en question le système monétaire fondé sur le dollar. Alors que leur balance commerciale reste positive, les États-Unis enregistrent depuis 1957 un déficit de leur balance des paiements, ce qui est dans ce cas un signe de puissance (ils exportent des capitaux, aident certains régimes, entretiennent un très coûteux appareil militaire en Europe et en Asie...). Comme ils utilisent leur propre monnaie pour solder ce déficit cela n'a guère de répercutions sur leur économie. En dehors des États-Unis plus de 100 milliards de dollars circulent en 1970, entre les banques des pays tiers. Dans la mesure où près de 90 % du commerce mondial est libellé en dollars, ces *eurodollars* ont favorisé l'expansion des échanges et du crédit international. En 1968 ces déséquilibres inquiètent les marchés financiers qui commencent à échanger des dollars contre de l'or ou d'autres monnaies jugées plus solides (mark ou yen).

Le 15 août 1971, le premier déficit commercial depuis la guerre pousse Richard Nixon à suspendre sans concertation préalable la convertibilité en or du dollar, ce qui est contraire aux accords de Bretton Woods ; en même temps les États-Unis instaurent une surtaxe de 10 % sur les importations (ce qui est contraire au Gatt), réduisent les aides à l'étranger. Les autres pays réagissent et obtiennent la conclusion des accords du *Smithsonian Institute* à Washington (décembre 1971) : le dollar est légèrement dévalué (7,9 %) pour la première fois depuis 1934 ; le yen, le mark et le florin néerlandais sont réévalués. On décide d'élargir la marge de fluctuation des monnaies ± 2,25 % et de supprimer la surtaxe de 10 %. En d'autres termes les partenaires des États-Unis ont accepté de renforcer la compétitivité des produits américains à l'exportation et de pénaliser les leurs sur le marché américain, les États-Unis ont bien « exporté » leurs difficultés.

Ce replâtrage ne tient qu'une année, au printemps 1973 les Américains renoncent définitivement à la convertibilité et laissent flotter leur monnaie. La disparition du système de Bretton Woods est entérinée en 1976 par les accords de la Jamaïque qui autorisent officiellement le recours au flottement des monnaies. Dès lors l'économie mondiale est à la merci des fluctuations du dollar.

► **La dévaluation du dollar exacerbe la révolte du Tiers Monde.** Depuis 1959 le prix du baril de pétrole n'a pas varié (2 $) mais l'inflation lui a fait perdre la moitié de son pouvoir d'achat. Les pays de l'Opep réclament donc le contrôle de leurs réserves qui appartiennent aux compagnies internationales, une augmentation des *royalties* et une augmentation des prix. Les premières nationalisations interviennent en 1971 (Algérie, Libye, Irak) alors que des négociations s'engagent avec les compagnies : un doublement des prix entre 1972 et 1974 est décidé. A la suite de la guerre israélo-arabe d'octobre 1973, les prix sont multipliés par quatre (de 3 à 12 $ par baril) et les nationalisations se poursuivent.

Le premier choc pétrolier a des effets funestes sur les économies occidentales qui ont laissé leur dépendance énergétique croître dangereusement : de 1950 à 1973 la consommation d'énergie a été multipliée par trois et le pétrole importé en presque totalité au Japon et en Europe en représente généralement plus des deux tiers. Le quadruplement des prix du brut à pour effet immédiat une ponction supplémentaire de 1,5 % du PNB de l'ensemble des pays de l'OCDE et une accélération de l'inflation.

2. Une crise paradoxale commence en 1973

► **La crise se caractérise par une situation de stagflation et non par une dépression.** En moyenne la croissance baisse de moitié entre 1973 et 1987 (2,5 % par an en moyenne dans l'OCDE contre 5 % pour la période 1945-1973). Ce ralentissement traduit en fait de fortes variations. Le rythme de la croissance connaît deux phases de régression : en 1974-1975 en liaison avec le premier choc pétrolier et en 1980-1982 après le doublement du prix du baril de 16 à 32 $ en 1979-1980. Ce second choc pétrolier se conjugue avec la hausse du dollar et à l'élévation des taux d'intérêts américains (20 % en 1982 pour le taux des emprunts publics américains qui sert de base au calcul de tous les autres). L'annonce par le Mexique qu'il ne peut rembourser ses dettes accroît l'incertitude.

Ces deux moments de récession sont encadrés par des phases de reprise de l'activité qui reste toutefois plus lente qu'auparavant (+ 4 % entre 1976 et 1979 ; 3,5 % de 1983 à 1990 ; mais 4,5 % entre 1986 et 1990). Une nouvelle récession s'amorce au second semestre 1990 dont la guerre du Golfe est un révélateur plutôt qu'une cause.

La stagnation reflète essentiellement la crise du secteur industriel. La croissance de la valeur ajoutée industrielle tombe de 5,5 % entre 1960 et 1973 à – 0,7 % en 1979-1982. Les secteurs les plus immédiatement touchés sont l'industrie lourde avec le secteur des biens d'équipement (ce qui traduit le ralentissement de l'investissement) et d'autre part les biens de consommation durables (automobiles, gros électroménager...) ainsi que l'immobilier de logement à partir de 1980-1982. Toutefois les activités de services sont également touchées à la longue : le recul brutal du transport aérien et du tourisme international est une originalité de la récession de 1990. Les causes du ralentissement de la demande sont multiples.

On constate d'abord une cassure très nette à partir de 1976 de l'investissement dans tous les pays de l'OCDE à l'exception du Japon et de la RFA : les entreprises se trouvent confrontées à des surcapacités qu'il faut éliminer. Ensuite la hausse des taux d'intérêt et la baisse du taux de profit dans l'industrie freinent l'investissement.

La demande des ménages se ralentit car l'équipement des foyers est achevé pour l'essentiel et le renouvellement est retardé par la crainte de l'avenir ou le chômage. La fin du *babyboom* assombrit un peu plus les perspectives.

La demande internationale augmente nettement moins vite que pendant les Trente Glorieuses. La croissance du commerce mondial passe de 8,5 % par an entre 1960 et 1970, à 3 % entre 1980 et 1987. Les pays de l'Opep peu peuplés ont rapidement satisfait leurs besoins avant de chercher des placements financiers (le Koweit étant l'exemple le plus typique) ; les autres se sont concentrés sur des investissements d'infrastructures et des achats d'armes. Tout cela s'arrête après le contre-choc de 1982 qui fait baisser les prix de moitié alors que la consommation des pays du Nord stagne. Le Tiers Monde non pétrolier a souffert de l'augmentation de sa facture énergétique et a souvent réduit ses achats. Dans les pays du Nord seuls le Japon et la RFA ont su maintenir leur dynamisme commercial et accumulent des excédents considérables.

La croissance ralentie ne permet plus de maintenir le plein-emploi. La stagnation de l'activité et les difficultés financières de nombreuses entreprises expliquent la forte augmentation des faillites, s'y ajoutent les effets de la modernisation des entreprises et de l'arrivée sur le marché de l'emploi des forts contingents nés à la fin des années cinquante. Le chômage qui était de 3,2 % entre 1967 et 1973, ce qui n'est pas négligeable, atteint 8,2 % pour l'OCDE en 1982 (soit 31 millions de personnes) avec des pointes à 11 et 13 % aux États-Unis et en Grande-Bretagne, 10 % en France en 1984, mais 2,5 % seulement au Japon.

Les conséquences sociales sont moins brutales que durant les années trente. La pauvreté et la misère gagnent du terrain mais sans affecter tout un pays : le pouvoir d'achat des salariés employés se maintient ou régresse faiblement, les systèmes d'assurance chômage renforcés par diverses mesures d'assistance ont limité les conséquences matérielles de la crise dans de nombreux pays. Le problème reste tragique pour les chômeurs de longue durée en fin de droits ou pour les nouveaux arrivants sur le marché de l'emploi qui n'ont que très peu de droits. Le fait majeur est donc l'apparition d'un fossé économique et social entre une majorité de la population « toujours riche » et une catégorie de « nouveaux pauvres » dont le nombre à tendance à s'agrandir et qui rencontrent des difficultés insurmontables pour sortir de la misère.

▸ **L'inflation accompagne paradoxalement la stagnation économique.** La hausse du coût de l'énergie a accéléré un phénomène déjà structurellement présent : elle ne représente en effet qu'un quart à la moitié de l'inflation totale en 1974 ; d'autre part l'inflation persiste longtemps après le contre-choc pétrolier de 1982. Il existe donc des mécanismes multiplicateurs.

> **L'indexation des salaires sur les prix** (la hausse des prix déclenche un rattrapage des salaires qui augmente les coûts de production, donc les prix), contrairement à ce qui se passait au temps de la croissance, la hausse des salaires n'est plus liée au partage des gains de productivité qui stagnent au contraire.
>
> **Les anticipations inflationnistes** poussent les agents à acheter tout de suite en recourant au crédit, ce qui peut faire monter les prix par excès de la demande sur l'offre et en même temps gonfle la masse monétaire.
>
> **Les dépenses croissantes de l'État-providence** vont dans le même sens, soit en effet elles sont financées par le déficit du budget et sont inflationnistes, soit l'État augmente les prélèvements obligatoires sur les entreprises et les particuliers, ce qui peut relancer la spirale prix-salaires.

Ce sont les mécanismes mêmes de la croissance qui sont en cause : l'économie d'endettement, la redistribution par l'État-providence, les mécanismes de partage des profits de la croissance.

Au niveau international, l'abondance de dollars qui avait entraîné l'inflation mondiale des années soixante est amplifiée par la hausse des matières premières : l'Occident et le Tiers Monde non pétrolier doivent emprunter pour financer leur facture énergétique auprès des pays pétroliers qui disposent des liquidités nécessaires. Le recyclage des « pétrodollars » (450 milliards de dollars entre 1973 et 1982) se superpose à celui des eurodollars. L'économie d'endettement devient une réalité mondiale : l'endettement total (interne et externe) des États-Unis est passé de 1 600 milliards en 1970 à 11 000 milliards en 1990. Dans le même temps celui du Tiers Monde a été multiplié par 15. Deux crises sanctionnent ces dérèglements : la crise de la dette du Tiers Monde à partir de 1982 et le krach boursier de 1987.

Entre 1980 et 1987 les marchés financiers ont connu une rapide évolution technique qualifiée de *Big Bang* (informatisation, multiplication des types de produits financiers...). L'abondance de liquidités liée au recyclage des pétrodollars puis aux excédents commerciaux du Japon et de la RFA a favorisé la spéculation : alors que la production et l'investissement stagnent, la valeur totale des titres cotés triple en sept ans. Tout un chacun spécule : les entreprises qui placent leurs capitaux bien mieux rémunérés que si elles les investissaient dans la production, les ménages, les banques et même certains États.

La bulle spéculative éclate le 19 octobre 1987, en six jours l'indice *Dow Jones* de la bourse de New York baisse de 750 points (deux fois plus qu'en 1929) mais la coopération des sept pays les plus riches du monde (G 7) permet de limiter les conséquences économiques : le krach n'interrompt pas la reprise et favorise dans une certaine mesure la reprise des investissements productifs. Cependant le risque de dérapage subsiste, en effet l'Allemagne et surtout le Japon ont un commerce extérieur très excédentaire (534 milliards de dollars entre 1987 et 1991 pour le Japon), ceci recrée les conditions de la spéculation et explique le krach boursier et immobilier japonais en 1991.

► **L'échec des solutions keynésiennes conduit à un retour partiel vers le libéralisme.** Les responsables ont voulu appliquer les recettes du keynésianisme. La crise est interprétée comme un accident imprévisible dont les effets seront de courte durée, la relance de l'économie par l'État apparaît comme la solution logique, elle est entreprise entre 1974 et 1976 dans tous les grands pays (augmentation des indemnités de chômage, mesure en faveur de l'investissement...). Les résultats sont médiocres : la croissance repart mais elle ne réduit pas le chômage, elle aggrave en revanche l'inflation et le déficit du commerce extérieur de la plupart des pays.

Les libéraux prennent leur revanche sur Keynes. Contre les idées de Keynes sur le rôle régulateur de l'État, les économistes néo-libéraux considèrent que le marché est le meilleur régulateur de l'économie, ils préconisent donc un désengagement de l'État dans deux directions :

— **après l'échec des politiques conjoncturelles** essayant de lutter contre l'inflation en contrôlant les prix, les salaires et les taux d'intérêts, les monétaristes dont Milton Friedman est le chef de file montrent que l'État doit se borner à contrôler l'évolution à long terme de la masse monétaire pour que son accroissement soit compatible avec la croissance de la production à long terme. Il s'agit donc d'une politique structurelle. En 1979 Paul Volcker nommé à la tête du Fed adopte ces vues : c'est le début de la désinflation mondiale que facilite, à partir de 1985, le contre-choc pétrolier ;

— **l'accroissement excessif des dépenses publiques,** lié au développement de l'État-providence, entraîne l'alourdissement de la fiscalité qui, au-delà d'un niveau raisonnable, décourage les entrepreneurs et les innovateurs d'accroître la production car les bénéfices de leurs efforts leur seront retirés. Dès lors l'offre de biens est insuffisante, les besoins ne sont pas satisfaits et le chômage persiste. C'est la **théorie de l'offre** illustrée par Laffer inspirateur de R. Reagan.

Les néo-libéraux prônent la libération du marché et la déréglementation. Les interventions publiques doivent être limitées (réduction des subventions et des prestations gratuites). L'État doit privatiser les entreprises et les services qui seront mieux gérés par des intérêts privés ; les sommes ainsi dégagées permettront de réduire l'endettement donc la fiscalité. Au bout du compte l'État sera gagnant car malgré la baisse du taux d'imposition l'essor économique augmentera la masse imposable et il aura des sommes supérieures à consacrer aux actions qu'il peut seul conduire.

Ces idées ont été mises en œuvre au cours des années quatre-vingt aux États-Unis par R. Reagan, en Grande-Bretagne par M. Thatcher et en France depuis la cohabitation. Les résultats sont indéniables : mis à part la brève récession de 1990-1992, les États-Unis connaissent une croissance soutenue (plus de 3 % l'an entre 1983 et 1997) qui ne provoque pas de retour de l'inflation mais s'accompagne de gains de productivité élevés. La locomotive américaine entraîne le monde entier – mais c'est au prix d'un déficit commercial des États-Unis qui constitue l'un des plus graves déséquilibres actuels. C'est dire que les résultats n'ont pas été totalement à la hauteur des espérances : en particulier le rendement des impôts n'a pas augmenté de manière significative, la déréglementation trop poussée a conduit à des accidents (dans le transport aérien aux États-Unis) et les conséquences sociales ont quelquefois été insupportables (violence dans les ghettos, extension de la nouvelle pauvreté). En 1990 une nouvelle récession frappe les États-Unis et le monde, signe que tous les problèmes sont loin d'être résolus. Aussi, entre néo-libéralisme et keynésianisme, les politiques actuelles s'efforcent-elles avec pragmatisme de trouver des compromis : la rigueur monétaire et budgétaire, la libération des marchés et la privatisation des entreprises publiques en sont quelques points forts.

▸ **La crise a accéléré les mutations du capitalisme mondial. L'essor de la concurrence a eu pour effet une globalisation des économies.** La crise a accru la concurrence internationale par l'effet conjugué de l'ouverture des marchés nationaux organisée par le Gatt et en Europe par la CEE et du besoin des différents pays d'exporter pour financer leurs importations et trouve des débouchés à leurs produits. La recherche de la compétitivité est devenue le maître-mot : il s'agit de fournir des produits originaux, d'excellente qualité, au meilleur prix pour conserver ou développer les parts de marchés. L'insolvabilité durable des pays du Tiers Monde et l'instabilité en Europe de l'Est ont fait que les pays développés constituent le principal marché porteur, avec l'Asie. Les techniques et les méthodes les plus efficaces tendent à être imitées par tous.

Les techniques de production ont évolué vers une plus grande substitution du capital au travail afin d'augmenter la productivité et réduire les coûts de main-d'œuvre très élevés dans les pays développés, la robotisation des tâches répétitives et l'informatisation sont les moyens les plus connus.

Les méthodes de gestion japonaises, développées par Toyota notamment sont en passe d'être adoptées dans le monde entier. Le toyotisme est un fordisme aménagé : recherche de la qualité totale en impliquant un personnel mieux formé dans le contrôle de la production à chaque étape du processus ; réduction des stocks coûteux en réduisant les délais entre conception et fabrication, commande et livraison (technique des « flux tendus » ou *Kanban*) ; flexibilité de la production pour l'adapter rapidement aux variations quantitatives et qualitatives de la demande.

La recherche et développement est devenue un enjeu majeur auquel les entreprises et les pays consacrent des sommes considérables : l'évolution de l'industrie électronique montre en effet qu'il est très difficile de combler le retard pris dans une technologie de pointe.

Les grandes entreprises ont développé des stratégies dites *globales* dans le cadre de la *Triade*, terme inventé par le japonais Kenishi Ohmae. Le singulier renvoie à l'existence d'une unité économique (niveau de vie et culture américanisée créent des habitudes de consommation analogues, la gestion des entreprises adopte les mêmes méthodes et les mêmes objectifs). La globalisation de l'économie signifie que les entreprises ne peuvent plus se contenter du marché national ou régional (CEE, Amérique du Nord, Asean...) mais doivent être présentes sur les trois marchés, directement ou par des accords avec des sociétés locales, leurs stratégies de production et de commercialisation se développent au niveau mondial (délocalisation de la production, mais aussi de la conception...). On est passé du monde de l'après-guerre, polarisé sur les États-Unis, à un monde tripolaire.

Approfondir

LECTURES

- P. Guillaume et P. Delfaud, *Nouvelle histoire économique,* t. 2 : *Le XXe siècle,* Colin, coll. « U », 1977, 400 p. (pour prendre une vue d'ensemble de l'entre-deux-guerres jusqu'à la fin des Trente Glorieuses).
- B. Marcel et J. Taïeb, *Crises d'hier, crise d'aujourd'hui, 1873..., 1929..., 1973...,* Nathan, coll. « CIRCA », 1989, 254 p. Permet de comprendre les différences entre les deux grandes crises du XXe siècle.
- M. Baslé et collaborateurs, *Histoire des pensées économiques,* t. 1 : *Les fondateurs,* t. 2 : *Les contemporains,* Sirey, 1988, 374 p. et 558 p. Très pédagogique, la lecture peut se limiter à ce qui concerne Keynes (t. 1 p. 316-329) ; Friedman et le monétarisme (t. 2 p. 307-319) ; Laffer et la théorie de l'offre (t. 2 p. 342-353).

THÈMES DE RÉFLEXION

- Dans quelle mesure peut-on dire que la crise de 1929 est une des causes de la guerre ?
- La société des années folles.
- La société française des Trente Glorieuses était-elle une société bloquée ?

2

Naissance, apogée et crise de la modernité

LES ASPECTS CULTURELS 1880-1990

Connaître

1886	Dernière exposition des Impressionnistes à Paris
1900	S. Freud, *L'interprétation des rêves*
1905	A. Einstein, théorie de la relativité restreinte
1906	Création du mot *génétique*
1907	Picasso, *Les demoiselles d'Avignon*, première œuvre cubiste
1910	Kandinsky, première peinture abstraite
1913	N. Bohr, théorie des quanta
	Stravinsky *(Le sacre du printemps)*. Proust *(Du côté de chez Swann)*
1916	Création du mouvement Dada
1924	A. Breton, *Manifeste du Surréalisme*
1936	Jeux olympiques de Berlin
	L. Riefenstahl, *Olympia (Les dieux du stade).*
1937	Exposition universelle de Paris
	Expositions de Munich sur *L'art allemand* et *L'art dégénéré*
1945	Début du néo-réalisme italien (Rossellini, *Rome ville ouverte*)
1955	Triomphe du *rock'n roll* aux États-Unis
	Début du *pop art* aux États-Unis
1960	Premier débat télévisé Kennedy-Nixon (26 septembre)
1964	Naissance aux États-Unis de la *Post-Painterly Abstraction*
1969	Neil Armstrong marche sur la Lune (20 juillet)
	Festival de pop music de Woodstock
1979	Premier vol de la fusée européenne Ariane
1988	160 pays participent aux Jeux olympiques de Séoul
1997	Clonage d'une brebis en Grande-Bretagne

La fin du XIXe et la première moitié du XXe siècle sont caractérisées dans le domaine culturel par la naissance et l'épanouissement de ce qu'il est convenu d'appeler la modernité ; on entend par là une véritable « révolution copernicienne », comparable à celle de la Renaissance, qui bouleverse les assises mêmes de la conscience et de l'intelligence du monde. Une série de révolutions intervenues dans des domaines extrêmement divers, sciences de la matière et de la vie, formes d'expression plastique et intellectuelle, changent le visage des choses et les rapports que les hommes entretiennent avec elles. Si le grand public reste dans un premier temps indifférent à ces bouleversements, la modernité ne s'en impose pas moins à lui à travers les nouveaux médias, presse, radio, cinéma, les sports et les loisirs. Un irrésistible mouvement de mondialisation et de banalisation de la culture s'engage de l'Europe aux États-Unis. En réaction contre cet art « bourgeois » ou « dégénéré », les régimes porteurs d'un messianisme révolutionnaire ou fasciste ont tenté de promouvoir une culture spécifique : ces aspects, inséparables de l'histoire politique, illustrent le risque permanent de récupération de l'art, de la culture ou du sport par l'idéologie.

I. Les révolutions scientifiques bouleversent la vision du monde

1. La « fin de siècle » et la crise du positivisme

▸ **Les années 1880 ont vu le triomphe d'un positivisme héritier de toutes les tendances profondes du XIXe siècle,** ère de progrès technique et scientifique continu, ère de confiance aveugle dans les vertus des sciences et des connaissances rationnelles. La révolution industrielle, fait majeur de l'Europe atlantique, s'était accompagnée d'idéologies exaltant ses mérites et déviant parfois en mystiques de la science (le scientisme). Tels furent le saint-simonisme dans les années 1820-1860 et à sa suite le positivisme issu des écrits d'Auguste Comte (mort en 1857) et inspirant les premières élites de la IIIe République, avec un Littré : la société serait parvenue à l'âge industriel ou positif où elle doit se préoccuper de découvrir et appliquer les lois régissant les phénomènes, y compris dans la sphère sociale.

▸ **La domination du positivisme commence à s'affaiblir dans les années 1890, marquées par une atmosphère *« fin de siècle »*** qui se nourrit, dans les intelligentsias des sociétés industrialisées, à Paris comme à Vienne, d'interrogations nouvelles, de phantasmes et d'angoisses. En Angleterre, aux États-Unis, en Russie

(Tolstoï), en Italie, avec les philosophes d'inspiration hégélienne Benedetto Croce et Giovanni Gentile (1875-1944), le futur idéologue du régime fasciste, une même réaction antirationaliste se développe, qui renvoie le positivisme au rang des idéologies vieillies d'un siècle en passe de s'achever.

La réaction antipositiviste touche puissamment la France, avec les philosophes Maurice Blondel (*L'Action*, 1893) et surtout Henri Bergson (1859-1941) qui publie *Les données immédiates de la conscience* en 1889 et *L'évolution créatrice* en 1907. Il érige l'intuition en méthode philosophique dans la mesure où il estime que l'intelligence est inapte à penser le mouvement et donc la durée : cette affirmation d'une certaine défaite de la science objective fait l'importance de son œuvre alors très célèbre en France et que couronnera le prix Nobel en 1928. Les romanciers et poètes Charles Péguy, Léon Bloy, Francis Jammes, H. J. K. Huysmans sont les chefs de file d'un retour à l'idéalisme ou au catholicisme. Un peu à l'écart, Charles Maurras (1868-1952), auteur d'une retentissante *Enquête sur la Monarchie* (1900) et de *L'avenir de l'intelligence* (1905), s'impose vite comme le représentant influent du courant antilibéral ; avec le romancier Maurice Barrès (*La colline inspirée*, 1913), il est de ceux qui exaltent les qualités du guerrier : « La guerre, seule hygiène du monde » écrit le futuriste italien Marinetti en 1909.

L'essentiel, cependant, se déroule ailleurs, entraînant en quelques années un ébranlement généralisé des certitudes scientifiques, épistémologiques et artistiques les mieux établies. La psychanalyse rend obsolètes les vieilles définitions et morales et s'ouvre aux forces obscures de la matière et de la personnalité, aux retentissements intérieurs des apparences et des effets de la réalité.

La psychanalyse est l'héritière aussi bien de la philosophie nietzschéenne du soupçon que des travaux cliniques sur les maladies mentales (le Français Charcot) : le médecin viennois Sigmund Freud (1856-1939) publie *L'interprétation des rêves* en 1900, *Trois essais sur la théorie de la sexualité* en 1905, *Totem et tabou* en 1913 ; il fonde la Société psychanalytique de Vienne en 1908 et réunit ses premiers grands disciples, Adler, Jung, Ferenczi. Par l'importance accordée aux rêves, à l'inconscient, à la petite enfance, la distinction entre « moi » et « surmoi » (les interdits et dogmes du social), Freud ruine la conception cartésienne du sujet (le « je ») : c'est l'ébranlement décisif, auquel les surréalistes seront particulièrement redevables.

2. Le grand chantier de la physique

► **La physique et l'ensemble des sciences de la nature connaissent un double renversement de perspectives.** C'est d'abord le passage de l'antique physique expérimentale à la physique théorique qui ne demande plus à l'expérimentation que la vérification des solutions qu'elle échafaude.

C'est ensuite l'introduction de la notion de la relativité. L'hypothèse en est formulée en 1905 par Albert Einstein (1879-1955) ; elle établit qu'il n'y a pas, comme le croyait Newton, un temps universel identique pour tout observateur et un espace absolument indépendant des corps qui s'y trouvent, mais un espace-temps, définissant un univers à quatre dimensions dans lequel se déroulent les phénomènes physiques. Affirmée pour la mécanique, l'idée est étendue en 1916 à l'ensemble des phénomènes : c'est l'hypothèse de la *relativité générale* à laquelle se rallie assez rapidement la communauté scientifique. Après la Première Guerre, le Français Louis de Broglie émettra, à propos des atomes, la théorie de la mécanique ondulatoire (1923) et l'Allemand Heisenberg celle du principe d'indétermination (1924).

Les chercheurs ont mis d'abord en évidence, à la fin du XIXe siècle, la structure discontinue de la matière : derrière les apparences continues des phénomènes sensibles, on démontre que se cache l'activité fondamentale de l'atome, le mouvement des électrons dans ce dernier expliquant l'émission de rayonnement par la matière (théorie émise par Lorentz). Dès lors les découvertes s'enchaînent : les mouvements des électrons ne sont pas désordonnés mais obéissent à une quantification (théorie des quanta, de Max Planck, 1901), dont Niels Bohr, en 1913, établit certaines règles. Le noyau atomique est découvert en 1911 par Rutherford qui identifie la structure de l'atome à un système planétaire et montrera en 1919 que le noyau peut se transformer dès lors qu'on le soumet à un bombardement de particules, c'est l'origine de la réaction nucléaire ; l'électron positif et le neutron sont découverts respectivement en 1931 et 1934 par Anderson et Chadwick.

L'origine de l'énergie dégagée par la matière, baptisée radioactivité, est établie par Marie et Pierre Curie en 1898 (découverte du polonium et du radium) et fait suite aux découvertes par Röntgen des rayons X (1895), par Becquerel de l'uranium (1896), par Thomson de l'électron (1897). Une génération plus tard, Frédéric et Irène Joliot-Curie, avec l'Italien Fermi, découvrent la radioactivité artificielle. Ces travaux trouveront bientôt une application majeure dans le domaine nucléaire, avec la mise au point de la bombe atomique à laquelle travaillent activement, pendant la Seconde Guerre mondiale, Allemands et Américains, ces derniers gagnant la course de vitesse grâce à l'installation dans leur pays de la plupart des grands chercheurs allemands ayant fui le nazisme.

En chimie, en génétique, en médecine, les progrès sont également constants. Berthelot réalise la synthèse des produits organiques en laboratoire, tandis que les Allemands accumulent les prix Nobel de chimie. La jeune science de la génétique (le mot apparaît en 1906), issue des travaux sur l'hybridation végétale de Mendel, ignorés en son temps, est fondée par le Hollandais De Vries et l'Américain Morgan qui donne en 1911 une base expérimentale à la théorie chromosomique de l'hérédité. Hormones et vitamines commencent à être connues ; les continuateurs de Pasteur, mort en 1895 après avoir fondé en 1887 l'Institut qui porte son nom, découvrent le vaccin antidiphtérique (Roux), le bacille de la tuberculose (l'Allemand Koch), le virus de la poliomyélite, la pénicilline, qui ouvre la voie aux antibiotiques (A. Fleming, 1929) et le virus de la grippe (1933).

3. L'accélération des découvertes scientifiques depuis 1945

► **La Seconde Guerre mondiale puis la confrontation entre les deux blocs ont insufflé un dynamisme sans précédent aux recherches scientifiques.** Les États interviennent aux côtés des grandes entreprises privées, en France par le biais du CNRS (1949), du CEA (Commissariat à l'énergie atomique, 1945) ou du CNES (Centre national d'études spatiales) ; aux États-Unis de la Nasa (National Aeronautics and Space Administration, 1958). Ils financent essentiellement les recherches militaires ou les projets mixtes (*Eurêka* en Europe), et passent des commandes aux puissants complexes militaro-industriels. Dans les années quatre-vingt, les sommes consacrées à la recherche et au développement représentent de 2 à 3 % du PNB des grands États industrialisés (0,7 % aux États-Unis en 1945). Les États-Unis ont établi une domination scientifique incontestée : leurs savants ont conquis 158 prix Nobel de physique, chimie ou médecine entre 1901 et 1991, contre 241 pour le reste du monde.

▶ **Cette accélération et ce gigantisme de la recherche mènent à leur terme les grands acquis techniques et théoriques de la première moitié du siècle.** Ainsi du domaine nucléaire où la libération de l'énergie contenue dans la matière par fission de l'atome, obtenue dès 1939, et la découverte de l'isotope 235 de l'uranium facilitent la mise au point des premières bombes atomiques (bombes A) qui explosent à Los Alamos (juillet 1945) puis à Hiroshima (6 août). Les bombes H, utilisant la fusion des noyaux d'hydrogène, sont opérationnelles dès 1949 aux États-Unis, 1953 en URSS. L'utilisation civile de l'énergie nucléaire s'impose surtout dans les années soixante-dix à la suite des chocs pétroliers de 1973 et 1979. L'invention britannique du radar est aussi une conséquence directe de la Seconde Guerre mondiale.

La conquête de l'espace est marquée par une ardente compétition soviéto-américaine à partir de la deuxième moitié des années cinquante. Elle s'est orientée dans deux directions : l'une strictement scientifique, d'exploration et de mesure, avec l'envoi du premier homme sur la Lune, l'Américain Neil Armstrong (20 juillet 1969), la réalisation de stations orbitales (laboratoire américain *Skylab* en 1973, vaisseaux *Saliout* et stations *Mir* soviétiques, avec record de la durée du séjour dans l'espace, 1995), l'envoi de sondes interplanétaires (*Viking* se pose sur Mars en 1976, et en 1983 *Pioneer 10* sort du système solaire), le lancement des navettes entièrement récupérables (1981-1989). L'autre consiste, depuis 1957-1958, à mettre sur orbite des satellites d'abord militaires puis de météorologie et de télécommunications : les Européens ont su conquérir ici la moitié du marché mondial en dépit d'une concurrence qui va croissant avec la fusée Ariane dont la construction confiée au CNES français a été décidée à la fin de 1972 et dont le premier lancement, le 24 décembre 1979, a été suivi d'une série presque complète de réussites, avec des lanceurs de plus en plus puissants.

Les avancées sont également considérables en chimie, biologie et médecine, dont les progrès s'interpénètrent. Les progrès de la chimie des molécules ont permis d'obtenir des produits de synthèse, pétrole, caoutchouc, pesticides, colles, et des milliers de matières plastiques et de tissus artificiels, dont le Nylon, mis au point en 1935, le Rhovyl, le Tergal, etc. L'industrie pharmaceutique utilise également beaucoup de produits d'origine synthétique. La pénicilline est mise au point en 1942, après les recherches de Fleming en 1928 ; l'insuline est découverte en 1922, la cortisone en 1946. La chirurgie des greffes a connu un développement continu depuis la fin des années cinquante, avec la première greffe du cœur en 1967. Il en va de même pour la génétique depuis la découverte en 1953 par les Britanniques Francis Crick et James Watson des molécules d'ADN. Le gène lui-même a été isolé en 1969 ce qui a permis de développer les manipulations génétiques. L'embryologie, enfin, permet de développer les techniques de procréation artificielle, avec la naissance des premiers « bébés-éprouvettes » en 1978 en Grande-Bretagne et en 1982 en France. Les chercheurs achoppent, en revanche, face au cancer et au Sida en dépit des points marqués à la suite d'une mobilisation générale de la communauté scientifique.

► **Le progrès scientifique nourrit toutefois inquiétudes et débats.** L'utilisation de l'arme atomique après celle des gaz en 1914-1918 a montré que le développement scientifique n'était plus nécessairement synonyme de progrès. La science apparaît susceptible de se retourner contre l'homme, de l'aliéner ou de le détruire. Une succession de catastrophes dues aux « risques technologiques majeurs » ont secoué l'opinion mondiale, qu'elles soient chimiques, pétrolières ou nucléaires. L'explosion de la centrale de Tchernobyl en URSS (26 avril 1986) a fait 31 victimes et a contraint à déplacer 135 000 personnes. Sous la pression des écologistes, et grâce à la chute mondiale des cours du pétrole dans les années quatre-vingt, les États ont revu à la baisse leurs ambitieux programmes de production d'électricité nucléaire.

Les applications de la biologie et de la génétique soulèvent au même moment de graves problèmes éthiques. En 1974, les biologistes du monde entier décident d'observer un moratoire d'un an sur les manipulations génétiques. Les techniques de fécondation *in vitro* nourrissent des interrogations sur les risques de trafic liés aux « mères porteuses » et sur les manipulations génétiques. Les conquêtes scientifiques et médicales, beaucoup plus rapides que l'évolution des mentalités, posent ainsi des questions hors des normes juridiques habituelles ; plus éthiques que strictement juridiques, elles ont suscité en France la formation d'un Comité national d'éthique, bientôt imité par divers pays européens, qui symbolise le rapport nouveau entre la science, le droit et la démocratie. Le Vatican, pour sa part, a exprimé en mars 1987 son opposition à toute forme de procréation artificielle.

C'est enfin autour du devenir de la planète terre que se sont focalisées les inquiétudes des années quatre-vingt, débouchant sur le Sommet de Rio de Janeiro en 1992, et sur la lente mise en route de mesures de protection touchant à l'industrie ou aux carburants utilisés par les automobiles.

II. La culture : l'époustouflante succession des avant-gardes

1. La révolution de l'impressionnisme

► **Du Second Empire à la Seconde Guerre mondiale, la peinture reste le lieu principal d'affirmation de la modernité,** pour les intelligentsias comme pour le grand public. La France est alors le principal pôle de la création artistique en Europe et attire des talents venus du monde entier. Le conservatisme de son Académie des beaux-arts, qui contrôle le jury d'admission au salon annuel, entraîne le regroupement des rejetés ou des francs-tireurs dans des avant-gardes successives qui, à défaut de commandes officielles, s'exposent chez les nouveaux marchands d'art. Les ateliers des peintres deviennent les nouveaux cénacles où se côtoient créateurs, écrivains, critiques, ou encore les sculpteurs, fortes personnalités isolées avec Rodin (1840-1917), son disciple Bourdelle et Camille Claudel, et figures à part entière du mouvement surréaliste, après 1920, Arp, Giacometti (1901-1966), Calder (1898-1976) et Germaine Richier (1904-1959).

On distingue trois étapes dans une histoire riche en conflits et en talents : d'abord la succession des grandes générations, ou écoles, tour à tour l'impressionnisme, l'expressionnisme, le fauvisme et le cubisme, même si ces dénominations commodes n'épuisent pas la complexité d'une époque ou même l'œuvre de tel ou tel grand créateur ; puis le surgissement d'un mouvement qui a ses propres normes et touche les lettres et le cinéma aussi bien que la peinture, le surréalisme ; enfin, un peu en marge jusqu'à la consécration de l'après 1945, la naissance de la peinture non figurative ou abstraite.

► **Les impressionnistes ont vécu à Paris une décennie « héroïque » (1870-1880),** en dressant la pléiade de leurs talents contre les maîtres du réalisme, Dominique Ingres (1780-1867), Jean-François Millet (1815-1875) et Gustave Courbet (1819-1877), et contre les tenants d'un art officiel dont l'extrême classicisme confinait au style pompier. Ils tirent leur nom (donné par un journaliste en signe de dérision) d'une toile de Monet intitulée *Impression, soleil levant* ; ils se proposent en effet de représenter la réalité d'après leurs impressions propres et marquent leur prédilection pour la peinture en plein air, les paysages et leurs jeux d'ombres, de lumières et d'eaux ; « La lumière devient l'âme de l'œuvre », écrit Émile Zola, leur ami. Claude Monet (1840-1926), auteur de séries sur *La cathédrale de Rouen* (1892-1893) ou *Les nymphéas bleus* (après 1917), est le plus représentatif du mouvement. D'abord insultés ou ignorés, les impressionnistes obtiennent une certaine reconnaissance avec leurs dernières expositions collectives, en 1882 et 1886, au moment où ils commencent à se séparer. Si Gauguin, Seurat ou Signac ont rejoint les Pissarro ou Degas de la première heure, d'autres se sont retirés, Cézanne, Sisley, Renoir et Monet.

► **De nouvelles orientations se font jour chez les héritiers de l'impressionnisme :** Georges Seurat (1859-1891), passionné par la définition scientifique des couleurs, fonde en 1884 le *Salon des artistes indépendants* et anime avec Signac et Pissarro le néo-impressionnisme, ou pointillisme, qui se distingue de son aîné par la division des tons et la juxtaposition des touches sur la toile. Jean Moréas théorise dans un manifeste de 1886 le symbolisme littéraire et plastique, rassemblement d'aspirations idéalistes privilégiant le rêve, le fantastique, et déviant parfois dans la mystique ou l'angoisse : ses principaux représentants français sont Puvis de Chavannes, Gustave Moreau, Odilon Redon ; à Vienne, Gustave Klimt (1862-1918) peut leur être associé. Paul Gauguin (1848-1903) poursuit sa quête d'une religiosité primitive en Bretagne (Pont-Aven, 1888), puis à Tahiti. Son disciple Paul Sérusier fonde en 1888, avec Vuillard (1868-1940) et Pierre Bonnard (1867-1947), puis Maurice Denis (1870-1943), le groupe des *Nabis* (de l'hébreu *prophète*) qui refuse les conventions picturales et entend charger le quotidien d'une dimension poétique : ce furent surtout des décorateurs.

En fait, la période allant de la fin de l'impressionnisme à la mort de Paul Cézanne, en 1906, communément qualifiée de postimpressionnisme, est marquée non plus par la domination d'un seul mouvement, mais par la coexistence de tendances diverses (symbolisme, Nabis, classicisme, japonisme, art nouveau...) et le sillage solitaire de puissants créateurs, Gauguin, Toulouse-Lautrec (1864-1901), Van Gogh (1853-1890), le douanier Rousseau (1844-1910).

2. Du cubisme à l'abstraction

▸ **C'est entre 1905 et 1911 que naît l'art véritablement contemporain,** en quelques grandes ruptures. Les *Fauves*, qui tirent leur nom de l'épigramme d'un critique hostile, exposent au Salon d'automne de 1905 : héritiers pour une part des leçons de Cézanne et Gauguin, démultipliant les effets de la couleur, ils innovent surtout en recourant à un coloris librement et totalement irréaliste ; on compte parmi eux Matisse (1869-1854), Vlaminck (1876-1958), Braque (1882-1963), Dufy (1877-1953). Ils continuent à produire dans les années vingt, mais semblent surtout appliquer des recettes désormais éprouvées.

Le cubisme s'impose au public lors du Salon d'automne de 1911, mais a trouvé un premier achèvement dans un tableau charnière de l'œuvre de Picasso (1881-1973), arrivé à Paris en 1904, *Les demoiselles d'Avignon* (1907) : l'espace y est réduit à un seul plan, les lignes courbes disparaissent au profit des géométriques, un même objet est représenté sur plusieurs faces à la fois, pour cumuler tous les angles de vision possibles. Braque puis Juan Gris (1887-1927), un autre Catalan installé à Paris en 1906, donnent avec Picasso ses lettres de noblesse au cubisme, qui se survit lui aussi dans les années vingt. Picasso est le type même, après un Cézanne, de l'artiste que plusieurs écoles peuvent revendiquer, mais qui ne se laisse enfermer dans aucune : on distingue dans sa création, d'une longévité et d'une richesse exceptionnelles, plusieurs périodes et styles.

Le monde germanique s'impose aussi comme un grand foyer de création. L'expressionnisme y conquit une influence durable. Apparu dès la fin du XIXe siècle, avec le Belge Ensor et surtout le Norvégien Eduart Munch (1863-1944), il se cristallise dans deux groupes apparus l'un en 1905 à Dresde (*Die Brücke*, le Pont), l'autre en 1911 à Munich (*Der blaue Reiter*, le Cavalier bleu, du titre d'un tableau de Kandinsky). Couleurs violentes, déformation des sujets jusqu'à la grimace ou l'angoisse caractérisent l'expressionnisme qui trouve une terre d'élection en Autriche, avec Egon Schiele (1890-1918) et Oskar Kokoschka (1886-1980), et surtout en Allemagne, dans les années vingt, avec Emil Nolde (1867-1956) puis Otto Dix (1891-1969), Georg Grosz (1893-1959) ou Max Beckmann (1884-1950), peintre du grotesque.

▸ **La première guerre mondiale a achevé de ruiner l'optimisme issu du XIXe siècle.** Le désespoir et la dérision face aux massacres auxquels se livrent la France et l'Allemagne, berceaux de grandes cultures, précipitent l'apparition de formes d'art conçues comme des révoltes et avides de proclamer l'absurdité du monde et l'échec des morales.

C'est le cas du dadaïsme, surgi à Zurich dès 1915, et se prolongeant en France et en Allemagne : Tristan Tzara (1896-1963), Francis Picabia (1879-1953), Marcel Duchamp (1887-1968) en sont les créateurs. Le refus d'une définition académique du beau et de l'art les conduit à multiplier les collages ou, chez Duchamp, dès 1914, les *ready* *made*, œuvres d'art composées à partir des éléments les plus divers, objets, scories... Compagnons et héritiers du dadaïsme et de son goût de la provocation, les surréalistes (le mot est inventé par André Breton dans ses deux *Manifestes* de 1924 et 1929), poètes, peintres et cinéastes (Luis Bunuel, *Le chien andalou*), s'en distinguent par l'importance majeure accordée à l'insolite, aux rêves, à l'inconscient, aux automatismes psychiques. Le Catalan Salvador Dali (1904-1991), l'Italien Giorgio de Chirico (1888-1978), Max Ernst et Paul Klee, le Français Tanguy, le Belge René Magritte (1898-1967) sont de grands peintres surréalistes.

Un moment capital de l'histoire de l'art au XXe siècle se trouve dans l'abandon du vieux concept aristotélicien de représentation du réel, au profit de la recherche des formes, des structures et des couleurs pures (que l'on peut schématiser par la formule de l' « art pour l'art »). Deux peintres russes inventent la peinture non figurative : Wassily Kandinsky (1866-1944) à Munich dès 1910, et Malevitch (1878-1935) à Moscou en 1915, avec un tableau représentant un carré noir sur fond blanc. Kandinsky théorise ses ambitions dans *Du spirituel dans l'art et dans la peinture en particulier* (1912) : il entend libérer la peinture de toute préoccupation qui ne soit pas la recherche de sa propre nature. Les deux peintres imposent peu à peu leurs conceptions, peu suivies à Paris, sauf par Léger et les Delaunay, mais triomphantes en Hollande avec Mondrian (1872-1944).

3. La peinture mondiale depuis 1945 : un paysage éclaté

► **Après 1945, la peinture continue à être le lieu par excellence des défis et des créations de la modernité.** La prépondérance américaine s'impose, au prix d'un relatif effacement de Paris et du reste de l'Europe comme centre de l'art mondial. L'abstraction établit pour dix ans un triomphe absolu. L'Américain Jackson Pollock impose son *action-painting* ou *dripping* (la toile est posée à même le sol, l'artiste travaille tout autour, pour « être littéralement dans la peinture », selon son expression). Au même moment triomphent en Europe l'*abstraction lyrique* autour de l'école de Paris, avec Jean Dubuffet, peintre de l'*art brut*, immédiat et sauvage, Georges Mathieu, principal propagandiste de l'école, le Catalan Antonio Tàpies, etc. En marge du mouvement dominant, le groupe *Cobra* (Copenhague-Bruxelles-Amsterdam, en fonction de leurs origines) réunit à Paris à partir de 1948 de jeunes peintres qui prônent des couleurs violentes et des thèmes volontiers oniriques, inspirés des traditions nordiques.

Le *pop art*, dominant dans les années 1955-1956 en Amérique et en Grande-Bretagne, procède d'une vigoureuse réaction à l'encontre de l'expressionnisme abstrait. Il se définit, contre toute l'évolution antérieure de l'art contemporain, comme réaliste et figuratif : « Le pop art regarde vers et dans le monde » explique l'un de ses leaders, Roy Lichtenstein (né en 1923). Surgi à New York, Londres et Los Angeles, le pop art se réfère à l'univers spécifique des grandes métropoles modernes et soumet à un traitement ironique, partagé entre la citation et le grincement, quelques-uns de ses objets les plus familiers : bandes dessinées, publicités et emballages, imagerie hollywoodienne, drapeau américain ou boîtes de Coca-Cola, etc. Citons les New-Yorkais Robert Rauschenberg (*Bed*, 1955) et Jasper Johns (*Coca-Cola Plan*, 1958), héritiers du Français Marcel

Duchamp, suivis par Lichtenstein (*Blonde Waiting*, 1964), Claes Oldenburg et surtout Andy Warhol (1928-1987), qui travaille à partir de la Joconde (*Mona Lisa,* 1963) ou des stars contemporaines, Presley, Elizabeth Taylor, Marilyn Monroe. Dans la lignée du pop art, l'Europe compte les Britanniques de l'*Independent's Group* et l'axe franco-italien du « nouveau réalisme », qui compte Yves Klein (1928-1962) et ses 194 tableaux réalisés en bleu outremer pur (IKB, *International Klein Blue*), Arman et ses assemblages (*Colère-Table cassée*, 1961) ou le sculpteur César et ses *Compressions* d'automobiles.

► **Depuis le milieu des années soixante, le phénomène principal tient dans l'accélération et la prolifération de mouvements nouveaux,** très sensibles à la fois à l'omniprésence et à l'obsolescence de la société de consommation, et multipliant parodies ou tentatives de subversion du système. Citons la *Post-Painterly Abstraction*, l'*Arte povera*, le *Land art*, etc. On retiendra que la plupart de ces mouvements ont au moins une ambition commune : échapper aux normes muséologiques en refusant le cadre du tableau et le socle de la sculpture, ainsi qu'aux enjeux commerciaux, de plus en plus ouvertement présents afin de sauvegarder la fraîcheur et la violence nécessaires à toute vraie création au moyen de lieux et de matières nouveaux. La destruction de l'œuvre, réduite à des emballages temporaires de monuments ou de paysages, à des « actions » passagères, est inséparable de ces nouvelles tendances. Le faux paradoxe est que le livre, le musée et le marché tardent de moins à moins à rattraper ceux qui les fuient ou feignent de le faire. Rien n'est plus différent, à cet égard, du sort que connurent les impressionnistes et tant d'autres grands créateurs « maudits » à la fin du XIXe siècle.

► **Le panorama de l'art à la fin du XXe siècle apparaît particulièrement éclaté :** il n'y a plus d'école vraiment dominante, les mouvements apparus depuis les années soixante continuant à exister en tant que tels. La distinction entre abstraction et figuration n'a plus de vraie signification en peinture et les artistes ont à faire face à la fois à une liberté absolue et à la surcharge des références, impliquant appropriation, plagiat et citations. « Chaque mot, chaque image, est loué ou hypothéqué » remarque en 1981 un jeune peintre américain. Le temps des avant-gardes et des révolutions esthétiques semblant révolu, chaque artiste doit imposer son univers propre au sein du musée imaginaire commun que constitue aujourd'hui le patrimoine mondial de l'art moderne. C'est en cela que l'on peut parler d'une *époque post-moderne,* au sens où la modernité n'a plus à se décréter ou à se démontrer, son œuvre de destruction créative et de recomposition ayant été accomplie, et où l'art est en passe de perdre la fonction sociale et intellectuelle qu'il avait acquise un siècle auparavant.

4. La modernité touche également l'architecture

► **L'architecture devient, dans la première moitié du XXe siècle, le lieu d'importants débats.** Les préoccupations architecturales et urbanistiques prennent une ampleur nouvelle, effet de la prospérité américaine, ou, en Europe et surtout en

Allemagne et à Vienne, du souci d'offrir aux classes laborieuses des conditions de vie saines dans un cadre esthétique.

Déjà, architectes et décorateurs du dernier quart du XIXe siècle avaient rompu avec les grands traits de leurs prédécesseurs, le classicisme et l'éclectisme, et développé le **Modern' style,** connu aussi selon les pays, car le phénomène est largement international, comme *Art nouveau*, *Arte joven* ou *Jugendstil*, et prônant un retour à l'étude de la nature, en faisant prédominer le motif floral et féminin. On retiendra à Paris Hector Guimard (1867-1942) avec ses entrées du Métropolitain (1899), à Barcelone Gaudi (1852-1926, église de la *Sagrada Familia,* à partir de 1883) ou l'animateur de l'école de Nancy, Émile Gallé. La débauche végétale de leur ornementation aboutira à une impasse, alors qu'une autre composante du modern' style, rationaliste et fonctionnaliste, triomphe avec l'école de Glasgow et à Vienne avec la *Wiener Werkstätte.* Plusieurs architectes tirent grand parti d'un nouveau matériau, le béton armé : à Vienne Otto Wagner et Adolf Loos, à Paris Hennebique et Auguste Perret (théâtre des Champs-Élysées).

Des années dix à la fin de l'entre-deux-guerres, la création architecturale se cristallise en trois lieux et autour de trois noms : l'Allemagne du *Bauhaus*, les États-Unis de Frank Lloyd Wright, la France de Le Corbusier, tous trois restent actifs bien au-delà de 1945.

Le *Bauhaus* (Maison de la Construction) est un très ambitieux et fécond projet « d'œuvre d'art totale » *(Gesamtkunstwerk)* et le plus éclatant symbole de la culture de Weimar dont il épouse les vicissitudes : installé à Weimar en 1919, il devra, au gré des majorités conservatrices issues des urnes, émigrer à Dessau en 1926 (Gropius y édifie un complexe de verre et d'acier pour l'abriter), puis à Berlin en 1932, avant d'être dissous en 1933 par les nazis. Le fondateur, l'architecte Walter Gropius (1883-1969), actif dès 1911, entendait réconcilier l'art et l'industrie, la fonctionnalité et l'esthétique, les artisans et les artistes, pour modeler un environnement totalement contemporain, des immeubles aux sièges ou aux cafetières, passant par la redéfinition des normes de l'habitat et la production en grande série d'objets d'usage courant, préalablement dessinés par des créateurs. Centre de formation, le Bauhaus réunit un corps enseignant exceptionnel : les peintres Kandinsky et Klee, Marcel Breuer, créateur du mobilier tubulaire (1926), le Hongrois Lazlo Moholy-Nagy, créateur à tout faire, ou les architectes Hannes Meyer (un Suisse) et Mies van der Rohe (1886-1969), successeurs de Gropius respectivement en 1928 et 1930. À la dissolution du Bauhaus, la plupart des membres émigrent aux États-Unis où ils refondent des institutions à l'influence féconde, Gropius à Harvard, Mies van der Rohe à Chicago.

En Europe s'imposent le Finlandais Alvar Aalto (1898-1976) et surtout le Suisse Jeanneret dit Le Corbusier (1887-1965) installé à Paris en 1917, architecte puis théoricien de l'urbanisme dans sa revue *L'Esprit nouveau* (1920) et ses ouvrages *Vers une architecture* (1923) ou *Urbanisme* (1925). Le Corbusier construit d'abord des maisons, conçues comme un paquebot ou un avion, telles les villas Stein (Garches, 1927) et Savoye (Poissy, 1931) ; très vite il réfléchit à l'habitat collectif et aux moyens d'adapter les villes-métropoles aux exigences modernes. Les textes et les projets exposés dans *La ville radieuse* et la *La charte d'Athènes*, élaborée en 1933 par le IVe Congrès international d'architecture moderne et publiée par ses soins en 1943, trouvent des réalisations partielles après 1945.

Les États-Unis ont leur propre tradition architecturale marquée par les gratte-ciel édifiés à Chicago à partir des années 1880 ; ses 381 m font alors de l'*Empire State Building* (1932) à New York, le plus haut bâtiment du monde et le symbole de la puissance américaine malgré la crise. Mais c'est dans le domaine des maisons individuelles que s'imposent deux maîtres américains des années trente, Frank Lloyd Wright (1867-1954) et son disciple Richard Neutra (1892-1970). Parmi leurs nombreux continuateurs, on peut citer le Japonais Kenzo Tange (1913), architecte en chef de l'Exposition universelle d'Osaka en 1970 et le Brésilien Oscar Niemeyer (1907) chargé de construire la nouvelle capitale du Brésil, Brasilia, de 1956 à 1961.

Les principes du fonctionnalisme ou « mouvement moderne », tendance majeure en architecture depuis le début du siècle, sont les formes géométriques élémentaires, abstraites et blanches, les toits plats, les vastes surfaces vitrées, l'utilisation des matériaux nouveaux, acier, verre, béton armé, le cloisonnement intérieur libre, les modules généralisables... Mais ces principes furent l'objet d'une banalisation et d'une académisation qui aboutit au « style international », défini dès 1932 et dominant au cours des années cinquante et soixante, en liaison avec les impératifs énormes de la reconstruction en Europe et au Japon, puis de l'urbanisation mondiale. Triomphent alors le gigantisme et l'uniformité de grands ensembles sans âme (y compris les *Unités d'habitation* de Le Corbusier, à Marseille ou Nantes, de 1952 à 1955), avec leurs barres et leurs tours, qui tiennent lieu de politique du logement social et imposent un phénomène urbain et social nouveau, celui des banlieues et cités-dortoirs. L'échec de cet urbanisme est tellement patent que des destructions d'immeubles de ce type ont commencé dès 1972 aux États-Unis.

À partir des années quatre-vingt, en revanche, les grandes capitales redécouvrent une architecture à la fois monumentale et moderne : c'est le cas tout particulièrement de Paris sous François Mitterrand, attentif à laisser sa trace dans le paysage urbain. Grande Arche de la Défense, Opéra Bastille, Pyramide du Grand Louvre, Bibliothèque nationale de France, incarnent cette ambition, dont la réalisation a été confiée à des architectes mondialement connus.

III. La culture à l'ère des masses et de la mondialisation

Les cultures traditionnelles, ouvrières et surtout paysannes, régressent au rythme de l'alphabétisation, des migrations et du développement d'une société de consommation. Les classes moyennes, de plus en plus nombreuses en Occident, bénéficient le plus directement de la démocratisation de pratiques jusque-là réservées aux classes dirigeantes, la lecture de la presse, le sport, les loisirs, tandis que le cinéma, un temps considéré comme un divertissement suspect, conquiert ses lettres de noblesse (le « septième art »).

1. L'essor de l'écrit

► **L'alphabétisation, largement achevée à la fin du XIXe siècle en Europe occidentale, explique le triomphe de la presse écrite,** inséparable de l'urbanisation et de l'élargissement de la démocratie. Les progrès technologiques ont joué leur rôle ainsi que le développement des agences de presse, la britannique Reuter, la française Havas (dès 1835), l'allemande Wolff, les américaines Associated Press et United Press. La presse écrite séduit un public très populaire, essentiellement masculin avant 1914. Les quotidiens à cinq centimes, un *demi-penny* ou un *cent* sont les artisans d'un tirage global de 5 millions d'exemplaires à Paris en 1914 et 24 millions aux États-Unis (41 en 1940). Les secrets du succès reposent sur l'exploitation du sensationnel, du crime, des passions politiques ou nationalistes. La formule touche à la perfection dans l'entre-deux-guerres avec les *tabloïds* américains, très illustrés, aux titres énormes et aux textes brefs. Les journaux font une large place au roman-feuilleton (en France, Ponson du Terrail, Gaboriau, puis Leblanc, Leroux, etc.) puis à la bande dessinée (*comics* aux États-Unis) et patronnent le premier essor du sport (cyclisme, automobile, aviation). Après 1920, on observe un net mouvement de concentration des entreprises de presse, dû à la lourdeur des investissements et à l'intérêt de grands groupes capitalistes : les chaînes de journaux se développent aux États-Unis (55 d'entre elles contrôlent 311 quotidiens en 1930). Le public masculin découvre les magazines et le roman policier. La presse féminine démocratise son public et atteint de très gros tirages : près de 1 million d'exemplaires pour *Marie-Claire*, lancé en 1937 par Prouvost, pour *Le Petit Écho de la Mode* ou *Confidences* (1938). Enfin, la bande dessinée explose littéralement dans la première moitié du XXe siècle.

> L'Allemagne connaît le phénomène de *konzern* dans la presse, avec les groupes d'Hugo Stinnes et surtout d'**Alfred Hugenberg (1867-1951),** ancien directeur des établissements Krupp avant la guerre, qui contrôla vers 1930 jusqu'à près du quart de la presse, une agence d'informations, 90 % de la production cinématographique allemande avec l'UFA fondée en 1917, et un vaste réseau de distribution. Hugenberg fut député puis président d'un parti conservateur allemand, le *Deutschnationale Volkspartei,* et mit les titres de son groupe au service de l'opposition à Weimar et de la montée du nazisme, pour lequel ils firent plus que le quotidien du parti, le *Völkischer Beobachter (L'Observateur du Peuple).* Ces services valurent à leur patron de devenir brièvement ministre du chancelier Hitler le 30 janvier 1933, avant sa retraite forcée dès l'été 1933, le régime ayant mis au pas la presse et les autres partis, même favorables.

Les quotidiens populaires à grand tirage, rarement inféodés à une ligne politique précise, furent la plupart très conservateurs. Ils eurent une influence certaine dans le développement des sentiments germanophiles, aussi bien en Amérique (le *New York Journal* du magnat William Randolph Hearst, par ailleurs hostile au *New Deal*), que dans la Grande-Bretagne des années trente (le *Times* et son rédacteur en chef Geoffrey Dawson, grand partisan de l'*appeasement* face aux nazis). À Paris, le parfumeur François Coty (1874-1934) transforme *Le Figaro* en journal à grand tirage (1927) et fonde l'année suivante *L'Ami du Peuple* qui défend une ligne proche du fascisme et tirera à 1 million d'exemplaires. Une presse communiste s'est également développée après 1920, puissante en Allemagne ou en France (*L'Humanité* tire à 350 000 exemplaires en 1939), soumise dès 1922-1923 à une stricte censure en URSS, où l'*Agence Tass* est fondée en 1925 et où la *Pravda* et les *Izvestia*, organes respectifs du parti et du gouvernement, tirent à 1,9 et 1,6 million en 1936. La presse catholique montrait depuis le début du siècle un réel dynamisme en France (groupe de la Bonne Presse avec *La Croix*) et en Allemagne *(Germania et Kölnische Volkszeitung).*

2. Le son et l'image

► **Le triomphe des nouveaux médias date de l'entre-deux-guerres.** La radio concurrence fortement la presse écrite avec ses premiers « Journaux parlés » (1920 aux États-Unis, 1925 en France) et l'accroissement des parcs de récepteurs (5 millions en France en 1939, 10 en Allemagne, 31 aux États-Unis). C'est dire l'importance du rôle politique potentiel de ce média, bientôt reconnu monopole d'État en Angleterre, en France (1923, avec des concessions) ou en Italie fasciste.

La télévision s'impose dans les années soixante. Si 90 % des foyers américains sont dès lors équipés, ce taux n'est atteint que vingt ans plus tard en France. La couleur s'impose dans les années soixante-dix. La retransmission en direct à partir de 1962 de grands événements « médiatiques » contribue à homogénéiser les cultures, du couronnement de la reine Élisabeth II d'Angleterre retransmis dans le Commonwealth et en France, aux premiers pas d'Armstrong sur la Lune, devant 500 millions de téléspectateurs en 43 pays, etc. D'autres images, souvent tragiques, font le tour du monde par le biais des journaux télévisés du soir, source essentielle de l'information des masses, surtout les moins bien alphabétisées.

> **Sur le plan politique,** si McLuhan a défini Hitler comme le produit de la radio et du haut-parleur, Roosevelt n'en a pas moins usé de la première pour ses « causeries au coin du feu » destinées à assurer le succès du *New Deal,* tandis que le Père Coughlin, le « prêtre de la radio », l'utilisait contre le président. On a assez dit par ailleurs l'importance du transistor grâce auquel les soldats du contingent, en Algérie, purent entendre le message du général de Gaulle, le 23 avril 1961, appelant à ne pas suivre le « quarteron de généraux en retraite » de l'insurrection d'Alger. Les stations de radio sont restées un élément de la puissance et du rayonnement culturel, avec *La voix de l'Amérique*, instrument privilégié de la guerre froide, la BBC ou RFI (Radio France international). La politique n'a pas manqué d'envahir les écrans de la télévision en période électorale, avec les premiers face-à-face Kennedy-Nixon, le 26 septembre 1960, ou Giscard-Mitterrand, le 10 mai 1974.

► **Le cinéma doit beaucoup aux Français** Louis Lumière (1895) et Georges Méliès. Paris fut la capitale mondiale du cinéma avant 1914 ; la firme Pathé est fondée en 1901, Gaumont, l'américaine Paramount, l'allemande Tobis surgirent par la suite. Après 1918, les productions américaines envahissent le marché européen, mais les cinémas allemand et français résistent bien. Les Allemands connaissent leur âge d'or dans les années vingt marquées par un expressionnisme lié au mouvement pictural, avec F. W. Murnau (*Nosferatu le Vampire*, 1922), Fritz Lang (*Dr Mabuse*, 1922, et *M. le Maudit*, 1930). Les Français imposent au cours des années trente une veine réaliste, avec Marcel Carné (*Quai des Brumes*, 1938), René Clair (*À nous la liberté*, 1931), Jean Renoir (*La grande illusion*, 1937).

► **Le cinéma triomphe dans les années cinquante avec la diffusion de la couleur et la mise au point du cinémascope (1952).** Mais il subit rapidement la sévère concurrence de la télévision : les entrées dans les salles américaines passent de 80 millions en 1946 à 17 en 1971, au creux de la vague. Réalité et mythes d'Hollywood, machine à fabriquer du rêve planétaire, sont la constante de la seconde moitié du XXe siècle, à travers des générations successives de grands cinéastes, de superproductions et l'aura de stars mythiques. Si la comédie « hollywoodienne » à la Lubitsch et le western agonisent au lendemain de 1945 avant de disparaître, la violence et le culte de l'espace du second semblent s'être transportés dans les jungles urbaines ou dans les nombreuses reconstitutions de la guerre du Viêt-nam comme *Apocalypse now*, de Coppola (1979), pour une catharsis par le cinéma de la société américaine.

En Europe, **le néo-réalisme italien** a imposé de 1942 (Visconti, *Ossessione*) au milieu des années cinquante une sorte de révolution du regard. Les films de Roberto Rossellini (*Rome, ville ouverte*, 1945), Vittorio de Sica (*Le voleur de bicyclette*, 1948), Luchino Visconti (*La terre tremble*, 1948), Federico Fellini (*La Strada*, 1954) montrent avec une grande économie de moyens (tournages en extérieurs, utilisation d'acteurs non professionnels), les réalités sociales de l'Italie d'après guerre. Critique sociale et désir d'authenticité sont les traits forts de cinéastes venus de l'opposition au fascisme et souvent proches, alors, du Parti communiste. Certains d'entre eux approfondiront ensuite une œuvre aux tourments et aux obsessions plus personnels, avec un plus grand souci de l'analyse psychologique, tels Visconti (*Le guépard*, 1962) ou Fellini (dès *La Dolce Vita*, 1959). Le néo-réalisme, disparu en tant que mouvement déterminant vers 1955, aura marqué le cinéma mondial de l'après-guerre.

La France a eu à la fin des années cinquante sa génération capitale, la « nouvelle vague ». On entend par là, à l'origine, un certain état d'esprit, qui sert à désigner un groupe de jeunes réalisateurs gravitant autour de la Cinémathèque et de la revue *Les Cahiers du Cinéma*. Claude Chabrol, Éric Rohmer, François Truffaut (*Les quatre cents coups*, 1959) ou avec plus d'ambition formelle Jean-Luc Godard (*A bout de souffle*, 1959), ont apporté au cinéma un regard neuf, désinvolte et ironique, qui se voulait l'écho du désarroi, au demeurant assez peu contestataire, de leur génération déçue par les blocages de la société et les compromissions de la guerre d'Algérie.

3. Sports et loisirs deviennent les nouveaux cultes de l'homme occidental

► **Les sociétés occidentales entrent dans l'ère des loisirs. Les sports y tiennent une place essentielle.** Ils bénéficient de la conjonction de divers facteurs : préoccupations hygiénistes des partisans d'une éducation nouvelle plus équilibrée, morale de l'action typique de l'anti-intellectualisme de la fin de siècle, offre d'une nouvelle structure de convivialité aux innombrables déracinés de l'industrialisation notamment aux immigrés (Irlandais en Écosse, Polonais en France). La gymnastique et l'athlétisme, d'origine anglo-saxonne, sont les premières disciplines à triompher de part et d'autre de la Manche ou du Rhin. En 1894, Pierre de Coubertin réinvente pour elles la formule des Jeux olympiques (premiers jeux en 1896 à Athènes, premiers Jeux d'hiver en 1924 à Chamonix). Les sports d'équipe, rugby et football, clairement distingués l'un de l'autre en 1871, proviennent également des *public-schools* britanniques.

Le football est le « sport du siècle » : environ 35 millions de licenciés dans le monde en 1981. Le football s'est internationalisé, gagnant dès les années 1880-1890 le continent européen puis l'Amérique latine. Il s'est démocratisé jusqu'à devenir le sport de prédilection des masses ouvrières : les clubs italiens sont longtemps concentrés dans le triangle industriel du Nord, Turin-Gênes-Milan ; ceux de l'Europe du Nord-Ouest sont souvent la création de patrons paternalistes, voire de très grandes firmes, Peugeot à Sochaux, Philips à Eindhoven, tandis que les prêtres en encouragent la pratique. Le professionnalisme est instauré officiellement en Angleterre dès 1889 (1932 en France).

Le cyclisme est l'autre grand sport populaire (1 million de cyclistes en Europe dès 1888) ; les premières compétitions datent de 1868-1869, les grandes classiques (Paris-Roubaix, Liège-Bastogne-Liège, etc.) des années 1890, le Tour de France de 1903, le Giro (Tour d'Italie) de 1909. Les grands quotidiens répercutent les exploits de champions adulés, avant la naissance d'une presse spécialisée (*L'Auto* et *L'Écho des Sports* avant 1939, *L'Équipe* en 1946). Le rugby conquiert le sud-ouest de la France ; les États-Unis développent le base-ball, puis, à la fin du XIXe siècle, le basket et le volley. Le tennis reste longtemps à l'écart de ces sports de masse en dépit du succès remporté par les tournois de Wimbledon et Roland-Garros, mais l'on passe de 51 000 licenciés à la Fédération française de tennis en 1949, à 941 000 en 1981.

► **Les sports emportent souvent des enjeux politiques.** La première Coupe du Monde de football à Montevideo en 1930, donne lieu à de violentes affirmations nationalistes lors de la finale entre Argentins et Uruguayens ; la suivante, à Rome (1934), avec un Mussolini omniprésent, sera le prétexte à des parades fascistes. L'Italie deux fois championne du monde en 1934 et 1938 trouve sur les terrains de football et quelques autres champs sportifs (sports motorisés, ski alpin, boxe, cyclisme) des victoires que le régime orchestre et récupère, alors que la France cumule de médiocres résultats, surtout en 1936, comme pour symboliser l'affaiblissement généralisé des démocraties. Après 1947, les pays du bloc socialiste tiennent à affirmer leur supériorité sportive dès les Jeux d'Helsinki de 1952. L'URSS et la RDA s'imposent à Séoul (1988) comme les deux premières nations olympiques du monde (132 et 102 médailles contre 94 aux États-Unis) ; la révélation de dopages systématiques a depuis terni ce triomphe. Les Jeux olympiques sont bien la manifestation la plus soumise aux aléas idéologiques, de Mexico en 1968 (revendication par les athlètes noirs américains des droits civils), à Munich en 1972 (massacre des athlètes israéliens par des terroristes arabes), sans oublier les boycotts de Moscou (1980) et Los Angeles (1984) par chacun des deux blocs. Dans les années quatre-vingt, enfin, le sport a été atteint par le culte de l'argent, le dopage et la violence des supporters (les *hooligans* britanniques ou hollandais).

► **Les musiques rock et pop, de Presley à Madonna, ont été le principal vecteur de la mondialisation de la culture juvénile.** Venues comme le jazz des États-Unis, elles ont puissamment contribué, avec quelques symboles insistants, jeans et blousons de cuir, chewing-gum, *Coca-Cola*, Marilyn, etc., à l'américanisation au moins superficielle du monde. Elvis Presley a vendu un demi-milliard de disques, les Beatles un milliard. Si le jazz a connu son âge d'or dans l'entre-deux-guerres, l'après-Seconde Guerre mondiale est le temps du rock, chanté à l'origine autant par des Noirs (Fats Domino, Chuck Berry) que des Blancs (Presley, Jerry Lee Lewis). Apparu en 1954 et triomphant les années suivantes, le rock gagne peu après la Grande-Bretagne.

Dès le début des *Sixties*, décennie phare de la prospérité économique et de la révolution musicale, le rock cède la place à la musique pop, dans ses variétés britanniques (les Beatles, 1960-1970, puis les Rolling Stones, à partir de 1964) et américaines, le folk de Bob Dylan, la musique psychédélique des Byrds, Doors, etc. La pop music connaît de 1965 à 1975 des années flamboyantes, contemporaines de la guerre du Viêtnam et des aspirations de 1968, marquées par les idoles et les groupes cultes, la consommation revendiquée des drogues, les grands festivals (Woodstock, en 1969, avec ses 350 000 à 500 000 participants), une culture de la provocation, du vertige, de toutes les libérations (*beatniks* puis *hippies*, *routards*, etc.).

► **Peut-on parler d'une américanisation générale des modes de vie et des langues ?** L'Amérique a certes envahi les écrans du monde (80 % du marché mondial des ventes d'émissions) avec ses séries policières et ses feuilletons *(Dallas)* et ses grands succès cinématographiques. Parmi les 10 films ayant séduit au moins 10 millions de spectateurs français entre 1956 et 1985, six sont américains, tout comme 64 % des programmes de la télévision italienne. Parler de triomphe de l'*American way of life,* toutefois, paraît un peu court : il s'agit plutôt d'une uniformisation peut-être très superficielle des formes populaires mondiales de la culture, dont la langue anglaise est un vecteur essentiel, mais qui est capable de multiplier pour ses slogans et ses *clips*, les emprunts à des cultures « dominées », le phénomène de la *World music* en témoigne.

IV. Cultures et idéologies dans l'entre-deux-guerres

Les régimes apparus après 1917 ou 1922 ont vu dans la culture un instrument privilégié pour leur défi à la démocratie libérale ; art soviétique et arts fascistes se répondent car ils satisfont le même besoin de glorification du régime et de définition d'un homme nouveau. Les années trente voient l'apogée de cette instrumentalisation de la culture par l'idéologie, mais le phénomène continue après 1945 pour les pays du bloc soviétique, puis chinois, comme suffit à le montrer l'itinéraire d'Andrei Jdanov, actif avant comme après la Seconde Guerre mondiale : il meurt en 1948 après avoir imposé aux lettres et aux arts soviétiques la *jdanovchtchina*, ou mise au pas idéologique.

1. Le réalisme socialiste connaît un premier triomphe avant 1939

► **Le triomphe du marxisme-léninisme en Russie est marqué d'abord par une brève période de très grande liberté artistique,** au cours de laquelle diverses tendances de l'avant-garde russe, très féconde, s'épanouissent, comme le constructivisme. Le premier commissaire à l'Éducation, Lounatcharsky, confie la responsabilité des arts aux peintres Kandinsky, Malevitch et Chagall. Les Soviétiques prônent alors l'*agitprop* ou propagande (« Chaque journée libre, chaque heure libre du travailleur doit être utilisée par lui pour l'agitation », Lénine) ; les affiches sont un moyen privilégié de mêler l'esthétique et le pédagogique, le poète Maïakovski (1893-1930) y excellant.

Le réalisme socialiste l'emporte alors. Le *Dictionnaire d'esthétique* le définira comme un reflet de « la réalité prise dans son développement révolutionnaire, c'est-à-dire sous l'angle de la marche de la société vers le communisme », par opposition au « formalisme bourgeois », « ignorant délibérément le contenu idéologique des œuvres ». Le Comité central du PCUS souligne en 1925 l'impossibilité d'un « art neutre », qui ne répondrait pas à une « commande sociale ». « Je ne veux pas faire du cinéma-œil, mais du cinéma coup de poing », déclare Eisenstein en 1922. Andrei Jdanov intervient au Ier Congrès de l'Union des écrivains soviétiques, en août 1934, pour réclamer une littérature « tendancieuse » et « optimiste ».

La régression dans le domaine culturel apparaît flagrante, les recherches formalistes menées en Occident étant condamnées comme inutiles ou négatives. Nombre de grands créateurs émigrent ou sont réduits au silence, et seuls rentrent Gorki en 1928, et le compositeur Prokofiev en 1932. Le champ est libre pour les fidèles de l'art officiel, ou « positif ». La guerre civile puis la grande guerre patriotique, les pionniers, kolkhoziens et ouvriers d'industrie, le plan quinquennal et les grandes réalisations staliniennes deviennent les thèmes d'inspiration presque exclusifs, chez les romanciers (Ehrenbourg, *Le deuxième jour de la création*), les peintres Guérassimov et Plastov ou le sculpteur Moukhina (dont *L'ouvrier et la kolkhozienne* orne le bâtiment de l'URSS à l'Exposition universelle de Paris en 1937). La musique n'échappe pas au mouvement, avec l'Association des musiciens prolétariens (1923), même si Chostakovitch *(Octobre)*, Mossolov *(La fonderie d'acier)* et Prokofiev *(Cantate pour le 20e anniversaire d'Octobre)* sont plus difficiles à étiqueter.

► **À l'extérieur de l'URSS, le réalisme socialiste** a encore nourri le *muralisme* dans le Mexique révolutionnaire de l'entre-deux-guerres où de grandes fresques murales mêlent mythologie et machinisme, les Indiens et Lénine. En France, le PCF tente avec un succès mitigé d'imposer la nouvelle ligne : Louis Aragon, auteur de *Pour un réalisme socialiste*, est le plus fidèle, alors qu'André Breton qui a cru d'abord à la parenté profonde des révolutions communiste et surréaliste, trahit vite son malaise et est exclu en 1933 avec Paul Éluard et René Crevel, avant de se rapprocher de Trotsky. André Gide rompt, lui, en 1936 avec son *Retour d'URSS*. Jean Renoir tourne deux films sur commande du PCF, *La Marseillaise* en 1937 et *La vie est à nous* (sorti en 1938).

Les années trente voient l'engagement des intellectuels français dans l'antifascisme, par la presse (revues *Clarté* et *Commune*, hebdomadaires *Marianne* et *Vendredi*) et les congrès d'Amsterdam en août 1932, et de Paris (salle Pleyel) en juin 1933, qui aboutissent à la création du Comité Amsterdam-Pleyel, puis du Comité de vigilance des intellectuels antifascistes (mars 1934), très pacifiste, qui jouera un grand rôle dans la constitution du Front populaire. Ce dernier a eu un projet et une politique culturels clairement affirmés, avec les 718 commandes officielles pour l'Exposition de 1937, la création de la Phonothèque nationale (1938) et du Musée des arts et traditions populaires de J.-H. Rivière, les aides au Centre laïque des auberges de jeunesse, à l'Association populaire des Amis des musées, à la recherche scientifique ; les grands acteurs en furent Jean Perrin, Léo Lagrange, Jean Zay, Georges Huisman, qui fait acheter pour le nouveau Musée d'art moderne de Paris des toiles de contemporains. Mais c'est surtout l'émotion liée à la guerre d'Espagne qui entraîne la création d'œuvres politiques, en 1937, avec Picasso *(Guernica),* Miro *(Le paysan en révolte)* ou André Fougeron (l'ironique *Hommage à Franco*).

2. Fascisme, nazisme et culture

► **Les régimes fasciste et nazi se préoccupèrent très vite de régir à leur profit l'ensemble des domaines artistique, culturel et sportif.** Le ministère de l'Information populaire et de la Propagande confié à Gœbbels en mars 1933 et le *Minculpop* italien (1935) sont l'un des signes de l'entreprise totalitaire. Les voies suivies furent toutefois très différentes, en fonction de l'état de la culture et des réactions de l'intelligentsia au moment de la prise du pouvoir. Parmi les points communs, on retiendra la prise en charge par l'État et le Parti des loisirs : c'est l'ambition en Italie de l'*Opera Nazionale Dopolavoro* (1925) et en Allemagne du *Kraft Durch Freude* (La force par la joie, 1933). Les efforts bien connus visant à l'embrigadement de la jeunesse *(Ballila, Hitlerjugend)* participent de la même entreprise.

► **Le fascisme réussit à rallier à ses débuts bon nombre des grands intellectuels et artistes italiens,** non sans ambiguïtés et réticences de leur part. Gabriele d'Annunzio (1863-1938) adhéra ainsi du bout des lèvres après son expédition à Fiume (1919-1920) : Mussolini le combla d'honneurs pour mieux neutraliser un rival potentiel. Le dramaturge sicilien Luigi Pirandello (1867-1936), inscrit au Parti en 1924, prix Nobel de littérature en 1934, se rallie par opportunisme, alors que Curzio Malaparte (1898-1957) fondateur en 1921 de l'hebdomadaire *La Conquista dello Stato*, le fait par idéologie et restera fidèle au squadrisme originel. On ne trouve dans l'opposition que Croce et quelques célèbres *confinati* (relégués dans les îles ou le Sud), Pavese, Vittorini, Moravia et, hors des frontières, les *fuorusciti* (exilés).

Le groupe des futuristes occupe une place à part dans cette histoire. Apparu en Italie au début du siècle, avec le peintre Carrà, le sculpteur Boccioni et surtout le poète Marinetti (1876-1944), qui publia en 1909 le premier *Manifeste* du mouvement, le futurisme faisait l'apologie de la vitesse et de la modernité, de la violence et du nationalisme. Marinetti a milité pour l'entrée en guerre de l'Italie en 1915, et participé à la création du premier Faisceau, en mars 1919 ; il est resté continûment fidèle à Mussolini, jusqu'à la République de Salo, après être entré en 1929 à l'Académie royale d'Italie (fondée en 1926, inaugurée en 1929). Deux autres futuristes importants, Bontempelli et Soffici, connaissent des évolutions voisines.

Giovanni Gentile (1875-1944) fut le grand idéologue du régime, disciple de Benedetto Croce (qui se tiendra pour sa part dans une réserve hautaine), passé de l'idéalisme hégélien au fascisme et présent sur tous les fronts : ministre de l'Instruction publique de 1922 à 1924, il est l'auteur d'une réforme qui renforce les tendances sélectives et élitistes du système scolaire. Membre du Grand Conseil fasciste (1923-1929), président-fondateur de l'Institut national de culture fasciste, il est maître d'œuvre à partir de 1929 de l'*Enciclopedia italiana* coécrivant avec Mussolini, en 1932, l'article « Fascisme » ; il a fait paraître en avril 1925 le *Manifeste des intellectuels du fascisme*, signé par Marinetti et Pirandello.

La vie culturelle sous le fascisme n'est pourtant nullement univoque. Deux tendances se partagent le champ artistique et architectural : le *Novecento* (XXe siècle), autour de la revue du même nom fondée par Bontempelli en 1926, se veut urbain, ultramoderniste, fonctionnel et rationaliste, et séduit les peintres De Chirico, Morandi, Sironi ou la critique d'art Margherita Sarfatti. La dérive totalitaire du régime en fait son expression privilégiée au détriment des animateurs de la revue *Il Selvaggio (Le Sauvage),* fondée par Maccari à Florence en 1924, expression de la tradition populaire, provinciale, antimoderne et contre-révolutionnaire du squadrisme rural. Malaparte, Soffici et Papini comptèrent parmi ses partisans. En fait, la culture officielle souffrit de la même sclérose que dans les autres dictatures, la geste squadriste, les jeunes athlètes romains et l'athlétique carrure du Duce devenant les thèmes d'inspiration obligés des peintres (Sironi, Conti, Scaramucci) et des sculpteurs (Lucio Fontana).

► **Les nazis choisirent d'éliminer la brillante culture du régime de Weimar,** souvent engagée à gauche et trop « cosmopolite » et « enjuivée » à leurs yeux, au nom du *« Kampfbund für deutsche Kultur » (Union de combat pour la culture allemande).* Les autodafés de livres perpétrés à Berlin et dans les grandes villes universitaires allemandes le 10 mai 1933, voient partir en fumée les écrits de Marx, Freud, Remarque, Mann. La plupart des scientifiques et artistes émigrent à Paris ou aux États-Unis : Weimar en exil rassemble les animateurs du *Bauhaus*, les universitaires de l'École de Francfort Adorno, Fromm, Marcuse qui mèneront une importante réflexion théorique sur le nazisme, ainsi qu'une pléiade d'écrivains (les frères Mann), de dramaturges (Brecht), de cinéastes (Fritz Lang, Ernst Lubitsch, l'actrice Marlene Dietrich).

Le régime organise en 1937 deux expositions à Munich, *L'Art dégénéré (Entartete Kunst)* et *l'Art Allemand*. L'idée de montrer les peintures modernes pour mieux les condamner date de 1933, et *l'Art dégénéré* tourne jusqu'en 1941 de Berlin à Vienne. 500 œuvres des grands noms de l'expressionnisme et du *Bauhaus* (Nolde, Klee, Kandinsky, Chagall, Dix, Kokoschka, Ernst, etc.) y étaient entassées avec ces commentaires : « la nature revue par des esprits malades », « la folie érigée en système ». Des milliers d'œuvres furent saisies dans les collections publiques et privées, beaucoup confisquées par Gœbbels ou brûlées, une centaine vendues aux enchères en Suisse (juin 1939) pour financer l'effort de guerre nazi. *L'Art allemand*, inaugurée par Hitler en personne, alignait 900 œuvres dites d'essence germanique ; pour la plupart de facture très conventionnelle, en fait, elles répondaient en gros à deux pentes de l'art nazi : le bucolisme (exaltation par des artistes de second plan des paysages et de la paysannerie, de la famille et de la femme, mais aussi des ouvriers), et la référence antiquisante, exaltant les corps pleins d'une virile santé, que l'on trouve chez le peintre Ivo Saliger *(Le jugement de Pâris)* ou le sculpteur Arno Breker (1900), devenu le sculpteur officiel du IIIe Reich.

3. Le cinéma et l'architecture sont les domaines privilégiés d'une culture totalitaire

► **Les régimes totalitaires mirent beaucoup d'espoir dans l'art cinématographique.** Mussolini, passionné de cinéma (« l'arme la plus forte »), tranchait en dernier recours en cas d'hésitation de la censure établie en 1923 (elle frappa surtout des films étrangers, dont *Scarface*, en 1932, pour avoir mis en scène des gangsters américains d'origine italienne). L'institut LUCE (Union cinématographique éducative), nationalisé en 1925, eut le monopole des actualités et produisit beaucoup de courts métrages de propagande. Pour les longs métrages, en revanche, la constitution en 1934 d'une Direction générale pour la cinématographie confiée à l'ancien futuriste Luigi Freddi, et en 1935 d'un Office national pour les industries cinématographiques (ENIC), et le financement de la reconstruction des studios Cinecittà, incendiés en 1935 et inaugurés par Mussolini deux ans plus tard, ne permirent pas aux œuvres de propagande de dépasser 4 % du total de la production italienne. Le reste, avant la préhistoire du néo-réalisme (1942-1943), avait peu à envier aux productions d'Hollywood par le désir de distraire et l'emploi des recettes les plus conventionnelles.

Les films d'inspiration fasciste exaltent l'héroïque passé national (Gallone, *Scipione l'Africano*, 1937, et *Giuseppe Verdi*, 1938), l'épopée éthiopienne ou le régime lui-même (Forzano, *Camicia nera*, 1933). En Allemagne nazie, on retiendra l'œuvre de Leni Riefenstahl, née en 1902, sur les congrès de Nuremberg de 1933 et 1934 (*La victoire de la foi* et *Le triomphe de la volonté*) et les Jeux olympiques de Berlin en 1936 (*Les dieux du stade*). Sans doute le cinéma politique le plus créateur fut-il soviétique : placé par un décret d'août 1919 sous l'autorité d'un organisme d'État, le *Sovkino*, il fut emporté par le souffle épique d'un Eisenstein (*La grève*, *Le cuirassé Potemkine*, 1925 ; *Octobre*, 1927, etc.), d'un Poudovkine (*La mère*, 1926 ; *La fin de Saint-Pétersbourg*) et d'un Dovjenko (*La terre*, 1930).

► **En matière d'architecture, les mêmes tendances au monumental et au néo-classique se font jour.** En Italie, et à l'exception de réalisations très ponctuelles, comme la maison du *Fascio* de Côme de Giuseppe Terragni (1932-1936), c'est le style « licteur », grandiloquent et glacé, qui l'emporte avec Giovannoni et surtout Marcello Piacentini. Ce dernier dirige les démolitions opérées dans le centre historique de Rome afin de dégager l'accès au Vatican ; il devient à partir de 1937 le maître d'œuvre, avec Giuseppe Pagano, de l'*Esposizione Universale di Roma* (EUR), grandiose projet d'une troisième Rome devant accueillir une Exposition universelle en 1942 mais que la guerre laissa inachevé.

En Allemagne, deux architectes s'imposent : Ludwig Troost, mort dès 1934, et surtout Albert Speer (1905-1981), le metteur en scène des grandes célébrations nazies, qui s'inspire de croquis exécutés en 1925 par un Hitler passionné d'architecture et truffe de références à l'Antiquité et au style dorique ses grandes œuvres, le complexe de Nuremberg (Champ de Mars, salle de congrès, stade Zeppelin de 400 000 places, dont la tribune s'inspire de l'autel de Pergame), ou la Chancellerie du

Reich en 1939, ornée de statues et bas-reliefs d'Arno Breker. La guerre empêcha le remodelage de Berlin projeté en 1937.

Il est vrai que Staline était engagé dans la même course au gigantisme, avec le projet d'une salle des Congrès dédiée à Lénine et haute de 300 m. L'Exposition universelle de Paris, en 1937, symbolise ces assauts de monumentalisme en mettant face à face les bâtiments de l'URSS et de l'Allemagne, inspirés des mêmes règles. Après des tentatives originales (Le Corbusier avait entamé en 1929 l'édification du *Centrosoyouz*), l'URSS stalinienne a imposé à partir de 1930-1932 un style néo-classique grandiose et pompeux, quelquefois surchargé (Métro de Moscou, à partir de 1935). En fait, le réalisme socialiste se rapproche, par un faux paradoxe, des tendances de l'art officiel fasciste ou nazi, sans parler du bref triomphe de l'imagerie pétainiste : on trouve de part et d'autre le même gigantisme, le bucolisme du « retour à la terre » ou du *Blut und Boden* (sang et terre natale) et, en dernière analyse, le même conformisme, l'art vivant ayant émigré avec ses créateurs aux États-Unis.

Approfondir

LECTURES

Il n'existe pas, à ce jour, de manuel d'histoire de la culture au XXe siècle, mais on trouve d'utiles chapitres dans les ouvrages suivants :

- S. Berstein et P. Milza, *Le fascisme italien* (Points-Seuil).
- M. Laran, *Russie-URSS 1870-1970* (Masson).
- R. Thalmann, *La République de Weimar* (1986), « Que sais-je ? », peut éviter de se reporter à W. Laqueur, *Weimar, une histoire culturelle de l'Allemagne des années vingt* (Laffont, 1978, et Poche/Pluriel), plus spécialisé.
- On consultera avec profit dans la collection « Que sais-je ? » l'*Histoire de la presse* (P. Albert et F. Terrou, 6e éd. 1990), l'*Histoire de la radio-télévision* (P. Albert, A.-J. Tudesq, 2e éd. 1986), l'*Histoire du sport* (R. Thomas, 1991) et 2 vol. des éditions Complexe, *L'art nazi. Un art de propagande*, de A. Guyot et P. Restellini (1985) et *Art et fascisme* (1989), sous la direction de P. Milza et F. Roche-Pézard, qui aborde également la France de Vichy (objet d'un autre volume sous la direction de J.-P. Rioux, *La vie culturelle sous Vichy*, 1991).
- Utiles synthèses, à la frontière de l'idéologie et de la culture, dans la *Nouvelle histoire des idées politiques* (P. Ory, dir., Poche/Pluriel, 1987).
- On peut feuilleter avec profit, sur la France, M. Crubellier, *Histoire culturelle de la France, XIXe-XXe siècle* (Colin, 1974) ; sur sport et société, J. M. Brohm, *1936, Jeux olympiques à Berlin* (Complexe), ou A. Wahl, *Les archives du football. Sport et société en France, 1880-1980* (Gallimard, 1989).
- Sur la peinture, consulter l'ouvrage collectif, traduit de l'anglais, *Histoire de l'art moderne. De l'impressionnisme à nos jours* (Flammarion, 1989), et l'essai de G. Plazy, *Les aventures de l'art moderne* (Liana Levi, 1987) ; ou encore *L'aventure de l'art au XXe siècle* (Hachette, 1991).

THÈMES DE RÉFLEXION

- Culture et politique dans l'entre-deux-guerres.
- Consommation et culture de masse.
- Les conséquences culturelles de la Première Guerre mondiale.
- Cultures et sociétés fasciste et nazie.
- Les intellectuels dans la vie politique française depuis la Seconde Guerre mondiale.
- Les médias et l'opinion depuis 1945.
- Sport et politique au XXe siècle.

3

Fondamentalisme et modernité

LES RELIGIONS DEPUIS 1850

Connaître

1858	Apparitions de Lourdes
1864	Pie IX, encyclique *Quanta Cura*. *Syllabus* des erreurs modernes
1870	Concile Vatican I : dogme de l'infaillibilité pontificale
1886	Édouard Drumont publie *La France juive*.
1891	Léon XIII, encyclique *Rerum Novarum* (sur la question sociale)
1896	Théodore Herzl, *L'État des Juifs*
1905	Séparation des Églises et de l'État en France
1907	Condamnation du modernisme par Pie X
1923	Mustafa Kemal élu président de la nouvelle République turque
1926	Condamnation de l'Action française par Pie XI
1928	Fondation en Égypte du mouvement des Frères musulmans
	Espagne : *Opus Dei*
1929	Accords du Latran entre Pie XI et Mussolini
1937	Encycliques de Pie XI condamnant le communisme et le nazisme
1962-1965	Second Concile du Vatican
1978	Élection du pape Jean-Paul II
1979	Révolution islamique en Iran
	Occupation de la Grande Mosquée de La Mecque
1989	Affaire Rushdie (février)
	Mort de l'imam Khomeiny (juin)
1992	Début de l'affrontement entre le FIS et les autorités algériennes

Pontificats : Pie IX (1846-1878). Léon XIII (1878-1903). Pie X (1903-1914). Benoît XV (1914-1922). Pie XI (1922-1939). Pie XII (1939-1958). Jean XXIII (1958-1963). Paul VI (1963-1978). Jean-Paul Ier (1978). Jean-Paul II (1978-   ).

Le fait religieux reste au XXe siècle une donnée importante des diverses civilisations, des relations diplomatiques, des rapports de force politiques à l'intérieur de nombreux États. De bons esprits ont pu croire à son affaiblissement inéluctable dans les années soixante, au temps du double triomphe du marxisme et de la société de consommation. Le retour des dieux et des conflits religieux, à compter de la fin des années soixante-dix, a démontré de manière retentissante la fausseté de leurs prédictions. Il reste donc important de bien connaître les évolutions des grandes religions et leurs rapports avec les sociétés politiques modernes. Une première partie de ce chapitre expose l'état des religions monothéistes dans le monde au cours de la seconde moitié du XIXe siècle puis à la fin du XXe siècle. Les deux autres parties mettent l'accent sur deux moments forts d'une même thématique, le rapport du religieux à la modernité politique, abordé d'abord sous l'angle de l'*aggiornamento* de la papauté et du catholicisme, puis à travers le développement récent de l'islamisme.

I. Place et évolution des religions dans le monde de 1850 à nos jours

1. De toutes les religions, le christianisme est celle qui s'étend le plus dans la seconde moitié du XIXe siècle

La géographie mondiale des religions au début du XXe siècle est largement tributaire des rapports de force et des prosélytismes hérités des deux siècles précédents. Les grandes religions monothéistes apparues au Proche-Orient se sont depuis longtemps répandues loin de leur berceau mais avec des succès très divers. En 1900, les chrétiens sont de loin les plus nombreux : 485 millions (dont 226 millions de catholiques), contre 200 millions de musulmans, 203 millions d'hindouistes, 127 millions de bouddhistes, 12 millions de juifs, etc.

▸ **Le christianisme a pleinement participé, au XIXe siècle, au dynamisme global qui a poussé l'Europe occidentale à la découverte et à la conquête des autres continents ;** mission et colonisation ont du reste largement lié leur sort, au bénéfice du catholicisme dans les zones d'influence de la France (les quatre cinquièmes des missionnaires catholiques sont français à la fin du XIXe siècle), du protestantisme pour celles de la Grande-Bretagne ; l'orthodoxie, elle aussi, s'implante en Asie centrale et en Extrême-Orient. L'âge d'or des missions étrangères (1830-1930) voit l'évangélisation toucher, outre les Amériques, la Chine ou le Japon, atteints depuis longtemps, l'ensemble de l'Asie, l'Afrique, le Proche-Orient et le Maghreb, l'Océanie, l'extrême Nord canadien. Des noyaux de chrétienté s'établissent durablement autour des grands lacs africains, à Madagascar ou Tahiti, en Inde, en Corée, dans les territoires de l'Indochine française. L'Europe chrétienne affiche le sentiment tranquille de la supériorité et de l'universalité de son message face à des religions et des cultures taxées de paganisme ou d'archaïsme. Le ferment missionnaire est entretenu par des congrégations spécialisées et par une association fondée à Lyon mais qui rayonne bientôt dans tout le catholicisme, l'Association pour la Propagation de la Foi, qui publie les *Annales* du même nom.

En Europe même, le conformisme joue en faveur des Églises, aussi bien dans la Grande-Bretagne victorienne que dans les campagnes catholiques ou orthodoxes du continent ; la présence de groupes sociaux ou de régions détachés des pratiques commence cependant à inquiéter les clergés, auxquels les classes ouvrières et les nouvelles populations urbaines semblent échapper (on parle de la *« Chine aux portes de Paris »* pour désigner les banlieues de la fin du XIXe siècle). Il se développe dans certains milieux catholiques et protestants d'intéressantes expériences de christianisme social, mêlant paternalisme traditionnel et recherche d'une authentique troisième voie entre capitalisme et socialisme. Le pape Léon XIII couronne le mouvement par son encyclique de 1891, *Rerum Novarum*.

► **L'idée laïque progresse en Europe occidentale.** La seconde moitié du XIXe siècle voit s'affirmer l'idée laïque. Plus large que le simple anticléricalisme à l'œuvre dans les pays catholiques, elle tend à séparer l'espace public (l'État, l'école, la justice, les hôpitaux, la recherche scientifique...) de toutes les religions. Ces dernières sont traitées avec une distance et un respect égaux, quelle que soit leur force numérique, et cantonnées à la sphère des sentiments privés. La France de la IIIe République prétend être la première nation à avoir mené à bien une laïcisation générale de ses institutions et de son esprit. Elle le doit à des philosophes comme Edgar Quinet et Charles Renouvier (le principal vulgarisateur du kantisme en France), et aux ministères présidés par les Jules Ferry, Waldeck-Rousseau, Émile Combes. Les francs-maçons, au faîte de leur puissance politique et culturelle, mais aussi les protestants et les juifs, ont été aux avant-postes de ce combat.

Le monde protestant, en expansion, reste très divers : les luthériens sont majoritaires en Allemagne et Scandinavie, les réformés ou calvinistes en France, Suisse et Écosse (où ils sont dits presbytériens), les anglicans en Angleterre. Le leadership, en hommes, ressources et doctrines, va passer de la Grande-Bretagne aux États-Unis, qui représentent 40 % de l'effort missionnaire protestant en 1900, les deux tiers en 1960. Les *Réveils* ou *dissidences* (retours au Livre et à une piété individuelle et expressive) prolifèrent depuis le moravisme germanique et le wesleyisme britannique du XVIIIe siècle : ils prétendent pallier les insuffisances des Églises établies ; l'un des plus importants, le pentecôtisme, surgit aux États-Unis entre 1901 et 1906, et va connaître une expansion mondiale. Le même pays voit la publication, en 1909, d'une série de doctrines évangéliques intitulées les *fondamentales*, d'un mot appelé à un grand destin, qui affirme l'inspiration et l'importance bibliques ou encore la nécessité de la conversion personnelle. Les « fondamentalistes » s'opposaient au libéralisme théologique. De profonds renouvellements exégétiques et théologiques secouent le protestantisme, notamment germanique : au

XIXe siècle Schleiermacher, Baur, David Strauss (dont la *Vie de Jésus*, traduite par Littré, inspire Renan) et Harnack, au XIXe siècle Rudolf Bultmann, Paul Tillich, le Français Oscar Cullmann et surtout le calviniste suisse Karl Barth (Bâle, 1886-1968), d'abord influencé par Kierkegaard, théologien de la crise, auteur à partir de 1932 d'une *Dogmatique de l'Église* de près de 10 000 pages, et qui prend la tête de la lutte spirituelle contre le nazisme.

► **La mosaïque du judaïsme est le fidèle reflet des tribulations multiples du peuple juif :** elle s'étend depuis longtemps aux deux rives de la Méditerranée et aux trois empires centraux (Russie, Allemagne, Autriche-Hongrie). Fondée en 1860 à Paris, l'Alliance israélite universelle vient particulièrement en aide aux juifs du Levant. De manière plus récente, les migrations juives, à la suite des grands pogroms de Russie, consécutifs à l'assassinat d'Alexandre III en 1881, ont atteint la France, la Grande-Bretagne et les États-Unis (600 000 Juifs russes y ont émigré entre 1881 et 1903), les principales villes de ces trois pays abritant des quartiers populaires juifs, tels l'*East End* londonien ou le Marais parisien. Un trait dominant à la fin du XIXe siècle est le remplacement du vieil antijudaïsme chrétien, à composante religieuse, par le moderne antisémitisme qui fustige dans les juifs une race inassimilable passée au service du capitalisme international. Mêlant parfois des accents socialisants aux apports théoriques de Gobineau et de Darwin, des écrivains à gros tirages popularisent le thème du danger, voire du « complot juif » : Édouard Drumont en France (*La France juive*, 1886), Eugen Dühring (*La question juive*, 1881), Paul de Lagarde et Houston-Stewart Chamberlain en Allemagne, Karl Lueger en Autriche. *Les protocoles des Sages de Sion*, un faux antisémite forgé en Russie à partir d'une idée française, commencent leur carrière internationale au début du XXe siècle.

Le rêve assimilationniste, poursuivi non sans succès à l'Ouest, en dépit de l'affaire Dreyfus, trouve donc ses limites dans l'essor de l'antisémitisme. Un autre rêve, celui de l'installation en terre d'Israël *(Eretz Israël)*, se fait jour en Europe de l'Est, avec Léo Pinsker (1821-1891) et les sociétés russes des *Amants de Sion*, et surtout le journaliste viennois Theodor Herzl (1860-1904), qui publie en 1896 *L'État des Juifs*, livre fondateur du sionisme politique, et réunit à Bâle le premier congrès sioniste (1897). Ce dernier se fixe pour but l'établissement de l'État juif en Palestine, où arrivent les acteurs de la première *aliya* (montée vers Israël), puis de la seconde (dont Ben Gourion), en 1904, après une recrudescence des pogroms en Russie (1903). Ce but est atteint, sur le papier, par la Déclaration Balfour du 2 novembre 1917, qui promet l'établissement d'un « foyer national juif » ; les sionistes avaient, en 1905, rejeté la proposition britannique d'établissement d'une colonie juive en Ouganda.

► **L'Islam souffre de la subordination politique des pays musulmans,** passés en bonne part sous la domination européenne (colonies britanniques, françaises, italiennes, néerlandaises, puis mandats de la SDN après 1920). Le seul grand pays resté politiquement indépendant, l'Empire ottoman, est en pleine déliquescence. Le sursaut nationaliste victorieux des Jeunes Turcs, au lendemain du traité de Sèvres (1920), vise par ailleurs à promouvoir une société radicalement laïque : s'inspirant du slogan lancé par Ziya Gökalp, « Turquiser, moderniser, occidentaliser », Mustafa Kemal Atatürk fonde la République en 1923 et multiplie les mesures spectaculaires : abolition du califat, des tribunaux religieux et de la polygamie en 1924-1925, affirmation que l'islam n'est plus religion d'État et passage à l'alphabet latin en 1928, etc. L'islam est encore incapable de jouer le rôle de fédérateur qui sera le sien quelques décennies plus tard ; il oppose cependant un rempart imperméable aux efforts de conversion déployés par les chrétiens (tels le cardinal Lavigerie et ses Pères Blancs, puis Charles de Foucauld, au Maghreb, ou les Jésuites français et les missions protestantes américaines à Beyrouth) ; il constitue un élément important de la revendication anticolonialiste.

► **Les grandes religions du monde asiatique** (bouddhisme, hindouisme, shintoïsme) jouent un rôle comparable de résistance passive et de sauvegarde pour la culture et l'identité de mondes mis en péril par l'Occident ; le lien avec le nationalisme est particulièrement vrai dans le cas du shintoïsme japonais entre 1868 et 1945 (la Restauration de *Meiji* a abouti à la séparation du bouddhisme et du shintô et établi un shintô d'État).

2. Les grandes tendances de l'évolution religieuse au XXe siècle

De prime abord, le XXe siècle semble avoir assisté à un repli général des religions, notamment du christianisme. Le sociologue italien Sabino Acquaviva décrit dans les années soixante *L'éclipse du sacré dans les sociétés industrielles*, et conclut à l'éradication du sentiment religieux dans l'homme. Ce type d'attitude, qui n'est pas sans rappeler le positivisme et le scientisme triomphants des années 1860, ne saurait satisfaire l'historien. Le schéma d'une « déchristianisation » (ou d'une « désislamisation ») linéaire rend malaisément compte d'une réalité plus complexe : l'image d'une courbe régulièrement décroissante doit laisser place à celle de flux et de reflux du sentiment religieux, selon un schéma cyclique (un peu comme en économie !). La fin du XIXe siècle a vu s'ébaucher un regain évident dans le catholicisme, symbolisé par les conversions retentissantes de l'année 1886 (Claudel, Charles de Foucauld, Thérèse de Lisieux...), puis, dans l'entre-deux-guerres, par la vitalité des organisations d'Action catholique. Au-delà de 1945, en revanche, et jusqu'aux années soixante-dix, la courbe s'inverse, avant de repartir dans le dernier quart du XXe siècle, comme on va le voir.

Le difficile dialogue avec la modernité reste le souci lancinant de l'Église catholique et des autres confessions chrétiennes, mais aussi du judaïsme et de l'islam. Les sociétés industrialisées et développées de l'Occident ont connu les premières une sécularisation accélérée depuis les années soixante ; l'accumulation des conquêtes scientifiques, la prospérité des Trente Glorieuses et des divers miracles économiques, les ondes de choc des révolutions culturelles que furent Vatican II aussi bien que Mai 68, la très forte séduction exercée par les messianismes d'origine marxiste ou par la psychanalyse et le structuralisme, ont conjugué leurs effets dans un mélange explosif pour les vérités révélées. Les religions sont apparues comme une vision dépassée et même une entrave en dépit de leurs efforts d'*aggiornamento*, extrêmement

Les religions dans le monde actuel

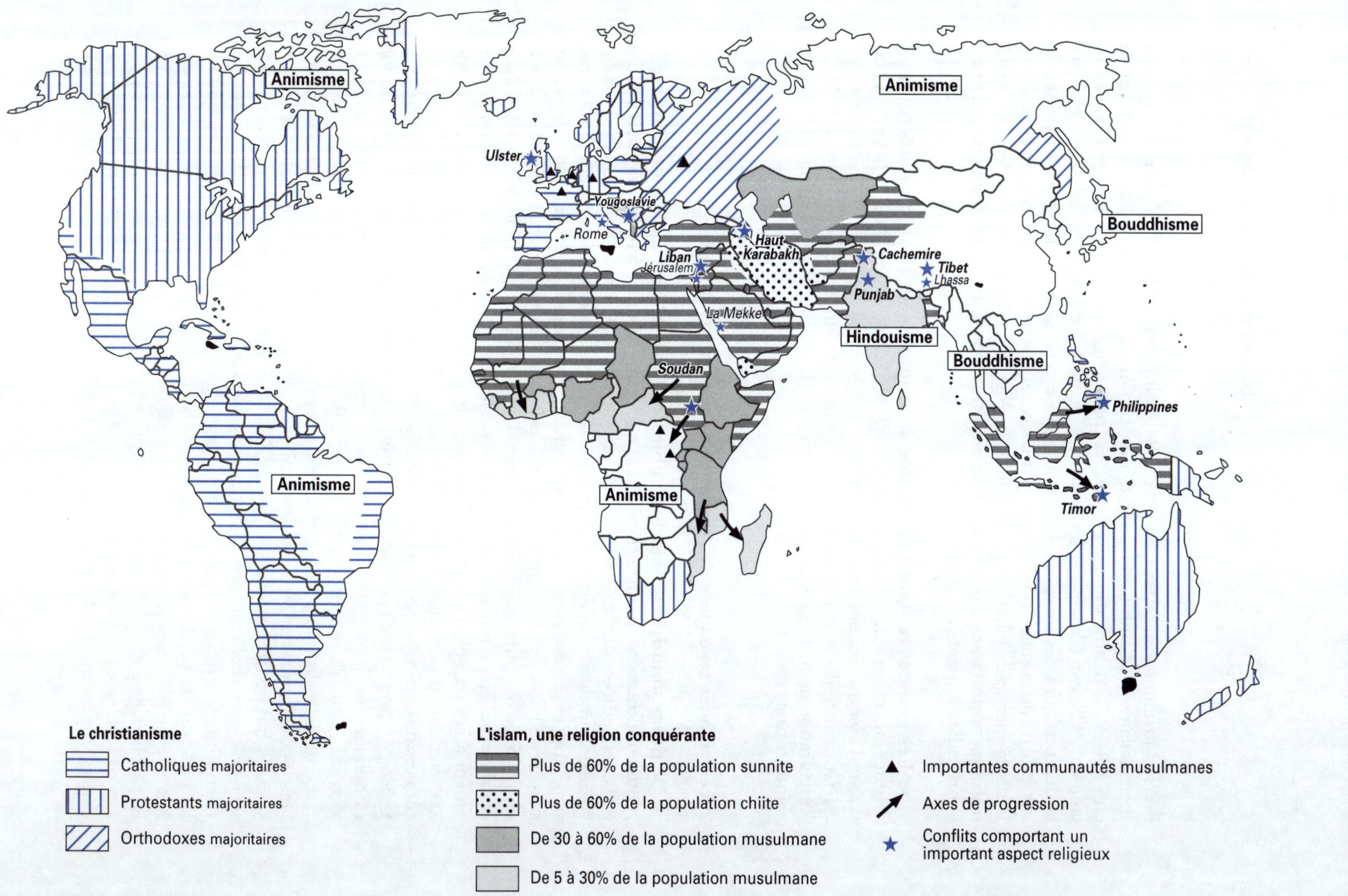

profonds pour le catholicisme. La crise est vérifiable à des signes spectaculaires : effondrement de la pratique et des vocations religieuses (*France, pays de mission ?*, s'interroge l'ouvrage de deux prêtres dès 1943), raréfaction et vieillissement des clergés, rébellion puis indifférence croissante à l'égard des règles édictées par le magistère romain, chute de la fécondité et du mariage, montée de la contraception et de l'avortement... Les sociétés occidentales de tradition catholique ou protestante peuvent-elles encore être dites chrétiennes ? Les derniers bastions du catholicisme populaire semblent être tombés en 1995 : en Pologne Lech Walesa, ouvertement soutenu par l'Église, a échoué aux présidentielles et les partisans irlandais du droit au divorce ont remporté une (courte) victoire. L'effondrement des taux de natalité en Italie comme en Espagne n'est pas non plus sans signification. En France, si 66 % des personnes interrogées en 1986 estimaient l'existence de Dieu « certaine ou probable », elles ne sont plus que 61 % en 1994.

► **Les signes d'une *« revanche de Dieu »* se multiplient cependant depuis la fin des années soixante-dix dans les pays de religion monothéiste :** Gilles Kepel montre les étonnants rapprochements d'une chronologie serrée : 1977 (fin de la domination travailliste en Israël qui rend nécessaire l'appoint des voix des partis religieux contre la tradition laïque du sionisme et de l'État d'Israël), 1978 (élection de Jean-Paul II) et 1979 (événements d'Iran), voire 1980 (élection de Reagan en partie grâce aux voix des fondamentalistes protestants de la majorité morale). La foi orthodoxe s'affiche à l'Est sur les décombres du communisme, les mouvements charismatiques apportent à l'Église catholique une seconde jeunesse (les nouvelles communautés remplacent des congrégations essoufflées), les sectes pullulent : pulsions millénaristes aidant, certaines s'abandonnent à la violence avec des suicides collectifs ou des défis lancés à la société (Wako aux États-Unis, Aum au Japon, Temple solaire en Suisse, France et Canada).

S'imposent dès lors des mouvements riches d'une histoire déjà ancienne, quelquefois, et que l'on désigne comme *islamisme* chez les musulmans, *fondamentalisme* ou *intégrisme* chez les uns et les autres, ces deux derniers termes ayant d'abord appartenu au protestantisme et au catholicisme. En dépit d'évidentes différences, ces mouvements partagent deux postulats fondamentaux : d'une part, la remise en question de l'idéal laïque issu des Lumières européennes du XVIIIe siècle (la *Haskala* chez les Juifs) et la revendication d'un espace public pour la religion ; de l'autre, l'insistance sur la parfaite compatibilité entre la foi religieuse la plus intransigeante et la science, qui fait que l'on trouve beaucoup de scientifiques, notamment des ingénieurs, parmi les intégristes (tels en Égypte l'agronome Choukri Moustapha ou le leader du groupe qui assassina le président égyptien Sadate, en 1981, l'ingénieur électricien Faraj ; en Afghanistan, G. Hekmatyar chef du *Hezb-e-Islami*). Télévision et cassettes vidéo ont été un support privilégié des fondamentalistes chrétiens (les télévangélistes aux États-Unis) ou musulmans (les cassettes khomeinystes en Iran).

Les sociétés sécularisées (la *jahiliyya* des islamistes) ont été ainsi défiées, soit par le haut (affaire Rushdie, 1989 : la dénonciation de l'auteur des *Versets sataniques*, œuvre d'abord de Pakistanais installés à Bradford en Grande-Bretagne, ayant été reprise à son compte par l'imam Khomeiny), soit à la base (l'*University Liberty*, hostile à l'évolutionnisme aux États-Unis, le puissant mouvement italien *Communion et Libération* fondé par le prêtre don Giussani en 1970, les *loubavitch* juifs hostiles au sionisme, ou le *Tabligh* musulman, une association piétiste surgie en Inde en 1927 pour combattre le processus d'assimilation de la minorité musulmane, puis étendue au monde entier, etc.). Ces initiatives ont obligé la laïcité à engager un effort de redéfinition, notamment en France sur le traditionnel terrain de l'école (affaire du foulard islamique à Creil en 1989), et à envisager les moyens de favoriser un islam français plus indépendant qu'il ne l'est aujourd'hui des clergés et des bailleurs de fonds du Moyen-Orient. Les offensives des intégristes se sont multipliées sur le front des mœurs (la lutte contre l'avortement a fait des victimes aux États-Unis) et celui de la pensée : après Rushdie, l'écrivain Taslima Nasreen a été condamnée à mort par une *fatwa*.

En Inde et au Pakistan, les extrémistes de l'hindouisme (le parti Bharatiya Janata) et de l'islam s'affrontent autour de l'emplacement des lieux de culte : la mosquée d'Ayodhya dans l'Uttar-Pradesh a été détruite en décembre 1992 sous le prétexte qu'elle aurait été bâtie au XVIe siècle sur l'emplacement de la naissance du dieu Rama ; des dizaines de temples hindous ont été détruits en représailles au Pakistan, des centaines de fidèles des deux religions assassinés.

On peut toutefois s'interroger : ces reconquêtes sont-elles le germe d'une renaissance des grandes religions ou un élément du retour diffus et multiforme du sacré, vérifiable au renouveau de l'animisme en Afrique, au développement des sectes en Occident et du syncrétisme au Brésil ? N'empruntent-elles pas aussi beaucoup aux difficultés socio-économiques de la grande dépression qu'a connue le monde en cette fin de XXe siècle ainsi qu'au retour fulgurant du nationalisme et des haines ethniques que l'on avait cru un peu vite éliminés par le communisme ou le développement du marché mondial ?

3. Bilan du XXe siècle : redistribution des cartes religieuses

La carte religieuse du monde a connu au cours du XXe siècle des mutations notables, effets des bouleversements démographiques, migratoires ou politico-culturels. Les musulmans (837 millions en 1986) sont en passe de devenir plus nombreux que les seuls catholiques (887 millions) : les prévisions pour l'an 2000 leur accordent 1,2 et 1,1 milliard de fidèles respectivement. Les chrétiens sont au total, en 1986, 1,5 milliard, pour 20 millions de juifs, 660 d'hindouistes, 300 millions de bouddhistes. À noter l'explosion des effectifs des agnostiques, de 3 à 1 000 millions en un siècle, et des athées, de 0,225 à 262 millions.

► **Le destin du judaïsme s'individualise encore par ses imbrications avec le politique,** et les nouveaux rapports entre la diaspora et l'État d'Israël : la *Shoah* (le génocide perpétré par les nazis) a détruit presque complètement les foyers juifs d'Europe centrale et orientale. Le judaïsme français (75 000 disparus) s'enrichit cependant, dans les années soixante, de l'arrivée massive de sefarades (Juifs orientaux) en provenance des anciennes colonies d'Afrique du Nord ; ils ont gagné également Israël, un état fondé par les ashkénazes, ou Juifs occidentaux, venus d'Europe. L'intégration des Juifs noirs d'Éthiopie, les Falasha, sauvés par deux ponts aériens, en 1984 et 1991, est beaucoup plus difficile. Les Juifs soviétiques, encouragés par l'Agence juive, cherchent depuis 1948 à quitter leur pays en direction d'Israël, et plus encore des États-Unis, où leurs coreligionnaires forment un puissant groupe de pression ; en Israël, ils sont devenus une pièce essentielle de la démographie et de la stratégie d'implantation de colons dans les territoires occupés : près de 380 000 sont arrivés entre l'automne 1989 et la fin de 1991.

► **Le catholicisme accuse un reflux certain après 1945,** pour trois types de raisons. La première est son interdiction dans certains pays passés au communisme : la Russie après 1917, l'Europe de l'Est, la Chine et la Corée à la fin des années quarante, Cuba, le Viêt-nam après 1975. La seconde provient de sa collusion avec le colonialisme aux yeux de beaucoup de peuples ayant accédé à l'indépendance (expulsion de tous les religieux dans la Guinée de Sékou Touré) ; la dernière, sans doute plus profonde, réside dans la dégradation du statut général de l'Occident comme ensemble de valeurs et le coup porté à la confiance dans l'universalité de ses idéaux. Aussi le prosélytisme est-il en recul en dépit des appels pontificaux régulièrement lancés au renouvellement de la mission. Il tend à laisser la place à l'œcuménisme qui englobe les diverses confessions chrétiennes, mais aussi à l'exigence de dialogue avec le judaïsme et l'islam (à Casablanca en 1985, au Sénégal en 1992), voire avec les religions du monde entier lors de la rencontre d'Assise en octobre 1986, à l'initiative de Jean-Paul II par ailleurs profondément soucieux de reconquérir les sociétés sécularisées de l'Occident.

► **Le protestantisme connaît une évolution voisine.** Le temps des missions a permis une diffusion mondiale, en Corée comme en Afrique ou Océanie ; le leader nationaliste chinois Sun Yat-Sen était protestant, tout comme, plus près de nous, le leader indépendantiste canaque Jean-Marie Djibaou. Des symboles mondiaux comme le pasteur Martin Luther King aux États-Unis ou Mgr Desmond Tutu en Afrique du Sud, ont lutté contre la discrimination raciale. Les protestants adoptent volontiers des prises de position contestataires de l'ordre établi, notamment dans l'ordre ecclésiastique (accès des femmes au pastorat et à l'épiscopat dans les Églises baptiste, anglicane ou réformée) et celui des mœurs (contraception, avortement, homosexualité). Pourtant, les Églises dissidentes véhiculent un message beaucoup plus conservateur. Neuf Américains sur dix, toutes confessions confondues, disent croire en Dieu : 80 millions d'entre eux sont des protestants, appartenant à 250 dénominations diverses (16 millions de baptistes, dont Henry Truman, Luther King, Jimmy Carter ou Billy Graham ; 14 millions de méthodistes ; outre les pentecôtistes, les Mormons, l'Armée du Salut, les Témoins de Jéhovah, etc.). De la Prohibition (1919-1933) et de l'affaire Scopes ou « procès du singe » dans le Tennessee en 1925 (un professeur enseignant l'évolutionnisme des espèces fut traîné au tribunal mais eut gain de cause), aux déclarations du président Reagan en 1981, estimant que le créationnisme (d'après le récit biblique des origines) est une théorie scientifique comme une autre, ou à la candidature du télévangéliste Pat Robertson aux primaires de 1988, le protestantisme américain affiche les options très conservatrices sinon réactionnaires d'une bonne part des siens. En Amérique latine, le protestantisme a engagé une conquête que soutient la puissance du modèle nord-américain : de 1 %

en 1900, les pentecôtistes étaient passés dès 1960 à 5,6 % de la population du Chili. L'Argentine ou le Brésil connaissent une évolution semblable. Le président du Pérou, Alberto Fujimori, ou encore le président du Guatemala élu en 1991, Jorge Serrano, sont des prédicateurs protestants.

L'évolution de l'**orthodoxie** (100 millions de fidèles environ) a été étroitement dépendante des vicissitudes de l'histoire et des migrations économiques ou politiques. La plupart des fidèles, depuis 1917 ou l'après-Seconde Guerre mondiale, ont vécu sous la chape communiste, aux importantes exceptions près de la Grèce et de Chypre, des groupes orientaux (Antioche, Jérusalem) et des noyaux résultant de l'émigration en Amérique du Nord (5 millions ; Moscou leur a accordé en 1970 l'« autocéphalie » ou indépendance ecclésiastique). En Russie, le régime léniniste a pris l'offensive dès janvier 1918 avec la loi de Séparation de l'Église avec l'État et l'École, et développé à partir de 1922 une importante campagne antireligieuse (Ligue des Sans-Dieu militants, Musées de l'athéisme, etc.) marquée par diverses persécutions et par l'encouragement du schisme de l'Église vivante (1922), favorable au régime. Devant le péril, le patriarche Tikhone, non remplacé à sa mort en 1925, choisit à son tour la soumission ; un décret de 1929, repris en 1975, définit la liberté de propagande antireligieuse face à celle du culte religieux. Mais le 4 septembre 1943, Staline dut faire appel aux responsables de l'Église orthodoxe pour soutenir la guerre contre les Allemands, et un nouveau patriarche fut officiellement installé. En 1946, Staline rattache de force l'Église uniate d'Ukraine à l'Église orthodoxe : l'uniatisme, ou catholicisme de rite grec rattaché à Rome, a toujours été suspecté, avant comme après 1917, d'être un obstacle à la domination russe. Après 1945, l'importante Église de Roumanie choisit elle aussi une étroite soumission au régime communiste, et sert le nationalisme roumain en Transylvanie face à la minorité hongroise de religion calviniste.

L'orthodoxie a connu depuis les années soixante un important renouveau théologique et bénéficié d'un retour à la pratique notamment dans l'intelligentsia. Les choses se sont accélérées avec la chute du communisme : on compte dans la Russie de 1995 17 000 paroisses rouvertes, 331 monastères, 51 séminaires ; de nombreux dirigeants politiques affichent ostensiblement leur foi et des églises sont restaurées ou rebâties. Sur le plan de l'œcuménisme, l'orthodoxie avait joint ses efforts à ceux des Églises protestantes dès les assemblées de Stockholm (1925) et Lausanne (1927), mais il a fallu attendre les initiatives de la papauté après Vatican II, pour noter un timide rapprochement avec l'Église catholique. Ces initiatives sont aujourd'hui freinées par les inquiétudes que suscitent chez les orthodoxes l'activité des autres confessions chrétiennes dans l'ancienne Europe de l'Est ou encore le thème de la seconde évangélisation de l'Europe défendu par Jean-Paul II. La religion et le nationalisme risquent de renforcer leurs liens, une fois encore, sur les décombres du communisme.

► **Quant à l'Islam, sa progression est liée à l'explosion démographique du Tiers Monde, mais aussi à la séduisante simplicité de son monothéisme :** il progresse en Inde parmi les basses castes, en Afrique noire, par son prestige culturel et social, et même en Occident où les immigrés en font la seconde religion de France, et où les convertis sont nombreux chez les Noirs américains ou célèbres (en France, Louis Massignon, Roger Garaudy, Maurice Béjart). Les mosquées se multiplient partout dans le monde, au point de devenir une affaire d'État, comme la Grande Mosquée du Maroc, alors que les autres Églises bâtissent peu aujourd'hui : la cathédrale de la ville nouvelle d'Évry est largement postérieure à sa mosquée. La France comptait 33 mosquées en 1970, il y en avait 912 en 1986.

Arabes et musulmans ne doivent pas être confondus : il y a au Proche-Orient des Arabes chrétiens, actifs notamment dans le mouvement palestinien (tels Georges Habache ou l'épouse de Yasser Arafat avant sa conversion à l'islam), et les plus grands pays musulmans ne sont pas peuplés d'Arabes : l'Indonésie (156 millions de musulmans en 1993, 80 % de la population), le Pakistan (116) ; l'Égypte (50 millions) ne vient qu'en septième position sur cette liste, suivie par le Nigeria (41). Quant à la Chine, elle compterait pour sa part entre 15 et 40 millions de musulmans.

*II. L'Église catholique : hésitation et triomphe de l'*Aggiornamento

1. Les contradictions de la papauté (1846-1914)

Première confession au monde en 1986 comme en 1900, le catholicisme est marqué par sa structure strictement hiérarchisée et par l'ampleur des pouvoirs dévolus aux papes, successeurs de l'apôtre Pierre, qui se sont vu reconnaître par le Concile du Vatican, en 1870, l'infaillibilité (ils ne peuvent commettre d'erreur doctrinale ; seuls cependant Pie XII et Jean-Paul II ont usé de cette prérogative, le premier en 1950 pour proclamer l'Assomption de la Vierge, le second en 1995 pour repousser l'ordination sacerdotale des femmes). Aussi le message de l'Église dépend-il fortement de la personnalité placée à sa tête, souvent pour de longs règnes, et de celle des grands commis du Vatican nommés par le pape, cardinaux, préfets des congrégations romaines (l'équivalent de directeurs de ministère), ou nonces (les diplomates du Vatican).

► **Dans la seconde moitié du XIXe siècle, on peut opposer Pie IX à Léon XIII. Pie IX (1846-1878), pape de combat,** avait d'abord adopté des attitudes libérales. Mais devenu un opposant à l'unité italienne qui le chasse de ses États et le conduira en 1870 à se considérer comme prisonnier au Vatican, il se montre après 1849 farouche adversaire des idées modernes qu'il dénonce en 1864 dans l'encyclique *Quanta Cura* et son catalogue de propositions condamnées, le fameux *Syllabus.* **Léon XIII (1878-1903) est plus libéral :** il renouvelle les hautes études théologiques en favorisant le thomisme (philosophie de saint Thomas d'Aquin), et élabore une doctrine sociale pour l'Église, accusée alors d'avoir « oublié » la classe ouvrière, dans la célèbre encyclique *Rerum Novarum* en mai 1891. Le texte condamne la lutte des classes et préconise des syndicats corporatifs unissant patrons et ouvriers, et accepte une intervention régulatrice de l'État. Léon XIII tente encore de dénouer la crise entre l'Église et la IIIe République française en préconisant, par la voix du cardinal Lavigerie, le Ralliement des catholiques à la forme républicaine de l'État (1893) ; il n'en a pas moins condamné très fermement la franc-maçonnerie dans une encyclique de 1884, *Humanum genus.*

Son successeur **Pie X (1903-1914,** canonisé en 1954) se présente comme le pape de la « restauration de toutes choses en Christ », à savoir une reprise en mains généralisée. Il fait connaître à la France son refus de la séparation de l'Église et de l'État (1905) et frappe les mouvements se réclamant de la démocratie chrétienne : en Italie l'œuvre des Congrès (1904) puis la Ligue démocratique nationale animées par le prêtre Romolo Murri excommunié en 1909 ; en France, en 1910, le *Sillon*, fondé par un laïc, Marc Sangnier qui anime après la guerre un véritable mouvement politique, la *Jeune République*. Sur le plan doctrinal, deux encycliques de 1907, *Lamentabili* et *Pascendi*, tentent d'éradiquer ce que Rome estime une hérésie nouvelle, le **modernisme** : en fait, une relecture critique de l'Écriture sainte à la lumière des découvertes et des méthodes de l'exégèse (étude scientifique de la Bible, née en bonne partie dans l'Allemagne luthérienne au XIXe siècle), qui triomphe en France avec l'abbé Loisy. La condamnation pontificale qui fait suite à celle de l'américanisme, un mouvement assez voisin récusé par Léon XIII en 1899, est aggravée par des campagnes de dénonciation et la mise en place d'un réseau de surveillance, dit intégriste, qui semblent rejeter l'Église dans un passé ancien de suspicion de la science ; plusieurs intellectuels sont condamnés au silence. Il est vrai que la France, avec le laïcisme militant de ses élites, l'expulsion des congrégations enseignantes (1901 et 1904), la Séparation et les scènes d'émeute liées aux Inventaires des lieux de culte (1906, deux morts), a contribué à durcir ce réflexe de fermeture sur le monde extérieur considéré comme un péril pour la foi et la doctrine.

2. De Benoît XV à Pie XII : le temps des Concordats et des totalitarismes (1914-1958)

► **Les trois premiers successeurs de Pie X ne parviendront pas à effacer le sentiment, alors très répandu, d'un divorce croissant entre l'Église catholique et le monde moderne,** en dépit des encycliques marquant les anniversaires successifs de *Rerum Novarum*. Le premier, **Benoît XV (1914-1922),** qui se dit le pape de la « guerre civile européenne », est suspecté par les puissances de l'Entente de sympathies à l'égard des Empires centraux (dont la très catholique Autriche), et le Vatican est tenu à l'écart des traités de 1919. Cependant, Benoît XV engage sur le plan doctrinal et ecclésiastique des initiatives qui, prenant le contre-pied de celles de Pie X, annoncent un indéniable dégel : rétablissement en 1920 des relations diplomatiques avec la France, rompues depuis 1904 (la canonisation de Jeanne d'Arc, la même année, va dans le même sens), premiers contacts (1921) avec le gouvernement italien en vue de régler la question romaine pendante depuis les années 1860.

Le pape lève également, au début de 1919, le *non expedit* qui interdisait aux catholiques italiens de participer en tant que tels à la vie politique. Un prêtre sicilien, né en 1871, Don Luigi Sturzo, est autorisé à fonder le Parti populaire italien qui se veut non confessionnel, mais fait vite figure de parti catholique ; fort de 20 % des voix en novembre 1919, il assistera impuissant à la montée du fascisme, Sturzo émigrant à Londres à la fin de 1924, le secrétaire général, Alcide de Gasperi, réorganisant dans la clandestinité un parti qui réapparaît après la guerre sous le nom de démocratie chrétienne. De manière générale, les partis catholiques connaissent une période de prospérité dans l'Europe des années vingt où certains bénéficient de la solidité de leur implantation avant 1914, avec l'accord discret de la papauté, dans la mesure où il s'agissait de partis conservateurs : ainsi en Autriche (Parti chrétien social), Belgique, Allemagne (le *Zentrum*, Centre catholique).

Pie XI (1922-1939) prolonge vigoureusement les initiatives de son prédécesseur, notamment en matière d'Action catholique : il donne son aval à la création, en 1924, par le prêtre belge Cardijn, de la Jeunesse ouvrière chrétienne (JOC), imitée ensuite dans d'autres organismes de l'Action catholique spécialisée, Jeunesse agricole et Jeunesse étudiante chrétiennes (JAC et JEC), avec leurs équivalents féminins (JACF, JECF) ; les militants laïcs s'y voient reconnaître un nouveau rôle d'évangélisation et de reconquête dans leurs milieux d'appartenance. Le syndicalisme chrétien est soutenu contre certains patrons s'il le faut. En France, Pie XI lève en décembre 1926 l'équivoque ancienne sur les liens entre l'Église et le mouvement royaliste de l'Action française en mettant à l'Index (la lecture en est interdite aux fidèles) plusieurs ouvrages de Charles Maurras qui réplique par un *Non possumus* (refus d'obéissance au pape dans le domaine temporel) ; Pie X avait déjà prohibé, par un décret de 1914 qui ne fut pas publié, cinq titres de Maurras et le quotidien *L'Action française*. Les récalcitrants restés fidèles à Maurras sont traités sans ménagements : prêtres écartés, laïcs privés de sacrements. Le philosophe Jacques Maritain s'efforce d'expliciter les décisions pontificales.

Pour autant, Pie XI qui a institué en 1925 la fête du Christ-Roi, n'a guère de sympathies envers la démocratie libérale : de cette attitude et du combat obsessionnel contre le marxisme, repris par Pie XII, découlent des choix politiques majeurs et des responsabilités délicates au regard de l'histoire. La condamnation du « communisme bolchevique et athée » qui « prétend (...) saper jusque dans ses fondements la civilisation chrétienne », culmine dans l'encyclique *Divini Redemptoris* de 1937. Le Front populaire d'Espagne comme le régime anticlérical du Mexique sont peu après condamnés à leur tour, le pape leur reprochant les persécutions touchant le clergé, et Pie XI ne ménage pas son appui au général Franco, avant comme après 1939. Aussi noue-t-il de bons rapports avec la plupart des dictatures traditionalistes de l'entre-deux-guerres qui prétendent mettre en œuvre les principes politiques du catholicisme et favorisent les clergés et leurs œuvres : ainsi du Portugal de Salazar ou de l'Autriche du chancelier Dollfuss. Cette politique s'inscrit dans une volonté ancienne et générale de multiplication des concordats (accords passés entre le Vatican et tel ou tel État, portant sur les seuls intérêts religieux) : ces textes reconnaissent au pape la liberté des nominations épiscopales et aux Églises nationales des facilités pour le recrutement de leurs clergés et pour le développement de leurs œuvres notamment scolaires. Parmi la vingtaine d'accords signés dans l'entre-deux-guerres, on retiendra ceux qui concernent la Pologne, l'Autriche, la Hongrie, les États baltes, l'Irlande, etc. Pie XI, en revanche, n'accorde en 1927 qu'un *modus vivendi* à la Tchécoslovaquie dont les dirigeants, des Tchèques protestants (Masaryk) ou francs-maçons (Benès), appliquent une politique de laïcisation qui heurte et conduit à se radicaliser la minorité catholique slovaque emmenée par l'abbé André Hlinka.

Les concordats avec l'Italie fasciste et l'Allemagne nazie sont les plus lourds de conséquences, notamment par leur impact auprès des opinions publiques. Dans l'Italie de Mussolini (dans lequel Pie XI déclare en 1929 voir un envoyé de la Providence), le **Pacte du Latran (février 1929)** est l'un des événements majeurs du régime :

> L'Italie et le Vatican y règlent enfin la vieille question romaine et confortent leurs légitimités respectives. Un traité diplomatique assure la reconnaissance réciproque de l'État du Vatican et du royaume d'Italie avec Rome pour capitale, et pourvoit au dédommagement financier du Saint-Siège pour la perte de ses États ; un concordat offre de très larges avantages à l'Église et aux congrégations religieuses (interdiction du divorce, privilèges militaires et fiscaux accordés aux séminaristes et aux bâtiments). Le Pacte a été rendu possible par les excellents rapports instaurés entre la papauté et le fascisme, il conforte ce dernier, désormais au sommet de sa popularité. Mais des divergences d'interprétation se font jour bientôt, Pie XI, tout en se gardant d'aller au bout de la condamnation, blâme la dérive du régime vers le totalitarisme puis le racisme : le 5 juillet 1931, l'encyclique *Non abbiamo bisogno* fustige l'entreprise fasciste de monopolisation de la jeunesse au profit d'une idéologie jugée païenne (l'Action catholique et les organisations catholiques de jeunesse sont la cible des fascistes depuis 1927). À la fin de 1938, l'alignement de l'Italie sur l'Allemagne nazie devenant patent, les interventions du pape condamnent la législation antisémite récemment adoptée par Mussolini.

Une évolution semblable, mais accélérée et plus tranchée, peut être observée dans les rapports de la papauté et de l'Allemagne nazie. L'antibolchevisme de Hitler bénéficie d'abord de toute la sympathie de Pie XI qui signe avec le Führer un Concordat en juillet 1933, au prix de la dissolution des organisations politiques catholiques, à commencer par le grand parti démocrate-chrétien allemand, le *Zentrum*. Mais les attaques contres les militants catholiques et les théories racistes des nazis sont condamnées de plus en plus sévèrement par la papauté, jusqu'à la publication le 21 mars 1937, deux jours avant celle sur le communisme, de l'encyclique *Mit Brennender Sorge* (Avec une anxiété brûlante). Introduit clandestinement dans le Reich, le texte dénonce chez les nazis le *« Dieu national »* et la « divinisation par un culte idolâtrique » de la race (c'est l'idéologie *völkish*, dont l'un des pères est Paul de Lagarde dans ses *Deutsche Schriften* de 1886). La publication de l'encyclique a surtout pour effet de provoquer un redoublement de répression contre les prêtres catholiques. Pie XI demande en juin 1938 à trois jésuites de préparer une encyclique condamnant expressément l'antisémitisme et son usage par le nazisme : le titre en aurait été *Humani Generis Unitas* (L'unité du genre humain), mais la mort de Pie XI (février 1939) l'empêche de publier un texte que son successeur enterre immédiatement, et qui n'a été livré au public qu'en... 1995.

> **Les protestants allemands,** pour leur part, se divisent entre les chrétiens allemands, sous la direction de Ludwig Müller, nommé évêque du Reich, puis de Hans Kerl, favorables au nazisme, et les opposants de l'Église confessante, conduits par les pasteurs Martin Niemöller et Dietrich Bonhoeffer, et inspirés par le théologien Karl Barth. Ce dernier rédige en mai 1934 une *Déclaration de foi de Barmen*, hostile au nazisme, puis des Lettres militantes à diverses Églises d'Europe ; les nazis l'expulsent en 1935 de son poste de professeur à Bonn. En mai 1936, Niemöller adresse un mémorandum à Hitler pour protester contre les tendances antichrétiennes et l'antisémitisme du régime ; la

répression éclate alors ouvertement, Niemöller est arrêté, comme des centaines de pasteurs, jugé et déporté jusqu'en 1945 à Dachau. Le théologien Bonhoeffer (1906-1945) participe à un complot contre Hitler qui lui coûte la vie. Les Témoins de Jéhovah, pour leur part, voient périr près du tiers des leurs en camps de concentration. En France, on trouve à la tête de certains maquis des pasteurs, barthiens ou membres du courant du christianisme social ; leur aîné, Marc Boegner, dénonce les lois antisémites du maréchal Pétain, et un nouvel organisme, la CIMADE, intervient dans les camps d'internement et cache des Juifs, au même titre que les régions protestantes rurales de Haute-Loire (Le Chambon-sur-Lignon), du Tarn ou des Cévennes.

► **Le silence de la papauté sur les persécutions antisémites a été amèrement reproché à Pie XII.** À Pie XI, mort en février 1939, succède son secrétaire d'État depuis 1930 (le « premier ministre » de la papauté), **Pie XII (1939-1958).** Face à la Seconde Guerre mondiale, et une fois reconnus inutiles les efforts engagés par lui dans l'été 1939 pour éviter le pire (proposition de conférence faite le 24 août, etc.), Pie XII s'efforce de préserver la neutralité absolue de la papauté afin de ne pas encourir à nouveau les reproches de partialité portés en 1918. Il résiste ainsi aux pressions de ceux qui voulaient le voir transformer en « croisade contre le bolchevisme » l'attaque allemande contre l'URSS en 1941, mais se refuse à condamner les crimes de guerre des nazis ou de leurs alliés catholiques des républiques satellites de Slovaquie (Mgr Tiso) et surtout de Croatie (les *Oustachis* d'Ante Palevic, qui convertissent de force ou massacrent les Serbes orthodoxes). Le silence du pape, pourtant parfaitement informé dès 1942, à l'égard de l'antisémitisme nazi reste le point le plus fâcheux même si le pontife fait ouvrir les portes des institutions religieuses aux juifs. Ce silence peut s'expliquer à la fois par l'indifférence générale des épiscopats nationaux au sort des juifs et par le choix pontifical d'interventions discrètes (la publication retentissante de *Mit Brennender Sorge* était restée sans effet). La publication par Paul VI des *Actes et documents du Saint-Siège* relatifs à la Seconde Guerre mondiale ne parviendra pas à effacer le sentiment d'une faute, dénoncée avec éclat dans la pièce de l'Allemand Rolf Hochhuth, *Le Vicaire*, jouée en 1963.

► **En fait, Pie XII continue à estimer, comme beaucoup de responsables de l'Europe libérée, que le communisme reste le principal adversaire :** la seconde partie de son pontificat le verra prolonger jusqu'à sa mort des analyses typiques de la guerre froide, et ce sur trois fronts. En Italie même, Pie XII peut compter sur l'appui de la puissante démocratie chrétienne d'Alcide de Gasperi (plus modéré que lui), et fait du PCI une cible de choix ; à l'extérieur, le choix du camp occidental est régulièrement réaffirmé, surtout en 1947-1948, et dans les nouvelles démocraties socialistes de l'Est ce sont les prélats d'opposition au nouveau pouvoir qui ont l'appui du pape, tel le cardinal Mindsznety, primat de Hongrie. Dans le domaine dogmatique et théologique, les coups d'arrêt ne sont pas sans rappeler ceux de Pie IX et Pie X : désaveu du groupe français des Progressistes (1947), retentissante interruption de l'expérience, également française, des prêtres-ouvriers (surtout des Dominicains accusés de sympathies à l'égard du marxisme et plus généralement, comme naguère le Sillon, de fourvoiement du message évangélique en 1954), et publication de l'encyclique *Humani Generis* (1950) qui donne un coup d'arrêt aux nouvelles recherches théologiques. L'ensemble a pour effet d'accentuer le divorce entre la papauté et des sociétés occidentales aspirant au renouveau. Il allait appartenir à Jean XXIII, élu en fonction de son âge (près de 78 ans) et de sa non-appartenance à l'une des factions, conservatrice et libérale, qui se partageaient le Sacré Collège des cardinaux, de lancer par surprise la révolution tranquille du second Concile de Vatican.

3. La Révolution tranquille : le Concile de Vatican II (1962-1965) et ses suites

Deux papes ont associé leur nom aux travaux du Concile : **Jean XXIII (1958-1963)** et **Paul VI (1963-1978).** L'œuvre du premier ne doit pas être pour autant limitée à ce seul point : deux encycliques importantes, *Mater et magistra* (mai 1961) sur la question sociale, et surtout ***Pacem in terris*** (avril 1963), attestent d'une nouvelle attitude à l'égard des hommes fondée sur le dialogue plutôt que la stigmatisation de l'erreur ; on notera, au titre des travaux pratiques, l'apparition d'une *Ostpolitik* à la vaticane et l'audience, alors très discutée, accordée au gendre de Khrouchtchev, Adjoubei, en mars 1963. L'essentiel reste la décision de réunir un concile, le premier depuis celui du Vatican en 1870, annoncée le 25 janvier 1959 ; le pape en précise l'objet, immense : rien moins qu'une réflexion globale de l'Église sur elle-même et sur son devenir dans un monde en changement. Le 11 octobre 1962, 2 860 évêques venus de 140 pays sont réunis pour une première session ; si la curie romaine est traditionaliste, de grands chefs libéraux s'imposent parmi les évêques, tels le Français Liénart ou le Belge Suenens.

► **Paul VI mène à bonne fin le Concile** qui s'achève avec sa IVe session, en décembre 1965. Le visage de l'Église sort profondément renouvelé de cette révolution tranquille que les papes ont engagée et accompagnée. La Constitution de l'Église *(Lumen Gentium)* substitue à l'édifice strictement hiérarchisé du passé un organisme plus collégial ; la Constitution *Gaudium et Spes* redéfinit les rapports avec le monde, dans le sens du dialogue et de la compréhension. La liturgie est allégée et renouvelée : l'abandon du latin en sera l'un des signes les plus visibles. Ce printemps de l'Église est approfondi par de spectaculaires initiatives de Paul VI, premier pape grand voyageur : premier pèlerinage en Terre sainte (1963) ; voyages et discours à Bombay (contre la faim), aux Nations Unies, à New York pour la paix, et en Afrique, Colombie, Portugal, Australie, Hong-Kong... C'est surtout à l'égard des autres confessions chrétiennes que les gestes sont multipliés : envers les orthodoxes (abolition en 1965 de l'excommunication portée contre Constantinople en 1054, au moment du schisme, et rencontres avec le patriarche Athénagoras, en 1967), et les protestants (rencontre avec l'archevêque de Canterbury à Rome en 1966 et discours au Conseil œcuménique des Églises à Genève en 1969).

► **L'euphorie née de Vatican II laisse bientôt la place aux contradictions et aux refus mêlés ;** un peu à l'image de Paul VI lui-même, dont l'encyclique *Populorum*

Progressio (mars 1967) critique le capitalisme libéral au nom du développement des peuples, alors que d'autres interventions, celle notamment de l'encyclique *Humanae vitae* (1968), condamnant la contraception ou le refus du mariage des prêtres, sont apparues d'inspiration beaucoup plus traditionaliste. Pape et Concile sont attaqués à la fois sur leur gauche, par des catholiques estimant insuffisant l'*aggiornamento*, notamment en matière de mœurs (on les trouve nombreux en France, Allemagne, Hollande ou aux États-Unis), et sur leur droite, par les traditionalistes : les dernières années de Paul VI apparaissent quelque peu brouillées dans l'Europe contestataire des années soixante-dix.

Il allait revenir au pontificat de **Jean-Paul II,** après la parenthèse de Jean-Paul Ier (26 août - 29 septembre 1978), de fixer la lecture pontificale du Concile, en dépit de la cristallisation des oppositions. Venu d'un catholicisme très traditionnel, celui de sa Pologne natale, Jean-Paul II s'impose comme le pape de la reprise en mains, partisan d'une restauration catholique et d'une « seconde évangélisation » de l'Europe, à commencer par la France, l'ancienne « fille aînée de l'Église », devenue l'objet d'une sollicitude inquiète. Un grand effort est fait en direction de l'Europe de l'Est, catholique (la Pologne, la Lituanie, ou la Croatie, officiellement reconnue par le Vatican avant la communauté internationale), ou orthodoxe (Russie), au risque d'agacer les hiérarchies orthodoxes. Le pape s'est fait le champion de voyages médiatiques dans le monde entier et on a pu parler d'une « papauté itinérante » : 73 voyages hors d'Italie de janvier 1979 à juin 1997, contre 9 pour Paul VI entre 1964 et 1970 ; des dizaines d'États visités, même si la Russie, le Liban n'ont pu être encore programmés.

Le pontificat a été décrit comme celui du « retour des certitudes » ou du « rêve de Compostelle » (où le pape a réuni les jeunes d'Europe en août 1989). Le synode extraordinaire réuni à Rome en 1985 a fait prévaloir une lecture minimale de Vatican II, réduisant l'impact de ses innovations. Un enseignement traditionnel l'emporte dans la question des mœurs ou des sciences (avortement, divorce, utilisation des préservatifs contre le sida, recherches génétiques), à l'égard du célibat des prêtres ou de l'ordination de femmes ; plusieurs crises ont éclaté en matière de théologie, face au général des Jésuites élu en 1965, le P. Pedro Arrupe, ou au directeur de la revue *Études*, le P. Valadier. Ont surtout été visés les partisans de la « théologie de la Libération », née au contact des plus pauvres en Amérique du Sud, avec Leonardo Boff ou Gustavo Gutierrez, et proclamant que le message évangélique est porteur d'une libération qui doit être également sociale. Suspecte de contagion marxiste (cf. les trois prêtres devenus ministres dans le Nicaragua sandiniste ou encore le P. Aristide en Haïti, contraint par Rome à retourner à l'état laïque), cette théologie est condamnée. Rome lui préfère les militants de l'*Opus Dei*, un mouvement conservateur de prêtres et de laïcs, né en Espagne en 1928, qui vise à la conversion des noyaux dirigeants de la société : plusieurs de ses membres ont été nommés évêques en Amérique latine et le fondateur, Escriva de Balaguer (1902-1975), a été béatifié en 1996. À un autre niveau, des théologiens européens très novateurs, le Suisse Hans Küng et plus récemment l'Allemand Eugen Drewermann, ont été privés de leur chaire d'enseignement, le premier en 1979, le second en 1991.

Ce recentrage n'a pas empêché le chef de file des catholiques traditionalistes, viscéralement hostile à Vatican II ainsi qu'au dialogue avec les autres religions et les sociétés modernes, le Français Mgr Lefebvre, d'aller au bout de sa logique de rupture initiée dès 1969 et rendue publique en 1974 : en 1988, il ordonne lui-même quatre évêques que Rome ne peut que déclarer schismatiques et excommunier, avant de mettre en place les généreuses conditions d'une réintégration qui ne séduit qu'une partie des effectifs tout en inquiétant les catholiques de gauche. Ainsi Jean-Paul II a-t-il rendu à la fois plus visible et plus clair le message de l'Église catholique, en n'hésitant pas à amputer le Concile de Vatican II d'une partie de ses effets les plus neufs : les limites du renouveau sont réelles, mais peut-être le vide spirituel du monde, une fois ruinés le défi et l'espérance communistes, appelle-t-il de tels marqueurs d'identité. C'est ce que pense aujourd'hui, avec Jean-Paul II, l'un de ceux qu'il sanctionna, Hans Küng, inquiet du « vide des valeurs » dans les démocraties modernes.

III. L'Islam : le réveil fondamentaliste

1. L'Islam face à l'Occident au XXe siècle

Le modèle occidental a exercé une profonde fascination sur les élites musulmanes, dès le XIXe siècle et suscité deux réponses opposées, les uns prônant un retour aux sources de la foi, les autres s'efforçant de moderniser l'Islam en intégrant les idéaux philosophiques et techniques occidentaux, des principes de 1789 au marxisme, et en les mettant au service, comme ailleurs dans le monde colonisé, de leurs revendications nationalistes. Ainsi arrivent au pouvoir le parti Baas en Irak et en Syrie, ou le Néo-Destour en Tunisie : Habib Bourguiba, président à partir de 1956, tente d'adapter les règles coraniques au monde moderne, cherchant par exemple à assouplir le Ramadan pour des raisons d'efficacité économique. En Égypte, Nasser, qui élimine les Frères musulmans, suit une politique voisine et se fait le principal chantre d'un panarabisme révolutionnaire : c'est en effet moins l'islam que l'arabisme qui est censé unir les différents peuples de la région. La première organisation commune, fondée au Caire en mars 1945, est précisément dénommée la Ligue arabe.

À la même époque, cependant, des mouvements ou des États refusent tout dépérissement de la loi islamique : tels les Ulémas ou docteurs de la loi, actifs dans la lutte pour l'indépendance en Algérie, et surtout les souverains *wahhabites* de l'Arabie Saoudite (du nom d'un réformateur du XVIIIe siècle déjà partisan d'un retour à l'islam pur), qui s'imposent dans les années soixante comme les gardiens de l'islam intégral : application rigoureuse des prescriptions coraniques, création en 1962 de la Ligue islamique mondiale et, grâce aux revenus pétroliers, généreux financement de mosquées et d'associations, envoi de « missionnaires » dans de nombreux pays, musulmans ou non. Les masses arabes, notamment égyptiennes et syriennes, vont pour leur part trouver dans le retour aux racines religieuses une réponse à l'échec du rêve de l'unité arabe et au désarroi lié au désastre de 1967 face à Israël et à l'impossibilité de donner aux Palestiniens une patrie ; l'Occident capitaliste ou communiste choque par son « paganisme » supposé. En mai 1971, puis en février 1974, se réunissent les deux premières conférences islamiques. Le Libyen Khadafi semble alors le chef de ce que l'on appelle bientôt l'*islamisme*, et qui a trouvé ses premières formulations théoriques en Égypte, au sein de l'Association des Frères musulmans, fondée en 1928, plus tard doublée d'une organisation militaire qui recourra au terrorisme. Leur maître à penser, exécuté sur l'ordre de Nasser en 1966, est Sayyid Qutb, auteur de *Sous l'égide du Coran* et surtout de *Signes de piste* qui préconise la rupture avec un monde qu'il estime contraire à l'essence de l'islam, la *jahiliyya* (le mot désigne normalement le monde antérieur à la prédication du Prophète), et la mise en place d'un ordre social et politique islamique, que son disciple Choukri Moustapha tente de réaliser sur le mode d'une contre-société, en Égypte même, avant que l'expérience ne soit décapitée (1977).

2. La révolution iranienne de 1979 et ses suites

► **Ce n'est pas en Égypte mais en Iran que l'islamisme connaît son premier triomphe, le 1er février 1979.** Les conditions de l'établissement de la première République islamique disent assez la confrontation directe entre deux civilisations, la richesse d'un Occident laïcisé et la pauvreté d'un Orient revitalisé par la religion. À partir des années soixante, le shah Mohamed Reza Pahlavi a engagé son pays dans deux grands paris, rendus possibles par la rente pétrolière : l'industrialisation et la modernisation à marches forcées, associées à l'alignement sur les États-Unis, alliés vigilants (la CIA était intervenue dans la chute de Mossadegh en 1953). Le shah engrange d'indéniables résultats : mise en place d'une infrastructure moderne, alphabétisation, constitution de l'une des plus puissantes armées de la région ; mais c'est au prix d'une bipolarisation de la population, entre des élites occidentalisées qui bénéficient de la modernisation, et les laissés-pour-compte de la hausse des prix et d'un processus qui les dépasse, masses urbaines aussi bien que rurales. Le shah choisit une répression féroce face au malaise et aux revendications qui trouvent bientôt à se canaliser dans le domaine religieux : le clergé de ce pays à dominante chiite prend la tête du mouvement et fait triompher, quelques mois après la fuite du shah, une révolution islamiste. L'ayatollah Khomeiny, en exil dans la région parisienne, accomplit alors un retour triomphal à Téhéran où il est proclamé *imam* (chef religieux suprême).

La constitution de la nouvelle République islamique reconnaît l'origine divine du pouvoir et la soumission du peuple au Coran, à la « Tradition » et aux docteurs de la loi. La loi islamique, sévère pour les coupables de vol ou d'adultère, est rétablie ; les femmes doivent reprendre le voile *(tchador)*. Les forces sur lesquelles s'appuie le régime sont le clergé chiite des mollahs et ayatollahs et une milice armée, les « gardiens de la Révolution ». Les principales victimes du régime sont, sur le plan politique, les serviteurs de l'Ancien Régime, les tenants d'une ligne laïque mise à l'essai à la fin de 1978 et les communistes ; sur le plan social, la bourgeoisie et les classes moyennes occidentalisées. L'ensemble du peuple iranien est emporté dans une révolution dont les traits totalitaires s'accusent rapidement. La lutte contre les États-Unis, le « Grand Satan », dont l'ambassade est le théâtre d'une spectaculaire prise d'otages en novembre 1979, bientôt contre l'Irak laïque de Saddam Hussein et du parti Baas (1980-1988), galvanise les énergies, en vain dans le second cas où l'on aboutit à un cessez-le-feu effectif en août 1988, au terme de combats qui ont fait un million de morts au total. Après la disparition de Khomeiny en juin 1989, ses héritiers se divisent : la ligne de clivage tient dans les rapports avec l'Occident et la normalisation, voulue par le président Rafsandjani, semble l'emporter.

► **Un trait marquant de la révolution iranienne fut sa volonté d'exportation, qui inquiéta gravement l'Occident** (d'où le soutien accordé à l'Irak), mais aussi la plupart des pays musulmans modérés, à commencer par l'Arabie Saoudite. Pourtant, de vieilles dissensions séparent les Persans (Iran) des Arabes, et surtout les musulmans **chiites,** majoritaires en Iran, Irak, Yémen du Nord et au Sud-Liban (40 % en Afghanistan), mais très minoritaires dans l'Islam, dont ils forment 10 % environ du total des fidèles, des **sunnites,** les plus nombreux, qui se disent « gens de la communauté et de la tradition *(Sunna)* » et ont pour idéal un islam réaliste et raisonnable. Le chiisme se réclame d'Ali, gendre du Prophète, de son fils Husayn assassiné en 680, et du douzième et dernier imam disparu en 873 : c'est l'Imam caché, le *Mahdi* dont on attend le retour. L'islam chiite est mystique, exalte le martyre et se montre farouchement indépendant à l'égard de tout pouvoir politique, y compris en Iran où il est religion d'État depuis le XVIe siècle. Mais le régime iranien a séduit bien au-delà du monde chiite : par son double refus des modèles américains, marqué par le culte du profit et du plaisir, et marxiste, avec son athéisme officiel (« Ni l'Ouest, ni l'Est » fut son slogan), Khomeiny renouvelait la tradition du non-alignement propre à bon nombre de jeunes nations et offrait aux masses musulmanes, frappées par la pauvreté, le non-développement, déçues par l'échec des modèles traditionnels et la quadruple impuissance à triompher d'Israël (1948-1973), un exutoire puissant à leurs frustrations.

3. La contagion de l'islamisme

► **Relayé par une active propagande iranienne, notamment au Liban déchiré par la guerre civile, l'islamisme connaît aujourd'hui une forte expansion.** Les faits se sont enchaînés : prise de la Mosquée de La Mecque (novembre 1979), assassinat du président égyptien Anouar el-Sadate (6 octobre 1981, perpétré par les Frères musulmans qui agitent aussi gravement la Syrie de 1979 à 1982), prise d'otages occidentaux au Liban, mutineries en Égypte en 1986, condamnation à mort édictée contre l'écrivain et citoyen britannique Salman Rushdie (février 1989), montée des courants radicaux en Tunisie comme en Algérie, etc. Les partis islamistes constituent une véritable force électorale dans l'Algérie de 1990-1991 (ils remportent les élections municipales puis le premier tour des législatives) comme en Turquie où ils remportent les élections de 1996. Certains militants pratiquent le terrorisme et visent les forces gouvernementales, les intellectuels ou encore les résidents et touristes occidentaux : c'est le cas en Égypte et surtout en Algérie depuis l'interruption du processus électoral à l'automne 1991. L'affrontement entre le gouvernement et l'armée algériens, d'une part, le FIS (Front islamique du salut) et le GIA (Groupe islamique armé), de l'autre, a pris les dimensions d'une véritable guerre civile faisant des dizaines de milliers de victimes. L'Afghanistan libéré de l'occupation soviétique, est aussi le théâtre d'une guerre civile entre le pouvoir et divers mouvements intégristes, le Hezb-e-islami de Gulbuddin Hekmatyar, puis les *talibans* (étudiants en religion) : les affrontements ont fait 35 000 morts à Kaboul depuis 1992. Est-ce à dire que le fondamentalisme musulman va l'emporter comme l'Occident l'a redouté ? Les mouvements islamistes révolutionnaires sunnites ont tous échoué dans leur confrontation avec les États : la cause en est sans doute dans l'allégeance des docteurs de la Loi sunnites *(oulémas)* aux pouvoirs publics, contrairement à la traditionnelle indépendance du clergé chiite.

► **La victoire de l'islamisme réside cependant dans l'importance croissante reconnue au fait religieux dans la plupart des États musulmans,** de l'Indonésie à l'Afrique, et dans l'islamisation des politiques, voire des législations (Code pénal du Soudan, 1983) ; on l'observe aussi bien dans les régimes conservateurs, Arabie Saoudite ou Pakistan, que radicaux : la Libye ou l'Irak ne manquant pas d'appeler à l'union des musulmans lorsqu'ils sont en butte aux représailles de la communauté internationale. La composition des foules gagnées à l'islamisme montre qu'il s'agit, en Algérie et en Palestine comme naguère en Iran, des laissés-pour-compte des évolutions des trente dernières années, et que l'islam leur donne une identité et une légitimité, comme peuvent en proposer les sectes chrétiennes en Amérique latine. En Inde, les musulmans se considèrent comme des citoyens de second ordre, alors que le parti nationaliste hindou Bharatiya Janata les accuse d'avoir toujours cherché à dominer le pays, en dépit, depuis 1947, du rapport de force démographique (sept hindous pour un musulman environ).

Enfin, l'islam minoritaire des immigrés en Europe de l'Ouest semble partagé entre un réflexe de « ghetto » et les enjeux d'un rapport plus décrispé à la modernité ; la France a encouragé le mouvement en créant un Conseil représentatif des musulmans vivant dans le pays, mais les vifs débats qui ont accompagné la construction de la mosquée de Lyon ou le port du voile dans les établissements scolaires montrent la difficulté du sujet. Le terrorisme islamique a tenté de s'exporter aux États-Unis ou en France, en provenance de l'Algérie dans ce dernier cas. L'islam tend surtout à conquérir les laissés-pour-compte des villes, Beurs des banlieues françaises ou Noirs américains. Malcolm X, assassiné en 1965, est devenu la figure emblématique d'un islam américain dont le discours, particulièrement sexiste et hostile aux Blancs et aux Juifs, est aujourd'hui repris avec succès (« marche noire » d'octobre 1995) par l'organisation la Nation de l'Islam et son leader Louis Farrakhan.

Les religions sont des réalités complexes et plus que d'autres chargées d'histoire ; elles ne sont pas, en outre, univoques : toutes, y compris le protestantisme, sont partagées, au moins depuis le XIXe siècle, entre des interprétations libérales et d'autres beaucoup plus orthodoxes, de la Tradition et des livres saints. Le nationalisme et la religion, trop souvent confondus dans un inquiétant renouveau des exclusions, seront peut-être seuls à même, dans un avenir prochain, de lancer un défi au vieux rationalisme de la démocratie libérale, inventée par un Occident prompt à viser à l'universel à travers son culte de l'humanisme. Les déchirements de l'Inde entre extrémistes hindouistes et musulmans, du Proche-Orient, des républiques caucasiennes, de l'ex-Yougoslavie ou de l'Irlande, avertissent de l'ampleur de ces problèmes ; il est en outre bien malaisé de distinguer, comme dans les récents affrontements entre Serbes (orthodoxes), Croates (catholiques) et Bosniaques (musulmans) ou entre Azéris (musulmans) et Arméniens (chrétiens), ce qui relève de la nation et ce qui tient à la religion.

Approfondir

LECTURES

- Utiles mises au point, historiques, géographiques et statistiques, dans *L'État des religions dans le monde*, La Découverte/Le Cerf, 1987, 640 p. D'un point de vue encyclopédique : Ph. Levillain, dir., *Dictionnaire historique de la papauté*, 1995 ; P. Gisel, dir., *Encyclopédie du protestantisme*, Cerf/Labor et Fides, 1995 ; C. Glassé, *Dictionnaire encyclopédique de l'Islam*, Bordas, 1992.
- Pour l'Église catholique, un précis toujours utile : P. Milza et S. Berstein, *L'Italie. La papauté, 1870-1970*, Masson, 1970, chap. 13 à 16, à compléter pour les années récentes par P. Poupard, *Le pape*, Paris, PUF, « Que sais-je ? », 1985 (un peu hagiographique). Sur les rapports entre l'Église et la politique, G. Lepointe, *L'Église et l'État en France*, PUF, « Que sais-je ? », 1964 ; J.-M. Mayeur, *Des partis catholiques à la démocratie chrétienne. XIXe-XXe siècles*, Colin, coll. « U », 1980 ; Ph. Portier, *Église et politique en France au XXe siècle*, Montchrestien, 1993.
- Pour les autres confessions chrétiennes, on trouvera des éléments dans les ouvrages de J. Baubérot, *Histoire du protestantisme*, Paris, PUF, « Que sais-je ? », 1990 ; O. Clément, *L'Église orthodoxe*, Paris, PUF, « Que sais-je ? », 1985.
- Sur l'Islam contemporain, divers précis utiles, A.-M. Delcambre, *L'Islam,* Paris, La Découverte, coll. « Repères », 1990 ; D. Sourdel, *L'Islam*, Paris, PUF, « Que sais-je ? », 1990, et A. Merad, *L'Islam contemporain*, Paris, PUF, « Que sais-je ? », 1990 ; R. du Pasquier, *Le réveil de l'Islam*, Bref, La Découverte/Le Cerf, n° 5, 1989 ; collectif, *L'islamisme*, La Découverte, 1994.
- Pour les évolutions récentes dans les trois religions monothéistes, G. Kepel, *La revanche de Dieu. Chrétiens, juifs et musulmans à la reconquête du monde*, Paris, Le Seuil, coll. « Points-Actuel », 1991. Du même, sur l'islam en Occident, *À l'Ouest d'Allah*, Paris, Le Seuil, 1994.

THÈMES DE RÉFLEXION

- Nationalisme et religion au XXe siècle.
- La papauté et les problèmes européens depuis 1914.
- L'Église et l'État en France depuis 1880.
- L'Europe et l'islam depuis la fin du XIXe siècle.

Utiliser

Les catholiques dans la vie politique en France (XXe siècle)

La définition même des « catholiques » pose problème : faut-il réduire leur nombre aux seuls pratiquants réguliers, aux éphémères partis explicitement ou implicitement catholiques, de Jeune République au MRP ? L'attitude des régimes, l'anticléricalisme de la IIIe République, le retour au catholicisme de Vichy, qui prétendent faire un bloc de l'opinion catholique, aide à résoudre la question : il s'agit bien, comme souvent en politique, d'une histoire des représentations (l'image que se font les catholiques et celle que l'on se fait d'eux). Le rôle des catholiques dans la vie politique épouse alors les grandes inflexions de l'Histoire même de la nation : longtemps placés, *nolens volens*, au centre du débat politique, à un autre titre mais avec non moins d'intensité que la classe ouvrière, ils finissent par s'en abstraire, par la droite de l'échiquier, au moment où la société se sécularise et où achèvent de se brouiller, autour notamment de Vatican II, les identités et les frontières traditionnelles.

Le plan chronologique s'impose, de part et d'autre du régime de Vichy qui s'est défini, pour la première fois depuis l'Ordre moral (1873), comme catholique. Avant la guerre, les relations des catholiques et de la République passent d'un conflit violent avant 1914 à des relations apaisées après 1920. Depuis la Seconde Guerre mondiale on assiste à la lente dissolution dans l'espace politique de la spécificité des catholiques français.

I. Les émigrés de l'intérieur

1. « Le cléricalisme, voilà l'ennemi » (Gambetta)

► **La IIIe République poursuit la sécularisation de la France,** dans le domaine scolaire (lois des années 1880 : l'école laïque ; abrogation de la loi Falloux de 1850, etc.), judiciaire (enlèvement des crucifix des tribunaux), hospitalier. Cette œuvre donne son identité au régime, et a l'avantage de rassembler son électorat (Défense républicaine en 1899 et 1902), mais au détriment d'une politique sociale, la gauche, surtout radicale, voire jauressienne, étant plus laïque que socialiste.

► **Les catholiques restent fidèles à la monarchie,** en dépit de l'appel au ralliement et à l'acceptation des institutions républicaines par le pape Léon XIII, en 1893 ; ils prennent parti contre Dreyfus, derrière le quotidien des Assomptionnistes, *La Croix*, au très violent antisémitisme. Les périodes d'apaisement (milieu des années 1890) sont rares. Les tentatives de mise sur pied d'un parti politique catholique, en 1885 avec Albert de Mun, en 1912 avec Marc Sangnier (Ligue de la Jeune République), voire l'Action libérale populaire (1902) de Jacques Piou, ont toutes échoué.

► **En revanche, le terrain extérieur voit un accord tacite :** les missionnaires catholiques, alors majoritairement français, servent l'influence de leur pays et de leur langue, en Chine et au Levant (où les représentants de la France les protègent), en Amérique latine, sans compter leur important apport à la colonisation, en Afrique noire, à Madagascar ou en Polynésie.

2. Le début du siècle est le temps des Séparations

► **Waldeck-Rousseau puis Émile Combes lancent une offensive anticléricale sans précédent :** loi sur les Associations, en 1901, très contraignante pour les congrégations religieuses, et loi de 1904 leur interdisant tout enseignement, loi de décembre 1905 sur la séparation des Églises et de l'État, assortie de la rupture des relations diplomatiques avec le Vatican. Les inventaires des biens d'Église, en février-mars 1906, donnent lieu à des graves affrontements, à Paris mais surtout dans les régions catholiques rurales (deux morts en Flandre et Haute-Loire). Les mesures de contrainte des autorités durent jusqu'en 1914, le divorce est consommé.

► **Les membres des congrégations religieuses s'exilent par milliers** dans les pays limitrophes de la France, au Canada, en Amérique latine, etc., les plus nombreux choisissant de vivre clandestinement la vie religieuse. Les catholiques ont le sentiment d'être des parias dans leur propre pays ; ils partagent pleinement l'intransigeance du nouveau pape, Pie X (1904-1910), notamment en matière doctrinale. Seul le champ extérieur relève d'un accord tacite avec le ministère des Affaires étrangères.

II. Réintégration et apaisement (1914-1939)

1. Des rapports décrispés s'instaurent avec la République en dépit des crises

► **La réintégration des catholiques passe par les tranchées :** prêtres et religieux participent nombreux à la Grande Guerre aux côtés des paysans venus des régions de chrétienté, Bretagne ou Massif central. Ils fraternisent avec leurs compatriotes chez lesquels s'esquisse un retour à la pratique.

► **Le retour de l'ostracisme d'avant guerre est impossible :** les exilés rentrent et l'élection d'une majorité de Bloc national, en 1919, permet le rétablissement des relations avec le Vatican. Le pape, pour sa part, canonise en 1920 Jeanne d'Arc, héroïne nationale.

2. La naissance d'une démocratie chrétienne française

► **L'apaisement s'installe dans l'entre-deux-guerres même si reste intacte l'œuvre républicaine d'avant 1914.** C'est en voulant l'étendre à l'Alsace et à la Lorraine recouvrées qu'Édouard Herriot en 1924 et Léon Blum en 1936 (plus timidement), déclenchent une vive contre-offensive des catholiques regroupés par le général de Castelnau dans la Fédération nationale catholique qui organise de vastes rassemblements et fait reculer le gouvernement. En 1926, la condamnation pontificale de l'Action française et des écrits de Maurras lève la dernière hypothèque pesant sur le ralliement des catholiques à la République.

► **La nouvelle conjoncture autorise la création de la première formation française d'inspiration démocrate-chrétienne,** le Parti démocrate populaire (fin 1924), avec Champetier de Ribes, Prélot, Hourdin, qui atteint une vingtaine d'élus en 1928 et séduit Robert Schuman, mais non Emmanuel Mounier. Le PDP, aile « sociale » des majorités modérées, soutient Tardieu mais entre dans l'opposition au Front populaire, contrairement à la Jeune République. À ses côtés, le quotidien *L'Aube*, fondé en 1932 par Francisque Gay, animé par Georges Bidault, dénonça la montée des fascismes et, à l'opposé de la masse des catholiques, le franquisme.

III. Du pétainisme à François Mitterrand (1940-1990)

1. Le maréchal Pétain présente l'État français comme un régime catholique

► **La politique de Vichy s'oppose en tous points à la défunte République.** Ses mesures en témoignent : abrogation des lois de 1901-1904, fermeture des Écoles normales d'instituteurs, poursuites à l'encontre des francs-maçons, et plus largement la politique familiale, la conception du syndicalisme-corporation, le retour à la terre, etc. Les évêques fêtent unanimement le « sauveur de la France », à l'image des cardinaux Gerlier et Suhard, et appellent les fidèles à lui obéir, y compris au temps du STO.

► **La collusion entre élites catholiques et élites vichystes est éclatante mais elle n'est pas totale.** Il subsiste une rivalité en matière d'organisations de jeunesse. Certains prélats, tel Mgr Saliège à Toulouse, dénoncent les mesures antijuives ; les

Cahiers du Témoignage chrétien, fondés en novembre 1941 par des théologiens, appellent à la résistance, dans les rangs de laquelle entrent nombreux des laïcs, qui mettent sur pied, au printemps 1944, le Mouvement républicain pour la Libération, devenu en novembre Mouvement républicain populaire (MRP), et préparent l'après-guerre.

2. Grandeur et décadence du MRP, 1944-1966

► **Le MRP est confessionnel, mais clairement démocrate-chrétien,** dirigé par les anciens résistants M. Schumann et G. Bidault, le MRP est transitoirement le premier parti de France en juin 1946 (28,2 % des exprimés) : pour la première fois, des catholiques militants accèdent à la réalité du pouvoir, avec quatre présidences du Conseil avant 1951 (Bidault et Schumann), des responsabilités en matière coloniale et surtout extérieure. Le ralliement sincère et définitif à la République est devenu conquête.

► **À partir de 1951 s'observe une dérive du MRP vers la droite.** La rupture avec la SFIO intervient sur la question de l'aide à l'école libre (loi Barangé), il se tient à l'écart de l'expérience Mendès France et s'oppose au Front républicain de 1956. Le gaullisme, dès 1958, mord profondément sur son électorat et le Centre des démocrates de Jean Lecanuet, créé en 1966, ne sera pas le grand parti centriste dont rêvent les catholiques depuis Sangnier.

3. Les catholiques et la droite sous la Ve République

► **Une fois levées les ambiguïtés du MRP, les catholiques se situent clairement à droite.** Aux élections présidentielles de 1965, 66 % des pratiquants réguliers ont voté pour de Gaulle, 20 % pour Lecanuet, 8 % seulement pour F. Mitterrand ; la ressemblance entre la carte des fortes pratiques religieuses et celle du vote à droite (Ouest, Flandres, Alsace, Franche-Comté, Savoie, sud du Massif central, Pays Basque) reste forte. L'extrême droite des années quatre-vingt, en dépit d'un intégrisme affiché, pénètre difficilement ces bastions.

► **La question scolaire est restée le principal terrain d'affrontement,** en 1951 comme en 1984 (1 million de manifestants contre le projet Savary). Mais, en raison du recul de la pratique religieuse, les catholiques tendent à se fondre dans la masse de la société ; pour y résister, l'épiscopat s'efforce de mettre sur pied un lobby, sur le mode démocratique américain.

Conclusion

Les catholiques dans la vie politique française au XXe siècle : c'est l'histoire d'un long chemin, de l'exil intérieur au pouvoir, et d'une fusion avec la droite qui n'épuise le paysage d'aucune des deux forces, mais donne la constante fondamentale, renforcée par la bipolarisation sous la Ve République. Les catholiques y ont peut-être perdu, après la déroute du MRP, leur identité.

DEUXIÈME PARTIE

Affaires internationales

4

Le temps des systèmes

LES RELATIONS INTERNATIONALES (1850-1914)

Connaître

1854-1855	Guerre de Crimée
1860	Unité italienne (sauf les États de l'Église et la Vénétie)
1871	Traité de Francfort : la France perd l'Alsace-Lorraine
1875-1878	Conflits balkaniques réglés par la Conférence de Berlin
1881	Traité des trois empereurs
1882	La Triple Alliance (20 mai). Protectorat britannique en Égypte
1884-1885	Congrès de Berlin sur les problèmes coloniaux
1887	Incident Schnaebelé
1890	Renvoi de Bismarck
1893	Alliance franco-russe
1898	Incident franco-anglais de Fachoda
1902	Accord secret franco-italien
1904	Entente cordiale franco-britannique
1904-1905	Guerre russo-japonaise réglée par le traité de Portsmouth
1905-1906	Première crise marocaine réglée par la conférence d'Algésiras
1908	Annexion de la Bosnie-Herzégovine par l'Autriche
1911	Seconde crise marocaine (Agadir)
1912-1913	Guerres balkaniques

La guerre franco-allemande de 1870 met fin à une longue période d'équilibre en Europe et fait planer la menace d'une guerre de revanche sur la politique européenne. La réussite de Bismarck est d'avoir interdit pendant vingt ans cet affrontement en isolant diplomatiquement la République. Aussi, le renvoi du chancelier en 1890 inaugure-t-il un tournant international. La France reprend l'initiative et construit autour d'elle la Triple Entente qui s'oppose à la Triplice. Mais cette confrontation des blocs est par nature instable : la course aux armements et l'exaltation nationaliste rendent chaque crise plus intense jusqu'à l'assassinat de Sarajevo.

I. L'équilibre européen en question (1850-1890)

L'idée d'un équilibre international entre les grandes puissances s'est imposée au XVIIIe siècle d'abord parmi les penseurs politiques puis dans la pratique au lendemain des guerres napoléoniennes. L'équilibre continental reste la préoccupation principale des diplomates européens jusqu'à la Première Guerre mondiale pour le moins, alors que le cadre imposé en 1815 évolue avant de se dissoudre après 1890.

1. Le concert européen issu du Congrès de Vienne est essentiellement conservateur

► **Le Congrès de Vienne est essentiellement conservateur.** Les souverains et les diplomates réunis dans la capitale autrichienne en 1815 redoutent l'émergence d'une puissance hégémonique en Europe et plus encore une révolution politique et sociale.

Sur le plan international, l'équilibre n'est pas la paix mais un moyen de contenir les rivalités entre les puissances dans des limites acceptables par tous, la hantise étant le déclenchement d'un conflit généralisé. Pour cela il faut un arbitre. L'Angleterre assume cette responsabilité jusqu'au milieu du XIXe siècle, puis, sûre de sa puissance économique et navale, elle prend le large d'où elle se contente de surveiller le continent, intervenant si le besoin se présente notamment dans les conflits russo-turcs. Entre 1852 et 1870, Napoléon III s'efforce de reprendre ce rôle avec des résultats inégaux pour la France mais essentiels pour l'Europe : « Sans lui, les grandes nationalités ne se seraient point formées, et, par l'aide qu'il leur a apportée, il a contribué à transformer profondément la physionomie de l'Europe » (J. Droz)[1]. Bismarck, après 1871 reprendra le flambeau.

À l'intérieur des États, l'équilibre signifie la défense de l'Ancien Régime social et politique, la lutte contre les résurgences révolutionnaires et les mouvements libéraux. Cela débouche sur un véritable **droit d'ingérence politique et militaire** dans les affaires intérieures d'un pays tiers fréquemment utilisé jusqu'en 1849 (l'intervention russe pour aider l'Autriche à écraser la tentative d'indépendance hongroise en est le dernier cas flagrant).

Les progrès du libéralisme et de la démocratie après 1830 éloignent la France et la Grande-Bretagne de telles conceptions : elles récusent ce droit d'intervention sauf s'il se fonde sur un accord international afin d'éviter toute construction hégémonique. Cela se traduit par le choix d'une évolution progressive et négociée du *statu quo* dans les Balkans pour satisfaire les revendications des nationalités tout en respectant l'équilibre des forces.

Ces précautions ne remettent pas en cause le patronage exercé par les grandes puissances sur les petites qu'elles attirent dans leur orbite. Lors de la **Conférence de Berlin (1878),** les grandes puissances ont désigné le souverain de Bulgarie, fixé les frontières et le statut international du pays sans que les Bulgares soient consultés. Ce patronage peut aller jusqu'à la caricature dans le cas du prince serbe Milan Obrénovitch, « le seul Serbe favorable à l'Autriche » comme il le reconnaît, ce qui lui vaut une couronne en 1882 et des subsides considérables de la part de Vienne. Le patronage devient aisément tutelle dès qu'un État ne peut faire face à son endettement, c'est souvent l'amorce d'un protectorat (Tunisie, Égypte...) ou d'un démembrement en zones d'influence (Turquie, Chine...).

► L'équilibre des puissances n'a pas empêché l'évolution de la carte politique européenne dessinée en 1815.

L'Autriche-Hongrie, après une sorte d'apogée au milieu du siècle, a perdu l'Italie et l'Allemagne dans les années 1860. Elle est menacée en Europe centrale et balkanique par la poussée des nationalités. L'instauration du « dualisme » en 1867 (l'Autriche et la Hongrie sont désormais des États autonomes mais unis à travers leur souverain commun) ravive les revendications des autres nationalités. À la périphérie de l'empire, les Bulgares se tournent vers Saint-Pétersbourg, de même que les Serbes peu satisfaits du quasi-protectorat exercé par les Autrichiens sur la Bosnie-Herzégovine après 1878.

La décomposition de l'**Empire ottoman** s'est accélérée depuis l'indépendance de la Grèce en 1829 et celle des États balkaniques : Monténégro (1862), Serbie (1867), Roumanie (1859) et Bulgarie (1878). Qualifié d'« homme malade de l'Europe », il constitue avec ses dépendances (Égypte, Mésopotamie, Liban...) un enjeu politique et économique pour les grandes puissances.

1. Jacques Droz, *Histoire diplomatique de 1648 à 1919,* Paris, Dalloz, 1982, p. 363.

La Russie, puissance dominante en 1815, subit une grave défaite face à la France et à l'Angleterre lors de la **guerre de Crimée (1854-1856).**

L'affaiblissement de l'Empire turc réveille les ambitions de la Russie qui cherche à annexer les Détroits pour accéder librement à la Méditerranée ; l'Angleterre refuse cet expansionnisme et s'allie avec la France qui souhaite consolider son influence au Levant. L'affaire des Lieux saints sert de prétexte. Le Sultan ayant donné raison aux catholiques dans un conflit qui les oppose aux orthodoxes à Jérusalem et Bethléem, le Tsar Nicolas Ier se dit offensé et occupe la Roumanie en juillet 1853. Paris et Londres déclarent alors la guerre (mars 1854). La chute de Sébastopol (8 septembre 1855) après onze mois de siège marque la fin des opérations.

La paix est signée le 30 mars 1856 à Paris : elle garantit l'intégrité de l'Empire turc qui accepte « l'indépendance administrative » de la Moldavie et de la Valachie et garantit les droits des chrétiens ; la mer Noire est neutralisée ; le Danube est internationalisé et l'on fixe les règles de la navigation en temps de guerre : interdiction de la guerre de « course » ; la marchandise neutre ne peut être saisie ; tout blocus déclaré doit être effectif pour être observé.

La défaite a révélé le retard économique de la Russie qui se préoccupe dès lors davantage de ses problèmes internes : la modernisation est amorcée en 1861 par l'abolition du servage ; la conquête du territoire s'achève en Asie centrale par l'annexion du Turkestan entre 1865 et 1876, celle de l'oasis de Merv en 1884 et la constitution en Extrême-Orient de la Province maritime après les traités sino-russes de 1858 et 1860.

► **L'unité italienne et l'unité allemande surtout ont modifié l'équilibre à l'Ouest.** Jusqu'en 1859, l'Italie, divisée en de multiples États, n'est selon la formule de Metternich qu'une « expression géographique ». L'essor agricole et industriel du Nord autant que l'espoir soulevé par les révolutions de 1848 ont réveillé le sentiment national. La rencontre de Cavour (1810-1861), Premier ministre de Victor-Emmanuel II, et de Garibaldi (1807-1882), *condottiere* d'origine niçoise, républicain mais rallié à la monarchie constitutionnelle par patriotisme, fraie la voie à l'unité.

L'unité italienne se fait en quatre étapes (entre 1859 et 1870). En **1859,** l'intervention française (victoires franco-piémontaises de Magenta et Solférino) évince l'Autriche de la Lombardie qui conserve cependant la Vénétie. Le soulèvement patriotique de Italie centrale permet le rattachement des petites principautés à l'Italie du Nord. Pour prix de son aide, la France reçoit Nice et la Savoie. En **1860** Garibaldi et ses « mille chemises rouges » chassent les Bourbons des Deux-Siciles ; l'arrivée de Cavour et de Victor-Emmanuel à la tête de l'armée du Piémont empêche la constitution d'une république à Naples. Mais les États pontificaux protégés par Napoléon III restent en dehors de l'Italie. En **1866,** après la défaite autrichienne de Sadowa à la Prusse, le royaume d'Italie annexe la Vénétie. La chute de Napoléon III permet l'annexion de Rome qui devient capitale de l'Italie unifiée en **1870.**

Malgré tout, l'Italie demeure une puissance secondaire, affaiblie à l'intérieur par la querelle avec le Saint-Siège qui interdit aux catholiques la participation à la vie politique ainsi que par son retard économique. Elle ne dispose ni d'une armée ni d'une flotte susceptibles de soutenir ses ambitions méditerranéennes. Elle représente cependant un enjeu pour la France et l'Allemagne : peu industrialisée, elle constitue un marché intéressant ; ambitieuse, l'Italie est en conflit avec l'Autriche au sujet des terres irrédentes (Trentin et Dalmatie) peuplées d'Italiens mais restées sous l'autorité autrichienne et avec la France en Tunisie. Quel que soit le bord auquel elle s'amarre, l'Italie constitue une épine au flanc sud de l'autre camp : faute d'autres atouts, l'Italie s'efforce jusqu'en 1915 de monnayer son alliance et d'obtenir les meilleures « compensations ».

L'unité allemande est construite en deux temps, entre 1866 et 1871. La guerre de 1866, conclue par la victoire prussienne de Sadowa, met fin à l'hégémonie autrichienne sur la Confédération germanique, mais l'ascendant de la Prusse se heurte encore aux particularismes des États catholiques d'Allemagne du Sud.

Selon Bismarck : « La guerre avec la France est la seule méthode pour combler l'abîme creusé au cours de l'histoire entre le sud et le nord de la patrie. » Lorsque Napoléon III, en guise de « compensation » pour sa neutralité bienveillante de 1866, réclame le retour aux frontières de 1814, et donc l'annexion de la Sarre et du Luxembourg (politique dite « des pourboires »), Bismarck offre l'alliance de la Prusse aux États du sud de l'Allemagne qui se sentent menacés. Bismarck pousse alors Napoléon III à déclarer la guerre le 19 juillet 1870. La France réputée agresseur est en outre isolée par les multiples contentieux qu'elle entretient avec les autres puissances. Après la victoire allemande de Sedan le 2 septembre 1870, l'Empire allemand est proclamé à Versailles le 18 janvier 1871. Avec 50 millions d'habitants en 1880 (65 millions en 1914) c'est la nation la plus peuplée d'Europe après la Russie, elle dispose de la meilleure armée de terre et poursuit son décollage économique amorcé vers 1850 dans le royaume de Prusse. L'empire d'Allemagne a les moyens d'exercer son hégémonie sur le continent. **Pourtant, vingt années durant, Bismarck refuse cette tentation et conduit une politique prudente et pacifique, préférant l'équilibre à la domination.** Les colonies sont pour lui une monnaie d'échange commode, mais il doit compter avec les ambitions et la stratégie des autres puissances.

2. Les relations internationales sont conduites par un petit groupe d'hommes

Réduites à l'étude des actes des États-nations, les relations internationales donnent rapidement le sentiment d'un jeu stérile d'ambitions abstraites. Cette dimension diplomatique n'est pas négligeable mais elle ne saurait suffire : il n'y a pas de relations internationales sans peuples et sans économie.

► **En première approche, la politique internationale de la fin du XIXe siècle est le domaine réservé de quelques centaines de décideurs.** Jusqu'en 1914 la monarchie demeure le cadre politique de la plupart des États, de multiples mariages ont uni les différentes dynasties en une vaste famille, créant des liens personnels bien commodes parfois : Guillaume II utilise l'intimité de la rencontre de Björkö en 1905 pour essayer d'amener son cousin Nicolas II à renoncer à l'alliance franco-russe. Même dans les démocraties, les peuples et les parlements sont rarement consultés.

En Grande-Bretagne, les Communes laissent ces questions à la Chambre des Lords. En France, le contrôle parlementaire est intermittent sauf cas d'espèce (politique coloniale de J. Ferry ou règlement de la crise d'Agadir) ; des traités importants sont ratifiés sans véritable discussion (convention militaire franco-russe de 1893).

En raison des difficultés de déplacement, les diplomates installés à l'étranger ont un rôle essentiel. Souvent d'origine aristocratique, ils restent en poste pendant de très longues périodes (près d'un quart de siècle pour l'équipe mise en place par Delcassé en 1898), alors que les ministres passent. Leur marge d'initiative est considérable et le gouvernement central n'a pas toujours la possibilité de les désavouer. Ils ont pour mission de sonder les intentions du gouvernement auprès duquel ils sont accrédités, celles des autres diplomates et de rester à l'affût d'éventuelles indiscrétions. Enfin, ils doivent informer leur gouvernement des réalités du pays. C'est leur point faible : peu au fait des problèmes économiques, gravitant dans les sphères dirigeantes et la bonne société, ils ignorent la vie du peuple et même la langue du pays car ils emploient bien souvent le français, langue des élites européennes. C'est la raison de graves erreurs de jugement : la fragilité de l'autocratie russe sera une surprise pour la plupart des diplomates européens en 1917.

Agissant quelque peu à l'écart des diplomates traditionnels, les officiers détachés par leurs états-majors auprès des ambassades sont responsables de la collecte des informations militaires, lors des manœuvres auxquelles ils sont généralement invités, mais aussi par l'espionnage. On peut rappeler les révélations de l'agent allemand dit « le Vengeur » qui transmet aux Français le plan Schlieffen et inversement le crédit immédiatement accordé aux accusations fausses portées contre Dreyfus. Dans les petits pays ou hors d'Europe, on ne peut négliger le rôle des agents plus ou moins officieux : hommes d'affaires comme Cecil Rhodes en Afrique australe, journalistes, missionnaires, militaires comme le colonel Lawrence (Lawrence d'Arabie).

▸ **Entre les décideurs et le peuple s'interpose l'opinion.** L'horizon de la plupart des Européens ne dépasse pas le canton. Dans les villes seulement, l'accès aux réseaux de transport et la multiplication des lieux de sociabilité (cafés, salons de lecture, organisations ouvrières...) permettent de prendre conscience des problèmes internationaux. Encore faut-il que le niveau d'instruction soit suffisant et que la presse soit à peu près libre et peu coûteuse. Ces caractéristiques ne sont réunies qu'à la fin du siècle dans les pays les plus développés.

L'invention de la rotative en 1880 et la baisse des prix permettent une **diversification des journaux.** La presse sérieuse, plus politique et analytique, est destinée aux classes dirigeantes, certains de ses organes font figure de voix officieuse du gouvernement comme *Le Figaro* ou *Le Journal des Débats* en France. La presse populaire est plus portée sur le spectaculaire, les affaires internationales ne l'intéressent guère sauf lors des crises. Elle participe ainsi à l'agitation nationaliste autour de l'affaire Schnaebelé (1885), de la crise de Fachoda (1898) et ensuite lors de la marche à la guerre. La presse politique est très dynamique malgré des tirages beaucoup plus faibles : *L'Humanité* de Jaurès ou *L'Action française* de Maurras ont une influence bien supérieure à leur tirage apparent.

Les agences internationales, Reuter (Grande-Bretagne) et Havas (France), fournissent la matière de la plupart des « papiers ». Chaque publication, chaque journaliste cherche donc à affirmer son style d'où une confusion systématique entre les faits et les commentaires plus ou moins orientés. Pour compléter ce tableau, la vénalité de la presse et des journalistes est une réalité (à Paris un fonctionnaire russe est spécifiquement chargé de cette tâche ; la France finance en 1914 le *Popolo d'Italia* de Mussolini).

Les stéréotypes constituent l'autre source de connaissance de l'étranger. Ils sont véhiculés par l'éducation et par la littérature populaire (on peut penser aux romans de Jules Verne) et forment profondément les mentalités. On note, en 1870, la réactivation de souvenirs de 1815, en 1914 on se souviendra du Bavarois pillard et du Prussien inflexible, les légendes sur les uhlans tueurs d'enfants de 1914-1918 y trouveront un fertile terreau sur lequel prospérera la « grande peur » de 1940. Dans certains cas, ces représentations de l'étranger se diversifient suivant les milieux : en France la gauche est traditionnellement plus anglophile que la droite, ce qui peut influencer certaines options politiques (choix de l'Entente cordiale peu après Fachoda, vagues anglophobes en 1923 ou en 1940).

Ainsi caractérisée, l'opinion, rarement unanime, n'est qu'un reflet déformé de ce que pense la population, la Première Guerre mondiale marque de ce point de vue un tournant.

► **La nation est l'acteur ultime** au nom duquel sont prises toutes les décisions et que l'on convoque éventuellement au combat. **L'idée de nation conjugue l'idée moderne d'État et celle de conscience patriotique.** En réaction contre l'ordre féodal et théocratique, les juristes de l'Époque moderne ajoutent la souveraineté aux éléments fondateurs de l'État (gouvernement, population, territoire). L'autorité du souverain, incarnation de l'État, s'impose à tous sans distinction de rang et de fonction. À l'extérieur, il est le seul interlocuteur des monarques à l'exclusion des factions et des partis. Parallèlement, la stabilisation des langues vulgaires et les conflits incessants entre les États ont donné naissance au sentiment d'appartenir à une communauté différente des autres, la patrie. La Révolution française invente l'État-nation et le droit des peuples à disposer d'eux-mêmes contre le monarque absolu et contre l'étranger. Mais la complexité du peuplement ainsi que l'héritage historique et religieux de l'Europe, la multiplication et l'imbrication des nationalités rendent inapplicable ce principe sans aménagement. La question est posée durant tout le XIXe siècle.

► **Le phénomène des nationalités traduit l'existence d'un sentiment collectif d'appartenance nationale au sein d'une population à qui l'on dénie le droit à l'autodétermination.** Cependant deux conceptions du problème coexistent, elles sont résumées par deux écrivains, le Français Ernest Renan *(Qu'est-ce qu'une nation ?)* et l'historien allemand Theodor Mommsen. Pour le second, une nation repose sur des critères objectifs (ethnie, langue, coutumes...) : on ne choisit pas d'être Allemand, on naît Allemand – ce qui permet au passage de justifier l'annexion de l'Alsace-Lorraine. Renan au contraire parle d'un « plébiscite quotidien » : c'est la volonté de vivre ensemble qui fonde une nation. Cette définition française de la nation se concilie avec les idées démocratiques de la IIIe République. Elle permet aussi d'affirmer que les Alsaciens, dans la mesure où ils se sentent Français, sont Français.

La conception ethnique domine l'Europe centrale influencée par des penseurs allemands comme Fichte, Hegel ou Herder. Une filiation commune (appuyée par des recherches historiques et philologiques), un esprit propre (chez Hegel le *Volksgeist*) qui se manifeste dans la langue, la façon de vivre, de penser, de croire, de se gouverner dans le sentiment d'un destin à accomplir, tout concourt à l'idée d'une altérité radicale des nations. Chacun cherche à affirmer sa supériorité et à étendre son hégémonie. Les relations internationales sont donc fondées sur la lutte pour la dominance et la guerre (« la grande accoucheuse des peuples », selon Hegel). On est aux antipodes de l'équilibre européen. Cette approche est à la source du pangermanisme et de l'idée de *Mitteleuropa* ainsi que du panslavisme qui fait de la libération des Slaves « authentiques » (cette qualification exclut les Polonais et certains Slaves du Sud, catholiques ou musulmans, ainsi que les Tchèques germanisés) la mission historique de l'Empire russe. Elle sert aussi de justification à l'entreprise coloniale (J. Ferry évoque « la mission civilisatrice » de la France et R. Kipling « le fardeau de l'homme blanc »). Elle fonde également les revendications des minorités ethniques ou culturelles des États multinationaux. L'Europe orientale concentre la majorité des conflits nationaux, mais il ne faut pas négliger les problèmes espagnol et irlandais, le Danemark et surtout l'Alsace-Lorraine. Hors d'Europe les nationalismes s'éveillent en Chine avec Sun Yat-sen, en Inde où le Parti du Congrès est fondé en 1885, et en Égypte avec le soulèvement d'Arabi Pacha en 1877 et la révolte mahadiste au Soudan de 1885 à 1897.

L'approche réaliste (par opposition à l'idéalisme philosophique qui sous-tend la conception ethnique) reconnaît l'existence historique, linguistique et culturelle des nationalités, mais elle estime que l'indépendance n'est pas indispensable : une réelle autonomie administrative et politique est une garantie suffisante sans qu'il soit nécessaire de remettre en cause les empires et l'équilibre des relations internationales. Cela débouche sur des compromis diplomatiques comme le dualisme austro-hongrois institué en 1867 ou la solution apportée à la question bulgare à Berlin. Mais de tels arrangements juridico-politiques ne peuvent satisfaire le sentiment national exacerbé.

Le nationalisme (exaltation du sentiment national) est un phénomène de « psychologie collective » ou de mentalité (alors que les nationalités relèvent du droit). Universel, il n'est pas spécifiquement d'extrême droite ni de droite (en France Jaurès voit dans la nation et la défense patriotique un héritage de l'An II). Il prend en revanche des formes variées : chauvinisme et patriotisme sont tournés contre l'ennemi extérieur, xénophobie, racisme et antisémitisme visent « l'ennemi de l'intérieur » qui est aussi le socialisme lorsqu'il prône le pacifisme internationaliste. Le nationalisme, qui se situe ainsi au confluent des problèmes internes et des problèmes internationaux, est fait de ces différentes attitudes, en proportions variables suivant le moment, le lieu ou les personnes. Cela pèse sur la rationalité de certaines décisions : lors de la crise d'Agadir, en 1911 Caillaux, qui est conscient de l'impréparation de la France et négocie avec l'Allemagne, doit faire face à de violentes attaques avant d'être renversé et remplacé par le « Lorrain » Poincaré.

3. La guerre franco-allemande ébranle l'équilibre européen

► **À partir de 1871, la défense du *statu quo* européen devient la première préoccupation de Bismarck.** Le Chancelier redoute en effet par-dessus tout l'esprit de revanche des Français qui rejettent unanimement le traité dicté à la France alors que les armées allemandes occupaient le quart nord-est du territoire et que Paris était déchiré par la guerre civile.

Le traité de Francfort (10 mai 1871) est particulièrement dur :
— **l'Alsace-Lorraine** est annexée par l'Empire allemand avec un statut particulier,
— la France doit octroyer la **clause de la nation la plus favorisée** sans contrepartie (en d'autres termes la France s'engage à accorder à l'Allemagne tous les avantages commerciaux particuliers qu'elle pourrait consentir à l'un de ses autres partenaires commerciaux) et verser **une indemnité de 5 milliards de francs-or,** énorme pour l'époque, gagée par l'occupation de l'est de la France (Poincaré s'en souviendra en 1923 lors de l'occupation de la Ruhr). À partir de la signature de ce traité, la possibilité d'une nouvelle guerre franco-allemande reste au centre des préoccupations des diplomates européens.

L'isolement diplomatique de la France est le principal objectif du chancelier allemand. Ignorant les nationalités, il ne s'intéresse qu'aux grandes puissances dont il utilise les rivalités pour imposer son arbitrage et rendre indispensables aux uns et aux autres l'alliance, l'amitié ou la simple neutralité de l'Allemagne.

À l'égard de la France, Bismarck pense, à tort, que le temps atténuera les ressentiments. En attendant il associe isolement diplomatique, courtoisie et offre de compensations coloniales. En 1878, Bismarck avait expliqué à l'ambassadeur français Saint-Valier que « les bassins de la Méditerranée [étaient la] sphère d'expansion naturelle » du peuple français, et que l'Allemagne soutiendrait les efforts français dans cette région, car, ajoutait-il, « plus il aura de succès de ce côté moins [le peuple français] sera porté à faire valoir ses griefs contre nous ». Le marché ne pouvait être plus clair : la Méditerranée contre l'Alsace-Lorraine.

Ne pouvant résoudre le conflit austro-russe dans les Balkans, le chancelier allemand se pose en arbitre. À l'Autriche il propose des soutiens pour sa politique balkanique qui menace les ambitions russes dans la région (protection des Slaves orthodoxes et poussée vers les détroits). Le Tsar doit choisir entre l'adhésion au système austro-allemand qui renforce la solidarité des empereurs contre les menaces révolutionnaires incarnées par la France, et l'isolement qui sonnerait le glas des ambitions russes tant en Europe qu'en Asie où la Russie s'oppose à la Grande-Bretagne (Afghanistan).

Bismarck utilise de la même manière les relations difficiles de la Grande-Bretagne avec la Russie et la France. Les problèmes méditerranéens sont au centre des tensions franco-britanniques. Entre 1875 et 1880, la Grande-Bretagne a évincé la France d'Égypte (d'abord en rachetant les parts du Khédive dans le canal de Suez puis en installant un protectorat de fait lors du soulèvement nationaliste d'Arabi Pacha) ; jusqu'en 1904 les diplomates français réclameront des compensations que les Britanniques refusent. La présence française en Afrique du Nord et au Liban où la France protège militairement les chrétiens depuis les massacres de 1861 constitue une autre source d'inquiétude.

Malgré le traité de Paris (1856), l'Angleterre et la Russie s'opposent sur la question du maintien de la souveraineté turque sur les Détroits qui est la condition de leur fermeture en cas de conflit, Londres y tient afin d'empêcher la puissante flotte russe de mettre en péril la sécurité de ses communications vers l'Inde. Dans le reste du monde la rivalité se concentre, vers 1880, en Chine et en Asie centrale où la poussée russe en direction de la Perse et de l'Afghanistan menace les approches de l'empire des Indes.

Un rapprochement franco-russe serait aussi dangereux pour Londres que pour Berlin, si bien que la constitution d'une sorte de « cordon sanitaire » germanique, garant de l'équilibre continental, convient tout à fait aux Britanniques qui n'ont plus besoin de s'impliquer directement en Europe et peuvent donc se consacrer à l'expansion mondiale de leurs intérêts économiques.

À court terme, les effets de ce jeu diplomatique sont très positifs pour l'Allemagne puisque la politique coloniale de Jules Ferry envenime les relations de la France avec l'Angleterre et l'Italie pour près de trente ans. Il parvient de même à associer le Tsar à ses combinaisons. À moyen terme, les résultats seront décevants : Bismarck sous-estime la force du sentiment national français et russe et, comme il n'a pas grand-chose de concret à offrir à ses partenaires, il doit mettre en œuvre des systèmes diplomatiques de plus en plus compliqués et donc fragiles.

▸ **Le système des trois empereurs (1871-1878).** Au lendemain du traité de Francfort, Bismarck peut compter sur la terreur qu'inspire la Commune de Paris dans les cours européennes pour prolonger l'isolement de la France. Mais le succès des emprunts de libération (couverts 13 fois) qui souligne la confiance qu'inspire la République, de même que la perspective d'une restauration monarchique par le gouvernement de l'ordre moral inquiètent le chancelier.

Prenant prétexte de la menace socialiste représentée par la Ire Internationale, Bismarck organise une rencontre des trois empereurs à Berlin en septembre 1872 qui prépare la signature en 1873 de conventions bilatérales garantissant les partenaires contre l'attaque d'une tierce puissance européenne. L'Italie y adhère en 1874 lorsque l'arrivée au pouvoir du gouvernement de l'Ordre moral lui fait craindre un soutien actif de la France à la papauté. **Le système des trois empereurs isole la France pour une décennie.**

Cet isolement ne doit pas être exagéré. Il signifie que la France ne dispose pas d'alliés susceptibles de l'aider en cas d'affrontement franco-allemand. En revanche, les autres pays européens refusent tout nouvel abaissement de la France car « l'Europe a besoin d'une France forte », comme le dit le ministre russe des Affaires étrangères Gortchakov en 1875 : en d'autres termes, la France constitue un contrepoids à la puissance allemande. Lorsqu'en 1875 Bismarck agite le spectre d'une guerre préventive en réponse au réarmement français, Alexandre II fait le déplacement de Berlin pour mettre en garde solennellement l'Allemagne. Un rapprochement franco-russe n'est pas encore d'actualité, mais la fragilité intrinsèque du système est apparue.

La crise balkanique de 1875-1878 fait voler en éclats l'entente des trois empereurs. Au départ une révolte des chrétiens de Bulgarie et de Bosnie est sauvagement réprimée par les Turcs. Poussé par les groupes panslavistes, le Tsar décide de déclarer la guerre en avril 1877. Lorsque, après six mois de difficiles combats, les troupes russes arrivent aux portes d'Istanbul, la Grande-Bretagne et l'Autriche imposent la paix de San Stefano (mars 1878), puis, celle-ci étant jugée dangereusement favorable aux intérêts russes, Bismarck qui se présente en « honnête courtier » entend restaurer le concert européen troublé par l'agitation des peuples balkaniques, à cette fin il propose de réunir un Congrès européen.

Le Congrès de Berlin (juin-juillet 1878) rajeunit les accords de 1815. Bismarck a la courtoise habileté d'inviter la République française qui fait ainsi son entrée sur la grande scène internationale avec la bénédiction de l'ennemi héréditaire, il en profite pour confirmer au représentant français, Waddington, que l'Allemagne voit d'un œil favorable l'expansion française en Tunisie. C'était faire d'une pierre deux coups : la France se détourne de la frontière de l'Est et se brouille avec la Grande-Bretagne et l'Italie. Le Congrès de Berlin règle les problèmes balkaniques pour une trentaine d'années : les Bulgares obtiennent la constitution de deux principautés (Bulgarie et Roumélie), autonomes par rapport à l'Empire ottoman et confiées à un neveu du Tsar, Alexandre de Battenberg. La Grèce, la Roumanie, la Serbie et la Russie arrondissent un peu leurs territoires. En compensation l'Autriche administre la province turque de Bosnie-Herzégovine qui devient une sorte de protectorat sans le mot.

Bien que flatteur pour l'hégémonie allemande, il ne ressort de ce Congrès qu'un fragile « replâtrage » (R. Girault) de l'équilibre européen. Le Tsar qui s'estime lésé par la médiation allemande, refuse le renouvellement du système des trois empereurs et démontre ainsi qu'**il est impossible de reconstituer durablement le concert européen autour de l'Allemagne.** C'est une évolution majeure des relations européennes. Bismarck se remet cependant à l'ouvrage.

▸ La Triplice ou Triple Alliance est l'élément central d'un système diplomatique englobant toutes les puissances européennes contre la France.

La Duplice germano-autrichienne (7 octobre 1879) reflète une évolution dans la stratégie allemande. Jusque-là Bismarck avait refusé de trancher entre l'alliance russe qui avait les faveurs de Guillaume Ier et l'alliance autrichienne. Au lendemain du Congrès de Berlin, la rupture du système des trois empereurs le conduit à choisir Vienne. L'alliance est principalement tournée contre la Russie. En cas de conflit de l'un des signataires avec la Russie (il s'agit d'une hypothèse valable pour l'Autriche surtout), l'autre lui apportera 200 000 hommes ; en cas de conflit avec un autre pays (il s'agit principalement de la France face à l'Allemagne), l'autre adoptera une neutralité bienveillante. Cet accord est doublement insatisfaisant car il ne couvre pas l'Allemagne en cas de revanche française ni n'écarte le risque d'une alliance franco-russe. Ce n'était qu'un point de départ.

Bismarck parvient à ressusciter le système des trois empereurs en jouant sur la crainte russe de l'isolement, d'autant plus que les relations franco-russes sont au plus bas après le refus français d'extrader le terroriste Hartmann en 1880.

Le second système des trois empereurs repose sur deux accords signés le 18 juin 1881 et renouvelés en février 1884 :

— Les trois empires se garantissent une neutralité mutuelle en cas de conflit avec une autre puissance. L'Allemagne et la Russie sont donc certaines de ne combattre que sur un front.

— L'Autriche et la Russie garantissent le *statu quo* balkanique, tout en prévoyant des compensations en cas de crise imprévue. Pour Vienne l'intérêt est mince, mais la Russie assure ses arrières. Une fois de plus les grandes puissances font peu de cas des revendications des peuples.

De manière imprévue, l'Italie rejoint la Duplice le 20 mai 1882, à la suite de l'instauration du protectorat français en Tunisie, dont Rome n'a pas même été avertie malgré les 10 000 colons italiens installés dans le pays. Humilié, le gouvernement italien met entre parenthèses ses revendications sur les terres irrédentes et se tourne vers Bismarck, dispensateur de la reconnaissance internationale. Pour Bismarck qui cependant ne voit dans l'Italie que « ce petit roquet qui aboie aux jambes », la Triplice a deux avantages : elle garantit le flanc sud de l'Autriche en cas de conflit avec la Russie et elle comporte une dimension antifrançaise.

L'habileté du chancelier lui permet finalement d'accentuer les tensions entre la France et la Grande-Bretagne dans le domaine colonial. Depuis 1881, l'exploration du Congo suscite des tensions graves entre les deux pays. Bismarck peu intéressé par les questions coloniales offre sa médiation.

La conférence coloniale de Berlin (novembre 1884 - février 1885) est destinée à organiser le partage de l'Afrique. L'acte final donne raison au deux parties : selon les vœux de la France la conférence fixe les règles à respecter pour prendre possession d'un territoire colonial, en revanche la Grande-Bretagne voit reconnaître l'internationalisation du fleuve et le principe de la porte ouverte dans le « bassin conventionnel » du Congo. Ces deux décisions contradictoires sont une source inépuisable d'irritation pour la France et l'Angleterre. En cela Bismarck remplit son propre programme : « Il convient de soigner les désaccords entre la France et la Grande-Bretagne », note-t-il dans son journal.

En Méditerranée les Anglais qui cherchent à se prémunir contre un renouveau des ambitions russes dans les Balkans sans trop s'engager, et l'Italie qui redoute une guerre avec la France en Cyrénaïque signent **les accords méditerranéens secrets du 12 février 1887** affirmant en termes généraux le maintien du *statu quo* en Méditerranée et la fermeture des détroits. Cette pointe antirusse conduit l'Autriche à y adhérer de sorte que Londres se trouve lié avec deux pays de la Triplice. L'Allemagne reste dans l'ombre car elle négocie en secret avec la Russie.

Le traité de Réassurance (juin 1887) a pour but de restaurer l'entente entre l'Allemagne et la Russie. En 1886, le Tsar menace de dénoncer les accords de 1881 en raison de l'attitude du gouvernement de Vienne : l'Autriche soutient le prince Alexandre de Bulgarie qui a réalisé l'unité bulgare contre la volonté de son oncle le Tsar, celui-ci le fait enlever et le contraint à abdiquer. Mais défiant leur puissant voisin les Bulgares se donnent pour roi Ferdinand de Saxe-Cobourg, candidat de Vienne. Furieux le Tsar semble prêt à se rapprocher de la République française ! En agitant les accords méditerranéens, Bismarck arrache la signature d'un traité secret : en échange de la neutralité russe en cas de conflit franco-allemand, l'Allemagne promet de soutenir diplomatiquement la position russe dans les Balkans, c'est contradictoire avec la Duplice et cela irrite les coteries pangermanistes qui entourent le *Kronprinz*.

À la fin de 1887, la France apparaît plus isolée qu'en 1871, mais le système de Bismarck repose sur une pyramide d'accords secrets contradictoires et fragiles. De l'équilibre on est passé à l'équilibrisme.

II. Le tournant (1890-1904)

1. Le renvoi de Bismarck marque la fin d'une époque

La mort de Guillaume Ier en 1888 prive Bismarck du soutien politique intérieur qui lui était indispensable. Dès lors les adversaires du vieux chancelier font le siège du jeune et impatient Guillaume II. Bismarck est principalement confronté aux groupes nationalistes et pangermanistes ainsi qu'aux milieux d'affaires rhénans qui lui reprochent de tenir l'Allemagne à l'écart de l'expansion coloniale et de freiner le développement d'une *Mitteleuropa* : la puissance économique de l'Allemagne alors en pleine ascension ne se satisfait pas de l'équilibre continental.

► L'Allemagne n'est pas seule en cause. **D'une manière générale les questions économiques occupent une place croissante dans les relations internationales.** Si l'on s'en tient aux apparences, le cadre d'ensemble ne change pas jusqu'à la guerre : le capitalisme libéral est l'unique système de référence, même si les modalités du développement introduisent quelques nuances quant au rôle de l'État par exemple ; l'étalon-or, les parités fixes et la libre convertibilité des monnaies sont la base des échanges internationaux dans un contexte d'inflation insignifiante (dans les grands pays).

Le changement le plus important est constitué par **le renouveau du protectionnisme qui remplace le libre-échange** institué sous l'impulsion britannique au milieu du siècle. La « Grande Dépression » (1873-1896) réveille les égoïsmes et remet à la mode les conceptions d'économistes comme l'Allemand F. List qui préconisait en 1841 la protection des industries nouvelles et des secteurs en difficulté contre la concurrence étrangère. Le tarif Méline de 1892 et la loi dite du « cadenas » en 1897 destinés à protéger l'agriculture française servent de prototypes bientôt imités par tous. Seul le Royaume-Uni résiste. Le nationalisme et le protectionnisme s'épaulent mutuellement. Les guerres commerciales se multiplient et pèsent sur les systèmes d'alliances comme le montre le long conflit douanier franco-italien (1887-1898).

La situation est toutefois bien différente de celle de l'entre-deux-guerres ; malgré les barrières douanières qui s'élèvent, l'examen des flux économiques et financiers fait apparaître une forte intégration des différents pays d'Europe.

L'Europe est à elle-même son propre marché (les échanges intra-européens représentent 60 % du commerce mondial). Grande-Bretagne, France et Allemagne domi-

Tableau 1
Les grandes puissances dans l'économie mondiale

	Alle-magne	*France,*	*G-B*	*USA*
Population 1910 (en millions)	14,1	39,2	40,8	92
Accroissement naturel 1910-1913 (‰)	2,9	1,1	11,6	14
Croissance annuelle du PNB 1870-1913 (%)	29,8	1,6	2,2	4,3
Population active industrielle en 1880 (%)	37,9	27,9	43,5	25,7
Population active industrielle en 1913 (%)		28,2	46,3	30,2
Part de la production industrielle mondiale	13,2			
en 1870 (%)		10,3	31,8	23,3
Part de la production industrielle mondiale	5,7			
en 1913 (%)		6,4	14,0	35,9
Part de la flotte de commerce mondiale	5,9			
en 1880 (%)		4,6	39,9	20,3
Part de la flotte de commerce mondiale	10,8			
en 1913 (%)	7	4,7	39,8	11,6
Part du commerce mondial en 1880 (%)	12	11	25	10
Part du commerce mondial en 1913 (%)		8	14	10
Part du stock mondial d'investissement extérieur	10			
en 1890 (%)		21	51	4
Part du stock mondial d'investissement extérieur	13			
en 1913 (%), 64,9		20	47	8

En l'absence de comptabilités nationales avant les années cinquante, ces chiffres sont le résultat de calculs rétrospectifs de différents historiens, seul l'ordre de grandeur a un sens tout particulièrement lorsqu'il s'agit d'évaluer la part dans un total mondial bien difficile à connaître.

La première partie du tableau montre le poids de l'Allemagne en Europe et à l'opposé le faible dynamisme de la France.

La seconde partie met en évidence la domination économique exercée par les quatre grandes puissances sur l'ensemble de l'économie mondiale. Les États-Unis sont déjà la première puissance mondiale avant 1914, pourtant leur ouverture reste faible si on la compare aux pays européens (flotte, investissements extérieurs, commerce mondial), en revanche la rapide montée en puissance de l'Allemagne, conséquence du développement économique et de la *Weltpolitik,* apparaît nettement au détriment de la France et de la Grande-Bretagne dont la position demeure confortable cependant.

nent les échanges mondiaux mais pour chacune près de la moitié du commerce extérieur se fait avec les deux autres. Une telle situation ne sera retrouvée qu'au milieu des années soixante-dix avec le Marché commun. Il existe des rivalités intenses, mais en sens inverse les ententes financières et des cartels internationaux entre des entreprises ou des banques ne sont pas rares, même si les États les surveillent.

► **Autre facteur de l'échec de Bismarck, ses conceptions d'un État centralisé et hiérarchique** dans lequel l'impulsion vient nécessairement du sommet, le conduisent à sous-estimer les mouvements nés dans le peuple. En particulier il néglige la vitalité et le poids politique du patriotisme français et du panslavisme russe. Dans ces deux pays, les milieux nationalistes influents reprochent aux gouvernements de se détourner des questions européennes pour se préoccuper de l'Asie et de l'Afrique. En France, la crise boulangiste souligne le danger que cette attitude représente pour le régime et pour la paix : en 1885 **l'affaire Schnaebelé** (arrestation en territoire français du commissaire de Pagny-sur-Moselle soupçonné par les Allemands de faire de l'espionnage) ouvre une crise diplomatique intensément exploitée par la presse. Il faut l'intervention de Bismarck qui fait relâcher le Français et le renvoi du général Boulanger par Jules Grévy pour désamorcer la crise. Il apparaît bien que la diplomatie secrète de Bismarck est à la merci d'un incident ou de fuites comme la publication du traité des trois empereurs par le journaliste panslaviste Katkov en 1887.

Lorsque, après dix-huit mois d'une cohabitation de plus en plus difficile, Bismarck se résigne à démissionner le **18 mars 1890,** le journal satirique anglais *Punch* commente par un dessin prémonitoire : « Le pilote quitte le navire. » C'est en effet la fin d'une époque, presque d'un monde.

2. La France en profite pour reprendre l'initiative

► **La politique de Guillaume II prend le contre-pied de celle de Bismarck.** L'empereur veut affirmer la loyauté de l'Allemagne à l'égard des alliés de la Triplice, établir l'hégémonie allemande en Europe centrale et étendre l'influence allemande vers l'Empire ottoman et la Chine. En Europe, les efforts de rapprochement avec la Russie passent à l'arrière-plan. Les diplomates allemands sont persuadés que la France n'a rien à offrir à la Russie et les risques d'un rapprochement franco-russe leur paraissent inexistants. Entre 1900 et 1908 le chancelier von Bülow tentera en vain de corriger cette erreur de calcul et d'infléchir la politique allemande vers la constitution d'un vaste système continental impliquant la France et la Russie contre l'Angleterre.

> **La *Weltpolitik* ou « politique de présence mondiale », officialisée en janvier 1896** par Guillaume II dans un discours prononcé lors du 25e anniversaire de l'Empire, doit fournir à l'Allemagne les moyens de poursuivre son expansion économique menacée par le protectionnisme et l'hostilité croissante des puissances coloniales. En soutenant le projet de développement de la *Kriegsmarine* de l'amiral Tirpitz, il entend à la fois protéger les intérêts allemands sur toutes les mers et contraindre la Grande-Bretagne à négocier. En 1898 Tirpitz prophétise : « Le jour où il y aura une flotte allemande assez considérable en mer du Nord, nous verrons immédiatement les Anglais devenir conciliants, même à l'égard de notre expansion dans les différentes parties du monde. » Il fait le double pari que la Grande-Bretagne n'ira pas jusqu'à une guerre préventive et qu'il sera trop tard lorsqu'elle s'apercevra, vers 1904-1905 selon lui, que la course aux armements est sans issue. Les faits lui ont donné raison, mais l'échec des discussions germano-britanniques en 1903 aura pour conséquences l'Entente cordiale et la rupture de l'équilibre européen.

► **L'alliance franco-russe (27 décembre 1893) est la première conséquence de la nouvelle politique allemande.** Au début de 1890, Guillaume II refuse de renouveler le traité de Réassurance. Dans un premier temps le ministre russe Giers tente d'obtenir un simple échange de lettres entre les souverains. Il estime que la situation dans les Balkans est bloquée pour un certain temps : une garantie du *statu quo* suffirait à la Russie décidée à tourner ses ambitions vers l'Asie.

L'intransigeance allemande oblige le Tsar à réévaluer sa politique. En effet, privée du soutien allemand, la Russie se trouve isolée face à la Grande-Bretagne en Asie centrale et à l'Autriche dans les Balkans. Or à ce moment la République française, dirigée par les Opportunistes, ne peut plus guère passer pour un foyer révolutionnaire, elle est en revanche le second exportateur mondial de capitaux au moment même où l'expansion de l'économie allemande assèche les liquidités sur le marché berlinois, bailleur de fonds traditionnel de la Russie. Politiquement et financièrement, les conditions d'un rapprochement sont donc réunies : la coopération financière amorcée lors de la crise bulgare de 1887, en avait déjà administré la preuve.

La négociation traîne parce que les Russes espèrent encore infléchir la position allemande : un accord politique vague est d'abord conclu le 27 août 1891, mais il faut attendre le 27 décembre 1893 pour que le Tsar ratifie la convention militaire négociée par le général de Boisdeffre, lorsque l'augmentation des effectifs militaires allemands permettant de tenir les deux fronts montre que Guillaume II se détourne de la Russie. Toutefois des tentatives d'ouverture russes vers l'Allemagne auront lieu jusqu'en 1905.

L'alliance franco-russe constitue un succès considérable pour la France qui met fin à vingt ans d'isolement diplomatique et rétablit l'équilibre des forces en Europe. Trois cas sont envisagés :

— si la France est attaquée par l'Allemagne ou l'Italie (dans le cadre de la Triplice), la Russie engagera 800 000 hommes pour la soutenir ;

— si la Russie est attaquée par les Empires centraux, la France mobilisera automatiquement 1,3 million d'hommes contre l'Allemagne ;

— une mobilisation partielle des forces de la Triplice entraînera une mobilisation générale en France et en Russie.

Dans son principe cette alliance est défensive mais elle admet implicitement la possibilité d'une guerre continentale : les effectifs engagés dépassent de loin les 200 000 hommes impliqués dans la Triplice et la mobilisation générale automatique est un facteur évident de généralisation d'un conflit localisé.

Un nouveau pas est franchi après la crise de Fachoda (1898), lorsque Delcassé négocie un échange de lettres précisant que les deux pays visent désormais **« le maintien de l'équilibre en Europe »** et non plus simplement **« le maintien de la paix ».** La différence est importante car la France accepte de soutenir la position russe dans les Balkans et la Russie fait de même pour l'Alsace-Lorraine. À nouveau ébranlée par l'Entente cordiale en 1904 et la crise bosniaque en 1908, l'alliance est renforcée par Poincaré après 1912. À chaque étape les concessions françaises accroissent le risque d'une implication non souhaitée de la République dans un conflit éventuel. L'alliance franco-russe marque bien une rupture définitive du concert européen.

3. Théophile Delcassé et la Triple Entente

Alors que la politique allemande est conduite par « un esprit présomptueux et inexpérimenté » selon le commentaire acide de Bismarck, la France a la chance de disposer d'une remarquable équipe de diplomates tant au Quai d'Orsay avec Gabriel Hanotaux et Théophile Delcassé, que dans les grandes ambassades. Un problème d'interprétation se pose cependant. L'unité et la constance dans la stratégie et l'emploi des moyens disponibles par Bismarck donnent au mot « système » (mécanisme international traduisant les rapports de force et assurant la stabilité en Europe) un contenu indéniable. Dans le cas de Delcassé l'impressionnante mécanique des alliances en 1914 engendre un sentiment de cohérence dont le conflit franco-allemand serait la clef. Les choses sont moins simples. Ministre des Colonies de 1894 à 1898, Delcassé appartient au « Parti colonial » de sorte que son action au Quai d'Orsay de 1898 à 1905 paraît autant polarisée par la question marocaine que par la revanche contre l'Allemagne. Peut-on dans ces conditions parler d'un système ?

► **Le désastre d'Adoua en Éthiopie (mars 1896) contraint l'Italie à renoncer à ses ambitions coloniales.** Les terres irrédentes reviennent au centre de sa politique extérieure, ce qui l'éloigne de l'Autriche.

Le rapprochement franco-italien débute par la liquidation du contentieux scolaire en Tunisie (1896) puis celle de la guerre douanière engagée depuis 1887 : l'accord de 1898 prévoit des facilités financières et la clause de la nation la plus favorisée. L'accord colonial de 1900 reconnaissant les intérêts italiens en Cyrénaïque (Libye) et ceux de la France au Maroc ouvre la voie à **l'accord secret de neutralité du 30 juin 1902.** Celui-ci prévoit que l'Italie se tiendra à l'écart de tout conflit franco-allemand, même si la France devait en prendre l'initiative à la suite d'une provocation. Bülow prétend n'y voir qu'un « innocent tour de valse » et le renouvellement officiel de la Triplice en juillet 1902 semble lui donner raison. Mais la Triplice est ébranlée : le soutien apporté par l'Italie à la France en 1906 allait le prouver.

► **L'Entente cordiale franco-anglaise (8 avril 1904) a été paradoxalement amorcée par la crise de Fachoda.** En 1898, l'expédition du capitaine Marchand, partie du Congo en direction du haut Nil, avait pour but ultime de contraindre le gouvernement britannique à rouvrir des discussions sur la question égyptienne. La détermination anglaise a été mal évaluée : Kitchener dispose au Soudan de 20 canonnières et de 3 000 hommes et la Royal Navy entreprend des démonstrations devant Brest et Bizerte. Guillaume II trouve « la situation intéressante », Nicolas II prêche la prudence. L'affaire est mal engagée pour la France, l'enjeu incertain. Paris recule malgré la colère des nationalistes qui font entrer Marchand dans le panthéon des victimes de la perfidie britannique au côté de Jeanne d'Arc et de Napoléon à Sainte-Hélène ! Malgré l'humiliation durement ressentie, cet échec français permet de clarifier les contentieux coloniaux en Afrique (la France renonce au Soudan dont les frontières avec le Tchad sont définies). De part et d'autre l'exaltation nationaliste a fait prendre conscience des risques de conflits et de l'intérêt d'un rapprochement.

Pour Paris l'entente avec la Grande-Bretagne présente un triple intérêt : isoler la Duplice, parachever le partage colonial et régler la question marocaine.

Mais les Britanniques hésitent : d'une part la Russie, alliée de la France, paraît assez inquiétante pour justifier une alliance anglo-japonaise en 1902 ; mais d'autre part la concurrence allemande qui se développe en Amérique latine et en Turquie menace également les secteurs modernes de l'industrie britannique (chimie, électricité, mécanique). La course aux armements navals est le facteur déterminant. L'Amirauté britannique applique depuis 1889 le principe du *Two Power Standard* : la flotte britannique doit être supérieure de 10 % aux deuxième et troisième flottes mondiales réunies. Or l'Allemagne prévoit en 1898 de construire en seize ans 36 cuirassés, 38 croiseurs et les unités d'accompagnement. La Grande-Bretagne répond par le plan de l'amiral Fischer en 1905 et la construction d'une nouvelle génération de cuirassés, les *Dreadnought,* modernes mais coûteux.

Comme l'avait prévu Tirpitz, l'Angleterre cherche à négocier mais l'Allemagne décline toutes les ouvertures dans l'espoir d'obtenir davantage. En 1903, Londres choisit la France et un partage des rôles en Méditerranée pour alléger son fardeau.

L'Entente cordiale conclue en 1904 n'est en elle-même qu'un banal arrangement colonial :

— la France renonce « à entraver l'action de la Grande-Bretagne en Égypte », en échange Londres reconnaît « qu'il appartient à la France de veiller à la tranquillité du Maroc » ;

— la France abandonne des droits de pêche à Terre-Neuve contre des compensations en Afrique ;

— le Siam (aujourd'hui la Thaïlande) est partagé en zones d'influence et un condominium sur les Nouvelles-Hébrides (aujourd'hui Vanuatu) est établi.

En l'absence de toutes clauses militaires ou d'une simple déclaration politique de portée générale, **l'Entente cordiale n'est en aucun cas une alliance.** Dès 1905, l'engagement se révèle pourtant plus lourd de conséquences qu'on ne l'avait pressenti.

La construction de la Triple Entente s'achève en 1907 par le règlement des contentieux coloniaux anglo-russes. Elle avait à l'origine pour but de garantir la sécurité de la France, mais elle a pour effet d'isoler la Duplice, de renforcer les menaces contre l'Allemagne placée dans une situation stratégique difficile et contre l'Autriche ébranlée par le nationalisme slave soutenu par la Russie. Les deux pays tentent de rompre le cercle en suscitant ou en exploitant deux séries de crises au Maroc (1905 et 1911) et dans les Balkans (1908-1914). C'est pourtant la guerre russo-japonaise qui révèle les déséquilibres des relations internationales et ouvre la marche à la guerre.

III. Des crises répétées ponctuent la marche à la guerre (1905-1914)

1. Les crises marocaines (1905-1911)

► **La crise de Tanger ouvre le cycle des surenchères politico-militaires qui rendent la guerre inévitable.** La France développe son influence sur le Maroc depuis 1898. En novembre 1904, un prêt de 62 millions aboutit à une mise en tutelle des finances marocaines et à un quasi-protectorat. L'Allemagne, puissance « non méditerranéenne », n'a pas été consultée : c'est le prétexte d'une crise voulue par le chancelier von Bülow pour tester la solidité de l'Entente cordiale et si possible la rompre.

La première crise marocaine débute le 31 mars 1905 lorsque Guillaume II déclare à Tanger qu'il considère le Sultan comme « un souverain absolument libre » et qu'il est décidé à préserver les intérêts allemands au Maroc. Paris redoute une guerre et Delcassé partisan de la résistance doit démissionner le 6 juin à la demande de l'Allemagne. Le Sultan chapitré par Berlin demande la réunion d'une conférence internationale qui s'ouvre en janvier 1906 à Algésiras en Espagne. Contre son attente, l'Allemagne s'y trouve isolée et peut mesurer la solidité de la Triple Entente. La France obtient le contrôle de la police et des finances marocaines, sous réserve de maintenir la porte ouverte, ce qui est presque une clause de style.

Durant la crise, Nicolas II, qu'indispose le rapprochement franco-anglais, s'est laissé séduire par le projet de système continental exposé par Guillaume II lors de l'entrevue de Björkö en juillet 1905. La France qui revendique toujours l'Alsace-Lorraine ne peut participer à un mécanisme qui la lierait à l'Allemagne contre la Grande-Bretagne. Pour la Russie également c'est un pas de clerc, en effet la sévère défaite qu'elle vient de subir face au Japon sonne le glas de ses rêves asiatiques, elle entend désormais reporter ses ambitions sur les Balkans. Nicolas II renonce vite sous la pression conjointe de ses diplomates et des problèmes financiers. Mais l'aventure n'est pas sans bénéfices pour la Russie : afin de consolider son propre système, la France favorise le règlement des contentieux asiatiques anglo-russes et la conclusion d'un accord colonial analogue à l'Entente cordiale le 31 août 1907.

► **La question marocaine rebondit en 1911.** De 1906 à 1911, l'anarchie qui règne à l'intérieur du Maroc amène les troupes françaises à intervenir, en contradiction avec la lettre des accords d'Algésiras. La diplomatie allemande décide d'exploiter un de ces incidents pour contraindre la France à céder des compensations au Congo.

La crise d'Agadir (1911) part d'un modeste incident, l'occupation de Fez par les troupes françaises sert de prétexte à l'envoi de la canonnière allemande *Panther* devant le port d'Agadir occupé par la France. Ce recours à la force et la revendication de la totalité du Congo français conduisent au bord de la guerre : on commence le rappel des réservistes, la Grande-Bretagne met sa flotte en alerte. De part et d'autre l'agitation nationaliste pousse à l'intransigeance mais les pays ne sont pas prêts. En France l'armée manque d'hommes et de moyens, en Allemagne une panique boursière, suscitée ou encouragée par le président du Conseil français, Caillaux, bien introduit dans les milieux bancaires, montre que le financement de la guerre n'est pas assuré ; on entreprend des marchandages difficiles qui aboutissent le **4 novembre 1911** : la France obtient le droit d'établir son protectorat sur le Maroc (ce sera fait en 1912), en échange des territoires dits du « bec de canard » situés entre le Congo et le Cameroun.

Le compromis de 1911 met fin aux conflits coloniaux, mais la crise a révélé que les puissances européennes étaient désormais prêtes à recourir à la guerre pour régler leurs contentieux ; la course aux armements s'accélère alors que le centre de gravité diplomatique se décale vers les Balkans.

2. Les problèmes balkaniques réveillés en 1908 renforcent la logique des blocs

Malgré plusieurs alertes ultérieures, le Congrès de Berlin de 1878 avait apaisé durant trente ans les tensions dans les Balkans en détournant les ambitions russes vers l'Asie. En 1898 puis en 1903, la Russie et l'Autriche avaient même conclu des accords visant le maintien du *statu quo*. La défaite de 1905 face au Japon pousse le Tsar à s'intéresser de nouveau à cette région.

La crise bosniaque (1908) révèle des tensions politiques et ethniques que l'on pensait assoupies. En avril 1903 le roi de Serbie, Alexandre Obrénovitch, inféodé à l'Autriche, est abattu par les terroristes de la « main noire ». Il est remplacé par Pierre Ier, francophile (il sort de Saint-Cyr) et surtout nationaliste slavophile. Les circonstances poussent l'Autriche à agir : la défaite et la révolution de 1905 interdisent à la Russie toute nouvelle aventure ; de même l'Empire ottoman est ébranlé par la *révolution jeune-turque* de 1908. Le 5 octobre 1908, l'Autriche annexe la BosnieHerzégovine qu'elle administre depuis 1878 : un ultimatum est adressé à la Serbie pour la contraindre à reconnaître le fait accompli, l'Allemagne soutient Vienne et adresse une mise en demeure très ferme à la Russie qui doit céder car la France et l'Angleterre refusent de l'aider.

La crise close en avril 1909 a trois conséquences : la Duplice est renforcée, mais l'Italie conclut un accord avec la Russie en 1909 car elle revendique la Dalmatie et s'estime lésée ; la Russie humiliée par l'Allemagne obtient de Paris et de Londres des crédits pour hâter son redressement militaire ; dans les Balkans le nationalisme fait tache d'huile : les sociétés secrètes se multiplient comme *Jeune Bosnie* à laquelle appartient Gavrilo Prinzip, le futur assassin de Sarajevo. En Turquie, la perte définitive de la Bosnie renforce la politique de turquification sans nuance des provinces balkaniques de l'Empire avec pour conséquence la colère des États chrétiens de la région (Grèce, Bulgarie, Serbie et Roumanie) qui se tournent vers la Russie. **Jeu des alliances, pressions nationalistes : la crise bosniaque apparaît comme la répétition de la crise de l'été 1914.**

► **Le dépècement de l'Empire ottoman est l'occasion de trois guerres en deux ans.** L'Italie profite des tensions européennes consécutives à la crise d'Agadir

La politique internationale en Europe au début du XXe siècle

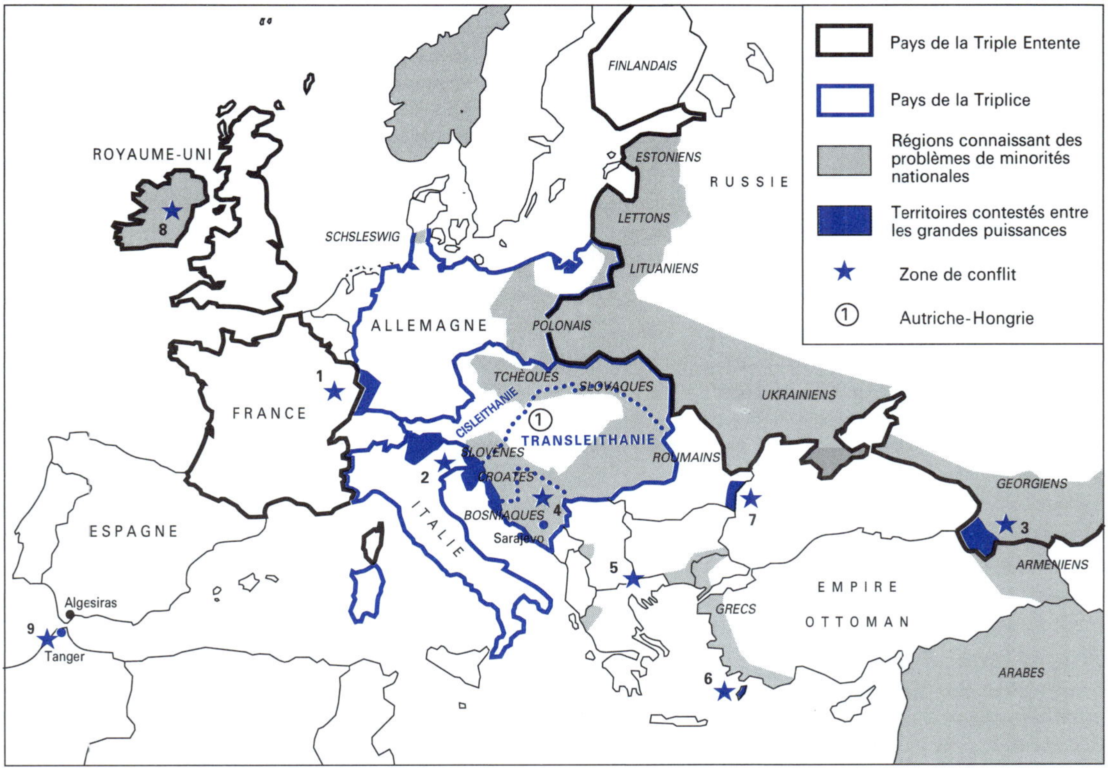

1. La question d'Alsace-Lorraine — C'est le plus grave contentieux international de l'avant-Première Guerre mondiale dans la mesure où il oppose les deux premières puissances militaires continentales.
2. Les terres irrédentes — Ce sont des régions peuplées d'Italiens demeurées sous la domination autrichienne, elles sont revendiquées par l'Italie de manière de plus en plus claire à partir de 1896. Il s'agit du Trentin, de l'Istrie et de la Dalmatie.
3. Kars et Ardahan — Provinces arméniennes de l'Empire ottoman jusqu'en 1878, elles passent à la Russie puis à la République d'Arménie (1918-1920). Elles sont réoccupées par les troupes de Mustapha Kemal en 1920.
4. La Bosnie-Herzégovine — Cette région est placée sous administration autrichienne à la suite du Congrès de Berlin en 1878, elle est annexée par l'Autriche lors de la « crise bosniaque » de 1908.
5. Les guerres balkaniques — Cf. le corps du chapitre.
6. Le Dodécanèse — Ce groupe de douze îles, dont Rhodes et Patmos sont les plus importantes, est conquis par l'Italie lors de la guerre italo-turque de 1911 (elles reviendront à la Grèce en 1947).
7. La Bessarabie — Cf. le corps du chapitre.
8. La question d'Irlande — Voir : *Les problèmes du Royaume-Uni au XXe siècle* (chap. 24 – Utiliser).

pour entreprendre, en septembre 1911, le « premier acte autonome de politique internationale de l'Italie » ; cette guerre s'inscrit entre l'apogée de la crise d'Agadir et les débuts de la première guerre balkanique. Elle se termine par une facile victoire italienne qui donne à l'Italie la Tripolitaine (Libye) et les îles du Dodécanèse (autour de Rhodes). Cela renforce les ambitions des pays balkaniques et la tentation de recourir aux armes pour régler un différend politique.

Suivant cet exemple, les États balkaniques croient le moment venu de chasser définitivement la Turquie de la péninsule. À l'insu des Français, la Russie encourage en 1912 la constitution d'une « ligue balkanique » entre la Bulgarie et la Serbie ; la Grèce et la Roumanie s'y rallient ensuite. Poincaré informé à la fin du printemps 1912 dénonce le risque de conflit avec l'Autriche, mais passe outre pour renforcer l'alliance russe : la logique des blocs prévaut donc une fois de plus.

Deux guerres balkaniques se succèdent en 1912-1913. En octobre 1912 la Turquie ne résiste que trois semaines face à la Ligue balkanique. La conférence internationale de Londres (juin 1913) donne la Thrace et la plus grande partie de la Macédoine à la Bulgarie. S'estimant lésées, la Grèce, la Serbie et la Roumanie engagent contre la Bulgarie une nouvelle guerre en juillet 1913. Au traité de Bucarest, la Grèce et la Serbie se partagent la Macédoine, la Bulgarie conserve un débouché sur la mer Égée mais doit céder une partie de la Dobroudja à la Roumanie, enfin l'Albanie est créée pour empêcher la Serbie d'accéder à la mer Adriatique. La Turquie en a profité pour récupérer Andrinople.

Ces guerres ont deux conséquences majeures : les vaincus, Turquie et Bulgarie se rapprochent des puissances centrales. D'autre part la Serbie, principal vainqueur (elle a gagné 1,3 million d'habitants et 40 % de territoires supplémentaires), revendique plus que jamais la Bosnie-Herzégovine. Ce triomphe serbe est un revers pour l'Autriche mais également pour l'Allemagne qui avait prêché la prudence. **La crise de Sarajevo est le prolongement naturel des guerres balkaniques.**

3. La crise de l'été 1914 plonge l'Europe dans la guerre

L'ampleur du conflit et la question des responsabilités, ouverte par l'article 231 du traité de Versailles, ont donné aux décisions de 1914 une portée particulière et à la recherche historique un rôle politique, puisque cette question est un facteur de rancœur nationaliste et, de ce fait, une « cause » de la Seconde Guerre mondiale.

▸ **La crise de Sarajevo se déroule en deux temps.** À l'issue de grandes manœuvres en Bosnie (en fait une démonstration de force après la victoire serbe de 1913), **l'archiduc héritier François-Ferdinand et son épouse sont assassinés le 28 juin 1914.** Les autorités autrichiennes en attribuent la responsabilité sinon au gouvernement du moins à la politique serbe, comme l'écrit François-Joseph à Guillaume II le 5 juillet : « [...] s'il est probablement impossible de prouver la complicité du gouvernement serbe, on ne saurait douter que sa politique tendant à la réunion de tous les Slaves du Sud favorise les crimes de ce genre et que la continuation de cet état de choses constitue un danger permanent pour ma Maison et mes États. »

Les responsables autrichiens sont divisés. Les politiques souhaitent isoler et abaisser la Serbie en exigeant de strictes garanties, mais, comme le souligne l'Empereur : « [...] cela n'est possible que si la Serbie [...] est éliminée comme facteur politique dans les Balkans. » Les militaires redoutent que le problème ne se repose après quelques années, lorsque le réarmement en Serbie et en Russie sera achevé. Ils préconisent un recours immédiat à la force qui s'apparente à une guerre préventive.

Le soutien allemand inconditionnel, obtenu le 6 juillet, conduit à la guerre. On attend que Poincaré et Viviani se trouvent en mer entre Saint-Pétersbourg et Paris pour envoyer **l'ultimatum le 23 juillet.** Les termes sont conçus pour être inacceptables (révocation des fonctionnaires qui soutiennent les campagnes anti-autrichiennes et surtout participation de la police autrichienne à l'enquête, ce droit de regard sur la politique serbe revenant à l'instauration d'un protectorat de fait). La Serbie rejette cette clause mais propose une médiation internationale soutenue par la Grande-Bretagne. **Le 26 juillet l'état-major allemand presse l'Autriche de refuser** et d'en finir au plus tôt « pour parer au danger de l'immixtion de tierces puissances » : il s'agit de mettre l'Entente devant le fait accompli.

C'est parier que la Russie supportera l'humiliation comme en 1908. Forte du soutien français réaffirmé par Poincaré le 25 juillet, **la Russie décrète une mobilisation partielle (29 juillet) puis totale (30 juillet). L'Allemagne adresse le 31 juillet un double ultimatum** à la Russie (démobilisation) et à la France (demande de gages – les forts stratégiques de Toul et Verdun). **Le 1er juillet Berlin déclare la guerre à la Russie, la France mobilise** malgré le refus britannique de s'engager. Dès lors l'invasion de la Belgique et la déclaration de guerre à la France sont inévitables (3 août). L'Angleterre déclare la guerre (4 août) comme l'y oblige la convention de 1839 garantissant la neutralité belge.

▸ **Cette chronologie pose la question de la responsabilité des différents protagonistes.** L'élément décisif est le soutien inconditionnel apporté par l'Allemagne les 6 et 26 juillet. On parle de « chèque en blanc ». Selon l'historien allemand Fritz Fischer et son équipe, la décision allemande va plus loin : l'état-major dirigé par Moltke et l'Empereur sont persuadés que la guerre est inévitable à court terme et que l'Allemagne doit profiter de sa position favorable avant l'achèvement du réarmement de l'Entente prévu vers 1916-1917. Le risque d'une guerre générale est assumé d'emblée, d'autant que l'Allemagne a le sentiment que « le cercle de la politique de l'Entente s'est constamment refermé sur nous » selon la formule de Jagow (ministre des Affaires étrangères). La logique des blocs joue alors à plein : isolée, encerclée, l'Allemagne a besoin d'une Autriche forte débarrassée du problème serbe afin de faire face à la Russie. Pour Guillaume II comme pour l'état-major autrichien, c'est « maintenant ou jamais ».

Les problèmes techniques jouent également un rôle non négligeable. Dans la perspective d'une guerre courte, la mobilisation est un moment essentiel, mais c'est une opération extrêmement complexe en raison du recours au chemin de fer pour transporter les hommes vers le front : dans le cas français l'*Instruction sur la concentration* de février 1914 prévoit la composition, l'horaire et l'itinéraire de près de 4 500 trains en quarante-huit heures. Cela interdit toute souplesse stratégique durant la première phase des combats et toute suspension du processus une fois qu'il est engagé. La logique militariste prévaut, c'est-à-dire « la prépondérance donnée, au sein du gouvernement, aux préoccupations techniques de la conduite de la guerre, et par conséquent aux exigences des militaires sur les intérêts politiques et la raison d'État » (G. Ritter).

Il devient dès lors difficile de définir les responsabilités. La mobilisation générale russe, rendue problématique par les moyens de transport disponibles, amorce indubitablement une généralisation du conflit. Du côté français l'ambassadeur à Saint-Pétersbourg Paléologue n'aurait pas informé Paris de la décision russe de lancer la mobilisation générale. D'autre part Poincaré et Viviani n'auraient pas cherché à refréner les tentations belliqueuses du Tsar : la France se plaçait ainsi dans une situation impossible, désavouer la Russie et briser l'alliance ou bien accepter la guerre (Poincaré sera attaqué sur ce thème durant les années vingt). Du côté allemand la certitude de vaincre et l'obsession de la rapidité conduisent l'État-major à imposer l'application du plan Schlieffen faute de disposer de solutions de rechange : la mécanique des plans militaires se superpose à celle des alliances.

▸ **Quel est le poids des « forces profondes » ?** Les facteurs économiques n'ont eu qu'une influence secondaire dans le déclenchement de la guerre selon la plupart des historiens ; seuls les historiens marxistes font exception. Les problèmes commerciaux et financiers mis à part, les responsables politiques n'ont qu'une perception limitée des réalités économiques.

La position des milieux d'affaires est plus difficile à cerner. D'une part des négociations financières et bancaires au sujet du *Bagdadbahn* (ligne de chemin de fer reliant Istanbul et Bagdad, construite par un consortium dirigé par la *Dresdner Bank*) reprennent en 1914, après les difficiles années 1912 et 1913, il est de même certain que la *City* est pacifiste. Mais d'autre part de grandes entreprises industrielles patronnent certains groupes de pressions nationalistes. En Allemagne la *Weltpolitik* est appuyée par les grands intérêts économiques (Konzern de la Ruhr, armateurs et banquiers de Hambourg). En France Schneider prend position pour le protectorat français au Maroc et participe activement au réarmement de la Serbie à partir de 1909. Mais peut-on aller au-delà ?

En analysant **les buts de guerre de l'Allemagne** définis le 9 septembre 1914 par le chancelier Bethmann-Hollweg, F. Fischer met en évidence un projet impérialiste dans le droit fil de la *Weltpolitik*. Il dégage trois objectifs :

— l'affaiblissement politique, militaire et économique de la France contrainte de céder la région sidérurgique de Briey-Longwy, Belfort ainsi que la Flandre et de verser une lourde indemnité associée à un traité de commerce léonin ;

— l'hégémonie allemande serait affermie en Europe par la vassalisation de la Belgique et la création d'une *Mitteleuropa* repoussant à la périphérie européenne l'Angleterre, la péninsule Ibérique et la Russie (selon le secrétaire d'État Jagow cette dernière aurait été rejetée vers l'Est par une grande Pologne vassale de Vienne et une chaîne d'états-tampons) ;

— en Afrique le ministre des Colonies, Solz, dessinait une *Mittelafrika* unissant le Congo et les possessions allemandes.

On pourrait en tirer la conclusion que les responsables allemands comptaient sur la guerre pour réaliser un plan préparé de longue main et visant à renforcer la puissance politique et économique du pays. Une telle interprétation est loin d'être acceptée par tous et les thèses de Fischer ont soulevé une intense polémique.

Deux questions restent ouvertes. L'une est théorique : la perspective d'une guerre courte et décisive n'était-elle pas moins intéressante pour les industriels qu'une paix armée caractérisée par une course aux armements effrénée. La seconde question est plus pratique : les responsables politiques se sont-ils préoccupés des questions économiques ou n'ont-ils réagi qu'aux facteurs politiques ? La plupart des historiens penchent pour la seconde hypothèse, l'économie n'intervenant qu'après l'échec de la guerre courte comme l'indique R. Aron : « Les hommes d'État découvrirent trop tard que l'industrie transformait la nature des guerres plus que les occasions de conflits. »

▸ **La course aux armements apparaît comme un facteur majeur de l'instabilité.** Après la reconstitution de l'armée française entre 1872 (service militaire obligatoire) et 1875 (loi augmentant de 25 % le nombre des cadres), l'équilibre bismarckien permet le maintien d'une paix armée malgré l'augmentation de 80 000 hommes de l'armée allemande imposée par Bismarck en 1887 lors de l'affaire Schnaebelé. Le problème est relancé par l'alliance franco-russe et la *Weltpolitik*, il devient crucial après la crise d'Agadir.

La course aux armements se développe sur trois plans :

— **Les effectifs** d'abord car on se prépare à une guerre courte conduite par les armées d'active auxquelles s'ajoutent des réserves particulièrement nombreuses en Allemagne qui doit combattre sur deux fronts. La loi allemande de juillet 1913 augmente les effectifs de 620 000 à 820 000 hommes. La France répond en août 1913 : la loi de Trois ans autorise 750 000 hommes (mais elle compte sur le « rouleau compresseur » russe fort de 1,2 million d'hommes). C'est un effort impopulaire mais indispensable pour compenser l'écart démographique (39 millions contre 68 millions d'Allemands). Ailleurs les effectifs sont limités pour des raisons économiques (Grande-Bretagne, Russie...) ou politiques (Autriche, Italie...).

— Second impératif, **le développement de la puissance de feu** (mitrailleuses et artillerie) et la constitution de stocks ne peuvent être séparés des plans militaires. Le Plan Schlieffen révisé entre 1905 et 1911 prévoyant une avance rapide à travers la Belgique avec l'enveloppement de l'armée française concentrée dans l'Est nécessite une puissante artillerie lourde mobile afin d'écraser les forts belges et de paralyser l'avance française en Alsace-Lorraine. La France prévoit une attaque à l'Est et une progression rapide au secours de la Belgique (Plan XVII de 1912) mais elle manque de moyens financiers (absorbés par la construction des casernements) pour construire une artillerie lourde (jugée peu utile par l'État-major), elle choisit de développer l'artillerie légère et de soutenir l'effort russe.

— **Sur mer** le passage à la chauffe au mazout, l'augmentation du tonnage et de la puissance de feu à partir de 1906 (plan anglais de l'amiral Fischer) accélèrent le renouvellement des flottes : 3 à 4 cuirassés ou croiseurs de 20 000 à 30 000 t par an en Grande-Bretagne et en Allemagne auxquels s'ajoutent les unités d'accompagnement et les sous-marins. Les autres puissances navales ne peuvent pas suivre.

Le renouveau généralisé du nationalisme à partir de 1903-1905 se nourrit de ces déséquilibres. En France, l'amnistie des antidreyfusards en 1905 coïncide avec la crise de Tanger ; le chauvinisme anti-allemand devient un phénomène de masse à partir de 1908. Comme le dit Déroulède « L'Allemagne a réveillé la France » : la crainte d'une agression allemande, l'incident de Saverne en Alsace popularisé par le dessinateur Hansi, l'amalgame entre révolution sociale, socialisme, pacifisme et trahison, tout cela amplifie le mouvement à Paris en particulier. En Allemagne, la ligue pangermaniste *(Alldeutscher Verband)* entretient l'agitation sur le thème de la « place au soleil » et de la peur de l'encerclement que reprend le gouvernement de Bethmann-Hollweg. Cette agitation rend crédible la perspective d'une guerre prochaine qui finit par apparaître inévitable voire souhaitable à partir de 1911-1912. C'est un encouragement à la politique de fermeté.

Trois quarts de siècle après les événements, la question des causes de la guerre reste sensible. Sans la trancher on doit souligner l'importance du changement de politique en Allemagne entre 1890 et 1896, le caractère déstabilisant de la politique française et le poids des réactions nationalistes et patriotiques des opinions.

Approfondir

LECTURES

- Le manuel de R. Girault, *Diplomatie européenne et impérialismes 1871-1914,* Paris, Masson, 1979, 256 p., est l'ouvrage de base. Afin de découvrir ce que sont les relations internationales, on peut partir de J. Huntzinger, *Introduction aux relations internationales,* Paris, Seuil, « Points », 1987, 384 p. C'est un ouvrage de réflexion destiné à ceux qui ont un peu de temps ; ils y trouveront des idées fort utiles.
- Sur l'Allemagne, R. Poidevin, *L'Allemagne et le monde au XXe siècle,* Paris, Masson, 1983, 292 p., analyse en détail les acteurs et les stratégies (p. 17 à 30) et les aspects économiques (chap. 3).
- L'ouvrage de J. Droz, *Les causes de la Première Guerre mondiale,* Paris, Seuil, 1973, 192 p., fait le tour des problèmes : voir le déroulement de la crise (p. 37-42), les thèses marxistes (p. 42 à 51), les thèses de Fischer (p. 71-85), le rôle des classes dirigeantes (p. 167-172).

THÈMES DE RÉFLEXION

- Les Balkans dans les relations internationales depuis 1878.
- Nationalismes et nationalités dans les relations internationales avant 1914.
- La Grande-Bretagne et le monde au début du XXe siècle.
- La politique extérieure de la IIIe République.

Utiliser

L'Europe et le monde en 1914

PRÉSENTATION

Il s'agit d'un tableau classique. Son intérêt est de vous faire réfléchir sur l'ensemble des types de relations que l'Europe entretient avec le reste de la planète. La définition géographique est apparemment simple : les cinq grandes puissances dominent le monde, mais il ne faut pas oublier que la Belgique ou l'Italie possèdent des colonies alors que les Balkans constituent une périphérie dominée. 1914 marque l'apogée de l'Europe mais aussi le début de la Guerre dont le déclin mondial de l'Europe est une des conséquences majeures. Le tableau de la domination européenne sera donc « orienté » vers l'appréciation des rapports de force et des potentialités de chaque coalition ainsi que vers la recherche des prémices du déclin.

En 1914 l'Europe est au centre de l'économie-monde, elle domine les autres continents économiquement, politiquement mais aussi religieusement. Toutefois le rapide déclin qui suit la guerre invite à se demander dans quelle mesure celui-ci n'est pas déjà amorcé. En effet, derrière les multiples formes de sa supériorité, on peut déjà discerner des failles et des contestations.

I. Au terme d'une longue évolution, l'Europe a établi des relations asymétriques avec le reste du monde

1. La domination européenne est d'abord politique et militaire

► **Les empires coloniaux sont pratiquement achevés en 1914 mais il subsiste des problèmes de pacification.** (Il faut ici rappeler l'extension des principaux empires sans oublier de parler de la Russie, la diversité des statuts des territoires coloniaux ; la pacification inachevée au Maroc, en Libye, alors que le Parti du Congrès agite l'Inde.)

► **Armées et flottes européennes s'imposent sur tous les continents et les océans.** Les grandes puissances ont mis en œuvre une politique des « points d'appuis » maritimes permettant le ravitaillement en charbon de leurs navires ce qui leur permet de surveiller les routes maritimes et de lutter contre certains trafics ou bien de faire pression sur certains gouvernements. (Il faut évoquer le *Two Power Stan-*

dard britannique et le partage des rôles consécutif à l'Entente cordiale.) Les armées sont déployées dans les empires et les zones d'influences pour la sécurité des colons. La supériorité militaire reflète la domination technologique sans partage.

2. L'Europe a organisé à son profit les relations économiques et financières avec le reste du monde

► **L'Europe est la première à connaître une quadruple révolution agricole, scientifique et technique, industrielle et une révolution des transports.** Le fossé entre elle et le reste du monde exploité tend à se creuser : la concurrence européenne empêchant le développement des pays dominés (on peut prendre comme exemples la disparition de l'artisanat et l'économie de plantation).

► **Les réseaux économiques convergent vers l'Europe.** L'Europe possède 80 % de la flotte de commerce et peut ainsi contrôler le commerce extérieur des autres États. À partir de Londres rayonnent les réseaux financiers. Les pressions qu'ils exercent sur des pays tiers peuvent être considérables et conduire à une véritable mise en tutelle (Maroc, Chine, Turquie, Égypte...). Ces échanges sont inégaux : l'Europe exporte des produits à forte valeur ajoutée contre des produits bruts et elle décourage fréquemment le développement industriel en pratiquant le dumping ou en imposant le pacte colonial. L'Europe impose aussi ses modes et ses conceptions philosophiques et religieuses auxquelles peu de pays peuvent résister.

► **Par le jeu de ces différents facteurs, la domination européenne prend des formes variées.** (Il s'agit ici de faire apparaître une typologie succincte.) L'Europe s'est partagé l'Afrique mais ne l'exploite que peu. La domination s'exerce parfois sans nuances (expropriation des terres, travail forcé, impôts, service militaire). La Chine et le Proche-Orient font l'objet d'un partage en zones d'influences. Les Britanniques et les Allemands sont fortement implantés commercialement en Amérique du Sud, mais les États-Unis contestent cette mainmise et tendent à étendre la doctrine Monroe à l'ensemble du continent.

Ainsi, la domination de l'Europe apparaît-elle multiforme et universelle. Elle porte pourtant en elle les germes de son propre déclin.

II. La domination européenne est menacée de l'intérieur et de l'extérieur

1. Le partage du monde contribue à la montée des tensions entre les grandes puissances

► **Les rivalités coloniales,** apaisées entre la France, la Grande-Bretagne et la Russie sont un des facteurs de la marche à la guerre entre l'Allemagne et les pays de l'Entente.

► **Les rivalités commerciales restent vives,** malgré la reprise de la croissance économique mondiale depuis 1906. La France et le Royaume-Uni se sentent menacés par la puissance montante de l'Allemagne mais comptent sur leurs empires pour y faire face.

► **Les inégalités de développement transforment une partie de l'Europe en un espace semi-colonial** où se conjuguent et se superposent les intérêts économiques et les données stratégiques (réveil de la poudrière balkanique entre 1908 et 1913).

2. La prééminence du modèle européen commence à susciter des réactions contradictoires d'imitation et de rejet

► **Le modèle européen a été dépassé** par les États-Unis et certains *dominions* britanniques. Il faut rappeler que les États-Unis, première puissance industrielle, se ferment à la pénétration économique et démographique européenne. Ils contestent également le monopole colonial au nom du principe libéral de la « Porte ouverte ». En même temps, certains *dominions* revendiquent une autonomie de plus en plus large.

► **Le modèle européen est imité en même temps que récusé par le Japon, premier pays à s'être libéré de la tutelle occidentale.** Il faut évoquer d'un mot le *Meiji* et rappeler la valeur symbolique de la défaite russe de 1905 : une grande puissance européenne est vaincue par un pays asiatique, les États-Unis s'interposent pour régler la question, ce qui évoque l'émergence de l'aire Pacifique, symboliquement encore !

► **À la veille de la Première Guerre mondiale on observe l'émergence des nationalismes anti-européens.** En Chine la révolution nationaliste de 1911 ; en Inde le Parti du Congrès revendique le *Home Rule* ; autour de la Méditerranée on assiste au début d'un renouveau islamiste à partir de l'Université du Caire, en Algérie les Ulémas sont le ferment des premiers mouvements nationalistes. Toutefois le modèle européen reste dominant : dans de nombreux cas les élites indigènes jugent prématurée une indépendance totale risquant d'interrompre le processus de modernisation (Inde, Turquie).

5

Guerre mondiale, guerre totale

LA PREMIÈRE GUERRE MONDIALE ET SES CONSÉQUENCES

Connaître

Armée. Les armées sont des organismes structurés et hiérarchisés. L'ensemble des forces d'une coalition est divisé en *groupes d'armée* ou en *fronts*. Une *armée* est formée d'un certain nombre de *corps d'armée* qui comportent un nombre variable de *divisions*. La division est l'unité stratégique de base des armées modernes, elle compte de 15 à 20 000 hommes dans l'infanterie suivant les pays et 5 000 à 10 000 hommes dans la cavalerie. En France la division comprend deux *brigades* groupant deux *régiments,* celui-ci est l'unité tactique de base. Le régiment se subdivise en bataillons, compagnies ou pelotons, sections et escouades.

Armistice. C'est une convention militaire et diplomatique conclue entre les belligérants afin de fixer les conditions de la cessation, en principe définitive, des hostilités. L'armistice n'est pas la paix, même s'il la prépare.

Cessez-le-feu. Accord militaire opérationnel, général ou local, pour interrompre les opérations en cours ; chaque camp maintient ses positions et peut se renforcer. Cet accord n'a aucune valeur juridique.

Contrôle postal. Dès le début de 1915 le Grand Quartier général français a organisé une commission chargée de lire le courrier des soldats afin de dépister les indiscrets mais surtout de produire des rapports sur l'état du moral. À l'arrière les Renseignements généraux (police) et les préfets sont chargés de telles études avec des méthodes différentes.

Prisonniers de guerre. La convention internationale de La Haye (1907) définit un statut de prisonnier de guerre imposant des conditions d'internement respectant la santé et la dignité des hommes ; les visites de la Croix-Rouge, l'envoi de colis et de courrier sont prévus ; des limites sont posées à la rigueur de la discipline des camps ; la convention autorise le travail des soldats (pas des officiers) sauf dans l'industrie de guerre.

La Grande Guerre cumule des caractéristiques impensables pour des contemporains. C'est une guerre longue, totale et mondiale alors que les responsables comme les citoyens s'attendaient à une guerre de quelques semaines culminant dans une ou deux batailles décisives comme à Sadowa en 1866 ou à Sedan en 1870. Ensuite un congrès européen, un siècle après celui de Vienne, instaurerait un nouvel ordre européen négocié entre les puissances. Ces illusions survivent plusieurs années malgré la prolongation des combats. À l'*Avant*, l'équilibre de départ, paradoxalement consolidé par les échecs de l'été 1914, devient inébranlable ; la guerre se joue alors à l'*Arrière* sur le front économique et social : l'Europe dans son ensemble, y compris les neutres, doit engager toutes ses forces et finalement faire appel au reste du monde.

I. L'équilibre des forces militaires prolonge la guerre

1. Les opérations de l'été 1914 déjouent les prévisions

► **Au début du conflit les forces en présence sont comparables.** Le tableau ci-contre fait apparaître un net avantage démographique pour l'Entente, mais cet atout est surtout valable à long terme ; dans l'immédiat il est contrebalancé par la division géographique et stratégique de l'Entente. Mais il n'y a pas de fossé entre les deux coalitions.

► **Dans tous les pays l'unité nationale se reconstitue.**

L'Internationale socialiste est prise au dépourvu par la crise de juillet : elle se contente de convoquer un congrès à Paris pour le 9 août, mais elle est devancée par le « réflexe patriotique » qui l'emporte dans les classes ouvrières européennes. En France et en Grande-Bretagne on parle de l'**Union sacrée,** en Allemagne de *Burgfriede.* Une trêve sociale et politique s'installe, les gouvernements et les parlements laissent le champ libre aux militaires après avoir voté les crédits de guerre.

Cette unité retrouvée ne doit pas être confondue avec une exaltation nationaliste généralisée. L'imagerie des « trains de plaisir pour Berlin » et du départ la « fleur au fusil », valable dans certains milieux des capitales, n'a guère d'écho ailleurs. Les ruraux abandonnent, souvent à regret, des récoltes inachevées et espèrent « revenir pour les vendanges ». Dans les villes, le départ du mari laisse fréquemment l'épouse sans ressources ; les usines s'arrêtent et ceux qui restent se retrouvent au chômage. Partout les désertions sont insignifiantes alors que les responsables français en attendaient 10 %.

Dans les empires, les nationalités épousent dans l'ensemble la cause de l'État auquel elles sont attachées, chacun espérant des compensations en échange de cette bonne volonté : les nationalistes polonais de la partie russe sont germanophobes et se laissent séduire par le programme de réunification et d'autonomie proclamé par le Grand-duc Nicolas le 14 août ; inversement, les Polonais et les Tchèques de l'empire austro-hongrois redoutent l'autocratie tsariste et font connaître leur loyalisme.

L'équilibre des forces en 1914

	Empires centraux		*Pays de l'Entente*	
Population (millions)	116		256	
Effectifs militaires (divisions)	Allemagne :	96	France :	82
	Autriche :	60	Belgique :	6
			Grande-Bretagne :	5
			Russie :	75
			Serbie :	11
Canons	550		300	
Mitrailleuses	2 450		2 200	
Aviation	174		240	
Navires de bataille	55		125	

L'atout démographique dont dispose l'Entente en 1914 ne doit pas être surévalué : les masses russes sont très difficiles à mobiliser (sur un total théorique de 150 divisions l'armée russe n'en aligne que 75 à la fin août 1914). La France qui supporte presque seule les combats de 1914 et 1915 a pratiquement mis en ligne toutes ses réserves dès le début et connaît des difficultés permanentes d'effectifs, ce qui n'incite pourtant pas le commandement à ménager le sang des hommes. Le principal point faible de l'armement de l'Entente est l'artillerie lourde alors qu'elle dispose d'emblée d'une nette supériorité navale.

► **L'échec de la guerre courte se joue en trois temps d'août à novembre 1914.** Les opérations débutent le 28 juillet 1914 par le bombardement de Belgrade, mais la guerre européenne ne s'engage réellement qu'entre le 30 juillet et le 3 août avec la mobilisation des armées des grandes puissances.

Sur le front ouest, l'infanterie française est immobilisée dès les premières heures devant les fortifications de Metz puis repoussée jusqu'au nord de Nancy où elle enraye difficilement l'avance allemande à la **bataille du Grand-Couronné (23 août).** Conformément au Plan Schlieffen, l'armée allemande détruit les forts de Liège le 3 août et entreprend une vaste manœuvre d'enveloppement par l'ouest : les forces françaises accourues au-devant des Allemands sont vaincues à **Mons et Charleroi (21-23 août)** et reculent pendant trois semaines sans perdre leur cohésion, ce qui est remarquable.

Le front se trouve sur la Marne, lorsque le 2 septembre Moltke décide brusquement de faire pivoter ses troupes vers le sud-est pour « pousser les Français loin de Paris », par indiscipline, Klück qui commande l'aile droite allemande poursuit sa route : le flanc ouest du dispositif allemand se trouve alors exposé à une contre-attaque venant de Paris.

La guerre de 1914-1918

	Événements politiques	Événements militaires	
		Fronts français et italien	Fronts russe et oriental
1914	28 juin : attentat de Sarajevo		
	28 juillet : déclaration de guerre de l'Autriche-Hongrie	3 août : invasion de la Belgique 6-13 septembre : bataille de la Marne Octobre-novembre : « Course à la mer »	26-30 août : Victoire d'Hindenburg à Tannenberg
1915			Février-avril : expédition des Dardanelles
	26 avril : traité de Londres entre l'Italie et l'Entente 23 mai : l'Italie en guerre	Mai : torpillage du *Lusitania* Mai-juin : offensives d'Artois	Juin-août : Défaites russes en Galicie et en Pologne
	Septembre : la Bulgarie s'allie aux empires centraux	Septembre-octobre : offensive en Champagne	Décembre : défaite de la Serbie
1916		21 février : début de la bataille de Verdun 31 mai : bataille du Jutland	Juin-août : offensive autrichienne en Roumanie
	Août : entrée en guerre de la Roumanie	Juillet-octobre : bataille de la Somme	
1917	8-15 mars : Révolution russe de février	Février : l'Allemagne lance la guerre sous-marine	
	6 avril : entrée en guerre des États-Unis	Avril-mai : échec des offensives de Nivelle Mai-juin : mutineries dans l'armée française	Juin : les soldats russes refusent de reprendre l'offensive
	Octobre : échec des négociations secrètes	27 octobre : défaite italienne de Caporetto	15 décembre : armistice de Brest-Litovsk
1918	8 janvier : les « 14 points » du président Wilson	Foch généralissime Mars-juillet : offensives allemandes en Picardie	3 mars : traité de Brest-Litovsk
		Juillet-novembre : offensives de l'Entente	24 octobre : L'Autriche battue à Vittorio-Veneto 3 novembre : armistice autrichien.
		11 novembre : armistice.	

Bien conseillé par Gallieni et Foch, Joffre exploite la situation : dans un ordre du jour célèbre il donne l'ordre à l'armée française de résister sur place ou de périr. **La bataille de la Marne s'engage le 5 septembre :** les dix divisions de Maunoury concentrées à l'est de Paris attaquent Klück au nord de la Marne ; pour se protéger celui-ci recule laissant la IIe armée allemande (Bülow) isolée face à Foch dans les marais de Saint-Gond. Avec le renfort de la garnison de Paris transportée dans toute sorte de véhicules dont les fameux « taxis », Foch attaque le 7 septembre. Menacé d'encerclement Moltke doit ordonner la retraite le 9 septembre. La poursuite s'arrête le 12 septembre sur l'Aisne : le Plan Schlieffen a échoué et Moltke cède la place à Falkenhayn.

La campagne de 1914 s'achève en octobre et novembre par **une course à la mer du Nord.** Le front se stabilise sur l'Yser, ce qui permet à l'Entente de protéger les ports du Pas-de-Calais et les liaisons entre la France et la Grande-Bretagne. Faute de mieux les troupes s'enterrent alors pour passer l'hiver. Dans les deux camps on construit un double réseau de fortifications pratiquement inexpugnables (plusieurs lignes parallèles de tranchées sinueuses de 2,5 m de profondeur en moyenne sont reliées par des boyaux et protégées par des nappes de barbelés, des champs de mines et des nids de mitrailleuses, l'artillerie et les cantonnements se développant encore sur plusieurs kilomètres en arrière).

En Europe orientale, la Russie a attaqué dès le 15 août, obligeant Moltke à dégarnir le front français, mais Hindenburg brise cet élan le 27 août à **Tannenberg** puis le 10 septembre en **Mazurie.** En revanche l'armée austro-hongroise est bousculée dans les Carpathes et en Serbie où Belgrade est reprise.

L'année 1914 se termine à l'avantage des empires centraux qui occupent des régions industrielles vitales en France et en Belgique (près de 50 % du potentiel sidérurgique français est perdu !). L'échec des plans stratégiques dont on attendait la victoire ne met pas fin aux illusions d'une guerre courte : on se convainc qu'elle sera gagnée dans les six mois à venir ! En attendant l'action diplomatique reprend ses droits.

2. Le conflit s'étend et s'enlise en 1915 et 1916

▸ **Les efforts diplomatiques pour élargir le conflit ont commencé dès les premières semaines du combat :** les belligérants s'intéressent aux neutres que l'on avait négligés dans la perspective d'une guerre courte, ceux-ci décident de s'engager dans un camp afin de participer au règlement final dans de bonnes conditions.

La Turquie entre en guerre le 1er novembre 1914 aux côtés de l'Allemagne : une victoire austro-allemande lui permettrait d'éloigner la menace russe sur les détroits et de secouer la tutelle financière franco-britannique. Dans l'immédiat, la fermeture des détroits paralyse l'approvisionnement de la Russie et fait peser une menace sur le canal de Suez.

L'entrée en guerre de l'Italie constitue l'enjeu principal de la diplomatie de guerre. Pour le premier ministre Salandra, la neutralité proclamée dès le 2 août 1914 doit « être payante » et permettre à l'Italie d'obtenir les terres irrédentes et la côte Adriatique. L'Entente, disposant de territoires qui ne lui appartiennent pas, se montre plus généreuse que l'Autriche : le **traité de Londres du 26 avril 1915** satisfait toutes les revendications italiennes et promet en outre des compensations en cas de partage de l'Empire ottoman. Cette transaction ne fait pas l'unanimité en Italie : le Parlement représentant les campagnes et la bourgeoisie conservatrice paraît se contenter de l'offre autrichienne de céder le Trentin afin d'éviter la guerre. Cependant une puissante campagne d'opinion dans laquelle se distingue Mussolini pousse à l'intervention *(maggio radioso)* : **l'Italie entre en guerre le 20 mai 1915.**

Dans l'immédiat l'équilibre des forces ne s'en trouve pas bouleversé : les 37 divisions italiennes mal équipées et mal commandées sont contenues par 8 divisions autrichiennes sur l'Isonzo.

Les pays balkaniques cherchent à obtenir les meilleures compensations avec l'espoir de résoudre les problèmes restés en suspens depuis les guerres de 1912-1913. **La Bulgarie** choisit les empires centraux en septembre 1915. **La Roumanie** réclame la Transylvanie hongroise pour prix de son engagement du côté de l'Entente en septembre 1916. **Les Grecs** qui revendiquent la Crête et la Thrace déclarent la guerre aux empires centraux en juin 1917 après deux années de relations tendues avec les troupes alliées installées à Salonique depuis l'échec des Dardanelles en 1915 : le premier ministre nationaliste Venizelos soutient les alliés contre le roi Constantin favorable à son oncle Guillaume II.

Dans le reste du monde, le Japon allié de l'Angleterre depuis 1902, s'empare le 23 août des intérêts allemands en Chine et dans le Pacifique mais refuse d'intervenir en Europe ; **en Afrique** de difficiles et obscurs combats opposent les troupes coloniales de l'Entente et celles de l'Allemagne durant toute la guerre.

► Sur les principaux fronts la Duplice conserve l'initiative en 1915 et 1916.

Durant l'année 1915 la guerre se développe sur le front oriental. À l'Ouest, l'échec des offensives françaises sur l'Artois (mai) et en Champagne (septembre) où Joffre incapable de percer doit se contenter de « grignoter » les Allemands permet à Falkenhayn de faire porter son effort sur la Russie, maillon faible de l'Entente. Entre le 2 mai et la fin octobre les Russes reculent de 150 km et perdent la moitié de leurs hommes et de leur armement ; l'objectif stratégique de Falkenhayn n'est cependant pas atteint car la Russie parvient à stabiliser le front et se maintient dans le conflit.

Dans les Balkans, W. Churchill (premier lord de l'Amirauté britannique) propose de forcer le détroit turc **des Dardanelles** pour secourir la Russie et protéger la Méditerranée orientale. Le retard dû au refus initial du secrétaire d'État à la Guerre, Kitchener, permet aux Turcs de fortifier les détroits. **Le 18 mars 1915,** la tentative navale pour forcer les Dardanelles est un fiasco (7 cuirassés coulés ou mis hors de combat !). Le 25 avril, 350 000 hommes sont néanmoins débarqués à l'extrémité de la presqu'île de Gallipoli d'où ils ne peuvent sortir. Le corps expéditionnaire décimé par les maladies se replie en octobre vers Salonique en Grèce. L'opération a coûté 180 000 hommes (contre 70 000 pour la Turquie) sans autre résultat que la démission de Churchill.

1916 est « l'année de Verdun ». Falkenhayn choisit ce verrou stratégique sur la route de Paris pour « saigner à blanc » l'armée française grâce à l'artillerie et aux gaz, dans une gigantesque bataille d'usure dans laquelle l'infanterie allemande serait peu engagée. C'est un échec.

La bataille de Verdun commence par deux offensives allemandes entre le 21 février et le 23 juin ; les forts périphériques comme Douaumont tombent, mais Pétain organise la résistance par une rotation rapide des effectifs, un approvisionnement régulier grâce aux camions de la *Voie Sacrée* qui relie Bar-le-Duc à Verdun et un usage tout aussi massif de l'artillerie et des gaz. Fin juin l'offensive franco-anglaise sur la Somme oblige Falkenhayn à reconnaître son échec : le bilan est « équilibré » (240 000 morts allemands contre 275 000 pour l'Entente). Les états-majors sont renouvelés : en octobre Hindenburg et Ludendorff remplacent Falkenhayn, peu après, Nivelle qui a reconquis le terrain perdu à Verdun remplace Joffre (16 décembre 1916).

3. « Année terrible », 1917 est celle de la rupture de l'équilibre stratégique

► **Dans un premier temps la Duplice semble marquer des points.** Les stratèges allemands sont conscients que le temps joue contre les Puissances centrales dont les ressources s'épuisent. La *Kriegsmarine* remporte **la bataille navale du Jutland** (1er juin 1916) mais faute d'une supériorité assez marquée, elle se replie à Kiel abandonnant la maîtrise des mers à l'Entente. L'Allemagne cherche dès lors à contraindre les Britanniques à cesser le combat en coupant les routes océaniques grâce à ses 106 sous-marins qui ont prouvé leur efficacité en coulant le *Lusitania* en 1915. L'Amirauté allemande pense conclure en six mois et assume le risque d'une intervention américaine car les États-Unis n'ont pas d'armée permanente. L'Allemagne engage donc la guerre sous-marine à outrance le 1er février 1917.

Les résultats dépassent les prévisions : 550 000 t coulées en février, 875 000 t en avril. Mais l'entrée en guerre des États-Unis permet l'organisation de convois escortés : dès septembre le danger est surmonté, toutefois les approvisionnements resteront un grave problème pour l'Entente jusqu'à la fin. Au total 11 millions de tonnes auront été coulées (soit près d'un tiers du tonnage mondial de 1913).

La défection de la Russie à la suite des révolutions de février et octobre 1917 fournit à la Duplice un avantage plus significatif. Les proclamations pacifistes du Soviet le 19 mars font comprendre à l'Entente que la Russie est un allié perdu. La signature de l'**armistice de Brest-Litovsk le 15 décembre** permet d'accélérer le transfert des troupes allemandes vers l'ouest où elles disposent pour quelques mois d'un avantage numérique significatif.

► **L'intervention américaine ne rétablit pas l'équilibre immédiatement.** Les États-Unis ont rompu avec Berlin dès le 3 février 1917. Wilson espérait que, comme en 1915 au moment du torpillage du *Lusitania*, cela suffirait à retenir l'Allemagne, les Allemands qui savent bien que les États-Unis ne sont pas prêts, ne reculent pas. Cependant l'opinion américaine évolue rapidement : le blocus menace l'économie des régions industrielles du Nord-Est et les régions agricoles du Middle West et du Sud cotonnier ; ensuite, la publication le 1er mars du « télégramme Zimmermann » proposant au Mexique la restitution des territoires perdus au XIXe siècle en cas d'alliance avec l'Allemagne irrite les Américains restés fidèles à la « doctrine Monroe ». Finalement, le torpillage du cargo américain *Vigilentia*, le

La première guerre mondiale en Europe

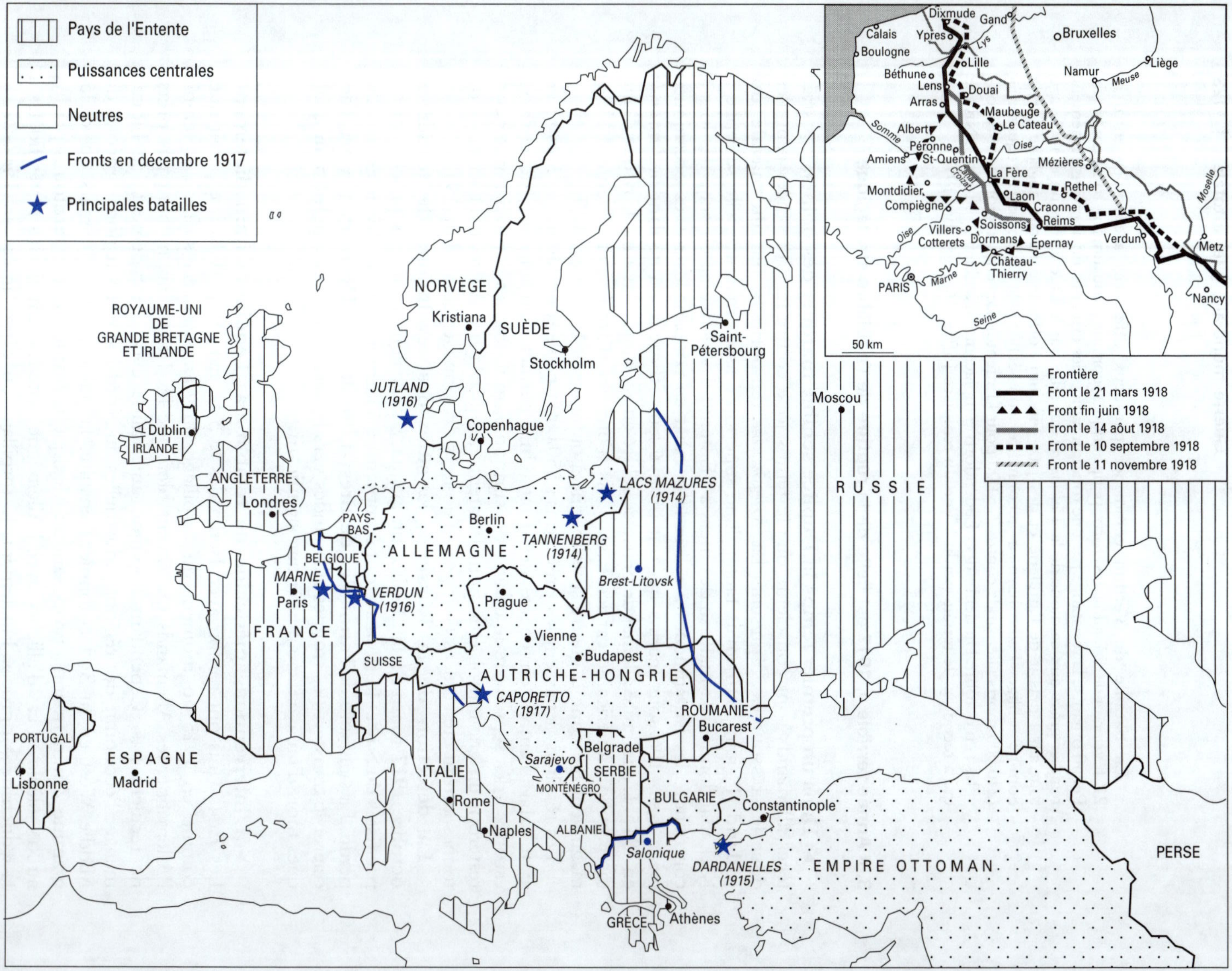

19 mars, scelle l'unité nationale. Refusant une alliance formelle avec l'Entente, les États-Unis *s'associent* à la guerre le 6 avril 1917. Ils accordent immédiatement des facilités financières bienvenues mais ne peuvent intervenir militairement avant le printemps 1918.

▸ **Pour l'Entente il faut « tenir » jusqu'à l'arrivée des Américains malgré la grave crise au printemps 1917.**

Les mutineries marquent le printemps 1917. Les offensives préparées par Nivelle ont échoué en quelques heures le 9 avril sur le Chemin des Dames, entre Laon et Reims. Après les hécatombes de 1915 et 1916 cette nouvelle déception suscite des mutineries dans la moitié des régiments entre le 17 avril et le 10 juin. Les hommes font la « grève de l'attaque » et refusent de monter en ligne. On croit à une contagion révolutionnaire mais la rareté des violences contre les officiers, celle des fraternisations avec l'ennemi et des slogans révolutionnaires démentent cette idée. Pétain, nommé général en chef, met fin au mouvement en annonçant la suspension des assauts et en améliorant les conditions de vie des soldats (nourriture, permissions régulières...). Il procède ensuite à une répression relativement limitée : sur 45 000 dossiers et 3 500 condamnations (dont 550 peines capitales) il y a 49 exécutions, ce qu'il faut comparer aux 20 à 25 condamnations mensuelles pour actes individuels d'indiscipline. Néanmoins ces exécutions devant les troupes « pour l'exemple » marquent durablement les citoyens-soldats qui exigeront la réhabilitation des fusillés et la révision du code de justice militaire dans les années vingt. Ces mutineries ne touchent pas que l'armée française : le cas le plus grave concerne bien entendu la Russie, mais quelques incidents affectent l'Allemagne.

À l'arrière la guerre sous-marine obère une situation déjà difficile. L'inflation et les difficultés d'approvisionnement amènent la multiplication des grèves de protestation, souvent brèves mais inquiétantes néanmoins : la trêve sociale et politique est usée. En France la dégradation des relations entre le Parlement et le Grand Quartier Général ramène l'instabilité ministérielle (4 ministères en dix mois) et la fin de l'Union sacrée. En Allemagne la gauche et le centre manifestent leur hostilité croissante à la guerre.

La lassitude qui affecte tous les belligérants suscite une montée d'un courant pacifiste multiforme. À gauche, l'Internationale sort du silence imposé par l'Union sacrée.

Deux conférences internationales se tiennent à **Zimmerwald** (1915) et à **Kienthal** (1916) à l'initiative des socialistes suisses. Deux tendances se dégagent : la « droite zimmerwaldienne » refuse d'appeler à la révolution et considère que le prolétariat doit faire pression sur les gouvernements en vue d'une paix blanche fondée sur le principe des nationalités ; la « gauche zimmerwaldienne » sous la conduite de Lénine estime qu'il faut créer une nouvelle Internationale afin de préparer la révolution européenne préalable à une paix définitive. Ces débats suscitent des tensions au sein de la SFIO où les partisans de l'Union sacrée n'obtiennent que 54 % des voix au congrès de décembre 1916, ce qui les pousse à quitter le gouvernement malgré le regret des ministres socialistes comme A. Thomas. En Allemagne un groupe de socialistes *indépendants* (USPD) créé à la gauche du SPD se rapproche des révolutionnaires spartakistes. En Angleterre les travaillistes indépendants (MacDonald) s'opposent au reste du Parti.

Les socialistes ne sont pas les seuls à se montrer sensibles au thème de la paix blanche.

Des négociations secrètes sont amorcées durant l'été 1917. Malgré les efforts déployés par Benoît XV en août 1917 et par Wilson qui pratique depuis 1915 une neutralité active en protestant contre le blocus franco-anglais et la guerre sous-marine allemande en 1915 et 1916, aucun gouvernement n'est prêt à faire les concessions nécessaires pour une paix blanche. De même, les discussions secrètes entamées par l'empereur Charles Ier d'Autriche avec la France échouent au printemps 1917 sur les trois points essentiels : la Belgique, l'Alsace-Lorraine et les terres irrédentes.

► **La reprise en main prend la forme d'une fuite en avant politique et militaire. La guerre change de nature et devient une « guerre intégrale »** (Clemenceau). Des gouvernements autoritaires s'installent pour faire face à la crise morale et sociale. En juillet 1917 l'état-major allemand impose une dictature de fait à Guillaume II. Lloyd George à Londres, Clemenceau en France et l'Italien Orlando arrivent au pouvoir durant l'automne 1917 avec la guerre pour but unique. L'aide économique américaine jointe à la répression de l'agitation socialiste permet de redresser la situation à la fin de l'année. Cependant les deux camps sont conscients que la guerre doit s'achever rapidement sous peine d'une explosion révolutionnaire. On s'oriente alors vers la recherche d'une reddition inconditionnelle de l'autre camp suivie d'une paix dictée.

4. Le sort de la guerre reste en balance jusqu'en juillet 1918

► **Ludendorff conserve l'initiative stratégique jusqu'en juillet 1918.** Le désordre régnant en Russie ayant permis de renforcer l'armée autrichienne d'Italie avec 8 divisions allemandes, la bataille de **Caporetto (24 octobre 1917)** tourne au désastre pour les Italiens qui perdent 300 000 hommes, 3 000 canons et reculent de 140 km. Le front est difficilement stabilisé sur la Piave grâce aux renforts franco-anglais. Aux yeux de tous la preuve est cependant faite que l'on peut percer le front.

Avec 192 divisions (20 de plus que l'Entente) et une puissante artillerie, Ludendorff dispose enfin d'un avantage significatif jusqu'à l'arrivée massive des Américains en juillet. Quatre attaques successives du 21 mars au 15 juillet ont pour but d'ébranler l'adversaire. À deux reprises la percée est obtenue, les Alliés doivent reculer de 50 à 60 km. Les Allemands sont arrêtés de justesse devant Amiens et sur la Marne. Mais ils ont épuisé leurs réserves, pour eux l'heure de la victoire est passée.

► **L'arrivée des Américains et des chars rend l'initiative à Foch.** Nommé généralissime interallié le 26 mars 1918 après six mois de tergiversations, Foch donne aux forces de l'Entente la cohésion qui leur manquait. L'échec de l'offensive allemande de juillet lui permet de contre-attaquer le 8 août avec un succès inattendu : l'Allemagne perd d'un seul coup tout le terrain gagné au printemps, « c'est un jour de deuil pour l'armée allemande » annonce Ludendorff qui sait la victoire impossible mais résiste dans l'espoir d'user les Alliés et d'obtenir une paix de compromis. Foch attaque à nouveau simultanément le 25 et le 28 septembre en Argonne, en Picardie et en Flandre mais l'armée allemande qui maintient jusqu'au bout sa cohésion recule pied à pied, détruisant au passage toutes les infrastructures. Sur les autres fronts, les alliés de l'Allemagne cèdent et signent des armistices séparés à la fin septembre.

La Bulgarie, vaincue par l'armée de Salonnique commandée par Franchet d'Esperey, signe un armistice le 26 septembre. La Hongrie et la Turquie sont alors exposées à une attaque. **Les troupes turques,** chassées de Syrie par les Anglais du général Allenby, acceptent l'armistice de Moudros (30 octobre 1918). **L'Empire austro-hongrois** secoué par l'insurrection des nationalités slaves que l'Entente encourage est vaincu par l'Italie à Vittorio Veneto. L'armistice de Villa Giusti signé le 3 novembre prévoit la dissolution de l'armée autrichienne, la livraison du matériel militaire et un droit de passage pour les armées alliées. La disparition de l'Empire austro-hongrois entraîne celle de l'Empire allemand.

▸ **En Allemagne le pouvoir se décompose :** à la fin de septembre, les militaires qui refusent d'assumer la défaite cherchent à imposer une demande d'armistice immédiate. Wilson sollicité par le nouveau chancelier Max de Bade le 4 octobre exige l'instauration d'un gouvernement démocratique comme prélude à une capitulation sans condition. Faisant volte-face, Ludendorff rejette publiquement un tel armistice et est remercié le 26 octobre. Le 3 novembre la base navale de Kiel se mutine, la révolution populaire atteint Munich et Berlin le 9 novembre. Max de Bade obtient alors l'abdication de Guillaume II et du *Kronprinz* puis offre le pouvoir au socialiste Ebert qu'il juge seul capable d'empêcher une révolution bolchevik. L'armée crie au coup d'État et à la trahison mais accepte l'armistice.

L'armistice du 11 novembre 1918 est signé par Erzberger, président du Centre catholique. Il interdit toute reprise des combats et préfigure les traités de paix : l'Allemagne livre son armement lourd et sa flotte de guerre est internée en Ecosse ; l'armée allemande doit réintégrer ses frontières et être démobilisée ; la rive gauche du Rhin ainsi que Mayence, Coblence et Cologne sur la rive droite sont occupées par les alliés. L'Alsace-Lorraine revient immédiatement à la France sans plébiscite ; le traité de Brest-Litovsk est annulé ; l'on inscrit le principe des réparations dans l'armistice.

II. La première guerre économique totale

Dans la perspective d'une guerre de quelques semaines, on s'était accommodé de préparatifs élémentaires et d'une interruption provisoire de la vie économique. À l'automne 1914, il faut déchanter : les économies entrent dans une longue phase d'ajustement pour suivre l'évolution des stratégies et des armements. L'année 1917 est celle du passage à une situation sans précédent, la guerre totale.

1. L'entrée en guerre constitue une césure majeure pour l'économie libérale mondiale

► **La vie économique mondiale est paralysée en quelques jours.**

Les seuls préparatifs réalisés sont financiers. Depuis la crise d'Agadir on accumule des réserves de change et l'on prépare des mesures conservatoires en cas de conflit : cours forcé des billets (suspension de la convertibilité en or des billets à l'intérieur), embargo sur les exportations d'or, fermeture des bourses sont mis en œuvre dès le 31 juillet. Quelques mesures sociales sont prévues (moratoire sur les loyers et les dettes). Pour financer la guerre les banques centrales accordent des avances exceptionnelles aux gouvernements (2,5 milliards en France alors que la guerre coûtera cinquante fois plus !) et des bons du Trésor à court terme sont lancés auprès des banques et du public. Ces mesures conçues pour durer quelques mois marquent en fait la fin de la « Belle Époque » de l'étalon-or et de la stabilité monétaire.

La mobilisation interrompt les échanges. En France les transports ferroviaires civils sont suspendus jusqu'au 19 août, partout ils restent limités et difficiles jusqu'à la fin de la guerre. **La désorganisation des échanges internationaux** est plus lourde de conséquences en raison de la dépendance de chaque belligérant à l'égard de l'extérieur. En ce qui concerne les matières premières et les produits agricoles, cette dépendance est selon Henri Morsel de 58 % pour l'Allemagne, de 60 % et 81 % pour la France et la Grande-Bretagne. L'Allemagne paraît dans la situation la moins confortable : la plus grande partie de ses importations viennent des pays de l'Entente (50 % du blé vient de Russie) et le blocus maritime, effectif dès 1914, prive le Reich de ses fournitures de matières premières. Le commerce des pays neutres est rendu plus difficile par les contrôles alliés, la hausse du fret et des assurances en raison des risques.

Les usines ferment faute de main-d'œuvre, de moyens de transport, de crédit et de matières premières : privées de coton et des teintures allemandes 90 % des usines textiles de Manchester cessent de fonctionner. En France, la situation est aggravée par la perte du Nord et de la Lorraine (soit près de 75 % du charbon, 60 % de la sidérurgie et 50 % du textile français). Le taux de chômage fait un bond : en France, il passe de 4,5 % de la population active en juillet à 43 % en août et en Allemagne de 3 % à 22 %.

► **En s'éternisant la guerre devient une guerre industrielle et technologique.** Les stocks de matières premières et de munitions s'épuisent dès la mi-octobre alors que de nouveaux besoins apparaissent. Il faut équiper des effectifs supplémentaires (notamment les armées britannique et américaine créées de toutes pièces), il faut développer des matériels plus adaptés à une guerre de position : des uniformes moins voyants protégeant les hommes des intempéries et des nouveaux risques (casques d'acier, masques à gaz).

> **Sauf dans l'aviation, la guerre n'engendre pas de révolution technique** mais un perfectionnement continu. En revanche il faut produire des mitrailleuses, des mines et des millions de kilomètres de fil barbelé pour protéger l'approche des tranchées. Il faut multiplier les pièces d'artillerie : la France dispose de 3 000 pièces en 1914, elle en a

10 000 dont 65 % de gros calibre en 1918 ; l'Allemagne part de 5 000 pièces pour parvenir à 29 000. La guerre pousse à la massification de la production. **L'aviation, les gaz de combat et les chars** mettent à l'épreuve les capacités d'invention industrielle des belligérants. L'aviation, balbutiante en 1914, devient une arme à part entière : il existait 650 avions de combat en 1914, on en produit 200 000 durant le conflit. **Sur mer** les grosses unités ont peu servi mais l'Allemagne a construit 344 sous-marins en cinq ans, l'Entente répond en multipliant les navires d'escorte et de transport (13 millions de tonneaux en quatre ans soit le quart de la flotte mondiale d'avant guerre).

L'intendance négligée jusque-là devient une arme décisive. La mobilisation porte à son apogée le rôle des chemins de fer en Europe mais révèle aussi leurs limites : infrastructures fixes, ils sont vulnérables et leur entretien mobilise beaucoup trop de personnel. La Première Guerre mondiale voit donc l'émergence de l'automobile et les premières réflexions contemporaines sur la logistique.

2. L'improvisation domine jusqu'en 1917

▸ **Le problème de l'emploi est prioritaire,** en France pour une population active de 18 millions près de 8 millions d'hommes sont mobilisés au milieu de 1915 ; on manque également de personnel pour encadrer les nouveaux travailleurs sans formation. Le rappel des ouvriers qualifiés indispensables est organisé par la loi Dalbiez en France (juillet 1915) ; l'Allemagne institue un « service auxiliaire obligatoire » de 17 à 60 ans (décembre 1916). Comme cela ne suffit pas il faut recourir à de nouvelles catégories de travailleurs.

Les femmes constituent la principale réserve de main-d'œuvre. Leur part dans la main-d'œuvre industrielle augmente d'un tiers en moyenne (elle atteint 15 % en France, 35 % en Allemagne et en Grande-Bretagne). Elles jouent un rôle décisif (mais non comptabilisé) dans l'agriculture et le tertiaire où elles investissent définitivement les Postes et l'enseignement primaire.

Les étrangers fournissent le complément. L'Allemagne réquisitionne environ 100 000 travailleurs belges et polonais, la France et la Grande-Bretagne puisent dans leurs empires. Enfin et conformément à la Convention de La Haye de 1907, les prisonniers de guerre sont employés pour l'essentiel dans l'agriculture : principalement concernés, les empires centraux disposent ainsi de 2 millions de travailleurs supplémentaires.

Dans l'ensemble les belligérants ont réussi à maintenir leur populations active à un niveau équivalent à celui de 1914, ce qui annonce certaines difficultés au moment de la démobilisation, les anciens combattants n'étant pas toujours certains de retrouver leur place malgré les promesses et les lois, en Italie notamment.

▸ **La guerre plonge en effet les belligérants dans une économie de pénurie qui nécessite des choix difficiles et une productivité accrue.** Dans les deux camps l'État a été requis de résoudre les problèmes d'organisation de la production et d'allocation des ressources afin d'assurer l'approvisionnement des armées et de la population, mais rien ne l'a préparé à diriger une économie de guerre.

L'Allemagne réagit dès le 8 août 1914. Sous l'impulsion de Walter Rathenau (président de AEG), un office des matières premières est chargé de réquisitionner et répartir les stocks disponibles ainsi que les commandes entre les entreprises regroupées au sein de « sociétés de guerre ». Le rationnement est institué progressivement : en octobre 1914 le prix du grain est taxé ; en 1915 les municipalités sont chargées de la répartition des denrées. Les résultats sont inégaux : alors que la production industrielle de base augmente de 10 % entre 1914 et 1916, la consommation connaît une régression rapide dès la fin de 1916, lorsque se conjuguent de mauvaises récoltes et les effets du blocus allié.

L'Entente semble hésiter à s'engager sur la même voie. En juillet 1915 l'industrie française ne tourne encore qu'à 30 % de ses capacités de 1913. Des lois autorisant la réquisition et la taxation des denrées (charbon, blé, farine...) sont votées en octobre 1915 et avril 1916 mais le gouvernement hésite à les employer de peur d'ébranler le moral de la population au moment de Verdun. Dans le domaine de la production, l'État pousse les syndicats professionnels à créer des ententes de producteurs, mais il se heurte au conservatisme du patronat et aux pesanteurs administratives. L'évolution est analogue au Royaume-Uni. En fait l'Entente, maîtresse des mers, s'approvisionne en Amérique et les traditions libérales cèdent donc plus difficilement.

3. Le passage à la guerre économique totale et mondiale intervient en 1917

► **Des difficultés commencent à se manifester au début de 1917** révélant l'insuffisance des solutions antérieures. Le renforcement du blocus et celui de la guerre sous-marine rendent plus difficile l'approvisionnement, la production plafonne et l'inflation relativement contenue jusque-là s'amplifie brutalement (en France les prix à la consommation doublent entre avril et juillet 1917, alors que les salaires ouvriers n'augmentent que de 25 %). La situation est pire en Allemagne et en Italie. L'ostentation de certains profiteurs de guerre, grands industriels comme Renault ou Stinnes, et surtout *mercantis* de tous poils, commerçants, artisans ou paysans qui profitent des prix élevés, nourrit le ressentiment des citoyens et la colère des permissionnaires. La France connaît alors deux vagues de grèves spontanées au printemps et à l'automne 1917 ; des augmentations de salaires, une amélioration des conditions de travail et des satisfactions morales (rationnement plus équitable, imposition des bénéfices de guerre) suffisent à les contenir. En Italie et dans les empires centraux la crise et plus radicale (émeutes sanglantes à Turin, succession ininterrompue de grèves préparant la révolution du 9 novembre 1918 en Allemagne).

► **Sur le front économique,** l'État intervient pour rationaliser la production et réorganiser les structures administratives, le principe d'une centralisation des commandes et de la répartition des moyens au niveau des branches fait l'unanimité, il n'est en revanche nulle part question d'instaurer une économie étatique ou socialiste.

En Allemagne, la déjà forte concentration des entreprises est consolidée par la création de cartels comme le *Stahlwerke Verband* (Union des industries sidérurgiques). Toutefois le général Gröner qui prend la tête de l'*Office de guerre* en décembre 1916 avec des pouvoirs très étendus (taxation, rationnement, répartition des ressources et de la main-d'œuvre, fixation des prix et des salaires...) impose aux industriels des conditions de travail et de rémunération correctes afin d'éviter une explosion sociale. **Aux États-Unis,** l'Administration a multiplié à partir de 1916 les offices et bureaux spécialisés confiés à de grands industriels ou à des banquiers comme Baruch. Leurs interlocuteurs industriels sont le plus souvent de grands trusts comme US Steel ou Du Pont de Nemours. **En France,** les considérations politiques ont pesé plus lourd : le socialiste A. Thomas (secrétaire d'État à l'armement en juillet 1915) s'attache surtout à améliorer les relations sociales dans les entreprises grâce à la création de mécanismes de négociations collectives et d'arbitrage. Il quitte le gouvernement d'Union sacrée au printemps 1917 et ses successeurs, Loucheur et Clémentel, s'appliquent à renforcer la concentration industrielle et favorisent la naissance de syndicats patronaux par branche industrielle à l'image du Comité des forges. Outre les commandes massives, les pouvoirs publics interviennent dans la production par des avances aux industries de guerre et le financement partiel des infrastructures. Dans tous les cas, l'économie de guerre profite surtout aux oligopoles qui offrent de meilleures garanties financières et techniques (qualité de fabrication, régularité de livraison...) que les petites entreprises.

► **Le front financier n'est pas moins déterminant.** Les avances des banques centrales accordées dès l'automne 1914 apparaissent vite inflationnistes car, associées au cours forcé, elles autorisent un gonflement illimité de la masse monétaire et une érosion de la couverture de la monnaie. La guerre est financée par les impôts et par l'endettement.

Les politiques suivies sont très différentes, ce qui explique les problèmes de l'après-guerre. L'Allemagne et la France trouvent des justifications morales à leur laxisme financier. Leurs gouvernements estiment que les populations paient déjà « l'impôt du sang » et refusent d'alourdir la fiscalité surtout directe : les impôts ne couvrent dans les deux cas que 15 % des dépenses de guerre. **Les emprunts** assurent donc l'essentiel de leurs besoins. Les bons du Trésor à court terme placés auprès des banques, des entreprises et des particuliers, sont utilisés partout mais ils sont potentiellement inflationnistes puisque la Banque centrale doit émettre de la monnaie pour les rembourser s'ils lui sont présentés. Pour la durée de la guerre on trouve des expédients destinés à dissimuler et à retarder l'inflation. La consolidation de la dette flottante résoudrait le problème (il s'agit d'emprunter à long terme pour rembourser les bons) mais les gouvernements français et allemands rechignent devant cet effort demandé aux « générations futures » ; on compte sur les réparations exigées du vaincu. Les Anglo-Saxons choisissent au contraire la rigueur : 30 % de leurs dépenses sont financées par une forte pression fiscale directe, le reste est emprunté à long terme. À long ou à court terme, la guerre est ainsi financée par des traites tirées sur un avenir incertain.

Les ressources des pays de l'Entente ne suffisent pas à financer les importations. La France et l'Angleterre qui mettent en commun leurs moyens prêtent 4,3 milliards de dollars à leurs alliés et servent de garants pour l'ensemble de la coalition auprès des fournisseurs américains. Jusqu'en avril 1917 près de 7 milliards de dollars de produits sont acquis par ce biais dont 3 milliards correspondent à des ventes d'or, de devises et de valeurs américaines. Mais les pays de l'Entente sont à court de moyens à la fin de 1916. L'entrée en guerre des États-Unis permet un desserrement immédiat des contraintes financières : le premier *Liberty loan* lancé en mai 1917 rapporte 5 milliards de dollars dont 3 sont réservés aux Européens.

La coopération économique transatlantique est généralisée en novembre 1917. Les États-Unis deviennent l'arsenal et le banquier de la coalition. Le système de l'acheteur unique pour les produits importants s'impose dès le printemps 1917 et l'on voit des hommes comme Jean Monnet et André Tardieu participer aux comités interalliés pour les transports maritimes, les achats de guerres et les finances. Ces organismes centralisent les besoins nationaux et en supervisent l'exécution, le financement et le transport des commandes. C'est le premier exemple d'une coopération économique internationale à grande échelle ; il servira de modèle pour la création en 1948 de l'OECE, dont J. Monnet sera la cheville ouvrière. Malgré cette coopération, les rivalités économiques demeurent durant la guerre. : Wilson, par exemple, interdit la vente de navires de commerce à la Grande-Bretagne qui ne peut reconstituer sa flotte, il exige de même que les dollars prêtés par les États-Unis soient utilisés sur place.

III. Un tournant dans l'évolution économique et sociale du monde

La victoire militaire de l'Entente a été préparée sur le terrain économique au prix de déséquilibres durables et généralement mal perçus. Les contemporains ont surtout été frappés par les effets immédiats du conflit : les pertes humaines et matérielles, le montant des dettes, mais pour la plupart des responsables il s'agit de difficultés transitoires.

1. Les pays européens ont subi un véritable traumatisme démographique et social

► **La guerre a tué 9 à 10 millions d'hommes dont 95 % sont européens :** 2 millions d'Allemands et 1,5 million d'Austro-hongrois, 1,7 million de Russes, 1,4 million de Français, 750 000 Italiens, autant de Britanniques. Ce sinistre bilan dissimule l'énormité des pertes relatives : 3,4 % de la population totale française, 3 % en Allemagne et en Autriche. Les jeunes hommes de 20 à 39 ans représentent 80 % des victimes militaires ; l'Europe a ainsi sacrifié une part importante de la population active masculine, souvent la plus dynamique (15 % en Allemagne, 10,5 % en France, et 17 % en Autriche-Hongrie, mais 5 % seulement en Grande-Bretagne). La guerre a frappé de manière inégale les catégories professionnelles et sociales : les paysans (50 % des pertes pour 40 % des actifs masculins français en 1913) et les classes moyennes (19 % contre 12 %) sont plus affectés que les ouvriers et les fonctionnaires. Il est plus difficile de mesurer la surmortalité civile et le déficit des naissances, mais selon les calculs présentés par P. Guillaume cela représenterait 800 000 naissances de moins en Grande-Bretagne, 900 000 en France et 3,7 millions en Allemagne. Le même auteur ajoute : « La guerre a eu pour effet, en France, la stabilisation d'un taux de natalité déjà faible, tandis qu'en Allemagne comme en Grande-Bretagne, elle a déclenché une forte baisse. » À moyen terme la guerre marque bien une inflexion de la démographie des pays européens et annonce le phénomène des « classes creuses » particulièrement marqué en France entre 1935 et 1942.

À ces morts s'ajoutent plus de 20 millions de personnes (invalides, veuves et orphelins) qui se retrouvent à la charge de la société.

► **La guerre a donné naissance à de nouvelles forces sociales et bouleverse les hiérarchies.** Les anciens combattants représentent entre le quart et la moitié de l'électorat dans les pays européens (environ 7 millions en France et en Grande-Bretagne, près de 10,5 en Allemagne et 4,7 en Italie). On a beaucoup vanté à l'époque la fraternité des tranchées, pourtant, dès la démobilisation chacun a retrouvé ses occupations et son statut social, avec de nombreuses désillusions (insertion difficile, perte d'emploi, éclatement de la cellule familiale). Les anciens combattants n'en constituent pas moins une force politique qui transcende les anciens clivages. Ils influencent à des titres divers l'évolution politique intérieure et internationale des pays européens durant tout l'entre-deux-guerres.

La guerre a amorcé la mutation du rôle social des femmes. Leur part dans la population totale a augmenté (52,5 % de femmes en 1921 en France et en Grande-Bretagne, contre 51 % en 1911). Cela a pour conséquence un accroissement du nombre des femmes seules, célibataires et veuves de guerre, ainsi qu'une féminisation limitée de la population active (de 2 % à 4 % supplémentaires).

> En France, seul cas bien étudié jusqu'ici, on constate une régression de leur place dans l'industrie (22 % en 1921 contre 34 % en 1911) et au contraire une croissance sensible dans l'agriculture (38 % en 1911 et 44 % en 1921). Paradoxalement les campagnes « traditionnelles » sont les plus affectées : les allocations journalières durant la guerre, les pensions ensuite ont permis à de nombreuses agricultrices d'accéder aux biens de consommation de type urbain comme en témoigne l'abandon des costumes régionaux. Mais dans l'ensemble les femmes ont rapidement regagné leur foyer après la guerre, rendant leurs places aux ouvriers démobilisés. Il n'y a guère que dans les emplois de services (bureau, vente, enseignement primaire...) que leur nombre continue de croître. Il faut enfin souligner que l'entrée forcée sur le marché du travail n'a pas toujours été vécue comme une libération par les femmes des années vingt. Dans les classes moyennes en particulier, de nombreuses veuves de guerre que leur éducation n'avait pas préparées à cela l'ont ressenti comme un déclassement sinon une humiliation. Il en ira différemment après la Seconde Guerre mondiale.

La « libération des mœurs », montée en épingle par les moralistes conservateurs de l'époque, ne concerne en fait qu'une étroite frange de la société urbaine, souvent proche des milieux artistiques des grandes capitales comme Paris et Berlin. L'égalité des droits politiques est accordée en Grande-Bretagne et en Allemagne dès les années vingt ; en France elle est votée par la Chambre des députés mais enterrée par le Sénat.

La condition ouvrière enregistre des évolutions contradictoires. La législation sociale progresse peu malgré la participation de syndicalistes à la gestion de l'économie de guerre. En revanche, la croissance de la production industrielle s'accompagne d'une élévation du pouvoir d'achat des ménages ouvriers. Certes, l'inflation tend à rogner le salaire horaire réel mais ceci est compensé par le plein-emploi, la multiplication des heures supplémentaires et le développement du travail féminin. Ces atouts disparaissent avec le retour à la paix qui induit une dégradation rapide de la situation : c'est la première cause des grèves en 1919 et 1920, l'agitation révolutionnaire venant loin derrière dans la plupart des pays. En favorisant la concentration industrielle et le développement du taylorisme, la guerre a accéléré le remplacement des ouvriers de métier par les ouvriers d'industrie sans grande qualification, moins bien payés, méprisés par l'encadrement, ces derniers constitueront un vivier pour les idées communistes dans l'entre-deux-guerres.

Les classes moyennes ont payé un lourd tribut. Les professions libérales et les milieux intellectuels, voués aux fonctions d'officiers subalternes, ont été parmi les plus exposés, laissant souvent leur famille sans ressources. Les titulaires de revenus fixes, fonctionnaires et surtout rentiers constatent aussi un effondrement de leur niveau de vie en raison de l'inflation et ressentent d'autant plus mal la prospérité tapageuse des profiteurs de guerre, industriels comme A. Citroën, M. Boussac (textile) ou Loucheur (gaz de combat) mais aussi petits commerçants, vivement dénoncés par la presse et la littérature. Ces évolutions sociales reflètent des transformations à long terme de l'économie dont la guerre ne fait qu'accélérer le rythme.

Dans le domaine culturel, artistique et idéologique également, la guerre impulse de nouvelles dynamiques soit par un retour aux valeurs chrétiennes, soit au contraire par une aspiration au changement révolutionnaire.

2. Le bilan matériel est inégalement réparti

► **Les destructions matérielles sont géographiquement concentrées :** la Belgique, la Vénétie Julienne, le Nord et la Lorraine en France sont les plus touchées. Selon A. Sauvy, pour un indice 100 en 1913, la production industrielle de 1920 est tombée à 62 en France, 79 en Belgique et 61 en Allemagne qui n'a pas eu « une vitre de cassée » mais a perdu l'Alsace-Lorraine et la Silésie. La Grande-Bretagne s'en sort apparemment mieux (indice 100 en 1920) mais il faut tenir compte de l'usure du matériel poussé jusqu'à ses limites.

► **La Première Guerre mondiale constitue la première expérience moderne d'économie dirigée.** Malgré le démantèlement des contrôles étatiques dans les mois qui suivent la fin des hostilités, le rôle de l'État dans l'économie s'est accru. Il a pris en main le financement et l'organisation de la production et des échanges, il est intervenu pour maintenir la paix sociale dans les entreprises. En valorisant l'efficacité technique des spécialistes et le rôle directeur de l'État au-dessus des intérêts particuliers et des partis politiques, la Première Guerre mondiale a ouvert la voie à la technocratie et à la planification.

Les équilibres sectoriels ont été transformés. L'agriculture a connu durant la guerre une période de grande prospérité en raison des pénuries. Aux États-Unis, les prix du blé et du coton ont été multipliés par 2,3 grâce à une augmentation de 55 % des surfaces cultivées (30 millions d'acres nouvelles ont été mises en culture au prix d'un lourd endettement). En France au contraire, la prospérité des campagnes s'est traduite par le désendettement des paysans. Dès 1920 le retour à la surproduction mondiale met fin à cette embellie.

C'est donc surtout dans l'industrie que les effets de la guerre sont les plus marquants. Quelques branches industrielles ont été favorisées par les besoins de la guerre. C'est le cas aux États-Unis des constructions navales, de l'automobile (Ford et General Motors) et de la chimie (Du Pont de Nemours devient le premier producteur d'explosifs). En France, l'État a avancé près de 10 milliards de francs (l'équivalent du budget annuel de 1913) aux industriels, ce qui a permis l'émergence d'entreprises comme Citroën ou Boussac (toile d'avion), le décollage de la production d'électricité, de la chimie et de l'aéronautique. En Allemagne, aux côtés des *Konzern* de la Ruhr, des groupes comme Daimler s'imposent dans la mécanique. À la fin de la guerre les entreprises de ces secteurs ont réalisé des profits assez importants pour pouvoir rembourser les avances publiques et disposer de liquidités qui leur permettent d'acquérir des entreprises dans les secteurs moins favorisés ou bien de moderniser leur outil de production. C'est le cas en France d'André Citroën qui transforme la petite entreprise familiale en un puissant groupe automobile employant les méthodes les plus modernes du taylorisme. Du Pont de Nemours enregistre un bénéfice de 226 millions de dollars en quatre ans contre 6 millions en moyenne avant guerre. En Allemagne Daimler quadruple son capital, amortit totalement son outil de production et distribue néanmoins des dividendes équivalent à 35 % du nominal de ses actions : c'est un record significatif.

La guerre n'a pas seulement accru la concentration capitaliste, elle a aussi vu l'apparition d'une forme de dualisme économique dans tous les pays industrialisés. Les contrastes se multiplient en effet entre les branches de la première révolution industrielle et les nouvelles branches, entre les entreprises concentrées (aux États-Unis et en Allemagne principalement) et les petites structures fragiles, entre les pays noirs et de nouvelles régions industrielles (Angleterre verte, région parisienne et région lyonnaise).

► La Première Guerre mondiale fait basculer le monde dans l'inflation.

Le coût total de la guerre est évalué à 340 milliards de dollars. La circulation monétaire a été multipliée par 11 en Allemagne et en Grande-Bretagne, par 5 en France et en Italie. Les pays neutres sont également affectés en raison de leurs rôles de refuge pour les capitaux. Dans toute l'Europe, les réserves d'or sont insuffisantes pour asseoir les monnaies : en 1919, le mark a ainsi perdu neuf dixièmes de sa valeur de 1914, le franc quatre cinquièmes. La situation américaine est nettement meilleure : la circulation monétaire n'a augmenté que de 75 % alors que la moitié des réserves d'or mondiales s'entassent dans les caves de Fort Knox. Sans l'aide des États-Unis le retour au système de l'étalon-or est compromis et avec lui la stabilité financière.

Le déséquilibre des finances publiques s'ajoute aux problèmes monétaires. Les gouvernements ont dépensé plus de 180 milliards de dollars de sorte que dans la plupart des pays l'endettement public et le budget de l'État ont explosé, et il faut encore reconstruire, indemniser les victimes de guerre et assurer le service de la dette. Le retour à l'équilibre ancien que beaucoup attendaient ne se produit pas. Les responsables économiques, formés à l'époque de la stabilité monétaire, ne comprennent qu'imparfaitement les nouveaux mécanismes. Chaque pays cherche en vain une solution nationale à des problèmes mondiaux. La solidarité économique n'a pas survécu à la guerre : l'Europe en subit la première les conséquences, le tour des États-Unis viendra après la crise de 1929.

3. Le déclin de l'Europe est immédiatement perceptible

L'Europe, qui a mis l'économie mondiale au service de la guerre qu'elle menait contre elle-même, a accéléré le décollage des autres continents et son propre déclin. Pourtant, aux yeux des contemporains, cette situation est temporaire, cela explique les rivalités incessantes pour conserver ou reconquérir une place dans l'économie mondiale.

► **La mondialisation de l'économie de guerre accélère le décollage des pays neufs.** Dans l'ensemble les empires coloniaux, à l'exception des *dominions* et de l'Algérie, ont peu profité de la guerre à la différence des autres espaces. L'Amérique latine exporte des denrées alimentaires (viandes, café et céréales), des produits textiles (laine et coton) et des matières premières (cuivre, caoutchouc, pétrole) vers l'Europe dès que les échanges maritimes reprennent en 1915. Grâce aux capitaux américains qui prennent la relève des intérêts européens l'Argentine et le Brésil se lancent dans l'industrie textile et la sidérurgie (São Paulo). Au Japon la production industrielle bondit de l'indice 100 en 1913 à l'indice 217 en 1920. Parallèlement les activités se diversifient : les biens d'équipement prennent de l'importance au côté des industries textiles plus anciennes. Le Japon s'implante sur les marchés asiatiques délaissés par les Occidentaux.

► **La guerre a permis aux États-Unis de rattraper leur retard financier et commercial sur l'Europe.** Entre 1915 et 1919 l'excédent commercial cumulé des États-Unis a dépassé 14 milliards de dollars, financé pour 4,7 milliards par des ventes d'or, de devises et de valeurs appartenant aux Européens et pour 9,7 milliards par les crédits consentis à l'Europe par les États-Unis qui dispose ainsi d'un levier politique dont Wilson fait usage durant les négociations de Paris. Une lutte pour la suprématie mondiale s'engage alors avec le Royaume-Uni : la flotte de commerce américaine a triplé et talonne la flotte britannique en 1919 (16 Mt contre 18 Mt) ; l'inversion des flux commerciaux et financiers d'avant guerre a permis aux États-Unis d'accumuler 50 % du stock d'or mondial et un important portefeuille et deux lois de 1916 et 1919 autorisent l'essor du réseau bancaire américain dans le monde.

Ventilation des dettes interalliées en 1919
(millions de dollars)

Débiteurs	*Créanciers* *États-Unis*	*Royaume-Uni*	*France*	*Reste du monde*	*Total des dettes*
France	3 991	3 030	–	–	– 7 021
Royaume-Uni	4 661	–	–	–	– 4 661
Reste du monde	3 290	8 141	3 463	–	– 14 894
dont Russie	184	2 527	777	–	– 3 488
Solde (créances-dettes)	+ 11 942	+ 6 510	– 3 558	– 14 894	

Source : A. Sauvy, *Histoire économique de la France entre les deux guerres.*

Les États-Unis débiteurs en 1914 sont devenus créanciers de l'Europe dès 1917, c'est un atout considérable dans la rivalité qui oppose Londres et New York. Il existe deux sortes de dettes : les dettes commerciales contractées auprès des banques avant le 6 avril 1917 dont le remboursement ne pose aucun problème et des prêts d'État à État dont les Européens demandent l'annulation ou la réduction. Pour les Français c'est une juste compensation pour le sang versé ; à défaut ils demandent un lien juridique entre les dettes et les réparations dues par l'Allemagne. Les Américains refusent l'une et l'autre : selon eux les dettes résultent d'un contrat librement consenti qui doit donc être honoré alors que les réparations posent un problème politique, donc négociable. En outre le gouvernement américain refuse d'augmenter les impôts pour rembourser les emprunts de guerre qu'il a garantis. En réalité le fond du problème est ailleurs, le tableau montre qu'en cas d'annulation la Grande-Bretagne qui conserve les trois quarts de son portefeuille d'avant guerre redeviendrait la première créancière du monde et pourrait rétablir la domination de la place de Londres aux dépens de New York.

► **Le déclin européen doit pourtant être nuancé.** La guerre a bien opéré un important transfert de puissance au détriment de l'Europe. Le capital investi par les grandes puissances européennes (France, Allemagne et Grande-Bretagne) a fondu de près de 45 %, beaucoup moins pour les Britanniques (– 25 %) que pour la France (– 58 %) ou l'Allemagne (– 83 %). La France et l'Allemagne semblent vouées à un repli continental ou impérial. Il n'en va pas de même pour le capitalisme britannique qui conserve des perspectives planétaires face aux États-Unis. Dans le domaine financier et commercial le Royaume-Uni maintient son rang grâce à l'importance de son réseau bancaire (1 500 succursales contre une trentaine pour les banques américaines) et à son expérience.

L'Europe se reconstruit rapidement : l'Allemagne et la Grande-Bretagne n'ont pas été détruites, la France et la Belgique achèvent l'essentiel de leur reconstruction vers 1923 et, le protectionnisme aidant, les nouveaux mondes sont rapidement écartés des marchés européens. En fait la principale cause d'affaiblissement de l'Europe ne doit pas être cherchée outre-Atlantique mais dans la désintégration des échanges intra-européens : ceux-ci représentaient près de la moitié des échanges extérieurs des grands pays avant 1914, ils tombent à moins d'un tiers après la guerre. Le marché russe est perdu et l'espace centre-européen, morcelé par plus de 20 000 km de frontières nouvelles et donc de barrières douanières, a perdu toute cohérence. Malgré les avertissements de Keynes et de quelques autres les questions économiques sont les grandes absentes des négociations de Versailles, elles n'en joueront qu'un rôle plus déterminant par la suite.

Approfondir

LECTURES

Il existe d'innombrables ouvrages sur la Première Guerre mondiale. Bien qu'elle ne constitue pas en elle-même un des thèmes de dissertation les plus probables, vous pourrez compléter votre information avec :

- P. Renouvin, *La crise européenne et la Première Guerre mondiale*, Paris, PUF, coll. « Peuples et civilisations », 1962, 780 p. ; Marc Ferro, *La Grande Guerre 1914-1918*, Paris, Gallimard, coll. « Folio-Histoire », 1990, 412 p.
- Pour vos questions multiples, J.-J. Becker, *La Première Guerre mondiale,* Paris, MA Éditions, 1985.
- En ce qui concerne les aspects économiques il faut consulter P. Léon, *Histoire économique du monde,* t. 5, Paris, A. Colin, 1982, 626 p. En particulier les contributions de H. Morsel, *Guerre économique et économie de guerre,* p. 23 à 58, et de P. Guillaume, *L'épuisement démographique,* p. 59 à 66.

THÈMES DE RÉFLEXION

- Dans quelle mesure la Première Guerre mondiale marque-t-elle le passage du XIXe au XXe siècle ?
- Dans quelle mesure la Grande Guerre a-t-elle été une guerre mondiale et totale ?
- Bilan à court terme et à long terme de la guerre.
- Les partis politiques français et la guerre (1900-1920).
- Les Français et la Première Guerre mondiale (1914-1940).

Utiliser

Les révolutions dans le monde (1917-1924)

PRÉSENTATION

Le sujet porte sur une période étroite, une bonne connaissance des faits est indispensable et suppose la préparation de fiches sur l'Allemagne et la Hongrie en particulier. Le concept de révolution mérite une interrogation préalable : s'agit-il d'un simple changement de régime politique ou bien d'une remise en cause radicale du système social et économique ? La question se pose pour les révolutions nationales. L'inégal succès des mouvements invite également à proposer une typologie.

Lénine avait prédit une guerre révolutionnaire à l'échelle mondiale. Le désordre et l'anarchie largement répandue dans les années 1917-1919 lui donnent raison mais en place d'une révolte mondiale ce sont des révolutions nationales diverses et non coordonnées qui se produisent et souvent échouent. Pourtant le reflux ne fait pas disparaître les révolutions de l'horizon politique mondial.

I. La guerre a bien été l'accélérateur de l'Histoire qu'avait prédit Lénine en 1905

1. Les conditions d'un bouleversement de l'ordre établi sont réunies

► Partout la guerre a ébranlé les régimes en place. Les populations tiennent les gouvernements pour responsables des tueries et de la prolongation inutile de la guerre. Le pacifisme gagne dès 1916-1917 (cf. Kienthal et les mutineries). Les oppositions muselées ou ralliées lors de l'entrée en guerre se font à nouveau entendre en France, en Russie... En Allemagne les socialistes du SPD se divisent en 1916, une partie USPD (socialistes indépendants) refuse de voter les crédits de guerre.

► **Les difficultés économiques engendrent des revendications sociales.** L'inflation et la relative stagnation des salaires sont à l'origine des grèves de 1917-1918 ; les promesses non tenues de concessions sociales (partage des terres en Italie) suscitent la rancœur.

► **Dans les pays vaincus la défaite suscite une réaction nationaliste** tournée contre le pouvoir (Turquie) ou bien qui permet l'émancipation nationale (Tchécoslovaquie, Pologne...).

► **La guerre a créé la masse de manœuvre nécessaire :** populations déplacées, militaires déserteurs ou démobilisés, paysans sans terre, ouvriers au chômage...

2. La révolution russe sert de précurseur et de modèle

► **La révolution de février** s'inscrit dans la lignée des mouvements populaires spontanés. La contradiction entre les revendications populaires et la timidité du

Gouvernement Provisoire permet à Lénine de proposer un dépassement de la révolution bourgeoise.

► **Lénine définit et réussit un nouveau type de révolution.** La révolution peut réussir dans un pays rural si elle est assurée par un parti de révolutionnaires professionnels ; la dictature du prolétariat permet d'organiser la transition vers un type nouveau de société ; pour réussir la révolution doit être totale et donc mondiale.

► **La politique extérieure de Lénine essaie de favoriser la contagion révolutionnaire.**

3. La révolution s'étend en Europe au lendemain des armistices

► **En Allemagne trois vagues se succèdent de novembre 1918 à mars 1919. La révolution de novembre** débute par la mutinerie de la flotte de Kiel le 29 octobre, elle se généralise, des conseils de soldats, ouvriers et marins se constituent. Le 7 novembre à Munich Kurt Eisner proclame la république autonome de Bavière. Le 9 novembre Guillaume II et le *Kronprinz* abdiquent, la **république allemande** est proclamée par Scheidemann alors qu'Ebert, chef du SPD, prend la tête du conseil des commissaires du peuple, mais il « ne veut pas de révolution ». Réformiste, Ebert considère que la révolution est faite. Il se limite à des réformes modestes (suffrage universel, journée de huit heures) et entend réserver à l'assemblée constituante les transformations de la société et de l'économie. Au contraire l'aile gauche des socialistes indépendants, les « spartakistes », conduite par K. Liebknecht et Rosa Luxemburg, exige un système soviétique. Des affrontements sanglants en décembre amènent Ebert à annoncer les élections pour le 19 janvier. Voulant le prendre de vitesse les spartakistes, constitués en Parti communiste, déclenchent une insurrection le 4 janvier et se rendent maîtres de Berlin. Ebert et Noske qui ont obtenu l'appui de l'armée dès le 13 novembre 1918 lancent les corps francs contre Berlin du 11 au 15 janvier (semaine sanglante). Les spartakistes sont écrasés, K. Liebknecht et R. Luxemburg sommairement exécutés. Sauf en Bavière, les autres mouvements sont de même balayés. **La vague révolutionnaire du printemps 1919 en Bavière** suit l'assassinat de K. Eisner le 21 février 1919. La tension monte jusqu'au 7 avril où la gauche proclame une « république des conseils » sous la direction de Schappenhorst. Trois semaines de guerre civile y mettent fin.

► **La révolution hongroise conduite par Bela Kun suit un trajet analogue.** La fin de la guerre et l'effondrement de l'Empire austro-hongrois amène la proclamation de la république (16 novembre 1918). Le journaliste Bela Kun prisonnier en Russie fonde à l'instigation de Lénine le PC hongrois en 1918. De retour à Budapest en mars, il prend la tête de la « Commune » hongroise (mars-août) : malgré une abondante œuvre sociale et économique (réforme scolaire, nationalisations) la terreur qu'il fait régner au nom de la dictature du prolétariat lui aliène une partie de la population. Appuyé par l'armée roumaine un gouvernement contre-révolutionnaire met fin à la tentative le 6 août.

► **L'agitation révolutionnaire qui se développe dans les démocraties est également brisée.**

II. Malgré le reflux de 1919-1920, la révolution reste à l'ordre du jour

1. Lénine tire les conséquences des échecs européens

► **La IIIe Internationale est conçue comme un parti révolutionnaire international.** En mars 1919, alors que la révolution allemande est déjà écrasée, Lénine réunit un groupe de militants étrangers pour fonder une organisation concurrente de l'Internationale socialiste (IIe Internationale) qui se reconstitue. En juillet 1920 les structures en sont fixées sous forme de « 21 conditions » à remplir pour pouvoir adhérer. Pour Lénine l'échec des révolutions vient d'une part des réformistes (qui se trouvent à la tête des partis socialistes, qualifiés de traîtres, il faut les épurer), d'autre part du « gauchisme », c'est-à-dire de tous ceux qui espèrent réussir une révolution en s'appuyant sur la spontanéité du peuple (R. Luxemburg) et doivent être écartés. Les sections nationales du Komintern – comme le PCF et le KPD allemand – doivent préparer méthodiquement l'avènement d'une nouvelle révolution.

► **Le Komintern doit également agir dans les pays colonisés ou dominés.** La conférence des peuples asiatiques qui se tient à Bakou en 1920 cherche à tisser des liens entre le communisme et les mouvements nationalistes des pays dominés même si ceux-ci sont aux mains de partis bourgeois, en application de la théorie du « maillon faible » (il faut frapper les pays capitalistes dans leurs empires).

2. Donnant partiellement raison à Lénine l'agitation se prolonge dans les pays dominés

► En application de la doctrine de Bakou les communistes soutiennent les mouvements nationalistes en Chine (le PC chinois est obligé de se fondre dans le Guomindang en 1924 et dans la guerre du Rif).

► **L'alliance peut néanmoins être refusée au nom d'un projet concurrent.** Après son arrivée au pouvoir en Turquie, M. Kemal entreprend une vaste réforme de la société. Le kémalisme associe un régime autoritaire et une politique moderniste :

occidentalisation de la vie politique (création de partis politiques, élections au suffrage universel...), laïcisation de la société (abolition du Califat, développement de l'enseignement public, romanisation de l'alphabet...).

Conclusion

Née des illusions messianiques de la révolution russe et du désordre engendré par la guerre, la vague révolutionnaire s'est heurtée au manque d'enthousiasme de la classe ouvrière européenne autant qu'à la répression.

6

Décadence et grandeur du système de Versailles

LES RELATIONS INTERNATIONALES EN EUROPE 1919-1933

Connaître

1919	Conférence de Paix (18 janvier-28 juin)
1920	Les États-Unis rejettent les traités (19 mars)
	Accord franco-britannique de San Remo sur le Proche-Orient
1921	Conférence de Washington (novembre)
	Conférence de Londres fixant le montant des Réparations
1922	Conférence monétaire de Gênes
	Traité de Rapallo entre l'URSS et l'Allemagne
1923	Occupation de la Ruhr par la France (11 janvier)
1924	Plan Dawes sur la question des Réparations
	Protocole de Genève modifiant la charte de la SDN
	Reconnaissance de l'URSS par les Occidentaux
1925	Accords de Locarno (16 octobre)
1926	L'Allemagne entre à la SDN (8 septembre)
1927	Pacte Briand-Kellogg mettant la guerre hors la loi
1929	Plan Young (juillet) échelonnant les Réparations jusqu'en 1988
	Mort de Stresemann (juillet)
1930	Échec du projet d'Union européenne de Briand

Poussés par leurs peuples, les négociateurs de Versailles cherchent à instaurer une paix définitive garantie par des mécanismes juridiques capables de régler les conflits éventuels. À peine rendu public le dispositif de Versailles déçoit ces espoirs : des problèmes cruciaux restent en suspens et le retrait des États-Unis en 1920 prive la SDN de l'assise politique qui lui aurait permis de remplir sa mission. Dès lors la voie est ouverte aux ambitions des nouveaux états d'Europe centrale et au révisionnisme des pays insatisfaits, jusqu'à paralyser le système international en 1924. Ensuite, l'intervention anglo-américaine et la prospérité retrouvée permettent une détente ambiguë fondée sur l'entente franco-allemande et sur la sécurité collective, en attendant le retournement de 1929-1931.

I. Le système de Versailles

1. Méfiances et intérêts divergents divisent les vainqueurs

À la différence des puissances centrales, les pays de l'Entente ne sont pas parvenus à clarifier leurs buts de guerre. L'accord se fait facilement entre les alliés européens et les États-Unis sur le retour de l'Alsace-Lorraine, la souveraineté de la Belgique et de la Serbie et le désarmement de l'Allemagne ; le principe des Réparations inscrit dans l'armistice est admis par tous. Au-delà, deux conceptions bien différentes des relations internationales doivent être conciliées.

▸ **Les Européens restés fidèles au principe de l'équilibre continental** se sont engagés par trois accords secrets signés par la France, la Grande-Bretagne et l'Italie avant le 6 avril 1917.

Le traité de Londres (26 avril 1915) accorde à l'Italie le Trentin, l'Istrie et la Dalmatie sous réserve d'un arrangement avec la Serbie. S'y ajoutent des compensations coloniales en cas de partage de l'Empire ottoman.

L'accord de Saint-Jean-de-Maurienne (19 avril 1917) sans valeur juridique en raison de la défection russe précisait la nature de ces compensations et évoquait la possibilité d'un démembrement de l'Allemagne.

Les accords Sykes-Picot (4 mars et 16 mai 1916) prévoient le partage du Proche-Orient : la France obtient le Liban et le nord de la Syrie ; la Grande-Bretagne reçoit la Mésopotamie et le reste de la Syrie ; la Palestine doit passer sous administration internationale.

Ces traités sont absolument rejetés par Wilson qui dénonce la persistance des rivalités et des ambitions nationales qui ont causé la guerre. Les grandes puissances européennes sont également divisées.

La stratégie française apparaît contradictoire. Clemenceau est convaincu que le danger allemand reparaîtra « d'ici vingt ans ». Il veut donc préserver à tout prix les liens avec les Anglo-Saxons et éviter l'isolement de la France. En même temps il doit tenir compte des pressions de l'armée à travers Foch, partisan d'un démembrement de l'Allemagne, et des réactions de l'opinion qui apprécie les idées de Wilson mais exige dans un même élan que l'Allemagne paie le prix de la guerre et du sang versé.

Clemenceau aborde la conférence avec des revendications considérables : l'annexion de la Sarre (frontières de 1814), la création d'un chapelet de petits États rhénans autonomes et démilitarisés, la restauration d'une « Pologne forte, anti-allemande et antibolchévique », disposant d'un accès à la mer. Clemenceau réclame enfin des réparations assez lourdes pour saigner à blanc l'économie allemande et donner le temps à la France de rattraper son retard industriel.

La question polonaise mise à part, Clemenceau doit plus ou moins céder sur tout. En échange il obtient deux traités de garantie de la part des États-Unis et de la Grande-Bretagne (le second étant subordonné à la ratification du premier), la démilitarisation et l'occupation temporaire de la rive droite du Rhin. C'est trop peu pour les hommes politiques qui le détestent et lui reprochent d'avoir bradé les intérêts du pays. **Le rejet des traités par le Sénat américain le 19 mars 1920** semble leur donner raison et les critiques s'abattent de plus belle sur Clemenceau et le traité.

La Grande-Bretagne cherche à maintenir l'équilibre continental menacé par la poussée révolutionnaire bolchevique et les ambitions françaises. Elle souhaite donc une Allemagne puissante et prospère qui puisse constituer un rempart contre ces deux dangers. La Grande-Bretagne est également attentive à la restauration des échanges en Europe, point de départ essentiel du rétablissement de sa propre puissance économique.

L'Italie se borne à exiger les terres irrédentes, prix de son entrée en guerre, mais elle n'a pas les moyens de faire prévaloir ses vues contre Wilson et ne peut compter sur le soutien de la France, elle-même trop dépendante de la bonne volonté des Anglo-Saxons pour soutenir la *sorella latina.*

▸ Face aux Européens, Wilson défend une vision libérale, démocratique et universaliste des relations internationales.

Les Quatorze points présentés le 8 janvier 1918 devant le Congrès proposent une nouvelle diplomatie renonçant aux conventions secrètes (point 4) au profit d'une diplomatie ouverte, placée sous le contrôle d'une « Ligue des Nations » (point 14). Ce sont les principes centraux de la *sécurité collective,* étroitement liée à l'idéal démocratique puisqu'il appartient aux peuples de sanctionner l'action de leurs gouvernements et que, dans l'esprit de Wilson, chaque nation, grande ou petite, dispose de droits égaux.

Le *principe des nationalités* est la pierre angulaire du règlement des questions européennes : évacuation et autodétermination de la Russie (point 6), reconstitution de la Pologne, autonomie des peuples d'Autriche-Hongrie et des populations non turques de l'Empire ottoman, intégrité de la Roumanie, de la Serbie et du Monténégro (points 10 à 13). L'indépendance de la Belgique et le retour de l'Alsace-Lorraine à la France sont également prévues (points 7 et 8). Wilson propose de résoudre la question des terres irrédentes sur une base ethnique « incontestable » (point 9), ce qui va à l'encontre de la position de l'Italie qui met en avant l'héritage historique de la République de Venise. Le règlement des questions coloniales en tenant compte des intérêts des peuples (point 5) heurte de la même manière la France et l'Angleterre.

Ce discours dépasse le contexte de l'époque et énonce les grands principes de la politique extérieure des États-Unis au XXe siècle. S'agit-il seulement d'idéalisme comme le prétend Clemenceau en janvier 1918 : « Il [Wilson] s'élance d'un magnifique essor par-delà le temps et l'espace pour planer dans le vide au-dessus des choses qui ont l'infériorité d'être » ? En fait Wilson n'oublie pas les intérêts américains : le désarmement limité par la nécessité de maintenir l'ordre intérieur contre la menace révolutionnaire (point 1) est conforme à la tradition anglo-saxonne ; le libéralisme économique, la liberté des mers et le libre accès de tous à tous les marchés (points 2 et 3) sont le cheval de bataille des États-Unis depuis le début du siècle contre le colonialisme européen. C'est un idéalisme bien réaliste en fin de compte.

En tout état de cause, ces idées précisées en juillet et septembre 1918 servent de base de discussion acceptée par l'Allemagne, lors de la conférence de paix. La sympathie des opinions publiques européennes et le besoin que l'on a de dollars permettent à Wilson de les imposer également aux Alliés européens.

La conférence de Paris est une énorme machine réunissant 27 délégations réparties entre 52 commissions ; seuls la Russie soviétique et les vaincus sont exclus. Les décisions importantes sont prises en comité restreint entre janvier et juin 1919, les experts réglant ensuite les détails juridiques. De janvier à mars 1918 le Conseil des Dix (France, Grande-Bretagne, Italie, Japon et États-Unis, représentés par deux délégués) rédige la Charte de la SDN et cherche une solution au problème russe. Après le voyage de Wilson aux États-Unis, le Conseil des Quatre prépare le traité de Versailles à huis clos. L'absence de protocole autorise une franchise de ton qui va jusqu'à une certaine brutalité : en avril, Wilson ordonne de préparer l'appareillage pour contraindre Clemenceau à renoncer à l'annexion la Sarre ; quelques jours plus tard Orlando à qui l'on refuse la Dalmatie quitte la conférence qui se poursuit comme si de rien n'était (il doit revenir en mai et accepter la transaction proposée).

► **Les grandes puissances ne sont pas seules en cause.** La conférence de Paris offre pour la première fois une tribune aux peuples d'Asie et du Proche-Orient. Le Japon considéré pour la première fois comme l'un des cinq Grands attend l'affirmation de l'« égalité des races », ce qui remettrait en cause la domination coloniale et les mesures américaines de limitation de l'immigration asiatique, mais il attend surtout la reconnaissance de ses annexions territoriales en Chine. Pour obtenir l'adhésion de Tokyo à la SDN, Wilson doit céder, au grand dam de la délégation chinoise. Au Proche-Orient, la rivalité franco-anglaise laisse peu de place aux revendications arabes. D'une manière générale la conférence n'a pas reconnu les nationalités extra-européennes, d'où des mouvements de colère dès 1919 en Chine (révolution du 4 mai), en Inde ou en Égypte.

2. Les traités donnent naissance à un système diplomatique ambitieux mais immédiatement critiqué

► **Le pacte de la SDN sert de préambule à tous les traités.** C'est le résultat d'un compromis très en deçà des Quatorze points. Pourtant les négociateurs se déchargent sur la SDN des nombreux problèmes non réglés dans les traités.

Le pacte de la SDN comporte 26 articles se répartissant en trois ensembles. Les articles 1 à 7 fixent l'organisation et les conditions d'adhésion. **L'Assemblée générale** représente la démocratie des nations, chacune disposant d'une voix ; **le Conseil** comporte cinq membres permanents (les États-Unis qui seront remplacés par l'Allemagne en 1925, la Grande-Bretagne, la France, l'Italie et le Japon) et des membres élus ; il prend ses décisions à l'unanimité. **Le secrétariat permanent** a des fonctions essentiellement administratives. **L'article 10 constitue le cœur du dispositif** il affirme que « les membres de la Société s'engagent à respecter et à maintenir contre toute agression l'intégrité territoriale et l'indépendance politique de tous ses membres ». Les moyens d'y parvenir sont le désarmement (art. 8), le recours à l'arbitrage international ou à la Cour de justice internationale (art. 11 à 15) et des sanctions économiques ou militaires : la SDN peut confier à un pays le soin de soutenir le point de vue international les armes à la main – mais il n'existe rien d'équivalent aux « casques bleus » de l'actuelle ONU (art. 16). Les derniers articles traitent des mandats confiés aux grandes puissances sur les anciennes dépendances coloniales de l'Allemagne et de l'Empire ottoman (art. 22) et d'un certain nombre de domaines d'intérêt général sur lesquels la SDN doit intervenir (commerce des armes, traites des personnes, trafic des stupéfiants, conditions de travail, etc.).

La SDN ne dispose pas des moyens de ses ambitions : les Anglo-Saxons ont refusé les projets français de création d'une armée internationale car ils y voyaient une nouvelle preuve du militarisme français. De plus les sanctions militaires ne sont que « recommandées » par un vote unanime du Conseil, les autres sanctions sont obligatoires seulement si l'agresseur est désigné à l'unanimité. Le retrait des États-Unis prive, enfin, la SDN de son principal garant.

► **Le traité de Versailles constitue la pièce maîtresse du règlement de la paix.**

La sécurité est garantie par la démilitarisation de l'Allemagne (l'armée limitée à 100 000 volontaires est privée d'état-major et d'armes lourdes), en outre la rive gauche du Rhin et une bande de 30 km sur la rive droite sont démilitarisées et divisées en trois zones occupées pour une durée de cinq, dix ou quinze ans prorogeable si l'Allemagne ne remplit pas ses obligations. **Sur le plan territorial** l'Allemagne abandonne 76 000 km^2 et 6,5 millions d'habitants (soit respectivement 13 % et 10 %). L'Alsace-Lorraine, les cantons belges d'Eupen et Malmédy, la Prusse orientale et la Posnanie sont perdues immédiatement (cf. la carte des conflits en Europe) ; les colonies passent sous mandat de la SDN. Afin de préciser les frontières, la SDN est chargée d'organiser des plébiscites en Haute-Silésie, dans le sud de la Prusse et, à l'issue d'une période de quinze ans en Sarre ; bien que le Danemark soit resté neutre un plébiscite est organisé dans le Schleswig au nom du principe des nationalités. **Politiquement et économiquement** l'Allemagne doit renoncer à l'*Anschluss* (rattachement) avec l'Autriche, le traité de Brest-Litovsk est annulé, et surtout l'article 231 affirme la responsabilité de l'Allemagne qui doit verser

Les conflits dans l'Europe de Versailles

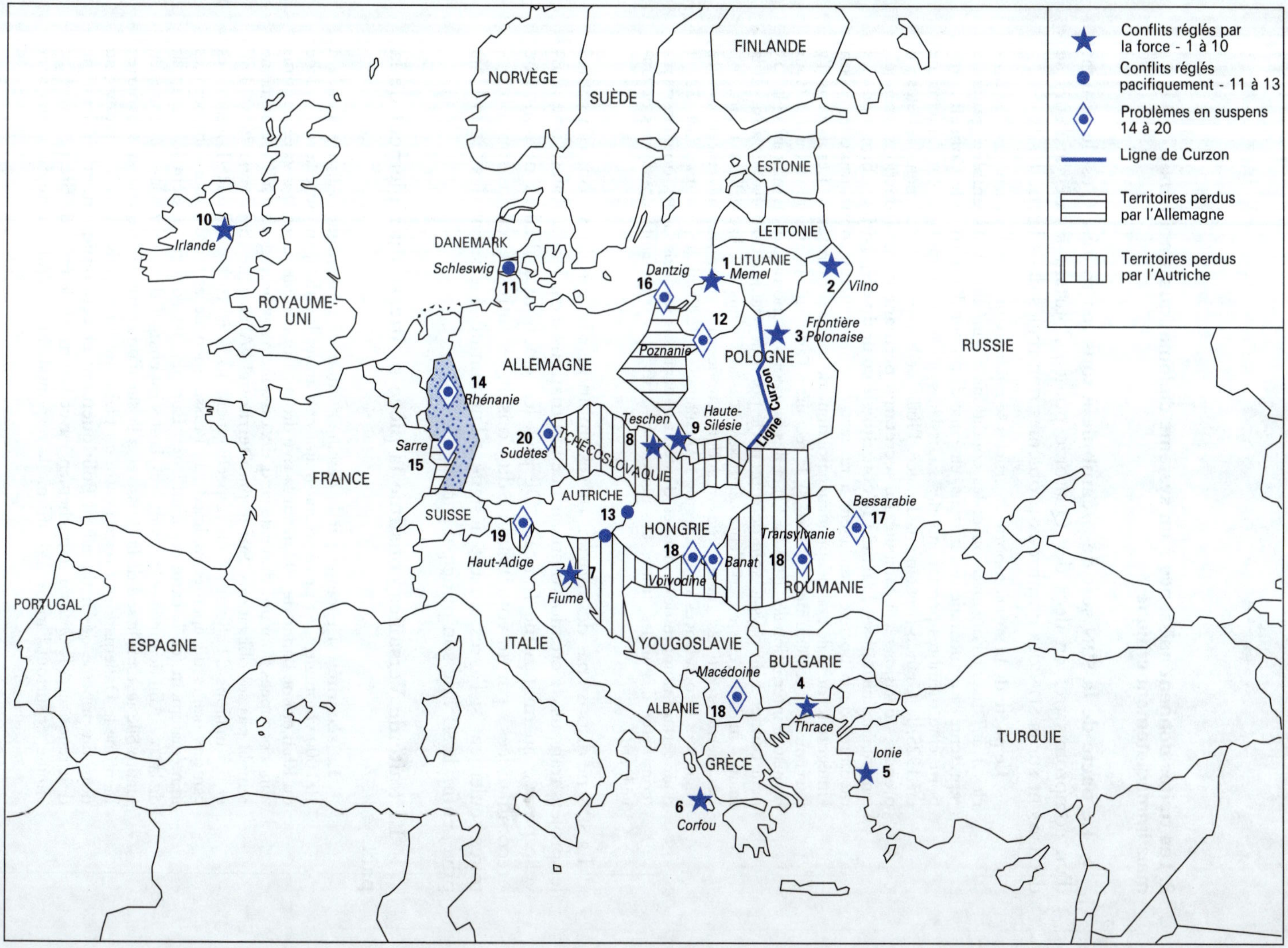

Les conflits réglés par la force

1. Memel	Ville détachée de la Prusse orientale en 1919 et occupée militairement par la Lituanie en 1923. La SDN intervient en 1924 pour qu'elle bénéficie d'une large autonomie.
2. Vilno	Ville lituanienne annexée par la Pologne en 1921 au moment de la Paix russo-polonaise de Riga.
3. Frontière polonaise	Cf. le corps du chapitre.
4. Thrace	La Thrace est revendiquée par la Grèce au nom de l'histoire et les Bulgares qui recherchent un débouché sur la Méditerranée. Après une brève guerre, Briand, président du Conseil de la SDN impose un arbitrage.
5. Ionie	La guerre qui oppose les Grecs soutenus par la Grande-Bretagne aux nationalistes turcs de Mustapha Kemal en 1920-1922 aboutit à un échange de populations effectué entre 1923 et 1926.
6. Corfou	À la suite d'un incident à la frontière gréco-albanaise où deux observateurs italiens furent tués par des Grecs, Mussolini donne l'ordre de bombarder Corfou. Une démonstration navale britannique et une médiation de la SDN permettent de régler le problème.
7. Fiume	Cf. le corps du chapitre.
8. Teschen	Cf. le corps du chapitre.
9. Haute-Silésie	Cf. le corps du chapitre.
10. La question d'Irlande	En 1913, après trente ans d'agitation, la Chambre des Communes a voté l'autonomie interne de l'Irlande *(Home rule)*. Son application est retardée par la guerre. À Pâques 1916, l'aile extrémiste du parti nationaliste *(Sinn Fein)* déclenche une insurrection réprimée brutalement. En 1918 le *Sinn Fein* remporte les élections mais refuse de siéger à Londres. Constitué en une assemblée, le *Dail,* présidée par Eamon de Valera, il proclame l'indépendance. Aux attentats de l'armée républicaine irlandaise (IRA) répond une répression particulièrement dure de l'armée britannique. En 1920 Lloyd George accorde le statut de *dominion* à l'État libre d'Irlande, alors que les comtés du Nord-Est (Ulster) restent rattachés à la Grande-Bretagne. Après trois années de guerre civile pour obtenir l'indépendance de Valera il renonce à la lutte armée. Parvenu au pouvoir lors des élections, il proclame l'indépendance en 1932.

Les problèmes réglés pacifiquement

11-12-13. Les plébiscites	Les plébiscites organisés par la SDN permettent de régler les différends frontaliers entre l'Allemagne et le Danemark au Schleswig (11), l'Allemagne et la Pologne en Posnanie (12), l'Autriche et ses voisins (13).
14. La Rhénanie	La Rhénanie est démilitarisée et divisée en trois zones occupées respectivement pour cinq, dix et quinze ans au terme du traité de Versailles. L'irritation engendrée en Allemagne par cette perte de souveraineté est aggravée par les trois occupations de la Ruhr (1920, 1921, 1923).
15. La Sarre	La Sarre était revendiquée par la France au nom du retour aux frontières de 1814. Le refus des Anglo-Saxons est tempéré par une occupation temporaire de quinze ans (création d'une frontière entre la Sarre et l'Allemagne) à l'issue de laquelle un plébiscite réglera le problème.
16. Le Corridor de Dantzig	Cf. le corps du chapitre.
17. La Bessarabie	Territoire de l'Empire russe peuplé en majorité de Roumains, il est rattaché à la Roumanie en 1918 par un vote de l'assemblée locale dont la validité est contestée par Moscou.
18. Les Balkans	Les nationalités des Balkans très imbriquées sont l'objet de politiques d'intégration forcée dans les États où elles sont incluses. Le problème n'est pas réglé mais un *statu quo* s'instaure peu à peu.
19. Le Haut-Adige	Le Haut-Adige (région du Brenner) est annexé par l'Italie à la suite du traité de 1919, mais la vallée est peuplée de 200 000 Germanophones soumis à une italianisation qui suscite les protestations de Vienne.
20. Les Sudètes	À la frontière germano-tchécoslovaque, il s'agit d'une population allemande placée sous l'autorité tchécoslovaque pour des raisons stratégiques en contradiction avec le principe des nationalités.

des réparations dont le montant n'est pas déterminé (on fixe un acompte de 25 milliards de marks-or). L'Allemagne doit aussi livrer des matières premières, sa flotte de commerce, ses brevets et appliquer unilatéralement la clause de la nation la plus favorisée pour une période de cinq ans.

Le 7 mai le traité est présenté aux Allemands qui dénoncent la mesquinerie de certaines clauses et demandent plus de cent pages de modifications : Lloyd George semble prêt à faire des concessions substantielles mais Clemenceau refuse absolument et Wilson pressé d'en finir ne veut pas d'une renégociation. La signature allemande est arrachée sous la menace d'une invasion dont Foch a préparé les plans. Il n'en fallait pas tant pour que le traité apparaisse comme un insupportable *Diktat* aux yeux de l'opinion allemande.

► **Les autres traités bouleversent la carte européenne.**

Les traités de **Saint-Germain-en-Laye** avec l'Autriche (19 septembre 1919) et de **Trianon** avec la Hongrie (2 juin 1920) entérinent la décomposition de l'empire des Habsbourg. La République autrichienne renonce au Trentin et au Haut-Adige en faveur de l'Italie malgré la présence d'importantes minorités germanophones. La Serbie agrandie par les territoires de Slovénie, de Croatie et de Bosnie-Herzégovine devient le « Royaume des Serbes, Croates et Slovènes ». L'Autriche se sépare également de la Bohême-Moravie et de la Slovaquie ainsi que des territoires polonais. La Hongrie abandonne à la Roumanie près du tiers de son territoire en dépit de la présence de fortes minorités hongroises. Enclavée, dotée d'une énorme tête sur un corps chétif, l'Autriche paraît à peine viable ; elle se voit pourtant refuser toute forme d'*Anschluss* avec l'Allemagne.

Par le **traité de Neuilly** (27 novembre 1919) la Bulgarie perd son débouché sur la mer Égée (Thrace) et la Dobroujda au sud du delta du Danube.

Le **traité de Sèvres** avec la Turquie (10 août 1920) prévoyait le démembrement de l'Anatolie, la perte de l'Arménie, des territoires arabes et la neutralisation des détroits. Mais Mustapha Kemal impose la révision du traité les armes à la main.

► **La « Paix de Versailles » constitue un système intellectuellement cohérent.** La sécurité collective qui en constitue le pivot doit garantir la paix des peuples au sein d'un « état de droit international », l'idée d'en confier l'application à l'arbitrage des Puissances et à la Cour internationale de justice est novatrice. Politiquement les traités sont l'aboutissement du mouvement des nationalités en Europe et introduisent de manière définitive le principe des nationalités dans le droit international : ce principe étant par nature universel, la question nationale gagne du même coup le monde entier et renouvelle la « question coloniale ».

Les problèmes naissent de la mise en œuvre de ces principes. Les traités confient à la SDN le règlement de nombreux points en suspens mais les faiblesses congénitales de l'organisation (décision prise à l'unanimité, absence d'armée et de sanctions efficaces) lui laissent peu de chance d'accomplir cette mission. L'impulsion aurait pu venir d'un consensus des grandes puissances, mais celles-ci sont divisées ou simplement absentes. Dès lors les déséquilibres l'emportent.

La balkanisation de l'Europe exacerbe les nationalismes qui ne peuvent se satisfaire de compromis par nature décevants. Paradoxalement l'Allemagne vaincue devient le principal partenaire de chacun des nouveaux pays, tout en dénonçant le sort des populations germanophones désormais réduites à l'état de minorités nationales dominées sinon opprimées qu'ils hébergent. Le rapprochement germano-soviétique, prophétisé par Lloyd George dès 1918 et réalisé à Rapallo en 1922, s'inscrit dans la même logique.

Entre les vainqueurs la situation n'est pas meilleure. Le vote négatif du Congrès américain le 20 mars 1920 prive la France de la garantie américaine et délie en même temps la Grande-Bretagne de ses engagements. Londres se place dès lors en position d'arbitre soupçonneux des ambitions françaises ; c'est le retour des vieilles querelles et des malentendus. Il ne reste plus entre Français et Allemands que le traité, « trop doux pour ce qu'il a de dur » (J. Bainville). La France, s'estimant trahie, cherche à profiter de l'avantage transitoire que lui procure sa supériorité militaire pour tirer tout ce qui est encore possible des traités, alors que l'unité nationale allemande est renforcée par la volonté universelle de résister au *Diktat*, comme cela avait été le cas en France au lendemain du traité de Francfort, en 1871. En Italie le thème de la « victoire mutilée » par la faute de l'égoïsme des autres vainqueurs et de l'impéritie du gouvernement démocratique débouche immédiatement sur une poussée nationaliste violente dont le révisionnisme est le fer de lance.

Les problèmes économiques et financiers ne sont pas abordés car chacun reste persuadé qu'ils sont du domaine des politiques nationales. Le bilan de la guerre frappe les contemporains, mais ils ont plus de mal à évaluer les conséquences à long terme de la rupture de l'unité commerciale et financière de l'Europe, de son déclin économique et de ses énormes besoins financiers (pour reconstruire, pour apurer les comptes de la guerre et fournir aux nouveaux États les moyens de leur insertion dans l'économie mondiale). Keynes, dans *Les conséquences économiques de la Paix,* publié en France en 1920, est le premier à s'en aviser mais nul ne l'écoute, pire, son ouvrage déclenche en France un incroyable tollé, indice des passions qui président alors au règlement de problèmes nés de la guerre. Pourtant les vainqueurs avaient en main les clefs d'un retour à la stabilité mais il leur a manqué une claire vision des problèmes et la volonté politique de passer outre aux rivalités immédiates.

II. En cinq ans la faillite du système de Versailles est consommée

1. Les traités ont divisé l'Europe en deux camps

▸ **Le camp révisionniste regroupe dans un ensemble apparemment hétérogène l'Italie, l'URSS, l'Allemagne et les autres vaincus.** La carte fait apparaître une dizaine de zones de conflits concentrées à l'est et au sud de l'Europe.

Pour les révisionnistes italiens les traités constituent un déni de justice dont ils tiennent pour responsables le gouvernement démocratique et la France qui n'a pas soutenu sa voisine contre les Anglo-Saxons. La question de l'Adriatique est au centre des préoccupations de l'Italie, mais celle-ci nourrit aussi des ambitions dans l'Europe danubienne, ce qui explique au moins partiellement sa grande méfiance à l'égard de l'Allemagne et son refus du rattachement éventuel de l'Autriche *(Anschluss)*. L'arrivée au pouvoir de Mussolini le 30 octobre 1922 renforce cette orientation, mais jusqu'en 1925 le *Duce* laisse le secrétaire général des Affaires étrangères, Contarini, mener une politique prudente.

En Europe centrale la question des nationalités a changé de nature. À la suite des indépendances de l'automne 1918, le nombre des personnes vivant dans un pays où ils sont minoritaires a diminué de moitié (une trentaine de millions contre plus de soixante avant la guerre), mais les contentieux opposent désormais les jeunes États souverains : ainsi la Hongrie proteste avec véhémence contre la roumanisation des Hongrois de Transylvanie et du Banat, ou leur slavisation en Voïvodine yougoslave ; l'Autriche se plaint de même du traitement réservé aux Germanophones du Sud-Tyrol. Les vaincus contestent âprement le tracé des frontières dont certaines ne sont pas fixées en 1919 (Sarre, Prusse, Dantzig, Haute-Silésie), le traité germano-russe de Brest-Litovsk est annulé par l'armistice du 11 novembre, sans que soient précisées les frontières russes.

La défaite de l'Allemagne ayant mis un terme à la *Weltpolitik*, la république de Weimar recentre sa politique extérieure sur l'Europe avec pour objectif la reconstitution de la puissance économique et la révision des clauses du traité de Versailles. Cette ambition est encouragée par les dissensions évidentes entre les Anglo-Saxons et la France. Deux stratégies lui sont alors ouvertes : soit exécuter les traités et mettre en avant la bonne volonté de l'Allemagne afin d'obtenir un allégement des charges *(Erfüllungspolitik)*, ou bien à l'inverse résister par tous les moyens *(Widerstandspolitik)*. Jusqu'en 1923 la résistance l'emporte.

► **La position française est ambiguë.** La paix la laisse insatisfaite : sans la garantie anglo-saxonne, le redressement de l'Allemagne, inévitable à moyen terme, menace sa sécurité et l'on ne croit guère à Paris en l'efficacité de la SDN. Inversement, la France cherche à exploiter l'ensemble des avantages économiques sur l'Allemagne que lui ont donné les traités : livraison de réparations en nature jusqu'en 1921, franchise douanière pour les produits d'Alsace-Lorraine, octroi unilatéral de la clause de la nation la plus favorisée pour cinq ans. De plus les articles 256 et 296 du traité permettent aux États successeurs de racheter les entreprises allemandes situées sur leur territoire, comme ils manquent de moyens financiers pour ce faire, les entreprises et les banques françaises ont la possibilité de prendre pied sur ces marchés. La politique française s'engage alors sur une double voie politique et économique.

Face à l'Allemagne **la stricte application des traités** doit permettre de prolonger l'abaissement et peut-être l'occupation de l'Allemagne si elle ne peut remplir ses obligations. De manière contradictoire les diplomates français imaginent aussi une coopération sidérurgique (la Lorraine fournissant le minerai de fer et la Ruhr le coke). **Les accords de Wiesbaden** signés par Loucheur et Rathenau en octobre 1921 pour prolonger les versements en nature vont dans ce sens, les Réparations devant être pour une part versées sous forme de charbon. Mais les limites apparaissent : les maîtres de forges français craignent la concurrence allemande alors que les sidérurgistes de la Ruhr ont reconstruit leurs usines pour utiliser des minerais suédois ou canadiens de bien meilleure qualité que la « minette » lorraine. L'accord tourne court.

À l'Est, la perte de l'alliance russe est compensée par un réseau d'accords militaires et politiques avec la Pologne (1920), puis avec les pays de la Petite Entente (Yougoslavie, Tchécoslovaquie et Roumanie) en 1921. La France n'hésite pas à soutenir ses alliés même en contravention avec les traités (dans l'affaire de Haute-Silésie notamment). Toutefois cette politique souffre de deux incohérences : d'une part les alliés de la France s'opposent, la Pologne notamment est en conflit avec la Tchécoslovaquie au sujet de Teschen ; d'autre part le choix fait dès 1921 d'une stratégie militaire défensive (protection statique des frontières) interdit à la France de venir au secours de ses alliés en cas de guerre avec l'Allemagne.

L'éviction des intérêts économiques allemands remplacés par ceux de la France avait pour but de consolider ces liens politiques. Les diplomates du Quai d'Orsay poussent donc les entreprises et les banques françaises à s'implanter en Europe centrale. C'est ainsi que Schneider rachète les usines Skoda, les mines de Silésie et de Teschen, prend des participations bancaires en Autriche et Hongrie, alors que Paribas s'intéresse au pétrole roumain. En 1923 les investisseurs français arrivent au premier rang en Pologne et en Yougoslavie, au second derrière les Anglais en Roumanie et Tchécoslovaquie. Mais ce n'est aux yeux de l'historien G. Soutou qu'un « impérialisme du pauvre » car la France ne dispose pas des moyens financiers de ses ambitions. Le manque de rigueur budgétaire et le refus de dévaluer minent la confiance internationale dans le franc. Sur le plan commercial la France est un partenaire de peu d'intérêt car elle n'a pas besoin des produits agricoles d'Europe centrale et n'exporte pas les biens industriels dont les nouveaux États ont besoin. Surtout les milieux d'affaires et les épargnants échaudés par la perte des emprunts russes renâclent devant de nouvelles aventures extérieures. Ainsi, en quelques années l'Allemagne peut reconquérir les marchés d'Europe centrale grâce à son réseau commercial et aux innombrables cartels internationaux de producteurs qu'elle patronne. La reconstitution de cette *Mitteleuropa* commerciale est un grave échec pour la France puisqu'elle prive ses alliances de revers de leur substrat économique.

La diplomatie française ne manque donc ni d'ambitions ni d'imagination, le problème est celui des moyens et de la cohérence de l'action.

► **Les divisions de l'Europe placent les Anglo-Saxons en position d'arbitre.** L'opinion américaine penche pour l'isolationnisme. Cette attitude n'est pas nouvelle : avant-guerre elle s'enracinait dans la peur du rouge *(red scare)* anarchiste ou syndicaliste révolutionnaire et dans la crainte d'une remise en cause de l'identité américaine assimilée au type WASP *(White Anglo-Saxon Protestant)*. La révolution bolchevique et le renouveau des nationalismes en Europe renforcent ces sentiments que résume le slogan du futur président républicain Harding, *America first*. Malgré une campagne d'explication à travers les États-Unis, Wilson ne peut empêcher le Sénat de rejeter définitivement les traités le 19 mars 1920 (les États-Unis signeront une paix séparée avec l'Allemagne en 1921). Pourtant un retour à l'isolationnisme du XIXe siècle n'est plus possible : les États-Unis ont trop d'intérêts à défendre dans le Pacifique et en

Chine (contre le Japon), au Proche-Orient, en Amérique latine et même en Europe. Ils restent ainsi très actifs dans le domaine économique et financier grâce à la puissance du dollar *(dollar diplomacy)* et s'intéressent aux marchés d'Europe centrale. La voie choisie est celle du *non entanglement*, c'est-à-dire du non-engagement politique dans les affaires européennes, à mi-chemin de l'isolationnisme impossible et de l'interventionnisme impopulaire. Cela ne va pas sans contradictions : la politique déflationniste en 1920 et le recours au protectionnisme (vote en 1922 du tarif Fordney-McCumber) aggravent la crise économique de « retour à la paix » ; le refus d'annuler ou de réduire les dettes interalliées alourdit les malentendus transatlantiques. En 1922 le Secrétaire d'État Hughes donne la clef de la politique américaine « Je ne crois pas que nous devions essayer d'assumer un tel fardeau de responsabilités. » En 1947 Marshall dira exactement l'inverse.

En Grande-Bretagne, Lloyd George accorde la priorité au redressement de la position mondiale du pays face à la concurrence américaine. Sur mer, la *Royal Navy* demeure la première flotte mondiale mais les flottes japonaises et américaines additionnées sont plus puissantes, le retour au *Two Power Standard* entraînerait une ruineuse course aux armements avec Washington. Sur le plan commercial et financier, le gouvernement britannique a choisi de restaurer la livre à sa parité de 1913 et de rétablir les flux commerciaux et financiers qui avaient fait sa puissance au XIXe siècle : il faut donc reconstituer le portefeuille britannique écorné par la guerre, reconquérir les marchés d'Amérique latine et des *dominions* (Canada et Australie surtout), enfin ramener l'ordre économique et financier en Europe. Lloyd George consacre beaucoup d'énergie à la préparation d'une conférence commerciale et monétaire prévue pour le printemps 1922 à Gênes mais ses efforts se heurtent à l'intransigeance des différentes parties prenantes. Le début des années vingt est en effet le temps des confrontations plus que celui de la conciliation.

2. Les problèmes restés en suspens suscitent des conflits jusqu'en 1923

► **La Turquie réagit la première.** Avant même la signature du traité de Sèvres, le général Mustapha Kemal s'est réfugié dans l'est de la Turquie d'où il conteste à la fois le pouvoir du Sultan, jugé suranné, et les traités. S'il se résigne à la perte des territoires arabes, le dépècement de l'Anatolie en zones d'influence lui paraît inacceptable. Soutenu par la population, Mustapha Kemal profite de la désunion des vainqueurs pour reconquérir son pays entre 1921 et 1923 : l'Italie et la France renoncent à leurs ambitions en 1921 et laissent face à face les Turcs et les Grecs aidés par les Anglais. La victoire est acquise en 1923 après une guerre impitoyable. Mustapha Kemal renverse alors le Sultan et négocie le **traité de Lausanne (24 juillet 1923).** La Turquie obtient la pleine souveraineté sur toute l'Anatolie et la Thrace orientale jusqu'à Edirne, les populations grecques et turques sont échangées mais les Détroits restent démilitarisés (leur statut fera l'objet de la convention de Montreux en 1936). Mustapha Kemal surnommé *Atatürk* (le père des Turcs) fait dès lors figure de modèle pour les jeunes militaires progressistes du Proche-Orient, en Irak et en Égypte notamment.

► **L'occupation de Fiume le 12 septembre 1919 donne un tour violent à la question de l'Adriatique.** Dès 1918, la population de la ville de Fiume, en majorité italienne, avait demandé son rattachement au royaume au nom du principe des nationalités. À Paris, les trois grands refusent car la ville située au nord de l'Istrie est enclavée au milieu de populations slaves et constitue un débouché maritime indispensable pour la Yougoslavie. À la suite des *Vêpres fiumaines* (des incidents avec la garnison française chargée de maintenir l'ordre), le poète nationaliste G. d'Annunzio s'empare de la ville avec l'aide d'officiers italiens. Il s'y maintient pendant plusieurs mois ridiculisant les autorités romaines. En juin 1920 le gouvernement Giolitti finit par donner l'assaut tout en négociant un statut de ville libre sous le contrôle de la SDN. La question n'est pas réglée pour autant. En 1924, Mussolini profite de ce que la France empêtrée dans la Ruhr ne peut secourir son alliée yougoslave, pour imposer à Belgrade le pacte de Rome qui prévoit notamment le rattachement de Fiume à l'Italie. La SDN, impuissante lorsqu'une des grandes puissances est en cause, doit entériner le coup de force. L'épilogue interviendra en 1945 lorsque Tito chassera la population italienne de la ville devenue Rijeka.

► **Les conflits se multiplient aux frontières de l'Europe centrale en 1920 et 1921.** La SDN installée en 1920 règle quelques-uns des problèmes restés en suspens à l'issue de la conférence de la Paix mais manque de moyens et de poids politique, et les grandes décisions lui échappent au profit de commissions internationales chargées de suivre l'application des traités (comme la Conférence des ambassadeurs ou la Commission internationale du contrôle militaire). Malgré tout la SDN parvient à fixer les frontières entre l'Autriche, la Yougoslavie et la Hongrie. Elle organise des plébiscites en Prusse méridionale et dans le Schleswig. Mais dans plusieurs cas les résultats sont faussés par des manipulations, l'intervention des grandes puissances ou le recours à la violence.

> **À Teschen en 1921,** la Tchécoslovaquie s'empare d'une région majoritairement polonaise avec l'accord tacite du Quai d'Orsay. La Pologne fait de même en **Haute-Silésie :** le plébiscite organisé sous l'égide de la SDN en mars 1921 donne 60 % en faveur du rattachement à l'Allemagne, mais celle-ci avait acheminé près de 200 000 immigrés par train. Le Polonais Korfanty déclenche une insurrection qui se heurte aux Corps francs allemands. Briand décide d'envoyer des troupes françaises en juin malgré l'hostilité de Lloyd George. Le territoire est finalement partagé : deux tiers reviennent à l'Allemagne, mais la Pologne conserve la région la plus industrialisée où subsiste une forte minorité allemande.

► **La question russe est la plus lourde de conséquences.** Depuis l'été 1918 la situation est très confuse. Les Occidentaux et le Japon ont déployé des troupes et demandé aux Allemands de maintenir les leurs pendant un certain temps malgré l'armistice. Wilson qui ne croit pas à l'efficacité de ces interventions tente d'organiser une conférence de réconciliation sur l'île des Princes (Turquie) en janvier 1918 puis dépêche sans plus de succès son conseiller personnel, Bullitt, auprès de Lénine. Après l'insurrection hongroise il se rallie au projet de **Cordon sanitaire** proposé par Clemenceau. En janvier 1920 la France essaie de mettre en place un « Bloc baltique », comprenant la Finlande et les pays baltes, mais les Soviétiques contournent ce projet en reconnaissant l'indépendance de ces pays et en signant des traités d'amitié. Reste la frontière avec la Pologne.

La guerre russo-polonaise commence au printemps 1920. Le gouvernement de Pilsudski revendique le retour à la grande Pologne de 1772 (les frontières englobaient alors les pays baltes, la Biélorussie et une part de l'Ukraine). Assurée du soutien de la France car la Pologne constitue le pivot du Cordon sanitaire et des alliances de revers contre l'Allemagne, les troupes de Varsovie envahissent la Biélorussie et l'Ukraine jusqu'à Kiev. La contre-offensive soviétique dirigée par Toukhatchevski est foudroyante, en juillet les Russes sont aux portes de Varsovie. Le secrétaire au Foreign Office britannique, Lord Curzon, propose alors une ligne de partage (proche des frontières actuelles de la Pologne) et la réunion d'une conférence. Le gouvernement français préfère dépêcher le général Weygand et du matériel de guerre : les Polonais réoccupent une bande de 200 km à l'Est de la ligne Curzon, englobant la capitale lituanienne Vilnius. La paix de Riga (12 mars 1921) confirme ce nouveau partage, mais il reste beaucoup de rancœur parmi les Baltes et du côté soviétique.

3. La question des Réparations détermine l'évolution politique en Europe

► **En 1919, le Conseil des Quatre n'avait pu se mettre d'accord sur le montant des Réparations :** Keynes proposait un forfait de 40 milliards de marks-or alors que Lord Cunliffe et les Français voulaient une indemnisation des frais réels estimés entre 124 milliards et 188 milliards. On se contenta de fixer un terme aux négociations (le 1er mai 1921) et d'imposer aux Allemands le versement d'une avance de 20 milliards.

Les Réparations sont fixées en 1921 au terme de discussions très pénibles. La conférence de Spa en 1920 détermine la répartition : 52 % pour la France et 22 % pour les Britanniques ; viennent ensuite l'Italie 10 %, la Belgique 8 %, les autres pays se partageant le reste. En janvier 1921 le montant des Réparations est fixé à 226 milliards de marks, ce que l'Allemagne refuse. Avec le soutien des Britanniques, Briand décide de mettre « la main au collet de l'Allemagne » : les villes de Ruhrort, Duisbourg et Düsseldorf sont occupées en mars. Toutefois l'état final des paiements fixé lors de la conférence de Londres est ramené à 132 milliards de marks (2 milliards par an plus 26 % des exportations allemandes). L'Allemagne confrontée à un nouvel ultimatum doit céder le 5 mai 1921.

Dans un premier temps le gouvernement du chancelier Wirth décide de verser les Réparations pour obtenir l'évacuation de la Ruhr et une solution positive à la question de Haute-Silésie. Cette attente est déçue puisque la France patronne un partage de la Silésie qui favorise la Pologne. Wirth adopte alors la politique de résistance *(Widerstandspolitik)* car il a la certitude d'être soutenu par Londres. En effet, Lloyd George et Briand tiennent une **conférence à Cannes** le 7 janvier 1922 : le Britannique propose de réduire le montant des Réparations et d'accorder un moratoire en échange de quoi la Grande-Bretagne signerait le traité de garantie prévu à Versailles et accepterait d'établir un lien entre les dettes interalliées et les Réparations. Briand est séduit par cette solution réaliste, mais Poincaré (ministre des Affaires étrangères) et Millerand dénoncent ce « coup de Cannes ». Briand abandonne la présidence du Conseil à Poincaré, partisan de la fermeté. L'échec de la conférence de Cannes entraîne celui de la conférence économique d'avril 1922.

La conférence de Gênes (avril-mai 1922) devait régler la question des Réparations, le problème des emprunts russes et permettre la stabilisation des monnaies en Europe orientale. L'intransigeance des parties prenantes empêche de trouver un terrain d'accord sur les deux premiers points. L'accord monétaire indispensable préalable au rétablissement des échanges souhaité par Londres est le seul résultat probant. Pour pallier la pénurie d'or en Europe on instaure un système monétaire fondé sur le *Gold Exchange Standard* (étalon de change-or) ; au lieu d'être uniquement gagées sur un stock d'or, les monnaies faibles peuvent désormais l'être sur des devises convertibles.

En marge de la conférence l'Allemagne et la Russie signent **le traité de Rapallo :** officiellement il prévoit seulement l'annulation des créances bilatérales, mais un protocole secret met en place une coopération militaire (la Russie accueillera des usines d'armements et des camps d'entraînement allemands en échange d'une assistance technique).

Ce semi-échec met un terme aux tentatives britanniques d'arbitrage de la situation européenne. Il y a deux raisons à cela : d'une part le traité de Rapallo concrétise la crainte exprimée par Lloyd George dès 1919 de voir se constituer une sorte d'alliance des réprouvés ; d'autre part l'Angleterre n'a plus les moyens de conduire une politique navale planétaire contre les États-Unis et le Japon tout en restaurant sa monnaie et celle des petits pays ; sur ces deux points la collaboration des États-Unis est indispensable aux Britanniques. Le principe du *Two Power Standard* avait déjà été abandonné au profit d'une simple parité navale avec les États-Unis lors de la conférence de Washington en février 1922 ; au lendemain de la conférence de Gênes, Londres annonce son intention d'ouvrir des négociations sur la question des dettes de guerre : la voie d'un front commun anglo-saxon est frayée.

► **Pour Poincaré il est clair que la solidarité franco-anglaise est rompue** et que la révision des clauses financières des traités est à l'ordre du jour. Il entend venir à la table des négociations avec des « gages productifs » suffisamment importants pour contraindre l'Allemagne à céder rapidement et pour placer la France en position de force en face des Anglo-Saxons. La décision d'occuper la Ruhr sous le premier prétexte est prise en novembre 1922.

L'occupation de la Ruhr commence le 11 janvier 1923. À la suite d'un retard dans une livraison de poteaux télégraphiques, les Français et les Belges occupent la Ruhr et instaurent immédiatement une frontière économique avec le reste du territoire du Reich. Le gouvernement allemand du chancelier Cuno répond en organisant la « résistance passive » : Berlin finance la grève générale et soutient les entreprises en difficulté. Les Français et les Belges parviennent à relancer la production en employant des mineurs et des cheminots réservistes. En même temps les forces d'occupation procèdent à 100 000 expulsions et prononcent plusieurs condamnations à mort pour sabotage dont celle de Schlaegeter qui fait dès lors figure de martyr de la cause allemande. Les Français encouragent par ailleurs le mouvement séparatiste rhénan de Dorten. La résistance allemande s'émousse durant le printemps face à la volatilisation de la monnaie (un dollar vaut 18 000 marks en janvier, 4 200 milliards en novembre) et au désordre économique, social et politique que cela entraîne. Le 26 septembre le nouveau chancelier Stresemann met fin à la résistance passive. En novembre Poincaré pense avoir gagné, il accepte la constitution de la commission d'experts conduite par le banquier américain Dawes.

III. Le règlement des problèmes financiers est la clef de la détente

1. L'année 1924 est un tournant dans les relations internationales

Les protagonistes français et allemands changent de stratégie tandis que l'URSS, reconnue par les grandes puissances occidentales, revient sur la scène internationale ; il en va de même des États-Unis à travers leurs banquiers et leurs experts. La sécurité collective est relancée par le projet de protocole de Genève.

► **Les Anglo-Saxons imposent leur médiation dans la crise de la Ruhr à travers un compromis financier.** Pour Londres et Washington le retour à la stabilité monétaire et le développement du commerce sont une priorité : en Grande-Bretagne le faible excédent de la balance des transactions courantes entrave le rétablissement de l'étalon-or ; aux États-Unis au contraire, la prospérité génère des capitaux abondants en quête de placements mais l'instabilité monétaire européenne effraye les milieux financiers qui regrettent également la fermeture du marché allemand paralysé par l'inflation. En Allemagne, le redressement entrepris par Schacht dès le mois de novembre 1923 avec l'appui des États-Unis doit être consolidé par un emprunt international. Reste la France, une vague spéculative orchestrée par les Anglo-Saxons et les banques allemandes met en péril le franc et rend inévitable le recours à l'aide américaine qui est suspendue à l'apurement du contentieux avec l'Allemagne. Herriot, successeur de Poincaré après la victoire du Cartel en mai 1924, doit accepter une conférence internationale mais il est isolé. Le travailliste Macdonald refuse son soutien et exige aussi l'évacuation de la Ruhr. Les États-Unis ne sont pas officiellement représentés, mais le secrétaire au Trésor Mellon et le secrétaire d'État Hughes sont en vacances à Londres à ce moment, et Dawes fait savoir à Herriot que les banquiers américains exigent l'évacuation de la Ruhr et la réduction des pouvoirs de la commission des Réparations avant de souscrire à l'emprunt international. Le journal *L'Intransigeant* ne s'y trompe pas et accuse les Britanniques de prêter la main à une révision des traités qui se terminera nécessairement par une revanche allemande.

La conférence de Londres (16 juillet-16 août 1924) met en œuvre les propositions de la commission d'experts dirigée par le banquier américain Dawes entre janvier et avril 1924 : le montant des Réparations est maintenu à 132 milliards de marks mais les annuités seront réduites durant cinq ans sous le contrôle d'une commission internationale chargée d'évaluer chaque année la capacité de paiement de l'Allemagne. Un emprunt international de 800 millions de marks-or doit être lancé afin de faciliter le redressement de la monnaie allemande. Pour Stresemann le **Plan Dawes** est un succès : « C'est la prise de position du monde anglo-américain contre l'impérialisme français », il est également convaincu de la nécessité pour l'Allemagne d'entretenir de bonnes relations avec le capitalisme anglo-saxon, seul capable de mettre l'économie allemande à l'abri de la menace française avec cependant l'espoir que « plus tard, quand nous seront redevenus forts, nous rejetterons ces béquilles ».

Piètre négociateur, Herriot cède d'emblée sur la Ruhr et n'obtient ensuite aucune contrepartie significative (sauf des livraisons de coke indispensables pour la sidérurgie lorraine). Il s'en justifiera dans ses *Mémoires* parus en 1952 en évoquant les risques encourus du fait d'un isolement prolongé. Une autre interprétation voit dans la conférence de Londres l'amorce d'un renversement de la stratégie française : Herriot aurait volontairement abandonné des gages désormais inutiles afin de prouver la bonne volonté de la France et ainsi reprendre l'initiative dans le cadre plus large de la SDN et de la sécurité collective afin de contrôler le processus de révision négociée des traités de paix. Ce sera la politique de Briand.

► **Le règlement de la question des dettes devient possible.** L'accord conclu entre les États-Unis et la Grande-Bretagne en 1923 (accord MellonBaldwin) sert de prototype aux accords Caillaux-Churchill (1925) et Mellon-Bérenger (1926) : la dette française est réduite de 52 % mais elle porte un intérêt de 4 % sur 62 annuités (c'est-à-dire jusqu'en avril 1988 !). Pour ce faire un vaste circuit financier triangulaire est mis en place : les banques américaines prêtent à l'Allemagne puis au reste de l'Europe, l'Allemagne règle les Réparations ce qui permet aux débiteurs des États-Unis de s'acquitter de leur dette.

Adopté le 7 juin 1929, le Plan Young prend la suite du Plan Dawes. Le montant des Réparations n'est pas réduit mais le plan définit deux types de versements : 22,6 milliards d'annuités non différables sont exigibles quelle que soit l'évolution de la situation ; le versement du solde qualifié d'annuités différables est lié au remboursement des dettes interalliées. La France a obtenu que le versement des Réparations et les remboursements des dettes interalliées suivent le même échéancier jusqu'en 1988, mais les Anglo-Saxons ont maintenu la séparation juridique des dettes et des Réparations. La France se contente de ce compromis et le Parlement ratifie le Plan Young en même temps que les accords Mellon-Bérenger et Caillaux-Churchill. Il ne semble plus dès lors y avoir d'obstacles à la prospérité.

La reprise des échanges satisfait les Britanniques et les Allemands. Seule la France, en proie à de graves difficultés financières jusqu'à la dévaluation de 1928, reste à l'écart de la prospérité européenne.

► **La reprise des échanges financiers ouvre la voie à une détente générale en Europe.** Le mécanisme financier mis en place entre 1924 et 1929 est tel qu'aucun gouvernement n'a intérêt à déclencher une crise politique grave susceptible d'interrompre l'afflux de dollars ; la situation internationale se stabilise donc.

La détente intérieure est particulièrement sensible en Allemagne où l'ère des troubles se termine. L'aspiration au calme se manifeste par la crise que traverse l'extrême-droite après l'échec du « putsch de la brasserie » et la stabilisation institutionnelle. La mort du président Ebert en 1925 permet l'élection du maréchal Hindenburg, monarchiste affirmé qui accepte cependant le jeu des institutions et soutient la politique de détente voulue par Stresemann. **En Grande-Bretagne** les Conservateurs reviennent au pouvoir après l'échec du gouvernement travailliste. **En France,** Poincaré qui n'apprécie guère Briand le maintient cependant au Quai d'Orsay : cette cohabitation du patriotisme poincariste et du pacifisme internationaliste de Briand semble combler les Français. Elle permet en tout cas de conduire de manière cohérente et durable une politique fondée sur la sécurité collective et le rapprochement avec l'Allemagne.

La coopération internationale renaît. Les historiens de l'École des *Annales,* fondée à Strasbourg par M. Bloch et L. Febvre en 1927, multiplient les échanges avec le reste de l'Europe. P. Vient crée le Comité franco-allemand d'information, alors que la NRF publie les textes des grands auteurs allemands contemporains. L'idée européenne trouve aussi un écho politique autour du mouvement *Paneuropa* du comte Coudenhove-Kalergi.

Cette détente ne signifie pourtant pas la fin des nationalismes ni des extrémismes. L'année 1927 voit la création des Jeunesses patriotes en France ; le lancement par le NSDAP d'une pétition contre le Plan Young qui reçoit 5 millions de signatures et donne lieu à un référendum ; enfin, en Italie Mussolini définit une grande politique méditerranéenne (voir le plan en fin de chapitre).

2. La scène européenne s'éclaircit pendant quelques années

► **La détente franco-allemande, voulue par Briand et Stresemann,** se développe sous le signe des faux-semblants et des arrière-pensées : les objectifs des deux hommes sont contradictoires, mais pour un temps leurs stratégies et les moyens de les mettre en œuvre convergent.

Stresemann est persuadé que l'Allemagne ne peut vaincre la France dans une lutte diplomatique frontale. C'est pourquoi il a mis fin à la résistance passive dans la Ruhr en 1923 et manifeste une très vive hostilité à l'égard des Nazis. Ministre des Affaires étrangères de 1924 à sa mort en 1929, il poursuit l'exécution du programme qu'il a exposé dans une célèbre lettre adressée au *Kronprinz* en 1925 : « À mon avis la politique allemande a trois grands buts pour le prochain avenir. D'abord la solution de la question rhénane dans un sens tolérable pour l'Allemagne [...]. En second lieu la protection des dix à douze millions d'Allemands qui vivent aujourd'hui sous le joug étranger. Troisièmement, la rectification de nos frontières orientales [...] et à plus longue échéance le rattachement de l'Autriche. » Il y a là plus qu'un relent de pangermanisme : l'Allemagne dont rêve Stresemann est plus vaste que celle de 1914. Ce qui le distingue, c'est la méthode qui tient en un mot *« Finassieren »*, c'est-à-dire faire des concessions sur des points mineurs pour lancer un mouvement que l'adversaire ne pourra plus arrêter. Ce n'est donc pas de « finasserie » qu'il est question mais de « finesse ». Pour y parvenir il compte sur l'aide des Anglo-Saxons et les milieux d'affaires internationaux.

Partisan de « la main au collet » en 1921, **Aristide Briand** s'est convaincu ensuite que la France n'avait ni les moyens matériels, ni les moyens politiques d'une telle attitude. En 1925 il répond à ses détracteurs qu'il fait « la politique de notre natalité ». Il n'a aucune illusion sur les arrière-pensées de Stresemann, mais il espère que des concessions graduées conduiront l'Allemagne à reconnaître l'essentiel des traités, c'est-à-dire le perte de l'Alsace-Lorraine et le paiement des Réparations. Pour le reste, il entend utiliser la SDN et les principes de la sécurité collective pour empêtrer l'Allemagne dans un système multilatéral au sein duquel sa puissance aura moins de poids. Briand ne néglige pas pour autant les moyens classiques : il approuve la construction de la ligne Maginot et s'attache au renforcement des alliances de revers avec la Pologne et la Petite Entente. À l'instar de Wilson, Briand est un idéaliste animé de préoccupations réalistes.

L'idée de sécurité collective commence à s'imposer après la conférence de Londres. Herriot et Macdonald sont d'accord pour réformer le pacte de la SDN, mais le Britannique met en avant le désarmement et l'arbitrage obligatoire alors que Herriot veut rendre l'organisation plus efficace pour garantir la sécurité collective ; il espère aussi que la France pourra en inspirer la politique.

Ils se retrouvent pour en discuter. Le **Protocole de Genève** (Protocole pour le règlement pacifique des différends internationaux) de septembre 1924 est le résultat de leurs discussions. Le texte prévoit d'imposer l'arbitrage aux parties en litiges si elles ne le demandent pas d'elles-mêmes. Celle qui se dérobe ou refuse la décision est déclarée « agresseur », les sanctions militaires votées à la majorité des deux tiers doivent alors être appliquées par tous les membres. Le changement de majorité en Grande-Bretagne fait échouer le projet. C'est un coup dur pour Herriot qui n'a pas obtenu la garantie internationale des frontières françaises qu'il recherchait.

► **Le pacte de Locarno consolide la détente.** L'initiative de la conférence vient de Stresemann sur une suggestion de l'ambassadeur britannique à Berlin. Elle se déroule en octobre 1925 sur les bords du lac de Côme en présence de Mussolini, Vandervelde pour la Belgique, Austen Chamberlain, Briand et Stresemann.

Le principal résultat est un pacte de garantie mutuelle des frontières occidentales de l'Allemagne, le Royaume-Uni et l'Italie apportant également leur signature. Il est complété par quatre conventions d'arbitrage obligatoire entre l'Allemagne et ses voisins, France, Belgique, Pologne et Tchécoslovaquie. C'est un progrès considérable pour la France puisque l'Allemagne accepte librement les frontières de 1919 et promet de ne pas remilitariser la Rhénanie. L'Allemagne obtient en échange l'évacuation anticipée de la Rhénanie (ce qui interdit à la France toute nouvelle prise de gage) et un siège de membre permanent au Conseil de la SDN. Elle reprend ainsi sa place dans le concert des nations et efface l'une des humiliations de Versailles. Les États-Unis soutiennent le processus en sous-main puisque Coolidge fait savoir que la poursuite des prêts à l'Europe dépend de la signature du pacte.

Les accords de Locarno sont sans doute un substitut intéressant au protocole de Genève mais ils ont l'inconvénient de ne pas s'intégrer au cadre de la SDN. D'autre part, Paris s'est mis en porte à faux avec ses alliés polonais et tchécoslovaques qui ont le sentiment d'avoir été sacrifiés sur l'autel des intérêts égoïstes de la France. En accord sur ce point avec les Polonais, Stresemann refuse le principe d'un « Locarno oriental », ce qui ne l'empêche pas de renforcer les échanges commerciaux avec ses voisins de l'Est et d'esquisser une « diplomatie du mark ». Ainsi propose-t-il sans succès à la Belgique le rachat les cantons d'Eupen et Malmédy moyennant 50 millions de dollars. Lors de la **rencontre de Thoiry en septembre 1928,** Stresemann offre à Briand de verser par anticipation une annuité des Réparations pour aider au redressement du franc, en contrepartie la France évacuerait la rive gauche du Rhin. En 1927, le sidérurgiste luxembourgeois Émile Mayrisch lance le Cartel international de l'acier dont la finalité est de réduire les risques de surproduction : des quotas sont fixés (40,5 % pour l'Allemagne, 32 % pour la France, 12,5 % pour la Belgique, etc. Mais les industriels britanniques ne sont pas conviés). En 1927 encore, est signé le traité de commerce franco-allemand qui remplace les dispositions du traité de Versailles : les deux pays s'accordent la clause de la nation la plus favorisée et des avantages particuliers dans certains domaines (agriculture, textiles et produits sidérurgiques pour la France, produits chimiques, mécanique et constructions électriques pour l'Allemagne). Alors que la mésentente cordiale se prolonge entre Paris et Londres, ce rapprochement met en question le rôle d'arbitre européen du gouvernement britannique. On voit alors Chamberlain se rendre en Italie pour rencontrer Mussolini à Gênes en 1927 afin de ne pas se retrouver sans appui sur le continent.

► **L'esprit de Locarno redonne vie à la sécurité collective : de 1924 à 1930 la SDN connaît son apogée.** La réception de l'Allemagne à la SDN en septembre 1926 conforte la crédibilité de l'organisation et donne lieu à des discours pompeux comme celui de Briand : « Arrière les fusils, les mitrailleuses, les canons ! Place à la conciliation, à l'arbitrage et à la paix ! ». Les ministres des Affaires étrangères des grandes puissances prennent dès lors l'habitude de se rencontrer à l'Assemblée générale annuelle de l'organisation qui se tient à Genève en septembre. Ils y retrouvent les puissances de second rang qui s'efforcent de profiter de la démocratie internationale pour s'affirmer (la Pologne se hisse ainsi parmi les grands en 1926 en obtenant d'être perpétuellement réélue au Conseil pour compenser le siège de membre permanent accordé à l'Allemagne). La SDN est essentiellement un forum commode à une époque où les voyages internationaux demeurent compliqués. Toutefois le règlement du conflit gréco-bulgare en 1925 montre que l'organisation peut être efficace dès lors qu'il existe une volonté politique clairement affirmée : conformément aux statuts, Briand, président du Conseil de la SDN, organise un arbitrage international et le fait respecter en menaçant d'appliquer des sanctions. Dans le domaine économique la SDN est chargée d'organiser des emprunts internationaux au profit de l'Autriche en 1922, puis de la Hongrie en 1924 et de la Bulgarie en 1926 et 1928, afin de constituer l'encaisse de leurs banques centrales. C'est alors le temps des projets grandioses mais irréalistes.

Le pacte Briand-Kellogg signé en 1928 est né d'une initiative de Briand soucieux d'impliquer les États-Unis dans un accord international même s'ils refusent tout engagement contraignant. Le texte en est tout à fait anodin : les deux pays affirment renoncer à la guerre comme moyen politique mais aucune sanction n'est prévue en cas d'infraction sinon la réprobation internationale. 15 pays viennent le signer à Paris le 27 août 1928, tous les autres finiront par y souscrire.

Le projet de fédération européenne présenté en 1929 part du constat d'un certain essoufflement de l'esprit de Locarno : les relations franco-allemandes restent empreintes de méfiance (Stresemann tient Poincaré pour responsable de l'échec de Thoiry et finance la campagne électorale de quelques-uns de ses adversaires lors des élections de 1928). Plus grave, Stresemann commence à soulever la question des minorités germanophones d'Europe centrale. Afin de contourner ces obstacles Briand lance l'idée d'une confédération européenne chargée de la protection des minorités et dotée d'une cour de justice ainsi que d'une organisation militaire ; elle serait complétée par une union douanière et monétaire très vaguement esquissée et par des politiques économiques sectorielles. L'accueil va de l'indifférence plus ou moins ironique à la plus franche hostilité, certains journaux allemands voyant dans ce projet un simple habillage de l'impérialisme français...

L'année 1929 marque l'apogée et la fin de la détente internationale. Les historiens et les spécialistes des relations internationales discutent encore pour savoir si la paix aurait pu se consolider s'il n'y avait pas eu la crise économique. Il n'y a naturellement aucune réponse à ce type d'interrogation. On doit se borner à constater l'existence d'une rupture historique que souligne symboliquement la disparition en quelques semaines des grands hommes des années vingt : Foch et Clemenceau, Stresemann et Poincaré. Briand leur survit jusqu'en 1932, assez longtemps pour voir l'effondrement de son œuvre.

Approfondir

LECTURES

- R. Girault, R. Frank, *Turbulente Europe et nouveaux mondes, 1914-1941,* Paris, Masson, 1988. Ouvrage de base pour les relations internationales sous tous leurs aspects (politiques, économiques, sociaux, culturels, etc.) durant toute la période. Il faut consulter particulièrement les chapitres 3, 5 et 6.
- J. Bariéty, R. Poidevin, *Les relations franco-allemandes, 1815-1975*, Paris, A. Colin, 1977.
- P. Guillaume, G. Delfaud, *Nouvelle histoire économique,* t. 2 : *Le XXe siècle,* Paris, A. Colin, 1992. Cet ouvrage fournit la plupart des éclaircissements nécessaires sur les questions financières et économiques.
- Vous pouvez aussi consulter : P. Léon, *Histoire économique du monde,* t. 5 (sous la direction de G. Dupeux), *Guerres et crises, 1914-1947,* Paris, A. Colin, 1976.

THÈMES DE RÉFLEXION

- L'Allemagne et la France de 1914 à 1933.
- La SDN a-t-elle échoué ?
- La politique extérieure du Royaume-Uni, 1890-1939.
- L'Europe centrale et balkanique dans l'entre-deux-guerres.
- La reconstruction économique et politique de l'Europe (1918-1929).
- L'Europe et le monde dans les années vingt.

Utiliser

La politique extérieure de la IIIe République (1880-1940)

PRÉSENTATION

Une formulation classique pour ce sujet qui se présente comme une quasi-question de cours, raison de plus pour être vigilant. Compte tenu de l'ampleur chronologique on n'attend pas de vous un récit linéaire mais que vous dégagiez les constantes de la politique extérieure française, que vous fassiez apparaître pour les expliquer les changements parfois radicaux qui apparaissent en recherchant leurs raisons profondes et en explicitant les choix stratégiques qu'ils recouvrent.

Soumise aux changements de majorité et aux hésitations de l'opinion, la IIIe République n'en a pas moins réussi à bâtir une politique extérieure cohérente et continue, marquée par une double contrainte : le poids menaçant de l'Allemagne et la volonté d'expansion outre-mer, ce qui induit des relations difficiles avec le Royaume-Uni. Le premier point paraît décisif et explique une nette évolution : d'abord attachée à la remise en cause du *statu quo* (à cause de l'Alsace-Lorraine), la France s'efforce après 1919 de conserver l'équilibre issu du traité de Versailles. Sa politique extérieure tourne ainsi peu à peu au conservatisme, voire au suivisme à l'égard du Royaume-Uni.

I. Jusqu'à la fin de la Première Guerre mondiale, la France vit dans le souvenir obsessionnel des provinces perdues

1. Dans un premier temps la République opportuniste semble avoir deux politiques concurrentes

▸ **La situation internationale de la France est difficile au tournant des années 1880.** La France est isolée mais elle n'est pas sans atouts : l'hégémonie allemande inquiète les autres puissances et la République définitivement installée depuis 1879 dispose d'une armée reconstituée ainsi que d'une puissance économique et financière considérable.

▸ **La politique coloniale de J. Ferry** a pour objectif de renforcer le prestige interne et externe de la République. Elle se heurte à l'hostilité des voisins de la France et à celle des milieux nationalistes ou patriotes dont l'influence croissante limite la marge de manœuvre du gouvernement.

► **Au tournant des années 1890, la diplomatie française sait exploiter le changement d'atmosphère :** le renvoi de Bismarck et l'ambitieuse *Weltpolitik* de Guillaume II indisposent l'Angleterre et la Russie. La modération des républicains rassure les autres puissances européennes. L'aisance financière sert de vecteur aux rapprochements franco-russe (1893) et franco-italien (1898-1900).

2. En renversant le rapport des forces en Europe à son profit la France remet en cause la paix elle-même

► **L'action de Delcassé** et des radicaux de 1898 à 1914 permet d'isoler l'Allemagne.

► **Les crises marocaine et balkaniques** soulignent l'imbrication des questions coloniales et continentales.

► **L'exaltation nationaliste et chauvine se développe.** Le nationalisme exacerbé est surtout un phénomène parisien, le patriotisme, véhiculé par l'enseignement et la presse devient national. Le réarmement nécessaire enracine l'idée que la guerre est inévitable.

3. La guerre conduit à un retournement de la politique extérieure française

► **La guerre de coalition impose ses exigences** (élargissement de l'Entente à l'Italie ; problème de la coordination du commandement).

► **La crise de 1917 révèle l'apparition d'un ensemble hétérogène de forces pacifistes.**

► **La question du règlement de la paix arrive au premier plan** à partir de l'entrée en guerre des États-Unis. Les objectifs de Clemenceau sont contradictoires. Clemenceau est amené à faire des concessions majeures.

II. La politique française est dominée par l'obsession de la sécurité et deux peurs : l'Allemagne et le communisme

1. L'affaiblissement de la IIIe République retentit sur la politique extérieure

► **Les Français ont une vision de plus en plus pessimiste de leur avenir.** Dès les années vingt on a la certitude que le danger allemand renaîtra et qu'il faut donc conserver l'alliance avec les Anglo-Saxons même au prix de concessions étendues. La crise des années trente constitue une nouvelle source d'inquiétude qu'aggrave le phénomène des classes creuses. Le pacifisme apparu durant la guerre devient un mouvement de fond.

► **Les déchirements entre droite et gauche,** « fascistes » et « antifascistes », ainsi que l'affaiblissement d'un régime contesté entravent les choix diplomatiques français : Staline et Mussolini sont également inacceptables pour une moitié de l'opinion.

► **Les difficultés financières puis la crise économique limitent les moyens d'actions des gouvernants.** Le franc n'est plus un instrument efficace de politique extérieure ; les capitalistes français redoutent de se risquer en Europe centrale ; le rétablissement de l'équilibre budgétaire conduit à freiner les dépenses militaires au moment où Hitler commence à réarmer.

2. Durant une dizaine d'années les Français entretiennent l'illusion que la sécurité peut être garantie par le système de Versailles

► **L'obsession de la sécurité et la peur du communisme conduisent à redéployer la politique extérieure française.** Entre 1919 et 1922 la France renonce à mener une politique mondiale (acquisition des mandats, mais abandon des ambitions navales à Washington). Contre le communisme et l'Allemagne la France reprend une stratégie d'alliance à l'Est (Pologne, Petite Entente) ; elle est à la recherche de la garantie anglo-saxonne mais se trouve isolée en raison des craintes qu'inspire le militarisme français, des rivalités franco-anglaises et du problème des réparations.

► **Dans un premier temps la France de Poincaré** cherche la solution dans la force et la stricte application des traités, ce qui conduit dans une impasse.

► **La stratégie de Briand** consiste à internationaliser la question allemande en acceptant des réaménagements partiels des traités (réparations, Locarno, égalités des droits). La sécurité collective doit neutraliser les velléités de revanche allemandes. C'est illusoire car la bonne foi du gouvernement allemand est douteuse et la SDN est congénitalement fragile dès lors que les États-Unis refusent d'y prendre part. Cela entre en contradiction avec la politique à l'Est et inquiète nos alliés.

3. La conjonction des crises nationales et internationales fait basculer la France dans la « Décadence » (J.-B. Duroselle)

► **Confrontée au déclin de l'esprit de Genève la France réagit d'abord par la fermeté** (Anschluss de 1931, politique de Barthou). Mais ceci cache mal les contradictions : comment aider les alliés de l'Est quand l'état-major choisit une défense statique (ligne Maginot) ? Comment se rapprocher de l'URSS tout en conservant de bonnes relations avec la Pologne ?

▸ **L'action de Laval conduit la France dans une impasse** et l'alliance britannique demeure la seule carte encore possible.

▸ **Le Front populaire relance le réarmement** mais doit choisir la non-intervention en Espagne sous la pression britannique. Les gouvernants français réagissent faiblement aux initiatives allemandes : on doit se demander si la France et les Français ont encore la volonté de résister (« plutôt Hitler que Blum », le « lâche soulagement », l'impossibilité de recréer l'Union sacrée).

Conclusion

En juin 1940, la IIIe République disparaît ; beaucoup interprètent ce fait comme la sanction des échecs de sa politique extérieure. Le jugement n'est-il pas sévère pour un régime dont on oublie les succès du début du siècle ?

7

Les années brunes

FASCISMES ET DICTATURES DANS L'ENTRE-DEUX-GUERRES

Connaître

1883	Naissance de Mussolini
1889	Naissance de Hitler
1915	Mussolini participe à la campagne interventionniste
1919	Fondation des faisceaux italiens de combat (mars)
	Occupation de Fiume par d'Annunzio (septembre)
1920	Hitler prend la direction du NSDAP. Programme en 25 points
1921	Création du Parti national fasciste
1922	Marche sur Rome (29 octobre)
1923	Putsch de la brasserie
1923-1930	Primo de Rivera instaure une dictature en Espagne
1924	Affaire Matteotti
1925	Mussolini instaure la dictature (3 janvier)
1926	Adoptions des lois fascistissimes
1928	Arrivée au pouvoir de Salazar au Portugal
1929	Accord du Latran entre l'Italie et le Saint-Siège
1932	Hitler met Hindenburg en ballottage
1933	Hitler chancelier (30 janvier)
	Incendie du Reichstag (27 février)
1934	Nuit des longs couteaux (29-30 juin)
	Mort de Hindenburg (2 août)
1936	Lancement du plan de quatre ans en Allemagne
	Pronunciamento de Franco (30 juin)
1938	Nuit de cristal
1939	Pacte d'Acier

La contradiction entre l'adhésion parfois fanatique de millions d'individus et le caractère injurieux qu'a pris ensuite l'adjectif « fasciste » conduit à s'interroger sur la nature du fascisme. Phénomène de masse qui a poussé jusqu'à ses limites une certaine forme de cohésion nationale ? Idéologie perverse et démagogique qui a débouché sur le crime et la guerre ? Une constatation s'impose qui trouvera son aboutissement dans le second conflit mondial : le fascisme s'oppose à la fois au modèle démocratique et au communisme. Mais toute caractérisation plus poussée apparaît d'autant plus difficile que le fascisme ne se limite pas au cas italien, qu'on met le nazisme et souvent le franquisme dans la même catégorie, et qu'on en rapproche de nombreux régimes autoritaires de l'époque. Avant toute interprétation du fascisme, il faut suivre ce conseil du communiste italien Angelo Tasca : « définir le fascisme, c'est en écrire l'histoire ».

I. Les conditions du fascisme : un climat propre à certains pays d'Europe au début du siècle, conjugué à une situation de crise

Certains pays ont cédé à la tentation fasciste, d'autres y ont résisté, d'autres encore y ont échappé. Ces différences s'expliquent par la diversité des situations historiques, diversité qui s'apprécie autant sur la longue durée (le cheminement intellectuel, social, économique des nations) que dans la courte durée des événements (la guerre, la vague révolutionnaire, la grande dépression de 1929).

1. Le fascisme trouve ses racines dans l'évolution économique et sociale de certains pays d'Europe au tournant du siècle

▸ **L'évolution vers la société de masse présente un caractère déstabilisateur.** Le fossé se creuse entre une classe ouvrière de plus en plus nombreuse et la grande bourgeoisie que la concentration économique rend de plus en plus puissante. Entre les deux, les classes moyennes sont divisées. Les petits agriculteurs, les artisans, les petits commerçants, certains intellectuels se trouvent marginalisés et basculent dans la contestation. En revanche, les classes moyennes « émergentes » prennent un poids croissant et cherchent à s'intégrer dans la société (fonctionnaires, enseignants, professions libérales, ouvriers qualifiés, cadres de l'industrie et du commerce). Les élites connaissent le même clivage entre une fraction traditionnelle (les grands propriétaires fonciers, la noblesse, les militaires, les professeurs d'université) et la bourgeoisie triomphante grâce au capitalisme.

► **Le rationalisme est remis en cause.** La pensée et l'art connaissent une mutation autour des années 1890. La croyance optimiste dans la science fait place à la découverte des forces irrationnelles (le rôle de l'intuition chez le philosophe Bergson, le culte de l'énergie vitale chez Nietzsche, la psychanalyse inventée par Freud). Le mysticisme d'inspiration religieuse ou patriotique trouve son expression chez de nombreux écrivains (Claudel, Péguy, le poète allemand Rilke). En architecture la ligne droite s'infléchit (*modern' style* en France dont témoignent les entrées du métro parisien par Guimard, *Jugendstil* en Allemagne). Le rejet de l'ordre bourgeois aboutit aussi bien au culte de la vitesse (le futurisme, mouvement artistique lancé par Marinetti en 1909) qu'à celui du « dandy ». Le sport connaît un grand succès qui exprime à la fois la sélection et le dépassement de soi-même (cf. le scoutisme inventé par l'Anglais Baden Powell pendant la guerre des Boers). En Allemagne, les « mouvements de jeunesse » aspirent à communier avec la nature (cf. les *Wandervögel* ou « oiseaux migrateurs »).

Le modèle démocratique, dans ses fondements qui remontent aux Lumières, est lui aussi contesté par tout un courant intellectuel qui se développe en opposition au rationalisme et au positivisme.

► **La passion nationaliste cristallise plus que d'autres le renouveau de l'irrationnel.** Le nationalisme n'a cessé de croître depuis la Révolution française et les guerres napoléoniennes. Il est à l'origine de l'unification de l'Allemagne et de l'Italie, et des rivalités nouvelles qui surgissent en Europe.

De plus en plus, la théorie élective de la nation (conceptualisée par Ernest Renan) est surpassée par une conception ethnique (l'appartenance au même peuple, cette notion comportant une connotation plus ou moins raciale). En fait, chaque nation se retourne vers son propre passé. Elle aspire d'autant plus à le retrouver qu'elle s'en éloigne avec les progrès de la civilisation industrielle, et qu'elle y retrouve les fondements d'une identité en voie de disparition : c'est pourquoi la fin du XIXe siècle voue un véritable culte à l'ancien. C'est aussi toute l'ambiguïté du romantisme, comme forme artistique mais aussi politique, qui se nourrit d'un retour à la nature et à la tradition tout en exaltant l'individu, le héros. Brasillach parlera du fascisme comme d'un « romantisme politique ».

Le nationalisme s'est d'abord fondé sur des valeurs révolutionnaires et s'est donc constitué en valeur de gauche (jacobinisme français, *Risorgimento* italien, révolutionnaires de 1848 en Allemagne). À la fin du XIXe siècle, le nationalisme devient valeur de droite, tournée vers la tradition et la défense des intérêts nationaux, alors que la gauche se focalise sur la question ouvrière et milite pour l'internationale socialiste. Déroulède, fondateur de la Ligue des patriotes en 1882, est à l'origine un républicain qui bascule peu à peu dans l'antiparlementarisme.

Le nationalisme français réagit avec retard à la défaite de 1870 et prend un tour plus sentimental, axé sur la vengeance de la patrie humiliée. Il prend plusieurs aspects que l'historien Zeev Sternhell rassemble en partie dans l'expression « droite révolutionnaire » :

— **un aspect autoritaire et antiparlementaire** qui s'exprime notamment par le phénomène boulangiste (1886-1889) et par le développement des Ligues ;

— **un aspect mystique :** c'est le nationalisme de l'écrivain Charles Péguy, qui transfère sur le culte de la patrie son mysticisme religieux ;

— **un aspect social et révolutionnaire :** Maurice Barrès, proche compagnon de Déroulède, exprime le mieux les idées nouvelles qui irriguent le nationalisme français (« la terre et les morts », la puissance des masses, le culte du héros national) dans son *Roman de l'énergie nationale* en trois parties (*Les déracinés, L'appel du soldat, Leurs figures,* 1897-1902) ;

— **un aspect réactionnaire :** contrairement à Barrès qui revendique l'héritage révolutionnaire, Charles Maurras, fondateur de l'Action française (1908), prône un « nationalisme intégral » et le retour à une monarchie autoritaire, héréditaire, antiparlementaire et décentralisée ; à noter qu'il condamne le romantisme et se réclame d'Auguste Comte : son nationalisme intégral (c'est-à-dire logique avec lui-même et débouchant sur la monarchie) se veut le fruit de l'expérience analysée par « l'empirisme organisateur » ;

— **un aspect antisémite :** vulgarisé par Édouard Drumont (*La France juive*, 1886), il éclate au grand jour dans l'affaire Dreyfus (1894-1898) et prospère avec la Ligue antisémitique de Jules Guérin.

► **L'Allemagne est sans doute le pays où la mystique du peuple (le *Volk*) est poussée le plus loin.** Ce pays, longtemps morcelé et dont l'unité n'est pas achevée (les Allemands d'Autriche en sont exclus), recherche une légitimité dans ses origines médiévales. Contrairement à la nation française qui résulte d'une construction rationnelle, la nation allemande n'existe que par la permanence historique d'une communauté germanique unie par sa langue et par ses traditions populaires (le *Volksgeist*) : le nationalisme allemand conduit à la nostalgie du passé, à la glorification de la race et au pangermanisme. Il est teinté à la fois d'éléments traditionnels (la culture populaire, le folklore, l'esprit féodal) et d'éléments nouveaux (l'impérialisme de la Ligue pangermaniste fondée en 1891, le racisme, l'antisémitisme vulgarisé par Wilhelm Marr, le refus du capitalisme bourgeois). Refusant la division marxiste en termes de classes sociales opposées, la pensée nationaliste allemande prône l'alliance des masses et de la bourgeoisie soudées dans la communauté nationale : c'est le sens du projet « national-socialiste » de Friedrich Naumann (au tournant du siècle). En Autriche-Hongrie, on retrouve une tendance pangermanique (von Schönerer qui prône l'union avec l'Allemagne) et une tendance anticapitaliste (le bourgmestre de Vienne, Karl Lüger, qui propose un catholicisme social excluant les Juifs). Mais c'est en Bohême, pays où les populations germanophones vivent en contact étroit avec un peuple slave, que naît en 1904 un *Parti des travailleurs allemands* (dirigé par Franz Stein) qui réalise la fusion entre le socialisme anticapitaliste et le nationalisme raciste.

► **Le racisme est un élément important de l'ultranationalisme français et allemand.** Le concept de race présuppose une hiérarchie des peuples en fonction de leur cohésion et de leur origine ethniques. Il dérive de la théorie de la sélection naturelle, élaborée par Darwin (1859), et des théories racistes des Français Gobineau (*Essai sur l'inégalité des races humaines,* 1853-1855), Georges Vacher de Lapouge (*L'Aryen et son rôle social*, 1899) et Jules Soury, ainsi que de l'Anglais (naturalisé allemand) Houston Stewart Chamberlain (*Les fondements du XIXe siècle,* 1899). Ces théoriciens opposent la supériorité de la race aryenne à l'infériorité des races sémites, bientôt réduites aux seuls Juifs. Le racisme n'est alors qu'une des formes que revêt l'antisémitisme. En effet, les Juifs cristallisent sur eux la haine de plusieurs courants de pensée qui se succèdent et parfois se conjuguent.

L'antisémitisme religieux est traditionnel de la part de certains catholiques ; il se traduit par la thèse du « complot » qui remonte à la Révolution : les Juifs sont accusés d'avoir détruit la monarchie catholique, avec l'aide des francs-maçons ; cette thèse ressurgit chez Maurras alors que la police secrète tsariste répand à partir de 1903 un faux document, les *Protocoles des sages de Sion*, qui « attestent » la volonté des Juifs d'établir leur domination sur le monde.

L'antisémitisme de gauche résulte de l'hostilité à la bourgeoisie juive qui a profité de l'émancipation pour s'enrichir et pour occuper une place de plus en plus grande au sein des élites (les Rothschild ou les frères Pereire en France). Cet antisémitisme s'exprime aussi bien dans des milieux religieux (le pasteur socialiste chrétien Stöcker en Allemagne) que dans des milieux plus marqués à gauche (les socialistes Fourrier et Proudhon en France ou plus encore Toussenel).

L'antisémitisme raciste enfin est plus tardif, plus radical.

► **L'anarchisme révolutionnaire est un facteur spécifique à l'Italie.** Le courant anarchiste, en rejoignant l'anticonformisme et le nationalisme, est à la naissance du fascisme. Alfredo Oriani, au tournant du siècle, est le premier qui fonde son nationalisme contre l'ordre bourgeois. Juste avant la Première Guerre mondiale, le courant syndicaliste-révolutionnaire de Labriola (où l'on retrouve le jeune Mussolini) se rapproche déjà du nationalisme : les perspectives de colonisation se substituent à l'objectif de révolution sociale. Un nationalisme d'extrême gauche apparaît.

En 1914, les germes du fascisme existent à la rencontre de deux tendances : un rejet de la démocratie bourgeoise (antiparlementarisme, anticonformisme et anticapitalisme) et un nationalisme exacerbé (tradition autoritaire, impérialisme, connotations antisémites en France et en Allemagne). Le nationaliste italien Corradini s'efforce de fusionner les deux courants dont il explique qu'ils sont également antibourgeois, l'un s'appuyant sur la lutte des classes, l'autre sur la lutte entre nations. La guerre puis la crise économique favoriseront la montée du fascisme à partir de ces germes.

2. À la suite de la Première Guerre mondiale et de la vague révolutionnaire, le fascisme s'impose en Italie et perce ailleurs

► **La guerre bouleverse la société italienne.** Un mouvement de contestation sociale se développe d'abord. La guerre accentue le clivage entre le sud du pays, dominé par les grands domaines agricoles, et le Nord industrialisé. En effet, la paysannerie a payé le plus lourd tribut en pertes humaines, alors que la concentration industrielle s'est accélérée avec la mobilisation du pays. Les paysans, à qui l'on a promis pendant la guerre une réforme agraire, se mettent à occuper les terres à partir de l'été 1919. De leur côté, les ouvriers protestent contre la baisse de leur pouvoir d'achat due à l'inflation. Trois mouvements de grève se succèdent : au printemps 1919 (grèves sauvages) ; au début de 1920 (revendications plus politiques) ;

enfin en août 1920 (née à l'usine *Alfa Romeo* de Milan, cette troisième vague est la plus forte et aboutit à l'occupation généralisée de toutes les usines). La petite bourgeoisie est très hostile à cette vague révolutionnaire : ruinée par la guerre et par l'inflation, elle verse de plus en plus dans l'esprit ancien combattant.

Or **le nationalisme italien est blessé** par la « victoire mutilée » alors que les Italiens s'enflamment pour l'aventure de d'Annunzio qui, à la tête de ses Corps francs *(arditi)*, occupe Fiume de septembre à décembre 1919 pour y fonder un État dictatorial d'inspiration corporatiste (primauté du travail sur la propriété).

Enfin, l'instabilité politique règne : les libéraux au pouvoir manquent de base populaire à cause du refus des catholiques de participer à la vie politique et de la forte implantation des socialistes. Les seconds se divisent après guerre entre communistes (le Parti se crée en janvier 1921), maximalistes (qui ne veulent pas se couper des communistes et dominent le Parti) et modérés (la plupart des parlementaires avec Turati) sans parler des réformistes exclus en 1911 (Bonomi). En même temps se crée le Parti populaire italien de don Sturzo qui rassemble les catholiques. Comme les libéraux sont eux-mêmes divisés (libéraux nationaux de Salandra, conservateurs et patriotes, clientèle du vieux leader Giolitti, partisans plus à gauche de Nitti), l'instabilité règne. En particulier les populaires ont du mal à s'allier avec les libéraux souvent franc-maçons et anticléricaux. Ceci entraîne la succession de quatre gouvernements entre juin 1919 et juillet 1922 (Nitti, Giolitti, Bonomi, Facta).

► **Le fascisme naît dans ce climat de crise et bascule de l'anarchisme à la contre-révolution.** Lorsque Mussolini fonde les premiers « faisceaux italiens de combat », en mars 1919, il situe son mouvement à l'extrême gauche du courant interventionniste (auquel il s'est rallié pendant la guerre) et prône un programme nationaliste et anticapitaliste (journée de huit heures, partage des terres, participation des travailleurs à la gestion des entreprises, référendum populaire, etc.).

> **Benito Mussolini** est né le 25 juillet 1883 à Predappio, en Romagne. Dès sa jeunesse il passe pour un tempérament violent, dévoré par le besoin d'action. Il devient instituteur (comme sa mère) puis adhère au Parti socialiste italien (PSI). Pour échapper au service militaire, il fuit en Suisse où il exerce plusieurs petits métiers (1902-1904). Rentré en Italie, il défend les thèses anarcho-syndicalistes, mène campagne contre la guerre de Libye et gravit les échelons du PSI (il devient directeur de son principal quotidien, *Avanti*). Il est neutraliste lorsque la guerre éclate, puis change brutalement de camp en octobre 1914, ce qui lui vaut d'être exclu du PSI. Il fonde alors un journal, *Il popolo d'Italia*, où il prône l'interventionnisme. Il est aussi envoyé sur le front où il est blessé et réformé. La fin du conflit en fait un homme désœuvré qui cherche un mouvement pour le porter : la fondation des « faisceaux italiens de combat » se situe dans le prolongement des « faisceaux des travailleurs » responsables de l'agitation révolutionnaire sicilienne de 1893, et des faisceaux interventionnistes d'action révolutionnaire qui prônaient l'entrée en guerre de l'Italie (en l'annonçant comme le premier acte de la Révolution).

Après un échec aux élections de novembre 1919, le mouvement fasciste ne prend son essor qu'avec le reflux du mouvement révolutionnaire et l'évacuation des usines occupées. Des bandes armées, les *squadre*, lancent des opérations violentes, à partir de la basse vallée du Pô, contre les organisations paysannes et les militants de gauche.

Ces bandes se composent d'anciens combattants ou d'aventuriers. Ils bénéficient de la clémence de l'appareil d'État ainsi que des subsides provenant des industriels et des grands propriétaires fonciers, qui redoutent une nouvelle vague révolutionnaire. Il est avéré que la classe dirigeante espère utiliser les fascistes : Bonomi, alors ministre de la Guerre, rédige une circulaire pour encourager les officiers de réserve à adhérer à ce mouvement ; Giolitti les accepte sur les listes de son bloc national en 1921. Mais ils trouvent un réel soutien de masse chez les petits paysans de la plaine du Pô révoltés par les exigences des syndicats socialistes d'ouvriers agricoles et par certaines violences. C'est l'assassinat d'un conseiller municipal de droite, l'ancien combattant Giordani, en plein conseil municipal à Bologne, en novembre 1920, qui déclenche les représailles fascistes. En quelques mois, toute la plaine du Pô, de rouge, devient noire : les maires démissionnent, les syndicats se dissolvent... Rapidement les fascistes se montrent capables d'encadrer à leur tour les ouvriers agricoles dans des « corporations ».

Le mouvement a 35 sièges aux élections de mai 1921. Avec une grande habileté, Mussolini retire alors son soutien à Giolitti, le seul homme politique de valeur capable de lui résister. Il tente d'arriver au pouvoir légalement et signe un « pacte de pacification » avec les socialistes. Ceci provoque un conflit avec la tendance dure et antibourgeoise du mouvement (le « squadrisme » incarné par les *ras*, les chefs de bandes). En novembre, Mussolini rompt le pacte de pacification mais fait adopter un programme nationaliste et conservateur. Il fonde le Parti national fasciste. Ce dernier attire un nombre croissant de militants : 700 000 en juillet 1922.

Rien ne semble pouvoir arrêter la montée du fascisme. Bonomi tente de dissoudre les *squadre* (juillet 1921), mais doit reculer car le Parti fasciste est déjà un Parti de masse. La classe politique est divisée : les populaires et les socialistes répugnent à apporter leur soutien au gouvernement. La grève générale, lancée par les syndicats en août 1922 pour faire obstacle à la montée du fascisme, est un échec : elle ne parvient pas à rallier le Parti populaire italien et les fascistes la brisent par la force. Dès lors, Mussolini décide de passer à l'action : il prend le pouvoir par la **marche sur Rome le 29 octobre 1922.**

Le scénario est mis au point par les *quadriumvirs* : le général De Bono, Italo Balbo, Michele Bianchi (secrétaire général du PNF), Cesare de Vecchi. Le 24 octobre, Mussolini inaugure un congrès fasciste à Naples en criant : « Nous voulons devenir l'État ! » Puis il se retire à Milan et ses *quadriumvirs* lancent les squadristes à l'assaut de tous les points stratégiques des villes du pays. Les colonnes de « chemises noires » qui font route vers Rome regroupent en fait moins de 30 000 hommes. Elles pourraient facilement être arrêtées mais le 28 octobre, le Roi préfère céder à l'ultimatum de Mussolini qui a le soutien des militaires, des milieux d'affaires et de la droite libérale : le chef du Parti fasciste est appelé à former son gouvernement le 29 et ses troupes défilent dans la capitale le lendemain.

Il ne faut pas négliger le caractère révolutionnaire de cet épisode : les fascistes ont pris le contrôle de certaines villes de la plaine du Pô et l'idée d'une guerre civile inquiète le Roi. La marche sur Rome est pourtant d'abord une manœuvre politique : Mussolini a multiplié les ouvertures envers la monarchie (qu'il accepte après avoir été férocement républicain), l'Église (qui sert l'italianité) et le patronat (il se proclame « libéral manchestérien »). Il fait semblant d'être disposé à jouer les seconds rôles dans un ministère Giolitti ou Salandra. Puis il jette le masque : il veut la présidence du Conseil. La classe dirigeante italienne recule alors devant l'idée d'un conflit avec les fascistes qui ferait le jeu de l'extrême gauche.

▸ **Le fascisme au pouvoir évolue vers la dictature.** Au départ, il n'y a que quatre ministres fascistes au gouvernement qui rassemble largement. L'opposition se limite à la gauche socialiste et communiste. Mussolini fait cesser les désordres des squadristes, rassure les puissances européennes, demande l'investiture de la Chambre et laisse subsister une presse d'opposition. C'est, selon la formule du comte Sforza, la « lune de miel entre l'Italie et fascisme ». Mais la mainmise du Parti sur l'État a déjà commencé : fin novembre, Mussolini se fait octroyer les pleins pouvoirs pour un an et interdit la grève. De nouvelles institutions sont créées sous son contrôle (Grand Conseil du fascisme, Milice pour la sécurité nationale). La persécution s'abat sur les opposants. En avril 1924, la propagande financée par les subsides du patronat, conjuguée à une nouvelle loi électorale et à la violence des squadristes, permet à la coalition fasciste d'obtenir 65 % des voix.

L'affaire Matteotti (1924) fournit l'occasion d'en finir avec la démocratie. En juin 1924, le député socialiste Giacomo Matteotti, qui a lancé à la Chambre des attaques virulentes contre les fascistes, est enlevé et assassiné à l'insu de Mussolini. Les députés de l'opposition décident de boycotter la Chambre : c'est l'Aventin (par référence à la sécession de la plèbe romaine en révolte contre le patriciat). Après une période d'hésitation, Mussolini assume la crise.

Le **3 janvier 1925,** Mussolini prononce un discours où il « revendique la responsabilité politique, morale, historique de ce qui est arrivé » et annonce qu'il est prêt à engager la lutte contre l'opposition. Federzoni, le nouveau ministre de l'intérieur, fait arrêter les journalistes hostiles, tandis que Farinacci, leader des squadristes, est propulsé à la tête du Parti. Une vague de violence et de terreur submerge l'Italie. En 1926, les assassins de Matteotti sont condamnés à des peines légères et immédiatement amnistiés.

Mussolini n'est plus responsable que devant le Roi et l'initiative parlementaire est supprimée. Enfin, le ministre de la Justice Alfredo Rocco fait voter les **lois fascistissimes** dites de « défense de l'État » (novembre 1926) qui achèvent de supprimer toutes les libertés et notamment la liberté de la presse, qui dissolvent les partis politiques et les organisations hostiles au Parti fasciste et qui créent une police politique ainsi qu'un tribunal spécial de défense de l'État.

▸ **Comme en Italie, le nazisme naît dans une Allemagne en crise. La crise allemande est d'abord morale.** L'humiliation est d'autant plus forte que le traité de Versailles est imposé comme un *diktat.* Les chefs militaires tentent de se défausser sur les civils qui ont signé l'armistice, et l'extrême droite nationaliste popularise le mythe du « coup de poignard dans le dos » donné par les « criminels de novembre » qui ont renversé le régime impérial : sont visés les socialistes, les partis démocratiques et les Juifs. Enfin, des tentatives séparatistes en Rhénanie encouragées par les Français, et en Bavière avec la *République des conseils* proclamée en novembre 1919 par Kurt Eisner, attestent une crise du sentiment national. Une réaction nationaliste se développe sous deux formes différentes.

Les partisans de la **« révolution conservatrice »** se recrutent dans les cercles nationalistes et aristocratiques ainsi que chez les intellectuels (Oswald Spengler, Moeller van der Bruck). Ils estiment que la culture allemande a commencé son déclin bien avant la guerre en raison des multiples influences étrangères (catholicisme, démocratie, socialisme) et aspirent au retour à la tradition allemande et au développement de la vitalité nationale ;

La tendance de la **« révolution *völkisch* »** (« populaire », du mot *Volk*, peuple) est plus populaire dans son recrutement et se fonde sur les thèses racistes. Elle pousse parfois la supériorité de la race nordique jusqu'au mysticisme et se veut à la fois anticapitaliste, antisémite et antichrétienne. On y trouve de futurs nazis comme Ernst Röhm, Walter Darré, Gregor Strasser.

La crise est aussi politique. Le régime impérial s'est effondré et les tentatives de révolution ont été noyées dans un bain de sang lors de la semaine sanglante de janvier 1919. La **constitution de la République de Weimar (14 septembre 1919)** résulte d'un triple compromis :

— **compromis entre la démocratie et le régime fort** (le président, élu pour sept ans, choisit le chancelier, il peut dissoudre le Reichstag et gouverner avec les pleins pouvoirs dans les circonstances exceptionnelles : c'est l'article 48) ;

— **compromis entre le centralisme et le fédéralisme** (la Prusse continue à dominer le pays avec 60 % de la population) ;

— **compromis entre les forces politiques** qui soutiennent la République : sociaux-démocrates (autour de Friedrich Ebert, président de 1918 à 1925), centre catholique *(Zentrum)*, démocrates (représentant la bourgeoisie petite et moyenne).

La crise est également sociale. Les élites traditionnelles gardent la nostalgie de l'Ancien Régime (armée, noblesse, hauts fonctionnaires, magistrats, professeurs d'université, grands propriétaires terriens). Le Parti communiste (KDP), fondé en janvier 1921, conteste le régime et s'aligne sur la stratégie « classe contre classe » décidée par le Komintern. La classe moyenne est ruinée par l'inflation.

La crise est enfin économique et financière. Bien que n'ayant subi aucune destruction, l'économie allemande est affaiblie par les pertes de riches sources de matières premières (Alsace, Haute-Silésie). L'inflation sévit comme partout en Europe, mais le phénomène est favorisé par les industriels (qui en profitent pour se désendetter plus facilement et pour augmenter leurs exportations). Les réparations sont un facteur d'aggravation. Avec l'occupation de la Ruhr en 1923, la crise inflationniste prend une ampleur démesurée : le mark-or vaut 46 marks-papier en janvier 1922, 4 280 en janvier 1923, 6 milliards en octobre et 1 trillion en décembre. Les salariés se font payer quotidiennement avec des brouettes pour emporter les billets et les commerçants doivent changer leurs étiquettes toutes les heures. La culture économique allemande restera durablement marquée par cet épisode hyperinflationniste.

Le nazisme naît dans ce contexte favorable aux mouvements contestataires. Après l'échec des révolutions de type bolchevique, les mouvements d'extrême droite prolifèrent. Comme les *squadre* italiennes, les Corps francs récupèrent les anciens combattants, les aventuriers de tout bord, les « déclassés ». Ils combattent en Haute-Silésie contre les Polonais, ou dans les pays baltes contre les Bolcheviks. Dissous en 1920, les Corps francs sont relayés par d'autres groupements nationalistes : par exemple le *Stahlhelm* (Casque d'acier) financé par Alfred Hugenberg, nationaliste fervent, président de Krupp et magnat de presse. Certains de ces hommes basculent dans le terrorisme, les assassinats politiques se multiplient (Erzberger, signataire du traité de Versailles, est abattu en août 1921 ; Rathenau, ministre favorable au rapprochement avec les Alliés, en juin 1922). Des coups d'État nationalistes se succèdent entre 1920 et 1923 :

— **le putsch de Kapp (mars 1920) :** des anciens Corps francs, dirigés par Wolfgang Kapp, essaient de se rendre maîtres de la capitale mais la rapidité de la mobilisation ouvrière les fait échouer ;

— **la tentative de la « Reichswehr noire » (septembre-octobre 1923) :** le commandant Buchrucker a rassemblé une véritable armée clandestine qui marche sur Berlin, mais cette fois c'est l'armée régulière qui leur barre la route ; par réaction, une vague révolutionnaire se déchaîne à nouveau et oblige Ebert à proclamer l'état d'urgence sur tout le territoire.

Le caporal Adolf Hitler est chargé par l'armée de s'informer sur l'un des groupuscules nationalistes munichois, le DAP (Parti des travailleurs allemands) fondé par un ouvrier serrurier bavarois, Anton Drexler. Ce Parti, né en janvier 1919, tient un discours à la fois socialisant et antisémite. En septembre 1919, Hitler accepte de devenir le septième membre du comité directeur du DAP, chargé de la propagande. Il s'impose par ses talents d'organisateur, d'orateur et de propagandiste. Il tient son premier meeting en octobre dans une brasserie de Munich, la *Hofbräuhaus* (il connaît la mentalité populaire et s'inspire des thèses de Gustave Le Bon, auteur de *La psychologie des foules*, qui a défini la propagande comme la répétition de slogans simples et percutants, assez vagues pour plaire à beaucoup). Les premiers fidèles viennent à lui : Alfred Rosenberg (théoricien du racisme), Gottfried Feder (anticapitaliste virulent), Julius Streicher, Rudolf Hess, Ernst Röhm (ancien dirigeant des Corps francs, partisan de la restauration monarchique puis porte-parole de la tendance révolutionnaire du Parti nazi), Hermann Göring (adhérent en 1922, homme de liaison avec les cercles conservateurs). Avec leur appui, Hitler, en février 1920, annonce devant 2 000 personnes, à la *Hofbräuhaus*, la transformation du DAP en NSDAP (Parti national-socialiste des travailleurs allemands).

Le programme du Parti « en vingt-cinq points » (1921) propose la régénération raciale (seuls seront citoyens les hommes de sang allemand), le centralisme, la liberté confessionnelle « pour autant qu'elle ne met pas l'existence en péril ou qu'elle ne contrevient pas au sentiment de bienséance et de moralité de la race germanique », l'abolition (des clauses) du traité de Versailles et la réunion de tous les Allemands, le renforcement de la classe moyenne, la réforme agraire, la suppression de tous les revenus acquis sans travail. Cette dernière mesure est inspirée par Feder, mais les tendances gauchisantes sont moins affirmées que dans le programme fasciste de mars 1919. Au total, ce programme paraît assez vague pour attirer un maximum d'électeurs.

Hitler introduit le drapeau à croix gammée comme emblème du Parti. Les premières subventions du patronat permettent de lancer un journal en décembre 1920 : c'est le *Völkischer Beobachter* qui restera l'organe officiel du Parti jusqu'à la chute de Berlin en 1945. En juillet 1921, le bras de fer entre Hitler et les amis de Drexler aboutit à la marginalisation de ces derniers. Hitler devient le *Führer* (guide) du Parti, qui se dote en septembre de « sections d'assaut » (SA : *Sturm-Abteilung*) et d'autres formations paramilitaires (y compris une « Association des jeunes du NSDAP » qui préfigure les Jeunesses hitlériennes).

Le nombre de militants s'accroît rapidement, surtout chez les classes moyennes, tandis que la participation ouvrière se limite aux éléments les plus qualifiés. Le Parti édulcore son anticapitalisme qu'il focalise exclusivement sur les Juifs : ce tournant conservateur intervient lors de la grève des cheminots bavarois, en 1922. Dans l'esprit de Hitler, le judaïsme et le bolchevisme se confondent désormais et c'est contre cette « collusion » qu'il dirige son action politique. Les subsides du patronat affluent et l'audience du Parti s'accroît au même rythme (55 000 membres en juillet 1923), débordant le cadre de la Bavière qui demeure, il est vrai, la région où les groupes nationalistes bénéficient du soutien le plus appuyé des militaires, des fonctionnaires et des magistrats. Dans la période trouble de l'année 1923, Hitler tente la solution du coup d'État : c'est le **putsch manqué de la brasserie (novembre 1923).**

Dans l'atmosphère de crise et de panique de l'année 1923, le gouvernement bavarois entre sur la voie de la sécession en nommant un commissaire général d'État, le conservateur von Kahr (septembre). Hitler, qui souhaite rééditer en Allemagne la marche sur Rome, fait arrêter le gouvernement bavarois le soir du 8 novembre et se proclame chef du gouvernement du Reich. Von Kahr et le préfet de police sont placés à la tête du gouvernement bavarois. Le général Ludendorff (adjoint de Hindenburg pendant la guerre) prend la tête de l'armée. Cependant le putsch échoue de par l'impréparation des puschistes (qui ont négligé d'occuper les points stratégiques) et le revirement de von Kahr. Le 9, les nazis tentent de marcher sur le quartier gouvernemental. La police tire : il y a 19 morts, Hitler est blessé et arrêté. Traduit devant la justice, il bénéficie de la clémence des magistrats (courante envers les agitateurs nationalistes) et son procès le pose désormais comme un personnage de la scène politique allemande. Condamné à cinq ans de forteresse, il sera libéré au bout de neuf mois (décembre 1924). Entre-temps, il aura exposé ses idées en rédigeant *Mein Kampf* en prison. Pour l'historien allemand Maser, il s'agit d'une rupture décisive pour Hitler : il en tire un mépris total pour la droite conservatrice (qui l'a lâché en 1923) en même temps que la volonté de se concilier son soutien afin de réussir par des moyens légaux ; il évolue d'un programme pour l'essentiel pangermaniste et peu original (les « 25 points ») à une doctrine raciste dont le pivot est constitué par la lutte inévitable entre Aryens et Juifs.

Hitler tire la leçon de cet échec. Au Congrès de Bamberg, en février 1926, il marginalise la gauche nazie dirigée par Gregor Strasser et impose une réorganisation du Parti (temporairement interdit après le putsch) en vue d'une conquête du pouvoir par la voie électorale : le pas romain, la chemise brune pour les SA, le salut hitlérien font leur apparition. Les SS (*Schutzstaffeln* : « échelons de protection ») sont confiés à Heinrich Himmler et sont encouragés pour contre-balancer la puissance des SA. Cependant, le contexte général n'est pas favorable au nazisme. La prospérité, la détente européenne créent l'illusion que la crise est passée. En 1928, le NSDAP n'obtient que 2,6 % des suffrages aux élections législatives.

► **En dehors de l'Italie et de l'Allemagne, l'écho du fascisme demeure limité.**

Mussolini estime que le fascisme n'est pas un « article d'exportation » et ne fait rien pour favoriser l'expansion de son mouvement à l'étranger. Le reflux de la vague révolutionnaire entraîne cependant l'installation de régimes autoritaires dans les pays de l'Europe traditionnelle.

En dehors de la France, le fascisme a encore peu d'échos. En 1919, à la suite de l'échec de Bela Kun, l'amiral **Horthy** établit une dictature en Hongrie qui se veut un prélude à la restauration (d'où son titre de régent) et qui maintient divers partis ; entre 1923 et 1930, le général **Primo de Rivera** établit en Espagne une dictature qui entretient de bons rapports avec l'Italie, veut moderniser le pays (aménagement du bassin de l'Ebre) et envisage même de créer un parti unique ; en 1926 l'armée prend le pouvoir au Portugal puis appelle au pouvoir un civil, A. de Oliveira **Salazar**, très marqué par Maurras. Avec le kemalisme, ceci permet de parler avec Nitti d'une « fièvre méditerranéenne des dictatures », mais en aucun cas d'un facisme mondial.

Enfin, quelques groupuscules fascistes apparaissent en Suède, en Suisse, en Belgique, en Grande-Bretagne. Aux États-Unis, la réaction américaniste se nourrit du même terreau que le fascisme et prend parfois la forme de l'antisémitisme (le constructeur automobile Henry Ford, par exemple, utilise son journal pour propager des thèses antisémites).

3. La crise de 1929 déclenche la seconde vague fasciste

► **La crise en Allemagne donne sa seconde chance à Hitler.** L'Allemagne est touchée de plein fouet par la crise. La prospérité reposait largement sur les capitaux américains. Or ceux-ci sont rapatriés brutalement et secouent durement le système bancaire allemand : en juillet 1931, la Danat Bank, deuxième banque du pays, fait faillite. Le chancelier Brüning instaure un strict contrôle des changes pour éviter la débâcle. Cependant, sa politique déflationniste et la montée du protectionnisme international privent l'industrie de débouchés. Dans l'agriculture, la surproduction entraîne un effondrement des prix qui oblige les grands propriétaires à hypothéquer leurs domaines. Le chômage se développe rapidement : il y a 6 millions de sans-emploi en 1932. Si l'on ajoute les chômeurs partiels, c'est la moitié de la population active allemande qui est touchée par la crise.

Le désarroi de la population se traduit par la montée des extrêmes : aux élections de septembre 1930, le Parti communiste fait 13 % des voix et le Parti nazi 18 % (avec 107 députés).

Le NSDAP est alors un parti en pleine croissance : de 80 000 avant la crise, il atteint les 850 000 membres en janvier 1933. C'est un parti de jeunes, avec un taux de rotation très rapide : 40 % des adhérents de 1930 ne sont plus dans le Parti en janvier 1933. L'analyse sociologique des adhérents de 1932 révèle 55 % de classes moyennes, 36 % de travailleurs manuels salariés et 9 % de membres de l'élite. Ces chiffres sont à comparer avec la structure de la population active : classes moyennes 42,5 %, classe ouvrière 54,5 %, élites 3 %. Il y a donc une sur-représentation des classes moyennes (commerçants, paysans, artisans, petits fonctionnaires et employés) et surtout de l'élite (étudiants, propriétaires d'entreprises, professions libérales, hauts fonctionnaires et managers). Inversement, les ouvriers sont sous-représentés. Encore faut-il signaler que cela est le cas dans la plupart des partis ; d'ailleurs les SA recrutent dans les milieux populaires et les organisations nazies offrent aux armées de chômeurs un refuge contre la faim et la misère.

Du point de vue électoral, le NSDAP pénètre plus difficilement les milieux ouvriers et catholiques, deux sous-cultures dont l'identité s'est forgée contre les persécutions de Bismarck. Les chômeurs ne font pas non plus le lit du nazisme et votent souvent pour le Parti communiste. En revanche, l'électorat de l'aristocratie ouvrière (la petite production et la production artisanale) se laisse tenter mais demeure volatil : le recul du Parti aux élections de novembre 1932 serait largement dû à sa défection. Mais le nazisme capte surtout la clientèle des classes moyennes, des jeunes et des femmes (l'électorat féminin, jusqu'alors favorable à la droite et au centre, est séduit par le Führer ; mais les femmes demeurent très minoritaires au sein du Parti).

▸ **Face à la crise de régime, Hitler se présente comme l'homme providentiel.** Hitler promet du travail à tous, fait vibrer la fibre nationaliste en laissant entrevoir une Allemagne nouvelle, régénérée, vengée des humiliations de 1918. Par la mise en scène de meetings spectaculaires, par des discours fanatiques qui enflamment son auditoire, Hitler apparaît comme l'homme providentiel qui sauvera son peuple : « Hitler, notre dernier espoir », proclament certaines affiches.

Or les gouvernements successifs (Müller jusqu'en mars 1930, Brüning de mars 1930 à mai 1932, von Papen ensuite) demeurent impuissants devant la crise : le président Hindenburg est le seul point d'ancrage du régime et gouverne au moyen de l'article 48 (qui lui permet de proclamer l'état d'exception et de gouverner avec les pleins pouvoirs), tout en dissolvant le Reichstag à de nombreuses reprises. La rue est le théâtre d'affrontements sanglants entre les milices politiques que sont les SA, le Front rouge (communiste) et la *Reichsbanner* (social-démocrate). Brüning tente de dissoudre les milices nazies en avril 1932 mais doit reculer.

En avril 1932, Hitler pense pouvoir défier Hindenburg aux élections présidentielles. Il est battu au second tour par 19 millions de voix contre 13. Au Reichstag, son Parti, qui obtient 37,4 % des voix en juillet 1932 (230 sièges), recule en novembre (33 % des voix). Hitler pense désormais que la situation est mûre et qu'il n'arrivera au pouvoir que par un compromis avec les forces conservatrices. Alors que le général von Schleicher, nommé par Hindenburg en décembre 1932, effraie le patronat par ses aspirations à une dictature de type gauchisant, le Führer rencontre von Papen à Cologne par l'entremise du banquier von Schröder (début 1933). C'est von Papen qui persuade Hindenburg, malgré les réticences de celui-ci à l'égard du « petit caporal autrichien », de nommer Hitler chancelier le 30 janvier. Alors que le gouvernement ne compte que deux ministres nazis, les conservateurs croient tenir une marionnette.

Qui est responsable de l'accession de Hitler au pouvoir ? La gauche est divisée, puisque le Parti communiste se maintient dans une attitude d'opposition systématique (« classe contre classe »), tandis que le Parti socialiste soutient tant bien que mal les gouvernements au pouvoir. Les nationalistes, de leur côté, préfèrent lutter contre le gouvernement Brüning et font bloc dans le « front de Harzburg », créé à la fin de 1931 par Alfred Hugenberg, le leader du DNVP (les nationaux-populistes allemands). Ils finissent par s'allier à Hitler.

Le rôle des capitalistes est controversé, d'autant que les marxistes ont fondé leur conception du fascisme sur cette alliance avec le patronat. Traditionnellement, on met en évidence l'alliance de Hitler et des industriels. Otto Strasser (frère de Gregor), représentant la gauche nazie, est exclu du Parti en 1930. En janvier 1932, Hitler rencontre à

Düsseldorf les principaux représentants du monde industriel en leur promettant le maintien de leur autorité, en leur laissant entrevoir une politique de réarmement et en se présentant comme un recours contre le bolchevisme. De zélés intermédiaires, comme Wilhelm Keppler, le Dr Schacht et le banquier Schröder scellent la nouvelle alliance. La prise de pouvoir est présentée comme le dernier acte de cette pièce avec la scène de Cologne.

L'Américain Turner, par des recherches récentes, conteste cette thèse : pour lui, les quelques capitalistes qui soutiennent à fond le nazisme le font par conviction (Thyssen, Schacht, Schröder), tandis que les autres préfèrent soutenir les partis conservateurs et nationalistes. Turner conclut à la passivité et non à la complicité des industriels et des financiers : le Parti nazi, fort de ses succès électoraux, n'a pas besoin de l'argent du capital. Ce n'est qu'à partir de 1933 que les capitalistes se rallient à un régime qui leur apporte la paix sociale et le renforcement de la concentration. Mais après 1936-1937, la politique de préparation à la guerre imposée par les nazis entre en contradiction avec les intérêts des milieux d'affaires, sauf ceux qui acceptent d'entrer à fond dans le système (Krupp exploitant des camps de concentration, IG Farben utilisant la main-d'œuvre étrangère).

▸ **La « mise au pas » de l'Allemagne et l'installation du IIIe Reich commencent dès février 1933. L'incendie du Reichstag, le 27 février,** permet à Hitler d'obtenir les pleins pouvoirs.

Hitler a fait dissoudre le Reichstag. Van der Lubbe, l'auteur de l'incendie qui ravage le bâtiment le 27 février, est un ancien communiste manipulé par les nazis. Ceux-ci profitent de l'incident pour restreindre les libertés et pour faire interdire le Parti communiste. Les élections du 5 mars donnent 43,9 % des voix au NSDAP, qui obtient la majorité des sièges grâce à l'alliance avec les nationaux-populaires et à la déchéance des députés communistes.

Le 21 mars, la « journée du redressement national » rassemble symboliquement les forces traditionnelles (le président Hindenburg, les militaires) et les chefs nazis dans l'église de la garnison à Potsdam, devant le tombeau de Frédéric II de Prusse. Hitler se présente comme l'homme qui conciliera la tradition historique du Reich avec les forces nouvelles de l'Allemagne : c'est **l'acte de naissance du IIIe Reich.**

Le 23 mars, le chancelier obtient du Reichstag les pleins pouvoirs pour quatre ans. La majorité des deux tiers a pu être atteinte grâce au soutien des députés du *Zentrum,* encouragés par la promesse d'un concordat (qui sera signé en juillet).

Commence alors la « mise au pas » *(Gleichschaltung)* des institutions. La loi sur la reconstitution d'une fonction publique de métier (avril 1933) permet aux nazis d'infiltrer l'État. Les syndicats, qui ont encore défilé le 1er mai, sont interdits le lendemain. Le Parti socialiste est dissous en juin, les partis de droite préfèrent se saborder : le 14 juillet, le NSDAP est déclaré parti unique. Un régime totalitaire se met en place. **La Nuit des longs couteaux (29-30 juin 1934)** permet à Hitler de consolider son pouvoir.

En 1934, les tiraillements entre la tendance gauchisante et la tendance réactionnaire du Parti réapparaissent sur fond de difficultés économiques et sociales. Ernst Röhm, rappelé par Hitler en 1930 pour prendre la tête des SA, ne se contente pas de la révolution « nationale » et souhaite que celle-ci soit aussi « socialiste » ; il veut notamment intégrer la Reichswehr dans une grande armée dominée par les SA. Au contraire, von Papen se fait le porte-parole de la tendance conservatrice dans son discours de Marburg (17 juin). Hitler tranche. Dans la nuit du 29 au 30 juin, l'état-major des SA est arrêté dans sa retraite de Bad Wiessee, en Bavière. Röhm est exécuté le lendemain. Hitler en profite pour liquider certains opposants de gauche (Gregor Strasser, von Schleicher) tout en frappant aussi à droite. Il règle aussi de vieux comptes (von Kahr est assassiné). La « Nuit des longs couteaux » (expression provenant d'un couplet SA : « Nous aiguiserons nos longs couteaux... ») horrifie l'Europe mais satisfait les éléments conservateurs. À partir de ce moment, la SA est progressivement supplantée par la SS de Himmler.

Le 2 août 1934, la **mort de Hindenburg** laisse le pouvoir intégral à Hitler, qui prend le titre de chef de l'État en plus de celui de chancelier : un plébiscite ratifie à 90 % le nouveau régime et les militaires prêtent serment au Führer.

► **Une seconde vague fasciste s'étend dans l'Europe des années trente.** La crise favorise la contestation des régimes en place : les tendances fascisantes se font de plus en plus fortes dans les régimes de l'Europe rurale et même les démocraties n'y échappent pas. Mais dans ces dernières, la solidité des institutions et des traditions libérales ainsi que la sortie progressive de la crise entraînent finalement un déclin de ces formations.

Hors d'Europe, le fascisme à proprement parler n'existe pas, sauf quelques groupuscules importés d'Italie et d'Allemagne. L'Afrique du Sud est en partie gagnée par le racisme afrikaner. Aux États-Unis, la réaction américaniste des années vingt et la prolifération des mouvements d'extrême droite dans la décennie suivante s'apparentent de très loin au fascisme. Les dictatures d'Amérique latine sont surtout marquées par le **caudillisme** (dictature militaire de type franquiste) et par la puissance de l'armée ; elles ne connaissent pas non plus de tentation fasciste (sauf au Brésil avec l'« intégralisme » de Salgado, qui reste à l'écart du pouvoir).

La France connaît une crise moins violente mais qui perdure plus que dans les autres pays.

Dans les autres pays d'Europe occidentale, les mouvements fascistes atteignent leur apogée électorale vers 1935-1936 et déclinent ensuite, c'est le cas de la *British union of fascists* d'Oswald Mosley, le « rexisme » de Léon Degrelle en Belgique, le « mouvement national-socialiste » aux Pays-Bas, l'« Union nationale » du Norvégien Quisling qui ne reviendra sur le devant de la scène qu'avec l'appui du Reich durant la guerre.

Ailleurs, les dictatures conservatrices traditionnelles sont influencées par le fascisme : c'est le cas en Hongrie avec Gombos et en Espagne où José Antonio Primo de Rivera, fils de l'ancien dictateur, crée un mouvement fasciste, la Phalange. Il y a donc partout, et même en Italie, un durcissement des dictatures en un sens plus totalitaire.

Mussolini cherche à récupérer ces mouvements : en octobre 1932, l'ancien squadriste Gravelli lance une « revue du fascisme universel », *Ottobre* (titre choisi pour commémorer la marche sur Rome). Avec l'arrivée du nazisme au pouvoir, une compétition s'engage entre les deux régimes : le général Coselschi essaie de monter une « Internationale fasciste » dont l'audience restera limitée (Congrès de Montreux, en Suisse, en décembre 1934). Finalement, l'Italie et l'Allemagne continuent de soutenir secrètement certaines formations fascistes, mais à des fins purement nationales. Le projet d'Internationale fasciste ressuscitera dans un tout autre contexte, celui de l'Europe allemande et de l'*Ordre nouveau.*

II. *Le fascisme en action : essai de définition*

Bien que les conditions de leur accession au pouvoir ne soient pas identiques, le fascisme et le nazisme présentent un certain nombre de points communs qui les rapprochent plus que leurs différences ne les distinguent, qui les éloignent en tout cas de nombreux régimes autoritaires de la même époque.

1. Le modèle fasciste présente plusieurs caractéristiques communes

La conception politique, économique, sociale du fascisme peut se résumer dans le slogan simplificateur choisi par les nazis : *Ein Volk, ein Reich, ein Führer* (un peuple, un empire, un chef). Il faut cependant y ajouter un autre élément fondamental qui est la terreur policière et concentrationnaire.

► **Le fascisme considère le peuple comme un ensemble organiquement uni.** La notion de *Volk* est spécifiquement germanique et se trouve aux racines du nazisme, qui la pousse d'ailleurs jusqu'au racisme. Mais l'idée de peuple est commune à tous les régimes fascistes en ce qu'ils sont des régimes de masse qui prétendent transcender les divisions sociales.

Le racisme comme élément de la cohésion nationale demeure spécifiquement nazi. Tandis qu'une politique eugénique doit améliorer la race (stérilisation et élimination des handicapés), les Juifs canalisent la haine des nazis qui les accusent de détruire la cohésion de la nation allemande et qui leur reprochent d'être à la fois trop intellectuels, trop cosmopolites, trop individualistes.

Dès avril 1933, un boycott des magasins juifs est organisé. Les **lois de Nuremberg,** en 1935, interdisent le mariage et les relations sexuelles avec des Allemands. Les juifs doivent porter l'étoile jaune et sont soumis à une véritable ségrégation dans les lieux publics. Le 9 novembre 1938, un vaste pogrom est organisé contre la communauté juive en riposte à l'assassinat d'un conseiller d'ambassade allemand par un étudiant israélite à Paris : c'est la **« nuit de cristal ».** Des entreprises juives sont confisquées et « aryanisées », la communauté est obligée de payer un tribut exceptionnel et de nombreux juifs sont envoyés en camp. Les Juifs qui n'ont pas pu fuir (250 000 quittent l'Allemagne entre 1933 et 1939) seront quelques années plus tard les victimes de l'Holocauste.

La lutte des classes ne doit plus exister. Le fascisme se fonde sur une idéologie qui répond de façon globale et cohérente aux problèmes que se posent les hommes. Tous les groupes sociaux doivent concourir au même idéal : la grandeur de la nation et la naissance d'un homme nouveau.

Une distinction existe cependant entre l'Italie fasciste qui reconnaît encore l'existence de syndicats et l'Allemagne hitlérienne qui les supprime. Seuls demeurent en Italie des syndicats fascistes qui ont le monopole de la négociation avec l'employeur. En 1934, ils sont intégrés dans les 22 corporations, qui envoient des représentants au Conseil national des corporations où siègent également des représentants de l'État et du Parti. La Charte du travail (1927) confie à l'État le respect des conventions collectives et le soin de faire primer l'intérêt national sur les intérêts particuliers.

Il ne subsiste que des associations professionnelles en Allemagne. Les travailleurs sont tous regroupés dans le Front du travail dirigé par Robert Ley, qui revendique 25 millions de salariés et qui déclare que « seul le sommeil est encore une affaire privée ». Tous les individus doivent être intégrés dans une « communauté du peuple » *(Volksgemeinschaft)* où l'individu n'existe plus de façon autonome. Les jeunes sont soumis à un service du travail obligatoire, qui fournit ainsi une main-d'œuvre gratuite à partir de 1935.

Le Parti encadre les masses. Le Parti national fasciste (PNF) compte 2,5 millions de membres en 1940, dont le tiers appartient à la Milice qui est en charge du maintien de l'ordre. Pour beaucoup, la carte du Parti est le moyen d'accéder à une charge ou à un emploi. En Allemagne, le NSDAP s'ouvre par étapes, en plus du recrutement par la *Hitlerjugend.* Il y a 2,5 millions de membres en mai 1933, 5 millions en 1939, 8 millions en 1945. Au fur et à mesure que le Parti devient un parti de masse, la part de l'élite diminue (pour ne plus représenter que son poids réel dans la population) alors que la part des ouvriers et des femmes augmente considérablement. Le nazisme a pratiquement réussi à surmonter les divisions de classes de la société allemande, mais dans une logique de nationalisme guerrier et de haine raciale.

Le Parti encadre également la jeunesse qui constitue l'espoir du régime. D'ailleurs, une politique familiale active, appuyée sur la propagande et sur les incitations financières, encourage la natalité.

L'embrigadement commence au plus jeune âge : en Italie ce sont les « Fils de la louve » (4-8 ans), puis les *Balilla* (garçons) et les « petites italiennes » (8-14 ans), ensuite les *avanguardisti* et les « jeunes italiennes » (14-18 ans), enfin les « Jeunesses fascistes » et le Groupe universitaire fasciste (GUF) pour les étudiants. Ces organisations de type paramilitaire (5 millions de jeunes en 1940) doivent enseigner le goût de la vie en commun et de l'effort, les valeurs guerrières, le dynamisme, l'obéissance, le culte du chef : Achille Starace, secrétaire général du Parti national fasciste depuis 1931, leur donne comme mot d'ordre la devise « croire, obéir, combattre ». En Allemagne surtout, une inspiration social-darwinienne préside à une forte sélection sur un modèle élitiste : après le *Jungvolk*, ce sont les *Hitlerjugend* (« jeunesses hitlériennes ») dont les meilleurs éléments intègrent la SS.

La rupture est totale avec les valeurs bourgeoises « décadentes », et même avec les valeurs chrétiennes. C'est pourquoi la mise en condition n'est pas moins forte dans l'enseignement. Les instituteurs italiens enseignent en chemise noire et les professeurs d'université doivent prêter serment au régime après 1931 (1 % refuse de le faire) ; une réforme scolaire assure la « bonification des esprits ». En Allemagne, la réforme de l'enseignement est poussée beaucoup plus loin sous la férule de Bernhard Rust. Certaines disciplines sont marginalisées, d'autres sont développées et « corrigées » (langue, histoire, biologie, sport). Les *Adolf Hitler Schulen* et les « établissements d'éducation national-politique » forment les futurs cadres du Parti. Enfin, la pratique du sport est encouragée et permet de préparer l'homme nouveau : aux Jeux olympiques de Berlin, en 1936, l'Allemagne vient en tête par le nombre de médailles remportées, suivie par les États-Unis et l'Italie. Le sport sert aussi à grandir le prestige de la nation.

Cette prise en main de la jeunesse va de pair avec **la domestication de la culture,** qui est d'ailleurs confiée au ministre chargé de la propagande (Dino Alfieri en Italie, Goebbels en Allemagne). Si les populations acceptent cette hégémonie idéologique qui entre parfois en conflit avec les valeurs traditionnelles de la religion, c'est parce que le régime les a sorties de la crise et leur a apporté de réelles satisfactions matérielles. C'est l'organisation KDF en Allemagne (« la force par la joie ») ou la naissance des usines *Volkswagen* en 1936 (qui devaient assurer un véhicule à tous les Allemands). C'est aussi l'*Opera nazionale Dopolavoro* en Italie (qui gère des piscines, des maisons de la culture, et qui organise des voyages : elle compte 4,5 millions d'adhérents à la veille de la guerre). En Italie cependant l'encadrement de la société est limité par l'influence de l'Église. Un compromis est établi en 1929 par les accords du Latran.

L'État se met au service de la nation. Mais les sources de sa légitimité sont perçues différemment par le nazisme et le fascisme. Pour Mussolini « l'État crée la nation » : le fascisme italien se caractérise par une prééminence de l'État (on a même parlé de statolâtrie), ce qui fait dire à l'historien Renzo de Felice qu'il y a à la fois, en Italie, politisation de la société civile (par le Parti) et dépolitisation de l'État (sur lequel son influence recule devant celle des technocrates). En Allemagne en revanche c'est le *volk* qui justifie l'État et c'est donc le Parti qui affirme sa mainmise sur l'État (comme en URSS). Le culte des traditions populaires issues du passé conduit à une vision assez réactionnaire de la société (préservation de l'agriculture et de la race, maintien des femmes au foyer, rejet de l'art contemporain qualifié de « dégénéré »), qui contraste avec la dimension plus modernisatrice du fascisme italien. La plus grande séparation entre la machine étatique et la société civile explique sans doute le moindre degré de totalitarisme du régime mussolinien.

▸ **Un Empire : l'État fasciste est l'instrument de la grandeur nationale.** La **politique de grandeur nationale** est à la fois un but et un moyen. Un but parce que la nation est l'idéal offert au peuple : toutes ses forces doivent y concourir, qu'il s'agisse de ressusciter le prestige de la « Rome impériale » dominant la Méditerranée (la *Mare nostrum*), ou bien de fonder un « IIIe Reich pour mille ans ». Les nations sont conçues comme des organismes qui ont besoin de se développer, qui doivent s'agrandir pour ne pas être condamnées au déclin. La nation est aussi un moyen parce qu'elle permet de souder le peuple, de transcender ses divisions en dépit des difficultés économiques et des inégalités sociales. Les dirigeants prennent alors le risque de mener une politique de prestige de plus en plus dangereuse, dont l'aboutissement est la guerre. Mais la guerre est elle-même un autre idéal, où les vertus de courage, de bravoure, d'héroïsme peuvent se déployer librement. La guerre réintroduit aussi la notion de sélection, de combat pour la vie : la propagande nazie présentera cette grande épreuve comme une lutte pour la survie du peuple allemand.

Alors qu'en Allemagne la politique d'expansion est dès le début un objectif avoué du Führer, la dérive nationaliste et guerrière du régime fasciste est particulièrement nette en Italie : en mars 1936, Mussolini estime la guerre « inéluctable pour l'Italie » et amorce un raidissement totalitaire.

Au service des objectifs idéologiques du régime, **l'État a un rôle essentiel à jouer** dans la mobilisation des forces de la nation. La centralisation est renforcée. En

Italie, la loi de juillet 1928 remplace les assemblées élues par les représentants de l'exécutif (préfets, sous-préfets, etc.). En Allemagne, la loi sur la reconstitution du Reich remplace la souveraineté des 17 Länder par le pouvoir de représentants nommés (les *Statthalter*) et le Reichsrat, représentant des Länder, est dissous en février 1934. L'État a un rôle essentiel dans la mobilisation économique par le biais d'une politique dirigiste.

Le dirigisme se développe en Italie vers 1927. Dans l'agriculture, de grandes « batailles » économiques sont lancées, comme la bataille du blé (1925-1933) qui permet d'augmenter les rendements de 50 %. Les succès sont moins brillants pour les autres cultures, mais une politique volontariste de mise en valeur des terres (irrigation, assèchement des marais, colonisation) augmente la production agricole tout en résorbant une partie de l'excédent démographique. Dans l'industrie, l'État lance des programmes de grands travaux (électrification, travaux d'urbanisme, autoroutes).

La crise mondiale renforce cette orientation autarcique car le prestige monétaire impose une politique déflationniste (la lire n'est dévaluée qu'en 1936). L'Institut pour la reconstruction industrielle (IRI) rachète les entreprises en difficulté et crée de nombreux holdings d'État : Finsider pour l'acier, Finmare pour la navigation, etc. La concentration des entreprises est renforcée : tout se passe comme si les milieux d'affaires avaient abandonné leur pouvoir politique pour sauver, au prix d'un certain dirigisme, leur pouvoir économique. Jusqu'au moment où les politiques imposent aux responsables économiques le choix de l'expansion armée et de la production de guerre.

Le scénario est semblable en Allemagne. De 1933 à 1936, le Dr Schacht privilégie la relance de la production par un programme de grands travaux (autoroutes, chemins de fer, bonifications, défrichements). Le financement de l'économie est assuré par un système de traites garanties par l'État pour que les entreprises puissent payer leurs fournisseurs : il s'agit d'une véritable inflation déguisée qui évite de renouveler le climat de panique de 1923. Du fait de l'idéologie du *Blut und Boden* (« le sang et le sol », slogan de Walter Darré), l'agriculture est favorisée et on lutte contre le morcellement des terres (création de domaines inaliénables : les *Erbhöfe*).

À partir de 1936, l'objectif du réarmement à outrance devient prioritaire et se traduit par un plan de quatre ans dont la réalisation est confiée à Hermann Göring. L'autarcie se renforce : les importations sont limitées et des produits de substitution sont développés (essence et caoutchouc synthétiques, textiles artificiels, etc.). La concentration s'accroît et l'intervention de l'État se développe (ex. les *Hermann Göring Werke*, qui exploitent les mines de fer non rentables).

► **Au total, le bilan économique et social des régimes fascistes est loin d'être négligeable.** La production italienne a doublé entre 1922 et 1938, bien que l'Italie demeure fortement dépendante des importations. L'Allemagne a accompli un redressement spectaculaire : en 1937, la production industrielle dépasse d'un tiers le niveau de 1928 (elle occupe le deuxième rang mondial), le chômage a quasiment disparu et l'Allemand consomme autant qu'avant la crise. Cependant les salaires sont amputés par des impôts plus lourds que précédemment : le marché intérieur est donc saturé au moment où la politique de réarmement offre des débouchés croissants à l'industrie. Sur le plan social, les bénéficiaires sont surtout les chefs d'entreprise, qui ont pu imposer leurs conditions aux salariés, et les classes populaires quand elles ont profité de la mise en place d'une législation sociale nouvelle (cas de l'Italie). Les classes moyennes ont été paradoxalement sacrifiées et se sont contentées d'une promotion sociale (par le Parti) ou des succès de prestige (nationalisme).

► **Le culte du chef est consubstantiel au régime fasciste.** Hitler et Mussolini concentrent tous les pouvoirs. Le Duce n'est responsable que devant le roi, il peut légiférer sans en référer à la Chambre qui n'est qu'un organe d'enregistrement : d'abord choisie par le Grand Conseil du fascisme, elle cédera la place en janvier 1939 à une Chambre des faisceaux et des corporations. Hitler, lui, porte le titre de *Reichsführer* depuis la mort de Hindenburg. Le Reichstag n'a plus aucun rôle sinon celui de voter rituellement les pleins pouvoirs pour quatre ans (1933, 1937, 1941) et d'écouter les interventions du Führer.

À l'extrême limite, le chef est à la source de tout droit car, comme l'expliquent les juristes nazis, il incarne la nation et le peuple. Plus que nulle part ailleurs, le mysticisme et le mythe de l'infaillibilité entourent la personne du *Führer*. Les plébiscites semblent légitimer ce caractère sacré que présente la propagande. De la même façon, Mussolini est présenté comme « l'homme qui fait arriver les trains à l'heure », « l'homme qui ne dort jamais », « l'homme qui a toujours raison ». Il finit par considérer que le souverain lui fait de l'ombre et prend en 1938 le titre de maréchal de l'Empire, conjointement avec le roi.

Le principe du chef ou **principe d'autorité** *(Führerprinzip)* est au cœur de l'organisation sociale des pays fascistes. En dessous du chef suprême, des millions de petits chefs font marcher la machine du Parti, de l'armée, de la bureaucratie, de l'économie. Le Parti est organisé militairement et l'administration est centralisée.

► **Le rôle du chef est pourtant à l'origine des différences de fonctionnement entre fascisme et nazisme.**

Hitler n'est pas un homme de dossiers, il n'aime pas le contact froid de la médiatisation administrative. Le lien personnel – inspiré par les origines médiévales de la culture germanique – est très important dans l'Allemagne nazie : la relation de fidélité, sinon de vassalité, se traduit par la pratique du serment imposé aux magistrats, aux militaires, aux fonctionnaires. Tel n'est pas le cas de l'Italie où l'État joue un rôle beaucoup plus important. Le scepticisme de Mussolini le conduit à faire davantage confiance aux exécutants administratifs qu'à ses fidèles politiques.

La personnalité de leurs chefs respectifs a donc marqué très fortement l'évolution de chaque régime. Non que la bureaucratie n'existe pas en Allemagne, mais il semble que Hitler, fidèle à sa conception darwiniste de l'existence (« que le meilleur gagne »), ait laissé les pouvoirs se concurrencer (l'armée, le Parti, la bureaucratie, la police politique). Ce qui explique que les décisions soient davantage le résultat des initiatives d'exécuteurs zélés de la « volonté du Führer » que d'ordres d'Hitler lui-même : c'est ainsi qu'on ne trouve aucune trace écrite de l'ordre de déclenchement de la « Solution finale ». C'est toute l'origine d'un grand débat entre historiens sur le rôle effectif : est-il l'homme qui maîtrise tout (la monocratie, thèse des « intentionnalistes ») ou au contraire celui qui se laisse ballotter par les différentes tendances de son entourage (la polycratie, thèse des « fonctionnalistes ») ? Il y a pourtant deux domaines sur lesquels Hitler a eu un rôle très personnel : la politique étrangère et l'antisémitisme.

► **Le système répressif est à la base même du régime fasciste.** L'opposition est muselée ou décapitée. La police politique italienne (l'OVRA) traque les opposants et notamment les communistes, qui sont envoyés en résidence surveillée ou sur des îles perdues : ce sont les *confinati.* D'autres sont emprisonnés comme le leader communiste Antonio Gramsci qui n'y survivra pas. D'autres enfin préfèrent l'exil (ce sont les *fuorusciti*) mais sont parfois rattrapés : en 1937, les frères Rosselli sont assassinés en France par la « Cagoule ».

La répression prend un tour beaucoup plus inhumain en Allemagne. Nombre d'artistes et d'intellectuels s'exilent à partir de 1933, soit parce qu'ils sont juifs (Einstein, Fritz Lang, Bruno Walter), soit par hostilité au nazisme (Thomas Mann, Hermann Hesse, Stefan Zweig, Walter Gropius, Paul Klee). La *Gestapo* (police secrète d'État) superpose son activité à celle du système judiciaire : un individu peut à la fois être traduit devant les magistrats et subir les traitements arbitraires de la police politique. Deux forces résistent encore à l'hégémonie nazie : l'armée d'une part (longtemps méfiante à l'égard des initiatives de Hitler que les militaires qualifient d'aventurier mais que ses succès rendent de plus en plus crédible) ; l'Église de l'autre (elle résiste au paganisme nazi qui ne vise rien moins qu'à déraciner la pratique religieuse : d'où l'opposition de quelques protestants courageux comme le pasteur Niemöller, ou de quelques catholiques encouragés par la condamnation du nazisme par le pape dans son encyclique *Mit brennender Sorge* de mars 1937).

Les **camps de concentration** sont une autre spécificité du nazisme. Le premier ouvre à Dachau à la fin du mois de mars 1933. D'abord réservés aux opposants politiques (marxistes notamment), ils reçoivent bientôt tous les « asociaux » (criminels de droit commun, homosexuels, marginaux, etc.). En 1935, la gestion des camps passe de la SA à la SS. Un million d'Allemands seront arrêtés jusqu'à la guerre pour hostilité au régime. Avec la guerre, le totalitarisme allemand est poussé de plus en plus loin : **c'est l'État SS.**

Himmler, chef incontesté de la SS à partir de 1936, donne à cette organisation une puissance énorme, avec des tâches administratives, des fonctions de police, la gestion des camps de concentration. Son caractère élitiste, que le NSDAP a perdu, la prédispose à forger « l'homme nouveau » : ses effectifs demeurent inférieurs à 250 000 hommes jusqu'à la guerre et elle absorbe un nombre croissant d'éléments de la bourgeoisie et de l'ancienne élite (intellectuels, néo-monarchistes, fonctionnaires). La soumission au Führer est inconditionnelle comme le rappelle la devise de la SS : « ton honneur s'appelle fidélité ».

Sous l'autorité théorique de Himmler, mais en fait très indépendant, Heydrich dirige à partir de 1939 une « Administration centrale pour la sûreté du Reich » (RSHA) qui regroupe les « Services de sûreté » (organe du Parti) et la Gestapo (organe d'État). Pendant le conflit, la RSHA acquiert le droit de corriger les sentences des tribunaux réguliers et absorbe le service de contre-espionnage *(l'Abwehr)*. C'est le principal instrument de la répression interne.

Après 1941, la SS gère les entreprises occupées (150 usines à la fin du conflit), prend en charge toutes les questions liées à la « pureté du sang et de la race » (notamment la politique démographique), organise la colonisation à l'est et promeut l'émergence d'un homme nouveau. Elle a sa propre formation militaire, la *Waffen-SS*, qui finit par regrouper 600 000 hommes, s'émancipe de plus en plus de la *Wehrmacht* et reçoit les meilleurs équipements. C'est le règne de l' « Ordre noir ».

Au total, les régimes fascistes ont réussi, par leurs résultats économiques et par une propagande soutenue, à mobiliser leur population autour d'un régime et d'un chef. Néanmoins cette mobilisation est fragile et ne peut se prolonger que par un état de tension permanente : d'où la vigueur du système de persécution contre les opposants et les ennemis de la nation ; d'où aussi la surenchère dans la recherche du prestige à l'extérieur, comme si la survie de ces régimes dépendait d'une course ininterrompue au succès et à la gloire. L'Italie de Mussolini, beaucoup moins avancée que l'Allemagne de Hitler dans la voie du totalitarisme, choisit la fuite en avant quand elle entame la conquête de l'Éthiopie en 1935. Le Duce est en quelque sorte confronté, selon l'historien R. de Felice, à un dilemme : laisser le régime se libéraliser et retourner sur une voie ancienne, ou radicaliser le fascisme pour briser l'hégémonie des anciennes élites. En faisant le second choix (renforcement de ses pouvoirs, interdiction des mots d'origine étrangère, introduction du pas romain, politique de « défense de la race », etc.), Mussolini choisit l'alignement sur le modèle hitlérien. Néanmoins, la « révolution culturelle » du fascisme italien (selon l'expression de De Felice) n'atteindra jamais le degré de fanatisme et de terreur que représentera l'État SS : il reste un « totalitarisme incomplet ». C'est, selon le mot de Mussolini, la dyarchie – le double pouvoir. Double pouvoir politique – le Roi et le Duce, la Constitution (le *Statuto*) et le Parti, le principe héréditaire (pour la succession du monarque) et le rôle du Grand Conseil fasciste dans le choix des successeurs du Duce. Double pouvoir également dans l'ordre spirituel avec la rivalité entre le fascisme et le catholicisme.

2. Le fascisme et le nazisme se distinguent des autres régimes autoritaires

▸ **De nombreux régimes autoritaires prolifèrent dans l'Europe centrale, orientale et méditerranéenne de l'entre-deux-guerres,** traduisant généralement la volonté des élites traditionnelles (aristocratie foncière, Église, armée) de conserver leur pouvoir et de lutter contre la subversion communiste. Ces régimes ne sont pas fascistes même s'il existe souvent une « tentation fasciste » qui est soit évincée soit récupérée. **Les monarchies réactionnaires combattent à la fois le communisme et le fascisme.** Tôt ou tard, elles connaissent toutes un coup de force qui permet d'éliminer la subversion fasciste : c'est le cas de la Yougoslavie en 1929, de la Bulgarie en 1934 et de la Roumanie en 1938.

> **En Roumanie, Codreanu (1899-1938)** fonde en 1927 la « Légion de l'archange Saint-Michel » dont l'objectif est d'instaurer une société fondée sur une foi chrétienne renouvelée. En 1930, un parti de masse est fondé, la « Garde de fer », qui est à la fois antidémocratique, anticommuniste et antisémite, mais qui se distingue cependant du fascisme par son antimodernisme (haine de la civilisation urbaine, soutien de la paysannerie, mysticisme religieux). Son succès électoral est tel que le roi Carol dissout tous les partis et instaure une dictature réactionnaire (février 1938). Codreanu et ses compagnons sont assassinés, mais la Garde de fer ne tarde pas à se reconstituer.

L'Autriche, l'Espagne et le Portugal mettent en place des régimes d'inspiration corporatiste et catholique. Si l'Espagne de Franco est souvent assimilée au fascisme, celui-ci se manifeste surtout dans la forme et ce sont les anciennes élites qui gouvernent.

Au Portugal, le Dr Oliveiro Salazar, ministre des Finances en 1928, devient l'homme fort en 1933 et instaure un régime réactionnaire s'appuyant sur les grands propriétaires fonciers (il gouverne sous l'autorité du général Carmona). Son projet d'*Estado novo* se veut à la fois chrétien, antitotalitaire, tourné vers le passé. D'où la mise en place d'un corporatisme respectueux des communautés traditionnelles, au premier chef la famille. Confronté à la montée des tendances fascisantes du « Syndicalisme national » fondé par le Dr Preto, Salazar choisit de les intégrer au régime : le SN est dissous en 1934 mais une formation gouvernementale récupère ses membres, la *Vanguarda*.

Les dictatures militaires qui s'installent en Pologne, en Finlande et dans les pays baltes évoluent vers le conservatisme et marginalisent les mouvements fascistes.

> **La Pologne** présente l'originalité d'avoir évolué de la gauche vers la droite. Après avoir milité dans les rangs socialistes et sauvé son pays de l'invasion bolchevique en 1920, le maréchal Pilsudski revient au pouvoir en 1926 par un coup de force soutenu par la gauche. Mais le régime évolue vers une dictature plus traditionnelle et les leaders de gauche sont arrêtés en 1930. Après la mort de Pilsudski (1935), le « régime des colonels », dirigé par Rydz-Smigly, applique un programme conservateur tout en adoptant certains signes du fascisme (culte du chef, apologie de l'État, etc.). La *Falanga*, qui recrute chez les étudiants et dans la petite bourgeoisie, développe une idéologie anticapitaliste et antisémite ; suspectée de vouloir déclencher un putsch fasciste, elle finit par être interdite.

► **Sauf en Hongrie, le fascisme ne parvient au pouvoir que pendant la guerre.** Le fascisme hongrois naît de la dissociation des deux fractions de la classe dirigeante : la petite noblesse ruinée par l'inflation s'oppose aux grands propriétaires représentés par le régime de l'amiral Horthy. Arrivé au pouvoir en 1932, Julius Gömbös tente d'instaurer un État corporatiste s'appuyant sur les classes moyennes et sur un parti unique, avec de grands rassemblements de masse. Cependant la fascisation de l'État hongrois ne survit pas à sa disparition en 1936, malgré les succès du « parti des Croix fléchées » de Szalasi (qui sera emprisonné en 1938).

Ailleurs, le fascisme ne parvient au pouvoir que pendant la guerre, quand l'occupant allemand ne trouve plus son compte dans les régimes réactionnaires en place. En Roumanie le général Antonescu force le roi à abdiquer (1940) mais finit par se débarrasser de la Garde de fer. En Hongrie, Szalazi n'arrive au pouvoir qu'en 1944. Enfin, plusieurs pays vaincus associent fascisme et collaboration : c'est le cas des Oustachis de Pavelich en Croatie (qui sèment la terreur contre la population serbe), de la Milice en France (à partir de 1943), des mouvements fascistes de Mussert aux Pays-Bas et de Quisling en Norvège. Il faut donc en revenir aux cas allemand et italien pour définir la nature du fascisme.

3. La complexité du fascisme se mesure à l'aune de ses interprétations

L'interprétation du fascisme suscite l'interrogation et parfois la polémique, tant il est difficile de mesurer la responsabilité des différents groupes sociaux, le rôle des hommes, le poids des conditions socio-économiques et de l'histoire nationale, le rattachement à une notion plus large qui est le totalitarisme.

► **Les interprétations classiques du fascisme sont chacune réductrices. L'interprétation libérale considère le fascisme comme une « parenthèse » :** la guerre a créé un état de crise et le fascisme s'est développé comme la « maladie morale de l'Europe ». C'est un accident de l'histoire. Telle est la thèse de Benedetto Croce pour l'Italie et de Friedrich Meinecke pour l'Allemagne. Cette thèse exonère la responsabilité des élites dans la montée du fascisme et n'explique pas pourquoi le fascisme a réussi dans certains pays et pas dans d'autres.

L'interprétation radicale considère au contraire le fascisme comme l'aboutissement logique de l'histoire de certains pays : le fascisme est le produit inévitable des « germes » nés en Allemagne et en Italie au XIXe siècle. Edmond Vermeil, par exemple, considère que le nazisme est le prolongement du luthéranisme (l'obéissance aveugle), du militarisme prussien et de la volonté d'expansion du siècle précédent (née de la croissance économique et démographique). Cette thèse est extrémiste en ce qu'elle « diabolise » certains peuples et elle se heurte d'ailleurs aux contradictions de l'histoire : la Prusse, par exemple, c'est aussi la francophilie de Frédéric II et la tradition de tolérance, alors que Hitler est un Autrichien de culture catholique.

L'interprétation marxiste voit dans le fascisme une forme « classique » de la réaction antiprolétarienne : la IIIe Internationale l'a même défini comme le stade suprême du capitalisme (1924) et considère donc son avènement comme bénéfique puisque annonciateur de la chute prochaine du capitalisme. Quelques communistes se sont élevés contre cette thèse (les Italiens Antonio Gramsci, Palmiro Togliatti et Angelo Tasca, l'Allemand August Thalheimer). Mais ce n'est qu'après l'échec de la tactique « classe contre classe » que l'Internationale révise son jugement sur l'inéluctabilité du fascisme et accepte la constitution de « fronts communs » pour lui résister. Cette thèse a néanmoins servi à souligner, dans le fascisme, le rôle des classes moyennes « condamnées au déclin par la crise du capitalisme » et des éléments prolétariens « aigris ».

D'autres interprétations du fascisme apportent un éclairage plus ponctuel.

Les **interprétations psychosociales** (Erich Fromm, Wilhelm Reich) mettent l'accent sur les pulsions et les frustrations individuelles pour expliquer l'adhésion fanatique au fascisme.

Hannah Arendt assimile le fascisme au **totalitarisme** dont Friedrich et Brzezinski ont défini les critères essentiels : idéologie élaborée proposant une société nouvelle, parti unique de masse organisé hiérarchiquement et dominé par un chef, système de terreur physique et psychologique, monopole des moyens de communication de masse, monopole des instruments de lutte armée, contrôle centralisé de l'économie. Le fascisme est, avec le communisme, l'une des variantes du totalitarisme. Il n'est pas indifférent que cette thèse se soit développée aux États-Unis principalement : n'était-elle pas bien commode, surtout après 1945, pour assimiler l'URSS à l'Allemagne de Hitler ?

Enfin, les **interprétations socio-économiques** (Organski, Barrington Moore) considèrent le fascisme dans l'optique du passage à la société industrielle. Il prend la forme d'une « révolution au sommet » permise par l'alliance entre les grands propriétaires fonciers et les industriels. Mais le fascisme a apporté une dimension populaire et plébéienne qui a conduit à rompre avec le libéralisme.

► **De ces interprétations multiples se dégage le problème de la base sociale du fascisme et de l'autonomie du politique.**

Pierre Milza distingue quatre étapes :

— le premier fascisme correspond au développement de courants extrémistes, ultranationalistes, nés d'un contexte de crise et issus des classes moyennes, qui combattent à la fois le capitalisme libéral et le communisme (ce sont les « faisceaux » de 1919 et le NSDAP de 1920) ;

— dans le second fascisme, ces éléments extrémistes s'allient aux milieux d'affaires en réduisant la portée anticapitaliste de leur discours et en renforçant la lutte contre le communisme (Hitler rencontrant les représentants du patronat à Düsseldorf et Cologne en 1932-1933) ;

— le troisième fascisme est au pouvoir : la bourgeoisie abandonne son pouvoir politique mais conserve son pouvoir économique, tout en espérant domestiquer le fascisme ; un système totalitaire se met en place ;

— le quatrième fascisme est l'établissement du totalitarisme absolu (l'État SS en Allemagne pendant la guerre). L'Italie fasciste n'a jamais atteint réellement ce stade.

Le rôle des classes moyennes est central. Leurs frustrations sociales et leur rejet du communisme les ont poussées dans les bras du fascisme qui a su les mobiliser en les faisant participer à la révolution nationale et sociale (notamment par l'adhésion au Parti). Certains, comme l'Américain Lipset, pensent même que le fascisme est l'expression politique des classes moyennes, tout comme la démocratie serait celle de la bourgeoisie et le communisme celle du prolétariat.

Mais on ne peut non plus négliger le rôle des élites. En passant un compromis avec la vieille classe dirigeante bourgeoise et aristocratique, le fascisme doit accepter l'élimination des éléments les plus intransigeants dans ses rangs : cette épuration est réalisée entre 1926 et 1928 en Italie, en juin 1934 en Allemagne. Néanmoins, les élites traditionnelles sont entrées en conflit à leur tour avec le fascisme, et sur trois points : le dirigisme croissant, l'« autonomisation » du pouvoir politique au point que les élites fascistes accaparent le pouvoir, la politique extérieure de plus en plus aventureuse. Si bien que le fascisme finit par imposer ses conceptions aux anciennes élites : c'est le raidissement totalitaire en Italie à partir de 1936, c'est la puissance croissante de la SS en Allemagne (notamment dans l'armée, repaire de l'aristocratie).

Quant au prolétariat, son adhésion au fascisme demeure faible numériquement, encore que l'aristocratie ouvrière en est souvent plus proche. Le nazisme, cependant, réussit avec le temps à pénétrer toutes les couches de la population et à esquisser cette *Volksgemeinschaft* idéalisée par le régime.

Le fascisme est un phénomène européen de l'entre-deux-guerres. Ses racines plongent dans le siècle dernier, avec la fusion d'un courant antilibéral (parfois anarchisant pour la France et l'Italie) et d'un courant nationaliste radical (tendant parfois au racisme). Mais ces racines n'ont pu se développer qu'après le formidable bouleversement politique et social qu'a constitué la Première Guerre mondiale. Et encore le fascisme n'était-il pas inévitable : c'est parce que ses adversaires étaient divisés, et parce qu'il a réussi à trouver des alliés, que le fascisme a pu parvenir au pouvoir. Quant au qualificatif « fasciste », il est devenu après la guerre une invective facile pour discréditer des phénomènes qui n'ont souvent que de lointains rapports avec lui.

Approfondir

LECTURES

- P. Milza, *Les fascismes,* Paris, Points-Seuil, 1991, 604 p., est l'ouvrage de référence. Pour aller plus vite, consulter :
- H. Michel, *Les fascismes,* Paris, PUF, coll. « Que sais-je ? », 1977.

Pour ceux qui ont le temps de consulter dans une bibliothèque :
- Renzo de Felice, *Comprendre le fascisme*, Paris, Seghers, 1975, fournit une analyse originale du fascisme italien.
- Revue *L'Histoire*, n° 118, numéro spécial *L'Allemagne de Hitler*, janvier 1989.
- Revue *L'Histoire,* n° 148, numéro spécial *L'antisémitisme en France*, octobre 1991.

THÈMES DE RÉFLEXION

- Les démocraties face au fascisme et au nazisme dans l'entre-deux-guerres.
- Le totalitarisme.
- L'Allemagne nazie.
- L'Italie mussolinienne.
- Nationalismes et fascismes dans l'entre-deux-guerres.
- Les fascistes.

Utiliser

Hitler

PRÉSENTATION

Il n'y a que peu de biographies susceptibles de faire l'objet d'une dissertation, de Gaulle, Lénine et Staline, Hitler et Mussolini en particulier. L'exercice est délicat parce qu'il demande des connaissances assez précises sur la vie du personnage, il est donc nécessaire de préparer ces cinq fiches. Il est surtout délicat car on vous demande de réfléchir sur l'action d'un homme et non pas de décrire le pays qu'il dirige *(Hitler* et non pas *L'Allemagne nazie).* Habituellement une vie connaît une période de formation et d'ascension vers le pouvoir pendant laquelle se forment les idées, puis une période d'exercice du pouvoir pendant laquelle ces idées sont mises en œuvre et adaptées à la réalité concrète, l'usure du pouvoir ou le vieillissement interviennent alors. Le plan est donc presque toujours chronologique. Un écueil fréquent consiste à tomber dans le récit anecdotique ou dans la psychologie romanesque. La problématique tourne toujours autour de la rencontre d'une personnalité, d'une époque particulière et d'une « mission » dont le personnage se croit investi.

De toutes les figures de l'histoire contemporaine, Hitler est sans aucun doute l'une de celles qui a suscité le plus de passion, de répulsion et d'interrogations. En 1919 Hitler n'est qu'un « petit caporal ». Un peu moins de quinze ans plus tard il accède au pouvoir total en Allemagne et impose sa vision de l'« ordre nouveau » à l'ensemble de l'Europe. Ce destin hors du commun soulève une question essentielle : comment expliquer qu'un individu sorti de la masse, quels que soient ses talents, ait su s'imposer et imposer une idéologie totalitaire à un pays aussi développé et de longue tradition culturelle que l'Allemagne ? Hitler était-il « résistible », selon le titre de la pièce de B. Brecht *(La résistible ascension d'Arturo Ui)* ? Et à quelle condition ?

I. Le destin de Hitler est inséparable du contexte historique de sa jeunesse et de son ascension vers le pouvoir

1. Le hasard pousse Hitler sur le devant de la scène allemande des années vingt

► **Adolf Hitler a une jeunesse difficile à Vienne.** Il est né le 20 avril 1889 à Braunau, une petite ville autrichienne à la frontière de l'Allemagne. Sa famille appartient à la petite bourgeoisie aux limites du monde ouvrier (son père est douanier et meurt en 1903). Élève peu doué, le jeune Hitler quitte le collège en 1905 et gagne Vienne deux ans plus tard pour embrasser la carrière d'artiste-peintre. Mais il échoue à l'Académie des Beaux-Arts et en ressent selon ses dires une forte humiliation. Il semble qu'il ait alors développé un fort désir de revanche et d'accomplissement social. Commence alors une période de bohème qu'il raconte longuement dans *Mein Kampf*. Vivant parfois difficilement de sa pension d'orphelin et de la vente de ses aquarelles, il côtoie le prolétariat dont il apprend ainsi la façon de penser. Il forge ses conceptions politiques dans les cercles nationalistes qu'il fréquente : antimarxisme et antisocialisme, haine du cosmopolitisme incarné par la capitale multiculturelle des Habsbourg, passion du nationalisme germanique, antisémitisme élevé au rang d'explication du monde. En mai 1913, il part pour Munich. Bien que réformé en Autriche il s'enrôle avec enthousiasme dans les troupes bavaroises ; il est blessé deux fois et décoré mais ne dépasse pas le grade de caporal car ses supérieurs jugent qu'il « manque d'aptitude pour conduire les hommes ». L'annonce de la défaite le plonge dans une rage impuissante : il décide de devenir homme politique.

► **Il commence alors une carrière d'agitateur nationaliste.** À partir de 1922 Hitler apparaît comme un personnage important sur la scène munichoise, il noue des liens avec le patronat et différents courants extrémistes. Cela lui permet de prendre la tête du *Kapmfbund* (ligue des associations de combat) en septembre 1923.

► **Il tente alors de forcer le destin en organisant le putsch de la brasserie.** À cette occasion et grâce au procès qui le place aux côtés de Ludendorf, Hitler acquiert une renommée nationale. Il s'installe sur le devant de la scène allemande.

2. Libéré au bout de neuf mois il adopte une stratégie légaliste et réorganise le Parti

► **Les neuf mois passés en prison lui permettent de dicter *Mein Kampf* à Rudolf Hess.** (C'est l'occasion de présenter les idées politiques d'Hitler et d'évoquer le débat entre les *intentionnalistes* qui insistent sur le fait qu'Hitler avait un plan très précis qu'il a pu mettre en œuvre car il a gardé la maîtrise de sa politique, et les *fonctionnalistes* qui voient dans Hitler un opportuniste habile qui a profité des circonstances et des rivalités de ses adversaires pour s'imposer.)

► **Hitler réorganise non sans difficultés le NSDAP** pour en faire une machine capable de gagner les élections. En 1929 Hitler est à la tête d'une « coquille vide » de 80 000 membres, structurée pour prendre rapidement le pays en main en cas de succès.

3. De 1929 à 1933 il profite de la dégradation de la situation intérieure pour s'imposer

► La crise frappe les classes moyennes menacées de prolétarisation qui se reconnaissent dans le destin, les idées et les projets d'Hitler. (Vous pouvez évoquer rapidement l'atmosphère politique de l'Allemagne à l'époque avant de donner quelques indications sur les succès du NSDAP aux différentes élections en particulier les présidentielles de 1932.)

► Hitler apparaît dès lors comme l'homme de la situation. Les luttes d'influence dans l'entourage d'Hindenburg lui permettent de devenir Chancelier le 30 janvier 1933, il a 44 ans.

La nomination d'Hitler à la Chancellerie reposait sur un malentendu : les forces conservatrices espéraient le tenir en respect dans la mesure où il ne disposait pas de la majorité et que ses pouvoirs étaient limités par ceux du président. C'était supposer qu'il respecterait la règle constitutionnelle.

II. Hitler, homme de pouvoir

1. Chef de l'État et du Parti nazi, il instaure l'*Ordre nouveau* en Allemagne

► **En dix-huit mois Hitler met l'Allemagne au pas.** L'élimination des opposants tant à l'extérieur qu'à l'intérieur du Parti permet à Hitler de concentrer tous les pouvoirs.

► **Hitler se trouve à la tête d'une double structure, l'État et le Parti.** Il utilise les rivalités des différents responsables pour maintenir son contrôle. Le culte de la personnalité organisé par Goebbels et Speer en fait un homme solitaire placé au-dessus des masses pour les guider. La presse multiplie les caricatures.

► **Hitler consacre une grande partie de son activité à la création d'un homme et d'une société nouveaux.** Il intervient peu dans la gestion de l'économie, en revanche sa responsabilité est complète en ce qui concerne la politique raciste, l'encadrement de la population et de la jeunesse.

2. Hitler chef de guerre étend l'*Ordre nouveau* à l'Europe entière

► **Les années trente-trois à trente-huit sont consacrées à la constitution d'un outil militaire qu'il place sous son contrôle direct.** Au plan international il faut rappeler rapidement les étapes du réarmement. À l'intérieur, Hitler se rallie l'armée lors de la cérémonie à la garnison de Potsdam et de « La Nuit des longs couteaux » (les SA sont incorporés dans la *Wehrmacht*). En 1938, les affaires Blomberg et Fritsch permettent à Hitler de remplacer le ministère de la Guerre et l'état-major par l'OKW *(Oberkommando der Wehrmacht)* qu'il confie au médiocre Keitel et place sous son autorité immédiate.

► **De 1938 à 1945 Hitler entreprend la construction du Grand Reich de mille ans.** Sur le plan militaire Hitler fait preuve d'audace face aux hommes politiques et aux généraux adverses dépassés. Il s'empresse de saisir la chance quand elle se présente (effondrement plus rapide que prévu de la Pologne et de la France). Il commet néanmoins trois erreurs d'appréciation concernant la possibilité d'obtenir des Anglo-Saxons qu'ils acceptent le fait accompli, sur les capacités réelles de l'Italie et sur la solidité de l'URSS. Sur le plan politique et économique Hitler met en place l'*Ordre nouveau* qu'il avait dessiné dans *Mein Kampf*. Néanmoins à partir de 1942, la dégradation de la situation politique militaire va de pair avec l'épuisement physique du *Führer*. Son refus de considérer les réalités conduit à des désastres (Stalingrad) et à une perte de confiance (attentat de juillet 1944).

Conclusion

Le destin d'Hitler pose un double problème : son ascension était-elle irrésistible ? Comment se fait-il que ni les démocraties ni les Allemands n'aient essayé de résister avant qu'il ne soit trop tard ? La responsabilité d'Hitler n'a jamais fait aucun doute, la question est celle de la responsabilité des autres.

8

Dictatures contre démocraties

LES RELATIONS INTERNATIONALES EN EUROPE (1933-1945)

Connaître

1930	Fin de l'évacuation de la Rhénanie (avril)
1931	Projet d'union douanière austro-allemand (mars)
1932	Ouverture de la Conférence du désarmement à Genève (février)
	Conférence de Lausanne sur les réparations (juin-juillet)
1933	Signature du Pacte à quatre (juin)
	Échec de la Conférence économique de Londres (juin-juillet)
1934	Première tentative d'*Anschluss* (juillet)
1935	Hitler rétablit le service militaire obligatoire (16 mars)
	Accords de Stresa (avril)
	L'Italie envahit l'Éthiopie (octobre)
1936	Hitler remilitarise la Rhénanie (7 mars)
	Début de la guerre d'Espagne (juillet)
	Axe Rome-Berlin (novembre)
1938	Hitler réalise l'*Anschluss* (13 mars)
	Signature des Accords de Munich (30 septembre)
1939	Pacte germano-soviétique (23 août)
	Les troupes allemandes envahissent la Pologne (1er septembre)

Le climat des années vingt a pu faire croire que la guerre était devenue « hors la loi » et que les nations allaient pouvoir vivre sous le régime de la sécurité collective. La crise de 1929 démontre brutalement la fragilité de ces espoirs. La démocratie recule au profit de pouvoirs autoritaires prêts à se lancer dans une politique extérieure aventureuse et expansionniste. À peine surmontée dans ses effets économiques, la grande dépression se prolonge par des conséquences inattendues dans les relations internationales : le repli des nations sur elles-mêmes et le retour de leurs rivalités.

I. La faillite du système de Versailles (1931-1935)

1. La crise provoque la fin des solidarités économiques

La crise, née aux États-Unis, gagne l'Europe centrale dont l'économie reposait sur les capitaux américains. Puis c'est toute l'économie européenne qui est atteinte, par le biais notamment de la contraction du commerce international.

▸ **Le système des paiements dettes-réparations s'effondre en 1931-1932 et favorise le regain de l'isolationnisme américain.** Le paiement des réparations allemandes reposait sur la permanence des flux financiers venus des États-Unis. Le référendum contre le Plan Young, organisé en décembre 1929 à l'initiative du parti nazi, avait pourtant montré l'impopularité persistante du principe des Réparations. Alors que les flux en dollars se tarissent, le système financier allemand s'effondre en 1931. L'Allemagne ne peut plus honorer ses engagements et la France refuse en conséquence de rembourser ses dettes. En juin 1931, le président Hoover propose sans concertation un moratoire d'un an sur toutes les dettes intergouvernementales.

La solution n'est que provisoire. L'Allemagne s'enfonce dans la crise politique sur fond de surenchère nazie. La France refuse toujours l'abandon des Réparations sans renonciation alliée aux dettes de guerre (Laval le rappelle encore lors de son voyage aux États-Unis en octobre 1931) mais sa bonne position financière et sa relative prospérité la placent en position d'accusée. Édouard Herriot doit donc se résoudre à accepter la fin des Réparations à la conférence de Lausanne (juin-juillet 1932), hormis un dernier versement de 3 milliards de mark-or (qui ne sera jamais acquitté). Sur le total des 132 milliards de marks-or prévus en 1921, l'Allemagne n'aura payé que 23 milliards. La France en aura reçu moins de 10 et aura supporté 70 % du coût de ses reconstructions matérielles.

La fin des Réparations intervient alors que la France commence à glisser à son tour dans la crise. Aussi, contrairement aux vœux d'Herriot, le Parlement français refuse en décembre 1932 la poursuite du remboursement des dettes de guerre. La Grande-Bretagne l'imite après un ultime versement, suivie des autres pays débiteurs (à l'exception de la Finlande). Les États-Unis renouent alors avec l'isolationnisme et se dotent d'une législation interdisant de nouveaux prêts aux pays défaillants : ce revirement est lourd de conséquences car la « diplomatie du dollar » avait grandement contribué à stabiliser le vieux continent dans la seconde moitié des années vingt.

► **La crise débouche sur le protectionnisme et avive ainsi les antagonismes nationaux.** Le système mondial de libre-échange se prête mal à une action concertée. L'impuissance des gouvernants, mal préparés à affronter un tel cataclysme, ne trouve donc de remède que dans des politiques menées dans un cadre purement national.

Dans la lutte contre la crise, la première mesure prise est d'ordre financier : pour empêcher la fuite des capitaux, le contrôle des changes est établi dans les pays d'Europe centrale. En Allemagne, il est instauré par le chancelier Brüning et sera renforcé par Hitler. Cette mesure, indispensable pour endiguer la crise financière, entraîne en retour un isolement des différentes zones monétaires. **Le protectionnisme fait figure de politique commerciale :**

— **par un relèvement des tarifs douaniers**. Aux États-Unis, le tarif Hawley-Smoot entre en vigueur en juin 1930. La France relève ses tarifs à trois reprises (juillet 1931, mars 1932, juillet 1933). Le Royaume-Uni renonce au dogme du libre-échange en 1931 et instaure un tarif général en février 1932 *(Import duties Act)*. Le commerce mondial est en 1939 au même niveau qu'en 1913, alors qu'il le dépassait de 20 % en 1929 ;

— **par la dévaluation de la monnaie** afin de baisser les prix des produits vendus à l'étranger et de stimuler ainsi les exportations. Après celui du libre-échange, un autre dogme de l'économie britannique est remis en cause : la livre sterling cesse d'être convertible le 21 septembre 1931 et se stabilise quelques mois plus tard avec une perte d'un tiers de sa valeur-or. En janvier 1934, le dollar est stabilisé après avoir perdu 40 % de sa valeur ;

— **par l'autarcie** dans le cas des pays fascistes qui s'efforcent de devenir autosuffisants.

Chaque pays essaie ainsi de réserver son marché national à ses produits, et limite ses importations au minimum. Certains pays sont tentés de s'agrandir à des fins économiques ce qui justifiera l'impérialisme des puissances révisionnistes.

En Europe danubienne l'Autriche, la Hongrie, la Tchécoslovaquie, la Roumanie et la Yougoslavie sont durement éprouvés par la crise : leurs exportations chutent et leurs monnaies s'effondrent. Les projets de sauvetage concerté échouent en 1932 (projet de Jacques Rueff de marché commun, Plan Tardieu d'accords préférentiels). Ces pays sont donc condamnés à passer des accords financiers et commerciaux avec les grandes puissances. Ils auront ainsi tendance à se rapprocher de l'Allemagne, souvent leur premier partenaire commercial.

La possession de **colonies** facilite le repli sur soi car elles servent de débouché supplémentaire et de réservoir de matières premières. Alors que la France renforce ses liens avec son Empire (qui représente 27 % de ses exportations et de ses importations en 1938, contre respectivement 20 et 12 % en 1929), le Royaume-Uni met en place un système de préférence impériale avec le *Commonwealth* à la **conférence d'Ottawa de juillet-août 1932.**

Dans ces conditions, la concertation économique internationale mène dans l'impasse comme en témoigne l'échec de la conférence de Londres.

> **La conférence économique de Londres (juin-juillet 1933)** réunit 66 pays pour tenter de trouver une solution globale à la crise. En fait chacun préfère jouer sa carte nationale (repli sur les empires coloniaux ou sur des zones de clientèle : Europe centrale et danubienne pour l'Allemagne, Chine pour le Japon, Balkans pour l'Italie, Amérique latine pour les États-Unis). Même l'URSS, grâce à sa politique d'industrialisation, se veut moins dépendante du monde capitaliste pour l'acquisition de machines. Surtout, les États-Unis sont mécontents de la suspension du remboursement des dettes de guerre ainsi que de la concurrence des produits britanniques rendus plus compétitifs par la baisse de la livre. C'est donc le président Roosevelt qui fait échouer la conférence par une déclaration désavouant toute solution internationale (« Un système économique national est un meilleur facteur de son bien-être propre que le cours de son change fixé selon les variations des autres nations... »).

2. La crise favorise la montée du révisionnisme

► **Le révisionnisme, en recul dans les années vingt, a désormais le vent en poupe.** Le révisionnisme au sens strict est une politique visant à remettre en cause les traités de paix de 1919-1920. Il constitue aussi un refus du *statu quo*, censé entraver des puissances « jeunes » qui sont en expansion sur le plan démographique autant qu'économique. C'est au début des années trente qu'est vulgarisée l'opposition entre nations « prolétaires » et nations « nanties » (inventée avant 1914 par le nationaliste italien Corradini). Les premières revendiquent des territoires, dans un but de colonisation et aussi d'obtention de matières premières en opposant leur situation à celle des pays bien dotés en ressources et en colonie. C'est le thème du *Lebensraum* allemand (l'espace vital), bien que ce soit l'Italie (un pays vainqueur) qui ait amorcé la politique révisionniste dès les années vingt.

L'avènement de régimes autoritaires en Allemagne et au Japon remet en cause la politique d'expansion pacifique menée jusque-là. La conquête armée offre le moyen de mettre un terme à la crise et de satisfaire un besoin vital d'expansion. Ce qui n'exclut pas une certaine filiation avec les buts traditionnels de la politique extérieure de ces pays.

Hitler cherche à briser le carcan de Versailles, à réviser ses frontières orientales, à unifier dans un seul État toutes les populations germaniques. Jusque-là, il y a peu de différences avec la politique menée par Stresemann, sinon dans les moyens employés. Hitler arrachera plus de concessions aux démocraties par la force que la République de Weimar n'en a obtenu par la négociation. Cependant, les objectifs de l'Allemagne hitlérienne vont beaucoup plus loin et il convient de souligner la différence de nature entre les politiques menées avant et après le 30 janvier 1933. Le racisme est l'apanage du nazisme, et trouve son aboutissement dans l'affrontement avec l'URSS qui réunit tout ce que Hitler maudit : les Bolcheviks, les Juifs (assimilés aux précédents), les Slaves. À terme, la race allemande doit dominer toute l'Europe, voire le monde entier.

Au Japon également, on discerne à la fois continuité et changement entre l'expansion pacifique des années vingt et l'expansion militaire des années trente, notamment sur la Mandchourie.

La cohérence et la détermination dans les objectifs poursuivis sont du côté des dictatures. Maîtres du jeu, elles peuvent tabler sur le facteur temps et sur l'effet de surprise (Hitler, par exemple, choisit le samedi pour ses coups de force, afin d'empêcher une réaction immédiate de l'adversaire). Mais leurs moyens sont trop limités pour qu'elles puissent espérer abattre tous leurs adversaires en même temps. Il leur faut à la fois obtenir des alliés, monnayer des neutralités et diviser leurs adversaires. La politique révisionniste ne peut l'emporter que par la rapidité ; à terme, elle risque de se heurter à une coalition de forces insurmontable.

La politique révisionniste de l'Allemagne est la plus impressionnante par sa cohérence et sa méthode de progression. Le programme en vingt-cinq points du parti national-socialiste de 1920 contient déjà les premiers objectifs de la politique extérieure hitlérienne : réunion de tous les Allemands dans une grande Allemagne, égalité des droits pour la nation allemande (donc abolition des contraintes du traité de Versailles), restitution des colonies perdues en 1919. Dans *Mein Kampf* (Mon combat), Hitler définit en 1923-1924 des objectifs plus précis : anéantissement de la France (« ennemi mortel » de l'Allemagne), alliance avec l'Angleterre et l'Italie, conquête d'un espace pour le peuple allemand à l'est de l'Europe.

En février 1933, alors qu'il vient d'arriver au pouvoir, Hitler expose à ses ministres et aux chefs militaires le but de sa politique extérieure : rendre à l'Allemagne ses moyens militaires, préparer la guerre et le bouleversement de la carte de l'Europe. Méthodiquement, l'Allemagne s'attachera d'abord à renforcer sa puissance militaire, puis à lever toutes les contraintes du traité de Versailles (la démilitarisation de la Rhénanie notamment) ; ensuite viendra la conquête de territoires allemands, au nom du droit à l'autodétermination des peuples (Autriche, Sudètes) ; enfin, l'expansion à l'est pourra commencer au détriment des peuples slaves.

Cependant, Hitler ne peut pas tout de suite mener la politique qu'il souhaite : d'une part il n'en a pas les moyens (l'Allemagne est en crise et son armée est faible), d'autre part il doit compter avec la résistance des forces traditionnelles (l'armée et les diplomates). Les premiers coups de force se feront contre la volonté de ces dernières et Hitler ne se rendra maître de la Wehrmacht et de la politique étrangère qu'en 1938 (encore l'armée gardera-t-elle une certaine indépendance que Hitler ne surmontera que progressivement pendant la guerre).

► **Un autre atout des dictatures réside dans la manipulation des opinions publiques.** À l'intérieur, l'opposition n'existe pas et les médias exaltent les succès de la politique étrangère. À l'extérieur, un double langage permet de dissimuler les véritables objectifs. Hitler ne cesse de proclamer sa volonté de paix et avance le droit à l'autodétermination des peuples pour revendiquer le rattachement à l'Allemagne des territoires peuplés d'Allemands. De grands rassemblements de masse servent de cadre à la « diplomatie-spectacle » : ils sont censés apporter une légitimité populaire aux revendications exprimées et donnent un caractère irréversible à la crise. Les autres puissances sont alors placées devant le fait accompli ; l'alternative se réduit à la capitulation ou la guerre : c'est tout le mécanisme de la crise des Sudètes qui débouche sur les accords de Munich.

En outre, des manifestations de prestige offrent l'occasion de façonner une image de puissance et d'efficacité qui se veut tantôt menaçante et tantôt apaisante (par exemple lors des Jeux olympiques d'août 1936 à Berlin ou l'exposition internationale de 1937 à Paris durant laquelle se font face les impressionnants pavillons allemand et soviétique).

Les dictatures utilisent en même temps divers moyens de subversion qui leur permettent de tenter d'influer sur le moral des nations adverses (les journaux ou les groupes de pression arrosés de subventions).

Enfin, l'absence de contrainte interne donne une grande marge de manœuvre aux dictateurs, qui peuvent procéder aux revirements les plus étonnants sans jamais laisser leur propagande à court d'arguments. Ainsi s'expliquent le pacte germano-soviétique et, dans une moindre mesure, le changement d'orientation de la politique extérieure italienne en 1935-1936. Ainsi s'expliquent également certaines contradictions, comme l'alliance des Japonais et de l'Allemagne raciste.

Face à ces atouts des puissances révisionnistes, les démocraties cumulent les handicaps : divisions internes (la France du 6 février 1934 et du Front populaire), inconscience des dirigeants, pacifisme de l'opinion. Les dictatures n'auront donc pas de mal à exploiter leurs premiers succès, se laissant peu à peu griser par la timidité et la passivité de leurs adversaires. Mais avec leur ascension grandira leur assurance, qui les conduira à commettre des erreurs, à révéler la vraie nature de leur politique et à fédérer leurs adversaires.

▸ Le projet d'union douanière austro-allemande (mars 1931) est perçu comme une première tentative de révision des traités.

La France réagit vigoureusement à ce qu'elle considère comme une première étape vers l'*Anschluss* et le projet échoue. Quelques mois plus tard, la faillite de la Kreditanstalt, en partie favorisée par la France, introduit la crise financière en Autriche (mai 1931). Ce projet avorté d'*Anschluss* discrédite pourtant la politique extérieure de Briand, qui échoue aux élections présidentielles de mai 1931, quitte le gouvernement en février 1932 et meurt le 10 mars. Cette disparition, avec celle de Stresemann deux ans et demi plus tôt, marque la fin de l'ère de la sécurité collective.

▸ L'échec de la conférence du désarmement brise le carcan militaire imposé à l'Allemagne par le traité de Versailles. L'objectif du désarmement généralisé figure dans les Quatorze points du président Wilson et dans le pacte de la SDN. Le traité de Versailles présente donc le désarmement de l'Allemagne comme un préalable au désarmement général. Néanmoins les discussions traînent pendant les années vingt et la conférence du désarmement ne s'ouvre qu'en février 1932, à Genève.

D'emblée les positions sont très divergentes. Les Anglo-Saxons visent prioritairement la destruction des armes lourdes (le Plan Hoover) et sont plus sensibles à l'hégémonie française qu'au danger allemand. La France apparaît comme la première puissance militaire du continent et n'entend pas sacrifier cet atout sans assurances fermes du côté de l'Allemagne. La France propose de mettre les armes lourdes sous le contrôle de la SDN (Plan Tardieu) mais la surenchère nationaliste des nazis conduit les dirigeants allemands à durcir leur position. Dès les années vingt, Berlin a entamé un réarmement clandestin (le Plan *Umbau* de 1927, préparé par von Schleicher, prévoit le triplement rapide de l'armée de Versailles limitée à 100 000 hommes) et poursuit une coopération militaire étroite avec l'URSS dès avant Rapallo ; politiquement elle réclame l'« égalité des droits » *(Gleichberechtigung)* avec les autres nations. Pour faire pression sur la France, l'Allemagne quitte provisoirement la conférence en septembre 1932. Herriot, pourtant « sans illusion sur l'Allemagne », ne veut pas assumer l'échec de la conférence et espère encore sauver la République de Weimar ; il reconnaît en décembre 1932 l'égalité des droits « dans un système qui assurera la sécurité à chacun ». Après la conférence de Londres en 1924, la seconde concession majeure que fait Herriot sur le dossier allemand : en quelques semaines, avant même l'arrivée au pouvoir d'Hitler, l'Allemagne est sortie du corset financier (fin des Réparations) et militaire que lui avait imposé Clemenceau. L'URSS, relayée par les partis communistes, revendique un désarmement total et immédiat.

Les discussions sur le désarmement se prolongent (les Britanniques proposent de limiter chaque armée à 200 000 hommes : Plan Macdonald, mars 1933) mais achoppent sur le problème du contrôle et sur la réduction de l'armée française. Hitler cherche à gagner du temps en affaiblissant son adversaire alors que la France ne veut pas renoncer à son outil militaire. En octobre 1933, Hitler quitte la conférence puis la SDN (un référendum approuve massivement cette décision). Il propose le mois suivant la limitation des armées respectives à 300 000 hommes et les Britanniques s'efforcent de trouver un compromis. La France prend l'initiative de la rupture. Le ministre des Affaires étrangères du gouvernement Doumergue fait savoir à Genève que « la France assurera désormais sa sécurité par ses propres moyens » : **la *note Barthou* du 17 avril 1934 signifie la fin des discussions.**

▸ L'échec du Pacte à quatre (1933) montre que la révision pacifique des traités n'est pas possible.

Le pacte à quatre est proposé en octobre 1932 par Mussolini, qui veut en faire une structure de concertation pour discuter des questions européennes entre l'Italie, la France, l'Angleterre et l'Allemagne. L'Italie pense notamment à la révision pacifique des traités de 1919-1920. Mais l'émotion soulevée parmi les alliés de la France en Europe centrale et orientale conduit Daladier à faire modifier la teneur du pacte. Signé en juin 1933, il se borne à la zone couverte par les quatre pays (l'Europe de l'Est en est donc exclue) et ne sera jamais ratifié.

3. Jusqu'à la guerre d'Éthiopie, la montée du révisionnisme est provisoirement contenue en Europe

► **L'Allemagne n'a pas encore forgé l'instrument de sa puissance et conserve une certaine prudence en politique extérieure.** Bien que ses objectifs soient clairement fixés, Hitler n'a pas en effet les moyens d'une politique extérieure expansionniste : l'économie allemande est anémiée par la crise, le réarmement n'en est qu'à ses débuts alors que l'armée française passe pour la première du monde. Il faut donc gagner du temps et renforcer la puissance allemande avant de prendre l'initiative. Les premiers pas sont timides et se veulent conciliants. Il poursuit les discussions sur le désarmement malgré le retrait de la SDN. **Un concordat signé avec le Vatican (juillet 1933)** facilite le ralliement des catholiques allemands au nouveau régime. La conclusion d'un pacte de non-agression germano-polonais (janvier 1934) est interprété par la Pologne comme une reconnaissance du *statu quo* des frontières. En fait, l'Allemagne ne renonce nullement à la révision des frontières mais elle porte ainsi un coup à l'une des principales alliances de revers de la France. Enfin le rapprochement avec l'Angleterre se traduit notamment par un accord de *clearing,* c'est-à-dire de troc international, (novembre 1934). *A contrario*, **l'échec de la première tentative d'*Anschluss* (juillet 1934)** montre que le recours à la force est prématuré.

Le rattachement de l'Autriche à l'Allemagne *(l'Anschluss)* est interdit par les traités de Versailles (art. 80) et de Saint-Germain-en-Laye (art. 88). L'*Anschluss* figure pourtant parmi les objectifs prioritaires de Hitler qui entend rassembler dans un même État toutes les populations allemandes. Après son accession au pouvoir, les nazis autrichiens s'agitent de plus en plus ; le 25 juillet 1934, ils assassinent le chancelier Dollfuss qui a institué une dictature catholique et corporatiste proche de l'Italie fasciste. Celle-ci réagit fermement à ce qu'elle considère comme un empiétement sur sa zone d'influence : Mussolini masse deux divisions sur le col du Brenner (frontière avec l'Autriche) et le chancelier Schuschnigg, successeur de Dollfuss, profite de cet appui pour réprimer le mouvement nazi. Le putsch est donc un échec. Hitler en tire la leçon : le consentement de l'Italie, seule puissance dont la réaction a été vigoureuse, est une condition nécessaire de l'*Anschluss.*

► **L'URSS prend alors conscience du danger allemand et se rallie au *statu quo* européen.** Jusqu'au début des années trente, l'URSS reste en fait isolée malgré la reconnaissance du nouveau régime par plusieurs pays.

L'arrivée au pouvoir de Hitler fait évoluer l'attitude de Staline. Malgré la conclusion d'un nouvel accord économique avec l'Allemagne en 1931, les relations entre l'URSS et le monde capitaliste sont empreintes d'une méfiance réciproque. Le lancement du Ier Plan quinquennal et le déclenchement concomitant de la crise économique mondiale renforce cet isolement : de 1930 à 1934 les exportations soviétiques sont divisées par cinq et les importations par dix (en valeur). Sur le plan idéologique le fascisme et le nazisme sont interprétés comme une exacerbation des contradictions du capitalisme, annonciatrice de sa chute : les partis communistes sont donc invités à refuser toute alliance avec les socialistes et les partis bourgeois contre l'extrême droite. Mais l'antibolchevisme qui alimente la propagande nazie, ainsi que le réarmement allemand, suscitent une prise de conscience du danger par les dirigeants soviétiques, et notamment par le commissaire du peuple aux Affaires étrangères, Maxim Litvinov. Percevant tout les risques du révisionnisme, l'URSS se rallie au *statu quo* européen dès le printemps 1933 et adopte une nouvelle politique de sécurité. Le rapprochement avec le monde capitaliste est repris. De nombreux États reconnaissent l'Union soviétique (les États-Unis en décembre 1933). Des pactes de non-agression sont proposés aux autres États. En France, les négociations entamées par Briand sont conclues par Edouard Herriot et le pacte est signé en novembre 1932 ; Joseph Paul-Boncour, le successeur d'Herriot aux Affaires étrangères, accentue le rapprochement franco-soviétique et signe un accord commercial en janvier 1934. Enfin, **l'URSS entre à la SDN en septembre 1934.** Ceci est accompagné de deux autres changements significatifs de la diplomatie soviétique :

— la négociation de pactes régionaux afin de garantir les frontières : le rapprochement avec la France vise notamment à atteindre un « Locarno oriental » qui concernera, outre les deux pays, la Belgique, les États baltes, la Pologne et la Tchécoslovaquie ; néanmoins la méfiance compromet cet objectif, aussi bien chez les États d'Europe orientale (la Pologne préfère signer un accord avec Hitler) que chez les deux puissances ;

— l'abandon de la « tactique classe contre classe » et son remplacement par la tactique des « fronts populaires » : c'est l'acquis majeur du VIIe Congrès du **Komintern** (juillet-août 1935) ; désormais, la lutte contre le fascisme devient prioritaire et autorise l'alliance avec les autres forces de gauche, comme ce sera le cas en France, en Espagne ou en Chine.

Cette attitude nouvelle de l'URSS permet de circonscrire provisoirement le danger allemand.

▸ **Au printemps 1935, l'isolement diplomatique de l'Allemagne est presque complet.** La politique extérieure de Louis Barthou (ministre français des Affaires étrangères entre février et octobre 1934) tire tout le parti de cette conjonction des oppositions à l'Allemagne. Elle constitue la première tentative française (et la seule jusqu'en 1939) de s'opposer résolument à la montée du révisionnisme allemand. Cette politique se traduit par un rapprochement avec l'Italie, notamment par un règlement du contentieux italo-yougoslave, et avec l'URSS.

La politique de Louis Barthou (1934) prolonge celle entamée par ses prédécesseurs. En mai 1934, il se rend à Moscou et présente à Litvinov (commissaire du peuple aux affaires étrangères) son projet de « Locarno oriental » qui vise à garantir les frontières orientales par tous les pays de la zone (Allemagne, Pologne, Tchécoslovaquie, URSS). Sans croire au succès de son Plan, Barthou espère surtout obliger les Allemands à dévoiler leur jeu et favoriser ainsi un rapprochement de la Pologne et de l'URSS. Ce rapprochement favorise l'entrée de l'URSS à la SDN.

Cependant, Barthou est assassiné le 9 octobre 1934 au cours d'un attentat qui vise le roi de Yougoslavie en visite à Marseille. Son successeur Pierre Laval infléchit l'orientation de sa politique : plus méfiant vis-à-vis de l'URSS, il accélère le rapprochement avec l'Italie.

Les **Accords de Rome signés en janvier 1935** règlent le contentieux franco-italien. La France cède la bande d'Aouzou (au nord du Tchad) à la Libye, colonie italienne, et abandonne les droits sur la ligne de chemin de fer entre Djibouti et Addis Abeba, tandis que l'Italie renonce au statut particulier de la minorité italienne en Tunisie. Les deux pays garantissent l'intégrité de l'Autriche. Il est possible aussi que Laval ait donné le feu vert à Mussolini pour une action en Éthiopie. Plus tard, une coopération militaire s'ébauche entre les deux pays, favorisée par l'annonce du réarmement allemand.

Après avoir mené pendant deux ans un intensif réarmement clandestin, l'Allemagne contribue aussi à son propre isolement en annonçant **officiellement le 16 mars 1935 le rétablissement du service militaire obligatoire** et la constitution d'une armée de 36 divisions. Certes, cette mesure est annoncée habilement au lendemain de la décision française d'augmenter à deux ans le service militaire (qui se justifie par l'arrivée des « classes creuses » : le faible contingent des hommes nés en 1914-1918). Elle n'en inquiète pas moins les autres puissances européennes.

Le front de Stresa (avril 1935) est constitué à l'initiative de Mussolini invite Laval et Macdonald à Stresa ; les trois pays dénoncent la violation des clauses militaires du traité de Versailles et réaffirment, outre l'indépendance de l'Autriche, la fidélité au pacte de Locarno : l'Allemagne semble isolée en Europe.

Le Pacte franco-soviétique signé le 2 mai 1935, moins ambitieux que ne le voulait Barthou, complète l'encerclement de l'Allemagne : il prévoit une consultation mutuelle en cas d'agression contre un des deux partenaires, et une entrée de guerre seulement si la SDN décrète des sanctions. Il est complété par le Pacte soviéto-tchécoslovaque (signé le 16 mai 1935), dont l'entrée en vigueur en cas d'agression est cependant subordonnée à l'octroi de secours français.

► **Cet encerclement de l'Allemagne reste cependant fragile.** Le Royaume-Uni, marqué dans ces années par des difficultés sociales et par un fort courant pacifiste dans l'opinion, préfère discuter avec Hitler plutôt que le contrer ; pas plus que dans les années vingt, Londres ne souhaite isoler l'Allemagne face à ce qu'elle perçoit comme une hégémonie française. Joachim von Ribbentrop négocie donc à Londres un accord naval anglo-allemand, conclu en juin 1935, qui limite le tonnage de la flotte allemande à 35 % de celui de la flotte britannique.

Laval a quelque peu modifié les ambitions de Louis Barthou. Il mène une politique conciliante vis-à-vis de l'Allemagne en lui laissant remporter facilement le référendum sur le statut de la Sarre, prévu par le traité de Versailles en janvier 1935 : 90 % des suffrages se prononcent en faveur du rattachement à l'Allemagne. Peu confiant dans le système d'alliances de la France, il abandonne assez vite le projet de pacte oriental et s'éloigne de l'URSS.

L'Italie fasciste est le maillon faible de la coalition anti-allemande, car elle n'a pas abandonné ses ambitions révisionnistes. La passivité relative des démocraties devant les premières initiatives hitlériennes risque de l'attirer dans une autre voie.

II. Succès du bloc révisionniste, humiliation des démocraties (1936-1939)

1. Déclenchée par l'Italie, la guerre d'Éthiopie favorise l'émergence d'un bloc révisionniste

► **Les explications du retournement d'alliance sont nombreuses.** L'Italie est d'abord amenée à se désintéresser de l'Europe centrale. Elle n'a pas les moyens d'une politique ambitieuse (en particulier les moyens économiques et financiers) alors que la France s'est constitué un solide réseau d'alliances et que l'Allemagne veut utiliser sa puissance renaissante pour reconstituer la *Mitteleuropa*. Certes Mussolini s'est opposé vigoureusement à la première tentative d'*Anschluss* ; le réalisme le pousse néanmoins vers d'autres directions.

Dans le domaine idéologique, il existe une parenté évidente entre le régime nazi et le fascisme italien, que réunit en outre l'antibolchevisme. Leurs intérêts se rejoignent dans une politique de révision des traités par la force, dès lors que l'Italie renonce à concurrencer l'Allemagne en Europe centrale. L'Italie abandonne d'ailleurs son projet d'Internationale fasciste esquissé en 1934.

Enfin, Mussolini cherche dans une politique extérieure ambitieuse et entreprenante une source de prestige. Or il existe des possibilités d'expansion pour la puissance méditerranéenne et coloniale qu'est l'Italie : maîtresse de l'Érythrée et d'une grande partie de la Somalie, elle a des visées sur l'Éthiopie (seul pays indépendant d'Afrique avec le Liberia) ce qui lui permettrait de constituer un ensemble territorial cohérent en Afrique orientale. De plus Mussolini réussirait ainsi là où Crispi avait échoué en 1896 et effacerait le camouflet de la défaite d'Adoua.

> **La guerre d'Éthiopie (octobre 1935-mai 1936)** a pour prétexte un incident de frontière intervenu en décembre 1934, à Ual Ual. Mussolini croyant disposer de l'accord tacite de la France (obtenu lors des visites de Laval à Rome), l'armée italienne entre en action en octobre 1935. Malgré sa supériorité quantitative et qualitative, elle se heurte après les premiers succès de l'automne à la résistance acharnée des Éthiopiens. Ce n'est qu'au printemps 1936 que l'offensive reprend : Addis Abeba tombe le 5 mai et le roi d'Italie est proclamé empereur d'Éthiopie à la place du Négus Haïlé Sélassié qui prend le chemin de l'exil.

► **Les sanctions prises contre l'Italie poussent Mussolini dans le camp allemand.** Le Royaume-Uni est le plus hostile à l'agression ; l'hégémonie italienne dans la Corne de l'Afrique menace en effet le Soudan anglo-égyptien et la route des Indes, ainsi que les sources du Nil. Londres concentre donc une flotte de 800 000 t en Méditerranée pour essayer d'intimider Mussolini, mais les dirigeants britanniques n'envisagent pas de mener une guerre contre l'Italie.

Laval, de son côté, pousse à la conciliation car il veut ménager l'alliance italienne. La Société des nations (dont l'Éthiopie est membre) condamne moralement l'agression dès le début des hostilités mais les sanctions économiques sont dépourvues d'efficacité puisque de nombreuses matières premières indispensables à la guerre sont exclues de l'embargo (pétrole, fer, acier, cuivre, etc.). Les États-Unis et l'URSS poursuivent d'ailleurs leurs ventes et l'Italie contourne l'embargo en achetant du charbon allemand. Au total, les sanctions irritent Mussolini sans le gêner.

Les tentatives de conciliation échouent également. Le **Plan Laval-Hoare** laisse à Mussolini les deux tiers du territoire éthiopien mais sa révélation prématurée au public, en décembre 1935, crée le scandale et entraîne le remplacement de Hoare par Eden à la tête du *Foreign office*. Mussolini n'en est que plus incité à poursuivre son offensive et à se rapprocher de Hitler : c'est le sens de la nomination du comte Ciano, partisan de l'alliance avec l'Allemagne nazie, aux Affaires étrangères en juillet 1936 au moment même où la SDN, toute honte bue, lève les sanctions. Mussolini n'en dénonce pas moins les accords de Stresa. L'affaire éthiopienne, en fin de compte, a ruiné le prestige de la SDN et détruit le front anti-allemand.

► **L'Allemagne n'est plus isolée en Europe et reprend l'initiative.** Vers 1936 l'économie allemande a retrouvé son niveau de 1928 et se trouve à la croisée des chemins. Les possibilités d'exportation ne sont pas suffisantes pour fournir les crédits nécessaires à une pénétration financière de l'Europe centrale. En outre, l'autarcie n'a pas supprimé la dépendance à l'égard des importations de matières premières. Enfin, une politique de réarmement soutenu exige de faire passer au second rang la consommation civile. Goering succède à Schacht pour mettre en œuvre un nouveau plan de préparation de l'Allemagne à la guerre, qui nécessite et implique à la fois l'annexion de nouveaux territoires. L'initiative appartient désormais exclusivement aux puissances révisionnistes. La question de la Rhénanie en fournit la première démonstration.

La remilitarisation de la Rhénanie (7 mars 1936) a été accepté à contrecœur par l'État-major allemand qui redoutait une réaction française. Les « quelques détachements » allemands qui pénètrent le territoire démilitarisé violent ouvertement le traité de Versailles et le pacte de Locarno. Hitler prend le prétexte de la ratification du pacte franco-soviétique deux semaines plus tôt pour déclarer que la France a violé les accords de Locarno : vu la faiblesse de son armée, il vient en fait de jouer un coup de poker contre l'avis de ses généraux. La faiblesse des réactions occidentales lui donne raison *a posteriori*. L'Italie, toujours sous l'effet des sanctions de la SDN, poursuit son invasion de l'Éthiopie et ne souhaite nullement reconstituer le front de Stresa pour sauver les accords de Locarno, tandis que le Royaume-Uni conseille l'apaisement. La Belgique a dénoncé la veille les accords militaires secrets qui la liaient à la France depuis septembre 1920. L'URSS, enfin, n'est pas liée par les accords de Locarno et n'a aucun moyen de pression contre l'Allemagne. La France se retrouve donc seule, alors que les élections approchent et que les militaires n'ont prévu aucune intervention armée sans mobilisation préalable ; malgré le discours énergique du président du Conseil Albert Sarraut (« Nous ne sommes pas disposés à laisser Strasbourg sous le feu des canons allemands »), la France se résigne au fait accompli.

Les conséquences de cette initiative sont importantes. Hitler consolide son prestige et son ascendant sur l'armée, et se trouve encouragé sur la voie des coups de force. Sa frontière occidentale, où commence la construction de la *ligne Siegfried,* est désormais assurée s'il entreprend quelque chose en Europe centrale. Mussolini est de plus en plus convaincu que l'agression et l'adhésion au camp allemand seront payantes. L'impuissance de la France éclate au grand jour et ruine son prestige auprès de ses alliés : la Belgique, par exemple, met fin à sa coopération militaire avec la France et évolue vers la neutralité intégrale.

► **La guerre d'Espagne (juillet 1936-mars 1939) est le premier terrain d'entente des puissances révisionnistes en Europe.** L'Espagne, depuis la fin de la dictature du général Primo de Rivera (1923-1930) et la chute de la royauté (avril 1931), est une République parlementaire qui ne vient pas à bout de la crise économique et sociale. La société espagnole est profondément divisée et les conflits s'exacerbent : grands propriétaires contre ouvriers agricoles *(braceros)* en Andalousie ; industriels contre ouvriers dans le Nord (Asturies, Catalogne) ; castillans partisans d'un État unitaire contre autonomistes des périphéries (Catalogne, pays basque) ; catholiques indignés que la nouvelle constitution ne reconnaisse pas les droits de l'Église contre anticléricaux... Après la victoire de la droite en 1933, le Front populaire remporte les élections de février 1936. Les grèves et les occupations de terres se développent. La réaction de l'Armée devient de plus en plus probable.

La guerre d'Espagne commence le 13 juillet 1936 lorsque l'assassinat par des policiers du leader monarchiste Calvo Sotelo, offre l'occasion du *pronunciamiento* aux militaires. Depuis les bases du Maroc espagnol, les généraux Franco et Sanjurjo (ce dernier se tue en avion) déclenchent le soulèvement des garnisons le 17 juillet. S'appuyant sur les forces conservatrices, Franco « récupère » également la Phalange (un mouvement d'inspiration fasciste) en adoptant son discours révolutionnaire. En avril 1937, il impose la fusion du parti monarchiste et de la Phalange, dont le chef Manuel Hedilla (successeur de Jose Antonio qui a été exécuté par les républicains en novembre 1936) est déporté aux Canaries. Les Nationalistes sont ainsi beaucoup plus unis que les Républicains (exécution des militants anarchistes du POUM par les communistes espagnols aidés d'agents soviétiques...). La coalition des forces fascistes et réactionnaires ne parvient cependant à se rendre maître que de la moitié du pays (un gouvernement est installé à Burgos) car les Républicains, soutenus par l'URSS, ont mobilisé les masses et résistent autour du triangle Madrid-Valence-Barcelone. Les fronts se stabilisent alors et l'offensive nationaliste ne reprend qu'en 1938 (isolement de Barcelone). La Catalogne tombe en février 1939 et le reste des territoires républicains en mars. Les démocraties reconnaissent alors le nouveau régime (Pétain sera le premier ambassadeur français).

Dès lors qu'elle se prolonge, la guerre a des répercussions internationales. Les nationalistes reçoivent le soutien massif de l'Italie (80 000 « volontaires ») et celui, plus prudent, de l'Allemagne (la légion Kondor : 10 000 hommes). À ce front uni des dictatures, les démocraties n'opposent une nouvelle fois que leurs divisions. En France, la coalition du Front populaire ne parvient pas à trouver une position commune : Léon Blum, favorable aux Républicains, autorise les ventes d'armes puis doit se rétracter car sa majorité est divisée (les radicaux et certains socialistes, enclins au pacifisme sont hostiles à toute intervention alors que les communistes souhaitent l'envoi de troupes) et le Royaume-Uni conseille encore l'apaisement. Finalement, il propose un **accord de non-intervention** qui est accepté en août 1936 par tous les pays concernés et qui ne sera pas respecté. La France laissera passer des armes et des volontaires, mais c'est l'URSS qui soutiendra le plus les républicains en envoyant des armes et en favorisant le recrutement des « brigades internationales » (tout en faisant « liquider » les éléments trotskistes et anarchistes par le NKVD). Pour les puissances fascistes, la guerre d'Espagne est le moyen d'éprouver à la fois la nouvelle solidarité fasciste, les nouveaux armements et les nouvelles tactiques militaires comme l'emploi des blindés ou bien les bombardements en piqué (Guernica en avril 1937).

► **La cristallisation du bloc révisionniste intervient en 1936-1937.** Le 1er novembre 1936, alors que Ciano revient de Berlin où il a signé un protocole d'amitié germano-italien, Mussolini proclame à Milan l'**Axe Rome-Berlin** « autour duquel peuvent s'unir tous les États européens ». De fait, l'Autriche et la Hongrie gravitent déjà autour de ce nouvel axe de la politique européenne.

Le 25 novembre 1936, le **Pacte anti-komintern** est signé par l'Allemagne et le Japon dans le but avoué de lutter contre l'Internationale communiste. L'Italie y adhère en novembre 1937, la Hongrie en février 1939, l'Espagne franquiste en mars 1939.

2. Les adversaires de Hitler font le choix de la passivité

► **Le Royaume-Uni choisit la politique de l'apaisement *(appeasement)* qui répond à plusieurs contraintes.** Il s'agit tout d'abord de faiblesses internes. Si la dévaluation de la livre et l'abandon du libre-échange permettent à l'économie britannique de sortir du marasme prolongé des années vingt, les tensions sociales n'ont pas disparu pour autant (politique de déflation, déclin des industries traditionnelles) comme en témoigne la remontée du parti travailliste entre les élections de 1931 et de 1935 (il passe de 30 à 38 % des voix). Dans ces conditions, les dirigeants conservateurs sont soucieux de ménager l'opinion. Or l'opinion britannique est pacifiste. Un sondage à grande échelle organisé en 1935 révèle qu'en cas d'agression, les sanctions économiques sont beaucoup plus approuvées (à 87 %) que les sanctions militaires (à 59 % seulement). D'où le slogan électoral du Premier ministre Baldwin : « oui à toutes les sanctions, sauf la guerre ».

La Grande-Bretagne s'en tient donc à une stratégie défensive. La flotte doit protéger les communications avec l'Empire, dont les liens avec la métropole se sont renforcés avec la crise (Conférence d'Ottawa). L'aviation se voit confier la mission de défendre éventuellement les îles Britanniques. En revanche, Londres qui ne dispose pas d'armée terrestre significative néglige l'Europe continentale. Dans ces conditions, les responsables militaires réunis dans le Comité de défense impérial, ne poussent guère à la résistance contre Hitler. Puisqu'il est impossible de contrer l'Allemagne et l'Italie, il faut soit s'entendre sur un partage d'influence, soit tenter de diviser l'adversaire. C'est dans cette perspective que s'inscrit **le rapprochement anglo-italien esquissé à la fin de 1936.**

Un premier *gentlemen's agreement* est conclu au début de 1937, sur la base du *statu quo* en Méditerranée. Après la démission de Eden, peu favorable à l'apaisement, un second *gentlemen's agreement* (les « accords de Pâques », 16 avril 1938) porte surtout sur l'Afrique orientale mais prévoit aussi le retrait italien de l'Espagne après la fin de la guerre civile et la reconnaissance de l'annexion de l'Éthiopie par la SDN.

La méfiance britannique à l'égard de ses alliés potentiels ne peut que confirmer cette orientation. Depuis 1919, Londres soupçonne Paris de vouloir imposer subrepticement son hégémonie sur l'Europe et a pris en de multiples circonstances le parti du révisionnisme allemand. L'accession de Hitler au pouvoir ne modifie pas fondamentalement cette attitude, comme en témoigne l'accord naval de juin 1935. Les Anglais poursuivent un commerce fructueux avec l'Allemagne et se laissent même charmer par le Führer, qui d'ailleurs ne ménage pas ses efforts pour esquisser une alliance avec « le peuple qu'il estime le plus en Europe ». La perception d'un certain enlisement français et l'hostilité envers l'URSS favorisent du côté anglais la tentation de négocier la paix séparément. Le remplacement d'Antony Eden par Lord Halifax au Foreign Office, en février 1938, marque un pas supplémentaire en direction de l'apaisement. Il faudra attendre avril 1939 pour que Chamberlain constate amèrement que « Monsieur Hitler n'est pas un *gentleman* ». Au total, la passivité des dirigeants britanniques aura ainsi cautionné l'expansion de l'Axe, tout en empêchant les autres puissances de tenter de s'y opposer.

► **En position défensive, la France s'aligne sur Londres.** Beaucoup plus que l'Angleterre, la France est divisée. Au-delà de la crise économique, de la crise sociale, de la crise de régime, la montée de la tension internationale provoque des reclassements qui dépassent largement le clivage droite-gauche.

La ligne de partage séparerait plutôt les partisans de l'alliance italienne et ceux de l'alliance soviétique, du moins dans un premier temps.

Les premiers se recrutent parmi les admirateurs de l'Italie mussolinienne et les adeptes d'un État fort (Laval, Tardieu, Flandin), ainsi que chez les anticommunistes. Cette politique, concrétisée pendant un temps par le Front de Stresa, échoue à cause de l'affaire éthiopienne. Avec le revirement de l'Italie, une partie de ce courant évolue vers une politique d'entente avec l'Axe, quitte à laisser à Hitler « les mains libres à l'Est » : telle sera en substance la politique menée par le radical Georges Bonnet, ministre des Affaires étrangères d'avril 1938 à septembre 1939. Cette attitude conduira au désengagement de la France par rapport à ses alliés d'Europe orientale, et aboutira aux accords de Munich.

Les partisans de l'alliance soviétique sont mus par l'idéologie (c'est le cas des communistes) ou par le réalisme. Ce dernier cas rassemble aussi bien des hommes de droite (Louis Barthou, le journaliste Henri de Kerillis) que de gauche (Paul-Boncour, Jean Zay, Pierre Cot). La conviction qu'il faut arrêter Hitler leur fait accepter l'entente avec le « diable ».

Entre les deux tendances, les adeptes de la sécurité collective se recrutent plutôt à gauche (Herriot, Blum, Daladier). Le réalisme n'est pas absent de leur analyse, qui se veut lucide sur les faiblesses françaises. Le gouvernement de Léon Blum relance ainsi le réarmement (bien que cela ne se traduise pas immédiatement en chiffres de production) mais les contraintes de politique intérieure empêchent d'approfondir le rapprochement avec l'URSS.

Ces clivages s'accentuent avec la montée des tensions. Après Munich, la conscience du danger allemand est trop forte pour laisser subsister les espoirs de sécurité collective. L'affrontement s'effectuera donc entre munichois et antimunichois, entre ceux qui se résignent à l'hégémonie de l'Axe et préfèrent détourner le danger de leurs têtes, et ceux qui veulent contrer l'expansion allemande et interrompre la chaîne des capitulations.

La politique extérieure française n'en demeure pas moins étonnamment passive pendant toutes ces années. De nombreuses raisons convergent vers le même résultat. D'abord, la France n'a pas d'alliés. Ni les États-Unis ni le Royaume-Uni ne veulent lui prêter main-forte pour résister à l'hitlérisme. L'alliance italienne est compromise par la crise éthiopienne. L'alliance soviétique est faite d'arrière-pensées et de sous-entendus. Enfin, la France perd son crédit parmi les petites puissances au fur et à mesure qu'elle capitule devant les initiatives allemandes.

À l'éclatement de l'opinion, s'ajoute la faible longévité des gouvernants ne favorise pas une action politique énergique et cohérente, menée dans la durée (malgré la permanence du personnel diplomatique et du secrétaire général du Quai d'Orsay, Alexis Léger dit Saint-John Perse, qui reste en fonction de 1933 à 1940). En mars 1936, au moment de la remilitarisation de la Rhénanie, le gouvernement Sarraut n'est qu'un cabinet de transition dans l'attente des prochaines élections ; en mars 1938, Camille Chautemps démissionne à la veille de l'*Anschluss*.

Surtout la France a fait le choix de la défensive bien avant l'accession de Hitler au pouvoir. Il y a en effet une contradiction flagrante entre les engagements pris à l'Est envers les jeunes nations nées sur les ruines des trois empires de 1914, et le repli sur soi, amorcé par les accords de Locarno et poursuivi par la **construction de la ligne Maginot à partir de 1929.**

L'idée de fortifier la frontière du Nord-Est, traditionnelle voie d'invasion, est lancée en 1925 par Paul Painlevé. Mais c'est son successeur au ministère de la guerre, André Maginot, qui fait voter le projet en janvier 1929. En 1932, le Conseil supérieur de la guerre décide de ne fortifier que l'Alsace et la Lorraine et de ne pas poursuivre la ligne jusqu'à la mer. Les fortifications s'arrêtent aux Ardennes, qu'on juge infranchissables. Au-delà, les militaires français comptent sur les fortifications belges pour assurer la continuité (et faire des économies).

Enfin, la population, marquée par la saignée de la Première Guerre mondiale, est profondément pacifiste : certaines chansons populaires témoignent de l'insouciance de l'opinion voire son aveuglement volontaire (« Tout va très bien Madame la Marquise »). Le refus de recourir à la force est en outre conforté par l'idée que la France n'a plus les moyens démographiques, économiques, militaires, pour barrer seule la route à l'Allemagne.

► **L'URSS de plus en plus méfiante joue ses propres intérêts.** L'URSS est déçue par son rapprochement avec les démocraties. Le pacte signé avec la France n'apparaît pas complètement fiable, alors que les petits États d'Europe orientale (notamment la Pologne et la Roumanie) demeurent hostiles à Moscou par crainte de perdre les territoires acquis en 1918. Londres et Washington ne donnent pas non plus suite au projet de pacte du Pacifique, proposé par Moscou pour résister aux ambitions japonaises. La guerre d'Espagne prouve assez la faiblesse des démocraties.

La convention de Montreux (20 juillet 1936) est le seul résultat positif de son entrée à la SDN. Cette convention concerne les détroits turcs ; elle restreint le passage des navires de guerre en temps de paix et elle l'exclut en temps de guerre, ce qui permet aux Soviétiques d'être tranquilles sur la mer Noire. La Turquie récupère du même coup le contrôle de ses détroits, ce qui constitue un succès diplomatique pour elle.

L'URSS se replie de plus en plus sur elle-même tant sur le plan économique où elle poursuit avec acharnement une politique d'industrialisation volontariste, que sur le plan politique où les grandes purges décapitent l'Armée rouge.

Staline craint en fait deux adversaires : l'Allemagne, mais aussi le Japon dont l'agressivité n'est pas à négliger. Aussi cherche-t-il avant tout à préserver ses intérêts en esquivant la guerre aussi longtemps que possible ou du moins en évitant de combattre sur les deux fronts. Il ne peut qu'être encouragé dans cette voie par le succès des tenants de la politique des « mains libres à l'est », qui espèrent qu'une guerre germano-soviétique les débarrasserait au moindre coût de leurs deux adversaires. En mars 1939, Staline leur répond qu'il ne faut pas s'attendre à voir son pays « tirer les marrons du feu » pour les autres.

3. L'Allemagne mène le jeu

► **Hitler est préparé et décidé à la guerre.** Il renforce sa mainmise sur l'État. Il remplace von Neurath par le docile Ribbentrop au ministère des Affaires étrangères, en février 1938. Il limoge également le ministre de la Guerre von Blomberg et le chef d'état-major von Fritsch, renforçant ainsi son autorité sur la Wehrmacht.

Le **protocole Hossbach**[1] **(10 novembre 1937)** montre Hitler exposant ses ambitions extérieures devant ses principaux collaborateurs du gouvernement et de l'armée. Il prévoit une explication militaire avec la France vers 1943, lorsque la balance penchera nettement en faveur de l'Allemagne. Le conflit pourra éclater avant en cas de guerre civile en France, ou en cas de guerre franco-italienne. D'ici là, il s'agit de régler les problèmes de l'Autriche et de la Tchécoslovaquie.

► **Dès lors les crises et les victoires diplomatiques d'Hitler s'enchaînent à intervalles de plus en plus rapprochés.** L'*Anschluss* de l'Autriche est son premier objectif.

Depuis 1934, l'importance de la question autrichienne a évolué aux yeux de Mussolini. À deux reprises il a fait comprendre à Berlin que l'Italie se désintéresse de l'Autriche, et reporte ses ambitions sur la Méditerranée qu'il aspire à transformer en *Mare nostrum* (notre mer). En juillet 1936, il encourage la signature d'un accord austro-allemand qui confirme l'indépendance autrichienne, mais renforce également les liens austro-allemands et prépare l'*Anschluss*. À nouveau, le 6 novembre 1937, Mussolini déclare à Ribbentrop qu'il est « las de monter la garde devant l'indépendance autrichienne ».

Les démocraties donnent des signes encourageants. En France, le Front populaire agonise, Chautemps démissionne le 9 mars 1938, l'alignement sur les positions de Londres ne fait aucun doute. Or l'équipe Chamberlain-Halifax-Henderson (ce dernier est ambassadeur à Berlin), adopte une position conciliante sur le problème autri-

1. Nom du colonnel qui a établi le compte rendu de la réunion.

chien. Hitler peut donc prendre librement l'initiative d'exploiter les succès du parti nazi en Autriche.

L'*Anschluss* (11-13 mars 1938), est le résultat d'une manœuvre entamée un mois plus tôt. Le 12 février 1938, Hitler convoque le chancelier autrichien Schuschnigg à Berlin et exige le ministère de l'Intérieur pour le nazi Seyss-Inquart. Schuschnigg cède mais décide d'organiser un référendum sur l'indépendance autrichienne. Un ultimatum de Goering impose alors la nomination de Seyss-Inquart au poste de chancelier le 11 mars. Ce dernier fait appel aux troupes allemandes et deux lois consacrent l'*Anschluss* dans les deux pays (13 mars). Il est ratifié par un référendum positif à 97 % (10 avril). Le gouvernement Blum (qui a succédé à Chautemps) se contente de protester.

► **À Munich, les démocraties font le choix de la capitulation.** La minorité allemande des Sudètes (3 millions de personnes sur les 15 millions que compte la Tchécoslovaquie) est à l'origine de la crise. Localisée sur les montagnes du pourtour de la Bohême (dont les monts Sudètes au Nord-Est), cette minorité a mal supporté son incorporation dans l'État tchécoslovaque après l'éclatement de l'empire des Habsbourg. Elle a conservé une forte cohésion ethnique et linguistique. Avec la montée du nazisme, ses revendications d'autonomie, dont Konrad Henlein se fait le porte-parole, se font plus insistantes. Pour Hitler, le rattachement des Sudètes à l'Allemagne correspond à plusieurs objectifs :

— agrandir le Reich par l'incorporation de 3 millions d'Allemands, amorcer le dépècement de la Tchécoslovaquie ;
— mettre la main sur une région riche en matières premières et en industries (notamment avec les usines d'armements Skoda) ;
— neutraliser la puissance tchécoslovaque, une des alliances de revers les plus puissantes de la France ; or sans les montagnes de Bohême qui sont fortifiées, l'État tchécoslovaque devient indéfendable.

La conférence de Munich (30 septembre 1938) est l'aboutissement d'une escalade amorcée en avril 1938. La crise débute réellement le 12 septembre lorsque Hitler prononce à Nuremberg un violent discours où, brandissant le principe wilsonien du droit des peuples à disposer d'eux-mêmes, il revendique le rattachement des Sudètes au Reich. Lors d'une première entrevue à Berchtesgaden le 15 septembre, Chamberlain accepte le principe de l'annexion des régions à majorité allemande. Hitler durcit alors ses exigences : le 22 septembre à Bad Godesberg il réclame au Premier britannique la totalité des Sudètes avant le 1er octobre. La guerre paraît imminente, la Tchécoslovaquie mobilise, Hitler se contente de menacer d'en faire autant, mais Mussolini propose, sur la suggestion de Chamberlain, une conférence à quatre – Hitler, Mussolini, Daladier et Chamberlain. Ni la Tchécoslovaquie ni l'URSS ne sont conviées. Les revendications de Hitler sont totalement satisfaites (il accepte seulement d'échelonner jusqu'au 10 octobre l'occupation des Sudètes) et il promet qu'il n'y en aura pas d'autres.

Malgré le « lâche soulagement » de l'opinion (d'après l'expression de Léon Blum), Munich apparaît très vite comme un sursis. Daladier et Chamberlain sont accueillis à leur retour par des foules enthousiastes qui ont senti passer le boulet de la guerre. Les sondages montrent que l'opinion est satisfaite et la Chambre approuve massivement la déclaration de politique générale du gouvernement français. Seuls les députés communistes votent contre, avec quelques personnalités indépendantes comme

Henri de Kérillis. En Angleterre, les opposants sont encore moins nombreux et Churchill prophétise : « Vous aviez le choix entre la guerre et le déshonneur. Vous avez le déshonneur, et vous aurez la guerre. » Les dirigeants des démocraties croient encore pouvoir s'entendre avec l'Allemagne : des pactes de consultation et de non-agression sont même signés avec elle, par l'Angleterre dès le 30 septembre, par la France le 6 décembre.

Le démembrement de la Tchécoslovaquie par ses voisins se poursuit durant l'hiver 1938 : la Pologne s'empare de la région de Teschen (ultimatum du 1er octobre 1938), la Hongrie met la main sur le sud de la Slovaquie peuplé d'un million de Magyars (« arbitrage de Vienne » du 2 novembre). La Slovaquie émet des revendications séparatistes animées par Mgr Tiso. Hitler n'a plus qu'à parachever le processus : un des pays nés de la Paix de Versailles a disparu sans guerre.

> **La troisième crise tchécoslovaque (mars 1939).** Alors que la Slovaquie vient de proclamer son indépendance, le président Hacha est convoqué à Berlin : on le menace de bombarder Prague s'il ne fait pas appel aux troupes allemandes. La Tchécoslovaquie n'a plus les moyens de résister : le 15 mars 1939, les troupes allemandes occupent la Bohême qui devient alors le « protectorat de Bohême-Moravie ». Hitler a violé ses promesses, mais ce n'est pas le plus important : en annexant pour la première fois un territoire non allemand, il ne peut plus se réclamer du principe d'autodétermination des peuples et montre sa politique sous son vrai visage.

► **Le revirement des démocraties rend la guerre inévitable alors qu'elles ne sont pas prêtes pour la faire.** En France, le courant antimunichois n'a cessé de progresser. Néanmoins, les militaires aussi bien que les hommes politiques estiment que la France n'a pas les moyens de résister seule à Hitler, et préconisent donc de suivre la « ligne anglaise ». Le revirement des Britanniques est donc déterminant. Or Londres découvre que « M. Hitler n'est pas un gentleman » : le gouvernement de Chamberlain amorce un virage à 180° et annonce peu après le coup de force allemand qu'il n'y aura pas de nouvelle capitulation. Alors que l'Angleterre répugnait tant à garantir les frontières orientales de l'Allemagne et à s'engager dans les affaires du continent, elle décide brutalement d'accorder sa garantie au pays le plus menacé par les ambitions allemandes : la Pologne (31 mars).

La frontière germano-polonaise a été la moins bien acceptée par les Allemands : Dantzig, une ville allemande, a reçu le statut de ville libre, la Prusse orientale s'est trouvée enclavée et séparée du reste du Reich par le corridor de Dantzig, et de nombreux germano-polonais ont été incorporés dans le nouvel État polonais. Mais Hitler a eu l'habileté de renoncer provisoirement à la Pologne et de choisir au départ des victimes plus faciles. En 1939, la *Mitteleuropa* sous domination germanique est pratiquement reconstituée : la conquête de la Pologne (« bâtard de l'Europe » selon Hitler) doit achever ce processus tout en amorçant la politique de poussée vers l'est *(Drang nach Osten)*.

Hitler émet ses premières revendications sur Dantzig dès après les accords de Munich (il exige ainsi des voies ferrées et routières à travers le corridor, avec le statut d'extraterritorialité). Mais il ne durcit le ton qu'après la liquidation de la Tchécoslovaquie. Il dénonce le pacte germano-polonais et répond au président Roosevelt, qui lui demande une promesse de non-agression contre une liste de 29 nations, en réitérant ses revendications et en dénonçant l'accord naval avec l'Angleterre (avril 1939). À son armée, il donne l'ordre de préparer l'attaque de la Pologne pour le 1er septembre au plus tard.

Les démocraties sont désormais décidées à résister ; elles ne sont pourtant pas dans la meilleure situation pour faire la guerre. Non seulement elles ont pris un retard sur l'Allemagne au niveau des armements, mais elles ont perdu (notamment la France) la quasi-totalité de leur influence en Europe. L'Autriche et la Bohême sont intégrées au Reich qui compte désormais 85 millions d'habitants. La Slovaquie est un satellite de l'Allemagne. Hitler s'est fait céder le port de Memel par la Lituanie (22 mars). La Hongrie a profité du coup de force pour annexer la Ruthénie subcarpathique (autre morceau de la Tchécoslovaquie) et s'aligne de plus en plus sur son grand voisin. La Roumanie, menacée d'une guerre avec Budapest, accepte la loi allemande et signe un accord commercial avec Berlin en mars 1939. Au même moment, Franco remporte définitivement la guerre civile espagnole et adhère au pacte anti-Komintern. La France au contraire doit désormais payer ses alliances au prix fort (en cédant le sandjak d'Alexandrette à la Turquie, par exemple, pour obtenir sa neutralité en juin 1939).

Mussolini adopte lui aussi un ton plus agressif : il est impressionné par les succès allemands qu'il jalouse un peu. Il affiche des prétentions territoriales à l'égard de son voisin français et laisse les députés crier en séance publique, en novembre 1938 : « Tunis ! Djibouti ! Corse ! ». L'Italie imite la méthode allemande en Albanie, qu'un coup de force suffit à annexer (7 avril 1939). Berlin et Rome signent le 22 mai un traité d'alliance offensif : c'est le **Pacte d'acier** (la question des Allemands du sud-Tyrol est résolue par un accord conclu en juillet). Néanmoins, l'Italie n'entend pas entrer en guerre avant 1944. Lorsque Ciano s'apercevra au mois d'août que l'Allemagne est prête à la guerre, il conseillera à Mussolini de conditionner l'intervention italienne à la livraison d'abondantes fournitures militaires et industrielles que Hitler ne pourra pas honorer. Mais ce dernier estime pouvoir se passer de l'alliance italienne.

Le sort de la Pologne dépend finalement de l'attitude soviétique. D'où la course qui s'engage entre les démocraties et l'Allemagne. La France et l'Angleterre partent plus tôt. Malgré la persistance d'un courant pacifiste (le 2 mai, Marcel Déat, un ancien socialiste, signe un article dans *L'œuvre* où il explique que les Français ne veulent pas « mourir pour Dantzig »), les dirigeants occidentaux sont conscients que seule l'alliance soviétique pourra encore dissuader Hitler d'un nouveau coup de force. Des négociations sur le contenu politique s'engagent en avril 1939 et aboutissent, après de pénibles discussions, à étendre la garantie des frontières à tous les États d'Europe orientale (Pologne, Roumanie, Pays baltes, Finlande). Les négociations militaires ne commencent qu'en août et butent sur l'autorisation de la Pologne de laisser les troupes soviétiques passer sur son sol.

L'Allemagne, contrairement aux démocraties, ne prend pas l'initiative : elle répond aux avances de Molotov, qui remplace Litvinov aux Affaires étrangères au début de mai 1939 et qui est réputé plus favorable à l'entente avec les dictatures.

Hitler, se rangeant à l'avis de Ribbentrop, accepte d'entamer des négociations qui restent floues jusqu'à la fin juillet, puis s'accélèrent pour aboutir à quelques jours de la date butoir fixée par Hitler pour l'attaque de la Pologne.

Le pacte de non-agression germano-soviétique (23 août 1939) donne carte blanche à Hitler en Pologne et procure un sursis à l'URSS. Les Allemands hâtent la négociation : le 19 août, Staline prend sa décision. Ribbentrop arrive à Moscou le 22 et signe le pacte le 23. Ce dernier se compose d'un traité de non-agression valable dix ans, et d'un protocole secret qui « partage » l'Europe orientale entre les deux pays : la Pologne occidentale et la Lituanie à l'Allemagne, tandis que la sphère d'influence soviétique comprendra la Pologne orientale, la Finlande, l'Estonie et la Lettonie, ainsi que la Bessarabie roumaine. Staline obtient un glacis protecteur et espère tirer profit de sa neutralité pendant que ses adversaires s'entre-déchireront. Hitler, quant à lui, évite la guerre sur deux fronts qui avait été fatale à l'Allemagne en 1914-1918. L'alliance des deux pays se prolonge par le traité du 28 septembre après la défaite polonaise (modification des zones d'influence : agrandissement de la zone allemande en Pologne, l'URSS obtenant en échange la Lituanie) et les échanges commerciaux se développent jusqu'en juin 1941.

La guerre est dès lors inévitable, d'autant que Hitler exige désormais la cession de tout le Corridor et de la Haute-Silésie polonaise. **Le 1er septembre, les troupes allemandes entrent en Pologne** pour « répondre aux coups de feu polonais » (discours de Hitler au Reichstag). Les ultimes médiations n'aboutissent pas. Le 2, le Parlement français vote les crédits militaires. Le 3, à la suite de deux ultimatums exigeant le retrait des troupes allemandes, la Grande-Bretagne entre en guerre à 12 heures et la France à 17 heures.

Les démocraties, précipitées dans une guerre qu'elles n'ont pas voulue et pour laquelle elles ne se sont pas préparées, ne vont pas tarder à payer leur inconscience face au danger hitlérien. Mais à plus long terme, cette passivité servira de leçon : de la guerre froide à l'affaire de Suez ou à la guerre du Golfe, la référence à Munich justifiera la fermeté à l'égard d'un adversaire jugé à l'égal d'Hitler.

Approfondir

LECTURES

- R. Girault, R. Frank, *Turbulente Europe et nouveaux mondes, 1914-1941,* Paris, Masson, 1988, 256 p., est comme pour les années vingt l'ouvrage de référence. La lecture du chapitre 8 permet d'approfondir les problématiques. On peut le compléter pour des sujets nationaux par quatre ouvrages.
- R. Poidevin, *L'Allemagne et le monde au XXe siècle,* Paris, Masson, 1983, 292 p.
- P. Milza et S. Berstein, *L'Italie et la papauté, 1870-1970,* Paris, Masson, 1970, 174 p.
- J.-B. Duroselle, *La décadence 1932-1939,* Paris, Point-Seuil, 1985, 570 p. Cette somme traite tous les aspects de la politique extérieure de la France, les chapitres 6, 7 et 8 donnent les analyses, les buts et les moyens de la politique française.

THÈMES DE RÉFLEXION

- La politique extérieure de Hitler.
- Les relations franco-allemandes dans l'entre-deux-guerres.
- Les causes de la Seconde Guerre mondiale.
- Le pacifisme dans l'entre-deux-guerres.
- Quelles sont les raisons de la faiblesse des démocraties dans les années trente ?
- La France et le Royaume-Uni face à l'Allemagne (1919-1945).

Utiliser

La politique extérieure de l'Italie fasciste

PRÉSENTATION

Le sujet met en relation la politique extérieure d'un État européen donc soumis aux contraintes de la vie internationale et les objectifs idéologiques du régime qui le dirige. Il présente toutes les caractéristiques d'un bon sujet : il pousse à réfléchir à partir d'un point de vue inhabituel sur la politique internationale de l'Europe que tout candidat doit connaître, ce faisant il permet de détecter ceux qui récitent leur cours sans réfléchir ; c'est un sujet de synthèse qui permet de sanctionner ceux qui ne savent pas faire la discrimination entre ce qui est utile pour le sujet et ce qui ne l'est pas (par exemple ceux qui parlent trop longuement du fascisme ou qui analysent pour elle-même la politique internationale de l'Europe en découvrant presque par raccroc que l'Italie y joue un rôle) ; bien sûr on attend un niveau assez élevé de connaissances sans faiblesse chronologique. L'Allemagne nazie, l'URSS agissent également en fonction d'une idéologie, même de Gaulle a une certaine idée de la place de la France dans le Monde.

« L'Italie n'est pas le Portugal. » Cette réflexion du *Populo d'Italia* (sans doute due à Mussolini lui-même) dit assez le but de la politique extérieure du fascisme : faire de l'Italie, qui se sent humiliée après sa victoire, une grande puissance. Mais par quels moyens ? La diplomatie ou la guerre. C'est cette seconde orientation qui l'emporte à partir de 1935, ainsi le fascisme renoue avec ses origines – ce qui précipite son effondrement.

I. De 1922 à 1935, l'Italie profite du rayonnement international du fascisme et de l'effacement de l'Allemagne pour s'élever au rang de grande puissance en Europe

1. Aussi longtemps que le régime reste mal assuré à l'intérieur la politique extérieure italienne se veut modérée et rassurante

► **La situation internationale de l'Italie en 1922 apparaît contradictoire :** le nationalisme exacerbé par la frustration des traités exige la révision des traités (question Adriatique) mais l'Italie ne peut permettre l'*Anschluss* de l'Autriche parce que ce serait une trop grave menace à sa frontière Nord et qu'elle espère se constituer une zone d'influence en Europe danubienne.

► **Sous l'influence du secrétaire général du ministère des Affaires étrangères Contarini, l'Italie mène une politique conciliante.** L'Italie accepte la conciliation dans l'affaire de Corfou en 1923 (à la suite d'un incident à la frontière gréco-albanaise qui avait coûté la vie à plusieurs observateurs italiens, Mussolini fait bombarder Corfou par la marine ce qui entraîne une démonstration navale britannique ; l'affaire se termine par une transaction financière et des excuses de la part de la Grèce). Un accord est trouvé avec la Yougoslavie sur Fiume, l'Italie apporte sa garantie au traité de Locarno en 1925 qui consolide le système de Versailles.

2. L'instauration de la dictature correspond à une inflexion de la politique extérieure italienne en faveur du révisionnisme

► **Le nationalisme placé au centre de la doctrine fasciste pousse à l'expansionnisme et à la guerre.** La nation est considérée comme un organisme en développement, l'expansion est une nécessité vitale pour un pays pauvre en matières premières mais surpeuplé. La guerre est le moyen pour les nations les plus fortes de s'imposer aux plus faibles. La perspective de la guerre est présente dans l'organisation intérieure de l'Italie.

► **Avant la crise des années trente, Mussolini agit dans deux directions.** Dans les Balkans et l'Europe centrale l'Italie développe ses relations avec l'Albanie, la Bulgarie, la Hongrie, l'Autriche. La Grande-Bretagne se montre favorable à ses initiatives pour contre-balancer le rapprochement franco-allemand (rencontre entre Mussolini et Chamberlain à Gênes en 1927). Le discours sur la « Nouvelle Rome » en 1927 ouvre la voie d'une grande politique méditerranéenne, le thème développé est « l'expansion ou l'explosion ». Les ambitions italiennes se tournent vers l'Albanie, la Syrie, la Tunisie, etc. Cela ne va pas au-delà des gesticulations.

3. Les années 1930 à 1935 correspondent à l'apogée de la position internationale de l'Italie

► **Le régime fasciste s'internationalise :** l'Italie renforce ses liens avec les régimes forts d'Europe centrale et esquisse une internationale fasciste.

► **Face au nazisme, la France et la Grande-Bretagne sollicitent l'alliance de l'Italie.** Il faut ici analyser la mise en échec des *Anschluss* de 1931 et 1934, le projet de « Pacte à Quatre » en 1933 et le « Front de Stresa » en 1935. Pendant ces années, l'Italie est une des quatre grandes puissances « mondiales » (les États-Unis et l'URSS pratiquant l'isolationnisme).

II. La politique extérieure italienne devient réellement fasciste après le tournant de la guerre d'Éthiopie

1. Les difficultés intérieures pousse Mussolini à envisager une reprise de l'expansion, finalité du régime

► **La crise atteint durement l'Italie** qui ne peut plus compter sur l'exutoire de l'émigration d'où des tensions sociales et politiques avec l'Église. L'aventure militaire apparaît comme un moyen de redorer le blason du régime.

► **La guerre d'Éthiopie révèle les ambiguïtés des relations entre l'Italie fascistes et les démocraties.** (Il faut rappeler les ambiguïtés de l'accord de Rome entre Laval et Mussolini et montrer comment les sanctions poussent l'Italie dans le camp de l'Allemagne.)

► **La guerre d'Espagne donne un contenu militaire concret à l'Axe Rome-Berlin proclamé par le *Duce*** (1er novembre 1936). Il faut évoquer le Pacte anti-Komintern de 1937. À ce moment l'Italie peut encore penser jouer un rôle égal à celui de l'Allemagne, c'est le sens de la formule de Mussolini « quand le fascisme a un ami il le suit jusqu'au bout ». En fait la guerre d'Espagne révèle la médiocre condition des troupes italiennes : le prestige va aux Allemands de la Légion *Kondor*.

2. « Quand le fascisme a un ami... »

► **On constate un alignement politique et idéologique progressif de l'Italie sur la nazisme.** Mais Mussolini est contesté par les dignitaires de l'Italie fasciste

(Ciano et Grandi prennent conscience du danger de guerre et des risques que cela représente pour le régime) il se coupe des Italiens.

► **La marche à la guerre fait alterner renoncement *(Anschluss)* et coups d'éclat (annexion de l'Albanie, Pacte d'Acier) mais l'Italie est de plus en plus le second d'Hitler (Munich).**

► **Comme en 1915 Mussolini défend l'entrée en guerre contre l'avis de son entourage (Ciano).**

3. La guerre finalité du régime et valeur centrale de l'idéologie précipite la fin de l'Italie fasciste

► **La guerre mal préparée se traduit par l'échec de toutes les initiatives italiennes.**

► **L'intervention des Allemands en Afrique et dans les Balkans fait de l'Italie un allié incommode et déjà un protégé.**

► **La République de Salo apparaît comme un régime satellite d'une Allemagne vaincue.** Il faut rappeler les débarquements de Sicile et de Calabre, la destitution de Mussolini par le Grand Conseil Fasciste, l'armistice et l'intervention des troupes allemandes.

Conclusion

Si l'on excepte la période 1927-1935, il est difficile de parler pour l'Italie d'une politique extérieure fasciste dans la mesure où les objectifs idéologiques n'ont jamais été très précisément définis et où la plupart des initiatives italiennes se sont trouvées confrontées à des contraintes qui en ont interdit la réalisation. Le contraste avec la politique extérieure nazie peut être souligné.

9

Le tournant du XXe siècle

LA SECONDE GUERRE MONDIALE (1939-1945)

Connaître

1939	Campagne de Pologne
1940	Bataille de France (10 mai-22 juin)
	Bataille d'Angleterre (juillet-octobre)
1941	Invasion de l'URSS (22 juin). Pearl Harbor (7 décembre)
1942	Bataille de Midway (juin)
	Bataille d'El Alamein (juin-octobre)
	Contre-offensive soviétique à Stalingrad (19 novembre)
1943	Capitulation italienne (septembre)
	Conférence de Téhéran (décembre)
1944	Débarquement de Normandie (6 juin)
1945	Conférence de Yalta (février)
	Capitulations allemande (8 mai) et japonaise (2 septembre)

La Seconde Guerre mondiale est l'aboutissement des prétentions impérialistes formulées, diplomatiquement puis militairement, par le bloc des puissances révisionnistes. La force de ces puissances, c'est qu'elles ont l'initiative et que leurs ennemis sont divisés par l'isolationnisme américain et la bienveillance soviétique. Une course de vitesse s'engage donc entre les succès de l'Axe et du Japon et la mobilisation de leurs adversaires : cette course tourne à l'avantage des dictatures au départ, et leur procure en 1941-1942 une position quasi hégémonique en Europe et dans une partie de l'Asie. Mais leurs adversaires ne sont pas vaincus et se trouvent impliqués dans la bataille : le rapport des forces bascule, une longue retraite commence qui ne s'achèvera que par un écrasement total.

I. Les succès des puissances révisionnistes

1. L'Allemagne mène la guerre-éclair en Europe (septembre 1939-juin 1940)

► **Le rapport de forces est favorable aux Allemands, sur un plan stratégique plus que matériel.** L'Allemagne, bien qu'elle ait commencé plus tôt un réarmement intensif, ne dispose pas en effet d'une supériorité numérique par rapport à la coalition franco-britannique. Les deux camps alignent une centaine de divisions chacun malgré l'impréparation de la Grande-Bretagne due à l'absence de conscription (4 divisions seulement sont disponibles en septembre 1939). La France et l'Allemagne ont le même nombre de chars (3 000 environ), les chars français étant moins rapides mais mieux protégés. La flotte est évidemment un point fort des démocraties. En revanche, l'aviation allemande est à la fois plus nombreuse et plus moderne. Mais le programme de réarmement français prévoit que ce point faible disparaîtra en 1941.

L'infériorité alliée est plus stratégique que matérielle. En effet, la France et la Grande-Bretagne en sont restées à des conceptions périmées de la guerre. L'idée du colonel de Gaulle, exposée dans son ouvrage *Vers l'armée de métier* (1934) et consistant à utiliser les blindés en formations autonomes au lieu de les disséminer pour appuyer l'infanterie, n'a pas séduit l'état-major malgré le soutien de Paul Reynaud. Les chefs militaires français continuent de croire à une guerre de position comme en 1914-1918 et pensent que les armées allemandes se briseront sur la ligne Maginot. Il n'a été préparé aucune offensive importante de diversion pendant la guerre de Pologne.

Hitler, au contraire, a perçu tout le profit qu'il pourrait tirer de l'emploi des blindés préconisé par le général Guderian. Quatorze divisions allemandes sont motorisées en 1939 (dont 6 blindées) : c'est peu, mais c'est suffisant pour enfoncer les lignes ennemies. En outre, les Allemands apportent deux innovations majeures dans cette nouvelle pra tique de la guerre : le lien entre l'armée et l'aviation d'une part (et notamment l'emploi des bombardiers *Stukas*, dont l'efficacité militaire se double d'un effet psychologique avec les sirènes stridentes de l'avion qui plonge en piqué) ; les transmissions par radio d'autre part, qui facilitent la coordination entre les blindés, les avions et l'état-major.

L'Allemagne est donc prête pour la guerre-éclair *(le Blitzkrieg)* et les considérations économiques rejoignent ici les considérations militaires. Les Alliés ont en effet choisi la stratégie défensive en répétant : « Nous vaincrons parce que nous sommes les plus forts » (Paul Reynaud).

Il est vrai que le rapport de forces *potentiel* leur est nettement favorable, puisqu'ils disposent des matières premières de leurs colonies, qu'ils ont la maîtrise des mers et qu'ils peuvent compter en partie sur les États-Unis : ceux-ci décident en novembre 1939 de permettre les exportations d'armes à tous les belligérants, avec la réserve de la clause *cash and carry* qui avantage évidemment le camp des démocraties. À moyen terme (vers 1941), le retard sur l'Allemagne devrait être comblé en matière d'armements. Cependant, si l'Allemagne manque de certaines matières premières (notamment de fer et de pétrole), elle n'est pas menacée à court terme : elle a mis la main sur les ressources autrichiennes et tchécoslovaques, elle reçoit du fer suédois et espagnol ainsi que du pétrole roumain, une politique d'autarcie lui procure de nombreux produits de remplacement (les *Ersatz*) et elle bénéficie de l'alliance italienne et de la bienveillance de l'URSS qui ne néglige rien pour lui fournir ou pour laisser transiter toutes les matières premières nécessaires.

► La stratégie attentiste des démocraties facilite les succès du *Blitzkrieg* en Pologne et en Scandinavie.

La campagne de Pologne dure du 1er au 27 septembre 1939. Les Polonais ne sont pas préparés à l'attaque allemande : leurs frontières étendues les rendent vulnérables partout et leur armée, quoique nombreuse (40 divisions), s'appuie sur une stratégie qui remonte à la guerre de 1920 contre la Russie (les charges de cavalerie notamment). Dans ces conditions, l'armée polonaise est débordée en quelques jours et Varsovie assiégée capitule le 27 septembre : le premier succès du *Blitzkrieg* est foudroyant. Entretemps, l'Armée rouge a donné le coup de grâce en occupant son « morceau » de Pologne (17 septembre) et Staline, profitant de ses accords avec Hitler, se fait céder par les pays baltes plusieurs bases militaires dans les jours suivants.

Les Alliés n'ont rien fait pour sauver la Pologne. La mobilisation trop tardive de l'armée française n'a permis qu'une petite offensive en Sarre. Dès lors, les positions se figent : Londres et Paris refusent l'offre de paix de Hitler (6 octobre) mais les propositions anglaises (minage des eaux du Rhin, bombardement de la Ruhr) sont refusées par les Français par crainte des représailles allemandes. Commence alors la *drôle de guerre,* faite d'inaction et d'attente, qui correspond chez les Alliés à une stratégie et chez les Allemands à une contrainte.

La drôle de guerre (septembre 1939-10 mai 1940) est une contrainte pour l'Allemagne. Hitler a en effet prévu d'attaquer à l'Ouest en rééditant le Plan Schlieffen de 1914 et qui craint (à tort) la démoralisation de ses soldats, est obligé de repousser plusieurs fois l'offensive à cause du mauvais temps. Pour les Alliés cette longue période d'inaction et d'attente correspond à une stratégie fluctuante.

La cohérence des buts de guerre alliés est alors mise à mal par l'attaque de la Finlande par l'armée soviétique le 30 novembre 1939. Moralement, les Alliés sont unanimes à condamner l'agression et l'URSS est exclue de la SDN le 14 décembre. Mais alors que la Grande-Bretagne prône la prudence, la France veut aller plus loin : l'anticommunisme est tel qu'un glissement semble s'opérer sur le véritable adversaire à combattre. Comme le premier assaut de l'Armée rouge se brise sur la ligne Mannerheim, Daladier propose une opération qui pourrait à la fois secourir la Finlande et couper la route du fer suédois vers l'Allemagne (qui passe par le port de Narvik, en Norvège, quand la Baltique est bloquée par les glaces). Un général envisage même de prendre l'URSS en tenaille par le nord et le sud (Bakou). Mais les divergences d'appréciation avec Londres retardent les décisions et les Finlandais se résignent, après une nouvelle attaque plus massive des Soviétiques, à céder quelques territoires dont l'isthme de Carélie (traité de Moscou, 12 mars 1940). Staline atteint son but : une meilleure protection de Leningrad. En France, cette capitulation est perçue comme un échec et Daladier doit démissionner le 22 mars, cédant la place à Paul Reynaud. Le Conseil suprême interallié du 28 mars réconcilie les Alliés puisqu'il est décidé qu'aucune paix séparée ne sera signée et que des mines seront mouillées dans les eaux norvégiennes.

Cependant Hitler a fini par prendre au sérieux les menaces franco-britanniques et il se montre à la fois plus résolu et plus audacieux. Le 9 avril, les troupes allemandes envahissent le Danemark et la Norvège. Surpris, les Alliés débarquent leur corps expéditionnaire qui parvient même à reprendre Narvik à la fin mai. L'évolution de la situation sur le front Ouest les oblige cependant à rembarquer dans les jours suivants.

► **L'« étrange défaite » de la France (Marc Bloch) consacre l'hégémonie continentale de l'Allemagne.** Suite à un accident d'avion (un officier allemand s'est écrasé en Belgique avec tous les plans de l'offensive), un nouveau plan a été élaboré par le général von Manstein. Il ne prévoit plus une attaque frontale qui aurait eu toutes les chances de se briser sur le gros des forces alliées comme en 1914. L'axe principal de l'offensive (le *Schwerpunkt*) sera une percée blindée par les Ardennes, de manière à joindre la mer et à couper ainsi toutes les forces alliées du nord de la France de leurs bases arrières. La stratégie adverse s'y prête parfaitement, puisqu'elle prévoit que les Ardennes ne seront pas fortifiées (ce territoire vallonné et boisé étant jugé infranchissable) et que les principales forces alliées, concentrées au nord, avanceront en Belgique dès le début de l'attaque allemande. Avec 10 divisions blindées contre 3 pour la France (dont une seule en réserve), les Allemands écrasent l'armée française en cinq semaines.

La campagne de France débute le 10 mai 1940, l'armée allemande lance une offensive généralisée sur le front ouest, attaquant par la même occasion le Luxembourg, la Belgique et les Pays-Bas. La campagne de France commence le 13 mai, la Meuse est franchie près de Sedan. Weygand prend la tête du Haut Commandement en remplacement de Gamelin mais il est déjà trop tard : le 20, Guderian atteint la mer à Abbeville. Attaquées de front, la Hollande et la Belgique capitulent respectivement le 15 et le 27 mai. Les forces alliées se replient sur Dunkerque, Hitler leur ayant laissé cette voie de retraite pour des raisons mal élucidées. Entre le 28 mai et le 4 juin, 340 000 soldats alliés (dont un tiers de Français) embarquent pour l'Angleterre. Le 5 juin, les forces allemandes reprennent l'offensive en perçant rapidement le front de l'Aisne et de la Somme. C'est la débâcle sur fond d'exode des populations (7 à 8 millions de civils sur les routes). Paris tombe le 14 juin, alors que Mussolini vient de déclarer la guerre à la France le 10 juin contre l'avis de Ciano et les réticences de sa population (les troupes italiennes demeureront contenues).

Un débat s'engage alors au sein du gouvernement sur la suite à donner au combat. Le 5 juin, Reynaud a nommé le général de Gaulle sous-secrétaire d'État à la guerre et le maréchal Pétain vice-président du Conseil. Ce dernier soutient la proposition de Weygand de demander un armistice à l'Allemagne. Reynaud et de Gaulle veulent continuer la guerre en s'appuyant sur l'Empire et la flotte. Mis en minorité, Reynaud démissionne le 16 juin et cède son poste à Pétain. **L'armistice est signé à Rethondes le 22 juin** avec l'Allemagne, et avec l'Italie le 25 juin à Rome. Il sépare la zone « occupée » et la zone « libre » selon une ligne Pyrénées-Poitiers-Bourges-Châlons-Genève. La France conserve son Empire, une armée de 100 000 hommes et sa flotte qui regagne ses ports d'attache. Une indemnité journalière de 400 millions de francs doit être versée à l'occupant.

La défaite française a suscité plusieurs interprétations. Sur le vif, le maréchal Pétain stigmatise l'infériorité française (« trop peu d'hommes, trop peu d'enfants... »), prétend que l'« esprit de jouissance » l'a emporté sur l'« esprit de sacrifice » et en rend responsable le Front populaire et les grévistes de 1936-1938. Il est vrai que la France sortait en 1940 d'une longue période de marasme économique et qu'elle était encore convalescente. Il est vrai aussi que l'Union sacrée de 1914 n'existe pas : les communistes sont hors la loi, une partie de l'opinion demeure réticente à la guerre, certains hommes politiques voient dans l'URSS plus que dans l'Allemagne le véritable ennemi à combattre. Mais le vieillissement démographique de la France ne l'avait pas empêchée de tenir tête en 1914-1918 et son armée, sauf en matière d'aviation, était suffisamment puissante pour rivaliser avec l'armée allemande. En fait, les historiens s'accordent pour penser que la principale cause de la défaite réside dans les conceptions stratégiques périmées de l'État-major, qui continuait à raisonner en fonction d'une guerre de position (la ligne Maginot) et qui n'avait pas perçu l'intérêt du mouvement et des blindés. Ainsi se trouve confirmée l'interprétation du général de Gaulle et de l'historien Marc Bloch, qui avait écrit dès 1942 que « le triomphe des Allemands fut essentiellement une victoire intellectuelle » *(L'étrange défaite)*.

La bataille de France n'est qu'une étape. Hitler, de retour à Berlin après avoir visité Paris, savoure au milieu de son peuple en liesse le jour de sa plus grande victoire. Il pense avoir vengé l'humiliation de 1918. Il pense surtout que la guerre est gagnée, que l'Angleterre ne pourra pas continuer toute seule. Or le général de Gaulle l'a dit dans son message du 18 juin transmis depuis Londres : « Cette guerre est une guerre mondiale... ». Les mêmes moyens qui ont assuré la victoire de l'Allemagne permettront de la vaincre plus tard. Il suffit de tenir.

2. La guerre dure et se mondialise (juillet 1940 - décembre 1941)

► **L'Angleterre plie mais ne rompt pas.** Churchill, qui a succédé à Chamberlain le 10 mai, est plus décidé que jamais à continuer la guerre. Pour éviter la capitulation française, il a suggéré en dernière minute, sur l'initiative de Jean Monnet, un plan de fusion des deux nations. Craignant que la flotte française ne tombe dans les mains des Allemands, il laisse la *Royal Navy* attaquer les navires français en rade de **Mers el-Kébir** (près d'Oran).

Le 3 juillet 1940, l'amiral Sommerville enjoint aux navires français de l'amiral Gensoul de rejoindre les Antilles françaises ou les côtes américaines. Devant son refus, il ouvre le feu : 1 200 marins français périssent, un seul cuirassé parvient à s'échapper. L'épisode entraîne la rupture des relations diplomatiques, à quoi s'ajoute une rupture plus « sentimentale » alimentée par un fort sentiment d'anglophobie dans l'opinion française.

L'Angleterre devient le centre de la résistance européenne. Elle accueille les gouvernements polonais, norvégien et hollandais en exil puis la France libre. Hitler n'avait pas prévu que l'Angleterre résisterait. Il ordonne finalement de préparer un débarquement, dont le succès passe d'abord par la neutralisation de la *Royal Air Force.*

La Bataille d'Angleterre se déroule en août-septembre 1940, mais les raids durent jusqu'en 1945. Les Allemands se laissent entraîner dans la stratégie des bombardements (Londres, Coventry, etc.) alors que les attaques sur les aérodromes se révèlent les plus efficaces. Les Britanniques, désavantagés au départ, produisent deux fois plus d'avions que les Allemands et profitent de l'invention du radar. Au total, les pertes allemandes sont deux fois plus lourdes (1 700 avions entre juillet et octobre, contre 800 anglais) et le *Blitz* est interrompu en mai 1941. L'Angleterre est sauvée. Churchill peut déclarer que « jamais dans l'histoire un si grand nombre d'hommes n'eut une dette aussi grande envers une si petite poignée de leurs semblables ».

L'Angleterre préserve aussi sa suprématie maritime : en mai 1941, le cuirassé *Bismarck* est pourchassé et détruit après avoir coulé le croiseur *Hood.* Mais les « meutes » de sous-marins allemands opérant dans l'Atlantique coulent 4,5 millions de tonnes (environ 1 000 navires marchands) en 1940 comme en 1941.

Sur le front méditerranéen, le Royaume-Uni recule. Certes, les troupes italiennes sont repoussées en Égypte et en Grèce (que Mussolini a attaquée en octobre 1940) et l'Afrique orientale italienne est conquise en février-mai 1941. Mais Hitler envoie en Libye l'*Afrikakorps* du général Rommel (qui remporte ses premiers succès en février 1941) et lance une campagne éclair qui vient à bout en quelques semaines (avril-mai) de la Grèce et de la Yougoslavie, cette dernière étant passée dans le camp anglais. À la même époque, les Britanniques doivent réprimer un coup d'État pro-allemand en Irak, puis envahissent le Liban et la Syrie, occupés et défendus par les troupes françaises.

En définitive, l'espoir américain aide à tenir bon. Les Américains sont toujours partagés comme l'illustre l'opposition entre le comité White, interventionniste, et le comité *America first*, isolationniste, tous deux créés en 1940. Mais Roosevelt penche pour l'intervention. En septembre 1940, il livre 50 vieux destroyers à Churchill (contre la cession temporaire de quelques bases britanniques dans l'Atlantique) et institue le service militaire. Après sa réélection de novembre, il parle de « l'arsenal de la démocratie » et fait adopter en mars 1941 la loi prêt-bail *(lend-lease)* qui lui permet de prêter ou de vendre des produits à tout pays dont la défense est jugée vitale pour les États-Unis. Mais ceux-ci ne perdent pas de vue leurs propres intérêts : l'Angleterre est obligée de liquider d'abord ses avoirs en Amérique et de renoncer à la préférence impériale.

La Charte de l'Atlantique, signée le 14 août 1941 par Churchill et Roosevelt, scelle la nouvelle alliance et définit les buts de guerre avant même l'entrée en guerre des États-Unis. Cette déclaration en huit points affirme le droit à l'autodétermination des peuples, en particulier pour toute modification territoriale, le libre accès au commerce et aux matières premières dans le cadre des « obligations existantes » (ce qui sauve la préférence impériale), la libération de la peur et de la faim « après la destruction finale de la tyrannie nazie », la liberté des mers, la sécurité dans le désarmement, etc. Le retentissement considérable de cette Charte gagne même les pays colonisés, au grand dam de l'Angleterre.

► **La rupture germano-soviétique : première étape vers la mondialisation.** Le Pacte germano-soviétique n'était que de circonstance. Staline, tout en félicitant Hitler pour sa victoire sur la France, se dépêche de mettre la main, en juin 1940, sur les trois pays baltes et sur la Bessarabie roumaine (qu'il transforme en Républiques soviétiques en août) : au total, l'URSS a gagné 23 millions d'habitants depuis le début de la guerre. Hitler s'inquiète de cette pénétration soviétique et pense, après l'échec de la bataille d'Angleterre, que seul l'écrasement de l'URSS obligera les Anglais à reconnaître leur défaite. Après une visite de Molotov à Berlin qui révèle les divergences entre les deux « alliés » (Staline revendiquant la Finlande, la Turquie et la Bulgarie), le Führer décide en décembre 1940 d'envahir l'URSS *(Plan Barbarossa).* Ses troupes s'installent successivement en Finlande, en Roumanie et en Bulgarie, pays alliés de l'Allemagne. Retardé à cause de la campagne des Balkans, l'opération « Barbarossa » commence le 22 juin 1941.

La campagne de Russie montre une nouvelle fois l'efficacité des blindés employés conjointement à l'aviation sur une grande échelle. Les défenses soviétiques volent en éclats et l'Armée rouge est gravement affaiblie par de vastes batailles d'encerclement (Minsk, Smolensk, Kiev). Le siège de Leningrad commence (il durera neuf cents jours) et certaines unités allemandes atteignent les faubourgs de Moscou. Mais l'URSS n'est pas battue et les Allemands ont perdu du temps. Staline mobilise les énergies : les ressources humaines du pays servent à lever de nouvelles divisions, des troupes sont prélevées de Sibérie, la tactique de la « terre brûlée » laisse un champ de ruines sur le chemin des Allemands, les Alliés livrent du matériel par le port de Mourmansk (le prêt-bail américain est étendu à l'URSS). En décembre 1941, l'Armée rouge lance une vaste contre-offensive qui dégage notamment Moscou. Le *Blitzkrieg* vient d'être tenu en échec et l'armée allemande doit affronter les rigueurs du « général hiver » contre lesquelles elle n'est pas préparée.

► **La rupture américano-japonaise rend la guerre mondiale.** Le nouveau gouvernement japonais formé par le prince Konoye en juillet 1940, avec le général Tojo à la guerre, envisage la création d'une sphère de coprospérité asiatique dominée par le Japon dans les mers du Sud. Après les affrontements de 1939 en Mongolie, les relations nippo-soviétiques se réchauffent et un pacte de neutralité est signé le 13 avril 1941 (valable cinq ans, il sera dénoncé par Staline en août 1945).

D'autre part, le Japon profite de la défaite française pour se faire céder des bases militaires dans le Tonkin (août-septembre 1940) puis obtient le droit d'occuper toute l'Indochine (juillet 1941). Les États-Unis décident alors d'imposer un embargo pétrolier qui accule les Japonais au dilemme « la guerre ou la soumission » : 80 % des importations japonaises de pétrole viennent d'Amérique et Roosevelt exige désormais l'évacuation de toutes les conquêtes japonaises depuis 1931. En outre, le programme de réarmement naval décidé par le Congrès en juillet 1940 oblige les Japonais à prendre rapidement l'initiative pour profiter de leur supériorité du moment. Roosevelt espère-t-il une agression japonaise pour mobiliser ses compatriotes dans la guerre ? C'est du moins ce qu'avancent certains de ses adversaires. Tojo remplace Konoye en octobre et décide de franchir le Rubicon.

> Le 7 décembre 1941, la base navale de **Pearl Harbor** (archipel des Hawaï) est attaquée par l'aviation japonaise. L'objectif du Japon est d'obtenir une supériorité suffisante pour mettre la main sur le Sud-Est asiatique et créer tout autour un périmètre défensif. Les conquêtes nippones sont rapides : Hong Kong, la Malaisie, Singapour, la Birmanie, l'Indonésie. Le général MacArthur évacue les Philippines en mars 1942 en promettant *« I shall come »* (je reviendrai). L'Australie et l'Inde sont menacées. Cependant, Pearl Harbor n'a pas eu le caractère décisif escompté par les Japonais : les Américains ont perdu 18 navires de guerre (sur les 94 présents) mais les porte-avions étaient en mer et les infrastructures de la base ont peu souffert. Dans ces conditions, les États-Unis peuvent reconstituer leurs forces plus vite que prévu.

Au lendemain de Pearl Harbor, le Congrès vote l'entrée dans la guerre, qui devient ainsi mondiale. En effet, la jonction des conflits s'opère avec la déclaration de guerre de l'Allemagne et de l'Italie aux États-Unis, le 11 décembre : l'Allemagne et le Japon, n'ayant pu remporter une victoire rapide, sont déjà condamnés à la défaite.

II. L'évolution de la guerre et du rapport des forces

Un simple coup d'œil sur une mappemonde suffit à constater les faiblesses de l'Axe germano-italien et du Japon. Si les trois puissances sont unies dans le **pacte tripartite signé le 27 septembre 1940 à Berlin,** il n'existe aucune coordination de fait des opérations entre la zone européenne et la zone asiatique, d'autant que le Japon a fait le choix de la neutralité vis-à-vis le l'URSS. Les Alliés, en revanche, dominent à la fois les communications maritimes et de vastes superficies continentales : leur coordination est assurée par la décision (évoquée dans la Charte de l'Atlantique) de faire porter l'effort principal contre l'Allemagne.

1. La guerre totale : mobilisation de tous les moyens

L'Allemagne doit improviser la mobilisation de son économie et l'exploitation des pays conquis au profit d'une guerre que Goebbels ne qualifie de « totale » qu'en février 1943.

► **L'Europe est réorganisée territorialement.** Autour de l'Allemagne, dont les frontières ont été agrandies et qui frôle les 100 millions d'habitants, gravitent des pays au statut variable.

Certains pays sont *indépendants,* comme l'Italie (alliée à part entière jusqu'en 1943), l'Espagne (qui reste neutre mais envoie des volontaires sur le front de l'Est), la Suède et la Turquie (qui commercent beaucoup avec l'Allemagne), la France de Vichy jusqu'en 1942.

Les petits *pays alliés* sont dirigés par des régimes autoritaires ou fascistes : la Slovaquie de Tiso, la Hongrie de Horthy, la Roumanie d'Antonescu, la Croatie de Pavelitch, la Finlande de Mannerheim, la Bulgarie du roi Boris III. Les frontières sont redécoupées : l'Allemagne annexe Eupen-Malmédy, le Luxembourg et l'Alsace-Lorraine, la Slovénie ainsi qu'une partie de la Pologne ; la Roumanie cède la Dobroudja méridionale à la Bulgarie et la majeure partie de la Transylvanie à la Hongrie, tout en récupérant la Bessarabie et la Transnistrie.

Les *protectorats* sont placés sous l'autorité indirecte du Reich : il s'agit de la Bohême-Moravie, du gouvernement général de Pologne, de l'Ostland regroupant les États baltes et la Biélorussie, de l'Ukraine.

Les autres territoires sont placés sous administration militaire (France, Belgique, Danemark, Serbie, front de l'Est, Grèce sous occupation italienne), certains gardant un semblant d'autonomie (la Hollande dirigée par Seyss-Inquart et Mussert, la Norvège par Quisling).

Au fur et à mesure que la guerre se prolonge, l'Allemagne improvise la mobilisation économique. Malgré les réticences idéologiques, la main-d'œuvre féminine est requise ainsi que celle des pays occupés, appelée à combattre dans les rangs allemands (la « croisade contre le bolchevisme ») et à travailler dans les usines du Reich : le Service du travail obligatoire (STO) est mis en place en 1943 par le *gauleiter* Sauckel et porte jusqu'à 6 millions le nombre de travailleurs étrangers en Allemagne. Grâce aux efforts de rationalisation dirigés par Albert Speer, la production d'armements triple entre 1942 et 1944. La réglementation des prix et des salaires ainsi que le rationnement évitent tout dérapage monétaire. Le pillage est organisé : l'indemnité d'occupation versée par la France sert à acheter des produits français. L'industrie lourde des territoires occupés est réquisitionnée par un gigantesque holding, les *Hermann Göring Reichswerke*, et les SS exploitent les camps de concentration comme de véritables entreprises. Cette mobilisation permet à la production allemande de culminer à l'été 1944. Cependant, l'Allemagne, malgré la production des *Ersatz*, finit par souffrir de la pénurie de matières premières et surtout de pétrole : les stocks commencent à baisser en mai 1944 et la *Luftwaffe* est paralysée à la fin de la guerre, non par manque d'appareils mais faute de carburant.

La grande Allemagne et l'Europe

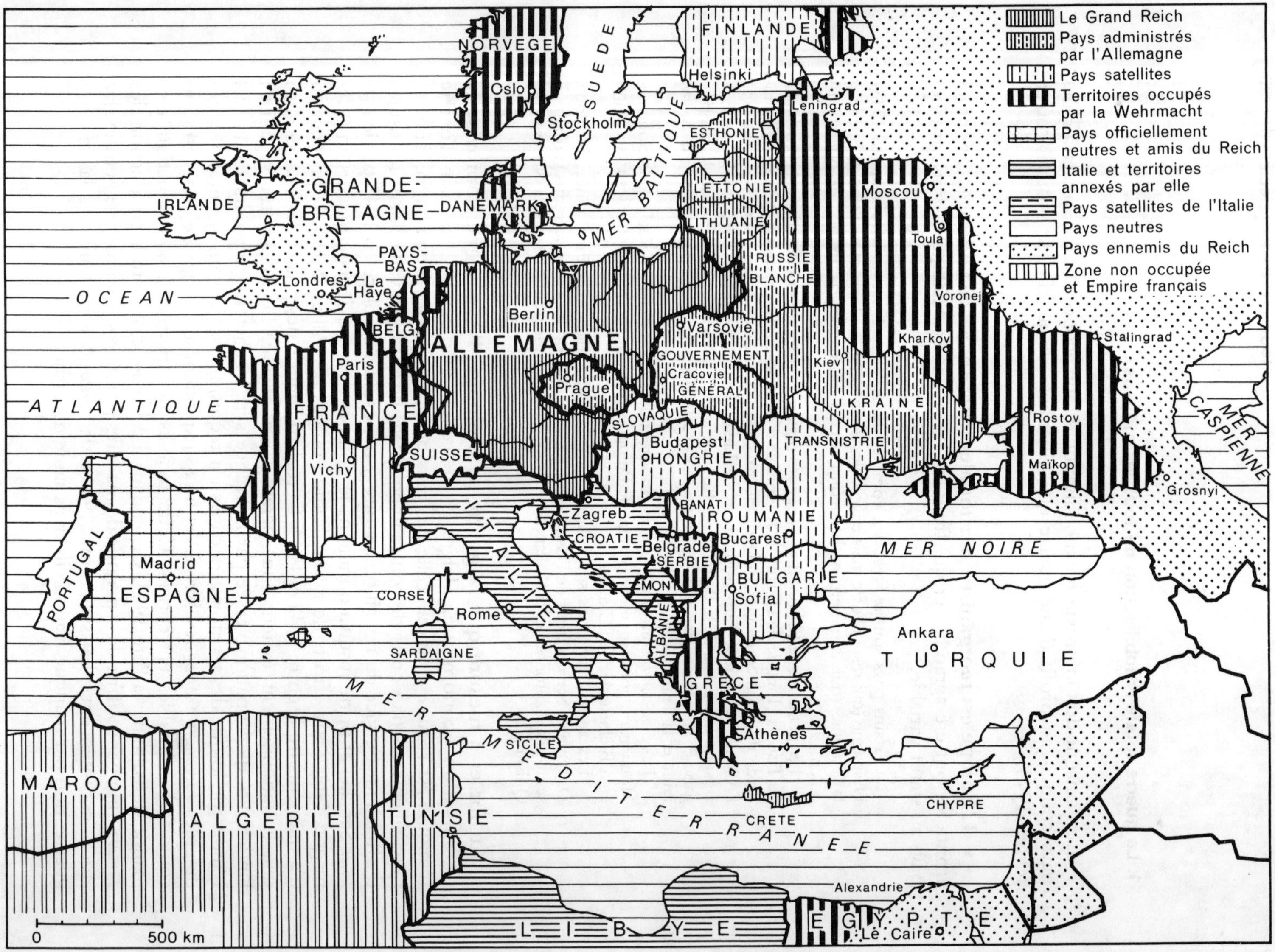

Parallèlement, les objectifs idéologiques commencent à être appliqués, qui visent à créer une Europe sous la domination de la race allemande, débarrassée de ses « éléments impurs ». Même si les populations occidentales sont mieux traitées, elles n'échappent pas à la déportation en masse des prisonniers de guerre, des Juifs et autres « asociaux » (homosexuels, tsiganes, criminels de droit commun).

À l'Est, les Slaves (en particulier les Polonais) font l'objet d'un traitement plus sévère, ce qui empêche les Allemands de profiter de l'accueil favorable réservé par certaines populations libérées (malgré certaines tentatives de collaboration comme l'armée de libération russe du général Vlassov, constituée en 1944). Des implantations allemandes doivent préfigurer la colonisation massive de ces territoires, telle que l'envisagent les nazis. La guerre en Russie est menée impitoyablement. En décembre 1941, le décret *Nacht und Nebel* (« nuit et brouillard ») prévoit la déportation de toute personne portant atteinte à la « sécurité de l'armée allemande ». Les commissaires politiques et les Juifs sont exécutés massivement par les « groupes d'intervention » *(Einsatzgruppen)* opérant sur les arrières de l'armée allemande (50 000 exécutions dans les deux premiers mois de l'invasion). Cette politique d'extermination prépare la mise en œuvre de l'holocauste juif.

Pourquoi le génocide ? Pourquoi commence-t-il en 1942 ? On connaît les raisons de l'antisémitisme nazi. L'historien Philippe Burrin *(Hitler et les Juifs)* a montré que l'extermination n'était pas le but initial de Hitler. Si les Juifs de l'Europe occupée sont soumis à des pratiques discriminatoires (port de l'étoile jaune, interdiction de fréquenter certains lieux, etc.), les premières solutions envisagées sont « territoriales » : déportation massive en Pologne, projet de déportation à Madagascar. Même les *Einsatzgruppen*, qui ont déjà opéré en Pologne en 1939, n'ont pas reçu d'ordre d'extermination systématique en Russie.

En fait, c'est l'enlisement de la campagne de Russie qui fait basculer l'antisémitisme nazi dans la politique d'extermination. Hitler a déjà laissé entendre ses intentions dans un discours prononcé au Reichstag le 30 janvier 1939 : si les Juifs poussent de nouveau les peuples à la guerre, leur race sera détruite. Pour Hitler, les Juifs sont étroitement associés à la défaite de 1918 : plus la guerre dure, plus le sang « impur » des Juifs doit expier le sang « pur » des Allemands versé sur le front. L'Holocauste est en quelque sorte un rite sacrificiel pour conjurer une guerre qui dure et qui tourne mal.

Alors que l'activité des *Einsatzgruppen* croît de matière exponentielle, les premiers camps d'extermination commencent à fonctionner à l'automne 1941. La **conférence de Wannsee, le 20 janvier 1942,** ne sert qu'à avaliser une politique déjà entamée. Au total, l'holocauste conduit dans plusieurs camps d'extermination (Auschwitz-Birkenau, Maïdanek, Treblinka, Sobibor, Chelmno) touchera près de six millions de personnes.

► **La résistance démontre l'efficacité et les limites de l'action clandestine.** La mobilisation de la population passe par une intense propagande (relayée par les médias au service du pouvoir) et par un climat de terreur entretenu par la *Gestapo*. Les résistants sont systématiquement éliminés, y compris en Allemagne où la répression culmine après l'attentat raté contre Hitler le 20 juillet 1944 (5 000 morts dont l'instigateur, le colonel von Stauffenberg, et le maréchal Rommel). Le moral de la population résiste à l'épreuve des bombardements et l'emprise idéologique du parti nazi, conjuguée à la terreur policière, évite tout mouvement de révolte jusqu'à la capitulation.

Le développement de la résistance dans les pays occupés a des origines diverses : humiliation nationale, solidarité avec l'URSS (pour les communistes), refus d'être enrôlé dans le STO ou d'être déporté. L'action prend plusieurs formes : renseignement, attentats, sabotages, protection des Juifs, filières d'évasion, etc. Un des attentats les plus spectaculaires est l'assassinat du chef SS Heydrich en Tchécoslovaquie (mai 1942). Parfois, les résistants organisent de véritables soulèvements (maquis du Vercors en juillet 1944, insurrection de Varsovie en août) qui sont durement réprimés par l'occupant. En URSS, les partisans soviétiques gênent les Allemands sur leurs arrières. En Asie, les résistants sont présents dans tous les pays occupés par le Japon (notamment en Birmanie où le général Aung San lève une armée).

Les mouvements de résistance sont souvent aidés par les Alliés : SOE britannique *(Special Operations Executive)*, OSS américain *(Office of Strategic Services)*, NKVD soviétique. La BBC émet dans plusieurs langues européennes et permet de contrer la désinformation conduite par les occupants. La diversité des mouvements de résistance crée parfois des conflits (en Serbie, opposition des nationalistes de Mihailovic et des communistes de Tito qui l'emportent et libèrent leur pays en octobre 1944). En France, Jean Moulin unifie le mouvement dans le Conseil national de la Résistance (mai 1943). En Pologne, les nationalistes sont éliminés après la répression de l'insurrection de Varsovie par les Allemands (août-octobre 1944) : les Soviétiques, parvenus aux portes de la ville, ont volontairement arrêté leur progression.

Au total, la résistance a souvent été une force d'appoint, notamment dans le débarquement de Normandie où Eisenhower évalue son action à celle de dix divisions. Sa contribution a été importante si on la mesure à la férocité de la répression : anéantissement du village de Lidice après l'assassinat de Heydrich, massacre d'Oradour par la division SS *Das Reich* en juin 1944, exécutions d'otages divers, etc. La résistance a aussi été un moyen pour certains pays de montrer qu'ils ne se résignaient pas complètement à la défaite et a façonné la vie politique d'après guerre comme en France ou en Yougoslavie (où Tito a acquis une autorité suffisante pour résister à Staline).

► **Le projet de la *Grande Asie* japonaise échoue également.** Maîtres d'un vaste empire riche de matières premières, les Japonais pensent pouvoir l'exploiter par la coopération des peuples qu'ils ont « libéré » de la domination de l'homme blanc. Mais malgré la création d'un Conseil de la grande Asie ils cèdent à la tentation d'une exploitation directe par l'armée.

La Birmanie et les Philippines reçoivent en 1943 le statut d'États indépendants, analogue à celui de la Mandchourie. L'Indonésie et l'Indochine (jusqu'alors administrée par l'intermédiaire des Français) deviennent indépendantes en 1945. Le Siam et la Chine de Nankin (dirigée par Wang Tsing Wei) sont des États « alliés ». Dans toute l'Asie, les Japonais excitent le sentiment anticolonial et parviennent ainsi à rallier la collaboration des nationalistes locaux (armée tamoul en Malaisie, armée nationaliste indienne de Chandra Bose, collaboration de Soekarno et Hatta en Indonésie, etc.). Cependant, leurs méthodes brutales suscitent une forte résistance.

Le bilan de la mobilisation économique est mitigé. Si la production progresse jusqu'en 1944, l'effort de rationalisation économique est insuffisant et le Japon n'a pas la capacité de mettre en exploitation toutes les ressources naturelles qu'il contrôle. Surtout, la marine marchande souffre de l'efficacité croissante des sous-marins américains à partir de 1943 : la flotte chute de 6 millions à 1,5 million de tonnes du début à la fin du conflit. Le Japon est asphyxié économiquement.

Quant aux prisonniers alliés, ils sont relativement peu nombreux (un demi-million) mais subissent un traitement pénible dans les camps, avec une mortalité élevée.

► **La mobilisation alliée est plus forte et plus efficace.** La Grande-Bretagne est la première à mobiliser ses forces : réquisition de la main-d'œuvre (notamment féminine) et des matières premières, rationnement, extension des terres cultivées, etc. Cependant, les destructions et la pénurie d'effectifs provoquent une baisse de 9 % du PNB entre 1939-1940 et 1944-1945.

La mobilisation des États-Unis est plus impressionnante, d'autant que le dirigisme reste souple (instauration du *victory program*, émission d'emprunts à faible taux d'intérêt, augmentation des impôts). Le PNB double presque entre 1939-1940 et 1944-1945 (+ 25 % en Allemagne et au Japon). Pendant toute la guerre, l'Amérique produit 86 000 chars (l'Allemagne, 61 000) et 300 000 avions (le double de tous leurs ennemis réunis). Douze millions d'hommes sont mobilisés. L'« arsenal des démocraties » fournit une aide considérable à la Grande-Bretagne et à l'URSS (via les convois de Mourmansk). La mobilisation des moyens touche également la recherche avec le gigantesque projet *« Manhattan »* qui permet de mettre au point la bombe atomique avant les savants allemands.

La bataille de l'Atlantique est gagnée grâce à la multiplication des escortes et à la production en masse des cargos standards *Liberty ships* : après un tonnage record coulé en 1942 (8 millions de tonnes), l'amiral Dönitz doit retirer ses sous-marins de l'Atlantique-Nord en mai 1943. Les bombardiers B-17 et B-29 sont développés en série et pilonnent les villes et l'industrie de l'Allemagne et du Japon (la Ruhr, Hambourg, Berlin font l'objet de raids prolongés en 1943). Cependant ces bombardements n'entament pas le moral de la population et demeurent d'une efficacité limitée car l'industrie s'enterre : ce n'est qu'à partir de 1944 qu'ils commencent à désorganiser la production allemande, notamment en détruisant les nœuds de communication.

La mobilisation de l'Union soviétique est d'autant plus difficile qu'une partie importante du territoire est occupée. Mais le développement des régions à l'est de l'Oural a commencé bien avant la guerre ; pendant les hostilités, 1 500 usines sont démontées et reconstruites à l'est. La main-d'œuvre est mobilisée, notamment les femmes. La production d'armements augmente jusqu'en 1943 mais l'URSS sort appauvrie du conflit à cause de toutes les destructions : en 1944-1945, son PNB est inférieur de 13 % au niveau de 1939-1940.

Sur le plan moral, la propagande alliée s'inspire du combat pour la liberté en Occident, mais aussi du thème patriotique en URSS voire en Angleterre. Il n'empêche que le camp allié s'est aussi rendu coupable de quelques excès. Les États-Unis ont interné dans des camps plus de 100 000 citoyens d'origine japonaise pendant toute la durée de la guerre et sont responsables de bombardements dont l'horreur se justifiait difficilement sur le plan militaire (dans la nuit du 13 février 1945, Dresde remplie de réfugiés de l'Est est écrasée sous les bombes : il y a 140 000 morts). Mais ce sont surtout les Soviétiques qui s'illustrent dans la déportation (10 millions de personnes dès 1939, à quoi s'ajoutent ensuite les élites des pays conquis, les peuples accusés de collaboration avec l'occupant, et même les prisonniers soviétiques de retour de captivité) ainsi que dans les massacres (par exemple l'exécution de 12 000 officiers polonais en 1939, dont 4 000 sont retrouvés par les Allemands en 1943 dans les fosses de Katyn).

Au total, la mobilisation alliée permet de renverser le rapport de forces. En 1942, les Alliés produisent 100 000 avions et 58 000 chars, leurs adversaires 26 000 avions et 11 000 chars. Ces chiffres ne tardent pas à se traduire sur le champ de bataille.

2. L'année 1942 constitue le tournant de la guerre

Les rapides victoires de l'Axe ont distendu les lignes de communication et dispersé leurs forces dont une part croissante est employée à occuper les territoires conquis. La stratégie de la guerre-éclair reposant sur la concentration des moyens en un point précis, l'Allemagne et le Japon sont acculés à la défensive alors que les Alliés commencent à mobiliser leurs énormes réserves. Trois batailles marquent la « bissectrice de la guerre » selon la formule de l'historien H. Michel.

Le tournant en Afrique du Nord : El Alamein. Après une contre-offensive britannique à l'hiver 1941-1942, Rommel reprend l'initiative en Égypte et se trouve en juin 1942 à 100 km d'Alexandrie. Il est arrêté à El Alamein : la ruse du « renard du désert » ne peut rien contre l'écrasante supériorité des Anglais qui commencent une rapide progression à partir de novembre. Le 8 novembre, les Anglo-Américains débarquent au Maroc et en Algérie (opération *Torch*) : après une courte résistance, les forces de Vichy commandées par l'amiral Darlan décident de cesser le combat. En représailles, Hitler envahit la Zone libre en France le 11 novembre (la flotte se sabordant à Toulon) et les troupes germano-italiennes se replient en Tunisie. Celles-ci, après l'échec d'une contre-offensive de Rommel, sont acculées à la mer et doivent capituler à Bizerte et Tunis en mai 1943 (les Alliés font 200 000 prisonniers).

Le tournant en Russie : Stalingrad (septembre 1942-février 1943). Affaiblis par la contre-offensive soviétique, les Allemands reprennent l'initiative en juin 1942 mais sur une partie du front seulement : le Caucase avec les puits de pétrole. La progression est rapide mais Hitler se laisse gagner par l'orgueil de prendre Stalingrad et y concentre tous ses moyens, quitte à négliger les flancs de son armée. En novembre, alors qu'une grande partie de la ville est déjà aux mains des Allemands, les Soviétiques lancent une offensive en tenailles sur leurs arrières et prennent au piège la 6e armée du général Paulus. La contre-offensive conduite par le général von Manstein échoue en décembre. Les Allemands doivent abandonner le terrain gagné et capitulent à Stalingrad le 2 février 1943 : ils ont perdu 300 000 hommes.

Le tournant en Asie : mer de Corail/Midway/Guadalcanal. En mai 1942, une bataille navale oppose les porte-avions américains et japonais dans la mer de Corail : les pertes sont équilibrées mais la progression japonaise est arrêtée. Le mois suivant, une autre bataille oppose les deux flottes à Midway : c'est une déroute pour les Japonais qui perdent quatre porte-avions (contre un américain). La suprématie navale change de

La guerre du Pacifique

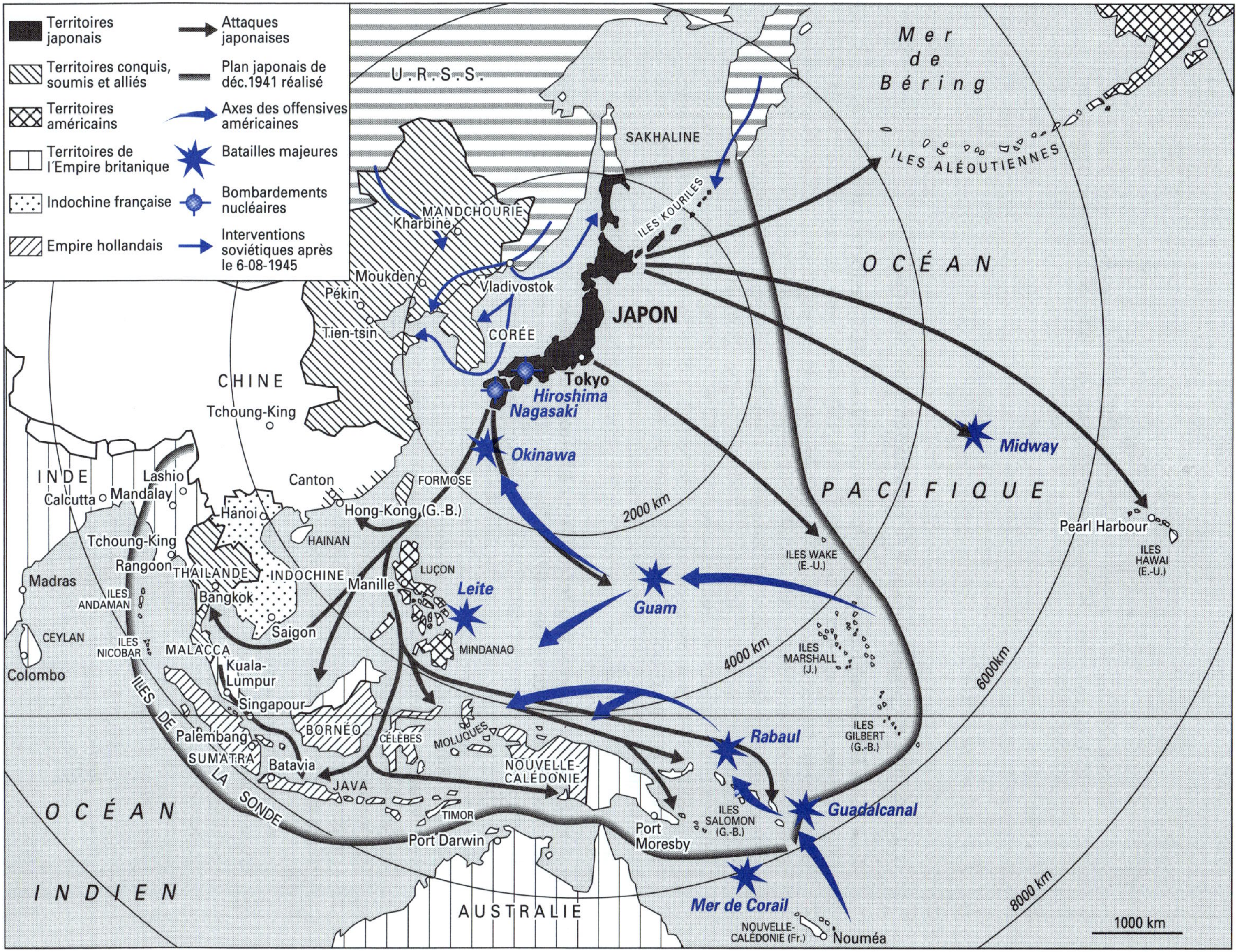

camp. Le débarquement japonais sur l'île de Guadalcanal, à partir du mois d'août, déclenche une longue bataille pour le contrôle de l'île, qui s'achève avec la reddition japonaise en février 1943. Ces trois batailles marquent la fin de l'expansion japonaise et le début du reflux.

III. La victoire des Alliés

1. La victoire est poussée jusqu'à la capitulation sans conditions

► **La « forteresse Europe » cède au sud : l'Italie déclare forfait.** Il est vrai que la guerre ne lui a apporté que privations et défaites. Après la capitulation de la Tunisie et le débarquement des Alliés en Sicile (9 juillet 1943), les milieux conservateurs préparent la chute de Mussolini. Celui-ci est destitué par le Grand Conseil fasciste et remplacé par le maréchal Badoglio le 25 juillet. En septembre, les Alliés prennent pied sur la botte italienne. Badoglio signe l'armistice. Les Allemands interviennent aussitôt et libèrent Mussolini (12 septembre). L'offensive alliée est bloquée, fin 1943, sur une ligne au nord de Naples, puis reprend en mai 1944 (Rome est libérée le 4 juin) pour s'arrêter à nouveau en décembre. La plaine du Pô n'est atteinte qu'en avril 1945. Mussolini, qui a fondé à Salò la République sociale italienne sous contrôle allemand, est rattrapé par les partisans et exécuté le 27 avril.

► **L'URSS « libère » son territoire et l'Europe orientale.** À partir de Stalingrad, les Allemands perdent l'initiative. Leur offensive de Koursk (gigantesque bataille blindée) échoue en juillet-août 1943. L'armée soviétique commence alors sa poussée en profitant d'une nouvelle tactique (des attaques « en tiroir » sur toute la longueur du front), d'une supériorité à la fois quantitative et qualitative (les nouveaux chars T 34) et d'un commandement rajeuni (Koniev, Joukov, Rokossovski). À l'été 1944, les Soviétiques ont libéré tout leur territoire et arrivent aux portes de Varsovie. Ils entreprennent alors la conquête des Balkans : Roumanie (août), Bulgarie (septembre), Yougoslavie (octobre, avec l'aide des partisans de Tito). La Finlande a préféré signer un armistice. En janvier et février 1945, une nouvelle offensive permet d'envahir la Pologne et la Hongrie et d'atteindre la ligne Oder-Neisse.

► **Le débarquement de Normandie permet la libération de l'Europe.** Les Américains imposent aux Anglais le principe d'un débarquement en France en 1944 (conférence « Trident », mai 1943). La décision est confirmée après la capitulation italienne (conférence « Quadrant »). Staline réclame d'ailleurs depuis longtemps l'ouverture d'un second front et on le lui promet à la conférence de Téhéran (décembre 1943).

Malgré la construction par les Allemands du mur de l'Atlantique, **l'opération *Overlord*** commence le 6 juin 1944 : cinq divisions alliées, transportées par 4 000 navires, débarquent sur les plages de Normandie, appuyées par trois divisions aéroportées. L'écrasante supériorité aérienne permet aux Alliés de paralyser la riposte allemande. La tête de pont se consolide difficilement (prise du Cotentin et de Cherbourg) jusqu'à la percée du général Patton à Avranches (25 juillet). La reconquête prend alors une allure rapide, d'autant qu'elle se conjugue à un second débarquement en Provence (15 août, avec la première armée du général de Lattre de Tassigny). Paris tombe le 25 août. Au moment du coup d'arrêt de septembre 1944 (à Arnhem aux Pays-Bas), les territoires français et belges sont presque entièrement libérés.

► **Hitler, bien que l'étau se resserre sur lui, ne veut pas reconnaître sa défaite.** Il compte sur les nouvelles armes (les fusées V 1 et V 2 qui pleuvent sur l'Angleterre) et espère briser l'union des Alliés. En décembre 1944, il lance ses dernières forces dans une grande **offensive sur les Ardennes,** comptant se retourner ensuite contre les Russes. Les Alliés se sont laissé surprendre comme en 1940 mais se redressent grâce à leur supériorité aérienne et à la résistance des Américains encerclés à Bastogne.

L'armée allemande est désormais trop affaiblie pour résister à l'ultime assaut. À l'Ouest, le Rhin est franchi sur le pont de Remagen (7 mars 1945) et les Alliés envahissent rapidement toute l'Allemagne occidentale. À l'Est, les Soviétiques reprennent l'offensive le 16 avril : Berlin est encerclé et les Alliés font leur jonction à Torgau, sur l'Elbe, le 25 avril. Le 30 avril, Hitler se suicide dans son bunker de la chancellerie, dont les Russes ne sont plus qu'à quelques mètres. Son successeur désigné, l'amiral Dönitz, ne prolonge les hostilités que pour rapatrier un maximum de civils de l'Est par la mer Baltique. La capitulation officielle du Reich est signée, en présence des Français, le 7 mai à Reims par Jodl, le 8 mai à Berlin par Keitel. Le gouvernement Dönitz est destitué et arrêté le 20 mai.

► **La capitulation japonaise suit celle de l'Allemagne.** La conférence alliée du *« Trident »* (à Washington, mai 1943) décide que la reconquête du Pacifique se fera par le centre (l'amiral Nimitz) et par le sud-ouest (le général MacArthur). En 1943, les îles Aléoutiennes, les Salomon, Bougainville sont reprises. L'année suivante, c'est au tour des îles Gilbert, Marshall, Marianes, Guam et Saipan. La flotte japonaise est sévèrement affaiblie à la bataille de Leyte (octobre 1944) et les avions-suicide *(Kamikaze)* ne peuvent enrayer la progression américaine. En février 1945, les Philippines sont reconquises ; en mai c'est la Birmanie ; en juillet la Nouvelle-Guinée. L'île japonaise d'Okinawa est envahie (avril-juin) mais c'est peut-être en raison du coût de cette victoire (et d'un débarquement éventuel au Japon) que les Américains décident de recourir à l'arme atomique, qui est larguée sur Hiroshima le 6 août (140 000 morts), et sur Nagasaki le 9 (70 000 morts). Le Japon se résigne à la capitulation le 2 septembre.

2. La « Grande Alliance » surmonte ses divergences jusqu'à la fin de la guerre

► **Les divergences anglo-américaines sont facilement surmontées.** Sans doute Anglais et Américains n'ont-ils pas exactement la même vision des événements : alors que les premiers raisonnent en terme de pouvoir et veulent préserver leur Empire, les seconds se veulent plus « messianiques » et préparent une après guerre fondée sur des valeurs universelles. La question coloniale est souvent occultée : c'est toute l'ambiguïté des principes de la Charte de l'Atlantique. Les États-Unis imposent leur projet de créer une Organisation des Nations Unies pour garantir la liberté et la sécurité des nations (conférence *« Arcadia »* de Washington, en janvier 1942).

Les deux partenaires sont unis contre l'Allemagne et le Japon : la conférence d'Anfa (près de Casablanca, janvier 1943) pose l'exigence de la capitulation sans conditions. Néanmoins, des divergences apparaissent sur la France (Churchill soutenant de Gaulle et Roosevelt préférant négocier avec Darlan puis Giraud). Sur le plan militaire, les Anglais imposent d'abord leur stratégie « périphérique » : d'où l'opération *Torch* (décidée à la conférence *Arcadia*). Mais les Américains, favorables à l'ouverture d'un second front en France (stratégie de la « concentration ») finissent par imposer leurs conceptions.

► **La « Grande Alliance » avec l'URSS s'avère plus fragile.** Les Occidentaux font d'abord bloc avec Staline contre Hitler, en témoignent l'aide américaine, l'occupation conjointe de l'Iran en août 1941, l'alliance anglo-soviétique de mai 1942. Mais les germes de discorde apparaissent avec les premières victoires : Staline est soupçonné de vouloir mettre la main sur l'Europe de l'Est. S'il accepte de dissoudre le Komintern (juin 1943), il entame aussi de brèves négociations avec l'Allemagne. **La conférence de Téhéran réconcilie les trois Grands** pour leur première rencontre (28 novembre - 1er décembre 1943) et décide un programme commun : promesse d'ouvrir un second front, frontière de la Pologne repoussée à l'Oder, démembrement de l'Allemagne, mise en place d'une organisation internationale.

En 1944, les tensions s'accroissent avec la progression soviétique dans les Balkans. En octobre, Churchill se rend à Moscou pour « partager » ces pays avec Staline : il obtient le partage d'influence en Hongrie et en Yougoslavie, et le maintien de la Grèce sous influence alliée (les Anglais y débarquent peu après). Mais les divergences se creusent encore entre les Alliés qui pensent en termes de démocratie, et Staline qui estime que le vainqueur impose son système au territoire qu'il libère. D'où les ambiguïtés de Yalta et de Potsdam.

Du 4 au 11 février 1945, les trois Grands se réunissent à Yalta, en Crimée. Staline obtient trois sièges pour l'URSS dans la future organisation des nations unies (Russie, Ukraine, Biélorussie) et fait adopter le statut des membres permanents disposant du droit de veto, ce qui maintient le pouvoir des grandes puissances. Il promet certes des élections libres mais impose en Pologne un gouvernement pro-communiste (le « Comité de Lublin ») et une modification des frontières au détriment de l'Allemagne (ligne Oder-Neisse). Celle-ci doit être découpée en zones d'occupation (la France, grâce à Churchill, en obtient une). Staline promet enfin d'entrer en guerre contre le Japon trois mois après la capitulation allemande : ce qui lui permettra d'occuper la Mandchourie, le sud de Sakhaline, et une moitié de la Corée. La conférence de Yalta, souvent mythifiée comme un « partage du monde », a plutôt été une ratification politique du rapport de forces militaires sur le terrain. Elle prétend par ailleurs prolonger la « Grande Alliance » de la guerre : la « Charte de l'Europe libérée » précise que les trois vainqueurs superviseront le déroulement des élections dans les pays libérés et agiront en commun contre toute menace de résurgence du fascisme.

La conférence de Potsdam (juillet-août 1945) maintient une apparence de consensus. Staline y côtoie Attlee (qui remplace Churchill) et Truman (qui a succédé à Roosevelt, mort le 12 avril). Les Alliés s'accordent sur un traitement commun de l'Allemagne (sur la base des 4 D : dénazification, démilitarisation, démocratisation, dédommagements). La frontière orientale de la Pologne est fixée mais les Occidentaux ne s'engagent pas sur la ligne Oder-Neisse. Le sort des Alliés de l'Allemagne est confié à une Conférence des ministres des Affaires étrangères. Le problème des élections libres dans les pays occupés par l'Armée rouge, évoqué par les Occidentaux, n'est pas résolu. Enfin, l'URSS confirme son entrée en guerre prochaine contre le Japon.

Ces divergences encore dissimulées annoncent déjà le clivage de la guerre froide.

► **En définitive, la victoire alliée est sans appel.** La paix n'aura pas les ambiguïtés de Versailles. Mais le coût en est considérable. Sur bien des plans, la Seconde Guerre mondiale est un tournant capital de l'histoire.

Le bilan humain est effroyable : entre 40 et 50 millions de morts, que ce soit dans les combats, dans les bombardements, dans les camps ou dans l'exode ; l'URSS compte 20 millions de victimes dont deux tiers de militaires, la Pologne 6 millions soit un cinquième de sa population, l'Allemagne 5 millions dont la moitié de civils, le Japon 2 millions ; le Génocide a éliminé près des trois quarts de la communauté juive d'Europe ; les Occidentaux, en revanche, ont beaucoup moins souffert.

Sur le plan matériel, la production industrielle de l'Europe est tombée au tiers du niveau d'avant guerre, la production alimentaire à la moitié ; l'URSS compte 1 700 villes et 70 000 villages détruits ; les grandes villes d'Allemagne et du Japon sont des amas de ruines ; les autres pays d'Europe sont désorganisés. Le rôle de l'État s'est par ailleurs accru dans les pays capitalistes car il a su limiter le dérapage monétaire, organiser la production de guerre, sans toujours éviter la dérive du déficit public. Son intervention économique et sociale est confirmée après la guerre.

Sur le plan moral, la dureté des combats, la barbarie des camps, la terreur des populations civiles provoquent une crise morale plus profonde encore que celle causée par le premier conflit mondial. La civilisation humaniste s'interroge sur la fragilité de ses valeurs. Si l'idéologie fasciste est pour longtemps marginalisée, le communisme sert au contraire de point de ralliement à de nombreux intellectuels, qui ne voient en Staline que le « Petit père des peuples » et le « Libérateur » de l'Europe.

Le bouleversement politique est d'autant plus important qu'il est durable. Si l'Italie et le Japon subissent la loi des vainqueurs, 1945 est surtout pour l'Allemagne une « année zéro » : outre les pertes humaines, ce pays a perdu un quart de son territoire de 1937 (les populations en ont été expulsées, ainsi que des Sudètes, ce qui représente un exode supérieur à 11 millions de personnes dont 2 millions n'y survivent pas) ; il est occupé et divisé pour plus de quarante ans ; il doit assumer la tache morale que représentent les crimes de ses dirigeants, jugés par le tribunal de Nuremberg entre octobre 1945 et octobre 1946.

Plus largement, l'Europe a perdu sa prééminence en faveur des deux Grands. La survie des empires coloniaux est menacée, en partie aussi à cause de la politique d'émancipation menée par le Japon. L'Europe est surtout divisée pour longtemps avec la mainmise de l'URSS sur toute sa partie orientale. Elle prend conscience des conséquences dramatiques des guerres civiles européennes et ressuscite les projets d'union. Mais elle est tributaire, dans sa partie occidentale, de l'aide des États-Unis dont l'économie intacte représente en 1945 près de la moitié du PNB mondial.

Approfondir

LECTURES

Parmi une très abondante littérature sur la Seconde Guerre mondiale où le meilleur côtoie le pire, voici un ouvrage de référence et un titre complémentaire :

- H. Michel, *La Seconde Guerre mondiale,* tome 1 : *Les succès de l'Axe,* tome 2 : *La victoire des Alliés,* PUF, 1968, 504 et 540 p. Cet auteur a également publié un ouvrage portant le même titre dans la collection « Que sais-je ? ».
- H. Michel, *Les mouvements clandestins en Europe,* Paris, PUF, coll. « Que sais-je ? », 1968, 126 p.

THÈMES DE RÉFLEXION

- Les États-Unis dans la Seconde Guerre mondiale.
- La Grande-Bretagne et son empire dans la Seconde Guerre mondiale.
- L'Europe et les Européens sous la domination allemande.
- La « Grande Alliance ».
- Les empires coloniaux français et britannique dans la guerre.
- Les conséquences de la Seconde Guerre mondiale.
- Résistance et collaboration durant la Seconde Guerre mondiale.

Utiliser

Les forces en présence le 10 mai 1940

France	94 divisions	Allemagne	114 divisions
Royaume-Uni	10 divisions		
Belgique	22 divisions		
Pays-Bas	9 divisions		
dont	33 divisions d'active	dont	46 divisions d'active
	3 divisions cuirassées		10 divisions blindées
			6 divisions motorisées
	2 880 blindés		2 800 blindés
	1 300 avions		3 600 avions

La Seconde Guerre mondiale

	Europe occidentale	*Europe orientale et Balkans*	*Afrique et Moyen-Orient*	*Extrême-Orient et Pacifique*
1939	1er sept.-hiver : la drôle de guerre	1er-25 sept. : campagne de Pologne Hiver 1939-1940 : guerre russo-finlandaise		
1940	Avril : bataille de Norvège 10 mai : campagne de France Automne : bataille d'Angleterre	Juillet : Annexion des États baltes par l'URSS	3 juillet : Mers el-Kébir	
1941	Bataille de l'Atlantique jusqu'en 1944	Avril : offensive allemande dans les Balkans 22 juin : offensive allemande contre l'URSS	Avril : L'*Afrika Korps* aux portes de l'Égypte Juin : campagne du Levant	Juillet : le Japon occupe l'Indochine française 7 déc. : Pearl Harbor
1942	11 nov. : occupation de la « zone libre »	Sept. 1942-fév. 1943 : Stalingrad	Octobre : El Alamein 8 nov. : débarquement en Afrique du Nord	15 fév. : prise de la Malaisie et de Singapour Mars : conquête de l'Indonésie 7-8 mai : bataille de la mer de Corail Août 1942-fév. 1943 : bataille de Guadalcanal
1943		2 fév. : reddition de von Paulus à Stalingrad	10 juillet : débarquement en Sicile 3 septembre : débarquement en Italie	
1944	6 juin : débarquement de Normandie 15 août : débarquement en Provence 25 août : Paris libéré 16 déc. : bataille des Ardennes		4 juin : prise de Rome	Offensives japonaises en Chine du Sud Juin-oct. : destruction de la flotte japonaise
1945		17 janv. : les Soviétiques prennent Varsovie 25 avril : siège de Berlin 8 mai : reddition allemande		Janvier : Reconquête des Philippines Juin : Prise d'Okinawa 6 août : Hiroshima 9 août : Nagasaki 2 sept. reddition du Japon

10

Le monde entre Soviétiques et Américains

LA GUERRE FROIDE
(1945-1962)

Connaître

1945	Conférence de Yalta (4-11 février)
	Conférence de Potsdam (17 juillet - 2 août)
1946	Discours de Fulton (5 mars)
	Crise iranienne (mars)
1947	Doctrine Truman (12 mars). Plan Marshall (5 juin)
	Création du Kominform (5 octobre)
1948	« Coup de Prague » (25 février)
	Blocus de Berlin (24 juin)
	Rupture entre Staline et Tito (28 juin)
1949	Pacte Atlantique (4 janvier)
	Institution du CAEM (25 janvier)
	Création de la RFA puis de la RDA (mai-octobre)
	Proclamation de la République populaire de Chine (1er octobre)
1950	Début de la Guerre de Corée (25 juin)
1953	Armistice de Pam Mun Jon en Corée (27 juillet)
1955	Traité d'État sur l'Autriche (mai). Pacte de Varsovie (mai)
1956	Intervention soviétique à Budapest et Crise de Suez (novembre)
1958	Début du raidissement soviétique sur Berlin (novembre)
1960	Avion U-2 abattu par les Soviétiques (1er mai)
1961	Édification du mur de Berlin (12-13 août)
1962	Crise des fusées de Cuba (14-28 octobre)

Guerre froide : l'expression a connu un succès planétaire. Ancienne (André Fontaine la fait remonter au XIVe siècle), elle est popularisée au début de 1947, l'année du « déclenchement », par les Américains Bernard Baruch et Walter Lippman ; elle a nourri depuis toute une thématique (on parle de glaciation, de refroidissement ou de dégel, jusqu'au célèbre *L'homme qui venait du froid*, de John Le Carré, en 1963). La guerre froide est la confrontation des États-Unis et de l'Union soviétique au lendemain de la Seconde Guerre mondiale, chacun visant à l'emporter non plus par un affrontement militaire direct, rendu bientôt impossible par la dissuasion nucléaire, mais par la mobilisation de toutes les ressources de l'idéologie, de la propagande, de la subversion, et le recours croissant à des théâtres d'opérations périphériques. La guerre froide est l'objet d'un débat historiographique : si les spécialistes s'accordent pour en fixer les débuts aux années quarante-cinq - quarante-sept, plutôt qu'au triomphe même des thèses léninistes en 1917 et à la politique du « cordon sanitaire » appliquée par les démocraties au début des années vingt (selon la thèse défendue notamment par André Fontaine dans sa *Guerre froide*), ils se séparent en revanche sur la question des responsabilités quant au déclenchement et à la prolongation de ce nouveau type de conflit, les historiens américains « révisionnistes », tels D. Horowitz ou D. Yergin, estimant contre l'opinion commune que la volonté de rupture a procédé de leur pays.

Les prolégomènes de la guerre froide sont posés dès 1945-1946, avec une succession de malentendus et de dissensions qui vont s'aggravant. 1947, véritable matrice de toute la période, voit la mise en place des doctrines et des premiers organismes dans chacun des deux camps ennemis. La guerre froide éclate alors pleinement et se cristallise sur l'Allemagne, centre et symbole de la fracture du monde, puis, après la victoire de Mao Zedong en Chine (1949), sur le théâtre militaire des deux États coréens (1950-1953).

La mort de Staline en 1953 et l'offensive générale de Khrouchtchev avant comme après le XXe Congrès du Parti communiste soviétique (1956) entraîneront une période définie par le Premier secrétaire comme « coexistence pacifique » et plus connue comme « dégel » (titre d'un roman de Ehrenbourg en 1954), mais qui appartient encore pleinement à l'« après-1947 » comme suffisent à le montrer les nouveaux face-à-face de Berlin et Cuba : ce n'est encore, aux yeux des uns et des autres, que la guerre froide continuée par d'autres moyens. Ce n'est qu'au lendemain de la grande peur mutuelle d'octobre 1962, autour des fusées de Cuba, que la possibilité d'une pleine « détente » se fait jour. Cela dit, on pourra toujours défendre, en l'argumentant, une définition de la guerre froide s'achevant dans les années cinquante-trois - cinquante-cinq, autour du traité d'État relatif à l'Autriche ou du voyage de Khrouchtchev à Belgrade : mais c'est prendre le risque, sur le moyen temps historique, de paraître pécher par courte vue.

I. 1947 : l'année déchirée

1. Les premières dissensions entre Anglo-Saxons et Soviétiques amènent la dislocation de la Grande Alliance (1945-1946)

► **Par contraste avec Yalta, la conférence de Potsdam, en juillet-août 1945, fait apparaître une nouvelle atmosphère entre les membres de la Grande Alliance.** Truman surtout, auquel la possession de la bombe atomique fait entrevoir de nouvelles perspectives pour la fin de la guerre et l'après-guerre, se montre moins sensible que Roosevelt aux principes de la sécurité collective et à l'universalisme mis en œuvre à l'ONU. À l'inverse, Staline poursuit une politique de puissance fondée sur la maîtrise de territoires périphériques dont les limites sont fixées par l'état des rapports de forces concrets à un moment donné.

Malgré la mise en place de l'ONU, dont la Charte est signée à San Francisco le 26 juin 1945 par les représentants des 51 États fondateurs, et la signature (laborieuse) des traités de paix entre les vainqueurs et les anciens alliés de l'Allemagne, la situation a tendance à se dégrader, au point que Churchill adresse à Truman, dès le 11 mai 1945, un télégramme évoquant le « rideau de fer » que les Soviétiques abaisseraient sur leur front. Le 5 mars 1946, Churchill reprend publiquement l'expression dans le célèbre discours du *rideau de fer* à l'Université de Fulton (Missouri) : « De Stettin dans la Baltique à Trieste dans l'Adriatique, un rideau de fer est descendu à travers le continent. (...) Je ne crois pas que la Russie désire la guerre. Ce qu'elle désire, ce sont les fruits de la guerre et une expansion illimitée de sa puissance et de sa doctrine. » Ces derniers mots peuvent fournir une première définition, occidentale, de la guerre froide ; l'orateur dénonçait encore les « cinquièmes colonnes communistes » et « un défi et une menace croissante à la civilisation chrétienne ». Bien que Churchill ait parlé en simple particulier (il a été battu aux élections de juillet 1945), la présence de Truman donne à ses thèses l'allure de ligne officieuse des États-Unis, aussi bien Staline qualifiera le discours d' « acte dangereux » et d' « appel à la guerre » contre l'URSS.

► **Certaines initiatives soviétiques, en 1946, confirment l'analyse de Churchill.**

L'URSS ne retire ses troupes de la Mandchourie qu'en avril 1946 et exerce surtout, contrairement à ses promesses antérieures, une sorte de chantage sur l'Iran : elle réclame, en échange du départ de ses troupes, présentes depuis l'automne 1941 (comme celles de la Grande-Bretagne, qui annoncent leur retrait pour le 2 mars 1946), une concession pétrolière dans le nord du pays et l'autonomie de l'Azerbaïdjan iranien proclamée en novembre 1945 par un parti procommuniste protégé par les Soviétiques. La crise se dénoue en deux temps : le 26 mars 1946 par l'annonce du retrait des Soviétiques (effectif en décembre) en échange de la seule concession pétrolière, en 1947 par le rejet de cette dernière par le Parlement iranien, qui fait suite à l'effondrement du régime azerbaïdjanais prosoviétique.

La menace soviétique sur les Détroits et la guerre civile en Grèce sont plus préoccupantes. La revendication par l'URSS, le 7 août 1946, d'une défense conjointe soviéto-turque sur les Détroits au prix d'une révision de la Convention de Montreux de 1936, n'aboutit pas, les Américains ayant envoyé des navires de guerre en Méditerranée orientale. La guerre civile en Grèce, entre les forces gouvernementales soutenues par les Britanniques et l'Armée démocratique du Nord, communiste, commandée à partir d'octobre 1946 par le général Markos Vafiadis, accroît les inquiétudes. Ce n'est pas l'échec total : entre juin 1946 et la fin de l'année, des négociations sont engagées dans le cadre de l'ONU sur la création d'une autorité internationale en matière de contrôle des activités nucléaires susceptible d'améliorer un climat dégradé.

► **Le règlement de la question allemande soulève moins de difficultés jusqu'à la fin de 1946.**

Le Procès de Nuremberg (novembre 1945 - octobre 1946) est organisé en commun, tandis qu'un Conseil interallié administre l'Allemagne divisée en quatre zones d'occupation (soviétique, américaine, britannique et française), tout comme l'ancienne capitale, Berlin, située dans la zone soviétique, et que des couloirs aériens relient librement aux zones occidentales depuis un accord de novembre 1945. Les occupants s'entendent sur la démilitarisation et la dénazification de l'Allemagne, mais non plus sur le démantèlement de son industrie. Les Américains renoncent très vite au plan élaboré pendant la guerre par leur secrétaire au Trésor, Henri Morgenthau, qui prévoyait ce démantèlement et le paiement de lourdes réparations, et préfèrent aider à la reconstruction d'une Allemagne prospère et forte, moins susceptible par là de passer au communisme. Les Soviétiques, dont les nécessités de reconstruction de leur propre pays, ruiné par la guerre, sont énormes, prélèvent le maximum sur le potentiel industriel et la production courante de leur zone d'occupation. Mais les Américains, qui avaient déjà supprimé au lendemain du 8 mai 1945 l'aide accordée à l'URSS au titre du prêt-bail, suspendent un an plus tard les livraisons de biens prélevés sur leur zone, puis, à partir du 1er janvier 1947, fusionnent cette dernière avec celle des Britanniques. Quant au traité sur l'Allemagne, il est au point mort.

2. De mars à novembre 1947, l'engrenage de la guerre froide se met en place dans les deux camps

► **Les choses basculent dans la première moitié de l'année 1947,** par une succession d'initiatives américaines retentissantes qu'explique une nouvelle approche de la politique extérieure soviétique, dont le grand analyste est George Kennan, d'abord chargé d'affaires à l'ambassade américaine de Moscou, puis principal conseiller de Truman et Marshall. Kennan développe ses idées dans un *Long télégramme* de 8 000 mots rédigé dès la fin février 1946. À ses yeux, les Soviétiques, héritiers de l'idéologie révolutionnaire mais aussi des traditions de la Russie tsariste, et avertis des débuts difficiles de leur régime, sont toujours en quête d'un pouvoir absolu et infaillible. Ils considèrent que le monde étranger leur est hostile et qu'il y a « antagonisme inné entre le capitalisme et le socialisme », cela rend impossible que

Moscou puisse « supposer avec sincérité une communauté de buts entre l'Union soviétique et les puissances considérées comme capitalistes », mais n'écarte pas les « manœuvres tactiques », l'objectif ultime étant la chute du capitalisme, considérée comme inévitable et patiemment poursuivie.

Dès lors, la responsabilité des États-Unis est claire : « La pression soviétique contre les libres institutions du monde occidental peut-être contenue par l'adroite et vigilante application d'une force contraire sur une série de points géographiques et politiques continuellement changeants. » Telle est la première élaboration doctrinale du *containment*, due à un homme que l'historien américain D. Yergin a présenté comme un tenant du « postulat de Riga » (les États-Unis formant dans cette ville leurs spécialistes de l'URSS avant 1939) qui estime l'Union soviétique animée d'un expansionnisme de nature idéologique – par opposition au « postulat de Yalta », qui ne verrait en elle qu'une grande puissance parmi d'autres. L'Ouest va donc opposer un endiguement total, militaire, financier et intellectuel à la poussée soviétique.

La doctrine Truman traduit la volonté des États-Unis de contenir partout l'offensive de 1946, le président américain commence par remplacer le secrétaire d'État, James Byrnes, par le général Marshall, début janvier 1947. Lorsque, le mois suivant, les Britanniques font connaître à la Maison Blanche qu'ils devront suspendre à partir du 31 mars leur traditionnelle aide économique et militaire à la Grèce et à la Turquie, deux pays, et surtout le premier, déchiré par la guerre civile, qui sont aux avant-postes de la poussée communiste, Truman s'adresse à l'Amérique et le **12 mars 1947** demande au Congrès 400 millions de dollars de premiers crédits pour la Grèce et la Turquie.

Son discours oppose deux modes de vie, l'un reposant sur la volonté de la majorité exprimée par des élections libres, l'autre caractérisé par « la volonté d'une minorité imposée par la force à la majorité. Il s'appuie sur la terreur et l'oppression ». Le temps paraissait venu pour les États-Unis d'assumer, contrairement au premier après-guerre, les responsabilités de leur victoire : « Les peuples du monde libre attendent de nous que nous les aidions à sauvegarder leurs libertés. » L'aide américaine serait essentiellement économique et financière, annonçait le président ; il fallait rétablir l'équilibre et la santé économiques de l'Europe, « le communisme (étant) un cancer qui ne se développe que sur des tissus malades » (Kennan).

Le 5 juin 1947, à l'Université d'Harvard, le général Marshall lance le plan auquel il attachera son nom : il annonce le versement de plusieurs milliards de dollars à partager entre les pays qui en feront la demande : « Notre action n'est dirigée contre aucun pays, ni contre aucune doctrine, mais contre la faim, la pauvreté, le désespoir et le chaos. Ses buts doivent être la renaissance d'une économie saine dans le monde pour permettre l'établissement de conditions politiques et sociales propices aux libres institutions. » L'Union soviétique n'est pas exclue *a priori* de la manne américaine et, en dépit de premières réactions négatives (*Pravda* du 16 juin), Molotov accepte l'invitation à discuter lancée par les Premiers ministres français et britannique. Toutefois, il rompt rapidement les pourparlers engagés à Paris : la Tchécoslovaquie et la Pologne, d'abord intéressées par le plan, sont contraintes de faire machine arrière. Marshall et Kennan avaient conjecturé à juste titre que l'URSS ne pourrait accepter ni l'inspection par les États-Unis de l'utilisation des marchandises et des fonds, ni leur injection massive dans les économies des démocraties populaires en gestation.

► **Face à la contre-offensive politique et économique des États-Unis, les Soviétiques ripostent sur le plan idéologique.**

Du 22 au 27 septembre 1947, ils convoquent secrètement à Szklarska Poreba, en Pologne, la conférence constitutive du **Kominform** (Bureau d'information des partis communistes et ouvriers) à laquelle assistent les représentants de sept partis communistes de l'Est ainsi que de ceux de la France et de l'Italie. Andrei Jdanov et Malenkov sont à la tête de la délégation du PCUS ; le premier est alors, jusqu'à sa mort le 31 août 1948, le grand idéologue communiste, il impose une doctrine point par point opposée à celle de Kennan et Truman : « Deux camps se sont formés dans le monde : d'une part le camp impérialiste et antidémocratique (...), et, d'autre part, le camp anti-impérialiste et démocratique, dont le but essentiel consiste à saper l'impérialisme, à renforcer la démocratie, à liquider les restes du fascisme. » Le Kominform, dont le siège est fixé à Belgrade et l'organe de presse intitulé *Pour une paix durable, pour une démocratie populaire*, sera un organe de liaison et non simplement d'information, entre partis communistes. Sa tâche sera « d'organiser l'échange des expériences et, en cas de nécessité, la coordination de l'activité des partis communistes, sur la base d'un libre consentement ». L'histoire a montré qu'il fut surtout une machine de guerre contre Tito, abandonnée dès lors que la dénonciation du « schisme » yougoslave passa de saison en 1956.

L'application de la doctrine Jdanov prend des formes diverses. Dans les démocraties européennes, les partis communistes acceptent la rupture avec les régimes, sinon même les sociétés, en place, au risque de se couper d'une part de leur histoire récente, la participation aux épopées nationales de Libération. Le délégué yougoslave à Szklarska Poreba, Kardelj, les accuse vivement d'avoir reculé devant la prise du pouvoir, par « illusion légalitaire ». Ces partis sont écartés au printemps 1947 des coalitions au pouvoir, en Belgique comme en Italie (30 mai). En France, Ramadier met fin aux fonctions des ministres communistes par un décret du 5 mai ; l'automne 1947 voit éclater un affrontement violent : une grève générale quasi insurrectionnelle, qui échoue finalement au début du mois de décembre, après avoir fait plusieurs victimes à Valence et dans le Nord.

En URSS même, le célèbre économiste d'origine hongroise, Eugène Varga, est désavoué par les dirigeants : il soutenait dans son ouvrage sur *Les transformations de l'économie capitaliste à la suite de la deuxième guerre mondiale* (1946) que le capitalisme dirigé par les États-Unis surmonterait la crise de reconversion d'après guerre, qu'il ne connaîtrait pas d'ébranlement décisif dans les dix ans à venir, et qu'il fallait donc s'entendre avec les États-Unis et s'attacher en priorité au développement de l'économie soviétique ; c'était aller trop à l'encontre de la thèse officielle concluant à l'accentuation de la crise générale du capitalisme : sa disgrâce coïncide avec l'apogée de Jdanov, la reprise des grandes purges et la consolidation de l'emprise soviétique sur l'Europe orientale.

II. Théâtres, crises et cultures de la guerre froide (1948-1953)

1. La mise en place de l'ordre soviétique en Europe de l'Est se fait en deux temps (1947-1949)

▶ **Les partis communistes ont pris la directions des « Fronts nationaux » dès la libération de leur pays par l'Armée rouge.** Ils ont à leurs côtés des formations socialistes, démocratiques ou agrariennes ; ces Fronts remportent les élections avec de confortables majorités : 78 % pour le Front de la patrie en Bulgarie (octobre 1946), près de 72 % en Roumanie le mois suivant, 90 % des sièges aux législatives en Pologne (janvier 1947). Les communistes se font attribuer, quelquefois sous la pression des représentants militaires soviétiques, comme le maréchal Vorochilov en Hongrie, les postes clefs des ministères (Intérieur, Armée, Justice, Économie). Cela leur permet de noyauter les principales administrations et de préparer la conquête définitive du pouvoir. Les partis adversaires sont divisés puis éliminés les uns après les autres selon la tactique du « salami » décrite en 1952 par le Hongrois Matyas Rakosi. Il s'agit d'éliminer les uns après les autres les opposants en s'en prenant d'abord à ceux que l'on qualifie de « fascistes » puis en s'attaquant aux partis proches de ces derniers et accusés de collision avec eux. Le mouvement prend de l'ampleur tout au long de l'année 1947 avec l'arrestation et le jugement, voire la condamnation à mort des leaders des partis paysans de Hongrie (février), Bulgarie (juin), Roumanie (juillet), Pologne (août). Mais en octobre 1947, si la fusion des partis socialiste et communiste est prononcée en Roumanie, les sociaux-démocrates s'y refusent en Hongrie et Tchécoslovaquie.

Le « coup de Prague » éclate dans ce contexte, le 25 février 1948. La Tchécoslovaquie apparaissait comme un modèle d'équilibre entre l'Est et l'Ouest : son président, le vieux Bénès, était libéral et depuis un accord d'avril 1945, quatre partis étaient représentés au gouvernement dirigé par le communiste Klement Gottwald, chef de la première force politique du pays (38 % des voix aux élections libres de mai 1946) ; l'URSS a cependant condamné deux initiatives originales du pays, sa réponse de principe positive au programme Marshall et ses négociations avec la France en vue d'une alliance contre l'Allemagne. Ces éléments liés à la pénurie alimentaire et à la répression menée en Slovaquie après la pendaison en avril de Mgr Tiso, l'ancien allié des nazis, rendent incertaine pour les communistes l'issue des élections libres prévues en mai 1948. L'épreuve de force commence le 20 février 1948, avec la démission de douze ministres libéraux opposés à une épuration menée par leur collègue communiste de l'Intérieur ; Gottwald enjoint alors à Bénès de le laisser former un gouvernement composé des seuls communistes et socialistes de gauche. Bénès s'incline à la suite de défilés massifs d'ouvriers armés, dans une situation nettement insurrectionnelle : les élections du 30 mai, menées selon le principe de la liste unique, donnent 239 sièges aux communistes, 61 aux autres partis. En juin Bénès démissionne (il meurt le 3 septembre suivant), Gottwald le remplace. La Tchécoslovaquie devient une démocratie populaire.

Le monde entier fut averti de la nouvelle donne à l'Est : le coup de force des communistes montrait le peu de cas qu'ils faisaient de la démocratie « bourgeoise ». Le fait parut d'autant plus grave que l'affaire yougoslave révélait quelques semaines plus tard la volonté arrêtée des Soviétiques d'exercer une domination incontestée sur leur glacis.

Si le schisme yougoslave put paraître alors une affaire strictement interne au bloc communiste, et pas toujours très lisible, nous savons que ce fut une pièce essentielle de la cohésion et de la domination par l'Union soviétique de ce même bloc, Staline s'agaçant de l'indépendance du maréchal Tito et de ses prétentions à mener une politique régionale autonome en faveur d'une union balkanique ou dans le soutien aux maquis communistes de Grèce. Le 19 mars 1948, Moscou rappelle ses conseillers détachés en Yougoslavie et le 28 juin le Kominform condamne publiquement le déviationnisme titiste. Le siège du Kominform est immédiatement transféré de Belgrade à

L'Europe de la guerre froide

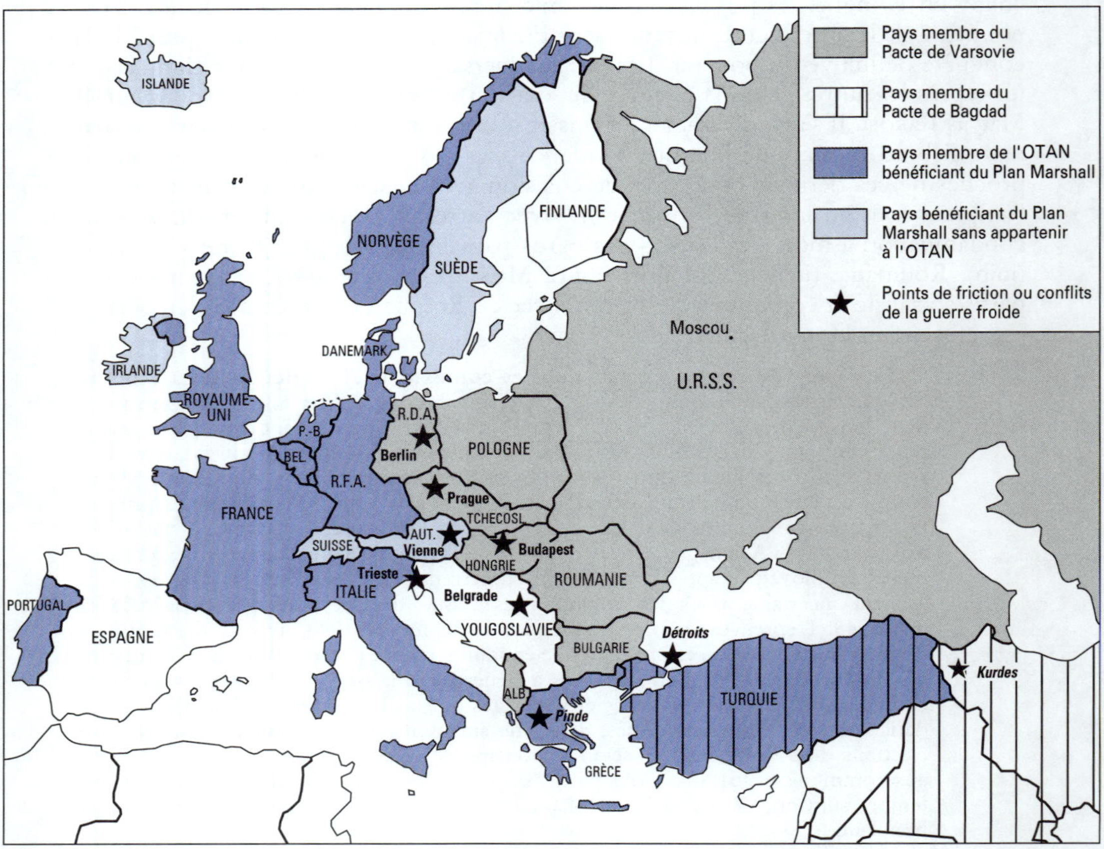

Bucarest. Les démocraties populaires rompent leurs relations économiques puis diplomatiques avec la Yougoslavie au début de l'automne 1949, tandis que plusieurs dirigeants accusés de titisme sont éliminés, tels Rajk en Hongrie ou Clementis et Slansky en Tchécoslovaquie, le Polonais Gomulka et le Hongrois Kadar sont jetés en prison. L'Union soviétique ne peut amener Tito à céder mais elle trouve là l'occasion d'un grand nettoyage idéologique de sa zone d'influence.

Le 1er janvier 1949 l'URSS met sur pied le CAEM (Conseil d'assistance économique mutuelle) qui a pour vocation de préparer l'intégration économique du bloc oriental. Il est créé à Moscou par l'Union soviétique, la Bulgarie, la Hongrie, la Pologne, la Roumanie et la Tchécoslovaquie. La charte du CAEM ne sera cependant signée qu'en 1959 et n'entrera en vigueur qu'en avril 1960, se substituant alors aux liens bilatéraux majoritaires, tout en devenant aux mains des Soviétiques un très utile instrument pour l'approvisionnement de leur économie en matières premières et productions agricoles.

2. L'Allemagne et l'Atlantique deviennent les grands théâtres de la guerre froide (1948-1949)

► **L'Allemagne est le principal enjeu de la guerre froide en Europe,** c'est la conséquence du renforcement de la domination soviétique en Europe de l'Est que les Occidentaux semblent considérer comme définitivement perdue. Le danger vient de la confrontation directe des armées des deux grands. **La crise de Berlin** met toutefois en évidence la prudence des deux camps.

Le Conseil des ministres des Affaires étrangères des quatre puissances se réunit pour la dernière fois en décembre 1947 ; Américains, Britanniques et Français se réunissent seuls à Londres, s'attirant les protestations des Soviétiques, qui quittent, le 20 mars 1948, le Conseil de Contrôle, mettant fin au gouvernement quadripartite de l'Allemagne. La conférence de Londres (23 février - 1er juin) décide notamment une réforme monétaire dans la bizone anglo-américaine. Les Soviétiques décident alors de tenter l'épreuve de force : **le blocus de Berlin (Ouest)** commence le 24 juin 1948 et dure trois cent vingt-deux jours, jusqu'au 12 mai 1949. Le trafic routier, ferroviaire et postal entre les zones est suspendu ; les approvisionnements provenant de la zone soviétique, aliments, électricité, gaz, brutalement sont coupés, isolant une population de 2,2 millions de personnes qui nécessitait quotidiennement 12 000 t de produits divers. Les Occidentaux mettent en place un pont aérien, sur l'initiative du général Lucius Clay, commandant en chef américain en Allemagne. En janvier 1949, les livraisons s'élèveront à 7 500 t par jour. L'échec du blocus devenu patent, l'URSS se déclare prête, le 26 avril 1949, à le lever une fois connue la date d'une réunion des quatre puissances ; c'est chose faite le 12 mai suivant. La conférence des ministres des Affaires étrangères, ouverte le 23 mai, ne débouche sur aucune décision concrète. Le pont aérien, son rôle achevé, sera interrompu quelques mois plus tard.

Les effets politiques de la crise sont à l'opposé de ceux que recherchaient les Soviétiques : il renforce l'influence occidentale à Berlin-Ouest et dans la Trizone, et accélère le processus de division de l'Allemagne, désormais irréversible.

La zone française a été rattachée à la Bizone anglo-américaine sur le plan économique en août 1948, la fusion des commerces extérieurs décidée en octobre, l'unification douanière en février 1949. Le 8 mai 1949, la Loi fondamentale de la République fédérale d'Allemagne (RFA) est adoptée au conseil parlementaire de Bonn et proclamée par son président Conrad Adenauer ; le 10 mai, Bonn est choisie comme capitale. Les élections générales du mois d'août donnent une courte majorité aux chrétiens-démocrates, et le 15 septembre Adenauer est élu chancelier fédéral. Les Soviétiques répliquent en proclamant le 7 octobre 1949 la République démocratique allemande (RDA) ; Wilhelm Pieck en est élu président le 11 octobre.

► **L'Occident organise sa défense face à l'expansionnisme soviétique.** Le coup de Prague et le blocus de Berlin, survenus à quelques mois d'intervalle, l'ont gravement inquiété : « Savez-vous quelle est la base de notre politique ? C'est la peur, la peur de vous, la peur de votre gouvernement, la peur de votre politique », s'exclame P.-H. Spaak à la tribune de l'ONU le 28 septembre 1948 devant Vychinski. Les premières alliances paraissent vite insuffisantes dès lors que les États-Unis n'y participent pas : le **Pacte de Bruxelles (Union occidentale), signé le 17 mars 1948** par la France, la Grande-Bretagne, la Belgique, la Hollande et le Luxembourg, prévoyait une assistance immédiate en cas d'agression contre l'un des signataires et des consultations en cas d'attaque dans un autre continent ou contre l'Allemagne. Le principal obstacle à l'élargissement aux États-Unis de l'alliance est levé le 11 juin 1948 par le vote massif au Sénat américain de la résolution Vandenberg (du nom du sénateur républicain qui en est à l'origine) autorisant les États-Unis à conclure des alliances hors du continent américain en temps de paix, ce qui est une première historique et signifie l'abandon de la lointaine doctrine Monroe de 1823. Les négociations engagées à partir de juillet 1948 entre les cinq pays du pacte de Bruxelles et les États-Unis, bientôt élargies à d'autres pays, débouchent sur une alliance entre l'Europe et les États-Unis.

Le 4 avril 1949 sur la signature à Washington du traité de l'Atlantique-Nord. Ce traité que l'on appelle aussi le Pacte Atlantique associe douze pays, les Cinq de Bruxelles, les États-Unis et le Canada, et le Danemark, l'Islande, l'Italie, la Norvège et le Portugal. Le texte du traité, rendu public le 18 mars précédent, se réfère à la Charte des Nations Unies et à la communauté de civilisation liant les différentes parties, autour de la démocratie et des libertés individuelles. Essentiellement défensif, il prévoit d'assurer la sécurité collective en temps de paix par l'assistance mutuelle et la coopération économique, en temps de guerre par une action concertée des États membres, toute attaque contre l'un d'eux devant être considérée comme dirigée contre chacun des autres, et entraînant « telle action qu'il jugera nécessaire, y compris l'emploi de la force armée » (art. 5) ; le pacte n'implique donc pas une réplique automatique. L'adhésion d'autres États est prévue, s'il y a accord unanime des membres, ce qui permettra d'intégrer la Turquie et la Grèce en 1952, la RFA en 1955. Le Pacte entraîne le développement d'organes permanents spécifiques, qui composent l'OTAN (Organisation du traité de l'Atlantique-Nord) : un Conseil de l'Atlantique-Nord, à partir de 1950, et un état-major militaire international, créé en 1952, qui coiffe quatre zones de commandement dont deux en Europe (France et Grande-Bretagne). La réplique militaire directe de l'URSS ne viendra qu'en mai 1955 avec la mise en place du Pacte de Varsovie, qu'auront précédé de multiples accords défensifs bilatéraux.

► **En 1949 les États-Unis procèdent à quelques verrouillages complémentaires :** alors que le Plan Marshall étend ses effets bénéfiques aux principales économies occidentales, britannique, française et italienne, ces dernières sont menacées de voir l'aide suspendue si leur commerce est considéré comme contraire à la sécurité des États-Unis. L'*Export Control Act*, approuvé par le Congrès américain le 28 février 1949, limite le commerce avec l'Union soviétique pour tous les matériels susceptibles de renforcer sa puissance militaire, et le Comité de coordination (Cocom) est mis sur pied en novembre pour coordonner les contrôles à l'exportation vers les pays communistes ; il regroupe les États-Unis et les Six européens avant de s'étendre à tous les pays de l'OTAN et au Japon.

► **Le camp communiste aligne deux succès majeurs en 1949 :** l'explosion de la première bombe atomique soviétique, le 14 juillet (l'information est annoncée par les Américains le 23 septembre), et le 1er octobre, après la prise de Shanghaï (25 mai), la proclamation de la République populaire de Chine par Mao Zedong, les nationalistes de Jiang Jieshi (Tchiang Kaï-chek), mollement soutenus depuis quelques années par les Américains, se replient à la fin de l'année à Formose (devenue Taïwan). Le 14 février suivant, la Chine et l'URSS signent un traité d'amitié, d'alliance et d'assistance mutuelle qui semble lourd de périls pour l'Occident. La guerre froide, jusque-là étroitement cantonnée aux théâtres européen et méditerranéen ne risque-t-elle pas de basculer vers l'Asie ?

3. La confrontation se déplace en Asie avec la guerre de Corée (1950-1953)

La conférence de Yalta avait décidé que la Corée, occupée par le Japon depuis 1895, serait libérée conjointement par les Soviétiques au Nord, et les Américains au Sud du 38e parallèle. C'est ce qui se passe, mais la commission russo-américaine chargée de mettre en place un gouvernement national ne parvient à aucun accord et les États-Unis saisissent l'ONU (mai 1947). Une partition de fait s'installe : au Sud, la République de Corée est proclamée à Séoul, le 19 juillet 1948, avec pour président Syngman Rhee (1875-1965), un ancien opposant aux Japonais qui a vécu longtemps en exil aux États-Unis ; en septembre est proclamée à son tour, au Nord, la République populaire démocratique de Corée dirigée par Kim Il-Sung, rentré d'Union soviétique en 1945. Les États-Unis et l'URSS reconnaissent leurs alliés respectifs ; leurs troupes se retirent en 1948 et 1949.

Le 25 juin 1950, l'armée nord-coréenne franchit le 38e parallèle et envahit la Corée du Sud ; elle s'empare de Séoul dès le 28 juin (cf. la carte de la guerre). La doctrine Truman ne visait pas, initialement, l'Asie, et le secrétaire d'État Dean Acheson avait eu la maladresse, en janvier 1950, de ne pas mentionner la Corée dans le périmètre défensif des États-Unis. Pourtant, c'est bien au nom de l'endiguement que les États-Unis réagissent. La guerre de Corée va devenir un très pur exercice de guerre froide, le seul armé. Sa particularité tient au rôle du Conseil de sécurité de l'ONU, que l'URSS boycotte depuis le 13 janvier 1950, se privant par là de son droit de veto (d'autre part, l'admission de la Chine communiste, proposée par Nehru en juillet, est repoussée). Le Conseil peut immédiatement demander un cessez-le-feu, le retrait des troupes nord-coréennes et l'aide des membres de l'ONU à la Corée du Sud ; le 27 juin, sur résolution

Les étapes de la guerre de Corée

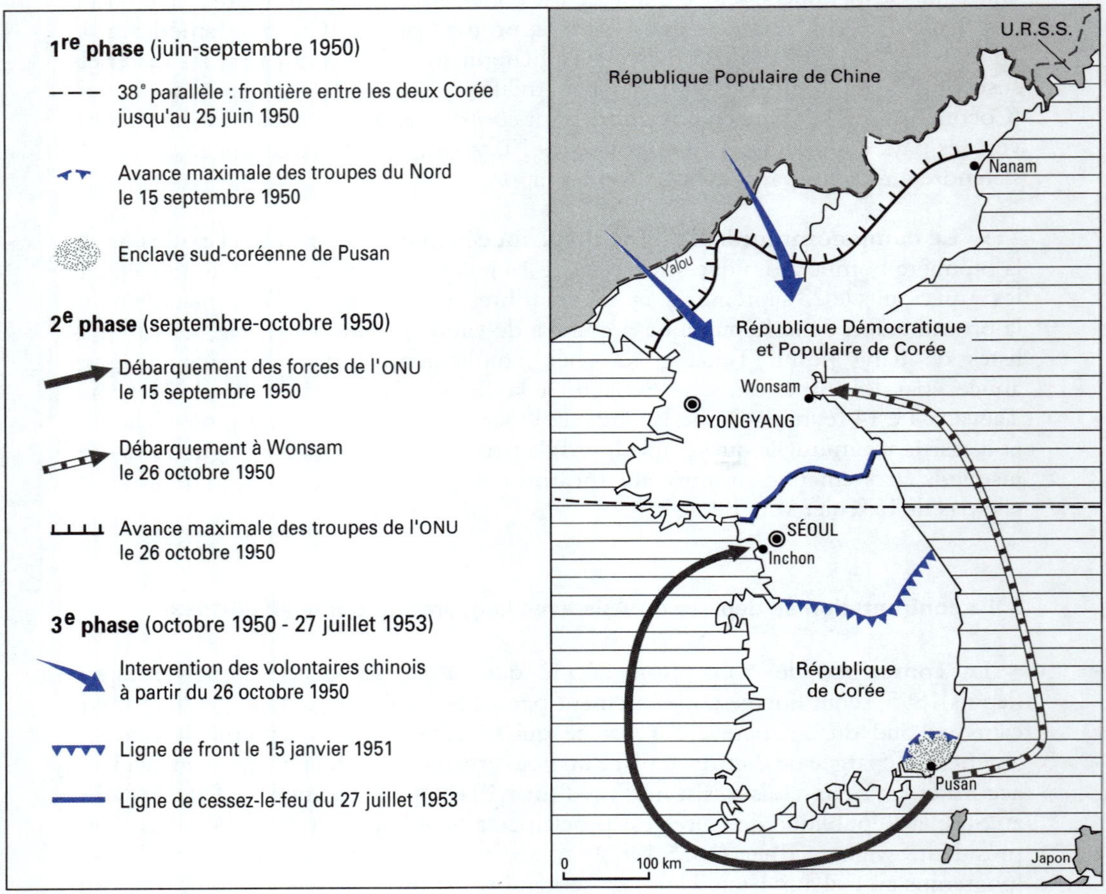

américaine, il prend des sanctions contre la Corée du Nord, et décide la formation d'un corps expéditionnaire composé de contingents nationaux mais où dominent largement les Américains. C'est du reste le général MacArthur, le vainqueur des Japonais, qui prend le commandement en chef de ces troupes. Le Congrès américain a pour sa part prorogé la conscription et étendu les pouvoirs militaires de Truman, qui fait bombarder par son aviation la Corée du Nord.

Les troupes nord-coréennes s'emparent d'abord de toute la péninsule à l'exception de la poche de Taegu et Pusan, au sud-est du pays (août 1950). Les forces sud-coréennes et des Nations Unies reprennent l'offensive à la suite de deux débarquements américains, le 15 septembre à Inchon, près de Séoul, et le 26 octobre à Wonsan, au-delà du 38e parallèle (que MacArthur a donné l'ordre de franchir le 7 octobre). La capitale du Nord, Pyong Yang, tombe le 18 octobre, et c'est au tour du territoire nord-coréen d'être presque totalement envahi, le fleuve Yalou, frontière entre la Corée et la Chine, étant même atteint à la fin du mois de novembre. MacArthur prépare une ultime offensive, lorsque survient le troisième coup de théâtre d'une guerre qui en fut fertile : les « volontaires » chinois, déjà présents dans les combats depuis le 16 octobre, et qui ont passé secrètement le Yalou au nombre de 300 000 environ, contre-attaquent le 26 novembre et bousculent les forces de MacArthur contraintes à une retraite précipitée jusqu'au milieu de janvier 1951. Séoul est reprise un temps par les Nord-Coréens et les Chinois. La crainte d'une défaite est telle que MacArthur demande l'emploi de l'arme atomique contre la Chine : ce serait prendre le risque d'un affrontement majeur avec l'Union soviétique et Truman choisit de remplacer MacArthur par le général Ridgway (11 avril 1951). La situation se stabilise autour du 38ᵉ parallèle à partir de juin 1951 et les premiers pourparlers débutent en juillet, même si l'armistice de Pam Mun Jon n'est signé que le 27 juillet 1953 ; il fait figure de paix blanche, le *statu quo* initial étant rétabli. Le conflit aura fait près d'un million de morts, dont 415 000 chez les Coréens du Sud, 30 000 chez les Américains (et 288 Français).

► **Les conséquences de la guerre de Corée sur le plan diplomatique sont multiples :** la Chine, qui a su faire basculer le conflit au détriment de la première armée du monde, voit ses relations durablement compromises avec les États-Unis et l'ONU. L'Union soviétique, restée en retrait, s'impose plus que jamais comme le seul leader du monde communiste. Les Américains concluent à la nécessité d'un intense effort de réarmement (leur budget de la défense double entre 1951 et 1952, leurs effectifs militaires en Europe passent de 122 000 hommes en 1950 à 418 000, sommet historique, en 1955) et poussent au réarmement allemand, d'abord dans le cadre de la CED puis après son échec, par la création et l'intégration de la *Bundeswehr* dans l'OTAN. En Asie, les États-Unis hâtent la signature d'un traité de paix assorti d'un pacte de sécurité avec le Japon (8 septembre 1951), une semaine après la signature à San Francisco, le 1ᵉʳ septembre, avec l'Australie et la Nouvelle-Zélande du **pacte du Pacifique ou ANZUS** qui prévoit des consultations pour les questions de sécurité intéressant le Pacifique ; en 1954 sera créée l'OTASE (Organisation du traité de l'Asie du Sud-Est), élargie aux Pakistan, Philippines, Thaïlande, Grande-Bretagne et France. Les États-Unis reconsidèrent enfin leur attitude à l'égard du conflit que depuis 1947 la France mène dans ses territoires d'Indochine et décident à la fin septembre 1951 d'accélérer leurs livraisons de matériel militaire : le combat colonialiste devient une part de l'endiguement commun.

4. La guerre froide engendre dans chaque camp une glaciation idéologique et culturelle

L'étude de la guerre froide serait incomplète s'il y manquait l'analyse des glaciations intérieures, celles de l'esprit.

► **Le raidissement s'impose d'abord dans le camp soviétique** où les structures et les réflexes totalitaires avaient été rodés dès les années trente, par des hommes comme Jdanov ou Lyssenko ; elles s'étendent par le biais du Kominform jusqu'aux puissants partis communistes de France et d'Italie. Le thème de *la paix* est retenu en 1948 pour fédérer les communistes et leurs « compagnons de route », anciens résistants, chrétiens, intellectuels ou savants, venus d'horizons très divers mais partageant la même fidélité au parti de la Résistance et de la classe ouvrière. En août 1948 se réunit à Wroclaw, en Pologne, le Congrès mondial des intellectuels pour la paix, avec les peintres Picasso et Léger, les écrivains Vercors et Éluard, le couple Joliot-Curie, Julian Huxley, premier directeur de l'UNESCO, etc. Le chef de la délégation soviétique, Fadeïev, y souligne à nouveau le partage du monde en deux camps et y dénonce Sartre, absent, comme « hyène dactylographe » ou « chacal muni d'un stylo ». Les Français, comme Duclos un an auparavant, obtempèrent : selon une tradition déjà ancienne (affaire Dreyfus), l'intelligentsia de gauche jouit à Paris d'une position de force incontestée que l'on ne retrouve ni en Grande-Bretagne ni surtout aux États-Unis.

Ce sont des Français qui animent le Comité permanent mondial des intellectuels pour la paix, Frédéric Joliot-Curie présidant son bureau. Un Congrès mondial des partisans de la paix se tient en 1949 à Paris, un autre à Stockholm, où est lancé le 19 mars 1950 **l'appel de Stockholm,** qui recommande « l'interdiction absolue de l'arme atomique ». C'est le temps des grandes campagnes, qui auraient rassemblé, selon des chiffres invérifiables, 600 millions de signatures (dont 14 en France) pour l'appel de Stockholm. Le Mouvement de la paix tend à s'essouffler à partir de 1952 ; il aura connu son apogée au moment où l'URSS se dotait à son tour de l'arme atomique, et où la Corée du Nord agressait sa voisine du Sud : la conjonction de ces faits semble révéler dans les Congrès pour la paix une arme typique de la guerre froide, destinée à affaiblir de l'intérieur le camp adverse. Cette structure sera réactivée à la fin des années soixante-dix, en riposte à l'installation de missiles américains en Europe occidentale.

C'est dans ce cadre que Picasso peint le *Guernica* de la guerre froide, *Massacre en Corée* (1951), qui oppose des sortes de conquistadores futuristes à un groupe de femmes et d'enfants nus, Fougeron peignant *Les juges* ou *Le pays des mines* (1950). D'immenses cortèges réclament la grâce des Rosenberg ; d'autres manifestations violentes s'opposent le 28 mai 1952 à l'arrivée à Paris de *Ridgway la Peste* : Jacques Duclos est arrêté avec d'autres responsables communistes pour complot contre la sûreté de l'État (l'accusation sera abandonnée). En rétorsion, Frédéric Joliot-Curie, prix Nobel de chimie 1935, membre du PCF, avait déjà été révoqué le 28 avril 1950 de son poste de Haut-commissaire à l'énergie atomique : il avait déclaré le 5 du même mois : « Jamais les scientifiques progressistes, les scientifiques communistes, ne donneront une parcelle de leur science pour faire la guerre contre l'Union soviétique. » La science entre en effet en guerre froide, par le biais du lyssenkisme.

L'affaire Kravchenko soulève la question de l'existence de camps de concentration en URSS. Déjà agitée dans les années trente, elle rebondit entre 1947 et 1951. Un haut fonctionnaire soviétique, passé aux États-Unis en 1944, Victor Kravchenko, publie en 1947 l'édition française de son autobiographie, *J'ai choisi la liberté*, implacable réquisitoire contre le système stalinien. Les *Lettres françaises*, l'hebdomadaire communiste, le prennent à partie en novembre 1947 et sont assignées en diffamation, avant de l'être à nouveau par le résistant déporté David Rousset (qui mentionne nommément le *Goulag*). Les deux procès, en 1949 et 1950, voient monter à la barre la cohorte des compagnons de route, d'Astier de la Vigerie, Pierre Cot, Vercors, F. Joliot-Curie, ou Jean Cassou, dont la formule « la guerre contre Hitler est un bloc » fait réfléchir. Les *Lettres françaises* perdent les deux procès mais l'opinion publique n'est pas encore massivement ébranlée.

► **La guerre froide déclenche aux États-Unis une très vive réaction** et met au premier rang des censeurs deux futurs présidents, Nixon et Reagan. Truman est le premier à se préoccuper de la loyauté des fonctionnaires fédéraux (création d'une commission temporaire en novembre 1946 et décret du 21 mars 1947, qualifié par un historien de *Domestic Truman Doctrine*). Le Congrès à majorité républicaine réactive le *House Un-American Activities Committee (HUAC)* créé en 1938, qui lance en octobre 1947 une enquête sur Hollywood et les milieux du cinéma (mise en quarantaine des « dix d'Hollywood »), et alerte l'opinion publique. Les choses rebondissent en 1948 ; les chefs du Parti communiste américain sont arrêtés pour conspiration (mais libérés sous caution), et l'affaire Alger Hiss éclate : ce fidèle du New Deal, qui a participé à la conférence de Yalta, est accusé d'avoir appartenu au Parti communiste dans les années trente et d'avoir livré des informations aux Soviétiques. L'enquête est menée par Richard Nixon, jeune représentant républicain de Californie qui y gagne sans doute une place de sénateur en 1950 et celle de vice-président des États-Unis dès 1952. Le 21 janvier 1950, Hiss est condamné pour faux témoignage à cinq ans de prison ; son cas nourrit fortement le mythe américain de Yalta, celui de la trahison de l'Amérique par un Roosevelt affaibli, séduit ou mal conseillé, et autorise toutes les peurs relatives à d'autres trahisons au plus haut niveau de l'État américain. D'autres affaires éclatent chez les alliés : en Grande-Bretagne, Burgess et Maclean, deux hauts fonctionnaires du *Foreign Office,* sont démasqués en 1952, mais le principal agent soviétique, Kim Philby, n'est pas découvert avant 1963. Tout concourt à entretenir un climat de suspicion généralisée dont le maccarthysme est la forme exacerbée.

À Wheeling, le 9 février 1950, **Joseph McCarthy** (sénateur du Wisconsin) accuse le département d'État (c'est l'équivalent de « ministère ») d'abriter 205 communistes. Le maccarthysme va emporter dans sa tourmente toute la société américaine, jusqu'à la décrue de 1954. Le phénomène s'explique à plusieurs niveaux : dons de démagogue de son initiateur, intérêt porté par les républicains à cette machine à reconquérir le pouvoir ; plus fondamentales sont la peur sourde qui étreint alors les Américains et les fait douter de leurs élites et une tradition propre à cette nation d'immigrants régulièrement parcourue de fièvres identitaires (tel le courant anti-anarchiste qui conduisit en 1927 à l'exécution des Italiens Sacco et Vanzetti). McCarthy, président à partir de 1952 de la commission des Opérations gouvernementales et de la sous-commission permanente d'enquêtes, en fait d'efficaces tribunes contre le « complot » communiste qu'il traque dans des secteurs variés de la société américaine. Ses cibles sont des acteurs politiques de premier plan, le secrétaire d'État de 1949 à 1953, Dean Acheson, le Pr Owen Lattimore, un expert de l'Extrême-Orient accusé d'être responsable de la victoire de Mao en Chine, et même Marshall et Truman. Hollywood, vitrine de l'Amérique, déjà inquiétée par l'enquête du HUAC, est particulièrement visée : confessions et délations y sont organisées et des listes noires circulent comme l'ouvrage *Red Channels (Canaux rouges)*, privant de contrats ceux qui n'ont pas fait amende honorable ; le syndicat des acteurs, dirigé par Ronald Reagan, exerce une attentive vigilance. Charlie Chaplin, victime d'une violente campagne de presse, choisit en 1952 de ne pas regagner les États-Unis ; Bertolt Brecht, Jules Dassin, Joseph Losey quittent le pays (dès 1947 pour les deux premiers).

En avril 1953, les adjoints de McCarthy estiment que les bibliothèques des services culturels américains doivent être expurgées ; les enseignants doivent prêter un serment. Administrations et entreprises privées rivalisent dans la chasse aux espions et plus généralement aux non-conformistes. Des milliers de fonctionnaires ont démissionné, un millier ont été révoqués, quelques étrangers expulsés. Le *MacCarren Act* de 1950 interdit aux communistes l'accès à la fonction publique et le *MacCarren-Walter Act* (1952) leur refuse l'entrée sur le territoire américain. La Cour suprême invalidera cependant cette législation, et les seuls condamnés à mort de la période furent les époux, juifs et sans doute communistes, Ethel et Julius Rosenberg, accusés d'avoir transmis aux Soviétiques des secrets atomiques : arrêtés en 1950, condamnés le 6 avril 1951, ils sont exécutés le 19 juin 1953 malgré des protestations mondiales dont celle de Pie XII. Sans doute servirent-ils de victime expiatoire aux angoisses de tout un peuple, même si leur culpabilité est aujourd'hui avérée. Le maccarthysme ne survivra guère à ce sacrifice sur l'autel de la guerre froide, non plus qu'à la résistance discrète mais croissante du président Eisenhower et aux outrances du sénateur. McCarthy commit d'ailleurs l'erreur de s'en prendre à l'armée. Discrédité dans un scandale de corruption, il est blâmé par le Sénat, sombre dans l'alcool et meurt dans l'oubli en 1957. Cet anticommunisme, que ses adversaires qualifieront de **« chasse aux sorcières »** (Arthur Miller, l'une de ses victimes, transpose le thème dans l'Amérique puritaine du XVIIe siècle avec sa pièce *Les sorcières de Salem*, 1953), est inséparable de la grande peur des années 1948 à 1952. Il a contribué à forger la volonté de résistance du pays à l'expansionnisme stalinien. Mais en 1954 le Soviétique Ilya Ehrenbourg publiait son roman, *Le dégel*. Une autre période commençait.

III. Le moment khrouchtchévien : incertitudes et contradictions de la coexistence pacifique (1953-1962)

1. La mort de Staline et l'avènement de Khrouchtchev entraînent une redéfinition partielle des conditions de l'affrontement Est-Ouest

► **La direction collégiale qui succède à Staline renouvelle l'analyse des rapports Est-Ouest.** Malenkov parle de « coexistence pacifique » dès le 14 mars 1953 ; Khrouchtchev qui s'impose à partir de 1955, pousse l'analyse plus loin. Il a confiance dans les succès de l'Union soviétique qui dispose de la bombe H en juillet 1953, trois ans seulement après les États-Unis, et réussit, la même année 1957, les lancements de la première fusée intercontinentale et du premier satellite, Spoutnik-1 (le premier vol d'un homme dans l'espace, Youri Gagarine, aura lieu le 12 avril 1961). Il peut déclarer au XXIe Congrès du PCUS en 1959 : « l'encerclement capitaliste autour de notre pays n'existe plus », mais il ne remet pas en cause pour autant le principe de l'affrontement des blocs : la confrontation entre les deux camps garde toute sa réalité mais les rapports de forces ont profondément changé. Le bloc communiste s'est élargi avec la Corée du Nord et la Chine, la guerre générale a d'autant plus cessé d'être inévitable que les arsenaux nucléaires la rendraient mortelle pour l'humanité, et surtout l'Union soviétique va remporter sur tous les plans, militaire, économique, technologique et idéologique, le grand défi qui l'oppose aux États-Unis. Mieux que la « coexistence pacifique », il faut retenir l'expression que Khrouchtchev utilise après 1956, de « compétition pacifique ». C'est l'époque des bilans comparés entre les deux Grands, des taux de croissance extraordinaires de l'URSS, de l'annonce du rattrapage prochain de l'économie américaine (la date de 1980 est avancée au XXIIe Congrès du PCUS, en 1961), du cri fameux : « Nous vous enterrerons tous. » Le dégel s'inscrit dans le cadre d'une Union soviétique sûre de sa force, libérée de son fantasme obsidional (c'est maintenant l'Occident qui est censé se tenir sur la défensive, face au communisme et à la prise de conscience du Tiers Monde), et placée par le pacte de Varsovie (14 mai 1955) à la tête d'un ensemble unifié de six millions de soldats ; ce sont peut-être les premières déceptions de son grand rêve de puissance, à la fin des années cinquante, qui expliqueront le retour aux gestes de provocation et d'agressivité.

La nouvelle politique se traduit par un net dégel dans les relations américano-soviétiques et en Europe. Les années 1953, puis 1955, sont les plus fertiles à cet égard. Dès 1953, l'URSS renonce à Kars et Ardahan, en Turquie (mai), et renoue en juillet ses relations avec Israël et la Grèce ; elle est encore l'un des parrains de l'armistice en Corée (27 juillet). Les accords de Genève sur l'Indochine, le 20 juillet 1954, confirment l'amélioration du climat international. 1955 apporte deux vraies réussites : le 15 mai est enfin signé le traité d'État sur l'Autriche qui permet l'évacuation des forces soviétiques encore cantonnées dans le pays (premier retrait d'un territoire depuis celui de l'Azerbaïdjan iranien en 1946) et assure la neutralisation du pays qui entre à l'ONU ; et une première réunion au sommet des Quatre depuis 1945 groupe en juillet à Genève Khrouchtchev, Boulganine, Eisenhower, Eden et Edgar Faure ; il n'en sort aucune décision concrète mais « l'esprit de Genève » semble devoir marquer durablement les relations internationales. En septembre, les relations diplomatiques sont établies entre l'URSS et la RFA qui rompt à cette seule occasion avec la « doctrine Hallstein » (impliquant la rupture des relations diplomatiques avec tout État ayant reconnu la RDA). Le 2 juin 1956, Molotov, le *« Monsieur Niet »* des caricatures, en semi-disgrâce depuis l'automne 1955 au moins, cède sa place de ministre des Affaires étrangères à Chepilov (qui sera lui-même remplacé par Gromyko en février 1957).

La politique soviétique n'est pourtant pas sans ambiguïtés, en Asie comme en Europe de l'Est. Si les hostilités prennent fin en Corée, le soutien soviétique aux communistes vietnamiens, notablement accru, est gros de périls. En Europe de l'Est, du 26 mai au 3 juin 1955, Khrouchtchev, Boulganine et Mikoïan signent à Belgrade une spectaculaire réconciliation avec Tito alors que le Kominform s'efface discrètement. Mais la timide libéralisation est bientôt brisée : après l'écrasement d'une révolte ouvrière à Berlin-Est en juin 1953, c'est au tour de la Hongrie de voir anéantir par une intervention militaire soviétique, en octobre et novembre 1956, ses espoirs en un autre type de communisme conduit par Imre Nagy. Les premiers mois de 1957 voient les Soviétiques verrouiller leur bloc par la conférence des PC à Budapest (6 janvier) et une série d'entretiens bilatéraux. Les États-Unis ne réagissent que par une platonique dénonciation du drame de Budapest, préférant considérer avec pragmatisme l'Europe de l'Est comme l'arrière-cour d'une URSS libre d'y appliquer une politique du « big stick », comme le faisait depuis longtemps Washington en Amérique centrale et du Sud.

► **Pour autant, les États-Unis ne baissent pas la garde, et la nouvelle donne khrouchtchévienne ne les fait nullement dévier de leur ligne de vigilance armée :** il suffit pour s'en convaincre de scruter les analyses et la politique de leur secrétaire d'État de novembre 1952 à mai 1959 (date de sa mort), John Foster Dulles. Ce dernier se fait surtout connaître pour sa diplomatie du « bord du gouffre » *(brinkmanship)* à l'égard de la Chine populaire (ci-dessous) et sa critique du *containment*, trop statique à son gré, lui préférant, avec son conseiller James Burnham, le *roll back* (refoulement) censé permettre la libération progressive des peuples d'Europe passés sous domination soviétique. Les États-Unis doivent aider à la désagrégation inévitable du communisme considéré comme un « phénomène historique passager » et à cette fin utiliser, sans s'y laisser prendre, les velléités soviétiques d'accommodement. En fait, les Américains s'en tiendront à un endiguement qu'ils se contentent d'étendre au Sud-Est asiatique en faisant du Viêt-nam « la pierre d'angle du monde libre dans le Sud-Est asiatique » (Kennedy, 1956), dont la chute risquerait d'entraîner celle d'autres régimes de la zone, comme une « rangée de dominos » (Eisenhower, 1954), et au Proche-Orient à la suite de la crise de Suez.

Comme le Viêt-nam, Suez voit un conflit de type colonial se muer en affrontement de guerre froide, les anciennes métropoles britannique et française passant le relais aux Super-Grands. La semonce infligée par le président Eisenhower aux Franco-Britanniques embarqués dans l'aventureuse expédition de Suez et son embargo sur le pétrole à destination de la Grande-Bretagne, plus efficace que les terrifiques déclarations de Khrouchtchev sur le déclenchement du feu nucléaire contre Londres et Paris, pouvaient certes être lus, notamment dans les deux métropoles concernées, comme l'ébauche d'une cogestion par les deux Grands de la vie internationale en période de coexistence pacifique. Mais c'était une vue bien illusoire, dans la mesure où l'URSS, en vendant des armes d'origine tchécoslovaque, en septembre 1955 et en finançant le barrage d'Assouan (décembre 1958), prenait pied en Égypte ; dans la mesure également où le président Eisenhower exposait pour le Proche-Orient, en janvier-mars 1957, la doctrine qui porte son nom : aide économique massive et engagement de résistance à toute agression soviétique dans le secteur. Le Pacte de Bagdad (24 février 1955) couronne un système défensif d'ampleur mondiale à propos duquel on a parlé de « pactomanie » américaine. Les conditions d'affrontements futurs par clients interposés sont ainsi mises en place.

La coexistence pacifique de Khrouchtchev est donc globalement envisagée à l'Ouest comme une nouvelle tactique au service d'une vision du monde et d'un but inchangés, la victoire du communisme : intéressant exemple de relations internationales dominées par le soupçon, et où les arrière-pensées, réelles ou supposées, pèsent autant que les gestes officiels.

2. De Berlin à Cuba, la guerre froide culmine dans de nouvelles crises (1958-1962)

► **Le dégel khrouchtchévien achoppe sur les dissensions sino-soviétiques dans la deuxième moitié des années cinquante**. Le schisme qui mûrit à partir de 1957 (voire dès la déstalinisation de 1956), pour éclater en avril-juillet 1960, représente un élément essentiel de la position des Soviétiques. Mao pèse de tout son poids pour enrayer une détente khrouchtchévienne qui trahit à ses yeux le socialisme et risque d'empêcher ou de retarder l'accès de la Chine au rang des puissances nucléaires. Il fait bombarder à deux reprises, en septembre 1954 et surtout en août 1958, les îlots nationalistes de Quemoy et Matsu au large de Taiwan ; seul l'appui de la VIIe Flotte américaine évite que leur situation devienne intenable. Les Soviétiques sont donc soumis à une surenchère redoutable pour leur *leadership* sur le camp révolutionnaire, dès lors la réactivation de la question berlino-allemande peut être comprise comme une sorte de réflexe identitaire et un signal à l'égard des pays du bloc soviétique.

► **La guerre froide rebondit sur le statut de l'Allemagne et le sort de Berlin-Ouest**. Les Occidentaux ont marqué des points en ce domaine : la RFA a intégré l'OTAN et le 5 mai 1955, en application des accords de Paris (23 octobre 1954), a recouvré sa souveraineté, avant d'être autorisée à réarmer. L'Union soviétique voit donc se perpétuer la partition de l'Allemagne et s'éloigner les perspectives d'une réunification sous son contrôle comme d'une neutralisation de l'Ouest, comparable à celle de l'Autriche. Le 27 novembre 1958, Khrouchtchev adresse un ultimatum aux Occidentaux, en menaçant de négocier directement avec la RDA les mesures qu'il préconise (la transformation de Berlin en ville libre et démilitarisée) si aucun accord n'intervient dans les six mois ; il fait encore monter la pression en janvier et février 1959, en menaçant de signer un traité de paix séparé avec la RDA qui aurait pour effet de rendre intenable la position de Berlin-Ouest. Les Occidentaux ignorent l'ultimatum mais la question allemande empoisonne les relations Est-Ouest, en dépit d'un voyage de Khrouchtchev aux États-Unis (septembre 1959).

Trois années de crise ouverte, de 1960 à 1962, précipitent alors le monde au bord de l'affrontement. La crispation autour de Berlin, qu'une rencontre au sommet à Paris, à partir du 16 mai 1960, devait tenter de dénouer, rebondit avec l'affaire de l'avion américain de reconnaissance U-2, abattu le 1er mai au-dessus de l'URSS, et dont le pilote est arrêté. Venu à Paris, Khrouchtchev demande aux Américains de renoncer publiquement au survol du territoire soviétique (Eisenhower s'y engagera mais sans assortir son accord des excuses réclamées) et exige l'ajournement du sommet et du voyage du président américain en Union soviétique, prévu pour juin. Le Soviétique multiplie les interventions violentes, notamment à la tribune de l'ONU, où il ira même, dans une scène restée célèbre, le 12 octobre, jusqu'à se déchausser pour ponctuer ses propos de coups de soulier sur son pupitre. La question de Berlin-Ouest sera finalement « réglée », dans la nuit du 12 au 13 août 1961, par l'édification du **mur de Berlin,** ultime et ubuesque pétrification du rideau de fer prophétisé par Churchill. On tirera, désormais, sur les candidats au franchissement du rideau de pierre. Avec le Mur, la guerre froide n'a pas pris fin : elle a été « gelée » pour près de trente ans.

► **La guerre froide glisse vers un autre théâtre, Cuba.** Les Américains et leur nouveau président, Kennedy, y sont sur la défensive. Dans un premier temps, Fidel Castro qui a renversé la dictateur Batista le 1er janvier 1959, s'est rapproché de l'URSS dès 1960. Le plan décennal de développement économique et social pour l'Amérique latine, appelé « Alliance pour le progrès », que propose Kennedy en mars 1961, pariant après Marshall sur le développement économique comme antidote au communisme, risque bien de ne pouvoir enrayer la contagion en dépit de l'exclusion de Cuba de l'Organisation des États américains (OEA), en février 1962.

Les positions se raidissent au début de l'automne 1962 : Moscou annonce un renforcement de l'aide militaire soviétique à Cuba pour faire face « aux menaces impérialistes » (2 septembre 1962) ; deux jours plus tard, Kennedy assure qu'il ne tolérera pas l'installation à Cuba de missiles soviétiques offensifs. On sait aujourd'hui que l'URSS avait dépêché sur l'île 42 000 de ses soldats et trente-trois missiles nucléaires (dont vingt-quatre de longue portée). La CIA n'a pas pris au sérieux les premières informations sur ce déploiement, mais un avion U-2 repère le 14 octobre des rampes de lancement de fusées nucléaires à moyenne portée. Kennedy écarte l'invasion de l'île ou le bombardement des rampes et choisit la décision qui semble la moins dangereuse, le blocus, baptisé « quarantaine », des armes offensives vers Cuba, au moyen d'une armada de navires chargés de 40 000 « marines ». Le 22 octobre, il révèle à la télévision l'existence des missiles soviétiques à Cuba et annonce le blocus. Le monde est vraiment au bord du gouffre : un conflit nucléaire peut éclater. Sans doute y eut-il bluff de part et d'autre et souci commun de ne pas perdre la face. Le 24 octobre, des navires russes voguant vers Cuba rebroussent chemin ; le 26, Khrouchtchev adresse à Kennedy une première lettre contenant l'amorce d'un règlement (le retrait des fusées contre l'engagement américain de ne pas envahir l'île). Le 27, la tension remonte : une seconde lettre de Khrouchtchev lie le retrait des fusées à celui des engins Jupiter, analogues, que les Américains ont disposés en Turquie (Kennedy refuse le marchandage, mais les Jupiter de toute manière obsolètes seront retirés) ; et un avion U-2 et son pilote sont abattus au-dessus de Cuba. Le 28, enfin, Khrouchtchev s'incline : il accepte le retrait des fusées sous contrôle de l'ONU contre l'engagement de ne pas envahir Cuba. Kennedy a gagné tout en sachant éviter au Soviétique de perdre la face.

Fidel Castro pourra abriter son régime derrière ce « mur de Cuba » dressé par l'accord du 28 octobre : c'est sans doute le seul point positif pour le camp communiste entraîné dans la palinodie par l'aventurisme de Khrouchtchev contre lequel les Chinois multiplient les critiques. Les Soviétiques en tireront deux leçons : il leur faut combler le *missile gap* (ils disposent en 1962 de 75 missiles intercontinentaux contre 294 pour les États-Unis) et établir une réelle détente, seule à même de reculer le risque d'une conflagration nucléaire généralisée. Dès 1963 le contexte des relations internationales change radicalement ; Khrouchtchev y concourt, mais il n'est probablement plus l'inspirateur ni le maître du nouveau cours. Son limogeage d'octobre 1964, de ce point de vue, apparaît assez logique.

Approfondir

LECTURES

- Comme première approche le précis de M. Vaïsse, *Histoire des relations internationales depuis 1945,* Paris, A. Colin, coll. « Cursus », 1990, ou celui de Ch. Zorgbibe, *Histoire des relations internationales*, t. 3 (1945-1970), Hachette, « Pluriel/Référence », 1995. Voir aussi M. Vaïsse, J.-L. Dufour, *La guerre au XX*e *siècle,* Hachette, coll. « Carré », 1994.

• Les ouvrages de A. de Tinguy, *Les relations soviéto-américaines*, Paris, PUF, « Que sais-je ? », 1987, 128 p., et Ch. Zorgbibe, *Les relations internationales,* Paris, PUF, 1984, permettent d'aborder rapidement les problématiques essentielles et de construire une réflexion personnelle.
• Pour trouver rapidement, grâce à l'index, des informations précises sur un point particulier, il est indispensable de consulter l'ouvrage de J.-B. Duroselle, *Histoire diplomatique de 1919 à nos jours* (10e éd), Paris, Dalloz, 1990, 1010 p., mais son volume défie une mise en fiche systématique. Le manuel de Ph. Moreau-Desfarges, *Les relations internationales dans le monde d'aujourd'hui. Les dérives de puissance*, Paris, STH, 3e éd., 1989, s'adresse à des étudiants déja bien informés. Les ouvrages classiques de A. Fontaine (*Histoire de la guerre froide*, « Points-Seuil », 2 vol.) et de A. Grosser (*Les Occidentaux,* « Points-Seuil »), dans la coll. « Points-Seuil », sont d'un usage moins aisé pour le lecteur pressé. Plus récent, *Les Temps de la guerre froide. Réflexions sur l'histoire de la guerre froide et le causes de sa fin*, de P. Grosser (Complexe, 1995).
• Sur telle crise ou tel aspect les nombreux titres de la collection *La mémoire du siècle*, aux éditions Complexe sont très commodes. Le journal *Le Monde* a publié une série de 5 vol., *L'histoire au jour le jour,* couvrant les années quarante-quatre - quatre-vingt-onze.

THÈMES DE RÉFLEXION

• Quelles sont les raisons de la rupture de 1947 ?
• La politique mondiale des États-Unis depuis 1945.
• Khrouchtchev et Kennedy.
• Staline et l'Europe 1928-1953.
• La France et les Français dans la guerre froide.

Utiliser

Les après-guerres

PRÉSENTATION

Le sujet est ambigu : qu'est-ce qu'une après-guerre ? Il faut se référer à l'usage courant, le sujet porte sur les périodes de remise en ordre (reconstruction des potentiels détruits, définitions des nouvelles conditions internationales, reprise de la vie politique et sociale normale) qui ont suivi chacun des deux conflits mondiaux ; cela prend à chaque fois cinq ou six ans. Les après-guerres sont aussi des moments particuliers dans la vie des sociétés caractérisés par une volonté de détente et une certaine insouciance. Le sujet est rendu plus compliqué parce qu'il s'agit d'une comparaison entre deux périodes disjointes. S'il est vrai que la guerre est « l'accouchement de l'histoire », les après-guerres sont des moments privilégiés d'une part de reconstruction (il faut panser les plaies du conflit), d'autre part de renouveau. Les deux guerres mondiales n'ont pu qu'engendrer de telles redéfinitions. Mais ces guerres se succèdent, ce qui suppose à la fois des atmosphères différentes et des rapports de causalité. L'après-Seconde Guerre mondiale a-t-elle réussi à régler les problèmes que l'après-Première Guerre mondiale avait laissé en suspens – et qui expliquent largement le second conflit ? A-t-elle réussi là où la première est censée avoir échoué ? Le plan ne peut être que thématique de manière à conduire la comparaison pas à pas ; un devoir qui consacrerait une partie à chaque après-guerre n'aurait aucune valeur.

I. L'après-Seconde Guerre mondiale voit l'aboutissement des transformations amorcées dès 1919

1. D'un monde multipolaire dominé par les puissances européennes rivales on passe à un monde bipolaire contrôlé par des puissances extra-européennes

► **L'Europe affaiblie de 1919 est devenue une Europe dépendante.** Sur le plan politique, les pays européens qui avaient dû partager leur autorité en 1919 sont pratiquement évincés (la Grande-Bretagne perd progressivement son influence). Sur le plan économique le glissement du centre de l'économie-monde vers les États-Unis est achevé ; l'Europe affaiblie mais capable de se relever pratiquement seule dans les années vingt a besoin de l'aide américaine ce qui entraîne des dépendances.

► **A. Fontaine place le début de la guerre froide en 1917.** Après l'échec des tentatives de Wilson, les Européens avaient organisé eux-mêmes le refoulement du communisme (cordon sanitaire), inversement Lénine n'espérait la victoire du communisme que d'une révolution en Europe. Le *containment* comme la doctrine Jdanov sont définis hors d'Europe qui n'est que le premier parmi plusieurs champs d'affrontement.

2. L'organisation du nouvel ordre mondial dans les années cinquante était en germe dès les années vingt

► **L'ONU succède à la SDN.** La sécurité collective est une idée américaine qui rencontre le scepticisme des grands pays européens dans les années vingt et le refus des Soviétiques dans les années 1945-1950 qui dans les deux cas s'appuyaient sur une conception géostratégique de la sécurité (au glacis rhénan de Foch répond le glacis est-européen de Staline).

► **Les puissances coloniales sont confrontées à la poussée des revendications d'indépendance.** En 1919 la revendication des pays dominés ne dure guère plus qu'un feu de paille car les Européens peuvent réprimer des mouvements encore faibles. Après 1945, non seulement les puissances coloniales n'ont pas les moyens matériels mais elles doivent tenir compte des interférences américaines ou soviétiques dans leurs relations avec les colonies.

► **Les deux après-guerres n'ont pas permis un retour durable à la paix et à la stabilité.** Le système de Versailles est grippé au bout de cinq ans, il connaît une gloire brève et ambiguë avant de sombrer. On passe presque sans transition de la guerre à la guerre froide entre 1945 et 1947. Par certains aspects les après-guerres sont déjà des avant-guerres.

II. Les après-guerres sont des moments privilégiés d'accélération des changements sociaux et économiques

1. Les évolutions économiques de la première reconstruction se prolongent un quart de siècle plus tard

► **Les deux guerres mondiales ont préparé les mutations techniques et technologiques des après-guerres.**

► **Les problèmes monétaires et financiers soulevés dans les années vingt trouvent une solution après la Seconde Guerre mondiale.** L'inflation et le désordre monétaire caractérisent les deux après-guerres, les solutions péniblement esquissées dans les années vingt sont appliquées rationnellement, l'après-guerre financier se termine en 1958 avec le retour à la libre convertibilité des monnaies européennes.

► **De la Prospérité aux Trente Glorieuses, la différence de dynamisme économique est essentielle.** L'essor du commerce mondial porté par une demande en expansion contraste avec l'atonie du premier après-guerre.

2. Comme pour l'économie, la continuité et l'accélération des changements culturels et sociaux sont frappantes

► **Alors que le premier après-guerre était plutôt tourné vers le passé le second regarde vers l'avenir.** Le contraste entre le rattrapage démographique des années vingt et le *babyboom* des années cinquante est frappant. Les catégories sociales caractéristiques du XIXe siècle disparaissent (rentiers et aristocrates dans les années vingt, paysans et petits producteurs dans les années cinquante) ; de nouveaux groupes passent au premier plan (les femmes, les « jeunes ») ; la société urbaine prend définitivement le pas sur la société rurale.

► **Les après-guerres voient un bouleversement des rapports sociaux.** Le communisme né dans le premier après-guerre se répand durant le second ; le monde ouvrier change ; la confrontation binaire entre patronat et prolétariat qui prévaut encore dans les années vingt fait place à des formes plus élaborées de dialogue social.

► **La fécondité culturelle des après-guerres** traduit la volonté de rattraper le temps perdu durant le conflit et le désir général de poser les bases d'un nouveau départ : la guerre est un moment de rupture et de changement de génération ; c'est un moment de brassage des hommes et des cultures (irruption de la culture américaine et développement d'une culture « révolutionnaire »...).

Conclusion

À la Seconde Guerre mondiale succède la guerre froide. Ainsi va le rythme des avant-guerres, des guerres et des après-guerres, qui s'enchaînent comme mécaniquement, preuve de l'imperfection des constructions humaines.

11

Du monde multipolaire à la fin du bloc oriental et au retour des nations

LES RELATIONS INTERNATIONALES DEPUIS 1963

Connaître

1963	Traité de Moscou sur les expériences nucléaires (5 août)
	Télétype rouge
1968	Offensive communiste généralisée au Viêt-nam (30 janvier)
	Traité de non-prolifération nucléaire (1er juillet)
1972	Sommet Nixon-Brejnev à Moscou (22-30 mai) : Accords SALT 1
1973	Signature des accords de Paris sur le Viêt-nam (27 janvier)
1975	Chute de Saïgon (30 avril). Acte final d'Helsinki (CSCE) (1er août)
	Interventions soviétique et cubaine en Angola
1979	Révolution islamique en Iran (février)
	Intervention soviétique en Afghanistan (27 décembre)
1983	Initiative de défense stratégique (IDS) (23 mars)
1985	Sommet Gorbatchev-Reagan à Genève (19-21 novembre)
1987	Traité de Washington sur l'élimination des euromissiles (8 décembre)
1989	Retrait des troupes soviétiques d'Afghanistan (15 février)
	Ouverture du mur de Berlin (9 novembre)
1990	Condamnation américano-soviétique de l'invasion du Koweït par l'Irak
1991	Guerre du Golfe (janvier)
	Dissolution du Pacte de Varsovie (1er juillet)
	Début de la guerre en ex-Yougoslavie (été)
	Traité START de désarmement nucléaire (31 juillet)
	Dissolution de l'Union soviétique (26 décembre).
1993	Accord de Washington sur les territoires occupés par Israël
1994	Invasion de la Tchétchénie par l'armée russe (décembre)
1995	Accord de Dayton sur l'ex-Yougoslavie (novembre)
1996	Traité d'interdiction des essais nucléaires
1997	Mort de Deng Xioping. Retour de Hong Kong à la Chine (1er juillet)

Ce chapitre couvre plus de trente années de l'histoire des relations internationales, alors que la guerre froide *stricto sensu* occupe les seules années 1947-1952 (une quinzaine si l'on y inclut la première Coexistence pacifique). La complexité des phénomènes n'a cessé de croître : l'affirmation du Tiers Monde et de l'Europe, de la Chine ou du Japon, les multiples conflits du Proche-Orient ou d'Afrique, ne peuvent être réduits à la seule dialectique des relations soviéto-américaines, même si cette dernière reste au centre de la vie internationale jusqu'à la fin des années quatre-vingt, et en constitue comme la ligne de faîte. Trois grandes périodes peuvent être distinguées : de 1963 à 1973-1975, l'apogée de la Détente est marqué par les sommets et leur lot d'accords sur le désarmement, mais aussi par un certain effritement interne de chacun des blocs. De 1975 à 1985, on assiste à un nouveau raidissement et à un réel expansionnisme soviétique, de l'Afrique à l'Asie, qui se heurte au début des années quatre-vingt à la contre-offensive du président Reagan, menant de pair la dénonciation de « l'Empire du mal » et la préparation de la « guerre des étoiles ». Enfin une brutale accélération de l'histoire conduit à partir de 1989 au démantèlement de l'empire soviétique, à l'éclatement de l'URSS et à l'enterrement de la guerre froide en même temps que du messianisme communiste : c'est peut-être pour laisser place à un redoutable retour en force des nationalismes au cœur même de l'Europe et aux marges de l'ex-URSS.

I. La Détente (1963-1975)

1. De nouvelles donnes s'imposent au cours des années soixante dans le champ des relations internationales

► **Les années soixante apparaissent, rétrospectivement, comme un grand chantier dans l'ordre des relations internationales.** Le général de Gaulle ou Leonid Brejnev, invoquant la détente, inventent le mot inscrit au générique de la période. Le monde semble régi pour quelques années par un condominium américano-soviétique que rendent possible le relatif délitement de chacun des camps et l'affaiblissement des messianismes rivaux, en passe de se perdre dans les jungles du Viêt-nam ou les rues de Prague. La nouvelle donne, contrairement à la Coexistence pacifique, qui servait encore à faire la guerre froide, tient d'abord dans l'effroi nucléaire qui a saisi les acteurs de la crise de Cuba, et qu'illustre, avec un humour ravageur le film de Stanley Kubrick *Dr Folamour* (1969). On parle alors d'*équilibre de la* *terreur.* Le secrétaire à la Défense de Kennedy, Robert McNamara, a pris soin d'exposer en mai 1962 la doctrine de la dissuasion par étapes, ou « riposte graduée » (réplique à l'agresseur par des moyens de même nature, la force stratégique n'étant utilisée qu'en ultime recours).

► **Au lendemain de la crise de Cuba, la détente concerne donc au premier chef les problèmes nucléaires.** Un certain nombre de garde-fous sont mis en place tout au long de l'année 1963, afin d'éviter la prolifération nucléaire : le 21 avril, décision américano-soviétique de coopérer pour l'utilisation pacifique de l'énergie atomique ; le 20 juin établissement du *téléphone rouge* (en fait un télétype) entre Moscou et Washington, pour éviter le déclenchement accidentel d'un conflit nucléaire. Le 5 août, enfin, États-Unis et Grande-Bretagne signent à Moscou un traité sur l'arrêt des expériences atomiques dans l'espace atmosphérique, extra-atmosphérique et sous-marin (les expériences souterraines restent possibles). La France et la Chine, hostiles à ce texte parce qu'elles désirent développer leur propre force de frappe, refuseront de le signer. Les années 1964-1968 sont moins fécondes, si l'on excepte deux accords visant, comme en 1963, à interdire la prolifération nucléaire (c'est-à-dire à limiter le nombre de pays dotés de l'arme atomique, les arsenaux des pays qui en sont déjà pourvus continuant d'augmenter librement) : le traité international sur l'utilisation pacifique de l'espace, signé à Washington, Moscou et Londres, par une soixantaine de pays, le 27 janvier 1967, et selon la même procédure, le traité de non-prolifération des armes nucléaires ; le 1er juillet 1968, l'URSS et les États-Unis annoncent le même jour leur décision d'engager des conversations sur la limitation des systèmes de fusées. Entre les deux dates, la rencontre de Glassboro (New Jersey) entre Johnson et Kossyguine, en juin 1967, sans résultats concrets, aura constitué un utile jalon dans l'amélioration des relations.

► **La Détente est dans une certaine mesure la conséquence des contradictions apparues dans chaque camp.** Le malaise américain et atlantique est peut-être le plus apparent.

Les États-Unis s'empêtrent, sous la présidence Johnson, dans la guerre du Viêt-nam. Dès 1957, le régime dictatorial sud-vietnamien de Ngô Dinh Diem, soutenu par les États-Unis, voit se dresser contre lui, une opposition communiste (Viêt-cong) qui se mue à la fin de 1960 en Front national de libération aidé par le régime du Nord et qui pratique le terrorisme. Devant l'incapacité de Saïgon à organiser sa défense, Kennedy décide en 1961 de seconder les conseillers qui encadraient déjà les Sud-vietnamiens par l'envoi de troupes américaines. En 1963, les Américains encouragent le renversement de Diem par les généraux Ky et Thieu, le second dirigeant le pays.

Le 7 août 1964, à la suite d'incidents avec les Nord-vietnamiens qui auraient attaqué des navires américains, le Congrès donne carte blanche à Johnson au Viêt-nam (résolution dite du Golfe du Tonkin). Les effectifs américains vont passer de 23 000 à 530 000 hommes entre 1964 et 1968 ; ils s'épuisent dans des opérations de guérilla sans grands résultats *(search and destroy).*

En 1968, les communistes lancent l'offensive surprise du Têt. Malgré la prise par surprise de nombreuses villes, dont l'ancienne capitale impériale Hué, et de l'ambassade américaine de Saïgon, ils ne parviennent pas à soulever la population. Mieux, l'armée sud-vietnamienne fait preuve d'une indiscutable combativité et l'appareil clandestin du FNL, qui s'est dévoilé, est décapité. On découvrira peu après la libération de Hué des charniers où les communistes ont abattu leurs adversaires. Cela n'empêche pas une partie de l'opinion occidentale de soutenir le Viêt-cong, en particulier aux États-Unis (Jane Fonda, Bob Dylan...). La télévision transmet quotidiennement l'image des combats et le fait que les États-Unis ne semblent même pas capables de protéger leur ambassade impressionne. Échec militaire, l'offensive est donc un succès politique. Johnson, usé, annonce le 31 mars 1968 sa décision de ne pas se représenter aux présidentielles. En même temps il ouvre des négociations à Paris avec ses adversaires. Après lui Nixon promeut une « vietnamisation » de la guerre : retrait des troupes américaines, aide logistique et financière massive au Sud-Viêt-nam. Pour se trouver en position de force aux négociations ouvertes à Paris, les Américains intensifient leurs actions, en envahissant le Cambodge et le Laos, tenus pour des sanctuaires Viêt-cong (avril 1970 - février 1971), en bombardant le Nord-Viêt-nam et en minant ses ports (mai 1972), ce qui n'empêchera pas le FLN de lancer une offensive générale de mars à décembre 1972 brisée par les avions américains. Enfin, les accords de Paris (27 janvier 1973) mettent fin à la guerre, les Américains se retirant complètement du Sud-Viêt-nam, qui réussit à préserver une fragile indépendance. Cependant, alors que les Américains se sont retirés, les Nord-vietnamiens restent présents.

Étroitement liée à la guerre du Viêt-nam, une vague de contestation interne touche les États-Unis qui commencent à douter d'eux-mêmes. Ce géant blessé voit son leadership contesté en Europe par la France, qui se retire de l'OTAN en 1966, le général de Gaulle entamant une *Ostpolitik* à sa manière, par un voyage en Union soviétique à partir du 20 juin, avant des déplacements en Pologne et Roumanie.

► **Le malaise est tout aussi profond dans le camp communiste.** Il trouve sa source principale dans le fossé grandissant entre Moscou et Pékin. Le conflit est d'abord idéologique. Pékin refuse le rôle dirigeant de Moscou au sein du mouvement communiste. Il reproche à Khrouchtchev d'évoluer vers le révisionnisme et de nier la nécessité de l'affrontement avec les États-Unis et la possibilité de l'emporter (« les États-Unis sont un tigre de papier », assurent les Chinois, ce à quoi les Russes répondent : « oui, mais aux dents atomiques »). La Chine prétend enfin élaborer un modèle de développement appuyé à la fois sur l'agriculture et l'industrie (« marcher sur ses deux jambes »), mieux adapté aux problèmes du Tiers Monde.

À ces débats s'ajoute rapidement le contentieux territorial : la Chine refuse de reconnaître l'abandon au XIXe siècle des « provinces maritimes » (l'Extrême-Orient soviétique). Les Russes s'inquiètent de la démographie chinoise et craignent de voir cette population se déverser sur la Sibérie vide. Les incidents sont permanents à partir de 1961 ; le plus grave éclate le 2 mars 1969 sur le fleuve Oussouri et fera sans doute un millier de morts. En janvier 1967, en pleine Révolution culturelle en Chine, les étudiants chinois de Moscou avaient organisé une émeute et l'ambassade soviétique à Pékin avait été assiégée une quinzaine de jours. Chacune des deux capitales communistes semble désormais avoir tout à redouter de l'autre, en raison notamment de l'ampleur des frontières communes, les plus longues du monde : le rapprochement avec les États-Unis peut servir de contrepoids et représenter un atout considérable dans le face-à-face entre Moscou et Pékin. On a là une clef majeure des années 1969-1972, dont ne va pas manquer de jouer la nouvelle équipe américaine.

► **Une autre clef de sa position réside dans les choix de politique intérieure de l'URSS.** Leonid Brejnev préside une longue ère de stagnation. L'éclatant raidissement interne, associé au vieillissement des dirigeants, et la médiocrité des résultats économiques pourront passer d'autant mieux auprès de la population que le Kremlin accumulera les réussites et les légitimités sur le plan extérieur, et réalisera son vieux rêve de la reconnaissance par les États-Unis et le reste de la communauté internationale de sa qualité de supergrand. L'ouverture extérieure, la multiplication des échanges et des contacts dans les années soixante-dix sont ainsi la condition de la perpétuation d'un système qui, par un paradoxe seulement apparent, doit imposer une vigilance et une répression intérieures accrues afin de parer aux risques de l'ouverture sur le monde. Le tout durera jusqu'au vote du Congrès américain de 1974, liant l'octroi de la clause de la nation la plus favorisée à la possibilité pour les Juifs soviétiques d'émigrer librement (amendement Jackson). Le Kremlin refuse ce qu'il estime être un chantage, l'accord commercial entre les États-Unis et l'URSS de 1972 (qui prévoyait l'octroi de cette clause de la nation la plus favorisée) est enterré. Insurmontable contradiction des objectifs soviétiques qui permet de faire partir de cet incident la fin de la détente et de prendre conscience que celle-ci n'a été que partielle. L'évolution des démocraties populaires en administre la preuve.

> **L'invasion de la Tchécoslovaquie (21 août 1968) donne l'occasion d'étendre au glacis soviétique le coup de froid idéologique,** même s'il porte un rude coup à l'image du pays auprès de l'opinion mondiale. Le printemps de Prague a vu se renouveler, après l'automne 1956 à Varsovie et Budapest, les espoirs mis par la population en un communisme à visage humain ; mais la contestation menace trop radicalement l'hégémonie soviétique sur l'Europe de l'Est pour être longtemps tolérée. Une intervention des forces conjointes des cinq pays du Pacte de Varsovie, dans la nuit du 20 au 21 août 1968, impose le retour de l'ordre socialiste à Prague, que les Soviétiques prétendront avoir été menacés par d'énigmatiques forces de réaction internes. Le 4 octobre suivant, Gromyko justifie l'opération par le droit d'intervention de la communauté socialiste pour la défense de « ses intérêts vitaux ». On parlera par la suite de doctrine Brejnev, établissant la souveraineté limitée des États socialistes dès lors que sont en jeu les intérêts supérieurs de l'URSS, et susceptible d'entraîner des interventions ultérieures, comme on put le craindre pour la Pologne en 1981.

Ni l'écrasement du Printemps de Prague ni même les péripéties les plus violentes de la guerre du Viêt-nam ne parviennent pas à remettre en cause la Détente, Américains et Soviétiques prenant bien garde de ne pas pousser le soutien à leurs alliés jusqu'à accomplir un geste qui compromettrait irrémédiablement leurs relations privilégiées. Ainsi les Américains ne font-ils que condamner verbalement l'intervention à Prague, comme déjà en 1956 à Budapest ; en retour, l'URSS les laisse briser toute tentative de contagion castriste à Saint-Domingue en 1965, comme au Chili en 1973. Quant au Viêt-nam, il est clair que l'Union soviétique ne va pas jusqu'au bout de son soutien militaire aux troupes communistes.

2. Les années Nixon-Kissinger(-Brandt) amènent les hautes eaux de la Détente (1969-1974)

► **C'est désormais le duo américain Nixon-Kissinger qui impose sa marque aux relations internationales,** le chancelier de RFA Willy Brandt jouant sa partie à leurs côtés. Richard Nixon, élu en 1968 et réélu triomphalement quatre ans plus tard avec à ses côtés Henry Kissinger, conseiller en politique étrangère puis secrétaire d'État à partir d'août 1973, ont clairement décidé de faire avancer le dialogue américano-soviétique sur de nouvelles bases, même si les deux systèmes sont reconnus tout aussi irréconciliables qu'au temps de la guerre froide. Kissinger, qui conversait régulièrement depuis 1969 avec Dobrynine, l'ambassadeur soviétique à Washington (c'est la « filière »), rappellera dans ses *Mémoires* les quatre principes de la politique américaine : le réalisme (ou *Realpolitik*) c'est admettre que l'URSS existe et qu'il faut donc discuter avec elle ; la retenue (les États-Unis doivent éviter de chercher à prendre l'avantage) ; « la carotte et le bâton » (les abus doivent être sanctionnés mais il faut accepter de répondre favorable aux concessions réelles de Moscou) ; enfin, le plus célèbre, énoncé dès février 1969, le *linkage* (lien) consiste à lier tous les aspects dans une négociation globale, tout geste devant être accompagné d'une contrepartie en un autre domaine (le commerce contre les droits de l'homme, par exemple). « Nous partions du principe que la classification des problèmes dans des catégories bien précises inciterait les dirigeants soviétiques à croire qu'ils pouvaient bénéficier de la coopération dans un certain domaine tout en continuant à rechercher des avantages unilatéraux dans un autre » (Kissinger).

► **Se met alors en place une diplomatie des sommets : quatre au total entre 1972 et 1974.** Pékin, en passe de tourner définitivement la page de la Révolution culturelle, devient un acteur essentiel de ce « dialogue à trois » : après le séjour en Chine de l'équipe américaine de tennis de table (avril), Nixon annonce le 15 juillet 1971 son projet de voyage avant le printemps suivant en Chine, où Kissinger vient d'achever une visite secrète. Le Président américain se rend bien en visite officielle à Pékin (21-28 février 1972), avant d'accomplir du 22 au 30 mai une visite historique en URSS (annoncée depuis octobre 1971). Trois autres sommets réuniront Américains et Soviétiques, aux États-Unis (du 16 au 25 juin 1973), et à Moscou (27 juin-3 juillet 1974) puis Vladivostok (23 et 24 novembre 1974), Gerald Ford ayant alors succédé à Nixon atteint par le scandale du Watergate. Le bilan des sommets comprend d'abord une philosophie générale, consignée dans le texte signé le 26 mai 1972 par Nixon et Brejnev, *Les principes fondamentaux des relations entre l'Union soviétique et les États-Unis* (refus de la guerre nucléaire, volonté de coopération, égalité implicite des deux Grands), et une moisson d'accords dans des domaines variés, stratégique, commercial, politique, européen, mais aussi médical ou scientifique.

► **L'avancée majeure concerne les armements nucléaires stratégiques.** L'URSS, au terme d'une décennie d'efforts accélérés pour combler son retard sur les

États-Unis, est parvenue à une parité globale des arsenaux : ses charges thermonucléaires, moins nombreuses et moins précises que celles des Américains, sont très puissantes ; elle possède plus de fusées intercontinentales basées au sol (ICBM, 1 500 contre 1 000 en 1972), et autant de missiles sous-marins (SLBM). Il s'agit bien d'un équilibre de la terreur ; l'URSS peut dès lors négocier, sans se trouver en position de faiblesse, un désarmement contrôlé.

Le traité de Moscou, le 26 mai 1972, entre URSS et États-Unis, met un point final aux 127 sessions des négociations SALT I (Strategic Arms Limitation Talk) ; il limite les armements antimissiles (ABM) à deux sites de cent fusées par pays. C'est le premier traité limitant effectivement la production de certains types d'armements, défensifs. L'accord sur les armes offensives est beaucoup plus limité : il prévoit le gel des armes stratégiques existantes pendant cinq ans, et l'arrêt de la construction de rampes de lancement fixes pour ICBM et de lanceurs balistiques installés sur des sous-marins ; aucune décision ne concerne, en revanche, les missiles à moyenne portée (IRBM) ou à ogives multiples (les MIRV) ou les bombardiers stratégiques. Un second cycle de négociations, SALT II, est envisagé le 21 novembre 1972 : il n'aboutira que le 18 juin 1979, à Vienne, avec la limitation du nombre et du type des missiles intercontinentaux mais ce traité ne sera pas ratifié par les États-Unis.

Le désarmement a continué de progresser entre les deux traités SALT : le sommet de Washington apporte l'accord du 22 juin 1973 sur la prévention de la guerre nucléaire, signé pour une durée illimitée ; celui de Moscou, le traité du 3 juillet 1974 sur la limitation des expériences nucléaires souterraines, valable pour cinq ans, et la limitation à un seul site de 100 fusées par pays des armements antimissiles. En marge de ce volet nucléaire, on retiendra encore la convention soviéto-américaine du 10 avril 1972, interdisant la recherche, la production et le stockage d'armes bactériologiques, et prescrivant la destruction des arsenaux existants, et l'ouverture à Vienne, le 30 octobre 1973, des négociations à dix-neuf (12 de l'OTAN et 7 du Pacte de Varsovie) sur la réduction des forces en Europe centrale (MBFR, *Mutual and Balanced Force Reduction)*, qui déboucheront tardivement (1990) sur le traité de réduction des forces conventionnelles en Europe (FCE). L'ensemble, en dépit de ses imperfections, n'a aucun précédent.

► **Ces sommets concernent aussi le commerce, corollaire de la détente aux yeux des Soviétiques** qui espèrent compenser par ce biais leurs faiblesses en matière alimentaire, technologique et de biens de consommation. L'*Export Control Act* et le Cocom avaient étendu en 1949 la guerre froide aux relations commerciales, susceptibles d'entraîner des transferts technologiques dans des domaines vitaux pour la défense des États-Unis ; le nouvel *Export Administration Act,* voté par le Congrès en 1969 permet le développement des transactions avec l'Est, à l'exception des technologies militaires. Du reste, l'Europe de l'Ouest et le Japon exportaient depuis longtemps vers l'URSS, en fonction notamment de la théorie de la « convergence », selon laquelle l'aide économique ne pourrait qu'accélérer la libéralisation interne du système communiste ; les États-Unis ont du retard à rattraper, et leur lobby agroalimentaire presse le mouvement.

Les accords commerciaux soviéto-américains de 1972 qui sont conclus le 8 juillet et le 18 octobre portent sur des achats massifs de produits agricoles américains par l'URSS (minimum de 750 millions de dollars de céréales dans les trois ans à venir ; minimum de 6 millions de tonnes de céréales par an pendant cinq ans selon l'accord du 20 octobre 1975), sur la liquidation des dettes de guerre, l'utilisation des ports des deux pays, et sur l'octroi à l'URSS de la clause de la nation la plus favorisée (soumise toutefois à l'approbation du Congrès américain). Un Conseil économique et commercial mixte est créé en 1973 pour développer les échanges. En cinq ans, au cours du 9e Plan soviétique (1970-1975), le commerce américano-soviétique est multiplié par dix ; il passera de 184 à 2 800 millions de roubles entre 1971 et 1979, tout en restant faible dans l'absolu et très déséquilibré, les exportations américaines demeurant très supérieures. Les contacts entre hommes d'affaires, fonctionnaires et parlementaires se multiplient au cours de cette sorte de NEP de la détente. L'ensemble est d'autant plus impressionnant que de multiples accords l'accompagnent dans les secteurs de l'énergie (grand projet sur les hydrocarbures sibériens, qui sera abandonné), de la médecine, de la coopération industrielle et scientifique. Le tout culmine symboliquement avec l'arrimage dans l'espace des vaisseaux *Soyouz* et *Apollo*, le 17 juillet 1975.

► **La détente permit enfin, entre 1970 et 1975, d'aboutir à d'importants résultats sur le problème allemand.** Avec le feu vert des Américains, le chancelier Willy Brandt, parvenu au pouvoir en septembre 1969, engagea une audacieuse politique à l'Est, l'*Ostpolitik*, qui signifiait le renversement de la ligne traditionnelle, à commencer par l'abandon de la doctrine Hallstein et la reconnaissance au moins *de facto* de la RDA. Les risques étaient nombreux : pour l'Ouest et les États-Unis, reconnaissance de la division de l'Europe, valant abandon de toute revendication territoriale, et affaiblissement des liens atlantiques en cas de réussite ; pour l'Est, remise en question de la cohésion diplomatique et idéologique du bloc socialiste, qui reposait largement sur l'hostilité à Bonn. La dynamique de la détente l'emporte.

La RFA réussit à signer des traités importants avec l'URSS (Moscou, 12 août 1970) : renonciation à tout recours à la force et respect de l'intégrité territoriale de tous les États en Europe dans leurs frontières actuelles), puis la Pologne (Varsovie, 7 décembre 1970 : même teneur). Quant à Berlin, l'accord quadripartite signé le 3 septembre 1971, après dix-sept mois de négociations, et ratifié par Bonn en mai suivant, réaffirmait les droits des quatre puissances occupantes sur l'ensemble de Berlin et la responsabilité ultime de l'URSS quant aux accès à Berlin-Ouest, la RDA renonçant à ses vues en ce domaine, longtemps entretenues par la menace soviétique de signer un traité séparé avec elle. Enfin, par le traité fondamental du 21 décembre 1972, la RFA et la RDA se reconnaissaient mutuellement comme des États égaux et souverains en droit ; les deux pays entreront à l'ONU le 18 septembre 1973.

► **Le rapprochement entre l'Allemagne et ses voisins ouvre la voie à la Conférence sur la sécurité et la coopération en Europe (CSCE).** Celle-ci est l'aboutissement d'une initiative soviétique de 1954 : l'URSS en attendait la confirmation internationale de la situation de fait en Europe de l'Est et entre les deux Allemagne, voire, à plus long terme, une neutralisation de l'Europe de l'Ouest.

La CSCE (Conférence sur la sécurité et la coopération en Europe), préparée depuis novembre 1972, s'ouvre le 3 juillet 1973 à Helsinki, avec les représentants de 33 pays d'Europe (dont la Turquie, mais sans l'Albanie), des États-Unis, du Canada, et le secrétaire général de l'ONU. Elle aboutit, le 1er août 1975, à l'acte final d'Helsinki, un long document de 110 pages qui déclare inviolables les frontières issues de la Deuxième Guerre mondiale (c'est à ce titre un triomphe, dûment dénoncé par un Soljenitsyne, pour la diplomatie soviétique), mais reconnaît également les libertés fondamentales des hommes et les droits des minorités nationales. Les dissidents de l'URSS, de la Pologne ou de la Tchécoslovaquie font leur cheval de bataille des « comités de surveillance des accords d'Helsinki », tels le KOR polonais ou la Charte 77 à Prague, dont l'écrivain Vaclav Havel, futur président tchèque, est alors une figure de proue. C'est là l'un des aspects les plus féconds d'un accord par ailleurs chargé d'ambiguïtés, mais qui n'en inaugure pas moins un cycle de rencontres internationales sur le vieux continent.

Dans l'été 1975, la Détente semble être à son point culminant. En fait, elle est déjà morte, et le climat international a commencé à se dégrader gravement. Les causes, multiples, s'en trouvent dès les années 1973 et 1974 ; les manifestations vont se multiplier à partir de 1975.

II. *La « guerre fraîche » : ultime confrontation entre les deux blocs (1975-1985)*

Le 1er juin 1978, à Prague, Leonid Brejnev condamne des initiatives américaines qui tendent à revenir « sinon à la guerre froide, du moins à la guerre fraîche » : l'expression peut s'appliquer aux dix années qui suivirent le naufrage de la Détente.

1. Le tournant des années 1973-1975 met fin à la Détente

► **La nouvelle dégradation du climat international trouve une première cause dans le « totalitarisme mou » de l'URSS brejnévienne,** qui attire bien malgré elle l'attention mondiale sur les Juifs soviétiques (les *refuzniks*) et certains dissidents, tels Alexandre Soljenitsyne, prix Nobel de littérature en octobre 1970, qui renoncera à se rendre à Stockholm, ou le physicien et académicien Andreï Sakharov qui dans sa conférence de presse du 21 août 1973, met en garde l'Occident contre les « illusions de la détente » et appelle le Congrès américain à voter l'amendement Jackson, ce qui est fait le 20 décembre 1974.

► **La guerre du Kippour (6-25 octobre 1973)** contribue aussi à la dégradation du climat international. Elle surgit après trois autres conflits israélo-arabes (la dernière en date étant la guerre des Six Jours, en 1967) dans une région du monde qu'a gagnée depuis la fin des années cinquante la confrontation américano-soviétique par clients interposés.

Les deux Grands interviennent, avant comme pendant le conflit, pour armer les belligérants, les armées égyptienne et syrienne en chars et fusées SAM soviétiques et Israël, en position délicate sur deux fronts, le Sinaï et le Golan, en fusées antichars et chasseurs *Phantoms* américains livrés par pont aérien. Du 22 au 25 octobre, le monde connut un moment de tension sans précédent depuis 1962 : devant l'avance des forces israéliennes, l'URSS laisse entendre le 22 qu'elle pourrait intervenir et envoie des navires vers Alexandrie ; le 25, à la suite de rumeurs sur une intervention immédiate, les États-Unis mettent les forces du *Strategic Air Command* (bombardier nucléaire) en état d'alerte rouge et dépêchent des porte-avions vers la Méditerranée orientale. En même temps d'intenses tractations sont conduites et l'on sait aujourd'hui que chacun des deux Grands s'est efforcé de dissuader ou de retenir ses protégés et de ne pas perdre la face dans son propre camp, en sauvegardant le *statu quo* global sur le terrain et en se livrant à certaines « gesticulations », mais l'épisode, incapable par lui-même de ruiner la détente, contribua à la miner, tandis que les pays arabes, clients de l'URSS depuis vingt ans, usaient contre l'Occident de l'arme du pétrole (augmentation de 17 % des prix du pétrole brut décidée par l'Opep et réduction des productions des pays membres, 16-18 octobre 1973), contribuant à déchaîner la grande crise des années soixante-dix.

► **Enfin, la puissance américaine amorce un net repli de 1974 à 1979, sous les présidences Ford puis Carter.** Le Viêt-nam reste à la racine du malaise qui touche au cœur Nixon et la présidence impériale (formule d'Arthur M. Schlesinger pour désigner l'ère des présidents tout-puissants face au Congrès), et au-delà l'ensemble de la société américaine. Le scandale du Watergate (juin 1972-août 1974), la mise en cause des procédés des agences de renseignement, ajoutent au procès de la bonne conscience des États-Unis, partagés entre la crainte d'être devenus une société policière et la culpabilité du Viêt-nam. Le Congrès, pour sa part, a engagé et gagné son épreuve de force contre le Président : il a voté le 29 juin 1973 un amendement tendant à interdire le bombardement du Cambodge par l'aviation américaine à compter du 15 août suivant, et le 7 novembre, à la majorité des deux tiers, il a brisé le veto présidentiel et adopté le *War Powers Act* (loi sur les pouvoirs de guerre) qui contraint le président à retirer au bout de soixante ou quatre-vingt-dix jours les troupes américaines engagées sur un théâtre d'opérations, si le Congrès n'a pas voté de déclaration de guerre. Ce droit de regard du Congrès va paralyser un temps la politique américaine en Afrique ou même en Amérique centrale (Nicaragua).

Le président Jimmy Carter (1976-1980) ne parviendra ni à déculpabiliser ses concitoyens, ni à imposer son pays dans un univers redevenu dangereux pour les intérêts américains. Conseillé par Zbigniew Brzezinski, Carter, un baptiste pétri de bons sentiments, estime que l'équilibre stratégique entre les Grands, objectif de la précédente administration, doit céder le pas à la recherche de la justice et de l'égalité entre les peuples et particulièrement à la défense des droits de l'homme. Mais son plus éclatant (et presque unique) succès, les accords de Camp David signés entre l'Israélien Begin et l'Égyptien Sadate (5-19 septembre 1978), sera en fait sans lendemain, les pays arabes ostracisant l'Égypte ; les échecs se multiplient pour culminer avec l'humiliation majeure subie en Iran (la prise en otage du personnel de l'ambassade américaine à Téhéran, du 4 novembre 1979 au 20 janvier 1981, et le piteux échec du raid de libération, le 25 avril 1980), qui achève de faire douter les Américains et leurs Alliés sur la capacité des États-Unis à exercer leurs responsabilités mondiales.

2. La seconde moitié des années soixante-dix voit se multiplier les percées soviétiques dans le Tiers Monde

► **Cette sorte de passage à vide de la puissance américaine laisse le champ libre à l'Union soviétique,** qui signe pas moins de onze traités avec des pays du Tiers Monde de 1971 à 1984, et aux divers mouvements communistes. Dans le Sud-Est asiatique, les Khmers rouges s'emparent de Phnom-Penh (Cambodge), le 17 avril 1975, cinq jours après le départ des derniers Américains ; Pol Pot dirige le Parti-État du nouveau Kampuchea démocratique soutenu par la seule Chine, et déclenche un véritable génocide à l'encontre de son propre peuple (2 millions de victimes, soit le tiers de la population). Le 30 avril 1975, les États-Unis abandonnent à leur tour Saïgon, qui tombe aux mains des Nord-Viêtnamiens en dépit des accords de Paris de 1973. Le Viêt-nam réunifié sous la direction des communistes signe un traité d'amitié avec l'URSS (1978) et adhère au CAEM. Le Laos, enfin, devient une République populaire en décembre 1975. Le Viêt-nam poursuivra l'intégration d'un ensemble indochinois sous son égide militaire et politique, par un traité avec le Laos en 1977 et par l'invasion et l'élimination du pouvoir des Khmers rouges au Cambodge au début de 1979, en dépit d'une contre-offensive chinoise. L'ampleur du recul occidental était éclatante, au terme d'une « guerre de trente ans » successivement perdue par la France puis les États-Unis.

► **L'URSS remporte une série de succès apparents dans la corne de l'Afrique,** d'abord en Somalie (1974), et après un renversement d'alliances, en Éthiopie, qui s'engage dans la « voie du socialisme », sous la direction de Menguitsu à partir de 1977. La décolonisation de l'Empire portugais (1975) donne aux Soviétiques l'occasion d'intervenir dans les guerres civiles du Mozambique et surtout d'Angola où les troupes cubaines, déjà présentes contre la Somalie (1977), contribuent activement au succès de l'un des mouvements d'indépendance, le MPLA, sur l'Unita de Janos Savimbi, soutenue par l'Afrique du Sud. Au printemps de 1977, Nicolas Podgorny est le premier chef d'État soviétique à se rendre en Afrique noire (Tanzanie, Zambie, Mozambique avec lequel un traité est signé). L'Angola puis la Namibie voisine, annexée en 1949 par l'Afrique du Sud, deviennent la principale zone d'affrontements entre l'Est et l'Ouest en Afrique, par maquisards et instructeurs interposés.

L'invasion de l'Afghanistan par l'Armée rouge (27 décembre 1979) donne le coup de grâce à la détente. La vieille monarchie y a été remplacée par une République démocratique issue du coup d'État militaire du 27 avril 1978 et reconnue d'abord par l'URSS, avant la signature d'un traité d'amitié le 5 décembre 1978 ; une véritable « révolution culturelle » est mise en place et le pays de plus en plus intégré au bloc socialiste, mais les dissensions dans l'équipe communiste au pouvoir et surtout l'éclatement d'une puissante insurrection populaire décident les Soviétiques à intervenir militairement et à imposer un nouvel homme fort, Babrak Karmal. Les enjeux internationaux sont importants : leur présence en Afghanistan permet aux Soviétiques de prendre position à proximité de l'océan Indien et du golfe persique, et accessoirement de prévenir les risques de déstabilisation régionale liés à une intervention américaine en Iran. Il apparaîtra très vite que l'Afghanistan est devenu un guêpier pour l'Armée rouge dont les grandes offensives des années 1982-1985 échoueront dans le Panchir, mais ses succès initiaux inquiètent légitimement l'Occident.

Le président Carter dira dans son *Message sur l'État de l'Union*, le 21 janvier 1980 : « nous sommes confrontés à l'un des défis les plus graves de l'histoire de la nation ». Les Américains venaient encore d'essuyer, au cours de la même année noire 1979, un grave revers dans leur traditionnelle chasse gardée latino-américaine : l'arrivée au pouvoir de forces révolutionnaires au Nicaragua en juillet (victoire du Front sandiniste contre la dictature de Somoza, lâchée par l'administration Carter), semblait ranimer le spectre de la contagion castriste. Ces défaites successives, mises sur le compte d'une désastreuse abstention américaine et de l'expansionnisme soviétique, allaient provoquer un vigoureux redressement américain visible dès la fin de la présidence Carter et plus encore dans l'élection en novembre 1980 de Ronald Reagan, connu pour son antisoviétisme militant.

3. Une vigoureuse contre-offensive occidentale se développe avec le tournant reaganien (1979-1985)

► **Le raidissement est amorcé par Jimmy Carter en dépit de sa réputation de faiblesse, et le camp occidental serre les rangs autour des États-Unis.** La tension se propage à tous les niveaux, et d'abord stratégique : Carter renonce à obtenir du Sénat l'approbation des accords SALT II qui venaient d'être conclus à Vienne, alors que le 22 décembre 1979 le Conseil de l'OTAN décide de déployer entre 1983 et 1989, si les négociations que l'on souhaitait ouvrir avec l'URSS (SALT III) échouaient, 108 lanceurs Pershing-2 en RFA et 464 missiles de croisière *(cruise)* dans les autres pays européens. L'OTAN répondait au déploiement sur le territoire de l'URSS, depuis 1977, de fusées SS-20, des engins mobiles à têtes nucléaires d'une portée de 5 000 km, capables d'anéantir en une seule frappe les forces de l'OTAN en Europe de l'Ouest, et faisant craindre à cette dernière un « découplage », c'est-à-dire la non utilisation de leur force stratégique par les Américains après une attaque de ce type. La crise des missiles va occuper le devant de la scène au début des années quatre-vingt. Carter proclame encore l'embargo sur les céréales et les produits de haute technologie à destination de l'URSS (4-20 janvier 1980), la CEE lui emboîtant le pas sans tarder, et boycotte les Jeux olympiques de Moscou, avec 55 autres nations, dont le Canada, le Japon et la RFA (les jeux de Los Angeles, en 1984, seront à leur tour boycottés par l'URSS et ses alliés).

L'arrivée de Reagan au pouvoir réactive un antisoviétisme militant, qui rappelle d'assez près celui des années cinquante. La guerre froide, à laquelle Reagan participa au titre du maccarthysme, n'est pas son unique modèle ; il se réfère aussi explicitement aux années trente, à la faiblesse et à l'*appeasement* des démocraties provoquant les ambitions des impérialismes : c'est le syndrome de Munich. Après avoir déclaré en 1980 : « Nous venons d'entrer dans l'une des plus dangereuses décennies de la civilisation occidentale », Reagan propose au monde un discours militant, musclé, traitant les dirigeants soviétiques de « menteurs » et de « tricheurs », dénonçant « l'empire du mal », tandis que sur les écrans américains *Rambo* remporte toutes les batailles. La rupture entre les administrations Carter et Reagan est surtout affaire de discours ; le renforcement des sanctions technologiques, le 18 juin 1982, destinées à gêner la construction du gazoduc soviétique, s'inscrit dans le droit fil des rétorsions alimentaires et pétrolières décidées par Carter.

L'Amérique latine est le premier théâtre de la reconquête reaganienne. L'offensive y est militaire avec la reprise de l'aide au Honduras et au Salvador menacé par la guérilla du Front Farabundo Marti de libération nationale, avec l'aide croissante apportée aux *Contras* nicaraguayens et le minage des ports de ce pays au printemps 1984, il en va de même de l'intervention directe en octobre-novembre 1983 sur l'île de la Grenade (où un coup d'État appuyé par les Cubains avait donné le pouvoir à un gouvernement marxiste) ; elle est aussi économique et politique, avec le lancement, début 1982, du CBI (Initiative pour le bassin caraïbe), visant à promouvoir ou conforter le capitalisme dans la région par une aide économique ; on retrouve dans cet équivalent caribéen du Plan Marshall les analyses de John Kennedy sur l'Amérique latine.

► **C'est dans le domaine des armements et de la stratégie nucléaire que le président américain va remporter ses principales batailles :** il tente de combler le fossé qui s'est creusé avec les arsenaux soviétiques au long des années soixante-dix, et fait passer le budget de la Défense de 178,3 millions de dollars en 1980 à 292,2 en 1985 (+ 64 %). Face au déploiement des missiles SS-20, il propose le 18 novembre 1981 l'« option zéro », à savoir le démantèlement des SS-20 et autres SS-4 et SS-5 soviétiques en échange de l'abandon par l'OTAN de son projet de déploiement de Pershing-2 et de missiles de croisière. En dépit d'une autre proposition, dite de la « promenade dans la forêt » (pas de Pershing-2, 50 à 100 missiles de croisière contre 75 SS-20), les négociations menées à Genève échoueront, et les premiers Pershing-2 sont installés en Grande-Bretagne en novembre 1983. La RFA donne elle aussi son accord à leur installation, en dépit d'un très puissant mouvement pacifiste qui touche aussi Londres, Rome, Bruxelles et Paris (« chaîne humaine » de 106 km de long, les 22 et 23 octobre 1983 dans le pays souabe) que ses animateurs présentent comme le renouveau du mouvement de la Paix des années cinquante. L'URSS rompra alors les négociations de Genève sur les missiles et celles qu'elle menait également depuis juin 1982, sur la limitation et la réduction des armements stratégiques (START : *Strategic Armement Talks*). En mai 1986 encore, en dépit de la détente amorcée avec l'URSS, Reagan annoncera la cessation par son pays (effective dès novembre) du respect des plafonds fixés par le traité SALT II sur la limitation des armements nucléaires.

Le 23 mars 1983, Ronald Reagan annonce une extension du programme militaire américain et de nouvelles recherches en matière de défense antimissiles : c'est le projet de l'Initiative de défense stratégique (IDS) surnommée la « guerre des étoiles », inspiré des visions de groupes ultraconservateurs dont la *Heritage Foundation* (créée en 1973), qui consiste à imaginer une sorte de « ligne Maginot spatiale », capable d'intercepter en vol les missiles balistiques grâce à des lasers ou des faisceaux de particules. De très gros programmes militaro-scientifiques portant sur des centaines de millions de dollars sont alors lancés, pour une issue (notamment budgétaire) aléatoire mais qui ne laisse pas d'inquiéter les Soviétiques engagés dans des recherches voisines mais conscients que le marasme de leur économie, déjà épuisée par vingt années de course aux armements (représentant plus de 15 % de leur PNB, contre 6 % aux États-Unis), les empêchera de relever le défi. Une nouvelle détente va s'imposer, très vite : Ronald Reagan, confortablement réélu en novembre 1984, saura en être l'homme, mais c'est du Kremlin, où trois vieillards, Brejnev, Andropov et Tchernenko ont laissé la place à M. Gorbatchev, que l'initiative va jaillir, trente ans après le dégel khrouchtchévien, quinze ans après la Détente.

III. (depuis 1985) Fin de la guerre froide et retour des nations

1. Le « septennat » gorbatchévien, apogée du désarmement

Le rôle des sommets diplomatiques et de la personnalité des chefs d'État s'avère une fois encore essentiel au moment où s'engage, contre tout espoir, **une seconde période de détente à partir de novembre 1985.** Le nouveau secrétaire général du PCUS élu le 11 mars 1985, Mikhaïl Gorbatchev, aussi brillant qu'étaient mornes ses prédécesseurs égrotants, capable de déchaîner en RFA et aux États-Unis même une *gorbymania*, va changer les données des relations internationales en cinq années, avec à ses côtés un nouveau ministre des Affaires étrangères, Edouard Chevardnadze. Les objectifs du nouvel homme fort de l'URSS, *glasnost* (transparence ou plus exactement publicité des informations) et la *perestroïka* (restructuration), valent aussi pour les relations extérieures. Gorbatchev a besoin d'une stabilisation de ses relations avec l'Occident, d'une réduction du coût de la course aux armements et de la fin des interventions soviétiques pour réussir les réformes qu'il met en chantier ; la politique extérieure doit servir à réorienter les investissements de tous ordres, économiques et idéologiques, vers la consolidation et l'amélioration de la société soviétique, et pour ce faire drainer l'aide occidentale (céréales, crédits, technologies). Ronald Reagan de son côté, désormais bridé à la fois par l'hostilité du Congrès et par un lourd déficit budgétaire, entend placer sa seconde présidence (1985-1988) sous le signe de l'amélioration des relations avec l'URSS. Il est vrai qu'il peut avoir le sentiment que la « course aux armements » qu'il a engagée a atteint ses objectifs : non seulement l'URSS négocie mais elle fait évoluer son système.

► **Le sommet Reagan-Gorbatchev, première rencontre de ce type depuis 1979, a lieu à Genève du 19 au 21 novembre 1985.** Il a été précédé d'une série de rencontres préparatoires (Gromyko-Schultz en janvier, Reagan-Chevardnadze en septembre) et de diverses propositions tendant à la réduction de

50 % de certains arsenaux stratégiques. Le principal apport du sommet réside dans le climat, plus chaleureux que prévu, et dans la durée des entretiens ; les positions restent inchangées sur l'IDS, centre de tous les enjeux, alors qu'un accord de principe a été confirmé pour une réduction de 50 % des armements nucléaires offensifs. M. Gorbatchev propose le 15 janvier 1986, quelques jours après l'échange de messages de vœux télévisés aux peuples américain et soviétique, un plan de désarmement visant à « libérer la terre des armes nucléaires d'ici la fin du siècle » ; en août, il annonce la prorogation jusqu'au 1er janvier 1987 du moratoire sur les essais nucléaires observé unilatéralement par l'URSS depuis un an. En dépit de ces gestes, les négociations achoppent toujours sur le projet d'IDS, et le second sommet Reagan-Gorbatchev, tenu à Reykjavik les 11 et 12 octobre 1986, est un demi échec. Les mois suivants trahissent un certain raidissement, au moins tactique, avec du côté américain la mise en service d'un 131e bombardier B 52 équipé de missiles de croisière (novembre 1986), deux essais nucléaires au début de février 1987 et le même mois, par mesure de rétorsion, un essai soviétique.

La percée décisive intervient dans la deuxième moitié de 1987. Du 22 au 28 juillet, les deux capitales s'accordent sur l'option dite « double zéro globale », qui suppose l'élimination de tous les missiles de portée intermédiaire (500 à 5 500 km) en Europe, mais aussi en Asie. Le 8 décembre 1987, au cours d'un troisième sommet Reagan-Gorbatchev à Washington, est signé un traité sur l'élimination des missiles intermédiaires, SS-20 et Pershing-2. C'est le premier accord, historique, de véritable désarmement de l'ère nucléaire, même s'il ne porte que sur 4 % des arsenaux nucléaires, les textes précédents, notamment celui de 1972, ne s'étant soucié que de limiter la course aux armements, alors qu'il s'agit là de détruire des armes existantes. Le 22 septembre 1989, Moscou annonce sa renonciation à lier la conclusion d'un accord START à l'abandon par les États-Unis de l'IDS ; le 31 juillet 1991, au cours du quatrième sommet Bush-Gorbatchev, à Moscou, le traité START, en négociation depuis neuf ans, prévoit le réduction de 25 à 30 % des armements nucléaires stratégiques américains et soviétiques, ce qui constitue le plus important accord de désarmement nucléaire jamais conclu. Une fois appliqué, le traité laissera tout de même entre 8 000 et 10 000 têtes stratégiques à chacun des deux signataires, et certaines catégories de matériels, missiles de croisière ou missiles aéroportés, sont peu limitées. Mais les accords entre les États-Unis et les nouveaux pays issus de l'ex-URSS, en décembre 1991 et juin 1992, iront au-delà même des dispositions du traité START.

La contrepartie du traité de 1987, aux yeux de l'Europe de l'Ouest, résidait dans la diminution de sa protection face aux divisions et aux armements conventionnels et chimiques du Pacte de Varsovie, beaucoup plus importants que ceux de l'OTAN. C'est sur ce dernier terrain que les discussions vont le plus progresser, les 7 et 8 décembre 1988, pour le cinquième sommet entre Reagan et Gorbatchev : ce dernier annonce alors à la tribune de l'Assemblée générale des Nations Unies la réduction unilatérale de 10 % (500 000 hommes, dont 50 000 stationnés en RDA, Hongrie et Tchécoslovaquie) des forces militaires de l'URSS, ainsi que le retrait d'Europe de 10 000 chars.

Peu après, les 17-19 janvier 1989, **la troisième Conférence-bilan sur la sécurité et la coopération en Europe (CSCE),** réunie depuis novembre 1986 à Vienne, et regroupant les 35 pays de l'acte final d'Helsinki, s'achève en donnant mandat aux seize membres de l'OTAN et aux sept du Pacte de Varsovie de se réunir en mars à Vienne pour y entamer des négociations sur la stabilité conventionnelle (NSC), destinées à rechercher un équilibre des forces classiques, à un niveau réduit, en Europe ; le document final prévoit de « garantir à tous le respect des droits de l'homme et des libertés fondamentales ». Le 13 février 1990, les ministres des affaires étrangères des vingt-trois pays, réunis à Ottawa pour l'accord sur le « ciel ouvert » (libre survol par l'aviation de l'OTAN des territoires du Pacte de Varsovie, et *vice versa*), concluent un accord fixant un plafond de 195 000 hommes pour les troupes soviétiques et américaines dans la « zone centrale » de l'Europe (+ 30 000 soldats américains au maximum dans le reste de l'Europe). Enfin, à la suite d'une proposition soviétique faite peu après le sommet de Malte entre George Bush et Mikhaïl Gorbatchev (2-3 décembre 1989), se réunit à Paris du 19 au 21 novembre 1990 le deuxième sommet de la CSCE après celui de Helsinki en 1975 : les vingt-deux pays (il n'y a plus alors qu'une Allemagne) y signent le 19 un traité sur la réduction des forces conventionnelles en Europe (FCE), qui établit pour 1994 la parité des arsenaux classiques entre les deux alliances militaires.

2. La fin de la guerre froide

Du 19 novembre 1985 au 31 juillet 1991 : le chemin parcouru à marches forcées est immense. Les commentateurs les plus divers ont parlé de fin de la guerre froide. Avec quelle pertinence ? La mécanique du désarmement, sans précédent historique, ne suffirait sans doute pas à étayer leur démonstration. Il faut y joindre les nouvelles élaborations doctrinales, marquées par le thème de la fin des idéologies, l'effondrement du Pacte de Varsovie puis de l'URSS, le règlement de nombreux problèmes et de conflits régionaux, l'un strictement contemporain de la guerre froide, le problème allemand, les autres apparus pour la plupart à la fin des années soixante-dix.

► **La guerre froide et ses avatars postérieurs sont probablement morts d'abord dans les esprits.** Les dirigeants et idéologues de la *perestroïka* (Gorbatchev, Chevardnadze, Iakovlev chargé en 1988 du département des relations extérieures au Comité central du PCUS, Vadim Medvedev, le responsable de l'idéologie, etc.) ont multiplié les déclarations minant les thèses de l'automne 1947 voire l'analyse léniniste des relations internationales. Gorbatchev déclare pour le 70e anniversaire de la révolution d'Octobre (2 novembre 1987) que « l'analyse de la situation en termes de systèmes opposés est désormais impossible » ; Chevardnadze le confirme en juillet 1988 : « la rivalité des deux systèmes ne peut plus être considérée comme la tendance principale de notre époque ». Et le 7 décembre 1988 Gorbatchev évoque à la tribune de l'ONU la « désidéologisation » des relations internationales, la « suprématie de l'idée universelle » et l'impossibilité de « maintenir des sociétés fermées », après avoir écrit dans son « best-seller » de l'automne 1987, *Perestroïka,* que les « différences idéologiques ne devraient pas être reportées sur la sphère des relations internationales ». Apologie du capitalisme occidental et de cet « humanisme bourgeois » jadis si décrié ? Au moins l'enterrement du jdanovisme et de ses succédanés, impliquant un regard toujours plus critique sur les positions internationales du passé. Ces thèses ont vite trouvé leur application sur divers terrains.

► **Le plus spectaculaire étant l'Allemagne et l'Europe où l'on a assisté, en deux ans, à l'effondrement du glacis communiste.** Diverses révolutions non violentes, à l'image de la « Révolution de velours » tchécoslovaque, éliminent en douceur, sauf en Roumanie où une insurrection triomphe des Ceaucescu, les régimes socialistes d'Europe de l'Est, de la Pologne à l'Albanie. Après diverses péripéties dont l'autorisation donnée par la Hongrie, le 10 septembre 1989, aux milliers d'Allemands de l'Est se trouvant sur son territoire de gagner le pays de leur choix, les autorités de la RDA décident l'ouverture de leur frontière avec la RFA, le 9 novembre 1989, nuit d'allégresse autour du Mur devenu inutile et qui sera bientôt abattu. L'unification allemande s'impose alors irrésistiblement : les cérémonies officielles ont lieu le 3 octobre 1990, les traités ayant été paraphés à Berlin-Est et Moscou dans les semaines précédentes, et l'URSS s'étant engagée à retirer ses soldats de l'ex-RDA avant la fin de 1994 en échange d'une forte indemnité. Gorbatchev a accepté le 16 juillet l'appartenance de l'Allemagne unifiée à l'OTAN. Le 25 février 1991, les ministres des Affaires étrangères et de la défense des pays membres du pacte de Varsovie décident la dissolution de ses structures militaires ; le 1er juillet suivant, la dissolution totale de l'alliance est acquise, trois jours après celle du CAEM. Le 15 avril 1991, la BERD, Banque européenne pour la reconstruction et le développement, créée pour aider sept pays de l'Europe de l'Est dont l'URSS, est inaugurée à Londres ; un an après, le 27 avril 1992, est approuvée l'entrée des Républiques issues de l'ex-URSS, dont la Russie, au Fonds monétaire international (FMI) et à la Banque mondiale. Cette seule énumération dit assez l'ampleur des bouleversements et, en quelque sorte, le « démontage » systématique des structures de la guerre froide, quarante ans après.

► **C'est ensuite dans le Tiers Monde que des conflits majeurs de la fin des années soixante-dix ont trouvé une solution** à la suite de pressions conjointes de l'URSS et des États-Unis. L'ONU joue aussi son rôle, en retrouvant sa légitimité et son efficacité dans la deuxième moitié des années quatre-vingt, sous le secrétariat général du Péruvien Javier Perez de Cuellar (1981-1991) ; le symbole en est l'attribution du prix Nobel de la Paix aux casques bleus en 1988, année faste pour le règlement des conflits régionaux ou l'ouverture de négociations. En Asie, l'essentiel est le retrait soviétique d'Afghanistan. L'accord du 14 avril 1988, signé à Genève par l'Afghanistan, le Pakistan, l'URSS et les États-Unis, en présence du secrétaire général de l'ONU, prévoit le retrait des 115 000 soldats soviétiques ; l'opération est achevée à la date fixée, le 15 février 1989. L'URSS a donné là un gage essentiel de sa bonne volonté, et s'est libérée d'un véritable drame intérieur qui était devenu sa guerre du Viêt-nam.

Le règlement du conflit cambodgien ressemble vaguement au cas précédent ; l'accord de Pékin, le 17 juillet 1991, met un terme au conflit qui opposait les vietnamiens occupant le pays depuis 1979, avec la bénédiction soviétique, et la coalition des mouvements de résistance (dont les Khmers rouges et les partisans du prince Norodom Sihanouk), soutenus par les Chinois ; de son discours de Vladivostok (1986) à sa visite à Pékin en mai 1989, Gorbatchev avait du reste œuvré à un rapprochement sino-soviétique.

Les deux Corée, enfin, posent successivement leur candidature à l'ONU dans l'été 1991 ce qui ouvre la voie à une éventuelle réunification pacifique du pays, qui pourrait être appelée à se dérouler « à l'allemande », en faveur de la Corée du Sud, plus peuplée et infiniment plus riche et dynamique que sa rivale du Nord.

► **D'autres brasiers, plus ou moins directement liés à la guerre « fraîche » s'éteignent ou s'assoupissent,** comme au Sahara occidental ou en Chypre. Le très meurtrier conflit entre l'Iran et l'Irak, entretenu depuis 1980 par les grandes puissances occidentales, prend fin le 20 août 1988. Au Nicaragua, un cessez-le-feu est conclu entre le pouvoir sandiniste et la *Contra* nicaraguayenne, pour deux ans, le 24 mars 1988 ; le 25 février 1990, les élections présidentielles sont remportées par Violeta Chamorro, et les sandinistes s'effacent pacifiquement. En Afrique, le pouvoir marxiste de Menguistu disparaît en Éthiopie et le président de l'Angola signe avec le chef des rebelles de l'Unita un accord de cessez-le-feu qui met fin à une guerre civile durant depuis quinze ans (mai 1991) ; un an auparavant, le 21 mars 1990, la Namibie avait accédé à l'indépendance après soixante-quinze ans d'occupation sud-africaine et vingt-trois ans de guérilla.

L'abolition de l'*apartheid* en 1991, fait suite à la libération de Nelson Mandela par le président de Klerk (1990). Les grands lois de ségrégation sur la terre et l'habitat séparé, et sur la classification de la population, sont abolies. En 1992, près de 70 % de la population blanche se prononcent par référendum pour le soutien aux négociations et aux réformes engagées par Frédérik De Klerk, président du pays depuis septembre 1989. Les premières élections multiraciales et démocratiques se déroulent normalement en avril 1994 ; le parti présidé par Nelson Mandela, le Congrès national africain (ANC) arrive en tête avec près de 63 % des suffrages, et le 10 mai Mandela devient le premier président noir d'une Afrique du Sud pleinement réintroduite dans le concert des nations et appelée à devenir la grande puissance économique au sud du continent.

► **La fin de la guerre froide est une certitude.** Et peut-être, à distance, André Fontaine a-t-il eu raison de dater de 1917 les débuts de ce conflit d'un type nouveau, avec l'arrivée au pouvoir d'un parti estimant qu'il y avait entre lui et le capitalisme, un antagonisme fondamental, parallèle à celui qui sépare les classes dans leur lutte. La fin de l'empire soviétique, du PCUS, de l'URSS elle-même, venant à la suite de la « nouvelle pensée » gorbatchévienne en matière de relations internationales, signe bien la fin de la confrontation entre deux messianismes, deux systèmes, deux « camps » ; le double qui-vive de l'après-guerre n'a plus de raison d'être. Chevardnadze reconnaît la défaite du modèle soviétique en 1988 : « L'avantage revient en dernière instance à la société disposant des ressources intellectuelles et créatrices les plus importantes, capables de générer les principales idées du monde moderne. » N'a-t-on pas prêté ce cri de victoire à Ronald Reagan à son départ de la Maison Blanche, quand il lui fut demandé ce qui lui paraissait le plus important dans son œuvre : « j'ai gagné la guerre froide » ?

Cette victoire est théorisée par un haut fonctionnaire au service de planification du département d'État américain, Francis Fukuyama, dans un article de la revue conservatrice *National Interest* intitulé *La fin de l'histoire ?* (été 1989). À ses yeux, le libéralisme, politique et économique, issu des révolutions américaine et française, a remporté les deux défis que lui ont lancés au XXe siècle le fascisme, premier disparu, et le marxisme-léninisme ; la démocratie, inséparable de la société de consommation, est appelée à régner à jamais – c'est la fin de l'Histoire : « Les grandes ambitions d'autrefois seront remplacées par le calcul économique, par la solution sans fin des problèmes techniques, des préoccupations écologiques et la satisfaction des besoins sophistiqués des consommateurs. » La planète entrerait, à des dates variables selon les sociétés, dans l'ennui de la fin de l'Histoire : une sorte de *1984* de la société de consommation.

L'essai s'inscrit dans la filiation hégélienne de la *Phénoménologie de l'Esprit* : c'est dire qu'il relève plus d'une philosophie de l'histoire que l'histoire réelle, dans sa violence et son désordre, risque fort de contredire, comme ce fut le cas dès 1991 sur les décombres du communisme est-européen. L'ancien dissident devenu président de la Tchécoslovaquie, Vaclav Havel, avait averti, dans *Histoire et totalitarisme*, l'un de ses *Essais politiques* (1989) : « le pouvoir totalitaire a apporté "l'ordre" bureaucratique dans le désordre vivant de l'Histoire, en conséquence de quoi il l'a nécrosée en tant qu'Histoire. Le gouvernement a pour ainsi dire nationalisé le temps, grâce à quoi celui-ci a été frappé du triste destin de tant d'autres choses nationalisées : il s'est mis à dépérir ». L'Histoire renaît donc, précisément, de la mort du communisme : le retour de la guerre sur le continent européen confirme l'analyse de Havel.

3. Nouveau désordre mondial et retour des nations depuis 1991

► **La définition d'un « nouvel ordre mondial » semble prioritaire en 1990-1991.** Dans *Perestroïka,* Gorbatchev avait mis en avant la « suprématie de l'idée universelle » face notamment à des préoccupations communes telles que l'effet de serre ou un peu plus tard la pandémie du Sida. L'ONU renaissante devait en être le maître d'œuvre, mais son impuissance est bien vite réapparue. On peut ranger à son actif au moins la gestion de la crise puis de la **guerre du Golfe, en 1990-1991** et l'ouverture de négociations entre Israël et les pays arabes qui l'a suivie.

L'invasion du Koweit par l'Irak (2 août 1990), immédiatement condamnée par le Conseil de sécurité de l'ONU, et par un appel commun des Américains et des Soviétiques à prendre des mesures concrètes contre l'Irak (3 août), entraîne la constitution d'une coalition qui aligne sur le terrain aussi bien des Syriens, alliés traditionnels de l'URSS, que 400 000 Américains. Le 3 avril 1991, après l'écrasement des troupes irakiennes, seul Cuba vote contre la résolution du Conseil de sécurité de l'ONU fixant les conditions d'un cessez-le-feu définitif dans la guerre du Golfe. On laisse en revanche le régime irakien écraser la révolte de sa minorité chiite ; quant aux Kurdes, répandus en Irak et surtout en Turquie, ils sont victimes de la répressions de la part de ces deux États.

L'une des conséquences de la guerre du Golfe est l'ouverture d'une conférence de paix israélo-arabe à Madrid, en octobre 1991, sous les auspices des États-Unis et de l'URSS dont c'est l'un des derniers actes. Ce processus aboutit le 13 septembre 1993 à la reconnaissance mutuelle entre Israël et l'OLP ainsi qu'à la signature de la Déclaration de principes sur l'autonomie des territoires occupés. Les accords du Caire en 1994 et de Taba en 1995 font entrer cette autonomie dans les faits.

► **Face à ces réussites incontestables, les zones d'ombre ne manquent pas.** Les désordres sociaux que certains avaient pu redouter ne se sont pas produits, pas même en Russie, en dépit de la brutalité de la transition économique.

C'est l'irrésistible retour du nationalisme qui est le principal facteur de désordre. L'internationalisme et la fraternité entre les peuples affichés par le régime soviétique et ses alliés apparaît rétrospectivement comme une simple façade dont seul le totalitarisme a prolongé artificiellement la survie. En réalité, tant l'URSS que la Yougoslavie, mais aussi la Tchécoslovaquie, héritières selon les cas de la Russie et de l'Autriche-Hongrie, ont échoué à bâtir une supranationalité capable de transcender les anciennes nationalités, croate, serbe, slovaque, etc. Ces dernières ont resurgi, intactes, voire exaspérées, de quarante années de fausse stabilisation communiste. Comme toujours dans les nationalismes, les mémoires sont plus longues que les régimes : les Serbes n'ont pas oublié les excès commis par les bandes des *Oustachis* croates pendant la Seconde Guerre mondiale, pas plus que les Slovaques leur désaccord profond avec les élites tchèques durant l'entre-deux-guerres. Comme après 1920, la plupart des États d'Europe centrale et orientale abritent sur leur sol des minorités nationales qui peinent parfois à obtenir la reconnaissance de leurs droits. C'est le cas des Hongrois en Transylvanie (aujourd'hui en Roumanie) et en Slovaquie, territoires que Budapest administrait, fermement, au temps de l'Autriche-Hongrie. C'est aussi le cas des Albanais du Kosovo, une région que les Serbes entendent d'autant plus dominer qu'ils la considèrent comme le foyer historique de leur État au temps de la lutte contre les Turcs. Les rivalités nationales sont souvent aggravées par les dissensions religieuses : face aux Roumains et aux Serbes orthodoxes, les Albanais sont en majorité musulmans, les Hongrois calvinistes ou catholiques.

► **Dans certains cas, les divorces se sont accomplis à l'amiable.** L'ancienne URSS, devenue en 1991 Communauté des États Indépendants (CEI), a laissé dans un premier temps bon nombre de ses anciennes républiques proclamer leur indépendance : c'est le cas des trois pays baltes, Lituanie, Lettonie, Estonie, qui n'avaient joui d'un tel statut que dans l'entre-deux-guerres ; mais aussi de la Biélorussie, de la Moldavie, de l'Ukraine, de la Géorgie, de l'Arménie, de l'Azerbaïdjan, etc. La République tchèque et la Slovaquie se sont séparées le 1er janvier 1993, sans avoir du reste consulté leur population.

La Tchécoslovaquie, surgie en 1918 par la volonté de Thomas Masaryk et d'Edvard Benès, n'avait jamais réussi à intégrer les Slovaques, aussi farouchement catholiques que les pères de l'État affichaient, eux, des positions laïques, issues de leur opposition à la catholique Autriche d'avant 1918 et de l'héritage hussite hautement revendiqué. La République Tchèque tente aujourd'hui d'apurer tout contentieux avec son voisin allemand, mais le règlement de la question des Sudètes (massivement expulsés après 1945) laisse apparaître de part et d'autre réticences et blessures de la mémoire.

On peut citer aussi la Belgique et le Canada, deux cas pourtant bien dissemblables, mais qui attestent pareillement du renouveau des nations et d'une capacité à régler pacifiquement les différends. La Belgique, après des années d'affrontement entre Flamands et Wallons, s'est engagée dans une expérience délicate de fédéralisme qui annonce peut-être la fin de l'État-nation issu de décennies de construction unitaire ; l'Espagne, mais aussi l'Italie, qui a vu récemment se développer les récriminations de la Ligue du Nord, pourraient être appelées à développer des expériences voisines. Déjà État fédéral, le Canada, pour sa part, a manqué de voir le Québec devenir indépendant : le non ne l'a emporté qu'à 50,6 % des suffrages au référendum organisé en octobre 1995, et la question reste ouverte.

► **Ailleurs, le retour des nationalismes s'est accompagné de guerres et de tragédies.** C'est le cas en Haut-Karabakh, que se disputent depuis 1988 Arméniens et Azéris, mais aussi dans le Caucase, entre Géorgiens et Abkhazes, entre Tchétchènes et Russes lors d'une guerre de deux ans (décembre 1994 -août 1996), désastreuse pour Moscou, et qui a fait plus de 40 000 morts.

Le principal foyer se situe dans l'ex-Yougoslavie. L'ancien royaume des Serbes, Croates et Slovènes (son appellation officielle jusqu'en 1929) avait tenté de faire coexister des nationalités entre lesquelles les différends étaient déjà anciens, en dépit de la mise au point d'une langue commune, le serbo-croate, au milieu du XIXe siècle. La Yougoslavie comprenait avant son éclatement six Républiques (Bosnie-Herzégovine, Croatie, Macédoine, Monténégro, Serbie, Slovénie), elles-mêmes constituant autant de mosaïques de peuples et de religions. Le 25 juin 1991 les deux républiques occidentales, la Slovénie et la Croatie, proclament leur souveraineté, bientôt reconnue par les principales puissances, à commencer par l'Allemagne. L'armée « fédérale » de Yougoslavie, en fait dominée par les Serbes, vient en aide dès juillet 1991 aux miliciens Serbes de Croatie qui ont pris les armes contre les nouvelles autorités : la guerre commence. Elle se solde par d'importantes conquêtes territoriales des Serbes aux dépens de la Croatie (en Slavonie et en Dalmatie, limitrophes de la Serbie) et de la Bosnie, avant que le sort des armes ne bascule au profit des Croates dans l'été 1995.

Les principales victimes du conflit sont les populations civiles musulmanes de Bosnie, prises au piège durant des années de siège cruel à Sarajevo et dans diverses enclaves confiées à la garde (insuffisante) des casques bleus dépêchés par l'ONU. Les séparatistes serbes de Bosnie, longtemps couverts par leurs « frères » de Belgrade, ont engagé plusieurs vagues de « purification ethnique » (viols et assassinats collectifs et systématiques) qui ont fait resurgir en Europe le spectre des camps de concentration nazis et des crimes contre l'humanité. L'émotion est assez vive pour que la communauté internationale se décide à réagir, en 1995, confiant à l'OTAN le soin de mener des opérations ponctuelles de représailles, établissant à La Haye un tribunal international pour juger les responsables des atrocités commises en Bosnie, imposant enfin aux belligérants un plan de paix : c'est l'accord de Dayton, signé en septembre 1995 par les présidents bosniaque, croate et serbe. Les armes se sont tues en ex-Yougoslavie mais le danger du nationalisme est partout présent, qui rêve d'une adéquation parfaite entre une « race » (souvent doublée d'une religion) et un territoire, et semble ne plus vouloir des identités plurielles dont la Bosnie aujourd'hui amputée et traumatisée offrait naguère l'exemple.

► **L'opinion publique internationale a déchanté tout au long de la première moitié des années quatre-vingt-dix.** L'effondrement du communisme a permis à de vieilles failles de rejouer, des Balkans au Caucase, ce dernier plus mêlé et plus troublé encore s'il est possible que la vieille poudrière. La Russie elle-même, après quelques années de franche coopération avec l'Occident, a durci le ton. Communistes et nationalistes s'opposent pareillement à l'alignement sur les valeurs de l'Ouest, à l' « humiliation » de l'ancienne grande puissance : c'est le discours d'un Vladimir Jirinovski ou d'un Alexandre Lebed. Les élections de 1996 voient la victoire de Boris Eltsine, Jirinovski dont l'étoile pâlit, obtient 5 % des voix et le général Lebed

15 %. L'URSS ne faisait peut-être que cacher une Russie dont les ambitions impérialistes ont été affirmées tout au long du XIXe siècle, et dont le retour s'annonce, en même temps que celui des nationalismes rivaux.

La Chine n'est pas sans susciter des interrogations voisines. Le communisme n'y est pas mort et a montré, en 1989, en envoyant les chars déloger les étudiants de la place Tian An Men, qu'il n'avait pas plus d'états d'âme qu'aux grandes époques du maoïsme et du stalinisme. De même Pékin reste-t-il toujours aussi vigilant face à Taïwan et à ses soutiens occidentaux. Mais ce communisme a cessé de honnir le capitalisme qui a désormais droit de cité en Chine, sous l'étroit contrôle du Parti communiste. Faut-il y voir la promesse d'une évolution positive, le libéralisme politique voyageant dans les fourgons du libéralisme économique ? Ou, tout au contraire, la redoutable alliance de deux systèmes méprisant l'individu et durs aux plus fragiles ? On sait que les membres des anciennes *nomenklaturas,* de l'ex-Europe communiste se sont souvent convertis avec éclat au capitalisme sauvage. Quant au brutal réveil du nationalisme chinois, nié par les autorités, il ne manque pas d'inquiéter au Japon comme aux États-Unis, et plus globalement dans une opinion occidentale très sensible au drame du Tibet et à la résistance incarnée par le Dalaï-Lama.

Deng Xiaoping (1904-1997) a été l'homme de la libéralisation en Chine. Fils de hobereau du sud-ouest du pays, il débarque en France en 1920 et travaille dans diverses entreprises, dont Renault. Agitateur communiste, il passe en URSS en 1926 avant de regagner la Chine où il accompagne Mao Zedong dans sa lutte contre Tchang Kaï Chek, notamment au moment de la Longue Marche, puis au lendemain de 1945. Devenu secrétaire général du Parti communiste chinois, Deng organise la purge de 1957 contre les « droitistes » (500 000 intellectuels envoyés dans des camps). Il n'en est pas moins victime de la révolution culturelle lancée par Mao, tout en échappant à la mort (qui frappe son fils aîné). Deng refait surface en 1973, comme dauphin de Zhou Enlai. La disparition de ce dernier, celle de Mao en 1976, l'arrestation de la « bande des quatre » et finalement l'effacement de Hua Guofeng font de Deng Xiaoping le maître suprême de la Chine à partir de la fin de 1978. Il fait juger pour « crimes contre-révolutionnaires » la veuve de Mao et les autres membres de la « bande des quatre » et engage la révision de la doctrine marxiste, avant de lancer résolument la Chine dans le « socialisme de marché » et dans l'affirmation sur la scène internationale. Le développement est au rendez-vous, avec ses inégalités (les villes et non les campagnes, les nouveaux riches et les nouveaux pauvres), et une aspiration à la réforme politique que Deng fait écraser par les chars (1989). Capitalisme et nationalisme « rouges », depuis, continuent à s'affirmer en Chine.

L'interposition des casques bleus de l'ONU, la délicate définition, sur initiative française, d'un « droit d'ingérence humanitaire », la constitution à La Haye d'un tribunal international pour juger les responsables des massacres ethniques en ex-Yougoslavie comme au Rwanda semblent parfois impuissants à réfréner la violence à l'œuvre en cette fin de siècle. La fin de l'histoire n'a évidemment pas eu lieu : elle continue bien, à Sarajevo, à Grozny, à Moscou, à Alger, à Kaboul..., cette histoire de bruit et de fureur, de nations et de religions, que le capitalisme international n'est évidemment pas parvenu à embaumer dans les délices de la société de consommation.

Approfondir

LECTURES

- On ajoutera aux titres cités au chap. 17 le précis de A. de Tinguy, 1972. *USA-URSS : La détente*, Paris, Complexe, 1985, et les « Que sais-je ? », de C. Delmas, *La coexistence pacifique,* Paris, PUF, 1980 et *Le second âge nucléaire,* Paris, PUF, 1974 ainsi que Ch. Zorgbibe, *Le monde depuis 1945,* Paris, PUF, 1980, et *L'après-guerre froide dans le monde*, « Que sais-je ? », 1993. Du même auteur, *Histoire des relations internationales*, t. 4, *De 1970 à nos jours*, Hachette, « Pluriel/Référence », 1995. De M. Lefebvre, *Le jeu du droit et de la puissance,* Paris, PUF, coll. « Major », 1997.
- D'accès moins direct car plus personnels, A. Fontaine, *Un seul lit pour deux rêves. Histoire de la « détente », 1962-1981,* Paris, « Points-Seuil », 1984 ; A. Fontaine, *Après eux le déluge, de Kaboul à Sarajevo, 1979-1995,* Paris, Fayard, 1995 ; J. Ellenstein, *La paix froide. Les relations États-Unis/URSS depuis 1950,* Paris, Londreys, 1988. Citons enfin P. Milza, *Le nouveau désordre mondial*, Paris, Flammarion, 1983.
- À consulter notamment pour les questions régionales, J.-M. Lebreton, *Les relations internationales depuis 1968,* Paris, Nathan, 1988 (s'arrête à la fin de 1981) ; Ph. Moreau-Desfarges, *Les relations internationales dans le monde d'aujourd'hui. Les dérives de puissance* Paris, Éditions STH, 3e éd., 1989 ; de J-F. Soulet et S. Guinle-Lorinet, *Précis d'histoire immédiate. Le monde depuis la fin des années soixante*, Paris, Colin, 1989 ; J.-F. Soulet, *Histoire comparée des États commmunistes depuis 1945,* Paris, Colin, coll. « U », 1996.
- Pour la période la plus récente, M. Lefebvre et D. Rotenberg, *La genèse du nouvel ordre mondial : de l'invasion de l'Afghanistan à l'effondrement du communisme,* Paris, Ellipse, 1992, 304 p.
- Plus spécialisées, mais utiles, les mises au point de D. Artaud, *La fin de l'innocence, les États-Unis de Wilson à Reagan* (Colin, 1985) et Lévesque (J.), *L'URSS et sa politique internationale de Lénine à Gorbatchev* (coll. « U », Colin, 1988).

THÈMES DE RÉFLEXION

- La politique extérieure du général de Gaulle.
- Les relations États-Unis-URSS (1962-1991).
- Peut-on parler d'un « condominium américano-soviétique » entre 1953 et 1985 ?
- L'équilibre de la terreur (1945-1991).
- Nations et nationalismes au XXe siècle.
- Le monde depuis 1989 : faut-il regretter l'équilibre du temps de la guerre froide ?

Utiliser

Le problème allemand dans les relations internationales de 1945 à 1990

PRÉSENTATION

Un sujet classique sur une des « grandes questions » des relations internationales contemporaines. Les dates s'imposent d'elle-même et incite à choisir une démarche chronologique. La date de 1961 marquant l'apogée des tensions à la veille de la détente ouvre une parenthèse close le 9 novembre 1989. On aurait pu choisir le lancement de l'*Ostpolitik* de Willy Brandt. Un plan ternaire faisant apparaître les continuités avant d'examiner l'évolution historique est envisageable. La réponse à la question « qu'est-ce que le problème allemand ? » donne la problématique. *Le problème allemand est celui de l'État et de la Nation allemands : le premier est anéanti par la signature de l'acte de reddition du IIIe Reich et doit être reconstruit, l'autre est morcelée par l'occupation puis la partition et doit être réunifié.*

On peut noter que pour des raisons historiques et géographique ce problème est posé à l'Europe et aux Allemands depuis le milieu du XIXe siècle, mais bien entendu les circonstances ont varié. Voilà un « beau » thème de réflexion !

Le premier conflit grave de la guerre froide est le blocus de Berlin en 1948, et c'est à Berlin encore que se termine cette dernière en 1989. Mais dans le premier cas elle est un enjeu et se retrouve divisée ; dans le second, c'est l'afflux spontané des populations de l'ouest et de l'est de la ville qui transforme une mesure symbolique (l'ouverture du mur de Berlin) en véritable révolution. Comment mieux montrer que l'Allemagne est en passe de redevenir un acteur majeur des Relations internationales ?

I. L'Allemagne, terrain d'affrontement privilégié de la guerre froide, le paye d'une division qui s'annonce durable

1. La naissance du problème allemand est une conséquence du désaccord croissant entre les alliés de la guerre

► **L'Allemagne reste jusqu'en 1948 le lien majeur de la « Grande Alliance ».** Il faut rappeler qu'à Yalta et Potsdam un large accord se fait sur l'avenir immédiat de l'Allemagne (occupation, dénazification, démocratisation...), les points de désaccords portent alors sur l'Europe centrale. Le nazisme vaincu, ses responsables jugés à Nuremberg, l'Allemagne amputée et divisée en zones d'occupation, les vainqueurs se divisent sur l'ampleur de la dénazification, les prélèvements économiques, l'avenir du pays (abandon du plan Morgenthau de « ruralisation », la question des transferts de populations.

▸ **Si la guerre froide éclate sur d'autres prétextes (Grèce, Turquie), l'Allemagne est bien son principal terrain.** C'est en dehors de l'Allemagne que se produisent les cassures de 1947, mais les doctrines antagonistes (Truman et Jdanov) s'appliquent immédiatement à elle (création de la bizone, création du SED en zone soviétique, paralysie de la *Komandantura*). C'est à l'Allemagne que la définition de la guerre froide s'applique le mieux.

2. Et le Blocus de Berlin, en 1948, le premier face-à-face de la guerre froide

▸ **La crise de Berlin met fin au mythe de la « grande alliance ».** Il faut rappeller les raisons de Staline. Le déroulement doit être présenté non en lui-même (qu'importe le nombre de rotations et le tonnage transporté) mais dans la mesure où il influence l'évolution des relations Est-Ouest. Ce test majeur de la volonté des occidentaux échoue devant la détermination américaine, l'organisation réussie d'un pont aérien prouve la capacité des États-Unis d'intervenir ; la levée du blocus en 1949 montre que l'on peut résister aux pressions d'un État totalitaire : la leçon de Munich a été retenue : si Prague est tombée, Berlin est sauvé. Mais de part et d'autre on refuse d'aller jusqu'à l'affrontement sanglant et direct : les « règles » de la guerre froide sont posées.

▸ **À partir de 1949, la division des Allemagnes apparaît irréversible.** Chaque camp prépare la naissance d'une République autonome (rappeler brièvement, car il y a beaucoup à dire, les étapes en mentionnant la *Loi fondamentale* de RFA) et son intégration à la défense commune, OTAN (évoquer la question de la CED pour souligner que la question allemande soulève aussi des difficultés à l'intérieur des blocs) et pacte de Varsovie. La coexistence pacifique n'y change rien.

▸ **L'espoir d'une rapide réunification subsite près de dix ans.** K. Adenauer assure la renaissance de l'Allemagne en l'ancrant à l'Ouest (l'égalité des droit est reconnue en 1955, la doctrine Hallstein en 1955 affirme que la RFA rompra ses relations avec tout pays reconnaissant la RDA, la construction européenne en fait un partenaire de premier plan). Le miracle économique fait de la RFA la vitrine de l'Occident, alors que la RDA de W. Ulbricht devient le plus fidèle allié de l'URSS mais ne peut empêcher l'exode. C'est à ce propos que Khrouchtchev relancera le problème allemand à partir de 1957.

II. De l'érection du mur de Berlin jusqu'à sa chute et à la réunification, la question allemande est le baromètre des relations Est-Ouest

1. Le mur de Berlin fige les situations au bénéfice global de la RDA

► **L'édification du mur de Berlin (13 août 1961),** n'entraîne que des condamnations verbales à l'Ouest mais lourdes de menaces (cf. *« Ich bin ein Berliner »* qui souligne que les États-Unis ne toléreront aucun empiétement militaire.

► **Entre 1963 et 1969** la question allemande perd de son acuité internationale des évolutions discrètes se produisent (disparition de Adenauer, abandon de la doctrine Hallstein en 1966, affermissement de la Détente).

2. L'*Ostpolitik* rend possible un réaménagement des relations interallemandes dans le cadre de la Détente

► **L'*Ostpolitik*, est un des fruits de la Détente.** Elle débouche sur la normalisation des relations avec la Pologne (1969), l'URSS (1970) puis finalement sur le traité fondamental entre les deux Allemagne (1972). Les deux parties semblent avoir renoncé à tout espoir de réunification, et aménagent leur *modus vivendi,* grâce notamment à la puissance financière de Bonn.

► **L'*Ostpolitik* montre que la RFA n'est plus seulement un objet** des relations internationales mais qu'elle peut agir de sa propre initiative ce qui inquiète ses partenaires de la CEE.

► **L'*Ostpolitik* rend possible la réunion de la conférence d'Helsinki** qui reconnaît officiellement le *statu quo* en Europe.

3. Depuis le milieu des années soixante-dix, la RFA se présente comme un « pont entre l'Est et l'Ouest de l'Europe » (H. D. Genscher)

► **Jusqu'à l'arrivée de M. Gorbatchev** la situation politique ne change guère. La RFA intensifie ses liens avec l'Est et construit l'Europe avec l'Ouest. Mais le « problème allemand » demeure le baromètre de la détente (affaire des euro-missiles).

► **La perestroïka bouleverse le cours de l'histoire allemande.** M. Gorbatchev, très populaire à l'Ouest, refuse à la RDA la réédition à l'encontre de ses manifestants des opérations de Budapest ou Prague. Le dégel général de l'empire socialiste autorise, par Hongrie interposée, des passages massifs à l'Ouest puis la chute du Mur le 9 novembre 1989.

► **La réunification au bénéfice de l'Ouest en 1990 suivante fait de l'Allemagne le lien entre les diverses Europe.** L'Allemagne unie du chancelier Kohl est restée fidèle aux engagements, atlantiques et européens, de l'ex-RFA. En dépit d'une préoccupation première, la modernisation de l'ex-RDA, elle n'a pas tardé à affirmer une nouvelle puissance, économique et diplomatique, fondée sur d'évidents atouts géopolitiques. À l'image du Japon, l'autre vaincu de la Seconde Guerre mondiale, l'ancien « nain politique », mais déjà géant économique, a conquis des positions dominantes dans l'ancienne URSS et dans l'Europe de l'Est ; sur le plan diplomatique, elle a définitivement réglé le problème de la frontière avec la Pologne, signé un nouveau traité avec la Tchécoslovaquie, et été la première à reconnaître la Croatie et la Slovénie indépendantes.

Conclusion

Faut-il avoir peur de la nouvelle puissance allemande ? Certains agitent ces craintes au moment des accords de Maastricht. En tout, le problème allemand a changé de signification : du problème de la réunification que les Allemands se posaient, il est devenu le problème de la place de l'Allemagne en Europe qui inquiète certains de ses partenaires.

TROISIÈME PARTIE

Affaires françaises

12

Comment les Français sont devenus républicains ?

LES DÉBUTS DE LA IIIe RÉPUBLIQUE (1870-1919)

Connaître

1870	Proclamation de la République (4 septembre)
1871	Élection d'une Assemblée monarchiste
	Thiers nommé chef du pouvoir exécutif (8 février)
	Commune de Paris (18 mars-28 mai)
1873	Démission de Thiers
	Mise en place de l'ordre moral par Mac-Mahon (mai)
1875	Adoption des lois constitutionnelles (janvier-juillet)
1877	« Crise du 16 mai » : Mac-Mahon renvoie Jules Simon
1879	Démission de Mac-Mahon remplacé par Grévy (30 janvier)
	Amnistie des prisonniers de la Commune
1881	Établissement de la liberté de la presse (29 juillet)
	Établissement de l'école obligatoire, gratuite et laïque
1884	Loi autorisant la formation des syndicats professionnels
1887-1889	Crise boulangiste
1889	Exposition universelle : inauguration de la tour Eiffel (septembre)
1894-1906	Affaire Dreyfus
1895	Création de la CGT
1898	Zola, *« J'accuse »* (janvier)
1899	Gouvernement de « Défense républicaine » (juin 1899-juin 1902)
1900	Exposition universelle : mise en service du métro
1901	Fondation du parti radical et radical socialiste (juin)
	Loi sur les associations (juillet)
1905	Fondation de la SFIO (avril)
	Loi sur la Séparation de l'Église et de l'État (décembre)
1914-1917	Union sacrée (août 1914-septembre 1917)
1917	Clemenceau président du Conseil (novembre 1917-janvier 1920)

De 1870 à 1940, la IIIe République est étroitement liée aux guerres franco-allemandes : née de la défaite militaire qui emporte le Second Empire, elle est consolidée par la victoire de 1918 mais succombe au désastre de 1940. Avec elle prend fin l'instabilité chronique des institutions depuis 1789 : en dépit de crises graves, la IIIe République dure soixante-dix ans. La stabilité, politique, est aussi sociale, démographique et économique. Sous l'apparente uniformité de la période, trois phases se succèdent : de 1870 à 1879, la République s'installe, de 1879 à 1918, la République triomphe et de 1919 à 1940, la République s'enlise. Seules les deux premières intéressent ce chapitre.

I. Le régime républicain s'impose, dure et triomphe

La IIIe République marque le retour au pouvoir des idéaux révolutionnaires débarrassés des excès de la Terreur. Pour les républicains, la République n'est pas seulement un ensemble d'institutions, elle incarne des valeurs qui s'opposent à celles de l'Ancien Régime : la démocratie fondée sur la souveraineté populaire contre l'absolutisme de droit divin et la confiscation du pouvoir par les plus riches ; les libertés individuelles, le rationalisme et l'instruction publique contre l'assujettissement imposé par la superstition et l'ignorance volontairement entretenues ; l'État de droit contre les privilèges et l'arbitraire ; la petite propriété pour permettre à chacun d'accéder à l'aisance et donc à l'indépendance. Le choix qui est fait entre 1870 et 1879 est au sens propre un choix de société.

1. La République naît au milieu des dangers contraires de la Commune et de la restauration monarchique (1870-1879)

► **Le Second Empire succombe de la défaite militaire face à la Prusse de Bismarck.** Le 19 juillet 1870 le gouvernement impérial déclare la guerre à la Prusse, l'offensive projetée par l'empereur avorte et le pays est envahi. Le 1er septembre Napoléon III doit capituler à Sedan. À l'annonce de ce désastre, les Parisiens renversent l'Empire et acclament la République. Pourtant, quatre mois plus tôt, l'Empereur était plébiscité par les Français. Sa réforme instituant un Empire libéral à virtualité parlementaire et abrogeant la constitution autoritaire de 1852 avait recueilli 82 % de OUI. Le principal soutien de l'Empire est le monde rural. L'Empire a rallié les masses rurales par l'apparence de démocratie et les avantages matériels dont il a comblé les campagnes. Selon le mot de Gambetta, « l'Empire est plus fort que jamais », l'opposition subit une cruelle déception.

Les républicains et les monarchistes sont les deux composantes d'une opposition muselée. Les monarchistes sont partagés entre les *orléanistes,* partisans du comte de Paris, petit fils de Louis-Philippe, et les *légitimistes,* partisans du comte de Chambord, petit fils de Charles X. Les orléanistes acceptent les Lumières et l'héritage de 1789 (attachés au libéralisme politique et économique et au parlementarisme, catholiques mais non cléricaux) mais ils rejettent la Terreur et le socialisme. Les légitimistes souhaitent le retour à une société d'Ancien Régime, refusant le libéralisme sous toutes ses formes et s'appuyant sur l'Église catholique. Les républicains sont divisés en trois groupes : les *modérés ou libéraux,* prêts à faire des concessions à un Empire libéral (Émile Ollivier, Jules Favre), les *« radicaux »* qui ne pardonnent pas ses origines à l'Empire et qui réclament de profondes réformes politiques et sociales (Léon Gambetta et son « programme de Belleville », Jules Ferry, Jules Grévy) et quelques *révolutionnaires* dont certains sont socialistes (Blanqui, Eugène Varlin). Les républicains sont forts dans les grandes villes : aux élections de 1869, tous les députés de Paris sont républicains sauf Thiers, un ancien orléaniste, farouche adversaire de l'Empire.

La signification politique du Second Empire est ambiguë. Souvent présenté comme une dictature brutale, il doit cette réputation aux critiques de ses adversaires républicains (Victor Hugo, *Les Châtiments*), principales victimes de la répression qui a suivi le coup d'État du 2 décembre 1851. La légende noire se réfère au coup d'État, au despotisme des institutions (plébiscite, candidatures officielles), à la suspension des garanties élémentaires de la liberté individuelle (réunions et associations interdites, presse contrôlée), à la surveillance policière mais aussi à sa réputation d'immoralité (« la fête impériale »). Toutefois, comparée aux régimes totalitaires du XXe siècle, la dictature impériale semble relativement anodine et surtout le Second Empire a inscrit le suffrage universel dans la vie politique. La constitution de 1852 a rétabli le suffrage universel, instauré (mars 1848) puis restreint (mai 1850) par la IIe République. Le Second Empire a fait du suffrage universel le principe de toute légitimité. Lorsque l'Empire s'effondre, face au vide politique, il y a désormais un recours : la consultation du peuple souverain, mais c'est une formidable inconnue.

► **Le 4 septembre 1870 Paris impose la République au reste du pays.** Un « gouvernement de Défense nationale » composé d'élus républicains (Gambetta, Favre, Ferry) est installé.

Léon Gambetta (1838-1882), d'origine italienne et fils d'un épicier de Cahors, est arrivé à la force du poignet aux études supérieures qui l'on conduit à devenir avocat dans les dernières années de l'Empire (procès Baudin, 1868). Républicain intransigeant, il est élu en 1869 député de la Seine sur le « Programme de Belleville ». En septembre 1870, partisan de la guerre à outrance, il participe au « gouvernement de Défense nationale ». Le siège de Paris lui fournit l'occasion de prouver son courage personnel lors de son évasion en ballon, et son talent d'organisateur. Prodigieux orateur à la Chambre des députés, « commis voyageur de la république » (1871-1875), il est le grand vainqueur de Mac-Mahon lors de « la crise du 16 mai ». Mais sa personnalité l'écarte longtemps du pouvoir, auquel il accède seulement de novembre 1881 à janvier 1882 (« le grand ministère »). Sa mort prématurée l'empêche de donner toute la mesure de son talent.

Alors que Gambetta est favorable à la poursuite de la guerre à outrance, ce qui passerait par la levée en masse et l'instauration d'un Comité de salut public, la majorité du gouvernement qui s'est réfugié à Bordeaux négocie l'armistice signé le 28 janvier 1871. Bismarck refuse de signer la paix avec un gouvernement provisoire et les élections législatives du 8 février ont pour enjeu la paix que proposent les listes monarchistes (de la bourgeoisie libérale de Thiers aux monarchistes) ou la guerre que l'on attribue à l'ensemble des républicains, alors que seuls les gambettistes la souhaitent. Le résultat est sans équivoque : les monarchistes obtiennent 400 sièges sur 675. Réunie à Bordeaux, l'Assemblée nomme l'ancien ministre de Louis-Philippe, Adolphe Thiers « chef du pouvoir exécutif de la République française ». Thiers forme un gouvernement d'union qui compte des républicains modérés hostiles à Gambetta et des orléanistes. Le choix du régime est remis à plus tard (« pacte de Bordeaux » le 10 mars) car il faut régler deux problèmes : la paix qui sera signée à Francfort le 10 mai et le soulèvement de la Commune.

La Commune de Paris (18 mars - 28 mai 1871) est l'un des plus grands drames civils de l'histoire de France. Depuis le 19 septembre 1870 Paris assiégé et affamé est en état de semi-insurrection, l'armistice désastreux et les élections de février accentuent la coupure entre la capitale qui a élu des républicains avancés (Gambetta, Blanc, Tolain) et le reste du pays qui est aux mains des conservateurs. Thiers multiplie les maladresses ou les provocations (transfert de l'Assemblée à Versailles, paiement des loyers dus pour les mois de siège...). La tentative d'enlèvement des canons de Paris financés par une souscription populaire déclenche la révolte le 18 mars. Avec l'accord de Bismarck les troupes versaillaises encerclent la capitale où les Parisiens élisent le 26 mars une « Commune ». Les Communards sont divisés : certains sont des patriotes favorables à une dictature révolutionnaire, d'autres sont des socialistes membres de la Ire Internationale. Leur programme énonce de grands principes (séparation de l'Église et de l'État, instruction laïque et gratuite, dévolution de l'appareil productif aux syndicats). Après un mois d'escarmouches, les Versaillais donnent l'assaut : durant la Semaine sanglante, du 21 au 28 mai, chaque camp se livre à des atrocités dont le bilan dépasse 25 000 morts et 13 000 déportés en Algérie et en Nouvelle-Calédonie. Les conséquences de cet échec sont considérables : le mouvement socialiste est décapité pour une dizaine d'années mais la Commune et le mur des Fédérés au Père-Lachaise où ont été fusillés les derniers Communards entrent dans la mythologie socialiste et anarchiste européenne. À l'opposé, la répression a prouvé que la République pouvait maintenir l'ordre.

► **La question des institutions reste posée jusqu'en 1875.** Pendant que Thiers, qui a reçu le titre de « Président de la République » en juillet 1871, se consacre à la libération des 22 départements occupés par l'armée allemande jusqu'au versement des 5 milliards d'indemnités de guerre, le pays et l'assemblée se divisent sur le régime. Les élections partielles de juillet 1871 (99 sur les 114 sièges à pourvoir sont conquis par les républicains) montrent que les monarchistes, toujours divisés entre légitimistes et orléanistes, sont en passe de perdre la majorité dans l'opinion. En novembre 1872, Thiers et une partie des orléanistes, conscients des progrès de l'idée républicaine, se rallient à l'idée d'une république conservatrice. Condamnant cette rupture du pacte de Bordeaux, les droites renversent Thiers le 24 mai 1873. L'Assemblée élit président de la République le maréchal de Mac-Mahon, un légitimiste, qui confie au duc de Broglie le gouvernement dit de « l'ordre moral ».

L'ordre moral se fixe pour objectif de rétablir la monarchie. Pour cela un accord est trouvé entre les deux prétendants : le comte de Paris reconnaît le comte de Chambord comme seul représentant du principe monarchique et ce dernier sans enfant le reconnaît comme héritier. Avec l'appui de l'armée, des notables et de l'Église, les journaux républicains et les débits de boissons (foyers de républicanisme) sont surveillés, des fonctionnaires sont révoqués... Une atmosphère imprégnée de religiosité s'installe (la France est consacrée au Sacré-Cœur, la basilique de Montmartre est bâtie pour expier les crimes des Communards, la congrégation des Assomptionnistes dénonce le déclin de la religion et mobilise les foules catholiques lors de grands pèlerinages). L'intransigeance du comte de Chambord en faveur du drapeau blanc fait échouer le projet. Pour ménager l'avenir, les monarchistes prolongent les pouvoirs de Mac-Mahon pour sept ans (c'est l'origine du septennat). En même temps une commission est chargée de préparer des lois constitutionnelles. Les succès des républicains et des bonapartistes aux différentes élections partielles inquiètent les orléanistes qui préfèrent une République libérale à un Empire autoritaire. Ils se rapprochent du centre gauche républicain et votent les **lois constitutionnelles de 1875.**

Le 30 janvier 1875 l'amendement Wallon, voté à une voix de majorité fixe les conditions d'élection du président de la République : l'institution présidentielle est acquise et avec elle la République. La loi sur le Sénat (24 février), la loi sur l'organisation des pouvoirs publics (25 février) et la loi sur les rapports entre les pouvoirs publics (16 juillet) organisent les institutions républicaines. Elles forment ce que l'on appelle improprement la Constitution de 1875.

Les lois constitutionnelles de 1875 instituent une république parlementaire. Le pouvoir législatif est bicaméral : la Chambre des députés, élue au suffrage universel direct pour quatre ans et le Sénat, qui compte 75 sénateurs inamovibles nommés à vie et 225 autres désignés pour neuf ans par un collège électoral privilégiant les notables ruraux (députés, conseillers généraux et d'arrondissement, délégués communaux). Les deux chambres ont l'initiative des lois et les ministres sont responsables devant chacune d'elles. Réunies en Congrès, elles élisent le président de la République pour sept ans. Celui-ci dispose de larges pouvoirs : il nomme le gouvernement, il est le chef des armées, il partage avec les chambres l'initiative des lois, il peut dissoudre la Chambre des députés, mais il est irresponsable (ses actes sont contresignés par un ministre). Ces lois sont le fruit d'un compromis entre les républicains modérés, satisfaits de la mention du terme « République » et les orléanistes (le Président a les pouvoirs d'un monarque constitutionnel et le Sénat est le représentant de la France rurale conservatrice).

▶ **La crise politique du 16 mai 1877 permet de lever les dernières ambiguïtés.** L'Assemblée se sépare le 31 décembre 1875. Les nouvelles élections donnent des résultats contradictoires : au Sénat, les monarchistes ne conservent qu'une voix de majorité (151 conservateurs et 149 républicains) ; à la Chambre, les républicains l'emportent largement (360 sièges contre 160 aux droites). La Chambre républicaine est isolée face à la Présidence monarchiste et au Sénat conservateur : le conflit est inévitable.

La crise du 16 mai 1877 est ouverte par Mac-Mahon qui contraint le chef du gouvernement, Jules Simon, un républicain modéré à démissionner et le remplace par un nouveau gouvernement d'ordre moral dirigé par de Broglie. Le conflit porte sur l'étendue de l'autorité du Président : pour Mac-Mahon c'est un dirigeant élu, responsable devant le pays, et non un arbitre neutre, le gouvernement doit donc suivre ses vues et obtenir sa confiance ; pour les républicains, la tradition démocratique veut que la Chambre populaire soit l'organe prépondérant, le gouvernement doit donc en émaner. Lorsque la Chambre refuse la confiance au gouvernement, Mac-Mahon prononce la dissolution le 25 juin. Malgré de fortes pressions administratives et l'appui du clergé, 323 républicains sont élus contre 208 conservateurs. Comme l'avait prédit Gambetta durant la campagne, Mac-Mahon doit « se soumettre ». En décembre il appelle un républicain modéré, Dufaure, et accepte l'interprétation de la Constitution que celui-ci lui soumet : le droit de dissolution doit demeurer exceptionnel, le chef de l'État est irresponsable et les ministres ne sont responsables que devant les Chambres.

Le triomphe des républicains se confirme et le 30 janvier 1879, Mac-Mahon décide de « se démettre ». Il est remplacé par le républicain Jules Grévy qui renonce volontairement à exercer ses prérogatives constitutionnelles et accepte une conception ultraparlementaire du régime. Par la suite aucun Président ne s'écartera de cette ligne politique. Les républicains sont maîtres de tous les pouvoirs. Des mesures symboliques l'attestent : les pouvoirs publics regagnent Paris, le 14 juillet devient fête nationale et la *Marseillaise* hymne national à partir de 1880. Les élections de 1881 sanctionnent l'échec définitif des monarchistes qui n'obtiennent que 90 sièges.

2. La République opportuniste (1879-1899)

► **Les défenseurs de la République prennent le pas sur ses adversaires.** Les oppositions persistantes entre légitimistes, orléanistes et bonapartistes affaiblissent les monarchistes que la disparition du Prince impérial en 1879 et du comte de Chambord en 1883 privent de prétendants. Ils conservent cependant de fortes positions dans l'administration (magistrature, diplomatie), l'armée, l'Église (les congrégations forment des réseaux d'influence au service des idées monarchistes) et les classes supérieures qui conservent la haute main sur la presse.

Triomphants, les républicains se divisent entre *opportunistes* et *radicaux*. Tous partagent les idéaux démocratiques : l'égalité politique obtenue en 1848 avec l'instauration du suffrage universel, qui doit être consolidée, et l'égalité sociale garantie par l'accès à l'enseignement et une structure socio-économique quiritaire (de *quirite* qui était le petit propriétaire-citoyen des débuts de la république romaine). Les **républicains opportunistes** se contentent de cette base et n'envisagent des réformes plus poussées que dans la mesure où elles seront opportunes. Ils se satisfont de la Constitution, développent un programme économique prudent et limitent leur anticléricalisme au contrôle de l'influence de l'Église dans l'enseignement. Leurs électeurs appartiennent aux classes moyennes et à la bourgeoisie libérale. Les opportunistes se regroupent derrière Gambetta (à la tête du groupe parlementaire de l'Union républicaine qui regroupe les anciens radicaux assagis) et Jules Ferry (à la tête du groupe parlementaire de la Gauche républicaine qui regroupe les anciens républicains modérés). Aux élections législatives de 1881, ils enlèvent les trois quarts des sièges.

Jules Ferry (1832-1893) est né à Saint-Dié dans une famille très aisée. Avocat comme Gambetta, ses articles dans le *Temps* en font une des figures de l'opposition républicaine à l'Empire. Élu de la Seine au Corps législatif en 1869, il est maire de Paris durant le siège (« Ferry-Famine ») et est élu député républicain des Vosges en février 1871. Très actif lors de la crise du 16 mai 1877, il devient ministre de l'Instruction publique en 1879 et garde ce portefeuille lorsqu'il est président du Conseil (septembre 1880-novembre 1881, février 1883-mars 1885). Cet opportuniste libre penseur et franc-maçon attache son nom aux lois républicaines sur les libertés fondamentales, sur l'école publique ainsi qu'à la politique d'expansion coloniale (Tunisie, Madagascar, Tonkin). Attaqué par Clemenceau après le désastre de Langson (« Ferry-le Tonkinois »), il est renversé le 30 mars 1885. Sénateur en 1891, il devient président du Sénat quelques semaines avant sa mort en 1893.

Les radicaux, très minoritaires lors des élections de 1881 (50 élus contre 375 opportunistes) forment l'extrême-gauche parlementaire durant les premières années de la IIIe République. Ils veulent la « République démocratique et sociale » : ils réclament une révision de la Constitution (suppression du Sénat), prônent l'impôt sur le revenu et la nationalisation des services publics. Patriotes, ils sont hostiles à l'expansion coloniale ; profondément anticléricaux, ils font de la séparation de l'Église et de l'État le point essentiel de leur programme. Les radicaux recrutent leurs électeurs parmi le petit peuple des grandes villes (Paris est un de leurs bastions jusqu'en 1901). Clemenceau est leur principal orateur.

Georges Clemenceau (1841-1929) est issu d'une famille de médecins républicains de Vendée. Médecin à son tour, Clemenceau est élu maire de Montmartre en 1870 puis député radical en février 1871. Il tente en vain de trouver un terrain d'entente entre Communards et Versaillais puis démissionne. Réélu en 1876, il dirige le groupe des radicaux et se fait une réputation de « tombeur de ministères » opportunistes (Gambetta en 1882, Ferry en 1885) ce qui lui vaut de durables inimitiés. Il encourage les débuts politiques de Boulanger, mais prend ses distances à temps. Il est impliqué dans l'affaire de Panama et perd son siège en 1893. Il fonde *L'Aurore,* où il publie le 13 janvier 1898 la lettre de Zola « J'accuse » ce qui lui permet d'entreprendre une seconde carrière au Sénat en 1902. Il préside son « grand ministère » de 1906 à 1909. Sa fermeté face à la crise sociale lui vaut le surnom de « fusilleur de Draveil ». Renversé par une coalition de rencontre qui lui reproche son autoritarisme il attaque sans relâche les cabinets qui lui succèdent. En novembre 1917, Poincaré, qui le déteste, doit l'appeler à la présidence du Conseil pour redresser une situation critique. Son programme se résume en une phrase « Je fais la guerre ». Après avoir organisé la guerre totale, il préside la Conférence de la paix. Le « Tigre » est devenu le « Père la Victoire ». Cependant écarté de la présidence de la République en 1920, Clemenceau se retire en Vendée où il meurt en novembre 1929.

► **Maîtres du pouvoir les opportunistes consolident les institutions républicaines.** Leur œuvre essentielle concerne les libertés fondamentales et l'enseignement. En 1881 deux lois garantissent la liberté de réunion et la liberté de la presse (suppression de l'autorisation préalable, du délit d'opinion, de la suspension). En 1884, la loi municipale établit la publicité des séances des conseils municipaux et l'élection des maires au suffrage universel, sauf à Paris. Une révision constitutionnelle supprime les sénateurs inamovibles et déclare inéligibles les membres des familles ayant régné sur la France. Toutefois les opportunistes restent méfiants à l'égard des associations : la loi Waldeck-Rousseau de mars 1884 accorde la liberté d'association aux seuls travailleurs dans les syndicats ; les congrégations sont toujours soumises à autorisation.

L'école laïque est conçue comme un instrument essentiel pour enraciner les idéaux républicains : elle doit éloigner les enfants de l'influence réactionnaire de l'Église (la défaite de 1870 est attribuée à l'impréparation intellectuelle et morale des citoyens que le catholicisme tenait éloignés du siècle moderne) ; ressouder l'unité nationale déchirée depuis la Révolution et faire naître un patriotisme républicain. En 1880 J. Ferry, ministre de l'Instruction publique, impose un brevet de capacité aux enseignants du primaire, complète le réseau des Écoles normales et crée les Écoles normales supérieures de Fontenay-aux-Roses et Saint-Cloud. Le 16 juin 1881 est votée la gratuité des écoles primaires publiques, le 28 mars 1882 l'obligation scolaire de 6 à 13 ans et la laïcité de l'enseignement : « l'Instruction morale et civique » remplace l'instruction religieuse. En 1886 la loi Goblet impose la laïcité du personnel enseignant dans les écoles publiques. Un septième du budget est consacré à l'effort d'éducation. L'instituteur devient le « hussard noir de la République » (Péguy).

Cette œuvre, que complète la colonisation de l'Indochine, de l'Afrique et le protectorat sur la Tunisie épuise le programme des opportunistes, mais avant qu'elle ne porte ses fruits, ils doivent affronter plusieurs crises.

► **La République surmonte la crise boulangiste.** Elle éclate pendant la dépression économique qui sévit depuis 1881 et attise les mécontentements : agriculteurs concurrencés par les importations, catholiques marqués par le krach de l'Union générale (1882) attribué à des machinations de la banque protestante ou juive, ouvriers grévistes qui s'affrontent avec la troupe (Decazeville, 1886). Les élections de 1885 sont un semi-échec : les opportunistes ont besoin du soutien des radicaux pour gouverner, l'instabilité ministérielle qui s'installe attise l'antiparlementarisme. Le régime est discrédité par les scandales financiers comme le trafic des décorations auquel se livre Wilson, gendre de Grévy, qui oblige le Président à démissionner en 1887.

Le général Boulanger, ministre de la Guerre en 1886-1887 grâce à l'appui de Clemenceau, cristallise ces mécontentements et devient le premier des « hommes providentiels » qui ébranleront la IIIe République. Sa fermeté face à l'Allemagne lors de l'affaire Schnæbelé a fait de lui le porte drapeau du nationalisme et de la revanche (« général Revanche ») ; ses préoccupations sociales lui rallient les suffrages populaires ; les bonapartistes et les royalistes voient en lui un moyen d'enterrer la République. Son programme « dissolution, constituante, révision » séduit les électeurs qui l'élisent triomphalement à chacune des élections partielles où il se présente pour démissionner et recommencer un peu plus tard. Le 27 janvier 1889 il est triomphalement élu à Paris face à un radical. Ses partisans veulent le porter à l'Élysée mais Boulanger refuse le coup d'État et préfère attendre les élections générales prochaines. Cependant en quelques mois la passion de l'opinion s'éteint, le gouvernement change les règles électorales et discrédite Boulanger qui s'enfuit à Bruxelles où il se suicide en 1891.

Aux législatives d'octobre 1889 les républicains l'emportent : le boulangisme a vécu mais il laisse de nombreuses traces. Le nationalisme est devenu une valeur de droite ; les institutions parlementaires ont révélé leur grande fragilité et le thème d'une révision s'installe désormais dans l'opinion. Le radicalisme qui s'est opposé à Boulanger commence à perdre sa clientèle urbaine et parisienne au profit des socialistes et des nationalistes. Au contraire il s'enracine dans les campagnes et peut devenir un parti de gouvernement.

► **De nouvelles forces traversent la République.** La décennie 1890 voit d'abord un profond renouvellement du personnel politique en partie dû au scandale de Panama (1892). Une loi de complaisance, votée grâce à la corruption de certains parlementaires, permet à la Compagnie du canal de Panama en difficulté d'émettre un emprunt. L'affaire est montée en épingle par la presse de droite (*La Libre Parole* de Drumont) et alimente un antiparlementarisme latent. Beaucoup d'hommes politiques (Clemenceau, Rouvier) sont discrédités et écartés de la vie politique. En 1893, 190 nouveaux députés sont élus (Poincaré, Barthou, Delcassé). Qualifié de « progressiste » ce nouveau personnel politique est surtout l'adversaire des bouleversements sociaux et n'hésite pas à se tourner vers les catholiques ralliés à la République pour évincer les radicaux jugés trop favorables aux idées socialistes.

> **Le « ralliement »** est l'œuvre de Léon XIII soutenu par l'archevêque d'Alger, le cardinal Lavigerie. En 1892 le pape publie l'encyclique *Au milieu des sollicitudes* dans laquelle il invite les catholiques français à se rallier à la République. Il tire ainsi les conséquences de l'échec de la cause monarchique et met l'accent sur la nécessité de juguler le socialisme par le soutien à une République conservatrice. La majorité des fidèles et l'épiscopat réservent un accueil très mitigé au ralliement. Les « ralliés » n'obtiennent qu'une trentaine d'élus (anciens orléanistes) en 1893 mais au second tour des républicains modérés sont élus grâce à leurs suffrages. En réponse, la République modérée pratique une politique d'apaisement : le danger est désormais à gauche.

La question sociale change d'intensité et de nature entre la fin des années 1880 et 1910. Pour les contemporains, ce terme recouvre à la fois la misère populaire et le danger politique que cela représente.

Les facteurs d'explication de la question sociale sont multiples : au premier chef la « grande dépression » économique (1873-1896) connaît un sursaut dans les années 1880-1890, elle se prolonge ensuite par des crises conjoncturelles (1903-1904 et 1913) ou locales (crises viticoles dues au phylloxéra dans les années 1880, à la surproduction qui suit la reconstitution du vignoble en 1907). C'est aussi une période de transformation des structures : l'association du travail agricole et des activités semi-industrielles en milieu rural s'efface devant la concurrence de la grande industrie nationale (disparition de centaines de forges à bois de l'est du Bassin parisien après la découverte du bassin ferrifère de Briey) et des produits étrangers (draperie rémoise, bonneterie troyenne, soierie lyonnaise). La disparition des métiers à bras et la concentration dans les usines urbaines privent d'un complément de ressources la paysannerie pauvre au moment où les prix agricoles s'effondrent : la désindustrialisation du midi (des Alpes du Sud au Languedoc et aux Pyrénées) accélère l'exode rural. Les difficultés touchent aussi les grandes villes où les nouveaux venus, sans qualification cherchent du travail dans les grands établissements de banlieue (métallurgie et chimie de Gennevilliers, Saint-Denis en région parisienne, Vénissieux et Villeurbanne près de Lyon) : un véritable prolétariat comme celui que Marx avait observé un demi-siècle plus tôt en Angleterre commence à se développer à côté de la classe ouvrière traditionnelle.

La bourgeoisie libérale et les républicains font confiance aux institutions et aux réformes pour éteindre la misère ouvrière sans prendre conscience des nouvelles réalités. Stimulés par leur volonté de rechristianisation, certains milieux catholiques s'orientent vers le catholicisme social : Albert de Mun fonde les Cercles catholiques ouvriers (150 Cercles en 1878, 35 000 adhérents) mais il reste contre-révolutionnaire ; Frédéric Le Play rêve d'une société chrétienne où capital et travail se réconcilieraient grâce aux œuvres patronales. L'encyclique *Rerum novarum* publiée en 1891 par le pape Léon XIII encourage les catholiques à s'intéresser au monde ouvrier.

Le mouvement ouvrier paralysé après la Commune se reconstitue sur des bases nouvelles. La loi Waldeck-Rousseau de 1884 permet l'essor des syndicats professionnels qui se coordonnent dans la Fédération des syndicats (1886), proche des guesdistes. Parallèlement, Fernand Pelloutier crée en 1892 la Fédération des Bourses du travail qui sont au plan local des bureaux de placement, des lieux de réunion et d'information, et prônent l'indépendance syndicale et la grève générale. En 1895 la CGT (Confédération générale du travail) est constituée par le rapprochement des deux Fédérations, mais elle refuse la subordination au parti guesdiste. Sur le plan politique, Jules Guesde introduit les idées collectivistes de Marx dans le socialisme français qui les ignorait ou les refusait, mais le dogmatisme des guesdistes provoque de nombreuses scissions : possibilistes de Paul Brousse (1882), blanquistes autour d'Edouard Vaillant, Parti ouvrier socialiste révolutionnaire de Jean Allemane (1890) et socialistes indépendants (Millerand, Jaurès) qui préfèrent les réformes à la révolution. La création en 1883 du Parti ouvrier français (POF) par Guesde donne au courant socialiste sa première structure nationale (2 000 membres en 1889, 10 000 en 1893 répartis dans des sections locales) ce qui lui permet de drainer 40 % des voix socialistes mais seulement 2,5 % de l'ensemble des suffrages. Néanmoins le socialisme devient une force politique. La conquête de mairies dans le Nord et l'Allier lui permet de développer les services publics et les réalisations sociales : c'est le socialisme municipal. En 1893, 50 députés socialistes sont élus, surtout des « indépendants ». Cette percée politique effraie les républicains modérés, d'autant que le socialisme est volontairement confondu avec l'anarchisme dont les attentats défraient la chronique (attentats de Ravachol exécuté en 1892 ; Auguste Vaillant lance à la Chambre une bombe en 1893, le président Sadi-Carnot qui a refusé de le gracier est assassiné par Caserio en 1894). Les lois « scélérates » de 1894 permettent de réprimer efficacement l'anarchisme qui se replie dès lors vers le syndicalisme qu'il influence durablement.

3. La République radicale (1899-1914)

► **L'Affaire Dreyfus amène le Bloc des gauches au pouvoir.** De 1898 à 1899, l'Affaire Dreyfus déchire la France, à propos de ce qui n'était en 1894 qu'une banale affaire d'espionnage.

> **L'Affaire** commence en septembre 1894 lorsque le Service de renseignements détecte une fuite de documents militaires vers l'ambassade d'Allemagne. Accusé par le commandant Henry, le capitaine Dreyfus, un officier juif d'origine alsacienne, est condamné au bagne à perpétuité. La presse se déchaîne contre lui et l'opinion unanime le tient pour coupable. Cependant en 1896, le nouveau chef du Service de renseignements, Picquart démasque le véritable coupable, le commandant Esterhazy. L'armée

décide d'étouffer cette découverte car elle estime ne pas pouvoir se déjuger sans mettre en péril son honneur et donc la sécurité nationale. En 1897, Picquart révèle son secret mais Esterhazy est acquitté par un Conseil de guerre en janvier 1898. Le 13 janvier, Zola, convaincu de l'innocence de Dreyfus, publie dans *L'Aurore* « J'accuse ». Traduit en diffamation, il est condamné. L'Affaire devient politique et la révision du procès est inévitable. Les passions se déchaînent, amplifiées par la presse entre dreyfusards et anti-dreyfusards. Les premiers mettent l'impératif de vérité et de justice au-dessus de la raison d'État. Les seconds (la droite, la majorité des catholiques et les nationalistes) sont opposés à la révision et place l'intérêt supérieur du pays au-dessus de celui d'un individu. En février 1899 l'élection d'Émile Loubet, révisionniste, à la présidence de la République exaspère les passions : les ligues nationalistes conduites par Déroulède essayent d'entraîner les troupes sur l'Élysée et en juin Loubet est agressé. Dans un sursaut, les radicaux, l'aile gauche des républicains modérés et certains socialistes forment le 22 juin un gouvernement de « défense républicaine » confié à Waldeck-Rousseau. Celui-ci réprime l'agitation nationaliste et règle l'Affaire. En septembre 1899, Dreyfus, rejugé, est à nouveau condamné mais avec circonstances atténuantes et est immédiatement gracié. Ce jugement incohérent est cassé en 1906, Dreyfus est réhabilité, l'Affaire est définitivement close.

L'Affaire présente des caractères originaux qui en font un tournant de la vie politique française. La presse y joue un rôle déterminant ; plus d'opinion que d'information, elle a mobilisé et façonné l'opinion publique. La notion d'engagement politique et le terme « d'intellectuel » naissent à cette occasion : pour Dreyfus on compte Zola, Péguy, Gide, de nombreux universitaires ; contre Dreyfus, Barrès, Maurras, Daudet, de nombreux écrivains et académiciens. Ils lancent la pratique des manifestes. Le phénomène des ligues arrive à maturité : organisations intermittentes qui à la différence des partis cherchent à agir sur l'opinion plutôt qu'à exercer le pouvoir, elles font pression sur les gouvernements par des manifestations de rue. Elles prennent parti pour Dreyfus (Ligue des droits de l'homme) ou contre lui (Ligue des patriotes de Déroulède ou Ligue antisémite de Guérin). L'Affaire Dreyfus prolonge la crise boulangiste et installe le clivage droite-gauche autour de nouvelles valeurs. La droite exalte les valeurs patriotiques, la nécessité de l'ordre et de l'autorité (avec l'armée), le primat de l'action sur l'intelligence. La gauche, antimilitariste, défend l'individu et la pensée critique contre l'autorité du groupe. C'est la remise en cause du Ralliement et des gouvernements modérés appuyés sur des majorités de centre. Les républicains de gouvernement, héritiers des opportunistes, se scindent : leur majorité passe à droite (Méline, Dupuy), la minorité (Waldeck-Rousseau) fait bloc avec les radicaux et les socialistes. Tenus presque constamment écartés du pouvoir depuis 1879, les radicaux entrent au gouvernement et avec eux un socialiste, Millerand. De juin 1899 à janvier 1905, cette coalition dirige le pays : c'est le début de la République radicale.

▸ **La question religieuse cimente l'unité du Bloc des gauches.** Les relations avec l'Église, qui a pris parti contre Dreyfus, dominent la politique intérieure. Jusqu'en 1902, le gouvernement Waldeck-Rousseau mène une politique anticléricale modérée : il veut contrôler les congrégations jugées trop influentes mais ne remet pas en question le Concordat. En juillet 1901, la loi sur les associations accorde la liberté de création aux associations civiles mais soumet à autorisation les congrégations. Les élections de 1902 sont disputées, mais les droites coalisées échouent face à un bloc des gauches dominé par les radicaux : Émile Combes devient Président du Conseil (mai 1902-janvier 1905). Le combisme incarne le radicalisme triomphant et marque l'exaspération de la lutte anticléricale. Les demandes d'autorisation de congrégations sont refusées et celles-ci dispersées. Une loi de 1904 interdit l'enseignement aux congrégations autorisées, au même moment les relations diplomatiques avec le Vatican sont rompues. Combes prépare la loi de Séparation de l'Église et de l'État, adoptée en décembre 1905 sous le ministère Rouvier : elle proclame la liberté de conscience, garantit la liberté des cultes, mais la République n'en subventionne ni salarie aucun. Des associations cultuelles seront propriétaires des biens d'Église qui leur seront transférés après inventaire. De graves troubles surviennent alors dans les bastions catholiques (Ouest armoricain).

▸ **La vie politique se réorganise au début du siècle.** La loi sur les associations fournit un cadre juridique à l'activité des partis politiques qui se créent à ce moment-là.

Le parti républicain radical et radical-socialiste fondé en 1901, est le pivot de la vie politique. Il rassemble les divers éléments du courant radical apparu sous le Second Empire. C'est davantage un rassemblement de structures locales très autonomes (comités électoraux, journaux, loges maçonniques, petits notables) qu'un parti centralisé. Son programme de Nancy (1907) repose sur la défense de la République parlementaire, un réformisme social modéré qui veut faire de chaque Français un petit propriétaire, le patriotisme dans l'esprit de 1793 mais pas le nationalisme. Il recueille ainsi les suffrages de la classe moyenne et des régions de démocratie paysanne. Ses bastions sont le Midi aquitain et languedocien, l'Est, la Bourgogne et certaines parties du Massif central et du Bassin parisien. C'est le parti dominant de la IIIe République jusqu'en 1940.

À gauche des radicaux, les socialistes s'opposent sur la doctrine : Guesde prône le marxisme et la non-participation aux gouvernements bourgeois (la participation de Millerand, socialiste indépendant, au gouvernement déclenche une polémique) alors que Jaurès est le porte-parole d'un socialisme réformiste qui n'est pas hostile au « ministérialisme ». Au Congrès d'Amsterdam (1904), l'Internationale socialiste tranche en faveur de Guesde contre Jaurès qui accepte cette décision pour permettre l'union des socialistes. **Le Parti socialiste unifié, Section française de l'Internationale ouvrière** (SFIO, 1905) est marxiste et révolutionnaire mais les deux sensibilités continuent de coexister plus ou moins harmonieusement. Un nouveau type de parti est créé, discipliné et centralisé, contrôlant sa représentation parlementaire. Unifié, le parti socialiste recrute : 90 000 adhérents en juillet 1914 contre 35 000 en avril 1905, surtout dans le Nord, le Pas-de-Calais, la Loire, l'Allier, la Haute-Vienne et le Midi languedocien et provençal. Ses progrès électoraux sont rapides : 51 députés en 1906, 103 en 1914. Il est devenu une grande force politique, révolutionnaire par son discours mais réformiste et républicaine dans la pratique. Entre 1905 et 1914 Jaurès domine la SFIO et son quotidien, *L'Humanité,* est le journal du parti.

Jean Jaurès (1859-1914) est né dans une famille de la moyenne bourgeoisie castraise, il est reçu normalien puis agrégé de philosophie (1881). Attiré par la vie politique, il est alors proche de Jules Ferry, il est élu député du Tarn en 1885 mais perd son siège en 1889. Sa thèse l'amène à étudier le socialisme allemand et à évoluer vers l'extrême-gauche : il défend les mineurs de Carmaux qui l'élisent député en 1893, il soutient les dreyfusards et accepte la participation de Millerand au gouvernement de « défense républicaine ». De 1899 à 1904, il s'emploie à réaliser l'unité socialiste mais son humanisme réformiste l'oppose au marxiste Jules Guesde, hostile à toute participation ministérielle. Créée en 1905, la SFIO est marxiste, mais Jaurès en est le principal leader. Il s'efforce de concilier la démocratie politique et le socialisme. Dans *L'Humanité* qu'il a fondée en 1904, Jaurès dénonce l'exploitation coloniale, combat les mesures répressives de Clemenceau et la politique belliciste de ses successeurs (loi des trois ans). En juillet 1914 il tente légalement de s'opposer à la guerre par la pression ouvrière internationale. Son assassinat le 31 juillet par Raoul Villain marque l'échec du pacifisme socialiste de la IIe Internationale.

Vers le centre, la question religieuse marque très durablement la ligne de partage entre centre-droit et centre-gauche, beaucoup plus floue dans tous les autres domaines. Au centre-gauche, l'Alliance républicaine démocratique (1901) est surtout un rassemblement de personnalités (Waldeck-Rousseau, Barthou, Poincaré) attachées au libéralisme économique et politique, à la laïcité et la tradition républicaine. Elle est soutenue par les milieux d'affaires. Au centre-droit, la Fédération républicaine (1903) est hostile au militantisme anticlérical et est attachée à l'ordre social et à la République parlementaire. Elle s'appuie dans l'Ouest sur l'influence des notables et dans l'Est sur le patriotisme. Les ralliés fondent en 1902 l'Alliance libérale populaire de Jacques Piou ; sensibles aux questions sociales, ils s'unissent autour de la défense des libertés religieuses. L'Alliance ne dépassa pas la trentaine d'élus (Ouest, Nord, Massif central). Le mouvement démocrate chrétien (Ligue de la jeune République de Marc Sangnier) qui prône un réformisme social reste marginal. La droite nationaliste reste cantonnée à l'agitation des ligues.

Avec l'Action française de Maurras, le nationalisme vit sa plus belle période. L'Action française est une revue créée en 1899, puis une Ligue fondée en 1905. En 1908 la revue devient quotidienne et est diffusée par les Camelots du Roi. Le ton du journal est violent et la Ligue crée l'agitation dans la rue (lors du transfert des cendres de Zola au Panthéon en 1908). Elle prône un « nationalisme intégral » où l'unité de la patrie ne peut se faire que dans la monarchie et l'exclusion des étrangers et des Juifs. L'Action française séduit les intellectuels et les étudiants mais n'accueille que quelques milliers d'adhérents (nobles, membres du clergé, officiers et petite bourgeoisie urbaine).

Au début du siècle la géographie électorale se dessine pour plusieurs décennies. Le clivage droite-gauche ne correspond plus à la coupure ville-campagne. Les grandes villes étaient républicaines au début du régime ; beaucoup sont restées à gauche (radicales avec Édouard Herriot à Lyon, socialistes comme Lille ou surtout des villes moyennes telles Dijon ou Limoges), mais un nombre croissant a basculé à droite (Nancy, Marseille de 1902 à 1919 et surtout Paris depuis 1900). Dans le monde rural, les pays démocratiques sont les régions de petits propriétaires ou d'exploitants indépendants. L'Est, le nord du Massif central, le Dauphiné sont d'un républicanisme modéré ; les terres déchristianisées (Bassin parisien, Midi) sont plus à gauche. Le

Sud-Ouest passe tardivement du bonapartisme au radicalisme. Les pays conservateurs sont les régions où s'exercent fortement l'influence de l'Église et des grands propriétaires (ouest armoricain, sud-est du Massif central).

► **Les années 1906 à 1910 sont marquées par une intense agitation sociale.** Dans le monde ouvrier, la CGT réorganisée lors du congrès de Montpellier en 1902 est aux mains des anarcho-syndicalistes ; son secrétaire général Griffuelhes (1902-1909) en fait partie.

> **La Charte d'Amiens en 1906** traduit les thèses anarcho-syndicalistes. Le syndicalisme doit exclure les moyens politiques et ne doit pas servir le Parti socialiste, son but est de détruire la société bourgeoise par « l'action directe » (boycott, grèves multiples annonçant le « grand soir » et la grève générale, sabotages). Il est très combatif : manifestations du 1er mai 1906 pour la journée de huit heures, grèves des mineurs en 1907, des ouvriers du bâtiment en 1908, des cheminots en 1910. Les fonctionnaires qui n'ont pourtant pas le droit de grève, emboîtent le pas (les postiers en 1909). Les vignerons du Languedoc, victimes de la surproduction et de la chute des prix, se révoltent en 1907 sous la conduite de Marcelin Albert. La mutinerie du 17e régiment d'infanterie envoyé pour ramener l'ordre conduit Clemenceau à prendre quelques mesures (remise d'impôts, lois sur les fraudes...) puis le mouvement s'éteint de lui-même.

Les élections de 1906 ont confirmé le succès de la gauche, mais le Bloc des gauches se délite sur la question sociale : les socialistes qui refusent de cautionner la répression retournent dans l'opposition. D'octobre 1906 à juillet 1909, Clemenceau dirige le gouvernement. Les problèmes sociaux absorbent toute son énergie. Clemenceau « premier flic de France » arrête les chefs de la CGT, révoque des fonctionnaires grévistes et fait tirer sur les travailleurs (4 morts à Draveil et Villeneuve-Saint-Georges). Les socialistes condamnent la politique répressive : Clemenceau et Jaurès s'affrontent en permanence à la Chambre. Mais Clemenceau suscite également l'hostilité croissante des radicaux qui s'associent à la droite et aux socialistes pour le renverser en juillet 1909.

Après les élections de 1910, la question nationale entraîne un reclassement des forces politiques. Avec les crises marocaines de 1905 et surtout de 1911 le monde politique et l'opinion se divisent sur l'attitude envers l'Allemagne : les socialistes et la CGT évoluent vers le pacifisme, l'antimilitarisme et l'internationalisme ; avec des nuances le reste de l'opinion connaît au contraire un regain du patriotisme, des valeurs militaires et même religieuses. En janvier 1912, Caillaux qui avait dénoué la crise d'Agadir est remplacé par un Lorrain intransigeant, Poincaré, qui s'appuie sur une nouvelle majorité de centre droit bien que les radicaux conservent la majorité. Pour la première fois depuis l'Affaire Dreyfus la droite revient au pouvoir. La durée du service militaire est portée à trois ans malgré l'opposition de la gauche. Les législatives de 1914 se font autour de l'abrogation de la loi des trois ans et de l'instauration de l'impôt sur le revenu réclamées par les radicaux et les socialistes à nouveau alliés. Ce nouveau bloc des gauches l'emporte et René Viviani, socialiste indépendant, forme le gouvernement. Il fait voter l'impôt sur le revenu, mais le 28 juin, survient l'attentat de Sarajevo. Avec la guerre, la République affronte une crise infiniment plus grave que toutes les précédentes.

4. La République à l'épreuve de la guerre (1914-1919)

► **L'Union sacrée scelle le consensus national.** Après Sarajevo la SFIO multiplie les réunions pour sauver la paix et compte sur la solidarité ouvrière internationale ; en vain, la grève révolutionnaire n'a pas lieu. L'assassinat de Jaurès le 31 juillet, loin de déclencher la révolte des faubourgs, accélère le ralliement : Malvy, ministre de l'Intérieur, peut renoncer à l'usage du Carnet B (liste des militants de gauche à arrêter en cas de guerre). À droite les catholiques français participent unanimement à la défense nationale tout en s'émerveillant du retour massif des Français et surtout des Françaises au pied des autels. Le 4 août, Léon Jouhaux (secrétaire général de la CGT) annonce sur la tombe de Jaurès que la classe ouvrière fera son devoir, et Poincaré, devenu président de la République, proclame : « La France sera héroïquement défendue par tous ses fils, dont rien ne brisera, devant l'ennemi, l'Union sacrée. » Pour tous la guerre est juste : la patrie des Droits de l'Homme est agressée par le « hideux impérialisme prussien » (Léon Jouhaux). Les parlementaires socialistes votent les crédits de guerre et le 26 août deux socialistes (Jules Guesde et Marcel Sembat) entrent au gouvernement. La République sort consolidée de l'épreuve de l'été 1914. Jusqu'à la fin de 1914 la vie politique est suspendue : les Chambres sont ajournées *sine die* et contrairement à la Constitution, le pouvoir militaire échappe au contrôle du pouvoir civil. Au début de 1915, la guerre se prolongeant, la vie politique se réveille : les Chambres décident de siéger en permanence jusqu'à la fin du conflit. Les parlementaires entendent contrôler les armées (des députés se rendent au front dès 1916) et obtiennent la mise en place de comités secrets (le ministre de la Guerre doit régulièrement les instruire de la situation militaire). L'instabilité ministérielle réapparaît dès l'automne 1915 : les gouvernements tombent sur le problème des rapports entre pouvoir civil et pouvoir militaire. Au gouvernement Viviani succèdent deux gouvernements Briand (octobre 1915-mars 1917), un gouvernement Ribot (mars-septembre 1917) et un gouvernement Painlevé (septembre-novembre 1917). L'Union sacrée subsiste dans l'opinion, elle est détruite en politique.

► **Clemenceau surmonte la crise de 1917.** C'est l'année la plus difficile. La durée des hostilités, l'échec des offensives, les pertes, provoquent la lassitude, des mutineries sur le front et des grèves à l'arrière. L'Union sacrée n'y résiste pas.

Au sein du mouvement ouvrier et socialiste, on assiste à une montée du courant pacifiste. Une fraction de la SFIO et de la CGT dénonce cette guerre bourgeoise où les travailleurs n'ont rien à gagner. Elle se fait l'écho des conférences internationales de Zimmerwald (1915) et de Kienthal (1916). Elle constitue une importante minorité (30 % en décembre 1917) le risque de scission apparaît : en juin 1917 les députés socialistes votent encore les crédits de guerre mais en septembre ils refusent d'entrer dans le gouvernement Painlevé. A la SFIO, le rapport de force s'inverse : en juillet 1918, la fraction hostile à la guerre et à la participation ministérielle devient majoritaire. Elle s'empare du secrétariat général (Ludovic-Oscar Frossard) et de la direction de *L'Humanité* (Marcel Cachin). Le groupe parlementaire doit s'aligner. Ce renversement de tendance n'a pas de conséquences militaires mais contient en germe la scission de l'unité socialiste, le ralliement de la majorité de la SFIO à la IIIe Internationale en 1921 et le retour d'une partie de la classe ouvrière à une opposition systématique au régime.

En novembre 1917, Poincaré se résigne à appeler Clemenceau à la présidence du conseil. Il définit son programme d'une phrase restée célèbre : « Politique intérieure : je fais la guerre. Politique étrangère : je fais la guerre. Je fais toujours la guerre. » Il engage des poursuites contre ceux qu'il suspecte de mener une propagande défaitiste (Caillaux, inculpé d'intelligence avec l'ennemi, est traîné en Haute Cour). Clemenceau ne réclame pas les pleins pouvoirs au Parlement, son autorité personnelle lui suffit pour exercer un pouvoir quasi absolu sur la nation en guerre et subordonner le pouvoir militaire au pouvoir civil. S'il rétablit la confiance dans l'opinion, l'arrivée des bolcheviks au pouvoir en Russie renforce l'opposition à la guerre des socialistes et de la CGT.

Le 11 novembre 1918, la République a gagné la guerre. Les institutions n'ont pas été altérées, le contrôle parlementaire, passés les premiers mois, a été rétabli. Les républicains peuvent envisager l'avenir avec confiance.

II. La Belle Époque, une belle époque ?

Durant les années vingt, les Français regarderont l'avant-guerre comme une sorte d'âge d'or : la France connaît un apogée économique et diplomatique, par comparaison avec les désillusions et les difficultés de l'après-guerre les Français paraissent unis et prospères. Pourtant les signes de fragilité ne manquent pas.

1. L'économie française hésite entre le dynamisme et la stagnation

► **Avec le Second Empire la France s'est engagée dans l'ère industrielle et urbaine.** Animé d'une volonté de modernisation, Napoléon III a porté un vif intérêt aux problèmes économiques. Avec le traité de commerce franco-anglais de 1860, la France s'est ouverte sur l'extérieur. Le Second Empire a accéléré la construction ferroviaire : le cloisonnement régional disparaît, la spécialisation régionale commence. La France s'est dotée d'un système bancaire très moderne. Des banques d'affaires (le Crédit mobilier des frères Pereire, 1852) et des banques de dépôts (le Crédit lyonnais, 1863 et la Société générale, 1864) sont créées. Les premières financent les travaux publics et l'industrie, les secondes drainent l'épargne des Français grâce à leur réseau de succursales. Napoléon III a encouragé une politique de grands travaux urbains. La capitale sous la direction du baron Haussmann devient un immense chantier d'où sort le Paris moderne. La croissance économique s'est accompagnée d'un début de concentration capitaliste, favorisée par la loi sur les sociétés anonymes par actions

(1867) : dans l'industrie lourde (Schneider au Creusot, de Wendel en Lorraine), dans la distribution (les premiers grands magasins, le Bon Marché). Les Expositions universelles contribuent au rayonnement économique de la France.

► **La France est alors un pays riche qui utilise mal sa richesse.** La richesse française se traduit dans l'augmentation du revenu national (+ 250 % de 1870 à 1914) et dans son évolution structurelle. La propriété foncière ne représente plus que 45 % contre 75 % ; la propriété mobilière (biens meubles, numéraire, valeurs françaises ou étrangères) a plus que quintuplé. Mais cette prospérité semble pour une part un héritage menacé : malgré la reprise économique mondiale la croissance du PNB n'est que de 1,6 % par an entre 1896 et 1913, loin derrière les États-Unis ou l'Allemagne (2,8 %).

Quoi qu'il en soit, la valeur du franc germinal n'a pas changé depuis sa création en 1803 (1 F équivaut à 322,56 mg d'or fin), et la masse des billets en circulation est couverte à 60 % par l'encaisse métallique de la Banque de France (près de 4,5 milliards). Cette abondance rend le crédit facile (les taux d'intérêt sont bas) et stimule l'activité économique. En 1914, Paris est la deuxième place financière mondiale derrière Londres : les banques drainent une part croissante de l'épargne, multiplient leurs succursales (560 pour la Société générale en 1913) et se spécialisent. Les banques de dépôts (le Crédit lyonnais est au premier rang européen) reçoivent l'épargne individuelle et prêtent à court terme. Les banques d'affaires travaillent avec les capitaux de gros actionnaires et investissent à long terme dans les entreprises françaises ou étrangères. Ainsi la Banque de Paris et des Pays-Bas (1872) investit en France dans l'électricité, la chimie, les grands magasins et participe à la création de la Banque d'Indochine (1875) ; la Banque de l'Union parisienne (1903) finance les chemins de fer argentin et chilien, place en France les emprunts russes après 1905, exploite les mines de fer de l'Oural. En 1914, les investissements extérieurs se montent à 45 milliards, soit 45 % du total des investissements (27 milliards en Europe dont 12 en Russie, mais 4 milliards seulement dans les colonies). Comme le dit Aristide Briand en 1909 « l'or de la France ruisselle dans le monde », cela traduit une méfiance persistante des épargnants et des banques pour l'investissement productif dans l'industrie nationale. C'est d'autant plus regrettable que les pays qui attirent les capitaux français ne sont pas toujours de bons clients (la Russie commerce surtout avec l'Allemagne et l'Angleterre) ni même des alliés (Autriche-Hongrie, Empire ottoman).

► **Les secteurs économiques participent inégalement à la prospérité.** L'amélioration des transports facilite l'unification du marché national. Depuis 1879 le plan Freycinet accorde la priorité au chemin de fer et aux voies navigables. Le réseau ferré passe de 21 000 km en 1876 à 49 000 en 1913, l'un des plus denses d'Europe. Le réseau est construit et exploité par six compagnies privées dont PLM et Paris-Orléans sont les plus importantes, alors que les Chemins de fer de l'Ouest endettés auprès de l'État, sont nationalisés en 1907. Le développement du réseau favorise le commerce intérieur (le trafic marchandises décuple de 1869 à 1913) et ouvre les campagnes sur les villes. Le réseau routier compte en 1912, 38 000 km de routes nationales, il accueille de nouveaux moyens de transports : bicyclettes (premier Tour de France en 1903) et automobiles. La flotte maritime française n'assure que le quart du trafic mondial et compte encore 40 % de voiliers (en tonnage). Les grands ports (Marseille, Le Havre, Dunkerque...) se modernisent.

► **À l'abri du tarif douanier de 1892, l'agriculture française reste routinière.** Elle représente encore 35 % du revenu national et 42 % de la production totale en 1910 mais sa part décline lentement. Après un siècle d'application du Code civil qui introduit le partage des héritages le morcellement est extrême (les 3,5 millions d'exploitations comptent en moyenne 35 parcelles) et la taille des exploitations est peu propice à la modernisation (74 % des exploitations occupant un quart des terres disposent de moins de 10 ha alors que 4 % font plus de 40 ha et se partagent 46 % de la surface cultivée). Les machines agricoles (moissonneuses, faucheuses) sont rares et, bien que multipliée par 6 entre 1886 et 1913, la consommation des engrais artificiels reste faible. La polyculture familiale très orientée vers l'autoconsommation reste prépondérante et l'exploitation moderne capitaliste marginale (liée aux industries de l'alimentation : sucreries de Picardie, meuneries d'Ile-de-France). Les progrès existent mais ils sont lents : les rendements restent inférieurs à ceux des pays voisins : 14 q/ha en 1913 pour le blé mais 21 q/ha en Angleterre ; dans certaines régions on note un début de spécialisation (betterave sucrière dans le nord du Bassin parisien, viande dans le Charolais, lait de Normandie, cultures maraîchères et fruitières du Comtat-Venaissin). Dans l'ensemble les produits agricoles français sont chers : en 1890 le blé américain importé coûte 25 % de moins que le blé français. Cédant aux pressions de l'électorat rural, les gouvernements recourent au protectionnisme. En 1892 le tarif Méline impose des droits sur les produits agricoles atteignant jusqu'à 20 %. En 1897 la « loi du cadenas » permet d'augmenter les droits sur les céréales et la viande. Si le protectionnisme protège le revenu agricole, il maintient l'archaïsme de l'agriculture française.

► **L'industrie française entre tardivement dans la seconde révolution industrielle.** Les industries traditionnelles restent prépondérantes (le textile occupe encore 42 % de la main-d'œuvre). Il faut attendre les années 1890 pour que la généralisation du procédé Thomas-Gilchrist (1877) qui permet d'utiliser le minerai de fer lorrain, accélère la production d'acier. Mais la production de charbon ne suit pas celle de la consommation ni en quantité ni en qualité : le charbon est cher et la France est dépendante de l'Allemagne et de la Grande-Bretagne. Alors que les physiciens français ont découvert les principales lois de l'électricité, les nouvelles techniques sont mises au point par des étrangers (la dynamo par le belge Gramme en 1869, le four électrique par Siemens et la lampe à incandescence par Edison en 1879). Néanmoins l'électricité pénètre l'ensemble de l'économie (la puissance installée est multipliée par huit entre 1898 et 1913) et permet l'émergence de l'électrométallurgie (aluminium) et du cinéma (en 1914, 90 % des films projetés dans le monde sont produits par des firmes françaises, Gaumont, Pathé). L'industrie automobile avec 108 000 voitures produites en 1914 est au second rang mondial et entraîne l'industrie mécanique et celle du pneumatique (Michelin, 1889). L'industrie chimique est dynamique mais ne parvient pas à rattraper son retard sur l'Allemagne. L'industrie française est à peine plus concentrée qu'à la fin du Second Empire : 1 % des entreprises compte plus de 50 ouvriers (Saint-Gobain, première firme française n'emploie que 20 000 ouvriers en 1914). Les cartels, comme le Comité central des Houillères (1892) ou le très influent Comité des Forges (1864) compensent partiellement cette faible concentration mais leur poids est dérisoire comparé à leurs homologues allemands. Globalement l'industrie représente en 1910, 36 % du revenu national contre 21 % avant 1870 ; elle décolle véritablement après 1900 : 2,5 % par an de croissance pour 1900-1905 et 4,6 % pour 1905-1910. Malgré ces performances, la France n'est plus que la quatrième puissance industrielle mondiale en 1913 (6 % de la production) ; elle était la deuxième sous le Second Empire (9 % de la production).

► **L'évolution des échanges extérieurs met en évidence les faiblesses de l'économie.** La France retourne au protectionnisme dès 1881 (produits métallurgiques et textiles) et en 1892 la loi Méline autorise le gouvernement à dénoncer les traités de commerce pour les remplacer par un tarif double (minimum ou général) ; ces dispositions sont renforcées et les tarifs relevés en 1897 et 1910. Le protectionnisme n'empêche pas l'accroissement des échanges qui doublent de 1873 à 1913. Les échanges se font à 50 % avec l'Europe et seulement 12 % avec les colonies. Cependant la part de marché de la France diminue (8 % du commerce mondial en 1913, quatrième rang, contre 11 % en 1880, deuxième rang), la balance commerciale devient déficitaire après 1876, et la structure des échanges se détériore : la France exporte moins mais importe plus de produits manufacturés. Seuls les « invisibles » (tourisme, fret, assurance, revenus des capitaux placés à l'étranger) permettent d'équilibrer la balance des paiements courants.

2. La société française ne connaît que des mutations limitées

► **La population française est la moins dynamique d'Europe :** l'Allemagne dès 1870 et l'Angleterre en 1914 sont plus peuplées que la France dont la population croît lentement : 36,1 millions d'habitants en 1872, 39,6 millions en 1914. Cette quasi-stagnation résulte du taux de natalité qui tombe de 26,2 ‰ à 19 ‰ entre 1871 et 1913 (alors qu'en moyenne sur la même période il est de 33 ‰ en Allemagne et de 30 ‰ en Angleterre). Le malthusianisme concerne toutes les classes sociales : stratégie de conservation ou d'agrandissement du domaine en milieu rural, désir de promotion sociale pour les classes moyennes, indifférence religieuse en général. Le taux de mortalité toujours plus élevé qu'en Europe du Nord explique que plusieurs années (1891, 1892, 1895, 1900, 1907 et 1911) voient un déficit des naissances sur les décès. La stagnation démographique contribue à limiter le marché intérieur en restreignant le nombre de consommateurs et l'offre de travail ; en revanche le vieillissement de la population favorise la formation de l'épargne. La population active atteint sa part maximum (53 % de la population totale) en 1911 et sa structure reste stable : le secteur primaire occupe 41 % des actifs en 1911 contre 30 % au secondaire et 29 % au tertiaire. L'immigration est donc inévitable. La population étrangère passe de 700 000 en 1870 à 1,1 million en 1911. Essentiellement belge jusqu'en 1900, elle est italienne après. Face à cet afflux, les décrets Millerand (1899) fixent pour certaines entreprises des quotas de travailleurs étrangers. En revanche les lois de 1889 et 1891 créent une francisation quasi automatique pour la seconde génération.

► **La France est toujours un pays de ruraux.** Les campagnes françaises restent très peuplées (67 % de la population totale en 1876 et 54 % en 1911). Les paysans forment l'essentiel du monde rural. Toutefois ce vocable recouvre des réalités sociales différentes :

— **des petits ou moyens propriétaires** qui exploitent eux-mêmes leur domaine (80 % des exploitations couvrant 60 % de la surface cultivée), ils incarnent l'idéal républicain d'une démocratie de petits propriétaires ;
— **des fermiers** (14 % des exploitations et 27 % de la surface cultivée, dans le Bassin parisien) ou **des métayers** (6 % des exploitations et 13 % de la surface cultivée, dans l'Ouest) qui louent leur exploitation contre un loyer en argent ou en nature à un propriétaire (ancien noble, industriel, banquier, profession libérale) ;
— **des salariés agricoles** qui louent leurs services à un moyen exploitant. Journaliers, valets de fermes ou régisseurs, ils sont encore 3 millions mais leur nombre décroît.

Au sein du monde rural les artisans (maréchaux-ferrants, forgerons, charpentiers...) et les commerçants (boulangers, épiciers, cabaretiers...) sont encore nombreux. Au sommet de la société villageoise prennent place des notabilités anciennement ou plus récemment installées au village : le châtelain ou le bourgeois qui a pris sa place, le curé, le notaire, le vétérinaire, le receveur des postes et l'instituteur. Le recul du salariat agricole amplifie l'exode rural que nourrissent aussi les crises agricoles et l'attrait croissant des villes.

Les revenus agricoles progressent de 1871 à 1914 mais de fortes disparités demeurent. À côté des riches fermiers du Bassin parisien, nombreux sont les exploitants qui disposent juste du nécessaire et sont contraints à exercer une activité d'appoint (à domicile ou dans une industrie rurale). Le sort des salariés est très précaire, leur salaire est inférieur à ceux des ouvriers d'industrie. Pour tous les conditions de travail sont pénibles, les journées de travail longues et l'essentiel des travaux se fait à la main. Les conditions de vie ne sont guère meilleures : la maison comporte une pièce unique, son sol est le plus souvent de terre battue, le mobilier est modeste, l'alimentation simple (pain, pommes de terres, charcuterie, choux), la viande comme le vin sont réservés aux jours de fête. Toutefois au tournant du siècle les genres de vie et les mentalités des paysans se transforment. L'habitat et l'alimentation s'améliorent : les toits de tuiles ou d'ardoises, le vin ou la viande sont moins rares. Le chemin de fer, la presse, le service militaire brisent l'isolement des campagnes et renforcent l'unité nationale. La plus grande partie des campagnes rallie la République. L'école diffuse à la ville comme à la campagne les mêmes valeurs républicaines et généralise l'usage de la langue française : les rencontres au café (haut lieu de sociabilité républicaine) se substituent aux veillées. Une culture populaire disparaît, celle des fêtes folkloriques, des patois, des costumes régionaux.

L'esprit d'association se développe. Malgré la permanence de l'entraide au moment des moissons, les paysans français sont individualistes : les coopératives sont rares et limitées au domaine laitier ou viticole. Toutefois face aux difficultés persistantes, les paysans adhèrent après 1884 à des syndicats agricoles. Ils comptent 1 million de membres en 1914 répartis dans 6 700 organismes locaux chapeautés par deux organisations rivales, une de droite : la *Société des agriculteurs français* (gros propriétaires ou « agrariens ») ; une de gauche modérée : la *Société nationale d'encouragement de l'agriculture* fondée par Gambetta qui accueille de gros fermiers, des propriétaires mais aussi des notables républicains, tels les vétérinaires ou les avocats, qui s'assurent ainsi une clientèle électorale. Les syndicats proposent aux paysans des services (commandes groupées de matériel agricole, d'engrais et de semences) et surtout font pression sur les gouvernements (défense de la petite propriété et du protectionnisme). En revanche les syndicats de salariés agricoles et de métayers influencés par le socialisme sont peu nombreux (sauf dans le Midi viticole) et sans influence.

► **La classe ouvrière reste un monde à part.** Dans une société qui exalte le travail indépendant et la propriété, les 6 millions d'ouvriers (1914) restent une classe isolée et redoutée mais en forte expansion depuis 1896. Leur diversité est très grande : ouvriers à domicile, ouvriers des petites entreprises ou de la grande industrie (mines et métallurgie), ouvriers de l'État, employés des transports. Le salaire varie aussi beaucoup, il vaut mieux être un homme qu'une femme, travailler à Paris qu'en province, dans une grande entreprise plutôt qu'une petite. Comparée aux autres pays industriels, la législation sociale est peu avancée : la journée de travail est longue (dix heures légales en 1904), l'emploi n'est pas protégé (1 ouvrier sur 10 est au chômage en 1894), aucune convention collective n'encadre le contrat de travail, les salaires restent journaliers ou hebdomadaires. Cependant le travail des enfants et des femmes est plus sévèrement réglementé (loi de 1892 qui interdit le travail avant 13 ans), le livret ouvrier est supprimé en 1890, le repos hebdomadaire institué en 1906, des retraites ouvrières à 65 ans en 1910. La création d'un corps d'Inspecteurs du travail en 1899 permet de mieux faire appliquer la loi. La condition ouvrière reste très dure : l'alimentation absorbe 60 % du budget ouvrier et ne laisse que de quoi louer un logement médiocre et souvent insalubre. L'ouvrier est rejeté de la ville vers les banlieues. Toutefois le niveau de vie s'est amélioré depuis le Second Empire (le salaire réel s'accroît de plus de 50 % de 1880 à 1910) et les distractions sont plus nombreuses (bals populaires, guinguettes). L'essor du mouvement ouvrier traduit une prise de conscience. Bien que peu syndiquée (un million de cotisants en 1914 dont 350 000 à la CGT), la classe ouvrière est très combative. Elle reste très méfiante à l'égard de l'enseignement et des intellectuels, ce qui ne favorise pas les possibilités d'ascension sociale. D'ailleurs les dispositifs de formation (apprentissage, cours du soir) restent insuffisants. La création du ministère du Travail par Clemenceau en 1906 est destinée à favoriser l'intégration du monde ouvrier dans la société, mais elle ne se réalise réellement que durant la guerre et encore est-il toujours considéré comme une menace pour le régime.

► **La France bourgeoise, un modèle pour la société française ? L'aristocratie** (3 500 familles vers 1900) continue son déclin. Dépossédée de son pouvoir politique par la haute bourgeoisie dès le milieu du XIXe siècle, elle n'a pas su s'intégrer au pouvoir économique et reste cantonnée aux notabilités locales.

La haute bourgeoisie (20 000 personnes qui gagnent annuellement plus de 50 000 francs-or), parisienne ou provinciale, aime à se rapprocher de l'aristocratie par le mariage et par le mode de vie : hôtel à la ville, château à la campagne, domesticité ; Madame tient salon. Chefs d'empires industriels (de Wendel, Darblay, Schneider, Prouvost), banquiers (Rothschild), grands négociants, grands médecins ou avocats, officiers supérieurs, magistrats, hommes politiques, hauts fonctionnaires (Conseil d'État, Cour des Comptes) sont unis par une solidarité de classe. Elle aussi a perdu le monopole de la direction politique mais a su conserver ses privilèges économiques et sociaux et une place considérable dans l'appareil d'État (diplomatie, magistrature, grands Corps). L'École libre des Sciences politiques créée par Émile Boutmy en 1872 forme ses fils. À la Chambre de 1893, 32 % des députés sortent de ses rangs. Elle fournit nombre de ministres (Méline, Poincaré, Rouvier, Etienne) et dirige la grande presse (*Le Petit Journal* de Prévet, sénateur et maître des forges ; *Le Petit Parisien* du sénateur Dupuy, ministre en 1899). Elle s'est ralliée à une République qui garantit l'ordre et la propriété.

La « bonne bourgeoisie » regroupe chefs d'entreprises moyennes ou du négoce, professions libérales (hommes de loi ou de science) ou salariées (ingénieurs, journalistes), fonctionnaires supérieurs (professeurs). Ce groupe de 200 000 personnes (revenu annuel compris entre 10 000 et 50 000 F) affiche ses vertus bourgeoises : travail, épargne, instruction, prudence, bonnes manières, sens de la famille. Un couple de domestiques peuple l'appartement, le vêtement se veut soigné (chapeau, jaquette), l'éducation des garçons efficace (la bourgeoisie fournit les 7 000 bacheliers annuels).

Pour **la petite bourgeoisie,** il faut tenir son rang et surtout éviter d'être assimilé au prolétariat. Pourtant, pour ces boutiquiers, patrons de l'artisanat, petits fonctionnaires (instituteurs, postiers, militaires subalternes), employés de commerce et de services (banques, chemins de fer), ce sont surtout de meilleures conditions de logement et d'alimentation qui les séparent des ouvriers les mieux payés. Tous sont animés du désir de promotion sociale, qui incite au malthusianisme démographique, et sont attachés à l'idée d'indépendance.

Petite ou moyenne, la bourgeoisie forme ces **« couches nouvelles »** dont Gambetta annonce l'émergence dans son discours de Grenoble (1872) ; grâce au suffrage universel elles fournissent des cohortes de conseillers municipaux et généraux, des maires voire des députés. Socle de cette République à qui elles doivent tout, elles se lancent en politique, dans la « carrière ».

3. La guerre ébranle les structures économiques et sociales du pays

► **Le 11 novembre 1918, la France sort victorieuse mais exsangue de la guerre.** La guerre a fait 1,3 million de morts (soit 10,5 % de la population active masculine), auxquels il faut ajouter 2,8 millions de blessés dont 600 000 invalides. Ces pertes ne sont pas compensées par le retour de l'Alsace-Lorraine : en 1919 les Français ne sont que 39,7 millions. Le déficit des naissances atteint 1,5 million. Les comportements malthusiens d'avant guerre demeurent, et la politique familiale est plus répressive (loi sur l'avortement de 1920) qu'incitative (pas d'allocations familiales). Le vieillissement de la population s'accélère : la part des plus de 60 ans passe de 12,6 % en 1911 à 13,7 % en 1921, ce qui ne peut que renforcer la sclérose de l'encadrement économique et politique. Les fondements de la prospérité sont touchés. La France, surtout du Nord et de l'Est, est dévastée : 1 000 km de voies ferrées, 54 000 km de routes, usines détruites, mines inondées, 3 millions d'hectares de terres labourables inutilisables. Cependant l'effort de guerre a favorisé l'industrialisation de nouvelles régions (ouest du Bassin parisien, Normandie, Midi toulousain).

La situation financière s'est considérablement détériorée. Pour payer ses importations, la France a dû vendre ses actifs à l'étranger et s'endetter (auprès des États-Unis à 90 %). À l'intérieur, l'emprunt a couvert 85 % des dépenses de guerre, les deux tiers sont à court terme, ce qui rend le financement de l'État complètement dépendant de la confiance nationale. De plus le budget reste en profond déséquilibre du fait des dépenses nouvelles (reconstruction, pensions) et de la croyance que « l'Allemagne paiera ». Le franc a perdu plus de la moitié de sa valeur extérieure depuis 1914, sa convertibilité en or est suspendue. L'inflation érode sa valeur intérieure (indice des prix à 360 en 1918 pour 100 en 1914). L'économie de guerre a restreint l'espace du libéralisme : l'État a organisé la production et la répartition des matières premières, contrôlé le commerce extérieur et le change, fixé les salaires et les prix, suscité des ententes de producteurs tout en négociant conditions de travail et salaires avec les syndicats. Malgré l'abandon de ces pratiques à la fin du conflit, un symbole socio-économique de la France d'avant 1914 a vécu.

► **Les classes moyennes, pivot du régime, sont affaiblies.** L'inflation ronge la rente et les salaires, le blocage des loyers amoindrit les revenus immobiliers, certains titres étrangers n'ont plus de valeur (emprunts russes). Elles ont payé leur tribut à la guerre (leurs fils ont fourni nombre d'officiers d'infanterie) et dénoncent d'autant plus fort les profiteurs de guerre. La nostalgie de la « Belle époque » s'érige en mythe. Près de la moitié des morts sont des paysans, une autre assise du régime est ébranlée. Souvent le fils unique a disparu. La guerre a ouvert les horizons des paysans et les jeunes sont nombreux à se diriger vers la ville. La situation de la classe ouvrière se détériore dans l'immédiat après-guerre : le salaire réel diminue après avoir crû pendant la guerre. L'exemple de la révolution bolchevique renouvelle l'ardeur revendicative et creuse le fossé avec les autres classes sociales, en imposant l'image du prolétaire rouge. La CGT atteint les 2 millions d'adhérents. La concentration née de la guerre, le déclin des ouvriers de métier au profit des ouvriers d'usine, favorisent la diffusion des idées communistes.

En 1919 la République démocratique a triomphé de ses ennemis extérieurs, les Empires centraux autoritaires, et de ses adversaires intérieurs, les conservateurs, se sont ralliés au régime. Cependant la guerre a ébranlé les fondements de la stabilité économique et sociale. Certes la promesse du déclin n'est pas inscrite dans les bouleversements de 1914. Mais dès lors que la République a accompli son grand œuvre, refaire l'unité du sentiment et du territoire nationaux, elle s'expose à ne plus trouver la dynamique idéologique et politique qui lui feraient surmonter les difficultés à venir. Victorieuse, elle est aussi fragile.

Approfondir

LECTURES

Pour compléter votre information, trois tomes de la *Nouvelle Histoire de la France contemporaine* du Seuil sont consacrés à cette partie de la IIIe République :

- J.-M. Mayeur, *Les débuts de la IIIe République (1871-1898)*, Paris, Seuil, coll. « Points-Histoire », 1973, 256 p.
- M. Rebérioux, *La République radicale ? (1898-1914)*, Paris, Seuil, coll. « Points-Histoire », 1975, 258 p.
- J.-J Becker et S. Berstein, *Victoire et frustrations (1914-1929)*, Paris, Seuil, coll. « Points-Histoire », 1990, 456 p.

On peut également mentionner :

- S. Berstein et P. Milza, *Histoire de la France au XXe siècle*, t. 1, 1900-1930, Bruxelles, Complexe, 1990, 562 p.
- J. Leduc, *L'enracinement de la République 1879-1918*, Paris, Hachette, coll. « Carré-Histoire », 1991, 238 p.
- D. Lejeune, *La France de la belle époque*, Paris, Colin, « Cursus », 2000, 191 p.
- M. Winock, *La France politique XIXe-XXe*, Paris, Seuil, coll. « Points-Histoire », 1999, 553 p., analyse l'élaboration du régime républicain, tel qu'il s'est constitué à la fin du XIXe siècle et passe en revue les résistances auxquelles il s'est heurté et les forces et idéologies qui ont voulu le dépasser.

Sur la société française deux ouvrages permettent une approche sur la longue durée :

- A. Moulin, *Les paysans dans la société française. De la Révolution à nos jours*, Paris, Seuil, coll. « Points-Histoire », 1988, 316 p., retrace l'évolution d'un milieu très composite à travers ses variations régionales, économiques et hiérarchiques. Le monde paysan y est étudié non comme une entité séparée mais dans ses relations avec la société globale.
- G. Noiriel, *Les ouvriers dans la société française, XIXe-XXe siècles*, Paris, Seuil, coll. « Points-Histoire », 1986, 317 p., met en valeur les caractères originaux du processus de formation de la classe ouvrière au sein de la société française.

THÈMES DE RÉFLEXION

- La république radicale.
- La France à la veille de la Première Guerre mondiale.
- La vie politique au début de la IIIe République.
- La « Belle époque », une belle époque ?
- Les Français et la République (1870-1918).
- La France dans l'Europe et le monde (1870-1914).
- Ouvriers et paysans en France (1870-1914).

Utiliser

France de droite, France de gauche de 1900 à 1939

PRÉSENTATION

Sous un aspect classique ce sujet présente une série de « pièges ». L'expression « France de... » renvoie à une vision beaucoup plus large que « gauche » ou « droite » puisqu'elle incite à étudier non seulement les organisations politiques, leur programme et leur action, mais surtout leur enracinement dans la société et l'influence de ses transformations sur le sentiment d'appartenance politique. La géographie politique et l'examen des relais (presse, association, syndicats...) doivent au moins être évoqués. Les bornes du sujet orientent la réflexion vers ce que les historiens ont appelé « les guerres franco-françaises ».

Depuis 1789 la vie politique française est caractérisée par l'affrontement entre la droite et la gauche. À travers les luttes politiques du XIXe siècle, cette césure s'est enracinée dans la société, les mentalités, la géographie du pays. Au tournant du siècle le ralliement à la République d'une large fraction de la droite autant que les bouleversements sociaux et économiques donnent un contenu nouveau à cette opposition.

I. La confrontation entre France de droite et France de gauche évolue en trois temps de 1900 à 1940

1. De l'Affaire Dreyfus à la loi de Séparation de 1905, les enjeux hérités du XIXe siècle s'effacent

▸ **Les crises du début du siècle permettent la consolidation de la République.** Les problèmes majeurs du XIXe siècle sont réglés (nature du régime, rapports avec l'Église, rapports entre la République et l'Armée). La montée des tensions internationales détourne le nationalisme vers l'extérieur.

► **Le radicalisme au pouvoir conduit une politique d'apaisement.** Le programme radical est pratiquement réalisé dès 1905, le radicalisme devient une force de gouvernement et commence une lente dérive vers le centre-droit au nom de l'apaisement des tensions. L'Union sacrée est un moment rare et ambigu d'unité nationale.

2. Les questions sociales et économiques l'emportent après la guerre

► **Les revendications sociales sont prises en charge par la gauche socialiste dès 1906-1909.** La crise viticole, la montée de l'anarcho-syndicalisme dans la CGT et la politique de Clemenceau puis de Briand amènent la fin de la « Défense républicaine ».

► **Le choix entre Réforme et Révolution est la raison de l'éclatement de la gauche française après 1920.** L'échec des grèves insurrectionnelles de 1919-1920 accélère le reclassement des partis de gauche en trois tendances. Cette division conduit à l'impuissance des Cartels.

► **La Droite se retrouve dans le conservatisme modéré de Poincaré.**

3. Dans les années trente l'attitude face aux extrêmes est déterminante

► **La crise du 6 février marque le début d'une « guerre civile larvée »** (S. Berstein). L'attachement aux institutions parlementaires est remis en cause ; la droite est dans la rue mais le phénomène des « ligues » présente de grandes originalités par rapport aux autres modèles européens.

► **Le réflexe de la Défense républicaine réapparaît face à la « menace fasciste ».** Le programme flou du Front populaire s'efforce de trouver un compromis entre le désir de rassurer les radicaux et le désir de réformes sociales dont la gauche est investie par le peuple. Ce programme flou ne résiste pas au poids croissant des idéologies.

► **La crise de Munich semble préfigurer les divisions de la guerre.** Le « lâche soulagement » de la majorité des Français, la division entre munichois et anti-munichois traverse les deux France. La balkanisation de la vie politique française empêche la reconstitution de l'Union sacrée.

II. La France « coupée en deux » est en fait bien plus éclatée au plan politique

1. Malgré le ralliement officiel de l'Église à la République, les fractures héritées de la Révolution de 1789 ne cessent de rejouer

▸ **La France de droite** se retrouve toujours autour du rejet de la Révolution passée et de l'attachement aux valeurs du catholicisme de la Contre-réforme, de la société hiérarchique contre l'individualisme libéral, du paternalisme tenant lieu de politique sociale, de l'ordre conçu comme l'attachement à un passé mythifié. À partir du début du siècle une seconde composante intervient : la peur de la Révolution à venir et du socialisme qu'il soit marxiste ou non, réformiste ou non. C'est une France stable, ses bastions se trouvent dans les campagnes catholiques de l'Ouest et de l'Est de la France ainsi que le Sud-Est du Massif central. Sociologiquement, ce qu'il reste de l'aristocratie terrienne, l'armée et le patronat catholique, dans le Nord surtout, constituent ses principaux relais avec toute la presse catholique autour de *La Croix*.

▸ **Cette France s'élargit à une très grande partie des classes moyennes au moment des crises sociales ou politiques,** la crainte du déclassement et celle de la révolution se conjuguent alors. Cette France modérée qui soutient le poincarisme progresse au détriment des conservateurs en liaison avec l'essor de l'économie moderne et des professions libérales.

▸ **Jusqu'au début des années trente l'extrême-droite reste marginale.** Le nationalisme exacerbé est essentiellement parisien (cf. les réactions négatives des anciens combattants de province après le 6 février).

2. L'apparition du PCF explique les divisions de la France de gauche

▸ **La France de gauche** se reconnaît dans la formule de Clemenceau : « il faut accepter la révolution en bloc ». Sa mythologie est née dans les combats du XIXe siècle et dans les grands mouvements sociaux. Son implantation est très variée : « démocraties paysannes » (régions viticoles, régions de petite propriété en faire-valoir direct du Massif central, du Léon et du Trégor...), pays de métayage lorsqu'il existe des militants actifs (Limagne, Rouergue...) ; le monde ouvrier urbain et une partie des classes moyennes intellectuelles.

▸ **La France de gauche valorise l'action collective au sein de grandes organisations** (des partis fortement structurés, des syndicats, des associations comme la franc-maçonnerie) mais le poids des ténors est essentiel (Clemenceau, Jaurès, Briand, les deux Edouard). Ce sont ces organisations qui détiennent en général la presse (le cas de la famille Sarrault à Toulouse est un cas particulier), organisent le quadrillage du pays et qui collectent les sommes très faibles que les militants individuels peuvent verser.

► **Plus que la droite modérée ou conservatrice, la France de gauche croit aux idées et aux idéologies,** ce qui explique des divisions profondes et parfois insurmontables. Il existe une France radicale en déclin à partir de l'avant-guerre ; une France socialiste aux multiples courants ; une France communiste.

Conclusion

Au moment où se déclenche la Seconde Guerre mondiale, l'opposition entre les deux « France » atteint son paroxysme. Toutes les lignes de fractures héritées d'un siècle de conflits sont prêtes à rejouer semble-t-il pour une dernière fois : les mutations de la société, amorcées dès les années trente, bouleversant de manière radicale les données du problème.

13

Entre guerres et crises

LA FRANCE ET LES FRANÇAIS DE 1919 À 1944

Connaître

1919	Victoire électorale du Bloc national
1920	Congrès de Tours (20 décembre)
1924	Victoire électorale du Cartel des gauches
1926	Crise du franc et rappel de Poincaré (juillet)
1928	Dévaluation de 80 % du franc (juin)
1930-1931	Début de la crise économique mondiale en France
1932	Victoire électorale du second Cartel
1934	Nuit d'émeute à Paris (6 février)
	Gouvernement Doumergue
1936	Victoire électorale du Front populaire (avril-mai)
	Accords Matignon (7 juin)
1937	Pause des réformes annoncée par Blum (13 février)
1938	Gouvernement Daladier (avril)
1939	Drôle de guerre (septembre à mai 1940)
1940	Armistice (17 juin)
	Vote des pleins pouvoirs au maréchal Pétain (10 juillet)
1942	Rafle du Vel'd'Hiv' (16/17 juillet)
	Occupation de la zone libre (11 novembre)
1943	Instauration de la Milice (janvier) et du STO (21 février)
1944	Débarquements de Normandie (6 juin) et Provence (15 août)
	Libération de Paris (25 août)

Du défilé de la Victoire le 14 juillet 1919, à la descente des Champs-Élysées par de Gaulle le 26 août 1944, des années folles aux années noires en passant par l'orageuse grisaille des années trente, la période qui va de 1919 à 1944 est l'une des plus riches, des plus complexes, et aussi des plus tragiques de l'histoire de la France contemporaine. Elle continue à susciter questions et débats, sur l'existence d'un fascisme français, sur l'expérience du Front populaire, sur la vraie nature du régime de Vichy. Qu'est-ce qui l'emporte dans cette nouvelle « guerre de trente ans » (Charles de Gaulle), les ruptures avec l'ordre social et politique antérieur à 1914, ruptures que symbolisent le Congrès de Tours, les crises du franc ou la défaite de 1940, ou au contraire de plus profondes continuités dans des domaines très divers de l'État, de l'économie, des équilibres sociaux, qui seules permettent d'expliquer l'essor futur des Trente Glorieuses ? Les continuités évidentes sur le moyen terme ne doivent pas gommer les fortes inflexions de la période : l'illusoire restauration des années vingt, la crise et le malaise spécifiquement français des années trente, les drames et les affrontements fratricides des années de guerre.

I. Les années vingt semblent avoir été une ultime mais illusoire Belle Époque

La France victorieuse se croit à l'apogée de sa puissance : forte de la première armée du monde, d'un territoire restauré dans son intégrité et d'un empire agrandi. C'est le temps des illusions, de « l'Allemagne paiera », des années folles. Derrière la façade clinquante la réalité est plus contrastée : les tensions politiques et sociales, les troubles monétaires et financiers, le déclin démographique inquiètent l'opinion qui cherche à se rassurer en confiant le pouvoir à Poincaré pendant près de la moitié de la décennie. Les années vingt sont aussi une époque de changement ou d'espoir de changement avec le Cartel des gauches, la croissance rapide et la modernisation industrielle, l'ébullition artistique et scientifique. Illusions, contrastes, le troisième terme, le plus important pour les contemporains est « instabilité ». Une instabilité d'autant plus mal vécue qu'elle est comparée à la stabilité mythique de la « Belle Époque ».

1. Au lendemain de la guerre la France redoute une révolution bolchevique

► **Malgré le lourd bilan de la guerre les principales inquiétudes des Français sont d'ordre politique.** Sur le plan international, la campagne pour les élections législatives de novembre 1919 se déroule au moment même où le Sénat des États-Unis débat de la ratification des traités, le vote a lieu le 20 novembre, quatre jours après les élections françaises, mais on pressent déjà la probabilité d'un premier rejet. À l'intérieur, les mouvements de grève qui se multiplient dès le printemps 1919 et plus grave, la mutinerie des marins français déployés à Sébastopol dans le cadre de lutte contre le gouvernement de Lénine font craindre la contagion du climat révolutionnaire qui règne alors en Europe.

La campagne électorale de 1919 se déroule dans une atmosphère tendue symbolisée par l'affiche représentant le bolchevisme sous les traits d'un *moujik* hirsute tenant un couteau sanglant entre les dents. Trois formations se présentent aux suffrages des électeurs : la SFIO repliée sur ses propres divisions, le Parti radical usé pour avoir conduit la guerre et le Bloc national, coalition du centre (Alliance démocratique et quelques radicaux modérés) et des droites (Fédération républicaine, Action libérale), qui se retrouve autour du thème de l'Union sacrée et du patriotisme incarné par Clemenceau. La nouvelle loi électorale qui introduit la proportionnelle départementale transforme une étroite victoire (300 000 voix d'écart) en une très large majorité à la Chambre (437 députés contre 88 radicaux et 68 socialistes). Le sens du vote n'en est pas moins clair : une majorité des Français a voté pour l'ordre symbolisé par Clemenceau et pour un renouvellement des hommes (beaucoup d'élus sont des hommes nouveaux et des anciens combattants) : c'est la « Chambre bleu horizon ». Pour la première fois depuis l'établissement de la République, les droites sont majoritaires. C'est une victoire en trompe l'œil : dès janvier 1920 des manœuvres de couloirs parviennent à écarter Clemenceau de la présidence de la République. Paul Deschanel est élu mais il doit démissionner en septembre 1920 en raison de troubles mentaux, il est alors remplacé par Alexandre Millerand.

▸ **L'échec électoral de la gauche accélère la scission de la SFIO.** L'unité des socialistes a été ébranlée durant la guerre par le débat autour de Zimmerwald, le départ du gouvernement d'Union sacrée en est la conséquence, mais de ce fait le Parti socialiste ne tire aucun profit de la victoire et se retrouve au contraire marginalisé à l'extrême gauche. La rupture de 1920 se fait sur le choix entre la tradition réformiste française et la révolution bolchevique.

La crise sociale de 1919 et du printemps 1920 est liée à la flambée des prix et à la révolution russe. La CGT qui est sortie renforcée de la guerre (ses effectifs sont passés de 350 000 en 1913 à 1,6 million) est également divisée : la majorité des militants derrière le secrétaire général, Léon Jouhaux, penche pour le réformisme, la guerre ayant montré les avantages d'un dialogue avec le patronat et le pouvoir ; la minorité conduite par Pierre Monatte est favorable aux bolcheviks et souhaite profiter du climat révolutionnaire pour renverser la société bourgeoise. Malgré le vote par l'Assemblée de la journée de huit heures proposée par Clemenceau pour désamorcer la crise sociale, le 1er mai 1919 est marqué par de grandes manifestations et des heurts violents avec la police. Le mouvement est particulièrement puissant dans les chemins de fer où Gaston Monmousseau lance deux grèves en février et pour le 1er mai ; elles sont brisées par le gouvernement Millerand qui réquisitionne les personnels, met à pied près de 15 000 cheminots et engage des poursuites contre la CGT qui est menacée de dissolution. En fait, un cinquième seulement des personnels ont suivi les mots d'ordre.

▸ **Les réformistes sont majoritaires dans l'électorat de la gauche, il en va différemment au sein du Parti socialiste.** Le Parti est divisé en trois tendances, la majorité est favorable à une adhésion immédiate à la IIIe Internationale (Monatte, Souvarine, Loriot notamment), une petite minorité (Blum, Renaudel...) veut au contraire maintenir la tradition réformiste de la IIe Internationale : entre les deux, les « reconstructeurs » (Frossard, Longuet...) sont favorables à une rupture avec l'Internationale socialiste mais souhaitent une reconstruction de l'unité du mouvement ouvrier international. Deux dirigeants du Parti socialiste, Frossard et Cachin, se rendent officiellement à Moscou pour étudier les conditions d'une adhésion de la SFIO au Komintern. Ils en rapportent les 21 conditions posées par Lénine pour l'adhésion à la IIIe Internationale (obéissance absolue aux ordres du Komintern, « centralisme démocratique » et organisation quasi militaire, création d'organes clandestins, soumission de la presse et des syndicats au parti, etc.).

> **Le Congrès de Tours (29-30 décembre 1920)** concrétise l'éclatement durable de la gauche française. Les trois quarts des participants acceptent dans l'enthousiasme les 21 conditions et créent la SFIC (Section française de l'Internationale communiste). La minorité emmenée par Léon Blum, Jules Guesde et Albert Thomas sauvegarde l'identité d'une SFIO qui perd le gros de ses troupes et le quotidien *L'Humanité,* mais conserve le soutien de la grande majorité des députés et des élus locaux. Au Congrès de Lille (juillet 1921) la CGT se scinde à son tour : mais les réformistes dirigés par Léon Jouhaux écartent les Comités syndicalistes révolutionnaires qui avaient organisé les grèves et conservent la majorité, la tendance révolutionnaire fonde alors la CGTU (Confédération générale du travail unitaire).

Le Parti communiste s'enferme pendant plus de dix ans dans une attitude révolutionnaire qui le marginalise. Il multiplie les purges destinées à éliminer les militants chevronnés au profit de jeunes comme Maurice Thorez et se coupe systématiquement de la société française par ses choix internationalistes (contre l'occupation de la Ruhr en 1923), anticolonialistes (aux côtés d'Abd el-Krim durant la guerre du Rif au Maroc, 1923-1925), voire antidémocratiques (sarcasmes à l'encontre des « libertés formelles » et des « social-fascistes »). Le PCF s'érige en contre-société, ce qui séduit les ouvriers des grands entreprises concentrées et taylorisées et des intellectuels en révolte, tels les surréalistes en 1927. Une telle attitude condamne le Parti à l'isolement et à l'échec électoral : il lui reste 29 000 militants et 9 députés en 1932, alors que la SFIO qui a rapidement reconquis l'essentiel de ses forces militantes et électorales, réfléchit avec Blum aux conditions de l'exercice du pouvoir dans une société capitaliste.

2. L'obsession financière oriente la vie politique

▸ **La France des années vingt trahit en fait une très forte aspiration au retour à l'ordre et au passé de la « Belle Époque ».** De la guerre elle ne veut garder que le meilleur, l'effort collectif qui présida à l'Union sacrée : ce trait majeur est à la base de la victoire du Bloc national puis du poincarisme, qui achèvent tous deux de faire glisser à droite l'idée nationale. En septembre 1920, Aristide Briand succède à Millerand élu président de la République. Alors qu'il avait été le rapporteur de la loi de Séparation, Briand mène une politique religieuse de conciliation et d'apaisement : les relations diplomatiques avec le Vatican sont rétablies, les congrégations religieuses sont autorisées à reprendre leurs activités et le Concordat de 1801 qui s'applique toujours en Alsace-Lorraine est maintenu. Il doit affronter le double problème des Dettes et des Réparations, il doit démissionner à la suite de la conférence de Cannes. Il est remplacé par Poincaré.

Raymond Poincaré (1860-1934) incarne l'esprit des années vingt. Né à Bar-le-Duc, il est le fils d'un ingénieur des Ponts et Chaussées, avocat brillant il entre en politique en 1893. Dès ses débuts il se dit « républicain modéré mais pas modérément républicain » : il démontre ses compétences aux Finances puis à l'Instruction publique où il se montre favorable à une école « neutre » et non pas anticléricale (il ne soutient pas les gouvernements Waldeck-Rousseau et Combes 1898-1905). Président du Conseil de janvier 1912 à janvier 1913 puis président de la République de janvier 1913 à janvier 1920 il incarne l'Union sacrée contre l'Allemagne avant de conduire une politique de stricte exécution du traité de Versailles qu'il désapprouve, en tant que président du Conseil à partir de janvier 1922. L'occupation de la Ruhr en 1923, destinée à détenir un gage face aux Allemands, lui permet d'obtenir un soutien presque général dans le pays et à la Chambre (452 voix contre 72 à gauche). Il a moins de succès dans le domaine financier. Lié par les promesses d'indemnisations des victimes et de reconstruction faites dès 1918 (près de 120 milliards par an entre 1920 et 1922), ainsi que par la politique d'exécution des traités qui empêche de mettre en question l'idée que « l'Allemagne paiera », il doit accepter le gonflement du déficit budgétaire et l'inflation. Les mesures d'assainissement nécessaires sont refusées (dévaluation, augmentation des impôts, rigueur budgétaire...) pour des raisons politiques. Avec l'occupation de la Ruhr, la dépréciation du franc sur les marchés internationaux s'accélère en raison de la spéculation à la baisse dont il fait l'objet de la part des Anglo-Saxons. La crise du franc atteint un premier palier en 1924 : la livre passe de 85 F à 123 F. Reprenant la terminologie militaire Poincaré engage le « Verdun financier » du 9 mars 1924 : à quelques semaines des élections législatives il lance un emprunt de 200 millions de dollars et surtout décide une augmentation de 20 % des impôts et des économies budgétaires. La crise monétaire est enrayée momentanément mais le Bloc national perd les élections du mai 1924 au profit de la coalition des radicaux et des socialistes, le Cartel des gauches.

► **Les radicaux restent le grand parti de gouvernement de la gauche.** Mais leurs ambiguïtés et la complexité de leurs relations avec la SFIO les condamnent à l'impuissance : l'apparition des communistes les a déportés à droite, et une part de leur base refuse toute réforme de structure.

Les contradictions des radicaux expliquent l'échec du Cartel des gauches (1924-1926). La gauche, minoritaire dans le pays (4,2 millions de voix contre 4,5 à la droite), obtient une courte majorité au Parlement, grâce à la prime majoritaire aux listes d'union et à la surreprésentation des départements radicaux du Sud-Ouest. Les socialistes optent pour le « soutien sans participation » au gouvernement d'Édouard Herriot qui doit donc se garder à gauche. Afin de se démarquer du Bloc national, Herriot prend une série de mesures maladroites : Millerand qui était intervenu dans la campagne électorale pour soutenir le Bloc national et demander un renforcement de l'exécutif (discours d'Évreux) est contraint à la démission. L'élection de Gaston Doumergue, membre du Bloc national contre le candidat de la gauche, est un échec pour Herriot qui ne parvient pas davantage à imposer la séparation de l'Église et de l'État en Alsace-Lorraine ; cette politique anticléricale suscite en revanche la renaissance des ligues comme la « Ligue pour la défense des religieux anciens combattants » du jésuite Doncœur et surtout la nouvelle et puissante Fédération nationale des catholiques du général de Castelnau qui anime une campagne nationale de protestation.

La politique économique du Cartel conduit à son échec. Les projets d'impôt sur le capital, inclus dans le programme de la coalition, inquiètent les milieux financiers et les petits porteurs ; les problèmes budgétaires ne sont pas résolus et Herriot a recours à des expédients illégaux. En avril 1925, le conseil des régents de la Banque de France (élus par les 200 plus gros actionnaires) annonce que le gouvernement a crevé le plafond légal des avances qu'il peut solliciter (41 milliards). La perspective d'une crise de trésorerie accélère les demandes de remboursement des bons du Trésor dès leur échéance. Herriot démissionne en avril 1925, ses successeurs ne font pas mieux que lui. La constitution d'un nouveau cabinet Herriot le 19 juillet accélère la fuite devant la monnaie : la livre atteint 243 F, Herriot démissionne.

La responsabilité de Herriot est indéniable, mais elle n'est pas seule en cause : l'énorme dette flottante, la masse des pensions accordées aux anciens combattants sont des problèmes de fond, que le Cartel n'a pas créés ; le redressement qui suit l'arrivée de Poincaré montre que le « mur de l'argent » n'est pas totalement une illusion et qu'en effet il s'est heurté à l'hostilité des financiers, mais rien ne permet de parler d'une conspiration des « deux cents familles » se dressant contre ses réformes. L'expérience du Cartel marque jusque dans les années quatre-vingt l'imaginaire politique des Français : la gestion économique de la gauche en gardera longtemps une image négative, inversement la gauche considérera qu'il faut prendre d'assaut les bastilles financières dès l'arrivée au pouvoir.

► **La droite exerce le pouvoir de 1926 aux élections de 1932.** Elle tire tous les fruits d'un événement marquant de 1926 : la condamnation par le pape de l'Action française, qui achève de rallier les catholiques à la République. La droite bénéficie encore des complaisances d'une partie des radicaux qui deviennent le ventre mou de toutes les coalitions de pouvoir.

C'est sur le front financier que Poincaré fonde durablement sa popularité. Au pouvoir, de juillet 1926 à juillet 1929, Poincaré fait appel à la mythologie de l'Union nationale, des radicaux (Herriot !), aux modérés (Briand) et à la droite conservatrice (Louis Marin). La crise de confiance est immédiatement enrayée, le franc remonte et les capitaux reviennent en France. La stabilisation des changes se fait autour de 125 F pour une livre et de 55,5 F pour un dollar, une caisse d'amortissement financé par des recettes spécifiques (tabac et allumettes) est mise en place pour résorber la dette. Le redressement est d'autant plus aisé que les résultats économiques sont bons (forte croissance économique, balance des paiements excédentaire en l'absence de transferts spéculatifs...). Mise à part la politique internationale conduite par Briand les années 1926-1929 sont peu marquantes.

Le gouvernement Poincaré assoit définitivement deux phénomènes, l'appel à l'homme providentiel par une opinion désorientée et l'image d'une droite seule détentrice de l'orthodoxie financière et budgétaire. Le poincarisme exprime cette nostalgie des vertus bourgeoises et paysannes d'avant guerre, ce besoin profond de retrouver les stabilités et les orgueils perdus, qu'il serait réducteur d'assimiler, tout comme pour le Bloc national, à la seule droite. Les Français lui en sauront gré qui lui feront des funérailles nationales en 1934 comme au maréchal Foch en 1929.

Le retrait de Poincaré ramène l'instabilité ministérielle (huit gouvernements de l'automne 1929 au printemps 1932) : ni Pierre Laval ni André Tardieu n'ont la stature nécessaire pour conduire la droite ralliée et gestionnaire qui voit resurgir à son extrême le phénomène des ligues.

3. La France des années vingt présente aussi atouts et dynamismes

► **Les « Années folles » révèlent d'autres forces que les obsessions des rentiers rêvant à l'avant-1914.** On ne saurait réduire la période aux succès de scandale du *Diable au corps* (Raymond Radiguet, 1923) ou à *La Garçonne* (Victor Margueritte, 1922), deux romans sur les mœurs nouvelles, ni aux *Arts Déco* de l'Exposition de 1925 ou à la première fureur du jazz. Néanmoins, ces manifestations furent plus qu'un épiphénomène parisien et indiquent qu'une évolution plus profonde de la société est amorcée : l'urbanisation, la découverte de la publicité et de la consommation modernes, le travail et l'émancipation des femmes, sont autant de coups de boutoirs portés à ce que la société charrie encore des valeurs du XIXe siècle : la foi dans l'épargne et l'ordre, le positivisme scientiste.

► **1930 fut sans doute un « apogée » pour le pays.** Les Français le perçurent d'autant moins que les alertes sur le franc, les difficultés à obtenir les « Réparations », une certaine grisaille de la vie politique, les ont inclinés au pessimisme. Au moins se sont-ils crus, pendant deux années environ, à l'abri de la crise mondiale. L'indice de la production industrielle (base 100 en 1913) grimpera jusqu'à 144 dans l'été 1930, alors que les chômeurs secourus ne seront au même moment que 817, contre 1,344 million en Grande-Bretagne et 1,775 en Allemagne. Les mines et le bâtiment sont en progrès de 23 % par rapport aux chiffres de 1913, la métallurgie de 29 %, les industries mécaniques de 57 %, et le caoutchouc de 761 % (A. Sauvy). Le produit national brut progresse de 7 % par an de 1920 à 1924, de 3 % de 1924 à 1929.

L'État et certains secteurs de l'industrie peuvent se targuer d'un bilan flatteur. Le fait va à l'encontre d'une certaine imagerie répandue de part et d'autre du Rhin et reprise avec un éclat tendancieux par le futur nazi Friedrich Sieburg dans *Dieu est-il français ?* (1930), qui voyait dans la France le pays d'un art de vivre inapte à la modernisation industrielle. L'État, riche de l'expérience de dirigisme atténué de la guerre, ouvre de multiples chantiers : reconstruction, Habitations à bon marché (HBM, créées par le ministre-technicien Loucheur en 1928), ligne Maginot (1929-1935). Sur les plans économique et social, c'est l'institution des chèques postaux, la retraite des combattants (mars 1930), les lois sur les assurances sociales de mars 1928 et avril 1930, la généralisation des allocations familiales (1932), la gratuité progressive de l'enseignement secondaire à partir de 1930.

Pour leur part, les grands industriels acclimatent avec succès le taylorisme ou Organisation scientifique du travail, pratiquent concentrations et intégrations dans les secteurs dynamiques de la sidérurgie, de la chimie, de l'électricité, de l'aéronautique ou de l'automobile. Quelques grands noms s'imposent : Ernest Mercier dans l'électricité, Marcel Bloch-Dassault dans les armements, François de Wendel dans la sidérurgie, ou dans l'automobile Louis Renault, Peugeot et André Citroën, le spécialiste des grands coups publicitaires (Croisières jaune et noire). En 1929, la sidérurgie française est la troisième du monde, l'automobile la seconde, et les bases de l'industrie pétrolière sont posées : la France est bien entrée dans la seconde révolution industrielle. Les futurs *ouvriers spécialisés* (OS) commencent à former un groupe compact dans la société.

▸ **Le bilan économique des années vingt comporte cependant des zones d'ombre.** La reconstruction s'est faite à l'identique, sans que soit saisie l'occasion d'un renouvellement des machines et des techniques, contrairement à ce qui aura lieu après 1945 sous la férule de Jean Monnet. Traditionnel point faible des industries françaises, la concentration reste très insuffisante, y compris dans les secteurs charbonnier ou électrique. Le protectionnisme, étendu à l'Empire qui devient le premier partenaire commercial de la métropole en 1928, conduit au repli de l'économie nationale sur un marché trop étroit et peu dynamique. Le territoire métropolitain connaît un développement très inégal de part et d'autre de la ligne Brest-Genève, opposant le Nord-Est industrieux et populeux à un Sud-Ouest rural affaibli par l'exode et la dénatalité. De manière générale, le monde agricole est en crise : méthodes traditionnelles, faible mécanisation et productivité insuffisante.

II. La France des années trente est malade de la crise et de la guerre

Les mornes *gloomy thirties* des Britanniques ont été vécues en France avec une intensité, des déchirements et un tragique particuliers, de plus en plus marqués par la peur de la guerre. Si la France perd cette dernière, ce sont ces années trente, entre pessimisme et guerre civile, qui peuvent sans doute le mieux donner la clef de son « étrange défaite » (Marc Bloch).

1. La crise française, atypique, résiste aux politiques des gouvernements qui se succèdent à un rythme rapide

▸ **La crise française diffère assez profondément des crises américaine, britannique ou allemande.** Sa chronologie même l'en distingue : elle survient plus tardivement et avec des conséquences sociales moins visibles en dépit des marches de chômeurs de 1933-1934, mais elle s'éternise jusqu'à la veille de la guerre malgré les politiques diverses mises en œuvre pour la juguler. Cet atypisme provient des structures mêmes de l'économie nationale, qui ont permis, avec le secours d'un marché colonial très protégé, d'amortir les premiers effets du marasme mondial. La taille médiocre des exploitations agricoles et des entreprises, la faible capacité d'investissement, la faible productivité, la méfiance tenace, à gauche comme à droite, à l'égard du capitalisme et des profits financiers, si typiques de ce culte du moyen et du « petit » dont S. Berstein a montré qu'elle était au centre des valeurs radicales et, au-delà, républicaines, caractérisent la langueur et le piétinement routinier d'une France à la traîne. Son archaïsme relatif la protège avant de la gêner, l'empêchant de relever les défis de la nécessaire modernisation.

► **La fable collective d'une France à l'abri de la crise mondiale s'effondre à l'automne 1931.** La dévaluation de la livre, en septembre, sonne tardivement l'heure de vérité pour la monnaie et les prix français de plus en plus manifestement surévalués (de 21 % sur les cours mondiaux en 1935). Les exportations s'effondrent logiquement, de près de 66 % entre 1927 et 1936, alors que les mesures protectionnistes sont impuissantes à éviter la percée des importations.

> **André Tardieu (1876-1945) a sa part de responsabilité.** Il a dominé l'année trente comme président du conseil et propose à ses concitoyens le volontarisme technocratique de la « politique de prospérité » à l'américaine, conformément à son admiration profonde pour le capitalisme libéral. Sa politique de dépenses et de réformes contribue en fait à déséquilibrer le budget de l'État et à masquer les premiers effets de la crise. Tardieu s'efforcera en 1932 d'œuvrer à la constitution d'un grand parti conservateur français, équivalent des *tories* britanniques, puis à une « réforme de l'État », un thème dont la droite s'emparera dès sa publication, en février 1934 (!) de *L'heure de la décision*. L'auteur y prône une restauration de l'autorité de l'exécutif et y critique l'interventionnisme de l'État en matière économique et sociale. Il est alors très isolé, et son retrait de la vie active consomme dès 1934 ses échecs ; il va passer pour l'un des inspirateurs de la droite ligueuse.

Les conséquences de la surévaluation des prix français sont importantes. La production industrielle globale chute de 20 à 25 % entre 1929 et 1935, avec des baisses plus sensibles pour la transformation des métaux (– 52 %), mais, paradoxalement, de beaux résultats dans des secteurs de pointe qui confirment les avancées de la décennie précédente, l'électricité, la chimie, le raffinage du pétrole, ou encore l'automobile, en dépit de la faillite de Citroën (1934). Dans le domaine agricole, la crise se manifeste par la surproduction dans les trois grands secteurs du blé, du vin et de la betterave, les excellentes récoltes de 1933 ou 1934 venant aggraver la situation. Dans le domaine des finances publiques, les rentrées d'argent se font mal : l'impôt rapporte moins, mais le plus grave est l'effondrement des diverses sources de revenus invisibles (tourisme, fin des « réparations »...) qui fait que dès 1931 budget et balance des paiements deviennent déficitaires. Français et étrangers perdent leur confiance dans le franc, considéré comme une valeur refuge après la dévaluation de 1928, mais dont la surévaluation est aggravée par les dévaluations de la livre (1931) et du dollar (1933) et l'attachement des autorités au maintien du « bloc-or ».

Les conséquences sociales de la crise apparaissent relativement modérées. On enregistre 864 000 chômeurs en 1936 (4,2 % de la population active), même si leur nombre réel est plus élevé et surtout si le chômage partiel affecte un grand nombre de travailleurs. Si l'on rapporte ce chiffre à celui de la population salariée (non compris les paysans qui forment encore le tiers de la population active), le taux de chômage atteint tout de même 10,1 %, un taux proche de celui des années quatre-vingt. Selon A. Sauvy, les revenus nominaux chutent de 30 % entre 1929 et 1935, mais les revenus réels ne reculent que de 8,5 % en raison de la baisse du coût de la vie. Les agriculteurs sont les plus touchés, avec une baisse de près du tiers de leur pouvoir d'achat, suivis des patrons du commerce et de l'industrie. Les fonctionnaires auraient tout au plus maintenu leur pouvoir d'achat, tandis que les ouvriers auraient perdu jusqu'à trente points, surtout à cause du chômage partiel ou complet. On voit que ce sont les classes moyennes, notamment rurales, maîtresses du suffrage universel depuis la fondation de la République, qui sont le plus touchées par la crise et risquent de se détacher du régime dans la tempête qui va le secouer en 1934.

▸ **Jusqu'en 1936, les politiques économiques sont impuissantes à résoudre la crise.** Elles tournent autours de quelques valeurs clés, l'orthodoxie financière et budgétaire, la déflation, le protectionnisme, le repli impérial, en fait tout un dispositif essentiellement malthusien. Confondant dévaluation et déclin, cours du franc et image de la France, tenus de ménager le groupe des rentiers qui désormais pèsent plus encore dans les mentalités que dans la société, les gouvernements se refusent à dévaluer et cherchent des ripostes traditionnelles à la crise.

En matière d'équilibre commercial, il s'agit très classiquement de taxer lourdement les produits étrangers dont les pays ont dévalué leur monnaie, afin de corriger l'avantage dont ils jouissent, voire de se replier vers l'Empire pour constituer l'« autarchie » prônée par Albert Sarraut à la fin de 1934. Dans le domaine agricole, on cherche à réduire la production par des primes à l'arrachage ou la distillation obligatoire des surplus vinicoles.

Le maître-mot reste la déflation. La compression des dépenses de l'État vise à retrouver un équilibre budgétaire sacralisé. Le Cartel des gauches revenu au pouvoir en 1932, rencontre les mêmes difficultés qu'en 1924-1926, le divorce entre les revendications sociales de la base et une crise financière liée à la réduction des rentrées fiscales alors que les mesures généreuses de Tardieu pèsent lourdement sur le budget. Le déficit budgétaire (10 milliards en 1933) rouvre le débat sur les capacités de la gauche à gérer le pays. Revenue au pouvoir à la faveur de la crise du 6 février 1934, la droite engage fermement la déflation : les décrets-loi de Pierre Laval en 1935 prévoient une baisse de 10 % des traitements et des pensions, la réduction des dépenses budgétaires (notamment dans le domaine militaire (arrêt de la construction de la ligne Maginot au niveau des Ardennes...). Le résultat est un ralentissement supplémentaire de l'activité accompagné d'une montée du mécontentement. Seul Paul Reynaud, à partir de 1934, prône la dévaluation, mais il n'est pas entendu.

Le bilan général apparaît bien modeste et la crise tend à s'éterniser, alors que les autres grandes nations industrielles connaissent des répits ou de vrais redémarrages.

Cette impuissance voire cet immobilisme exacerbent l'irritation des Français à l'égard de la classe politique dans son ensemble et débouchent sur une véritable crise de société.

2. A-t-il existé un fascisme français ?

▸ **Le malaise de la République éclate dans les années trente.** La crise économique puis la montée des périls internationaux semblent réclamer des institutions plus efficaces et un État plus fort, au moment où battent leur plein l'instabilité ministérielle et les palinodies des radicaux devenus trop familiers des combinaisons et facilités du pouvoir. Si le malaise est ancien et s'il ne s'exprime nullement dans l'abstention électorale, limitée à 16 %, il est décuplé par la multiplication des scandales qui revivifie d'anciens courants : l'antiparlementarisme d'un peuple qui a gardé du Second Empire d'évidentes traditions césariennes, ou un anticapitalisme de plus en plus entaché d'antisémitisme et de xénophobie.

▸ **Du scandale à l'émeute, la confiance dans la classe politique et les institutions s'effrite.** Alors qu'on compte une quinzaine de crises ministérielles entre mai 1932 et avril 1938, dont certaines à des moments cruciaux de la vie internationale, les scandales politico-financiers s'accumulent. Si l'Affaire du temps ne s'appelle plus Dreyfus mais Stavisky, la presse d'extrême droite retrouve les accents xénophobes et antisémites du début du siècle, elle fait de Stavisky un symbole de « l'anti-France » : c'est un étranger naturalisé français (d'origine russe), il est israélite et se livre à des trafics financiers douteux en compagnie de parlementaires véreux.

> **Stavisky** utilise ses relations avec des ministres et députés radicaux pour monter une escroquerie autour de la création du Crédit municipal de Bayonne et gruger les épargnants. Le scandale est découvert le 24 décembre 1933, le député-maire radical de Bayonne, Garat, est impliqué. En remontant les méandres de l'affaire on découvre que Stavisky a bénéficié de protections politiques, le plus souvent radicales, depuis le début des années vingt. Le suicide de l'escroc, dans des conditions suspectes le 8 janvier 1934, débouche sur une mise en cause d'un proche du président du Conseil Chautemps. Il n'en faut pas plus à Léon Daudet pour publier dans *L'Action française* un article au titre évocateur : *Camille Chautemps, chef d'une bande d'assassins et de voleurs.* La presse de droite dispose dès lors d'une redoutable machine de guerre contre le ministère radical : c'est une revanche sur la réhabilitation de Dreyfus en 1905 par ces mêmes radicaux. La République a déjà affronté de tels scandales, y compris sous Poincaré (de 1928 à 1931 Marthe Hanau, Aéropostale, Oustric), mais cette fois l'opinion est gagnée par le sentiment de la corruption générale. La nature même du Régime et ses valeurs sont en péril.

▸ **Une droite nouvelle, très diverse, occupe désormais le devant de la scène.** La droite républicaine ne veut certes pas abattre le régime mais évincer la gauche radicale ou socialiste du pouvoir comme elle y était parvenue en 1926 sous le masque d'une Union nationale et l'autorité d'un grand rassembleur qui prend la figure d'un homme providentiel : après Poincaré, Doumergue, en attendant Pétain. Curieuse dérive que ces changements de majorité sans élections. D'autant qu'il existe des passerelles entre cette droite et celle de la rue : les attitudes d'un Tardieu ou d'un Laval semblent l'attester.

L'essentiel tient dans la résurgence des ligues. La France a connu à la fin du XIXe siècle la constitution de ces mouvements à l'écart des partis politiques ; le phénomène explose désormais. Certains groupuscules partagent une imitation souvent superficielle du fascisme italien et l'appel à d'aventureux bailleurs de fonds, tel le parfumeur et homme de presse François Coty *(L'Ami du Peuple)* : ce sont le *Faisceau* (1926) de Georges Valois, un transfuge de l'Action française, le *Francisme* (septembre 1933) de Marcel Bucard, un ancien du *Faisceau*, enfin la *Solidarité française* du commandant Jean Renaud. Aucun n'a regroupé plus de quelques milliers d'adhérents. Les *Jeunesses patriotes* fondées sous le Cartel par un ancien bonapartiste, Pierre Taittinger, font mieux en exploitant un fonds de commerce qui a fait ses preuves : le nationalisme autoritaire de la vieille *Ligue des patriotes*. Les uns et les autres goûtent les uniformes, les parades, l'organisation paramilitaire, et la violence, longtemps cantonnée au seul Quartier latin ; bon nombre sont des déçus de l'Action française, jugée trop verbeuse dans son défi à la « gueuse ».

Le « tous pourris », le « gouvernement de voleurs » (Maurras) expliquent cependant en partie l'émeute du 6 février 1934.

> **Le 6 février 1934,** une vaste manisfestation de protestation contre la corruption est convoquée sur la place de la Concorde face au Palais Bourbon où Édouard Daladier doit être investi. Les militants des Jeunesses patriotes, de l'Action française, de la Solidarité française, des Croix de Feu (auxquels toutefois de La Rocque enjoint de se disloquer dès les premiers affrontements) forment les gros batailons, mais on y trouve également les Anciens combattants de l'UNC (modérée) et l'ARAC (proche du PCF). Il semble que les gardes républicains, se sentant menacés, aient ouvert le feu : on relève 15 morts (dont 14 manifestants) et près de 1 500 blessés. Conséquence immédiate, Édouard Daladier, qui a pourtant reçu un clair soutien à la Chambre, démissionne. Le président Lebrun appelle alors Gaston Doumergue pour constituer un cabinet d'Union nationale articulée autour des modérés. La droite républicaine, comme l'a révélé l'attitude des conseillers municipaux de Paris, atteint son objectif, l'élimination sans élections de la gauche victorieuse aux législatives de 1932. La gauche a cru, à tort, à un coup de force contre la République, et la constitution d'un Front populaire antifasciste trouve là son origine.

▸ Y a-t-il eu un fascisme français ? Cette question politique majeure des années trente est devenue l'enjeu d'un débat entre historiens, récemment (1994-1995) relancé par les révélations sur les engagements de jeunesse de François Mitterrand et la publication de l'étude d'un historien américain, Robert Soucy, sur les Croix de Feu. Les deux positions traditionnelles sont bien connues. Pour les historiens français, René Rémond ou Pierre Milza, le fascisme est étranger à la tradition des droites françaises, et l'on ne saurait lui assimiler le bonapartisme ou l'esprit des Ligues. Il a bien existé, certes, des imitations des fascismes italien ou allemand, mais elles furent réduites tantôt, précisément, à quelques singeries d'agitateurs, tantôt à une attraction puissante sur une poignée d'intellectuels cherchant dans l'engagement politique un romantisme de l'action, voire un remède à des angoisses plus personnelles comme chez Robert Brasillach, rédacteur en chef en 1937 de *Je suis partout*, chez Ramon Fernandez, Jacques Benoist-Méchin, Drieu La Rochelle (*Gilles*, 1939),

Céline, etc. Les attitudes politiques des Anciens Combattants confirmeraient cette absence de bases sociales pour un fascisme : charriant de viriles nostalgies volontiers vindicatives (le « front » contre l'« arrière »), mais divisés en plusieurs associations qui n'appartiennent pas toutes à la droite, les Anciens Combattants sont restés foncièrement attachés à la République, qui a révélé à l'épreuve du feu puis de la crise la solidité d'un enracinement cinquantenaire. Si l'on songe au rôle de leurs épigones en Italie ou sous la République de Weimar, leur modération donne une explication majeure à l'absence de fascisme français.

L'autre thèse, servie par Zeev Sternhell dans plusieurs ouvrages, va à l'opposé : elle affirme que non seulement la France de l'entre-deux-guerres a connu le fascisme, mais même que la génération précédente l'a inventé, entre la fin du XIXe siècle et la veille de 1914, avant d'en diffuser l'influence, tout particulièrement en Italie où les nationalistes et les socialistes furent de grands lecteurs de Georges Sorel. Ce fascisme serait né à la fois de la réaction nationaliste consécutive à la défaite de 1870, de l'impossibilité d'une revanche et d'une critique radicale, nettement ancrée à gauche, socialisante, du libéralisme. Sternhell, toutefois, s'en tient surtout aux intellectuels et aux militants : le laboratoire français du fascisme aurait continûment manqué de troupes. C'est ce qu'une analyse des Croix de Feu invite à discuter.

Les Croix de Feu du colonel François de La Rocque, devenues après l'interdiction des ligues (1936) le Parti social français ont connu un développement sans égal. Entendant rassembler à l'origine (1927) l'élite des Anciens Combattants médaillés, les Croix de Feu recrutent plus large à partir de 1930, avec les fils et filles des Croix de Feu et les Volontaires nationaux ; elles comptent déjà 500 000 adhérents au début de 1936 (soit plus que les effectifs réunis de la SFIO et du PCF !), et le PSF qui leur succède atteint sans doute le million et demi d'adhérents en 1939, au moment où il s'apprête à rafler plusieurs dizaines de sièges aux élections législatives prévues pour 1940.

Après Tardieu, La Rocque a personnifié aux yeux de la gauche le danger fasciste. Ne fut-il vraiment que le partisan d'une République d'ordre, autoritaire, au risque de décevoir nombre des siens (notamment en Afrique du Nord) et les chefs des autres ligues ? De nombreux éléments permettent de soutenir cette thèse : le refus de La Rocque de transformer le 6 février en tentative de coup d'État, le légalisme électoral du PSF, l'engagement de La Rocque (d'abord rallié à Pétain) dans la Résistance et sa déportation par les Allemands... En sens inverse, les militants du PSF sont parfois plus extrémistes que leur chef (notamment en Alsace et en Algérie), l'antisémitisme pénètre certains éléments du mouvement et transparaît dans certains passages de *Discipline d'Action,* paru en 1941, bien que La Rocque ait dénoncé publiquement le statut des juifs dans les colonnes du *Petit Journal,* le 5 octobre 1940. En fait, l'importance des effectifs du PSF ainsi que le contexte expliquent ces différents visages : le PSF apparaît comme un vaste rassemblement de la droite d'ordre dont les membres viennent souvent de partis modérés et y retourneront. Mais il attire aussi des éléments plus radicaux et il ne peut être imperméable aux tendances de l'époque. En tout état de cause le débat sur les années trente reste ouvert et appelle des jugements nuancés.

« L'esprit des années trente », analysé par Jean Touchard, marque en fait droites et gauches. Le sentiment très fort de l'obsolescence, voire de la « décadence » des idées fondatrices de la République et plus largement de la démocratie parlementaire au lendemain du séisme de 1914-1918, le bouillonnement politique et intellectuel nourrissent de nouvelles synthèses empreintes d'un même air de famille.

Une forte exigence de renouvellement doctrinal et humain s'impose dès la fin des années vingt, à l'écart ou dans l'opposition aux partis classiques, avec la « Jeune droite » (Brasillach, Thierry Maulnier, Jean de Fabrègues), les « Jeunes équipes » et les « Jeunes-Turcs » du Parti radical (Bertrand de Jouvenel, Jacques Kayser, puis Pierre Cot, Pierre Mendès France, Jean Zay, Gaston Bergery), enfin les « néo-socialistes » en 1930-1933, avec Marcel Déat, Adrien Marquet, Montagnon, le premier ruinant le credo marxiste de la SFIO dans ses *Perspectives socialistes* (1930), qui laissent Blum « épouvanté ». Tous prônent un renforcement du pouvoir exécutif (que Doumergue ne saura pas ménager en 1934) et une forme de dirigisme économique passant par la planification (revue *Plans,* ou *Le Plan* du 9 juillet 1934, publié par des intellectuels de très diverses origines) et reconnaissant les compétences et le désintéressement des technocrates par opposition aux politiciens (le Redressement français, de l'industriel Ernest Mercier, ou le groupe de polytechniciens *X-Crise*). C'est la quête d'une sorte de troisième voie médiane entre les deux matérialismes, libéral et marxiste, et qui s'efforce de se distinguer du « faux spiritualisme fasciste » (Emmanuel Mounier, revue *Esprit*).

3. Le Front populaire est l'expression d'une réaction de « défense républicaine »

▸ **L'antifascisme est le ferment de la réunification et la victoire de la gauche.** La dynamique de Front populaire se met en place aux lendemains du 6 février 1934 et de la grève générale du 12 février, avec la création le 3 mars du Comité de vigilance des intellectuels antifascistes. Mais il en faut davantage pour intégrer dans un même ensemble trois partis, radicaux, socialistes et communistes, que séparent de profondes dissensions. Les communistes font le pas essentiel en renonçant à la tactique « classe contre classe » : ils obéissent certes aux nouvelles directives de l'Internationale après la victoire du nazisme en Allemagne, mais aussi à des aspirations de la base jusque-là contrariées. Ils se rapprochent d'abord de la SFIO (signature le 27 juillet 1934 d'un pacte d'unité d'action), puis, après que Thorez a lancé le mot d'ordre du « Rassemblement populaire » en octobre 1934 ; puis c'est le tour du Parti radical qui réagit avec une prudente faveur, se montrant sensible à l'intérêt de la dynamique majoritaire pour les élections, à la nouvelle position internationale du PCF après le pacte franco-soviétique signé en 1935 par Laval et Staline, et à la pression de ceux des siens qui regrettent la dérive droitière du Parti. Le 14 juillet 1935, une manifestation unitaire à Paris remporte un évident succès. Dans les négociations serrées qui suivent, en vue d'établir le programme du Front populaire, publié le 18 janvier 1936, et qui aboutissent à un compromis assez lâche résumé dans le triptyque « Pain, Paix, Liberté » ou le slogan « ni déflation, ni dévaluation », le PCF pèse avec les radicaux en faveur d'un programme très modéré, destiné à ne pas effaroucher les classes moyennes. Suivant la même logique, la réunification syndicale des CGT et CGTU intervient en mars 1936.

Le Front populaire remporte en avril-mai 1936 une victoire électorale annoncée : 5,4 millions de voix (contre 4,2) et 369 sièges (contre 231). Les recompositions sont éclatantes en son sein : le PCF double presque ses suffrages de 1932 et obtient 72 députés. Les socialistes font mieux que les radicaux, en voix et surtout en sièges (146 contre 115), mais les partis « marxistes » n'ont de majorité à la Chambre qu'avec l'appoint des radicaux dont l'attitude sera déterminante jusqu'à la fin.

Léon Blum (1872-1950) est appelé à diriger le gouvernement. C'est un intellectuel : normalien, dreyfusard puis directeur du *Populaire,* il est devenu en 1920 le chef de file de la SFIO. Il distingue dans ses analyses la conquête et l'exercice du pouvoir dans le cadre des structures capitalistes françaises, dès lors qu'il n'y a pas de majorité « prolétarienne ». Tel est le cas en 1936, d'autant qu'il n'obtient du PCF qu'un soutien sans participation (comme la SFIO il l'avait fait à l'égard d'Herriot en 1924 et 1932). Il compose le 4 juin un ministère formé de socialistes (Auriol aux Finances, Salengro à l'Intérieur, Spinasse à l'Économie nationale) et de radicaux (Daladier, vice-président du Conseil, à la Défense nationale, Jean Zay à l'Éducation nationale). Il entend répondre à deux objectifs étroitement complémentaires à ses yeux, sortir la France de la crise et changer les conditions de vie du monde ouvrier. Il peut croire d'abord se trouver en mesure d'aboutir sur les deux fronts, au milieu d'une euphorie marquée par le « Tout est possible » de Marceau Pivert, un « gauchiste » de la SFIO.

► **Lois et mesures se succèdent de juin à août 1936, pour les cent premiers jours du Front populaire.** Un mois avant la formation du ministère Blum (4 juin), une vague de grèves sans précédent en France paralyse l'économie. Le mouvement part des usines Bréguet du Havre le 11 mai et gagne rapidement l'ensemble de l'industrie aéronautique. Le mouvement s'étend ensuite dans la région parisienne et l'ensemble des grandes entreprises françaises. À la fin mai près de 2 millions d'ouvriers et d'employés sont en grève et occupent leurs usines. Une atmosphère à la fois révolutionnaire et bon enfant se développe dans le pays : pour le monde ouvrier décrit par Simone Weil c'est à la fois une fête et le moment de la dignité retrouvée ; le patronat y voit la première étape d'une révolution reconquise. L'été 1936 laissera à la droite le souvenir d'une grande peur et le patient désir d'une revanche, et à la gauche le sentiment d'une « embellie » (Blum) sans précédent.

Les accords Matignon sont signés le 7 juin par la CGT et la Confédération générale de la production française. Ils visent à faire cesser grèves et occupations, et surtout à offrir au monde ouvrier des acquis durables qui vont symboliser le Front populaire : augmentation des salaires de 12 % en moyenne, accord sur les conventions collectives, sur les syndicats et délégués du personnel dans les entreprises, et par des lois votées en juin et juillet octroi de deux semaines de congés payés et limitation à quarante heures, sans diminution de salaire, de la semaine de travail. S'y ajoutent la réforme du fonctionnement de la Banque de France, pour mettre un terme à l'oligarchie des « deux cents familles », la nationalisation des industries de guerre, la création d'un Office interprofessionnel du blé, chargé de fixer les prix et de régulariser le marché, l'allongement de la scolarité de treize à quatorze ans, enfin des initiatives libérales (restées sans suite) au Maghreb ou au Levant, et diverses mesures dans les loisirs, le sport et la culture.

Ces réformes ont pour but faire sortir la France de la crise par la « reflation ». Prenant le contre-pied des politiques déflationnistes antérieures, Blum entend relancer l'économie en distribuant du pouvoir d'achat et diminuer le chômage par les quarante heures. Calculs simplistes, largement imputables à la médiocre culture économique des milieux dirigeants de l'époque, droite et gauche confondues, à quelques exceptions près (Paul Reynaud). La répercussion sur les prix de la hausse des coûts salariaux et la diminution de la production due à une application rigoureuse des quarante heures entraînent une inflation qui a tôt fait d'annihiler progrès du pouvoir d'achat et relance. Les chômeurs peu qualifiés ne retrouvent toujours pas d'emploi, alors que la méfiance des milieux d'affaires et des classes moyennes se solde par la fuite des capitaux, l'insuccès relatif des souscriptions aux bons du Trésor et une nouvelle faiblesse du franc, selon la spirale observée en 1926. Blum est contraint à dévaluer dès le 29 septembre 1936 (de 25 à 35 %), et à multiplier les gages d'un retour à l'orthodoxie financière, le tout culminant, le 13 février 1937, dans l'annonce d'une « pause » dans l'application des réformes. Le 21 juin, le gouvernement Blum tombe au Sénat sur les projets financiers de Vincent Auriol.

► **Le Front populaire tient une année.** Dès l'été 1936, les communistes reprochent amèrement à Blum la non-intervention dans la guerre civile espagnole et s'abstiennent le 5 décembre 1936 dans le vote de confiance sur la politique étrangère du gouvernement, avant que la fusillade de Clichy (16 mars 1937) ne précipite la rupture. Si l'on ajoute le regain de la violence politique, en dépit de l'interdiction des ligues dès le 19 juin 1936 (deux grands partis nationalistes et populistes se forment alors à droite, le Parti social français et le Parti populaire français, de Jacques Doriot), les déferlements de l'anticommunisme et de l'antisémitisme, les agressions contre Blum, la campagne de presse menant Salengro au suicide, le complot terroriste de la *Cagoule* (ou CSAR) d'Eugène Deloncle, on comprend que l'échec du Front populaire provient d'une conjonction redoutable dans laquelle les haines intérieures et le contexte international n'ont pas plus pesé que ses propres erreurs et ses insolubles contradictions économiques et diplomatiques opposant les socialistes tantôt aux communistes (guerre d'Espagne), tantôt aux radicaux (questions financières).

Le bilan du Front populaire a été l'objet de nombreuses polémiques. On l'a tout spécialement accusé d'avoir entravé la production et l'effort de réarmement de la nation : ce sera l'une des ambitions du procès de Riom en 1942, que de juger les dirigeants du Front populaire, tenus pour responsables de la défaite de 1940. On sait au contraire que le Front populaire accrut notablement les budgets et programmes militaires et entama le réarmement. Qu'il ait contribué à la détérioration du climat politique national relève d'un contexte qui le dépasse.

4. Entrée dès 1938 en veillée d'armes, la France aborde la « drôle de guerre » divisée et affaiblie

► **Édouard Daladier clôt en 1938 le temps du Front populaire.** Ce dernier a survécu sous le gouvernement du radical Camille Chautemps et à nouveau de Blum (pour trois semaines), qui président à un pesant immobilisme. Daladier, au pouvoir à partir du 10 avril 1938, a comme premier mérite de clarifier la situation au prix d'un enterrement du Front populaire dont il a soutenu la naissance. Durant deux ans il s'appuie sur une majorité de centre droit : il appelle des hommes de droite au gouvernement (Paul Reynaud aux Finances) et proclame en août 1938 sa volonté de

« remettre la France au travail », il est en effet persuadé que la guerre est probable et que la France n'est pas prête à la faire : il annonce la suspension de la loi des quarante heures (21 août) puis les décrets-lois de Reynaud (visant une fois de plus les quarante heures). Le départ des délégués radicaux du Comité national du rassemblement populaire le 12 novembre, bientôt suivi par le refus des socialistes de soutenir le gouvernement (10 décembre), sanctionne la dislocation de la coalition du Front populaire. L'échec relatif de la grève générale déclenchée le 30 novembre 1938 par la CGT montre que l'opinion a également évolué : les problèmes diplomatiques et militaires l'emportent désormais. Il s'agit de relever le défi global lancé aux démocraties par les dictatures.

Daladier bénéficie alors d'un moment de grâce. Les Chambres et l'opinion lui accordant une confiance sans précédent (vote des pleins pouvoirs en mars 1939), il fait face à une situation internationale d'une exceptionnelle gravité : il signe sans illusion les accords de Munich, le 30 septembre 1938, pour maintenir l'unité de vue avec la Grande-Bretagne seule alliée de la France et gagner du temps afin de poursuivre l'important programme de réarmement, hérité du Front populaire. Il bénéficie, après une ultime dévaluation du franc (5 mai 1938), de la première véritable sortie de crise depuis 1931 : la production industrielle progressant de 20 % entre avril 1938 et juin 1939. Le profond malaise des années trente n'est pas pour autant effacé : même en voie de guérison économique, la France reste malade et de la guerre et des attractions concurrentes des totalitarismes européens.

► **La décadence de la politique étrangère de la France est un signe majeur de la crise de la nation.** L'assassinat en 1934 de Louis Barthou, qu'animait la volonté de contenir le révisionnisme allemand, et l'alignement sur l'*appeasement* britannique ont précipité les choses. La peur déjà ancienne du vieillissement démographique de la France face à la vitalité allemande est attisée par les résultats des recensements (gain de 87 000 personnes seulement entre 1911 et 1936, en dépit de près de 3 millions d'immigrés en 1931, solde naturel constamment négatif à partir de 1935 en raison notamment de la baisse de la fécondité). Les massacres de 1914-1918 nourrissent un pacifisme puissant qui croît à mesure que se pressent périls et provocations, pour culminer au moment de Munich (le « lâche soulagement » de Blum), ce pacifisme a la particularité de transcender les frontières partisanes et d'entraîner de paradoxaux reclassements, pour le PCF en 1934-1935 puis 1939, en fonction des intérêts immédiats de l'URSS, mais aussi pour de larges fractions de la droite, passées du nationalisme germanophobe au défaitisme anticommuniste.

► **La déclaration même de guerre (1er-3 septembre 1939) n'entraîne aucune Union sacrée.** L'atmosphère politique se dégrade au début de l'année 1940, des conciliabules agitent le Parlement au centre desquels on trouve Laval et Flandin. Ils débouchent le 20 mars sur la chute de Daladier à qui l'on reproche son absence de réaction... face à l'agression soviétique en Finlande. Paul Reynaud est investi avec une voix de majorité, le gouvernement est démissionnaire le 10 mai. Le pacifisme est une seconde donnée essentielle de la drôle de guerre et un des facteurs de la future défaite. La « drôle de guerre » consiste précisément à ne pas la faire : hormis une brève incursion en Sarre en septembre et l'offensive d'avril 1940 en Norvège. Pour trouver un dérivatif à l'ennui des soldats on organise des rencontres de football, des tournées comme celle de Maurice Chevalier dont la plus célèbre chanson de l'époque met en évidence la division de l'opinion dans l'espoir que « tout cela fait quand même de bons Français et de bons soldats ». L'ennui domine avec l'espoir que la guerre n'aura pas lieu comme le montre Julien Gracq dans *Un balcon en forêt* ou Jean-Paul Sartre dans *Les carnets de la drôle de guerre*. L'attaque se déclenche où on ne l'attend pas et en dépit de quelques exploits d'unités isolées, l'armée française est vite submergée.

▸ **Le débat crucial sur les suites à donner à la défaite divise le gouvernement français, replié à Bordeaux comme en 1870 et en 1914.** Alors que le 13 juin Pétain lit une note indiquant qu'il refuse de quitter le territoire national, les civils proposent une capitulation militaire en métropole et l'exil du gouvernement, qui permettraient de continuer le combat depuis l'Empire et ses ressources : Édouard Daladier, Georges Mandel, Pierre Mendès France, Jean Zay, s'embarquent le 21 juin sur le paquebot *Massilia* en direction du Maroc où ils sont arrêtés pour désertion à leur arrivée. Entre-temps, en effet, les tenants de l'*armistice* l'ont emporté : les intrigues se nouent autour de Laval encore une fois, qui joue ouvertement la carte de la capitulation et de l'arrivée de Pétain au pouvoir. Reynaud, isolé, renonce le 16 juin, de Gaulle qui a rencontré le maréchal est en route pour Londres. Le président Lebrun nomme Pétain président du Conseil le 16 juin 1940 dans la soirée, celui-ci annonce aux Français le 17 juin qu'il a demandé l'armistice.

> **Signé le 22 juin à Rethondes, petite revanche des Allemands, le texte de l'armistice est particulièrement sévère.** La France est mise à genoux sur les plans militaire (armée réduite à 100 000 hommes, neutralisation de la flotte de guerre...) et financier (400 millions de francs d'indemnité journalière d'occupation). Elle est quasiment dépecée en cinq zones munies d'autant de statuts : l'Alsace et la Lorraine annexées au Reich, leurs marches occidentales (dix départements en tout ou partie) interdites au retour des réfugiés et leurs domaines ouverts à des colons allemands, le Nord et le Pas-de-Calais rattachés au commandement allemand de Bruxelles, le reste partagé entre la zone occupée (moitié nord-ouest et littoraux jusqu'aux Pyrénées, la part la plus utile du territoire national), et la zone non occupée (avant novembre 1942). Une Commission allemande d'armistice, siégeant à Wiesbaden, présidera à la mise en coupe réglée de l'économie française.

▸ **Pourquoi un tel désastre et une si complète humiliation ?** Les explications contemporaines n'ont pas manqué. Le régime de Vichy proposera le premier la sienne, déjà incluse dans le choix de l'armistice contre la capitulation : évacuant la responsabilité pourtant éclatante des stratèges et chefs militaires, il met en cause celle du Front populaire et de la République, accusés d'avoir jeté le pays dans la guerre sans vouloir la préparer (la loi des quarante heures est à nouveau sur la sellette), et des Français eux-mêmes (l' « esprit de jouissance »). Le procès de Riom, en 1942, qui tourne vite au ridicule pour ses initiateurs, se veut précisément celui des fauteurs de défaite : Daladier, Blum, Gamelin, etc., emprisonnés depuis l'été 1940. Marc Bloch, historien et résistant fusillé en 1942, donnera dans son *Étrange défaite* une tout autre

La France pendant la Seconde Guerre mondiale

analyse : il pointe l'incapacité et la gabegie des responsables militaires, sans évacuer la responsabilité du régime et du pays tout entiers, pris à la nasse d'une terrible médiocrité (le « parfum moisi de petit café »). Les *Mémoires de guerre* du général de Gaulle sont proches de ce réquisitoire. Quant à la question de l'impréparation et de l'infériorité militaires, avancées par les généraux dès 1936 ou 1938 à l'appui de la politique d'apaisement, l'effort de réarmement, certes tardif, commence sous le Front populaire, et la disproportion des forces, réelle pour l'aviation, est corrigée par l'apport britannique ; l'essentiel reste dans l'infériorité stratégique de l'état-major français qui n'est peut-être que l'écho de la longue lassitude d'un peuple durablement usé par 1914-1918.

III. *De la Révolution nationale à la Collaboration et à la Résistance*

La guerre civile couvait dans les années trente : elle éclate désormais, par Allemands interposés, sous les regards de 40 millions de Français qui cherchent avant tout à survivre et ne furent ni tous pétainistes, ni tous résistants. Inversement, Vichy, tout comme la Résistance, rassembla des hommes venus de tous les partis et fut un moment de rupture et de continuité à la fois dans l'histoire politique française. La complexité, l'ambiguïté même de cette période expliquent qu'elle continue à nourrir bien des débats.

1. Le régime de Vichy entend opérer une « Révolution nationale »

► **« Divine surprise » pour Maurras : la République disparaît le 10 juillet 1940.** Le gouvernement et le parlement ont gagné Vichy, choisie pour le nombre de ses hôtels, le 1er juillet. Laval et Alibert entreprennent de convaincre les députés et les sénateurs désemparés par la défaite que certains ressentent comme celle du régime républicain. Laval utilise tous les moyens pour parvenir à ses fins : les promesses de postes ministériels ou administratifs pour certains parlementaires ; la menace ou la séduction pour d'autres. L'absence de leaders qui auraient pu faire contrepoids à l'influence de Laval (Georges Mandel, Édouard Daladier, embarqués sur le *Massilia,* sont en route pour l'Afrique du Nord) et le silence de Blum ou d'Herriot qui sont présents, permettent à Laval d'obtenir le vote des pleins pouvoirs constituants en faveur du maréchal Pétain le 10 juillet par 569 voix contre 80 (dont 62 radicaux et socialistes) et 30 abstentions volontaires. La validité de ce vote est contestée par les gaullistes (et tous les gouvernements depuis la Libération) qui en tirent argument pour annuler toutes les décisions de Vichy en 1944 et refuser de faire assumer les crimes de Vichy par la République. Ils mettent en avant trois arguments : le non-respect de la procédure ; l'impossibilité pour le parlement de déléguer ses pouvoirs constituants sans en contrôler l'usage *a posteriori* ; enfin l'amendement constitutionnel de 1884 interdisant de remettre en cause la « forme républicaine » du régime politique. À la Libération les parlementaires ayant voté en faveur de Pétain le 10 juillet seront condamnés à titre individuel. À l'inverse les partisans du régime de Vichy mettent en avant le fait que la révision a été votée par le parlement réuni en Congrès conformément à la loi. Quoi qu'il en soit, le vote du 10 juillet fraie la voie de la dictature ce que nul ne peut ignorer à ce moment.

Philippe Pétain accède au pouvoir à 84 ans. Il est né dans le Pas-de-Calais en 1856 dans une famille paysanne et s'engage dans la carrière militaire qui offre une possibilité d'ascension sociale. Il passe à côté de l'aventure coloniale et n'est que colonel en août

1914. Il connaît une promotion fulgurante durant la retraite de l'été 1914 : il est déjà général de corps d'armée à la fin de l'année. Son action à Verdun puis la manière dont il réprime les mutineries de 1917, lui valent le prestige d'un chef victorieux, sévère mais juste, proche de ses hommes dont il fait améliorer les rations. Il est nommé commandant en chef des armées françaises en avril 1917 mais on lui préfère Foch pour commander la coalition. Dans l'entre-deux-guerres il passe pour être un officier républicain et un stratège supérieur : il oriente la stratégie française vers la défensive, inspire la construction de la ligne Maginot et réfute les thèses du général de Gaulle dont il a protégé les débuts. La défaite de 1940 est donc celle de ses options stratégiques. Dans les années trente il commence à incarner l'« homme providentiel » dont rêve une partie de la droite. Il est ambassadeur auprès de Franco lorsqu'il est appelé au gouvernement par P. Reynaud le 16 mai 1940.

▸ **Le nouveau régime impose un « ordre nouveau ».**

Le texte voté le 10 juillet précise : « L'Assemblée nationale donne les pleins pouvoirs au gouvernement de la République, sous l'autorité et la signature du maréchal Pétain, à l'effet de promulguer par un ou plusieurs actes une nouvelle Constitution de l'État français. Cette Constitution doit garantir les droits du travail, de la famille et de la patrie. Elle sera ratifiée par la nation et appliquée par les Assemblées qu'elle aura créées. » Les 11 et 12 juillet, quatre *Actes constitutionnels* confient à Pétain la totalité des pouvoirs législatifs, judiciaires, administratifs et diplomatiques avec le titre de *chef de l'État français* et le droit de désigner son successeur (ce sera d'abord Laval).

Les libertés et les garanties démocratiques sont immédiatement suspendues (internements administratifs, censure de la presse, rétablissement du délit d'opinion...). Les organes électifs sont remplacés par des instances nommées (« municipalités » et commissions départementales sont placées sous l'autorité directe de l'administration et des préfets) ; en janvier 1941 le Conseil national, composé de notables ruraux et provinciaux est institué dans les mêmes conditions. Malgré les efforts du général de Gaulle, l'État français est reconnu par les États-Unis et l'URSS qui poussent ainsi très loin le respect de l'esprit du pacte germano-soviétique.

▸ **L'idéologie de Vichy se rattache à celle de l'ordre moral.** Pour Pétain la défaite a deux explications : l'infériorité matérielle et numérique de l'armée, et « l'esprit de jouissance qui l'a emporté sur l'esprit de sacrifice » comme il le dit dans son allocution du 17 juin 1940. Vichy est en fait l'héritier direct de la tradition contre-révolutionnaire française et trahit d'indéniables tendances monarchistes. L'adhésion massive des notables traditionnels de la vieille France, propriétaires, militaires, ecclésiastiques, renforce ce trait. À quelques exceptions près, la haute hiérarchie de l'Église soutient presque jusqu'au bout le régime : le cardinal Gerlier s'exclame à Lyon : « Pétain, c'est la France, et la France, c'est Pétain. » Vichy multiplie les gages envers l'Église sur la jeunesse, la famille et le statut de la femme. L'idéologie du retour à la terre parée de toutes les vertus (« la terre, elle, ne ment pas ») s'inscrit dans le même cadre, tout en répondant aux nécessités économiques de la France occupée. Le triptyque « Travail, Famille, Patrie » s'oppose point pour point au « Liberté, Egalité, Fraternité » de la République, la Francisque à Marianne, et le « Maréchal, nous voilà ! » est entonné à la place de la « Marseillaise ».

► **La Révolution nationale a ses institutions.** Il s'agit d'encadrer la jeunesse grâce à la création en juillet 1940, des Compagnons de France destinés aux adolescents, et des Chantiers de la jeunesse du général de La Porte du Theil, qui organisent pour les jeunes gens un succédané de service militaire (le vrai a été supprimé par la convention d'armistice) et un essai d'embrigadement idéologique. Les nouvelles élites seront formées dans l'école des Cadres d'Uriage (Haute-Savoie) qui reçoit plusieurs milliers de stagiaires avant d'être fermée par Laval et de passer à la Résistance (en sont issues des personnalités importantes des Trente Glorieuses, comme Beuve-Méry au *Monde*, Paul Delouvrier, Simon Nora, J.-M. Domenach...). À défaut du parti unique dont le projet rédigé par Déat a été rejeté dès août 1940, la Légion des Combattants, créée le 29 du même mois, naît de la fusion de toutes les associations d'Anciens Combattants et s'efforce de devenir la masse de réserve et le bras militant du pétainisme, avec un succès d'abord réel, dû à l'aura du « Vainqueur de Verdun ».

Dans le domaine économique et social, l'heure est au corporatisme et à la technocratie. Les syndicats ouvriers et patronaux ayant été dissous, le corporatisme, issu pour une part de l'enseignement social de l'Église, prétend dépasser la lutte des classes en organisant au sein d'une même branche, ou corporation, la collaboration de tous les échelons, du patron à l'ouvrier. Seule la Corporation paysanne est mise en place, la Charte du travail préparée par l'ancien responsable de la CGT René Belin, pour le monde industriel, n'ayant organisé que sur le papier le syndicat unique et obligatoire. En revanche, les Comités d'organisation, mis en place par la loi du 16 août 1940, pour encadrer les diverses branches industrielles, ne comprennent que des chefs d'entreprises et des hauts fonctionnaires. Ils ont pour fonction d'élaborer les règlements et de planifier la production (allocation des ressources, fixation des prix...). La période de Vichy, et particulièrement la période Darlan (février 1941-avril 1942), est une étape essentielle de l'étatisation de la production et du développement de la technocratie en France : la création de la Délégation générale à l'économie en 1941, confiée à un brillant technocrate, François Lehideux, prépare un vaste plan de dix ans dont certains éléments seront repris après 1945. L'ambition n'est pas moins forte dans le domaine culturel, mais elle débouche surtout sur le conformisme et le folklorisme, autour d'une imagerie ruralisante et quasi sulpicienne du vieux chef.

► **L'utopie réactionnaire ressent d'emblée le besoin de désigner les responsables de la défaite à une opinion troublée.** L'armée et la marine devant rester au-dessus de tout soupçon, ce sont les responsabilités politiques et morales qui sont mises en avant. On va les chercher loin dans le passé : derrière 1936 on accuse la Séparation de 1905, la laïcisation de l'école dans les années 1880, et au-delà encore les principes de 1789, responsables de tout le mal comme déjà l'écrivait Xavier de Maistre. Aussi le nouveau régime entreprend-il de démanteler les symboles de la IIIe République. Les Écoles normales d'instituteurs, ces « séminaires malfaisants de la démocratie » (Paul Claudel), sont fermées et la gratuité dans l'enseignement secondaire supprimée. En revanche les congrégations religieuses retrouvent le droit d'enseigner qu'elles avaient perdu en 1904. Le personnel administratif ou politique est épuré, en particulier les maires.

Les représentants de ce que Maurras appelle l'« anti-France » sont poursuivis. La franc-maçonnerie est dissoute le 13 août 1940 et une exposition est organisée à Paris. À partir des documents saisis des listes de francs-maçons sont publiées dans le *Journal officiel* en août 1941, les fonctionnaires sont immédiatement révoqués. On retrouvera beaucoup de francs-maçons dans la résistance et les maquis. **Les étrangers,** notamment les républicains espagnols et les antinazis allemands, sont internés dans des camps. Ces derniers ont été ouverts par la République dans les derniers mois de 1939, mais ils s'inscrivent désormais dans une logique concentrationnaire. On les trouve aux Milles (Aix-en-Provence) ou dans le Sud-Ouest (Gurs, Le Vernet, Noé...) ; les femmes, les politiques, les Juifs, sont internés séparément. Ces camps ont servi de premiers centres de regroupement pour les convois qui emmènent les détenus jusqu'au camp de Drancy, dans la banlieue parisienne, puis jusqu'aux chambres à gaz des camps nazis.

L'antisémitisme du régime va bien au-delà de ses aspects réactionnaires. Héritier d'une tradition française ravivée dans les années trente, il trouve son couronnement dans les deux statuts successifs des Juifs, promulgués les 3 octobre 1940 et 2 juin 1941, et qui, hors de toute pression allemande, s'appuient sur des critères raciaux pour exclure les Juifs des principales charges, limiter leur accès à l'Université, les spolier de leurs entreprises (l'« aryanisation », juillet 1941), les recenser et les soumettre à l'action d'un Commissariat aux Questions juives (mars 1941) confié à Xavier Vallat puis à Darquier de Pellepoix (1942). La persécution revêt une gravité particulière : la police française participe aux premières rafles à Paris (mai 1941, puis les 16/17 juillet 1942, au Vel'd'Hiv'), comme en zone non occupée (août 1942), Laval insistant pour que soient livrés les jeunes enfants que les Allemands n'ont pas réclamés. Au total, 80 000 (24 %) des 330 000 Juifs vivant en France en 1940 ont péri, dont 75 000 dans les camps d'extermination. Les Juifs étrangers ont été proportionnellement plus frappés (30 % ont péri, contre 16 % des Juifs français).

L'opinion publique française a peu réagi, sauf au moment des rafles de l'été 1942 qui suscitent beaucoup d'émotion. Une poignée d'évêques de la zone sud ont alors tenu à alerter les consciences de leurs fidèles, à l'image de l'archevêque de Toulouse, Mgr Saliège, dont une lettre est lue dans toutes les églises du diocèse (août 1942). Le pasteur Boegner, président de la Fédération protestante de France, intervient dans une lettre à Darlan (dès mars 1941) puis par un texte lu dans les chaires en septembre 1942. Beaucoup de chrétiens choisissent de secourir et de cacher des Juifs, notamment des enfants : des couvents les accueillent, tout comme les familles paysannes des vieilles régions protestantes, Cévennes ou Chambon-sur-Lignon.

2. En quatre ans, le régime de Vichy évolue de la collaboration unilatérale à l'assujettissement

► **Le choix de la collaboration repose sur deux erreurs graves de jugement.** Pour Pétain et son entourage la guerre est terminée, la défaite de l'Angleterre est inéluctable et il convient donc de préparer les voies d'une paix honorable pour la France dans une Europe dominée par l'Allemagne nazie. Ils comptent sur leur bonne volonté ainsi que sur la flotte et l'Empire resté majoritairement fidèle. En d'autres termes, les responsables de Vichy ont eu une vision étroitement européenne voire nationale de la guerre. La seconde erreur a été de considérer que les Allemands ont besoin de la collaboration et qu'ils sont prêts à en discuter les modalités. Tous les documents saisis après la guerre prouvent le contraire : « En ce qui concerne la France, le Führer estime toujours que nous ne pourrons jamais nous entendre à l'amiable avec elle. Tous les bavardages sur la collaboration n'ont qu'une valeur momentanée », affirme Goebbels en avril 1942 ; Goering va plus loin en août 1942 : « La collaboration c'est seulement M. Abetz qui en fait, pas moi. » Ainsi l'ambassadeur du Reich à Paris n'a aucune réelle autorité, ni accès aux plus hautes sphères allemandes et il est cependant le principal sinon le seul interlocuteur de Vichy. On ne peut donc pas vraiment parler d'un marché de dupes, car il n'y pas de marché, mais seulement une politique unilatérale qui offre sans contreparties aux allemands la neutralisation puis l'aide active de la France de Vichy.

Préparée par Laval, l'entrevue de Montoire entre Pétain et d'Hitler marque la première étape.

Dès les lendemains de l'armistice le gouvernement français multiplie les démarches pour obtenir une rencontre avec Hitler ; à Berlin la méfiance prévaut, associée à un net manque d'intérêt. Il faut attendre l'attaque de Mers el-Kébir et l'affaire de Dakar pour que les Affaires étrangères allemandes commencent à étudier les propositions françaises visant à associer la France à l'effort de guerre contre la Grande-Bretagne en échange d'une garantie de l'intégrité de l'empire. En fait Hitler a déjà promis à Mussolini de maintenir la France au second rang et de céder à l'Italie Nice, la Corse et la Tunisie. Par ailleurs, l'échec de la bataille d'Angleterre, prévisible en octobre, ainsi que le refus de Franco de sortir de sa neutralité pour attaquer Gibraltar, ôte beaucoup d'intérêt aux offres françaises. À deux reprises, le 22 et le 24 octobre 1940, le train d'Hitler fait halte à Montoire, entre Berlin et la frontière espagnole, cela permet à Laval puis à Pétain d'avoir une entrevue avec le Führer. Il n'en ressort rien de concret sinon quelques concessions sur l'Afrique du Nord et la célèbre poignée de main. Toutefois, se méprenant sur la portée de l'événement, Laval engage une intense activité diplomatique pour obtenir des résultats (libération des prisonniers, réduction des frais d'occupation...) qui lui semble la conséquence logique de Montoire, au point de faire des promesses à la population française.

L'éviction de Laval le 13 décembre 1940 amène au pouvoir Darlan après un court interrègne de Pierre-Étienne Flandin. L'éviction de Laval est une conséquence de cet échec. Son successeur ne parvient pas à obtenir la reconnaissance des Allemands et doit démissionner le 10 février 1941. Il est remplacé par l'amiral Darlan qui poursuit la politique de collaboration et l'approfondit : les *Protocoles de Paris* (27-28 mai 1941) autorisent l'Allemagne à utiliser les bases françaises d'Afrique du Nord (Bizerte), du Levant et de Dakar en échange d'une réduction de 25 % des frais d'occupation et de la libération de certaines catégories de prisonniers. Le gouvernement français refusera de les ratifier, il est vrai que la situation militaire les a privés de leur intérêt (occupation du Levant par les Britanniques et les gaullistes et surtout déclenchement de l'attaque contre l'URSS. Dès le début de 1942, l'évolution de la guerre amène un durcissement très net des conditions de l'occupation : l'Allemagne engagée dans une guerre longue exploite plus complètement les ressources des pays occupés, la présence allemande en France se renforce (réquisition des bâtiments publics pour loger des troupes, installation de la Gestapo dans la zone libre).

Le retour de Laval le 16 avril 1942 marque le début d'une troisième phase. L'acte constitutionnel du 17 avril confère des pouvoirs extraordinaires au président du Conseil : Pétain ne conserve plus que ses fonctions de chef de l'État, il est peu à peu écarté de la réalité du pouvoir. La Révolution nationale s'enlise alors que la collaboration devient un choix idéologique : « Je souhaite la victoire allemande, parce que sans elle, le bolchevisme, demain, s'installerait partout », affirme Laval le 22 juin 1942. L'occupation de la zone sud, le 11 novembre 1942, en représailles du débarquement allié en Afrique du Nord, et le sabordage de la flotte de Toulon font tomber de part et d'autre les masques : Vichy, privé de ses principaux éléments de négociation, est contraint de donner des gages concrets. La répression policière se durcit : le Service d'ordre légionnaire (SOL), organisé par Joseph Darnand (12 décembre 1941), bras armé de la Révolution nationale est remplacé en janvier 1943 par la Milice qui sous prétexte de lutte contre les résistants, surtout communistes, parvient à infiltrer les rouages d'un État de plus en plus policier. Les exactions se multiplient, avec les assassinats des anciens ministres Georges Mandel, Sarraut, Jean Zay, ou de Victor et Hélène Basch, qui font basculer la France dans un climat de guerre civile.

► **Vichy apporte une importante contribution à l'effort de guerre nazi.** Sur le plan économique, le tribut journalier (400 millions de francs jusqu'en 1940, 300 millions en 1941 et porté à 500 millions en décembre 1942 puis 700 millions à la suite du débarquement) s'accompagne de la livraison à l'Allemagne d'une part croissante des productions agricoles (estimée entre 12 et 17 %) et industrielles (75 % pour le bâtiment, le ciment, la chaux, les automobiles), et de l'envoi dans les usines allemandes de travailleurs français, d'abord volontaires, mais peu nombreux (c'est la « relève », imaginée par Laval en juin 1942, et permettant le retour d'un prisonnier pour tout départ de trois travailleurs), puis contraints et forcés, après l'institution du Service du travail obligatoire (STO), le 21 février 1943. On évalue au total à 3,6 millions le nombre de Français travaillant pour le Reich au printemps 1944 (40 000 volontaires, 650 000 pour le STO, 900 000 prisonniers, auxquels s'ajoutent 2 millions de personnes employés en France dans les usines travaillant pour le Reich).

► **La collaboration divise progressivement l'opinion.** Lorsqu'il arrive au pouvoir, Pétain jouit d'une très large popularité, Henri Amouroux a pu évoquer « 40 millions de pétainistes », cela ne signifie pas qu'il y ait eu 40 millions de partisans du régime de Vichy et de la Révolution nationale.

Les hommes et les idées de Vichy sont en fait extrêmement hétérogènes. Les forces de droite dominent : catholiques intégristes ; fidèles de l'Action française et héritiers des Ligues, bien que Maurras par germanophobie et le colonel de La Rocque par patriotisme se tiennent bientôt à l'écart ; on trouve également bon nombre de pacifistes et de munichois, tels Belin ou de Monzie ; enfin divers représentants de l'« esprit des années trente », divinement surpris, eux aussi, de la soudaine plasticité des choses dans une France libérée de ses vieux blocages : ils seront les technocrates du régime comme Lehideux, chargés de mettre en place la Révolution nationale puis et surtout de répartir la pénurie.

C'est à Paris toutefois qu'agissent les « collaborationnistes ». Les principales figures de cette collaboration idéologique, les écrivains Brasillach ou Drieu, les politiques Déat, Doriot, Brinon, Henriot, Luchaire, etc., ont vite déserté Vichy, trop conservateur à leur gré, pour Paris où ils animent sous la surveillance allemande, incarnée par l'ambassadeur Otto Abetz, des organes de presse *(Je suis partout, La gerbe...)* et des partis ou groupes nouveaux (Rassemblement national populaire de Déat, Mouvement social révolutionnaire de Deloncle, Légion des volontaires français contre le bolchevisme, avec Doriot, toutes initiatives datant de 1941).

L'opinion bascule entre 1942 et 1943. Déjà le maréchal Pétain voit se lever le « vent mauvais » (12 août 1941). Il est vrai que le pillage organisé au profit de l'Allemagne multiplie les difficultés d'approvisionnement et de vie, notamment dans les villes, et que la ligne de démarcation taille dans la chair des familles et du pays jusqu'au 11 novembre 1942.

3. « La flamme de la résistance française ne doit pas s'éteindre et ne s'éteindra pas »

Les Français sont longtemps attentistes et surtout préoccupés de soucis quotidiens. La résistance active a longtemps été le fait de minorités gaullistes, chrétiennes (les *Cahiers du témoignage chrétien,* dont le premier numéro, en novembre 1941, s'intitule : *France, prends garde de perdre ton âme)*, ou communistes (surtout après l'attaque allemande contre l'URSS en juin 1941). Les militants s'en tinrent d'abord à des activités de propagande, de noyautage des administrations publiques et de renseignement sur les activités de l'occupant. L'écoute de la radio de Londres reste typique de ce non-conformisme encore sans armes.

▸ Le général de Gaulle organise à Londres la France libre.

L'appel du 18 juin a moins été entendu que ne le proclamera la légende gaulliste. Il n'en fonde pas moins un refus global de l'armistice, puis du régime de Vichy, et oppose à ce dernier l'alternative de la France Libre : la *légitimité* de l'homme de Londres contre la *légalité* du groupe de Vichy. Le général entend amener la France à combattre aux côtés des Alliés pour la faire figurer dans le camp de la victoire future, ce qui explique l'engagement d'effectifs d'abord symboliques, à Dakar, Bir-Hakeim, Alger. Il doit aussi obtenir du peuple de France une reconnaissance qui vaille légitimité démocratique et asseye sa reconnaissance internationale. Le pari est risqué : les ralliements sont de qualité mais rares (Catroux, Leclerc, René Cassin, Maurice Schumann), l'Empire ne suit guère qu'aux Tchad, Cameroun et Togo, et dans le Pacifique ; l'opération avec les Anglais contre Dakar échoue piteusement (23 septembre 1940). Churchill, cependant, apporte à de Gaulle un soutien conditionnel mais décisif (c'est l'accord du 7 août 1940 qui permet de financer et d'équiper les forces françaises libres), alors que Roosevelt tiendra longtemps en suspicion ses sentiments démocratiques. C'est l'attitude américaine qui rendra possible l'imbroglio algérien après le débarquement du 8 novembre 1942 : l'amiral Darlan, avant son assassinat (24 décembre), puis le général Giraud y sont préférés à de Gaulle, qui ne parviendra à s'imposer qu'en mai 1943 grâce à l'appui de la résistance intérieure.

La montée de l'opposition à Vichy et aux Allemands (répondant par des exécutions et massacres aux attentats des « terroristes ») multiplie les groupes en zone Nord (Libération-Nord, de Christian Pineau, l'Organisation civile et militaire...) comme en zone Sud (Combat, de Henri Fresnay, Libération, d'Emmanuel d'Astier de La Vigerie, Franc-Tireur), le Front national, du PCF, étant présent dans les deux zones. Peu à peu, les maquis de l'Armée secrète se constituent pour recevoir les parachutages et tenter les premiers coups de main : les réfractaires au STO viennent gonfler subitement leurs effectifs en 1943 et changer une résistance qui devient surtout militaire et endure une répression sévère, allemande et milicienne.

▸ **De Gaulle s'est efforcé de fédérer autour de son nom la résistance intérieure.** L'union des mouvements de résistance (Mouvement uni de la Résistance, novembre 1942, zone Sud) et de leurs forces armées (Armée secrète puis Forces françaises de l'intérieur) se réalise entre fin 1942 et début 1943, à l'exception du Front national et des Francs-Tireurs et Partisans (FTP), communistes, qui restent à l'écart. L'ouvrier de cette allégeance au moins nominale à de Gaulle est son envoyé particulier, l'ancien préfet Jean Moulin qui a le temps de constituer en France occupée, avant son arrestation et sa mort, le Conseil national de la Résistance (CNR, 27 mai 1943) dont il est élu, avant Georges Bidault, président. De Gaulle constitue alors, le 3 juin 1943 à Alger, le Comité français de libération nationale (CFLN), transformé en juin 1944 en gouvernement provisoire de la République française (GPRF) dans lequel siègent des représentants de toutes les familles politiques, des communistes à la droite. S'appuyant sur deux assemblées représentatives, l'Assemblée consultative, à Alger, et le CNR en France occupée, il prépare l'administration de la France libérée.

▸ **La France doit sa libération aux débarquements alliés de Normandie (6 juin) et de Provence (15 août).** Les maquis ont apporté un appoint efficace aux Anglo-Américains dans l'Ouest, et libéré des zones entières en Savoie, dans le Sud-Ouest, en Limousin. La prédominance des communistes dans bon nombre de ces maquis pose la question du pouvoir : leurs chefs accepteraient-ils l'autorité des représentants dépêchés par le GPRF, si même les Américains renonçaient à administrer directement le territoire ? Les ambiguïtés de la période sont finalement levées grâce à l'insurrection de Paris, le 19 août 1944, avant l'arrivée des blindés alliés. Finalement victorieuse, grâce à la modération du général von Choltitz estimant inutile de détruire la capitale et à l'entrée des chars du général Leclerc, l'insurrection débouche le 25 août sur la reddition des troupes allemandes entre les mains de Leclerc et du chef parisien des FFI, Rol-Tanguy. Le lendemain, 26 août 1944, le général de Gaulle arrive à Paris et descend les Champs-Élysées au milieu d'une foule en liesse : la page d'histoire ouverte le 18 juin 1940, dans l'exil et la solitude, s'achève en un triomphe à la romaine. Les Français, par l'intermédiaire des Parisiens, donnent au général l'adoubement démocratique qui lui manque depuis le 18 juin. Les temps de l'épuration, puis, très vite, de la reconstruction, se profilent.

La fin de Vichy, le procès et l'exécution de quelques figures majeures de la collaboration, Brasillach ou Laval, n'ont pu empêcher la récurrence de malaises et de batailles de la mémoire, définies par Henri Rousso comme le « syndrome de Vichy », ce « passé qui ne passe pas ». Le mythe d'une France tout entière résistante, exaltée par le film de commande *La bataille du rail* (1946), a été ruiné par *Le chagrin et la pitié*, de Marcel Ophuls (1973), la montrant sous un jour plus cauteleux et sordide. Depuis, bien des éléments ont montré le rapport ambigu que la France entretient avec cette période sombre de son histoire : les affaires Papon, Bousquet, Touvier, les choix politiques de François Mitterrand entre 1936 et 1942, le fleurissement de la tombe du maréchal Pétain, la place de l'antisémitisme dans le régime de Vichy, ont suscité la passion. C'est le signe des ambiguïtés et des enjeux profonds du régime de Vichy qui n'est pas facile à apprécier : s'agit-il d'une parenthèse tôt refermée dans l'histoire de France, et dont la République n'a pas à endosser la responsabilité des choix alors effectués, ou d'un moment dans l'histoire des haines et des refus français, sur fond de xénophobie, d'antilibéralisme et d'antisémitisme, entre le nationalisme de la fin du XIXe siècle et le « national-populisme » de la fin de ce siècle ?

Approfondir

LECTURES

Comme point de départ :

- S. Berstein et P. Milza, *Histoire de la France au XXe siècle*, 2 t., Complexe, 1990, 563 p. et 1991, 400 p.

Pour approfondir sur les années cruciales 1929 à 1945 :

- S. Berstein, *La France des années trente*, Colin, coll. « Cursus », 1988, 186 p.
- Y. Durand, *La France dans la Seconde Guerre mondiale. 1939-1945*, Colin, coll. « Cursus », 1989, 192 p.

Quelques ouvrages de référence car la France constitue une partie essentielle des programmes et demande donc un effort particulier.
Dans la *Nouvelle Histoire de la France contemporaine*, les vol. 12, 13 et 14 :

- J.-J. Becker et S. Berstein, *Victoire et frustrations. 1914-1929*, Seuil, « Point », 1990, 456 p.
- D. Borne et H. Dubief, *La crise des années trente. 1929-1938*, Seuil, « Point », 1989, 322 p.
- J.-P. Azéma, *De Munich à la Libération. 1938-1944,* Seuil, « Point », 1979, 412 p. Ou encore, D. Zeraffa-Dray, *D'une République à l'autre 1918-1958*, Hachette, coll. « Carré », 1991, 288 p. Ouvrages collectifs, récents, excellents : J.-P. Azéma et F. Bédarida, dir., *Vichy et les Français*, Fayard, 1992, 788 p.
- J.-P. Azéma, dir., *La France des années noires*, 2 vol., 1993.
- P. Milza, dir., *Dictionnaire des années quarante*, 1995.

THÈMES DE RÉFLEXION

- La droite en France de 1919 à 1988.
- La gauche en France de 1919 à 1988.
- L'« esprit des années trente » en France.
- La crise des années trente en France.
- L'« étrange défaite » de 1940.

- Les Français et la République, 1914-1946 (ou 1962).
- Les Français et la guerre, 1900-1945.
- Vichy, révolution fasciste ou utopie réactionnaire ?

Utiliser

Les Français et la République de 1919 à 1958

PRÉSENTATION

L'analyse des termes du sujet est ici vitale. Qui sont les Français ? Un peuple plus ou moins uni suivant les moments et dans le même temps un rassemblement de groupes sociaux et politiques aux opinions opposées. Les Français ne se limitent naturellement pas aux seuls partis politiques. Une réflexion qui n'aborderait pas cette « dialectique » de l'unité et de l'éclatement passerait nécessairement à côté du problème. À l'inverse *la* République au singulier renvoie à l'idée républicaine et à la conception que s'en font les Français à travers l'histoire. Le sujet ne porte donc pas sur le récit de la succession des gouvernements mais sur les institutions, leur fonctionnement, l'attitude et les aspirations des Français face à elles.

La problématique est donc double : comment expliquer l'incroyable instabilité institutionnelle de la France (quatre régimes en quarante ans) ? Comment de Clemenceau à de Gaulle est-on parvenu à un compromis stable entre la représentativité impuissante du régime d'assemblée et l'autoritarisme insupportable d'un régime fort ?

I. Renforcée par la Première Guerre mondiale, la IIIe République sombre dans un climat de « guerre civile froide » qui semble la condamner avant même la défaite de 1940

1. La victoire de 1918 achève un long processus d'identification de la République et de la Nation, entretenu par les commémorations

► **La guerre est le premier moment de véritable unité nationale depuis la révolution.** L'Union sacrée à l'arrière et la camaraderie des tranchées ont rapproché bourgeois et ouvriers, catholiques et laïques. Les institutions se sont montrées assez souples et solides pour affronter sans se dénaturer les impératifs d'un conflit total.

► **Le défilé du 14 juillet 1919, les commémorations du 11 novembre, les funérailles nationales accordées à Foch (1929) entretiennent une mémoire qui**

sert la République, comme le montre l'attitude de la majorité des Anciens Combattants, qui lui restent fidèles. Toute une mythologie se crée à ce moment : mythe de l'Union sacrée réactivé pour résoudre les problèmes de l'heure (défense du franc, affaire Stavisky...), pacifisme et patriotisme (la guerre est juste quand elle est conduite contre une agression), naissance de l'idée de république sociale (souvenir des idées d'Albert Thomas, pensions de guerre...)

2. Les frustrations de la victoire puis de la crise économique rejaillissent sur les institutions et les dirigeants

► **Les crises du franc et de la Ruhr ont vite raison de l'euphorie française.** L'instabilité ministérielle, faiblesse congénitale du régime, se réinstalle à la fin des années vingt et remet en cause l'identification entre démocratie représentative et régime d'assemblée : un fossé se creuse entre une partie des Français et la classe politique.

► **L'impossible réforme des institutions,** en dépit d'appels lancés par Millerand ou Tardieu, attise un antiparlementarisme aux racines anciennes. L'impuissance des divers gouvernements à juguler la crise aggrave le sentiment d'un échec global.

3. La République paraît en danger à partir de 1934 et ne parvient pas à rassembler les Français pour la nouvelle épreuve militaire de 1939

► **L'antiparlementarisme rassemble surtout à droite,** de l'Action française aux Ligues, et l'émeute du 6 février 1934 contre l'accumulation des scandales semble surtout s'en prendre à la « gueuse » (Maurras). Les Français inquiets tendent à chercher de nouvelles solutions et à rêver d'un pouvoir fort, dont les contours restent cependant indécis : une république jacobine à l'image du gouvernement de Clemenceau ? Une dictature conservatrice ? Un fascisme français ?

► **La France de gauche se rassemble dans un Front populaire antifasciste** pour sauver la République, mais sa victoire de 1936 ne fait que précipiter la division du pays.

► **La guerre éclate en 1939 mais l'Union sacrée ne se refait pas :** le conflit n'est-il pas déjà perdu dans le pays et les esprits ? Le vote du 10 juillet 1940 n'est pas plus le fruit du seul hasard que d'une conspiration ou d'une trahison perpétrée par un petit groupe.

II. De Pétain à de Gaulle l'idée et l'institution républicaines survivent aux guerres et aux avatars constitutionnels pour être durablement refondées en 1958

1. L'État français se veut systématiquement antirépublicain alors que la France libre affirme incarner la continuité républicaine

► **Vichy supprime les institutions et les symboles de la République** dans une indifférence générale traversée de « divines surprises ». Riom est le procès de l'« ancien régime ».

► **De Gaulle estime que la République n'est pas morte** (il refusera de la proclamer au balcon de l'hôtel de ville en août 1944). La défense de la République est une dimension de la Résistance intérieure (programme politique du CNR) et extérieure action du GPRF pour faire admettre la France parmi les vainqueurs.

2. En dépit de l'avertissement gaullien de 1946, la IVe République retombe dans les mêmes ornières que son aînée

► **Les Français de la Libération cherchent un régime (référendum d'octobre 1945) et n'obtiennent qu'une constitution.** Deux conceptions s'opposent : celle des parlementaires et des partis fidèles au régime d'assemblée ; celle proposée par de Gaulle à Bayeux, avec une « constitution » ménageant un exécutif fort. La Constitution de la IVe République est d'emblée marquée par la désaffection des électeurs (un tiers des inscrits seulement l'approuvent).

► **Le peuple est frustré de l'exercice de sa souveraineté.** Le régime d'assemblée fait le jeu des partis et entraîne l'instabilité ministérielle. Le suffrage universel est détourné (les combinaisons de couloir, apparentements de 1951, le renvoi de Pinay et de Mendès France). Les difficultés coloniales grandissantes font ressurgir le thème de l'appel au sauveur. Ce sera de Gaulle.

3. Les événements de 1958 manquent de faire périr la République, mais autorisent en fait une restauration en profondeur qui s'avérera durable

► **La crise du 13 mai 1958** permet le retour du général de Gaulle qui préserve la légalité républicaine tout en la transformant de fond en comble. La nouvelle constitution est symboliquement présentée le 4 septembre (comme en 1870) au pied de la statue de la République.

► **À mi-chemin entre l'autoritarisme et le régime parlementaire la Constitution de la Ve République constitue un nouveau paradigme** contre lequel s'élève vainement le « cartel des non ».

Conclusion

On a pu encore beaucoup mourir pour la République dans la France de la première moitié du XXe siècle. La Ve République aura ce mérite d'achever de banaliser le régime et l'alternance au pouvoir de la droite et de la gauche. Les quatre décennies 1918-1958 alimentent en fait une interrogation essentielle sur ce qui fait vivre et mourir un régime. Sont-ce les vertus ou les vices de sa fabrication ou bien des événements extérieurs, crise économique, défaite militaire, gangrène des conflits coloniaux ?

14

À la recherche de la stabilité et de la modernité

LA VIE POLITIQUE EN FRANCE (1944-1974)

Connaître

1944	Libération de Paris (25 août)
	Formation d'un nouveau GPRF par le général de Gaulle (9 septembre)
1946	De Gaulle démissionne : naissance du tripartisme (20 janvier)
	Adoption de la Constitution de la IVe République (13 octobre)
	Début de la guerre d'Indochine
1947	Gouvernement Ramadier (janvier-novembre)
	Création du RPF (7 avril).
	Révocation des ministres communistes du gouvernement (5 mai)
1951	Élections législatives (17 juin)
1952	Gouvernement Pinay (mars-décembre)
1954	Gouvernement Mendès France (18 juin)
	Accords de Genève (20 juillet)
	Début de la guerre d'Algérie (1er novembre)
1955	Chute du gouvernement Mendès France (6 février)
1956	Élections législatives (2 janvier). Gouvernement G. Mollet (1er février)
1958	Crise du 13 mai. Retour du général de Gaulle au pouvoir (1er juin)
	Adoption de la Constitution de la Ve République (28 septembre)
	De Gaulle président de la République (21 décembre)
1960	« Semaine des barricades » à Alger (24-31 janvier)
1961	Putsch des généraux à Alger (22-25 avril)
1965	De Gaulle est réélu au suffrage universel (19 décembre)
1968	Révolte étudiante et grèves ouvrières (mai)
1969	Démission du général de Gaulle (28 avril)
1969	Georges Pompidou est élu président (15 juin)
1972	Signature du Programme commun entre le PS et le PCF (27 juin)
1974	Décès du président Georges Pompidou (2 avril)

Le 25 août 1944, après huit jours de combats, Paris se libère. Le lendemain le général de Gaulle, président du gouvernement provisoire de la République française, descend triomphalement les Champs-Élysées. Le pays aspire au renouveau. Le général de Gaulle s'en fait l'écho et signe l'acte de mort de la IIIe République. Mais en janvier 1946, ne parvenant pas à installer sa République, il s'écarte de la scène politique. Mise en place difficilement, la IVe République ne dure que douze ans et en 1958, de Gaulle, rappelé au pouvoir, fait triompher ses conceptions constitutionnelles. De 1958 à 1974, la Ve République est dirigée par le général puis son héritier, Georges Pompidou : c'est la république gaullienne.

I. De la Libération à la crise du tripartisme, la IVe République naît difficilement

1. Le général de Gaulle incarne la légitimité nationale (août 1944-janvier 1946)

► **La Libération pose le problème du pouvoir : qui détient la légitimité ?** Le gouvernement de Vichy s'est effondré. Aucune consultation des Français n'est possible tant que des prisonniers, des déportés et des requis du STO sont retenus en Allemagne et que tout le pays n'est pas libéré (Strasbourg, le 23 novembre 1944, et les poches maritimes, le 8 mai 1945). Le Gouvernement provisoire de la République française (GPRF) s'installe à Paris le 25 août 1944.

Le GPRF, présidé par le général de Gaulle, se veut un « gouvernement d'unanimité nationale ». Modifié le 9 septembre 1944, il comprend des hommes de la Résistance intérieure ou extérieure (Georges Bidault, président du Conseil national de la Résistance, est ministre des Affaires étrangères ; le communiste, Charles Tillon, chef des Francs-Tireurs et Partisans français, est ministre de l'Air) et des anciens parlementaires (Jules Jeanneney, président du Sénat en 1940, est ministre d'État). Pierre Mendès France, député radical de l'Eure de 1932 à 1940, qui a rejoint la France Libre dès juin 1941, devient ministre de l'Économie nationale.

► **De Gaulle a deux priorités : restaurer l'État et réintroduire la France parmi les grandes puissances.** L'autorité de l'État est menacée. Certaines régions (Sud-Ouest, Massif central) se sont libérées seules ; des pouvoirs locaux issus de la Résistance intérieure y exercent un pouvoir de fait. Des Comités départementaux de Libération (CDL) assurent l'administration départementale, des milices patriotiques armées (deux millions d'hommes) exercent la police et des tribunaux populaires jugent les collaborateurs.

Le Parti communiste français contrôle nombre de ces organes parallèles au pouvoir d'État. Les communistes animent les réunions des CDL, où retentissent des discours révolutionnaires. Poursuit-il une stratégie de prise du pouvoir ? (ce point est toujours l'objet d'un débat historique). En octobre, il s'oppose au désarmement des milices patriotiques ; mais la peur d'une réaction américaine à toute tentative révolutionnaire et, fin novembre, le retour de Moscou de son secrétaire général, Maurice Thorez, modifient sa position. Contre l'amnistie de Thorez, condamné pour désertion en 1940, le PCF accepte en janvier 1945 le désarmement et cherche à s'intégrer au système politique républicain.

L'action du GPRF est énergique : des commissaires de la République sont envoyés dans les départements pour s'imposer aux CDL ; de Gaulle multiplie les tournées en province ; les milices patriotiques sont désarmées et des tribunaux réguliers sont établis pour mettre fin à l'épuration sauvage.

L'épuration frappe les « collaborateurs », compromis avec Vichy ou avec les Allemands. Vécue comme un drame national, elle hante la conscience du pays :

— L'épuration spontanée est menée par les « tribunaux populaires » et les tribunaux militaires des FFI. De juin à septembre 1944, les exécutions sommaires visent les miliciens et les dénonciateurs et s'accompagnent de débordements (tontes de femmes compromises). Elles causent la mort de 30 000 à 40 000 personnes selon R. Aron *(Histoire de l'épuration)* ; mais le chiffre de 10 000 avancé par de Gaulle dans ses *Mémoires de guerre* est plus vraisemblable.

— L'épuration légale dépend des cours de justice (septembre 1944) et de la Haute Cour de Justice (novembre 1944). Elles jugent les personnalités de Vichy (le maréchal Pétain et P. Laval sont condamnés à mort, mais Pétain est gracié). Sur les 160 000 dossiers instruits, 7 037 condamnations à mort sont prononcées et 767 exécutées. La dégradation nationale (privation des droits civils et politiques) est la peine la plus fréquente (25 % des dossiers). L'épuration de la presse est sévère. L'ordonnance du 6 mai 1944 interdit tout journal paru pendant l'occupation.

La clémence s'impose ensuite (loi d'amnistie en 1953) : l'opinion comme la classe politique souhaite occulter cette sombre « parenthèse ».

En janvier 1945, le GPRF a restauré l'autorité de l'État sur le territoire national, il doit parallèlement s'imposer aux Alliés. De Gaulle obtient que la France libérée échappe au contrôle de l'AMGOT *(Allied Military Government for Occupied Territories)*. Le 23 octobre 1944, les Alliés reconnaissent le GPRF, mais de Gaulle n'est pas convié à Yalta. Toutefois grâce au soutien de Churchill, la France reçoit une zone d'occupation en Allemagne et à Berlin ainsi qu'un siège permanent au Conseil de Sécurité des Nations Unies. Absente à la conférence de Potsdam, elle est cependant admise au Conseil des ministres des Affaires étrangères qui élabore les traités de paix. Si elle a retrouvé sa place internationale, elle reste dépendante des Grands : en décembre 1945, de Gaulle doit solliciter un prêt de 550 millions de dollars auprès des États-Unis.

► **Le renouveau politique échoue.** La guerre, Vichy et la Résistance ont brisé les partis politiques, accusés de nuire à l'unité nationale. Les Résistants souhaitent un profond renouvellement de l'organisation de la vie politique et la création d'un grand

« parti de la Résistance », qui doit dépasser les clivages traditionnels et appliquer le programme du Conseil national de la Résistance. Après 1944, la presse incarne cette aspiration au renouveau politique avec *Libération* ou *Combat* (dirigé par Albert Camus) qui porte en exergue : « De la Résistance à la Révolution. »

Le Conseil national de la Résistance (CNR) veut une France nouvelle, où l'union des résistants chrétiens et socialistes survivrait à la fin des combats et éviterait le retour aux luttes partisanes de la IIIe République. Sa Charte du 15 mars 1944 prévoit l'approfondissement de la démocratie (extension des droits civiques aux femmes, droit au travail, création de la Sécurité sociale) et la transformation des structures économiques (nationalisations, planification).

Toutefois dès 1943, les partis entrent au CNR, la SFIO renaît, et avec Georges Bidault les militants chrétiens fondent le MRP (Mouvement républicain populaire). À la Libération, il n'y a plus de place pour un « parti de la Résistance ». Seule l'Union démocratique et socialiste de la Résistance (UDSR) est créée en mai 1945, mais elle reste une force marginale (François Mitterrand en est un leader). C'est le retour à un système politique traditionnel.

Trois partis dominent la vie politique en 1945. **Le PCF** sort grandi de la guerre. En 1941, il s'engage activement dans la Résistance intérieure. À la Libération, il apparaît comme un parti martyr (le « parti des 75 000 fusillés ») et gestionnaire : il participe au GPRF et réclame l'application de la charte du CNR et non des thèses marxistes. Fort de 500 000 membres, le Parti ne recrute plus uniquement parmi les ouvriers des vieilles régions industrielles (organe : *L'Humanité*). **La SFIO** a donné à la Résistance son idéologie humaniste : Blum publie en 1945 *À l'échelle humaine,* qui expose sa conception humaniste du socialisme, dans la lignée de Jaurès. À la Libération, elle renoue avec la laïcité et échoue à devenir un parti travailliste s'éloignant du marxisme (organe : *Le Populaire*). **Le MRP,** institué en novembre 1944, est le parti des résistants chrétiens, proche de De Gaulle et anticommuniste. Ses chefs (Georges Bidault, Maurice Schumann) souhaitent rassembler ceux qui ne se reconnaissent ni dans la droite, ni dans la gauche. Son succès est rapide (100 000 adhérents dès 1945) mais son électorat paradoxal : de sensibilité de gauche, il recueille les suffrages de la droite traditionnelle privée de représentation. Avec le MRP, le catholicisme rompt avec le conservatisme et s'intègre définitivement à la République (organe : *L'Autre*).

Georges Bidault (1899-1983), agrégé d'histoire, fermement antimunichois, est avant la guerre l'un des leaders du Parti démocrate chrétien. Prisonnier en 1940, libéré grâce à la relève du STO, il rejoint la Résistance métropolitaine dans le réseau « Combat » à Lyon. En juin 1943, il remplace Jean Moulin à la tête du CNR. À la Libération, il participe au GPRF et crée le MRP. Président du Conseil (en 1946 et 1949), député de la Loire, il est plusieurs fois ministre des Affaires étrangères entre 1946 et 1954. Cet européen et atlantiste convaincu est aussi un patriote soucieux de conserver l'Empire. Favorable à l'Algérie française, il se rallie au général de Gaulle en mai 1958 puis s'oppose à sa politique algérienne. Condamné pour activisme (OAS), il se réfugie au Brésil d'où il ne revient qu'en 1968, amnistié.

La droite modérée, accusée d'avoir soutenu Vichy, s'effondre. Certains de ses membres prennent l'étiquette d' « indépendants ». Le parti radical-socialiste, rendu responsable de l'instabilité de la IIIe République et de la défaite de 1940, est discrédité. Les parlementaires ayant voté les pleins pouvoirs à Pétain le 10 juillet 1940 sont frappés d'inéligibilité, ce qui impose un renouvellement du personnel politique.

► **Les élections d'octobre 1945 engendrent un conflit entre les partis et de Gaulle.** Le 21 octobre 1945, les électrices (l'ordonnance du 21 avril 1944 leur a donné le droit de vote) et les électeurs doivent élire une Assemblée (au scrutin proportionnel qui remplace l'ancien système majoritaire à deux tours) et répondre à un double référendum. Ils rejettent par 96 % des suffrages le maintien de la IIIe République (soutenu par les seuls radicaux), l'Assemblée élue sera donc constituante. Cependant 66 % des suffrages limitent ses pouvoirs (contre l'avis des communistes) : le projet de Constitution devra être soumis aux Français. Le glissement à gauche est très net : le PCF recueille 26,2 % des suffrages exprimés, la SFIO 23,4 % et le MRP 23,9 %. La droite et le centre gauche s'effondrent.

Jusqu'en octobre, seul le général de Gaulle incarnait la légitimité nationale, désormais il doit composer avec les députés. Malgré son élection à l'unanimité à la tête du GPRF, le 13 novembre, de Gaulle entretient vite des relations tendues avec l'Assemblée. Lors de la formation du gouvernement, le PCF, premier parti de France, exige un tiers des portefeuilles et l'un des trois grands ministères (Affaires étrangères, Défense ou Intérieur). De Gaulle refuse et les communistes n'obtiennent que des ministères économiques (Maurice Thorez est ministre d'État). Les autres ministères vont à la SFIO (Vincent Auriol ministre d'État), au MPR (Georges Bidault aux Affaires étrangères) et à des fidèles du Général (André Malraux à l'Information, Jacques Soustelle aux Colonies). En revanche de Gaulle est écarté des travaux de rédaction de la Constitution qui préparent un régime d'assemblée. Refusant de gouverner dans la dépendance de l'Assemblée et désapprouvant le projet constitutionnel, de Gaulle prend prétexte d'une réduction des crédits militaires pour démissionner le 20 janvier 1946. C'est la fin de l'union nationale autour des idéaux de la Résistance et le début de la République des partis.

2. Le tripartisme installe la IVe République (janvier 1946-mai 1947)

► **Le 23 janvier 1946, le PCF, la SFIO et le MRP signent la charte du tripartisme** et s'engagent à diriger ensemble le pays. Les gouvernements de tripartisme comptent un tiers de ministres de chaque parti, choisis non par le chef du gouvernement mais par les partis. Les deux premiers gouvernements (Félix Gouin, 26 janvier-12 juin 1946 et Georges Bidault, 23 juin-28 novembre 1946) sont accaparés par les problèmes constitutionnels.

Un premier projet de Constitution est rédigé par les socialistes et les communistes au printemps 1946. Il prévoit une Assemblée nationale unique disposant de tous les pouvoirs, élisant le président de la République et le président du Conseil. Le MRP refuse ce projet où l'exécutif est dans la totale dépendance du législatif. Le 5 mai 1946, les Français rejettent le projet par 53 % des suffrages, exprimant ainsi la crainte d'un régime d'assemblée dominé par les communistes. Une nouvelle Assemblée constituante est élue en juin 1946, toujours dominée par les trois grands partis. Le MRP avec 28 % des suffrages exprimés dépasse le PCF (25,9 %) et la SFIO (21,1 %). La gauche perd la majorité absolue. Un nouveau gouvernement est formé, présidé par Bidault.

Le 16 juin 1946, le général de Gaulle expose son propre projet constitutionnel dans le **discours de Bayeux** : le Parlement doit être cantonné dans sa tâche législative, le pouvoir exécutif ne doit procéder que du président de la République, et l'État doit être soustrait à l'influence pernicieuse des partis. Le second projet résulte d'un compromis entre les trois grands partis. Pour limiter l'omnipotence de l'Assemblée nationale, une seconde assemblée, le Conseil de la République, est créée et le président de la République, élu par les deux Chambres, désigne le président du Conseil. De Gaulle condamne ce projet (Épinal, 22 septembre) : c'est la rupture avec le MRP, qui se présentait jusqu'alors comme le « parti de la fidélité » (à de Gaulle). Le 13 octobre 1946, 53 % des Français approuvent le projet mais les abstentions sont élevées (31 %). De Gaulle commente : « Un tiers des Français s'y étaient résignés, un tiers l'avaient repoussée, un tiers l'avaient ignorée. » La IVe République commence mal.

► **Les nouveaux pouvoirs publics sont mis en place.** Dès le 10 novembre 1946, les Français élisent la première Assemblée nationale de la IVe République. Le PCF redevient le premier parti (28,2 %, son meilleur score), suivi du MRP (25,9 %), alors que la SFIO entame son déclin (17,8 %). Un gouvernement dirigé par Léon Blum est constitué. Une nouvelle fois on fait appel à une figure historique et rassurante, mais Blum est très critiqué par la gauche de la SFIO (Guy Mollet) qui lui reproche d'avoir évolué vers la social-démocratie. Après l'élection du Conseil de la République, les parlementaires élisent le 16 janvier 1947 à la présidence de la République le socialiste Vincent Auriol. Le 21 janvier 1947, Paul Ramadier, autre socialiste, est investi président du Conseil. Deux vétérans de la IIIe République (qui ont refusé les pleins pouvoirs à Pétain en juillet 1940) sont à la tête des nouvelles institutions. Le régime des partis s'installe : les chefs des partis imposent leur loi à l'Assemblée et au gouvernement.

► **Cependant le tripartisme ne résiste pas aux difficultés de l'année 1947 :** confronté à de nombreux problèmes, le gouvernement Ramadier se divise rapidement. Avec la guerre froide, les politiques coloniale et sociale isolent les ministres communistes. Le PCF condamne le début des hostilités contre le Viêt-Minh (décembre 1946) et la répression de l'insurrection malgache (mars 1947). En mars 1947, les députés communistes votent contre les crédits militaires décidés par le gouvernement. Depuis la Libération, la France maintient un relatif équilibre entre l'URSS et les États-Unis. Au printemps 1947, elle doit choisir son camp (doctrine Truman, 12 mars 1947 et aide Marshall, 5 juin 1947), les communistes critiquent l'alignement sur Washington. Le maintien du rationnement, la hausse des prix et les limitations de salaires alimentent le mécontentement populaire. Le 25 avril 1947, une grève éclate aux usines Renault, soutenue par la CGT et le PCF. Le 4 mai, les députés et les ministres communistes (sous la IVe République, il n'y a pas d'incompatibilité de fonction) votent contre la politique salariale du gouvernement. **Le 5 mai, Ramadier renvoie les ministres communistes** qui n'ont pas respecté le principe de solidarité gouvernementale. C'est la fin du tripartisme. Chacun pense que ce retrait n'est que provisoire, mais la guerre froide éloigne les communistes du gouvernement pendant trente-quatre ans.

L'attitude des communistes pendant toute cette période a alimenté bien des interrogations. Il est certain que le PCF a fortement poussé à l'effort de reconstruction à la fin de la guerre, que la CGT s'est opposée aux grèves, ce qui a provoqué certaines scissions (syndicats autonomes dans les transports). Cependant elle n'entend pas se couper de la base. Aux usines Renault, c'est un petit mouvement anarchiste, la Confédération nationale du Travail, qui déclenche une agitation que la CGT suit. Même après leur éviction du gouvernement, les communistes espèrent y revenir, ce qui leur fut reproché lors de la création du Kominform. C'est alors seulement que le PCF s'enferme dans une attitude sectaire dont il cherchera à sortir à partir de 1954, mais où il sera rejeté par son soutien à l'URSS au moment de Budapest. « Le communisme n'est pas à gauche mais à l'Est », fulmine alors Guy Mollet.

3. La Constitution de 1946 instaure un régime d'assemblée

► **L'Assemblée nationale est prépondérante.** En réaction contre le pouvoir personnel de Vichy, l'Assemblée nationale dispose de l'essentiel des pouvoirs. Élue pour cinq ans au suffrage universel direct, elle est permanente (pas de session) et fixe son ordre du jour. Elle seule vote la loi (les décrets-lois de la IIIe République sont impossibles). Elle investit le président du Conseil puis son gouvernement (système de la double investiture). Elle peut le renverser par une motion de censure ou si la question de confiance posée par le gouvernement est rejetée.

► **Les contrepoids au pouvoir de l'Assemblée sont faibles.** Le Conseil de la République est élu par les conseillers généraux et des délégués des conseillers municipaux pour neuf ans. Son unique attribution est d'émettre des avis sur les lois votées par l'Assemblée nationale. Le président de la République est élu pour sept ans par le Congrès (les deux Chambres réunies). Il désigne le président du Conseil, mais ses pouvoirs restent très limités. Le gouvernement est dirigé par un président du Conseil, les ministres peuvent être des parlementaires. Pour éviter l'instabilité ministérielle, le président du Conseil doit être investi ou renversé à la majorité absolue des députés. Il peut dissoudre l'Assemblée nationale mais selon une procédure compliquée, en particulier la succession de deux crises ministérielles en moins de dix-huit mois. Cependant le gouvernement reste sous la IVe République un jouet entre les mains des députés et des partis : la représentation proportionnelle empêche la formation de majorités stables et permet aux partis d'imposer leur loi au gré de leurs alliances.

II. *Heurs et malheurs de la IVe République*

1. Une nouvelle majorité gouverne la France : la « Troisième Force » (1947-mars 1952).

► **Une double menace pèse sur la République. La guerre froide durcit les positions communistes.** À l'automne 1947, le PCF adhère au Kominform et soutient avec la CGT les grèves insurrectionnelles nées de la colère ouvrière (hausse des prix alimentaires et des salaires respectivement de 43 % et 11 % entre mai et octobre 1947). La violence (sabotage de lignes de chemins de fer) devient meurtrière. Le gouvernement Ramadier dépassé démissionne le 19 novembre. Le nouveau ministre de l'Intérieur, Jules Moch, brise les grèves à la mi-décembre, grâce aux Compagnies républicaines de Sécurité (CRS) nouvellement créées. L'unité syndicale est rompue. Les syndicalistes proches des socialistes, désapprouvant l'objectif politique des grèves, quittent la CGT et forment en janvier 1948 la CGT-Force Ouvrière, conduite par Léon Jouhaux. La Fédération de l'Éducation nationale, refusant la scission, se déclare autonome. Le PCF se retrouve isolé et peu à peu coupé de l'opinion publique.

En contrepoint l'offensive gaulliste se renforce. De Gaulle, inquiet de la faiblesse des institutions françaises face à la menace soviétique, lance le 7 avril 1947 le RPF (Rassemblement du Peuple français). Ce mouvement, qui entend rassembler au-delà des partis, réclame une réforme de la Constitution et dénonce les communistes (qualifiés de séparatistes) et les « Européens ». Aux élections municipales d'octobre 1947, il recueille 40 % des voix dans les villes ; Paris, Marseille, Lille, Strasbourg, Bordeaux... sont conquises. Fort de ce triomphe, de Gaulle réclame la dissolution de l'Assemblée nationale. La puissance du RPF apparaît alors considérable.

Le RPF souffre en fait d'une double faiblesse :

— le général de Gaulle n'a pas voulu créer un parti, mais un « rassemblement » (ce qui est conforme à sa vision des choses et se retrouve dans toutes les organisations gaullistes) ; la structure est lâche (de Gaulle est président, assisté d'un secrétariat longtemps assumé par Jacques Soustelle), surtout la double appartenance est autorisée : Jacques Chaban-Delmas est ainsi radical et RPF ;

— le RPF veut dépasser l'opposition gauche-droite ; il prône l'association du capital et du travail ; mais la base est surtout attirée par son discours anticommuniste et patriotique ; beaucoup de ses élus sont des notables de droite reconvertis qui s'opposent d'abord au tripartisme ; lorsque la droite reviendra au pouvoir avec Pinay, ils se rallieront à elle.

Face à cette double menace, les socialistes et le MRP s'unissent aux radicaux et à certains modérés pour former une nouvelle majorité, « la Troisième Force ».

► **La Troisième Force est une coalition fragile.** Ses composantes s'accordent sur la politique étrangère et coloniale. Elle accepte le leadership américain (Plan

Marshall et OECE en 1948, Alliance atlantique en 1949). Sous l'impulsion du MRP, elle lance la construction européenne : Conseil de l'Europe en mai 1949, Plan Schuman en mai 1950 qui donne naissance à la CECA en avril 1951, Plan Pleven en octobre 1950 qui propose une Communauté européenne de Défense. Dans les colonies, la Troisième Force fait preuve de fermeté : maintenir l'Union française est un moyen de lutter contre le communisme international. Partout les négociations sont écartées (élections truquées en Algérie en 1948, guerre contre le Viêt-Minh). En revanche, les divergences sont grandes dans le domaine économique et social. Les socialistes et le MRP sont favorables au réformisme social et à un certain dirigisme économique alors que les radicaux et les modérés restent attachés au libéralisme et à l'équilibre budgétaire.

Ces divergences expliquent la forte instabilité ministérielle : de novembre 1947 à juin 1951, huit gouvernements se succèdent. Pour ne pas être renversés ils évitent de s'engager sur les questions économiques et sociales. Ainsi le gouvernement du « bon Dr Queuille » doit sa longévité (septembre 1948-octobre 1949) à son immobilisme. Ces pratiques permettent la survie du régime mais n'apportent aucune réponse aux problèmes du jour. On assiste par ailleurs à un glissement vers la droite : après un président du Conseil socialiste (Paul Ramadier) se succèdent des MRP (Robert Schuman, Georges Bidault), des radicaux (Henri Queuille) ou des UDSR (René Pleven) ; en 1950 le gouvernement Bidault ne comprend d'ailleurs pas de ministres socialistes.

► Malgré son succès aux élections législatives de 1951, la Troisième Force se disloque.

Aux législatives du 17 juin 1951, la loi électorale des apparentements doit éviter la défaite de la Troisième Force. Le scrutin départemental de liste à la proportionnelle est maintenu mais des listes peuvent s'apparenter avant les élections. Si elles obtiennent la majorité absolue, elles enlèvent la totalité des sièges du département. Évidemment seuls les partis de la Troisième Force peuvent s'apparenter ; aucune entente n'est possible entre le PCF et le RPF. De plus le système des apparentements n'est pas appliqué en Seine et en Seine-et-Oise, où l'on craint que les communistes n'aient seuls la majorité. Grâce aux apparentements, avec 51,2 % des suffrages exprimés, la Troisième Force obtient 388 des 627 sièges à pourvoir. Toutefois le PCF et le RPF sont les deux premiers partis avec 26,9 % et 21,6 % des suffrages exprimés. C'est la « Chambre hexagonale » où six groupes s'équilibrent à peu près (PCF, SFIO, radicaux et UDSR, MRP, RPF et le nouveau parti du CNI qui reprend le flambeau de la droite modérée).

Cependant la Troisième Force se disloque au lendemain des élections sur la vieille querelle scolaire. En septembre 1951, le MRP, les modérés, quelques radicaux et le RPF votent la loi Barangé qui alloue 3 000 F par enfant et par an à toutes les écoles primaires publiques et privées. La SFIO, des radicaux et le PCF, attachés à la laïcité, votent contre. La SFIO entre dans l'opposition : une majorité nouvelle qui repose sur l'alliance du centre et de la droite se dessine. En mars 1952, après une crise particulièrement longue, le président Auriol désigne un modéré, Antoine Pinay, président du Conseil. À la surprise générale, il est investi le 6 mars. Pour la première fois depuis la Libération, la droite dirige le gouvernement.

2. La IVe République s'enlise (mars 1952-mai 1957)

► **La droite revient au pouvoir (mars 1952-juin 1954).** Antoine Pinay est investi par une majorité de centre droit comprenant le MRP, les modérés, des radicaux et 27 députés RPF qui sont exclus du mouvement et forment l'ARS (Action républicaine et sociale). Ainsi Pinay maintient les socialistes dans l'opposition et précipite la décomposition du RPF qui intègre par étapes la nouvelle majorité : en 1953, les députés RPF investissent le gouvernement Mayer, certains (le général Kœnig, Jacques Chaban-Delmas) entrent dans les gouvernements Laniel et Mendès France. De Gaulle refuse cette évolution et préfère dissoudre le RPF en mai 1953. C'est le début de la « traversée du désert ».

> **Antoine Pinay (1891-1994),** d'emblée très populaire, symbolise le Français moyen. Ce petit patron d'une tannerie à Saint-Chamond (Loire) est maire et député avant la guerre. En 1940, il vote les pleins pouvoirs au maréchal Pétain puis est nommé au Conseil national de Vichy mais démissionne dès 1942. Son inéligibilité levée, il est élu en juin 1946 député de la Loire (groupe des Indépendants puis des Indépendants et Paysans). Membre de plusieurs cabinets depuis 1948, c'est un ministre discret et efficace. De mars à décembre 1952, cet inconnu devenu président du Conseil et ministre des Finances se consacre au redressement du franc. Il participe encore à plusieurs gouvernements comme ministre des Affaires étrangères. En 1958, il accepte la Ve République. Le général de Gaulle lui confie les Finances, il est un des artisans du nouveau franc. De 1960 à sa mort en 1994, bien que retiré de la scène politique, il reste un véritable mythe consulté dans les temps difficiles.

Redresser les grands équilibres est la priorité du nouveau gouvernement. Pinay casse l'inflation consécutive à la guerre de Corée et restaure la confiance dans le franc. L'économie française s'apprête à vivre grâce au « magicien Pinay » ses plus heureuses années. Le redressement économique opéré par les gouvernements de centre droit (René Mayer puis Joseph Laniel) s'accompagne d'une politique de rigueur salariale, responsable de grandes grèves dans le secteur public en août 1953 (4 millions de grévistes aux PTT, à la SNCF, à EDF et dans les mines).

À l'opposé de la Troisième Force, la majorité de centre droit s'accorde sur les questions économiques et sociales mais se divise sur les problèmes internationaux. Si le traité de la CED est signé par les gouvernements des six pays « européens » en mai 1952, sa ratification déchire le Parlement français : le MRP y voit une avancée essentielle pour l'Europe, le PCF une menace contre l'URSS, les gaullistes une atteinte à la souveraineté nationale. Les autres partis (radicaux, socialistes, modérés) sont partagés. L'élection présidentielle de décembre 1953 reflète cette querelle. Il faut treize tours de scrutin pour élire René Coty, modéré peu connu, qui ne s'est pas prononcé sur la CED... Les problèmes coloniaux achèvent de diviser la majorité. Les protectorats d'Afrique du Nord échappent à l'autorité gouvernementale : en Tunisie, Bourguiba est emprisonné (1952) ; au Maroc, le Résident, le maréchal Juin, dépose de son propre chef le sultan ben Youssef (1953). En Indochine, le soutien chinois au Viêt-Minh aggrave la situation française. Le 7 mai 1954, la défaite de Diên Biên Phû traumatise les Français qui souhaitent la fin de cette guerre si lointaine. Seul le MRP s'y refuse sous l'influence de Bidault. La majorité est affaiblie et le régime de plus en plus impopulaire. Dans ces circonstances difficiles, Pierre Mendès France favorable à la paix en Indochine, est investi le 18 juin 1954.

► **Pierre Mendès France tente une « expérience » de sauvetage de la République (juin 1954-février 1955).** Il est investi par une majorité axée à gauche qui comprend les communistes (mais dont Mendès France refuse les voix), les socialistes, les radicaux mais aussi les républicains sociaux et une partie des modérés. Pendant sept mois et dix-sept jours, il tente d'imposer une nouvelle manière de gouverner et semble un souffle nouveau dans la vie politique. « Gouverner, c'est choisir », proclame-t-il alors.

Pierre Mendès France (1907-1982), né dans une famille de commerçants, est avocat à 19 ans, député radical de l'Eure à 25 ans et sous-secrétaire d'État au Trésor dans le second cabinet Blum à 31 ans. Arrêté par le gouvernement de Vichy, jugé à Riom, il s'évade en juin 1941 et rejoint de Gaulle à Londres. Spécialiste des questions financières, il dirige la mission française à Bretton Woods et devient ministre de l'Économie du GPRF jusqu'en avril 1945. Président du Conseil du 18 juin 1954 au 5 février 1955, il règle le problème indochinois, l'agitation au Maroc et en Tunisie et la querelle de la CED. Aux élections de 1956, il anime le Front républicain qui porte Guy Mollet au pouvoir. En 1958, il dénonce le régime « ultraprésidentiel » de la Ve République et rejoint le PSA, futur PSU. En 1974 et 1981, il soutient François Mitterrand aux élections présidentielles. Bien qu'il ait très peu exercé le pouvoir, il reste la conscience de la gauche non communiste et incarne ce que l'on a appelé la « deuxième gauche » : fidélité aux principes, réalisme et rigueur dans l'action.

Mendès France lutte contre le régime des partis en désignant lui-même ses ministres. Pour rétablir un certain équilibre entre le législatif et l'exécutif, il fait adopter une réforme constitutionnelle (cf. *infra*). Son dynamisme, qui tranche avec l'immobilisme des cabinets précédents, lui vaut une réelle popularité. Elle est entretenue par *L'Express,* hebdomadaire créé en 1953 par Jean-Jacques Servan-Schreiber et Françoise Giroud, qui devient l'organe officiel du mendésisme et qui crée « PMF ». Toutes les semaines, il s'adresse aux Français à la radio. Les parlementaires qui se sentent mis à l'écart, apprécient peu ces méthodes.

Dans son discours d'investiture, Mendès France promet « avant le 20 juillet, [...] d'obtenir un règlement du conflit d'Indochine » faute de quoi son « gouvernement remettra sa démission ». Il signe dans les délais promis les accords de Genève. L'opinion est soulagée, mais le MRP l'accuse d'avoir « bradé » l'Empire. Le 31 juillet, à Carthage, il reconnaît « l'autonomie interne de l'État tunisien », étape décisive vers l'indépendance. En revanche il fait preuve de fermeté en Algérie lors de l'insurrection du 1er novembre 1954 (arrestation des auteurs des attentats), tout en envisageant des réformes économiques et sociales confiées à un nouveau gouverneur général, Jacques Soustelle, gaulliste libéral. Sur l'Europe, Mendès France laisse l'Assemblée nationale enterrer la CED le 30 août par le vote de la *question préalable* qui retire la ratification de l'ordre du jour. Le MRP et Guy Mollet ne pardonnent pas au président du Conseil ce « crime du 30 août ». Toutefois, convaincu de la nécessité du réarmement allemand, Mendès France prend l'initiative des conférences de Londres et de Paris. Les accords de Paris (octobre 1954) autorisent le réarmement allemand, hors de l'Europe supranationale tant redoutée des parlementaires français.

Le dynamisme du président du Conseil convainc l'opinion française mais suscite de nombreux griefs : l'enterrement de la CED pour le MRP, le réarmement allemand pour le PCF et les républicains sociaux, les projets de réformes économiques pour les modérés, l'Indochine pour la droite. Il provoque par ailleurs des rancunes corporatives quand il entend supprimer le privilège des « bouilleurs de cru » ; mais quand il veut rétablir le scrutin d'arrondissement, c'est aux députés qu'il se heurte. Malgré sa forte popularité dans le pays, Mendès France, isolé au Parlement, est renversé le 6 février 1955. Sa tentative infructueuse de moderniser la République révèle l'usure du régime.

► **Le renouveau est décidément impossible.** Un autre radical, Edgar Faure, succède à Mendès France. Il forme un gouvernement de centre droit et accepte de négocier avec les partis le choix de ses ministres. Sa politique est proche de celle de son prédécesseur : poursuite de la négociation en Tunisie et au Maroc (retour du sultan Mohammed V), de la fermeté en Algérie contre le FLN, de la relance européenne (Messine). Toutefois il doit affronter une double opposition : à droite le poujadisme, à gauche le mendésisme.

Le poujadisme doit son nom à Pierre Poujade, papetier de Saint-Céré (Lot), qui crée en novembre 1953 l'Union de défense des commerçants et des artisans (UDCA). Bien implanté dans les régions rurales traditionnelles (Massif central), ce mouvement dénonce la modernisation économique et la multiplication des contrôles fiscaux, qui entraînent la disparition des entreprises familiales et des petits travailleurs indépendants. Les « gogos du progrès » s'en prennent au régime mais très vite le poujadisme reprend les thèses de l'extrême droite : antiparlementarisme, nationalisme, voire antisémitisme. Une de ses principales cibles est Pierre Mendès France.

Le mendésisme naît de la popularité du président du conseil déchu. Mendès France prend en mai 1955 la direction du Parti radical et entreprend sa rénovation. Des socialistes, des chrétiens de gauche, des intellectuels, des syndicalistes et beaucoup de jeunes rejoignent le parti radical. Plus qu'une véritable doctrine, le mendésisme cherche à intégrer dans la vie politique les ferments de modernité qui lèvent dans l'économie et la société françaises : aspiration à un État moderne et juste, renforcement de l'exécutif, primat de l'opinion sur les partis, refus du communisme, soutien aux peuples colonisés...

Le mendésisme inquiète Edgar Faure marginalisé au sein de son propre parti. Pour prendre de vitesse Mendès France, il dissout l'Assemblée nationale (2 décembre) et provoque des élections anticipées pour janvier 1956. Cette dissolution (la première depuis le 16 mai 1877) lui vaut d'être exclu du parti radical. Il crée alors le Rassemblement des gauches républicaines (RGR). Aux élections du 2 janvier 1956, quatre mouvements s'opposent : le centre droit conduit par E. Faure (MRP, RGR, les modérés et la majorité des gaullistes) ; le Front républicain qui rassemble derrière Mendès France la SFIO, les radicaux, l'UDSR et quelques gaullistes (Chaban-Delmas) ; les communistes qui cherchent à sortir de leur marginalisation et les poujadistes. La gauche l'emporte (Front républicain : 27,1 % des suffrages exprimés et PCF, 25,3 %) et le poujadisme perce (12,6 %). René Coty, jugeant Guy Mollet plus à même de recueillir les voix communistes que Pierre Mendès France, le désigne président du Conseil. Du 1er février 1956 au 21 mai 1957, Guy Mollet dirige le plus long gouvernement de la IVe République.

Guy Mollet (1905-1975), issu d'une famille modeste, devient professeur et militant socialiste. Responsable de la Résistance pour le Pas-de-Calais, il est à la Libération maire d'Arras et député du Pas-de-Calais, toujours réélu par la suite. Secrétaire général de la SFIO (de 1946 à 1969), il incarne sa tendance marxiste contre Léon Blum, mais la fait participer au pouvoir durant le tripartisme et la Troisième Force. Président du Conseil de janvier 1956 à mai 1957, il lance la France dans l'expédition de Suez, envoie le contingent en Algérie, crée la troisième semaine de congés payés et accepte les traités de Rome. En 1958, il se rallie au général de Gaulle et participe à la rédaction de la Constitution. Mais dès janvier 1959 il rompt avec le gaullisme et en devient un adversaire résolu.

Le ministère Guy Mollet réalise une œuvre importante. Dans le domaine social, il accorde une troisième semaine de congés payés, améliore le remboursement des dépenses de santé, crée la vignette automobile pour améliorer la retraite des vieux travailleurs (Fonds de solidarité). Il poursuit la construction européenne en signant les traités de Rome qui créent la CEE et l'Euratom (25 mars 1957). Il mène une politique coloniale libérale : indépendance de la Tunisie et du Maroc en mars 1956 et vote de la loi-cadre Defferre sur l'Afrique noire en juin 1956. Pendant la campagne électorale de 1956, le Front républicain s'est engagé à mettre fin à la guerre d'Algérie. Mais la guerre à outrance divise la majorité de gauche qui souhaite une solution négociée. En mai 1956 Pierre Mendès France et en octobre Alain Savary quittent le gouvernement. Les députés communistes votent contre le gouvernement et forcent Guy Mollet à chercher une autre majorité tournée vers le MRP et les modérés. Cette situation délicate provoque sa chute le 21 mai 1957. Après seize mois de pouvoir, Guy Mollet n'a rien résolu, la France est condamnée par les Nations Unies, les caisses du pays sont vides et l'opinion publique est troublée par l'usage de la torture en Algérie.

3. La IVe République s'effondre (mai 1957-juin 1958)

▸ **Les institutions sont de plus en plus critiquées.** Ce qui est en cause avant tout, c'est l'instabilité du régime. Elle éclate dans la succession des gouvernements (20 entre 1946 et 1958, soit un tous les six mois), mais aussi dans la gestion spectaculaire des crises ministérielles. Ceci est largement le fait du président Auriol qui a compris que son principal pouvoir tenait à la nomination du président du Conseil ; d'où les étapes obligées de la formation du futur gouvernement : mission exploratoire, président du Conseil pressenti, puis nommé, puis investi, puis investiture du gouvernement. Ce dernier point n'est pas prévu par la Constitution mais Paul Ramadier la pratique en 1947, dans les faits il existe dès lors deux investitures – celle du président du Conseil puis celle de son gouvernement. Une autre habitude contribue à l'instabilité : lors du vote de la question de confiance, les gouvernements se retirent même s'ils n'ont contre eux qu'une majorité relative – alors que la Constitution n'exige leur départ qu'en cas de majorité absolue !

On le voit, ce qui est en cause, c'est moins les institutions en tant que telles (le parlementarisme, le scrutin proportionnel) que la pratique de celles-ci. En réalité les institutions avaient été conçues en 1946 dans l'idée que le tripartisme pourrait durer : trois grands partis cohérents, alliés et rassemblant les trois quarts des voix. Or le tripartisme éclate, les partis de gouvernement se heurtent à la montée de mouvements qui refusent la IVe République (le PCF lui-même, le RPF, les poujadistes), trop de sujets les divisent (la laïcité, la politique économique et sociale) et ils sont traversés par des tendances opposées (cf. le Parti radical partagé entre Pierre Mendès France et Edgar Faure).

Les tentatives de réforme ne débouchent pas. Henri Queuille élargit en 1948 le collège électoral du Conseil de la République dont Pierre Mendès France augmente le pouvoir en décembre 1954 ; de façon plus importante ce dernier fait adopter le principe selon lequel il n'y aura qu'une seule investiture (celle accordée au gouvernement dans son ensemble, l'investiture du président du Conseil disparaissant) et il rend plus facile le droit de dissolution, ce dont profitera Edgar Faure. Mais il ne peut remplacer la proportionnelle par le scrutin d'arrondissement (majoritaire à deux tours). Enfin en 1958, des tables rondes pour la réforme constitutionnelle se réunissent sans résultats. Le président Coty tire la conclusion de ces faits : « Nos institutions fondamentales ne sont plus accordées au rythme des temps nouveaux. »

Il ne faudrait pourtant pas tracer un tableau trop noir de la IVe République – ce que les gaullistes se sont acharnés à faire. D'abord s'il y a instabilité gouvernementale, certains ministres restent longtemps en place sous des présidents du Conseil différents (Bidault ou Schuman aux Affaires étrangères par exemple). La dissolution de 1955 – la première depuis Mac Mahon – est finalement bien acceptée par l'opinion et prouve que le peuple aspire à être consulté directement ; l'opinion joue d'ailleurs un rôle croissant, en 1956 a lieu la première campagne officielle à la télévision. Enfin le rôle décisif tenu par René Coty dans la crise de mai prouve que le président de la République apparaît comme l'ultime garant de la paix civile. Autant de points qui préparent la Ve République.

▸ **Le pouvoir tombe en déliquescence.** Faute de majorité parlementaire, les gouvernements Maurice Bourgès-Maunoury (juin-septembre 1957) et Félix Gaillard (novembre 1957-avril 1958) sont contraints à l'immobilisme. La guerre d'Algérie divise tous les partis (sauf le PCF, favorable à l'indépendance) et paralyse la vie politique française. L'autorité du gouvernement est bafouée en Algérie, devenue une « province militaire ». La situation financière est alarmante. En 1957, la France demande une avance de 300 millions de dollars au FMI, et Félix Gaillard procède à son « opération 20 % », dévaluation déguisée du franc que le gouvernement, trop faible, ne peut reconnaître officiellement. Accusé de mollesse dans la crise algérienne, il est renversé le 15 avril 1958. C'est la vingt-deuxième crise ministérielle de la IVe République.

Après un mois de vacance, René Coty désigne Pierre Pflimlin, MRP, à la présidence du Conseil. Il se présente le 13 mai devant les députés. Par contrecoup à l'insurrection et à la proclamation à Alger d'un Comité de Salut public, les députés investissent Pierre Pflimlin dans un sursaut républicain. Celui-ci forme un gouvernement d'union nationale résolu à rétablir l'ordre à Alger. Mais ni l'armée ni la police ne sont acquises au gouvernement.

► **L'effondrement de la IVe République permet le retour du général de Gaulle.** En Algérie, le général Salan, chef du Comité de Salut public, convaincu que de Gaulle est favorable à l'Algérie française, le réclame au pouvoir (15 mai). Face à la dégradation de l'État, de Gaulle se déclare « prêt à assumer les pouvoirs de la République » et entreprend des pourparlers avec les dirigeants politiques, qui craignent une dictature personnelle. La situation est très confuse. Le 24 mai la Corse bascule dans la rébellion alors qu'à Alger les militaires préparent une opération parachutée sur Paris, « Résurrection », pour la nuit du 27 mai. La guerre civile menace. Le 27 mai de Gaulle annonce qu'il a entamé « le processus régulier nécessaire à l'établissement d'un gouvernement républicain ». Confiants, les militaires suspendent « Résurrection ». Le 28 mai, Pflimlin démissionne malgré le soutien des députés, tandis que les syndicats et les partis de gauche organisent une manifestation commune contre le retour du général de Gaulle. Toutefois, René Coty le désigne président du Conseil le 29 mai et menace de se retirer si son choix n'est pas accepté. Le 1er juin, de Gaulle est investi ; seuls les communistes, les mendésistes et la moitié des socialistes ont voté contre. Le 2 juin, l'Assemblée lui donne les pleins pouvoirs pour six mois et l'autorise à réviser la Constitution, à trois conditions : maintenir le régime parlementaire, respecter la séparation des pouvoirs et soumettre la Constitution à référendum. Le régime d'assemblée s'effondre et le pouvoir législatif cède le pas à l'exécutif.

La crise du 13 mai 1958 a suscité bien des interprétations. Pour les gaullistes la IVe République est tombée de sa belle mort. Pour leurs adversaires (Pierre Mendès France, François Mitterrand), c'est un véritable « coup d'État » dont de Gaulle a profité ; la rébellion militaire d'Alger a assassiné la République. D'autres témoins et des historiens comme Michel Winock mettent en avant la lente décomposition d'un régime impuissant à répondre aux défis du temps. La crise algérienne ne fait qu'accélérer un processus irréversible.

III. Une République construite par et pour les gaullistes

1. Un nouveau régime est mis en place (1958-1962)

► **La Constitution de 1958 renforce l'exécutif et affaiblit les Assemblées.** Dernier président du Conseil de la IVe République, le général de Gaulle forme un gouvernement d'union nationale avec des socialistes (Guy Mollet), des MRP (Pierre Pflimlin), des indépendants (Antoine Pinay), des gaullistes (Michel Debré, André Malraux), des radicaux (Jean Berthouin) ; seuls les communistes et les poujadistes sont absents. Les experts juridiques et les hommes politiques (Debré ou Mollet) chargés d'élaborer la Constitution s'inspirent du discours de Bayeux. Le 4 septembre, place de la République, de Gaulle la présente aux Français et le 28, elle est soumise au référendum. Les gaullistes, le MRP, les modérés et les indépendants, les radicaux et la majorité des socialistes derrière Guy Mollet appellent à voter « oui ». Seuls les communistes, une minorité de socialistes, de radicaux (Mendès France) et l'UDSR (Mitterrand) qui dénoncent les aspects autoritaires de la Constitution, prônent le « non ». Sans surprise, le « oui » obtient 79,25 % des suffrages exprimés. Seuls 15 % des Français se sont abstenus. La Constitution est largement approuvée, au contraire de la précédente.

La Constitution de 1958 rompt avec le régime antérieur en accordant la prééminence au pouvoir exécutif, et en son sein, au président de la République. Mais elle respecte le régime parlementaire puisque le Parlement contrôle l'action du gouvernement et peut le renverser.

Le *président de la République*, garant de l'indépendance nationale, est élu pour sept ans par un collège électoral (80 000 élus : parlementaires, conseillers généraux, représentants des conseils municipaux). Il nomme le Premier ministre et les ministres (sur proposition du Premier ministre) sans investiture parlementaire. Il peut dissoudre l'Assemblée nationale (art. 12) et recourir au référendum pour l'organisation des pouvoirs publics (art. 11). En cas de crise, l'article 16 lui donne des pouvoirs exceptionnels.

« Le *gouvernement* détermine et conduit la politique de la nation » (art. 20). Le Premier ministre dirige l'action du gouvernement qui est responsable devant le Parlement. Si les députés repoussent la question de confiance ou si à la majorité absolue, ils adoptent une motion de censure, le gouvernement est renversé. Les fonctions ministérielles et parlementaires sont incompatibles.

Le *Parlement* se compose de l'Assemblée nationale élue pour cinq ans au suffrage universel direct, et du Sénat élu pour neuf ans au suffrage indirect. L'ordre du jour de l'Assemblée nationale est fixé en priorité par le gouvernement. Elle vote les lois (dont le budget), mais le gouvernement, en engageant sa responsabilité sur un texte, peut le faire adopter sans vote, sauf si une motion de censure est déposée (art. 49-3). Le Sénat a un moindre pouvoir législatif : toute loi doit être adoptée dans les mêmes termes par les deux chambres, mais en cas de désaccord, l'Assemblée a le dernier mot. Le Sénat ne peut renverser le gouvernement.

Un *Conseil constitutionnel* veille au respect de la Constitution.

Les élections législatives ont lieu en novembre 1958, le scrutin majoritaire uninominal à deux tours remplace la proportionnelle dans le but de réduire l'influence des partis et dégager de vraies majorités. Les Français envoient à Assemblée nationale une majorité sans ambiguïté où les gaullistes (UNR, Union pour la nouvelle République) et les modérés obtiennent 70 % des sièges. La gauche, et surtout le Parti communiste, recule. Une frange de son électorat a voté UNR, l'électorat gaulliste a une composante populaire. Des personnalités de la IVe République sont battues (Mendès France, Mitterrand, Duclos, Faure...). Le 21 décembre, de Gaulle est élu président de la République avec près de 80 % des suffrages exprimés. Il nomme Premier ministre un de ses fidèles, Michel Debré, connu pour son double attachement à l'Algérie française et au Général (il acceptera de faire passer le premier derrière le second et permettra à de Gaulle de rassurer les militaires tout en faisant évoluer le problème algérien). Il forme un gouvernement ancré à droite.

Charles de Gaulle (1890-1970) est issu d'une famille catholique de Lille, il choisit la carrière militaire et fait Saint-Cyr. Il est blessé et prisonnier en 1916. Dans l'entre-deux-guerres, il rédige des écrits de stratégie militaire (*Vers l'armée de métier*, 1934) où il plaide pour une armée motorisée et blindée. En 1940, il participe à quelques opérations militaires, mais en juin, il est appelé par Paul Reynaud au poste de sous-secrétaire à la Défense nationale. Après la défaite, il gagne Londres, d'où le 18 juin il appelle les Français à la poursuite de la guerre. Il organise les Forces françaises libres, et en juin 1944 fonde à Alger le GPRF. À la Libération, président du GPRF jusqu'en janvier 1946, il rétablit l'autorité du pouvoir central et s'impose aux Alliés. Hostile à la IVe République, il crée en 1947 le RPF, mais en 1953 il se retire de la scène politique : c'est la « traversée du désert ». La rébellion algérienne en mai 1958 le ramène au pouvoir. Il fonde la Ve République dont il devient président en décembre 1958. Réélu en 1965, il démissionne le 28 avril 1969, s'estimant désavoué par le peuple. En effet, persuadé d'incarner la légitimité nationale et d'assumer une mission historique, il conçoit la démocratie comme un contact direct avec les Français. La grandeur de la France guide ses choix politiques (la Résistance, le refus d'une République des partis qui divise au lieu d'unir, la distance avec l'allié américain, le refus d'une Europe supranationale), mais il sait se montrer pragmatique (indépendance de l'Algérie). « Un géant parmi les hommes », il a marqué le destin de la France. Il meurt le 9 novembre 1970.

► **De Gaulle achève la décolonisation.** De Gaulle admet la perte de l'Empire, au nom des liens nécessaires de la France avec le Tiers Monde, de son rôle en Europe et de sa prospérité économique. Mais il souhaite que Paris garde des rapports privilégiés avec les États devenus indépendants. La Constitution de 1958 crée la Communauté, mais dès novembre 1960 les États d'Afrique noire et de Madagascar deviennent indépendants. Le règlement du problème algérien est plus délicat. Apparemment favorable au maintien de l'Algérie dans le cadre français, de Gaulle opte pour l'autodétermination du peuple algérien (16 septembre 1959), politique qui débouche sur les accords d'Évian (18 mars 1962) et l'indépendance de l'Algérie (3 juillet 1962).

► **La crise de 1962 scelle le caractère présidentiel du nouveau régime.** Rappelé au pouvoir pour régler la crise algérienne, de Gaulle peut désormais s'employer à affermir les institutions de la Ve République. La guerre d'Algérie lui a permis de modifier l'esprit des institutions. Sans doute la Ve République reste-t-elle un régime parlementaire : le gouvernement est responsable devant l'Assemblée, mais le pouvoir du président s'est peu à peu accru :

— d'abord c'est de Gaulle qui provoque et annonce les inflexions de la politique algérienne à l'occasion de voyages, de conférences de presse et surtout de discours adressés au pays ; le lien personnel entre le chef de l'État et le peuple est affirmé dans l'esprit de démocratie directe propre au gaullisme ;

— ceci se retrouve dans la pratique des référendums ; celui de 1961 est révélateur dans la mesure où il y a deux questions, mais une seule réponse (oui ou non) ; les opposants ont beau jeu de parler d'un plébiscite même s'il s'agit simplement d'approuver la politique du Général ;

— l'article 16 ne reste pas lettre morte ; il est appliqué cinq mois en 1961 et le général de Gaulle n'hésite pas à suspendre des libertés fondamentales en Algérie (liberté de presse...) ;

— le Président est le vrai chef du gouvernement : c'est lui qui révoque Soustelle en 1960, et non le Premier ministre ; comme le reconnaîtra plus tard Georges Pompidou : « le Premier ministre n'est que le premier des ministres » ;

— en 1959, Jacques Chaban-Delmas parle pour la première fois de « domaine réservé » (le général de Gaulle n'emploie jamais la formule) : cela inclut l'Algérie et la Communauté (plus tard l'Afrique), la défense et la politique étrangère ; c'est dire que tout un pan de la politique de la France se fait à l'Élysée où se multiplient les comités spécialisés et les conseillers personnels.

Cette évolution irrite les notables et les tensions débutent dès le 14 avril 1962, quand de Gaulle nomme Premier ministre Georges Pompidou, un homme étranger au Parlement. Le 15 mai, le général dénonce l'Europe supranationale, irritant de nombreux députés MRP et socialistes. Enfin, pour briser l'influence des partis et donner à ses successeurs une légitimité nationale, il annonce une réforme de la Constitution qui instaurerait l'élection du président de la République au suffrage universel. Le 22 août, l'attentat du Petit-Clamart par l'OAS le renforce dans cette idée. Le 20 septembre, il annonce qu'il soumettra directement la révision de la Constitution au référendum. Une grave crise institutionnelle éclate. De nombreux parlementaires crient à la violation de la Constitution (Gaston Monnerville, président du Sénat, parle de « forfaiture ») : en 1848, l'élection du président au suffrage universel a conduit à la dictature impériale, par ailleurs la procédure normale de révision fait intervenir un vote du Parlement. Le 5 octobre, une motion de censure renverse le gouvernement (la seule de la Ve République). De Gaulle dissout alors l'Assemblée.

Seule l'UNR appelle à voter « oui » au projet. Les communistes et un « cartel des non », qui rassemble les socialistes, les radicaux, le MRP et les indépendants, prônent le « non ». Le 28 octobre, 62 % des suffrages exprimés approuvent une réforme jugée démocratique. En novembre, les élections législatives confirment le succès gaulliste. L'UNR et les Républicains indépendants de Valéry Giscard d'Estaing, ministre des Finances, obtiennent la majorité absolue des sièges (253 sur 482, dont 233 à l'UNR). La gauche et le centre subissent une déroute. Le second gouvernement Pompidou est composé de fidèles et de technocrates.

1962 est l'achèvement de 1958, le triomphe des conceptions politiques gaulliennes : le Président est la « clef de voûte » du régime, le Parlement et le Premier ministre ont un rôle second.

2. La République gaullienne (1962-1969)

▸ **« À mon sens, la France ne peut-être la France sans la grandeur »** (*Mémoires de guerre,* 1954). Or la grandeur suppose la prospérité. Le redressement économique est une priorité dès 1958 (Plan Pinay-Rueff). La France entame sa plus belle décennie de croissance (5,5 % par an) et de progrès social. De grandes réalisations assurent le prestige national : le paquebot *France*, le *Concorde* (conçu dès 1962), le procédé de télévision en couleur SECAM (1960), le plan Calcul pour l'informatique (1966). D'une rentabilité contestable, ils doivent témoigner de la modernisation.

La grandeur suppose aussi l'indépendance nationale. De Gaulle accélère la construction d'une force nucléaire de dissuasion. La première bombe A explose en 1960 dans le Sahara et la première bombe H en 1968 à Mururoa. Il profite de la Détente pour contester le leadership américain. En 1966, les troupes françaises quittent le commandement intégré de l'OTAN. Le général condamne la guerre du Viêt-Nam (discours de Phnom-Penh, 1966), défend la francophonie (« Vive le Québec libre ! », 1967), condamne Israël, l'allié des États-Unis, lors de la guerre des Six Jours, et conteste la suprématie du dollar (la Banque de France vend des dollars en 1967). La France se rapproche de l'Est (reconnaissance de la Chine populaire en 1964, de Gaulle à Moscou en 1966).

La politique européenne du Général de Gaulle se ressent de cette volonté d'indépendance. Dès 1962, de Gaulle, opposé à une Europe supranationale, se prononce pour une « Europe des Nations », où la France garderait ses prérogatives. La « politique de la chaise vide » en 1965 montre sa détermination : le vote à l'unanimité est maintenu par le « compromis de Luxembourg », alors que le traité de Rome prévoyait que l'on passe au vote à la majorité (Europe fédérale). L'Europe gaullienne est aussi une « Europe de l'Atlantique à l'Oural » et non une Europe atlantique. Elle doit se tenir à égale distance des deux Grands. Ainsi, de Gaulle met son veto en 1963 et 1967 à l'entrée dans le Marché commun du Royaume-Uni, considéré comme le « cheval de Troie » des États-Unis. En revanche, il développe la coopération franco-allemande : le traité de janvier 1963 scelle la réconciliation des deux nations. Hostile à la construction politique de l'Europe, de Gaulle soutient sa construction économique (PAC en 1962, Union douanière en 1968) car elle conditionne la prospérité française.

► **Dès 1965, le général de Gaulle fait face à des adversaires plus redoutables.** Après le succès électoral de 1962, le régime gaulliste rencontre une opposition croissante. Le MRP, une partie des socialistes, des radicaux et des modérés, critiquent sa politique européenne. La mauvaise répartition des fruits de la croissance mécontente les mondes paysan et ouvrier ainsi que la fonction publique (grèves des mineurs en 1963). La lutte contre l'inflation (plan de stabilisation Giscard d'Estaing, 1963) ralentit la croissance, et en 1965 100 000 travailleurs sont au chômage. Ce contexte marque les élections présidentielles de décembre 1965. Les principaux adversaires du général sont François Mitterrand, candidat de la gauche (SFIO, PCF et radicaux), et Jean Lecanuet, président du MRP, candidat de l'opposition centriste. De Gaulle, sûr de sa victoire (slogan « Moi ou le chaos »), fait peu campagne alors que ses concurrents utilisent la télévision, nouvelle arme électorale. Contre toute attente, de Gaulle ne l'emporte qu'au second tour contre François Mitterrand, avec 55,2 % des suffrages exprimés.

Les élections législatives de 1967 confirment le recul du gaullisme. Contre l'opposition de gauche (la Fédération de la gauche démocrate et socialiste qui regroupe derrière François Mitterrand les socialistes et les radicaux, et le PCF) et l'opposition centriste (le MRP disparaît et est remplacé par le Centre démocrate de Jean Lecanuet), le Comité d'action pour la Ve République (les gaullistes et les Républicains indépendants) obtient de justesse la majorité absolue des sièges. L'électorat gaulliste se démobilise, les désistements à gauche (FGDS-PCF) sont bons et certains centristes votent à gauche. Malgré ce double avertissement, de Gaulle poursuit sa politique. Le fossé se creuse entre le président et les Français.

► **La crise de Mai 1968 met fin à la République gaullienne.** Aux origines de la crise de Mai 1968, on trouve la dégradation de la situation économique et sociale. La lutte contre l'inflation freine la consommation et la croissance, et engendre une poussée du chômage aggravée par la modernisation économique (400 000 chômeurs en 1967). S'y ajoute le malaise étudiant. En dix ans les effectifs ont triplé, beaucoup sont inscrits dans des disciplines nouvelles (psychologie, sociologie) sans débouchés. Les étudiants remettent en cause la sclérose de l'enseignement et l'omnipotence des professeurs, les « mandarins ». Comme de nombreux pays industrialisés, la France est touchée par une crise de civilisation. Les jeunes et les intellectuels rejettent la société de consommation et toutes les formes d'autorité (paternelle, patronale, religieuse, professorale, étatique). Les idées gauchistes (maoïsme, trotskisme, castrisme, anarchisme, PSU) séduisent des jeunes en quête d'idéaux. Le paroxysme est atteint en 1968.

La crise de Mai 1968 est la plus sérieuse alerte de la Ve République. En un mois, le régime est menacé par trois crises successives : étudiante, sociale et politique. L'agitation étudiante naît en janvier 1968 sur le nouveau campus de Nanterre et se structure autour du « mouvement du 22 mars » créé par Daniel Cohn-Bendit, étudiant en sociologie. Craignant des incidents avec les militants d'extrême droite (Occident), le doyen de Nanterre ferme la faculté le 2 mai. Les étudiants se rendent à la Sorbonne où éclatent les premiers incidents avec la police. L'agitation limitée au début à des groupuscules d'« enragés » gagne tout le monde étudiant à Paris et en province. Le cycle « provocation-répression-solidarité » est enclenché. Dans la nuit du 10 au 11 mai, le Quartier latin voit des combats de rue entre les forces de l'ordre et les étudiants (rues dépavées, voitures incendiées). La répression de « la nuit des barricades » fait 367 blessés. Le 13 mai, les syndicats ouvriers organisent une grève générale de solidarité qui est un succès. C'est le début de la crise sociale. Le 14 mai débutent à Nantes les premières grèves et occupations d'usines. Les usines Renault amplifient le mouvement, qui gagne la France entière. Le 24 mai, 9 millions d'ouvriers sont en grève, aucune branche d'activité n'est épargnée. C'est le plus grand mouvement de grève de l'histoire française.

La gravité des événements échappe aux dirigeants (Pompidou et de Gaulle sont à l'étranger). Le Premier ministre prend l'initiative. Du 25 au 27 mai, il négocie avec les syndicats ouvriers et patronaux **les accords de Grenelle** (hausse du SMIG et des salaires, reconnaissance des sections syndicales d'entreprise), mais la base les repousse et la grève se poursuit. La France vit alors une grave crise politique : le pouvoir semble vacant. Le 27 mai, au stade Charléty, les gauchistes et la CFDT exigent un changement radical ; le 28, François Mitterrand suggère « un gouvernement provisoire » présidé par Mendès France pour « combler le vide politique ». Le 29, la CGT réclame « un gouvernement populaire ». C'est alors que de Gaulle disparaît. Il s'est rendu à Baden-Baden, pour s'assurer de la fidélité de l'armée auprès du général Massu. Le 30 mai, il annonce à la radio qu'il reste à son poste et qu'il dissout l'Assemblée nationale. Dans la soirée, une manifestation de soutien rassemble sur les Champs-Élysées un million de gaullistes. Après avoir sympathisé avec les étudiants, les Français, inquiétés par la violence, aspirent à l'ordre. Dans la première quinzaine de juin, le travail reprend. Les élections législatives des 23 et 30 juin voient la déroute de la gauche et le triomphe des gaullistes : l'UDR (Union pour la Défense de la République) et les Républicains indépendants obtiennent près des trois quarts des sièges. Les Français ont voté contre l'anarchie plus que pour le Général. La crise a profité à Pompidou, dont l'autorité s'est affirmée.

Conscient du malaise, de Gaulle veut tirer les leçons de la crise. Jugeant Pompidou trop fort, il le remplace en juillet par un homme discret, Maurice Couve de Murville. Le nouveau gouvernement doit satisfaire le désir de « participation » des Français. La réforme universitaire, confiée à Edgar Faure (création d'universités autonomes gérées par l'ensemble des utilisateurs), est votée en septembre ; la réforme de l'administration territoriale (création de régions et transformation du Sénat en une représentation des milieux socioprofessionnels, privée de tout rôle politique) est soumise au référendum le 27 avril 1969. Mal compris de l'opinion, condamné par la gauche, les centristes et les Républicains indépendants (Valéry Giscard d'Estaing appelle à voter non), le projet est repoussé par 52,5 % des suffrages exprimés. Le pacte qui l'unissait aux Français étant rompu, de Gaulle démissionne le 28 avril et se retire à Colombey-les-deux-Églises. Ce départ volontaire fait taire les accusations de pouvoir personnel qu'on lui a souvent adressées. Sa mort le 9 novembre 1970 émeut le monde entier.

3. La Ve République sans de Gaulle : la présidence Pompidou (1969-1974)

▶ **En juin 1969, les Français élisent un gaulliste, Georges Pompidou.** Qu'allait devenir la Ve République une fois son fondateur parti ? Comme le veut la Constitution, Alain Poher, président du Sénat, assure l'intérim de la présidence de la République. Le candidat de la majorité (UDR et Républicains indépendants) est Georges Pompidou. Il affronte Alain Poher, soutenu par le centre non gaulliste et plusieurs candidats à gauche (la gauche est divisée depuis la crise de mai 1968) : Gaston Defferre pour la SFIO, Jacques Duclos pour le PCF, Michel Rocard pour le PSU. Aucun candidat de gauche n'accède au second tour (Gaston Defferre est devancé par Jacques Duclos, avec 5 % des voix contre 21,2 %). Le 15 juin 1969, Georges Pompidou bat Alain Poher avec 58,2 % des suffrages exprimés.

Georges Pompidou (1911-1974), fils d'instituteurs auvergnats, fait de brillantes études (normalien, agrégé de lettres, diplômé de l'Ecole libre des Sciences politiques) et devient professeur. À la Libération, il entre au cabinet du général de Gaulle. Maître des requêtes au Conseil d'État de 1946 à 1954, il dirige des sociétés du groupe Rothschild de 1954 à 1962. En avril 1962, de Gaulle en fait son Premier ministre alors qu'il est inconnu du public. Il reste à ce poste pendant six ans, un record. Placé en « réserve de la République » après Mai 68, dont il sort grandi, il est élu président de la République en juin 1969. Il s'efforce de sauvegarder l'héritage gaulliste tout en se voulant homme d'ouverture. Malade, il meurt avant d'avoir achevé son mandat en avril 1974.

Le président Pompidou est l'héritier du général. Il se veut d'abord le défenseur de l'héritage politique gaullien mais entend le faire évoluer. C'est « le changement dans la continuité ». Il nomme Premier ministre un « baron du gaullisme », Jacques Chaban-Delmas. Mais rapidement les deux hommes s'opposent : pour Pompidou le centre du pouvoir doit être à l'Élysée, pour Chaban-Delmas Matignon peut disposer d'une certaine autonomie. Lorsqu'en septembre 1969 le Premier ministre présente aux députés son projet de « Nouvelle Société », le président s'irrite d'avoir été mis au courant tardivement.

La « Nouvelle Société » de Chaban-Delmas (conseillé par Jacques Delors et Simon Nora) doit supprimer les blocages de la société française, révélés en Mai 68. Elle s'appuie sur une politique contractuelle (concertation entre les partenaires sociaux : État-syndicats-patronat), salariale (création du SMIC en 1970, calculé en fonction de l'indice de la production, et non plus comme le SMIG de l'indice des prix ; il doit redistribuer les fruits de la croissance ; mensualisation des salaires en 1972) et enfin professionnelle (droit à la formation professionnelle continue en 1971). Cette politique doit permettre au gaullisme de retrouver son soutien populaire d'avant 1968, qui commence à rejoindre les formations de gauche traditionnelles. Cette politique d'ouverture ne convient pas à Pompidou qui entend ancrer sa majorité à droite en absorbant l'électorat centriste non gaulliste.

Malgré un vote de confiance de l'Assemblée nationale en mai 1972, Pompidou remplace en juillet Jacques Chaban-Delmas par Pierre Messmer, plus docile. Il réaffirme ainsi la prééminence du Président sur le Parlement, seul le Président confère sa légitimité au gouvernement. En politique étrangère, Georges Pompidou continue l'œuvre gaullienne : la force atomique de dissuasion, l'équilibre entre les deux Grands (en octobre 1970, il se rend à Moscou, puis en septembre 1973 à Pékin), et la politique pro-arabe (vente d'avions à la Libye en 1970). Mais la politique européenne change. Dès 1969, Pompidou lève le veto français à l'entrée du Royaume-Uni dans la CEE, qui survient en janvier 1972 avec celle du Danemark et de l'Irlande. En avril 1972, pour renouer avec les pratiques gaulliennes, Pompidou soumet au référendum l'agrandissement européen. Le « oui » l'emporte par 68 % des voix mais seuls 53 % des Français se sont exprimés. C'est un piètre résultat pour le président. Comme de Gaulle, Pompidou voit dans la prospérité un pilier de la grandeur. Dans le VIe Plan (1971-1975), il prône « l'impératif industriel ». Le gouvernement encourage la concentration des entreprises (constitution de Péchiney-Ugine-Kuhlman, de Saint-Gobain - Pont-à-Mousson, de la SNIAS) et lance un grand programme de centrales nucléaires.

► **La vie politique se bipolarise au début des années soixante-dix.** Alors que, jusqu'à la fin des années soixante, la majorité présidentielle était confrontée à une double opposition : la gauche et le centre libéral et européen, ce dernier se scinde avant de se rallier aux deux pôles politiques.

La rénovation de la gauche française contribue à cette bipolarisation. Déjà aux élections présidentielles de 1965, le PCF, la SFIO, le PSU et les radicaux ont présenté un candidat unique, François Mitterrand. Aux législatives de 1967, des désistements pour le candidat de gauche le mieux placé sont conclus pour le second tour. Après la déroute de Mai 1968, toute la gauche aspire à un renouveau. En juillet 1969, au Congrès d'Issy-les-Moulineaux, la SFIO rénovée devient Parti socialiste. Guy Mollet, Premier secrétaire, laisse la place à Alain Savary. Au Congrès d'Epinay, en juin 1971, le PS est rejoint par la Convention des institutions républicaines de François Mitterrand et le CERES de Jean-Pierre Chevènement. François Mitterrand est élu Premier secrétaire et se prononce pour l'union de la gauche. Le nouveau secrétaire général du PCF, Georges Marchais, y est favorable. **Le 27 juin 1972 le Parti socialiste et le Parti communiste signent un Programme commun de gouvernement.** Il prévoit des nationalisations et une amélioration de la qualité de la vie. Les centristes se divisent. En octobre, le Mouvement des radicaux de gauche (MRG) derrière Robert Fabre adhère au Programme commun. L'union devient effective à gauche.

Aux élections législatives de mars 1973, la gauche unie (plusieurs candidats mais accord de désistement au second tour) et une coalition des forces de droite et de centre droit (en janvier l'Union des Républicains de Progrès rassemble les gaullistes et les Républicains indépendants) s'affrontent, malgré le défi du Mouvement réformateur. En effet le président Pompidou n'a pas réussi à rallier tout le centrisme. Les radicaux « de droite » derrière Jean-Jacques Servan-Schreiber s'unissent au Centre démocrate de Jean Lecanuet et forment en 1971 le « Mouvement réformateur » (la bipolarisation s'achèvera en 1974 quand les réformateurs intégreront la majorité de Valéry Giscard d'Estaing). Le résultat des législatives montre une remontée des partis de gauche : le PC reste stable mais le PS, à qui profite la dynamique du Programme commun, recueille 20,7 % des voix. Désormais les responsables de gauche peuvent raisonnablement envisager un succès proche. La majorité présidentielle, qui n'a pas eu la majorité absolue des suffrages exprimés (49 %, contre 45,5 % pour la gauche unie et 5,5 % pour le Centre réformateur) conserve cependant la majorité des sièges. Pierre Messmer reste à son poste.

À l'automne 1973, le climat économique et social se dégrade. Sous l'effet du choc pétrolier, l'inflation s'emballe (+ 11,5 % de février 1973 à février 1974), la croissance est freinée et la balance commerciale devient déficitaire. Les conflits sociaux se multiplient (affaire de l'entreprise horlogère Lip, manifestations régionalistes et antimilitaristes pour la défense du Larzac). En février 1974, il y a 450 000 chômeurs. Le président est malade, mais refuse d'abandonner ses fonctions. Il hésite sur la politique économique à suivre. Faute de majorité prévisible au Congrès (les trois cinquièmes des parlementaires), il renonce à sa réforme visant à réduire à cinq ans le mandat présidentiel. Cette fin de mandat difficile s'interrompt brutalement le 2 avril 1974 par le décès du Président. Il n'était pas facile de succéder à Charles de Gaulle, et pourtant Georges Pompidou a su éviter à la France « le chaos » annoncé par le général, mieux il a enraciné les institutions de la Ve République.

Après les temps troublés de Vichy et la Libération, la France tente l'expérience de deux régimes politiques. La IVe République exacerbe les principes de la démocratie représentative, mais meurt de n'avoir su trouver une politique ferme face au problème algérien. La Ve République instaure une prééminence présidentielle novatrice, taillée à la mesure de son fondateur. Elle a résisté à des crises majeures, mais l'élection présidentielle de 1974 devient un test : la république gaullienne peut-elle survivre à l'érosion du gaullisme ?

Approfondir

LECTURES

Il existe d'innombrables ouvrages sur la vie politique française depuis la Libération, voici quelques synthèses fort intéressantes :

- Jean-Jacques Becker, *Histoire politique de la France depuis 1945*, Paris, Colin, coll. « Cursus », 2000, 207 p.
- Serge Berstein et Pierre Milza, *Histoire de la France au XXe siècle,* t. 3 : *1945-1958* ; t. 4 : *1958-1974*, Bruxelles, Complexe, 1991-1995.
- Serge Berstein, Jean-Pierre Rioux, *La France de l'expansion*, t. 1 : *La République gaullienne (1958-1969)* ; t. 2 : *L'apogée Pompidou (1969-1974),* Paris, Seuil, coll. « Points-Histoire », 1989-1995.
- E. Duhamel et O. Forcade, *Histoire et vie politique en France depuis 1914,* Paris, Nathan, Université, 2000, 294 p. ; cet ouvrage restitue les jalons chronologiques de ces années de mutation et de modernisation du système politique français puis s'intéresse aux questions fondamentales de notre vie politique (institutions, forces politiques, mouvement social, les Français et la politique).
- Jean Lacouture, *De Gaulle,* t. 1 : *Le Rebelle (1890-1944)* ; t. 2 : *Le Politique (1944-1959)* ; t. 3 : *Le Souverain (1959-1970)*, Paris, Seuil, coll. « Points-Histoire », 1984-1986.
- R. Rémond, *1958, le retour de De Gaulle,* Bruxelles, Complexes, 1998, 190 p. (dont une trentraine de pages où figurent des textes essentiels de l'époque).
- Jean-Pierre Rioux, *La France de la Quatrième République,* t. 1 : *L'ardeur et la nécessité (1944-1952)* ; t. 2 : *L'expansion et l'impuissance (1952-1958)*, Paris, Seuil, coll. « Points-Histoire », 1980-1983.
- Michel Winock, *La fièvre hexagonale*, Paris, Seuil, coll. « Points-Histoire », 1995, 472 p. (Pour approfondir votre information sur les deux grandes crises politiques qui ont secoué la période, le 13 mai 1958 et mai 1968.)
- M. Winock, *La France politique, XIX-XXe,* Paris, Seuil, coll. « Points-Histoire », 1999, 553 p., analyse à la fin du volume le gaullisme et l'après-gaullisme.

THÈMES DE RÉFLEXION

- Doit-on forcément porter un jugement négatif sur la IVe République ?
- La France en mai 1958.
- De Gaulle président.
- « Tout le monde est, a été ou sera gaulliste » (Malraux).
- Les communistes dans la vie politique française depuis la Libération.
- Les problèmes constitutionnels de la France (1945-1995).
- La France et le monde (1945-1975).
- La France et l'Algérie de 1944 à 1962.

Référendum du 5 mai 1946
Votes « NON »

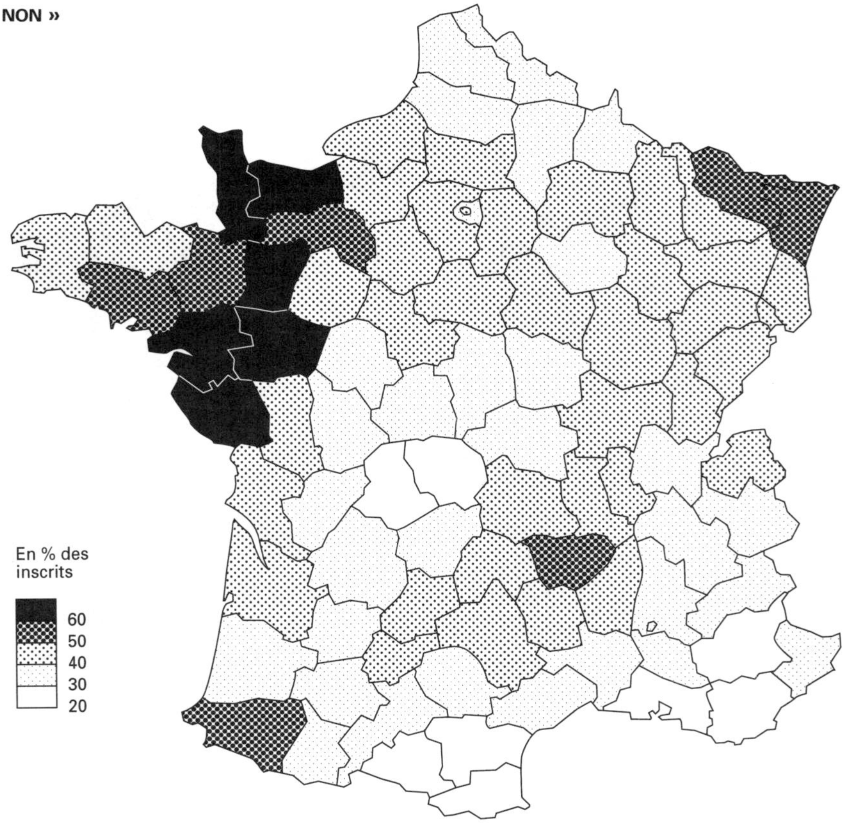

Les Français sont consultés pour savoir s'ils acceptent le projet de Constitution élaboré par les socialistes et les communistes, qui crée une Assemblée unique omnipotente. **Ce référendum est un critère de démarcation entre la gauche et la droite.** La gauche marxiste (PCF et SFIO) appelle à voter « oui », et la droite qui regroupe des radicaux, le MRP et les modérés appelle à voter « non ». Le non l'emporte par 53 % des suffrages exprimés.

La carte de votes « non » fait apparaître les bastions de la droite en 1946 :
— la France de l'Ouest (catholique et rurale) ;
— la France de l'Est (catholique et industrielle) ;
— le sud du Massif central (catholique et rural).

Ce sont les bastions de la IIIe République substantiellement élargis. Séparés les uns des autres avant 1939 par des départements qui votaient au centre gauche, ils sont désormais liés. Les bastions de l'Est et de l'Ouest sont reliés par la Champagne, la Brie et la vallée de la Loire ; les bastions de l'Est et du sud du Massif central par la Bourgogne, le Lyonnais et l'Auvergne ; les bastions de l'Ouest et du sud du Massif central par le Quercy et la Saintonge.

Les secteurs où « le non » est faible montrent les assises géographiques de la gauche :
— la France du Nord jusqu'à la région parisienne ;
— le Centre-Limousin (bordures nord et ouest du Massif central) ;
— le Midi méditerranéen qui rejoint le Midi aquitain (sauf les Basses-Pyrénées).

Toutes ces régions sont déchristianisées ou attachées à la laïcité. Le Parti communiste y est puissant, sauf dans le Sud-Ouest.

Référendum du 28 octobre 1962
Votes « OUI »

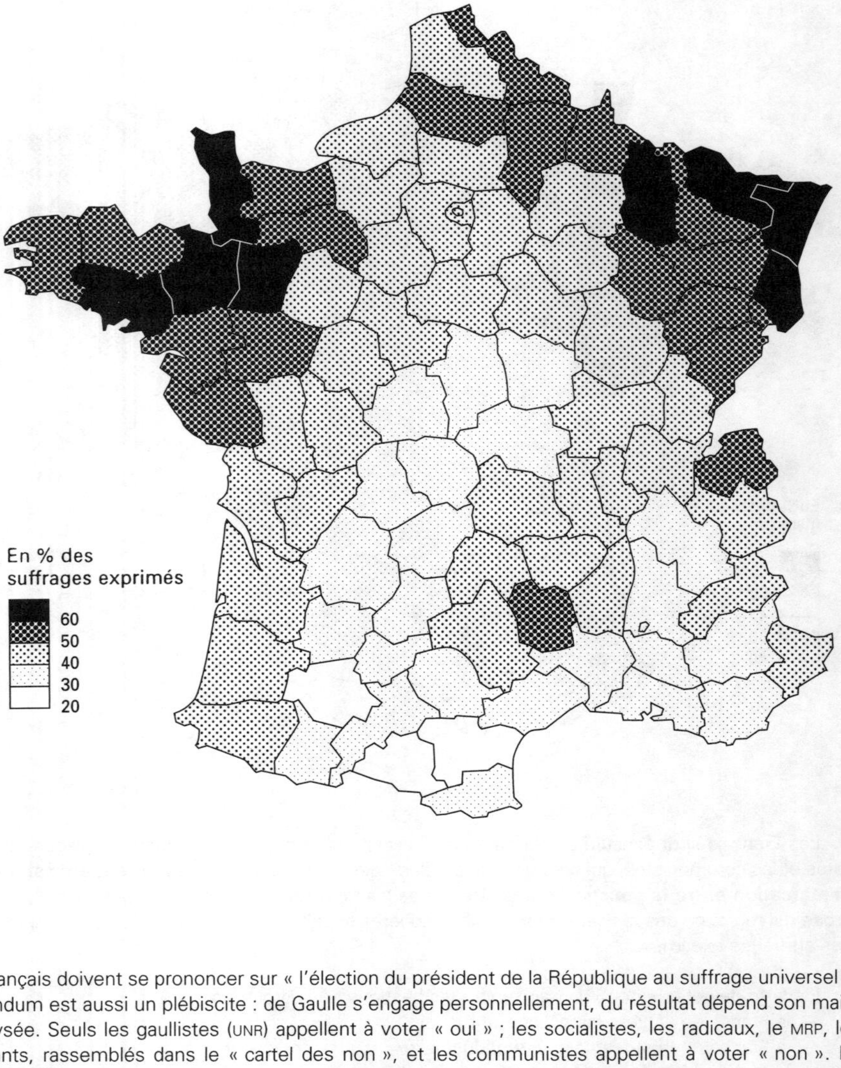

Les Français doivent se prononcer sur « l'élection du président de la République au suffrage universel ». Ce référendum est aussi un plébiscite : de Gaulle s'engage personnellement, du résultat dépend son maintien à l'Élysée. Seuls les gaullistes (UNR) appellent à voter « oui » ; les socialistes, les radicaux, le MRP, les indépendants, rassemblés dans le « cartel des non », et les communistes appellent à voter « non ». Le « oui » l'emporte par 62 % des suffrages exprimés. De Gaulle a pris des voix à l'électorat du « cartel des non » et du PCF. L'électorat gaulliste a un substrat populaire.

La carte des votes « oui » fait apparaître les assises géographiques du gaullisme :
— **on trouve d'abord les bastions traditionnels de la droite :** la France de l'Ouest, la France de l'Est et le sud du Massif central ;
— **mais le gaullisme s'implante dans des régions orientées à gauche :** la France du Nord.
Le gaullisme prend le relais de la droite mais s'ouvre sur la gauche.

La France méridionale est la plus réfractaire au gaullisme : ce sont les régions orientées à gauche en 1946 (et sous la IIIe République) et les plus attachées à la défense de la laïcité. Les rapatriés d'Algérie y ont renforcé l'opposition.

Élections législatives – 11 mars 1973
Union de la gauche

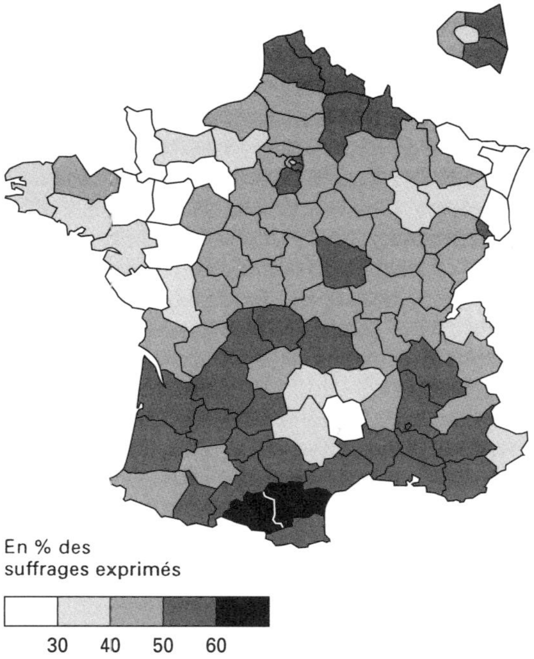

URP et divers majorité

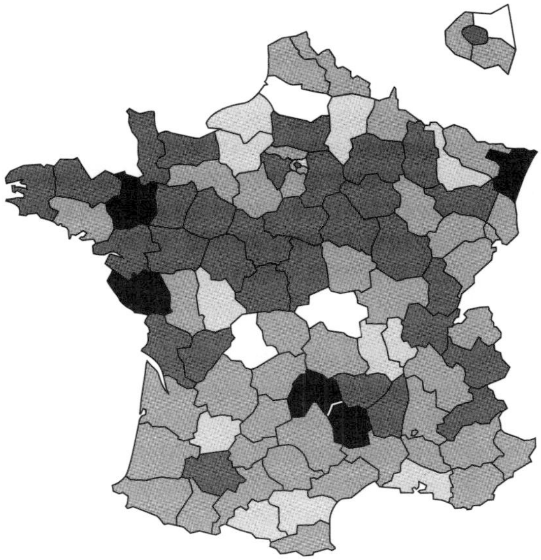

Les élections législatives de 1973 voient s'affronter deux coalitions : la gauche, unie depuis 1972 (PC, PS et MRG) et URP (UDR, Républicains indépendants, centristes). Seuls les Réformateurs de J.-J. Servan-Schreiber et J. Lecanuet font cavalier seul. Le 11 mars, l'URP l'emporte. Avec 49 % des suffrages exprimés, elle garde la majorité des sièges dans la nouvelle Assemblée. La gauche unie a recueilli 45,5 % des suffrages exprimés et les réformateurs 5,5 %.

La carte des suffrages obtenus par l'URP est plus proche des cartes traditionnelles de la droite (carte du « non » au référendum du 5 mai 1946) que de celles du gaullisme (carte du « oui » au référendum du 28 octobre 1962). La droite garde ses bastions : la France de l'Ouest et de l'Est et le sud du Massif central. Comme en 1946, les bastions de l'Est et de l'Ouest sont liés. La droite progresse en Charentes et dans les Alpes, mais la France du Nord, que de Gaulle avait arrachée à la gauche, retourne à son vote antérieur à 1958. La majorité qui se constitue autour de Pompidou est plus conservatrice que celle du général de Gaulle.

La carte des suffrages obtenus par l'union de la gauche rappelle celle du « oui » au référendum du 5 mai 1946. Les fiefs de la gauche restent la moitié sud du pays et les régions industrielles de la France du Nord, de la région parisienne et de Belfort. La gauche progresse dans le Sud-Ouest, sous l'influence du radicalisme.

Le scrutin de 1973 marque la fin d'une époque ouverte en 1958, où le gaullisme avait introduit un changement décisif mais temporaire dans les facteurs du vote des Français.

Élections législatives [illegible] mars 1978
Union de la gauche [illegible]

[illegible]

Le scrutin de 1978 marque [illegible]
[illegible]

15

S'adapter ou disparaître

LA FRANCE ET LES FRANÇAIS DANS LES TRENTE GLORIEUSES (1944-1974)

Connaître

1944	Droit de vote aux femmes
1944-1946	Nationalisations
1945	Création des comités d'entreprise et de la Sécurité sociale
1946	Présentation de la 4 CV Renault au Salon de l'Auto
1947-1952	Plan Monnet
1947-1948	Grandes grèves et scission de la CGT
1950	Création du SMIG et des HLM
1952	Gouvernement Pinay, stabilisation du franc
1953-1956	Mouvement poujadiste
1956	Trois semaines de congés payés
1958-1959	Plan Pinay-Rueff et création du « nouveau franc »
1959	Scolarité obligatoire jusqu'à 16 ans
1960-1962	Manifestations paysannes et lois d'orientation agricole
1963	Grève des mineurs ; création de la DATAR
1967	Création de l'ANPE ; loi Neuwirth autorisant la contraception
1968	Manifestations étudiantes et grèves ouvrières Accords de Grenelle (27 mai)
1969	Quatre semaines de congés payés « Nouvelle Société » de J. Chaban-Delmas
1970	Le SMIC remplace le SMIG
1972	Généralisation de la mensualisation

À la Libération, la France est ruinée et la reconstruction s'impose comme la tâche prioritaire. Du début des années cinquante jusqu'au choc pétrolier de 1973, la France reconstruite vit une croissance économique sans précédent, dénommée par l'économiste Jean Fourastié « les Trente Glorieuses ». « Cette grande aventure du développement » bouleverse la société française dans sa démographie et ses structures sociales. Les Français dont le niveau de vie triple, entrent dans l'ère de la consommation de masse.

I. La France des « Trente Glorieuses » : vers une économie moderne

La France et les Français entrent dans l'après-guerre avec un double objectif : mettre fin aux pénuries et accéder enfin à la société de consommation dont les films américains présentent les délices d'une part, rattraper le retard que la France a accumulé depuis la fin du XIXe siècle d'autre part. Un consensus se fait sur ces objectifs et sur les moyens d'y parvenir : la modernisation de l'agriculture ; l'industrialisation, c'est-à-dire la généralisation des méthodes fordistes que l'on va étudier aux États-Unis (le gouvernement américain organise des « missions de productivité » aux lendemains de la guerre) ; l'accroissement du rôle économique de l'État selon la logique keynésienne et la création des structures du *Welfare state* (État-providence). Les résultats sont spectaculaires : en quelques années la France redevient la cinquième puissance économique et réussit l'ouverture sur le monde tout en multipliant par trois le niveau de vie de la population.

1. 1944-1950, la France se reconstruit sous l'égide de l'État

▸ **En 1944-1945, la France est ruinée et dévastée.** Sans doute les pertes humaines sont moins lourdes que pour la Grande Guerre. Toutefois la guerre a fait 600 000 morts (militaires, déportés, bombardés, fusillés) auxquels s'ajoutent les pertes indirectes (déficit des naissances, surmortalité civile due aux privations, départs d'étrangers) évaluées à 850 000 personnes. Au recensement de 1946 la France compte 40,5 millions d'habitants soit un million de moins qu'en 1936, mais à la différence de l'entre-deux-guerres la fécondité a commencé à se redresser dès 1943, annonçant le *babyboom* des années suivantes.

Les pertes matérielles sont en revanche plus étendues qu'en 1919. Dans 74 départements le potentiel productif et les infrastructures sont endommagés ou détruits ; il y a plus d'un million de familles sans abri. La production industrielle ne représente que 40 % de celle de 1938 et la production agricole a régressé d'un tiers ; la ration de pain n'excède pas 350 g. Le manque de charbon, principale source d'énergie, et la paralysie des transports entraînent celle de l'économie tout entière : 80 % des infrastructures portuaires et ferroviaires sont détruites ; le matériel qui a survécu est vieilli et en mauvais état.

Le paiement des frais d'occupation et des réquisitions (1 100 milliards de francs) a ruiné les finances publiques : de 1939 à 1944 l'endettement public est multiplié par 3,7 et la masse de billets en circulation par 4,8. Décidées sous la pression des communistes, les hausses de salaires de la Libération aggravent le déséquilibre entre la production de biens de consommation et la demande. Les pénuries jointes à l'abondance monétaire favorisent le marché noir et engendrent une « inflation de pénurie » : en 1945, les prix de détail sont quatre fois plus élevés qu'en 1938. C'est la « spirale inflationniste ».

L'hyperinflation de la Libération inquiète le GPRF mais un désaccord politique apparaît. Pierre Mendès France (ministre de l'Économie) propose un échange des billets avec une retenue d'une partie des avoirs, accompagné d'un blocage des prix et des salaires afin de résorber le pouvoir d'achat excédentaire et de sanctionner ceux qui se sont livrés au marché noir. Le ministre des Finances, René Pleven, prône un emprunt, un échange de billets sans blocage et un impôt de solidarité sur les plus riches. Pour faciliter la réconciliation nationale, de Gaulle choisit en avril 1945 cette solution moins rigoureuse. Elle ne permet cependant pas d'assainir la situation financière. À la suite des dévaluations de novembre 1944 et décembre 1945, le franc perd 63 % de sa valeur par rapport à 1939.

► **Une volonté de changement anime la France de la Libération.** On ne se contente pas de relever les ruines comme dans les années vingt : dès mars 1944 le Programme du CNR (Conseil national de la Résistance) fait de la modernisation économique la tâche prioritaire de l'État. Il prône une « véritable démocratie économique et sociale », un « plan complet de Sécurité sociale », l'« éviction des grandes féodalités » et des « nationalisations ». Le patronat, discrédité par son faible engagement dans la Résistance voire sa collaboration avec l'ennemi, est rendu responsable du retard économique. Le GPRF crée l'économie mixte à la française, fondée sur les nationalisations et la planification.

Les nationalisations de la Libération font partie des grandes réformes de structure prévues par le « Programme du CNR ». Leur mise en œuvre s'échelonne de décembre 1944 à avril 1946. Elles répondent à trois objectifs : politiquement on veut sanctionner les industriels qui ont collaboré avec l'ennemi (Renault, Gnôme et Rhône, mines du Nord - Pas-de-Calais) ; sur le plan idéologique on entend transférer à la nation les services publics essentiels (Charbonnages de France, EDF, GDF, RATP, Air France, Compagnie générale transatlantique) ; enfin l'État se donne les moyens de mobiliser les ressources financières indispensables à la modernisation (Banque de France, Crédit lyonnais, Société générale, BNCI, CNEP et 34 compagnies d'assurances).

La planification est préparée en 1946 par Jean Monnet, nommé commissaire au Plan. Elle rompt avec les « plans » d'outillage ou de relance des années trente mais s'inspire du « planisme », du modèle soviétique et de l'expérience de la guerre. Le CNR voit dans la planification le moyen d'éviter le gaspillage des maigres ressources de la France et de réduire les disparités sociales et régionales. À l'opposé du système soviétique, la planification française est indicative (l'État définit les priorités), incitative (l'État aide les entreprises qui s'y soumettent) et concertée (les commissions du plan réunissent l'État, le patronat et les syndicats).

> **Le « Plan Monnet », promulgué en janvier 1947** est un « Plan de modernisation et d'équipement ». Il se propose de dépasser de 25 % le niveau de production de 1929 en quatre ans (1947-1950). Six secteurs de base sont prioritaires (électricité, charbon, acier, ciment, transports ferroviaires, matériel agricole) et reçoivent les deux tiers des investissements. Son financement est assuré par l'aide d'urgence négociée en 1946 puis par le plan Marshall qui fournit 2,6 milliards de dollars, ce qui explique sa prolongation jusqu'en 1952.

L'unité nationale retrouvée de 1944 à 1947 dans le cadre du tripartisme (entente gouvernementale entre les trois grands partis : PCF, SFIO et MRP) permet de tirer le meilleur parti de la mobilisation des Français qui se lancent dans « la grande bataille de la production » (Benoît Frachon, septembre 1944) autour du slogan « Retroussons nos manches ». Le PCF et la CGT appellent les travailleurs à une intensification de la production pour redresser l'économie nationale : « Produire, c'est aujourd'hui la forme la plus élevée du devoir de classe, du devoir des Français » (discours de Maurice Thorez à Waziers le 21 juillet 1945).

► **En 1950, l'économie française est reconstruite et stabilisée.** Les objectifs du plan ne sont pas totalement remplis. Néanmoins les productions agricoles essentielles (blé, vin, sucre) ont retrouvé leur niveau de 1938 ; la production d'énergie est comparable à celle de 1929 pour le charbon et supérieure en ce qui concerne l'électricité (barrage de Génissiat sur le Rhône, 1949) et le pétrole (aménagement de l'étang de Berre). La production industrielle dépasse de 28 % celle de 1938 ; certaines branches se portent bien (sidérurgie), d'autres sont à la traîne (textile, biens de consommation). Après le difficile hiver 1946-1947, le niveau de vie se redresse et les tickets de rationnement sont supprimés en 1949.

Il ne faut toutefois pas sous-estimer les limites du redressement français. Malgré la volonté de moderniser, on a paré au plus pressé et la reconstruction s'est faite sur les bases existantes, par conséquent la productivité reste faible, les petites entreprises majoritaires, la main-d'œuvre sous-équipée et peu qualifiée. L'inflation persiste, les tentatives de stabilisation de René Mayer et Maurice Petsche ne permettent qu'un bref répit. L'inflation, stimulée par la hausse des matières premières liée à la guerre de Corée, repart en 1950. Si on la compare, aux vaincus de la guerre, Allemagne et Japon, la France reste en retard : « le miracle français » est encore à venir.

2. 1950-1973, la France s'installe dans la croissance

► **La croissance française se fait en deux temps.** De 1950 à 1973, la France connaît la plus longue période de croissance économique de son histoire : 5,1 % par an en moyenne. Cette croissance est assez régulière, elle ne connaît ni crises, ni récessions marquées, elle n'est affectée que de simples ralentissements (1948-1949, 1952-1953, 1958-1959, 1965-1966). Elle s'accélère entre 1960 et 1973 : 5,5 % par an contre 4,6 % de 1950 à 1959. Les années soixante sont les plus prospères des Trente Glorieuses. Alors que dans les années cinquante, la France fait mieux que les pays anglo-saxons mais moins bien que les vaincus de la guerre, dans les années soixante, elle devance tous les grands pays industrialisés sauf le Japon. En 1974, l'économie française se classe au 5e rang mondial.

► **Comment expliquer une croissance aussi forte ?** Les Français ont largement contribué à la croissance par leur nombre, leur consommation et leur travail.

Grâce au ***babyboom***, la France gagne autant d'habitants lors des Trente Glorieuses que depuis le début du XIXe siècle (28 millions d'habitants en 1800, 40 en 1946 et 52 en 1973). Après un pic au lendemain de la guerre (supérieur à 20 ‰ entre 1946 et 1954), le taux de natalité se maintient à un haut niveau jusqu'en 1965 (plus de 18 ‰) puis fléchit. On compte plus de 800 000 naissances par an. La politique nataliste mise en place en 1938 pour lutter contre le malthusianisme démographique, poursuivie par Vichy et étendue à la Libération (allocations familiales, quotient familial pour le calcul de l'impôt sur le revenu) accompagne ce *babyboom* alors que la hausse du niveau de vie permet aux couples d'envisager un troisième enfant. L'effet du *babyboom* est prolongé par le recul de la mortalité (de 13,5 ‰ à 10,6 ‰ entre 1946 et 1975) et surtout de la mortalité infantile (de 63 ‰ à 14 ‰). Cette baisse reflète l'amélioration des conditions de vie (alimentation, hygiène), les progrès de la médecine et de la protection sociale (Sécurité sociale, vaccination obligatoire, médecine préventive dans les écoles et les entreprises...). La durée de vie s'allonge : 60 ans pour un homme et 65 ans pour une femme en 1946, 69 et 77 ans en 1976.

Par ailleurs l'immigration contribue à l'accroissement de la population. Tout d'abord limitée, elle s'intensifie à partir de 1955. Elle résulte de l'insuffisance de la population active jusqu'en 1968 : la reconstruction et la croissance nécessitent l'apport des travailleurs étrangers, recrutés par l'ONI (Office national de l'immigration), créé en 1945. Essentiellement européenne au début des années cinquante (Italiens, Polonais, Espagnols et Portugais), l'immigration devient africaine et maghrébine (Algériens) au cours des années soixante et soixante-dix. En 1975 les étrangers sont 3,5 millions.

La hausse de la natalité et la baisse de la mortalité renouvellent les structures de la population : les jeunes et les personnes âgées sont plus nombreux. Les enfants sont alors les rois (la télévision crée des émissions pour son jeune public : *Bonne nuit les petits*...). Les jeunes s'affirment comme groupe social autonome. Ils rejettent les valeurs traditionnelles et se créent leur propre culture vestimentaire (*jean*, mini-jupe) ou musicale (rock'n roll, chanson yéyé...) autour d'idoles comme les Beatles ou Johnny Halliday. Mai 68 est leur mouvement. En revanche les personnes âgées sont délaissées dans les années cinquante. Les retraites rognées par l'inflation ne leur assurent qu'un niveau de vie précaire. Malgré la généralisation de l'assurance vieillesse en 1946 et la création du Fonds national de solidarité en 1956, beaucoup doivent travailler après 65 ans. Leur sort ne s'améliore qu'au cours des années soixante. Progressivement se constitue le « troisième âge » pour lequel se multiplient les clubs, les universités du troisième âge et les voyages organisés.

La croissance démographique élargit ainsi le marché intérieur au moment où les revenus des Français augmentent grâce à la création de la Sécurité sociale en 1945 et du SMIG (Salaire minimum interprofessionnel garanti) en 1950. La consommation est ainsi un déterminant essentiel de la croissance. Le pouvoir d'achat des Français triple pendant les Trente Glorieuses. La forte hausse du niveau de vie et l'aspiration croissante au confort stimulent la consommation de masse que facilite la généralisation du crédit. Le bâtiment, l'électroménager (réfrigérateurs, machines à laver le linge) et la construction automobile sont les grands bénéficiaires de cette soif de consommer.

► **L'État et l'ouverture sur le monde aiguillonnent la croissance.** Imprégné du keynésianisme ambiant, l'État développe des moyens d'intervention traditionnels (budget, fiscalité, monnaie) ou nouveaux : contrôle des prix et des salaires (1945) ; politique du crédit et mobilisation des dépôts des Caisses d'épargne pour la construction des HLM ; développement des entreprises publiques. Grâce à la création en 1946 de l'Insee (Institut national de la statistique et des études économiques), la France met en place un système de comptabilité nationale. La planification est l'aspect le plus original de l'intervention de l'État. Les IIe et IIIe Plans (1954-1957 et 1958-1961) sont des plans de « modernisation et d'équipement ». Les IVe, Ve et VIe Plans (1962-1965, 1966-1970 et 1971-1975) sont des plans de « développement économique et social » privilégiant les équipements collectifs, la politique régionale et l'industrialisation dans la perspective de l'ouverture sur la communauté européenne. Enfin l'État accentue son effort dans le domaine de la recherche grâce à la création du CEA (Commissariat à l'énergie atomique, 1945), de l'INRA (Institut national de la recherche agronomique, 1946), du CNES (Centre national des études spatiales, 1961).

Durant toutes les Trente Glorieuses l'État conduit une politique volontariste d'investissement : bien qu'elle recule de 50 % de l'investissement entre 1945 et 1950 à 25 % à la fin de la période sa part reste prépondérante puisqu'elle soutient et oriente l'investissement privé. Au total, l'investissement public et privé passe de 17 % du PIB en 1952 à 24 % en 1974 ; la France devance alors la RFA. En accroissant les capacités de production et la productivité du travail, l'investissement nourrit naturellement la croissance et favorise l'élévation de la productivité par la substitution du capital au travail. Le « miracle » économique français est ainsi le fruit d'un effort collectif sans précédent soutenu individuellement par les Français qui épargnent et travaillent beaucoup : la durée hebdomadaire du travail oscille entre quarante-quatre et quarante-six heures jusqu'au milieu des années soixante.

L'ouverture est le levier fondamental de la nouvelle croissance. Jusqu'en 1959, l'économie française reste protectionniste, l'Empire colonial demeure son premier partenaire commercial. Le choix de l'ouverture, imposé dans un premier temps par les États-Unis (adhésion à l'OECE et au GATT), résulte de la décolonisation et s'inscrit dans la construction européenne. En vertu du traité de Rome (25 mars 1957), les contingentements sont supprimés, les tarifs douaniers sont abaissés en janvier 1959 puis démantelés en juillet 1968. En 1973 la France est devenue le troisième exportateur mondial et l'Europe des neuf est son principal partenaire commercial. Pour faire face à la concurrence extérieure, les entreprises françaises se sont modernisées.

▸ **La croissance française présente cependant des faiblesses.** L'inflation, phénomène structurel auquel se superposent des flambées aux causes diverses, rythme la politique conjoncturelle.

En 1950-1952, l'inflation résulte de la hausse des matières premières lors de la guerre de Corée mais aussi des salaires (création du SMIG en 1950). Pour la stopper, Antoine Pinay mène une politique libérale : blocage des prix, compression des dépenses publiques, emprunt à 3,5 % garanti sur l'or et exonéré de droits de succession. En 1953 les prix baissent, le franc est consolidé mais la consommation et l'activité ralentissent. Néanmoins, la croissance reprend dans la stabilité jusqu'en 1957.

En 1956-1958, une nouvelle poussée inflationniste est due à la guerre d'Algérie (dépenses d'armement, hausse du pétrole après la crise de Suez, raréfaction de la main-d'œuvre en raison de la mobilisation du contingent) et à la politique sociale du gouvernement Guy Mollet (augmentation des salaires, institution de la 3e semaine de congés payés). Si les mesures prises par Félix Gaillard en 1958 sont insuffisantes, le plan Pinay-Rueff (1958-1959) assainit la situation. Il comprime les dépenses et éponge les liquidités excédentaires par un nouvel emprunt indexé sur l'or et une hausse des impôts. Il met fin à l'indexation des salaires sur les prix, libère les échanges et dévalue le franc de 17,5 %. L'inflation est stoppée, l'équilibre budgétaire rétabli et le franc stabilisé. La création du « nouveau franc » en 1959 (un nouveau franc contre 100 anciens francs) symbolise la volonté d'une monnaie forte (la parité de 5 F contre 1 $ est symboliquement la même que celle de 1913).

L'inflation demeure cependant le mal chronique de l'économie française : en 1962-1963 une nouvelle poussée provient d'une forte demande de logements, de biens d'équipement et de consommation par les rapatriés d'Algérie ; de 1968 à 1973 une autre s'explique par l'arrêt de la production pendant la crise de mai 1968, la hausse des salaires consécutive aux accords de Grenelle et la crise du Système monétaire international. Des plans de « refroidissement » (1963, 1969, 1974) se succèdent, qui freinent l'inflation mais cassent le rythme de la croissance.

Les conséquences de l'inflation sont multiples. Elle gêne les exportations et stimule les importations : la balance commerciale de la France entre 1945 et 1965 est régulièrement déficitaire (le pétrole importé se substitue au charbon national). Pour restaurer la compétitivité extérieure, les gouvernements dévaluent le franc à de nombreuses reprises. En revanche l'inflation favorise l'investissement en allégeant les dettes. L'État dans les années cinquante ainsi que les entreprises et les ménages dans les années soixante, en profitent largement : la modernisation s'est faite à un moindre coût. En contrepartie l'inflation handicape les détenteurs de revenus fixes, les retraités et surtout les salariés car les hausses des prix ont été plus rapides que celles des salaires jusqu'en 1968. L'inflation a stimulé l'expansion économique française mais a accentué les tensions sociales comme le montre les grèves de 1963 et surtout la crise de 1968.

3. La croissance donne un nouveau visage à l'économie française

► **La seconde révolution agricole transforme les campagnes.** Entre 1946 et 1974, la production agricole double malgré une légère diminution de la superficie cultivée et une forte baisse des actifs agricoles. En 1946 l'agriculture ne couvre pas les besoins alimentaires de la population ; en 1974, exportatrice nette, elle est devenue le « pétrole vert » de la France. Ces performances s'expliquent par des gains de productivité (+ 6 % par an) supérieurs à ceux de l'industrie. Jusqu'en 1950 l'agriculture française reste archaïque : rendements médiocres, faible mécanisation, peu d'engrais, morcellement des exploitations, main-d'œuvre nombreuse. Ensuite, le remembrement réduit le morcellement foncier, la motorisation se développe ainsi que la consommation d'engrais et d'insecticides. Les petits exploitants, qui ne peuvent pas s'adapter, quittent leur terre. Dans les années soixante la transformation s'accélère sous l'action de l'État et de syndicats agricoles modernistes comme le Centre national des jeunes agriculteurs (CNJA). Le tournant est pris en 1960 et 1962 avec les lois Debré et Pisani qui instituent l'Indemnité viagère de départ (IVD) permettant le départ en retraite des paysans âgés. Le soutien des prix, les prêts à faibles taux du Crédit agricole et des coopératives financent la modernisation. La Politique agricole commune (1962) offre aux agriculteurs français des débouchés larges et protégés dans la Communauté et leur assure un revenu équitable en soutenant les prix, du moins jusqu'aux désordres monétaires des années soixante-dix.

En 1975, le bilan est remarquable : les rendements ont progressé (16 q/ha à 29 q/ha de 1946 à 1966 pour le blé) grâce à la diffusion des progrès techniques ; la taille moyenne des exploitations a augmenté (21 ha contre 14 en 1955) mais près de 70 % des agriculteurs disposent encore de moins de 20 ha. En contrepartie l'exode agricole s'intensifie, le président de la FNSEA, Michel Debatisse évoque alors « une France sans paysan ». Parallèlement le poids économique du secteur agricole décline, de 17 % du PIB en 1946 à 5 % en 1974. La moindre consommation des ménages en produits agricoles conjuguée à la hausse de la production provoque une surproduction et une baisse des prix agricoles.

► **La croissance est tirée par l'essor industriel.** Repliée sur son marché intérieur, l'industrie reste jusqu'à la fin des années cinquante le fait de petites unités de production. La mise en œuvre du traité de Rome la contraint à se moderniser pour affronter la concurrence internationale. Le rôle de l'État est déterminant au début de la Ve République. De Gaulle et surtout Georges Pompidou font de la politique industrielle un impératif absolu. Les Ve et VIe Plans privilégient les industries de biens d'équipement afin de rééquilibrer les exportations françaises trop spécialisées dans les produits à faible valeur ajoutée. Dans le but d'accélérer la modernisation et de préparer l'ouverture sur l'Europe, l'État modernise le secteur public (pétrole, charbonnages, aéronautique), soutient les industries de pointe (Plan Calcul, 1966 et programme spatial, 1969) et encourage la concentration afin de créer au moins un groupe qui sera le « champion national » sur le marché européen et mondial. Les fusions se multiplient : Thomson-Brandt (1966), SNIAS-Aérospatiale (1970), Péchiney-Ugine-Kuhlmann (1971), BSN-Gervais-Danone (1973). Le dynamisme des grands groupes financiers privés (Rothschild, Suez ou Paribas) qui tissent de véritables réseaux d'influence dans l'industrie française soutient cette politique. Cette collaboration entre l'État et les grandes entreprises caractérise le capitalisme français de l'époque. En revanche les PME sont oubliées.

Après trente années de restructuration, la part de l'industrie dans le PIB s'est accrue (28,3 % en 1973 contre 20 % en 1950) mais le nombre des actifs industriels stagne en raison des gains de productivité. Toutefois des faiblesses demeurent : le nombre des PME a diminué mais les entreprises de stature internationale sont encore rares (Renault, première entreprise française, n'est qu'au 22e rang mondial). Seules quelques branches d'activités s'imposent au niveau international : automobile (Renault et Peugeot-Citröen), verre (Saint-Gobain), agro-alimentaire (BSN) ou aluminium (PUK). La pénétration étrangère en France s'intensifie, essentiellement européenne (Philips, Hœchst, Nestlé...) mais aussi américaine (IBM, Esso...).

► **Le triomphe du tertiaire reflète l'élévation du niveau de vie et les mutations de l'économie.** Comme pour tous les pays riches, c'est le secteur qui connaît la plus forte croissance. En même temps qu'il se développe, le tertiaire se diversifie. Réformées par les lois Debré en 1966-1969, les banques développent leurs réseaux de guichet et accompagnent à la fois la croissance économique et l'élévation du niveau de vie. Le secteur des transports est renouvelé par la modernisation des infrastructures (voies ferrées, routes et autoroutes, aéroports, RER lancé en 1971) et plus encore par l'essor fulgurant du transport routier (65 % des foyers possèdent une automobile en 1975). Que se soit dans le secteur privé ou public, le poids des administrations s'accroît considérablement du fait des progrès de la médecine, de l'éducation, des loisirs... L'essor du tertiaire n'a pas que des aspects positifs : le commerce est la branche qui paie le plus lourd tribut à la modernisation.

Le commerce de détail doit s'adapter aux changements de la consommation. Dans les régions rurales sa clientèle disparaît, les modes de vie changent condamnant certains métiers (chapeliers, tailleurs et couturières...), l'urbanisation et la civilisation de l'automobile pénalisent les commerces des petites rues d'accès difficile, surtout le petit commerce ne résiste pas à la concurrence des grandes surfaces. En 1960, Marcel Fournier, ouvre le premier magasin Carrefour à Annecy, ensuite les ouvertures de grandes surfaces se multiplient et leur taille augmente : entre 1960 et 1975, on passe de 50 à 2 842 supermarchés, et de 0 à 298 hypermarchés (plus de 2 500 m²). Après deux décennies de protestations (voir poujadisme), le petit commerce obtient partiellement satisfaction avec le vote de la loi Royer (1973) qui encadre le développement des grandes surfaces.

En 1945, la France offrait encore l'image d'une économie traditionnelle, rurale, repliée, plutôt malthusienne. Trente ans après, elle s'est intégrée dans le concert des nations modernes, dans le peloton de tête des pays industrialisés. À partir des années cinquante et surtout soixante, la forte croissance économique a des retombées sociales.

II. La France des « Trente Glorieuses » : vers une société urbaine et industrielle

1. Les mutations de la société reflètent la croissance

► **Les citadins sont de plus en plus nombreux.** En 1945 la France reste un pays rural même si depuis 1931 les citadins sont majoritaires. C'est au cours des Trente Glorieuses que la croissance urbaine devient spectaculaire : le taux d'urbanisation passe de 53 % en 1946 à 73 % en 1975. De 1946 à 1975 l'exode rural amène 5 millions de ruraux (beaucoup de jeunes et de femmes) dans les villes. La croissance se fait surtout au profit des agglomérations de plus de 200 000 habitants : en 1975, elles abritent un Français sur deux et l'agglomération parisienne un sur six. Pour lutter contre l'excessive concentration parisienne, la Datar (Délégation à l'aménagement du territoire et à l'action régionale), créée en 1963, favorise la décentralisation par des incitations fiscales et en 1965, le SDAU (schéma directeur d'aménagement et d'urbanisme) crée 5 villes nouvelles autour de la capitale.

L'urbanisation rapide façonne la politique du logement. Le contrôle des loyers de 1914 à 1950 et les destructions de la guerre ont engendré une pénurie de logements et une lente dégradation des immeubles. Dans les années cinquante Paris est entouré de bidonvilles ; en 1954, l'abbé Pierre lance une campagne pour le logement des sans-abri dont le retentissement contraint le gouvernement à agir. Depuis 1950, l'État finance la construction des HLM ; en 1953 il impose aux entreprises de participer à l'effort de construction (le 1 % patronal). Anarchique et spontanée au départ, l'urbanisation est de plus en plus contrôlée. La politique du « zonage » permet de maîtriser la spéculation foncière : à partir de 1958, les ZUP situées à la périphérie des villes, puis en 1967 les ZAC dans les espaces à réhabiliter se multiplient.

> **Les années soixante sont les « années béton ».** Les grands ensembles se multiplient à la périphérie des agglomérations : ils offrent plusieurs milliers de logements, confortables (clairs, chauffés, avec sanitaires) mais sonores et tous semblables. Sarcelles avec ses tours et ses barres, mais aussi le Haut-du-Lièvre à Nancy, les Quatre Mille à la Courneuve ou le Val-Fourré à Mantes sont les principales réalisations. Un mal nouveau apparaît, la « sarcellite » : dépourvus d'activités culturelles et économiques, ces grands ensembles deviennent des cités-dortoirs sans âme et leurs habitants sont contraints à d'importants mouvements pendulaires pour rejoindre leur travail. Pour tenter d'y remédier, les villes nouvelles doivent accueillir les activités et les services nécessaires à leur population et à celle des environs. Les centres villes sont rénovés dans les années soixante. Des logements confortables aux loyers libres, des bureaux, des espaces commerciaux ou culturels succèdent à des logements vétustes, à des entrepôts ou des usines (à Paris : quartiers des Halles et d'Italie, front de Seine). Peu à peu les centres villes perdent leurs habitants et se transforment en quartiers d'affaires.

► **Les données de l'emploi évoluent.** Alors que la population totale connaît un accroissement rapide, la population active stagne jusqu'en 1962 (19 millions d'actifs). Cela tient à l'arrivée sur le marché du travail des classes creuses de l'entre-deux-guerres et à l'augmentation du nombre des inactifs (allongement de la scolarité à 16 ans en 1959). L'arrivée des classes du *babyboom*, l'essor du travail des femmes et le recours aux travailleurs étrangers expliquent l'accroissement des actifs à partir de 1962 (22,2 millions en 1975). Sans être alarmant le chômage n'est pas négligeable : 200 000 jusqu'aux années soixante mais déjà 400 000 en 1968 et 600 000 en 1974, cela traduit une certaine inadaptation de la main-d'œuvre aux emplois proposés. La modernisation de l'économie française réduit le nombre de travailleurs indépendants dans l'agriculture, l'industrie et le commerce ; en revanche les salariés sont plus nombreux. Le salarié n'est plus seulement un ouvrier mais de plus en plus un employé et un cadre voire un chef d'entreprise. Le salariat n'est plus synonyme d'aliénation (le salarié vend sa force de travail) ou d'insécurité (soumis aux aléas économiques) mais de protection (les lois sociales sont d'abord destinées aux salariés : Sécurité sociale, allocation chômage, retraite) et de sécurité (SMIG qui devient le SMIC en 1970, mensualisation généralisée en 1972). La répartition sectorielle de la population active reflète les mutations économiques. Le secteur primaire ne compte plus que 9,5 % des actifs en 1975 contre 36,5 % en 1946. Le secteur secondaire progresse modestement (29,2 % des actifs en 1946 et 39,2 % en 1975) en raison de l'amélioration de la productivité. Le secteur tertiaire s'envole : 34,3 % des actifs en 1946 et 51,3 % en 1975.

2. Les Trente Glorieuses bouleversent les structures socioprofessionnelles

► **La paysannerie devient un groupe social minoritaire.** En 1975, les paysans ne sont plus que 2 millions, contre plus de 7 millions en 1946. En 1967, le sociologue Henri Mendras diagnostique cette transformation du monde rural dans son livre, justement intitulé *La fin des paysans*. La mécanisation fait disparaître les salariés agricoles. Leur travail pénible, dangereux et mal payé revient désormais aux immigrés (Nord-Africains et Portugais). Les « gros » agriculteurs (100 000 en 1975, exploitations supérieures à 50 ha) pratiquent une agriculture capitaliste : élevage industriel, grande céréaliculture, grands vignobles. Ils se sont modernisés sans trop s'endetter. Ils forment une couche sociale proche de la bourgeoisie. Les petits et moyens agriculteurs vivent intensément le malaise paysan. Certains ont transformé leur exploitation au prix d'un lourd endettement et d'une intégration croissante dans le circuit agro-alimentaire. D'autres restent en marge du progrès : exploitations réduites, exploitants âgés, zones de montagnes. Tous ont besoin de prix agricoles élevés. Ils sont très sensibles à leur condition matérielle et sociale inférieure. D'où les manifestations violentes de 1953, 1956, 1960 et 1961 (barrages routiers, prise d'assaut de la sous-préfecture de Morlaix). Dans les années soixante la PAC permet une amélioration du niveau de vie des agriculteurs mais il reste inférieur à la moyenne nationale. Toutefois les maisons paysannes sont devenues confortables, avec téléviseur, machine à laver, et même congélateur. L'agriculteur possède une voiture, peut partir en vacances et voit ses enfants accéder au lycée. Cependant, l'agriculture nécessitant de lourds investissements, les exploitants sont marginalisés dans la société des Trente Glorieuses qui fait une large place à la consommation.

Les disparités du monde agricole transparaissent dans sa représentation syndicale. La FNSEA (Fédération nationale des syndicats d'exploitants agricoles, 1946) exprime les intérêts des gros agriculteurs. Elle a pourtant un quasi monopole de la représentation paysanne. Héritier du syndicalisme moderniste de la JAC (Jeunesse agricole catholique), le Centre national des jeunes agriculteurs (CNJA) prône dès 1954 la modification des structures d'exploitation et l'agriculture de groupe. Intégré à la FNSEA en 1956, il la transforme et en fournit les principaux dirigeants (Michel Debatisse, François Guillaume).

► **Le petit patronat traditionnel subit la modernisation de l'économie.** Il ne constitue plus que 8,7 % de la population active en 1975 contre 12 % en 1954 : une autre assise de la France traditionnelle (celle de la IIIe République) disparaît. Désormais les petits industriels, les commerçants et les artisans doivent affronter la concurrence de firmes modernes de production et de distribution. Ce groupe fragile qui craint la prolétarisation suscite des mouvements de protestation comme le poujadisme (1953-1956) ou le CID-UNATI de Gérard Nicoud (1970-1971). Ils symbolisent la défense des travailleurs indépendants, des « petits », des anciennes classes moyennes, marginalisées par la modernité économique et vaincues par les nouvelles classes moyennes salariées.

► **Le monde ouvrier vit son apogée numérique puis son éclatement.** Il constitue le groupe socio-professionnel le plus nombreux des Trente Glorieuses : 6,5 millions en 1954, ils sont 8,5 millions en 1975 (maximum historique). La généralisation du système fordiste conduit à la hiérarchisation du monde ouvrier : les manœuvres (ouvriers non qualifiés) et les ouvriers spécialisés (OS) qui occupent un poste interchangeable sur les chaînes de fabrication, les ouvriers qualifiés (formation CAP ou plus) et les contremaîtres (agents de maîtrise). En 1975, 56 % des ouvriers sont manœuvres ou OS. Les ouvriers sont la classe la plus représentative des années cinquante. Numériquement l'industrialisation accroît son poids dans la société, sociologiquement elle achève de sortir du ghetto dans lequel le XIXe siècle l'avait confiné. Fort du prestige de la Résistance et de celui de l'URSS, le Parti communiste qui la représente, est le premier parti de France jusqu'en 1958. Puissante, elle conquiert de nouveaux droits : le SMIG en 1950 et une troisième semaine de congés payés en 1956.

Le syndicalisme français vit son apogée à la Libération : deux salariés sur trois sont alors syndiqués. La CGT (5 millions d'adhérents) et la CFTC (1 million) participent à l'effort de la reconstruction. Avec les contrecoups de la guerre froide, la Confédération générale des cadres (CGC) est créée en 1946, la minorité réformiste de la CGT crée la CGT-FO en 1947 et refusant cette scission, la FEN prend son autonomie. La scission de 1947 diminue l'audience syndicale. En 1964 la CFTC opte pour la laïcisation de la centrale qui devient CFDT (Confédération française démocratique du travail), mais une minorité maintient la CFTC. La CGT et la CFDT sont alors des syndicats révolutionnaires qui prônent la lutte des classes et veulent rompre avec le capitalisme. FO (qui attire les blouses blanches) et la CFTC sont des syndicats réformistes, favorables à la politique contractuelle. Au nom de l'indépendance syndicale, la CFDT et FO condamnent les liens entre la CGT et le PCF. Toutefois les grandes centrales syndicales se retrouvent autour de la défense des droits syndicaux, du relèvement du pouvoir d'achat et de la défense de l'emploi. La croissance et la situation de l'emploi favorable permettent à ce syndicalisme revendicatif de marquer des points (grève des mineurs, 1963 ; mai 68 qui permet d'obtenir une augmentation des bas salaires et le droit syndical dans l'entreprise). Cependant dès 1968 les divisions commencent à miner le mouvement syndical et annoncent sa crise. En 1975, 25 % de la population salariée est syndiquée (2 millions d'adhérents à la CGT, 950 000 à la CFDT et 800 000 à FO).

Les bastions ouvriers restent ceux de l'entre-deux-guerres : le Nord et le Pas-de-Calais, la Lorraine, la banlieue parisienne, la région lyonnaise, les grands ports et quelques pôles isolés comme Montluçon ou Sochaux. La classe ouvrière s'enracine : on devient ouvrier de père en fils, parfois dans la même entreprise. Les luttes communes (1936, 1947-1948) renforcent la cohésion et sont un élément de la culture ouvrière, dans les mines notamment. Si le cadre de vie des ouvriers s'améliore progressivement avec l'accès aux biens de consommation et au confort, les conditions de travail restent pénibles et tendent à se dégrader avec l'essor du travail posté et du travail à la chaîne : tâches sans intérêt et déqualifiantes, cadences élevées, hiérarchie pesante, salaires rognés par l'inflation et encore destinés pour 60 % aux dépenses alimentaires.

Les années soixante voient l'éclatement progressif du monde ouvrier. Ses figures traditionnelles (le mineur, le métallo, l'ouvrière du textile) doivent désormais composer avec les techniciens des secteurs de pointe. Niant la culture marxiste des organisations ouvrières, ces derniers aspirent plus à s'intégrer qu'à renverser la société bourgeoise pour profiter pleinement de la société de consommation. Les bastions ouvriers sont menacés : l'industrie française se délocalise, vers l'Ouest notamment, alors que les bassins miniers du Nord et de la Loire sont reconvertis. L'essentiel des emplois créés sont des emplois d'OS, occupés par une main-d'œuvre sans tradition militante : ruraux, jeunes femmes, travailleurs immigrés (en 1974 un tiers de la main-d'œuvre de l'industrie automobile est étrangère). Ils ont souvent le sentiment de ne pas recevoir le juste fruit de leurs efforts. Si l'action syndicale est le fait d'une minorité, leur mécontentement se manifeste collectivement dans des grèves (grèves des mineurs en 1963) mais le plus souvent de manière individuelle par une « fuite » devant le travail (absentéisme, manque d'attention, instabilité dans l'emploi). Le patronat y répond par des primes et par un renforcement de la discipline. Ce « malaise de l'OS » face au « travail en miettes » est un des facteurs de la crise ouvrière de mai 68.

► **Les employés progressent avec la tertiarisation de l'économie.** Comme les ouvriers, ils exercent des tâches d'exécution mais dans le tertiaire. Ils sont 2 millions en 1954 puis 3,8 millions en 1975. On les trouve aussi bien dans le public que le privé, dans les grandes entreprises que dans les petites. Ces emplois sont souvent occupés par des femmes (dactylos, caissières). La croissance de ce groupe s'explique par le développement de l'administration, des banques, de la grande distribution, de la santé et du tourisme. Beaucoup d'employés effectuent un travail répétitif et mal payé qui rappelle le sort des OS. Les organisations syndicales sont inégalement représentées dans cet univers : fortes dans la fonction publique (PTT, Sécurité sociale) et dans les grands établissements bancaires, l'implantation est beaucoup plus ténue, voire inexistante dans la distribution en raison du morcellement des entreprises, de la féminisation et de la rotation souvent rapide du personnel.

► **Les Trente Glorieuses sont l'âge d'or de la classe moyenne.** Cette dernière est difficile à appréhender. Elle se compose de travailleurs indépendants (petit patronat et professions libérales) et de salariés (cadres). Les professions libérales comportent les professions médicales (en forte croissance depuis 1945), juridiques, artistiques et de conseil. La classe moyenne est hétérogène : revenus et comportements politiques différencient ses membres, seuls la culture et le genre de vie les rapprochent. La plupart ont fait des études secondaires, un nombre croissant des études supérieures. Tous consacrent une part importante de leur budget aux loisirs, aux voyages et aux activités culturelles.

Les cadres forment un groupe dont l'importance est nouvelle dans la société. Les cadres « supérieurs » (ingénieurs, professeurs du secondaire et du supérieur, cadres administratifs) ou « moyens » (techniciens, instituteurs, infirmiers...), tirent leur position sociale non de la possession de moyens de production mais du savoir reçu au cours des études ou de l'expérience professionnelle. L'émergence des cadres résulte de la multiplication des fonctions de conception, d'étude, de direction contemporaines de la société de consommation. Ils étaient 8 % de la population active en 1954, ils sont 18 % en 1975.

► **La classe dirigeante est également en voie de renouvellement.** Comme autrefois, elle rassemble les détenteurs du pouvoir économique (grandes entreprises industrielles, commerciales et financières ; propriétés foncières ; certaines professions libérales : notaires, agents de change, avocats d'affaires...), administratif (haute fonction publique, encadrement supérieur de l'armée), politique (élus) et culturel (écrivains, artistes, universitaires). Cela représente environ 100 000 personnes en 1975.

Le profil des dirigeants d'entreprises est renouvelé par la concentration industrielle et financière. Longtemps les entreprises françaises ont été dirigées par les possesseurs du capital. Ce patronat familial dispose depuis 1946 d'une organisation puissante le CNPF (Conseil national du patronat français), qui défend des positions conservatrices dans les années cinquante : hostilité aux interventions de l'État, à la construction européenne, défense du pouvoir patronal. À partir des années soixante les « grandes dynasties industrielles » (de Wendel, Michelin, Beghin, Peugeot) doivent composer avec un patronat nouveau de « managers », comme Roger Martin à Saint-Gobain, Ambroise Roux à la CGE ou Antoine Riboux chez BSN. Ils ne possèdent pas le capital de l'entreprise mais doivent leur poste de président à leur compétence garantie par les diplômes et l'expérience. Leur influence s'affirme au sein du CNPF désormais plus représentatif du patronat moderne et acquis à la croissance. En 1965 et en 1972, deux des leurs accèdent à la présidence : Pierre Huvelin et François Ceyrac.

La Ve République, la « République des fonctionnaires » (Pierre Birnbaum), accroît l'importance du personnel politique et de la haute administration. Comme les managers des grandes entreprises, avec lesquels ils gardent des liens étroits, ces dirigeants sortent des grandes écoles (Polytechnique, ENS, ENA, HEC, Sciences-Po). Beaucoup débutent dans l'administration puis « pantouflent » dans une entreprise industrielle ou financière. La carrière de Georges Pompidou est exemplaire de ce point de vue.

Ainsi dans les années soixante le pouvoir de la classe dirigeante n'est plus seulement fondé sur la naissance ou la fortune, mais la plupart des nouveaux dirigeants sont néanmoins issus de milieux aisés.

3. Les Trente Glorieuses bouleversent la vie quotidienne des Français

► **Les Français sont mieux protégés.** La conjoncture de la Libération avec la volonté d'appliquer le programme du CNR est favorable à l'adoption de réformes sociales qui contribuent à construire ce que l'on a appelé l'État-providence.

La Sécurité sociale est instituée par les ordonnances d'octobre 1945. Elle protège tous les salariés contre les risques sociaux (maladie, vieillesse, invalidité, accidents du travail) et distribue des allocations familiales proportionnelles au nombre d'enfants. Son financement est assuré par les cotisations des employés et des employeurs (qui supportent entièrement la charge des Allocations familiales et des accidents du travail). Malgré les lenteurs de sa généralisation (agriculteurs en 1960, professions médicales en 1962, artisans et commerçants en 1967) et la modicité des retraites jusqu'aux années soixante (le minimum vieillesse, versé par le Fonds national de solidarité, n'est créé qu'en 1956), la portée de la Sécurité sociale est considérable. En organisant un véritable transfert des revenus, la misère totale a disparu, le niveau sanitaire de la population et son pouvoir d'achat ont augmenté.

La durée du travail est progressivement réduite. Les congés payés passent à trois semaines en 1956 puis à quatre semaines en 1969. La semaine de quarante heures redevient légale en 1946 mais la durée normale de travail reste de quarante-cinq heures jusqu'au milieu des années soixante, les heures effectuées au-delà des quarante heures sont payées en heures supplémentaires. Les ouvriers les acceptent volontiers car elles leur donnent un plus large accès à la consommation. En 1959 est mis en place un système d'assurance chômage (Assedic) puis en 1967, l'Agence nationale pour l'emploi (ANPE). En 1971, la loi impose une obligation de formation professionnelle pour tous les salariés. Dans les grandes entreprises les œuvres sociales se développent également.

Les comités d'entreprise sont institués par les ordonnances de février 1945 et mai 1946. Ils sont imposés dans les établissements de plus de 50 salariés, ils associent les salariés représentés par 5 à 8 délégués élus à la gestion de leur entreprise. Leur fonction est technique (accroître la productivité, exercer un contrôle financier), mais surtout sociale (améliorer les conditions de travail, gérer les œuvres sociales de l'entreprise). Toutefois le chef d'entreprise ne voit pas son autorité contestée, il reste libre de retenir ou rejeter les avis du comité.

► **Les Français sont mieux scolarisés.** Le boom scolaire accompagne le *baby-boom* et l'essor de la classe moyenne qui considère les études comme le principal moyen d'ascension sociale. Jusqu'en 1945 seul l'enseignement primaire qui débouche sur le certificat d'études est ouvert au plus grand nombre. L'enseignement préscolaire est quasi inexistant, les enseignements secondaire et supérieur sont réservés aux enfants des classes supérieures. Dans les années cinquante et soixante, l'urbanisation galopante et l'accroissement du nombre de mères au travail expliquent le développement des classes maternelles. La mixité est introduite dans le primaire et l'obligation scolaire est étendue jusqu'à 16 ans en 1959. Le plus grand changement est la démocratisation de l'enseignement secondaire (il accueille 1 million d'élèves en 1950 et 5 millions en 1972). Le CES (Collège d'enseignement secondaire) doit être l'instrument de la massification du système éducatif français (réforme Fouchet en 1963, réforme Haby en 1975) avec pour objectif une égalisation des chances. Cela entraîne tout un ensemble de difficultés : locaux insuffisants ou vétustes, effectifs et formation des maîtres, pédagogie, débouchés. Les problèmes de l'éducation sont au cœur de deux crises graves.

> **La question scolaire** resurgit au début des années cinquante. Depuis la loi Falloux (1850) deux écoles coexistent dans le système scolaire français : l'école publique, laïque et gratuite fille des lois de Jules Ferry, et l'école privée, essentiellement confessionnelle. La laïcité divise toujours les Français : pour la gauche dont c'est un critère d'appartenance, l'État ne doit pas subventionner l'école privée ; la droite invoque l'égalité de traitement. En 1951 la loi Barangé accorde une aide financière aux familles du privé comme du public ; en 1959 la loi Debré crée les « classes privées sous contrat d'association » dont les enseignants sont rémunérés par l'État.

L'enseignement supérieur doit s'adapter au triplement du nombre de bacheliers : 128 000 étudiants en 1950, 500 000 en 1968. L'enseignement jugé « mandarinal » et dogmatique, la médiocrité des locaux et des bourses, le problème des débouchés insuffisants pour de nombreuses formations sont à l'arrière plan de la révolte étudiante de 1968 : elle traduit le malaise d'étudiants issus désormais des classes moyennes. La loi d'orientation présentée par Edgar Faure à l'automne 1968 permet de satisfaire les demandes les plus pressantes (réforme du premier cycle universitaire, multiplication des Travaux dirigés, construction de nouvelles universités).

► **Les modes de consommation des Français se modifient.** De la fin de la guerre au choc pétrolier de 1973, le niveau de vie des Français triple : « Le réfrigérateur, l'automobile et la machine à laver ont pris dans le budget ouvrier la place du pain quotidien » (Jean Fourastié, *Les Trente Glorieuses*).

Les Français entrent dans la « civilisation des loisirs ». L'automobile incarne l'entrée dans l'ère des loisirs, la 4 CV Renault (1946) ou la 2 CV Citroën (1948) en sont les symboles. Grâce à elle, chaque été, les Français sont de plus en plus nombreux à partir en vacances, surtout à la mer ou chez des parents. Les vacances d'hiver restent un luxe réservé aux classes moyennes. Les Trente Glorieuses diffusent le mieux-vivre mais n'effacent pas les inégalités sociales. Si les années cinquante sont celles de la radio (Europe 1 est créé en 1955), les années soixante sont celles de la télévision (en 1958, 9 % des foyers possèdent un téléviseur, ils sont 86 % en 1975). La création du journal télévisé (1949), de magazines d'information *(Cinq colonnes à la une)*,

L'évolution du budget ouvrier durant les Trente Glorieuses

	1949 (en %)	1974 (en %)
Alimentation	44	26
Habillement	16	9
Maison	12	22
Santé,, hygiène	6	14
Transport	6	1
Culture,, loisir	6	9
Divers	10	9

De 1949 à 1974 la part de l'alimentation et de l'habillement a baissé ce qui reflète la hausse globale du pouvoir d'achat. Les progrès sont aussi qualitatifs : en 1975, 90 % des dépenses alimentaires concernent les « calories nobles » (viande, lait, fruits) au détriment du pain et des féculents. Trois postes progressent rapidement :

– **la santé** (conséquence positive de la création sociale) ;

– **la maison** (47 % des Français sont propriétaires en 1975, 91 % ont un réfrigérateur et 72 % un lave-linge ; le retard sanitaire est en passe d'être comblé (en 1973, 60 % ont une baignoire ou une douche) ;

– **les loisirs** auxquels on peut ajouter les **transports,** en 1973, 70 % des ménages et 66 % des CS possèdent une automobile qui assure les déplacements de travail mais constitue surtout un moyen d'évasion (62 % des Français partent en vacances en 1973).

d'émission à vocation culturelle *(Au théâtre ce soir, Les Dossiers de l'écran)* facilite l'accès à une « culture de masse ». L'imprimé connaît également une plus large diffusion. Les collections de poche (*Livre de poche* créé en 1953) démocratisent l'accès à la lecture tandis que les périodiques (*Paris-Match* en 1949, *L'Express* en 1953, *Le Nouvel Observateur* en 1964) et les magazines spécialisés sont d'autres vecteurs de l'uniformisation culturelle.

4. Malgré l'élévation du niveau de vie les inégalités sociales persistent

► **Le revenu moyen s'accroît mais la société française reste duale.** Selon J. Fourastié, le revenu national réel (à pouvoir d'achat constant) par tête est multiplié par 2,5 de 1949 à 1974. Dans le revenu des ménages, la part des salaires et des prestations sociales va croissant, celle des revenus de l'entreprise individuelle décline. Cependant la prospérité n'est pas également partagée.

L'éventail des salaires s'est ouvert de 1950 à 1967 puis s'est resserré après 1968 (accords de Grenelle, SMIC). Les disparités salariales dépendent de la qualification, du secteur (salaire inférieur dans le public), de la localisation (inférieur en province) et du sexe (inférieur pour les femmes). En 1973 près de 5 millions de personnes vivent dans la pauvreté (personnes âgées, chômeurs, travailleurs immigrés, salariés agricoles).

La fortune reste inégalement répartie : en 1970, 5 % des Français possèdent 45 % du patrimoine national. Ces gros patrimoines sont constitués d'immeubles, de terres, d'actions et d'œuvres d'art. Ils sont le plus souvent hérités et reposent sur l'industrie (familles Peugeot, Dassault) ou sur de très grandes exploitations foncières (Bassin parisien). En revanche près d'un Français sur deux est propriétaire de son logement en 1975.

► **La condition féminine s'améliore mais l'inégalité entre les sexes perdure.** En 1945, la femme conserve un statut subordonné : elle ne dispose pas de son salaire, elle n'a pas la responsabilité juridique de ses enfants, elle a un moindre niveau d'instruction. Dès 1949, Simone de Beauvoir dénonce l'aliénation de la femme dans *Le Deuxième sexe*, mais les mouvements féministes ont peu de succès avant 1968. Le Mouvement de libération des femmes (MLF, 1970) ou l'association « Choisir » de Gisèle Halimi (1971) font de l'égalité économique et juridique et de l'abrogation de la loi de 1920 sur l'avortement, leurs chevaux de bataille. Malgré leur poids électoral, les progrès sont lents : en 1965 les femmes peuvent travailler sans l'accord du mari et disposer de leur salaire ; en 1967, la loi Neuwirth autorise la contraception ; en 1970 la notion d'autorité parentale se substitue à celle d'autorité paternelle ; en 1975 est votée la loi Veil autorisant l'interruption volontaire de grossesse. Des disparités demeurent cependant : si après 1968 les jeunes filles sont plus nombreuses que les jeunes garçons à obtenir leur bac, elles s'orientent vers des formations aux débouchés incertains (littérature, psychologie) et restent minoritaires dans les grandes écoles. Au travail, elles occupent surtout des postes d'exécution et à travail identique, leurs salaires sont inférieurs d'un tiers aux salaires masculins.

► **La société française des années soixante semble bloquée.** La croissance a détruit les vieilles solidarités rurales ou ouvrières et ne propose rien d'autre qu'un modèle de consommation qui uniformise vies et cadres de vie et fait que « la France s'ennuie » (selon la formule de Pierre Viansson-Ponté à la veille de l'explosion de 1968). Parallèlement les résistances aux changements restent fortes. La famille, l'État, l'Église, le patronat encadrent toujours la société et imposent leurs valeurs morales. La jeunesse supporte mal ces décalages et son désir de liberté condamne les tutelles anciennes. Ce malaise peut se résoudre dans une explosion comme celle de mai 68 ou dans l'émergence de mouvements contestataires qui à travers la recherche d'une nouvelle convivialité tendent à se marginaliser. Hippies ou écologistes, chantres du retour à la terre ou du droit à « vivre au pays », les faiseurs d'utopie contestent tout autant les valeurs mises à mal par les Trente Glorieuses que celles nées de la croissance. Néanmoins, la France dispose de nouveaux atouts pour affronter les turbulences économiques qui s'annoncent dès le début des années soixante-dix.

Approfondir

LECTURES

Ces ouvrages d'accès commode permettent d'aller plus loin :

- Serge Berstein, Jean-Pierre Rioux, *La France de l'expansion,* t. 1 : *La République gaullienne (1958-1969)* ; t. 2 : *L'apogée Pompidou (1969-1974)*, Paris, Seuil, coll. « Points-Histoire », 1989-1995.
- Dominique Borne, *Histoire de la société française depuis 1945*, Paris, Colin, coll. « Cursus », 2000, 187 p.
- Jean-François Eck, *Histoire de l'économie française depuis 1945*, Paris, Colin, coll. « Cursus », 1994, 191 p.
- Jean-Pierre Rioux, *La France de la IVe République,* t. 1 : *L'ardeur et la nécessité (1944-1952)* : t. 2 : *L'expansion et l'impuissance (1952-1958)*, Paris, Seuil, coll. « Points-Histoire », 1980-1983.

Pour aller encore plus loin sur la société française :

- G. Duby, *Histoire de la France urbaine,* t. 5 : *La ville aujourd'hui,* Paris, Seuil, « Points-Histoire », 1988, 316 p.
- A. Moulin, *Les paysans dans la société française. De la Révolution à nos jours,* Paris, Seuil, coll. « Points-Histoire », 1988, 316 p.
- G. Noiriel, *Les ouvriers dans la société française, XIXe-XXe siècles*, Paris, Seuil, coll. « Points-Histoire », 1986, 317 p.

THÈMES DE RÉFLEXION

- Ouvriers et paysans dans les Trente Glorieuses.
- Les Français et le monde depuis 1945.
- La France et les Français à la Libération.
- Le rôle de l'État dans l'économie française de 1945 à 1958.
- Les intellectuels dans la société française depuis 1945.
- Les femmes françaises au temps des Trente Glorieuses.
- Le monde rural en France face à la modernité depuis 1945.

Utiliser

Changements et résistances aux changements en France de 1936 à 1981

PRÉSENTATION

Le pluriel indique immédiatement que l'on attend une étude de ce qui a changé de 1936 à 1981. Dans quelle mesure et pourquoi ces changements ont-ils suscité des résistances et lesquelles ? Les dates proposées tirent le sujet vers la politique et l'opposition entre la droite et la gauche, identifiées l'une à l'ordre et au conservatisme, l'autre au changement. Comme tous les clichés celui-ci doit être mis en doute.

Attendu ou redouté le « changement » conçu comme une rupture ou un renouveau rapide est généralement identifié en France à l'arrivée de la gauche au pouvoir : 1936, 1945, 1981 sont effectivement des moments clefs. Sans être totalement erroné ce cliché est doublement insatisfaisant : d'une part il est simpliste d'opposer droite conservatrice et gauche progressiste, d'autre part cette simplification suppose que les changements n'interviennent que de manière discontinue et brutale voire traumatisante, ce qui est manifestement inexact. Les interactions complexes entre l'économie, la société, la vie politique font que les différents changements se superposent selon leurs rythmes propres, cependant la libération et les débuts de la crise mondiale constituent des charnières majeures.

I. Dans un monde qui évolue sous la pression de la crise et des nouvelles idéologies, la France paraît immobile et impuissante

1. De la France du « petit » à la nostalgie de la « Belle époque »

► **L'idée du déclin** s'impose dans les esprits par la comparaison d'un présent terne et d'un passé magnifié.

► **Les structures figées** de la France du « petit » (petit propriétaire, petit artisan, petit patron...) ont amorti la crise des années Trente mais paralysé le redémarrage : les retards s'accumulent (industries, agriculture, armements...).

► **Devant l'impuissance de la classe politique,** l'opinion se divise en deux blocs eux-mêmes trop éclatés pour s'imposer durablement (échec du Front populaire, gouvernement des modérés de Daladier). En marge de la vie politique se créent des groupes de réflexion (mouvement « planiste », groupe X-Crise de Raoul Dautry) qui réfléchissent à une autre manière de conduire le pays.

2. La demande de changement existe mais elle prend des formes antagonistes

► **Du Front populaire au programme du CNR,** les réformes de structures doivent permettre au pays d'aller de l'avant en faisant l'économie d'une révolution (« réforme ou révolution », Léon Blum).

▸ **La Révolution nationale** part des mêmes prémisses mais veut mettre les formes modernes de l'étatisme au service de la contre-révolution (Travail-Famille-Patrie opposé à Liberté-Égalité-Fraternité, mais recours à des techniciens et à des planificateurs). À droite comme à gauche, des forces nouvelles s'expriment et commencent à agir : la France sort de son immobilisme.

II. Le changement s'accélère durant les « Trente Glorieuses »

1. Le grand renouvellement des structures fait voler en éclat les réflexes malthusiens et marginalise les résistances

▸ **La Libération peut apparaître comme un *New Deal* français** que rend possible l'effacement pendant quelques années des forces conservatrices.

▸ **La croissance accélère la marginalisation et le déclin de la France du « petit »,** celle-ci livre ses derniers combats avec P. Poujade ou G. Nicoud, mais elle doit « s'adapter ou disparaître ».

▸ **La décolonisation,** changement majeur, est mal vécue, mais comme la mondialisation de l'économie, elle dépasse le cadre français : le pays doit « s'adapter ou disparaître ».

2. Mentalités, société, politique, les blocages sont brisés au prix de secousses parfois violentes

▸ **Dans le domaine de la société et des mentalités les conflits se multiplient** à mesure que s'élève le niveau de vie (conflit ville-campagne, conflit des générations en 1968 : refus des autorités traditionnelles ; opposition entre les « cols bleus » et les « cols blancs » : la crise de l'OS et Mai 68).

▸ **Le monde politique suit avec difficulté ces évolutions.** La vie politique de la IVe République est le symbole d'un certain archaïsme (exception mendésiste). Sous la Ve République l'opinion discerne le conservatisme derrière la logomachie du changement et retire sa confiance au dirigeant (évolution de l'image de De Gaulle dans l'opinion, le changement dans la continuité de Pompidou, les réformes de Giscard d'Estaing).

▸ **Le psychodrame de Mai 68 marque le début d'une inflexion :** les inégalités les plus criantes ont été comblées, des processus d'ajustement sont en cours (loi d'orientation sur les universités, dialogue social...). Le message de campagne de Georges Pompidou (« le changement dans la continuité ») manifeste déjà les craintes des années soixante-dix.

III. Avec la crise économique, le changement retrouve une connotation partiellement négative

1. La France prend conscience de sa dépendance extérieure : les changements imposés sont brutaux

► **L'étude du vocabulaire du changement** montre que l'on passe de la thématique du progrès humain à celle de la guerre économique. Les mots d'ordre sont redéployer, restructurer, moderniser, mais aussi licencier.

► **Le changement s'identifie à l'incertitude, à la précarité.** Le changement implique la remise en cause des modèles hérités du passé (keynésianisme, productivisme).

2. Les Français s'efforcent de résister collectivement et individuellement aux changements économiques

► **La courbe de la consommation** montre que les Français s'efforcent de vivre comme si de rien était, le mode de vie nie la crise mais encourage l'inflation.

► **La défense des avantages acquis** s'accompagne de vagues récurrentes de conflits sociaux longs et échappant fréquemment au contrôle des confédérations syndicales (au début de la période : Lip, les banques, les PTT ; 1987-1988 : la SNCF et les PTT ; décembre 1995 : SNCF et ensemble de la fonction publique).

► **La dynamique de Mai 68 s'essouffle** mais suscite l'union de la gauche et permet l'alternance de 1981. L'aspiration au changement reste un thème porteur dans l'opinion, mais il recouvre des attitudes très différentes : pour un petit nombre le changement attendu prend des allures révolutionnaires, pour d'autres il s'agit une fois de plus d'adapter le pays aux réalités, pour beaucoup c'est l'espoir d'un retour à la « Belle Époque » de la croissance. L'aspiration au changement peut enfin être la manifestation d'une simple lassitude face à ce qui existe.

Conclusion

Changements et résistances aux changements sont les deux visages d'un même processus d'adaptation de la France et des Français aux mutations contemporaines. Ce n'est ni nouveau ni spécifique mais ce phénomène a pris une acuité nouvelle en raison de la mondialisation des problèmes depuis 1945 : les débats des années quatre-vingt sur l'identité nationale et la place de l'individu dans la société en témoignent.

16

Crises et alternances

LA FRANCE DEPUIS 1973

Connaître

1974	Élection de V. Giscard d'Estaing (19 mai). J. Chirac Premier ministre
1975	Loi Veil sur l'IVG
1976	R. Barre Premier ministre (août) Plan d'austérité Création du RPR (décembre)
1977	Rupture de l'Union de la gauche Bataille pour la mairie de Paris entre J. Chirac et M. d'Ornano
1978	1 million de chômeurs Création de l'UDF (février) Échec de la gauche aux législatives (mars)
1979	Premières élections européennes
1981	F. Mitterrand président (10 mai). P. Mauroy Premier ministre
1982	Lois sur les nationalisations (janvier) et la décentralisation (mars) Lois Auroux sur les relations sociales dans les entreprises Abolition de la peine de mort
1983	2 millions de chômeurs (mars)
1984	Manifestation pour l'école privée (juin) Laurent Fabius Premier ministre (juillet)
1985	Affaire du *Rainbow Warrior* Signature de l'Acte unique
1986	Début de la cohabitation. Jacques Chirac Premier ministre Le FN obtient 9,9 % des voix Manifestations étudiantes (décembre)
1987	Privatisations Procès Barbie Krach boursier (octobre)
1988	F. Mitterrand réélu (8 mai). M. Rocard Premier ministre Accord sur la Nouvelle-Calédonie (juin)
1989	Affaire du foulard islamique (octobre-novembre) Loi sur le financement des partis
1991	Guerre du Golfe (janvier). É. Cresson Premier ministre
1992	Émeutes dans les banlieues. P. Bérégovoy Premier ministre (avril) Référendum sur Maastricht (20 septembre)
1993	Seconde cohabitation. É. Balladur Premier ministre
1995	J. Chirac président (7 mai). A. Juppé Premier ministre Trois semaines de grève du secteur public (décembre)
1997	Dissolution de l'Assemblée. L. Jospin Premier ministre
2002	Réélection de J. Chirac face J.-M. Le Pen. J.-P. Raffarin Premier ministre

Avec une stabilité politique retrouvée et un dynamisme économique exceptionnel, la France semble aborder les années soixante-dix dans de bonnes conditions. Pourtant Jacques Chaban-Delmas se plaint de la morosité ambiante : les Français ne se sont pas encore remis du choc psychologique de mai 1968. La crise énergétique de 1973 remet en cause les certitudes et ouvre le temps des mutations économiques et des adaptations de la société.

Les vingt-cinq années qui séparent le premier choc pétrolier de l'intégration dans l'UEM sont placées sous le signe du changement : d'abord souhaité, il s'impose ensuite à mesure que le pays prend conscience des contraintes extérieures qui pèsent sur lui.

I. Vingt ans de crises ?

Étymologiquement le mot crise désigne une rupture, or l'économie française ne connaît pas de rupture nette : octobre 1973 correspond davantage à une étape symbolique qu'à un renversement de la conjoncture. En un certain sens on peut dire que la France entre dans « la crise » à reculons : la croissance fléchit moins vite qu'ailleurs, le chômage augmente plus lentement que dans l'OCDE ; les Français continuent de consommer comme par le passé. Il faut attendre l'échec de la politique de relance de P. Mauroy dans l'été 1982 pour que l'on prenne conscience des réalités : pays très extraverti la France ne peut plus se permettre d'avoir une politique à contre-courant. Après quinze ans de rigueur et de restructurations elle a réintégré le peloton des grandes économies mondiales mais c'est au prix de 10 millions de pauvres dont 3 millions de chômeurs. Pourtant l'on parle encore de crise en 2002 : de nombreux indicateurs économiques traduisent un réel dynamisme économique mais la France ne parvient pas à réduire un taux de chômage qui dépasse 10 % depuis près d'une décennie.

1. En 1973, les Français découvrent la contrainte extérieure

► **Le premier choc pétrolier d'octobre 1973 fait prendre conscience de la dépendance française.** Durant les Trente Glorieuses, la croissance et la modernisation de l'économie française ont eu pour corollaire une ouverture croissante sur l'Europe et sur le monde. Insensiblement la France est devenue dépendante de l'extérieur. En 1973 elle importe 73 % de sa consommation d'énergie primaire ; le franc subit les contrecoups de la spéculation sur le dollar et le mark ; le poids des exportations dans son PIB est passé de 12,8 à 15 % avant d'atteindre 20,7 % en 1979. « Un Français sur cinq travaille pour l'exportation », rappelle-t-on alors.

Cette dépendance multiforme la rend particulièrement sensible au quadruplement du prix du pétrole entre octobre et décembre 1973. En année pleine l'augmentation de la « facture énergétique » représente 1,5 % du PIB et induit 2 % d'inflation supplémentaire. La France et les Français découvrent la « contrainte extérieure » dans leur vie quotidienne : hausse du carburant, réduction de la température dans les locaux administratifs, etc.

Ce choc amplifie les déséquilibres antérieurs. Depuis 1968 la croissance annuelle forte (5 % en moyenne) s'accompagne d'un taux d'inflation du même ordre et d'un déséquilibre croissant de la balance commerciale : les entreprises achètent plus d'une machine sur deux à l'extérieur alors que les ménages s'équipent de matériel japonais ou de voitures allemandes. Cependant les conséquences de ce premier coup de semonce sont rapidement oubliées. Alors que les partenaires de la France connaissent une sévère récession en 1974-1975, la croissance française est seulement freinée avant de connaître une forte reprise (4 % en 1976) qui fait illusion car en réalité la situation est malsaine. L'inflation est nettement plus forte qu'ailleurs (10,5 % en moyenne entre 1973 et 1979 contre 4,8 % en RFA et 8,5 % aux États-Unis). En conséquence les prix à l'exportation flambent (+ 50 % entre 1974 et 1978) alors que les importations sont stimulées par la demande en expansion. Dès 1974, la balance commerciale et la balance des paiements deviennent déficitaires ce qui contraint la France à emprunter. Ne pouvant répercuter la totalité de la hausse des coûts de production, les entreprises voient leurs profits stagner avec pour conséquences un freinage très brutal de l'investissement et des compressions d'effectifs : le seuil de 1 million de chômeurs est franchi en 1978.

► **Le second choc pétrolier met fin aux illusions.** Le doublement du prix du brut à la suite de la révolution iranienne de 1979 se conjugue à la hausse du dollar qui culmine à 10,65 F en février 1985. L'inflation bondit à 14 % et se maintient au-dessus de 10 % jusqu'en 1983 alors que le Japon ou la RFA ont des taux inférieurs à 5 %. Ce « différentiel d'inflation » explique que les produits français déjà chers avant la crise, se vendent de plus en plus mal. Afin de rétablir tant bien que mal l'équilibre on recourt aux grands contrats d'armements financés par des crédits consentis par la France à ses clients. C'est insuffisant : la part de la France dans les exportations mondiales fléchit (de 7 % à 5,8 % entre 1971 et 1983), au contraire la pénétration du marché français par les produits étrangers augmente (10,7 % en 1963, 32 % en 1987). L'industrie française prend du retard dans l'électronique, l'informatique, les biotechnologies au moment où les États-Unis et le Japon accumulent les percées.

2. La crise met en cause les piliers de la croissance

Au-delà des évolutions conjoncturelles la crise remet en cause les piliers de la croissance des Trente Glorieuses : le mode de production fordiste, l'État-providence et la croissance quantitative de la demande. En outre, la compétition internationale impose de coûteuses adaptations à l'industrie comme à l'agriculture et aux services. Dans ce processus les repères sociaux se sont trouvés bouleversés : on a critiqué le rôle de l'État et des syndicats, le management des entreprises fluctue au gré des modes importées d'Amérique ou du Japon. La société a changé, mais ce changement est de plus en plus perçu comme une régression sociale.

▸ **La crise remet brutalement en cause l'industrialisme des années soixante.** Au début des années soixante-dix, les résultats du puissant effort d'industrialisation et de modernisation entrepris sous de Gaulle et Pompidou sont spectaculaires mais ce « miracle français » dissimule paradoxalement des faiblesses structurelles graves. Dans tous les domaines la croissance a été stimulée par une augmentation quantitative de la demande, or celle-ci se tasse dès 1971 et change de nature. Les consommateurs se révèlent de plus en plus sensibles à la qualité et à l'originalité du produit, associées à des prix compétitifs ; les efforts de commercialisation et le service après-vente cessent d'être des atouts pour devenir une nécessité tant sur le marché intérieur qu'à l'exportation. Les entreprises françaises ne sont pas vraiment prêtes à cela.

La crise du fordisme met fin aux certitudes techniques des Trente Glorieuses. Depuis la fin de la Seconde Guerre mondiale, la modernisation a consisté à acclimater le *taylorisme* et accroître la taille des établissements par la concentration technique et financière, il en est résulté de véritables monstres industriels juxtaposant des unités (établissements, ateliers, machines) des unités ultramodernes et des unités obsolètes ce qui rend les matériels incompatibles et augmente d'autant le coût de la restructuration. Dans l'ensemble l'organisation des usines est irrationnelle (il y a six étages à Billancourt entre lesquels serpentent les chaînes), la logistique est fragile (la grève de 150 conducteurs de chariots élévateurs paralyse l'usine Renault du Mans en 1974). Surtout ces chaînes ne sont guère capables que de produire de grandes quantités de produits standards et de qualité moyenne alors que le marché souhaite de petites séries « personnalisées » et une « qualité totale », à la japonaise. Pour y parvenir il faut des ouvriers responsables et polyvalents donc formés et rémunérés en conséquence.

Le taylorisme atteint également ses limites humaines. L'accroissement des cadences et la parcellisation des tâches sont achevés. Le travail à la chaîne (7 % des salariés) et le travail posté en trois équipes travaillant huit heures (35 % des salariés de l'industrie) sont contestés ; la lourdeur des hiérarchies entraîne une dégradation de l'ambiance de travail, les conflits deviennent plus violents et plus longs, les sociologues décrivent le « malaise de l'os » et la « crise d'identité de l'encadrement » pris entre les salariés de plus en plus revendicatifs et une direction de plus en plus lointaine, technocratique et fermée à la promotion interne.

Cette « dépression » met en péril les fondements économiques du système : la croissance des gains de productivité se ralentit (+ 5,5 % par an entre 1969 et 1973,

+ 2,5 % de 1979 à 1983). C'est nettement mieux qu'ailleurs mais compte tenu de l'inflation les profits sont laminés, les entreprises n'ont plus de « grain à moudre » (André Bergeron, secrétaire général de Force Ouvrière) pour satisfaire les revendications ni de moyens pour investir et relever la productivité. La situation perdure donc et s'aggrave. En même temps la qualité décline : les produits français ne font plus recette au début des années quatre-vingt.

▸ **Le redéploiement et la restructuration commandent l'adaptation de l'industrie française à l'internationalisation.** Le premier consiste à adapter les capacités de production à la demande, le plus souvent par la fermeture des usines vétustes. Les régions de mono-industrie (sidérurgie des vallées de l'Orne et de la Fentsch en Lorraine, textile vosgien, construction navale de la région de Marseille...) deviennent des pôles de chômage résistant trop souvent aux politiques d'aménagement et de réindustrialisation. L'autre voie du redéploiement est la délocalisation des activités de main-d'œuvre vers des pays du Tiers Monde ou de la CEE dont la population est moins exigeante comme l'Espagne ou le Portugal. La restructuration passe par un *aggiornamento* plus discret du fonctionnement de l'entreprise avec pour principal objectif la flexibilité, la rapidité, l'adaptabilité et la qualité, à l'image du modèle industriel japonais. La diffusion des nouvelles technologies, freinée par le poids des conservatismes patronaux et syndicaux, s'accélère après le second choc pétrolier ; l'industrie française remporte des succès flatteurs dès la fin des années quatre-vingt (Renault est le premier constructeur étranger sur le marché allemand en 1991). Mais cette industrie compétitive ne crée plus d'emplois en France alors que les grandes entreprises françaises investissent à l'étranger (1 150 milliards de francs entre 1985 et 2001), principalement dans la Triade. Paradoxalement les filiales de sociétés étrangères implantées en France figurent parmi les gros pourvoyeurs d'emplois (22 % de l'emploi industriel) et de capitaux (20 % du capital industriel investi en France). L'ouverture internationale ne concerne donc pas seulement la politique internationale et les échanges commerciaux, elle implique également une réflexion sur la compétitivité de « l'entreprise France », or celle-ci apparaît obérée par le poids de l'État.

▸ **La critique libérale met l'accent sur le poids de l'État néo-colbertiste.** À partir de la Libération, l'État a multiplié ses interventions économiques et sociales jusqu'à mettre en place une modalité originale d'économie mixte que l'on peut qualifier de néo-colbertisme. À l'instar de Colbert créant des manufactures et surveillant la balance du commerce, l'État s'est fait tout à la fois producteur, vendeur, consommateur, employeur, aménageur du territoire, représentant de commerce, banquier, assureur, marieur d'entreprises... Il s'efforce de réguler la conjoncture, il supervise la redistribution des richesses. Au secteur public s'ajoute les plus grandes entreprises privées le plus souvent dirigées par d'anciens hauts fonctionnaires ayant « pantouflé » mais conservant naturellement leurs relations et leurs habitudes de travail. Ce renforcement de l'État n'est pas spécifique à la France, mais il y atteint un niveau sans équivalent dans le monde capitaliste. L'incapacité de l'État à trouver des solutions à la crise débouche naturellement sur une mise en accusation radicale.

Le néo-libéralisme français s'inspire directement du « modèle » anglo-saxon. L'État omnipotent est coûteusement inefficace et menace de crouler sous son propre poids comme le montre le déficit croissant du budget et de la Sécurité sociale. L'excès de protection et de réglementation « déresponsabilise » les agents économiques et étouffe l'initiative individuelle (fiscalité sur le capital et les hauts revenus, tracasseries et paperasserie imposées aux créateurs d'entreprises). Le centralisme parisien empêche le développement harmonieux des régions et des collectivités locales plus proches des besoins concrets de la population. En renforçant le poids de l'État alors que ses concurrents s'efforcent de le réduire, la France accumule un retard qui se traduit, à moyen terme, par une perte de compétitivité et donc davantage de chômage.

Ces idées, qui sont entre autres celles des économistes américains Laffer et Friedman, inspirateurs de la politique de R. Reagan, conduisent tout droit à un affrontement droite-gauche en termes de choix de société manichéen : d'un côté le « libéralisme sauvage », de l'autre le « collectivisme ».

L'évolution de l'économie et de la société a eu raison de ces oppositions simplistes et permet l'émergence d'un nouveau consensus lors de la première période de la cohabitation (1986-1988).

3. La résistible montée en puissance du libéralisme à la française

► **La conversion au libéralisme s'étend sur plus d'une décennie.** Dès la fin des années soixante, Georges Pompidou et Valéry Giscard d'Estaing mettent un terme aux grands projets gaulliens et réduisent les ambitions de la planification et de l'aménagement du territoire. Mais dans le même temps, la pente naturelle du système néo-colbertiste ainsi que les demandes de la population et des entreprises poussent à une intervention accrue de l'État dans trois directions : le renforcement des politiques conjoncturelles marqué par la succession des plans de relance ou de rigueur ; le renforcement de la politique de l'emploi (le premier plan pour l'emploi date de 1977, ils se sont succédé chaque année depuis cette date) ; le développement des politiques industrielles et commerciales.

Soumises aux aléas du « pilotage à vue » (V. Giscard d'Estaing) et aux échéances électorales, ces politiques anticrises sont inefficaces et font évoluer la France à contretemps de ses partenaires : de 1974 à 1981 les gouvernements hésitent entre l'*austérité* et la *relance*. Pendant ce temps la RFA, le Japon et surtout les États-Unis maintiennent le cap de la rigueur. Cet isolement explique l'échec de la relance de 1981.

Le gouvernement de P. Mauroy (1981-1984) s'inspire de la logique keynésienne pour entreprendre une relance par la consommation qui s'accompagne de la nationalisation de la sidérurgie, de cinq groupes industriels (PUK, CGE, Thomson, Saint-Gobain, Rhône-Poulenc), de deux groupes financiers (Paribas et Suez) et de 39 banques. S'y ajoutent des participations majoritaires dans Matra, Dassault... Cela coûte 47 milliards à l'État qui emploie dès lors 30 % de la population active et réalise 30 % du chiffre d'affaires de l'industrie. L'objectif est double : mener une grande politique industrielle en vue de reconquérir le marché national et relancer l'aménagement du territoire tout en assurant des progrès sociaux (diminution du chômage, trente-neuf heures hebdomadaires, cinquième semaine de congés). La relance de la planification doit permettre de coordonner l'ensemble. Les résultats sont franchement mauvais. Les entreprises n'ayant pas confiance dans le gouvernement socialiste, la croissance stagne à 2 % car l'augmentation du pouvoir d'achat a stimulé les importations plutôt que la production. Le chômage est artificiellement stabilisé à 1,5 million pendant une année puis reprend. Le déficit commercial s'élève à 93 milliards de francs en 1982.

► **À partir de 1983 la France rentre dans le rang.** La désinflation (réduction du taux d'inflation et du différentiel d'inflation avec l'Allemagne) est le premier objectif. Au moment où la conjoncture mondiale commence à se redresser la France doit s'infliger une cure de rigueur (blocage des prix et des salaires pour six mois en juillet 1982 ; augmentation de la fiscalité et économies pour rétablir l'équilibre budgétaire ; suppression de l'indexation des salaires sur les prix instituée par A. Pinay en 1951, afin de briser la spirale prix-salaires). C'est finalement le contre-choc pétrolier (baisse de 50 % des prix du brut), puis la baisse du dollar à partir du printemps 1985 qui permettent à la rigueur de porter ses fruits : le taux d'inflation passe de 10 % à 5,8 % entre 1983 et 1986, la France a alors réintégré le peloton des pays de l'OCDE. Mais les autres indicateurs restent mauvais : la croissance française stagne (0,8 % en 1983 contre 1,6 % en RFA et 4 % aux États-Unis et en Grande-Bretagne) ; le chômage passe la barre des 2 millions de chômeurs à la fin de 1983, celle de 2,5 millions en 1985 quand partout ailleurs il baisse.

Ce grave échec du gouvernement socialiste est l'un des facteurs du renversement de majorité aux élections législatives de 1986.

► **Au milieu des années quatre-vingt, un consensus sur la politique économique se fait jour au sein de la classe politique.** Durant la première « cohabitation » Jacques Chirac et Édouard Balladur maintiennent la rigueur mais s'inspirent du néo-libéralisme qui semble réussir aux Anglo-Saxons. Les privatisations de 1986-1987 en sont la principale manifestation. Elles concernent quatorze groupes dont Saint-Gobain, la CGE, Paribas ou la Société générale et rapportent 72 milliards, ce qui permet de réduire l'endettement du secteur public et celui de l'État ; le contrôle des prix en vigueur depuis la Libération est levé sans conséquences fâcheuses pour l'inflation ; l'autorisation administrative de licenciement est supprimée. Le krach boursier de 1987 interrompt cette expérience.

Cette politique libérale est bien reçue tant qu'il s'agit de privatiser ou de réduire les subventions et la fiscalité. En revanche l'opinion publique refuse que l'on touche à la protection sociale et à l'éducation. Les tentatives pour introduire le « salaire au mérite » dans les entreprises publiques et les administrations suscitent des grèves longues et dures (SNCF, PTT...). L'échec de J. Chirac aux présidentielles de 1988 souligne cette limite : « moins d'État » certes mais « l'État quand même ».

C'est ce que comprennent les socialistes revenus aux affaires : ils maintiennent le « cap de la rigueur » : le déficit du budget est contenu, toute relance artificielle est refusée : « Le gouvernement, dit Michel Rocard, ne peut pas distribuer du pouvoir d'achat au-delà de ce que permet l'état actuel de l'économie. » Stimulé par la perspective du grand marché européen, le gouvernement français achève de la déréglementation des prix et des mouvements de capitaux et pratique le « ni-ni » (ni nationalisation ni privatisation) prôné par F. Mitterrand durant la campagne. Néanmoins en 1988 le gouvernement met en place le RMI (Revenu minimum d'insertion) qui doit être financé par l'impôt de solidarité sur la fortune (ISF).

Le consensus économique des années quatre-vingt entre la droite et la gauche s'est fait autour de quatre points. L'État doit se préoccuper en priorité de la monnaie et des grands équilibres (inflation, budget, commerce extérieur, emploi...) afin d'améliorer la compétitivité de l'économie française dans son ensemble. Il faut réduire le poids des prélèvements obligatoires (45,5 % du PIB en 1985) sans remettre en cause le principe de solidarité nationale. L'État doit renoncer aux activités économiques qu'il gère mal et les politiques sectorielles doivent être surtout incitatives et coordonnées au niveau communautaire. Corollaire du troisième point, l'entreprise et le « patron », longtemps honnis à gauche au nom du refus de l'exploitation de l'homme par l'homme sont valorisés comme facteurs de création de richesses et d'emplois ; les placements financiers sont encouragés afin de permettre aux entreprises françaises de financer leur développement.

▸ **À partir de 1986, l'économie française est à nouveau en phase avec la conjoncture mondiale.** La France bénéficie alors des effets de la reprise économique mondiale mais c'est au moment où celle-ci devient incertaine (krach boursier en 1987 et 1989, récession américaine au début de 1991). Alors que le chômage baisse et que le pouvoir d'achat des ménages rattrape lentement les pertes des années antérieures, la France participe à l'euphorie financière mondiale : la spéculation immobilière bat son plein ; la bourse atteint des sommets ; boulimiques, les entreprises françaises investissent à tout va sur les marchés étrangers. La France joue alors pleinement son rôle de quatrième puissance économique mondiale.

La guerre du Golfe accélère le dégonflement de la bulle spéculative : en France comme ailleurs le réveil est douloureux. Michel Rocard, sèchement remercié pour cause de déficit social, est remplacé par Édith Cresson (15 mai 1991 - 2 avril 1992) puis par P. Bérégovoy (2 avril - 29 mars 1993) qui n'ont ni le temps ni les moyens d'agir : cramponnés au « franc fort » c'est-à-dire à la stabilité de la parité franc-mark, les gouvernements successifs n'ont aucune marge de manœuvre : comment relancer l'économie quand le simple jeu de la récession fait baisser les rentrées fiscales, gonfle le nombre des chômeurs et creuse les déficits ? La droite a beau jeu de dénoncer la croissance vertigineuse de l'endettement, mais après l'alternance de 1993, elle poursuit sur le même chemin durant toute la seconde cohabitation placée sous le signe d'une reprise qui n'en finit pas de se manifester. L'inquiétude de l'opinion, à peine atténuée à l'approche de l'élection présidentielle de 1995, se traduit par une volonté d'épargner à tout prix au détriment de la consommation, situation sans précédent depuis la Libération.

▸ **Le consensus des années quatre-vingt n'a donc pas résisté au retour de la récession.** En fait dès le départ des ministres communistes en 1984, le PCF avait prôné une politique de relance ; après 1992 ils sont rejoints par une partie des socialistes et une partie de la droite qui récuse le traité de Maastricht et les contraintes qu'il impose à la politique économique française. L'indifférence ou le rejet du traité de Maastricht par plus des deux tiers des inscrits lors du référendum européen de 1992 montre que ces critiques sont en phase avec l'opinion. Cette remise en cause atteint une sorte d'apogée en 1995 : non seulement Jacques Chirac dénonce durant la campagne présidentielle le « discours unique » fruit de la « collusion des technocraties » parisienne et bruxelloise, mais en décembre la grève des agents de la SNCF et de la RATP paralyse le pays trois semaines durant, au nom de la défense de l'État-providence et du Service public « à la française » avec le soutien au moins tacite d'une partie significative de l'opinion. Par beaucoup d'aspects ce mouvement est un anti-Mai 1968 : il ne s'agit plus d'accélérer le changement mais au contraire de tenter de le freiner.

4. La crise et les mutations qu'elle a engendrées ont accéléré l'évolution de la société française

▸ **Le problème de l'emploi a fait évoluer les mentalités.** La crise de l'emploi a trois aspects : un aspect quantitatif (le chômage), un aspect qualitatif (l'inadaptation de l'offre et de la demande de compétences) enfin un aspect social et politique (la crise de l'emploi induit une forme de dualisme social et des réactions diverses mais parfois violentes).

L'augmentation du chômage est l'aspect le plus visible de la crise de l'emploi. Les facteurs d'explication mettent en jeu l'augmentation rapide de la population active en raison de l'arrivée sur le marché de l'emploi des jeunes nés durant le *baby boom* (le taux de fécondité ne s'effondre qu'en 1975) et du développement de l'emploi féminin reflet d'une évolution profonde de la société entreprise dès les lendemains de la guerre. Compte tenu des départs en retraite c'est près de 300 000 emplois nouveaux qu'il faut trouver annuellement auxquels s'ajoutent les emplois nécessaires au reclassement des personnes licenciées. Or l'industrie qui crée des emplois jusqu'en 1979 en perd ensuite (sauf entre 1987 et 1990), bien que plus dynamique le tertiaire ne comble pas totalement le déficit. Il en résulte un allongement irrépressible de la durée du chômage.

Le chômage est générateur d'inégalités puisqu'il frappe plus particulièrement les femmes, les salariés âgés, les jeunes et les travailleurs immigrés. Ces inégalités traduisent concrètement l'inadaptation qualitative de l'offre et de la demande d'emploi : qualification insuffisante d'une bonne partie de la main-d'œuvre qui ne peut se reclasser facilement hors de sa branche d'origine, manque de mobilité, manque de flexibilité de l'emploi (les entreprises hésitent à créer des emplois dans la crainte de se trouver confrontées à des sureffectifs en cas de ralentissement de l'activité). Des palliatifs ont été trouvés : le traitement social du chômage a permis d'écarter du marché de l'emploi des personnes difficiles à reclasser ; la multiplication des stages de formation et de conversion et à plus long terme, la réforme de l'enseignement doivent permettre de mieux adapter l'offre et la demande. Force est cependant de constater, après vingt ans d'efforts, que le problème demeure et qu'il tend à s'aggraver.

► Avec le chômage, le travail précaire est la seconde conséquence de la crise de l'emploi. L'emploi typique des Trente Glorieuses (emploi à temps plein et à durée indéterminée) devient plus rare. La recherche par les entreprises d'une plus grande flexibilité de la production et donc des effectifs a favorisé l'émergence d'une grande diversité d'emplois atypiques (emploi à temps partiel ou saisonnier, contrat à durée déterminée, intérim, stages de toutes natures, travail épisodique, « travail au noir »). Cela concerne environ 20 % de la population active occupée au début des années quatre-vingt-dix en France. On retrouve sur ce point les caractères inégalitaires déjà évoqués (un homme sur dix, une femme sur quatre et un jeune de moins de 25 ans sur trois occupent un tel emploi depuis le début des années quatre-vingt). L'essor de ce type d'emplois suit de très près le déclin relatif du secteur secondaire et l'accélération de la tertiarisation de l'économie : l'emploi précaire, sous-qualifié et peu rémunéré étant particulièrement caractéristique du tertiaire inférieur[1].

► **De l'emploi dual on passe rapidement à la société duale.** La perte ou l'absence d'emploi entraîne fréquemment la perte du logement, l'éclatement des liens sociaux de l'individu et par voie de conséquence l'entrée dans la spirale de la précarisation des conditions de vie, la marginalisation et éventuellement au bout de la route la plongée dans la délinquance ou le suicide. Ce phénomène appelé la « nouvelle pauvreté » est caractéristique des années quatre-vingt. Il a d'abord été pris en charge par des associations caritatives privées (Emmaüs, les *Restos du cœur*) avant de susciter la création du RMI. Malgré cela, vingt années de crise de l'emploi ont débouché sur une société non plus seulement inégalitaire mais dualiste.

Les comportements collectifs s'en ressentent. Le mouvement syndical traverse depuis le début des années quatre-vingt une crise grave du recrutement et du militantisme : le taux de syndicalisation est tombé de 25 % dans les années soixante-dix à un peu plus de 10 % au début des années quatre-vingt-dix. La crainte du chômage, la précarisation de l'emploi et la tertiarisation rendent beaucoup plus difficile l'action des syndicats ouvriers. Cela n'explique cependant pas tout puisque la désyndicalisation affecte également les fonctionnaires relativement abrités de la crise de l'emploi. Il faut noter que l'accélération du déclin du syndicalisme en France est paradoxalement contemporaine de l'arrivée de la gauche au pouvoir. Les alternances de 1986 et 1988 n'ont pas entraîné un regain de faveur mais au contraire l'apparition des « coordinations », formes d'organisations spontanées, qui naissent en dehors des syndicats quand ce n'est pas contre eux, à l'occasion d'un conflit grave mais qui demeure la plupart du temps sans lendemain (Coordination des infirmières en 1987).

1. Il s'agit des fonctions subalternes des grandes entreprises (nettoyage, gardiennage, saisie informatique...) et des activités de services aux personnes et de distribution courante. Il s'oppose au tertiaire « supérieur » (conseil aux entreprises, gestions, communication, recherche...). Ce secteur suit une logique industrielle d'internationalisation et de recherche de la productivité. Il crée peu d'emplois mais ils sont d'un niveau toujours plus élevé.

▸ **Le monde rural connaît également des évolutions rapides.** Depuis 1974, la modernisation de l'agriculture française s'est poursuivie sans désemparer.

La PAC est le facteur essentiel. Depuis 1962 l'agriculture française s'est tournée vers le productivisme (en 1962 un actif agricole nourrissait huit personnes, en 1986 il en nourrit trente) et vers l'exportation. Pendant près de deux décennies les pouvoirs publics ont encouragé le renforcement et la modernisation des exploitations familiales de taille moyenne, en permettant un accès facile aux prêts à faible taux d'intérêt distribués par le Crédit agricole. La tendance s'inverse dès la fin des années soixante-dix : la Communauté croule sous les excédents qu'il faut réduire en limitant la production par l'instauration de quotas. Pour permettre la relance du processus communautaire et permettre un progrès des négociations du GATT (l'*Uruguay Round* commence en 1986), on décide de mettre en route une réforme de la PAC qui aboutit en mai 1992. Le gel de 15 % des terres et l'alignement des prix communautaires sur les prix mondiaux remettent en cause la rentabilité de très nombreuses exploitations techniquement efficaces et modernes mais désormais trop petites pour faire face aux charges financières et rémunérer les exploitants.

Ces mutations économiques ont profondément transformé le monde agricole. Au milieu des années quatre-vingt-dix, 5 % des actifs vivent de l'agriculture, trois quarts des exploitants ont plus de 50 ans et 75 % des exploitations n'ont pas de successeur connu : les jeunes manquent à l'appel.

Après avoir progressé jusqu'en 1973, le revenu des exploitations a baissé régulièrement jusqu'en 1980, puis évolue en dents de scie. À monnaie constante, le revenu net par exploitation est sensiblement le même en 1970, 1979 et 1988. Contrairement aux craintes des agriculteurs, la réforme de la PAC en 1992 a permis une amélioration sensible des revenus agricoles (+ 11 % en 1995) mais cela n'empêche pas la persistance du malaise paysan, particulièrement sensible dans les régions qui se sont le plus modernisées. Les syndicats agricoles (FNSEA et CNJA) semblent dépassés par le désarroi grandissant de leur base qui se tourne vers des mouvements informels, comme la *Coordination rurale*, capables d'organiser des manifestations hautement symboliques comme le siège de Paris en 1991, et peuvent éventuellement recourir à la violence.

Malgré toutes ces difficultés, il faut souligner que le retard de niveau de vie encore perceptible en 1973 a quasiment disparu un quart de siècle plus tard. Les ménages agricoles sont de plus en plus « ordinaires » : le revenu moyen des ménages agricoles est supérieur à celui d'un ménage ouvrier ou employé ; le taux d'équipement en téléphone, automobile, lave-linge et congélateur est largement supérieur à la moyenne nationale. La présence de plus en plus importante de « rurbains » (citadins résidant à la campagne mais travaillant et consommant en ville) tend également à niveler les différences. C'est finalement au niveau des loisirs qu'elles demeurent le plus sensible : les agriculteurs lisent peu de livres mais beaucoup de journaux, un sur quatre a pris des vacances contre un Français sur deux en 1987 comme en 2000.

II. *Le temps des alternances*

Le départ fracassant du général de Gaulle en avril 1969 avait montré que les institutions de la Ve République pouvaient survivre à celui qui les avait taillées à sa mesure. La disparition brutale de Georges Pompidou le 2 avril 1974, quelques mois après le premier choc pétrolier, laisse la France au milieu du gué. Succédant à de Gaulle dans des conditions difficiles, il a eu la tâche ingrate de ramener les Français au sens des réalités. À l'extérieur, la France cesse de se prendre pour un super-grand mais elle se découvre une fibre européenne ; à l'intérieur, l'aspiration au changement a été sacrifiée à la continuité des institutions plongeant le gaullisme dans une crise d'identité. En même temps, la gauche, restructurée autour du PCF et du PS refondé en 1971 lors du congrès d'Épinay, amorce un rapide redressement et apparaît susceptible d'accéder au pouvoir. L'alternance constitue le fait politique majeur des « Trente piteuses »[1], mais alors que l'on s'attendait ou que l'on espérait une rupture radicale, ce sont les continuités qui se sont imposées.

1. Le septennat de Valéry Giscard d'Estaing correspond à la période de transition entre la croissance et la crise

► **La présidentielle inopinée de 1974 accélère le reclassement politique de l'électorat.** Ce scrutin marque en effet une inflexion sensible dans la vie politique française : le bouleversement introduit par l'irruption du gaullisme s'atténue, ce qui réactive la fracture majeure entre une France de droite et une France de gauche, d'un poids équivalent. À gauche le PS est en pleine ascension face au Parti communiste victime du déclin quantitatif de l'électorat ouvrier et du discrédit de l'URSS. À droite, le gaullisme a perdu son électorat populaire et il évolue vers le conservatisme. Entre ces deux blocs, Valéry Giscard d'Estaing s'efforce de constituer un centre associant la tradition libérale, lointaine héritière de l'orléanisme du XIXe siècle et les préoccupations sociales des démocrates chrétiens du CDS de Jacques Duhamel et Jean Lecanuet, d'anciens adversaires du général de Gaulle. Après trente années de modernisation économique accélérée, la modernité sociale, culturelle et idéologique est au cœur de la campagne de 1974.

La présidentielle de 1974 oppose l'Union de la Gauche scellée en 1972 dont François Mitterrand est le candidat unique et une droite éclatée : Jacques Chaban-Delmas est officiellement soutenu par l'UDR (Union pour la Défense de la République) mais son progressisme social déplaît à la frange conservatrice de son électorat et à une partie des « barons » qui ne font rien pour empêcher Jacques Chirac de lancer un appel en faveur

1. D'après le titre d'un essai de Nicolas Baverez, économiste et historien, *Les trente piteuses,* Flammarion, coll. « Champs », 1998.

de Valéry Giscard d'Estaing. Sept candidatures « marginales » sont avancées dont celle de Jean-Marie Le Pen, et celle de René Dumont qui fait découvrir l'« écologie » aux Français.

J. Chaban-Delmas est éliminé dès le premier tour, en partie parce qu'il passe mal à la télévision. La campagne du second tour culmine avec le premier face-à-face télévisé « remporté » par V. Giscard d'Estaing qui lance à son adversaire : « Vous n'avez pas le monopole du cœur ! » Les résultats sont néanmoins très serrés : 49,2 % pour F. Mitterrand contre 50,8 % pour V. Giscard d'Estaing soit 420 000 voix d'écart.

Une France coupée en deux et un jeune président qui n'appartient pas à la mouvance gaulliste sont les deux principales innovations de ce scrutin. Le contexte n'est pas trop défavorable : après un ralentissement en début d'année, la croissance reprend au second semestre 1974, le chômage se stabilise, l'inflation reste forte, mais la France a connu pire et surtout elle n'est pas encore devenue le mal économique absolu. Le gouvernement dont la direction est confiée à J. Chirac dispose donc de marges de manœuvre économiques. Sur le plan politique la situation est plus délicate.

▸ **Valéry Giscard d'Estaing souhaite mettre en place une « société libérale avancée ».** Pour le nouveau Président, « deux Français sur trois » aspirent à être « gouvernés au centre ». Ce centre est fondé sur un double refus : refus du « collectivisme » qui se profile derrière le Programme commun de la gauche, il exhorte donc les électeurs à « faire le bon choix » (*Discours de Verdun sur le Doubs,* janvier 1978) ; refus du conservatisme inadapté aux aspirations des Français tentés dès lors, par l'aventure de l'alternance. La ligne est cohérente, sa mise en œuvre fait rapidement apparaître toutes les contradictions d'une politique au centre.

La nomination de Jacques Chirac à Matignon, reconnaît son rôle dans la victoire, renforce l'image de jeunesse de la nouvelle équipe (le Président a 48 ans, son Premier ministre 41 ans) et lui donne la possibilité de prendre la direction de l'appareil gaulliste (décembre 1974). Paradoxe apparent, le groupe parlementaire gaulliste (184 députés contre 55 pour les Républicains indépendants, formation du Président) soutient assez mollement les nombreuses réformes présentées par les ministres (non gaullistes) du gouvernement de son chef de file. En fait, bien conseillé par Marie-France Garaud et Pierre Juillet, Jacques Chirac a déjà fait le choix du conservatisme.

Les réformes portant sur des questions de société remettent en question l'image traditionnelle de la famille : divorce par consentement mutuel ; mise en application de la loi Neuwirth de 1967 sur la contraception. La discussion en 1975 de la loi Veil sur l'avortement suscite des débats passionnés et révèle une ligne de fracture au sein de la majorité : le texte est difficilement adopté (284 voix pour) grâce à la gauche qui le soutient massivement, les 189 opposants se recrutent pour l'essentiel dans la majorité.

L'État-providence est consolidé : généralisation de la Sécurité sociale aux non-salariés, mesure en faveur des handicapés et des femmes. La réforme scolaire de R. Haby remplaçant les *filières* de niveaux par des classes hétérogènes dans l'enseignement secondaire au nom de la démocratisation est accusée d'opérer un nivellement par le bas et de préparer « une génération d'illettrés ».

Les réformes politiques sont en apparence plus anodines : majorité à 18 ans ; élection d'un maire à Paris ; « petite » réforme constitutionnelle permettant à 60 parlementaires, en général de l'opposition, de saisir le Conseil constitutionnel d'une loi votée avant sa promulgation. Ces deux dernières mesures ont entraîné des batailles politiques durables ainsi qu'une évolution des institutions : en quelques années le Conseil constitutionnel, jusque-là peu actif a défini une jurisprudence constitutionnelle limitant la liberté d'action du couple gouvernement - majorité parlementaire, au point que l'on a parlé de « gouvernement des juges »... avec une certaine injustice.

Pour des raisons diverses les Français ne portent pas cet effort de modernisation au crédit du pouvoir : la droite conservatrice estime que valeurs familiales et chrétiennes sont bafouées alors que la gauche met l'accent sur la dégradation de la situation économique et la montée du chômage. De plus, une sorte de malentendu semble s'instaurer entre l'opinion et le Président dont le désir de « décrisper la vie politique » et de rapprocher les Français est souvent accueilli avec ironie (petit déjeuner avec les éboueurs le 25 décembre ; dîner chez des Français moyens).

Ce divorce se traduit dans les urnes, au fil des législatives partielles et lors des cantonales de 1976 gagnées par la gauche, ce qui pose la question de l'alternance et de la cohabitation. Ceci accélère la détérioration des relations entre l'Élysée et Matignon : pour la première fois sous la Ve République, le Premier ministre prend publiquement l'initiative de la rupture et présente sa démission en août 1976. Il est remplacé par un technicien peu connu de l'opinion, Raymond Barre.

La fondation du RPR (Rassemblement pour la République) le 5 décembre 1976 est la première étape d'une stratégie de conquête du pouvoir. Sur les bases de l'UDR, le nouveau « mouvement » (le mot « parti » est banni car il rappelle les luttes politiciennes de la IVe République) est puissamment structuré et discipliné ce qui est une sorte de nouveauté pour une formation de droite, copiant le modèle des partis de gauche, le RPR se dote d'organisations spécifiques pour accueillir les jeunes (Union des Jeunes pour le Progrès), les ouvriers, etc. On cherche ainsi à renouer avec la grande tradition gaullienne : « Mon appel, dit J. Chirac, n'est que l'écho de l'éternel appel des nations qui ne veulent pas mourir. » L'ennemi clairement désigné est le « collectivisme » et de manière implicite ceux qui font son lit par une politique malvenue. Les élections municipales de mars 1977 montrent l'ampleur du conflit : Paris qui doit élire son maire pour la première fois est l'enjeu d'une bataille sans merci entre Jacques Chirac et Michel d'Ornano, candidat du président de la République. La victoire du président du RPR est un camouflet retentissant pour l'Élysée alors même que la gauche remporte la majorité des voix et 156 villes de plus de 30 000 habitants sur 221. Jusqu'en 1981 une sorte de guerre froide oppose les deux tendances de la majorité parlementaire.

Pour répondre à la création du RPR, Valéry Giscard d'Estaing suscite la création de l'Union pour la démocratie française (UDF) en février 1978. Conçue pour devenir une puissante formation centriste et libérale, l'UDF souffre dès l'origine des rivalités de personnes et de son hétérogénéité (trois partis, Républicains indépendants – devenus Parti républicain en 1976 –, le CDS et les Radicaux valoisiens – du nom du siège du Parti radical, rue de Valois – issus de la scission du Parti radical après la signature du Programme commun par les radicaux de gauche en 1972).

► **Seule la division de la gauche retarde l'alternance.** À l'origine, en 1964, l'Union de la gauche était une stratégie du PCF soucieux d'élargir sa base sociale en direction des jeunes et des employés. Poursuivant cette ligne, Georges Marchais fait d'importantes concessions idéologiques lors de la signature du Programme commun : reconnaissance du principe de l'alternance démocratique, limitation des nationalisations à treize groupes et, en 1976, abandon du principe de la dictature du prolétariat. Cet *aggiornamento* est complété par un rapprochement avec les PC italien et espagnol dans le cadre de l'*Eurocommunisme,* par opposition avec le communisme soviétique. Cette stratégie qui réussit parfaitement en Italie a des résultats catastrophiques en Espagne et en France.

Depuis le congrès d'Épinay, le Parti socialiste et son chef sont portés en avant par une dynamique du succès que rien ne semble pouvoir entraver durablement. Ainsi les adhésions se multiplient notamment au lendemain des revers électoraux : 107 000 adhérents en 1971, 149 000 en 1975 après la courte défaite face à V. Giscard d'Estaing, 180 000 en 1978 après la défaite aux législatives, la droite minoritaire en voix l'emporte au second tour en raison des très mauvais reports des voix du PCF. Les communistes font non seulement figure de principaux responsables de la débâcle de l'Union de la gauche, mais le PCF apparaît comme un parti archaïque, incapable de passer d'une culture d'opposition systématique à une stratégie de gouvernement. Confondant notoriété et popularité, Georges Marchais ruine sa crédibilité en multipliant les « petites phrases » dans les médias et il se discrédite en soutenant l'invasion de l'Afghanistan et le « bilan globalement positif » du communisme soviétique. Un boulevard semble donc ouvert devant le PS et François Mitterrand. Sur le moment ce n'est pas si clair : le Premier secrétaire doit endiguer la fronde de Michel Rocard et de l'aile gauche du parti, le CERES de J.-P. Chevènement. Il y parvient avec le soutien des grandes fédérations, notamment celle du Nord (P. Mauroy) et celle des Bouches-du-Rhône (G. Defferre). Des clivages naissent alors, qui rejoueront dix ou quinze ans plus tard. Dans l'immédiat, la personnalisation de l'élection présidentielle favorise F. Mitterrand.

François Mitterrand (1916-1996) a 64 ans en 1981 et une carrière politique contrastée. Après une *Jeunesse française* qui le conduit de Jarnac à l'École libre des sciences politiques et aux milieux proches de l'extrême droite des années trente, François Mitterrand, fait prisonnier en 1940, s'évade à la fin de 1941 pour se retrouver, de mars 1942 à janvier 1943, dans un poste de fonctionnaire sans grande importance du régime de Vichy (responsable de la presse du Commissariat au reclassement des prisonniers de guerre). Mitterrand entre dans la Résistance au sein d'un mouvement d'anciens prisonniers dont il fera le Mouvement national des prisonniers de guerre et déportés (mars 1944), il entre alors au GPRF.

De 1946 à 1958, F. Mitterrand est un des politiciens les plus en vue de la IVe République : député UDSR (Union démocratique et socialiste de la résistance) de la Nièvre il s'enracine dans le département, ce qui lui permettra de rebondir après 1958. On le retrouve dans la plupart des gouvernements : ministre de l'Outre-mer (1950-1951), de l'Intérieur (1953-1954) il réprime l'insurrection algérienne de la Toussaint 1954 ; il est garde des Sceaux de Guy Mollet (1955-1957). L'arrivée au pouvoir de De Gaulle interrompt sa carrière d'autant qu'il est discrédité par plusieurs « affaires » dont la fusillade de l'Observatoire (1959).

Dès 1958, il dénonce les institutions de la Ve République (*Le coup d'État permanent,* 1964), il comprend cependant la logique de l'élection présidentielle au suffrage universel : il faut une organisation politique construite pour pousser le candidat vers l'Élysée. La Fédération de la gauche démocrate et socialiste (FGDS) est une première tentative, elle lui permet de mettre de Gaulle en ballottage en 1965. Après un passage à vide au lendemain de la crise de 1968, il s'impose à la tête du Parti socialiste dès le congrès d'Épinay (juin 1971) évinçant au passage des socialistes historiques comme Alain Savary. Il bâtit sa stratégie politique sur l'Union de la gauche avec les communistes et les radicaux de gauches. Le Programme commun de 1972 lui ouvre la voie du second tour de la présidentielle de 1974, ensuite, de 1974 à 1981, la gauche, presque constamment majoritaire dans l'opinion. Paradoxalement, la défaite aux législatives de 1978 joue en sa faveur : le PCF en est tenu pour responsable et elle lui évite d'avoir à affronter les conséquences du second choc pétrolier. Il doit se battre pour obtenir l'investiture du PS et de remporter l'élection de 1981.

Homme de parti depuis la Libération, le nouveau Président prend grand soin de se mettre au-dessus ou à côté du Parti socialiste dès le lendemain de son élection : la montée solitaire au Panthéon le 11 mai 1981, au milieu du « peuple de gauche » en liesse, joue un rôle semblable à la descente des Champs-Élysées par de Gaulle en août 1944. Tout en suivant de près l'action de ses Premiers ministres, il garde suffisamment de distance pour rendre possible deux cohabitations et une réélection, en 1988, qui constitue un succès personnel.

2. De la « Force tranquille » à la « Génération Mitterrand » (1981-1995)

► **Qui sont les électeurs et les militants socialistes ?** Au vieux fond issu de la SFIO des années cinquante bien implanté dans le Nord et les Bouches-du-Rhône ainsi que dans les syndicats réformistes (FO et la CFDT), s'ajoutent beaucoup de jeunes gens issus du *baby boom* que rebutent le conservatisme de la droite et l'attitude hostile du PCF en 1968. L'électorat s'est élargi : les différents scrutins de 1974 à 1981 ont fait apparaître une forte poussée en Bretagne et dans les petites villes de moins de 30 000 habitants, ce qui semble indiquer qu'une partie du monde paysan et des classes moyennes traditionnelles, fidèles au général de Gaulle, ne se reconnaissent plus dans la droite RPR-UDF. Parallèlement une partie de l'électorat urbain, séduit en 1974 par la jeunesse de V. Giscard d'Estaing et la promesse de réforme, est attirée par le modèle social-démocrate dont l'Allemagne fournit un exemple prestigieux et économiquement viable.

Le recrutement des militants montre qu'il existe un décalage considérable entre l'électorat de F. Mitterrand et le recrutement sociologique du Parti socialiste. Au congrès de Valence (octobre 1981) les gros bataillons du Parti sont les enseignants (30 %), les employés et les cadres moyens (30 %), les professions libérales et les cadres supérieurs (20 %). En revanche les ouvriers ne sont que 5 % et appartiennent plutôt à l'élite ouvrière qu'au monde des OS. On constate ainsi que la base sociale du Parti socialiste empiète peu sur celle du PCF mais qu'elle est assez proche de celle de l'UDF, voire du RPR. Ceci justifie à la fois la stratégie de reconquête des classes moyennes entreprise par la droite au lendemain des défaites de 1981 et 1988, ainsi que les tentatives d'ouverture du PS vers le centre après 1986. En fait la personnalité même du Président apparaît comme un facteur essentiel de la victoire électorale.

Les élections présidentielles de 1981 sont d'une exceptionnelle intensité. Les divisions de la droite et de la gauche jouent en faveur du candidat socialiste. Alors que V. Giscard d'Estaing s'efforce de défendre son bilan sans parvenir à faire oublier la crise et le chômage, Jacques Chirac conduit sa campagne autour de deux thèmes négatifs : la critique du bilan de V. Giscard d'Estaing dont il a été le Premier ministre et l'anticommunisme à travers la dramatisation de l'alternance sur le thème du « choix de société » entre la liberté et le collectivisme, on n'est pas toujours très loin du cliché du Bolchevik le couteau entre les dents. La virulence de la dénonciation du « virage à droite du PS » par Georges Marchais ôte beaucoup de crédibilité à cette charge. F. Mitterrand peut donc consacrer l'essentiel de ses efforts à peaufiner une image à la fois moderne et rassurante. Conçue par le publicitaire Jacques Séguélat, l'affiche de la campagne présente le candidat sur fond de village beauceron avec en exergue « la force tranquille » ; l'accent est mis sur la continuité et l'enracinement alors que le programme en « 110 propositions » reprend, en l'atténuant, l'essentiel du programme commun afin de rendre crédible une alliance au second tour et de séduire les partisans du changement.

Les résultats sont sans appel : le PCF perd dix points (15,5 %) et retrouve son niveau de... 1936, il lui faut se rallier au candidat socialiste sans pouvoir poser de conditions ; J. Chirac enregistre une défaite personnelle (18 %) et choisit de contribuer à celle de V. Giscard d'Estaing en invitant à « voter selon sa conscience » sans donner de consigne de désistement, pour tous ceux qui reprochent au Président sortant l'échec de De Gaulle en 1969, le message est clair, et il est entendu. Le face-à-face télévisé entre V. Giscard d'Estaing (28,3 %) et F. Mitterrand (25,8 %) tourne à l'avantage du second qui montre dans son vis-à-vis le « candidat du passif ». F. Mitterrand est élu avec 51,7 % et 800 000 voix d'avance. Dans la foulée l'Assemblée est dissoute et, en juin, une vague rose donne la majorité absolue (285 sièges) au PS. Le PC doit se contenter de 44 députés et la droite de 150.

► **L'État de grâce ne dure que quelques mois.** Le « peuple de gauche » attendait des changements radicaux de « son » gouvernement, cet espoir est rapidement déçu et les socialistes doivent faire face à une profonde impopularité qu'ils trouvent injuste et qu'ils comprennent mal. Sur fond de relance économique aventureuse (voir plus haut) le gouvernement de P. Mauroy, qui compte quatre communistes, entreprend le plus vaste ensemble de réformes depuis la Libération.

Les lois Auroux (1982) font évoluer les relations dans l'entreprise en étendant les droits d'information et d'expression des salariés et en relançant la politique contractuelle. On peut leur associer la semaine de trente-neuf heures et la cinquième semaine de congés payés (janvier) ainsi que la retraite à 60 ans. La gauche renoue donc avec la politique de J. Chaban-Delmas et la réforme avortée en 1975 de l'entreprise.

La loi Defferre sur la décentralisation (1982) transfère aux élus locaux et régionaux une grande partie des pouvoirs des préfets représentants de l'État dans les départements (aménagement du territoire, infrastructures scolaires, hospitalières, etc.).

Les problèmes de société font l'objet de tout un ensemble de textes cherchant à traduire dans les faits le slogan de la campagne législative de juin 1981 « changer la vie » (réforme de l'enseignement, du système hospitalier, abolition de la peine de mort, loi Quilliot favorisant les locataires, création d'un impôt sur les grandes fortunes).

C'est apparemment trop et trop vite ou au contraire trop peu. Le passage à la rigueur, la montée du chômage et le développement d'un sentiment d'insécurité lié aux multiples attentats consécutifs à l'intervention française au Liban, désorientent les électeurs de gauche ; la droite profite également du projet de réforme du financement de l'école privée pour remobiliser son électorat : le 24 juin 1984 1 million de partisans de l'école privée envahissent les rues de Paris, c'est la plus grande manifestation depuis 1968. Personnellement blessé par l'accusation de « liberticide » lancée contre lui, P. Mauroy démissionne, il est remplacé par Laurent Fabius qui met en avant le mot d'ordre « moderniser et rassembler ». C'est un tournant : les communistes quittent le gouvernement, on renonce aux réformes pour retrouver le discours de la rigueur qui fut celui de R. Barre avant 1981. À ce handicap s'ajoutent des difficultés imprévues : montée de la violence en Nouvelle-Calédonie, prise d'otages français au Liban en 1984, affaire du *Rainbow Warrior* dont le sabotage dans le port d'Auckland par les services secrets français coûte la vie à un journaliste. Le capital de sympathie du Premier ministre est vite épuisé.

Les élections législatives de 1986 confirment ce que disaient les sondages depuis l'été 1982 : la droite est majoritaire en voix mais elle doit affronter trois obstacles dressés sur sa route par F. Mitterrand : l'adoption du scrutin proportionnel départemental la prive d'une large majorité (288 sièges, deux de plus que la majorité absolue) ; la montée en puissance du Front national (9 % et 39 députés) et surtout le maintien du Président socialiste à l'Élysée malgré le désaveu des électeurs, commence alors la première cohabitation.

La première cohabitation (1986-1988) apparaît tout d'abord tant comme une revanche de 1981. La nouvelle majorité influencée par le néo-libéralisme anglo-saxon entreprend de défaire une partie de l'œuvre de la gauche au pouvoir (privatisations intensément médiatisées, révision de la loi Quilliot accusée de paralyser le marché locatif dans les grandes villes, réduction des dépenses publiques, suppression de l'impôt sur les grandes fortunes...). Toutefois les principaux acquis sociaux ne sont pas remis en cause (retraite à soixante ans, cinquième semaine de congé). Le maintien d'un fort taux de chômage, le terrorisme proche oriental qui fait plusieurs dizaines de morts et de blessés en 1986, l'agitation étudiante qui contraint Alain Devaquet (secrétaire d'État à l'enseignement supérieur) à démissionner mettent rapidement en péril la popularité du gouvernement alors que celle du président de la République retrouve les sommets de mai-juin 1981. Pour le gouvernement de J. Chirac, l'année 1987 est marqué par une nouvelle dégradation de la situation en Nouvelle-Calédonie et par le Krach boursier d'octobre qui interrompt le processus de privatisation et remet en cause la logique libérale en soulignant l'irresponsabilité des « marchés ». Le Premier ministre-candidat se trouve dans l'obligation de défendre un bilan en demi-teintes face à des adversaires qui proposent le « changement » sans en préciser beaucoup le contenu. On retrouve le cas de figure de 1981.

La cohabitation a ainsi été l'affrontement de deux hommes, et de deux tempéraments plus que la confrontation de deux politiques. Le résultat du second tour de la présidentielle de 1988 est sans appel : F. Mitterrand obtient 54 % contre 46 % pour J. Chirac qui ne bénéficie pas d'un bon report des voix centristes qui s'étaient portées sur R. Barre. Il s'agit d'un succès personnel du président sortant : les élections législatives de juin 1988 sont tout juste honorables pour le PS avec 37,5 %. Ces chiffres reflètent un reclassement partiel des forces politiques.

La cohabitation a mis en lumière l'existence d'un consensus économique autour de l'orthodoxie monétaire (désinflation, réduction de l'écart entre les taux d'intérêts français et allemands, réduction du déficit commercial par un redressement de la compétitivité). Sans le proclamer bruyamment, les responsables économiques du PS admettent que les privatisations de 1981 sont un échec : ils font inclure le « ni-ni » (ni privatisation, ni nationalisation) dans le programme de 1988, ils préconiseront son assouplissement à partir de 1990. De la même manière, de vieilles problématiques comme la querelle de l'école (publique ou privée) ainsi que la remise en question des Institutions de 1958 qui apparaissent dépassées ou en contradiction avec l'opinion des Français telle qu'elle transparaît dans les sondages. Ce consensus, qualifié de « mou » par la droite du RPR et les communistes, favorise l'émergence de nouvelles forces politiques puisqu'une une partie de l'électorat ne se reconnaît plus dans les quatre grandes formations traditionnelles.

Le déclin du PCF l'empêche de servir d'exutoire à la protestation sociale. En moins de quinze ans son électorat a diminué de moitié de 20 % à 11 % aux législatives de 1998 (mais André Lajoignie, candidat aux présidentielles n'a obtenu que 6,8 %). La décomposition du bloc soviétique y contribue. Cela se traduit au plan syndical par le recul de la CGT qui perd officiellement plus de la moitié de ses adhérents (1,5 million en 1975, 700 000 et sans doute moins dix ans plus tard). Sans qu'il n'y ait une simple substitution, l'accident de Tchernobyl (26 avril 1986), de même que la percée des *Grünnen* en Allemagne, ouvre des perspectives politiques à la mouvance écologiste encore très minoritaire et morcelée. Les héritiers du gauchisme des années soixante vont y trouver l'occasion de luttes emblématiques et beaucoup plus populaires. Quasiment inexistants en 1981, ils obtiennent 10 % des suffrages lors des élections européennes de 1989.

La principale nouveauté se situe à la « droite de la droite » avec la montée en puissance du Front national de Jean-Marie Le Pen qui arrive en 4e position aux présidentielles de mai 1988 avec 14,4 % des voix soit 11,5 % des inscrits (deux fois plus que les communistes) alors qu'il n'avait pu se présenter en 1981 faute de parrainage. Les politologues n'y voient qu'un simple « vote protestataire » dont on s'attend à ce qu'il régresse avec la reprise de l'économie et de l'emploi ; le RPR y voit un des instruments de la victoire de F. Mitterrand en 1988. On sait avec le recul, qu'il s'agit d'une des premières manifestations de la coupure entre les électeurs et la classe politique qui se manifeste aussi par une abstention croissante aux différentes élections, surtout lorsque les électeurs ont le sentiment qu'il n'y a aucun enjeu majeur, local ou national. La floraison des associations en tout genre, y compris de grosses structures comme les *Restos du cœur* ou la *Ligue française contre la myopathie,* prouve que les Français ne se désintéressent pas de la vie publique, il ne l'identifie plus (ou plus seulement) avec la vie politique institutionnelle. Il ne s'agit pas là d'une « exception française ».

► **Plus encore que le premier septennat, les années 1988-1995 sont placées sous le signe de l'alternance et des crises.** Pas moins de trois gouvernements socialistes puis une cohabitation jalonnent une période contrastée.

Après la dissolution de l'Assemblée nationale, les législatives de juin 1988 traduisent une « alternance dans l'alternance » : **Michel Rocard,** le nouveau Premier ministre, ne dispose que d'une majorité relative de 275 sièges, il doit tenir compte de l'attitude des députés communistes et de celle du Président, les deux ne l'appréciant guère. Il bénéficie cependant d'une embellie économique (croissance à 3,5 % ; baisse rapide de l'inflation à la suite du contre-choc pétrolier et du recul du dollar – la facture énergétique française est divisée par quatre) qui se répercute sur l'emploi. Les accords de Matignon (août 1988) règlent pacifiquement le conflit calédonien malgré l'assassinat des deux principaux leaders mélanésiens Jean-Marie Tjibaou et Yeiwéné Yeiwéné (4 mai 1989). Pourtant la morosité politique persiste : le congrès du PS de Rennes (mars 1989) révèle de très profondes dissensions au sein du parti, la réforme du financement des partis politiques est interprétée un peu injustement par l'opinion comme une auto-amnistie de la classe politique, enfin et malgré la création du RMI financé en principe par l'impôt de solidarité sur la fortune (la France comble ainsi un retard sur ses principaux voisins, Allemagne et Grande-Bretagne notamment), F. Mitterrand dénonce le « déficit social » du gouvernement. Michel Rocard doit démissionner le 14 mai 1991, « renvoyé comme un domestique », dira-t-il de lui-même.

Édith Cresson qui lui succède tient moins d'une année (15 mai 1991 - 2 avril 1992). Première femme Premier ministre, Édith Cresson dilapide en quelques jours le capital de sympathie que cette situation lui valait. Dénigrée par la classe politique, moquée par la presse et la télévision, étroitement surveillée par son propre ministre de l'Économie P. Bérégovoy lorsqu'il s'agit de lancer un plan de lutte contre le chômage ou de régler les conflits sociaux qui s'éternisent (grève des infirmières), elle n'a ni le temps ni les moyens d'agir. **Pierre Bérégovoy** (2 avril 1992 - 29 mars 1993) a alors la lourde tâche de préparer les élections législatives de 1993 dans un contexte de récession économique très creuse, il a le courage politique de préserver les acquis de dix années de rigueur, il s'engage dans la difficile ratification du traité de Maastricht. L'affaire du sang contaminé où Laurent Fabius se trouve accusé, de même que les « affaires » politico-financières touchant des hommes proches du pouvoir pèsent lourdement sur l'action du gouvernement. Épuisé et meurtri par les attaques personnelles qu'il a subies et par le manque de soutien de l'Élysée, il se donne la mort le 1er mai 1993.

3. Inquiétudes et frustrations (1995-2002)

▸ **Sur fond de consensus économique, la France entre dans une interminable période de transition.** La ratification du traité de Maastricht acquise, les trois gouvernements qui se succèdent de 1993 à 2002 mettent au premier plan de leurs préoccupations la préparation et la réussite de l'UEM, enjeu énorme pour la France qui est le pays le plus ouvert du G7. C'est la première source des inquiétudes et frustrations qui traversent l'opinion durant cette décennie, avec à la clef une attitude très critique à l'égard du fonctionnement des « institutions » (Parlement, partis politiques, syndicats, Églises, entreprises...) et des hommes qui les dirigent. Cela apparaît dès le mois de mars 1993.

La seconde cohabitation qui s'ouvre le 29 mars 1993 semble au premier abord une répétition de la première : la droite aux affaires face à F. Mitterrand doit à la fois gérer le pays dans un contexte difficile et préparer les élections présidentielles de 1995. Cependant le contexte est fort différent. Non seulement le Président ne se représente pas mais les socialistes divisés hésitent sur le choix de leur champion, il faut attendre le début de 1995 pour que les militants donnent leur préférence à Lionel Jospin contre Henri Emmanuelli pourtant soutenu par la direction du Parti. À droite, comme souvent, c'est une querelle d'hommes. Jacques Chirac, qui a refusé Matignon pour ne pas retomber dans le « piège » d'une cohabitation avec F. Mitterrand, doit affronter son « ami de trente ans », Édouard Balladur dont l'exercice du pouvoir a réveillé les ambitions. Dans ce cadre, l'action gouvernementale apparaît comme une série de variations plus ou moins harmonieuses sur les thèmes de la décennie. La relance des privatisations en octobre et novembre 1993 est un succès ; en Europe le franc surmonte la puissante vague spéculative de juillet 1993 et l'on parvient à infléchir la position européenne dans les négociations commerciales du GATT (dans le domaine agricole notamment) ; le chômage se stabilise en 1994. En sens inverse, les « affaires » atteignent trois membres du gouvernement ; la réforme de la loi Falloux sur le financement des écoles privées et la création d'un Contrat d'insertion professionnelle (CIP) payé à 80 % du SMIC déclenchent deux grands mouvements de protestation entre janvier et mars 1994 : le gouvernement renonce. À travers les sondages, les Français reconnaissent les talents de gestionnaires de É. Balladur, mais ils disent aussi à partir de février 1995 que les électeurs lui préfèrent J. Chirac.

Les résultats du premier tour de 1995 sont en quelque sorte le prototype des scrutins ultérieurs. Les voix se dispersent entre les huit candidats de sorte qu'aucun n'atteint un quart des votants, ni même 18 % des inscrits compte tenu de l'abstention inhabituelle (20,2 %). On observe de surcroît une montée en puissance des forces politiques « non gouvernementales » : Arlette Laguiller dépasse pour la première fois 5 % talonnant le candidat communiste (R. Hue) 6,6 % ; J.-M. Le Pen consolide le résultat de 1988 (15 % soit 4,6 millions de voix). Les analyses sociologiques montrent qu'il gagne du terrain aux dépens des candidats traditionalistes (Ph. de Villiers, 4,7 % alors qu'il en attendait le double) et de la gauche notamment dans les banlieues. On comprend rétrospectivement pourquoi le thème de campagne de J. Chirac, « la fracture sociale » obtient un large écho dans la jeunesse notamment : il met en avant les problèmes intérieurs, concrets et quotidiens, il fait aussi espérer une *rupture* dans la manière de conduire la politique. Avec 52,7 % des suffrages, près de 1,6 million de voix d'avance et un Parlement qui lui est acquis, le nouveau président semble bénéficier d'atouts considérables.

L'état de grâce dure moins d'un mois. Les Français attendaient des changements rapides, ils obtiennent des mesures incompréhensibles (relance des essais nucléaires après le moratoire décidé par F. Mitterrand) ou impopulaires (hausse des impôts et de la TVA). Les élections municipales de juin sont un revers pour le nouveau pouvoir. La rentrée n'est pas meilleure : le départ du ministre de l'Économie A. Madelin seule autre personnalité médiatique du gouvernement puis le renvoi jugé inélégant dans la forme de sept femmes ministres soulignent la raideur – d'aucuns parlent d'arrogance – d'un Premier ministre qui se dit lui-même « droit dans ses bottes ». Dès ce moment, la gestion l'a emporté sur la politique, les projets sociaux tels qu'un « plan Marshall pour les banlieues » sont remisés. L'incroyable mouvement de grèves de décembre 1995, le plus long et le plus massif depuis 1968, traduit cette déception. Le plan de réforme des retraites, présenté par A. Juppé le 15 novembre, bénéficie d'un accueil favorable à droite et de la part de certains syndicats, en particulier la CFDT, mais il est rejeté par la population, à deux niveaux. Celui des corporatismes car il met en cause les régimes de retraite spécifiques de la SNCF et de la RATP accordés à la Libération par le ministre communiste des Transports Marcel Paul. Celui de la population qui exprime sa déception en affirmant qu'elle « comprend » les grévistes, on parle alors de « grève par procuration » dans une atmosphère étrange qui voit les médias insister sur les manifestations spontanées d'entraide et donner des conseils sur le choix et l'usage des *rollers* ! A. Juppé doit retirer son projet, laissant sans solution pour sept ans le dossier des retraites ouvert en 1988 par Michel Rocard...

La dissolution et les législatives anticipées de 1997, voulues par J. Chirac pour reprendre la main, reposent sur une double erreur d'appréciation : erreur sur la conjoncture économique, Bercy multiplie les prévisions pessimistes quant à la croissance et à la consommation annonçant à demi-mots une accélération du chômage et un renforcement de la rigueur ; erreur sur l'état de l'opinion, les sondages font alors espérer une victoire de la majorité présidentielle. Dans les deux cas l'inverse se produit. Il s'agit d'une défaite personnelle pour le Président qui, à l'instar de F. Mitterrand, reste à l'Élysée pour préparer l'élection de 2002, mais perd le contrôle de son propre parti ; il met cinq ans à le reconquérir en écartant successivement ses rivaux potentiels sans toutefois pouvoir imposer son propre candidat (M. Delevoye) les militants lui préférant une femme, Michèle Alliot-Marie.

La victoire de la « Gauche plurielle » associant les Verts aux trois partis du Programme commun, est une incontestable revanche pour Lionel Jospin, elle reflète aussi les attentes de l'opinion que la nouvelle équipe s'efforce de cerner en quelques mots : *probité* pour en finir avec les affaires politico-financières ; *efficacité* que l'on satisfait par un gouvernement resserré expérimenté et solidaire ; *transparence,* le gouvernement martèle son message, « dire ce que l'on va faire, et faire ce que l'on a dit » ; enfin *proximité avec l'opinion.* La volonté de *rupture* se manifeste d'emblée par les mesures sociales et « sociétales » et par la manière de les annoncer (ainsi le patronat est convoqué au sujet des trente cinq heures, il s'attend à des négociations, on lui annonce que la mesure est prise, s'ensuivront cinq années de confrontation). Sur l'ensemble de la législature, l'œuvre est conséquente : outre les réformes majeures des premières semaines (passage aux trente-cinq heures, création de 350 000 emplois-jeunes dans les services publics en espérant que le secteur privé en ferait autant, mise sous condition de ressource des allocations familiales abandonnée en suite), le gouvernement met en place le PACS, réforme le divorce et le droit de l'adoption, institue la parité entre hommes et femmes dans les assemblées.

À cette volonté de rupture, il faut opposer une politique économique *libérale* (orthodoxie budgétaire, privatisation – L. Jospin aurait davantage privatisé qu'Édouard Balladur) menée dans le cadre du passage à l'Euro, mais couverte par un habile discours sur l'*exception française*, le refus de l'AMI (accord multilatéral sur l'investissement en 1999) et le soutien apparent aux thèmes antimondialistes (Bercy fait mine de s'intéresser à la taxe Tobin sur les transactions financières, pour montrer qu'elle est impraticable sans le ralliement « improbable » des États-Unis et de la Grande-Bretagne).

Après des élections européennes plutôt réussies, la rentrée 1999 voit une nette inflexion dans la dynamique gouvernementale. Les réformes institutionnelles ne font pas l'unanimité, notamment à gauche, la régularisation des sans-papiers semble freinée par le ministre de l'Intérieur, J.-P. Chevènement, qui critique aussi la réforme de la Justice (renforcement de la présomption d'innocence, indépendance des magistrats du parquet) et le projet de réforme du statut de la Corse qui le conduit à démissionner. Dans d'autres domaines, le gouvernement paraît retomber dans la « logique gestionnaire » et le refus « technocratique » d'écouter (sinon d'entendre) les revendications catégorielles, ce qui le place en porte-à-faux avec les syndicats et l'opinion. En fait chaque réforme, bien qu'elle soit appréciée par une majorité de l'opinion, a ses victimes et ses laissés-pour-compte, il s'ensuit une kyrielle de conflits sociaux qui s'éternisent (infirmières, internes, médecins de villes, fonctionnaires des finances, de l'éducation, policiers, gendarmes, on pourrait y ajouter les pêcheurs, les chasseurs, les viticulteurs...). À ces corporatismes, le gouvernement oppose le discours de la Raison qui ne passe pas bien. Le patronat, qui s'est réorganisé au sein du Medef en 1998, en profite pour se poser en « refondateur » du dialogue social, trouvant un certain écho chez les salariés qui n'ont pas tous profité des trente-cinq heures ou qui, en ayant profité, ont vu leur rémunération stagner. Le gouvernement de Lionel Jospin s'est-il heurté au *mur des corporatismes*, comme Édouard Herriot s'était heurté au *mur d'argent* en 1926 ?

► **La France n'est pas une exception.** En juillet 1978 Jimmy Carter déclarait : « La crise de confiance révélée par les sondages constitue une menace pour la démocratie en raison du fossé qui s'est creusé entre la population et le gouvernement. » Depuis une vingtaine d'années les résultats électoraux autant que les enquêtes sociologiques mettent en évidence une crise de confiance dans les institutions. Les institutions politiques (gouvernement, parlement, assemblées en général) sont les premières touchées, mais cela concerne aussi le fonctionnement interne des partis, syndicats, Églises – de plus en plus les « hiérarchies » sont contestées par la base qui, si elle est consultée, impose des choix différents. Plus généralement la contestation vise ceux qui affirment parler (intellectuels, médias) ou agir (fonctionnaires, justice) au nom du peuple. Ceci se traduit d'abord par un éloignement à l'égard des formes classiques de la politique : participation électorale en baisse y compris en France pour les élections présidentielles (16 % en 1974, 19 % en en 1981 et 1988, 21 % puis 28 % en 1995 et 2002...), volatilité des électeurs que l'on peut corréler avec la crise du militantisme, le temps des partis de masse semble révolu à gauche comme à droite, l'évolution vers des partis de cadres, essentiellement des machines électorales, renforce le discrédit de l'institution.

Ce n'est cependant pas une remise en cause de l'idée de démocratie, le vote intermittent et le système parlementaire ne paraissent plus des moyens suffisants et naturels d'expression des différences d'opinion. C'est ainsi le principe de la souveraineté du peuple, fondement de la démocratie représentative qui est en cause. Pour les citoyens les plus actifs ceci se traduit par l'engagement dans des associations et la revendication de référendum d'initiative locale et/ou populaire. Les États-Unis, l'Italie, la Suisse entre autres les ont intégrés dans leurs institutions, moins solennels que les référendums plébiscitaires français, ils s'accommodent d'une participation inégale sous réserve de la mise en place d'un système de quorum. En France, plusieurs dizaines de maires, en conflit avec l'État, y ont eu recours illégalement mais jamais les préfets n'y ont fait obstacle. Cet intérêt semble témoigner d'une confiance intacte dans le mécanisme fondamental du vote comme moyen d'expression de la volonté populaire. En France la classe politique n'y paraît pas très favorable, préférant parler de « rapprocher la politique des citoyens » ou de gouverner autrement, le souvenir des plébiscites du Second Empire a décidément laissé des traces.

Il semble ainsi que l'on est plus en présence d'une crise de la démocratie que d'un « désenchantement » critique à l'égard du système représentatif. Les enquêtes d'opinion réalisées dans l'ensemble des pays de l'OCDE semblent indiquer que ce mouvement présente trois caractéristiques essentielles : c'est un phénomène structurel étroitement lié à l'élévation du niveau d'éducation et du niveau de vie (voici qui aurait réjoui Jules Ferry !) ; c'est un phénomène durable, on croyait à l'origine qu'il était lié à la crise économique, la reprise depuis le milieu des années quatre-vingt-dix n'a pas inversé le mouvement, au contraire on a vu en France moins d'un tiers des citoyens attribuer la reprise à l'action du gouvernement de L. Jospin. En dernier lieu, cette crise de confiance se distingue de l'antiparlementarisme idéologique traditionnel de droite ou de gauche même si celui-ci continue d'exister, les extrêmes se retrouvant dans la dénonciation du « parlementarisme bourgeois » ou de l' « *Establishment* corrompu ». Il s'agirait davantage d'une critique raisonnée, du sentiment que les choses importantes ne se passent plus au niveau national : l'Europe (le débat autour du traité de Maastricht constitue un tournant) et le monde avec la médiatisation des manifestations antimondialisation ou celle des sommets de Davos et de Porto Allegre. À l'opposé la question de l'environnement quotidien, la politique des « cages d'escalier » ne saurait à l'évidence relever de l'État qui fait alors figure de mal nécessaire car l'on reste attaché aux services publics, à la protection sociale, à l'éducation publique. On ne s'en délecte pas moins des erreurs et turpitudes de l'Administration, le citoyen qui s'affronte au Léviathan est un héros récurrent des médias.

Le danger apparaît clairement : la multiplication des revendications particulières (corporatistes, locales, communautaires...) assure que toute mesure prise dans l'intérêt général du pays sera bruyamment et publiquement contestée par ceux qui s'estiment lésés ; à chaque fois les pouvoirs publics donnent le sentiment de passer en force. Surchargés de tâches, confrontés à des intérêts conflictuels mais légitimes, les gouvernants ne peuvent satisfaire toutes les espérances que leur accession aux responsabilités a fait naître. on se trouve dès lors en face d'une opinion fragmentée, réactive, protestataire, la volatilité des votes en est l'expression, la plupart des gouvernements français en ont fait l'expérience depuis 1974, « Ils n'avaient point cet esprit d'indépendance qui porte à secouer le joug, mais cette impatience qui fait désirer de changer de maître » (Montesquieu).

► **Les élections présidentielles et législatives de 2002 marquent d'une certaine manière l'aboutissement d'une évolution de quinze années,** pratiquement inexistante en 1981, l'extrême-droite représentée par Jean-Marie Le Pen et le Front national s'impose comme une force politique importante à partir des élections présidentielles de 1988 (14 % des voix), avec des hauts et des bas, les scrutins ultérieurs confirment ce poids relatif, même si le système électoral l'empêche de siéger au Parlement. Dans un premier temps cette montée en puissance joue en défaveur de la droite de gouvernement qui perd des voix sans pouvoir faire alliance avec un parti « diabolisé », la situation est donc très différente de celles que l'on rencontre en Italie et en Autriche notamment ; c'est ainsi que la droite perd une soixantaine de sièges en 1997 et, par là même, perd les élections législatives.

Initialement cantonné dans les milieux traditionalistes (catholique opposés à Vatican II, nostalgiques de l'Algérie française) et nationalistes hostiles à l'Europe, l'électorat du FN s'est progressivement implanté dans les classes les plus populaires. Les premières analyses du scrutin présidentiel de 2002 montrent que le FN est la première force politique parmi les ouvriers et les employés les plus modestes, les chômeurs, les cadres subalternes et qu'il séduit une partie de la jeunesse. La géographie électorale corrobore ceci : Jean-Marie Le Pen arrive en tête dans la moitié Nord et Est de la France, c'est-à-dire la moitié urbaine et industrialisée du territoire, celle que l'on considère la plus moderne et la plus ouverte sur l'Europe, il y est talonné par Jacques Chirac alors que le candidat de gauche n'arrive qu'en troisième position. Cet apparent paradoxe semble le reflet de trois peurs que les partis de gouvernements n'ont pas su prendre en compte et moins encore exorciser. C'est d'abord la peur des effets sociaux de la mondialisation et des changements économiques : les chômeurs, les salariés les moins qualifiés, une partie des jeunes sont en première ligne. C'est ensuite la peur de l'insécurité, plus que l'insécurité elle-même, il s'agit de la petite délinquance urbaine (vols à la roulotte, vols à l'arraché, incendie de voiture) et des incivilités (graffitis, dégradation d'équipement publics, insultes gratuites...) les statistiques montrent qu'elles concernent surtout des mineurs à peine sortis de l'enfance ; à l'exaspération des adultes face à la dégradation de biens acquis à force de travail s'ajoute une angoisse plus intime quant à l'éducation de leurs enfants et aux « mauvaises influences » qu'ils pourraient subir. C'est enfin une peur diffuse de l'avenir que reflète toute une série de discours catastrophistes sur l'avenir des retraites, le réchauffement climatique, la perte de l'identité culturelle, etc. Dans tous les cas la tentation du « renfermement » est grande, le politologue Pascal Perrineau oppose ainsi les partisans d'une « société ouverte » qui estiment qu'ils tireront bénéfice de l'intégration européenne et de la participation à la mondialisation, et les partisans d'une « société fermée » qui savent qu'ils ont tout à y perdre. L'opposition entre l'*ordre* et le *Mouvement* était idéologique, celle-ci apparaît sociale. En 2002, la gauche semble en être plus particulièrement la victime.

Insensiblement, l'électorat de gauche s'est recentré sur les classes moyennes et supérieures urbaines qui s'incarnent dans la figure mythique du *BoBo*, le Bourgeois Bohême parisien. Cet électorat rassemble une population bien insérée dans la société et dans l'emploi, éduqué et bien formé il ne redoute le chômage ni pour lui-même ni pour ses enfants, il sait profiter de la mondialisation (consommation, voyages, ouverture culturelle...) tout en dénonçant ses effets pervers. Parce qu'elle revendique haut et fort son indépendance d'opinion, cette frange de la société se laisse tenter par des votes « alternatifs » ou comme le disent certains analystes politiques « amusants » (comprendre ceux qui permettent de briller dans une conversation mondaine), pour beaucoup il s'agit cependant de choix sincère empreint d'humanisme et de compassion face à la misère du monde.

Les résultats de l'élection de 2002 reflètent cette évaporation de l'électorat de la gauche gestionnaire qui, fière de la manière dont elle a géré la France dans une période compliquée (crises internationales, passage à l'Euro, cohabitation rugueuse...), n'a pas vu venir le coup. La droite classique en bénéficie, mais c'est un résultat en trompe-l'œil : elle représente surtout la moitié la plus rurale de la France de l'Ouest et les « seniors ». Toutefois, il faut relativiser ces résultats : en pourcentage, la droite républicaine perd sept points alors que l'ensemble gauche et extrême-gauche gagnent un point et que l'extrême droite progresse de cinq points. L'échec de L. Jospin auquel il ne manque que 200 000 voix pour participer au second tour est essentiellement dû à l'émiettement de la gauche de gouvernement, alors que J. Chirac domine très largement la droite.

À n'en pas douter, le scrutin de 2002 constitue un « séisme » pour la classe politique et médiatique, il marque aussi la fin d'une génération politique imprégnée du souvenir du gaullisme et de celui de mai 1968. Les dynamiques autour desquelles se reconstruira la vie politique française ne sont pas encore apparentes mais il semble qu'après une décennie consacrée à préparer et réussir l'insertion dans l'UEM et plus largement dans l'économie mondialisée, les Français souhaitent que leurs représentants se préoccupent de leur vie quotidienne.

Approfondir

LECTURES

- J.-J. Becker, *Histoire politique de la France depuis 1945,* Paris, A. Colin, coll. « Cursus », 1988, 192 p.
- D. Borne, *Histoire de la société française depuis 1945*, Paris, A. Colin, coll. « Cursus », 1988, 192 p.
- J.-F. Eck, *Histoire de l'économie française depuis 1945*, Paris, A. Colin, coll. « Cursus », 1988, 192 p.
- N. Baverz, *Les trente piteuses,* Flammarion, coll. « Champs », 1998.

Ces ouvrages permettent une approche efficace du présent. Pour aller plus loin il faut se rabattre sur la presse et les ouvrages d'actualité afin de se forger une opinion. Plusieurs annuaires d'informations offrent une mise en perspective des événements et des commentaires synthétiques.

Utiliser

Les centres dans la vie politique française depuis la Première Guerre mondiale

PRÉSENTATION

Depuis deux siècles la vie politique française repose sur une bipolarisation qui ne laisse qu'un étroit interstice dont l'existence même est contestée : la droite y voit souvent des alliés « objectifs » de la gauche, celle-ci décrit dans le centre un marais opportuniste ou même une droite qui se dissimule. Le sujet veut vous faire réfléchir sur la limite qui sépare les deux hémisphères politiques français. L'analyse des scrutins montre que la bipolarisation de l'opinion est une réalité très enracinée qui laisse peu de place pour un centre autonome doté d'un contenu idéologique original et disposant d'une base sociologique stable. Pourtant le centre qui n'existe pas gouverne. C'est sur ce paradoxe qu'est construit le plan.

Le centre gouverne parce que droite et gauche sont divisées et qu'il y a dans les deux camps des élus et des électeurs d'accord pour rejeter les extrêmes. Le centre a du mal à exister parce que ces fondements idéologiques et sociologiques sont divers, contradictoires et donc mouvants.

Qu'est-ce que le centre ? Le milieu, donc le pivot autour duquel peut s'organiser la vie politique, mais aussi un enjeu que peuvent se partager gauche et droite. Ainsi s'expliquent à la fois le rôle essentiel du centre dans la vie politique et sa difficulté à exister de façon autonome.

I. Le centre est un ensemble de formations politiques indispensable au fonctionnement habituel du parlementarisme

1. Le gouvernement « au centre » est la situation la plus fréquente de 1919 à la fin de la IVe République

- **Qu'est-ce qu'un gouvernement « au centre » ?** Le point commun des gouvernements de centre est la peur des extrêmes. Les gouvernements au centre droit reposent sur l'alliance avec la droite modérée contre la menace « bolchevique » ou le « collectivisme ». On peut prendre des exemples dans la politique des radicaux avant la Seconde Guerre mondiale (gouvernement Daladier de 1938 à 1940...) et celle du MRP après celle-ci. Les gouvernements du centre gauche retrouvent les réflexes de la « défense républicaine » contre les menaces « cléricales », « antirépublicaines » ou « antiparlementaires ».
- **Les mécanismes de formation se déduisent de la situation sur la scène politique.** Sous la IIIe République, les deux Cartels, formés autour d'une alliance électorale à gauche glissent vers le centre droit lorsque les radicaux se divisent. Après 1945 la troisième force est un cas d'école qui présente cependant de nombreuses spécificités (rôle de la SFIO, de la droite modérée), le gouvernement est « au centre » mais il n'est pas centriste !

• L'instabilité est une des caractéristiques des gouvernements « au centre ». Unis contre les extrêmes, les centres constituent un microcosme politique parcouru de divergences idéologiques d'autant plus affirmées que le centre a dans l'opinion l'image d'un « marais opportuniste ». Les conflits majeurs portent sur l'école, la structure des institutions et le rôle de l'État. Comme il s'agit toujours de gouvernements de coalition, les gouvernements au centre sont les victimes des conflits de personnes (guerre des deux Edouards...) et des ambitions plus ou moins frustrées. Il est à noter que des gouvernements au centre ont présidé à l'agonie de deux républiques.

2. La bipolarisation due aux institutions de la Vᵉ République, rend illusoire la survie d'un centre autonome

• Le succès du général de Gaulle et son maintien au pouvoir après la fin de la guerre d'Algérie sont un échec pour les centristes. L'évolution du paysage politique aboutit en une décennie, à un reclassement en quatre tendances. Le reclassement se fait à l'intérieur du vaste champ qui sépare gaullistes et communistes. L'échec de la solution Defferre (M. X...) en 1963-1964 conduit à une double opposition de gauche et du centre autour du MRP qui devient CDS en 1966. La restructuration de la gauche autour du tandem PC-PS, amorcée dès 1969, rejette vers la droite tous ceux qui refusent le communisme (scissions des radicaux en 1972). Les divisions de la famille gaulliste après 1974 accélèrent la fédération des mouvements qui séparent le PS des gaullistes. L'UDF, si elle a pour vocation d'élargir la majorité présidentielle vers le centre, n'apparaît pas comme « une formation centriste », mais se rattache à la droite libérale (R. Rémond)

• L'arrivée de la gauche au pouvoir change-t-elle les données du problème ? La dislocation de l'union de la gauche, l'effondrement électoral du PCF et la montée du FN ouvrent la voie à une « recomposition du paysage politique français » contre les extrêmes et pour l'Europe. La montée en puissance du thème européen est en effet un facteur de relance (accord sur l'Acte unique, sur Maastricht...). Des deux tendances anciennes radicale et démocrate-chrétienne c'est la seconde qui paraît la plus dynamique.

Le centrisme apparaît d'abord comme une pratique politique proposée à la vie parlementaire, voire au système d'assemblée. Mais malgré les diversités, il se caractérise par un ensemble de comportements enracinés dans la tradition et les mentalités.

II. L'opinion entretient avec le centre des relations ambivalentes : attraction et répulsion

1. La prédominance des combinaisons orientées au centre reflète les aspirations de nombreux électeurs

• La France des centres recouvre trois sensibilités. La France radicale, France du « petit » (petit commerçant, petit exploitant...), menacée par les évolutions économiques dès l'entre-deux-guerres, elle s'efface dans les années cinquante, une partie se retrouvera temporairement dans le poujadisme à ses débuts. La France des classes moyennes salariées, produit de la modernisation ainsi que de l'élévation du niveau de vie et d'éducation depuis la Seconde Guerre mondiale. Cette frange hésite souvent entre le centre et la gauche non communiste (deux élections présidentielles de 1974 et 1981). La sensibilité démocrate chrétienne.

• **Des contradictions idéologiques mal résolues.** L'électorat du centre aspire à l'ordre : il est assez aisé pour redouter les effets d'une révolution ou d'une évolution sociale trop rapide. L'électorat du centre aspire à la « justice », il est assez ambitieux et incertain de son avenir pour souhaiter une société ouverte laissant leur chance « aux talents », il est ainsi très sensible aux « bastilles » et aux rentes de situation ainsi qu'aux problèmes liés au système d'éducation (dans l'entre-deux-guerres, le centre est favorable à l'école unique pour éviter la ségrégation économique que représentaient les études secondaires, en 1984 il descend dans la rue à côté de la droite pour défendre l'école privée). « Démocratie » et « progrès » constituent la solution à cette contradiction.

• **Un ensemble très hétérogène et mouvant n'ayant pas un comportement électoral constant.** L'électorat centriste comporte une masse d'indécis jaugeant les arguments et très sensible à la personnalité des candidats (effet PMF, phénomène Pinay...). Mais les transferts de voix restent faibles quelques centaines de milliers sauf phénomène atypique (succès du MRP à la Libération, ralliement à de Gaulle entre 1958 et 1962). Cela suffit à faire basculer la majorité (élections de 1974, 1981 et 1988). Ils parcourent des trajectoires individuelles de grande ampleur à l'occasion de problèmes passionnels (affaire Stavisky, question scolaire...). De cette versatilité de l'électorat centriste résulte parfois un écart insupportable entre les savants équilibres parlementaires et le corps civique (renversement de Mendès France, impopularité des derniers présidents de la République)

2. On ne peut parler d'une « idéologie centriste », mais d'une aspiration qui trouve une expression spécifique dans la « démocratie chrétienne »

• **Une naissance difficile dans l'entre-deux-guerres**. Les origines du catholicisme social dans le début du XXe siècle. Les débuts du syndicalisme chrétien, l'action catholique (JAC, JOC, JEC). L'échec de l'expérience sous les coups de la hiérarchie catholique et de la radicalisation des années trente.

• **Du MRP au CDS un positionnement difficile**. Le MRP un parti de la Libération ? Le MRP un parti charnière de la IVe République ? Le MRP et le CDS sous la Ve République le Parti de l'Europe ?

• **Les raisons d'un échec relatif en France viennent de l'histoire politique nationale.** Vers la gauche, le poids de la Séparation de 1905 et la question scolaire qui s'y rattache constituent une fracture toujours active de la vie politique. Vers la droite le poids de la tradition « césarienne » (R. Rémond) et le respect des hiérarchies s'opposent au thème de la démocratie et du progrès ; s'y ajoute depuis 1954 la question de l'Europe.

Conclusion

« La France aspire à être gouvernée au centre », déclarait V. Giscard d'Estaing et d'une certaine façon F. Mitterrand a confirmé ce jugement à partir de 1983 et plus encore de 1988. Mais le système électoral majoritaire impose, pour être élu, de s'imposer dans son propre camp – la gauche ou la droite. Ceci ne peut que nourrir un décalage entre les engagements de la campagne électorale et les mesures adoptées une fois au pouvoir – ce qui aggrave la suspicion de l'opinion à l'égard des hommes politiques.

QUATRIÈME PARTIE

Un monde d'excès ?

17

Le temps des colonies

LE MONDE ET L'EUROPE (1870-1939)

Connaître

1830	Conquête de l'Algérie
1863	Protectorat français sur le Cambodge
1881	Protectorat français sur la Tunisie (mai)
1882	Occupation britannique de l'Égypte (septembre)
1883	Occupation française de l'Indochine (Annam et Tonkin)
1885	Conférence coloniale de Berlin
1895	Création de l'Afrique occidentale française (AOF)
1898	Incident franco-britannique de Fachoda
1899-1902	Guerre des *Boers*
1904	Accord colonial franco-britannique : « Entente cordiale »
1905	Crise marocaine de Tanger
1911	Crise marocaine d'Agadir (juillet-novembre)
1917	Déclaration Balfour (novembre)
1919	Création des mandats par le pacte de la SDN
1920	Campagne de désobéissance civile de Gandhi aux Indes
1925-1926	Guerre du Rif
1926	Création du Commonwealth
1931	Exposition coloniale de Paris
	Statut de Westminster sur les Dominions
1932	Conférence économique impériale d'Ottawa
1935	*India Act*
1935-1936	Guerre d'Éthiopie

À partir de 1870, une fièvre expansionniste saisit l'Europe. En 1939, les premiers coups de canons de la Seconde Guerre mondiale annoncent la remise en question du système colonial. Entre ces deux dates les colonies déploient bien sûr les charmes de l'Orient, l'exotisme des paysages, les aléas d'une vie aventureuse ou la douceur de vivre d'une société de privilégiés. En contrepoint le « temps des colonies » est marqué par la guerre coloniale, la conquête, la paix du vainqueur bientôt déchirée par la guerre européenne.

Les colonies sont encore le lieu de toutes les utopies : la communauté de destin entre la mère patrie et ses filles exotiques ; mais aussi le lieu de toutes les frustrations : l'impossibilité dans le cadre colonial d'échapper à ce qui reste malgré tout une domination.

I. L'Europe se partage le monde

Après trois siècles d'expériences coloniales, commence vers 1870 la grande phase de l'expansion impérialiste. Comme le dit Jules Ferry en 1890 : « Un mouvement irrésistible emporte les grandes nations européennes à la conquête de terres nouvelles [...]. De 1815 à 1850, l'Europe était casanière et ne sortait guère de chez elle. Aujourd'hui, ce sont des continents que l'on annexe. »

1. Pourquoi les Européens repartent-ils à la conquête de terres lointaines ?

► **La colonisation européenne n'est pas chose nouvelle.** La découverte des nouveaux mondes à partir du milieu du XVe siècle et surtout au XVIe siècle s'est accompagnée d'une première vague de colonisation. Par la suite la curiosité scientifique et l'esprit de découverte ont lancé les navigateurs européens dans les mers du Sud : Cook, Bougainville, La Pérouse, Humboldt ont découvert et offert à leur pays ces terres nouvelles. Puis sont venues les indépendances américaines qui ont interrompu le mouvement pour quelques décennies. De ce passé il ne reste plus que des traces à la fin du XIXe siècle.

L'Espagne et le Portugal, grandes puissances colonisatrices du XVIe siècle, sont sur la défensive. Après la perte de ses possessions américaines, il ne reste plus à l'Espagne que des lambeaux d'empire : Cuba, Porto Rico et les Philippines sont perdues lors de la guerre hispano-américaine de 1898, restent le Rio de Oro et les *Presides* marocains (Cewta et Melilla). L'Espagne quitte la scène coloniale au moment où elle s'anime à nouveau. Le Portugal s'en tire mieux : il a perdu le Brésil en 1825 mais il conserve et développe ses possessions africaines (Angola, Mozambique, Guinée) ainsi que Macao, porte de la Chine, et Goa en Inde. Les Pays-Bas avec l'Insulinde (Indonésie) tiennent les détroits qui relient l'océan Indien et le Pacifique.

La France et le Royaume-Uni abordent la nouvelle phase de colonisation qu'ils vont dominer, dans un état d'esprit très différent.

La colonisation est comprise par la population britannique comme une des expressions naturelles de la vocation maritime de l'Archipel. Elle n'a pas connu d'interruption : l'Inde et le Canada acquis aux dépens de Louis XV sont les fleurons de l'Empire, s'y sont ajoutées la Nouvelle-Zélande et l'Australie, une multitude de points d'appui et d'escales jalonnant les routes océaniques, enfin des zones d'influence solidement établies en Chine depuis la guerre de l'opium (1842) et au Proche-Orient. L'impérialisme ne soulève donc guère d'interrogations et la conquête de nouvelles terres apparaît surtout comme une question d'opportunité et de coût. Joseph Chamberlain exprime cette certitude sans détour : « Nous sommes une race maîtresse prédestinée par nos qualités aussi bien que par nos vertus à nous étendre dans le monde. »

Il en va tout différemment en France. La perte de son premier empire colonial entérinée par le Congrès de Vienne lui fait douter de sa capacité à coloniser. De son ancienne splendeur elle ne conserve que les Antilles, la Guyane, les comptoirs des Indes et du Sénégal. C'est presque par hasard et grâce à l'obstination du général Bugeaud qu'elle a fait la conquête de l'Algérie à partir de 1830, c'est aussi à l'initiative de l'amiral de La Guérivière qu'elle a imposé le protectorat sur le Cambodge en 1863. La défaite de 1870 semble mettre un terme à ces aventures.

Au moment où elle se déclenche, vers 1880, la seconde phase de colonisation n'apparaît pas comme le résultat d'un mouvement historique ou d'une nécessité vitale. Elle résulte de la rencontre de diverses motivations dont le nationalisme semble être la plus puissante.

► **Le XIXe siècle, siècle du progrès et du scientisme, est l'âge d'or de la géographie.** Les milieux scientifiques créent de nombreuses sociétés géographiques dans toute l'Europe. La *Royal Geographical Society,* les sociétés de Paris, de Berlin, d'Anvers ou de Bruxelles redoublent d'activité après 1880 et entrent en concurrence pour lancer et financer les expéditions les plus prestigieuses : la course aux sources du Nil précède la « course au clocher » et la colonisation. Les succès enregistrés permettent d'élargir leur recrutement : la Société de Géographie de Paris passe de 300 membres en 1861 à 2 000 en 1881 auxquels s'ajoutent les 9 500 membres des filiales provinciales, elle édite la *Revue de Géographie* qui fait une large place aux questions coloniales. La passion de la découverte participe à l'élan colonisateur. L'exploration précède de peu la conquête.

Les explorateurs ouvrent la voie. Le Français Savorgnan de Brazza explore le Gabon et le Congo, installe des postes et conclut des traités avec les chefs locaux ; Pavie remontant le Mékong en 1879 fait de même. Ils sont souvent des missionnaires, l'archétype en est le Britannique David Livingstone ou en France le Père de Foucauld.

> Les Pères Blancs du cardinal Lavigerie et la *Church Missionary Society* accompagnent les colonisateurs. Il s'agit d'apporter aux indigènes non seulement la vraie foi, mais aussi les bienfaits de la civilisation, la morale policée, le progrès matériel, la justice, l'ordre et les lumières de la science et de la raison. L'idée que l'Europe a ainsi une mission divine ou providentielle à accomplir est partagée par la plupart des courants de pensées des conservateurs aux socialistes en passant par les Francs-Maçons comme Jules Ferry qui n'éprouve aucun scrupule à déclarer à la Chambre « les races supérieures [...] ont le devoir de civiliser les races inférieures », ou bien Rudyard Kipling qui parle du « fardeau de l'homme blanc ».

▸ **Les motivations politiques et économiques sont mises en avant par les dirigeants européens.** Au lendemain de 1870, les perspectives de conquêtes en Europe s'éloignent et les rivalités se déplacent sur le terrain colonial qui devient un instrument essentiel du prestige national. Bismarck y veille. En France la jeune République cherche à renforcer son prestige par la création d'une « France africaine » ; Jules Ferry l'affirme en 1885 : « Rayonner sans agir, sans se mêler aux affaires du monde [...] pour une grande nation, croyez-le bien, c'est abdiquer. » La conquête entretient de cette manière le désir de conquête, c'est la « course au clocher » dont J. Ferry résume le mécanisme essentiel en quelques mots : « Que le drapeau français se retire du Tonkin, et l'Allemagne ou l'Espagne nous y remplaceront sur l'heure. » Au début des années 1890 viennent se greffer des considérations stratégiques. Il faut coordonner et relier les territoires, protéger les frontières. Cela engendre des conflits : conflit du Congo réglé par la conférence de Berlin en 1885 ; incident de Fachoda en 1898.

Face aux motivations politiques les facteurs économiques apparaissent d'un moindre poids. Au moment de la colonisation, les responsables politiques invoquent en premier lieu le problème des débouchés : « La colonisation est la fille de la politique industrielle », affirme J. Ferry, et en écho J. Chamberlain répond : « L'Empire c'est le commerce. » La colonisation est en effet contemporaine de la « grande dépression » dont le creux, atteint entre 1882 et 1890, accélère le retour au protectionnisme en Europe. Jules Ferry justifie d'ailleurs la colonisation par la « théorie de la soupape » : les colonies servent à absorber les surplus industriels des métropoles lorsqu'il y a baisse de la consommation chez elles. Cependant, mis à part l'Inde et les colonies de peuplement blanc, les marchés coloniaux sont peu attrayants (peu peuplés, peu monétarisés). Leur rôle ne sera significatif qu'entre les deux guerres. Jusqu'à la fin du siècle, l'Europe recherche peu les produits agricoles tropicaux et les matières premières que peuvent fournir les colonies. Ensuite les banques d'affaires orientent les investissements coloniaux vers ces productions (au Viêt-Nam, la Banque d'Indochine finance les plantations d'hévéas et les charbonnages). Dans le cas de la France l'argument est spécieux : sa population est peu dynamique et ne parvient pas à peupler l'Algérie, son industrie fabrique peu de produits exportables vers l'Empire. L'Angleterre dispose des *dominions* et des Indes plus profitables que l'Afrique.

▸ **Les motivations individuelles ont joué un rôle essentiel dans la conquête.** La colonisation est le fait d'un petit groupe d'hommes de terrain. Aventuriers et militaires prennent des initiatives sur lesquelles il n'est plus possible de revenir ensuite.

L'Anglais Cecil Rhodes (1853-1902) en est l'archétype. Arrivé au Cap en 1870 pour soigner une tuberculose, il guérit et se lance dans l'exploitation des diamants. En quelques années la compagnie qu'il a fondé *(De Beers mining company)* absorbe toutes ses rivales et contrôle le marché mondial. En 1890 il devient Premier ministre de la colonie du Cap et obtient de Londres la création d'une compagnie chargée de mettre en valeur un immense territoire qui s'étend jusqu'au lac Tanganyika. En 1895 ce territoire prend le nom de Rhodésie, mais Rhodes se heurte alors aux descendants des colons hollandais, les *Boers* installés dans la République du Transvaal. En 1881 une première tentative britannique avait échoué et Londres avait dû reconnaître l'indépendance des Républiques du Transvaal et de l'Orange. En 1897 l'échec d'un raid conduit par Jameson et financé par Rhodes déclenche un incident diplomatique avec l'Allemagne qui soutient les *Boers*. Rhodes est désavoué, Londres reprend le contrôle de la Rhodésie. **La guerre des *Boers***, guerre impitoyable, n'en éclate pas moins en 1899, elle oppose le Transvaal et l'Orange à la Grande-Bretagne. En effet le Transvaal fait obstacle à l'unification de l'Afrique australe et au grand projet britannique de construire une voie ferrée Le Caire-Le Cap. Malgré une tournée des capitales européennes le Président du Transvaal, Kruger, n'obtient pas les secours espérés. Durant quatre ans 45 000 *Boers* harcèlent les 450 000 hommes de Kitchener qui doit recourir à la terreur (camps de regroupement, colonnes mobiles) dont W. Churchill, correspondant de guerre, se fera l'écho. En 1902 la paix de Vereeniging annexe les deux Républiques à la Couronne mais leur laisse une très large autonomie. Elles formeront en 1909 avec les colonies du Natal et du Cap l'Union sud-africaine.

En France ce sont plutôt des militaires qui assurent la conquête et l'organisation des territoires : Faidherbe au Sénégal, Galliéni au Tonkin puis à Madagascar, Lyautey au Maroc. Leur action n'est pas toujours comprise ni soutenue par la métropole.

► **En Europe l'aventure coloniale est soutenue par des « partis » coloniaux.** Il s'agit de nébuleuses informelles qui associent des militaires, les sociétés de géographie, les missions et des associations coloniales comme le *Comité de l'Afrique française.*

Fondé en 1890 le *Comité de l'Afrique française* regroupe autour du parlementaire Eugène Étienne des politiciens, des journalistes (Hippolyte Percher), des hommes d'affaires (Charles Roux) et des universitaires comme Paul Leroy-Beaulieu, auteur en 1874 d'une sorte de manifeste en faveur de la politique coloniale intitulé *De la colonisation chez les peuples modernes.* Le Comité soutient des missions d'exploration, organise des conférences publiques et diffuse un mensuel pour s'acquérir le soutien du monde politique. Il crée des filiales : le Comité de l'Égypte en 1895, le Comité de l'Asie française en 1901 et le Comité du Maroc en 1904 qui milite pour une implication française au Maroc. En parallèle à l'action du Comité, l'Union coloniale française (1893) défend les intérêts de ses adhérents (négociants, banquiers et industriels) en matière de droits de douane, d'emprunts coloniaux, de concessions foncières. Par ses multiples activités (conférences, édition de brochures comme la *Quinzaine coloniale,* fondation d'un cours libre à la Sorbonne) et ses moyens financiers, elle diffuse l'idée coloniale.

L'*Imperial Federation* créée en 1884 et la *Deutscher Flottenverein* créée en 1898 jouent le même rôle en Angleterre et en Allemagne. Grâce à la qualité de leurs membres, ces comités sont proches des centres de décisions politiques. Des groupes de parlementaires prolongent dans les assemblées l'action des différentes sociétés. En France, le « groupe colonial » de la Chambre des députés, créé en 1892 par Eugène Étienne, qui le préside jusqu'en 1914, rassemble 91 députés en 1882 et 200 en 1902. Les deux tiers de ses membres sont des républicains du centre ou de gauche, les opportunistes, héritiers de Gambetta et Ferry, mais il compte aussi des radicaux et des conservateurs. En 1898, les sénateurs créent à leur tour un groupe colonial qui compte une trentaine de membres.

► **La colonisation n'a pas que des partisans et l'opposition demeure constante jusqu'en 1914.** Jusqu'en 1900, elle est surtout active en France. La droite et des radicaux comme Clemenceau accusent la politique coloniale de coûter trop cher et de détourner la France de la « revanche » : en juillet 1885, Clemenceau demande même au gouvernement de « nous débarrasser de ces expéditions coloniales qui nous prennent notre or et le meilleur de notre sang ». Après 1900, la droite et les radicaux se rallient progressivement à la politique coloniale : le radical G. Doumergue devient ministre des Colonies en 1902. En Angleterre les libéraux rejoignant l'économiste français J.-B. Say considèrent que le libre-échange avec des États indépendants est plus profitable que l'exploitation coloniale.

À partir de 1900 l'anticolonialisme s'ancre à gauche. Les partis socialistes dénoncent le caractère mercantile de la colonisation, l'usage de la force et la misère des indigènes, mais ne réclament pas l'évacuation des territoires colonisés. En Belgique et en Allemagne, les catholiques se joignent à eux et dénoncent les excès de l'exploitation coloniale au Congo (les « atrocités léopoldiennes » dont le travail forcé) ou les abus de pouvoir des administrateurs dans les colonies allemandes. Mais des clivages divisent les socialistes européens entre opposants résolus (Kautsky et Lénine) et partisans de la colonisation. Jaurès lui-même évolue : il accepte au début la colonisation, résultat d'une expansion pacifique, puis dénonce la contradiction entre l'idéal socialiste et l'existence de nations dominées. Socialistes et syndicalistes manifestent contre les guerres coloniales, en France contre la guerre du Maroc, en Italie contre la guerre de Libye, dans un même combat contre le capitalisme.

Dotés de plus de moyens et d'une stratégie plus cohérente, les partisans de la colonisation parviennent néanmoins à emporter l'adhésion de l'opinion grâce à la vulgarisation des découvertes et à la propagande des associations coloniales relayées par l'enseignement de la géographie.

Ainsi, les Français deviennent peu à peu colonialistes. Jusqu'en 1890, la colonisation a mauvaise presse. Les métropolitains sont sensibles aux arguments des radicaux ou des libéraux et s'effrayent des dépenses entraînées par les opérations coloniales. Dans les années 1890, l'opinion publique évolue. Le « parti colonial » s'efforce de développer une presse spécifique : 269 publications en France en 1913 sur un ensemble de 6 700 titres, mais les tirages restent faibles. Des vulgarisateurs comme Élisée Reclus, auteur d'une *Géographie universelle* (1887-1894), des romanciers à succès comme Jules Verne (*Cinq semaines en ballon* paraît dès 1865, *Les enfants du capitaine Grant* en 1867) montrent l'intérêt de la colonisation pour un grand pays comme l'Angleterre. La grande presse d'information se fait l'écho des questions coloniales : en 1890, les directeurs du *Temps,* du *Journal des débats* et du *Petit journal* sont membres du Comité de l'Afrique française. Les colonies sont présentes aux Expositions universelles de 1889 et 1900. Surtout, la création d'une armée coloniale de volontaires en 1893 et le fait que les colonies doivent subvenir à leurs besoins désarment les préventions des Français qui craignent moins pour leur argent et leurs fils. La colonisation n'en demeure pas moins mal connue.

2. De 1870 à 1939, les Européens dessinent la carte du monde

► **L'Asie largement dominée dès le milieu du siècle est le premier terrain d'expansion.** La France, présente au Cambodge depuis 1863 et en Cochinchine depuis 1867, s'empare du Tonkin, voie d'accès privilégiée au marché chinois, et de l'Annam entre 1873 et 1882. Malgré le revers français de Langson (1885), la Chine reconnaît le fait accompli par les traités Tien Tsin (mai 1884 et juin 1885). En 1893 le Siam (Thaïlande), dernier État indépendant, abandonne ses droits sur le Laos. La France domine dès lors toute la péninsule indochinoise. L'Angleterre conquiert la Birmanie (1885) et la Malaisie (1895) mais elle se heurte à la progression de la Russie qui achève la conquête de l'Asie centrale et du Turkestan. L'Afghanistan, État tampon entre les Empires russe et britannique, devient de 1885 à 1907 l'enjeu d'une intense rivalité entre les deux puissances. L'Empire chinois affaibli par les révoltes antimandchoues fait l'objet d'un partage en zones d'influence.

► **La décadence de l'Empire ottoman permet à la France et à l'Angleterre d'étendre leur domination en Méditerranée.** Au prix d'un long conflit avec l'Italie, qui entend défendre les intérêts des nombreux italiens installés en Tunisie, la France impose son protectorat par le traité du Bardo (mai 1881) et s'intéresse au Maroc malgré l'opposition de l'Allemagne. À l'issue des deux crises marocaines de 1905 et 1911, la France instaure un protectorat sur le Maroc en 1912. La Grande-Bretagne, qui a racheté les parts du Khédive dans le canal de Suez en 1875, met fin au condominium franco-britannique sur l'Égypte en 1882. Le contentieux se prolonge jusqu'à l'Entente cordiale de 1904. L'Italie se fait reconnaître par le Royaume-Uni et par la France (1900) le droit d'occuper la Tripolitaine (Libye) puis annexe ce territoire ainsi que les îles du Dodécanèse après la guerre italo-turque de 1911. Les Européens développent leur influence économique en Turquie où ils contrôlent les finances et multiplient les investissements dans les mines et les chemins de fer notamment. Les intérêts allemands y sont très importants.

► **L'Afrique noire est l'enjeu de la « course au clocher ».** À partir de points d'appui côtiers qu'elles possèdent depuis plus ou moins longtemps, les puissances européennes s'engagent dans la conquête de l'intérieur du continent. À la suite des missions de Savorgnan de Brazza agissant pour le compte de la France sur le Bas-Congo (1882) et de celles de Stanley financées à titre personnel par le roi Léopold II

Le monde colonial en 1939

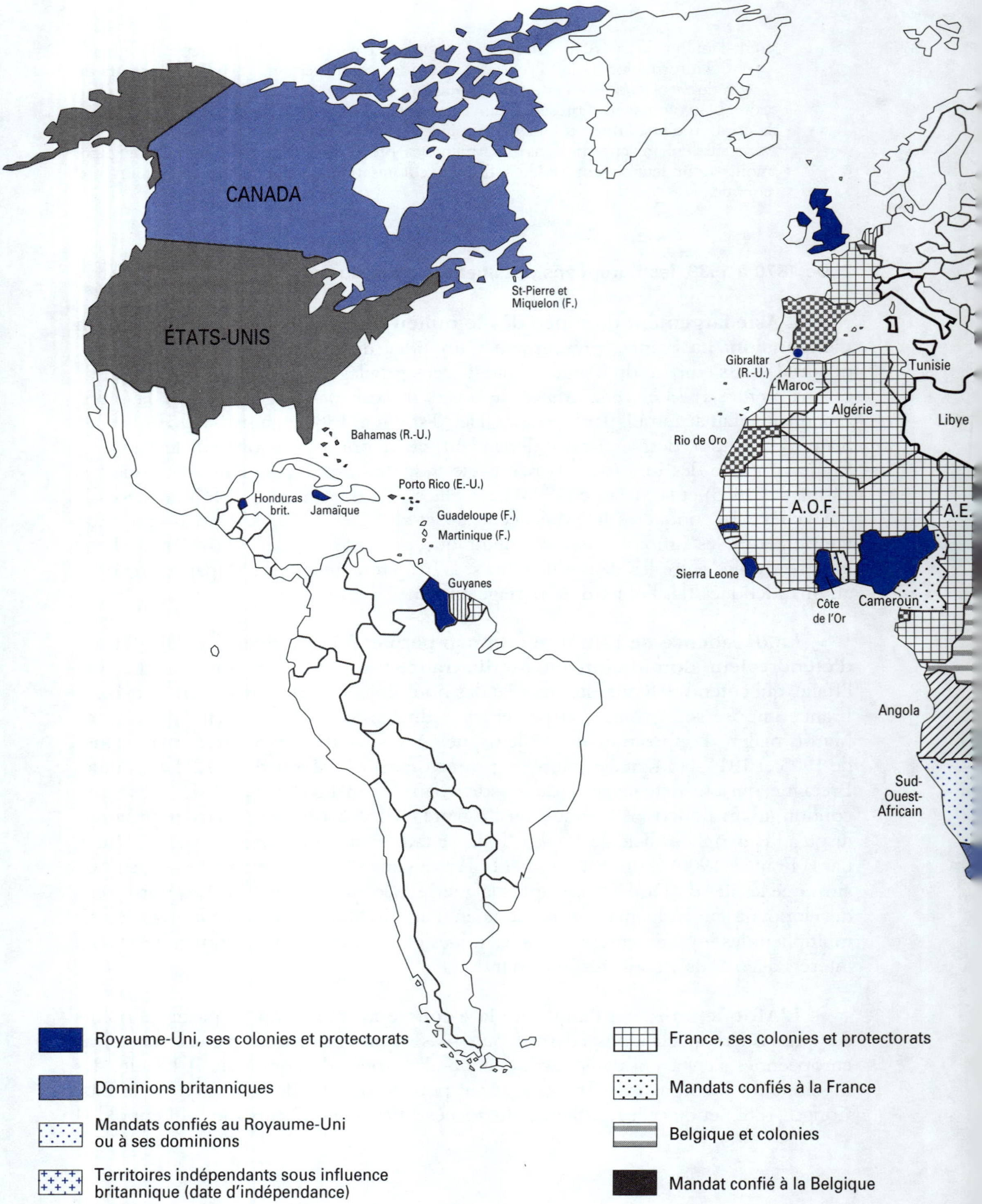

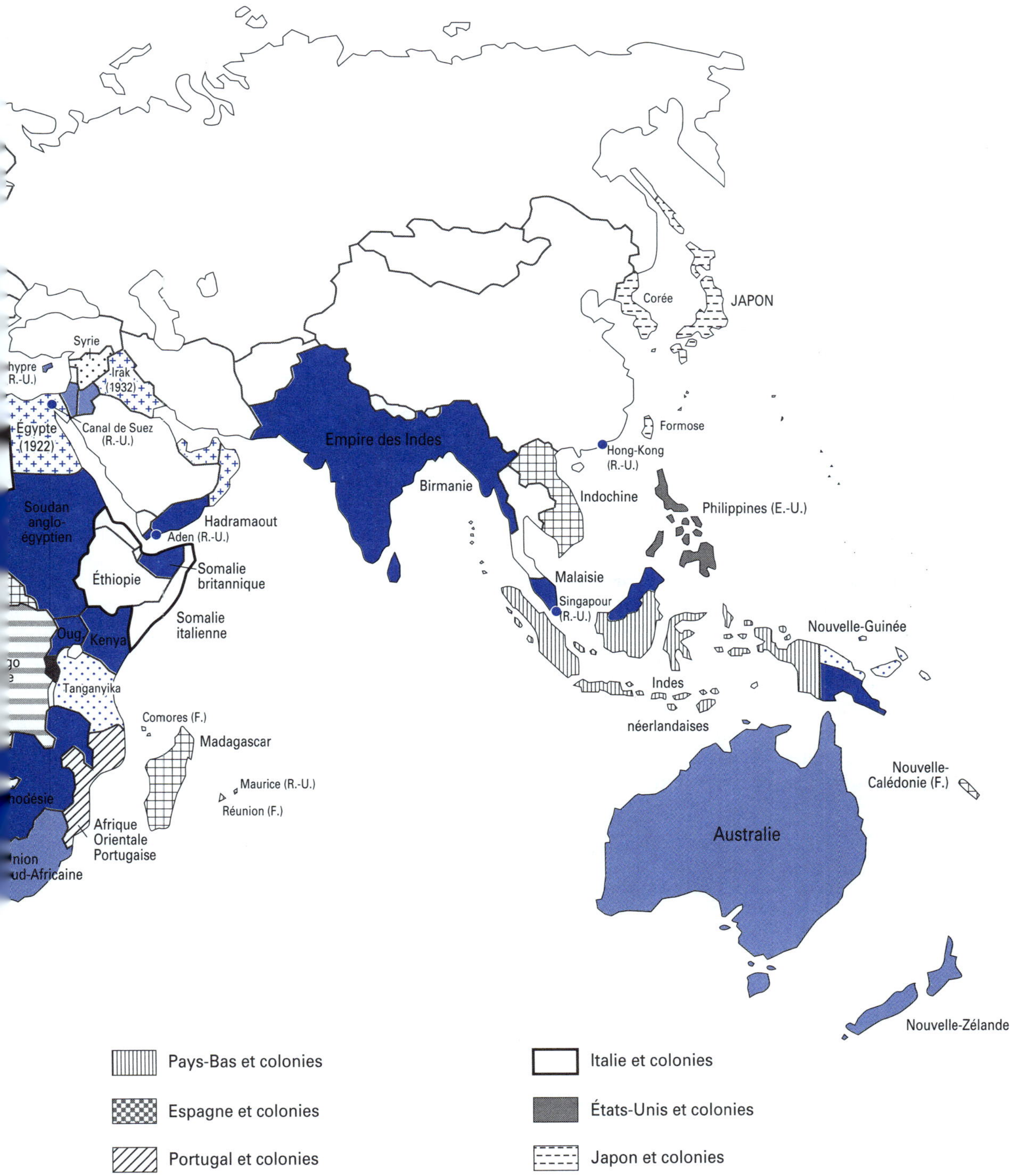
Syrie
Irak (1932)
Égypte (1922)
Canal de Suez (R.-U.)
Soudan anglo-égyptien
Hadramaout
Aden (R.-U.)
Éthiopie
Somalie britannique
Somalie italienne
Oug.
Kenya
Tanganyika
Comores (F.)
Madagascar
Maurice (R.-U.)
Réunion (F.)
Afrique Orientale Portugaise
Empire des Indes
Birmanie
Corée
JAPON
Formose
Hong-Kong (R.-U.)
Indochine
Philippines (E.-U.)
Malaisie
Singapour (R.-U.)
Nouvelle-Guinée
Indes néerlandaises
Nouvelle-Calédonie (F.)
Australie
Nouvelle-Zélande
Pays-Bas et colonies
Espagne et colonies
Portugal et colonies
Italie et colonies
États-Unis et colonies
Japon et colonies

dans le bassin inférieur du fleuve, des conflits potentiellement dangereux pour la paix en Europe éclatent. Soucieux de maintenir la paix, Bismarck convoque la **conférence de Berlin en novembre 1884.** De laborieuses tractations permettent de fixer les règles du partage de l'Afrique : une puissance européenne installée sur la côte peut étendre sa domination vers l'intérieur jusqu'à rencontrer une sphère d'influence voisine, mais seule l'occupation effective peut justifier le droit à la conquête. Des discussions doivent ensuite permettre de fixer les frontières. Dès lors la conquête bat son plein. La conférence de Berlin autorise la création de l'État libre du Congo, propriété du roi Léopold II qu'il léguera à son pays après sa mort en 1908. L'Allemagne conquiert le Togo, le Cameroun, le Sud-Ouest africain et l'Afrique orientale allemande (1884-1886). La France s'empare de l'essentiel de l'Afrique occidentale et équatoriale ainsi que du Sahara jusqu'au Tchad. L'expédition de Brazza lui donne le Bas-Congo (1882). Enfin la France conquiert Madagascar en 1895. La Grande-Bretagne qui possédait la Sierra Leone et la Gold Coast (Ghana) annexe le Nigeria (1886). Les Anglais sous l'influence de Cecil Rhodes et de Kitchener se heurtent aux *Boers* et à la France lorsque la colonne anglaise de Kitchener remontant le Nil rencontre la mission française du capitaine Marchand à Fachoda sur le haut Nil en septembre 1898. Refusant de voir la France s'installer au Soudan (contrôle du Nil supérieur), les Britanniques obtiennent le retrait des Français en novembre.

► **La Grande Guerre renforce les Empires britannique et français.** Les territoires allemands en Afrique et dans le Pacifique ainsi que les possessions arabes de l'Empire ottoman ont été conquises par l'Entente durant la Première Guerre mondiale. Les puissances européennes se sont entendues sur le partage de ces territoires mais le président Wilson a réaffirmé dans le cinquième des Quatorze points les positions anticolonialistes de son pays en préconisant le respect des intérêts des peuples colonisés et leur droit à s'autodéterminer. Un compromis est trouvé lors de la Conférence de paix : l'Allemagne et la Turquie doivent céder leurs possessions qui reçoivent le statut nouveau de mandats coloniaux de la Société des nations.

Les mandats sont définis par l'article 22 du pacte de la SDN. La SDN confie la tutelle des anciennes possessions allemandes et turques aux nations développées afin qu'elles exercent cette tutelle en qualité de mandataires et au nom de la SDN jusqu'à ce que ces pays puissent acquérir l'indépendance. Le caractère civilisateur du mandat est prioritaire. Une commission permanente peut formuler des recommandations aux puissances mandataires, qui doivent lui remettre un rapport annuel. Trois types de mandats sont définis :

— *les mandats A* doivent être rapidement conduits à l'indépendance. Cela concerne la Syrie et le Liban confiés à la France, la Palestine, la Transjordanie et l'Irak placés sous la tutelle britannique ;

— *les mandats B* doivent y accéder plus lentement. Cela s'applique aux territoires africains de l'Allemagne confiés à l'Angleterre, à la France et à la Belgique ;

— *les mandats C* sont des territoires arriérés et peu peuplés : l'Union sud-africaine reçoit le Sud-Ouest africain qu'elle conservera jusqu'en 1989 ; l'Australie, la Nouvelle-Zélande, le Japon et les États-Unis se partagent les mandats du Pacifique.

La Grande-Bretagne et la France sont les gagnantes de cette redistribution coloniale, mais l'entrée des *dominions* sur la scène mondiale et l'internationalisation du problème colonial avec le système mandataire sont de grandes nouveautés. Les Empires coloniaux ont atteint leur apogée territorial au lendemain de la Grande Guerre. L'heure n'est plus à la conquête mais à la gestion des Empires. Seule l'Italie satisfait encore ses ambitions africaines en annexant l'Éthiopie en 1936.

Les Empires en 1939

Empires		Superficie	Population
Grande-Bretagne		34	485
	dont Inde		*388*
France		12	71
	dont Indochine		*23*
	Maghreb		*16*
	AOF		*14*
Pays-Bas		2	70
Italie		3,5	14
Belgique		2,4	14
Portugal		2	10
Espagne		0,35	1,1

II. Les Européens créent un monde colonial

L'expression « empire colonial » laisserait supposer une uniformité dans l'organisation et l'administration. Il n'en est rien. À la distinction majeure entre le modèle français et le modèle britannique d'administration coloniale, se superpose une grande diversité de statuts juridiques des territoires dominés : chacune des trois catégories de base (colonies de peuplement blanc, protectorats, colonies « ordinaires ») se subdivise en autant de cas que de territoires. Les points communs existent néanmoins dans les modes de mise en valeur, dans les relations entre colonisateurs et colonisés, dans les conséquences économiques et sociales, culturelles et psychologiques de la colonisation.

1. Les nouveaux maîtres administrent différemment leurs possessions

► **Les systèmes d'administration coloniale sont variés. L'administration centrale est longue à se mettre en place.** La conquête a été entreprise pour des motifs de prestige, sans plan prédéterminé, ce qui explique que le passage à la colonisation se fasse lentement. En 1880, seules la Grande-Bretagne et l'Espagne possèdent des ministères spécifiques pour leurs possessions d'outre-mer : le *Ministerio de Ultramar*, le *Colonial Office* (1854) et l'*India Office* (1858). Les autres pays confient l'administration des colonies à différents ministères (Marine ou Affaires étrangères) et ne créent que tardivement des ministères indépendants aux compétences limitées (1894 pour la France, 1907 pour l'Allemagne). Cette diversité tient à la multiplication des statuts.

L'administration locale de l'outre-mer prend diverses formes en fonction de trois impératifs : le coût pour les métropoles, les effectifs d'administrateurs susceptibles d'être dépêchés, enfin le maintien de la paix dans les territoires. Au début de la phase d'expansion le système des « compagnies à charte » hérité du XVIIe siècle a connu un éphémère regain de faveur. En échange de certaines obligations (liaisons avec la métropole, peuplement, évangélisation), ces compagnies reçoivent des privilèges de l'État : monopole du commerce, droits de souveraineté (administration, police, douanes). Elles permettent aux États européens d'exploiter à moindre coût les territoires conquis. Des chartes sont attribuées à la Société allemande de colonisation du Sud-Ouest africain du Dr Peters (1885) et à la *British South Africa Company* (1889). Devant les risques politiques que pouvait représenter leur action, les États reprennent en main l'administration coloniale à partir de 1890.

▸ **Le modèle anglais repose sur le principe d'association :** la métropole reconnaît l'originalité culturelle des colonies, ce qui l'amène à faire appel pour leur administration aux élites locales, parfois formées dans les collèges anglais. Les administrateurs britanniques, peu nombreux, supervisent et contrôlent leur travail. C'est le système de *l'indirect rule* (administration indirecte). Trois types de statuts sont utilisés.

Les *dominions* qui sont des colonies à fort peuplement européen, ont reçu de la Grande-Bretagne le *self-government* (souveraineté interne). Ils disposent d'un Parlement et d'un cabinet compétents en matière de politique économique, sociale et intérieure ; seules les affaires extérieures leur échappent. Le souverain britannique est représenté par un gouverneur. Le Canada (1867), l'Australie (1901), la Nouvelle-Zélande (1907) et l'Union sud-africaine (1910) sont les quatre *dominions*.

Le régime du protectorat est appliqué à des États préexistants, mais faibles. Il maintient leur personnalité juridique et une relative autonomie interne ; les souverains conservent leur trône : l'Égypte, protectorat depuis 1914, garde son sultan, les principautés indiennes leurs maharajas. La puissance protectrice assure la représentation diplomatique, la sécurité militaire et la protection de ses ressortissants. Toutefois, le régime de protectorat n'empêche pas des ingérences dans la politique intérieure. En Égypte, les Britanniques peu favorables au khédive Abbas II trop proche des nationalistes, le déposent en faveur de son oncle Husayn dès 1914.

La colonie de la Couronne fait partie intégrante de la métropole, un gouverneur dirige des fonctionnaires anglais et applique la loi britannique ; il est entouré du Conseil législatif et du Conseil exécutif qui sont d'abord des conseils consultatifs et nommés. Ce système n'exclut pas des évolutions : en Rhodésie, colonie de la Couronne en 1923, les Européens élisent une assemblée législative et un gouvernement dirigé par un Premier ministre.

L'Inde a un régime spécial. Disraeli ayant fait proclamer la reine Victoria « Impératrice des Indes » en 1867. L'Inde anglaise est gouvernée par un vice-roi, chef du pouvoir exécutif et représentant du roi, et elle possède un Conseil législatif nommé, puis élu à partir de 1909. Les 600 États princiers indiens (un tiers du territoire, dont le Cachemire) sont placés sous protectorat ; leurs princes n'obéissent pas aux lois de l'Inde anglaise, ils doivent seulement allégeance à la Couronne dont ils suivent la politique étrangère.

► **Le modèle français repose sur le principe d'assimilation,** fruit de la croyance française en l'universalité des valeurs humanistes et du principe jacobin de l'unité et de l'indivisibilité du territoire national. L'assimilation envisagée est essentiellement politique et administrative. Un débat s'élève au début du XXe siècle pour savoir si l'assimilation doit aller jusqu'à l'« absorption », les colonisés adoptant la langue, les habitudes et les coutumes des métropolitains. Cette voie est récusée, c'est donc en fait plutôt l'association qui prévalut. Sur place ces débats apparaissent fort théoriques. Henri Grimal rappelle que la formule la plus fréquemment utilisée fut : « Beaucoup d'assujettissement, très peu d'autonomie, un soupçon d'assimilation. » Sauf exceptions individuelles, l'assimilation ne fait pas des indigènes des citoyens à part entière. D'ailleurs il existe dans l'Empire deux sortes d'habitants :

— les « citoyens », jouissant du droit de vote et soumis au droit français ; il s'agit des fonctionnaires et des colons venus de France, des descendants d'immigrants européens, des juifs d'Algérie bénéficiant du décret Crémieux (1870) et des habitants des vieilles colonies ;
— les autres « indigènes » qui n'ont pas ces droits ; il s'agit au départ de leur permettre de rester soumis à la loi coranique (Algérie) ou à leurs coutumes (Afrique) ; du coup il ne sont pas considérés comme citoyens : ils ne votent pas (Afrique) ou disposent d'un droit de vote restreint (Algérie). Seuls les Algériens qui renoncent au droit coranique peuvent espérer être assimilés ; on peut ajouter que les habitants des territoires « protégés » ne sont pas considérés comme Français, mais comme Marocains, Tunisiens... En l'absence de véritable assimilation, il ne reste que le jacobinisme administratif qui conduit la France à pratiquer l'administration directe.

Les vieilles colonies (les Antilles, la Réunion, la Guyane) ainsi que les quatre communes du Sénégal (Saint-Louis, Gorée, Dakar, Rufisque) et la Cochinchine élisent un ou deux députés au Parlement français et sont administrées par un gouverneur aidé d'un Conseil général élu. Les indigènes ont le droit de vote, ce qui rapproche de l'idéal de l'assimilation.

En Algérie la volonté centralisatrice est poussée plus loin : après 1881 elle est « départementalisée » mais les affaires algériennes sont traitées dans les ministères à Paris jusqu'en 1900. Ensuite l'autonomie s'accroît : le gouverneur général est assisté d'assemblées locales, comme les Délégations financières (formées de deux collèges français et d'un collège musulman) qui votent le budget de l'Algérie.

Les possessions plus récentes sont moins intégrées aux institutions métropolitaines. Certaines sont placées sous administration directe (Madagascar, Tonkin, AOF, AEF) sous l'autorité de gouverneurs généraux. D'autres (Tunisie, Maroc, Cambodge...) sont des protectorats. Juridiquement, le protectorat est un État souverain protégé par la France, représentée par un résident général ; en réalité le protectorat déguise à peine une administration directe. Ainsi l'État tunisien conserve sa personnalité, son pavillon, son souverain et ses habitants leur nationalité particulière, mais dans les faits, le Bey s'efface devant le Résident général tout-puissant qui doit viser tous ses décrets. À tous les échelons, l'administration locale est doublée par des « contrôleurs » français.

Les administrations espagnole, allemande et belge se rapprochent du schéma français, et l'administration hollandaise du schéma anglais.

► **Des fonctionnaires européens et des auxiliaires indigènes assurent l'administration coloniale.** La conquête terminée, l'administration revient d'abord aux militaires. Puis par souci d'efficacité des écoles spécifiques forment des fonctionnaires coloniaux (les Hollandais créent l'École royale préparatoire en 1864, les Français l'École coloniale en 1889).

Le fonctionnaire colonial est un homme à tout faire ; il s'occupe à la fois des impôts, de la police, de l'enseignement, de la santé publique, des routes. C'est souvent un homme seul, la métropole est loin et il doit prendre ses décisions rapidement. Le personnel colonial est peu nombreux en métropole comme dans les colonies : en 1910 le *Colonial Office* n'emploie que 125 personnes, et en 1914 le gouverneur de l'AEF déclare ne pouvoir contrôler que 27 % du territoire faute d'agents.

Les puissances coloniales ont alors recours à des auxiliaires indigènes qui sont soit des chefs indigènes (princes indiens, régents indonésiens, chefs coutumiers africains) utilisés comme rouages entre l'autorité coloniale et la population, soit des fonctionnaires subalternes formés par les Européens. Les Anglais intègrent les chefs indigènes dans le système colonial et en font des responsables : en Inde, ils ont accès aux services techniques, financiers et provinciaux (en 1909 les services financiers comptent 50 % d'Indiens). Les Français, les Belges et les Hollandais sont beaucoup plus méfiants. En 1914, en Indochine, les 12 200 fonctionnaires indigènes sont surtout interprètes ou scribes.

Dans l'ensemble, les empires sont chroniquement sous-administrés ce qui laisse une large part aux initiatives des colons dont certains sont bien introduits dans les bureaux et les ministères de la métropole.

2. Le drainage des richesses, principal objectif de la colonisation ?

► **La mise en valeur commence souvent par la spoliation et l'exploitation des populations indigènes.** Les Européens s'attribuent d'abord les terres et le sous-sol. Les terres vierges sont données (Canada) ou vendues (Nouvelle-Zélande) aux colons. Certaines terres déjà occupées sont enlevées aux indigènes. Au Kenya, les Kikuyus sont évincés en 1902 et cantonnés dans des réserves ou employés comme fermiers par les colons. En Afrique du Nord, les terres concédées aux colons français proviennent de biens de l'État turc, de fondations pieuses, ou de biens séquestrés pour actes de rébellion.

La rentabilité économique des colonies repose sur l'exploitation de la main-d'œuvre indigène sauf dans les *dominions* de la zone tempérée où la main-d'œuvre est essentiellement européenne. La suppression de l'esclavage domestique libère des hommes disponibles pour le colonisateur. Lorsque c'est nécessaire, il peut aussi recourir au travail forcé, obligation de travail gratuit pour des travaux d'utilité publique comme la construction de réseaux routiers (route Oubangui-Chari en AEF, 1918-1925) et ferroviaires (ligne Congo-Océan, 1924-1934). Lorsqu'il n'est pas forcé, le travail est le fruit de la contrainte : les indigènes doivent accepter un travail salarié pour payer l'impôt personnel ou acquérir quelques produits importés. Les Européens importent également de la main-d'œuvre : les Hollandais en Insulinde et les Anglais en Malaisie font appel à des *coolies* chinois (70 000 Chinois sur les plantations de caoutchouc et de tabac de Sumatra et de Malaisie en 1926) ; l'Afrique du Sud reçoit des Chinois et des Indiens.

► **Les Européens aménagent les colonies en fonction de leurs besoins.** Même si la colonisation n'a pas pour finalité première un développement économique équilibré, des infrastructures modernes sont nécessaires pour drainer les richesses vers les métropoles. Des chemins de fer (le chemin de fer du Yunnan achevé en 1914, le Congo-Océan en 1934), des routes (en Tunisie : 4 150 km de routes empierrées en 1914 contre 4 km en 1881) et des ponts (magnifique pont de Hanoï) doivent améliorer les communications entre l'intérieur et la côte ; la modernisation des ports doit faciliter les échanges avec la métropole (Tunis, Sfax et Sousse en Tunisie, Saïgon et Haïphong en Indochine, Dakar au Sénégal) ; toutefois les réseaux routiers (beaucoup de pistes mais peu de routes empierrées) et ferroviaires restent insuffisants, et l'Inde britannique fait figure d'exception (le réseau ferré passe de 800 km en 1870 à 51 500 km en 1910). Ailleurs les grands projets ferroviaires n'ont pas vu le jour : la ligne du Cap au Caire, rêvée par Cecil Rhodes, et le Transsaharien qui devait unir l'Afrique française.

L'irrigation doit permettre la mise en valeur de grandes superficies agricoles (culture du coton en Égypte grâce au premier barrage d'Assouan). Ces travaux d'infrastructure sont financés par les budgets coloniaux, souvent très faibles, par des emprunts émis par les colonies, et par des capitaux privés drainés par des banques spécialisées (la Hong-Kong Shanghai Banking Corporation dans les affaires britanniques en Asie, le Crédit lyonnais et la Banque de Paris et des Pays-Bas dans les territoires français).

► **Les Européens développent dans les colonies tropicales une économie de traite.** Les plantations, exploitations agricoles de produits tropicaux, sont gérées par des sociétés concessionnaires qui contrôlent plusieurs milliers d'hectares ou par des propriétaires européens (Highlands du Kenya, hauts plateaux malgaches). Dans quelques cas les indigènes ont réussi à garder leur terre et à s'insérer dans l'économie moderne (cacao au Gold Coast, hévéa en Malaisie). Chaque territoire colonial a ses spécialités : le coton, le riz, le thé et l'hévéa en Extrême-Orient ; le cacao, l'arachide, le café et le coton en Afrique ; le riz, la vanille et la girofle à Madagascar. La mise en valeur des colonies tempérées est aussi très poussée.

En Algérie, dans la plaine de la Mitidja autrefois inculte les colons entreprennent des travaux d'assèchement, d'assainissement (lutte contre le paludisme) et d'irrigation (17 000 hectares irrigués en 1930). Ils occupent 80 % de la plaine. La grande propriété (plus de 100 ha) domine au détriment des petits colons et de la propriété algérienne. L'agriculture de la Mitidja est tournée vers la France (vignoble de masse). Le réseau routier et ferroviaire converge des grands centres (Blida, Boufarik...) vers le port d'Alger, adapté à l'exportation de la récolte de vin. Mais l'aménagement de la Mitidja, c'est aussi l'exploitation de la main-d'œuvre des montagnes telliennes (des villages kabyles envoient 30 à 40 % de leur main-d'œuvre masculine pour les travaux saisonniers). Dans les autres régions de l'Algérie la colonisation est plus favorable à la petite et moyenne propriété, sauf à l'Ouest où s'étendent les vastes domaines de la Société genevoise.

Les richesses minières des colonies sont largement exploitées. Certaines complètent utilement les ressources métropolitaines (charbon tonkinois, fer indien ou algérien) ; d'autres comblent des manques (phosphates tunisiens, nickel calédonien, cuivre congolais, diamants sud-africains, plomb ou étain indochinois). Ces matières premières sont exportées brutes vers la métropole, sans être transformées sur place. En effet, les industries métropolitaines refusent l'apparition de concurrents sur les marchés coloniaux. Ainsi en vertu du « pacte colonial », les colonies fournissent les matières brutes (agricoles ou minières) et les métropoles les produits transformés, surtout industriels.

3. Dans ce nouveau monde, colons et indigènes se répartissent les tâches

► **La population européenne dirige la mise en valeur.** Les métropoles encouragent les départs aux colonies (aides au transport ou à l'installation, bureaux d'émigration). Les émigrants, surtout de jeunes hommes, partent souvent dans l'espoir de faire fortune ; beaucoup deviennent fonctionnaires, planteurs, commerçants ou industriels. Les Européens sont 4 millions en Afrique en 1935 (135 000 en 1825), 224 000 aux Indes néerlandaises en 1930, 42 000 en Indochine en 1936. En 1936, 2,67 millions d'Européens vivent dans la France d'outre-mer. La natalité des Européens, qui commence à décliner en métropole, reste élevée dans les colonies : 29,3 ‰ en Algérie en 1914 contre 20 ‰ en France. Dans les colonies tropicales, les Européens s'installent peu dans les campagnes (5 000 en AEF pour 3,2 millions d'indigènes), à la différence des colonies tempérées (233 000 dans les campagnes algériennes en 1906 contre 441 000 dans les villes).

Le colonial est souvent isolé face à la masse indigène et à ses compatriotes métropolitains. Son attachement à la colonie est variable, faible dans les terres tropicales où il est souvent de passage, fort dans les colonies tempérées comme en Afrique du Nord, où il s'installe définitivement et possède tous ses biens. Il s'y sent « chez lui », et bien souvent, après une ou deux générations, il ne connaît pas la métropole.

Quatre personnages coloniaux sont typiques :

— *le militaire :* la conquête achevée, il reste souvent sur place et devient fonctionnaire ou colon. Ceux qui restent dans l'armée assurent l'ordre colonial (100 000 soldats anglais en Inde). À la fin du XIXe siècle, l'officier colonial est avant tout un administrateur, à l'image de Lyautey en Indochine, à Madagascar puis au Maroc ;

— *l'administrateur :* partout il manque, surtout dans les colonies d'administration directe qui exigent plus de personnel que l'*indirect rule.* Les campagnes sont particulièrement sous-administrées. Il est souvent accusé d'avoir l'esprit colonial ;

— *le missionnaire :* il accomplit une œuvre considérable, en matière d'évangélisation mais aussi d'éducation et de santé. Il connaît la langue indigène, dirige des écoles élémentaires, des dispensaires, des orphelinats et des hôpitaux. Il lutte contre l'esclavage domestique. Le missionnaire est un des piliers de la colonisation ;

— *le colon :* grand propriétaire ou « petit blanc », c'est souvent le terrien. Dans son exploitation tournée vers les cultures d'exportation, il emploie bien souvent une main-d'œuvre indigène mal rémunérée. Cependant, dans l'Algérie des années trente, les agriculteurs sont une minorité parmi les colons : la majorité est formée d'employés, de commerçants, d'artisans...

► **La colonisation bouleverse les sociétés indigènes. Elle induit des effets démographiques contradictoires chez les peuples dominés.** Les premiers contacts avec les Européens (guerres coloniales, maladies comme la tuberculose, alcoolisme) entraînent un recul démographique. Le développement des communications favorise la propagation des épidémies. Le bilan peut être désastreux : ainsi en Nouvelle-Calédonie le nombre de Mélanésiens tombe de 100 000 à 29 000 entre le Second Empire et 1911. Mais très vite la croissance démographique reprend : la natalité demeure élevée, la mortalité baisse grâce à l'introduction de la médecine et à l'assainissement des régions insalubres. L'action des missionnaires est souvent remarquable : en 1931, ils entretiennent en Indochine 172 établissements de santé (léproseries, hôpitaux, pharmacies ou dispensaires). La révolution démographique commence en Asie au début du siècle : la population indienne passe de 294 millions à 353 millions entre 1900 et 1930, en Indonésie elle augmente de 74 % entre 1910 et 1930. En Afrique la révolution démographique ne commence qu'après la Seconde Guerre mondiale.

L'urbanisation est une autre conséquence de la conquête. L'excédent démographique provoque un afflux indigène vers les centres urbains : la population d'Alger double entre 1901 et 1931 ; Nairobi, fondée en 1899, compte 30 000 habitants en 1926 et 110 000 en 1944. Mais le développement industriel est insuffisant et les ruraux ne trouvent pas en ville le travail espéré. Beaucoup deviennent des marginaux. La structure des villes reflète les effets de la colonisation : les villes anciennes ont été doublées de quartiers européens très actifs (Alger, Hanoï) mais à l'entour commencent à se développer des bidonvilles (« déguerpis » de Dakar) ; la ségrégation est plus complexe dans les villes nouvelles créées par le colonisateur (Saïgon, Nairobi).

L'acculturation des indigènes est la conséquence de l'action des missionnaires et des enseignants. C'est particulièrement sensible en Afrique alors que l'Extrême-Orient et le monde musulman restent hostiles au christianisme (quinze fois plus de catholiques en Afrique noire qu'en Extrême-Orient). Les Églises forment un clergé indigène pour aider leurs missionnaires : en 1930, en Indochine, 1 300 000 chrétiens sont évangélisés par 410 missionnaires et 1 350 prêtres indigènes. L'école diffuse les valeurs et la culture occidentales. L'enseignement public existe notamment dans l'Empire français mais il est limité au premier degré et ses effectifs sont faibles. Les missions jouent là encore un rôle essentiel ; en 1931, les Indes néerlandaises comptent 1 918 écoles des missions protestantes ; au Congo belge, l'enseignement repose entièrement sur les écoles de missions qui scolarisent 93 000 enfants soit moins de 1 % des habitants. L'enseignement primaire se fait en langue européenne (Afrique noire et Afrique du Nord françaises) ou vernaculaire (Madagascar, Indochine, Afrique tropicale anglaise, Congo belge). Peu d'enfants accèdent à l'enseignement secondaire (4 000 sur 170 000 musulmans scolarisés en Algérie en 1938). L'enseignement supérieur est encore plus fermé (il n'y a que 96 musulmans à l'Université d'Alger). Certains individus achèvent brillamment leurs études en Europe. Léopold Sédar Senghor fait ses premières études chez les pères, puis à Dakar dans un cours laïc. Grâce à une bourse, il part à Paris ; khâgneux à Louis-le-Grand, il passe avec succès l'agrégation de grammaire en 1935. Habib Bourguiba commence ses études au collège Sadiki à Tunis, foyer de culture franco-arabe et les terminent à Paris à la Faculté de droit et à l'École libre des sciences politiques. A leur retour, ces élites peuvent devenir des fonctionnaires au service de la métropole, mais il leur est souvent difficile d'accepter le décalage entre les principes libéraux, base de l'enseignement reçu en Europe, et la pratique quotidienne coloniale. Déçues, elles sont le vivier des mouvements nationalistes. Dès son retour de Paris en 1927, Bourguiba, nanti de diplômes, milite au *Destour* avant de fonder en 1934, le *Néo-Destour*.

► **Le monde colonial apparaît étroitement cloisonné.** L'indigène n'est pas un citoyen (sauf dans les vieilles colonies françaises depuis 1848) mais un sujet, soumis au code de l'indigénat ; le droit applicable reste le droit coutumier, complété par des contraintes spéciales : l'administration et non la justice prononce les peines. Toutefois il peut solliciter sa « naturalisation » de façon individuelle en se soumettant à toutes les lois de la métropole ; son obtention reste rare. Le statut de l'indigénat se justifie par la nécessité d'imposer les corvées et les cultures forcées. Les droits politiques et syndicaux ne sont accordés que tardivement et à contrecœur : dans les colonies françaises la liberté d'association n'est accordée qu'en 1946 ; l'Inde britannique fait exception avec la fondation du Parti du Congrès en 1885.

La société indigène n'est pas un ensemble homogène et stable. Les élites changent : **une nouvelle « bourgeoisie »** s'affirme au détriment des chefs coutumiers. On y trouve des propriétaires fonciers pratiquant les cultures de plantation, des intermédiaires travaillant pour les maisons de commerce européennes, des usuriers avançant le numéraire indispensable au paiement des impôts (l'une des conséquences de la colonisation est d'imposer une économie monétaire aux populations colonisées qui pratiquaient surtout le troc). Les petits fonctionnaires indigènes, de plus en plus nombreux (100 000 dans tout l'Empire français en 1935), bénéficient de l'aura du colonisateur. Cette bourgeoisie aspire à l'exercice du pouvoir politique et adhère aux mouvements nationalistes.

La construction des infrastructures et une première industrialisation (mines, huileries et distilleries en Afrique du Nord, industrie cotonnière en Inde) font naître **une classe ouvrière.** En 1930, 53 000 ouvriers travaillent dans les mines indochinoises et

35 000 dans les établissements industriels marocains. Les salaires sont généralement très modiques et permettent difficilement de faire vivre une famille : en 1899, le salaire moyen d'un Sénégalais de plus de 16 ans est de 1,50 F par jour, contre 5 F en métropole. Les conditions de travail sont désastreuses notamment sur les chantiers où la mortalité est élevée. Les premiers syndicats de travailleurs indigènes autorisés en 1918 aux Indes, en 1920 au Congo belge et en 1924 en Tunisie seront une autre source des mouvements nationalistes et révolutionnaires.

Le monde rural forme cependant la plus grande masse. L'agriculture reste traditionnelle, les rendements faibles et les produits agricoles se déprécient. Le niveau de vie reste très bas et la croissance démographique détériore le revenu net des familles paysannes. Beaucoup de paysans endettés sont dépossédés de leur terre et n'ont plus qu'à louer leurs bras aux colons européens, ou à quitter leur village. En ville, l'artisanat traditionnel, concurrencé par les industries métropolitaines (par exemple le coton indien est travaillé dans les manufactures anglaises, puis les tissus sont revendus en Inde) ne fournit plus de travail aux nouveaux venus. Ils grossissent la masse des sans-emploi et s'entassent dans des bidonvilles.

Les risques d'explosions sociales se combinent ainsi avec les revendications nationalistes qui se développent dès les années vingt en Inde, au Proche-Orient et en Indochine.

III. Les relations entre les métropoles et leurs colonies se renforcent dans l'entre-deux-guerres

La Grande Guerre marque une importante inflexion dans l'histoire coloniale. D'une part les opinions et les pouvoirs publics métropolitains « découvrent » le potentiel économique et stratégique que représentent les Empires. D'autre part les élites colonisées prennent plus nettement conscience de leur situation de dominés. Trois attitudes coexistent : certains mettent en avant les principes au nom desquels les démocraties ont combattu et revendiquent une plus large autonomie ; d'autres influencés par les idées de Lénine s'engagent dans le combat révolutionnaire ; d'autres enfin s'appuient sur les valeurs culturelles et religieuses des sociétés traditionnelles pour asseoir des mouvements nationalistes.

1. La Grande Guerre éveille des « consciences impériales »

► **Les colonies ont participé à l'effort de guerre allié.** Les colonies françaises fournissent 607 000 hommes dont environ 70 000 périssent. La bravoure et la loyauté sans faille de ces soldats, qui ne sont pas citoyens français mais simples sujets, suscitent l'admiration : ainsi les exploits des tirailleurs sénégalais sont-ils popularisés par les magazines et la mémoire collective française au point de devenir un argument publicitaire ; le slogan « Y'a bon Banania » montre toutefois que l'image des colonisés demeure dévalorisée et marquée par le paternalisme. Dans l'Empire britannique, les *dominions* et l'Inde fournissent 2,2 millions d'hommes et comptent 200 000 morts. Ce rôle suscite un intérêt renouvelé pour les empires en France surtout où l'on se prend à imaginer « la force noire » et la « France de 100 millions d'habitants » censées combler les classes creuses et équilibrer la puissance allemande.

Le rôle économique des empires a été limité par le désordre économique qui frappe durement les colonies abandonnées à elles-mêmes de l'été 1914 à la fin de 1916 au moins, puis par la pénurie de moyens de transports. Il faut aussi souligner que les métropoles cherchent des produits industriels que les colonies n'avaient pas vocation à fournir en raison du pacte colonial. Les empires contribuent néanmoins à l'effort économique et financier de leurs métropoles : les colonies françaises souscrivent pour 1 milliard de francs-or de bons de la Défense nationale et fournissent 5 millions de tonnes de matières premières et denrées alimentaires ; la Grande-Bretagne trouve en Inde et en Malaisie 58 % du caoutchouc, 100 % de l'étain et du thé dont elle a besoin. Tout cela est mal valorisé : une partie des stocks pourrit sur les quais et les prix très bas offerts aux indigènes suscitent une amertume sensible en Afrique du Nord et en Inde où se développent dès 1919 des mouvements sociaux mêlant des revendications économiques et les idées nationalistes. Mis à part le Canada qui connaît un essor industriel significatif grâce aux investissements nord-américains, les colonies n'ont pas vraiment profité de la guerre.

► **La promotion de l'idée coloniale trouve un réel écho dans le public européen.** Le reportage colonial devient à la mode à la fin des années vingt. Dès 1930 *Le Temps* publie chaque semaine un *Supplément colonial* et *L'Illustration* consacre de nombreuses couvertures aux paysages et aux hommes d'outre-mer. Le cinéma (*Le grand jeu* de Jacques Feyder en 1934 ou *La Bandera* de Julien Duvivier en 1935) fait du rêve colonial une réalité familière. L'outre-mer inspire de nombreux écrivains, comme Joseph Peyré sur le Sahara (*L'escadron blanc*, 1943) et Jean Marquet sur l'Indochine. L'officier colonial devient un héros populaire. La Croisière noire (raid automobile en Afrique en 1925) et la Croisière jaune (raid de la Méditerranée au Pacifique en 1933) passionnent les foules.

L'enseignement accorde une place croissante au monde colonial. Dès le début du siècle, l'école met en scène l'épopée coloniale : des planisphères montrent l'étendue de la colonisation, les manuels scolaires en présentent les vertus (les « leçons de choses » détaillent les produits tropicaux). Mais jusqu'en 1914 l'étude de la colonisation est souvent négligée ou survolée en fin d'année. En France, des instructions ministérielles tentent d'y remédier, en 1925 pour l'enseignement secondaire et 1938 pour les classes élémentaires : le jeune Français doit prendre conscience de l'importance de son Empire.

Les expositions coloniales glorifient la colonisation. Elles doivent séduire et informer, mais surtout transmettre la vocation des colonies : « Le but essentiel de l'Exposition est de donner aux Français conscience de leur Empire » (Paul Reynaud, ministre des Colonies, 1931). En 1924 Wembley abrite la *British Empire Exhibition*. En 1930 la France fête avec faste le centenaire de la conquête d'Alger. En 1931 l'Exposition coloniale de Vincennes est un immense succès populaire : de mai à novembre, 33 millions de visiteurs se pressent à la reconstitution du temple d'Angkor.

Cependant l'adhésion n'est pas totale. En 1939 un sondage de l'IFOP indique que 53 % des Français estiment « aussi pénible de devoir céder un morceau de notre Empire colonial qu'un morceau du territoire de la France » mais 40 % seulement sont disposés à se battre plutôt que de céder la « moindre partie de nos possessions coloniales ». Une majorité identifie l'Empire à la France, mais refuse de mourir pour lui.

2. Cette nouvelle conscience impériale amène à redéfinir les liens entre les colonies et la métropole

► **Les métropoles relâchent leur emprise politique dans leurs possessions.** Les dominions britanniques obtiennent leur pleine souveraineté. Le règlement de la Première Guerre mondiale marque leur entrée sur la scène internationale. Ils ont leurs propres délégués à la Conférence de Paix et signent le traité de Versailles. Ils sont membres de la SDN bien qu'ils n'aient pas le statut d' « État » prévu par les règlements ; l'Afrique du Sud, l'Australie et la Nouvelle-Zélande obtiennent des mandats. Rapidement, les *dominions* affirment leur autonomie diplomatique et refusent à l'occasion de s'associer à la politique extérieure britannique (traité de Locarno en 1925). Aspirant dès lors à redéfinir leurs attaches avec la vieille mère patrie, ils obtiennent la création du *Commonwealth*.

> Le ***Commonwealth* est créé en 1926** lors de la conférence impériale de Londres. Il regroupe volontairement les *dominions* (Canada, Australie, Nouvelle-Zélande et Union sud-africaine) qui deviennent indépendants, et la Grande-Bretagne. **Le statut de Westminster (1931)** organise juridiquement cet ensemble. Il fait de la Couronne le « symbole de la libre association des membres du *British Commonwealth of Nations* » et décrète qu' « aucune loi votée par le Parlement d'un *dominion* ne sera frappée de nullité pour la raison qu'elle est contraire à la loi anglaise. Aucun acte du Parlement de Londres ne s'appliquera à un *dominion* ». Au sein du *Commonwealth*, le Royaume-Uni et les dominions sont des collectivités autonomes de statut égal. Mais en 1939 ceux-ci n'ont toujours pas de diplomatie ni de défense propres et utilisent celles de la Grande-Bretagne. Avec la décolonisation, le *Commonwealth,* organisation très souple, accueillera les anciennes colonies britanniques qui le souhaitent.

La Grande-Bretagne généralise les institutions représentatives en Asie, conduisant à terme au *self-government.* En 1931, la Constitution de Ceylan crée un gouvernement responsable devant un Conseil d'État, dont 50 des 61 membres sont élus par tous les adultes de l'île. Le pouvoir est partagé entre le gouverneur et la représentation élue. En Inde, l'*India Act* de 1919 prévoit la mise en place auprès du vice-roi d'une assemblée législative centrale élue au suffrage restreint et de conseils provinciaux dotés de pouvoirs limités.

En 1927, le Conseil du peuple créé dans les Indes néerlandaises comprend deux tiers de membres élus dont la moitié sont des Indonésiens et ses pouvoirs sont élargis (impôts, régime douanier...).

Avec beaucoup plus de lenteurs et de réticence la France s'engage dans une voie analogue. En 1936, la victoire du Front populaire laisse espérer dans les colonies un changement de politique. Le gouvernement de Léon Blum est le premier à débattre de la question coloniale avec les colonisés. En novembre 1936, les accords Viénot (sous-secrétaire d'État aux Affaires étrangères) reconnaissent l'indépendance de la Syrie et du Liban dans un délai de trois ans, la France préservant ses intérêts économiques, culturels et militaires. Mais en 1939 les accords ne sont toujours pas ratifiés par le Parlement français. En décembre 1936, **le projet Blum-Viollette** accorde la citoyenneté française à 25 000 musulmans d'Algérie (tous des « évolués » : anciens officiers, diplômés, fonctionnaires, élus) sans les contraindre à abandonner leur statut coranique. L'opposition résolue des Européens d'Algérie fait échouer ce projet ; en janvier 1937 le gouvernement prononce la dissolution de l'Étoile nord-africaine (association de travailleurs émigrés, réclamant l'indépendance, créée en France en 1926 par Messali Hadj). La déception des espoirs suscités par le Front populaire exaspère les nationalistes.

► **Mouvement paradoxal en apparence, au moment même où les liens politiques se relâchent, les métropoles resserrent les liens économiques avec leurs empires.** Dès les années vingt, l'atout économique des Empires est mieux valorisé. Un souci de modernisation des colonies anime les gouvernements. En France, le Plan Sarraut (ministre des Colonies) en 1921 et le Plan Tardieu en 1929 accordent des aides aux investissements coloniaux (3,5 milliards de francs mobilisés par le Plan Sarraut). L'État garantit les emprunts coloniaux, cinq fois plus élevés dans les années trente que dans la décennie précédente, destinés aux grands travaux : irrigation en Indochine, ports et routes en Afrique noire.

La crise économique des années trente accélère la création d'économies « impériales ». Les flux financiers vers les colonies s'accroissent fortement. Jusqu'en 1913, seule la Grande-Bretagne investit massivement dans ses colonies : elle y a placé 47 milliards de francs-or, surtout d'origine privée, contre 4 milliards pour la France, plutôt d'origine publique. Durant les années trente, les empires deviennent le refuge des capitaux européens. En 1939, les investissements coloniaux français, majoritairement privés, atteignent 40 milliards de francs-or, soit 45 % des investissements extérieurs français contre 9 % en 1913. L'Inde britannique, qui recevait en 1919 0,6 % du capital britannique exporté, en reçoit 15 % en 1933.

Pour affronter la crise, les puissances coloniales se replient sur leurs empires. À l'instar de la Grande-Bretagne qui tient régulièrement des conférences impériales depuis 1887, la conférence économique de la France métropolitaine et d'outre-mer (1935) cherche à renforcer la cohésion de l'Empire. Les résultats sont minces, mais la volonté impériale est indéniable. Lorsque la Grande-Bretagne renonce au libre-échange par l'*Import Duties Act* (février 1932), **la conférence impériale d'Ottawa (août 1932)** généralise les tarifs préférentiels entre l'Angleterre, le Commonwealth et ses colonies. L'Empire britannique se transforme en une zone commerciale entourée d'une barrière extérieure, au sein de laquelle les échanges sont facilités entre associés. La France, les Pays-Bas et la Belgique font de même. La constitution d'une zone sterling et d'une zone franc favorise les échanges impériaux. En 1939, la Grande-Bretagne réalise 50 % de ses exportations et 42 % de ses importations avec le Commonwealth. En 1935, la France réalise un tiers de ses exportations et un quart de ses importations avec ses colonies, qui reçoivent de la métropole plus de la moitié de leurs importations et lui adresse les deux tiers de leurs exportations. L'Empire devient le premier partenaire commercial de la France. Le système de préférence impériale favorise le développement des colonies en obligeant les métropoles à importer de ces territoires une part croissante de leur consommation, à des prix très supérieurs à ceux du marché mondial : en 1938, la France importe 43 % de son café et 80 % de ses céréales de ses colonies, contre 4 % et 30 % en 1929.

L'Empire colonial français a connu un indiscutable essor dans les années vingt. L'Afrique du Nord devient le quatrième producteur mondial de vin, le Maroc se modernise sous l'action de Lyautey (1912-1925) : transformation des villes par l'ingénieur Henri Prost (Marrakech, Meknès et leurs quartiers européens, ville portuaire de Casablanca), exploitation des phosphates, enseignement agricole... Les grandes sociétés capitalistes jouent ici un rôle important comme en Indochine (plantation Michelin en Cochinchine). La crise frappe lourdement l'Empire (chute des cours des matières premières, chômage). On s'efforce de relancer l'activité (création de l'Office du Niger en 1932 pour développer le long du fleuve les cultures de coton et de riz, montée des investissements puisque l'Empire absorbe 50 % des placements à l'extérieur de la métropole en 1938) ; quelques timides mesures sociales sont adoptées (constitution de Sociétés indigènes de Prévoyance en Afrique noire, Code du Travail en Indochine en 1936, autorisation de syndicats, surtout suppression du travail forcé en 1937).

3. Mais déjà les empires sont menacés par la naissance des premiers mouvements nationalistes

Certains mouvements comme le Parti du Congrès en Inde sont nés dès la fin du XIXe siècle, d'autres peu avant la guerre : les « Jeunes Tunisiens » inspirés par le mouvement jeune-turc en 1905 et dans les Indes néerlandaises, la puissante union de *Sarikat Islam* en 1911. La guerre accélère le mouvement.

► **Plusieurs raisons expliquent le durcissement des mouvements nationalistes dans l'entre-deux-guerres.** D'abord les promesses de la guerre non tenues suscitent la déception et la colère. Pour obtenir des colonies une contribution à l'effort de guerre, les métropoles avaient en effet promis des réformes libérales. La France promet aux élites indochinoises une association à la gestion de leur pays, et en Algérie un accès plus facile à la citoyenneté française. La Grande-Bretagne promet l'autonomie interne en Inde. Ces engagements sont oubliés ou vidés de leur contenu au lendemain du conflit.

Au Maroc, Abd el-Krim met à rude épreuve la pacification entreprise depuis 1912 par le résident général Lyautey. Après sa victoire sur les Espagnols (en 1912, l'Espagne a conservé sur la côte rifaine, les presides de Ceuta et Melilla) en 1921, ce chef féodal rifain fonde la République indépendante du Rif. En avril 1925, il envahit la zone française du Maroc et marche sur Fès. Son combat reçoit le soutien du PCF. Le gouvernement français envoie alors 100 000 hommes en renfort commandés par le maréchal Pétain. Écrasé par les forces franco-espagnoles en mai 1926, Abd el-Krim est fait prisonnier et exilé dans l'île de la Réunion. Il devient le champion du nationalisme maghrébin et de la décolonisation armée.

Les difficultés économiques liées à la crise de 1929 attisent les revendications nationalistes. En Indochine, les prix du caoutchouc et du riz fléchissent, le chômage s'étend dans les villes et les plantations. Le parti communiste exploite ce malaise : il organise des grèves ouvrières et soulève le monde paysan (création de soviets et partage des terres en 1930 dans le Nord-Annam). La faim de terre et la dépossession par l'usure alimentent les revendications nationalistes. La répression est très dure.

Les élites locales réclament l'égalité politique et administrative. Étudiants formés dans les écoles européennes (Nehru à Harrow et Cambridge), ouvriers ayant travaillé en métropole (Messali Hadj est manœuvre puis marchand forain en France de 1923 à 1937, il suit les cours de l'école des cadres communistes), syndicalistes formés aux idées socialistes (Hô Chi Minh en France et à Moscou de 1917 à 1930), tous s'indignent d'être écartés des postes d'autorité. Mais en 1936 Ferhat Abbas revendique encore l'assimilation : « La France, c'est moi », affirme-t-il. C'est le refus des puissances coloniales d'associer ces élites à la gestion de leur pays qui les conduit à réclamer l'indépendance.

Des partis nationalistes variés apparaissent. Certains ont des revendications seulement nationales, d'autres allient les revendications nationales et sociales.

En Inde, le Parti du Congrès, créé en 1885 par la bourgeoisie indienne anglophone, réclame le *self-government*, en termes modérés. Au début du XXe siècle, il élargit son audience, se radicalise et revendique l'indépendance. Pour y parvenir, il fomente des émeutes et préconise le boycott des marchandises anglaises. L'Inde contribue largement à l'effort de guerre (plus d'un million d'hommes) et attend des concessions en retour. En août 1917, les Anglais promettent l'acheminement de l'Inde vers le *self-government.* Après la fusillade d'*Amritsar* (la troupe tire sur une manifestation pacifique et cause 379 morts en avril 1919) bruyamment approuvée par les autorités britanniques, la majorité des Indiens jugent l'*India Act* de 1919 insuffisant. En 1920, Gandhi, l'inspirateur du Parti du Congrès, lance la première de ses campagnes non violentes de désobéissance civile et de boycott des produits anglais (« campagne du rouet » qui permet de se passer des tissus britanniques). Il s'agit d'obtenir le *self-government.* En 1931 la conférence de la Table ronde (symbole d'égalité) se termine par un échec car la Grande-Bretagne refuse le statut de *dominion* à l'Inde ; elle accorde un nouvel *India Act* en 1935. Le droit de vote est élargi ; chaque province s'administre librement avec un gouvernement et un parlement propres, un gouvernement et un parlement fédéral traitent des affaires générales ; le vice-roi ne contrôle plus que les affaires étrangères et la défense. Bien que partielles, ces concessions satisfont une partie de la bourgeoisie indienne et la communauté musulmane qui redoute d'être submergée par le nombre des hindouistes.

En Tunisie, le Destour, premier parti nationaliste (1920), est un parti libéral constitutionnel ; en 1934 Habib Bourguiba crée **le Néo-Destour,** laïque et moderne, plus populaire et plus violent. Son objectif est l'indépendance de la Tunisie et ses moyens le boycott des produits français et le refus de l'impôt. Malgré la dissolution du Néo-Destour en 1938, le nationalisme tunisien est en 1939 un mouvement populaire, puissant dans les villes comme dans les campagnes.

Aux Indes néerlandaises, le parti national indonésien, fondé par Sœkarno en 1927 recrute surtout dans les classes moyennes. **Le PC indonésien** fondé en 1920 est le premier Parti communiste indigène, il allie revendications nationales et sociales.

En Indochine, le parti national vietnamien, créé en 1927, veut « chasser les Français du territoire du Viêt-Nam ». Il fomente l'insurrection de Yên Bay en 1930, et est écrasé avec la répression. La lutte nationale revient en 1930 **au PC indochinois** de Hô Chi Minh, qui veut « renverser l'impérialisme français » mais aussi « former le gouvernement des ouvriers, paysans et soldats ».

► **L'Internationale communiste devient le porte-parole de l'anticolonialisme.** Pour Lénine, l'expansion coloniale caractérise « l'impérialisme, stade suprême du capitalisme ». Il est de l'intérêt des prolétariats métropolitains de s'associer aux peuples colonisés dans une même stratégie révolutionnaire. Le Congrès des peuples dominés de l'Orient qui se tient à Bakou en 1920 veut concrétiser cette union. De même la huitième condition d'admission au Komintern précise que « tout parti qui désire appartenir à la IIIe Internationale est tenu [...] d'appuyer non seulement par des paroles mais par des faits les mouvements libérateurs des colonies... ». Le Komintern apporte un soutien inconditionnel aux mouvements nationalistes, surtout en Asie et dans les colonies françaises. Dans les années vingt, il suscite la création de partis communistes en Indonésie, en Indochine, en Malaisie et aux Philippines. Le PCF soutient les mouvements nationalistes au Maghreb (de 1924 à 1926, il se mobilise contre la guerre du Rif en soutenant Abd el-Krim par des manifestations et des grèves) et en Indochine lors de la répression du soulèvement de la garnison tonkinoise de Yên-Bay en février 1930.

Après 1935 les consignes du Komintern changent : l'ennemi désigné est désormais le fascisme, les Partis communistes doivent renforcer la coalition antifasciste et atténuer leurs positions anticolonialistes. En 1937, Maurice Thorez rappelle aux nationalistes tunisiens que « la revendication fondamentale de notre Parti communiste concernant les peuples coloniaux reste (...) le droit à l'indépendance (mais) le droit au divorce ne signifie pas l'obligation de divorcer ». Les intérêts de l'URSS sont prioritaires, les mouvements nationalistes n'en sont pas dupes.

► **Ces mouvements trouvent un écho en métropole parmi les intellectuels qui condamnent les abus du colonialisme.** Dès le début du XXe siècle des hommes se sont dressés contre les atrocités commises au nom de la colonisation : Félicien Challaye, professeur de philosophie, dénonce les scandales de l'administration au Congo. Dans l'entre-deux-guerres les condamnations morales et humanitaires sont de plus en plus virulentes. Dans *Voyage au Congo* (1927) et *Retour du Tchad* (1928), André Gide évoque le sort des indigènes d'Afrique centrale (travail forcé). Des journalistes condamnent la répression sanglante des insurrections de 1930 au Tonkin, comme Andrée Viollis dans *Indochine SOS* (1935). Mais le principe même de la colonisation est rarement remis en cause. En 1927 est créée à Bruxelles la Ligue contre l'oppression coloniale et l'impérialisme, organisation internationale présidée par Albert Einstein. Elle regroupe des communistes, des socialistes, des sociaux-démocrates et des chrétiens. Le fossé idéologique entre les communistes et ses autres membres entraîne sa disparition.

En 1939, malgré les premiers signes de malaise, l'Europe reste convaincue de son prestige et des bienfaits de sa mission colonisatrice. Un siècle de conquête et de pacification lui ont donné le monde : le tiers de la population et les trois quarts de la surface du globe. Les deux décennies d'après guerre suffiront pour y mettre fin.

Approfondir

LECTURES

- La synthèse de J.-L. Miège, *Expansion européenne et décolonisation de 1870 à nos jours*, Paris, PUF, coll. « Nouvelle Clio », 1993, 427 p., est l'ouvrage de base. Pour compléter, P. Guillaume, *Le monde colonial XIXe-XXe siècle*, Paris, Colin, coll. « U », 1994, 283 p. et dans la même collection Y.-G. Paillard, *Expansion occidentale et dépendance mondiale (fin XVIIIe-1914)*, Paris, Colin, coll. « U », 1994, 340 p.

Sur la colonisation française :
pour une première approche :

- G. Pervillé, *De l'Empire français à la décolonisation*, Paris, Hachette, coll. « Carré Histoire », 1991, 256 p.
- X. Yacono, *Histoire de la colonisation française*, Paris, PUF, coll. « Que sais-je ? », n° 452, 1995, 126 p. ; dresse les grandes lignes de l'histoire coloniale française

et pour aller plus loin :

- D. Blouche, *Histoire de la colonisation française*, t. 2 : *Flux et reflux (1815-1962)*, Paris, Fayard, 1991, 607 p. Remarquable travail de synthèse sur le sujet.
- R. Girardet, *L'idée coloniale en France de 1871 à 1962*, Paris, La Table ronde, coll. « Pluriel », 1979, 506 p. ; cet essai apporte une autre dimension à la question coloniale : il se situe sur le plan des idées, des sentiments et des croyances qui ont accompagné l'expansion française.
- J. Marseille, *Empire colonial et capitalisme français, histoire d'un divorce*, Paris, Seuil, coll. « Points-Histoire », 1989, 458 p. ; les colonies ont-elles été une « bonne affaire » ou un « boulet » pour l'économie française ? L'auteur étudie le divorce croissant entre une opinion publique gagnée à la conscience coloniale et la fraction la plus moderne du patronat français sensible aux implacables contraintes économiques.

Sur la colonisation britannique :

- R. Marx, *De l'Empire au Commonwealth, 1850-1994*, Gap, Ophrys, 1995, 168 p.

THÈMES DE RÉFLEXION

- Les Empires coloniaux dans les relations internationales 1880-1945.
- Les Français et leur Empire colonial.
- La politique coloniale de la IIIe République.
- L'anticolonialisme en France avant 1914.
- Les colonies et la Grande Guerre.
- La politique coloniale britannique.

Utiliser

Chronologie commentée de l'Amérique latine

LE TEMPS DES CAUDILLOS

• Au début du XXe siècle, l'Amérique latine est soumise à des dictatures militaires, souvent appuyées sur les grands intérêts terriens : Profino Diaz au Mexique (1976-1911), auteur de la formule célèbre « pauvre Mexique, si loin de Dieu, si près des États-Unis » ; Vincente Gomez au Venezuela (1908-1935).

• Des changements commencent à se produire alors à cause de la montée de la bourgeoisie urbaine et de l'influence des États-Unis : les intérêts américains commencent à se substituer aux capitaux anglais lors de la Première Guerre mondiale. Le sud du continent évolue vers une démocratie conservatrice (Arturo Alessandri, président du Chili de 1920 à 1938, instaure un régime présidentiel) ou centriste (le suffrage universel est instauré en Argentine en 1912 ; les radicaux y prennent le pouvoir en 1916). Le Mexique connaît une période de troubles de 1911 à 1917 qui se termine par la victoire des révolutionnaires et la constitution de Queretaro (réforme agraire, nationalisations, violent anticléricalisme qui mène le pays au bord de la guerre civile). Les États andins, moins modernes, restent dominés par des dictateurs.

LE TEMPS DES CRISES

• La crise mondiale frappe les pays d'Amérique latine exportateurs de matières premières (café du Brésil, viandes puis céréales d'Argentine – ce pays est dans les années trente, le premier exportateur de céréales –, cuivre du Chili...). Cela déstabilise les vieilles oligarchies. Les tensions européennes se ressentent jusqu'ici (soutien du Mexique et du Chili à l'Espagne républicaine). L'influence américaine provoque un retour des réflexes nationalistes *antigringos,* surtout lorsque les États-Unis veulent attirer ces pays dans la guerre à leur côté ; cela prend parfois la forme de mouvements fascisants (synarchisme au Mexique, intégralisme au Brésil...). Enfin certains conflits éclatent (guerre du Chaco de 1932 à 1935 gagnée par le Paraguay contre la Bolivie).

• Dans certains pays l'évolution se fait vers la gauche : Front populaire au Chili de 1938 à 1948 (avec des ministres communistes), Parti révolutionnaire au Mexique où le président Cardenas nationalise les compagnies pétrolières américaines ; politique sociale des libéraux au pouvoir en Colombie (1930-1945) ; au Pérou, l'APRA (Alliance populaire révolutionnaire américaine) créée en 1924 échoue à prendre le pouvoir en 1932. Les forces traditionnelles résistent mieux également en Argentine (coup d'État militaire de 1930).

LE TEMPS DES POPULISTES

• Le phénomène le plus original se trouve pourtant au Brésil. Le général Vargas instaure une dictature à l'allure d'abord fascisante (instauration de l'*Estado novo*), puis plus modérée : il cherche un compromis avec les États-Unis (signature d'un accord commercial dans le cadre du *Reciproqual Trade Agreement Act,* entrée en guerre contre l'Allemagne en 1942). Il cherche à moderniser le pays (création de la sidérurgie de Volta Redonda) et il adopte des mesures sociales (Plan Salte : santé, alimentation, transports, énergie). Renversé en 1945, il revient au pouvoir de 1950 à 1954 (nationalisation du pétrole).

• Ainsi se crée la coalition populiste qui rassemble la bourgeoisie moderne, les classes populaires des villes et l'armée derrière un homme fort prônant un programme nationaliste et social. Difficilement classable à gauche ou à droite, il se veut anticommuniste mais aussi anti-américain. On peut y reconnaître Paz Estensero (qui crée en Bolivie en 1940 le Mouvement nationaliste révolutionnaire) et surtout l'Argentin Peron qui s'impose à la suite d'un coup d'État pro-allemand en 1943 et devient président en 1945. Appuyé sur le syndicat CGT et bénéficiant du charisme de sa femme Eva, il instaure le justicialisme : planification, rachat de sociétés étrangères, nationalisme économique... Il se heurte rapidement à l'ambassadeur des États-Unis puis, chose plus grave, à l'Église. Renversé en 1954, il s'exile en Espagne avant d'être rappelé en 1973 et meurt en 1974.

• Les Américains gardent donc la situation en main, s'appuyant tantôt sur des dictatures traditionnelles (Batista à Cuba, Jimenez au Venezuela de 1948 à 1958), tantôt sur des conservateurs modérés (Argentine, avec Jorge Alessandri de 1958 à 1964 ; les successeurs de Vargas, Kubitschek qui lance la création de Brasilia, et Quadros...). Signe de leur influence : le Parti révolutionnaire mexicain devient Parti révolutionnaire institutionnel en 1946 sous la direction d'Aleman.

LE TEMPS DES RÉVOLUTIONS

• C'est à Cuba, marquée par l'influence américaine la plus contestable (Mafia, corruption...) qu'éclate la révolution. Fidel Castro, après avoir échoué à s'emparer de la caserne de la Monclada en 1953, débarque dans l'île en 1956. Il suscite rapidement le soutien de nombreux révolutionnaires de tout le continent (l'Argentin Che Guevara). Le 1er janvier 1959, il s'empare de La Havane d'autant plus facilement que les États-Unis ont cessé d'envoyer des armes à Batista en mars 1958.

• Les Américains hésitent : par certains côtés, Castro suscite la sympathie d'autant plus qu'il affirme que sa révolution est « vert olive » et non rouge. Mais il inquiète car nombre de ses partisans (dont son frère Raoul) sont proches des communistes. La rupture se produit par étapes : baisse des achats de sucre cubain par les États-Unis, accord commercial avec l'URSS (1960), embargo américain, accord militaire avec l'URSS... Le régime se durcit contre les opposants (éviction du leader révolutionnaire anticommuniste Matos en 1959, répression de manifestations antisoviétiques en 1960).

• En avril 1961, deux mille opposants tentent de débarquer dans la Baie des Cochons ; l'opération a été montée par la CIA mais le nouveau président Kennedy refuse l'aide (indispensable) de l'aviation américaine. C'est l'échec : les anticastristes, non ravitaillés, sont isolés et doivent se rendre tandis que la police cubaine arrête 100 000 opposants potentiels. Castro proclame le 1er mai : « Je suis socialiste. » En 1962, le parti unique est instauré. La crise d'octobre éclate et Cuba est chassée de l'OEA.

• La révolution castriste séduit en Amérique latine tandis que l'anti-américanisme grandit (le vice-président Nixon est attaqué par la foule à Caracas en 1959). Face au danger, le président Kennedy lance l'Alliance pour le Progrès (1961, programme d'aide pour l'Amérique) et soutien des centristes comme le Vénézuélien Betancourt (jusqu'en 1964) ; au Chili, le démocrate-chrétien Frei s'impose de 1964 à 1970 et fait adopter une réforme agraire. Mais ces modérés sont vite déstabilisés par les guérillas qu'encouragent Cuba et l'organisation qu'elle a suscitée (la Tricontinentale). Il s'agit d'abord de guérillas rurales avec les Forces armées révolutionnaires (Colombie, 1966). Ces mouvements échouent la plupart du temps pour trois raisons : le faible soutien qu'elles obtiennent des paysans, la répression encadrée par des unités spéciales fournies par les Américains (à Panama entre autres) et l'absence d'aide des Partis communistes liés à Moscou qui juge alors Castro trop aventuriste. En 1967, Che Guevara qui avait voulu susciter une révolte en Bolivie est tué. Succédera alors dans les années soixante une guérilla urbaine où s'illustrent des groupes gauchisants – M 19 en Colombie, Tupamaros en Uruguay. Cette agitation suscite des coups d'État militaires : 1964 au Brésil, (pour empêcher la réforme agraire voulue par le président Goulart), 1971 en Bolivie (général Banzer), 1976 en Argentine (après un terrorisme urbain particulièrement grave auquel l'armée du général Videla répond par la répression...). Au Pérou, ce sont des militaires socialisants qui s'imposent en 1968.

• Le cas du Chili est particulier. Le socialiste Allende gagne les élections présidentielles en 1970 à la faveur de la division des adversaires. L'Union populaire (chrétiens de gauche, radicaux, socialistes, communistes, gauchistes du MIR) n'aura jamais la majorité des voix. Dans ce contexte il engage pourtant des réformes audacieuses : poursuite de la réforme agraire avec création de coopératives, confiscation des mines de cuivre (ce qui irrite les États-Unis), nombreuses nationalisations... La situation économique tourne au désastre (inflation de l'ordre de 1 000 % en 1973), les manifestations hostiles se succèdent (ménagères, camionneurs, mais aussi mineurs), les heurts avec le Parlement (de droite) sont fréquents. Les États-Unis orchestrent cette agitation et isolent le Chili sur la scène internationale (refus de prêts...). En 1973, un coup d'État mené par le général Pinochet se termine par la mort (suicide ? assassinat ?) d'Allende.

LE TEMPS DES DÉMOCRATES ?

• À la fin des années soixante-dix, les dictatures s'étendent sur la plus grande partie de l'Amérique latine.

Certains pays connaissent une croissance réelle : le Brésil qui devient un NPI et connaît un excédent commercial annuel de plus de 10 milliards de dollars par an au milieu des années quatre-vingt grâce à une forte intervention de l'État, le Chili qui choisit au contraire le modèle ultralibéral inspiré par les *Chicago's boys,* le Mexique bénéficiant de la manne pétrolière... À l'exception du Chili, ces pays restent marqués par une politique économique qui privilégie l'intervention de l'État et le protectionnisme.

• Tout ceci est remis en question. Une menace révolutionnaire réapparaît : victoire des sandinistes au Nicaragua en 1979 et renversement du dictateur Somoza, évolution vers le communisme de l'île de la Grenade, agitation subversive (*Sentier lumineux* maoïste au Pérou)... La baisse du prix des matières premières, l'explosion de la dette (Brésil, Mexique et Argentine sont les trois PVD les plus endettés au milieu des années quatre-vingt), l'inflation déstabilisent ces économies.

• Une nouvelle reprise en main américaine apparaît : elle est militaire (intervention à la Grenade en 1983, à Panama en 1990), politique (aide aux Contras au Nicaragua) et économique (programmes d'austérité imposés par le FMI). Elle bénéficie surtout de l'effondrement de l'URSS qui isole Cuba.

• Encouragés par les États-Unis, les pays d'Amérique latine retournent peu à peu à la démocratie : le Pérou en 1980 (victoire du socialiste Garcia aux élections de 1985), l'Argentine en 1983 après la défaite face au Royaume-Uni (guerre des Malouines 1982), le Brésil en 1985, Haïti en 1988, le Chili en 1989. Les sandinistes perdent le pouvoir au Nicaragua en 1990. Partout semblent s'imposer des démocrates libéraux qui privatisent et s'alignent sur les États-Unis (comme le président argentin, pourtant péroniste, Carlos Menem).

18

Des Empires aux Tiers Mondes

LE TIERS MONDE DEPUIS 1945

Connaître

1945	Proclamation de l'indépendance du Viêt-Nam (2 septembre)
1946	Début de la guerre d'Indochine (20 décembre)
1947	Indépendance de l'Inde et du Pakistan (15 août)
1948	Création de l'État d'Israël (14 mai)
1954	Défaite française à Diên Biên Phu (7 mai)
	Accords de Genève (21 juillet)
	Début de l'insurrection algérienne (1er novembre)
1955	Conférence de Bandoeng (18-24 avril)
1956	Intervention armée franco-anglaise en Égypte (novembre)
1960	18 États africains accèdent à l'indépendance
	Création de l'OPEP
1961	Premier sommet des non-alignés à Belgrade
1962	Accords d'Évian (18 mars)
	Indépendance de l'Algérie (3 juillet)
1964	Première CNUCED à Genève
1973	Conférence des non-alignés d'Alger revendiquant le NOEI
	L'OPEP quadruple le prix du pétrole (octobre-décembre)
1975	Première Conférence de Lomé
1982	Déclaration de cessation de paiement du Mexique
1986	Contre-choc pétrolier
1991	Abolition de l'Apartheid en Afrique du Sud
1997	Crise financière asiatique
	Rétrocession de Hong Kong à la RPC
2001	Lancement à Doha du « cycle du développement »
2002	Consensus de Monterey sur le développement

La majeure partie des territoires colonisés accède à l'indépendance entre 1945 et 1965. Dénonçant le néo-colonialisme des puissances occidentales, ils cherchent à renouveler les rapports Nord-Sud dans le domaine politique et économique avec la revendication d'un « Nouvel Ordre économique international ». Mais les rêves d'unité, d'égalité et d'autonomie, qui avaient paru un moment bouleverser les données fondamentales d'un système international ordonné autour des deux Grands, s'évanouissent dans les années quatre-vingt : le Tiers Monde rentre dans le rang et éclate.

I. Nationalismes et indépendances en Asie et en Afrique

Déjà la Première Guerre mondiale avait affaibli les puissances européennes et amené les peuples colonisés au nationalisme. Certains contemporains sont conscients de ce recul (Oswald Spengler, *Le déclin de l'Occident,* 1919 ; Albert Demangeon, *Le déclin de l'Europe,* 1920) : après des cycles de croissance puis de plénitude l'Europe entame le cycle de l'abandon ; d'autres continents prennent la relève.

1. Plusieurs facteurs expliquent la fin des Empires coloniaux

► Les revers des puissances coloniales durant la Deuxième Guerre mondiale détruisent leur prestige outre-mer et renforcent les nationalismes.

En Asie du Sud-Est, les Japonais ont humilié les colonisateurs blancs, détruit les institutions coloniales et suscité sinon encouragé l'affirmation des nationalismes. Aux Indes néerlandaises, ils suppriment les langues européennes et l'armature administrative, judiciaire et scolaire hollandaise. Soekarno, chef du Parti nationaliste indonésien, est libéré et reçoit des responsabilités. Il proclame l'indépendance de la République d'Indonésie le 17 août 1945. En Indochine, le Japon met fin à l'administration française en mars 1945 et confie le pouvoir aux souverains locaux (l'empereur Bao Dai au Viêt-Nam). Hô Chi Minh en profite.

Hô Chi Minh (1890-1969) de son vrai nom Nguyên Sinh Cung, est né dans une famille de petits fonctionnaires indigènes. Il travaille comme ouvrier en France de 1917 à 1923 et participe au congrès de Tours où il adhère au PCF. Il se rend à Moscou (1923-1930) et participe aux travaux du Komintern. De retour en Indochine en 1930, il fonde un Parti communiste et en 1941 le Viêt-Minh, force dirigée contre les Japonais puis les Français. Le 2 septembre 1945, Hô Chi Minh (« celui qui éclaire », nom de guerre porté à partir de 1940) proclame l'indépendance du Viêt-Nam. En décembre 1946, il organise la résistance populaire et anime la guerre contre la France. Il conduit le Viêt-Nam à l'indépendance (juillet 1954). Président du Nord Viêt-Nam et chef du PC de 1954 à sa mort, il transforme son pays en une République populaire. En 1959, il lance ses troupes dans le Sud Viêt-Nam pour aider le Viêtcong puis lutte contre les forces américaines. Mort avant la fin du conflit vietnamien, il incarne la lutte des peuples sous-développés contre la suprématie occidentale.

En Inde, Ali Jinnah fait en 1940 de la Ligue musulmane un parti de lutte prônant l'indépendance et la formation d'un État musulman indépendant : les musulmans refusent de devenir une minorité dans une Inde dominée par les Hindous. Le Parti du Congrès, mené par Gandhi et Nehru veut obtenir le statut de *dominion* immédiatement, pour prix du soutien de l'Inde à la Couronne, Churchill ne le promet que pour l'après-guerre. Gandhi et Nehru déclenchent en 1942 une campagne hostile à la domination britannique : *Quit India*. Ils sont arrêtés.

Gandhi (1869-1948). Né dans une famille aisée et religieuse, il suit des études juridiques en Angleterre et commence difficilement son métier d'avocat en Inde puis en Afrique du Sud. De retour en Inde (1915), il lutte contre la tutelle britannique et les injustices sociales. La non-violence et la non-coopération (boycott, 1920-1922, 1927-1930) sont les moyens de sa lutte. Arrêté à plusieurs reprises (1922-1924, 1942-1944), il contraint les Britanniques à l'indépendance (1947) mais son rêve d'unité de toutes les ethnies et religions s'écroule avec la partition de l'Inde. Désirant rétablir la paix entre les Hindous et les musulmans, il est assassiné par un fanatique hindou en 1948. Sa vie exemplaire lui valut le surnom de Mahatma (« la Grande Âme »).

Nehru (1889-1964) est issu d'une famille européanisée de la haute caste des brahmanes, il fait ses études en Angleterre (1905-1912) et est avocat à son retour en Inde. Compagnon de Gandhi, il lutte contre le colonialisme britannique et devient en 1929, le président du Parti du Congrès, dont il représente l'aile gauche laïque et progressiste. Plusieurs fois emprisonné, il est l'interlocuteur des Anglais lors des négociations d'indépendance et accepte la partition. Premier ministre jusqu'à sa mort (1947-1964), il maintient l'unité territoriale de l'Union indienne, consolide ses institutions politiques, entreprend son développement industriel et l'engage après la conférence de Bandoeng dans le non-alignement en dépit d'une diplomatie assez proche de l'URSS.

Au Moyen-Orient et en Afrique du Nord, le nationalisme arabe et l'islamisme ébranlent la domination européenne. L'année 1943 est un moment charnière.

En Syrie et au Liban, les Britanniques encouragent la suppression des mandats français (décembre 1943). L'indépendance est effective en août 1945, et les derniers soldats français et britanniques les évacuent en 1946.

Au Maroc, Roosevelt affirme au sultan Sidi Mohammed vouloir aider le Maroc à retrouver son indépendance (janvier 1943). Les nationalistes forment le parti de l'*Istiqlal* (l'Indépendance) et réclament la fin du protectorat. L'arrestation de ses chefs entraîne des émeutes urbaines (40 morts marocains en février 1944) et étoffe les rangs nationalistes.

En Tunisie, le bey Moncef prend la tête du mouvement national en juin 1942 mais il est déposé et exilé par les autorités françaises en mai 1943. Habib Bourguiba, chef du Néo-Destour, prend sa relève : fidèle à la France Libre, il réclame cependant en novembre 1944 « l'autonomie intérieure de la nation tunisienne ».

En Algérie, le *Manifeste algérien* rédigé par Ferhat Abbas en février 1943 permet l'union des mouvements nationalistes qui ne se satisfait plus des réformes décidées par le gouvernement français (extension de la citoyenneté française, abolition de l'indigénat). Le 8 mai 1945 les émeutes de Sétif et Guelma coûtent la vie à 88 Européens, la répression fait plusieurs milliers de victimes, c'en est fini de « l'Algérie de papa » dit-on alors.

En Afrique noire, le nationalisme ne revendique pas immédiatement la pleine indépendance mais un aménagement de la situation des colonies. Les leaders nationaux, tout en restant fidèles aux traditions africaines, sont familiers de la culture et des pratiques politiques européennes (N'Krumah au Gold Coast (Ghana), Azikiwe au Nigeria, Senghor au Sénégal, Houphouët-Boigny en Côte-d'Ivoire).

► **Les États-Unis et l'Union soviétique sont opposés au système colonial.** Les États-Unis font du droit des peuples à disposer d'eux-mêmes une liberté essentielle. Dès 1934, ils promettent l'indépendance aux Philippines pour 1946. La Charte de l'Atlantique (12 août 1941) proclame « le droit qu'a chaque peuple de choisir la forme de gouvernement sous laquelle il doit vivre » (art. 3). Pour Churchill cela ne s'applique qu'aux peuples européens soumis au joug nazi, pour Roosevelt il s'étend aux peuples colonisés. Les États-Unis prônent un système de *trusteeship* international (la paix revenue, la communauté internationale devrait prendre la responsabilité de conduire les colonies à l'indépendance) ; Churchill refuse, le système n'est appliqué qu'aux territoires déjà sous mandat de la SDN. Mais avec le principe de la « porte ouverte », les États-Unis cherchent aussi à s'ouvrir des marchés coloniaux protégés par leurs métropoles. À partir de 1947, la guerre froide modère les positions des Américains : il ne faut pas se couper des alliés occidentaux, qui sont aussi les puissances coloniales, mais ne pas abandonner pour autant les causes nationalistes qui jouissent déjà d'un soutien soviétique inconditionnel. Désormais les États-Unis se posent en conciliateur dans le processus de décolonisation tout en barrant la route à l'expansion communiste. Cette politique à double visage ne satisfait ni les Occidentaux, ni les peuples colonisés, déçus par la timidité des votes américains à l'ONU lorsqu'il faut condamner les puissances coloniales.

L'URSS jouit d'un grand prestige auprès des peuples colonisés. Elle a reconnu l'égalité théorique des peuples au sein de l'Union et réalisé des progrès économiques certains. Dans l'entre-deux-guerres, les partis communistes ont soutenu les mouvements nationalistes, puis la lutte contre le nazisme a fait cesser les attaques contre l'impérialisme : les partis communistes locaux font bloc avec la métropole et se coupent alors des autres forces nationalistes (sauf en Indochine, où les luttes contre les Japonais et contre l'impérialisme français sont simultanées). Pendant la guerre froide, l'URSS renoue avec l'anticolonialisme pour affaiblir le camp occidental. En septembre 1947, Jdanov fait de l'URSS le chef de file des forces « anti-impérialistes » et promet son soutien « aux combattants des mouvements de libération nationale dans les pays coloniaux ». L'URSS se fait le champion des peuples coloniaux aux Nations Unies en dénonçant l'utilisation de la force.

La Charte des Nations Unies (26 juin 1945) proclame vouloir « développer entre les nations des relations amicales fondées sur le respect du principe de l'égalité des droits des peuples et de leur droit à disposer d'eux-mêmes » et encourager « le respect des droits de l'homme et des libertés fondamentales pour tous sans distinction de race, de langue ou de religion » (art. 1). Les colonies deviennent « territoires non autonomes », les puissances coloniales « puissances administrantes ». L'ONU est directement chargée des « territoires sous tutelle » (anciens mandats de la SDN), destinés à une indépendance rapide. La Charte oblige les puissances administrantes à développer la capacité des populations à s'auto-administrer, et à communiquer à l'ONU des informations d'ordre économique, social ou politique sur les territoires dont elles sont responsables. L'ONU accorde l'indépendance immédiate à la Libye (octobre 1951), différée à la Somalie (1960), et fédère l'Érythrée à l'Éthiopie.

► **Les puissances coloniales tentent d'aménager l'institution coloniale.** Dès 1942, le Comité français de Libération nationale reconnaît la nécessité de modifier les structures politiques de l'Empire. La France Libre veut conserver un Empire qui appuie son effort de guerre ; comme le dit Gaston Monnerville, à la Libération « sans son Empire la France était un pays libéré, avec l'Empire c'est un pays vainqueur ». Pour les Français de 1944, l'intégration reste l'idéal à atteindre : la décolonisation est impensable.

La Conférence de Brazzaville (février 1944) est destinée à faire barrage aux « influences dissolvantes » du droit des peuples affirmé dans la Charte de l'Atlantique et à préparer la reprise en main de l'Indochine. Elle réunit de hauts fonctionnaires et recommande des transformations sociales (développer l'enseignement, abolir le travail forcé, créer des associations professionnelles) et économiques (encourager l'industrialisation). Mais « les fins de l'œuvre de civilisation accomplie par la France dans les colonies écartent toute idée d'autonomie, toute possibilité d'évolution hors du bloc français de l'Empire ; la constitution éventuelle, même lointaine, de *self-governments* dans les colonies est à écarter ». Les résultats transparaissent dans la participation des non-citoyens de l'outre-mer aux élections de 1945 et 1946 et la Constitution de la IVe République indique que « la France forme avec les peuples d'outre-mer une Union fondée sur l'égalité des droits et des devoirs, sans distinction de race ni de religion ». Le vocabulaire change plus que la réalité : on ne parle plus d'Empire français mais « d'Union française », les vieilles colonies deviennent des DOM et les colonies plus récentes des TOM ; les protectorats sont des « États associés ». Néanmoins les ressortissants des DOM-TOM accèdent à la citoyenneté française et élisent leurs représentants au Parlement français. L'Union française comporte une Assemblée composée à égalité de représentants de la métropole ainsi que des élus des DOM-TOM, de l'Algérie et des États associés. La Constitution de 1946 met fin à l'Ancien Régime colonial en proclamant l'égalité des peuples.

La Grande-Bretagne n'éprouve pas ce complexe d'abandon. Elle adopte une attitude pragmatique, facilitée par l'expérience de l'entre-deux-guerres (indépendance des dominions, de l'Égypte et de l'Irak) : il s'agit de conduire les peuples dépendants au *self-government,* en préservant l'influence anglaise par des liens économiques. Cela suppose d'une part le contrôle par l'administration anglaise de l'évolution politique des colonies, une prise en main progressive des appareils administratifs et politiques locaux par les autochtones ; d'autre part un progrès économique qui permette la construction d'États modernes grâce à des plans de mise en valeur.

2. Les peuples d'Asie accèdent les premiers à l'indépendance (1945-1954)

En 1945, seule la Thaïlande est indépendante mais en une décennie presque toutes les colonies d'Asie orientale deviennent souveraines. Ce mouvement s'est nourri des fortes traditions culturelles et de l'« asiatisme », prise de conscience de la solidarité de peuples autrefois dispersés, unis dans une même opposition à la domination et la civilisation européenne.

► **L'accession à l'indépendance de l'Empire britannique est d'abord celle de l'Inde.** Attlee, Premier ministre travailliste, entreprend en 1946 des négociations avec les deux partis nationalistes. D'emblée les divergences sont insurmontables : le Parti du Congrès refuse toute partition, la Ligue musulmane l'exige. Pendant l'été 1946 éclatent de graves affrontements entre Hindous et Musulmans, et les Anglais décident en février 1947 de remettre très vite le pouvoir à « des mains indiennes ». Lord Mountbatten, vice-roi des Indes, doit réaliser ce transfert. Convaincu que l'unité de l'Inde ne peut être préservée, il établit un plan de partition, approuvé par Nehru et Jinnah malgré l'opposition de Gandhi. Le 15 août 1947, l'Union indienne, à majorité hindoue et le Pakistan, à majorité musulmane et formé de deux entités distantes de 1 700 km (le Pakistan occidental et le Pakistan oriental) deviennent indépendants mais entrent dans le Commonwealth. Contre une garantie pour leurs titres et leurs propriétés, les 600 États princiers, devenus juridiquement indépendants, intègrent l'Union indienne ou le Pakistan. L'interpénétration des communautés (39 millions de musulmans dans l'Union indienne, et 13 millions de non-musulmans au Pakistan), et le ressentiment dû à la partition provoquent des affrontements meurtriers (1 million de morts, et 12 millions de personnes déplacées). L'hostilité entre les deux États entraîne dès 1948 la première guerre indo-pakistanaise à propos du Cachemire, État princier attribué à l'Inde. En 1954, la France cède à l'Inde ses comptoirs (Pondichéry, Yanaon, Karikal, Mahé et Chandernagor), le Portugal entérine en 1962 l'invasion de Goa, Daman et Diu.

En janvier et février 1948 la Birmanie et Ceylan obtiennent leur indépendance, mais la Birmanie refuse de s'associer au Commonwealth. La Grande-Bretagne s'incline : le Commonwealth est bien une libre association de membres volontaires. La diversité ethnique de la Malaisie et de Singapour (Chinois, Malais et Indiens) retarde l'indépendance : face aux troubles provoqués par le Parti communiste malais de 1948 à 1954, le gouvernement britannique ouvre des négociations qui aboutissent en août 1957 à l'indépendance de la Fédération malaise et en juin 1958 à celle de Singapour. Après une brève union (1963-1965), Singapour se sépare de la Malaisie. Les deux États adhèrent au Commonwealth.

► **Au Moyen-Orient,** le Royaume-Uni accorde l'indépendance à la Transjordanie en mars 1946. Seule la Palestine reste soumise à la tutelle britannique.

En Palestine affluent des Juifs du monde entier depuis la fin du XIXe siècle et surtout l'entre-deux-guerres. Les Britanniques ont promis d'y établir « un foyer national juif » (Déclaration Balfour, 1917). En 1945, les Juifs (550 000 pour 1 200 000 Arabes) réclament un État indépendant. L'opinion internationale y est favorable mais les Britanniques poursuivent leur politique pro-arabe (limitation de l'immigration, renvoi en Allemagne de l'*Exodus,* bateau transportant 4 500 immigrants, en 1947). David Ben Gourion, principal leader politique juif, décide alors la lutte armée contre les Anglais. Elle est menée par la Haganah, armée semi-clandestine, les groupes Etzel (Irgoun, dirigé par Menahem Begin) et Stern, mouvements terroristes. En juillet 1946, l'explosion de l'hôtel King David, siège du Quartier général britannique, fait 110 morts. Incapable de trouver une solution, le gouvernement anglais confie la question palestinienne aux Nations Unies. En novembre 1947, l'ONU propose un plan de partage de la Palestine : un État juif (55 % du territoire), un État arabe (45 % du territoire), et la ville de Jérusalem internationalisée sous le contrôle des Nations Unies. Accepté par les Juifs, ce plan est rejeté par les Arabes. Le 14 mai 1948, Ben Gourion proclame l'État d'Israël, et le 15 la Grande-Bretagne met fin à son mandat. La Ligue arabe attaque aussitôt : c'est la première guerre israélo-arabe

► **Dans les Indes néerlandaises, la personnalité de Soekarno domine le processus d'indépendance.** Lorsqu'à l'automne 1945, les Hollandais reprennent pied en Indonésie, ils sont face au gouvernement indépendantiste de Soekarno ; le rétablissement de l'ordre colonial est impossible. Par les accords de Linggadjati signés en novembre 1946, les Pays-Bas s'engagent à reconnaître les États-Unis d'Indonésie et à former avec eux une Union hollando-indonésienne dirigée par la reine. Mais, poussés par les tenants de l'Empire, les Néerlandais tentent de reprendre par la force leur colonie : en juillet 1947 et en décembre 1948, l'armée envahit la République, occupe les villes et capture Soekarno. Les Pays-Bas sont condamnés par les Nations Unies et les États-Unis menacent de cesser l'aide Marshall. La Haye doit reconnaître le 27 décembre 1949 l'indépendance. En août 1954, l'Indonésie dénonce l'Union hollando-indonésienne : tous les liens sont alors coupés avec les Pays-Bas.

Soekarno (1901-1970) est le fils d'un instituteur, il se lie au cours de ses études avec des nationalistes militants et fonde en 1927 le Parti national indonésien. Il défend les pauvres et prône l'indépendance ce qui lui vaut d'être arrêté en 1929. En 1942, il est libéré par les Japonais et « collabore » avec eux. Le 17 août 1945, il proclame l'indépendance de la République d'Indonésie et organise la lutte armée contre les Hollandais (1945-1949). L'indépendance acquise, il préside aux destinées de son pays : il lance le non-alignement (Conférence de Bandoeng, 1955) et recherche pour son peuple le bien-être social (il se rapproche des communistes et nationalise les compagnies pétrolières). En 1966, il est écarté du pouvoir par les militaires qui éliminent les communistes.

► **L'indépendance de l'Indochine française s'inscrit dans le double contexte colonial et de guerre froide.** Après la proclamation d'indépendance du Viêt-Nam le 2 septembre 1945, de Gaulle envoie en Indochine l'amiral d'Argenlieu comme haut-commissaire accompagné d'un corps expéditionnaire commandé par le général Leclerc (octobre 1945). Les Français reprennent le contrôle du Sud (Cochinchine et Annam) et négocient avec Hô Chi Minh, toujours maître du Tonkin au Nord. Le 6 mars 1946, par les accords Sainteny-Hô Chi Minh, la France récupère le Tonkin mais reconnaît le Viêt-Nam comme État libre, membre de la Fédération indochinoise dans le cadre de l'Union française. D'Argenlieu soutenu par les colons, les commerçants et les administrateurs français, tient cet accord pour un abandon et proclame la République de Cochinchine le 1er juin 1946, sans l'autorisation de Paris.

Malgré les accords de Fontainebleau (été 1946) entre la France et Hô Chi Minh, la situation locale s'aggrave. En novembre, le bombardement d'Haïphong suivi en décembre par le massacre de 200 Européens à Hanoï déclenchent une guerre de huit ans.

De 1946 à 1949, la guerre d'Indochine est une guerre coloniale. La France envoie son armée de métier qui tient les villes et les grands axes routiers, mais le Viêt-Minh tient les campagnes. Un retour à la situation coloniale semblant impossible, la France signe les accords de la baie d'Along (juin 1948) qui créent un État vietnamien (Tonkin, Annam et Cochinchine) confié à l'empereur Bao Dai auquel elle promet l'indépendance totale au sein de l'Union française. Le Viêt-Minh rejette cet accord. **À partir de 1949, la guerre devient un épisode de la guerre froide**. Dès 1950, Hô Chi Minh reçoit l'aide militaire de la Chine communiste et de l'URSS, et la France le soutien financier des États-Unis. Le Viêt-Minh mené par Giap remporte sa première grande victoire à Cao Bang (octobre 1950), mais le général de Lattre de Tassigny parvient à améliorer la situation militaire. Après sa mort en janvier 1952, la guerre s'enlise. Le camp retranché de Dîen Bîen Phu, obstacle sur la route du Laos, tombe le 7 mai 1954 après un siège de plusieurs mois. À Paris Pierre Mendès France entend régler le problème avant le 21 juillet sans quoi la France devra engager le contingent.

Les accords de Genève concluent les négociations ouvertes en avril 1954 pour régler les problèmes asiatiques (Corée et Indochine), aboutissent le 21 juillet. La France reconnaît l'indépendance du Viêt-Nam, qui est divisé en deux le long du 17e parallèle : le Nord est dirigé par les communistes et Hô Chi Minh, le Sud par les nationalistes non communistes et Ngô Dinh Diêm, qui a renversé Bao Dai. Le Laos et le Cambodge obtiennent leur pleine indépendance. Des élections générales sont prévues avant 1956 pour statuer sur la réunification du Viêt-Nam. La guerre d'Indochine a causé la mort de 30 000 soldats français dont 11 000 légionnaires et 46 000 Indochinois.

3. La décolonisation en Asie catalyse les revendications des peuples dominés d'Afrique, qui aboutissent entre 1954 et 1965

Le mouvement d'émancipation se nourrit de la volonté de rénovation de l'Islam qui s'affirme depuis la fin du XIXe siècle, puis du mythe de l'unité arabe. En Afrique noire, l'africanisme s'appuie sur le souvenir des cultures précoloniales, sans pour autant déboucher sur des nationalismes au sens européen en raison de l'importance des divisions ethniques.

▸ **Au Maroc et en Tunisie la France parvient à faire l'économie d'une guerre.** Le sultan du **Maroc,** Ben Youssef, très populaire, évoque dans le discours de Tanger « les droits légitimes du Maroc » (10 avril 1947) et soutient l'*Istiqlal* qui rassemble 114 000 militants dès 1951. Les nouveaux Résidents (les généraux Juin puis Guillaume) sont chargés de ramener à l'ordre le protectorat : après les émeutes de Casablanca qui causent la mort de 1 000 Marocains (décembre 1952), la Résidence remplace Ben Youssef par son cousin Ben Arafa, le « sultan des Français », en août 1953. La résistance intérieure s'amplifie : 6 813 attentats d'août 1953 à novembre 1955, auxquels les Français ripostent par le contre-terrorisme. La question marocaine s'internationalise avec l'appui apporté à l'opposition marocaine par les États arabes et asiatiques ainsi que l'Espagne dans le cadre des Nations Unies. La défaite en Indochine et le début de l'insurrection algérienne (novembre 1954) contraignent le gouvernement d'Edgar Faure à négocier. Les accords de la Celle-Saint-Cloud (6 novembre 1955) permettent le retour du Sultan (sous le nom de Mohammed V) et promettent l'indépendance pour le 2 mars 1956.

En Tunisie, Bourguiba de retour d'exil en 1949 et le Néo-Destour revendiquent toujours l'autonomie interne. Des négociations s'engagent en 1950 mais en 1951 le gouvernement français rappelle « le caractère définitif des liens qui unissent la France et la Tunisie ». En 1952, les ministres nationalistes sont arrêtés alors que Bourguiba est exilé. Comme la violence gagne les campagnes (assassinat de colons français), Pierre Mendès France promet « l'autonomie interne de l'État tunisien » lors du Discours de Carthage (31 juillet 1954). Elle est effective en juin 1955 : la souveraineté intérieure est totale, mais la Tunisie reste subordonnée à la France en matière de défense, de politique extérieure et de relations économiques internationales. Le 20 mars 1956, à la suite de l'indépendance marocaine, l'abrogation du traité du Bardo (1881) rend à la Tunisie son indépendance. En 1957, le bey Lamine est déposé, la république est proclamée et Bourguiba devient président.

Habib Bourguiba est né à Monastir en 1903, il fait des études de droit à Paris puis entre à Sciences Po. Rentré en Tunisie il devient avocat, adhère en 1927 au parti nationaliste *Destour*. En 1934 il fonde le *Néo-Destour* moderne, laïc et populaire. Emprisonné par les autorités françaises, il est libéré en 1942 par les Allemands mais ne se compromet pas avec l'Axe. Après la guerre, il mène le combat contre la tutelle française en mêlant les mots d'ordre nationalistes et les revendications ouvrières du syndicat UGTT. Après une alternance d'épreuves de force et de compromis, il négocie l'indépendance avec Pierre Mendès France puis Edgar Faure. Il devient Président de la République tunisienne en 1957. Le conflit algérien terminé, il se rapproche de la France et entreprend la modernisation économique et la laïcisation de la société (égalité des droits pour les femmes dès 1957). En 1987, il est écarté du pouvoir « pour incapacité » par le général Ben Ali.

► **La guerre d'Algérie est le grand drame de la décolonisation française.** Départementalisée et peuplée de plus d'un million de colons français dont 80 % sont nés en Algérie et de 9 millions de musulmans, l'Algérie est considérée comme partie intégrante de la République française. La mise en valeur des gisements de pétrole et de gaz, la création du centre d'essais nucléaire de Reggane en renforcent l'importance stratégique. Pour les Français d'Algérie et de métropole « l'Algérie c'est la France » (François Mitterrand, ministre de l'Intérieur en 1954), elle ne peut être abandonnée.

De 1945 à 1954 la situation évolue peu. Le statut de 1947 qui accorde le droit de vote aux musulmans et le même nombre d'élus qu'aux colons (60) à l'Assemblée algérienne (compétence essentiellement financière) est vidé de son sens par le gouverneur général Naegelen qui truque les élections d'avril 1948. Une nouvelle génération d'indépendantistes (Mohamed Boudiaf, Mohamed Ben Bella, Houari Boumediene) rompt avec l'attentisme de la génération précédente (Messali Hadj, Ferhat Abbas) et crée le **Front de Libération nationale** (FLN) qui réclame « la restauration de l'État algérien, État souverain ». **Le 1er novembre 1954,** l'insurrection commence par une trentaine d'attentats.

Commencé comme une « opération de maintien de l'ordre », le conflit devient une vraie guerre entre 1955 et 1957. Le gouvernement français réagit vigoureusement. Nommé gouverneur général en 1954 pour mettre en œuvre une politique de réformes économiques et sociales, le gaulliste libéral Jacques Soustelle renforce la répression pour écraser le FLN après les émeutes du Constantinois les 20-21 août 1955 (massacre d'une centaine de Français suivi de représailles, où périssent un millier de musulmans). Élu en 1956 sur un programme de paix, Guy Mollet tente d'imposer le général Catroux favorable aux réformes, mais les Européens d'Alger l'accueillent par des jets de tomates lors de sa visite du 6 février 1956. Bouleversé, il nomme un gouverneur général énergique Robert Lacoste (SFIO) à la place de Catroux et se rallie au triptyque : « cessez-le-feu, élections, négociations ». Comme le FLN refuse tout arrêt des combats qui ne déboucherait pas sur l'indépendance, Guy Mollet décide l'envoi du contingent (dès 1957 il y a 900 000 hommes en Algérie) et allonge le service à trente mois. Malgré les protestations internationales, le gouvernement couvre le détournement de l'avion marocain transportant Ben Bella (octobre 1956) et déclenche l'opération de Suez pour priver le FLN du soutien de Nasser. Devant la recrudescence des attentats aveugles à Alger, Guy Mollet confie la pacification de la ville aux parachutistes du général Massu (bataille d'Alger) : entre janvier et septembre 1957 l'organisation du FLN est démantelée et sa force militaire très amoindrie. Mais l'opinion métropolitaine s'émeut lorsqu'elle est informée de l'usage de la torture.

L'année 1958 est un tournant. Le ralliement des modérés derrière Ferhat Abbas accroît l'audience du FLN qui reconstitue son potentiel avec l'aide des pays arabes. La guerre s'internationalise à son tour lorsque le bombardement du village tunisien de Sakhiet-Sidi-Youssef où se trouvait un camp du FLN (8 février 1958) amène les États-Unis et la Grande-Bretagne à imposer une mission de « bons offices ». Jusqu'à la fin de la guerre, la France est mise en accusation tous les ans par le groupe afro-asiatique de l'ONU. La décomposition du régime s'en trouve accélérée. En métropole et en Algérie se développe un important courant activiste. Il rassemble les partisans de l'Algérie française, favorables à un gouvernement fort à Paris. En métropole l'activisme se limite à des groupuscules d'extrême droite *(Jeune Nation),* mais en Algérie de nombreux Européens, craignant l'abandon, rêvent d'un putsch militaire qui renverserait le régime de Paris. De nombreux officiers de carrière, qui n'ont pas oublié l'échec d'Indochine, partagent le même rêve. Des rumeurs de complots se répandent.

Le 13 mai 1958, à l'occasion des funérailles de trois jeunes soldats exécutés par le FLN, éclate à Alger une immense manifestation de protestation contre la nomination à la présidence du Conseil de Pierre Pflimlin favorable aux négociations. La foule s'empare du gouvernement général et proclame un Comité de Salut public, confié au général Massu qui s'en décharge au profit de son supérieur le général Salan. La IVe République ne survit pas à cette crise. Le 15 mai, les gaullistes d'Alger poussent Salan à lancer un appel au général de Gaulle qui est nommé Président du conseil le 1er juin 1958.

Rappelé au pouvoir pour rétablir l'ordre, de Gaulle ne semble pas avoir d'emblée d'idée précise. Dans un premier temps il semble vouloir maintenir l'Algérie dans le cadre français. Le 4 juin, il lance aux Algérois « Je vous ai compris », puis à Mostaganem « Vive l'Algérie française ». En octobre, il propose au FLN « la paix des braves » (l'arrêt des combats sans négociation politique préalable) ; le FLN refuse, le terrorisme s'intensifie en Algérie. Prenant exemple sur la France Libre, le GPRA (gouvernement provisoire de la République algérienne, présidé par Ferhat Abbas) est créé en septembre 1958. Sur le terrain, le « Plan Challe » organise le quadrillage systématique du territoire et le regroupement des paysans dans des villages nouveaux pour les soustraire à l'influence du FLN dont les bastions de l'Aurès et de Kabylie sont attaqués.

Le discours sur l'autodétermination du 16 septembre 1959 montre un net infléchissement de la politique gaullienne : l'Algérie aura le choix entre l'intégration à la France, l'indépendance totale, et l'association (autonomie interne en association avec la métropole). Le GPRA accepte le principe d'autodétermination, mais rejette le préalable du cessez-le-feu. Les « pieds-noirs » considèrent l'autodétermination comme un abandon et accusent de Gaulle de trahison. Du 24 janvier au 1er février 1960, ils se soulèvent à Alger, mais l'armée reste loyale : **« la semaine des barricades »** échoue.

En métropole, l'opinion est de plus en plus hostile à la guerre surtout dans le milieu étudiant (UNEF) et parmi les intellectuels de gauche : ainsi Sartre et Vidal-Naquet. Des réseaux de « porteurs de valises » comme le « réseau Jeanson » transportent armes et argent pour le compte du FLN. C'est dans ce climat que, le 8 janvier 1961, 75 % des Français se prononcent par référendum pour l'autodétermination. À Alger, les Européens et l'armée se raidissent : le 22 avril 1961, les généraux Challe, Salan, Jouhaud et Zeller, soutenus par les parachutistes, se rendent maîtres d'Alger, mais le contingent, qui suit les ordres du général de Gaulle entendus sur les postes à transistors, refuse de les suivre. Devant la fermeté du Président de la République qui dénonce à la télévision « le quarteron de généraux en retraite » et applique l'article 16 de la Constitution, **le « putsch des généraux »** s'effondre.

De Gaulle cherche dès lors à précipiter le dénouement qu'il juge inévitable. Une première session de négociations s'ouvre à Évian en juin 1961, mais elles achoppent sur le sort du Sahara, revendiqué par les deux camps pour ses richesses pétrolières. L'échec du putsch et les négociations déchaînent la colère des ultras de l'Algérie française. Ils créent **l'Organisation de l'Armée secrète** (OAS) qui rassemble les officiers rebelles (Salan, Jouhaud) et des personnalités politiques (Soustelle, Bidault). L'OAS multiplie les attentats en France (contre de Gaulle) et en Algérie (contre des Européens libéraux et des musulmans). Mais à Paris les partisans de l'indépendance manifestent aussi (8 morts au métro Charonne le 8 février 1962). Une seconde session de négociations aboutit **aux accords d'Évian (18 mars 1962)**. La France reconnaît l'indépendance de l'Algérie (englobant le Sahara) et le GPRA promet le respect des biens des Européens, qui pourront choisir la nationalité algérienne ou française.

Le 8 avril, 90 % des Français approuvent par référendum les accords d'Évian. À l'approche de l'indépendance, l'OAS multiplie les attentats (fusillade de la rue d'Isly, 46 morts) et pratique la politique de la terre brûlée. Le 3 juillet, l'Algérie proclame son indépendance, approuvée par 99 % des Algériens. Les forces françaises ont perdu 25 000 hommes, dont 3 500 harkis (supplétifs algériens), et 150 000 Algériens du FLN sont morts. Un million de « pieds-noirs » gagnent la métropole, avec 150 000 harkis et leurs familles qui fuient les représailles de leurs compatriotes (plusieurs milliers d'exécutions après mars 1962).

► **L'indépendance de l'Afrique subsaharienne est retardée par le manque de cadres autochtones.** L'Afrique noire anglaise s'émancipe la première. En 1945 le Congrès panafricain de Manchester avait exigé « pour l'Afrique noire l'autonomie et l'indépendance ». L'impulsion vient de la *Gold Coast* (Ghana) où N'Krumah lance une campagne de désobéissance civile (grèves, boycott) à partir de 1950 ; la métropole accorde l'autonomie interne dès 1951 puis l'indépendance en mars 1957. De 1960 à 1965, les autres colonies britanniques s'émancipent sans trop de heurts sauf la Rhodésie du Sud et le Kenya.

En Rhodésie du Sud, le Premier ministre Ian Smith, proclame unilatéralement l'indépendance en novembre 1965 et installe un régime semblable à l'*apartheid*. Londres et la communauté internationale (notamment le groupe des 77 à l'ONU) refusent d'avaliser ce coup de force, mais les sanctions économiques et diplomatiques restent inefficaces en raison de l'aide de l'Afrique du Sud.

Au Kenya, la *Kenya African Union* (KAU) animée par Jomo Kenyatta, réclame le droit des autochtones à récupérer leurs terres dès 1944. En 1952 les Britanniques doivent écraser la révolte des *Mau-Mau* qui attaquaient les Européens, mais après l'émancipation du Ghana, Londres accepte en 1959 de négocier. L'indépendance intervient en décembre 1963, Jomo Kenyatta devient Premier ministre puis chef de l'État.

L'indépendance des colonies britanniques réveille les nationalistes du Congo belge. Après les émeutes de Léopoldville (janvier 1959), la Belgique reconnaît le droit des Congolais à l'indépendance qui est hâtivement négociée et entre en application le 30 juin 1960. Le départ précipité des Belges crée l'anarchie dans un pays où les Congolais n'occupaient aucun poste de responsabilité. La guerre civile éclate dès le 8 juillet. Elle oppose le président Kasavubu, chef de l'ethnie dominante Bakongo et Président du parti Abako qui est favorable à un État fédéral où chaque ethnie aurait son indépendance, et le Premier ministre et chef du Mouvement national congolais Patrice Lumumba, influencé par le marxisme qui veut un État unitaire. Profitant de l'anarchie, la Compagnie minière du Haut-Katanga qui exploite les mines de cuivre, d'uranium et de diamants de cette région, soutient la sécession katangaise dirigée par Moïse Tschombe et finance une petite armée de mercenaires. La situation géographique et la richesse du pays expliquent l'internationalisation du conflit : pour réduire le Katanga, Lumumba a recours à l'aide soviétique alors que Kasavubu demande l'intervention de l'ONU. Après la mort de Lumumba abattu par les Katangais en janvier 1961, les Nations Unies déploient 20 000 Casques bleus entre 1961 et 1963 pour restaurer l'unité. Il faut attendre le coup d'État du général Mobutu en 1965 pour que l'ordre revienne.

À partir de 1944 la politique française évolue sans heurt, de l'assimilation à l'autonomie puis l'indépendance. Dans un premier temps, les élites africaines aspirent à plus d'autonomie mais redoutent les effets de l'indépendance sur des pays peu développés. Les députés Léopold Sédar Senghor et Félix Houphouët-Boigny participent à la préparation de la loi-cadre présentée par Gaston Defferre en juin 1956. Elle accorde une large autonomie (le suffrage universel direct avec un collège unique, la création d'exécutifs et l'élargissement des pouvoirs législatifs locaux) et pose le principe de l'africanisation des cadres. En 1958, de Gaulle propose aux TOM d'entrer dans la Communauté française ou bien d'accéder à l'indépendance, seule la Guinée de Sékou Touré opte pour cette dernière. La Communauté donne l'autonomie interne aux États africains et malgache mais laisse la politique étrangère, la défense, la monnaie sous la direction de la France. Elle ne fonctionne que quelques mois (juin-novembre 1960). L'indépendance est proclamée en novembre 1960 mais la France maintient des liens étroits de coopération avec ses anciennes colonies. Le Togo et le Cameroun, territoires sous tutelle depuis 1946, accèdent à l'indépendance en 1960.

Premier colonisateur au XVᵉ siècle, le Portugal est également le dernier à quitter l'Afrique. Témoins de sa grandeur passée, les colonies de l'Afrique portugaise (Mozambique, Angola, Guinée-Bissau et îles du Cap-Vert) sont considérées par le Portugal comme partie du territoire national. L'armée résiste assez bien aux mouvements nationalistes, soutenus par l'URSS (FRELIMO au Mozambique, MPLA en Angola) ou les Occidentaux (UNITA et FLNA en Angola). Mais le pays s'épuise, la « révolution des œillets » (25 avril 1974) met fin à la fois à la dictature et aux guerres coloniales. Devenus indépendants, les anciens territoires sont pris entre les deux blocs et connaissent la guerre civile jusqu'au début des années quatre-vingt-dix.

On parle souvent de décolonisation « ratée », qui serait le fait de la France, et de décolonisation « réussie », pratiquée par l'Angleterre. Une vision plus nuancée s'impose. On peut difficilement considérer comme réussies des décolonisations qui comme en Inde, au Nigeria ou en Palestine ont laissé face à face des communautés qui ne demandaient qu'à s'affronter. Réciproquement, le caractère dramatique des indépendances indochinoise et algérienne ne doit pas masquer l'évolution relativement pacifique du reste de l'Empire français et le maintien ultérieur de liens étroits avec les nouveaux États.

II. Le Tiers Monde : de la cohésion à l'éclatement

À la faveur des indépendances, naissent des États qui ont en commun leur passé colonial et d'insolubles problèmes de développement. Avant même d'accéder à l'indépendance, ils sont l'enjeu des rivalités entre les blocs (Viêt-Nam, Congo, Angola...). C'est cette double réalité que souligne la formule inventée par Alfred

Sauvy en 1952 : comme le Tiers État de l'Ancien Régime, le Tiers Monde n'est rien et demande à devenir quelque chose dans l'ordre mondial. Durant un quart de siècle, les pays du Sud ont cherché à affirmer leur unité politique afin d'imposer par la loi du nombre un « Nouvel Ordre économique mondial ». La crise économique et la crise de la dette, en aggravant les disparités entre les différents continents et les différents pays, ont conduit à un éclatement du Tiers Monde.

1. Depuis la décolonisation le Tiers Monde est en quête de son unité face aux pays développés

► **Le Tiers Monde cherche à s'affirmer sur la scène internationale.** Dès 1950, l'ONU sert de tribune au groupe des pays afro-asiatiques, il y adopte des positions communes sur la décolonisation et tend à se démarquer des deux blocs. Mais c'est la conférence de Bandoeng qui marque symboliquement la naissance du Tiers Monde.

La conférence de Bandoeng réunit 29 pays d'Asie et d'Afrique du 18 au 24 avril 1955. Elle naît du sentiment anticolonial et d'inquiétudes politiques particulières suscitées par la guerre froide et l'attitude de la Chine communiste dont les pays d'Asie redoutent des menées subversives favorisées par la présence sur leur sol de 10 millions de « Chinois d'outre-mer ». Ils rejettent aussi l'impérialisme occidental et américain, c'est pourquoi l'Amérique latine, Israël et l'Afrique du Sud ne sont pas invités. Les personnalités Nehru, Zhou En Lai, Nasser et Soekarno dominent les travaux où trois tendances s'opposent : les pays pro-occidentaux (Pakistan, Turquie), les pro-Soviétiques (Chine, Viêt-Nam du Nord) et les non-engagés (Inde, Égypte) qui condamnent la logique des blocs et se prononcent pour le neutralisme. L'unanimité se fait contre le racisme et le colonialisme en Afrique et en faveur d'une coopération économique mondiale pour le développement. Cependant la résolution finale en dix points reste très vague. La conférence devient un symbole : les peuples de couleur prennent conscience de leur dignité et affirment leur solidarité, l'*esprit de Bandoeng* devient une référence.

Dans les années soixante-dix le non-alignement prend le relais de l'afro-asiatisme. En juillet 1956, à Brioni (Yougoslavie), Nehru, Nasser et Tito fixent les principes du « neutralisme actif » qui rejette l'adhésion à l'un ou l'autre bloc et le néo-colonialisme qui substitue à la dépendance politique une dépendance économique.

Les pays non alignés se réunissent pour la première fois à Belgrade en septembre 1961. La conférence rassemble 25 États sous la présidence des trois leaders de Brioni. Les principes du « neutralisme actif » y sont adoptés mais avec l'achèvement de la décolonisation et la détente les questions politiques passent au second plan, derrière les problèmes du développement qui deviennent prioritaires. Le mouvement s'élargit très vite à l'ensemble du Tiers Monde (une centaine de pays à la conférence de Belgrade de 1989). Le non-alignement n'est pas exempt de contradictions. Affichant une volonté d'équilibre entre les deux Grands, il se divise en fait entre pro-Occidentaux (Pakistan...) et pro-Soviétiques (Cuba, Algérie...) qui défendent en 1973 l'idée d'une solidarité d'intérêts entre le bloc socialiste et le Tiers Monde contre l'impérialisme de l'Occident. Désireux d'établir une cohésion entre ses membres, il ne peut empêcher de multiples conflits (Inde-Pakistan, Somalie-Éthiopie, Iran-Irak). À la fin des années soixante-dix, le non-alignement traverse une crise d'identité que le retour vers le neutralisme à partir de 1983 permet de dissimuler tant bien que mal.

L'affirmation politique du Tiers Monde passe aussi par la multiplication d'organisations régionales destinées à s'affranchir des frontières artificielles héritées de la colonisation : Ligue arabe (1945), Organisation de l'Unité africaine (1963), Association des Nations de l'Asie du Sud-Est (1967). Au plan international l'ONU et ses organisations annexes restent leur enceinte privilégiée : le Tiers Monde y dispose de la majorité et forme le « groupe des 77 » (aujourd'hui 131) depuis le début des années soixante.

► **L'unité politique est un moyen pour imposer des relations économiques plus équilibrées.** Durant les années soixante, le développement du Tiers Monde a pris du retard malgré des politiques ambitieuses de développement économique.

Les stratégies agricoles s'appuient sur des réformes agraires (Corée, Tunisie) ou sur la « révolution verte » (utilisation de variétés de céréales à haut rendement, surtout en Asie pour le riz), et donnent la priorité aux cultures vivrières (riz en Chine ou en Thaïlande) ou bien aux cultures d'exportation (café et cacao en Côte-d'Ivoire, arachide au Sénégal) qui fournissent les devises indispensables aux importations. **Les stratégies industrielles** visent à un développement autocentré (Tanzanie) ou protectionniste (Amérique latine) ou à l'insertion dans le commerce international (NPI d'Asie du Sud-Est).

Le Tiers Monde n'en reste pas moins en marge de la croissance. De 1950 à 1970, la croissance économique est réelle (5 % par an pour la production totale) mais tempérée par une très forte inflation (au Brésil 100 % en 1980) et un fort accroissement démographique (2,4 % par an). La croissance accentue les déséquilibres entre villes et campagnes : l'urbanisation du Tiers Monde est rapide (410 millions de citadins en 1960 et 1,2 milliard en 1985) mais 30 % de la population vit dans des bidonvilles en 1980 ; les zones rurales dont l'économie reste archaïque voient fuir leurs éléments les plus dynamiques. Malgré la croissance, la part des PVD dans les échanges internationaux diminue de 1960 à 1973 (de 30 à 18 %). Les PVD sont inégaux face au commerce international : les quatre Dragons asiatiques et le Brésil réalisent 74 % des exportations de produits manufacturés du Tiers Monde.

Le Tiers Monde dénonce la Division internationale du travail (DIT), qui spécialise les pays dans les domaines où ils disposent des potentialités les plus fortes : au Tiers Monde revient la production de matières premières et de biens à faible valeur ajoutée (café au Burundi, cacao au Ghana, cuivre au Zambie), aux pays du Nord les biens industriels, la technologie et les services. En 1973, les matières premières représentent encore 80 % des exportations (90 % en 1950). Or les cours des produits bruts sont très fluctuants et depuis les années cinquante, les termes de l'échange sont défavorables aux pays du Tiers Monde : les prix des produits manufacturés qu'ils importent augmentent plus vite que ceux des produits bruts qu'ils exportent. Pour lutter contre cet « échange inégal », les pays du Sud cherchent à mieux maîtriser les marchés et les prix des matières premières en créant des cartels de producteurs, comme l'OPEP.

L'OPEP se forme en septembre 1960 à Bagdad autour de l'Arabie Saoudite, du Koweit, de l'Irak, de l'Iran et du Venezuela, pour contrecarrer l'influence des compagnies pétrolières occidentales. Par adhésions successives, les 13 pays de l'organisation contrôlent 53 % de la production et 90 % des exportations mondiales en 1973. De 1960 à 1970, les prix restent stables (environ 2 $ le baril), mais l'OPEP augmente les *royalties* payées par les compagnies aux pays propriétaires des gisements. Les accords de Téhéran (1971) fixent les premières hausses de prix. Certains pays nationalisent leurs ressources pétrolières (Algérie 1971, Irak 1972, Libye 1973). La guerre du Kippour (octobre 1973) fait du pétrole une arme économique et politique : son prix quadruple entre octobre 1973 et janvier 1974, certains pays sont soumis à un embargo (Pays-Bas). Jusqu'en 1982 l'OPEP parvient à s'accorder sur une politique de prix élevés.

Sur ce modèle de l'OPEP, d'autres organisations de producteurs se sont constituées sans avoir le même succès : le Cartel des phosphates autour du Maroc et de la Tunisie, le CIPEC pour le cuivre autour du Chili, Pérou, Zaïre et Zambie en 1967, le Groupe de Bogota pour le café... Ils se heurtent aux firmes multinationales dont le poids est parfois tel qu'elles peuvent contrôler la quasi-totalité d'une économie (*United Fruit* au Salvador) ou influer sur la situation politique intérieure (ITT contribue à la chute d'Allende au Chili, en 1973). Les pays du Tiers Monde cherchent à obtenir le contrôle de leurs ressources nationales mais cela peut déclencher l'intervention des grandes puissances (renversement du Premier ministre iranien Mossadegh qui avait nationalisé l'*Anglo-Iranian Oil* en 1951, intervention franco-britannique à Suez en 1956 ; c'est également l'une des dimensions de la guerre du Golfe en 1990).

► **Les rapports Nord-Sud sont dominés par la quête d'un ordre mondial nouveau, bâti sur l'égalité et la justice.** Les nations pauvres réclament l'aide des pays industriels. Sur les 165 milliards de dollars fournis au titre de l'aide de 1945 à 1970, 90 % proviennent des pays occidentaux. Il s'agit d'une aide économique, militaire, culturelle, technique ou financière, qui dépasse rarement 0,5 % du PNB du donateur. Bien souvent cette aide est contraignante : pour plus des deux tiers l'aide publique est bilatérale et dépend de l'intérêt stratégique et politique du bénéficiaire, de l'orientation politique de son gouvernement. L'aide peut aggraver les difficultés internes d'un pays : les dons de blé ont entraîné une désaffection pour les céréales locales en Afrique et en Asie et créé une nouvelle dépendance, dans d'autres cas l'aide induit une concurrence « déloyale » à l'égard des producteurs locaux. L'aide multilatérale garantit une plus grande indépendance aux pays démunis. Elle transite par les organisations spécialisées de l'ONU : FAO (Organisation pour l'alimentation et l'agriculture), OMS (Organisation mondiale de la santé), UNESCO. L'aide est à l'origine du succès de la révolution verte en Inde et du développement spectaculaire de la Corée à partir des années soixante. En Afrique elle représente jusqu'à 10 % des ressources de certains pays les moins avancés. Toutefois, l'aide seule ne peut couvrir les besoins financiers des PVD qui doivent aussi recourir à l'endettement et aux investissements directs des firmes étrangères dont le rôle est donc ambivalent.

► **Depuis 1963 le Tiers Monde s'efforce d'obtenir une transformation des mécanismes du commerce international.**

La CNUCED (Conférence des Nations Unies sur le commerce et le développement) est créée en 1964 en tant qu'organisme permanent des Nations Unies, elle devait corriger les rapports de forces économiques mondiaux et faire du commerce international un outil du développement. De 1964 à 1973 on constate une montée en puissance des revendications du Tiers Monde qui marque quelques points importants.

La CNUCED II (New Delhi, 1968) propose le Système de préférences généralisées (réduction des droits de douane grevant les importations de produits manufacturés du Tiers Monde) adopté en 1970.

La CNUCED IV (Nairobi, 1976) lance l'idée d'un Programme intégré des produits de base, visant à stabiliser les cours de matières premières essentielles grâce à des stocks régulateurs financés par un Fonds commun. Ce projet est en fait un échec, les accords par produits ont tous éclaté dans les années quatre-vingt.

Les résultats ont été médiocres car les positions tiers-mondistes radicales ont dissuadé les pays du Nord d'accorder de l'importance à ce forum devenu lieu d'affrontements. La coopération passe par le canal d'accords régionaux comme ceux signés par la CEE à Lomé à partir de 1975.

La revendication d'un Nouvel Ordre économique international (NOEI) résulte de l'échec des CNUCED. En 1973 le sommet d'Alger des non-alignés manifeste la volonté des pays producteurs de matières premières de se concerter. La guerre du Kippour leur donne le sentiment que les rapports de force entre le Nord et le Sud ont changé. Le 1er mai 1974, la 6e Assemblée générale extraordinaire des Nations Unies s'achève par une Déclaration relative à l'instauration d'un Nouvel Ordre économique international, accompagnée d'un Programme d'action très ambitieux. Parmi les principes avancés figurent le droit de nationaliser, le principe des « prix justes » (indexation des prix des produits exportés par le Tiers Monde sur ceux des produits importés) et l'indemnisation des dommages subis lors de la colonisation et l'organisation de « négociations globales ». Certains pays développés rejettent d'emblée cette déclaration. Les autres participent en 1977 à la Conférence de Paris sur la Coopération économique internationale (ou Conférence Nord-Sud) qui échoue sur les problèmes de l'énergie et de l'endettement. La Conférence de Paris sur les Pays les moins avancés en 1981 et le sommet de Cancun en octobre de la même année seront également décevants. C'est la fin des illusions sur les négociations globales Nord-Sud.

2. Le Tiers Monde face à lui-même : les désillusions des années quatre-vingt

► **Depuis le début des années quatre-vingt, le Tiers Monde doit affronter de graves crises de financement externe.** Les pays du Tiers Monde sont pris dans un effet de ciseau entre la charge d'une dette croissante et des échanges extérieurs fragiles qui limitent leur capacité de remboursement. Les recettes d'exportations sont limitées par le protectionnisme (accords multifibres freinant les exportations de produits textiles en provenance du Tiers Monde, à partir de 1975), et les effets de la récession mondiale due au second choc pétrolier. La baisse des prix est aggravée par la concurrence féroce que se livrent les producteurs (le Brésil casse volontairement les prix de l'étain pour évincer la Bolivie du marché ; au sein même de l'OPEP il y a un désaccord sur l'évolution des prix que l'Arabie Saoudite décide de faire baisser).

L'unité économique et politique n'a pas résisté au besoin désespéré de devises destinées à rembourser la dette extérieure.

Jusqu'au début des années soixante-dix, l'essentiel des flux financiers vers le Tiers Monde venait de l'aide publique. De 1973 à 1982, les banques occidentales deviennent les principaux pourvoyeurs de capitaux. En effet le choc pétrolier de 1973 procure à certains pays exportateurs de pétrole des recettes largement supérieures à leurs besoins. Les surplus sont déposés dans les banques occidentales qui les prêtent aux PVD, jugés très prometteurs : c'est le « recyclage des pétrodollars ». En 1982, les plus gros emprunteurs (Brésil, Mexique, Argentine, Corée, Venezuela) détiennent la moitié de la dette des PVD. **En août 1982,** le Mexique, le Brésil, le Venezuela, la Côte-d'Ivoire se déclarent dans l'incapacité de rembourser. Ce coup de tonnerre provoque la fin des prêts bancaires aux PVD et menace tout le système financier international. De l'endettement des années soixante-dix, on passe à la crise de la dette des années quatre-vingt. Le déclenchement de la crise est dû à la politique déflationniste des États-Unis. Elle provoque une hausse des taux d'intérêts américains puis mondiaux et une flambée du dollar ; or la dette du Tiers Monde est libellée en dollars et contractée à taux d'intérêt variable.

Pour faire face aux difficultés le FMI, les pays développés et les banques internationales ont eu recours à plusieurs « stratégies ». Les banques et le FMI négocient des rééchelonnements de prêts (allongement de la durée de remboursement), mais exigent en contrepartie des **« programmes d'ajustement structurel »** (réduction des déficits budgétaires, lutte contre l'inflation, dévaluations), qui ont des coûts sociaux très lourds (émeutes de Caracas, 1989). En 1989, **le plan Brady** (secrétaire américain au Trésor) envisage le rachat au rabais de leur dette privée par les pays endettés avec le soutien du Trésor américain, du FMI et de la Banque mondiale. Pour les pays les plus pauvres une partie de la dette publique est annulée. Dans les années quatre-vingt-dix, les programmes d'annulation de dette se multiplient, notamment en faveur des pays les plus pauvres : initiative de Toronto en 1991, initiative PPTE (concernant 37 pays pauvres très endettés) lancée à Cologne en 1996 dans le cadre de laquelle le FMI et la Banque mondiale acceptent pour la première fois de leur histoire de rééchelonner leurs propres créances. Au lendemain des attentats du 11 septembre 2001, la conférence de l'OMC à Doha (Qatar) met pour la première fois la question du développement au centre du nouveau cycle de négociations commerciales.

Les résultats ne sont pas à la hauteur des attentes : alors qu'en 1980 l'endettement global du Tiers Monde était de 587 milliards de dollars, il a atteint 2 527 milliards de dollars en 2000, soit 37,4 % de leur PNB en baisse depuis le milieu des années quatre-vingt-dix grâce aux bons résultats en Asie ; en revanche le service de la dette absorbe une part croissante des recettes d'exportation du Tiers Monde, 12,8 % en 1980 contre 17 % en 2000.

Par ailleurs certains pays du « Tiers Monde » s'intègrent peu à peu aux marchés financiers internationaux – la notion de « marché émergent » fait alors son apparition – et s'exposent ainsi à de nouveaux risques. Dans les pays de l'Asie de l'Est (Corée, Thaïlande, Malaisie, Indonésie), on observe à partir de 1995 un accroissement insoutenable de la dette extérieure à court terme (crédits bancaires et investissements de portefeuille). L'essoufflement de la croissance et la dégradation des comptes extérieurs provoquent l'inquiétude des investisseurs internationaux et une poussée de défiance envers les monnaies asiatiques durant le second semestre 1997.

La crise des marchés émergents débute le 2 juillet 1997 par un effondrement du bath thaïlandais puis se propage dans l'ensemble de l'Asie du Sud-Est et en Corée du Sud en novembre. Les pressions du FMI déclenchent de violentes réactions nationalistes et anti-occidentales dans certains pays (Malaisie, Indonésie, Corée notamment). Les marchés émergents des autres continents connaissent à leur tour des soubresauts en août 1998 en Russie puis au Brésil en décembre, c'est le tour de l'Argentine dont le peso strictement lié au dollar depuis 1988, se trouve ébranlé une première fois en décembre 2000 et décroche brutalement en janvier 2002 : le gel des comptes bancaires et une dévaluation de près de 80 % suscitent des émeutes qui emportent le gouvernement de gauche en février 2002. Les péronistes conduits par le président Duhalde sont pris comme leurs prédécesseurs entre l'intransigeance des créanciers représentés par le FMI et la colère du peuple argentin.

Même si le financement de la croissance du Tiers Monde par des capitaux privés semble inéluctable, la volatilité de ces flux et les risques qu'elle fait peser sur la stabilité du système financier international alimentent la rhétorique antimondialisation de la fin des années quatre-vingt-dix et remettent au goût du jour des idées iconoclastes comme la taxation des mouvements de capitaux à court terme dont le produit servirait à financer le développement (taxe Tobin, proposée en 1978).

► Au plan interne, le Tiers Monde doit affronter les défis du mal-développement.

La croissance démographique est un handicap. En 2000, la majorité des pays d'Amérique du Sud (Brésil, Argentine, Chili, Uruguay notamment) et d'Asie de l'Est (Chine, Corée, Taiwan...) ont achevé leur transition démographique avec une fécondité inférieure à 2,5 enfants par femme. La transition entre dans sa dernière phase en Asie du Sud (Inde : 3 enfants par femme ; Bangladesh : 3,1) de même que dans l'ensemble de l'Afrique du Nord (à titre d'exemple l'Algérie est passée de 8,1 enfants par femme en 1970 à 3,8 en 1999). En revanche la transition apparaît moins avancée en Afrique subsaharienne, au Proche-Orient. Malgré ces baisses la croissance de la population reste très forte du seul fait du nombre de jeunes gens (en Algérie, 47 % de la population a moins de 15 ans). Or les États du Tiers Monde, et tout particulièrement ceux de l'Afrique subsaharienne, manquent cruellement de moyens pour préserver la santé de leur population (90 % des personnes infectées par le VIH/Sida vivent dans les pays en développement – les deux tiers en Afrique subsaharienne – mais 90 % des sommes consacrées à soigner cette maladie le sont dans les pays développés), pour financer les infrastructures et créer des emplois. Les migrations vers le Nord ne constituent plus une soupape suffisante en raison des politiques de limitation mises en place en Europe et aux États-Unis, confrontés eux aussi à des difficultés économiques. En revanche l'agriculture a enregistré des progrès considérables en Asie et en Amérique latine : en moins de deux décennies des pays déficitaires sont devenus autosuffisants voire exportateurs (Argentine, Brésil, Chine pour le maïs). Différentes solutions ont été mises en œuvre : des réformes agraires (Mexique, Chili, Corée du Sud, Tunisie) ; la révolution Verte caractérisée par l'adoption de variétés sélectionnées pour leur haut rendement (Inde, Chine, Thaïlande, Mexique, Pakistan...) ; la mise en valeur d'espaces vierges (Amazonie brésilienne, Bornéo...). Les problèmes de malnutrition sont moins aigus, la santé de la population s'est améliorée ; en favorisant ainsi la survie des enfants, ces progrès ont eu des effets réels sur la baisse de la fécondité en Asie.

Le mal-développement génère des déséquilibres écologiques préoccupants : la croissance urbaine anarchique provoque des pollutions non maîtrisées (Mexico, 20 millions d'habitants, São Paulo : 17 millions ; New Delhi : 13 millions) ; la déforestation tropicale appauvrit les sols et favorise les inondations dramatiques dans des espaces soumis à une urbanisation sauvage (au Venezuela, les inondations suivies de glissements de terrain ont fait 50 000 morts et 500 000 sans-abri en décembre 1999). Ces problèmes sont un nouvel enjeu des relations Nord-Sud : la Conférence des non-alignés de Belgrade (1989) et la Convention de Lomé IV (1989) y consacrent un volet de leurs travaux ; en revanche le Sommet de la Terre de Rio en juin 1992 s'est terminé par un relatif échec devant l'intransigeance des États-Unis. Par ailleurs au sein des pays pauvres, les programmes de lutte contre la pollution peuvent avoir des répercussions sociales dramatiques : lorsqu'en décembre 2000, le gouvernement indien décide de fermer 50 000 PME polluantes situées au cœur de New Delhi (quatrième ville la plus polluée du monde) cela entraîne le licenciement de 600 000 personnes car les zones industrielles périphériques prévues pour accueillir ces ateliers ne sont pas encore opérationnelles !

La « crise des modèles de développement » d'inspiration marxiste (développement autocentré, nationalisations, planification en Tanzanie, Cuba, Chine, Algérie, Birmanie...) et le refus de plus en plus général de l'acculturation dont témoigne ma montée des intégrismes, notamment islamique, soulèvent la question des nouvelles voies vers le développement. L'exemple le plus spectaculaire est celui de la Chine de Deng Xiaoping qui rompt en 1978 avec le développement socialiste imposé par Mao en adoptant le programme des « Quatre modernisations » (décollectivisation de l'agriculture, ouvertures aux investissements étrangers dans le cadre des zones économiques spéciales, création de petites entreprises consacrées aux biens de consommation) qui engendre une croissance économique spectaculaire. La Chine est devenue la première puissance du monde en développement. Sans proposer de modèle économique alternatif, l'islamisme populaire se nourrit fréquemment des frustrations nées du mal-développement (en Iran, la révolution islamique emporte le régime pro-occidental du Shah en 1979 ; en Algérie, le Front islamique du salut est aux portes du pouvoir en 1994 ; en 1996 les Talibans (étudiants en théologie) s'emparent de l'Afghanistan).

► **Les crises pétrolières des années soixante-dix ont accentué l'éclatement du Tiers Monde, au point que l'on doit parler désormais de « Tiers Mondes ».** La hausse des prix du pétrole en 1973 a profité aux pays producteurs de pétrole qui accumulent des excédents financiers et s'industrialisent. Les États pétroliers peu peuplés (Koweït, Arabie Saoudite, Émirats) font figure de nouveaux riches, mais les habitants des États pétroliers très peuplés (Algérie, Iran, Irak) vivent toujours très modestement. En revanche, les pays à faible revenu (PNB/hab. inférieur à 765 $ en 1995) ne peuvent faire face au prix croissant de leurs importations d'énergie et de biens manufacturés. L'endettement est leur seul recours. Le contre-choc pétrolier de 1986 plonge tout le Tiers Monde dans la crise. Les revenus des pays producteurs s'effondrent. Les non-producteurs voient fondre la manne des pétrodollars et monter le protectionnisme des pays industriels. Malgré l'aide de la CEE (Lomé III et IV), l'Afrique noire s'enfonce dans la misère accentuée par la multiplication des conflits ethniques. Les pays à revenus intermédiaires (PNB/hab. compris entre 765 et 9 395 $ en 1995) suivent des voies divergentes. La diversité des formes et des degrés d'intégration des pays du Sud au marché mondial permet d'établir une typologie contrastée :

Certains pays d'Asie du Sud-Est triomphent dans les années quatre-vingt. Depuis les années soixante, les « quatre Dragons » (Corée du Sud, Taiwan, Singapour et Hong Kong) attirent les investisseurs occidentaux à la recherche d'une main-d'œuvre abondante et peu payée. S'inspirant du Japon, ils orientent leur économie vers l'exportation. D'abord spécialisés dans le textile et l'industrie lourde (sidérurgie, construction navale), ils se tournent ensuite vers des productions sophistiquées (automobile, électronique, électroménager) et concurrencent les pays développés. Ces NPI (Nouveaux Pays industrialisés) se sont insérés dans le commerce mondial et forment un pôle de croissance plus dynamique que les vieux pays industriels. Toutefois leurs systèmes de protection sociale et leur ouverture démocratique restent en deçà de ceux des vieux pays industrialisés, mais il faut noter que cet écart se resserre.

Les pays d'Amérique latine ne connaissent pas tous la même réussite. Au sein de ce continent s'opposent de grandes puissances émergentes du « Tiers Monde » (Brésil, Mexique et Argentine) et les petits pays d'Amérique centrale et de la Cordillère des Andes qui ne parviennent pas à décoller (Honduras, Bolivie) ou qui s'enfoncent dans l'économie de la drogue (Colombie, Pérou). Les pays émergents ont fondé leur développement sur la substitution de productions locales aux importations, la formation d'un secteur public fort et le repli sur le marché intérieur protégé. Le choc de la dette précipite ces pays dans la crise et réoriente leur politique économique. À l'exemple du Chili (dès les années soixante-dix) et du Mexique (après 1982), ils engagent des politiques néo-libérales : privatisation des entreprises publiques, ouverture au marché mondial (baisse des tarifs douaniers), appel aux investisseurs étrangers. Leur coût social est lourd, mais les premiers résultats encourageants. En outre, depuis le milieu des années quatre-vingt on observe les progrès de la démocratie : les dictatures qui prédominaient en Amérique latine ont laissé la place à des régimes issus des urnes (en 1979, l'Équateur est le premier état sud-américain à renouer avec la démocratie ; en 1985 les Argentins mettent un terme à la dictature militaire discréditée par la défaite dans la guerre des Malouines et élisent Raul Alfonsin ; au Chili, le général Pinochet cède volontairement le pouvoir à Patricio Aylwin qui assure une transition réussie au point de permettre dix ans plus tard l'élection d'un gouvernement social-démocrate...).

Le Moyen-Orient pétrolier a bénéficié d'une croissance soutenue au long des années soixante-dix, les revenus pétroliers ont alors stimulé le développement industriel, mais seuls les pays les moins peuplés, tels le Koweit et l'Arabie Saoudite, ont un PNB par habitant élevé et peuvent classés parmi les pays à haut revenu.

En revanche l'Afrique subsaharienne semble s'enfoncer dans la misère (déficit alimentaire croissant et fort analphabétisme) et se trouve marginalisée dans les échanges mondiaux. Parmi les 41 PMA dénombrés par l'ONU, 28 sont localisés dans cette région. Ils associent des retards de développement (très peu d'industrie) et une croissance économique obérée par une fécondité encore forte et surtout une instabilité politique chronique. Seule exception, la République d'Afrique du Sud fait figure de pays émergent.

► **Le mythe de l'unité politique du Tiers Monde s'effondre à son tour.** Avec les années quatre-vingt, le non-alignement marque le pas, fragilisé par ses dissensions internes. Certains États sont liés à l'URSS jusque par des traités d'amitié qui constituent des alliances : le Viêt-Nam, Cuba (membres du CAEM), l'Éthiopie et même l'Inde, fondateur du non-alignement (traité de 1971). D'autres sont proches de l'Occident : les États de l'Afrique noire francophone, le Maroc, l'Arabie Saoudite, l'Indonésie et même l'Égypte, autre fondateur du non-alignement (en 1973 Sadate renverse spectaculairement l'alliance avec Moscou pour choisir les États-Unis). Des guerres opposent des membres (guerre Iran-Irak de 1980 à 1988). Les divergences entre modérés, partisans d'un strict neutralisme, et radicaux marxisants s'aggravent : le sommet d'Harare (1986) souligne la désaffection à l'égard du mouvement, incapable de dépasser la simple rhétorique. L'apaisement des tensions Est-Ouest après 1985 rend le principe même du non-alignement presque désuet. Avec la chute du mur de Berlin, il faut repenser un mouvement qui a perdu sa raison d'être avec la fin de la division du monde en deux blocs. C'est ce qui ressort du sommet des Non-alignés de Djakarta en 1992, comme de celui de Durban en 1998 (113 pays représentés). Le bilan du mouvement est bien maigre : sans doute a-t-il servi d'exutoire aux ressentiments anti-américains, mais ces effets de tribune sont restés stériles. Le Non-alignement n'a jamais empêché les deux grands d'intervenir dans les conflits du Tiers Monde, soit pour s'en servir, soit pour les neutraliser, généralement d'un commun accord. De plus aucune personnalité n'apparaît capable de remplacer les figures historiques de Nehru, Tito, Nasser ou du Ghanéen N'Krumah pour donner un nouveau souffle au mouvement. Les institutions ont la vie dure, et le Mouvement des non-alignés survivra sans doute, en tant que symbole des problèmes non résolus du Tiers Monde, mais certainement pas comme instrument de leur résolution.

La dernière décennie du XXe siècle clôt l'ère de la colonisation : en 1991, l'Afrique du Sud accorde l'indépendance à la Namibie, ancienne colonie allemande qu'elle avait reçue en mandat en 1919 ; le 1er juillet 1997, les Britanniques rétrocèdent à la Chine le territoire de Hong Kong qu'ils contrôlaient depuis la fin de la Guerre de l'opium en 1842 ; en 1999 c'est le tour de Macao occupé par le Portugais depuis 1516. La restitution au Panama de la zone du Canal occupée par les États-Unis depuis 1903, s'inscrit dans la même logique.

▸ **Le Tiers Monde est la principale zone de conflits armés depuis 1945 alors que Bandung promettait un monde réconcilié.** Jusqu'à la fin des années soixante-dix, ces conflits ont pour origine la rivalité Est-Ouest. Les grandes puissances interviennent directement dans leur zone d'influence traditionnelle (États-Unis en Amérique latine : du Guatemala en 1954 au Chili en 1973 ; France en Afrique : Zaïre en 1978 ou Centrafrique ; URSS : Afghanistan en 1979), ou s'affrontent par pays du Tiers Monde interposés (guerre de Corée de 1950 à 1953 ; guerre du Viêt-Nam de 1961 à 1973 ; Afrique australe depuis 1975 ; Corne de l'Afrique en 1977-1978).

> **Depuis la fin des années soixante-dix,** les conflits du Tiers Monde sont surtout issus de rivalités internes. **Les conflits intra-étatiques** opposent des communautés ethniques ou religieuses (guerre du Biafra au Nigeria de 1966-1970, Kurdes au Proche-Orient, Sikhs en Inde, Tamouls au Sri Lanka, Liban de 1975-1990, Hutu et Tutsi au Rwanda en 1994). Il existe aussi des guérillas idéologiques : Sentier lumineux au Pérou, Sandinistes au Nicaragua de 1979-1988, FARC (forces armées révolutionnaires colombiennes, le plus ancien groupe de guérilla communiste d'Amérique latine), soulèvement des Indiens du Chiapas dans le sud du Mexique suite à l'abandon de la réforme agraire en 1994 ; lutte armée anticommuniste en Angola menée par les membres de l'UNITA de 1975 à la mort de leur chef Jonas Sawimbi en mars 2002 avec une brève interruption

entre 1994 et 1999. Certains peuples cherchent à créer un État : les Palestiniens obtiennent par les accords de Washington de septembre 1993, la possibilité de créer une autorité autonome dans une petite partie des territoires occupés par Israël depuis 1967 ; dans l'ancienne colonie espagnole du Sahara occidental, les Sahraouis s'opposent au Maroc depuis 1975). D'autres cherchent à obtenir l'égalité civile et politique : Noirs d'Afrique du Sud dont le combat aboutit en 1991 avec l'abolition de l'*Apartheid* et les premières élections multiraciales de 1994, qui portent au pouvoir Nelson Mandela. **Les conflits interétatiques** découlent le plus souvent de litiges frontaliers. Ils sont très nombreux en Afrique : la Somalie revendique l'Ogaden en l'Éthiopie (1977-1978) et la Libye convoite le nord du Tchad (1978, 1980 et 1983), combats entre l'Érythrée et l'Éthiopie (1988-1999), le Rwanda et l'Ouganda interviennent dans la République démocratique du Congo depuis 1998. Ils sont rares en Amérique latine (Pérou-Équateur en 1981 et en 1995). Le seul conflit grave est la guerre des Malouines en 1982, mais il s'agit d'un conflit Nord-Sud, entre l'Argentine et la Grande-Bretagne. En Asie, le Viêt-Nam envahit le Cambodge et affronte la Chine en 1979. Poussés par les Soviétiques, les Vietnamiens évacuent le Cambodge en 1989. La péninsule indochinoise entre dans une paix relative après quarante-cinq années de guerre. L'Inde et le Pakistan qui se sont dotés de l'arme nucléaire se disputent le Cachemire depuis 1947 et l'on assiste à un renouveau des tensions depuis 1999.

Dans les années quatre-vingt-dix, d'autres menaces apparaissent, comme la complaisance de certains États envers les trafiquants de drogue qui provoque des interventions militaires de la part des États-Unis comme l'opération « Juste cause » destinée à arrêter le dictateur panaméen Noriega en 1990. La préservation des intérêts occidentaux et notamment américains, explique l'apparition de confrontations militaires avec certains gouvernements du Tiers Monde : la Libye impliquée dans deux attentats contre des avions de ligne ; l'Irak après l'invasion du Koweït en 1990-1991 ; et le pouvoir Taliban en Afghanistan à la suite des attentats du 11 septembre 2001.

► **Certains États prétendent devenir des puissances régionales :** au Moyen-Orient, la Syrie d'Haffez el-Hassad (présence syrienne au Liban depuis 1989) et l'Irak et l'Iran qui s'affrontent de 1980 à 1988, l'Afrique du Sud qui intervient en Angola jusqu'en 1988, la Libye du colonel Khadafi, Cuba qui multiplie les foyers révolutionnaires en Afrique (Angola, Éthiopie) et en Amérique centrale (Nicaragua), le Brésil qui ambitionne de devenir la grande puissance d'Amérique latine, le Viêt-Nam qui maintient son influence sur la péninsule indochinoise. Alors qu'un effort notable de désarmement Est-Ouest est entrepris, **la course aux armements dans le Tiers Monde s'accentue.** Les dépenses militaires sont souvent supérieures à 10 % du PNB (51 % en Irak en 1985 !) contre 5 % environ pour les pays développés. Après l'Inde et la Pakistan qui procèdent à leurs premiers essais nucléaires officiels respectivement en 1974 et en 1998, Israël et la Corée du Nord sont susceptibles d'acquérir l'arme atomique, malgré les efforts des puissances nucléaires pour endiguer la prolifération. L'Afrique du Sud, le Brésil et l'Argentine ont au contraire renoncé à l'arme nucléaire en 1990 et 1991. Les armements classiques sont de plus en plus sophistiqués : arme chimique (l'Irak contre les Kurdes), missiles à courte et moyenne portée. L'Iran, l'Irak, Israël, la Syrie et l'Arabie Saoudite possèdent des missiles capables d'atteindre toutes les capitales du Proche-Orient.

Après l'euphorie des décolonisations et l'espoir de créer un monde nouveau dégagé de l'emprise des deux blocs et capable d'assurer un développement réel, le Tiers Monde se retrouve face à lui-même : un espace dépendant, un champ clos de rivalités meurtrières, un monde éclaté et non pas solidaire. Il découvre que le développement ne peut s'appuyer sur l'utopie mais sur l'intégration au système politique et économique international.

Approfondir

LECTURES

- Ouvrages sur l'ensemble des décolonisations : H. Grimal, *La décolonisation de 1919 à nos jours,* Bruxelles, Complexe, 1985, 349 p. ; M. Michel, *Décolonisations et émergence du Tiers Monde,* Paris, Hachette, coll. « Carré histoire », 1993, 271 p.
- Pour plus de détails sur les différentes décolonisations : C.-R. Ageron, *La décolonisation française,* Paris, Colin, coll. « Cursus », 1994, 187 p. ; X. Yacono, *Les étapes de la décolonisation française,* Paris, PUF, coll. « Que sais-je ? », 1994, 127 p. ; D. Blouche, *Histoire de la colonisation française,* t. 2 : *Flux et reflux (1815-1962),* Paris, Fayard, 1991, 607 p., remarquable travail de synthèse sur le sujet ; R. Marx, *De l'Empire au Commonwealth, 1850-1994,* Gap, Ophrys, 1995, 168 p.
- Ouvrages sur le Tiers Monde : S. Brunel, *Les Suds dans la nouvelle économie mondiale,* Paris, PUF, coll. « Major », 2000, 319 p., couvre la majeure partie des problèmes contemporains du Tiers Monde ; P. Moreau-Defarges, *Relations internationales,* Paris, Seuil, coll. « Points/Essais », 2000, 2 t., 364 p et 272 p. Le tome 2 est très utile pour faire le point sur les grands ensembles régionaux, chaque chapitre présente une chronologie détaillée.

THÈMES DE RÉFLEXION

- Les colonies dans la Seconde Guerre mondiale.
- La fin des Empires coloniaux français et britannique.
- Les Français et la Guerre d'Algérie de 1954 à aujourd'hui.
- Le Tiers Monde entre les États-Unis et l'URSS.
- La France et l'Afrique.
- L'URSS et le Tiers Monde une rencontre ratée.
- L'Asie depuis 1945.
- Le Tiers Monde face aux défis économiques.

Utiliser

Chronologie :
Les Afriques au sud du Sahara depuis 1960

Continent de contrastes géographiques et humains, l'évolution de l'Afrique subsaharienne présente une bien plus grande diversité d'évolution que les autres parties du Tiers

Monde. Trois espaces méritent d'être distingués tant en raison de leur dynamique propre que de leur implication dans le jeu mondial.

LA CORNE DE L'AFRIQUE

• L'Éthiopie qui a recouvré son indépendance et son souverain le Négus Haïlé Sélassié dès **1945** est le pivot de la région : son expansionnisme s'exerce aux dépens de l'Érythrée (fédérée avec l'Éthiopie en **1952** puis annexée de force en **1962** ce qui déclenche une guérilla de trente ans) puis de la Somalie indépendante en **1960** (annexion de l'Ogaden en 1949). Djibouti reste dans le giron français jusqu'en 1977.

• **La Corne de l'Afrique devient un des terrains d'affrontement entre l'Est et l'Ouest durant la seconde moitié des années soixante-dix.** L'initiative vient de Moscou qui saisi l'opportunité de contrôler l'entrée de la Mer Rouge en **octobre 1969** lorsque le coup d'État du général Siyad Barre met fin à dix années de semi-démocratie. La nouvelle République démocratique de Somalie s'engage sur la voie du socialisme musulman, en échange de l'aide soviétique Mogadiscio ouvre ses ports à la Flotte rouge. Le processus recommence lors du renversement, en **juin 1974** du Négus Haïlé Sélassié, âgé de plus de 90 ans par un comité militaire dirigé par le colonel Menguistu Haïlé-Maryam. Les États-Unis, alliés traditionnels d'Addis-Abeba se détournent du nouveau régime qui dès lors se rapproche de Moscou. La question de l'Ogaden contraint Moscou à choisir l'un de ses deux partenaires. Comptant sur l'aide soviétique, la Somalie déclenche le conflit le **23 juillet 1977**, mais Moscou préfère soutenir l'Éthiopie qui ouvre la porte de l'Afrique de l'Est au moment ou la révolution au Sud-Yémen ouvre le port d'Aden. Siyad Barre se tourne vers l'Occident qui n'offre qu'une aide symbolique, la guerre tourne au désastre : le **4 mars 1978** l'armée somalienne évacue l'Ogaden. Un accord de paix sera conclu en **1988** entre Siyad Barre et Menguistu.

• **Le désengagement des grandes puissances.** Au moment où Américains et Soviétiques s'affrontent, la France donne l'indépendance à Djibouti après le référendum du **8 mai 1977 :** le maintien de la colonisation était un obstacle à la coopération en Afrique alors que selon l'amiral Schweitzer « le slogan politique qui fait de Djibouti le verrou de la Mer Rouge ne résiste pas à l'analyse : Djibouti n'a pas de valeur navale ». De **1977 à 1985**, l'aide soviétique permet aux Éthiopiens d'écraser les rébellions du Tigré et d'Érythrée, au prix de déplacements de populations et d'une famine qui tuent plus d'un million de personnes. La réprobation internationale fait de Menguistu un allié encombrant pour Gorbatchev bien décidé à mettre un terme aux aventures en Afghanistan et en Afrique : il laisse donc les États-Unis aider les rébellions anti-éthiopiennes d'Érythrée et du Tigré qui reprennent toute l'Érythrée entre **1988 et 1990**. Siyad Barré en **janvier 1991** et Menguistu en **mai 1991** sont chassés, finalement l'Éthiopie doit reconnaître l'indépendance de l'Érythrée en 1993. Le conflit reprend en février 1999 au sujet de la fixation des frontières, il se termine par un arbitrage de l'OUA au début de 2002.

• **Le début des années quatre-vingt-dix est caractérisé par une recrudescence des conflits tribaux et une poussée islamiste.** La guerre qui oppose les fractions tribales en Somalie amène une intervention humanitaire de l'ONU en **1991** puis le déclenchement en **décembre 1992** de l'opération *restore hope* conduite par les États-Unis pour ramener la paix : c'est un humiliant échec pour les Occidentaux qui doivent plier bagages en **mars 1994** sous les huées des Somaliens qu'ils étaient venus secourir. Mais depuis, des guerres civiles déchirent l'Érythrée, Djibouti et la Somalie dans l'indifférence générale. Seule l'Éthiopie se reconstruit avec l'aide des Occidentaux soucieux de contrebalancer l'influence du régime islamiste du Soudan.

Le Soudan indépendant depuis le **1er janvier 1956,** est déchiré par des conflits opposant les chrétiens et les animistes du Sud aux musulmans héritiers de la révolte mahdiste.

Au pouvoir de **mai 1969** à **avril 1985,** le général Nimeyri passe progressivement du progressisme nassérien à la dictature islamique l'influence du chef des Frères musulmans Hassan el-Tourabi : la *chari'a* est imposée en **septembre 1983**. Cela relance la rébellion dans le Sud sous la direction du général Garang. De multiples péripéties permettent aux islamistes intransigeants de se maintenir au pouvoir depuis **mai 1988** : le régime soudanais, isolé sur le plan international est devenu la base arrière des mouvements islamistes égyptiens, érythréens et somaliens notamment.

L'AFRIQUE AUSTRALE

L'Afrique australe est caractérisée par l'importance et l'ancienneté des peuplements blancs. Les Portugais sont présents en Angola depuis 1450 alors que les Hollandais, ancêtres des Afrikaners ont fondé Le Cap en 1652 près de trois siècles avant l'arrivée des Zoulous de Chaka Zoulou (1807-1828). C'est le fondement de ce que le *Colonial office* britannique appelait le « problème blanc ».

. Le « problème blanc » concerne en priorité l'Afrique du Sud et la Rhodésie. En Afrique du Sud, la victoire électorale du Parti national en **1948** conduit à l'instauration de l'*Apartheid* et ainsi qu'à la rupture avec Londres en **1960,** l'isolement assumé sur la scène mondiale est compensé par la formation d'une vaste zone d'influence. Le Sud-Ouest africain est l'enjeu d'un conflit de quarante ans avec l'ONU. Le territoire, allemand avant 1914, avait été confié en mandat à l'Afrique du Sud par la SDN, en **1948,** Pretoria refuse de le remettre sous la tutelle de l'ONU ; de manière inattendue la Cour de justice internationale de La Haye donne raison à l'Afrique du Sud en **1955-1956** puis en **1966**. L'Assemblée générale de l'ONU vote alors l'indépendance du territoire rebaptisé Namibie pour le **1er juin 1968**. Faute de moyen rien ne se passe sinon, l'émergence d'un mouvement de résistance armée la SWAPO (South West African People's Organization) à partir de **1966**, que les forces de sécurité sud-africaines contiennent et l'instauration d'un embargo économique aux effets limités.

En Rhodésie du Sud, Pretoria soutient le Premier ministre blanc Ian Smith leader du *Rhodesian Front* qui, refusant le principe de la majorité imposé par Londres, proclame unilatéralement l'indépendance en **novembre 1965** et instaure la ségrégation raciale. Malgré la condamnation unanime de l'ONU, Ian Smith résiste efficacement aux sanctions internationales et à la guérilla nationaliste, il est vrai très divisée (outre la *Zimbabwe African National Union-Patriotic Front* de Robert Mugabe et le *United African National Council* de l'évêque Muzorewa et près d'une demi-douzaine d'autres organisations).

. La décolonisation portugaise en 1974-1975 marque le tournant. Le peuplement blanc de l'Angola et du Mozambique est récent (160 000 personnes en 1945 mais 550 000 en 1973). Pendant quinze ans, Lisbonne s'acharne à défendre ses colonies contre de puissantes guérillas soutenues par Moscou et Pékin (Frelimo au Mozambique ; UNITA, FNLA et MPLA en Angola). En avril 1974 la révolte des militaires balaye la dictature postsalazariste. En dix-huit mois, le socialiste Mario Soares doit négocier des accords d'indépendance, sans avenir (accords de Lusaka le **7 septembre 1974** et accords d'Alvor du **15 janvier 1975** avec les Angolais). Durant l'été 1975 un gigantesque pont aérien rapatrie 300 000 Portugais vers l'Europe. L'Angola principalement devient un enjeu entre Washington associé à l'Afrique du Sud qui soutient le FNLA et surtout l'UNITA d'une part, Moscou qui soutient le MPLA et dépêche 30 000 Cubains pour prendre la capitale, Luanda, le **11 novembre 1975**. En **1991,** le désengagement puis l'effondrement de l'URSS permettent de mettre un terme aux guerres civiles. En novembre 1994 des accords de paix sont signés entre le gouvernement angolais et l'UNITA sous l'égide de l'ONU. Toutefois la guerre civile reprend en janvier 1999 pour s'achever après la mort du chef de l'UNITA Jonas Sawimbi en mars 2002 et la conclusion d'un accord de paix le 18 avril 2002.

Le Premier ministre sud-africain J. B. Vorster (1966-1978) prend rapidement la mesure de la nouvelle situation : à l'intérieur, il « offre » l'indépendance aux bantoustans (foyers nationaux bantous autonomes, délimités à l'intérieur de la RSA, et strictement réservés aux noirs dans le cadre de la politique d'*Apartheid*) ; le Transkei devient ainsi le premier « État Noir » en **1976.** En Rhodésie, Vorster propose dès **1973** un « arrangement » donnant la majorité aux Noirs après une transition de cinq ans. Lâché par Pretoria le gouvernement de Ian Smith ne parvient plus à enrayer la guérilla qui dispose de bases au Mozambique. Soumis à de fortes pressions anglaises et américaines, Smith cède : en **septembre 1976,** la conférence de Lancaster House met au point la transition vers le *Majority Rule,* c'est-à-dire le pouvoir noir, effectif en **avril 1980**, la Rhodésie devient le Zimbabwe.

En Namibie, les États-Unis et leurs alliés (Grande-Bretagne, Canada, Allemagne fédérale, France) sont préoccupés par l'alignement de la SWAPO sur des thèses marxistes, ils constituent un « groupe de contact » qui exerce de fortes pressions sur Vorster qui admet en **1975** le principe d'une indépendance calquée sur celle des bantoustans. En **1982,** R. Reagan décide de lier la question de la Namibie et l'évacuation de l'Angola par les 30 000 Cubains qui s'y trouvent. Le dénouement intervint en **décembre 1988** par un accord tripartite (Afrique du Sud, SWAPO, Cuba) signé à Brazzaville. La Namibie indépendante le **28 mars 1990,** se tourne vars l'Occident et... l'Afrique du Sud dont les intérêts sont sauvegardés.

L'arrivée au pouvoir de Frederick De Klerk ouvre la voie à l'abolition de l'*apartheid* **(1991)** et à la négociation d'une constitution « démocratique et non raciale » avec Nelson Mandela leader de l'ANC (African national Congress) et Buthelezi chef du mouvement Zoulou Inkatha. L'élection de N. Mandela à la présidence de la république en **1994,** marque l'achèvement du processus. La démocratisation de l'Afrique du Sud est une réussite : en moins de dix ans le nouveau régime est parvenu à gérer le poids du passé et à poser les bases d'une nouvelle organsation sociale. La normalisation accélérée de la vie politique est consacrée par le retrait de Nelson Mandela après l'élection de Thabo M'Beki en juin 1999. Pour autant les problèmes économiques et sociaux qui sont loin d'être résolus, donnent naissance à une délinquance particulièrement préoccupante.

L'AFRIQUE INTERTROPICALE

Du Sénégal à Madagascar et du Zaïre au Kenya l'Afrique intertropicale forme un ensemble très divers en raison de la composition ethnique, du passé colonial et des résultats inégaux du développement.

- **À de rares exceptions (Tchad et Zaïre surtout) ces pays ne constituent pas un enjeu stratégique majeur.** Les deux grands laissent d'ailleurs la France superviser la sécurité de la région. Au Tchad, elle porte à bout de bras François Tombalbaye de **1960 à 1975,** puis elle s'implique dans les luttes de factions entre Hisène Habbre, Goukouni Ouedeï, le général Malloum... ; elle organise ensuite les opérations Manta **(1982)** et Épervier **(1985)** pour repousser les Libyens installés au Nord. En Centre Afrique, les Français patronnent le coup d'État de Jean Bedel Bokassa **(1965**), acceptent la mascarade de son couronnement impérial **(décembre 1977**), puis le chassent après la révolte lycéenne **(septembre 1979)** pour réinstaller son prédécesseur David Dacko puis finalement le général **André Kolingba**. Les parachutistes français sauteront aussi sur Kolwezi (Zaïre) en **1977** avec l'aval et l'aide des États-Unis pour protéger les Européens des exactions des ex-gendarmes katangais soutenus par le MPLA et Moscou
- **Immédiatement après les indépendances, la plupart des pays de la zone se sont donné des régimes présidentiels adossés à un parti unique** (Parti dahoméen de l'Unité, Rassemblement démocratique africain dans les anciennes colonies françaises – Haute-Volta, Côte-d'Ivoire, etc., Bloc démocratique sénégalais (BDS) de Léopold Sédar

Senghor, TANU de Julius Nyerere en Tanzanie). La personnalité des leaders a joué un rôle déterminant dans la survie du système. Certains se sont maintenus, donnant à leur pays une grande stabilité politique : Félix Houphouët-Boigny gouverne la Côte-d'Ivoire de l'indépendance en **1959,** jusqu'à sa mort en **1992** ; son dauphin, Henri Konan Bédié qui est l'un des pères du miracle ivoirien lui a succédé en **1992** ; le même phénomène se reproduit au Sénégal ou Léopold Sédar Senghor **(1960-1980)** et remplacé par son Premier ministre Abdou Diouf le **1er janvier 1981** ; Mobutu depuis **1964** au Zaïre, ou enfin Ahmadou Ahidjo président du Cameroun **(1961-1980).** Ces régimes associent une forte dose de paternalisme, la répression parfois violente des mouvements de dissidence, une grande attention aux pouvoirs traditionnels et enfin une grande capacité d'adaptation lorsque les politiques de développement échouent. Quelques-uns de ces leaders vont tenter la voie du socialisme, c'est le cas de Julius Nyerere **(1962-1985)** en Tanzanie et de Ahmed Sékou Touré (1960-1984) en Guinée.

• **Dans la plupart des pays le pouvoir passe cependant aux mains des militaires dans la seconde moitié des années soixante.** Les jeunes officiers incarnent la nouvelle génération, formés à des techniques modernes à travers les armements ils constituent une élite soucieuse d'accélérer le développement. Ils s'inspirent souvent de Nasser, figure tutélaire du nationalisme progressiste dans le Tiers Monde. Dans les années soixante-dix de nouveaux putschs amène des officiers marxistes. Le capitaine Thomas Sankara constitue un exemple : il s'empare du pouvoir en août 1983, immédiatement la Haute-Volta devient le Burkina Faso. Le nouveau régime qui se dit marxiste met en place un régime ; mais il se traduit surtout par l'élaboration d'un régime totalitaire : interdiction des partis politiques, réduction du pouvoir syndical, mise en cause des autorités coutumières et des ONG ; la politique extérieure dénonce violemment l'impérialisme et le néo-colonialisme. Le développement économique n'est pas au rendez-vous, la paysannerie s'est méfiée du régime, les fonctionnaires et les salariés urbains lourdement pénalisés se sont détachés de lui : le putsch du 15 octobre 1987, met fin à l'expérience.

• **À partir du milieu des années quatre-vingt, les pays du Nord ont commencé à lier l'aide à l'ouverture économique et à la démocratisation.** Dans de nombreux pays cette demande correspond à une attente de la population. Les événements internationaux qui ont secoué le monde en 1989-1991, l'effondrement du communisme en Europe et la fin de la guerre froide ont accéléré la transition politique. Elle part soit de manifestations plus ou moins violentes (Madagascar en 1990-1991, Côte-d'ivoire en 1992) soit d'une pression extérieure relayée par des groupes d'opposition (au Kenya l'ambassadeur américain attaque le président Arap Moi en 1991, menaçant de suspendre l'aide américaine ; la France fait la même chose au sommet de La Baule en 1989). Le multipartisme ainsi instauré manque encore de tradition, il risque soit d'être confisqué par le groupe au pouvoir (fraude électorale, entrave à la liberté de la presse...) soit favoriser la naissance de partis à base ethnique ou tribal.

Depuis l'indépendance, les différents régimes se sont donnés pour tâche essentielle d'intégrer les différentes populations juxtaposées à l'intérieur de frontières rendues intangibles par la décolonisation. Cette intégration est le plus souvent conçue comme une négation des groupes ethniques minoritaires ou de tous les groupes ethniques. Depuis la guerre du Biafra (sud-est du Nigeria) entre **juillet 1967 et janvier 1970,** les innombrables conflits ethniques auraient fait de 15 à 20 millions de victimes en Afrique, le génocide du Rwanda **(1994)** en est un exemple, mais la plupart du temps la famine organisée (Soudan, Tigré) ou amplifiée par la guerre (Somalie, Tchad) pèse plus lourd que les massacres.

19

Israël, les Pays arabes et les Palestiniens

LE PROCHE-ORIENT DEPUIS 1945

Connaître

1896	Théodore Herzl, *Der Judenstaat*
1917	Déclaration Balfour sur l'établissement d'un « foyer national juif »
1922	Mandat britannique sur la Palestine
1939	*Livre blanc* britannique sur la Palestine
1947	Plan de partage de la Palestine (29 novembre)
1948	Proclamation de l'État d'Israël (14 mai) Première guerre israélo-arabe (15 mai)
1956	Crise de Suez : deuxième guerre israélo-arabe (29 octobre)
1964	Création de l'Organisation de libération de la Palestine (OLP)
1967	Guerre de six jours : Israël occupe Gaza, la Cisjordanie, le Golan et le Sinaï
1969	Yasser Arafat président de l'OLP
1970	« Septembre noir » : l'armée jordanienne chasse les Palestiniens
1973	Guerre du Kippour, entre l'Égypte, la Syrie et Israël
1978	Accords de Camp David entre l'Égypte et Israël (17 septembre)
1982	Invasion du Liban par l'armée israélienne
1987	Début de la « révolte des pierres » *(Intifada)*
1993	Rabin et Arafat signent l'Accord de Washington sur l'autonomie des territoires occupés (13 septembre). Fin de la 1re *Intifada*
1995	Début du retrait israélien des villes de Cisjordanie. Assassinat de Itzhak Rabin (4 novembre)
1996	Arafat élu président de l'Autorité palestinienne. B. Netanyaou (Likoud) Premier ministre
1999	Mort d'Hussein de Jordanie (7 février). E. Barak (travailliste) Premier ministre
2000	Israël se retire du Sud-Liban (mai) Sharon sur l'esplanade des Mosquées (28 septembre). Reprise de l'*Intifada*
2001	A. Sharon (Likoud) Premier ministre. Il déclare le processus de Paix mort
2002	Arafat assiégé à Ramallah. Opération « Un mur pour la Paix »

La naissance de l'État d'Israël le 14 mai 1948 puis la première guerre israélo-arabe ont entraîné une expulsion massive de Palestiniens et le refus des États arabes de reconnaître le nouveau venu. Le Proche-Orient devient dès lors l'un des principaux foyers d'instabilité et de violence dans le monde. On compte de 1948 à 1978 quatre grands conflits israélo-arabes auxquels s'ajoutent l'occupation du Liban-Sud de 1982 à 2000, la guerre du Golfe en 1991 durant laquelle Israël a été la cible des missiles irakiens et enfin les deux *Intifadas,* la première de 1987 à 1993, la seconde débutée en septembre 2000 et marquée par une intervention armée de *Tsahal* dans les territoires placés sous l'autorité de Yasser Arafat.

La question des relations israélo-arabes emporte en fait beaucoup de passion de part et d'autre. La terre, la religion, la nation, composent des mélanges explosifs. Au nom du sionisme, les Juifs persécutés en Europe centrale et orientale d'avant 1914 cherchaient en Palestine à la fois la terre sur laquelle Dieu s'était révélé à leurs ancêtres, et la possibilité de construire un État qui les protégeât enfin ; la création de l'État d'Israël a engendré à son tour une nouvelle diaspora et les Palestiniens à leur tour n'ont cessé de rêver à la terre perdue en 1948 ou en 1967, et à l'État palestinien qui les tirerait de leur exil et des camps de fortune installés dans les pays arabes. Jérusalem, ville sainte des trois monothéismes de même que les autres hauts lieux de Terre Sainte (Bethléem, Nazareth, Hebron...) constitue en elle-même, un enjeu planétaire. L'économie n'est pas absente de ces conflits : dans une région semi-aride, la question de l'eau est plus cruciale que celle des terres ; le problème des travailleurs palestiniens de Cisjordanie et de Gaza donne naissance à des rancœurs tenaces.

Pourtant, depuis les accords israélo-égyptiens de Camp David en 1978 et grâce, le plus souvent, à la médiation américaine, la paix entre les États gagne du terrain : Israël a signé des accords avec l'Égypte et la Jordanie, le Sud-Liban a été évacué en 2000 et des discussions avec la Syrie concernant le Golan ne constituent plus un tabou. Le point crucial reste les relations avec les Palestiniens, les accords d'Oslo en 1993 avaient amorcé un processus de paix sans cesse entravé et retardé par le terrorisme et le contre-terrorisme, au point de déboucher sur une nouvelle *Intifada.* Il faudra beaucoup de temps pour que la paix se fasse entre les peuples, mais il faut d'abord une paix sur le terrain, elle demandera une forte volonté politique de part et d'autre ainsi qu'une continuité dans l'action des partenaires extérieurs, les États-Unis au premier chef.

I. Du sionisme à la naissance d'Israël

1. La naissance du sionisme dans l'Europe de la fin du XIXe siècle

► **Au milieu du XIXe siècle on ne compte plus que 12 000 Juifs en Palestine ;** en 1914, au terme d'une première série d'installations, ils sont 85 000. Les populations de la Diaspora vivent alors principalement en Europe orientale (près de 9 millions), en Europe occidentale (1,2 million), au Proche-Orient (0,7 million), et de plus en plus en Amérique où l'émigration en a conduit déjà 2,5 millions.

Le sort des communautés est très variable. En Europe occidentale ainsi qu'aux États-Unis, la sécularisation et la démocratisation des sociétés sous l'effet des Lumières et de la déclaration des droits de l'homme, leur ont ouvert les voies de l'intégration dans l'égalité politique, sociale économique... L'Affaire Dreyfus est cependant là pour rappeler que cette intégration suscite un renouveau de l'antisémitisme notamment dans les couches moyennes et supérieures de la société ainsi que parmi les intellectuels. Dans toute l'Europe orientale et dans l'Empire russe l'antisémitisme est institutionnalisé : en Russie les Juifs sont contraints de vivre dans la zone de domiciliation obligatoire (ouest du pays), et l'accès aux études secondaires et supérieures est strictement limité. Les nationalismes européens du dernier tiers du XIXe siècle trouvent dans la diaspora juive un bouc émissaire commode : les pogromes se multiplient à partir de l'assassinat d'Alexandre II en 1881, et des procès pour des meurtres rituels commis sur des chrétiens se tiennent encore à Prague à la fin du siècle. Pour beaucoup, l'émigration est une question de survie, l'Europe de l'Ouest et les États-Unis restent la principale destination, mais le baron britannique Hirsch fonde en 1891 la *Jewish Colonization Association* qui s'intéresse notamment à l'Argentine.

► **Le sionisme naît en réaction aux assauts de l'antisémitisme.** Il peut être assimilé à un sentiment national et comparé à beaucoup d'autres qui ont surgi au XIXe siècle. Le Russe Léo Pinsker, médecin à Odessa, témoin du pogrome de 1881, écrit l'ouvrage *Auto-émancipation* (1882) et fonde la société des *Amants de Sion* qui cherche à créer des villages agricoles en Palestine pour accueillir les immigrants, et tient sa première conférence internationale, en Silésie, en 1884. Le mot même de « sionisme » (Sion désigne soit une colline de Jérusalem, soit, en poésie, la ville elle-même) est forgé par un juif galicien en 1890. Les premiers immigrants, souvent originaires de l'Empire russe, réalisent l'*aliya*, la montée à la Terre sainte ; parmi eux, le Lituanien Perlman (Ben Yehuda) fait de l'hébreu, langue sacrée, une langue parlée dans la vie quotidienne, ou le futur Ben Gourion, né en 1886 en Pologne, arrivé en 1906 pour entamer une carrière de militant sioniste. **Le rôle capital est joué par un Viennois, Herzl.**

Theodor Herzl (1860-1904) est issu d'une famille de la bourgeoisie austro-hongroise (il est né à Budapest et ne s'installe à Vienne qu'en 1878). Avocat et écrivain, il pense alors que l'émancipation des Juifs passe par leur assimilation. Correspondant parisien d'un quotidien viennois de tendance libéral, *Die Neue Freie Presse*, l'Affaire Dreyfus constitue pour lui une sorte de révélation : il découvre que l'émancipation même des Juifs déchaîne l'antisémitisme, jusqu'au cœur du pays des droits de l'homme. Trois idées s'imposent à lui : l'existence d'un peuple juif, l'impossibilité de son assimilation par les autres et par voie de conséquence la nécessité de créer un État qui n'abandonne plus les Juifs au bon vouloir des pays d'accueil. Il développe cette idée dans *Der Judenstaat* (1896 – traduit fautivement par *L'État juif*, alors qu'il faudrait dire *L'État des Juifs*). L'année suivante le premier Congrès sioniste se réunit à Bâle, le droit des Juifs à s'installer sur la terre d'Israël devient le quatrième fondement du sionisme. Dans son *Journal,* Herzl écrit : « À Bâle, j'ai créé l'État juif. » D'emblée il s'appuie sur les Britanniques mais, défenseur infatigable de ses idées il rencontre la plupart des responsables politiques de son temps. Il meurt en 1904.

2. Les conséquences de la Première Guerre mondiale et l'entre-deux-guerres

► **Le démembrement de l'Empire ottoman favorise le mouvement de retour vers Israël.** Napoléon Ier, lors de la campagne d'Égypte, avait appelé les Juifs à se rallier à lui « pour rétablir l'ancienne Jérusalem ». Le démembrement qui s'amorce en 1805 avec l'indépendance de l'Égypte, donne tous les prétextes aux grandes puissances pour intervenir : la Russie protège les orthodoxes, la France les maronites du Liban et les catholiques, Londres les Druses et les Juifs. Les lieux saints sont un des prétextes du déclenchement de la guerre de Crimée. L'égalité des droits des sujets musulmans et non musulmans de l'Empire accordée en 1856 au lendemain de la guerre est un des acquis de ces pressions mais il donne naissance à un courant nationaliste arabe qui s'affirme au début du XXe siècle.

► **La Première Guerre mondiale accélère l'évolution du Proche-Orient.** L'Empire ottoman s'engage le 2 novembre 1914 aux côtés des puissances centrales, les alliés entreprennent de soulever les nationalistes arabes. En mars 1915, le *foreign office,* envisage la formation d'une « unité politique musulmane » dont La Mecque serait le centre ; les négociations entreprises avec Hussein, le Chérif de La Mecque, définissent un vaste territoire couvrant la péninsule Arabique et la Mésopotamie mais laissant de côté la bande côtière. En 1916 les accords Sykes-Picot **(4 mars et 16 mai 1916)** définissent les zones d'influence respectives de la France (le Liban et le nord de la Syrie) et de la Grande-Bretagne (Mésopotamie et le reste de la Syrie) ; la Palestine doit passer sous administration internationale (ce sera en fait un mandat britannique) ; enfin la péninsule Arabique doit devenir indépendante sous la direction du Chérif.

C'est dans ce contexte fort compliqué, qu'intervient la **déclaration Balfour du 2 novembre 1917.**

Lord Balfour, ministre britannique des Affaires étrangères, écrit à lord Walter Rothschild : « Le gouvernement de Sa Majesté envisage favorablement l'établissement en Palestine d'un Foyer national pour le peuple juif [...] étant donné que rien ne sera fait qui pourrait porter préjudice aux droits civils et religieux des communautés non juives. » Dans le cadre de la guerre, les Britanniques espèrent en tirer des avantages tactiques en Palestine où le général Allenby éprouve des difficultés face aux Turcs, en Europe et aux États-Unis on compte sur le soutien des communautés juives. À plus long terme il s'agit de créer un État-tampon entre le Liban sous influence française et le canal de Suez. Quoi qu'il en soit, l'engagement est net mais son contenu beaucoup moins, l'expression « Foyer national » semble toutefois écarter l'idée d'un État-nation juif pour ne pas heurter de front les Arabes ?

Les termes de la déclaration Balfour sont officialisés lors de la Conférence de San Remo (1920), la Grande-Bretagne reçoit le mandat sur la Palestine (il entre en application en juillet 1922) à charge pour elle de susciter une Agence juive et de gérer les relations entre les Arabes présents sur le territoire et les Juifs qui commencent à s'y installer.

► **Le mouvement sioniste met en place un quasi-État dans la Palestine sous mandat.** Dès 1920, la communauté juive de Palestine (le *Yichouv*) élit un Conseil national qui fait fonction de gouvernement officieux ; à ses côtés l'*Histadrout* (Confédération générale du travail) dirigée par Ben Gourion, encadre la population active et organise des coopératives, un système d'assurance sociale et devient dans les années trente le principal employeur du pays. Depuis 1921, une milice armée secrète la *Haganah* a pour fonction de protéger les villages. La création en 1929 de l'Agence juive couronne le processus : jusque-là c'était l'Organisation sioniste mondiale qui organisait l'immigration, finançait les achats de terres et assurait les relations politiques avec l'extérieur, l'Agence dominée par les Juifs de Palestine reprend le flambeau et oriente son action dans un sens nettement plus nationaliste et socialiste.

Depuis 1920 un Fonds d'investissement servait à acheter des terres pour mettre en place une infrastructure rurale constituée de villages coopératifs *(Mochav)* et de fermes collectives les *kibboutz*. L'immigration se développe rapidement : 10 000 entrées par an dans les années vingt entre 30 000 et 50 000 immigrés entre 1933 et 1939 ; il y a alors 425 000 Juifs en Palestine et 1 million d'Arabes.

► **Les Arabes ressentent de plus en plus cette immigration comme un péril** pour leur propre maintien en Palestine. Le problème est à la fois politique (les Arabes n'ont aucune place dans le projet sioniste d'État juif) et social (le fonds d'investissement acquiert en toute légalité et au prix fort les terres des grands propriétaires absentéistes arabes, ce qui débouche sur l'éviction des métayers arabes qui s'en vont grossir la population misérable des villes). Les contradictions de la politique britannique se résolvent en une longue série d'émeutes en 1920-1921, en 1929 (des centaines de victimes juives), pour en arriver à la révolte arabe 1935-1939 qui oblige Londres à déployer des troupes pour tenter d'enrayer la confrontation des deux terrorismes arabe et juif. Face à la montée en puissance de la communauté juive les Arabes de Palestine ont du mal à s'organiser, la principale figure est le Mufti de Jérusalem Hadj Amine al-Husseini qui prend la tête d'un Haut comité arabe mais doit s'exiler en 1937. Londres croit trouver une solution dans un premier plan de partage de la Palestine (rapport Peel de 1937) qui provoque l'opposition unanime des Arabes et de l'aile radicale du mouvement sioniste regroupée au sein du courant révisionniste fondé dans les années vingt par Zeev Jabotinsky. Cette intransigeance nouvelle transparaît dans l'arrivée de David Ben Gourion à la tête du mouvement sioniste en 1937 et dans la création au même moment de l'*Irgoun,* véritable armée secrète des Révisionnistes dont Menahem Begin prend la direction en 1942.

L'échec du plan de partage conduit Londres à publier en mai 1939, un *Livre blanc* qui se prononce contre la création d'un État juif et préconise une politique de stricte réduction de l'immigration juive et des achats de terres. La Grande-Bretagne applique cette politique contraignante tout au long de la guerre refoulant notamment en 1940 et 1941 des navires chargés d'immigrants juifs ayant fui les nazis (il y a plusieurs naufrages et des centaines de victimes), en juillet 1947 ils arraisonnent et refoulent vers Hambourg l'*Exodus* transportant à destination de la Palestine 4 500 émigrants rescapés des camps nazis.

Les sionistes s'estiment trahis : ils ne croient plus possible de faire l'État juif avec les Britanniques, ils le feront donc contre eux. Les Britanniques qui avaient commencé l'entre-deux-guerres en soutenant l'immigration juive terminent cette période en protecteur des Arabes.

3. De la Seconde Guerre mondiale à la victoire de l'automne 1949

▸ **La Seconde Guerre mondiale marque une pose en Palestine.** Les Arabes qui ont obtenu partiellement satisfaction avec le *Livre blanc* interrompent la guérilla d'autant qu'ils ont perdu leurs chefs (le Mufti de Jérusalem se range au côté de l'Allemagne ce qui le discrédite). Tout en refusant la politique du *Livre blanc,* la communauté juive constitue une « brigade juive » de près de 50 000 hommes pour combattre les forces de l'Axe aux côtés des Anglais ; ils y apprennent les méthodes de la guerre moderne, ce qui pèsera lourd durant la guerre de 1948-1949.

En 1945, la découverte des camps d'extermination et le bilan de l'Holocauste réveillent les consciences occidentales qui n'avaient que faiblement réagi entre 1933 et 1939 à la politique antisémite nazie. Les grandes puissances et la nouvelle Organisation des Nations Unies acceptent donc le principe de la création d'un État juif en Palestine. Ce n'est pas le cas des Britanniques mais la voix des puissances mandataires de 1920 est-elle encore prépondérante ?

▸ **Le bilan de vingt-cinq ans de mandat apparaît plutôt négatif.** En Syrie et au Liban, la France a pratiqué une politique d'administration directe dominée par des militaires sans tenir aucun compte du nationalisme arabe musulman : la déposition en 1920 du roi de Damas, Fayçal met un terme au rêve d'un grand état arabe il en résulte une agitation nationaliste dont la violence culmine entre 1920 et 1924 ; la politique du Front populaire qui négocie un traité d'indépendance n'est pas ratifiée par le

Parlement français. Il ne reste guère au bout du compte que la création artificielle d'un « Grand Liban » dont l'effondrement sera sanctionné par la sanglante guerre civile libanaise de 1975 à 1989.

La politique britannique en Irak et en Transjordanie est plus habile, la création de deux royaumes indépendants dès 1930 pour l'Irak donne satisfaction aux nationalistes arabes tout en préservant les intérêts stratégiques et pétroliers de Londres à court terme, à plus long terme les gouvernements mis en place par les Anglais tombent rapidement entre les mains des factions militaires. De manière paradoxale, les Anglais donnent satisfaction au nationalisme arabe en autorisant, quoiqu'à contrecœur la formation de la Ligue arabe.

La Ligue arabe est instituée le 22 mars 1945 au Caire. Elle découle d'une idée lancée en 1943 par le Premier ministre irakien Nouri Saïd, reprise par les Égyptiens. Mais la Ligue traduit néanmoins le recul de l'influence anglaise dans la région. Ces buts sont vagues : « défendre l'indépendance de ses membres », « promouvoir la coopération entre ». Un secrétariat permanent installé au Caire et un Conseil se réunissant deux fois par an en constituent les structures. Sept pays y participent à l'origine (Égypte, Irak, Syrie, Jordanie, Arabie, Yémen et Liban) mais tout pays arabe indépendant peut adhérer. Elle a surtout un rôle de forum et les rivalités entre Le Caire, Damas et Bagdad ne manquent pas de s'y faire entendre, elle n'en joue pas moins un rôle important dans l'intégration du Maghreb au monde arabe et dans le développement du conflit israélo-arabe jusqu'en 1978.

C'est en effet en Palestine que le bilan britannique est le plus désastreux. Dès le début de 1944 la *Haganah* et l'*Irgoun* dirigée par Menahem Begin se liguent contre les Britanniques et pratiquent le terrorisme à grande échelle à partir de l'automne 1945 : le 22 juillet 1946 l'explosion de l'hôtel King David, à Jérusalem, siège de l'état-major britannique, fait 110 morts. L'Irgoun revendique l'attentat.

▸ **La question de Palestine s'est internationalisée à partir de 1945.** En août 1945, le président Truman adopte résolument une ligne prosioniste en soutenant la demande de 100 000 visas d'immigration. Un comité d'experts anglo-américain propose dans l'été 1946 l'abolition du *Livre blanc* puis un premier plan de partage entre Arabes et Juifs, il est rapidement abandonné. Le terrorisme redouble de violence tout au long de 1947, tandis qu'en février, les Britanniques transmettent le problème palestinien à l'ONU. Sous l'égide de l'organisation un nouveau plan de partage est proposé durant l'été 1947.

Le partage de la Palestine (29 novembre 1947) est ratifié[1], par l'Assemblée générale de l'ONU (résolution 181). Il prévoit la constitution d'un État arabe, et d'un État juif composé de trois tronçons : la Galilée orientale, une bande côtière allant d'Acre à Ashod et comprenant la future capitale, Tel-Aviv, et la plus grande partie du désert du Néguev, avec une « fenêtre » sur la mer Rouge par le port d'Eilat, dans le golfe d'Akaba. Jérusalem, peuplée de juifs et d'Arabes, devait être placée sous contrôle de l'ONU. Les juifs,

1. Il y a 33 voix en faveur du partage (dont les États-Unis et la France, mais aussi l'URSS, satisfaite de voir démanteler une pièce de l'impérialisme britannique) ; 13 lui sont hostiles (Cuba, la Grèce, l'Inde, et dix pays arabes ou musulmans), et 10 abstentions (dont la Grande-Bretagne).

avec 30 % de la population mais 55 % du territoire, sont avantagés mais ils s'apprêtent à accueillir les rescapés du génocide (près de 700 000 Juifs arrivent en Palestine de 1949 à 1951). Si le partage paraît une solution équitable, compte tenu des circonstances, il ne tient pas compte des réalités géographiques ni de l'opposition des extrémistes des deux camps.

La colère des Arabes est immédiate : l'Université al-Azhar, du Caire, appelle à la guerre sainte ; la Ligue arabe se prépare à la guerre. Les militants de l'*Irgoun* et de la *Haganah* font de même : ils condamnent le partage tel que l'a dessiné la communauté internationale et s'apprêtent à recourir aux armes. Sans attendre le départ des Britanniques, avancé au 15 mai 1948, les combattants juifs s'emparent en avril et mai 1948 des ports de Haïfa et Jaffa.

► **Le 14 mai 1948, David Ben Gourion, président de l'exécutif de l'Agence juive, proclame l'État d'Israël,** dont Weizmann devient le premier chef. Le nouvel État est immédiatement reconnu par les États-Unis, puis par l'URSS. Le lendemain la première guerre israélo-arabe commence.

La première guerre israélo-arabe commence le 15 mai 1948. Les 650 000 Israéliens ne paraissent pas de taille à résister à 30 millions d'Arabes. En fait sur le terrain le rapport des forces militaires est inversé. Les pays arabes alignent une armée de 40 000 hommes pratiquement sans expérience de la guerre moderne alors que sous l'impulsion de Ben Gourion, la *Haganah* qui absorbe alors l'*Irgoun* sert de cadre à la mobilisation de 70 000 Israéliens, hommes et femmes combattants pour leur survie immédiate et celle de leur espoir.

Les armées arabes ont l'initiative durant les premières semaines : Israël est attaqué sur plusieurs côtés, Jérusalem assiégée lorsque l'ONU impose une trêve de quatre semaines (11 juin). Les combats reprennent le 8 juillet mais Israël qui a reçu du matériel et renforcé son armée attaque sur tous les fronts, il profite de la confusion qui règne dans le camp arabe (après la rupture du cessez-le-feu du 15 octobre, l'Égypte est la seule à combattre, il faut l'intervention diplomatique des Anglais pour que l'armée israélienne évacue le Sinaï). Entre le 24 février et le 20 juillet des armistices séparés sont signés, ils tiendront jusqu'en 1967. L'ONU adopte en décembre 1949 une résolution réaffirmant le statut international de Jérusalem. L'État israélien occupe désormais 78 % du territoire de la Palestine, il ne reste que la bande de Gaza sous administration égyptienne et la Cisjordanie annexée par la Jordanie en 1950. Près de 725 000 Palestiniens ont quitté la Palestine, 640 000 s'entassent à Gaza et en Cisjordanie, il n'en reste plus que 170 000 en Israël. L'ONU s'empare du problème des réfugiés, mais aucun des nombreux projets, prévoyant des retours ou des indemnisations, ne peut voir le jour, Israël ne voulant aborder le problème que dans le cadre d'un règlement de paix global.

Pendant près de trente ans une hostilité irrépressible oppose l'État d'Israël à l'ensemble de ses voisins ; elle devient le principal ferment du nationalisme panarabe dans le cadre de la Ligue arabe.

II. De 1949 à 1973 : le temps des guerres israélo-arabes

1. Nasser, la guerre froide et le conflit israélo-palestinien

► **La question israélo-arabe s'inscrit peu à peu dans la logique de la guerre froide.** Jusqu'en 1955, le Proche-Orient échappe aux affrontements de la guerre froide en raison de l'inexpérience des États-Unis et de l'intérêt porté par Staline aux affaires européennes. En 1953 et 1954, les Égyptiens négocient le retrait britannique du Soudan puis l'évacuation de la zone du canal de Suez.

L'année 1955 est un tournant. La doctrine soviétique de la coexistence pacifique fait clairement des espaces extra-européens l'enjeu de la lutte des blocs. Les Américains prennent l'initiative en suscitant le Pacte de Bagdad (24 février 1955), celui-ci fait de l'Irak qui reçoit une aide militaire des États-Unis, une puissance inquiétante pour ses voisins alors même que la présence de la Grande-Bretagne dans le système irrite l'Égypte et la Syrie. La conférence de Bandoeng qui met en avant le neutralisme, fournit à l'Égypte un prétexte pour refuser d'adhérer. La Syrie et surtout l'Égypte se tournent alors vers Moscou pour obtenir les armes qui leur manquent : le 27 septembre 1955 un très important accord de fourniture d'armes est conclu avec la Tchécoslovaquie : c'est la fin du monopole britannique du commerce des armes au Proche-Orient, et cela pose la question du contrôle du canal de Suez. Après l'Extrême-Orient les Soviétiques sont en passe de prendre pied en Méditerranée. Dans cette conjoncture, de graves incidents de frontière se produisent dans la zone de Gaza : Israël retrouve le rôle de défense avancée du canal déjà mis en avant par Th. Herzl.

► **L'Égypte de Nasser est alors au centre du problème.** La défaite de 1948 a laissé beaucoup de rancœur dans le monde arabe, les militaires notamment, dont le rôle et le prestige sont très affaiblis, reprochent aux monarchies héritées de la domination européenne leur incurie et leur inféodation. Le 26 juillet 1952, en Égypte, les « Officiers libres » déposent le roi Farouk, le pouvoir revient au général Néguib mais l'homme fort est déjà Gamal Abdel Nasser. En juillet 1954, celui-ci évince Néguib et devient le *Rais* du nouveau régime. À l'extérieur il prône un panarabisme militant et proclame sa volonté d'abattre l'État d'Israël en prenant la tête des Arabes. À l'issue du retrait des Anglais de la zone du canal de Suez il en annonce la nationalisation le 26 juillet 1956. Cette nationalisation est loin d'être une spoliation : elle n'abrège la concession que douze ans et il est prévu d'indemniser les actionnaires. Pour Nasser c'est un symbole en même temps qu'une bonne affaire : c'est une manière d'affirmer le droit des peuples à disposer de leurs ressources nationales et il compte sur les revenus du canal pour financer la construction du barrage d'Assouan après le refus des États-Unis de lui prêter les fonds. La France et l'Angleterre, n'en veulent pas moins abattre le régime nassérien et trouvent dans Israël inquiet pour sa sécurité un allié. Des conciliabules secrets ont lieu à Sèvres en octobre 1956, on prévoit un scénario en deux temps : d'abord les Israéliens déclencheront les hostilités, puis sous prétexte d'interposition entre les belligérants, les franco-britanniques interviendront à leur tour.

La crise de Suez commence le 29 octobre 1956, lorsque les troupes israéliennes occupent le Sinaï en quelques heures. Le 31 octobre Français et Britanniques bombardent les aérodromes égyptiens, ce qui facilite l'avancée des Israéliens. Le débarquement de troupes franco-britanniques à Port-Saïd, le 5 novembre est une réussite militaire mais un désastre politique : les États-Unis contraignant leurs alliés à reculer, Israël doit restituer ses conquêtes territoriales mais obtient le déploiement de Casques bleus des Nations Unies à Charm-el-Cheikh[1] et tout le long de ses frontières avec l'Égypte, en terme de sécurité c'est un grand progrès. Force provisoire soumise au consentement de l'Égypte, les 6 000 Casques bleus restent néanmoins en place jusqu'en mai 1967. En dépit de l'échec militaire Nasser peut s'estimer satisfait : il devient le héros du nationalisme arabe pour avoir tenu tête à la fois à Israël et à l'Occident colonialiste.

Le bilan de la crise est sans appel pour Londres et Paris définitivement écartés de la région. Les Américains comprennent les risques du système de Bagdad et proposent un système plus souple d'assistance à tout pays menacé par un régime communiste (doctrine Eisenhower). L'URSS a pu couvrir le bruit des chars entrant dans Budapest tout en s'affirmant comme le soutien des luttes anti-impérialistes. En 1958, la tentative de fusion de l'Égypte et de la Syrie au sein de la RAU ainsi que le renversement de la monarchie irakienne par des militaires progressistes, constituent l'épilogue de la crise.

2. La guerre des Six jours (1967) : la victoire euphorique

► **Les États arabes refusent de reconnaître l'existence de l'État d'Israël** et tentent de l'asphyxier économiquement en imposant un blocus que les Nations Unies sont incapables d'empêcher. Nasser reste le chef de file du front du refus : en janvier 1964 Le Caire accueille le sommet de la Ligue arabe qui voit surtout la naissance de l'Organisation de Libération de la Palestine (OLP). Cette dernière va pratiquer le terrorisme à l'encontre des intérêts et des personnes israéliens : c'est l'œuvre des *fedayins*, les combattants palestiniens. Yasser Arafat (né au Caire en 1929), fondateur dès 1958 du *Fatha* (en arabe « conquête »), devient en 1969 le président de l'OLP. Une solution alternative au conflit est cependant proposée au printemps 1965 par le président tunisien Bourguiba : condamnant implicitement les gesticulations nassériennes des dix années précédentes, il propose de reconnaître Israël en échange du retour aux frontières de 1948 (avec récupération de Jaffa ou Nazareth, qui pourraient accueillir durablement les réfugiés palestiniens). Cela n'a guère d'écho.

1. Pointe sud du Sinaï qui contrôle l'entrée du golfe d'Aqaba et donc l'accès au port israélien d'Eilat.

Nasser prépare une nouvelle offensive : il s'agit de restaurer l'unité du monde arabe et le prestige de son propre régime. Trois échecs le poussent à agir : l'éclatement de la RAU à la suite d'un coup d'état en Syrie (septembre 1961), l'échec dans la guerre au Yémen où il se heurte aux montagnards financés par l'Arabie Saoudite, enfin l'arrivée au pouvoir en Irak (février 1963) et en Syrie (mars) du parti Baas qui lui conteste le leadership sur le monde arabe. Nasser voit dans la lutte contre Israël le ferment d'unité qui fait défaut au panarabisme. En mai 1966, il obtient la création d'une grande Alliance arabe dotée d'un commandement militaire unifié. L'Algérie, la Jordanie, le Liban, le Koweit, l'Arabie Saoudite en font partie aux côtés de l'Égypte.

La multiplication des actes de terrorisme en Israël, des accrochages graves à la frontière israélo-jordanienne en novembre 1966 souligne la montée des tensions. Les initiatives nassériennes du mois de mai 1967 révèlent l'existence qu'une vaste coalition anti-israélienne est prête à engager le combat.

La guerre des Six jours (5-11 juin 1967) comporte deux phases :

— La phase de préparation débute le 18 mai 1967, comme il en avait le droit, Nasser exige le retrait total des Casques bleus stationnés à la frontière depuis 1956 ; le 22 mai, il annonce la fermeture aux navires israéliens du détroit de Tiran qui commande l'accès au golfe d'Akaba, et le 31 mai il signe un traité de défense avec le roi Hussein de Jordanie et dépêche des contingents dans ce pays.

— Israël prend l'initiative du conflit le 5 juin : il s'agit pour l'État hébreu de prendre de vitesse les Arabes, dont les préparatifs militaires sont transparents, et de frapper préventivement afin d'éviter une guerre longue. Les aéroports égyptiens sont bombardés d'entrée de jeu clouant au sol l'aviation. Le 6 juin, les chars israéliens progressent en étoile vers les différents pays arabes alliés. Le Sinaï, la Cisjordanie, la bande de Gaza, la partie jordanienne de Jérusalem (la vieille ville) sont occupés, la prise du plateau du Golan ouvre la route de Damas. Le 10 juin, la victoire est totale : l'État hébreu a perdu 780 soldats (2 500 en 1973), alors que les pertes de l'Égypte, de la Jordanie, de la Syrie et du Liban s'élèvent à 30 000 morts, 441 avions et 700 chars ont été détruits ou récupérés. Le 28 juin le parlement israélien, la *Knesset*, vote l'annexion de la partie arabe de Jérusalem ; Israël a quintuplé sa superficie depuis sa fondation mais doit désormais administrer 1 million de Palestiniens une population nouvelle de près de 1 million d'Arabes. Nasser fait mine de démissionner, mais toujours populaire, il est rappelé par la foule.

► **Le 22 novembre 1967, le Conseil de sécurité des Nations Unies adopte à l'unanimité la résolution 242.** Le texte insiste sur le « respect et reconnaissance de la souveraineté, de l'intégrité territoriale et de l'indépendance politique de chaque État de la région et de leur droit de vivre en paix à l'intérieur de frontières sûres et reconnues à l'abri de menaces ou d'actes de forces ». Il exige surtout le « retrait des forces armées israéliennes des territoires occupés lors du récent conflit » : mais la version anglaise comporte une grave ambiguïté, car elle parle non pas « des » territoires, mais « de » territoires *(from territories)*, ce qui devient rapidement une pomme de discorde entre Arabes et Israéliens, les premiers entendant un retrait de « tous » les territoires, à l'inverse des seconds !

Six ans plus tard, le 22 octobre 1973, la résolution 338 (votée à l'unanimité du Conseil moins la Chine, qui s'abstient) demandera l'application de la résolution 242 et le début de négociations « en vue d'instaurer une paix juste et durable au Moyen-Orient ». En fait, les plans de paix se suivent tout au long de la période, sans jamais parvenir à aboutir, l'une ou l'autre des parties, ou les deux, les faisant successivement échouer.

L'échec arabe dans la guerre des Six jours a durci la résistance palestinienne : en 1968, le conseil national palestinien, organe directeur de l'OLP adopte la Charte nationale qui prévoit notamment la disparition d'Israël, en 1969, Arafat en prend la direction. Bien armée par la Syrie et placé au cœur d'Israël, la résistance palestinienne s'engage dans la voie du terrorisme, un sommet est atteint, avec l'assassinat pratiquement sous le regard des caméras du monde entier de 11 membres de la délégation israélienne aux Jeux olympiques de Munich, en septembre 1972.

► **La puissance de la résistance palestinienne, qui tend plus ou moins ouvertement à constituer un État dans l'État, inquiète certains dirigeants arabes.** La Jordanie du roi Hussein décide de la briser dans son pays, lors d'opérations militaires qui se déroulent en 1970, au cours du mois de « septembre noir ». En Égypte, Anouar el-Sadate a succédé à Nasser mort le 28 septembre 1970. Reprochant aux Soviétiques le poids excessif de leur présence et la médiocre qualité de leur soutien en 1967, il renvoie les conseillers et experts militaires soviétiques en juillet 1972. Paradoxalement ce geste semble surtout destiné à inciter les Soviétiques à fournir une aide militaire plus substantielle à l'Égypte car Sadate envisage de mener une guerre rapide contre Israël afin de se trouver en position de force pour contraindre l'État hébreu à ouvrir de véritables négociations. Il s'agit de prendre pied sur l'autre rive du canal de Suez et d'empêcher les contre-offensives de l'aviation et des blindés israéliens (comme ce fut le cas en 1967) en leur opposant des batteries de missiles antiaériens et antichars.

3. De la guerre du Kippour aux accords de Camp David (1973-1979)

► **Le 6 octobre 1973, jour du Kippour (le Grand Pardon), les armées syriennes et égyptiennes attaquent conjointement Israël.**

La guerre du Kippour (6-22 octobre 1973). Israël est frappé par surprise, et tarde à réagir : pour la première fois, *Tsahal* enregistre défaites et replis. Le Premier ministre, Golda Meir, et son ministre de la Défense Moshe Dayan ont refusé toute attaque préventive de l'aviation contre les concentrations de troupes égypto-syriennes. Les Égyptiens s'installent solidement dans le Sinaï, après le franchissement du canal de Suez, et les Syriens avancent sur le plateau du Golan. C'est face à eux que les Israéliens entament d'abord la reconquête, à partir du 9 octobre ; dans la nuit du 15 au 16 octobre, la division d'Ariel Sharon engage la contre-attaque face aux Égyptiens, qui sont repoussés de l'autre côté du canal, sur la rive occidentale duquel les Israéliens parviennent à s'implanter, avant de marcher sur Port-Saïd, Ismaïlia, Suez. Les États-Unis soutenant militairement Israël, l'URSS les États arabes, une période de très grande tension tient le monde en haleine. Les belligérants acceptent le cessez-le-feu ordonné par le Conseil de sécurité de l'ONU, le 22 octobre, mais l'armée israélienne poursuit son avancée sur le terrain. Les Soviétiques menacent alors d'intervenir directement, et les États-Unis mettent en alerte les principales bases américaines, tout en faisant pression sur Israël. Les armes ne se taisent définitivement que le 11 novembre 1973.

► **L'OLP a marqué des points au lendemain de la guerre du Kippour.** Les sommets de la Ligue arabe lui reconnaissent la qualité de « seul représentant du peuple palestinien ». Le 13 novembre 1974, Yasser Arafat est accueilli à l'ONU et l'OLP admise avec le statut d'observateur. Son chef ne prétend plus poursuivre le but de la réunification de la Palestine, qui impliquerait l'élimination de l'État hébreu : il songe désormais, publiquement, à l'édification d'un État palestinien réduit à la Cisjordanie et à Gaza. Ces réflexions sont très mal accueillies : Israël refuse de « négocier avec les terroristes », les partisans d'Arafat doivent faire face à l'intervention syrienne contre leurs bases au Liban ainsi qu'au nouveau cours de la politique égyptienne. Enfin, au sein même de la résistance palestinienne des mouvements concurrents, pratiquant la surenchère terroriste, tentent de déborder le *Fatha.*

Malgré sa défaite Anouar el-Sadate a réussi à inquiéter Israël. L'ampleur des pertes témoigne du progrès technique des armées arabes, la vulnérabilité de l'État hébreu à une attaque surprise, le soutien mesuré et conditionnel apporté par les États-Unis, tout cela contribue à faire perdre aux Israéliens une bonne part de leur confiance dans la capacité de *Tsahal* à garantir indéfiniment la survie du pays : une paix négociée semble préférable à une alerte permanente, épuisante pour la population et coûteuse pour l'économie.

Sadate prend l'initiative de la paix. Le 9 novembre 1977 il annonce devant l'Assemblée populaire égyptienne qu'il est prêt à se rendre en Israël pour discuter de la paix. Dix jours plus tard, il prononce devant la Knesset un discours dans lequel il rappelle qu'il ne vise pas une paix séparée, mais un règlement global du conflit qui permette l'évacuation de tous les territoires occupés et la reconnaissance des droits des Palestiniens (mais l'OLP n'est pas nommée). L'effet du discours est considérable dans le monde, même si les dirigeants israéliens n'avancent qu'à petits pas dans la direction que le président égyptien vient de leur indiquer. Quant aux autres États arabes, la condamnation est quasi unanime : à la veille du voyage de Sadate en Israël le gouvernement syrien a ainsi décrété un deuil national ; le Maroc est presque seul à soutenir Sadate.

► **C'est vers une paix séparée, dans ces conditions, qu'Égyptiens et Israéliens s'engagent.** Soucieux d'accélérer un processus qui semble s'enliser, le président Jimmy Carter propose la médiation des États-Unis. Sadate et Begin acceptent ainsi de se retrouver en septembre 1978 dans la résidence d'été des présidents américains à Camp David.

Les accords de camp David sont signés le 17 septembre 1979, et débouchent sur la signature à Washington, le 26 mars 1979, du traité de paix israélo-égyptien. L'Égypte est ainsi le premier État arabe à reconnaître officiellement l'État hébreu. En contrepartie il a obtenu l'évacuation du Sinaï, occupé depuis 1967, par les troupes israéliennes ; des négociations sont annoncées sur le sort de la Cisjordanie et de la bande de

Gaza mais elles piétinent : Sadate souhaitait faire progresser parallèlement les discussions sur les rapports égypto-israéliens et celles concernant les territoires occupés, les Israéliens entendent s'en tenir au premier point du programme, qui les débarrasse enfin, à leurs portes, de l'hostilité constante, depuis 1948, du principal État arabe. Sadate paie cet échec et son courage de sa vie : il est assassiné par des islamistes égyptiens le 6 octobre 1981.

Les conséquences mondiales des événements du Proche-Orient sont considérables : il s'agit d'abord du déclenchement de la crise économique mondiale à la suite de l'embargo pétrolier et du quadruplement du prix du brut ; ensuite, et, même si la mise en alerte du *Strategic Air Command* américain n'a pas dépassé le stade de la gesticulation dans le cadre de négociations serrées entre les deux grands, la crainte d'une escalade au Proche-Orient conduit les grandes puissances à s'impliquer davantage dans la recherche d'une solution négociée. Une décennie durant, les secrétaires d'État américains pratiqueront avec une infatigable abnégation la « politique des petits pas ». Malgré quelques velléités, l'Europe est presque totalement absente de la région.

III. La longue marche vers la paix et l'autonomie palestinienne depuis 1995

1. Le Liban et l'intervention israélienne de 1982

Si le danger militaire et terroriste ne vient plus d'Égypte depuis la paix de 1979, c'est désormais le Liban qui entre dans la ligne de mire des dirigeants israéliens. Comme en Jordanie avant l'écrasement de 1970, les Palestiniens ont implanté au Liban-Sud un véritable « sanctuaire », à partir duquel, aux lendemains des défaites de 1967 et 1973, ils déploient de meurtrières opérations terroristes en Israël ou bombardent ses villages. La guerre civile a éclaté en avril 1975, à la suite de provocations, entre les Palestiniens et les Phalangistes de la minorité chrétienne. La Syrie qui ne s'est jamais satisfaite de la partition imposée par les Français intervient en jouant les factions les unes contre les autres, d'abord en faveur des Palestiniens, puis des chrétiens maronites ; sous couvert de rétablir l'équilibre entre les communautés, l'armée syrienne pénètre une première fois au Liban en 1976. Israël entreprend de même de conquérir une bande de 10 km le long de sa frontière avec le Liban pour se protéger (14 mars - 3 juin 1978). Cela ne résout rien et Israël prépare une intervention de plus grande envergure en 1982.

L'opération « Paix pour la Galilée » débute le 6 juin 1982. Les buts sont plus ambitieux : il s'agit de conquérir une bande de 45 km pour en refouler les combattants de l'OLP, voire d'éliminer la présence de cette dernière à Beyrouth. Le siège de la ville dure du 15 juin au 12 août et fait plus de 7 000 morts dans la population civile. Yasser Arafat et ses hommes doivent abandonner la ville pour un nouvel exil au sein des États arabes, parfois humiliant (Arafat est expulsé de Damas en 1983, puis manque être pris au piège à Tripoli). Le leader et les instances dirigeantes de l'OLP s'installent durablement à Tunis. Les milices chrétiennes alliées d'Israël ont massacré en septembre les habitants des camps palestiniens de Sabra et Chatila (1 000 à 1 500 victimes), et ainsi bouleversé l'opinion israélienne et mondiale. Les Israéliens évacueront le Sud-Liban en 1985. Ils s'appuient ensuite sur les chrétiens libanais rassemblés autour de la figure charismatique de Bechir Gemayel, le chef des Forces libanaises chrétiennes, pour contrer la Syrie et ses alliés arabes. Gemayel est élu président du Liban en août 1982, mais il est assassiné trois semaines plus tard, son frère aîné Amine Gemayel lui succède et reste en place jusqu'en 1986. Le Liban et Israël signent le 17 mai 1983 un accord militaire qui vaut aussi comme véritable traité de paix, le préambule déclarant la fin de l'état de guerre et l'article 1er reconnaissant l'inviolabilité de leur frontière commune. Israël semble avoir obtenu son second traité de paix avec un État arabe, mais Amine Gemayel en retarde la ratification devant l'hostilité de la Syrie, puis cède aux pressions de celle-ci lorsque l'armée de Damas investit Beyrouth-Ouest en février 1987.

Politiquement et militairement c'est un échec pour Israël dont l'image s'est dégradée dans l'opinion, aux États-Unis notamment, sans avoir obtenu la paix avec le Liban ni la sécurité pour ses régions septentrionales. À partir de 1987 l'armée israélienne doit en outre faire face aux débuts de l'*Intifada*.

2. D'une *Intifada* à l'autre : espoirs, déceptions et violences (1987-2002)

► **Israël donne le sentiment, dans les années quatre-vingt, de chercher à pérenniser sa présence dans les territoires occupés.** En 1980 Jérusalem réunifiée est proclamée par la *Knesset* « capitale éternelle » d'Israël, et l'année suivante l'annexion du plateau du Golan est votée : la solution globale du conflit s'éloigne encore, d'autant que l'État hébreu encourage systématiquement les implantations de colonies juives dans les territoires occupés. Ces derniers voient se faire face 2 millions de Palestiniens et quelque 260 000 colons. En 1993, Jérusalem-Est compte, pour la première fois, depuis des siècles, plus de juifs (155 000) que d'Arabes (153 000) ; les Juifs représentent au total, avec Jérusalem-Ouest, 72 % des 550 000 habitants de la ville. En dehors de Jérusalem-Est, les 120 000 colons se répartissent dans 150 implantations environ. L'imbrication des populations multiplie les risques de provocations et les heurts susceptibles de dégénérer, la tension permanente exacerbe les fanatismes religieux et politique de part et d'autre.

► **Les événements vont se précipiter à la fin des années quatre-vingt et au début des années quatre-vingt-dix.** L'OLP et Israël, l'un et l'autre affaiblis, en viennent à rechercher une paix qui provient d'une authentique demande exprimée dans les deux camps, et n'est donc pas le résultat de pressions extérieures (américaines en l'occurrence) comme les accords de Camp David en 1978.

Le 7 décembre 1987 l'*Intifada* (« révolte des pierres ») démarre dans les territoires occupés. L'OLP n'est pas à l'origine de cette révolte qui rappelle le précédent des années 1936-1939, mais ne peut que la soutenir pour conserver sa popularité. Face aux caméras du monde entier, de jeunes garçons lancent des pierres sur les soldats israéliens qui tirent : la répression fait plusieurs centaines de victimes, tandis que la révolte se radicalise avec la multiplication des règlements de compte à l'encontre des Palestiniens soupçonnés de collaborer avec l'occupant. L'intégrisme islamique fait son apparition auprès d'une jeunesse désœuvrée (les établissements d'enseignement sont le plus souvent fermés par les autorités israéliennes) et désespérée : les deux principales organisations sont le *Hamas* sunnite et le *Hezbollah* shiite, sont entrées en opposition avec l'OLP parce qu'elle cherche la voie d'une négociation. Le coût de l'*Intifada* est lourd pour l'État d'Israël : la révolte le contraint à rappeler des réservistes pour contrôler les territoires occupés, elle brouille surtout son image auprès de l'opinion publique internationale, et, aux yeux d'une partie au moins des Israéliens, elle fait de plus en plus apparaître l'occupation comme une « sale guerre » dans laquelle l'État risque de perdre son âme. Les effets de l'*Intifada* renforcent ainsi le sentiment de peu glorieuse aventure laissé par l'épisode libanais de 1982-1985. Un signe de cette lassitude et de la volonté d'en finir se trouvera dans la victoire du Parti travailliste d'Itzhak Rabin et Shimon Pérès aux élections législatives de juin 1992.

Les Palestiniens évoluent également. L'attitude de l'URSS gorbatchévienne a changé : elle envisage publiquement de renouer des liens diplomatiques avec Israël, laisse librement émigrer quelques centaines de milliers de juifs soviétiques, et Gorbatchev conseille à Arafat reconnaître Israël. L'*Intifada* place l'OLP dans une position relativement forte face à Israël dans la guerre des médias : des images de soldats tirant au fusil d'assaut sur des gamins lançant des pierres heurtent une partie de l'opinion occidentale. Arafat peut donc prendre deux initiatives capitales à la fin de 1988 : le 15 novembre le Conseil national palestinien, le Parlement en exil, reconnaît les résolutions 242 et 338 de l'ONU (ce qui revient à reconnaître *de facto* de l'existence d'Israël) ; parallèlement Arafat proclame la naissance théorique de l'État de Palestine. Le 13 décembre suivant, à la tribune des Nations Unies, Arafat déclare renoncer au terrorisme et reconnaît le droit à l'existence d'Israël ; quelques mois plus tard, dans un voyage officiel à Paris, il déclare « caduque » la Charte nationale palestinienne, élaborée en 1964, révisée en 1968, qui rejetait la déclaration Balfour et se prononçait pour « l'élimination de la présence sioniste et impérialiste » en Palestine. Ces initiatives unilatérales ne débouchent cependant sur aucun résultat concret, d'autant que certaines composantes de l'OLP, qu'Arafat refuse de désavouer, continuent à pratiquer le terrorisme. Il reste alors à Arafat à commettre une très lourde erreur : parier sur Saddam Hussein au cours de la guerre du Golfe, ce qui le coupe des monarchies arabes, ses traditionnels bailleurs de fonds.

► **L'État d'Israël et les Palestiniens ont été conduits à négocier à la suite de la guerre du Golfe :** la première étape a lieu à Madrid, le 3 novembre 1991, à l'instigation des États-Unis et de l'URSS. L'OLP en est écartée pour cause de soutien à l'Irak, et ce sont des notables de l'intérieur qui défendent la cause palestinienne : ils se tiennent en fait sur les positions mêmes de la centrale palestinienne. Le processus entamé à l'automne aboutit en septembre 1993.

L'accord israélo-palestinien de Washington (13 septembre 1993) est signé presque quinze ans, jour pour jour, après celui de Camp David par Itzhak Rabin et Yasser Arafat, en présence du président Clinton. La *Déclaration de principes sur l'autonomie des territoires occupés*, ouvre la voie à des négociations sanctionnées par deux accords en 1994 et 1995. Le traité du Caire (4 mai 1994) porte sur l'autonomie de Gaza et de la ville de Jericho. La « révolte des pierres » *(Intifada)* s'interrompt enfin, après avoir fait plusieurs centaines de victimes dans la jeunesse palestinienne des territoires occupés. Le second accord dit de Taba (septembre 1995) étend l'autonomie à la Cisjordanie dont cinq villes (parmi lesquelles Naplouse et Bethléem) sont évacuées par les soldats israéliens en décembre de la même année. Yasser Arafat peut dès lors s'installer sur le sol de Palestine au milieu de la liesse populaire. Malgré l'assassinat d'Itzhak Rabin le 4 novembre 1995 par un jeune juif, les premières élections en Cisjordanie et dans la bande de Gaza portent Yasser Arafat à la présidence de l'exécutif du Conseil palestinien en janvier 1996.

De part et d'autre, ces accords sont accueillis avec beaucoup de joie et d'espérance par la majorité des populations, on se prend à rêver de croissance économique ; dans les Territoires autonomes, l'aide internationale, notamment européenne permet d'envisager la construction de grandes infrastructures comme l'aéroport de Gaza (détruit par *Tsahal* en 2001). On commence même à parler d'intégration commerciale régionale, les désillusions seront à la hauteur de ces espérances.

► **Les accords de 1993 ne sont pas parvenus à instaurer la paix.** Parmi les deux peuples, cinquante années de guerre ont fait germer les extrémismes les plus fanatiques. L'encre des accords n'avait pas eu le temps de sécher que les attentats anti-israéliens reprennaient fragilisant le processus de pacification et surtout suscitant la méfiance à l'orée des négociations les plus difficiles sur les implantations israéliennes ainsi que sur Jérusalem. Israël compte aussi ses extrémistes, le 4 septembre 1995 Itzakh Rabin tombe sous les balles d'Ygal Amir, un jeune homme issu d'un groupuscule d'extrême droite. Malgré la ferveur des obsèques de Rabin (plus d'un million de personnes) le ressort de la pacification semble s'être rompu : Shimon Peres qui assure l'intérim n'a semble-t-il pas l'énorme charisme nécessaire pour porter à bout de bras le processus de paix envers et contre tout. Lors des élections de 1996, les Israéliens lui préfèrent à une très courte majorité le chef du *Likoud,* Benyamin Netanyahou. Le *Likoud* refuse à cette époque la création d'un État palestinien dont la capitale serait Jérusalem et refuse de renoncer aux implantations dans les territoires occupés (elles sont relancées en décembre 1996), néanmoins les pressions fortes et insistantes de l'administration Clinton permettent de faire avancer le processus de paix. La médiation américaine permet ainsi la tenue de la conférence de Wye Plantation (Maryland) à laquelle participent Arafat et Netanyahou, l'évacuation de 13 % supplémentaires et une collaboration entre les polices des deux parties contre le terrorisme sont prévues.

Ensuite, l'instabilité politique en Israël qui témoigne de l'incertitude de l'opinion, l'affaiblissement de la position d'Arafat par rapport aux Palestiniens les plus radicaux qui n'ont pas renoncé à la destruction d'Israël conduisent à l'enlisement du processus de paix. Sans même attendre les attentats du 11 septembre 2001, l'arrivée de George W. Bush à la Maison-Blanche et les dissensions au sein de son administration condamnent la politique américaine à l'immobilisme. Il ne faut alors que peu de temps pour que la violence extrême d'une nouvelle *Intifada* prenne le dessus.

Approfondir

LECTURES

Histoires générales :

- J.-P. Derriennic, *Le Moyen-Orient au XXe siècle,* Colin, coll. « U », 1983.
- G. Corm, *Le Proche-Orient éclaté, 1956-2000,* Gallimard, coll. « Folio Histoire », 2001, 1 068 p. Une somme dont 300 pages portent sur la dernière décennie. À utiliser à partir de l'Index et de la bibliographie thématique.
- G. Corm, *L'Europe et l'Orient, de la balkanisation à la libanisation : histoire d'une modernité inaccomplie,* Paris, La découverte, 1990, 380 p.
- Ch. Zorgbibe, *Terres trop promises. Une histoire du Proche-Orient,* Éditions La Manufacture, 1991, 485 p.
- J. Derogy et H. Carmel, *Le siècle d'Israël. Les secrets d'une épopée 1895-1995,* Fayard, 1995, 854 p.

Sur quelques épisodes :

- A. Gresh et D. Vidal, *Palestine 47. Un partage avorté,* Complexe, 1995, 288 p.
- M. Ferro, *Suez,* Complexe, 1987, 160 p.
- P. Hazan, *La Guerre des Six jours*, Complexe, 1987, 192 p.
- O. Carré, *Septembre noir,* Complexe, 1987, 160 p.
- O. Carré, *Le mouvement national palestinien,* Gallimard, 1977.

Utiliser

Le Proche-Orient dans les relations internationales depuis 1945

PRÉSENTATION

La première difficulté de ce sujet est la définition géographique de la région qui implique une réflexion sur son histoire notamment en ce qui concerne la Turquie, l'Égypte et l'Iran. Il est ensuite nécessaire de sélectionner les faits essentiels pour ne pas se perdre dans les détails inextricables ; apparaissent alors des phénomènes internes à la région (religions, nationalismes, problèmes de relations économiques comme l'eau et le pétrole) et des problèmes impliquant les puissances extérieures (accession à l'indépendance, confrontation Est-Ouest, relations Nord-Sud), dont le Proche-Orient est l'enjeu.

Depuis les origines de la question d'Orient au XIXe siècle, les limites de la région ont fluctué à la faveur des évolutions politiques. Le cœur de la région est constitué par les régions arabes de l'Empire ottoman séparées en 1920, mais depuis la guerre trois phénomènes sont venus préciser cette définition : la confrontation directe entre Israël et les pays arabes, la poussée des revendications nationalistes anti-occidentales dans de nombreux cas, le réveil de l'islamisme radical dont l'Iran, pays non arabe est le centre.

Avant de devenir un des moteurs des relations internationales, relativement autonome face aux deux supergrands et au reste du monde au début des années soixante-dix, le Proche-Orient a été l'enjeu plus ou moins passif des luttes entre les grandes puissances.

I. La relève des intérêts européens par les supergrands intervient dans l'immédiat après-guerre

1. La guerre a conduit à un renforcement de la présence directe de la Grande-Bretagne au Proche-Orient contrairement à la tendance des années trente

• **Les Anglais évincent les Français** en soutenant systématiquement les nationalismes arabes en Syrie et au Liban durant la guerre. L'éviction est accomplie en 1945 après une vaine tentative de réinstallation voulue par de Gaulle.

• **La Grande-Bretagne ne parvient pas à préserver son influence.** En 1945 elle encourage la formation de la Ligue arabe (22 mars 1945) : elle espère la dominer par l'intermédiaire de ses clients (Irak, Égypte, Jordanie). Très rapidement cet organisme lui échappe en raison de la montée du nationalisme arabe.

• **La Ligue arabe est un forum doté d'institutions permanentes, mais chaque État membre est libre de ses décisions** d'où le fonctionnement toujours ambigu de la Ligue. Le nationalisme trop faible et conflictuel ne permettra jamais l'unification de la « Nation arabe » en raison notamment des rivalités triangulaires Égypte-Irak-Syrie. Mais la solidarité arabe est en revanche assez forte pour contraindre les différents pays à respecter un certain nombre de limitations dans leurs politiques extérieures en particulier face à Israël.

2. La question palestinienne est le facteur majeur de l'éviction de la Grande-Bretagne

3. L'affaire de Suez marque le début de l'intervention des deux Grands dans un espace qui leur était étranger jusque-là

• **La Grande-Bretagne doit compter à partir de 1945 avec une hostilité grandissante des populations arabes et des gouvernements** (1948, de violentes émeutes empêchent le gouvernement irakien de conclure une alliance avec la Grande-Bretagne ; de 1946 à juin 1956 une lutte intense conduit au retrait britannique de la zone du canal de Suez, elle est marquée par le coup d'État des « officiers libres » sous la direction de Neguib et de Nasser. Cela aboutit par la voie négociée à « l'égyptianisation » du Soudan et au retrait effectif des Anglais le 1er juin 1956).

• **La crise de Suez** est un échec majeur pour les Européens.

• **À la fin des années cinquante** la France et la Grande-Bretagne ont perdu la face en se repliant sous les injonctions des « vrais » Grands.

• **La guerre froide au Proche-Orient** prend d'emblée une figure originale en redoublant un conflit endogène entre Israël et les Arabes. La nécessité de composer avec les nationalismes et le coût élevé de l'assistance constituent des caractéristiques annexes mais non négligeables.

II. Les deux grands sont rapidement confrontés aux nationalismes des pays de la région

1. L'URSS est longtemps restée à l'écart

• **Jusqu'en 1954 le Proche-Orient est préservé de la guerre froide :** en effet les USA novices dans cette région s'alignent sur les positions britanniques ; quant à l'URSS de Staline, échaudée par les échecs de 1947 en Turquie et en Iran, elle reste très prudente, d'autant qu'elle entretient des relations assez satisfaisantes avec Israël dont elle a voté la création en 1948 et soutenu la guerre en 1948-1949.

• **À la mort de Staline,** la coexistence pacifique, fait du Proche-Orient un des enjeux de la « concurrence » entre les systèmes. Mais à la différence de l'Europe de 1945, le Proche-Orient n'est pas un enjeu passif : dans la ligne de la conférence de Bakou en 1921, l'URSS doit composer avec les nationalismes et l'islamisme. Dans un premier temps les succès soviétiques proviendront surtout des erreurs américaines.

2. Du pacte de Bagdad au *Cento* les Américains connaissent bien des déboires

• **C'est J. F. Dulles qui engage le Proche-Orient dans la guerre froide en 1952 :** il s'agit de combler une lacune du dispositif occidental entre la Turquie (membre de l'OTAN), et le Pakistan (qui appartient à l'OTASE). Le 24 février 1954, les USA favorisent la constitution d'une alliance bilatérale turco-syrienne à laquelle adhèrent l'Iran, le Pakistan et la Grande-Bretagne, c'est le pacte de Bagdad. Mais ce pacte n'est viable que si d'autres pays arabes y prennent part et s'il inclut la défense du canal de Suez.

• **La présence britannique apparaît inadmissible aux Arabes** qui viennent d'écarter les Anglais : des émeutes très violentes empêchent le très anglophile gouvernement jordanien d'adhérer ; quand à l'Égypte de Nasser, elle profite du principe de neutralité affirmé lors de la conférence de Bandoung (avril 1945) pour refuser.

• **À cela s'ajoutent les rivalités anciennes entre Bagdad et le Caire** pour la prééminence sur le monde arabo-musulman et le conflit avec Israël qui s'envenime par suite d'innombrables incidents frontaliers.

• **L'Égypte change alors de camp** à la suite du refus américain de financer la construction du barrage d'Assouan en 1955 (Nasser peu soucieux de s'aligner sur Moscou avait fait des ouvertures dans ce sens). En guise de réponse Nasser annonçait le 26 juillet 1956 à Alexandrie la nationalisation du canal.

3. En une dizaine d'années le partage des rôles s'accomplit

• **Afin de préserver le pacte de Bagdad** moribond, Eisenhower propose une extension de la doctrine Truman au Proche-Orient en 1957 (Doctrine Eisenhower). Il s'agissait de venir en aide à tout pays du Proche-Orient menacé par un pays dominé par le communisme.

L'Irak, le Liban, la Jordanie, l'Arabie Saoudite et Israël acceptent cette nouvelle option par hostilité au nassérisme. Dans l'autre camp on trouve l'Égypte et la Syrie unies au sein de la République arabe unie (RAU) du 1er janvier 1958 au 28 septembre 1961. Elles sont bientôt rejointes par l'Irak après le coup d'État anti-monarchique et anti-occidental du général Kassem (14 juillet 1958).

• **Jusqu'à la guerre des Six jours la situation reste en l'état :** le rapprochement entre Bagdad, Damas et Le Caire vole en éclats, seule subsiste l'hostilité commune à l'égard d'Israël. Alors que les coups de force se succèdent en Syrie et en Irak, Nasser use son prestige dans la guerre civile yéménite. Le panarabisme de Nasser fait place à une poussée islamiste sous l'impulsion des Frères musulmans.

III. Les guerres israélo-arabes accélèrent l'émergence du Proche-Orient sur la scène internationale

1. Les guerres israélo-arabes conduisent à une radicale redistribution des cartes

• **La guerre des Six jours provient d'une dégradation locale (endogène) de la situation** (multiplication des incidents de frontière). Nasser réclame le retrait des Casques bleus et ferme le détroit de Tiran (golfe d'Aquaba). Bien informés des préparatifs d'une attaque concertée, les Israéliens frappent les premiers : la victoire est foudrayante (la Cisjordanie, le Golan, Gaza et le Sinaï sont occupés, le canal est coupé).

Dans le contexte de la détente, l'inquiétude soviétique face à l'imprévisible débâcle arabe amène les USA à imposer un cessez-le-feu à Israël par le biais de l'ONU et à accepter le vote de la résolution 242.

• **Le monde arabe sort profondément ébranlé par cette humiliation :** Nasser meurt désespéré le 28 septembre 1970, Sadate commence à prendre ses distances avec Moscou en 1972. Les dictatures militaires s'imposent dans plusieurs pays : en Irak, Sadam Hussein (août 1968) ; en Libye, Kadhafi (septembre 1969) ; en Syrie, Hafez El-Assad (novembre 1970).

• **Le problème palestinien s'internationalise :** l'OLP, renforcée par les populations chassées des territoires, s'engage sur la voie du terrorisme, les représailles israéliennes en Jordanie amènent le roi Hussein à éliminer les mouvements de résistance lors de la bataille d'Aman, 1er-8 septembre 1970 (Septembre noir). Ils se replient sur le Liban constituant un véritable État dans l'État, cause immédiate de la guerre civile de 1975.

• **La guerre d'octobre 1973 se termine par un coûteux « match nul »** arbitré par les supergrands qui y perdent eux-mêmes une partie de leur crédibilité. Les USA font figure d'alliés d'Israël et sont soumis aux pressions pétrolières de leur autre allié saoudien. L'URSS est accusée de n'être pas intervenue assez vite pour empêcher la défaite. Israël trop confiant est épuisé par le conflit très coûteux (plus de 2 000 morts, beaucoup de matériel détruit). L'Égypte prend conscience de l'inutilité d'un conflit qui la concerne au fond assez peu. Pourtant, mis à part la signature de la paix israélo-égyptienne en 1979, la situation est bloquée du fait du problème palestinien et de la guerre civile libanaise.

2. La guerre de 1973 place les producteurs de pétrole en position de force

• **Depuis 1951 (affaire Mossadegh) le pétrole est un espoir pour les nationalismes du Proche-Orient.** La création de l'OPEP en 1959, puis à partir de 1969 les initiatives des régimes progressistes (Khadafi, Irak) permettent aux pays arabes regroupés dans l'OPAEP de prendre conscience de leur puissance.

• **Les deux chocs de 1973 et 1978** (chute du Shah) font passer le baril de $ 2,9 à $ 34, ce qui déclenche à la fois une récession mondiale et un impressionnant ballet diplomatico-financier autour des émirs dont il faut « recycler » les « pétro-dollars ». Rapidement « l'arme pétrolière » apparaît à double tranchant : décevante sur le plan politique (l'embargo ne peut être maintenu en 1974) et déstabilisante pour les pays qui en usent. En Iran, la modernisation à marche forcée déséquilibre la société traditionnelle et prépare la révolution islamique de 1979. Beaucoup d'autres pays font des choix économiques (et militaires) de développement rapide par l'endettement que l'effondrement des cours en 1982 rend intenable. L'autonomie acquise grâce au pétrole est ainsi menacée par l'endettement.

• **Bien qu'il soit sorti de l'actualité, le pétrole reste un enjeu majeur de la politique proche-orientale.** Le fait que les deux tiers des réserves mondiales de pétrole et un tiers de réserves de gaz se situent autour du golfe Persique est une explication essentielle mais insuffisante. Le pétrole et les capitaux qu'il permet de dégager constituent un atout dans les luttes politiques qui divisent les quatre principales puissances de la région (Iran, Irak, Arabie Saoudite et Égypte). À l'inverse la Syrie faiblement pourvue, a pu mesurer ses limites lors de l'intervention au Liban. En tout état de cause le pétrole mobilise les flottes de combat de l'OTAN et notamment celles des États-Unis qui disposent également de la base de Darhan (Arabie Saoudite) ainsi que de facilités portuaires au Koweit et dans les Émirats.

3. Depuis la fin des années soixante-dix trois facteurs ont rendu la situation du Proche-Orient incontrôlable par les Grands

• **L'impasse palestinienne** rend impossible toute solution globale mais aussi tout règlement partiel : il y a 1,5 à 2,5 millions de réfugiés à travers le monde dont une partie notable vit dans les camps de l'ONU (Liban, Jordanie et Gaza), auxquels s'ajoutent les Palestiniens de Cisjordanie et de Jérusalem-Est en lutte contre les implantations israéliennes. À la suite de la première *Intifada* (guerre des pierres, décembre 1987 - mars 1993), le processus de paix engagé par les accords d'Oslo a conduit Yasser Arafat à admettre l'existence de l'État d'Israël dans la perspective de créer un État palestinien en Cisjordanie. L'enlisement de ca processus et la reprise de la colonisation israélienne dans les Territoires occupés depuis 1967 a fourni des arguments aux extrémistes aussi bien au sein de l'OLP qu'en dehors de celle-ci.

• **Le problème irakien a remplacé le conflit libanais.** Intercommunautaire à l'origine, la guerre civile libanaise (1975-1990) était devenue internationale avec l'intervention de la Syrie (depuis 1978), puis d'Israël (1982 – opération Paix en Galilée marquée par les massacres des camps de Sabra et Chatila – jusqu'à l'évacuation du Sud-Liban en 2000) et finalement l'échec de la tentative d'interposition de l'Occident sous le couvert de l'ONU à partir de 1983, avec pour conséquence l'exportation du terrorisme en direction de l'Europe (rue de Rennes, 1986). Le règlement de 1990 est en fait le passage sous la domination syrienne dont le rôle se renforce au détriment de l'Irak de Saddam Hussein qui a dû se résoudre à une paix blanche dans sa guerre avec l'Iran (1979-1988). La trentaine de mois qui séparent la fin de cette guerre de l'invasion du Koweit permettent au pouvoir irakien de renforcer son potentiel NBC (nucléaire, bactériologique et chimique). C'est la principale justification mise en avant par les États-Unis et la Grande-Bretagne pour maintenir l'embargo contre l'Irak après la réussite de l'opération « Tempête du Désert » (janvier-février 1991).

• **La poussée islamique** affecte la totalité des pays musulmans avec pour fond commun l'échec du nationalisme panarabe nassérien et une profonde crise sociale qui affecte particulièrement les jeunes qui ne trouvent pas leur place dans une société mixte :

largement occidentalisée et en même temps profondément attardée. Perçu en Europe comme un tout menaçant manipulé depuis Téhéran, l'islamisme est un phénomène multiforme : il concerne aussi bien une réflexion intellectuelle et théologique sur la mise en application de la foi musulmane dans un monde de plus en plus marqué par la technologie et l'internationalisation, que la justification d'action de terrorisme, considérées par leurs auteurs et commanditaires comme des actes légitimes de résistance, comme les attentats-suicides en Israël et ceux du 11 septembre 2001. Les ressorts psychologiques, sociaux, culturels et religieux de tels actes, semblent très mal compris en Occident, alors même que leurs auteurs ont souvent fait des études supérieures parfois en Europe ou aux États-Unis et n'ont donc rien de commun avec les Talibans afghans.

Conclusion

Plus de dix ans après la fin du bloc oriental et la guerre du Golfe les États-Unis font toujours figure de puissance régulatrice dans la région, mais ils sont encore à la recherche d'« une politique proche-orientale » et l'on voit monter l'américanophobie dans les populations, ce qui n'est pas nouveau et parmi les gouvernants en Égypte et en Arabie Saoudite ce qui l'est davantage. Le Proche-Orient n'est donc pas sorti des excès du XXe siècle.

20

L'émergence du Pacifique

ÉTATS-UNIS, JAPON ET EXTRÊME-ORIENT 1865-1941

Connaître

1865	Fin de la guerre de Sécession
1867-1868	Début de l'ère Meiji au Japon
1894-1895	Guerre sino-japonaise
1896	Les États-Unis, première puissance économique mondiale
1898	Guerre hispano-américaine
1904-1905	Guerre russo-japonaise
1915	21 demandes du Japon à la Chine
1919	Mouvement du 4 mai
1921-1922	Conférence de Washington
1927	Rupture entre nationalistes et communistes en Chine
1929	Krach de Wall Street
1931	Invasion de la Mandchourie (septembre)

Le Pacifique, au début de notre période, n'est encore qu'un terrain de convoitise pour les grandes puissances européennes qui ont pris possession de territoires importants (concessions en Chine, Indes néerlandaises, etc.). Or en 1941, les deux acteurs essentiels de la guerre du Pacifique ne sont pas européens. Entre-temps, le Pacifique est né comme un espace autonome sur le plan des relations internationales, bordé par deux puissances nouvelles : les États-Unis et le Japon. Cependant, l'inégalité entre les deux rivaux est déjà patente et la Seconde Guerre mondiale en fera l'éclatante démonstration.

I. Les deux nouvelles puissances du Pacifique

1. La puissance américaine naît dans les dernières années du XIXe siècle

Issue du conflit sur l'abolition de l'esclavage, la sécession des États du Sud de l'Union a conduit à une guerre qui dure quatre ans et se termine par la victoire du Nord en avril 1865. Le Sud est occupé, privé de ses droits politiques et doit accepter les conditions imposées par les vainqueurs. La société américaine en gardera une profonde cicatrice. Dans l'immédiat, l'heure est la reconstruction. À terme, une puissance économique et un modèle de démocratie se profilent.

► **La démocratie américaine est consolidée.** La vie politique américaine est dominée, jusqu'à l'élection de Woodrow Wilson en 1912, par des présidents républicains (Grant 1869-1877, Hayes 1877-1881, Garfield 1881-1885, Harisson 1889-1893, Mac Kinley 1897-1901, Theodore Roosevelt 1901-1909, Taft 1909-1913). Les deux mandats du démocrate Cleveland (1885-1889, 1893-1897) font exception.

Les Républicains, à cette époque, soutiennent la fédération contre les États, ils sont hostiles à l'inflation comme à la libéralisation douanière, ils se réclament de l'Amérique puritaine, celle des pionniers, mais aussi celle du *business*. Cependant, leur politique n'est pas toujours fidèle à ces principes. Les Démocrates, quant à eux, veulent aussi une monnaie forte mais sont réticents à la concentration industrielle et au protectionnisme. Le Sud est un de leurs bastions, où ils défendent les intérêts des Blancs.

Les deux partis ont leurs appareils électoraux (leurs *machines*) et sont dominés par les patrons locaux, les *bosses*, qui recrutent des militants parmi les immigrants. Seul le mouvement populiste défie un moment l'hégémonie des grandes formations.

Si la vie politique américaine a retrouvé son rythme de croisière, **la question noire n'est pas résolue.** Les États du Sud ont dû émanciper leurs esclaves noirs (XIIIe Amendement à la Constitution, décembre 1865) mais ils ont adopté des « codes noirs » qui ont substitué la ségrégation à l'esclavage. Le démocrate Johnson, devenu président après l'assassinat de Lincoln en avril 1865, se veut plutôt conciliant sur cette question. Mais le Congrès, républicain, impose des conditions strictes à la réintégration des États sécessionnistes dans le reste de l'Union. Le XIVe Amendement impose l'égalité des droits civiques entre Blancs et Noirs (1868), et le XVe interdit de priver quelqu'un de son droit de vote en raison de sa race, de sa couleur ou de sa condition servile antérieure (1870). Les troupes fédérales évacuent le Sud entre 1872 et 1877. Mais l'intégration politique et économique des Noirs reste à accomplir. Le Ku Klux Klan, organisation secrète hostile aux Noirs, a déclenché une vague de violence entre 1866 et 1869. Et la discrimination, officialisée par un arrêt de la Cour suprême (1896), succède à l'esclavage. En 1909, les Noirs les plus radicaux fondent la NAACP *(National Association for Advancement of Coloured People).*

► **C'est en 1896 que les statistiques confèrent aux États-Unis le premier rang dans l'économie mondiale :** un rang qu'ils occupent toujours aujourd'hui.

La population croît très rapidement : 36 millions d'habitants en 1865, 95 en 1913. La natalité ayant tendance à diminuer (tout en demeurant élevée), c'est l'immigration qui est la principale cause de cette formidable croissance démographique : 21 millions de personnes (principalement originaires d'Europe) sont arrivés aux États-Unis entre 1865 et 1913.

Jusque vers 1890, cette immigration est constituée surtout d'Anglo-Saxons (Anglais, Irlandais, Allemands). Puis c'est une seconde vague avec des Italiens, des Russes, des Polonais et des Juifs d'Europe centrale. La très forte immigration chinoise est interdite en 1882, l'immigration japonaise est limitée en 1907. Jusqu'à la guerre, le **melting pot,** le creuset où se fondent tous les Américains quelle que soit leur origine (c'est le titre d'une pièce du dramaturge juif new-yorkais Zangwill de 1909), semble fonctionner, mais on sent les prémices d'un repli sur la culture américaine et sur ses traditions contre l'influence étrangère et l'immigration.

Cette population nombreuse entraîne un développement urbain, accentué par l'industrialisation et l'exode rural. Les villes poussent comme des champignons : Chicago n'est qu'un hameau vers 1830 ; elle atteint les 500 000 habitants en 1880, abrite l'Exposition universelle de 1893 et devient la cinquième ville du monde en 1900 avec 1,7 million d'habitants. New York et Philadelphie sont les deux autres grandes métropoles du pays. Le paysage urbain se modifie avec la construction des gratte-ciel (à partir des années 1880) et le développement de l'électricité (éclairage, métro, tramway, ascenseurs, etc.).

Le capitalisme est le fondement sur lequel les États-Unis bâtissent leur puissance et leur société. L'industrialisation commence avec le fer et l'acier, le textile, le bois et le papier, les produits alimentaires. Les chemins de fer progressent rapidement : le premier transcontinental, reliant la Californie à la côte est, est achevé en 1869. Plusieurs autres lui succèdent.

Un cycle vertueux du développement économique se met en place : la population, de plus en plus nombreuse, fournit la main-d'œuvre et constitue en même temps un vaste marché intérieur qui sert de débouché. Comme les profits s'accroissent, l'investissement augmente au même rythme et les États-Unis sont de moins en moins dépendants des capitaux étrangers : à partir de 1913, ils placent plus de capitaux à l'extérieur que l'on en place chez eux. Les progrès techniques sont un autre atout comme le montrent tant d'inventions américaines : l'ampoule électrique d'Edison, la téléphone de Graham Bell, les freins à air comprimé Westinghouse, etc. L'éclairage électrique permet aux patrons de faire travailler leurs machines la nuit. Enfin, de grands capitalistes donnent tout son contenu au « rêve américain » et au mythe du *self made man :* Andrew Carnegie, d'origine écossaise, a fondé toute sa fortune sur la sidérurgie et le chemin de fer ; John Rockefeller développe le pétrole et fonde la *Standard Oil.* La réussite n'excite pas l'envie mais suscite au contraire l'admiration : d'où le succès du philosophe Herbert Spencer qui développe la théorie du « darwinisme social » (la réussite est une sorte de « sélection naturelle » qui conclut la lutte pour la survie). Cela n'empêche pas les millionnaires d'utiliser leur argent à des fins de charité ou de mécénat (caisses de retraite, fondations, etc.).

Mais le système américain supposant la liberté d'entreprendre, il convient de lutter contre les monopoles qui faussent cette liberté. D'où les lois anticoncentration : le *Sherman Act* de 1890 (contre les concentrations horizontales, mais peu appliqué et inefficace contre les holdings), le Clayton Act de 1914 (visant les holdings). Par ailleurs, le libéralisme ne joue pas à l'égard des concurrents extérieurs : au contraire, les grands capitalistes demandent que leur marché soit protégé. Le protectionnisme (encouragé par les républicains) est renforcé par le tarif MacKinley en 1890.

Le développement économique a une contrepartie sociale. Les ouvriers travaillent plus de dix heures par jour et parfois sept jours sur sept. Des organisations syndicales apparaissent. C'est d'abord la *National Labor Union*, fondée à Baltimore en 1866 pour les ouvriers qualifiés. Les Chevaliers du travail lui succèdent en 1869 : leur grève du 1er mai 1886 pour revendiquer la journée de huit heures est à l'origine de la fête du travail. En 1881 est créée une Fédération des syndicats de métier et des ouvriers qualifiés, qui devient cinq ans plus tard l'*American Federation of Labor* (AFL) dont le président, Samuel Gompers, occupera ce poste presque sans interruption jusqu'à sa mort en 1924. Ce syndicat n'est pas révolutionnaire mais défend les ouvriers blancs qualifiés contre les patrons et contre les immigrants ou les Noirs, qui poussent les salaires à la baisse. Les moins qualifiés sont défendus par les anarcho-syndicalistes de l'*International Workers of the World* (IWW), fondée en 1905 par Eugène Debs.

► **La fin de la « Frontière » achève le mûrissement de la société américaine.** La poussée vers l'Ouest a commencé dès le temps des premiers colons, au XVIIe siècle. Mais c'est surtout au XIXe, avec la ruée vers l'or de la Californie (vers 1848), que l'Ouest est intégré dans l'Union. Les Indiens sont parqués dans des réserves (les Sioux remportent la victoire de Little Big Horn en 1876, sous la direction de Sitting Bull, mais ils sont battus quelques mois plus tard et livrent leur dernière bataille à Wounded Knee, en 1890). À la fin du siècle, le *Far West* devient un mythe fondateur de l'histoire américaine, qui est popularisé d'abord dans la littérature (Buffalo Bill, personnage popularisé par Ned Buntline ; auteurs à succès comme Owen Wister puis Zane Grey) puis dans le cinéma sous la forme du *Western.* C'est aussi pour protéger les espaces naturels de l'Ouest que le mouvement écologiste fait son apparition (le *Sierra club* est fondé en 1892 par John Muir).

La mise en valeur des Grandes Plaines de l'Ouest donne naissance à de vastes exploitations gérées par des *farmers*. Mais dans un contexte de surproduction, de concurrence externe et de surendettement, ces exploitants réclament une dévalorisation de la monnaie pour pouvoir rembourser avantageusement leurs dettes. Dans les années 1870, ils forment le parti des *greenbacks* (du nom des billets massivement émis pendant la guerre de Sécession, qui avaient dévalorisé la monnaie). En 1890 se forme le parti populiste, qui obtient 8,5 % des suffrages aux présidentielles de 1892 : son action est dirigée contre les banques (favorables à la monnaie forte), contre les compagnies ferroviaires (qui exproprient les terres et ont le monopole des transports), contre les partis traditionnels, contre les exploiteurs en général. Mais en 1896, le candidat commun présenté par les populistes et les démocrates est battu. Le mouvement reflue, alors que le poids de l'agriculture continue à décliner dans l'économie du pays.

Le courant populiste trouve un prolongement vers 1900 avec le mouvement « progressiste ». Les *muckrackers*, les « remueurs de boue », qui se composent de journalistes, d'enquêteurs, d'écrivains, dénoncent la corruption, les scandales, les trusts, la pauvreté. Pour moraliser la vie politique, on instaure des élections primaires (pour court-circuiter les appareils électoraux corrompus), on décide d'élire les sénateurs au suffrage universel (XVIIe Amendement, 1913), on développe la consultation directe par référendum. Les femmes, qui constituent depuis longtemps un cinquième de la population active, veulent être entendues ; mais en 1914, neuf États seulement (dans l'Ouest et les Grandes Plaines) leur ont accordé le droit de vote.

Woodrow Wilson, un démocrate, est porté à la présidence par le courant progressiste en 1912 : il renforce la législation antitrust, instaure un impôt sur le revenu (XVIe Amendement, 1913), ressuscite la banque centrale qui avait été supprimée soixante-quinze ans auparavant *(Federal Reserve System)*.

▶ **Les débuts de l'impérialisme américain suivent la fin de la « Frontière ».** Depuis le message d'adieu de Washington en 1796 (« l'Europe a un ensemble d'intérêts primordiaux qui nous concernent peu ou point du tout »), les États-Unis ont fait le choix de l'isolationnisme, tout juste tempéré par la doctrine Monroë de 1823 (qu'on traduit souvent par « l'Amérique aux Américains »). Ce choix correspond à la volonté de se consacrer entièrement à la conquête du territoire nord-américain ; il manifeste aussi un refus orgueilleux de se mêler au cynisme de la politique coloniale des Européens. Pourtant, les Américains ne renoncent pas à toute expansion : ce sont eux, notamment, qui ouvrent le Japon à la pénétration occidentale (expédition du commodore Perry, 1853-1854). En 1867, ils achètent l'Alaska à l'URSS. Et bien avant l'intervention à Cuba, ils manifestent leur préoccupation face à la répression espagnole sur l'île.

La naissance de l'impérialisme américain répond à des préoccupations nouvelles qui sont d'abord économiques : alors que le Japon et les puissances européennes se constituent des colonies, et alors que la « Frontière » a disparu, où l'économie américaine trouvera-t-elle de nouveaux marchés ? D'autre part, les États-Unis partagent avec l'Angleterre le complexe de supériorité de la « race anglo-saxonne ». Deux auteurs américains adaptent la thèse du « fardeau de l'homme blanc » : Josiah Strong

(*Our country*, 1885 ; *Expansion under New world conditions*, 1900) et l'amiral Mahan, qui prône la constitution d'une flotte pour transformer les États-Unis en grande puissance (*The influence of sea power upon history*, 1890). L'expansion continentale étant achevée, la poursuite de la « croissance nationale » n'est possible que par l'expansion maritime. Theodore Roosevelt, devenu président après l'assassinat de MacKinley (1901), est un disciple de Mahan ; il a d'ailleurs combattu parmi les troupes américaines lors de l'invasion de Cuba.

La puissance américaine est en effet surtout maritime. L'armée de terre reste peu nombreuse (100 000 hommes) mais la marine passe du 12e rang mondial en 1883 au 6e en 1890 et au 3e à la veille de la guerre. En 1908, elle accomplit un prestigieux tour du monde. Cette puissance nouvelle se découvre spectaculairement en 1898.

> **La guerre hispano-américaine de 1898** prend pour prétexte l'explosion du *Maine* à La Havane, en février 1898, elle est imputée aux Espagnols et déclenche, en avril, l'entrée en guerre des États-Unis « pour la cause de l'humanité ». L'Espagne est rapidement battue : au traité de Paris, en décembre, les États-Unis prennent possession des Philippines, de Porto Rico, de l'île de Guam (dans l'archipel des Mariannes). Cuba devient indépendante mais l'amendement Platt (1901) confère aux États-Unis un droit d'intervention ainsi que la base de Guantanamo. En juillet 1898, ils ont aussi annexé les îles Hawaï.

L'Amérique latine doit devenir la chasse gardée des États-Unis, à la fois pour des raisons stratégiques (garantir leur propre sécurité) et pour des raisons économiques (accroître la mainmise sur ces pays). Le président Théodore Roosevelt définit un corollaire à la doctrine Monroë. Les Américains seront les protecteurs de l'ensemble du continent, c'est la **doctrine du *big stick*** : « Parlez doucement, mais ayez un gros bâton *(big stick)* dans la main, et vous irez loin. » Les États-Unis exploitent, ou suscitent, une révolte dans l'isthme de Panama pour créer un État indépendant de la Colombie où ils obtiennent une concession pour construire un canal transocéanique et pour y stationner des troupes (1903) ; le canal de Panama est achevé en 1914. En 1911, Taft intervient au Nicaragua. Le président Wilson, plus démocratique dans ses principes, finit par intervenir lui aussi au Mexique (1914), à Haïti (1915) et en République dominicaine (1916). C'est ce que les Américains appellent eux-mêmes « la fin de l'innocence » : leur politique extérieure ne se distingue plus guère, dans son application concrète, de celle des Européens.

D'autre part, les États-Unis multiplient par cinq leurs investissements en Amérique latine entre 1897 et 1914 : les produits tropicaux en Amérique centrale, le pétrole du Mexique et du Venezuela, le cuivre du Chili, l'étain de Bolivie sont entre les mains des compagnies américaines. Mais le projet d'union douanière, discuté aux conférences panaméricaines de Mexico (1901), Rio de Janeiro (1906), Buenos Aires (1910), se heurte au panibérisme de l'Argentine.

Dans le reste du monde, les États-Unis participent aux conférences de La Haye (1899 et 1907) ainsi qu'à la conférence d'Algésiras sur le Maroc (1906) ; leur attitude demeure cependant profondément isolationniste et c'est surtout la montée de la puissance japonaise qui les préoccupe.

2. L'expansion du Japon en Asie continentale est enrayée par les Occidentaux

L'Asie orientale a été contrainte de sortir de son isolement et de s'ouvrir à l'Occident : la Chine par l'intervention britannique (la guerre de l'opium, 1840-1842), le Japon par l'intervention américaine (1853-1854). Les deux pays subissent les effets déstabilisateurs du contact avec l'Occident, notamment par la multiplication des échanges et par la signature de « traités inégaux » imposés par les puissances européennes et permettant à celles-ci de bénéficier d'avantages unilatéraux en matière de pénétration commerciale, de concessions territoriales et de privilèges d'extraterritorialité pour leurs ressortissants. Mais si la Chine s'endort dans le déclin et la dépendance, le Japon décide de se « réveiller ».

▸ Le Japon de l'ère *Meiji* s'impose comme une nouvelle puissance du Pacifique.

Dès avant le contact avec l'Occident, le Japon connaît des « tendances proto-capitalistes » qui semblent préparer son décollage industriel. De riches cultivateurs constituent des entreprises artisanales (notamment dans le tissage) et prêtent aux moins fortunés, dont ils finissent par récupérer les terres : c'est le début d'un processus d'accumulation du capital. Avec l'ouverture au commerce international, l'afflux de produits manufacturés entraîne un déficit qu'il faut équilibrer en exportant des produits de base (comme le riz et la soie), ce qui augmente les prix ; d'autre part, l'artisanat se voit concurrencé par les produits européens. D'où une crise sociale qui se manifeste contre les étrangers et contre le système du *shogunat* (le *shogun* est un grand seigneur devenu le souverain de fait du Japon depuis le début du XVIIe siècle).

L'empereur Mutsu Hito est intronisé en 1867. En avril 1868, il supprime le *shogunat*. L'ère *Meiji* (« renouveau ») s'achèvera à la mort de l'empereur (1912), mais la modernisation se poursuivra sous son successeur Taisho Tenno (1912-1925).

Le Meiji est une révolution par le haut. L'empereur gouverne avec ses conseillers : il est « divin » et le « shintoïsme » est déclaré religion de l'État nippon. À travers le culte de l'empereur, c'est le culte de l'État qui est célébré.

La réforme première consiste à supprimer la féodalité et à lui substituer l'élite des marchands et de la petite noblesse des guerriers (les *samouraïs*). Les grands seigneurs (les *daimyos*) sont privés de leurs terres et des droits qui s'y attachent (1869). L'inflation réduit bientôt à peu de chose les indemnités versées au titre de l'expropriation. Certains *samouraïs* sont eux-mêmes victimes de la modernisation qu'ils ont contribué à lancer car leurs pensions sont dévalorisées : leur dernière grande révolte, en 1876-1877, est un échec.

L'État succède aux grands seigneurs dans la direction du pays. C'est lui qui impulse toutes les réformes, en copiant les méthodes occidentales : création d'une administration, réforme judiciaire avec les conseils du jurisconsulte français Boissonnade, adoption du calendrier grégorien et du système métrique, ouverture d'écoles, de lycées et d'universités, élaboration d'une Constitution de type prussien en 1889 (régime semi-autoritaire).

Sur le plan économique, une banque est créée en 1880 pour le commerce extérieur et une banque centrale naît en 1882. Le financement du décollage économique (importation de machines) est obtenu par l'expropriation des grands propriétaires terriens et par l'exportation de soie grège vers l'Europe ; la classe paysanne fait les frais du *Meiji* (fiscalité, disparition de l'artisanat rural). Le textile, la sidérurgie, les constructions navales, le chemin de fer se développent et l'État confie ces branches économiques aux familles de marchands et de *samouraïs* qui l'ont aidé à supprimer le régime féodal (les Mitsui, Mitsubishi, Yasuda, Sumitomo) : ce sont les *zaibatsu* (« cliques d'argent »), qui naissent officiellement en 1893 et qui incarnent l'oligarchie financière.

Le développement économique permet au Japon d'accéder, pratiquement au même moment que l'Amérique, au stade de l'impérialisme. Une armée permanente est instituée en 1873, avec un service obligatoire comportant les mêmes exemptions qu'en France. Des Prussiens en assurent l'instruction. Une marine de guerre est également créée grâce à des ingénieurs français et anglais (construction de l'arsenal d'Osaka).

C'est ainsi qu'en 1894 le Japon signe avec l'Angleterre un traité mettant fin aux traités inégaux conclus sous la contrainte. Mais le mode de développement choisi par le Japon est fragile car les revenus des ouvriers et des paysans ont été sacrifiés et demeurent trop faibles pour former une demande suffisante. Le Japon est de plus en plus dépendant des marchés extérieurs : les exportations sont multipliées par 7 en volume entre 1901-1905 et 1931-1935, alors que le commerce mondial n'augmente que de 20 % entre les mêmes dates.

► **L'Asie continentale est un espace convoité.** La Chine ne sort pas de sa torpeur et reste gouvernée par l'empereur, puis par sa concubine Ci-Xi, qui meurt en 1908, ainsi que par la caste des mandarins, imprégnés de culture littéraire et des valeurs confucéennes, hostiles à toute réforme. Le tout sur fond de jacqueries paysannes et de développement des sociétés secrètes à caractère religieux. Les « traités inégaux » imposés par les Européens, à commencer par celui de Nankin en 1842, provoquent la perte de contrôle sur certains territoires (les « concessions ») et précipitent l'économie chinoise dans la crise. Mais le mouvement de révolte de la secte rebelle des T'ai-p'ing (1850-1864) a échoué.

Le Japon, pauvre en matières premières, est tenté par cette proie à portée de main. En 1894, il intervient en Corée, royaume vassal de la Chine. Les Chinois sont écrasés sur terre et sur mer et doivent signer **le traité de Shimonoseki en avril 1895 :** ils abandonnent au Japon Formose, les Pescadores.

Les Européens s'inquiètent de cette poussée japonaise en Chine : Guillaume II crie au « péril jaune ». Un veto conjoint de la France, de l'Allemagne et de la Russie oblige les Japonais à restituer la presqu'île du Liao et à accepter un *condominium* avec la Russie sur la Corée. Les Russes accentuent alors leur pénétration : ils entreprennent la construction d'une branche du transsibérien à travers la Mandchourie, et obtiennent la presqu'île du Liao avec Port-Arthur en 1897. D'où une forte rivalité avec le Japon.

La guerre russo-japonaise de 1904-1905 a été préparée par la signature en 1902 d'une alliance défensive entre le Japon et l'Angleterre, inquiète de l'expansion russe, qui sort ainsi pour la première fois de sa politique de « splendide isolement ». Le 8 février 1904, les Japonais attaquent par surprise Port-Arthur et envahissent la Mandchourie. Les troupes russes isolées à plus de 7 000 km de leurs bases, inférieures en nombre, mal préparées et mal commandées, sont vaincues sur terre au printemps 1905 à Moukden, avant que l'escadre de la Baltique après un périple de sept mois ne soit écrasée dans le détroit de Tsushima. Alors que le Tsar doit affronter une révolution, il accepte la médiation des États-Unis, inquiets des victoires japonaises. **Le traité de Portsmouth** (Virginie) est signé en septembre 1905 : l'humiliation russe est atténuée, il n'y aura pas d'indemnités de guerre mais la Russie cède la Corée, Port-Arthur, la ligne du Sud mandchourien. Cette victoire est la première d'un peuple de couleur sur une puissance européenne : elle confirme l'émergence du Japon.

Les puissances européennes poursuivent leur mainmise sur la Chine : après la Russie, l'Allemagne s'empare du Shandong, la France reçoit les chemins de fer du Tonkin et l'enclave du Kouang Tchéou, l'Angleterre Weï Haï Weï en face de Port-Arthur. En 1914, les Occidentaux réalisent en Chine 60 % du commerce et 70 % des investissements.

▸ **La modernisation partielle de la Chine** (développement de l'industrie comme à Changhaï, apparition de transports modernes) **aggrave en fait les tensions sociales.** Après la défaite de 1894-1895, des réformes sont tentées à l'été 1898 par l'empereur Guangxu et son Premier ministre Kang Yuwei (les « Cent jours ») ; mais Ci-Xi écarte les réformateurs.

La révolte anti-occidentale des Boxers en 1900 (« l'été de Pékin ») échoue également. Plusieurs sectes se sont regroupées dans la « société de la justice et de la concorde », dont les membres manient la boxe chinoise : on les appelle les Boxers. Ci-Xi les laisse s'attaquer aux signes de la pénétration étrangère. L'agitation atteint son paroxysme au mois de juin 1900 : un diplomate allemand est tué (von Ketteler) et le quartier des légations étrangères est encerclé. Alors que la cour impériale louvoie, les puissances rassemblent des troupes qui sont placées sous le commandement de l'Allemand von Waldersee. En août, elles entrent à Pékin et mènent une répression féroce. L'impératrice s'enfuit mais garde son trône ; la Chine n'échappe au dépècement que par la rivalité des puissances.

La Révolution de 1911-1912, tout en mettant fin au régime impérial, ne favorise pas l'émergence d'une Chine moderne et libre. Quant l'impératrice meurt en 1908, son successeur Pu Yi a trois ans. Le mécontentement est général : refus de la mainmise étrangère par les étudiants et par la bourgeoisie nouvelle, misère croissante de la paysannerie qui multiplie les révoltes. La nationalisation des chemins de fer du Sud cristallise l'opposition et déclenche une vague insurrectionnelle. Sun Yat-sen, qui a fondé le Guomindang (parti national du peuple) autour des « trois principes du peuple » (nationalisme, socialisme, démocratie), exploite le mouvement et prend la tête d'un complot militaire déclenché en octobre 1911. La République est proclamée en février 1912 mais la présidence en revient à Yuan Shi-kai, l'homme qui a tenté de faire évoluer le régime impérial dans ses dernières années, et qui a l'appui des militaires ainsi que des étrangers. Yuan interdit le Guomindang, qui a pourtant remporté les élections de 1913, et instaure la dictature par une nouvelle constitution en février 1914 (qui remplace celle de mars 1912).

► **La reprise de la progression nippone pendant la Première Guerre mondiale est enrayée par la conférence de Washington.** Le Japon reprend sa progression. Il a annexé la Corée en 1910. En août 1914, il entre dans la Première Guerre mondiale et en profite pour s'emparer du Shandong et des autres possessions allemandes du Pacifique (îles Mariannes, Carolines, Marshall). En janvier 1915, il énonce ses revendications à la Chine : ce sont les « 21 demandes ». Le Japon exige la possession des territoires allemands en Chine, le renforcement de sa pénétration économique en Chine, en Mandchourie et en Mongolie inférieure, l'engagement des Chinois de ne pas louer ni céder d'île ou de port à aucune puissance autre que le Japon, et enfin l'emploi de « Japonais influents » dans la police, l'administration, l'économie.

Par nécessité, les Alliés se montrent d'abord conciliants. Le traité de Versailles lui confie le Shandong. Cependant l'impérialisme nippon finit par inquiéter l'Angleterre et les États-Unis, qui décident de lui infliger un « coup d'arrêt » lors de la **conférence de Washington (novembre 1921-février 1922).** Plusieurs traités sont conclus pendant la conférence. La Grande-Bretagne renonce à son alliance avec le Japon (1902) et abandonne la règle du *Two Power Standard* ; en effet, les forces navales sont limitées selon des coefficients de 5 pour le Royaume-Uni et pour les États-Unis, de 3 pour le Japon et de 1,5 pour la France et l'Italie. La Chine obtient la reconnaissance de sa souveraineté et l'affirmation du principe de la « porte ouverte », mais les avantages acquis ne sont pas remis en cause. Sauf pour le Japon qui doit abandonner les 21 demandes, rendre le Shandong à la Chine et évacuer la Sibérie qu'il avait commencé d'occuper à la faveur de l'intervention alliée en Russie en 1918. Cette conférence marque, outre le recul du Japon, la montée en puissance des États-Unis face aux Européens.

Au début des années vingt, la rivalité nouvelle des États-Unis et du Japon a donc trouvé un équilibre. Mais ce compromis est fragile : il dépend de la poursuite du contexte de prospérité et de sécurité collective qui se développe dans ces années.

II. La rivalité nippo-américaine

Alors que le Japon s'engage dans une stratégie d'expansion pacifique, les États-Unis refusent d'assumer leurs responsabilités mondiales. Ce repli sur soi n'a pas de conséquences néfastes tant que dure la prospérité, mais il laisse le champ libre aux puissances agressives dans les années trente.

Chine et Japon dans les années trente

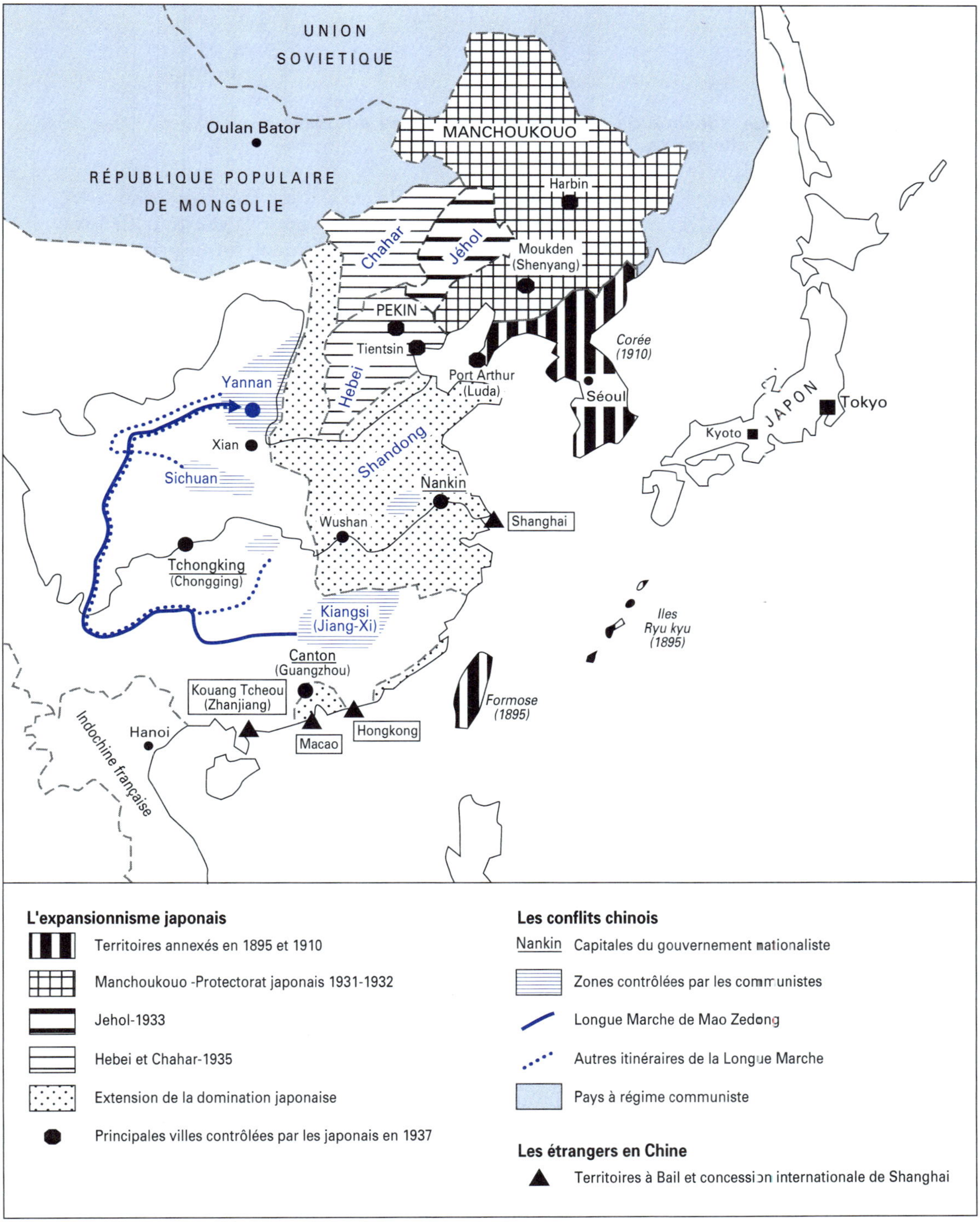

1. L'Amérique, touchée de plein fouet par la crise de 1929, se replie sur elle-même

► **La prospérité des années vingt est fragile.** Les États-Unis sont entrés en guerre en avril 1917. Le corps expéditionnaire atteint à la fin de la guerre 2 millions d'hommes, et Wilson est en mesure d'influer significativement sur la paix (cf. les 14 points et la négociation des traités). Pourtant, les Américains n'ont pas les mêmes objectifs que leurs alliés européens. Ils ont d'ailleurs refusé le terme d'« allié » pour prendre celui d'« associé » et ont suspendu leurs prêts automatiques dès la fin des hostilités. C'est pourquoi le compromis de Versailles les déçoit. Surtout, les Républicains attisent la crainte d'une implication dans de nouveaux conflits en raison des garanties prévues par le traité. Aussi la ratification de celui-ci est-elle refusée à deux reprises par le Congrès, en septembre 1919 et en mars 1920, et les États-Unis signent un traité de paix séparé avec l'Allemagne en 1921.

Certes, la guerre accroît le rôle mondial de l'économie américaine. Elle confère aux États-Unis la suprématie dans les deux domaines où ils étaient encore inférieurs en 1914 : la flotte (leur marine marchande passe de 5 à 16 millions de tonnes alors que celle du Royaume-Uni régresse de 19 à 18 millions), les finances (débiteurs nets en 1914, ils sont le premier créancier mondial en 1920). Cependant l'Europe, quoique affaiblie, demeure puissante : elle réalise 45 % du commerce mondial en 1928, contre 15 % pour les États-Unis. C'est ce qui justifie en partie le repli américain, compensé par la « diplomatie du dollar » particulièrement active dans les questions des Réparations et des dettes de guerre. Par ailleurs, certains milieux économiques, notamment dans l'agriculture et dans l'industrie textile, se font les avocats du protectionnisme qui ne peut qu'accentuer le repli sur soi de l'Amérique.

En fait, les Américains s'intéressent quasi exclusivement à leurs problèmes intérieurs. En 1919, une vague de grèves et d'attentats submerge le pays et donne lieu à une hystérie anticommuniste (c'est la *red scare*, la « peur du rouge »). D'où une réaction violente contre l'extrême gauche, contre les minorités raciales (les Noirs) et contre les étrangers. En avril 1920, les anarchistes italiens Sacco et Vanzetti sont arrêtés pour un crime qu'ils n'ont probablement pas commis. Condamnés à mort, ils sont électrocutés en 1927. En même temps, une crise économique, brève mais sévère, frappe l'économie mondiale en 1920-1921 : elle se produit dans un contexte de surproduction dû à la fin des commandes publiques liées à la guerre et à la reconstruction et contribue à détourner les Américains des problèmes extérieurs.

Une fois cette crise passée, la prospérité s'installe et les présidents républicains dominent la période : Harding (élu en 1920, mort en 1923), Coolidge (1923-1929), Hoover (1929-1932). Les pouvoirs publics interviennent peu et laissent l'économie poursuivre sa progression : « La grande affaire du peuple américain, ce sont les affaires », dira Coolidge. Certains hommes publics résistent mal à la tentation de s'y impliquer : l'Administration Harding est compromise par de nombreux scandales de pots de vin (le « gang de l'Ohio »). Andrew Mellon, secrétaire au Trésor entre 1921 et 1932, poursuit une politique d'équilibre budgétaire et adopte une fiscalité favorable aux privilégiés. Le protectionnisme se renforce : les droits de douane atteignent 38 % en moyenne en 1922 (tarif McCumber).

La prospérité ne semble pas avoir de limite : en 1929, la production est supérieure de 26 % au niveau de 1913. **Pourtant cette prospérité est fragile.** La surproduction agricole se poursuit et pèse sur les prix (c'est la crise des ciseaux : les revenus des agriculteurs diminuent alors que les prix des machines augmentent). Le marché intérieur risque la saturation car les salaires augmentent moins vite que les profits. Les marchés extérieurs sont également saturés : les États-Unis maintiennent une balance commerciale excédentaire par un strict protectionnisme douanier et les pays acheteurs manquent de dollars pour acheter les produits américains. D'où l'accélération des flux de capitaux prêtés à court terme à ces pays qui fragilisent le système financier international. Enfin, le système du crédit s'est développé, aussi bien pour la consommation que pour la spéculation.

► **Une nouvelle civilisation voit le jour : celle du confort et de la consommation de masse.** Les États-Unis connaissent leur seconde révolution industrielle, fondée sur le pétrole, l'électricité et l'automobile. Les Américains consomment la moitié de l'énergie produite dans le monde et la croissance de la production d'automobiles américaines est spectaculaire : 4 000 véhicules en 1900, 1,5 million en 1921, 4,7 millions en 1929. De nouvelles activités se développent : radio, cinéma, publicité, aéronautique (Lindbergh traverse l'Atlantique en 1927). La productivité du travail s'accroît avec la taylorisation : l'ingénieur Taylor décompose la fabrication en gestes simples et répétés (cf. la caricature de Chaplin dans son film *Les temps modernes*, 1935). La standardisation des produits permet de développer la consommation de masse. Ford, par exemple, fabrique 15 millions d'exemplaires de son modèle de base Ford T entre 1908 et 1927 : il occupe jusqu'à 60 % du marché automobile en 1921. Grâce à la standardisation, il fait baisser les prix et augmente les salaires des ouvriers, ce qui favorise la paix sociale... et l'achat de nouvelles voitures. La standardisation affecte aussi les paysages urbains comme le rappelle *Main Street*, roman de Sinclair Lewis. Sur le plan géographique, l'Ouest du pays se développe : la Californie double sa population entre 1920 et 1940 ; les grandes agglomérations s'étendent au détriment de la campagne (la population urbaine dépasse la population rurale en 1920 et New York passe de 3,5 à 7 millions d'habitants entre 1900 et 1940). Le développement du jazz et du sport, l'émancipation des femmes qui ont obtenu le droit de vote par le XIXe Amendement en 1919 et dont certaines cultivent le type de la « garçonne » : telle est la face moderniste des États-Unis.

► **L'autre face de l'Amérique des années vingt est conservatrice et puritaine : c'est la réaction américaniste.** La couche la plus ancienne de la population (les WASP : *White Anglo-Saxon Protestants*) veut défendre sa supériorité contre l'invasion étrangère (cf. l'ouvrage de Madison, *The passing of the great race*, 1916). L'immigration est limitée par des quotas : la loi de 1921 fixe le contingent annuel autorisé pour chaque État à 3 % du nombre des ressortissants de cet État présents en 1910 ; la loi de 1924 est plus restrictive puisqu'elle limite le quota à 2 % et prend 1890 pour année de référence (quand la seconde vague d'immigration, slave et méditerranéenne, avait à peine commencé) ; elle interdit aussi toute immigration asiatique (l'immigration d'Amérique latine n'est pas concernée). Le Ku Klux Klan réapparaît en 1915 et mobilise dix ans plus tard entre 4 et 5 millions d'Américains, dans le Sud et l'Ouest mais aussi dans les métropoles du Nord : ses membres combattent les Noirs, les Juifs, les Catholiques, les bolcheviks et utilisent aussi bien les méthodes terroristes que les manifestations de rue. Le fondamentalisme puritain, enraciné dans le Middle West et dans le Sud, réclame une stricte application des principes de la Bible. En 1925, à Dayton, dans le Tennessee, un professeur est condamné pour avoir enseigné les théories de Darwin selon lesquelles l'homme descend du singe. Enfin, la prohibition de l'alcool est établie par le XVIIIe Amendement en 1919 (interdiction de vendre, de fabriquer, de consommer toute boisson contenant au moins un et demi pour cent d'alcool) ; mais cette mesure se révèle difficile à appliquer : la contrebande devient l'enjeu de gangs rivaux (Al Capone à Chicago), les débits clandestins prolifèrent (les *speakeasies*). L'échec est reconnu officiellement en 1931 mais il faut attendre l'élection de Roosevelt pour que la Prohibition soit abolie (le XXIe Amendement, en 1933, laisse à chaque État la liberté d'établir ou non la prohibition).

► **La crise boursière éclate en 1929.** Le cours des actions ne cessant de monter, ceux qui jouent en bourse sont toujours gagnants, mais le déséquilibre va croissant entre le cours du titre et le dividende qu'il permet de servir (et qui, lui, augmente beaucoup moins vite). Tôt ou tard, ce déséquilibre doit conduire à un ajustement brutal, d'autant plus dangereux que de nombreux spéculateurs se sont endettés. Les particuliers qui jouent en bourse sont en fait peu nombreux : 1,5 million sur 120 millions d'Américains. Ce qui est plus grave, c'est l'endettement des établissements de crédit qui ont transformé leur actif en titres surévalués. C'est dans ce contexte que se produit la crise de 1929.

Le krach boursier de 1929 déclenche un mécanisme qui plonge toute l'économie américaine (et par contrecoup l'économie mondiale) dans une récession brutale et durable. Le krach boursier se produit en octobre 1929 : les cours baissent fortement le 22 mais c'est surtout le 24 (le « jeudi noir ») qu'ils s'effondrent ; le 29, on atteint le record des titres vendus. À la fin de l'année, l'ensemble des valeurs a chuté d'environ un tiers. Les banques qui ont spéculé doivent diminuer fortement les crédits à l'économie. En outre, les premières faillites déclenchent un mouvement de panique parmi les déposants, qui affluent vers les guichets pour en retirer leurs fonds et qui précipitent ainsi l'effondrement du système bancaire. Conséquence : la consommation et l'investissement chutent, comme les prix. La production est touchée à son tour : le PNB de 1932 est inférieur de moitié à celui de 1929, la production d'acier et d'automobiles baisse de 75 %. Le chômage touche plus de 12 millions d'Américains (près d'un quart de la population active). La misère, la délinquance, les bidonvilles (rebaptisés *hoovervilles*) se développent. Dans l'agriculture, la surproduction est aggravée par les bonnes récoltes de 1930-1931 et les paysans d'Oklahoma fuient vers la Californie (cf. le livre de John Steinbeck, *Les raisins de la colère*).

La réaction de l'Administration Hoover est insuffisante car elle ne sort pas de son analyse libérale, qui veut que la crise soit passagère. Le président répète que « la prospérité est au coin de la rue », il pense que tout n'est qu'affaire de confiance et invite les industriels à l'optimisme. Il se borne à relever les droits de douane (le tarif Hawley-Smoot de juin 1930 les fait passer à 59 % en moyenne) et ne développe pas assez l'intervention de l'État (création d'une *Reconstruction Finance Corporation* pour aider les entreprises en difficulté, instauration du *Federal Farm Board* pour soutenir les prix agricoles). Le traitement de la misère est laissé aux associations charitables et aux municipalités. Hoover fait même donner la troupe contre les anciens combattants venus défiler à Washington pour obtenir le versement de la prime *(Bonus)* de démobilisation toujours promise jamais réglée (juin 1932).

C'est pourquoi Roosevelt, qui a fait campagne sur le thème assez imprécis de la « nouvelle donne » *(New Deal),* l'emporte facilement sur le sortant avec 23 millions de suffrages contre 16 (novembre 1932). Il entre en fonction en mars 1933 (la durée de la transition, jugée trop longue, est réduite à deux mois et demi par le XXe Amendement voté en février 1933).

► **Roosevelt lance une nouvelle politique économique.** Le programme de Roosevelt est vague : le président est d'abord un pragmatique et sa politique sera fluctuante. Le *New Deal* est un terme de bridge : il signifie qu'il faut repartir de zéro, que les richesses et les revenus sont mal répartis, qu'il faut augmenter le pouvoir d'achat des masses et « réamorcer la pompe » *(pump priming).* En fait, Roosevelt prône surtout le volontarisme contre la résignation. Il ne craint pas d'utiliser des références bibliques : « Les changeurs ont fui le temps de la civilisation. À nous maintenant de restaurer les anciennes vérités du temple. » Il séduit l'opinion en utilisant la presse et les médias (les « causeries au coin du feu » à la radio) ; les pauvres, les minorités, les ouvriers, les intellectuels se rallient à lui, et il conserve la clientèle traditionnelle du parti démocrate dans le Sud. C'est maintenant le Parti démocrate, et non plus le Parti républicain, qui défend le renforcement du gouvernement fédéral : les dépenses de l'État passent de 10 à 19 % du PNB entre 1929 et 1939.

Pour élaborer sa politique, Roosevelt s'entoure d'un *brain trust* (« trust des cerveaux »). Y sont représentés les tenants des idées keynésiennes (Raymond Moley, Mariner Ecles), des amis du président (Harry Hopkins, le général Hugh Johnson, père du NIRA), mais aussi des défenseurs de l'orthodoxie financière et de la petite entreprise. Parallèlement à la montée du dirigisme, le rôle de la Maison-Blanche s'accroît : un *Executive Office of the President* est créé en 1939. De mars à juin 1933, une batterie de mesures entre en application : ce sont les « Cent jours ».

Le « premier » *New Deal* vise surtout à restaurer la confiance et à lutter contre le chômage. Les mesures financières prévoient la fermeture des banques pour éviter des retraits de panique, le renflouement des établissements par la RFC, le contrôle plus strict des opérations boursières, le détachement du dollar de l'étalon-or (le dollar sera stabilisé en janvier 1934 après avoir perdu 41 % de sa valeur). La lutte contre le chômage passe par une politique de grands travaux : la *Tennesse Valley Authority* régularise le cours du Tennessee et de ses affluents, ce qui permet la construction de barrages hydroélectriques et l'aménagement de voies navigables. Des subventions sont octroyées aux collectivités locales pour employer des chômeurs. La *Public Works Administration* finance des travaux d'équipement. Enfin, l'économie est réorganisée de façon à limiter la production et à faire remonter les prix. L'*Agricultural Adjusment Act* (AAA) prévoit une aide financière aux fermiers et des mesures de réduction des surfaces cultivées (rendues obligatoires par le *Bankhead Act* de 1934). Le *National Industrial Recovery Act* (NIRA) remplace la législation antitrust par des « codes de concurrence loyale » établis par les entreprises en concertation avec leur personnel (pour mieux répartir le travail et embaucher des chômeurs, pour établir des quotas de production, et pour fixer des prix minima empêchant la vente à perte).

En 1935, le bilan du premier *New Deal* est mitigé : le nombre de chômeurs a baissé mais il en reste encore 10 millions. La réduction des surfaces cultivées a accru la productivité agricole : la surproduction perdure. Le NIRA a renforcé la concentration sans créer d'emplois nouveaux. Surtout, la politique d'équilibre budgétaire n'a pas permis de relancer fortement la production. En outre, le *New Deal* se heurte à une double opposition.

À droite, les milieux d'affaires critiquent le dirigisme du gouvernement. Les neuf juges de la Cour suprême (nommés à vie par les précédents présidents républicains) se font les porte-parole des thèses conservatrices. En mai 1935, ils déclarent à l'unanimité que le NIRA est anticonstitutionnel car le gouvernement fédéral ne peut légiférer en matière de salaires, d'horaires de travail et de prix. En janvier 1936, c'est l'AAA qu'ils jugent anticonstitutionnel (par 6 voix contre 3) en vertu du droit des États à réglementer la production agricole. Roosevelt surmonte cette opposition en faisant voter par le Congrès les dispositions jugées anticonstitutionnelles (loi Wagner en juillet 1935) et en proposant, après sa réélection triomphale, une réforme du statut des juges de la Cour suprême qui serait revenue sur le principe de la nomination à vie. De nombreux juges hostiles au *New Deal* préfèrent démissionner.

À gauche, les syndicats sont encouragés par la légalisation des conventions collectives (clause 7*a* du NIRA, confirmée par le *Wagner Act*) et par la création d'un organisme arbitrant les conflits du travail, le *National Labour Relations Board*. Le nombre de syndiqués passe de 2 à 10 millions entre 1932 et 1937, et le monopole de l'AFL est remis en question par la scission du *Committee for Industrial Organization* de John Lewis en 1938. Le CIO multiplie les grèves dures.

On voit aussi se développer les prémices d'un « fascisme américain ». Le père Coughlin rompt avec Roosevelt et développe dans ses sermons radiophoniques à large audience un discours à la fois anticommuniste, antisémite et anticapitaliste (il finit par fonder un parti fascisant, le *Christian Front*, qui échoue sur le plan électoral). Francis Townsend propose quant à lui d'allouer à toutes les personnes âgées une somme d'argent mensuelle, afin de stimuler la consommation ; ses clubs finissent par regrouper 4 à 5 millions de membres en 1934-1935. C'est autour d'un programme similaire que le gouverneur de la Louisiane, Huey Long, attire à lui 7 millions de sympathisants, mais il est assassiné en septembre 1935. En fait, les thèmes fascistes ne prennent pas sur l'Amérique : le candidat de l'extrême droite n'atteint pas le million de voix aux présidentielles de 1936. Le communisme a encore moins de succès : son écho ne dépasse guère les cercles intellectuels. Enfin, La Folette a ranimé le progressisme aux élections de 1936, sans plus de résultats.

Face à ces difficultés, Roosevelt se rallie à la politique suggérée par son conseiller Harry Hopkins.

Entre avril et août 1935, **le « second » *New Deal*** s'engage dans la voie du déficit budgétaire et d'une politique sociale plus radicale. La politique des grands travaux est relancée avec la *Works Progress Administration,* qui emploie 3 millions de chômeurs en 1938, tandis que la *National Youth Administration* embauche 750 000 jeunes. Le *Social security Act* développe l'aide aux plus défavorisés (vieillards, enfants, infirmes, mères malades, etc.), crée un système de retraites par cotisation patronale et ouvrière, crée aussi une assurance chômage financée par une taxe sur les employeurs. Le contrôle sur les banques est renforcé avec le *Banking Act.* Enfin, les impôts sur les revenus et sur les transmissions sont augmentés.

Ces mesures permettent de relancer la machine économique : en 1936, la production dépasse son niveau de 1929 et le nombre de chômeurs diminue à 7 millions. Roosevelt est réélu triomphalement en 1936 avec 24 millions de voix contre 16 à son adversaire. Mais par crainte d'effets inflationnistes, il décide de freiner le déficit budgétaire, au moment même où l'investissement privé faiblit. D'où une brutale récession à l'été 1937 : la production chute de 30 % et le chômage augmente de moitié. Il faut le nouveau krach boursier de mars 1938 pour décider l'Administration à relancer le déficit budgétaire : c'est ce qu'on qualifie parfois de **« troisième » *New Deal.*** Les grands travaux sont à nouveau stimulés, un second AAA restreint la production agricole, la durée du travail est limitée et un salaire minimum est institué, le logement social est encouragé.

En 1939, l'économie américaine a retrouvé son niveau de production de 1929 mais fonctionne en dessous de ses capacités : il y a 9 millions de chômeurs. Il semble que les investissements ont été insuffisants : Roosevelt n'a pas exploité à fond les idées keynésiennes (notamment la pratique du déficit budgétaire) et ce n'est qu'à partir de la guerre que la crise sera définitivement surmontée. À plus long terme, le *New Deal* a développé l'intervention de l'État sans remettre en cause le capitalisme, ce qui a permis de « sauver le système sans le changer » selon la formule de l'historien américain Williams.

▸ **Les États-Unis demeurent en retrait de la scène internationale.** L'Amérique rooseveltienne est plus isolationniste que sous les Républicains, à la fois par intérêt (protéger le marché national), par rivalité avec les autres puissances capitalistes (la France refuse de rembourser ses dettes et le Royaume-Uni redevient un concurrent sérieux après la dévaluation de la livre), enfin par indifférence à l'égard du danger allemand et japonais (longtemps mal perçu). L'opinion, au-delà des minorités qui conservent une certaine sympathie pour leur pays d'origine fût-il fasciste, est globalement très attachée à l'isolationnisme.

Rétrospectivement, l'entrée en guerre de 1917 est considérée comme l'aboutissement d'un engrenage mal maîtrisé dû à l'engagement excessif des banquiers et des hommes d'affaires américains auprès de leurs clients européens : telles sont du moins les conclusions de la commission Nye, du nom du sénateur qui la préside (1934-1935). La politique américaine vise donc à éviter le retour d'un tel engrenage : la loi Johnson (avril 1934) interdit de prêter à un État qui n'acquitte pas le service de sa dette antérieure, tandis que les **lois de neutralité** doivent éviter à l'Amérique d'être impliquée dans un nouveau conflit.

La première loi de neutralité (31 août 1935) interdit toute vente d'armes à un État en guerre (et le président peut interdire à tout citoyen d'embarquer sur un navire portant le pavillon d'un État en guerre, ceci afin d'éviter que ne se reproduise une affaire comme celle du naufrage du paquebot Lusitania). La seconde loi (20 février 1936) donne au président le pouvoir d'affirmer l'existence d'un état de guerre. La troisième loi de neutralité, en pleine guerre d'Espagne (1er mai 1937), assimile guerre étrangère et guerre civile pour la mise en place de l'embargo sur les armes et n'autorise les ventes d'autres produits que si l'acheteur paie au comptant *(cash)* et assure le transport *(carry)*.

Dans la ligne de la doctrine Monroë, il n'y a qu'en Amérique que les États-Unis cessent d'être isolationnistes. Roosevelt infléchit cependant la politique de ses prédécesseurs dans le sens d'un plus grand respect de l'indépendance des pays latino-américains : c'est la **« politique du bon voisinage »**. Les troupes américaines quittent le Nicaragua et Haïti en 1933. L'amendement Platt (1901) est annulé, qui autorisait les États-Unis à intervenir à Cuba en cas de menace pour leurs intérêts ; seule la base de Guantanamo est conservée. Des conférences panaméricaines (à Montevideo en décembre 1933, à Buenos Aires en décembre 1936, à Lima en décembre 1938) affichent la nouvelle solidarité des États américains malgré la traditionnelle hostilité anti-yankee de nombre d'entre eux (notamment l'Argentine). En 1935, les États-Unis font en outre partie des médiateurs qui mettent un terme au conflit frontalier du Chaco opposant la Bolivie et le Paraguay depuis 1928.

Ailleurs que sur le continent américain, c'est l'isolationnisme qui prévaut. Le président américain prend conscience assez tôt du danger créé par les Allemands et les Japonais, mais il ne peut attaquer son électorat de front. Lorsque, le 5 octobre 1937, Roosevelt prononce à Chicago son fameux *Discours de la quarantaine* (proposant la mise en quarantaine des 10 % de la population mondiale qui veulent entraîner dans la guerre les 90 % qui restent), il est aussitôt critiqué par les isolationnistes qui soumettent à la Chambre des Représentants, en janvier 1938, une résolution soumettant toute déclaration de guerre à référendum (cette résolution est cependant rejetée car la majorité des deux tiers n'a pas été atteinte).

Roosevelt en est donc réduit à mener une politique de prévention. Après l'échec de la conférence de Londres sur les armements navals (décembre 1935), il favorise un renforcement conséquent de la flotte de guerre américaine alors que les Japonais ont déjà largement dépassé les limites du traité de Washington (qu'ils ont dénoncé en décembre 1934). C'est donc l'adversaire qui prendra l'initiative.

2. Le Japon choisit à nouveau la voie de l'expansion armée et entre en conflit avec les États-Unis

► Le ralliement du Japon à la politique d'expansion pacifique est précaire. La Première Guerre mondiale a dopé l'économie japonaise : la production industrielle double entre 1910-1914 et 1920-1924. Le pays se heurte néanmoins à des difficultés structurelles : insuffisance de la production agricole pour nourrir une population en forte progression (56 millions d'habitants en 1920, 73 millions en 1940), insuffisance des salaires et donc de la demande intérieure, nécessité d'importer quantité de matières premières. La prospérité du Japon dépend donc du niveau de ses échanges avec l'extérieur : il importe des biens d'équipement d'Europe et des matières premières d'Asie du Sud-Est, et il exporte de la soie vers les États-Unis et des cotonnades vers la Chine.

Le protectionnisme généralisé entrave le développement du commerce international, d'autant que la fin de la guerre inflige un coup sévère aux exportations nippones (crise de 1920-1921). Le contexte prospère des années vingt est ponctué de crises (gigantesque tremblement de terre de Tokyo et Yokohama en 1923, faillites de l'année 1927). Le Japon, entravé dans sa progression par la conférence de Washington, choisit néanmoins la voie du parlementarisme et de l'expansion pacifique.

Hiro Hito monte sur le trône en 1926 (il régnera jusqu'en 1989). Mais le pays est en fait dirigé par les *zaïbatsu* qui contrôlent, outre la vie économique, les grands parti politiques : le Parti conservateur *(Seyukaï)* dépend de Mitsui, le Parti libéral *(Minseito)* de Mitsubishi. La gauche a un impact limité, qu'il s'agisse du Parti socialiste, du Parti communiste (fondé en 1922) ou des syndicats. La démocratie triomphe en apparence (le suffrage universel masculin est institué en 1925) mais le monde politique est livré à la corruption et doit compter avec l'armée qui a partie liée avec de nombreuses sociétés secrètes ultranationalistes (dont certaines confinent au fascisme, comme le *Youzonsha* de Kita Ikki).

Si les militaires et les nationalistes se rallient à la politique d'expansion pacifique et à ses succès, ils n'abandonnent pas leurs visées premières. En 1927, le **plan Tanaka** (du nom du général qui devient Premier ministre l'année suivante) est sans ambiguïté quant aux prétentions sur la Mandchourie : « Si nous n'avons pas les mains libres là-bas, il est évident que nous ne pourrons pas ponctionner les richesses de ce pays. »

► **La crise au Japon – une crise importée – pousse le pays vers l'aventure militaire.** Comme la demande mondiale se rétracte, le commerce extérieur japonais s'effondre : les exportations chutent du quart entre 1929 et 1930 (et de moitié pour la soie grège). Le monde rural, qui vivait déjà difficilement, est durement touché par la baisse des prix agricoles et par la paralysie des petits ateliers de filature. Le gouvernement commence par mener une politique déflationniste qui aggrave la crise puis choisit la voie du réarmement.

Les militaires en profitent pour étendre leur influence, même si de nombreux coups d'État échouent. Ils imposent la politique du fait accompli à l'extérieur, et ils assassinent le Premier ministre Inukaï, jugé trop timoré à l'égard de la Chine, en mai 1932. En février 1936, de jeunes officiers populistes tentent de prendre le pouvoir à Tokyo : leur échec, dû au loyalisme de l'état-major, amorce le reflux des sociétés nationalistes et l'hégémonie des militaires conservateurs (la « faction du contrôle »). Le prince Konoye, qui arrive à la tête du gouvernement en juin 1937, a leur entière confiance. Le régime prend l'allure d'une dictature classique avec quelques tendances fascisantes (parti unique instauré en octobre 1940, mobilisation de la nation dans la guerre) mais il ne s'agit ni d'encadrer la population ni de créer un homme nouveau.

Sur le plan économique, c'est la reprise. En décembre 1931, le yen est dévalué. Ministre des Finances en 1932, Takahashi accroît l'intervention de l'État ; son hostilité aux dépenses militaires conduit cependant à son assassinat en 1936. La préparation du Japon à la guerre, si elle ne relève pas l'économie rurale, stimule la production industrielle : le nombre d'ouvriers passe de 1,8 à 3 millions entre 1929 et 1938. Les militaires ne brisent pas la puissance des *zaïbatsu* et favorisent la naissance de groupes publics (comme Nissan). Mais la dépendance extérieure n'a pas cessé et la militarisation de l'économie y apporte une solution : la politique de conquête par la force devient la seule issue pour le Japon, la Chine étant la proie rêvée.

► **La Chine demeure divisée face à l'adversaire nippon.** Avec la mort de Yuan Shi-kaï en juin 1916, c'est l'autorité centrale qui disparaît. Le pays passe sous la coupe des *dujun*, les « seigneurs de la guerre » qui dominent les différentes provinces et sèment l'anarchie. Deux gouvernements prétendent régir le pays, sans y parvenir : celui de Pékin (officiellement reconnu par les grandes puissances) et celui de Canton (créé par Sun Yat-sen et aidé par l'URSS).

L'économie chinoise demeure massivement rurale, mais la côte et le Nord-Est ont vu se développer une bourgeoisie industrielle et commerçante, ainsi qu'un prolétariat plongé dans la misère et accablé de travaux épuisants. Enfin, le paysage social est modifié par l'émergence de professions intellectuelles éduquées à l'occidentale. C'est d'ailleurs les étudiants qui sont à l'origine du **mouvement du 4 mai.**

Le 4 mai 1919 à Pékin, de jeunes étudiants manifestent contre la situation réservée à la Chine par le traité de Versailles. Il s'ensuit un large mouvement de grèves, de boycotts, de manifestations, à tel point que le gouvernement chinois préfère ne pas ratifier le traité. Le mouvement du 4 mai a une autre signification : pour la première fois, on remet en cause les valeurs traditionnelles de la morale confucéenne de soumission au pouvoir.

Deux forces politiques prétendent récupérer ce courant politique nouveau : le Guomindang qui recrute parmi l'intelligentsia et la bourgeoisie (en lutte contre l'impérialisme étranger) ; le Parti communiste, qui est fondé en juillet 1921 par Chen Du-xiu (avec la participation de Mao Zedong) et qui succède aux groupements ouvriers jusqu'alors tolérés. Le Komintern pousse le PCC à s'entendre avec le Guomindang de manière à créer un front démocratique uni, qui s'impose bientôt dans tout le sud du pays. L'alliance survit à la mort de Sun Yat-sen (1925) mais les mouvements populaires se développent et finissent par inquiéter le Guomindang que dirige désormais Jiang Jieshi (Tchang Kai Chek). Après s'être allié avec les communistes, Jiang rompt avec eux et réunifie la Chine à son profit.

Jiang Jieshi (Tchang Kai Chek), né en 1887, a reçu une formation militaire en Chine puis à Tokyo. Il est entré dans l'armée révolutionnaire en 1911 et a séjourné dans une académie militaire soviétique. L'alliance avec les communistes lui permet de se lancer à l'assaut du nord de la Chine à partir de juillet 1926 (c'est la *beifa*), grâce à l'appui des paysans et des ouvriers : Shangaï tombe en février 1927 à la suite d'une révolution. Ses liens avec les milieux d'affaires (il est le beau-frère d'un banquier très influent, Soong) le poussent cependant à la rupture : le 12 avril 1927, les milices ouvrières sont désarmées à Shangaï (il y a 5 000 morts), le parti communiste et les syndicats sont interdits, un nouveau gouvernement est proclamé à Nankin. Les communistes doivent se réfugier dans la clandestinité, leurs insurrections échouent (« commune de Canton » en décembre 1927). En 1928, la Chine est réunifiée.

Jiang Jieshi a triomphé à la fois des « seigneurs de la guerre » et des communistes. Il fonde son régime sur le parti unique, le Guomindang, et sur l'armée (entraînée par des Allemands qui ont remplacé les Soviétiques). Il renouvelle la tradition chinoise et exalte la discipline, l'effort, la morale. L'économie est réorganisée mais toute réforme de fond est écartée et la production décolle à peine à cause de l'immensité du pays et du poids des campagnes. Jiang Jieshi doit bientôt faire face à trois nouveaux dangers : ses généraux qui se révoltent entre 1929 et 1933, les Japonais qui entreprennent une politique de conquête à partir de 1931, et les communistes dirigés par Mao Zedong.

Né en 1893 dans une famille de paysans, **Mao Zedong (Mao Tse-toung)** a fait des études d'instituteur et a été aide-bibliothécaire à l'Université de Pékin. Il a participé au « mouvement du 4 mai » et à la fondation du parti communiste, qu'il essaie de sensibiliser aux capacités révolutionnaires de la paysannerie pauvre. De 1927 à 1931, Mao parcourt les campagnes (où les communistes se sont repliés) en prônant la réforme agraire et en organisant une « armée rouge ». Il devient président de la « République soviétique chinoise », fondée dans le Jiangxi en novembre 1931, et se fait le porte-parole du nationalisme en déclarant la guerre au Japon en 1932.

Pour mater la rébellion communiste, le gouvernement nationaliste lance des offensives répétées qui contraignent les communistes à se replier en direction de « bases » situées dans les régions marginales du pays.

La « Longue marche » (octobre 1934-novembre 1935) conduit les débris de l'Armée rouge (30 000 hommes) à parcourir 10 000 km (ils étaient 130 000 au départ), depuis leur base initiale du Jiangxi (dans le Sud-Est) jusqu'à la province du Shenxii (Nord-Ouest). Yanan devient la nouvelle capitale de la République soviétique chinoise et Mao a profité de l'épisode pour supplanter l'ancienne direction et pour se faire élire président du Comité central. La Longue marche est l'épisode légendaire en même temps que fondateur du communisme chinois.

► La politique intérieure chinoise est de plus en plus tributaire du danger japonais.

Le Japon attaque la Mandchourie en septembre 1931. Dans le cadre de la politique conciliatrice des années vingt, le Japon a reconnu la souveraineté de la Chine sur la Mandchourie (1922), tout en conservant des troupes sur le chemin de fer sud-mandchourien et sans abandonner ses vues sur cette riche province. La crise renforce la tentation de l'expansion armée et accroît le pouvoir des militaires. Ceux-ci saisissent le prétexte d'un « sabotage » pour occuper Moukden en septembre 1931, puis toute la Mandchourie. Le gouvernement japonais est mis devant le fait accompli et doit peu à peu céder le pouvoir aux militaires (notamment au puissant général Akari, ministre de la guerre). Les coups de force continuent donc : en 1932, une attaque est montée contre Shanghaï (évacué en mai) tandis que la Mandchourie, rebaptisée « Mandchoukouo », est placée sous l'autorité de l'empereur Pu-Yi (dernier empereur de Chine, qui mourra à Pékin en 1967 après avoir publié son autocritique).

Les démocraties ne réagissent pas. Les États-Unis, non membres de la SDN, inventent la doctrine de la « non-reconnaissance » du nouvel État **(doctrine Stimson)** et se bornent à augmenter les crédits destinés à leur flotte. La SDN, sur la base du rapport Lytton, condamne le Japon en février 1933 ; en représailles, celui-ci quitte la SDN en mars. L'agression a donc payé. En démontrant l'impuissance de la Société des nations, elle est aussi un encouragement à toutes les puissances révisionnistes.

À partir de la Mandchourie, le Japon poursuit le grignotage des provinces chinoises : le Jehol (1933), le Hebei, le Chahar et le Suiyuan (1935). Des États « indépendants » sont créés avec des gouvernements fantoches. Le **7 juillet 1937**, le Japon utilise l'incident du pont Marco-Polo, près de Pékin, pour lancer une offensive généralisée sur la Chine (« offensive du triple 7 »). Les Japonais étendent leur domination sur tout le nord-ouest de la Chine (Pékin, Nankin) et sur la côte (Shangaï, Canton) mais leur progression s'arrête en 1939.

Face à l'invasion japonaise, les forces de Mao et de Jiang Jieshi sont condamnées à s'entendre. Un front uni est reconstitué en septembre 1937 : le Guomindang accepte des réformes démocratiques et sociales, les communistes renoncent à leur gouvernement séparé ainsi qu'à la réforme agraire et intègrent leurs troupes dans l'armée nationaliste. Mais la Chine demeure plus que jamais divisée : le Guomindang règne dans le Sud, les Japonais en Mandchourie et sur la côte (avec le gouvernement collaborateur de Wang Jing-wei basé à Nankin), les communistes dans le Nord-Ouest (l'armée communiste passe de 40 000 hommes en 1937 à 1,2 million en 1945).

Hors de Chine, le Japon n'a pas encore d'adversaire. Les Français et les Britanniques ne se jugent pas suffisamment forts pour intervenir. Les États-Unis condamnent moralement l'agression mais se contentent d'envoyer des armes à Jiang Jieshi, dont les troupes basées à Tchoung King parviennent à enrayer la progression nippone. Des armes arrivent également depuis l'Union soviétique, qui a conclu un pacte de non-agression avec la Chine (août 1937) et qui affronte même les troupes japonaises à l'occasion de quelques incidents localisés : en juillet-août 1938, aux limites de la Corée et de la Sibérie orientale ; en mai-août 1939, aux limites de la Mongolie et de la Mandchourie (lac Buir).

La conquête japonaise n'est cependant pas jugée assez inquiétante pour justifier un engagement armé, ni par les États-Unis qui se bornent à accélérer leur réarmement naval, ni par l'URSS qui est plus préoccupée par le danger allemand. Le conflit sino-japonais demeure isolé jusqu'à l'entrée en guerre des États-Unis, qui font alors le lien avec les événements d'Europe.

Approfondir

LECTURES

Trois manuels de base sur les États-Unis qui ont chacun leurs originalités :

- P. Mélandri, *Histoire des États-Unis depuis 1865*, Paris, Nathan-Université, 1989, 300 p.
- D. Arthaud et A. Kaspi, *Histoire des États-Unis,* Paris, A. Colin, coll. « U », 1985, 416 p.
- A. Kaspi, *Les Américains*, t. 1 : *Naissance et essor des États-Unis 1607-1945,* Paris, Seuil, coll. « Point », 1986, 340 p.

Sur le Japon et la Chine :

- M. Vié, *Le Japon contemporain,* Paris, PUF, coll. « Que sais-je ? ».
- E. O. Reischauer et R. Dubreuil, *Histoire du Japon et des Japonais,* Paris, Seuil, coll. « Point », 1975.
- J. Gravereau, *Le Japon,* Paris, Imprimerie Nationale Édition, coll. « Notre siècle », 1988, 525 p.
- L. Bianco, *Les origines de la révolution chinoise : 1915-1949,* Paris, Gallimard, coll. « Folio », 1987, 376 p.

THÈMES DE RÉFLEXION

- La démocratie américaine, un modèle ?
- L'isolationnisme américain.
- Les États-Unis de Roosevelt.
- Roosevelt.
- Les États-Unis dans les deux guerres mondiales.
- Les révolutions chinoises 1900-1949.
- Le Japon et l'Asie de 1895 à 1945.

Utiliser

Franklin Delano Roosevelt

PRÉSENTATION

Comme toute biographie historique le sujet porte sur l'adéquation d'une personnalité exceptionnelle et d'une époque particulière. L'originalité vient ici de ce que l'homme n'est ni un idéologue ni un dictateur, mais un pragmatique sans programme prononcé, ce qui ne signifie pas sans idéaux.

La présidence de Roosevelt est la plus longue de l'histoire américaine. Elle correspond à une époque de transition à un double titre : d'une part les États-Unis accèdent au statut de première superpuissance mondiale, ensuite la société américaine passe de l'âge du libéralisme à l'âge du *Welfare State.* La personnalité de Roosevelt, sa manière d'aborder les problèmes, son extraordinaire popularité ont joué un rôle déterminant pour assurer au peuple américain une transition sans heurt. L'homme lui-même évolue : isolationniste à 100 % au moment du *New Deal*, plus que ne l'était ses prédécesseurs républicains, il devient chef de guerre et pour ses détracteurs l'homme qui s'est trompé à Yalta.

I. Roosevelt arrive au pouvoir pour résoudre la crise mondiale

1. En l'absence de programme, il impose un style de gouvernement

► **« Un caméléon sur un tissu écossais » selon Hoover.**
Franklin Delano Roosevelt est né le 30 janvier 1882 à Hyde Park, dans l'État de New York. Sa famille, d'origine hollandaise, est apparentée à Theodore Roosevelt dont il épousera la nièce. Il fait ses études à Harvard, devient avocat et se fait élire sénateur démocrate en 1910. Secrétaire d'État à la marine sous la présidence de Wilson, il participe à l'effort de guerre et au débat sur la SDN. Il est candidat à la vice-présidence en 1920. L'année suivante, c'est l'épreuve de sa vie : il est atteint par la poliomyélite et reste paralysé des deux jambes. Cet accident le transforme et fait du politicien mondain, un peu nonchalant, un homme de volonté. La vie politique offre un dérivatif à son infirmité. Son optimisme et sa ténacité en imposent à tous. Élu gouverneur de l'État de New York en 1928, il met en place les premières mesures de lutte contre le chômage. Ceux qui l'approchent insistent sur son « charme » et son « élégance » dont il use pour s'attacher collaborateurs et électeurs.

► **Il est l'instigateur du gouvernement moderne des États-Unis,** adepte du *Big Governement* : il estime que le gouvernement fédéral doit assumer ses responsabilités face à la crise (puis à la guerre) au lieu de déléguer. La Maison-Blanche joue dès lors un rôle primordial dans la préparation des lois.

► **Le pouvoir s'organise en cercles concentriques.** Au centre, le cabinet légal est relégué au second plan par le *Brain trust* (ensemble fluctuant de conseillers du président : leurs débats lui permettent de se forger une opinion et de trancher, seul). Alentour, les proches jouent un rôle majeur et multiforme (Harry Hopkins est l'homme des missions délicates ; son épouse Eleanor et sa secrétaire personnelle pallient son handicap physique).

2. Roosevelt invente le *New Deal* en le réalisant

► **La méthode de Roosevelt** consiste à adapter les mesures aux besoins révélés par une analyse poussée de la situation.

► **Le premier *New Deal*** répond à l'urgence d'une économie paralysée.

► **Le second *New Deal* apparaît plus radical** car il doit faire face à la montée des oppositions (la presse, la Cour suprême, le Congrès dominé par les Républicains et les Démocrates du Sud qui partagent les mêmes idées conservatrices).

3. La personnalité de Roosevelt suscite donc un débat

► **Pour certains de ses adversaires il fait figure de « socialiste »** voire de « communiste » en raison des mesures contre les grandes entreprises (taxes sur les grosses fortunes, mesures antitrust...) et en faveur des syndicats *(Wagner Act)*.

► **Pourtant il se comporte en libéral intransigeant** quand la situation l'exige (fermeté face aux grèves en 1937, réduction des dépenses sociales pour rétablir l'équilibre budgétaire en 1937).

► **Dans les deux cas il ne suit aucune ligne politique constante.** Il est vain de vouloir lui appliquer une étiquette déterminée. Pour la majorité des Américains il est l'homme d'une révolution paisible et le précurseur du *Welfare State*.

II. Roosevelt devient à travers la guerre le président de la « république impériale »

1. Roosevelt est isolationniste pendant les années trente

► **Les relations internationales constituent un domaine réservé.** Roosevelt assume l'héritage de Wilson, malgré son échec aux élections de 1920.

► **Durant le *New Deal* il pense à « l'Amérique d'abord »** car il est persuadé que le redressement de l'économie mondiale passe par celle des États-Unis (dévaluation du dollar, échec de la conférence de Londres).

► **Pourtant il n'est pas inactif** (politique de « bon voisinage » avec l'Amérique latine, discours de la quarantaine) mais il doit accepter faute de pouvoir s'y opposer les lois de neutralité.

2. Il devient interventionniste face aux dictatures

► **Roosevelt anticipe l'évolution de l'opinion américaine** en aidant la Grande-Bretagne et fixe avec Churchill les buts de guerre des États-Unis dès le mois d'août 1941 (Charte de l'Atlantique, priorité à l'Allemagne).

► **Il prépare avec Staline et Churchill l'après-guerre.**

► **Ses responsabilités ont donné lieu à un double débat :** a-t-il délibérément provoqué l'attaque japonaise pour entraîner son pays dans une guerre qu'il jugeait nécessaire ? S'est-il laissé tromper par Staline ?

Conclusion

Le bilan de l'action de Roosevelt est considérable : il a assuré la prééminence de l'État fédéral et engagé la démocratie américaine sur la voie du présidentialisme, il a fondé le *Welfare State* et fait des États-Unis le garant de la démocratie. Mais il y a également dans son héritage les prémices de la guerre froide et de la crise américaine des années soixante-dix.

21

Les rebonds de la puissance américaine

LES ÉTATS-UNIS DEPUIS 1945

Connaître

1945	Truman succède à Roosevelt
1947	Loi Taft-Hartley
1949	Lancement du *Fair Deal*
1950-1953	Maccarthysme
1955	Réunification de l'AFL et de la CIO
1960	Élection de Kennedy
1963	Assassinat de Kennedy : Johnson lui succède
1965	Émeutes de Watts
1965-1973	Guerre du Viêt-Nam
1969	Deux Américains sur la Lune
1971	Premier déficit commercial du XXe siècle et dévaluation du dollar
1972-1974	Affaire du Watergate : démission de Nixon
1980	Ronald Reagan succède à Jimmy Carter
1988	Élection de George Bush
1991	Guerre du Golfe
1992-2000	Deux mandats de Bill Clinton. Croissance exceptionnelle
2000	Élection de George W. Bush
2001	Attentat contre le World Trade Center et le Pentagone (11 septembre) ; guerre en Afghanistan

Les États-Unis sortent de la guerre auréolés d'une victoire qui n'aurait pas été possible sans leur mobilisation humaine et matérielle. Avec la moitié du PNB mondial et les deux tiers des réserves d'or, ils peuvent prétendre au *leadership* au sein du monde occidental. Presque un demi-siècle plus tard, cette hégémonie apparaît fragile et les États-Unis, pourtant vainqueurs de la guerre froide, sont plongés dans les difficultés économiques et dans les incertitudes du nouvel ordre mondial. Comment s'étonner alors que cette longue période de l'histoire américaine soit marquée par le thème récurrent du déclin ?

I. Le temps de l'hégémonie : les États-Unis, phare du monde libre et modèle de société

Les États-Unis offrent au monde libre un système de valeurs alternatif au communisme, système fondé sur la démocratie et le capitalisme. Cette affirmation du modèle américain, complétée par la lutte contre l'adversaire soviétique, fonde leur hégémonie jusqu'à la fin des années soixante.

1. La démocratie américaine est bien rodée

► **Les institutions américaines forment un cadre qui change peu.** La constitution élaborée par George Washington en 1787 a subi peu de modifications.

Le régime politique des États-Unis est présidentiel et se caractérise par une nette séparation des pouvoirs.

Le Président est élu pour quatre ans le deuxième mardi de novembre des années bissextiles, par un collège de « grands électeurs » qui sont élus au suffrage universel. Suite au long mandat de Roosevelt, le XXIIe amendement (1951) ne permet qu'une seule réélection. Chef de l'exécutif, le Président nomme sa propre administration (d'où la valse des postes : c'est le « système des dépouilles ») et joue un rôle prééminent dans la défense et la politique extérieure, du moins jusqu'à la guerre du Viêt-Nam : c'est la « présidence impériale » (Schlesinger). Le Président s'entoure d'un état-major (dont l'effectif atteint 600 personnes en 1972) et de plusieurs organes qui le conseillent *(Executive Office of the President,* bureau du budget, *National Security Council).*

Le pouvoir législatif appartient au Congrès qui se compose de deux chambres. La Chambre des représentants, élue au suffrage uninominal à un tour tous les quatre ans (en même temps que le Président) a un pouvoir prépondérant sur le vote du budget. Le Sénat, qui est moins représentatif car il comprend deux membres par État quelle que soit la population de l'État en question, est renouvelé par tiers tous les deux ans ; il vote notamment les traités et valide la nomination des secrétaires d'État (ministres). Les deux Chambres ne peuvent renverser le Président qu'en cas de forfaiture ou de haute trahison (procédure d'*impeachment*). Mais le Président peut opposer son veto aux lois du Congrès, qui ne peut le surmonter qu'à la majorité des deux tiers.

Le pouvoir judiciaire, enfin, est réellement indépendant. Les neuf membres de la Cour suprême fédérale sont nommés à vie par le Président et ont un pouvoir considérable puisque c'est eux qui jugent une loi conforme ou contraire à la constitution, et qui déterminent la jurisprudence en général. Les autres juges sont souvent élus.

Les États-Unis sont un État fédéral : les pouvoirs dévolus aux États (50 après l'admission, en 1959, de l'Alaska et de Hawaï) sont très importants. Chaque État dispose de sa propre constitution, d'un gouverneur et de deux chambres élues (sauf le Nebraska qui n'en a qu'une).

► **La vie politique américaine continue d'être rythmée par le bipartisme.** Le Parti républicain, surnommé *Grand Old Party* et symbolisé par l'éléphant, est le parti des classes moyennes, des riches, des Américains traditionnels (les WASP : *White Anglo-Saxon Protestants*). Le Parti démocrate, représenté par un âne, comporte une aile conservatrice (l'électorat du Sud) et une aile progressiste (syndicats, minorités, intellectuels) dans le Nord-Est. Le Congrès est traditionnellement dominé par les démocrates, les républicains pouvant avoir temporairement la majorité (en 1946-1948 dans les deux Chambres, en 1952-1954 à la Chambre des représentants, en 1980-1986 au Sénat depuis 1994 dans les deux Chambres). Mais les formations politiques n'ayant pas d'idéologie précise, les élus n'ont aucune discipline de vote et ce sont souvent les coalitions d'intérêt qui font les majorités. Dans ces conditions, c'est plutôt l'orientation politique du Président qui donne le ton. Les candidats sont choisis par des « primaires » au sein de chaque parti. De 1865 à 1932, les présidents sont presque continûment républicains ; de 1932 à 1952, deux présidents démocrates se succèdent. L'alternance est plus régulière ensuite.

Harry Truman (1884-1972) est d'abord le « Président du hasard » (A. Kaspi). Né dans une famille de fermiers du Missouri, c'est un autodidacte. Il travaille dans la banque puis dans l'agriculture. La Première Guerre mondiale le conduit en France. À son retour il épouse Bess Wallace (qu'il a connue à six ans). La crise de 1920-1921 entraîne la faillite de la chemiserie qu'il a ouverte : il mettra vingt ans à rembourser ses dettes. Il commence alors une carrière politique peu brillante au sein du Parti démocrate. Sénateur en 1934, il est réélu difficilement en 1940 et lutte contre le gaspillage de l'argent public pendant la guerre. Il est choisi pour être le colistier de Roosevelt en 1944 parce qu'il est au centre et qu'on le croit facilement maniable en cas de mort du Président. À peine élu, la mort de Roosevelt le propulse à la charge suprême. Il s'y attache avec honnêteté, défend les pauvres et les Noirs, sait prendre les décisions qu'impose la guerre froide. Il s'inscrit dans la ligne du *New Deal* et la bureaucratie fédérale continue de s'étoffer (600 000 employés en 1932, 2 millions en 1952). Si ses contemporains l'ont parfois considéré comme un personnage falot, la postérité s'est montrée plus indulgente, surtout après sa mort en 1972.

Dwight Douglas Eisenhower (1890-1969), surnommé « Ike », succède à Truman en 1953. Il est né au Texas en 1890, dans une famille modeste. Il fréquente la prestigieuse académie militaire américaine, *West Point*. Appelé par le général Marshall à l'état-major au début de la Seconde Guerre mondiale, il devient le commandant du théâtre d'opérations européen en 1942. C'est lui qui prépare les débarquements d'Afrique du

Nord et de Normandie, et qui reçoit la capitulation allemande à Reims. De 1950 à 1952, il est le commandant en chef des forces de l'OTAN. Ce républicain peu autoritaire gouverne selon la « voie moyenne ». Il est l'artisan du premier dégel après la mort de Staline, mais demeure vigilant. En politique intérieure, il met fin au maccarthysme et maintient les acquis sociaux de la période démocrate. Réélu, il quitte le pouvoir en 1960 et meurt en 1969.

John Fitzerald Kennedy (1917-1963) est le produit de l'*establishment* du Nord-Est américain puisqu'il naît dans une riche famille catholique irlandaise de Boston, il fait ses études à Harvard. Il se forge l'image, aujourd'hui contestée (révélation sur ses liens avec la Mafia) d'un homme qui joint le courage (action héroïque pendant la guerre du Pacifique) à l'intelligence (prix Pulitzer pour un ouvrage historique en 1957). Représentant en 1946, sénateur en 1952, il obtient l'investiture du Parti démocrate en novembre 1960. Il est élu de justesse contre Nixon, grâce notamment à sa réussite médiatique (c'est la première campagne où la télévision joue un rôle important) et au soutien actif de sa famille. Son programme de « nouvelle frontière » est ambitieux et généreux : lutte contre la pauvreté, fermeté contre l'URSS, conquête spatiale. Son mandat est brutalement interrompu par son assassinat à Dallas, le 22 novembre 1963. Sur le plan intérieur, c'est Johnson qui fera voter les grandes réformes. En revanche, le Président a été très actif en politique extérieure (Cuba, le « grand dessein », l' « alliance pour le progrès », etc.) et a mis le doigt dans l'engrenage du Viêt-Nam. Son prestige international est demeuré plus fort que sa popularité dans l'opinion américaine.

Lyndon Baines Johnson (1908-1973), le vice-président de Kennedy, lui succède comme président et se fait élire en 1964. Il est beaucoup plus lié à la « machine » démocrate : c'est un politicien professionnel. Né en 1908 au Texas, dans une famille moyenne, il est d'abord instituteur puis embrasse la carrière politique : il devient représentant en 1937, sénateur en 1949, et chef des démocrates du Sénat en 1953. Plus habile avec le Congrès, il fait passer les lois sociales qui avaient été refusées à Kennedy. Mais l'intervention armée au Viêt-Nam (1965) ruine tous ses efforts comme il le dira lui-même : « À cause du Viêt-Nam, nous ne pouvons accomplir tout ce que nous devrions, ou ce que nous voudrions faire. » Il préfère ne pas se représenter en 1968 et meurt en 1973.

Richard Nixon (1913-1994) est un professionnel de la politique, comme Johnson, mais dans le camp républicain. Après des études juridiques il devient avocat. Élu représentant en 1946 puis sénateur de Californie en 1950, il s'illustre dans la répression anticommuniste. En 1952, le voilà vice-président d'Eisenhower. Après l'échec de 1960, il est élu Président en 1968 grâce aux classes moyennes : « les non-pauvres, les non-jeunes, les non-Noirs ». Sa politique est marquée par le pragmatisme : désengagement du Viêt-Nam, ouverture sur l'URSS et la Chine (diplomatie de Kissinger), dévaluation du dollar. Réélu en 1974, il doit démissionner en 1976 et demeure, jusqu'à sa mort en 1994, un observateur écouté de la vie politique américaine et de la situation internationale.

Tous les Américains ne s'intéressent pas à la vie politique : le taux d'abstention avoisine en général les 35 à 40 %. Il est vrai que jusqu'à l'affaire du *Watergate,* la vie politique américaine ne connaît pas d'autre période trouble que les quelques années du maccarthysme.

Les excès de l'anticommunisme sont surmontés. La guerre froide surprend l'opinion américaine et déchaîne chez une bonne partie des citoyens une violente réaction anticommuniste qui s'en prend plus largement à toute doctrine sociale suspecte de conduire au socialisme. Truman, qui fait mener en 1947 une enquête de loyauté conduisant à l'épuration partielle de l'administration, est ainsi déconsidéré par sa propre politique sociale. C'est dans ce contexte que naît le **maccarthysme** après la découverte de diverses affaires d'espionnage. Le **maccarthysme** connaît son apogée entre 1950 et 1952.

► **Les *lobbies* participent à la vie politique.** Ces groupes de pression se font les porte-parole de catégories sociales déterminées et tentent d'obtenir des membres du Congrès une législation plus favorable à leurs intérêts. Ils s'intègrent parfaitement au système politique américain et sont des centres de pouvoir. Il en va ainsi du lobby des agriculteurs, du « lobby juif », du lobby des pétroliers, etc.

Le complexe militaro-industriel (terme inventé par Eisenhower) est un des plus importants de ces groupes de pression : la défense représente jusqu'à 13,5 % du PNB en 1954, et encore 6,5 % au milieu des années quatre-vingt. Le Président chapeaute les grandes structures : la loi de juillet 1947 crée le secrétariat d'État à la Défense (basé dans les bâtiments du Pentagone), le Conseil national de Sécurité et la CIA. La NASA voit le jour en 1958. Des liens humains unissent les militaires et les dirigeants des grandes firmes concernées, comme l'illustrent les carrières de Mac Arthur devenu président d'une entreprise d'armement, ou de Mac Namara qui a longtemps travaillé chez Ford avant de devenir secrétaire à la Défense de Kennedy. Wilson, PDG de General Motors et ministre d'Eisenhower, peut déclarer : « Ce qui est bon pour les États-Unis est bon pour General Motors et *vice versa.* »

Le syndicalisme américain s'intègre également au système.

Face au *big business* et au *big government,* les syndicats forment le *big labor* malgré la loi Taft-Hartley imposée par le Congrès en juin 1947 (obligation pour les dirigeants de se dire non-communistes et non-fascistes, obligation de préavis en cas de grève, possibilité pour le Président de procéder à la réquisition, interdiction du droit syndical et du droit de grève aux fonctionnaires et à certaines autres catégories, interdiction du monopole d'embauche pour les syndicats : le *closed shop*). En 1955, le congrès de Miami voit la réunification de l'AFL et de la CIO sous l'égide de George Meany, ancien président de l'AFL. Les autres syndicats particuliers seront réintégrés dans les années quatre-vingt. Très bien implantés, les syndicats sont réalistes, pratiquent le lobbying et soutiennent généralement le candidat démocrate aux présidentielles. La négociation collective périodique, instituée par la loi Wagner, est l'occasion de montrer leur force pour négocier dans des conditions avantageuses. Mais le syndicalisme subit une certaine érosion avec la tertiarisation de l'économie américaine (les « cols blancs » sont moins syndiqués que les « cols bleus »). La crise, peu propice aux revendications salariales, accentuera le déclin.

Parfaitement rodée, la démocratie américaine est le pendant du système capitaliste qui assure la prospérité des États-Unis.

2. La puissance économique américaine reste fondée sur le système capitaliste

► **Les bases de la prospérité sont solides.** La demande intérieure est soutenue grâce au *baby boom,* l'immigration jouant désormais un rôle mineur. La population passe de 140 millions d'habitants en 1945, à 180 en 1960 et à 285 aujourd'hui, ce qui favorise la consommation de masse. La géographie du peuplement se modifie au détriment du Nord-Est et au profit du Sud-Est (les États de la *sun belt*) et de l'Ouest (la Californie poursuit son essor rapide et double encore sa population entre 1940 et 1960). Le paysage urbain se transforme avec l'extension des banlieues : trois Américains sur quatre sont des citadins en 1960.

La concentration se poursuit dans toute l'économie américaine : l'industrie où les PMI sont de moins en moins nombreuses, l'agriculture où les exploitations s'agrandissent (c'est l'*agro-business* avec de fortes capacités exportatrices qui donnent aux États-Unis un moyen de chantage sur certains pays : on parle du *Food Power*). Des sociétés cotées en bourse rassemblent des activités diversifiées : ce sont les *corporations* ou « conglomérats » (il y en a 34 en 1960, comme ITT, General Motors, Textron). La grande entreprise atteint son apogée vers 1972 (la part des 100 premières entreprises dans la valeur ajoutée industrielle représente 23 % en 1947 et 33 % en 1963 ; elle tend à stagner depuis).

L'époque est aussi marquée par **le déclin du capitalisme familial** (Henry Ford, qui a repris la direction de sa société pendant la guerre, meurt en 1947) au profit des *managers*, techniciens formés à la gestion dans les écoles et les universités (l'économiste Galbraith parle de « technostructure »). Le corollaire en est le nombre croissant des actionnaires (30 millions en 1970, contre 10 en 1929) et le rôle de plus en plus important des banques.

Le progrès technologique est la clé du développement économique. La productivité du travail est quatre fois supérieure à celle de l'Europe vers 1950 : ce qui permet de diminuer la durée du travail (la semaine de 40 heures est instituée dans presque toutes les industries en 1960) et de généraliser les congés payés. Grâce à la guerre, les États-Unis ont multiplié les innovations (le premier ordinateur, ENIAC, en 1946 ; le transistor en 1948) et ont accueilli de nombreux scientifiques européens (le mouvement se poursuit après la guerre : c'est le *Brain Drain*). Les États-Unis réussissent même à envoyer deux hommes sur la Lune en 1969, Neil Armstrong et Edwin Aldrin : ils ont relevé le défi spatial lancé par les Soviétiques.

L'intervention de l'État est plus sensible sous les présidents démocrates, mais tous les hommes politiques sont influencés par les idées keynésiennes qui ont présidé au *New Deal*. L'État-providence se substitue à l'État-gendarme du capitalisme libéral. Nixon pourra même déclarer : « Nous sommes tous des keynésiens. »

Le *Welfare State*. Dès septembre 1945, Truman propose un catalogue de mesures sociales dans la lignée du *New Deal*. Mais il se heurte à la majorité républicaine du Congrès qui lui impose même un allégement des impôts. Élu en 1948, Truman retrouve une marge d'action : il ne doit plus son poste au hasard mais à la consécration populaire. En janvier 1949, il annonce un nouveau train de mesures sociales qu'il baptise *Fair Deal* et qui conduit notamment à une augmentation du salaire minimum, à l'extension de la sécurité sociale, à la construction de logements sociaux. Mais le projet d'assurance maladie obligatoire est repoussé par les médecins (qui le qualifient de « médecine socialiste »).

Dans les années soixante, les présidents démocrates relancent la législation sociale. En fait, c'est Johnson qui fait voter les mesures proposées par Kennedy. C'est le projet de « grande société » : droits civiques pour les Noirs, assurance maladie pour les personnes âgées *(Medicare)* et pour les indigents *(Medicaid)*, amélioration de l'enseignement, lutte contre la pauvreté *(Economic Opportunity Act)*. Les quotas d'immigration sont supprimés en 1965 et remplacés par des critères d'admission moins rigoureux.

Sur le plan économique, le dirigisme ne passe pas par un puissant secteur public (qui ne représente que 5 % du PIB) mais par une importante réglementation et par la politique conjoncturelle (déficit budgétaire, fiscalité, contrôle des prix et salaires).

► **La prospérité est quasi continue.** La crise qu'on attendait après la guerre (comme en 1921) ne se produit pas. Trois facteurs expliquent le boom de l'économie américaine : la demande intérieure (le *GI's Bill of Rights,* voté en juin 1944, accorde de nombreux avantages aux soldats démobilisés), la reconstruction de l'Europe (favorisée par le plan Marshall), les grands travaux (logements, routes, aménagements hydrauliques comme le raccordement des Grands Lacs à la navigation maritime). Truman supprime les réglementations de guerre et libère le commerce extérieur. Le Congrès l'oblige à libérer aussi les salaires et les prix ; l'inflation s'accélère alors en raison de l'excès de la demande sur l'offre, ce qui n'est pas sans provoquer le mécontentement des ouvriers (grèves de 1946, notamment dans les mines et dans les chemins de fer, que Truman réprime avec une certaine brutalité). Pourtant, la légère récession de 1946-1949 est rapidement surmontée avec le plan Marshall et le boom de la guerre de Corée.

Les années cinquante et soixante sont marquées par la politique de *stop and go,* c'est-à-dire l'alternance entre des périodes de croissance et de courtes récessions (1953-1954, 1957-1958, 1963-1964). En fait, les dirigeants sont soumis à un arbitrage permanent entre chômage et inflation : la croissance entraîne une accélération de la hausse des prix, ce qui oblige à prendre des mesures restrictives qui limitent l'inflation mais ralentissent la machine économique et augmentent le chômage (jusqu'à 7 % de la population active en 1958). Puis la relance budgétaire (augmentation des dépenses, baisse des impôts) stimule à nouveau la croissance et le chômage diminue jusqu'à la prochaine surchauffe.

Forte de cette prospérité, **l'économie américaine joue un rôle mondial.** Après avoir organisé l'économie mondiale en créant le FMI puis le GATT, les États-Unis encadrent la reconstruction de l'Europe avec le plan Marshall et la création de l'OECE, puis ils encouragent la libéralisation douanière *(Kennedy Round* puis *Tokyo Round)*. Leurs multinationales investissent partout et dans tous les domaines : extraction de matières premières, industrie, services. Le total des placements extérieurs américains passe de 10 milliards de dollars en 1945 à 100 milliards en 1971 (à cette date, les États-Unis représentent la moitié du stock mondial des investissements extérieurs).

L'hégémonie sur le continent américain est désormais totale : la moitié des placements extérieurs va au Canada en 1950, les autres États d'Amérique latine dépendant eux aussi des investissements et du commerce avec les États-Unis qui créent en même temps un réseau d'alliances politico-militaires et qui n'hésitent pas à intervenir quand leurs intérêts sont menacés comme au Guatemala en 1954. Pourtant, le taux d'ouverture (c'est-à-dire la part des importations et des exportations dans le PIB) se limite à 5 ou 6 %. Les États-Unis ne dépendent pas du monde mais le monde dépend d'eux : n'est-ce pas là le signe de la puissance ?

► **L'*American way of life,* fondé sur la consommation de masse et sur la civilisation du tertiaire, se diffuse à l'extérieur des États-Unis.** L'Amérique vit à l'ère de la consommation de masse dont les débuts remontent aux années vingt. La civilisation de l'automobile en est une facette principale avec toutes les activités qui lui sont liées (les routes, l'essence, les assurances, les concessionnaires, etc.) : la proportion de ménages possédant une automobile passe de 60 % en 1950 à 80 % en 1970. Des produits nouveaux se diffusent : nylon (né en 1938), plastique, fibres synthétiques, aérosols, électroménager, électronique... Par exemple, le nombre de postes de télévision croît de façon exponentielle : 7 000 en 1945, 6 millions en 1952 ; la quasi-totalité des ménages en sont équipés en 1970.

Si l'industrie connaît son âge d'or vers 1950 (42 % du PIB et 35 % de la population active), **le secteur tertiaire devient prépondérant** : 51 % de la population active en 1950, 60 % en 1970, 73 % aujourd'hui. Les emplois de bureau (les « cols blancs ») sont de plus en plus répandus. Ceci facilite le travail des femmes, qui ont déjà été mises à contribution pendant la guerre. La scolarisation de la population jeune se développe fortement : un adolescent sur deux devient étudiant. Parallèlement, le monde traditionnel des campagnes tend à s'effacer : l'agriculture tombe de 15 % à 5 % de la population active entre 1950 et 1970. Malgré le succès des grandes exploitations et la généralisation du machinisme agricole, les revenus des agriculteurs sont inférieurs à ceux du reste de la population. En fait, l'augmentation de la productivité conduit à la surproduction et l'État doit donc aider les paysans tout en bradant les stocks à l'extérieur.

Le modèle culturel américain, dont les fondements se sont précisés dans les années trente, se diffuse dans tout le monde occidental et séduit particulièrement la jeunesse. Il est véhiculé par le cinéma, la musique (le jazz, le rock popularisé par Elvis Presley à partir de 1954), par les modes alimentaires (le coca-cola, les hamburgers, etc.), par les parcs d'attraction (Disneyland). La société de consommation donne lieu à certaines formes artistiques (Andy Warhol et le *pop art* dans les années cinquante), mais la culture américaine s'impose aussi sous des formes plus éclectiques comme le prouvent les nombreux prix Nobel de littérature qu'elle obtient (William Faulkner en 1950, Hemingway en 1954, John Steinbeck en 1962).

Ainsi les Américains donnent-ils, et se donnent-ils, l'image d'un rayonnement qui est à la fois politique, économique et culturel. Le cauchemar du Viêt-Nam apporte un brutal contrepoint au rêve américain.

II. Le déclin relatif : une prépondérance fragile et contestée

Les États-Unis connaissent à partir des années soixante une crise qui coïncide avec la guerre du Viêt-Nam. On a même parlé d'un déclin relatif. Encore faut-il définir ce terme : il y a déclin car l'influence des États-Unis dans le monde tend à diminuer, et cette impression est confirmée par les difficultés internes, tant économiques que sociales et politiques. Mais ce déclin n'est que relatif car les États-Unis demeurent la première puissance mondiale et le « bras armé » de la civilisation occidentale.

1. La crise du Viêt-Nam révèle et accélère le déclin de la puissance américaine

► **Elle est d'abord un révélateur de ce déclin.** Le déclin de la puissance américaine commence à se manifester dans les années soixante. Un inévitable **effet de rattrapage** crée de nouveaux concurrents. La situation de 1945 était exceptionnelle : la reconstruction rend à l'Europe et au Japon leur ancienne puissance. Avec 3,7 % de croissance annuelle entre 1950 et 1975, les États-Unis sont en dessous de la moyenne de l'OCDE qui est de 4,5 %. Les technologies de pointe se diffusent et les Américains ont plus de difficulté à maintenir leur avance que leurs concurrents à rattraper leur retard. Résultat : après l'excédent commercial record de 1964, la compétitivité se dégrade et des déficits commerciaux apparaissent dans plusieurs branches.

En fait les États-Unis se sont laissés aller à la facilité car ils paient leur déficit en dollars : il leur suffit d'émettre des dollars pour payer leurs importations. C'est le « déficit sans pleurs » (d'après l'expression de Jacques Rueff). Cependant la pénurie (le *dollar gap*) fait bientôt place à l'excès de dollars : en 1961 il faut créer un « pool de l'or » pour soutenir la monnaie américaine.

► **La contestation interne se nourrit de toutes les imperfections du mode de développement américain. La crise urbaine** est due à l'excessive concentration des agglomérations. Fait révélateur : une gigantesque panne d'électricité paralyse pendant treize heures tout le nord-est des États-Unis et le sud du Canada (novembre 1965). La mauvaise qualité de l'environnement, l'insuffisance des équipements publics, l'insécurité : telles sont les caractéristiques des villes américaines. Le phénomène s'aggrave avec la fuite des ménages aisés vers les banlieues voisines, tandis que les centres urbains demeurent peuplés de pauvres, ce qui plonge certaines municipalités (comme New York en 1975) dans la faillite.

Les inégalités sont d'ailleurs criantes. Les agriculteurs, les ouvriers des secteurs en déclin, les personnes âgées, les minorités (Noirs, Indiens, Latino-Américains) sont souvent défavorisés. Si le nombre d'individus figurant en dessous du seuil de pauvreté diminue régulièrement depuis la guerre, il en reste 33 millions en 1965 et 25 millions après les mesures sociales de Johnson.

Le problème noir américain se pose en termes de plus en plus vifs. Les Noirs, qui sont toujours victimes de la ségrégation dans le Sud, ont une natalité supérieure à celle des Blancs et leur part dans la population tend à augmenter (10 % en 1945, 12 % aujourd'hui) ; en outre, ils sont nombreux à quitter le Sud pour gagner le Nord-Est et l'Ouest (New York, la Californie). L'intégration est alors d'autant plus difficile que les migrants sont souvent les plus pauvres et qu'une séparation de fait s'instaure avec les Blancs (ghettos urbains).

Truman est le premier qui s'attaque à la déségrégation dans l'administration fédérale et dans l'armée. La Cour suprême, en 1954, juge la ségrégation scolaire contraire au

XIVe amendement de la Constitution et Eisenhower, en 1957, doit dépêcher des troupes à Little Rock (Arkansas) pour permettre à des enfants noirs d'entrer dans une école blanche.

La question s'aggrave dans les années soixante. Martin Luther King organise des manifestations non violentes, comme celle de Birmingham en 1963. Il obtient le prix Nobel de la paix en 1964. Kennedy interdit la ségrégation dans les transports et fait admettre quelques étudiants noirs dans les États pratiquant encore la ségrégation scolaire (Alabama, Mississippi). En juillet 1964, Johnson fait voter les lois sur les droits civiques qui mettent fin à la discrimination dans les bâtiments publics et les écoles, en matière d'embauche et dans le processus électoral. Après la suppression de tout impôt électoral (XXIVe amendement, 1964), le *Voting Rights Act* autorise les fonctionnaires fédéraux à inscrire sur les listes électorales les Noirs qui ne se seraient pas inscrits d'eux-mêmes. En septembre 1965, Johnson oblige les entreprises et les institutions recevant des fonds fédéraux à accueillir des quotas de minorités non blanches (et de femmes) : c'est le principe de l'*Affirmative Action.*

Mais la question noire n'est pas réglée. Un quart seulement des enfants noirs fréquentent des écoles intégrées, malgré l'institution du *busing* par Johnson pour les conduire dans les écoles blanches éloignées. Dans ces conditions, beaucoup de Noirs préfèrent recourir à la violence. En août 1965, l'arrestation d'un jeune Noir déclenche une violente émeute dans le quartier de Watts à Los Angeles. Elle dure cinq jours et fait 34 morts ainsi que de nombreux dégâts matériels. Les émeutes se multiplient dans plusieurs villes américaines dans les mois et les années qui suivent. Elles redoublent après l'assassinat de Martin Luther King, apôtre de la non-violence, en avril 1968. De 1965 à 1968, le bilan est de 225 morts. Les Noirs se radicalisent, exaltent la « culture noire » et revendiquent un « pouvoir noir ». Mais ils sont divisés, entre les partisans de King et de la non-violence, les adeptes de l'islam (les *Black Muslims* de Malcolm X) et les nationalistes révolutionnaires (les *Black Panthers*).

L'affirmation d'un « pouvoir noir » fait mouche chez les **Indiens** qui réclament eux aussi un « pouvoir rouge ». Ayant acquis la nationalité américaine en 1924, ils redoutent en effet que la politique d'assimilation (dite de *termination*) n'entraîne la fin des réserves. Leur contestation s'exprime par la voie juridique mais aussi par des opérations spectaculaires comme la prise de l'île d'Alcatraz, dans la baie de San Francisco, en novembre 1969. Nixon abandonne la politique de *termination* en 1970.

La contestation externe est le fait des Soviétiques, qui lancent le défi spatial et qui augmentent leur puissance nucléaire. Le *leadership* américain est aussi contesté par certains alliés qui prennent une indépendance croissante (la France du général de Gaulle) et par le Tiers Monde, qui joue sur la rivalité entre les deux Grands : la guerre du Viêt-Nam s'intègre dans ce contexte général.

► **La guerre du Viêt-Nam accélère le déclin américain. C'est d'abord un échec militaire.** L'armée américaine avait les moyens de gagner cette guerre, mais au prix d'un engagement croissant en hommes et en matériel, et d'un discrédit moral aux yeux de l'opinion internationale (bombardements au napalm, etc.). La résistance des troupes vietnamiennes, leur capacité à maîtriser la forêt, le nombre croissant des prisonniers américains mettent en échec la première armée du monde. Au total, la guerre fait 45 000 victimes américaines (plus 300 000 blessés). Les conditions dramatiques de la chute de Saigon le 30 avril 1975 accentuent le traumatisme moral qui reste vif si l'on en juge par le rôle des vétérans et par la filmographie consacrée à ce conflit.

Cet échec a aussi des **répercussions internationales** : la puissance américaine est remise en cause, tout comme la légitimité morale de ses interventions. L'armée n'interviendra plus à l'extérieur jusqu'à l'invasion de Grenade en 1983. Les Soviétiques, en revanche, prennent l'offensive dans le Tiers Monde et marquent des points dans les années soixante-dix.

C'est encore un **échec politique.** Johnson préfère ne pas se représenter, la « présidence impériale » est contestée dans sa maîtrise de la politique extérieure : le *War Powers Act* (novembre 1973) oblige le Président à informer le Congrès en cas d'intervention des troupes américaines et à obtenir son autorisation si cette intervention dépasse quatre-vingt-dix jours. Sans lien direct avec le Viêt-Nam sinon la personne du président Nixon, **l'affaire du Watergate** affaiblit plus encore le rôle du Président.

> **Le Watergate** est le nom de l'immeuble de Washington où les démocrates avaient installé leur siège pour la campagne présidentielle. En juin 1972, des agents secrets déguisés en plombiers sont surpris en train de poser des micros. La commission d'enquête du Sénat et deux journalistes du *Washington Post* remontent l'affaire jusqu'à l'entourage présidentiel. Lorsqu'un collaborateur de Nixon révèle que toutes les conversations dans le bureau du Président sont enregistrées, la commission d'enquête exige les bandes magnétiques. Nixon refuse ; menacé d'une procédure d'*impeachment,* il démissionne en août 1974. Son vice-président Gerald Ford lui succède alors qu'il n'a même pas été élu, le premier vice-président ayant dû démissionner pour ennuis de justice. Cette affaire conduit à un rééquilibrage des relations entre le Congrès et la présidence, d'autant que d'autres scandales sont révélés à la même époque (rôle de la CIA dans la chute de Salavador Allende au Chili en 1973, découverte d'un fichier de 7 millions de personnes à la même CIA, scandales de pots-de-vin distribués par des firmes américaines pour obtenir des contrats à l'étranger). Afin de moraliser la vie politique, plusieurs réformes sont votées entre 1971 et 1979 dans le but de limiter et de mieux contrôler les dépenses électorales. L'ère de la « présidence impériale » semble révolue.

Le Viêt-Nam accélère également la contestation de l'*American way of life*. Les États-Unis ressemblent à une « maison divisée ». Les jeunes, de plus en plus nombreux, prennent la tête du mouvement et obtiennent l'abaissement de la majorité électorale à 18 ans (XXVIe amendement, 1971). Les étudiants, menés par Tom Hayden, contestent l'impérialisme, la guerre du Viêt-Nam, les valeurs traditionnelles, la société de consommation, la réussite sociale, le monde des affaires, et l'Université elle-même. Ils invoquent la psychanalyse pour découvrir la voie de la libération. La première révolte universitaire se produit à Berkeley (Californie) en 1964, puis se propage aux autres campus. Dans le prolongement de la *Beat Generation* (années cinquante), de jeunes anticonformistes portent les cheveux longs et s'adonnent à la drogue : ils fondent en février 1968 le Parti international de la jeunesse *(Youth International Party*, ou *yippies)*. Les yippies (différents des *hippies*, contestataires pacifiques des mœurs traditionnelles) aspirent à détruire la société, la culture, le monde politique. Le 27 juin 1969, une descente policière dans un bar homosexuel de Greenwich village, à New York, déclenche le mouvement de libération *gay* ; San Francisco devient la capitale américaine de l'homosexualité. À la même époque apparaît le mouvement écologiste avec le « consumérisme » de Ralph Nader, qui fait condamner General Motors pour production de voitures dangereuses avant de lancer une campagne contre la pollution. En fin de compte, le mouvement contestataire sera en partie récupéré et, dans ses manifestations les plus radicales, mourra de ses excès.

Enfin, le Viêt-Nam est un échec économique. Au lieu de relancer l'économie, la guerre (qui a coûté au total 150 milliards de dollars) augmente les dépenses militaires et donc le déficit budgétaire. Les importations s'accroissent et déséquilibrent les comptes extérieurs. L'inflation s'accélère et dévalorise la monnaie. Tout ceci débouche en 1971 sur trois phénomènes nouveaux : le premier déficit commercial depuis 1896, la suspension de la convertibilité-or du dollar (août 1971) et sa première dévaluation depuis le *New Deal* (décembre). Une seconde dévaluation est nécessaire en février 1973. D'autre part, le ralentissement économique augmente le chômage qui coexiste avec l'inflation : c'est le phénomène nouveau de la **stagflation** qui se manifeste à la fin des années soixante. Enfin, le choc pétrolier de 1973 touche les États-Unis au même titre que le reste du monde : le PNB américain baisse même en 1974-1975 et l'inflation dépasse les 10 % en 1974.

2. La capacité de réaction n'efface pas la perception du déclin relatif

► **Reagan et Bush incarnent le renouveau américain après l'échec de Carter.** Le mandat de Jimmy Carter (1976-1980) accentue la perception du déclin. Né en 1924, Carter est devenu officier de marine puis a repris la plantation de cacahuètes de sa famille. Gouverneur de Géorgie depuis 1970, c'est un homme droit qui veut restaurer la morale. Mais sa politique extérieure guidée par les droits de l'homme affaiblit gravement la position américaine face à l'Union soviétique. Sa politique économique ne sort pas les États-Unis de la crise. Enfin, l'affaire des otages américains retenus en Iran à partir de novembre 1979 affecte sa popularité et contribue largement à son échec aux élections de 1980. Ronald Reagan apporte un nouveau souffle à l'Amérique.

> **Ronald Reagan** est né en 1911 dans l'Illinois. Il a été successivement reporter sportif, comédien à Hollywood, puis présentateur publicitaire à la télévision au service de la « libre entreprise » (1954). C'est donc un homme doué pour la communication (on le surnomme « le grand communicateur »), mais aussi un fervent partisan du libéralisme. Gouverneur de Californie (1967-1975), il met en pratique les théories libérales. Devancé par Gerald Ford dans la course à l'investiture républicaine en 1976, il est élu quatre ans plus tard avec 51 % des voix contre 41 % à Jimmy Carter (un candidat indépendant récupérant 7 %). Il promet de restaurer « une Amérique forte, en paix avec le monde et avec elle-même ». Sa politique extérieure envers l'URSS se veut sans concessions (soutien aux mouvements anticommunistes, intervention à Grenade (1903), embargo après le coup d'État en Pologne, lancement de l'IDS, etc.). Il estime que son plus grand mérite est d'avoir « gagné la guerre froide » et obligé l'URSS à plier. Après sa triomphale réélection en 1984 (près de 60 % des voix), il s'estime en position de force pour pouvoir négocier avec Gorbatchev (accord sur les euromissiles en décembre 1987).

Sur le plan économique, **Reagan renouvelle les principes du libéralisme** et lance une « révolution conservatrice » (selon l'expression de Guy Sorman). Autrement dit, il veut s'appuyer sur les valeurs traditionnelles de l'Amérique, notamment le capitalisme libéral et la réussite individuelle, pour lui rendre sa puissance. L'intervention de l'État recule, la déréglementation supprime les entraves à la libre concurrence, les impôts sont diminués. La politique monétariste du président de la Réserve fédérale, Paul Volcker (nommé par Carter en 1979), est poursuivie : elle plonge l'Amérique dans une crise violente en 1981-1982 (le PNB baisse de 2,3 % et le chômage touche près de 10 % de la population active). Mais cette cure d'assainissement permet à l'économie américaine d'amorcer en 1983 une reprise non inflationniste : la croissance durera jusqu'en 1990 (+ 4,5 % par an en moyenne de 1983 à 1989 : le double de la CEE). Grâce au renouveau de la petite entreprise, les emplois sont de plus en plus nombreux et le taux de chômage diminue jusqu'à 6 %, alors qu'il se maintient à un niveau élevé en Europe. Des entreprises modernes fondent leur succès sur la technologie, que ce soit sur la « route 128 » ou dans la Silicon Valley (Californie). Le succès des *yuppies (Young Urban Professionals)* incarne cette Amérique libérale et prospère.

Les années Reagan correspondent aussi à un retour en force des valeurs conservatrices qui avait commencé sous le mandat de son prédécesseur. La Cour suprême, qui avait légalisé l'avortement en 1973, en interdit sept ans plus tard le remboursement sur fonds fédéraux. Même retour en arrière sur la peine de mort : interdite en 1972, elle est de nouveau jugée légale en 1976. En 1978, la Cour suprême invalide l'*Affirmative Action* quand un étudiant de couleur est admis à l'Université de préférence à un étudiant blanc meilleur que lui. Le concept de « droite évangélique » recouvre cette nouvelle majorité morale qui se veut plus populaire et plus religieuse, et qui affiche son hostilité aux intellectuels, à l'avortement, à la pornographie, à l'homosexualité, à la drogue.

En novembre 1988, les électeurs américains choisissent à 54 % **George Herbert Bush,** vice-président de Ronald Reagan depuis 1980. Ils manifestent ainsi la volonté de voir poursuivre la même politique. George Bush, né dans le Massachusetts en 1924, a été un héros de la guerre du Pacifique. Diplômé de Yale, il fonde une compagnie de pétrole au Texas. Il est élu à la Chambre des représentants en 1966, devient ambassadeur américain à l'ONU en 1971, représentant des États-Unis en Chine en 1975 et directeur de la CIA en 1976. Sa présidence est marquée par des succès à l'extérieur (révolutions en Europe de l'Est, intervention à Panama, disparition de l'URSS, guerre du Golfe). Les États-Unis sont désormais la seule superpuissance et leur Président annonce la naissance d'un « nouvel ordre international ». Mais outre les incertitudes de l'ère postcommuniste, George Bush doit affronter la récession économique à partir de l'été 1990. Malgré la victoire en Irak, il est largement battu par le gouverneur démocrate de l'Arkansas, Bill Clinton.

▸ **Les signes du déclin sont cependant toujours présents.**

La problématique du déclin américain est relancée à la fin des années quatre-vingt, notamment avec la parution d'un livre de l'historien Paul Kennedy, *The rise and fall of great powers* (1988), dans lequel il analyse le rapport entre puissance économique et puissance militaire depuis le XVIe siècle. Dans son dernier chapitre, il constate que les États-Unis doivent consacrer une grande part de leur PNB à la défense (6,7 % au milieu des années quatre-vingt) et en déduit qu'ils souffrent d'une « surexpansion impériale » : leurs engagements pris dans le passé dépassent leurs moyens actuels. En revanche, les puissances d'Europe et surtout d'Asie n'ont pas eu à supporter ces charges militaires et ont développé leur force économique, dont il faut attendre qu'elle se traduise en termes politiques et stratégiques.

Les performances de l'économie américaine dans les années quatre-vingt trahissent de nombreuses faiblesses. Les déficits extérieurs sont préoccupants. Un déficit apparaît dans les produits industriels en 1981 (c'est le premier depuis 1900) et le déficit commercial atteint un record en 1987 (150 milliards de dollars). La balance des paiements passe d'un excédent de 6 milliards de dollars en 1981 à 150 milliards de déficit en 1988.

Ces contre-performances s'expliquent par la dégradation de la compétitivité des produits américains. D'abord, le rattrapage se termine : la main-d'œuvre japonaise dépasse le niveau de la productivité de l'industrie manufacturière américaine en 1980. Les États-Unis, qui sont de plus en plus ouverts et donc dépendants, sont menacés dans les positions qu'ils occupent sur le marché de la haute technologie. D'autre part, les entreprises américaines sont accusées de privilégier la rentabilité financière immédiate par rapport aux stratégies à long terme, alors que les Japonais et les Allemands font le choix de la qualité et de l'innovation. Enfin, la politique monétariste a conduit à l'envolée des taux d'intérêt et donc à la hausse du dollar, qui atteint son niveau record en 1985 : d'où une dégradation de la compétitivité-prix qui est pour beaucoup dans le déficit commercial. Depuis, le dollar oscille davantage, mais les autorités américaines sont prises dans le piège de l'endettement : si elles laissent le dollar baisser, le commerce extérieur s'améliore mais les étrangers peuvent plus facilement racheter des entreprises américaines ; inversement, un dollar élevé gêne les exportations. Dans ces conditions, la tentation est forte de recourir au chantage au protectionnisme : le *Trade Bill* d'août 1988 permet de prendre des mesures de rétorsion contre les partenaires jugés « déloyaux ».

Le **déficit budgétaire** est considérable. En diminuant les impôts, Reagan pensait qu'il stimulerait l'activité économique et que les recettes augmenteraient ; en fait, les recettes ont augmenté avec retard et insuffisamment, alors que les dépenses progressaient (notamment les dépenses militaires) : d'où le déficit budgétaire qui atteint 200 milliards de dollars en 1985-1986 (6 % du PNB) ; tout se passe comme si la relance des années Reagan avait été provoquée par le déficit budgétaire... c'est-à-dire par des politiques keynésiennes !

Il faut enfin souligner l'**insuffisance de l'épargne** américaine, tant publique (déficit budgétaire) que privée ; d'où le faible niveau des investissements et un fort surendettement qui atteint 2,5 fois le PNB si on ajoute l'ensemble des dettes des agents économiques, les Américains semblent avoir vécu à crédit : c'est un élément de fragilité (un tel surendettement remonte à 1929) qui concourt au maintien des taux d'intérêt à un niveau élevé. L'endettement extérieur (12 % du PNB) conduit d'autre part à une certaine dépendance. L'investissement étranger quadruple entre 1980 et 1990 et on assiste au « bradage » des fleurons de l'économie américaine, rachetés notamment par les Japonais. D'où le développement d'une certaine « xénophobie » dans l'opinion américaine.

III. Le temps de l'« hyperpuissance »

Avec la fin de la guerre froide, les États-Unis deviennent *de facto* la seule superpuissance mondiale, et même l'« hyperpuissance » – terme employé par le ministre français des Affaires étrangères Hubert Védrine pour signifier que la suprématie des États-Unis couvre tous les domaines. Zbigniew Brzezinski, ancien conseiller du président Carter, décrit dans son ouvrage *Le grand échiquier. L'Amérique et le reste du monde* cette « première puissance globale » de l'histoire qui domine à la fois dans le domaine politique, économique, technologique, militaire et culturel.

1. Les États-Unis ne peuvent plus se dérober à leurs responsabilités

► Si Bill Clinton n'est pas arrivé au pouvoir avec un programme précis de politique étrangère, il prend rapidement la mesure du rôle de superpuissance des États-Unis.

Bill (William) Clinton, né en 1946, a fait des études de droit avant d'entrer en politique. Il est successivement procureur puis gouverneur de l'Arkansas. Il est élu face au président sortant G. Bush en 1992 après une campagne centrée sur les problèmes intérieurs des États-Unis. Malgré ses succès économiques (la croissance repart et le taux de chômage est ramené de 7,5 % à moins de 4 %), il doit composer avec un Congrès dominé par les Républicains à partir de la fin de 1994, c'est ainsi qu'il ne peut faire passer la réforme du système de santé préparée par son épouse Hillary. Après sa réélection en 1996, son second mandat est entaché de divers scandales : outre des affaires de harcèlement sexuel (une procédure d'*impeachment* est même lancée contre lui en 1998-1999 mais est bloquée au Sénat), lui et sa femme sont compromis dans un scandale immobilier, l'affaire Whitewater.

Au départ, les préoccupations de politique étrangère du Président sont principalement commerciales : lancement d'une « stratégie nationale d'exportation », encouragement à la création de zones de libre-échange avec le Canada et le Mexique (ALENA), les pays du Pacifique (APEC) et l'Europe. Mais Bill Clinton doit rapidement se frotter aux nombreux points chauds du monde. Il relance le processus de paix israélo-palestinien en 1993 et dans les années qui suivent. Les États-Unis règlent la crise ouverte parle risque de prolifération nucléaire en Corée du Nord (1994) et finissent, après de longues hésitations, par intervenir dans les Balkans pour arrêter la politique de Milosevic (accords de Dayton sur la Bosnie, en 1995 ; guerre du Kossovo, 1999). Ils encouragent l'élargissement de l'OTAN tout en ménageant la Russie, invitée à participer aux sommets atlantiques à partir de 1997. Ils ménagent aussi la Chine tout en affirmant la solidarité avec Taiwan lors de la crise des missiles du printemps 1996.

► **George W. Bush est lui aussi contraint de renoncer aux tentations isolationnistes.**

George W. Bush, né en 1946, est le fil du président George H. Bush. Il a travaillé dans le secteur énergétique au Texas, et a été ensuite gouverneur de cet État (1994-2001). C'est le président le plus mal élu des États-Unis. Ayant recueilli au total 300 000 voix de moins que son rival Al Gore, vice-président de Bill Clinton, il ne dut son élection qu'au système d'élection indirecte par le collège électoral où il bénéficia d'une voix de majorité. Et encore le sort de la Floride resta-t-il plusieurs semaines en balance, jusqu'à ce que la Cour suprême tranche après plusieurs recomptages des bulletins de vote.

L'action de George Bush « junior » s'inscrit dans la continuité de celle de son père, dont il reprend d'ailleurs les collaborateurs expérimentés : Richard Cheney (ancien ministre de la Défense) devient vice-président, Colin Powell (ancien chef d'état-major de l'armée) ministre des Affaires étrangères, Condolezza Rice (conseillère de l'ancien président) conseillère nationale pour la sécurité. Le nouveau Président relance les dépenses militaires, diminue les impôts, et manifeste des tendances isolationnistes et unilatéralistes (retrait du protocole de Kyoto sur la réduction des effets de serre). Disposant toujours d'une majorité à la Chambre des représentants, il perd sa majorité au Sénat à la suite d'une défection d'un sénateur de son camp.

Les attentats du 11 septembre 2001 contre le « World Trade Center » de New York constituent un tournant. Les États-Unis découvrent tout à coup leur vulnérabilité au terrorisme, danger auquel ils étaient déjà soumis à l'étranger, mais qui touche cette fois le cœur de leur territoire. Ces attentats suscitent d'abord un élan de patriotisme et de mobilisation nationale à travers tout le pays. Ils entraînent aussi un réengagement des États-Unis dans le monde. Dans un premier temps, une opération militaire est lancée en Afghanistan visant à renverser le régime des Talibans (avec à sa tête le mollah Omar) et à détruire le réseau terroriste Al Qaida (dirigé par Oussama Ben Laden). Au-delà de cette opération, les États-Unis de George W. Bush se rendent compte que le terrorisme n'est que la partie immergée d'un iceberg de problèmes auxquels ils ont aussi le devoir d'apporter une solution : la pauvreté dans le monde, le conflit du Proche-Orient, etc.

2. La puissance américaine garde ses contradictions

► **Les États-Unis restent tiraillés entre isolationnisme, multilatéralisme et unilatéralisme.** Leur vision du monde est manichéenne, c'est en tout cas du monde extérieur que vient le mal. Ils n'ont jamais fait complètement le deuil de la période de l' « innocence », lorsqu'ils étaient coupés de l'Europe et de ses intrigues. Leur projection vers l'extérieur est donc une aspiration contradictoire où se mêlent l'espoir idéal d'opérer la « rédemption » du monde et la crainte, parfois pour des raisons purement égoïstes, de se voir « contaminés » par ce monde. À cet égard, la désignation par George Bush d'un « axe du mal » Corée du Nord, Iran, Irak au lendemain de la guerre en Afghanistan n'est pas sans rappeler la rhétorique de Ronald Reagan qui assimilait l'URSS à « l'Empire du mal ». Ce n'est d'ailleurs pas une spécificité républicaine : au temps de l'administration Clinton, on parlait des « États parias ».

Cette contradiction se poursuit jusqu'à aujourd'hui, notamment dans le domaine de la Défense où leur puissance donne aux États-Unis une latitude d'action qui n'est à la portée d'aucun autre État. Le rêve d'un bouclier antimissiles national, qui renoue avec « l'initiative de défense stratégique » de Ronald Reagan, traduit le rêve d'une totale invulnérabilité de l'Amérique. Bill Clinton n'avait pas voulu trancher sur ce projet qui, outre son coût, mine la stabilité stratégique qui reposait jusqu'à présent sur la dissuasion nucléaire et l'équilibre de la terreur. George Bush, en revanche, n'a pas craint de dénoncer le traité ABM conclu avec les Soviétiques en 1972 et a consacré d'importants moyens supplémentaires, non seulement à ce projet, mais aussi au budget militaire américain dans son ensemble. Contrairement à ce qui s'est passé avec l'intervention de l'OTAN au Kossovo (1999), les États-Unis ont préféré agir seuls en Afghanistan (2001), ne laissant à leurs alliés qu'un rôle d'appoint.

Les États-Unis se retrouvent aussi dans la position singulière où ils refusent de se joindre à des traités internationaux dont ils ont parfois initié à la négociation : il en va ainsi du traité d'interdiction complète des essais nucléaires (1996), de l'interdiction des mines antipersonnel (1997), du protocole de Kyoto sur l'effet de serre (1997), du statut créant la Cour pénale internationale (1998), etc. Cette attitude (de même que la pratique persistante de la peine de mort) ne va pas sans susciter des réactions hostiles ou critiques de leurs alliés. Leur ralliement à l'Organisation mondiale du commerce, en 1994, est en revanche une concession majeure au multilatéralisme, mais il a été accompagné d'une clause de vigilance par le Sénat américain.

► **Les États-Unis ont renoué avec la prospérité économique dans les années quatre-vingt-dix.** Après une courte récession en 1990-1991, les États-Unis ont retrouvé une croissance très forte : 3,6 % par an entre 1992 et 1998 (le double de l'Union européenne et le quadruple du Japon). Cette croissance a été servie par un dynamisme démographique, la population totale passant de 248 à 281 millions d'habitants entre 1990 et 2000 (avec la hausse la plus forte dans les États de l'Ouest et du Sud). Elle a été aussi aidée par le développement des technologies de l'information et de la communication, c'est-à-dire la « nouvelle économie », qui permet des gains de productivité considérables.

L'économie américaine est en même temps de plus en plus ouverte : les investissements extérieurs sont passés à 1 000 milliards de dollars en 2000 (contre 100 milliards en 1971) et le taux d'ouverture commerciale à 10 % (contre 3 % dans les années soixante). Mais cette dépendance paraît ne jouer que dans un seul sens, car les États-Unis dominent dans tous les domaines : un PIB supérieur à l'Union européenne (pourtant plus peuplée), un tiers des 500 premières firmes mondiales, 40 % des communications Internet et des dépenses d'armement dans le monde, 70 % des prix Nobel entre 1975 et 2000, etc.

Toutefois, l'économie américaine a aussi des fragilités, comme l'ont montré l'éclatement de la bulle des nouvelles technologies en 2000 et le krach boursier qui a suivi les attentats de septembre 2001. Une récession est intervenue en 2000, et le chômage s'est remis à grimper. De façon significative, le déficit public, qui s'était transformé en excédent entre 1997 et 2000, est réapparu en 2001. Le déficit commercial, lui, n'a cessé de se creuser depuis 1990, passant à 440 milliards de dollars pour les années 2000 à 2002.

► **La société américaine continue d'être minée par des divisions internes.** Les villes sont touchées par les phénomènes de drogue et d'insécurité tandis que les équipements publics se dégradent du fait des contraintes budgétaires (notamment les infrastructures routières et la distribution d'eau et d'électricité). La pauvreté touche 35 millions d'Américains (14 % de la population), dont certains ne survivent que par les bons alimentaires distribués par les pouvoirs publics *(Food Stamps)*.

Les inégalités raciales sont toujours criantes : le taux de pauvreté est sensiblement plus élevé chez les Noirs (30 %) et chez les Latino-Américains (28 %), la communauté asiatique s'en sortant mieux. Le chômage touche également plus facilement les minorités.

Néanmoins, le principe de l'*Affirmative Action* (quotas dans les entreprises ou dans les universités, destinés à compenser l'inégalité de départ) est contesté car il conduit à une ségrégation à rebours (on refuse quelqu'un non à cause de sa qualification mais parce qu'il n'entre pas dans les quotas). La Californie a d'ailleurs abrogé le principe de l'*Affirmative Action* par référendum en 1996. D'autre part, une minorité prend une importance croissante depuis les années soixante : ce sont les Latino-Américains constitués de Mexicains (les *Chicanos*), de Portoricains, de Cubains, etc. La minorité latino-américaine représente environ 12 % de la population des États-Unis et sera bientôt la première minorité, avant les Noirs. Dans certains États du Sud, l'espagnol est plus parlé que l'anglais. Là aussi on observe des heurts entre communautés.

Enfin, les valeurs mêmes de la société américaine sont en question avec les excès des métiers de la finance (multiplication des OPA avec les *raiders*, spéculation sur la bourse et l'immobilier). Le krach de Wall Street (octobre 1987 : – 22 % en une seule journée), les faillites des caisses d'épargne, l'éclatement de la bulle *Internet,* montrent les limites de « l'argent facile ».

Les États-Unis sont aujourd'hui la seule superpuissance qui soit à la fois économique, politique et militaire. Mais l'ère postcommuniste n'est pas sans ambiguïté. Ils doivent encore surmonter leurs propres contradictions, à commencer par celle de leur rapport au monde.

Approfondir

LECTURES

Outre les lectures indiquées au chapitre IX :

- André Kaspi, *Les Américains,* t. 2 : *Les États-Unis de 1945 à nos jours,* Paris, Seuil, coll. « Points », 1986, 360 p.

THÈMES DE RÉFLEXION

- Kennedy.
- Les USA en 1945.
- Les USA et le monde depuis 1945.
- La crise américaine des années soixante et soixante-dix.
- Les présidents américains depuis 1945.

Utiliser

Les États-Unis dans la Seconde Guerre mondiale

PRÉSENTATION

La principale difficulté d'un tel sujet est l'ampleur des thèmes qu'il faut aborder, et donc la nécessité d'être très synthétique. Le fil directeur du sujet est aisé à identifier pour peu que l'on compare quelques instants la situation des États-Unis avant et après la guerre : C'est à travers la guerre que les États-Unis passent du stade de grande puissance économique repliée sur elle-même à celui de première superpuissance mondiale. Un plan chronologique centré sur les phases de la guerre serait peu intéressant, le plan synthétique doit alors caractériser **les** rôles tenus par les États-Unis durant la guerre.

Plus encore qu'en 1918, les victoires de 1945 à l'ouest de l'Europe et dans le Pacifique sont des victoires américaines. Pourtant les États-Unis sont entrés tardivement dans la guerre après avoir subi une très grave défaite. Comment la machine économique américaine s'est-elle mise en route pour réussir ainsi à devenir l'arsenal des démocraties ? Comment ensuite les Américains ont-ils leur nouveau rôle de chef de file de l'Occident face à l'URSS de Staline ?

I. Dès le 29 décembre 1940, Roosevelt définit le premier rôle des États-Unis dans la guerre : être l'Arsenal des démocraties

1. La mobilisation économique est précoce mais lente

• **Roosevelt doit convaincre son peuple de renoncer à l'isolationnisme** et de se préparer à la guerre qu'il sait quant à lui inévitable. Trois dates : novembre 1939 (après l'écrasement de la Pologne) le Congrès vote la loi *cash and carry,* qui met fin à l'embargo ; décembre 1940 le *Victory program* ; mars 1941 la loi prêt-bail. Cette préparation partielle à la guerre relance l'économie (les salaires augmentent de 20 % et la production industrielle de 25 % en 1941). Mais ces décisions se heurtent aux mouvements pacifistes comme le *America first committee* où l'on trouve le sénateur Nye, Henry Ford, Lindbergh...

• **La guerre voit le renforcement de l'intervention de l'État** grâce à un ensemble d'offices spécialisés, confiés à des hommes d'affaires afin de préserver la liberté d'entreprise. La cohérence de l'ensemble est progressivement améliorée (création du *war production board* en 1942 et de l'*office of war mobilization* en 1943).

2. Les résultats de cette mobilisation sont impressionnants

• **Les difficultés ont été résolues :** problèmes d'approvisionnements (recours aux productions d'Amérique latine, rationnement limité) ; l'inflation est contenue à 33 % sur l'ensemble de la guerre malgré un coût total de 281 milliards de dollar dont 49 pour le prêt bail (augmentation des impôts en 1942, blocage des prix et des salaires 1943 ; recours à des emprunts) ; le chômage est résorbé et l'on fait appel aux femmes et aux retraités.

• **Les États-Unis fournissent l'essentiel de l'armement** (171 000 avions ; 56 Mtx de navire de commerce ; 65 000 chars, etc.), ce qui leur est d'autant plus facile qu'ils ne mobilisent que 6 millions d'hommes. Ils parient sur le matériel plus que sur le nombre, d'où leurs faibles pertes humaines (300 000).

• **À long terme l'écart entre les États-Unis et le monde se creuse :** avance dans les industries de pointe : aéronautique, électronique, nucléaire, etc. ; concentration économique et hausse de la productivité (+ 30 %). Au total le PNB a doublé en cinq ans.

II. Avant même Pearl Harbor les États-Unis sont le bouclier des démocraties

1. La définition de la stratégie entraîne des difficultés avec les Britanniques et les Soviétiques

• **La conférence de l'Atlantique (9-12 août 1941)** permet de dégager deux points d'accord sur les buts de guerre inscrits dans la Charte de l'Atlantique et priorité donnée au front européen sur le front du Pacifique. En revanche Roosevelt et Churchill sont en désaccord sur l'assaut contre l'Europe (les États-Unis entendent porter une attaque frontale au point le plus fort du dispositif allemand ; Churchill préconise une attaque périphérique dans les Balkans « le ventre mou de l'Europe » pour prendre les Soviétiques de vitesse).

- **La question du second front en Europe** envenime les relations avec les Soviétiques jusqu'en novembre 1943 (conférence de Téhéran).
- **À partir de 1943 les États-Unis imposent leur point de vue et assument la direction des opérations à l'ouest et dans le Pacifique.** Eisenhower prépare et dirige l'assaut en Europe tout en réglant certains problèmes politiques (avec de Gaulle notamment). Dans le Pacifique la stratégie du « saut de puce » permet de reconquérir les archipels du Pacifique. La décision essentielle d'utiliser la bombe A est prise par Truman.

2. À partir de l'été 1944 les problèmes politiques prennent le pas et les États-Unis commencent à organiser l'après-guerre

- **Les États-Unis imposent leurs conceptions des relations internationales** à travers l'ONU et les accords de Bretton Woods.
- **Roosevelt fait confiance à Staline** pour le règlement des problèmes en Europe malgré les réticences que Churchill manifeste au moment de Yalta notamment.
- **L'attitude de Truman à Potsdam annonce les débuts de la guerre froide.**

Conclusion

Avec la Seconde Guerre mondiale, le glissement du centre de la puissance mondiale de l'Europe vers le Nouveau Monde, entamé vingt ans plus tôt est achevé. Mais plus encore les leçons de l'entre-deux-guerres ont été retenues : les Américains sont prêts à assumer leurs responsabilités dans la réorganisation du monde.

22

Passé russe et présent soviétique[1]

DE LA RUSSIE À L'URSS (1880-1953)

Connaître

1861	Abolition du servage
1903	Congrès de Londres : scission entre Bolcheviks et Mencheviks
1904-1905	Guerre russo-japonaise. Révolution
1917	Révolution de février (23 février-2 mars)
	Installation de la dyarchie
	Retour de Lénine : publication des thèses d'avril (3 avril)
	Journées de juillet (3-4 juillet)
	Putsch de Kornilov (26-29 août)
	Révolution d'Octobre (24-25 octobre)
1918	Dissolution de l'Assemblée constituante (19 janvier)
	Début de la guerre civile
	Signature du traité de Brest-Litovsk (3 mars)
	Exécution de la famille Romanov à Ekaterinbourg (16 juillet)
1919	Révolutions en Allemagne et en Hongrie. Création du Komintern
1921	Insurrection de Cronstadt (28 février-8 mars). Adoption de la NEP
1922	Staline secrétaire général. Création de l'URSS (30 décembre)
1924	Mort de Lénine (21 janvier)
	Première constitution de l'URSS (30 janvier)
1928-1932	Premier plan quinquennal. Collectivisation de l'agriculture
1936-1938	Procès de Moscou. Constitution stalinienne (1936)
1939-1940	Réannexion des territoires cédés entre 1918 et 1921
1941	Attaque de l'URSS par l'Allemagne : Plan Barbarossa (22 juin)
1942	Bataille de Stalingrad (juillet 42-février 43)
1943	Dissolution du Komintern
1944-1945	L'Armée rouge « libère » l'Europe orientale
1946-1947	Reprise en main idéologique. Création du Kominform
1948	Schisme yougoslave. Épuration des PC d'Europe de l'Est
1953	Mort de Staline. Insurrection anticommuniste de Berlin-Est (5 mars)

1. Ce titre est repris de l'excellent ouvrage d'A. Besançon, *Présent soviétique et passé russe*, Hachette, coll. « Pluriel », 1986, 448 p.

Un siècle sépare la guerre de Crimée de la mort de Staline (1854-1955). Rien de plus différent en apparence que l'Empire arriéré du XIXe siècle et la superpuissance communiste en pleine gloire. Pourtant, on ne peut qu'être frappé par la pérennité des problèmes qui se posent : problème de la modernisation d'un pays toujours rural ; persistance des nationalismes affrontés à la politique de russification ; régime autoritaire assis sur une théologie ou une idéologie refusant également toute évolution libérale ; même bouillonnement souterrain trouvant des exutoires dans l'humour de la rue et l'exil intérieur ou extérieur des esprits les plus éclairés. Il est tentant de décrire la Russie avançant d'une marche titubante entre ces deux extrêmes, la rupture violente ou le conservatisme. Les choses ne sont pas aussi simples, mais plus qu'en d'autres pays il faut tenir compte du poids des permanences : les événements récents confirment que rien n'y est jamais totalement oublié.

I. La fin de la Russie impériale

La guerre de Crimée (1854-1855) avait révélé l'état déplorable de l'empire et le retard accumulé par rapport aux puissances occidentales. La monarchie se montre incapable de relever ce défi.

1. La société en pleine évolution s'éloigne d'un régime bloqué

▸ Alexandre II (1856-1881) entreprend de réformer et de moderniser l'empire entre 1860 et 1866.

L'abolition du servage en 1861 est la mesure la plus importante. Elle rend leur liberté personnelle à 25 millions de paysans sans leur donner les terres. Les propriétaires cèdent une faible part de leurs domaines à la communauté villageoise, le *mir,* qui doit solidairement les rembourser. Le *mir* redistribue ensuite des lots de 5 ha en moyenne, insuffisants pour une famille. Les paysans demeurent dépendants des propriétaires et *koulaks* (paysans riches) qui les emploient pour les gros travaux. La réforme de 1861 n'a pas résolu les problèmes agraires russes, elle a au contraire engendré une profonde déception.

Les autres réformes concernent l'administration, l'armée, la justice et l'enseignement. Cette politique s'achève brusquement après l'attentat contre le Tsar en 1866. Les cadres du régime (Église, noblesse et bureaucratie) remettent alors en cause ce qui a été fait, la répression conduite par l'*Okhrana* (police politique) anéantit toutes les oppositions pour une vingtaine d'années. Les successeurs d'Alexandre II assassiné à son tour en 1881, Alexandre III (1881-1894) et Nicolas II (1894-1917) refusent catégoriquement toute évolution vers le libéralisme. Monarques de droit divin et autocrates, les derniers Tsars vivent leur pouvoir non comme un arbitraire personnel mais comme une charge divine dont ils sont les dépositaires temporaires. Ils estiment n'avoir ni le droit ni le pouvoir de la modifier. La vie politique et institutionnelle reste bloquée jusqu'en 1917.

► **La Russie amorce son décollage économique à partir de 1880.** À l'heure du libéralisme triomphant l'État russe est le maître d'œuvre de l'industrialisation : il se substitue à la classe bourgeoise presque inexistante et, dans un souci d'indépendance nationale, il préfère emprunter lui-même pour prendre part aux grands projets. La taille du pays et l'immensité des besoins poussent à voir grand et à privilégier l'industrie lourde ainsi que les infrastructures ferroviaires. Les résultats sont spectaculaires : en une vingtaine d'années, l'industrie lourde russe rejoint l'industrie française. Au contraire les biens de consommation abandonnés à l'artisanat local et au petit capitalisme russe sont négligés. Les structures industrielles sont en effet les plus concentrées du monde : 2 % des entreprises ont plus de 1 000 salariés et emploient 31 % des ouvriers du pays. Le régime soviétique hérite et amplifie ces caractéristiques.

Au même moment la population de l'empire s'envole (80 millions en 1869, 130 en 1900 et 170 millions en 1913).

La population rurale s'est accrue de 65 % entre 1861 et 1900, faisant tomber la superficie des lopins en dessous de 3 ha par famille. Selon P. Barel, quatre familles paysannes sur cinq sont menacées par la famine en cas de mauvaise récolte, victimes des usuriers elles perdent leurs terres et viennent grossir les bandes d'ouvriers agricoles (4 millions en 1900), qui parcourent les campagnes en quête d'emploi. Les jacqueries endémiques (la police enregistre 13 000 cas entre 1910 et 1914) dressent les paysans pauvres contre les grands propriétaires (nobles le plus souvent ou bourgeois attirés par le mode vie aristocratique) et contre les *koulaks* (ainsi nommés car ils tiennent les paysans pauvres dans leur poing). Il existe ainsi deux économies rurales juxtaposées. Les paysans pauvres n'ont pas les moyens d'intensifier leur production et se contentent de vendre leurs maigres surplus pour payer leurs impôts. L'agriculture capitaliste relativement moderne se développe en Ukraine grâce à l'utilisation d'engrais et de techniques d'assolement venues d'Occident ; ses produits alimentent les marchés urbains et les exportations vers l'Europe.

La population urbaine passe de 11 % à 17 % de la population totale. L'industrialisation rapide donne naissance à un prolétariat peu nombreux (3 millions en 1914) mais concentré dans quelques agglomérations (Moscou, Saint-Pétersbourg, Bakou, Ivanovo, Lodz et Varsovie) et dans quelques régions (l'Ukraine et l'Oural principalement). Les conditions de vie et de travail sont effroyables, et les salaires misérables sont fréquemment amputés par des amendes qui atteignent 25 % du salaire chez Poutilov à Saint-Pétersbourg. L'État a bien interdit le travail de nuit pour les femmes et les enfants, il a également créé une inspection du travail en 1886 mais il ne fait pas appliquer ces mesures.

► **L'immobilisme du pouvoir suscite la renaissance des oppositions politiques.** L'opposition se réorganise aussi bien dans l'Empire où l'on constate la recrudescence des grèves et des attentats, que parmi les exilés. Trois sensibilités se dégagent : les libéraux, les socialistes-révolutionnaires et les sociaux-démocrates.

Les libéraux constituent le groupe le plus nombreux et le plus structuré au début du siècle. Ils se recrutent parmi la noblesse qui peuple les assemblées locales créées en 1861 *(Zemstvo),* et dans les professions libérales. Ils prennent leur inspiration dans la Révolution française et se donnent pour objectif l'instauration d'une monarchie constitutionnelle reconnaissant certaines libertés comme celle de la presse. En 1904 ils se constituent en parti clandestin, l'Union de libération autour de l'historien Milioukov.

Le Parti socialiste-révolutionnaire (SR) naît en 1902 du regroupement de divers groupuscules qui veulent une forme de socialisme agraire fondé sur la communauté rurale traditionnelle, le *mir* ; les grands domaines seront redistribués suivant le principe « la terre à ceux qui la travaillent ». Leurs projets sont beaucoup plus flous pour les ouvriers. Leurs modes d'action vont de la lutte quotidienne contre les exactions de l'administration jusqu'à l'organisation d'attentats contre des personnalités (ils abattront plusieurs ministres comme Stolypine en 1911). Malgré leur popularité dans les campagnes ils ne parviennent pas à organiser un parti structuré.

Le Parti ouvrier social-démocrate de Russie (POSDR) regroupe à partir de 1898 les différentes chapelles marxistes russes. À la différence des SR il s'appuie sur le prolétariat urbain. En 1902 s'élève un débat fondamental sur la stratégie à adopter. Lénine récuse l'idée d'une alliance temporaire avec la bourgeoisie pour renverser la monarchie car cela ne peut conduire selon lui qu'à l'écrasement du prolétariat. Dans *Que faire ?* (1902) il préconise la constitution d'un parti très structuré de « révolutionnaires professionnels » peu nombreux mais disciplinés et prêts à s'emparer du pouvoir par un coup de force. Les adversaires de Lénine lui reprochent de vouloir imposer sa dictature sur le Parti. La scission est consommée lors du congrès de Londres (1903) : les amis de Lénine majoritaires lors du vote décisif (mais minoritaires dans le Parti) prennent le nom de *Bolcheviks*, les autres conduits par Martov celui de *Mencheviks*.

► **La révolution de 1905 marque une rupture décisive.** La grande industrie russe très dépendante des capitaux étrangers est durement frappée par la récession mondiale de 1900-1904, la sidérurgie ukrainienne licencie par exemple 30 % de son personnel ; de mauvaises récoltes et la guerre russo-japonaise de 1904-1905 aggravent cette situation et expliquent l'explosion de 1905.

La révolution de 1905 commence le dimanche 22 janvier 1905 (calendrier russe) lorsque les cosaques tirent sur la manifestation pacifique conduite par le pope Gapone porteur d'une supplique au Tsar. Il y a plus de 1 000 morts. Le lien traditionnel unissant le peuple et le souverain est rompu. Les partis d'opposition se rapprochent alors que la révolte se propage dans les villes industrielles (les ouvriers d'Ivanovo créent le premier *Soviet* en mars) et gagne la flotte de la mer Noire (mutinerie du cuirassé Potemkine le 27 juin). Les nationalités entrent à leur tour en ébullition en Pologne et dans les Pays baltes notamment. Sur les conseils du premier ministre Witte, Nicolas II lance le *Manifeste* du 30 octobre qui annonce la création d'une assemblée législative, la Douma, et la reconnaissance des principales libertés démocratiques. Satisfaits, les libéraux se désolidarisent du mouvement révolutionnaire et préparent les élections. Le retour de l'armée après la paix avec le Japon permet au pouvoir d'écraser la révolution à la mi-décembre. Le calme revient progressivement en 1906.

Rétrospectivement, la révolution de 1905 fait figure de répétition générale de celle de février 1917 ; sur le moment les révolutionnaires dispersés par la répression voient dans son échec un coup d'arrêt durable à leurs espoirs. Le Tsar, croyant l'orage passé, commence à reprendre les concessions faites en octobre pour restaurer l'autocratie dans toute sa plénitude, comme s'il ne s'était rien produit. De 1906 à 1912, quatre Douma se succèdent ; chaque fois le changement de mode de scrutin donne une majorité plus confortable aux partisans du régime. Des réformes sont cependant entreprises.

La principale réforme est due au Premier ministre **Stolypine** et une réforme agraire est entreprise, il s'agit de permettre l'essor de la propriété privée en supprimant les pratiques communautaires du *mir* comme la redistribution périodique des terres. L'objectif était de constituer une bourgeoisie rurale qui soutiendrait le trône contre les révolutionnaires. Cette politique permet à la Russie de moderniser certains de ses campagnes et de s'affirmer comme un grand exportateur de blé. Selon l'écrivain Soljenitsyne cette action, en développant les classes moyennes, était le seul moyen de rendre impossible une révolution. Mais dans l'immédiat elle favorise les koulaks ce qui aggrave les inégalités à la campagne et engendre des rancœurs. Prise entre immobilisme et modernité, la Russie s'engage dans une période de risques et d'incertitudes.

L'agitation politique reprend dès 1911. Malgré la répression efficace les partis politiques renaissent. Les libéraux constituent le Parti constitutionnel-démocrate (KD ou cadets) en 1907 ; en 1912 Lénine exilé en Suisse rompt définitivement avec les Mencheviks et développe la propagande bolchevique grâce à la *Pravda* (la Vérité) créée en 1912.

2. La guerre creuse le fossé entre le peuple et le régime

► **L'union sacrée autour du trône ne résiste pas aux défaites et à l'effondrement de l'économie.** La mobilisation a privé la grande agriculture de main-d'œuvre, l'approvisionnement des villes s'en ressent dès le printemps 1915 et plus encore en 1916. L'incurie de l'administration et celle des chefs militaires lors des désastres de 1915 sont dénoncées par les libéraux qui exigent en vain d'être associés à la direction de l'économie ; la Douma, pourtant conservatrice, glisse à son tour dans l'opposition et réclame un gouvernement ayant sa confiance en septembre 1916. Devant le refus du Tsar, la droite modérée et les KD constituent le *bloc progressiste* qui regroupe les deux tiers des députés. Un programme de réformes politiques est préparé. Isolé dans son lointain GQG, discrédité par la présence dans son entourage du mage Raspoutine, Nicolas II a déjà perdu le contact avec les événements. L'assassinat de Raspoutine par le prince Youssoupov le 31 décembre intervient trop tard.

En janvier 1917, la désorganisation du pays atteint un degré extrême : les grèves et les émeutes alimentaires se multiplient ; le 22 janvier date anniversaire du Dimanche rouge de 1905, un tiers des ouvriers de Petrograd cesse le travail. Parallèlement, les partis révolutionnaires (SR, Mencheviks et Bolcheviks) préparent la réunion d'un *soviet.* Le gouvernement compte sur l'armée, comme en 1905, pour ramener l'ordre en cas de besoin ; mais c'est un pari risqué puisque l'armée est ébranlée par des désertions massives. La scène est dressée par les politiques, mais le mouvement populaire prend les devants.

La révolution de février est essentiellement spontanée et populaire. Le 23 février[1], journée internationale des femmes, le mouvement commence par une manifestation pacifique où s'expriment surtout des préoccupations alimentaires. Les jours suivants les mots d'ordre politiques « À bas l'autocratie ! » commencent à apparaître et les mouvements de grèves spontanés partis des usines Poutilov se généralisent. Le 27 février la police tire, alors que l'armée est incertaine. Le 28 février, le ralliement de la Garde qui ouvre les arsenaux à la population, décide du succès de la révolution : la Douma met en place un Comité provisoire (qui devient le Gouvernement provisoire le 2 mars) et les partis révolutionnaires installent le soviet de Petrograd. L'insurrection annoncée par le télégraphe gagne rapidement les grandes villes industrielles et Moscou.

Se sentant abandonné et trahi par son entourage comme par ses alliés occidentaux qui n'ont rien fait pour l'aider car ils le soupçonnaient de préparer une paix séparée, le Tsar accepte d'abdiquer en faveur de son frère le grand-duc Michel qui renonce lui-même le 3 mars. La dynastie s'est effondrée en huit jours, la révolution a fait moins d'un millier de victimes, morts ou blessés.

II. La Russie de Lénine (1917-1924)

De son retour à Petrograd jusqu'à sa disparition le 21 janvier 1924, Lénine impose sa marque à la Russie. Bien qu'il ait élaboré une stratégie d'ensemble Lénine doit à chaque moment adapter son action à une situation politique mouvante.

1. La faillite du gouvernement provisoire et la révolution d'Octobre

► **Dès le 28 février deux pouvoirs rivaux ont pris la place de la monarchie.** Le *gouvernement provisoire* issu de la Douma et le *Comité exécutif du soviet de Petrograd* remplacé en juin par le Ier Congrès panrusse des soviets s'opposent sur deux points. Le peuple et le soviet sont acquis au *défensisme révolutionnaire,* c'est-à-dire à la défense du pays le temps de négocier une paix sans annexions ni réparations. Le gouvernement provisoire entend au contraire poursuivre la guerre aux côtés des Alliés et obtenir les compensations prévues par le traité de Londres. Très légaliste, le gouvernement refuse de réaliser les réformes attendues par le peuple (proclamation de la République, réforme agraire, réforme de la législation du travail, règlement de la question des nationalités) afin de ne pas usurper les prérogatives de la Constituante qui doit être élue après la fin de la guerre.

1. Le 8 mars : le calendrier russe retarde de treize jours sur le calendrier grégorien utilisé en Occident. Le 1er janvier 1918, Lénine décide d'aligner le comput russe sur le calendrier occidental. Par souci de cohérence nous utiliserons le calendrier russe pour toute l'année 1917.

Du 3 mars au 5 mai, le premier gouvernement provisoire présidé par le prince Lvov est dominé par les libéraux du Bloc progressiste de la Douma. Son crédit s'use en quelques semaines car il refuse de mettre fin à la guerre comme l'exige la population. Il est renversé par des manifestations violentes (journées d'avril), lorsque le peuple apprend que Milioukov (ministre KD des affaires étrangères) a assuré aux alliés que la Russie honorerait ses engagements.

Le second gouvernement Lvov (5 mai-4 juillet) est une coalition des libéraux, des SR (Kerenski à la guerre, Tchernov à l'agriculture...) et de Mencheviks (Tseretelli). Il est rapidement débordé par les soulèvements populaires : dans les campagnes les paysans se partagent les grands domaines ; dans les régions industrielles les ouvriers multiplient les grèves pour obtenir la journée de huit heures, le patronat préfère répondre par le *lock-out,* les occupations se multiplient. Le mouvement des nationalités se radicalise : les Polonais, les Baltes et les Finlandais refusent l'autonomie proposée par le gouvernement provisoire et proclament leur indépendance. Le Gouvernement provisoire est renversé lors des journées de juillet (16 et 17 juillet) consécutives à l'échec de l'offensive préparée par Kerenski et Broussilov. Les troupes fidèles au gouvernement ont tiré sur la foule que les Bolcheviks essayaient d'encadrer.

► **Lénine rentre à Petrograd le 3 avril.** S'il n'est pas un inconnu, sa popularité est limitée au cercle étroit du parti bolchevique qui ne compte guère que 10 000 à 20 000 militants dans l'ensemble du pays (2 000 à Petrograd).

En 1917, **Lénine (Vladimir[1] Ilitch Oulianov)** a 47 ans. Il est issu d'une famille de la petite bourgeoisie de Simbirsk sur la Volga : son père est inspecteur des écoles primaires et sa mère, Maria Blank a une lointaine origine allemande. L'exécution de son frère aîné Alexandre (1887) qui a participé à une conspiration visant le Tsar a marqué sa jeunesse. Étudiant en droit à Kazan, il est chassé de l'Université en raison de ses sympathies socialistes, il passe son examen d'avocat à Saint-Pétersbourg où il s'installe en 1893. Son action révolutionnaire lui vaut d'être déporté en Sibérie entre 1897 et 1900, il y prend son surnom : Lénine « l'homme de la Léna », et épouse Nadejda Kroupskaïa qui sera autant sa collaboratrice que sa compagne. Après sa libération, il s'exile une première fois de 1900 à 1905. On le voit à Genève où il publie *Que faire ?* (1902), puis à Londres en 1903, où son intervention au IIe Congrès du POSDR entraîne la scission entre les Mencheviks et les Bolcheviks.

Lénine séjourne à Saint-Pétersbourg lors de la révolution de 1905, mais il doit s'exiler une seconde fois entre 1907 et 1917. Il participe aux conférences de Zimmerwald (1915) et de Kienthal (1916), il y affirme la nécessité de fonder une IIIe Internationale, communiste, ce qu'il fera à Moscou en 1919. Après la révolution de février 1917, Lénine parvient à regagner en avril la Russie en traversant l'Allemagne et la Suède, grâce à l'aide du gouvernement et de l'état-major allemands.

Lénine voit dans l'attitude du gouvernement provisoire la confirmation des analyses théoriques développées durant ses années d'exil. La théorie révolutionnaire de Lénine fait la synthèse entre les idées de Marx et l'expérience révolutionnaire russe dans *L'impérialisme stade suprême du capitalisme* (1916). Avec la guerre mondiale la lutte des classes sort du contexte national (conflit entre la bourgeoisie et le prolétariat) pour se développer au niveau mondial entre l'impérialisme et les masses opprimées (prolétariat, paysannerie, peuples colonisés, nationalités) ; en conséquence, la révolution peut éclater dans un pays à majorité rurale comme la Russie à la condition qu'il

1. En russe, « celui qui domine le monde ».

s'établisse une alliance entre les paysans et le prolétariat industriel encadré par le Parti communiste. Dès 1902 dans *Que faire ?* Lénine avait montré, contrairement à Marx, qu'une révolution en Russie pouvait faire l'économie d'une phase de domination de la bourgeoisie sous deux conditions : que le prolétariat allié à la paysannerie instaure sa dictature durant la phase de transition du capitalisme vers le socialisme et que le parti bolchevique constitué par un petit groupe de révolutionnaires expérimentés et disciplinés en prennent la direction. Toutefois la révolution ne réussira que si elle devient mondiale. Il reprend ces analyses dans les *Lettres de loin* (mars 1917) mais leurs conséquences pratiques ne sont ni comprises ni acceptées par les Bolcheviks.

Les *Thèses d'avril* publiées le 4 avril 1917 regroupent dix propositions disparates exploitant les contradictions du gouvernement provisoire. Pour l'essentiel Lénine refuse tout soutient au gouvernement provisoire et rejette le parlementarisme bourgeois au profit d'une république des soviets dont il se garde de préciser les institutions : le mot d'ordre est « tout le pouvoir au soviet ! ». Afin de satisfaire les aspirations du peuple, le défensisme révolutionnaire doit être combattu comme un moyen détourné de prolonger la guerre impérialiste ; les terres doivent être remises aux soviets de paysans après leur nationalisation ; les soviets d'ouvriers doivent exercer le contrôle ouvrier sur la production et la distribution ; les banques doivent être nationalisées pour éviter qu'elles s'opposent aux changements. Enfin le Parti et l'Internationale doivent être réformés.

Ce programme sera effectivement appliqué après la révolution d'Octobre, dans l'immédiat Lénine agit par la propagande et l'agitation dans le peuple et l'armée.

► **La paralysie du gouvernement provisoire ouvre la voie à la révolution d'Octobre.** Kerenski dirige le gouvernement provisoire du 17 juillet au 24 octobre. Il donne la priorité à la lutte contre les Bolcheviks : il leur fait porter la responsabilité des violences de juillet, et fait interdire le Parti et sa milice – les *gardes rouges* ; Lénine échappe de justesse à une arrestation et se réfugie en Finlande. Cela n'empêche pas la radicalisation des revendications populaires et, malgré l'interdiction, beaucoup reprennent les mots d'ordre bolcheviques. Kerenski se trouve également menacé par les éléments conservateurs et contre-révolutionnaires qui se regroupent autour de Kornilov, le nouveau chef d'état-major pourtant nommé par Kerenski lui-même.

Entre le 8 et le 10 septembre Kornilov tente un putsch pour mettre fin à la révolution. Pour lui barrer la route Kerenski doit s'appuyer sur les ouvriers et des soldats révolutionnaires tout acquis aux Bolcheviks dont ils imposent la libération. Kornilov vaincu se réfugie dans le Sud pour continuer la lutte, mais Kerenski et les partis de gauche qui l'avaient soutenu sont discrédités.

À la mi-septembre le pouvoir est à prendre mais Lénine, réfugié à la frontière finlandaise, met plus de six semaines pour convaincre le Comité central du Parti qu'il faut agir avant le 25 octobre (7 novembre) date de la réunion du IIe Congrès panrusse des Soviets où les Bolcheviks disposent de la majorité (390 représentants sur 670) ce qui leur permettrait de faire ratifier le coup de force.

La préparation de la révolution d'Octobre prend un mois. Après l'épisode Kornilov, Trotski s'est fait élire à la tête du soviet le 22 septembre avant de créer un mois plus tard un Comité militaire révolutionnaire qu'il peuple entièrement de Bolcheviks et de SR de gauche ralliés après le putsch. **Lénine arrache un vote positif le 23 octobre**, mais Kamenev et Zinoviev protestent publiquement mettant en péril le complot. En fait les Bolcheviks ont déjà la situation bien en main. Dans la nuit 25 octobre les 25 000 gardes rouges profitent de la relève pour s'emparer pacifiquement des ponts et des principaux bâtiments de Petrograd. Vers trois heures du matin quelques salves à blanc tirées par le croiseur *Aurora* donnent le signal de la fuite du Gouvernement provisoire. Le 26 octobre, les adversaires des Bolcheviks quittent le IIe Congrès panrusse des soviets qui approuve alors le coup de force à l'unanimité.

Alors que la révolution de Février était un mouvement populaire parti de la base, la révolution d'Octobre apparaît comme un coup d'État réussi par un parti minoritaire qui affirme incarner la volonté du peuple russe.

2. Le pouvoir bolchevique s'impose avec difficultés (1918-1920)

La prise du pouvoir n'était que la première étape, et non pas la plus difficile, sur le chemin de l'installation d'un régime d'un type radicalement nouveau. Jusqu'à la fin de 1920 les Bolcheviks doivent préserver leur pouvoir contre l'intervention des puissances occidentales, les offensives des armées blanches et la désorganisation intérieure.

► **Dès le lendemain de la révolution Lénine s'efforce d'élargir la base populaire de son pouvoir.** Pour souligner la rupture avec le gouvernement provisoire et affirmer son caractère révolutionnaire et prolétarien, le nouveau pouvoir prend le nom de Conseil des commissaires du peuple (*Sovnarkom* en russe et en abrégé). Présidé par Lénine, il compte quinze membres tous bolcheviques dont Trotski aux Affaires étrangères et Staline aux Nationalités. Dès les premiers jours **les décrets d'octobre** mettent en œuvre les *Thèses d'avril.*

Le décret sur la paix (25 octobre) propose une paix sans annexions ni réparations aux peuples et aux gouvernements belligérants. Il s'agit en fait d'un appel à la révolution mondiale car le texte remet en question les conquêtes passées en Europe et outre-mer en application des analyses de Lénine sur l'impérialisme.

Le décret sur la terre abolit sans indemnisation la grande propriété foncière mais épargne les *koulaks* qui travaillent la terre. Les terres sont transférées aux soviets locaux. Tout en affirmant de manière ambiguë que les terres et les richesses du sous-sol sont un « patrimoine national » : il ne s'agit pas encore de nationaliser la terre ni de priver les paysans de leur propriété.

Le contrôle ouvrier est institué le 1er novembre. Dans chaque usine est élu un comité qui est rattaché au Soviet panrusse du contrôle ouvrier et au Conseil suprême de l'économie nationale (VSNKh). D'emblée les Bolcheviks colonisent ces assemblées qui passent sous le contrôle du Parti : l'autogestion attendue par les ouvriers disparaît dès l'été 1918. Les nationalisations sont rares avant cette date, toutefois les propriétaires perdent leur pouvoir de direction au profit des comités d'ouvriers.

Le 2 novembre **le décret sur les nationalités** préparé par Staline établit l'égalité et la souveraineté des peuples de Russie et leur reconnaît le droit à l'autodétermination. Dans l'esprit de Lénine cela ne devait avoir que peu de conséquence en raison de la solidarité révolutionnaire. Les faits devaient rapidement lui donner tort.

Ces mesures sont complétées par la nationalisation des banques en décembre, la laïcisation de l'État qui permet d'affirmer l'égalité des sexes et d'instituer le mariage et le divorce civils. Enfin le principe de l'élection des officiers, des fonctionnaires et des juges est adopté de même que l'alignement de leurs salaires sur celui des ouvriers.

Les décrets ont des effets contradictoires. L'établissement de liens solides entre le pouvoir bolchevique et le peuple est réalisé : c'est un des principaux atouts de Lénine durant la guerre civile car les paysans redoutent le retour des anciens grands propriétaires en cas de défaite. Les adversaires politiques des Bolcheviks se préparent au contraire à la guerre civile avec l'aide des Alliés irrités par l'appel à la révolution et la publication des traités secrets qui les met en mauvaise posture face à Wilson. Comme le décret sur la paix n'a pas eu l'écho espéré, le *Sovnarkom* doit demander un armistice à l'Allemagne ; il est signé le 15 décembre à Brest-Litovsk.

▸ **La guerre civile commence avec la dissolution de l'Assemblée constituante le 19 janvier 1918.** Préparées par Kerenski, les élections s'étaient tenues quelques jours après la révolution d'Octobre et n'avaient donné que 25 % des sièges aux Bolcheviks. Lénine fait disperser les députés à l'issue de l'unique séance. Le IIIe Congrès des Soviets réunit du 23 au 31 janvier entérine ce nouveau coup de force puis proclame la République socialiste fédérative soviétique de Russie (RSFSR) ainsi que la *Déclaration des droits du peuple travailleur et exploité* qui servira de préambule à la Constitution de juillet 1918. Il s'agit de faire entrer dans les faits le concept léniniste de dictature du prolétariat.

Ne pouvant soutenir à la fois la guerre civile et la guerre extérieure, le *Sovnarkom* doit conclure les négociations avec l'Allemagne. La plupart des Bolcheviks refusent les conditions présentées par les Allemands à cause des pertes territoriales et parce qu'elles signifieraient un renoncement à la révolution mondiale. Dans un premier temps Lénine, qui estime que le *Sovnarkom* a besoin de temps pour stabiliser le régime, est mis en minorité et doit accepter de faire traîner les discussions comme le propose Trotski. Les Allemands pressés d'en finir avant la reprise des opérations sur le front français, attaquent le 17 février. Lénine doit encore menacer de démissionner pour obtenir la signature du traité.

La paix de Brest-Litovsk (3 mars 1918) est désastreuse. La Russie perd de nombreux territoires (Finlande, Pologne, Ukraine, les Pays baltes, la Géorgie pour ne citer que les plus importants) qui représentent un quart de la population et de l'industrie d'avant-guerre, un tiers des récoltes de céréales et les trois quarts de la production de charbon. La Russie doit encore payer 6 milliards de marks. Ce traité est annulé par l'armistice du 11 novembre, mais la Paix de Versailles ne précise pas les nouvelles frontières qui sont un des enjeux de la guerre civile et de la guerre russo-polonaise de 1920-1921.

▸ **Le communisme de guerre permet de relever le défi de la guerre civile.** En avril la situation en Russie soviétique est très tendue. Il faut équiper et ravitailler l'Armée rouge créée en janvier 1918 et comme les paysans refusent de livrer leurs produits contre des roubles-papier dévalués, l'approvisionnement des villes est difficile.

Lénine expose les principes du communisme de guerre en avril 1918 dans *Les tâches immédiates du pouvoir des Soviets*. Il instaure en premier lieu une **« dictature économique »** (Laran). Les productions agricoles sont réquisitionnées par des détachements d'ouvriers armés et de paysans pauvres ; les abus sont innombrables et laisseront une trace indélébile dans la mémoire paysanne. Malgré cela les rations allouées en fonction de l'utilité sociale du récipiendaire sont misérables : de 500 g de pain par jour pour un soldat à 25 g pour un bourgeois. En même temps la discipline industrielle est renforcée : le salaire à la pièce est rétabli, le travail est rendu obligatoire et la « paresse » réprimée, le taylorisme est introduit malgré le mécontentement des ouvriers.

En dépit de la guerre civile on expérimente les mécanismes sociaux, économiques et politiques soviétiques : la collectivisation des terres nationalisées en juillet 1918 est amorcée par la constitution de coopératives et de fermes d'État. Dans l'industrie, les nationalisations s'étendent entre 1918 et 1920. L'économie est centralisée au niveau du VSNKh qui s'organise en 50 directions, les *glavki* correspondant à autant de branches. Les institutions du nouveau régime sont définies.

La constitution soviétique du 10 juillet 1918 affirme l'égalité des citoyens quel que soit leur sexe ou leur nationalité, mais le système électoral privilégie le prolétariat urbain (1 élu pour 25 000 votants) au détriment des campagnes (1 élu pour 125 000) ; le système du parti unique n'est pas officialisé mais le parti bolchevique « dirige, commande et domine tout l'appareil d'État ». La répression est administrée par la *Tchéka* créée dès le 7 décembre 1917 et présidée par Dzerjinski : en liaison avec les tribunaux populaires elle terrorise les fonctionnaires et les militaires tentés par la résistance passive et les contre révolutionnaires (KD et Russes blancs partisans de l'Ancien Régime). Ceux qui ne sont pas abattus croupissent dans les premiers camps du futur Goulag ouverts dès le début de 1918.

Avec la prééminence du Parti et l'étatisation de l'économie se développe dès ce moment une bureaucratie opportuniste qui s'octroie des privilèges particulièrement mal ressentis par la population. Lénine en est bien conscient mais la priorité est donnée à la victoire militaire.

3. La NEP permet de reconstruire le pays

En 1921, la révolution bolchevique a triomphé mais au prix d'un épuisement total du pays et d'une déformation irrémédiable des idéaux qu'elle avait voulu défendre. Autre déception pour Lénine et les siens : l'échec des mouvements révolutionnaires dans le reste du monde (cf. le plan en fin de chapitre).

► **La Russie de 1921 est exsangue.** De 8 à 10 millions de personnes sont mortes depuis 1913. Les villes se sont vidées : Petrograd a perdu deux tiers de sa population, Moscou la moitié ; les effectifs ouvriers ont chuté de 3,3 en 1913 à 1,2 million en 1920, pour survivre ils sont contraints de s'absenter et de se livrer à tous les trafics possibles au détriment de la productivité, la production industrielle a régressé de 80 % par rapport à 1913. De même la production agricole a baissé de moitié et la sécheresse de 1921 entraîne une famine qui oblige Maxime Gorki à lancer

La guerre civile en Russie

Zone tenue par les bolcheviks en 1919

Anglais Interventions étrangères

Offensive des généraux blancs

WRANGEL Général blanc

GÉORGIE République ayant proclamé son indépendance

Offensive de l'Armée rouge

Territoires perdus à l'issue de la guerre civile

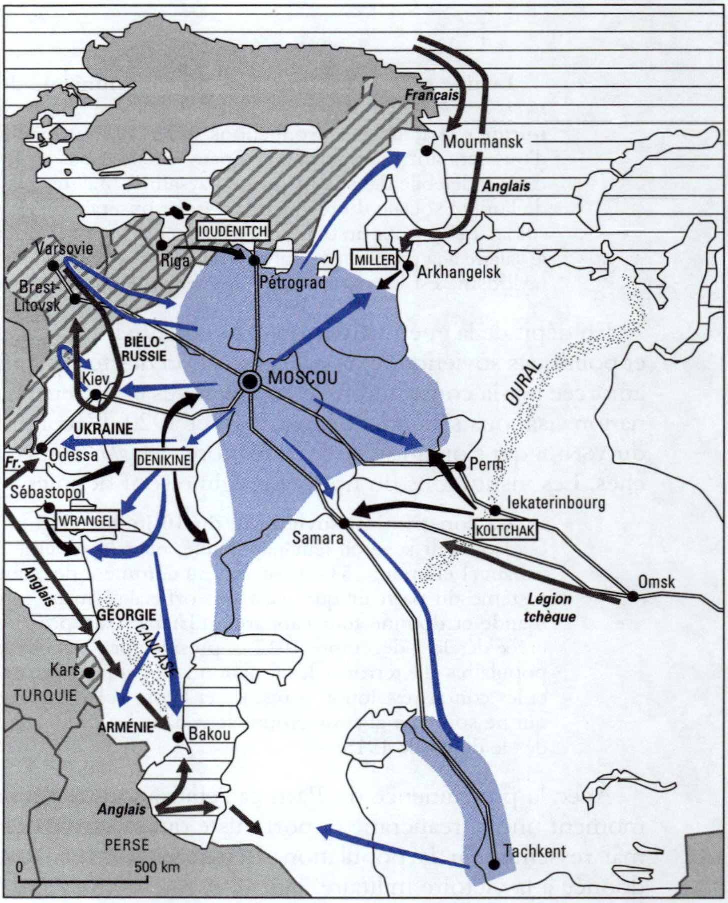

Le 23 décembre 1917 les grandes puissances se sont partagées les territoires de l'Empire en zones d'influence avant d'envoyer leurs premiers contingents au printemps 1918 pour aider les généraux tsaristes. À Arkhangelsk les Anglais soutiennent le gouvernement de Russie du Nord obligeant les bolcheviks à transférer la capitale à Moscou. En Sibérie les Japonais, bientôt rejoints par les Américains que cette intervention inquiète plus que le communisme, occupent la province maritime et s'enfoncent le long du Transsibérien. Au sud les Britanniques partis de Perse s'emparent de Bakou et aident Dénikine, successeur de Kornilov. Les Allemands et leurs alliés turcs soutiennent les cosaques de Krasnov dans le Caucase et en Ukraine.

La principale menace vient cependant de l'Oural où le gouvernement de Samara, formé des restes de la Constituante (mencheviks et SR de droite), reçoit l'appui des 50 000 hommes de la Légion Tchécoslovaque formée en 1916 avec des prisonniers de guerre. En Juillet 1918 Ekaterinbourg où est incarcéré le Tsar est menacé, les Bolcheviques locaux approuvés ensuite par Lénine, prennent la décision de massacrer toute la famille impériale dans la nuit de 16 au 17 juillet 1918.

Malgré la fin de la guerre mondiale l'intervention étrangère tourne court : les troupes alliées se montrent sensibles à la propagande communiste ; plusieurs mutineries se produisent comme celle de la flotte française d'Odessa sous la direction de Marty. Les Alliés ont retiré leurs forces à la fin de 1919. Les armées blanches rivales se montrent alors incapables de coordonner leurs actions. Koltchak attaque le premier depuis la Sibérie en mars 1919 mais il est vaincu en novembre. C'est ensuite le tour de Dénikine en Ukraine (de mai 1919 à mars 1920) puis de Ioudenitch parti de Carélie (mai et octobre 1919). Placée sous le commandement de Trotski l'Armée rouge écrase successivement ses adversaires en exploitant le réseau ferroviaire rayonnant autour de Moscou. La guerre soviéto-polonaise de 1920, close par le traité de Riga en 1921, marque la victoire des Bolcheviks. Mais des combats se poursuivent en Sibérie orientale contre Ungern-Sternberg jusqu'en 1921 et dans le Caucase jusqu'en 1922.

un appel à l'aide au nom du *Sovnarkom*, les États-Unis viennent au secours de la révolution communiste par le biais l'*American Relief Administration* dirigée par le futur président Hoover. Les contraintes du communisme de guerre sont de plus en plus mal supportées : les paysans réduisent les cultures et se soulèvent avec le renfort des soldats de l'Armée rouge démobilisés.

La révolte de Cronstadt (28 février-18 mars 1921) marque l'apogée de la crise politique. Situé à l'entrée de la rade de Petrograd, l'îlot de Cronstadt abrite 14 000 marins et ouvriers dont le rôle avait été essentiel depuis octobre 1917. En février 1921 aux cris de « Vive les Soviets ! À bas les Bolcheviks ! », ils dénoncent la « commissariocratie » c'est-à-dire la confiscation du pouvoir par le Parti et sa bureaucratie, la corruption, les contraintes exercées sur le peuple. Sous la présidence du marin Petrichenko, la Commune de Cronstadt réclame le retour à la démocratie des soviets, la liberté de produire pour les artisans et les paysans dès lors qu'ils n'emploient pas de salariés. Préparée par Trotski qui laisse le commandement à Toukhatchevski, la répression fait des milliers de victimes entre le 7 et le 17 mars. Le 18, les vainqueurs fêtent l'anniversaire de la Commune de Paris et dénoncent les « fusilleurs » Thiers et Gallifet.

▶ **Le Xe Congrès du Parti met fin au communisme de guerre remplacé par la NEP.** Lénine souligne devant ce congrès le caractère aberrant du communisme de guerre : « Il nous a été imposé par la guerre et la ruine ; il n'était pas et ne pouvait pas être une politique correspondant aux tâches économiques du prolétariat ». L'objectif politique prioritaire fixé par Lénine est le rétablissement de la collaboration entre les ouvriers et les paysans : « Seul un accord avec la paysannerie sauvera la révolution russe, jusqu'à ce que des révolutions éclatent ailleurs. »

La NEP substitue un impôt fixe en nature à la réquisition des récoltes ; les paysans sont autorisé à vendre librement leur production sur le marché local ou à l'État. Le Code agraire de mai 1922 maintient la nationalisation des terres mais permet aux paysans de louer et transmettre leur exploitation comme une propriété ; ils peuvent embaucher des salariés dont le statut est précisé en 1924. Pour beaucoup de militants ces réformes constituent un retour en arrière difficile à admettre ; Riazakov parle d'un « Brest-Litovsk paysan ». Mais les résultats spectaculaires donnent raison à Lénine : la production retrouve dès 1924 le niveau d'avant guerre écartant le spectre de la famine.

La NEP est étendue à l'industrie afin d'accélérer le redémarrage des industries de consommation : les entreprises de moins de 20 ouvriers sont dénationalisées, les coopératives ouvrières de production sont encouragées. Les établissements de plus grande taille peuvent être affermés pour une durée de deux à cinq ans à des entrepreneurs privés russes (3 900 cas surtout dans l'alimentation) ou concédés à des firmes étrangères (144 accords dans les mines et l'industrie de transformation). La privatisation touche ainsi 88 % des entreprises russes. Le redressement de la production est plus lent que dans l'agriculture : l'industrie de base atteint à peine 50 % de la production de 1913 en 1924, la production des biens de consommation 75 %. Mais les salaires ont retrouvé leur pouvoir d'achat de 1913 alors la journée de huit heures est légalisée ; les villes se repeuplent.

▶ **La NEP n'est cependant qu'un retour partiel et contrôlé vers le capitalisme.** La socialisation de l'économie n'est pas abandonnée. Le code rural de 1922 définit les différentes formes d'exploitations collectives : les fermes d'État *(sovkhozes)* installées sur les grands domaines confisqués (il y en a plus de 3 300 en 1920), les coopératives *(kolkhozes)* ; ces exploitations reçoivent en priorité tracteurs et engrais.

Dans l'ensemble pourtant la collectivisation a peu de succès, Lénine s'en tient cependant à une politique incitative.

L'État garde la haute main sur l'industrie concentrée : les entreprises privatisées n'emploient que 23 % des ouvriers et réalisent moins de 5 % de la production. L'État contrôle également les transports, le commerce interrégional et international qui reprend après la signature de l'accord commercial russo- britannique de 1921 et les accords de Rapallo avec l'Allemagne en 1922. Cette mainmise de l'État sur l'économie est complétée par la reconstitution d'un système bancaire cohérent autour de la Banque d'État (créée en 1921) et le rétablissement du rouble en 1924.

Le système de gestion centralisé par branche *(glavki)* est provisoirement mis entre parenthèses au profit d'une réorganisation des grandes entreprises en *trusts* (intégration verticale) et en *syndicats* (association de plusieurs trusts en vue de rationaliser la commercialisation) disposant de l'autonomie de gestion commerciale. Cette méthode facilite la planification préparée par le *Gosplan* (Comité d'État pour la planification) créé en 1922.

► **La libéralisation économique s'accompagne d'un raidissement politique et idéologique.** Le Xe Congrès interdit le fractionnisme : les Trotskistes, partisans d'une militarisation totale de l'économie, et les membres de l'« Opposition ouvrière » (V. Chliapnikov, A. Kollontaï, V. Tomski responsables des syndicats) qui réclament le retour à l'autogestion ouvrière en 1920-1921, doivent accepter la NEP sous peine d'exclusion. La première épuration du Parti écarte les membres opportunistes, corrompus ou simplement passifs : les effectifs chutent de 750 000 en 1921 à 412 000 en 1924. En même temps la propagande antireligieuse est développée (utilisation des églises pour des réunions politiques le dimanche, mascarades sacrilèges lors des grandes fêtes, création de la ligue des Sans-dieu par Iaroslavski en 1925) ; en 1922 la répression touche 8 000 prêtres qui refusaient de céder les objets du culte. Dans le domaine culturel la NEP donne toutefois le sentiment d'un foisonnement d'où émergent quelques-uns des artistes les plus novateurs du XXe siècle comme Kandinsky, Malévitch ou Chagall, qui se mettent au service de la révolution pendant quelques années.

Le traité de l'Union du 30 décembre 1922 donne naissance à l'URSS par la réunion de la République socialiste fédérative soviétique de Russie (RSFSR), de la Biélorussie, de l'Ukraine et de la Transcaucasie. Le Décret sur les nationalités (1917) reconnaissait le droit à l'autodétermination des peuples de Russie, mais selon Lénine lui-même : « Le droit au divorce n'implique par l'obligation de divorcer » de sorte que seules les républiques périphériques, soutenues par les Alliés occidentaux dans le cadre du Cordon sanitaire ont pu sauvegarder leur indépendance. Durant la guerre civile, l'Armée rouge « appelée » par les communistes locaux a mis fin à la sécession de l'Ukraine et de la Biélorussie ; restait le problème du Caucase, il est réglé entre 1920 et 1922 sous l'impulsion de Staline. Le traité rétablit l'unité de l'espace russe devenu soviétique dans un cadre fédéral qui n'est selon Lénine « qu'un statut de transition vers l'unité complète ». Chaque république se voit dotée d'une constitution propre et jouit au sein de l'Union de droits égaux et notamment celui de sécession. Cette disposition servira en 1991.

La Constitution de l'URSS (31 janvier 1924) achève le processus. L'URSS est une union de nations souveraines et égales en droits. Le Congrès des Soviets de l'Union réunit tout les deux ans ; il est élu au suffrage indirect et restreint (les interdictions civiques de 1918 sont maintenues) selon un système pyramidal à cinq niveaux. Le Congrès a pour fonction essentielle d'élire le comité central exécutif (Tsik) constitué de deux assemblées législatives : le *Soviet de l'Union* (400 délégués représentant les républiques proportionnellement à leur population) et le *Soviet des nationalités* (environ 130 membres). Le Tsik réuni trois fois par an, confie ses pouvoirs à un *Præsidium* et au *Sovnarkom*. Les républiques transfèrent au pouvoir fédéral la politique étrangère ainsi que la sécurité intérieure et extérieure, le commerce, les transports et les PTT, la monnaie, le crédit, les finances publiques, l'autonomie réelle des républiques fédérées et des plus limitées dans la perspective d'une unification complète mettant fin aux distinctions nationales jugées rétrogrades voire contre-révolutionnaires.

Dans tous les domaines la NEP apparaît comme une période d'attente et de transition, caractérisée par la concurrence de plusieurs logiques politiques et de plusieurs modes de production. La situation du pays impose de faire au capitalisme privé « une place limitée pour un temps limité » afin de reconstruire l'économie et de préparer le passage au socialisme. Il ne s'agit donc pas de faire une simple pause. L'ampleur et la durée de ce repli idéologique sont au cœur des luttes politiques pour la succession de Lénine.

III. La construction du socialisme dans un seul pays (1924-1941)

Staline l'a emporté sur ses rivaux en mettant en avant le projet de construction du socialisme dans un seul pays, il fait donc le choix d'un repli de l'URSS sur ses intérêts nationaux et en même temps celui d'une révolution économique et sociale parachevant celle de 1917.

1. La succession de Lénine est l'enjeu des débats sur l'avenir de l'URSS

► **Lorsque Lénine meurt le 21 janvier 1924 la lutte pour sa succession est déjà ouverte depuis plusieurs mois.** Staline et Trotski sont les deux principaux prétendants mais Zinoviev et Kamenev ainsi que Boukharine tiennent une place essentielle dans le processus. Lénine, diminué par les suites de l'attaque cérébrale qui l'a frappé en 1922, a porté des jugements très sévères sur ces hommes dans son *Testament* (en fait une série de notes dictées en décembre 1923). Staline est le plus durement traité puisque Lénine demande qu'on l'écarte.

Staline en 1924 cumule les fonctions : membre du *Politburo* et de l'*Orgburo*, il dirige le commissariat du peuple à l'Inspection ouvrière, le *Rabkrin* créé en 1920 pour surveiller l'administration de l'État. En 1922, Lénine pense le mettre à l'écart en créant pour lui le poste administratif et apparemment anodin de secrétaire général du Parti (ce devait être une sorte de chef du personnel !). Staline contrôle dès lors toutes les nominations et les épurations dans le Parti et l'État. Il accélère ainsi le recrutement (240 000 membres en 1924 pour la promotion *Appel de Lénine* ; 400 000 autres entre 1925 et 1928). Sans expérience révolutionnaire et généralement peu instruits, les militants apprennent les rudiments du marxisme-léninisme dans le manuel que Staline a rédigé pour eux. Il est bien placé pour faire accepter sa conception de l'avenir de l'URSS. Staline considère en 1925 qu'il faut poursuivre la NEP quelque temps car elle commence à porter ses fruits mais il estime aussi qu'il faut préparer la « construction du socialisme dans un seul pays » et renvoyer la révolution mondiale à un avenir encore indéterminé. Ce programme satisfait la masse des membres du Parti par son pragmatisme et son appel à l'action concrète.

Trotski peut faire valoir ses brillants états de service aux côtés de Lénine en octobre puis à la tête de l'Armée rouge. Mais on lui reproche son passé de Menchevik et ses options idéologiques et politiques : théoricien de la révolution permanente il est hostile à la NEP et préconise une économie centralisée et planifiée de manière stricte ; en revanche il reste fidèle au fractionnisme au sein du Parti afin de promouvoir l'autocritique et d'assurer ainsi son contrôle interne dans le cadre de la démocratie prolétarienne. Enfin, malgré le reflux de la vague révolutionnaire, il continue de défendre l'idée d'une révolution mondiale. Brillant dialecticien il se complaît dans de subtils débats d'idées qui échappent à la masse des militants. En même temps il s'aliène Kamenev et Zinoviev dont il aime rappeler la « trahison » en octobre 1917.

► **La succession de Lénine se joue en deux temps.** Staline s'arrange pour toujours rester au second plan et faire figure de conciliateur soucieux de l'avenir du pays et de l'unité du Parti.

Afin d'isoler Trotski accusé de déviationnisme et de fractionnisme, Staline constitue une *troïka* avec Kamenev et Zinoviev en janvier 1923. L'organisation des funérailles de Lénine lui permet de se poser en fidèle disciple, mais il laisse Zinoviev conduire l'assaut contre Trotski qui perd la direction de l'Armée rouge et quitte le *Sovnarkom* en 1925. De manière subtile, Staline intervient personnellement pour qu'il conserve son siège au *Politburo* : il prépare ainsi la seconde phase.

Au nom de l'idéal internationaliste Kamenev et Zinoviev refusent le repli national préconisé par Staline mais ils se retrouvent isolés. En 1926 ils se rapprochent de Trotski au sein l'Opposition unifiée. Staline n'a aucune difficulté à les faire condamner pour fractionnisme en décembre 1927. Staline a les mains libres : Trotski est exilé en 1929 ; Kamenev et Zinoviev font leur autocritique publique pour être réintégrés dans le Parti, leur carrière et leur vie s'achèveront lors des grands procès de 1936.

► **Lorsque Staline met brutalement fin à la NEP en 1928, le bilan de celle-ci est ambivalent.** Elle a permis de rattraper le niveau de production de 1913 dans l'agriculture et les biens de consommation courants ; l'amélioration des conditions de vie qui en résulte autorise la renaissance de la vie urbaine et la reconstitution de la main-d'œuvre industrielle. Néanmoins cette croissance plafonne dès 1927.

Sur le plan économique le développement des secteurs de base (sidérurgie, énergie, transports...) accumule les retards en raison des problèmes de financement et du manque de cadres qui pèsent sur la productivité. Pays à dominante rurale, l'accumulation de capital ne peut provenir en URSS que de la mobilisation des surplus agricoles ; comme la production des paysans moyens et pauvres est vouée à l'autoconsommation, l'essentiel des produits commercialisés est fourni par les *koulaks* qui ont tendance à limiter ou à stocker leur production en fonction du niveau des prix. Lorsque en 1927 l'État cherche à réduire les prix d'achat officiels de 20 % les paysans font la « grève » des emblavures au printemps 1928 de sorte qu'il faut rétablir le rationnement en ville et relever les prix, mais Staline s'emporte : « Nous ne pouvons faire dépendre notre industrie des caprices des *koulaks*. »

La socialisation progressive de l'économie se heurte à l'essor d'une classe de petits entrepreneurs capitalistes. En ville, les *Nepmen* (petits patrons du commerce et de l'artisanat) protestent contre la concurrence des grands magasins d'État (*Mostorg, Gastronom*) qui bénéficient de prix plus avantageux et menacent leurs activités (la part du commerce privé tombe de 43 % à 23 % du commerce intérieur entre 1926 et 1927). Dans les campagnes l'amélioration des conditions de vie se traduit par l'essor de la paysannerie moyenne (67 % du total) ; dans le même temps des tensions se développent entre les koulaks (5 %) qui disposent de 40 % des terres et la masse des salariés agricoles (7 %) et des paysans pauvres (21 %).

► **La rupture de 1928 s'explique ainsi par des considérations politiques et idéologiques.** Après les avoir combattues au nom du réalisme économique, Staline adopte les idées de trotskistes comme Preobrajenski qui, dans *L'économie nouvelle* (1923), avance que les pays capitalistes veulent étouffer l'expérience soviétique et que l'URSS doit donc se doter des moyens économiques et militaires de résister. Sous le nom de *monopolisme socialiste*, ce même auteur proposait une militarisation de l'économie associée à une planification économique centralisée privilégiant l'industrie lourde et la suppression du secteur privé ; le financement serait assuré par une forte taxation des profits des paysans. Boukharine combat ces thèses au nom de la consolidation les liens entre le régime et les paysans grâce à une plus grande libéralisation de l'agriculture et du commerce ; en avril 1925 il va jusqu'à paraphraser Guizot : « [Il faut dire aux paysans] enrichissez-vous, développez vos fermes et ne craignez pas que la contrainte s'abatte sur vous ! » Selon lui la prospérité des campagnes permet le développement d'un marché pour les produits industriels et donc un essor de la production. En 1927, la rupture des relations diplomatiques avec Londres puis l'extermination des communistes chinois par Jiang Jieshi en novembre semblent confirmer les analyses de Preobrajenski : la guerre parait imminente. Staline tranche en décembre 1928 : suppression des derniers éléments capitalistes dans le commerce et l'industrie, collectivisation de l'agriculture par étapes, développement prioritaire de l'industrie lourde. Le premier plan quinquennal est déclenché rétroactivement le 1er octobre 1928. Boukharine proteste publiquement ce qui permet à Staline de le faire exclure du *Politburo* et du Comité Central en avril 1929. L'URSS entre alors dans une ère nouvelle : le stalinisme.

2. Le stalinisme théorise la construction du socialisme dans un seul pays

► **Le stalinisme ne constitue pas à proprement parler une idéologie.** En dépit de ses thuriféraires, Staline n'est pas un grand théoricien. Selon lui Lénine a réussi la révolution prolétarienne mais les conditions du passage au socialisme ne sont pas encore remplies ; à l'intérieur la persistance d'une économie rurale archaïque rend possible la renaissance d'une classe bourgeoise contre-révolutionnaire ; à l'extérieur l'URSS est assiégée par les puissances capitalistes beaucoup plus modernes qu'elle. Dès lors la construction du socialisme en URSS a pour enjeu la puissance de l'État-nation soviétique et la mise en place des bases économiques du socialisme. Cela exige une mobilisation permanente de tous et par voie de conséquence, la société communiste idéale sans classe ni État est renvoyée à un avenir indéterminé lorsque le capitalisme mondial aura disparu sous les coups de la révolution mondiale.

La mise en œuvre de ces bases théoriques ténues associe de manière logique les trois principes du stalinisme.

Le primat des objectifs politiques définis par le Parti qui doivent prévaloir sur la réalité matérielle, économique et sociale ; ce volontarisme justifie le renforcement du rôle de l'État à travers la planification centralisée et autoritaire ainsi que la priorité accordée aux équipements de base car la nature doit également être pliée aux besoins de la société ; faute de moyens la production des biens de consommation passe au second plan dans un premier temps. Comme les prélèvements agricoles doivent financer l'industrialisation, **la collectivisation de l'agriculture constitue un préalable absolu** avec une double finalité, comme l'explique Staline lui-même : « La tâche essentielle du 1er Plan quinquennal consistait à faire passer la petite économie rurale morcelée dans la voie de la grande économie collectivisée, d'assurer par là même la base économique du socialisme à la campagne et de liquider ainsi la possibilité de restauration du capitalisme en URSS » (*Rapport* de 1933). **L'encadrement de la société par un système bureaucratique et policier est rendu nécessaire** par l'ampleur des sacrifices imposée et la nécessité de mobiliser la société tout entière malgré les résistances individuelles et collectives prévisibles.

De 1928 à 1938, les trois premiers plans quinquennaux voient la mise en application de ces principes et la définition des moyens pour y parvenir.

► **Décidée en décembre 1928 lors du XVe Congrès du Parti, la collectivisation de l'agriculture est l'événement majeur du Ier Plan quinquennal.** Elle a été préparée durant la NEP avec notamment la création en 1927 des premières stations de machines et tracteurs (MTS) en Ukraine, et la relance de la collectivisation parmi les paysans pauvres et des ouvriers agricoles qui ont tout à y gagner (en 1927 on compte près de 23 000 *kolkhozes* regroupant 2 % des paysans et 2,7 % de la SAU).

La collectivisation des terres connaît plusieurs phases. Initialement, elle devait être progressive et rechercher l'adhésion volontaire des paysans. Irrité par la lenteur du processus qu'il attribue à la résistance des koulaks, Staline décide d'aller au-delà : le 5 janvier 1930 l'achèvement de la collectivisation est fixé en 1933 ; le 1er février 1930 le Comité Central adopte le principe « du passage de la limitation des tendances exploiteuses des koulaks à la liquidation des koulaks en tant que classe ». Les koulaks sont expropriés ; on leur interdit d'adhérer aux *kolkhozes* mais ils peuvent entrer dans les *sovkhozes* ou immigrer en ville. L'ensemble de la paysannerie réagit par la destruction des récoltes, du matériel et l'abattage du bétail. Le 14 mars 1930 Staline est obligé de faire marche arrière : la collectivisation redevient facultative, le reflux est brutal, en juin les *kolkhozes* ne regroupent plus que 24 % des exploitations contre 51 % en mars. Ce n'est qu'une pause, en juillet 1930 le XVIe Congrès relance la collectivisation mais il permet aux paysans de garder leur *isba* avec le jardin, la volaille et une partie du cheptel. Cependant l'instauration en 1933 du système de la vente obligatoire à un prix fixé très bas pour assurer le transfert des richesses des campagnes vers les villes entraîne une nouvelle vague de résistance passive. Un compromis est trouvé en 1935 : le *duor* (lopin individuel de 0,5 ha) est légalisé ainsi que les marchés kolkhoziens où les paysans peuvent vendre librement les produits de leur lopin.

Selon l'économiste russe A. Barsov, la collectivisation a été un « désastre économique absolu » : la production régresse de 20 à 25 % suivant les produits et de 45 à 60 % pour le cheptel ; l'Ukraine est ravagée par une terrible famine durant l'hiver 1931-1932. Soljenitsyne évoque quant à lui « une catastrophe ethnique » : la déportation de 240 000 familles de koulaks vers les camps de Sibérie et du Grand Nord a sans doute causé la mort de 3 à 4 millions de personnes mais le nombre total des victimes (de 5 à 10 millions suivants les auteurs) outrepasse largement celui des koulaks ce qui montre l'ampleur des résistances. Le monde rural traditionnel qui avait survécu à la guerre civile est disloqué afin de transformer en profondeur des mentalités paysannes par le nivellement social, le regroupement de la population au sein des exploitations collectives et la destruction de l'espace rural (villages déplacés et terres remembrées).

Les conséquences s'en font sentir jusqu'à la fin du régime communiste. Malgré la rédaction du *Statut du kolkhozien* en 1937, les campagnes forment un monde à part, globalement hostile au régime : le *kolkhoze* lié à l'État par des contrats léonins apparaît comme une nouvelle forme de corvée, mais à côté de lui l'*isba*, le lopin et le marché kolkhozien ouvrent un étroit espace de liberté (presque du capitalisme) dénié aux ouvriers. C'est le fondement d'une résistance irrépressible qui tient en quelques chiffres : en 1937 les lopins couvrent 3 % de la SAU mais ils fournissent 21 % de la production agricole et concentrent près de la moitié du bétail. Un demi-siècle plus tard les ordres de grandeur sont les mêmes.

► **L'industrialisation est l'objectif prioritaire de la planification stalinienne.** Le Parti, c'est-à-dire Staline, fixe *a priori* et pour des raisons idéologiques des objectifs obligatoires qui concernent toute l'économie soviétique. La régulation par le marché étant récusée, la planification est indispensable pour répartir les ressources humaines et matérielles, fixer les prix, les quantités, définir les structures économiques et techniques des entreprises.

L'industrie lourde constitue le pivot du premier plan quinquennal lancé officiellement le 1er octobre 1928. Il s'agit d'augmenter la production industrielle de 50 % avec une priorité pour la sidérurgie, l'énergie et les biens d'équipements. L'aide étrangère reste indispensable : l'URSS emploie plus de 5 000 techniciens étrangers (comme l'Américain Cooper sur le barrage du Dnieprogues) ; on achète du matériel (400 000 tracteurs chez Ford). Malgré les famines, des exportations à très bas prix de matières premières et de produits agricoles financent le plan. En 1932 les objectifs ont été dépassés, la part de l'industrie est passée de 40 à 70 % de la production nationale (mais il faut tenir compte de la crise agricole) ; plus de 1 500 usines sont construites ; la Volga et le Dniepr ont été aménagés et l'on a entrepris la mise en valeur du sud de l'Oural et du Kouznets. Il subsiste cependant des goulets d'étranglement (fonte, charbon, transports) et surtout une pénurie de main-d'œuvre.

Le 2e Plan est moins ambitieux : il accorde plus d'importance à l'agriculture et aux biens de consommation, mais sans remettre en cause les priorités de 1928.

Le 3e Plan (1937-1941) est interrompu dès 1938 par la préparation de la guerre. Les résultats industriels sont en progression de 50 % mais avec des retards alarmants dans la sidérurgie (+ 3 % seulement) ou le pétrole (+ 8 %) ; les récoltes dépassent le niveau de 1928 mais leur mobilisation reste difficile faute de moyens de stockage et de transports. Il est clair que l'URSS n'est pas prête à faire la guerre en 1939, néanmoins, le pays s'est hissé en dix ans au rang de troisième puissance industrielle juste derrière l'Allemagne.

La société soviétique prend naissance parmi les pires difficultés. La collectivisation et la mécanisation de trois quarts des labours et de la moitié des moissons en 1939 permettent un exode rural massif : la population ouvrière passe de 11 à 38 millions entre 1928 et 1939. Cette nouvelle classe ouvrière sans traditions industrielles et sans qualifications ne ressemble plus au prolétariat politisé de la période révolutionnaire. Elle doit être strictement encadrée et contrainte au respect de la discipline industrielle : dès 1932 les absences (et les retards de plus de vingt minutes) sont punies de licenciement, d'amendes (25 % du salaire), de perte des avantages sociaux (cartes de ravitaillement, logement...) voire de prison. Le *livret ouvrier* qui rappelle les pires moments de la révolution industrielle dénoncés par Marx, enchaîne l'ouvrier à son emploi ; la durée minimale du travail passe de quarante-deux à cinquante-six heures hebdomadaires et le travail aux pièces est généralisé. Le déclin des syndicats laisse l'ouvrier seul face à l'État-patron.

Parallèlement à la répression, l'État recours aux « stimulants matériels », l'éventail des salaires s'élargit : de 80 roubles pour une femme sans qualification à 2 000 pour un ouvrier de choc ou un ingénieur. L'État a suscité un esprit d' « émulation socialiste » à travers la formation d'une élite ouvrière qui compense son manque de qualification par un plus grand enthousiasme au travail. C'est le rôle dévolu aux 5 millions d'ouvriers de choc *(oudardniki)* et bien entendu aux stakhanovistes.

En 1935 le mineur du Don **A. Stakhanov** avait dépassé 14 fois la norme de production journalière en améliorant le fonctionnement de son équipe. En fait, nous savons aujourd'hui que « l'exploit » de Stakhanov est un habile montage de la propagande stalinienne : aidé de deux compagnons, il avait préparé la veille son travail en entaillant la mine à travailler. L'État n'en soutient pas moins ce mouvement qui tient congrès en novembre 1935. Cet exemple est suivi dans d'autres domaines : en 1938 la tractoriste Anguelina lance un appel pour que « 100 000 femmes apprennent à conduire un tracteur » (Laran), des ouvriers apprennent plusieurs spécialités, d'autres réalisent des économies de matières premières.

On ne peut nier l'enthousiasme sincère qui anime ces hommes et ces femmes, mais en majorité les ouvriers restent hostiles ou indifférents. La survie matérielle absorbe une grande partie de leur temps libre en raison des pénuries, alors que la stagnation des salaires et la hausse des prix réels, entraînent une baisse du pouvoir d'achat de l'ordre de 40 % entre 1929 et 1932 ; les choses ne s'améliorent que lentement ensuite. Le logement est une autre préoccupation : les témoignages de l'époque évoquent une population ouvrière vivant dans des huttes voire dans des trous creusés à même le sol autour des chantiers d'Ukraine ; les plus chanceux obtiennent une chambre dans un appartement collectif *(komunalka)*.

► Le fonctionnement du pouvoir politique reflète ces transformations. L'abandon du concept de dépérissement de l'État, qui est la conséquence des décisions économiques de 1928, conduit Staline à renforcer le caractère national de l'État soviétique.

La constitution soviétique de 1936 maintient les caractères essentiels de la constitution de 1924 (fédéralisme, caractère socialiste de l'économie et propriété collective des moyens de production), les libertés individuelles sont garanties sous réserve de ne pas nuire au développement du socialisme. Le Soviet suprême remplace le Tsik sans en changer l'organisation. L'égalité entre ouvriers et paysans est établie, le suffrage indirect est remplacé par un suffrage universel direct et secret, mais seuls le Parti et ses organisations peuvent présenter des candidats. L'article 126 définit le rôle directeur du Parti qui « est le noyau dirigeant de toutes les organisations sociales et de l'État ». Sous des dehors démocratiques (« la plus démocratique » du monde selon Staline) cette constitution permet tous les écarts par rapport à la « légalité socialiste ».

Le rôle du Parti a tendance à décliner. Jusqu'à l'installation de Staline au pouvoir et au lancement de la construction du socialisme dans un seul pays, le Parti avait dirigé l'économie et la planification grâce aux sections spécialisées du Comité central. À partir de 1928 Staline accapare la direction du Parti et de l'État : le fonctionnement régulier des instances est suspendu (il n'y a aucun congrès de 1939 à 1952, le Comité central et le *Politburo* travaillent de plus en plus en comités spécialisés ignorant l'action des autres). Le Parti cesse d'être un lieu de débat et de réflexion, il abandonne à l'État la direction de l'économie, de l'armée et de la police ; il conserve son rôle de courroie de transmission des décisions du sommet vers la base et de sélection des futurs dirigeants à travers ses 40 000 écoles.

Un renouvellement radical des cadres et du recrutement accompagne cette mutation fonctionnelle. Le militant communiste idéal n'est plus un ouvrier ordinaire élevé au-dessus de la masse par son action révolutionnaire mais un technicien discipliné qui applique avec compétence les consignes reçues. L'égalitarisme des débuts est oublié : le Parti constitue une élite du sein de laquelle émerge l'étroite caste des *permanents,* responsables d'usine, responsables locaux et régionaux, dirigeants des républiques et de l'Union, que l'on retrouvent au sommet de la hiérarchie des carrières civiles à mesure que s'allonge la liste des postes pour lesquels le Parti donne son avis avant toute nomination, la *Nomenklatura.* Leur nombre passe de 30 000 environ vers 1930 à près de 200 000 à la veille de la guerre, ils jouissent d'avantages matériels appréciables dans une économie de pénurie, mais à la différence de ce qui se produira après 1953, les échecs techniques et économiques sont aisément assimilés à du sabotage. Les responsables du Parti ont ainsi été les premières victimes des purges et des procès.

Les purges commencent en 1930 par les procès des responsables économiques accusés de « sabotage ». En 1934 l'assassinat de Kirov, responsable du Parti de Leningrad et dauphin de Staline ouvre la voie à une vaste épuration du Parti et de l'État. Sous la direction de Iagoda puis de Iejov et finalement de Béria, le NKVD (ministère de l'Intérieur) « découvre » des groupes contre-révolutionnaires organisés en « centres locaux » formant un réseau national en relation avec l'étranger. Ainsi se dessine un complot mythique impliquant les puissances capitalistes et tous les adversaires de Staline, anciens et actuels, réels ou supposés (Mencheviks, Trotskistes ralliés, vieux Bolcheviks, fonctionnaires ou militaires trop en vue...). Staline forge une interprétation théorique de ce phénomène : selon lui les succès du socialisme renforcent la lutte des classes à l'intérieur et à l'extérieur car ses adversaires sont « désespérés » et se montrent prêts à tout. Cela justifie la terreur policière et la suspension de la légalité socialiste (détention administrative, torture, aveux considérés comme des preuves suffisantes, notion d'« ennemi du peuple » permettant de condamner sans autre jugement). De 1936 à 1938, trois grands procès publics permettent d'éliminer les personnages les plus connus : le *« procès des 16 »* (août 1936) voient Kamenev et Zinoviev s'accuser de l'assassinat de Kirov ; le *« procès des 17 »* (janvier 1937) a pour principal accusé un compagnon de Lénine, Radec ; le *« procès des 21 » (mars 1938)* rassemble Boukharine, Rykov et l'ancien chef du NKVD, Iagoda. En 1938 encore, un faux dossier fabriqué à Berlin, entraîne l'exécution du chef de l'Armée rouge Toukhatchevski et de 7 généraux bientôt suivis de la plus grande partie des cadres militaires.

La signification de cette hécatombe est difficile à établir. En 1956, Khrouchtchev l'attribue au développement du culte de la personnalité de Staline et à sa volonté de puissance, des personnalités qui pouvaient lui faire ombrage ont ainsi été éliminées, mais cela n'épuise pas le phénomène qui touche au total 5 à 6 millions de Soviétiques pour la plupart obscurs. Marc Ferro souligne que les purges coïncident avec les difficultés du 2e Plan : le thème du complot permet « d'expliquer » les problèmes et de fournir des boucs émissaires. Le rôle économique de la main-d'œuvre pénitentiaire doit également être envisagé : à partir de la dékoulakisation elle assure la construction des grands équipements (canal Staline entre la Volga et la mer Blanche, exploitation des mines de l'Arctique, etc.), le renouvellement de cette ressource était nécessaire. On ne peut séparer la répression des choix économiques de 1928, l'évolution du système social et la répression. En refusant de remettre en cause ces choix, les successeurs de Staline ne pourront pas supprimer l'appareil répressif, les choses étant liées.

IV. L'URSS devient une superpuissance à travers la guerre

Pratiquement dès l'origine, l'URSS s'est attendue à faire face à une « guerre impérialiste ». Cette menace a justifié la rupture de 1928. Pourtant l'URSS stalinienne est précipitée dans la guerre presque par surprise.

1. La « grande guerre patriotique »

► **L'URSS prend conscience de ses retards militaires et diplomatiques au moment de la conférence de Munich** à laquelle elle n'a pas été invitée malgré les traités signés avec la France et la Tchécoslovaquie. Staline est persuadé que Londres et Paris veulent détourner les ambitions d'Hitler vers l'Est.

La préparation du pays est accélérée dans le cadre du 3e Plan. Les purges de 1938 ont décapité l'Armée rouge ; la modernisation de l'armement décidée en 1937 est mal engagée car il a fallu suspendre la production des anciens matériels pour pouvoir lancer celle des nouveaux. La conclusion du pacte germano-soviétique le

23 août 1939 permet de gagner du temps. L'armée est réorganisée : les effectifs passent de 0,9 à 6 millions d'hommes, la libération des officiers survivants permet de fonder de nombreuses académies militaires d'où sortiront les plus grands généraux de la guerre ; la discipline et les grades sont rétablis au détriment de l'idéologie. La modernisation est facilitée par l'obtention auprès de l'Allemagne de quelques échantillons de moteurs d'avions ou de blindage en échange de livraisons de matières premières et de céréales. Le transfert des usines de l'Ouest vers l'Oural est anticipée. Cela ne suffit pas, mais cette préparation explique le redressement, autrement incompréhensible, de l'URSS en 1942.

Le déclenchement du Plan Barbarossa le 22 juin 1941 prend l'URSS par surprise : Staline (qui pourtant préparait lui-même une offensive pour 1942, selon les analyses les plus récentes des spécialistes) s'enferme jusqu'au 3 juillet laissant le pays et l'armée sans direction. Croyant à une provocation, les responsables politiques attendent plusieurs heures avant d'ordonner une contre-attaque. Il est alors trop tard : l'aviation russe est clouée au sol ; les troupes frontalières, tronçonnées par l'avance allemande, sont encerclées. Au début novembre la *Wehrmacht* est aux portes de Moscou. Le pays est désorganisé par l'occupation de 20 % du territoire abritant 40 % de la population et de la production agricole ainsi que 60 % de la production industrielle. Ce désastre est cependant atténué par le transfert vers l'Est de 1 500 entreprises et près de 25 millions de personnes en quelques semaines.

▸ **La mobilisation de la population autour de Staline est unanime.** Staline, que l'on commence à appeler le *Vojd* (le Guide) renonce à tenir un discours idéologique et appelle le « peuple russe » à défendre la « Patrie russe ». Le 7 novembre 1941, devant les troupes montant en ligne, Staline évoque les héros russes A. Nevski et les vainqueurs de Napoléon Souvorov et Koutousov ; un hymne national patriotique et belliqueux remplace l'*Internationale* en 1943. L'Église orthodoxe constituant un ferment d'unité nationale dans les campagnes en particulier, un rapprochement entre l'Église et l'État s'amorce : le patriarche Serge rencontre Staline qui autorise la tenue d'un concile en 1944 et la reconstitution partielle des cadres de l'Église ; la persécution religieuse est atténuée.

Les peuples allogènes ne sont pas oubliés, mais on insiste davantage sur leurs liens historiques avec la Russie et la résistance commune face aux ennemis extérieurs (Tartares, Persans, Turcs...). Dans le domaine religieux il faut distinguer le cas de l'Islam qui bénéficie d'une tolérance plus grande que par le passé, mais reste suspect aux yeux du pouvoir car il implique la totalité des activités sociales des fidèles, et les autres cultes dont la diversité même est, cependant, en contradiction avec l'idée d'unité nationale.

La brutalité des SS dans les territoires occupés décourage les tentatives sécessionnistes de quelques responsables nationalistes d'Ukraine ou du Caucase : les Allemands n'ont pas véritablement cherché à exploiter les sentiments antirusses et antibolcheviques des populations locales, par mépris mais aussi pour ne pas contrarier la politique d'asservissement et de colonisation entreprise immédiatement. À la violence des commandos spéciaux *(Einsatzgruppen)* chargés d'exterminer juifs, bolcheviks et intellectuels, répond une puissante réaction nationale qui se tourne naturellement vers l'URSS et Staline.

► **Le bilan de la guerre se mesure à plusieurs niveaux.** Les pertes humaines, difficiles à chiffrer précisément, dépassent 20 millions de morts auxquels il faut ajouter le déficit démographique. Survenant après les drames des années vingt et trente, ces pertes privent le pays de 15 % de sa population active et aggravent la pénurie de main-d'œuvre. La stratégie de la terre brûlée a ravagé les régions les plus développées de l'Union soviétique anéantissant les efforts entrepris depuis 1928.

Les pertes territoriales des années 1918 à 1921 sont effacées par l'annexion de la Carélie, des Pays baltes, de la Moldavie et le glissement vers l'Est de la Pologne. Les pays du Cordon sanitaire sont devenus un *glacis* éloignant toute nouvelle menace des frontières soviétiques. La stratégie stalinienne reste centrée sur la puissance de l'État et de la Nation soviétique mais le prestige de l'URSS rejaillit sur le mouvement communiste international associé à la libération nationale en Chine, en Indochine et en Indonésie. Les perspectives ouvertes par Lénine à Bakou en 1920 arrivent ainsi à maturité.

Le contrôle de l'État sur la société s'est relâché. Les paysans dont la collaboration était indispensable ont bénéficié de la hausse des prix mais, faute de produits à acquérir, leur niveau de vie s'est peu amélioré. La corruption s'est développée sous l'influence de l'inflation et des pénuries. Dans les républiques allogènes le poids des cadres autochtones dans l'appareil administratif s'est renforcé au détriment du contrôle du centre. Dans quelques régions occupées, les paysans ont procédé à des décollectivisations spontanées.

La reprise en main commence dès la fin des combats. La guerre a consolidé les relations entre le peuple et le pouvoir qui s'identifie à Staline : l'orchestration du sursaut national autour de sa personne est cohérente avec le renforcement de l'État au détriment du Parti et de l'idéologie internationaliste du *Komintern*. Staline cumule tous les titres et tous les pouvoirs mais laisse, semble-t-il, les responsables militaires et civils prendre les décisions techniques nécessaires, sanctionnant les échecs et recevant la gloire des succès. À l'extérieur, ses pairs le reconnaissent comme un chef d'État au sens traditionnel : il n'est plus question d'exclure du règlement de la paix, l'URSS devenue une superpuissance.

2. La fin de l'ère stalinienne et les débuts de la guerre froide

► **La reconstruction justifie le retour au volontarisme de l'avant-guerre.** Le 4ᵉ Plan de reconstruction lancé en mars 1946 fixe des objectifs en hausse de 30 à 50 % sur les chiffres de 1940. Comme à l'habitude, ses objectifs sont officiellement dépassés, cependant les pénuries alimentaires persistent, les produits textiles et les chaussures restent rares ; il y a 25 millions de sans-abris en 1945. Les perspectives sont néanmoins meilleures qu'en 1928 : les gains de productivité réalisés durant la guerre autorisent une amélioration des conditions de travail (retour à la journée de huit heures six jours par semaine en 1947), l'effort de formation poursuivi envers et contre tout durant toute la guerre porte également ses fruits, tout comme les progrès scientifiques (dans le domaine nucléaire notamment). Il faut y ajouter l'apport des pays d'Europe de l'Est mis en coupe réglée pendant plusieurs années.

▸ **Sur le plan politique et idéologique la parenthèse plus libérale de la guerre est rapidement close** et l'atmosphère redevient aussi lourde que dans les années trente. Les paysans sont les premiers visés : en septembre 1946 un décret oblige les kolkhoziens à restituer les terres usurpées ; la fiscalité sur les produits du lopin est alourdie et la durée quotidienne du travail collectif augmentée sans modification de salaire ; l'écart des revenus entre paysans et ouvriers se creuse à nouveau. La résistance des paysans se traduit par la stagnation des rendements agricoles. Khrouchtchev propose de relancer la rationalisation de l'agriculture en regroupant les paysans dans des *agrovilles* ce qui les aurait contraints à renoncer à leurs lopins. Staline recule devant le risque d'une explosion rurale : le problème agraire, préoccupation séculaire des dirigeants russes, n'est pas résolu malgré un quart de siècle de contrainte.

La reconstruction est l'occasion d'un retour du centralisme étatique au détriment du Parti, des syndicats et des jeunesses communistes, les *Komsomols,* qui avec 16 millions de membres font figure de réserve de main-d'œuvre pour les fronts pionniers de Sibérie. La *Nomenklatura* épargnée par les purges depuis 1939 commence à se diviser en clans rivaux autour des personnages les plus en vue pour la succession. Comme dans les années de la NEP, les thèmes économiques sont l'occasion d'affrontements feutrés, arbitrés par Staline.

Jdanov, responsable de l'idéologie depuis 1938 et maître d'œuvre du culte de la personnalité de Staline, définit les éléments de l'orthodoxie stalinienne. Dans le domaine culturel et artistique le « réalisme soviétique » s'applique même des artistes de premier plan tels Chostakovitch ou Prokofiev ; en biologie, Lyssenko développe la théorie de la supériorité des caractères acquis sur le patrimoine génétique (concept bourgeois !) : il est donc possible de forcer la nature. À l'égard des démocraties populaires, l'histoire du développement soviétique devient le modèle de référence. Le stalinisme se cristallise à ce moment. Mais chose nouvelle des résistances commencent à se manifester. En 1948 Tito, qui veut bien reconnaître la prééminence de l'URSS mais prétend défendre son autonomie politique et l'originalité de son pays, rompt avec Staline. En URSS même, les Baltes et les Ukrainiens incorporés en 1945 entretiennent des formes de guérilla jusqu'au milieu des années cinquante ; des révoltes éclatent dans les camps de travail dont Soljenitsyne fait le récit dans *L'archipel du Goulag.*

Le début de la guerre froide en 1947 relance le thème du complot capitaliste. La répression est impitoyable : l'armée écrase les révoltes, plusieurs millions de personnes sont déplacées (Baltes dispersés dans tout le pays, Tatars de Crimée installés sur la Volga à la place des Allemands transférés vers le Kouzbass...) ; les camps reçoivent des contingents de Juifs accusés de cosmopolitisme parce qu'ils désirent se rendre en Israël, d'anciens prisonniers de guerre libérés des camps allemands... À la mort de Staline entre 5 et 12 millions de personnes sont internées (3 à 7 % de la population totale du pays). Dans les allées du pouvoir le « complot des blouses blanches » découvert en janvier 1953 semble annoncer une nouvelle vague de terreur lorsque Staline, atteint d'une hémorragie cérébrale, meurt inopinément le 5 mars 1953.

Les réactions sont divergentes : les dignitaires du régime sont soulagés et commencent à se disputer la succession ; le peuple soviétique et les communistes du monde entier, effondrés, pleurent Staline de la manière la plus sincère.

Quel est le bilan d'un quart de siècle de règne sans partage ? L'action de Staline à la tête de l'URSS a conduit à la mise en place d'un système socio-économique et politique tirant sa cohérence d'une conception particulière du rôle de l'État et du Parti. Elle a servi la construction d'une très grande puissance industrielle, militaire et technologique capable de relever le défi de la guerre et celui de la reconstruction. Le culte de la personnalité de Staline est le contrepoint de cette réussite, comme l'affirme M. Thorez « Staline a toujours raison ». Cela en fait la figure tutélaire d'une population désorientée par l'ampleur des mutations qu'il lui impose : du fond de leurs camps les victimes des purges écrivent à Staline pour l'informer de leur sort ne pouvant croire qu'il soit le responsable de cet arbitraire. Le stalinisme ne semble pourtant pas se limiter au seul règne de Staline : il s'enracine dans la période du communisme de guerre en URSS ; il se propage dans les démocraties populaires à l'époque du jdanovisme ; il devient un terme infamant à l'époque de la perestroïka. La question qui doit être posée est celle de l'existence d'un stalinisme sans Staline.

Approfondir

LECTURES

- L'ouvrage de M. Laran et J.-L. Van Regemorter, *La Russie et l'ex-URSS de 1914 à nos jours,* Paris, Colin, 1998, 380 p., complète N. Werth, *Histoire de l'Union soviétique,* PUF, « Thémis », 1993.
- Sur le Parti communiste on peut consulter P. Gélard, *Le Parti communiste de l'Union soviétique,* Paris, PUF, « Que sais-je ? », 1992, 128 p. Sur Lénine D. Colas, *Lénine et le léninisme,* Paris, PUF, « Que sais-je ? », 1987, 128 p.
- Sur la politique extérieure de l'URSS on peut lire l'introduction et les chap. 1 à 8 de J. Lévesque, *L'URSS et sa politique internationale de Lénine à Gorbatchev,* Paris, Colin, coll. « U », 1988, 404 p., qui pose clairement les problématiques mais demande une bonne connaissance de l'histoire soviétique.
- Pour ceux qui ont plus temps : H. Carrère d'Encausse, *Lénine. La révolution et le pouvoir,* Paris, Flammarion, coll. « Champs », 1979, 298 p., et *Staline. L'ordre par la terreur,* Paris, Flammarion, coll. « Champs », 1979, 294 p. Il faut en tout cas lire les introductions de ces deux ouvrages.
- O. Roy, *La nouvelle Asie centrale, ou la fabrication des nations,* Paris, Seuil, 1997. Les chapitres IV, V et VI sur la soviétisation de l'Europe centrale.

THÈMES DE RÉFLEXION

- Le stalinisme.
- Staline et Trotski.
- L'URSS dans la Seconde Guerre mondiale.

Utiliser

La Russie soviétique et l'URSS dans les relations internationales 1917-1941

PRÉSENTATION

La politique extérieure soviétique ne se présente pas de manière ordinaire puisqu'elle associe les objectifs politiques d'un État et ceux d'un parti dont l'idéologie a une vocation universaliste et planétaire ; les moyens employés (le Komintern, la subversion...) sont également originaux. D'autre part, la formulation de la question fait entrer l'attitude des autres puissances à l'égard de l'URSS dans le cadre du sujet.

En 1922 naît l'URSS. Elle se veut la patrie de tous les travailleurs, mais elle est aussi l'héritière de la Russie millénaire. Comment cet État, à la fois nouveau et ancien, peut-il s'insérer dans le jeu international ? Deux périodes se succèdent : celle du messianisme révolutionnaire, puis celle de la construction du socialisme dans un seul pays.

I. Jusqu'au milieu des années vingt, la situation internationale de l'URSS est dominée par les séquelles de la révolution et de la guerre civile

1. La révolution mondiale est au cœur des relations extérieures de l'URSS de 1917 à 1921 ce qui lui vaut d'être isolée et attaquée

► **La politique extérieure de la Russie révolutionnaire est ambivalente.** Le gouvernement provisoire veut poursuivre la guerre ce que refuse le Soviet, le peuple et les Bolcheviks. Les grandes puissances sont passives sauf l'Allemagne. **Le décret sur la paix** (8 novembre) entraîne la rupture : les Bolcheviks y affirment certains principes repris ultérieurement par Wilson dans les Quatorze points mais font appel au prolétariat international pour qu'il impose une paix blanche indispensable au triomphe de la révolution en URSS. L'immobilité « de cadavre du prolétariat allemand » (R. Luxemburg) contraint les Soviétiques à signer le traité de Brest-Litovsk. La contradiction entre les intérêts de l'État et ceux de la révolution apparaît.

► **La « question russe » obsède les Occidentaux.** Elle les pousse à maintenir l'Allemagne comme un rempart antibolchevique (attitude de Lloyd Gorge et après lui de tous les diplomates britanniques à propos des réparations, de l'*apeasement*). Elle les pousse à intervenir directement contre la révolution puis à mettre en place le Cordon sanitaire. Paradoxalement, le reflux de la vague révolutionnaire en Europe coïncide avec la victoire des Bolcheviks en Russie.

► **Lénine met en place une diplomatie active et originale.** La création du Komintern donne à Moscou la possibilité d'intervenir directement dans la vie politique intérieure de ses adversaires. En même temps les Bolcheviks développent une politique en direction des peuples dominés (congrès de Bakou, traité de bon voisinage, soutien à la révolution nationaliste en Chine). Cette politique va parfois à l'encontre des intérêts des PC locaux (en Turquie où il est éliminé, en Chine où il est contraint de fusionner avec le Guomindang en 1924).

2. Avec la NEP, les Occidentaux reconnaissent l'existence de la Russie soviétique

► **L'atmosphère change.** Vue d'Occident, la NEP montre que l'URSS revient vers le capitalisme et qu'il convient de l'y aider (traité de commerce de 1921), l'Allemagne trouve en URSS un contrepoids à certaines sanctions du traité de Versailles, de son côté l'URSS a besoin des produits et des techniques occidentales. La rupture idéologique reste cependant totale et les contentieux financiers et coloniaux entretiennent la méfiance.

► **La reconnaissance de l'URSS se fait en trois étapes.** Mars 1921, le traité de commerce anglosoviétique comportant une clause explicite de renoncement à la propagande antibritannique et anti-impériale. 1922, la conférence de Gênes accueille une délégation soviétique (reconnaissance de fait) mais échoue sur la question des dettes en raison de l'intransigeance française. En revanche Moscou et Berlin signent le traité de Rapallo. L'arrivée au pouvoir de gouvernements de gauche, en France et en Grande-Bretagne en 1924, accélère la reconnaissance.

► **Rapallo inaugure la politique soviétique de l'entre-deux-guerres :** d'aussi bonnes relations que possible avec les alliés franco-anglais mais des relations privilégiées avec l'Allemagne (exploitation des contradictions capitalistes). Deux autres caractères de la politique soviétique apparaissent : la politique à court terme s'adapte aux circonstances mais sans renoncer aux objectifs idéologiques à long terme poursuivis avec optimisme et opiniâtreté ; le « complexe obsidional », c'est-à-dire le sentiment d'une hostilité irréductible du monde capitaliste, caractérise cependant la politique extérieure soviétique.

II. Le choix de la construction du socialisme dans un seul pays transforme la position internationale de l'URSS

1. Dans un premier temps la stabilisation de la situation en Europe rend moins nécessaire les relations avec Moscou qui s'isole en outre pour réaliser le Ier Plan quinquennal

► **Les relations officielles sont au point mort.** Le pacte de Locarno et la sécurité collective marginalisent l'URSS. Les relations commerciales se ralentissent. La Grande-Bretagne suspend ses relations diplomatiques en 1927 à la suite des grèves de 1926 que Moscou est accusé d'avoir fomentées ou soutenues. Seules les relations avec l'Allemagne restent bonnes.

► **La vie de l'Internationale reflète la vie politique de l'Union soviétique.** Le reflux de la vague révolutionnaire amène l'Internationale à adopter la stratégie du « front unique à la base » en direction des militants et des sympathisants socialistes pour isoler la direction. Le tournant de 1928 correspond à l'adoption brutale de la tactique « classe contre classe » qui rejette du côté du « social-fascisme » tous ceux qui ne soutiennent pas explicitement le communisme. La mise en œuvre particulièrement rigide de cette ligne en France et en Allemagne facilite la montée du nazisme.

2. Dans l'Europe des années trente la place de l'URSS est incertaine

► **L'URSS se rallie progressivement au système de Versailles**. Pour Hitler l'URSS est à la fois un ennemi idéologique, une menace en cas de guerre à l'Ouest et une proie convoitée en raison de ses richesses en hommes en terres et en minerais. Après la rupture du traité de Rapallo par Hitler, l'URSS participe très activement à la conférence du désarmement, signe des pactes de non agression avec ses voisins, et fait adopter la tactique de « front commun » antifasciste à partir de 1935. Le rayonnement de l'URSS atteint alors un apogée.

► **Ce rapprochement ne se concrétise cependant pas.** En France la politique de Barthou en 1934 (projet de « Locarno oriental » pacte francosoviétique accompagné de discussions militaires, entrée de l'URSS à la SDN) est mise en sommeil par Laval qui cherche du côté de l'Italie une solution plus satisfaisante sur le plan de la politique intérieure française.

► **Les désillusions s'accumulent pour l'URSS.** Le front de Stresa l'exclut, le Front populaire, malgré les pressions du PCF choisit la non-intervention dans la guerre d'Espagne, l'alignement français sur la politique britannique d'*appeasement* semble vouloir détourner vers l'Est les coups d'Hitler.

3. Dans la marche à la guerre l'alliance avec l'URSS est un enjeu majeur

► **La conférence de Munich a de graves conséquences pour l'URSS :** alliée de la Tchécoslovaquie et de la France elle n'est ni invitée ni consultée, la volonté de rejeter Hitler vers l'Est est patente car les démocraties ne sont pas prêtes techniquement et moralement pour faire la guerre. Il en est de même en URSS où l'Armée rouge vient d'être décapitée par l'affaire Toukhatchevski.

► **Après l'annexion de la Bohême-Moravie, Staline conduit une double politique :** avec les Occidentaux il poursuit paisiblement des discussions qui achoppent sur la question du droit de passage de l'Armée rouge sur les territoires polonais et roumain. À l'Allemagne, il prend l'initiative d'offrir un rapprochement incluant un accord économique et un partage de la Pologne.

► **La conclusion du pacte germano-soviétique est une amère surprise pour les Occidentaux.** Pratiquant l'égoïsme national, Staline gagne pour son pays du temps, de l'espace et espère profiter de la lutte entre pays impérialistes pour imposer la révolution après la guerre dans le droit fil des idées de Lénine

► **Jusqu'à la veille de l'invasion allemande,** les Soviétiques appliquent à la lettre les accords : livraisons de matières premières, de produits agricoles et de pétrole ; développement d'une propagande hostile aux démocraties rendues responsables du conflit.

Conclusion

Les années 1917 à 1941 sont une période de gestation. D'une part l'URSS s'impose dans les relations internationales en même temps qu'elle construit les instruments de sa puissance. Une double évolution se produit : sans renoncer aux perspectives idéologiques les soviétiques dès Lénine font passer les intérêts nationaux avant ceux de l'idéologie ; les pays capitalistes apprennent à tenir compte puis à rechercher un rapprochement avec l'URSS. Cette double évolution s'achève durant la guerre avec notamment la dissolution du Komintern en 1943.

23

Du dégel à la débâcle

L'URSS DE STALINE À GORBATCHEV

Connaître

1953	Mort de Staline (5 mars). Exécution de Beria (10 juillet) Khrouchtchev Premier secrétaire (septembre)
1956	XXe congrès du PCUS (14-25 février), déstalinisation
1957	Élimination du « groupe antiparti » et création des Sovnarkhozes (mai) Lancement de Spoutnik (3 novembre 1957)
1961	XXIIe Congrès du PCUS
1964	Khrouchtchev est remplacé par Brejnev (14 octobre)
1965	Démarrage de la réforme « Liberman »
1968	Intervention en Tchécoslovaquie (21 août)
1977	Adoption de la première constitution poststalinienne
1979	Invasion de l'Afghanistan (27 décembre)
1982	Mort de Brejnev remplacé par Andropov (10 novembre)
1984	Mort d'Andropov remplacé par Tchernenko (13 février)
1985	Mort de Tchernenko remplacé par Gorbatchev (11 mars)
1986	Catastrophe de Tchernobyl (25 avril) Le Japon devient la seconde puissance économique devant l'URSS
1987	Lancement de la Glasnost et de la Perestroïka
1989	Élections « libres » (26 mars)
1990	M. Gorbatchev président de l'URSS Proclamation de la souveraineté des différentes républiques
1991	B. Eltsine président de la Russie (juin) Tentative de putsch conservateur (18-21 août), interdiction du PCUS Dissolution du Pacte de Varsovie (juillet) et de l'URSS (25 décembre)

Le système mis en place par Staline survit à son initiateur, mais les temps ont changé. Khrouchtchev note dans ses *Mémoires* : « Staline était un dieu, nous ne sommes que des hommes », en fait des gestionnaires sans grand charisme, confrontés à des problèmes inextricables. Comment en effet, *gérer* un système façonné par la volonté inflexible d'un homme d'exception et sous-tendu par la mobilisation d'un peuple contraint à l'enthousiasme ?

I. Le dégel avorté ou l'impossible gestion de l'héritage de Staline

La déstalinisation est avant toute chose une affaire d'organisation et d'exercice du pouvoir, enveloppée dans la formule « retour à la légalité socialiste ». Mais tous les successeurs de Staline, pourtant formés dans son ombre, à l'exception de M. Gorbatchev, sont conscients qu'il faut aller au-delà d'un dégel politique partiel, l'autre mot clef de l'URSS poststalinienne est « réforme ».

1. Déstaliniser ?

► **Renouant avec la tradition léniniste, une direction collégiale de huit hommes succède à Staline.** G. Malenkov paraît le mieux placé puisqu'il cumule durant quelques jours tous les pouvoirs de Staline, mais il est contraint d'abandonner le secrétariat du Parti à Khrouchtchev que l'on juge insignifiant. Il doit également compter avec Beria (responsable du ministère de l'Intérieur qui comprend alors les services de renseignements, la police politique et le Goulag) ; en juin 1953, Beria est arrêté, sommairement jugé et exécuté avec ses plus proches collaborateurs à la suite d'un complot unissant contre lui la direction collégiale et l'Armée. La lutte se circonscrit entre Malenkov et Khrouchtchev qui applique la même tactique que Staline avec l'aide de Molotov (affaires étrangères), Boulganine (qui supervise l'armée) et Kaganovitch (responsable de l'économie). Le 8 février 1955 Malenkov, à qui l'on reproche d'avoir dissimulé les difficultés de l'économie lors du XIXe Congrès, doit quitter la présidence du gouvernement, mais signe des temps, il conserve sa place au Comité central. Khrouchtchev s'appuie dès lors sur le Parti pour s'imposer définitivement.

Nikita Sergueïevitch Khrouchtchev est né en 1894 près de Koursk en Ukraine dans une famille paysanne pauvre. Ouvrier mineur, il entre au Parti en 1918 et participe à la guerre civile avant de faire des études techniques. Profitant des purges successives et de l'appui de Kaganovitch, il accède à la direction du Parti à Moscou puis en Ukraine en 1938, il entre alors au Politburo. C'est un stalinien convaincu. Pendant la guerre il participe à la défense de Stalingrad, puis de 1945 à 1949 à la reconstruction de l'Ukraine, il est alors chargé des problèmes agricoles au sein du Comité central mais semble assez insignifiant pour qu'on lui confie le Secrétariat général. Il lui faut moins d'un an pour évincer ses adversaires.

▸ **Le XXe Congrès ne constitue pas vraiment le « séisme » dont on parle souvent.** Sans doute les révélations faites par Khrouchtchev constituent-elles un choc, mais le Premier secrétaire a posé d'emblée des garde-fous : le rejet du culte de la personnalité se fait au profit d'un renforcement du rôle directeur du Parti appelé à régler ses problèmes en secret ; c'est surtout la fin de la terreur de masse, mais il n'est pas question de remettre en cause les choix fondateurs de 1928 ni de renoncer à la répression des dissidents.

Le XXe Congrès (14-24 février 1956) se déroule en deux temps. Dans son rapport d'activité, Khrouchtchev met en avant la coexistence pacifique et admet qu'il peut exister plusieurs voies vers le socialisme, en fonction des conditions nationales, il insiste également sur le Tiers Monde, zone de paix et enjeu de la concurrence pacifique entre les blocs. L'analyse des médiocres résultats du Ve Plan lui permet de critiquer la politique de Malenkov et d'annoncer que le VIe Plan mettra l'accent sur les biens de consommation, le logement et l'agriculture mais sans renoncer à la priorité donnée aux industries lourdes, ce qui est contradictoire. **Le plus important intervient dans la nuit du 24 février,** après la clôture des travaux et le départ des 55 délégations étrangères. Khrouchtchev lit devant les 1 400 délégués soviétiques, pour la plupart des *apparatchiks* exerçant d'importantes responsabilités, un rapport secret révélant les crimes de Staline qu'il explique par l'organisation du culte de la personnalité et la thèse idéologiquement erronée du renforcement de la lutte des classes à mesure que la construction du socialisme progresse. Selon cette analyse l'assassinat de Kirov en 1934 marque le début des crimes staliniens. Khrouchtchev appuie son argumentation sur de nombreuses anecdotes et la lecture du *Testament* de Lénine.

Le fait de placer la rupture en 1934 est significatif des intentions de Khrouchtchev : il exclut de la critique la lutte contre les autres factions et les choix économiques et sociaux du 1er Plan quinquennal : « Staline, dit-il, avait combattu pour l'industrialisation socialiste, pour la collectivisation de l'agriculture et la révolution culturelle. Il avait combattu les trotskistes, les droitiers, les nationalistes bourgeois. Cette lutte était indispensable. » D'autre part en mettant en avant la notion ambiguë de culte de la personnalité d'un homme et de ses séides, Khrouchtchev disculpe expressément le Parti et notamment le Comité central empêché d'agir parce que les instances du Parti n'étaient pas réunies et que toute critique « avait pour conséquence de faire tomber l'opposant sous le coup de la répression ».

Le rapport secret suscite néanmoins la colère des adversaires de Khrouchtchev, colère aggravée par les troubles qui agitent la Pologne et la Hongrie durant l'été et l'automne 1956. Accusé de mettre en péril la sécurité du camp socialiste, Khrouchtchev échappe de justesse à une révolution de palais. En juin 1957, ses collègues veulent l'obliger à démissionner mais il se tourne vers le Comité central, réuni en toute hâte grâce aux avions prêtés par Joukov, et obtient de cette instance la condamnation de Malenkov, Molotov et cinq autres personnalités qualifiées de « groupe antiparti ». La collégialité a vécu : Malenkov est relégué à la tête d'une centrale électrique en Sibérie ; Molotov est envoyé comme ambassadeur à Oulan Bator en Mongolie ; en 1958, Joukov accusé de « tendances bonapartistes » est mis en retraite. Khrouchtchev cumule alors le secrétariat du parti et la présidence du gouvernement, mais cette position éminente l'oblige à s'impliquer personnellement dans les décisions prises et d'en assumer les conséquences (ce que Staline savait éviter pour pouvoir faire retomber le blâme sur ses subordonnés).

► **Pour les citoyens soviétiques, l'amélioration des conditions de vie et retour à la légalité socialiste constituent les principaux acquis de la déstalinisation.** La disparition de Staline permet de desserrer partiellement le carcan social. Les déplacements deviennent plus aisés à l'intérieur de l'immense territoire soviétique ainsi que vers les pays de l'Est, l'immense majorité des Soviétiques ne se préoccupent guère de ce qui se passe au-delà du Rideau de fer dont la présence est surtout ressentie en Europe centrale. La population est au contraire immédiatement sensible à la réduction de la durée du travail ramenée de 48 à 46 heures en 1956, et au doublement des salaires en dix ans alors que les prix des denrées de base sont abaissés et bloqués (le pain coûte ainsi trois fois moins cher en 1954 qu'en 1947) mais l'approvisionnement reste insuffisant en quantité et plus encore en qualité.

L'agriculture devient une priorité pour le régime soviétique. La situation est très préoccupante : à de mauvaises récoltes s'ajoutent un cheptel inférieur à celui de 1928 et un retard technique considérable. Pour résoudre le problème quantitatif, Khrouchtchev lance en 1954 l'opération des « Terres vierges » dans le Kazakhstan (13 millions d'hectares sont défrichés par une armée de 400 000 Komsomols[1] équipée de plus de 200 000 tracteurs). L'investissement agricole passe de 7 % à 12 % de l'investissement total durant le VIe plan ce qui permet une certaine intensification et l'achèvement de l'électrification lancée dès 1920 par Lénine. En même temps le pouvoir entreprend d'améliorer la condition paysanne : la hausse des prix agricoles (630 % pour le blé entre 1953 et 1956) et la suppression en 1958 des livraisons obligatoires à bas prix amorce le comblement du retard des revenus paysans (45 % de moins en moyenne que les ouvriers). Enfin la rémunération des kolkhoziens, définie en fonction des résultats de l'exploitation et proportionnelle à la durée du travail effectuée, évolue vers un salaire monétaire versé sous forme d'avances mensuelles. Cette politique permet une augmentation de 30 % de la production globale entre 1953 et 1956 mais cela tient aussi à une série de bonnes années au plan climatique : la situation se dégrade à partir de 1957 jusqu'aux récoltes catastrophiques de 1960-1961 consécutives à plusieurs années sèches.

La déstalinisation se manifeste en premier lieu par le rétablissement du contrôle du parti sur l'appareil répressif et une réforme de la justice, mais ce retour à la « légalité socialiste » ne doit pas être surévalué.

> **La « légalité socialiste »** reste très différente de l'État de droit occidental puisque des crimes politiques et idéologiques sont admis, de même que des qualifications aussi vagues que l'« attitude antisoviétique ». Il s'agit cependant d'un tournant essentiel pour

1. Membres des jeunesses communistes.

la population et la bureaucratie soviétique. Après l'élimination de Beria le MVD est démembré : la police politique et les services de renseignements forment un service spécifique, le KGB (Comité pour la sécurité de l'État) confié à des fonctionnaires parfaitement sûrs ; le Goulag passe sous le contrôle de la justice avant d'être démantelé en 1958. Le système judiciaire est réformé et de nouveaux codes sont rédigés en 1958. La procédure exclut officiellement les pressions physiques, garantit un procès public dans la plupart des cas et l'assistance d'un avocat compétent. Les petits délits sont renvoyés à des « Tribunaux de camarades » et la délinquance juvénile est prise en charge par des groupes de Komsomols. Les peines maximales sont ramenées de vingt-cinq à quinze ans de camp dont le régime est modulé, la peine de mort devient exceptionnelle.

La conséquence la plus spectaculaire de ces réformes est cependant la libération de millions de prisonniers politiques et la réhabilitation de quelques milliers de victimes de Staline. Mais dans ce domaine le mouvement est rapidement interrompu car il risque de remettre en cause les orientations du régime : Boukharine qui avait critiqué la collectivisation ne sera réhabilité que par Gorbatchev, ce qui est doublement significatif des limites de la déstalinisation et de la profondeur de la perestroïka. Il est clair dès 1958-1959 que le dégel politique ne signifie nullement un relâchement idéologique, c'est particulièrement sensible dans le domaine culturel.

Après une brève phase de tolérance en 1956-1957, les principes du **réalisme soviétique** sont réaffirmés par Khrouchtchev lui-même, indigné dit-on après la visite d'une exposition d'art abstrait : la création artistique doit rester au service du socialisme et de ses idéaux (valorisation des résultats, éducation civique du peuple, matérialisme et objectivité...). Des œuvres considérées comme antisoviétiques parce qu'elles peignaient de manière trop crue la répression stalinienne, ou qu'elles étaient prétendument « entachées » de subjectivisme ou de religiosité sont interdites, *Le docteur Jivago,* de Pasternak (1956) est la plus célèbre d'entre elles. Le conformisme redevient la norme, et la publication de quelques œuvres très engagées comme *Une journée d'Ivan Denissovitch* de Soljenitsyne (1962) ou le poème d'Evtouchenko *Les héritiers de Staline* (1962) doit être considéré comme un instrument dans la lutte pour le pouvoir dans le cadre du XXIIe Congrès, l'art contestataire est temporairement mis au service de la politique du régime !

2. Réformer l'État soviétique et l'économie ?

► **Staline disparu, il n'est plus possible de dissimuler les dysfonctionnements du système économique qu'il a mis en place.** Entre 1950 et 1955 aucun plan n'est achevé dans les conditions prévues car il faut multiplier les ajustements en cours de route. On peut parler d'une véritable crise de la planification centralisée qui cumule les contradictions :

— **L'irréalisme :** le volontarisme politique à tendance à sous-estimer les obstacles économiques, naturels et humains. La nature, en particulier, doit être adaptée quel qu'en soit le prix (le plan Davidov prévoyait de détourner les fleuves sibériens pour créer une mer en Asie centrale). Les moyens en capital, en hommes et en richesses disponibles sont au contraire surestimés, quitte à imposer des efforts démesurés au pays. Khrouchtchev qui critique longuement ce travers de Staline dans le rapport secret, le reproduit en imposant la culture du maïs, plante « miracle » dans toutes les régions du pays avec des résultats évidemment médiocres.

— **L'irrationalité :** faute de pouvoir administrer effectivement quinze millions d'articles, la planification tend à privilégier la réalisation des objectifs prioritaires au détriment des autres, ce qui entraîne une croissance déséquilibrée spatialement (l'Asie centrale est oubliée) et économiquement (l'agriculture et les biens de consommation accumulent les retards). Les déséquilibres se perpétuent car les acquis d'un plan ne sont pas consolidés par le suivant (typiquement on ne produit pas les pièces détachées nécessaires à la réparation des machines). On constate alors des comportements antiéconomiques car les secteurs, les branches et les régions recherchent une forme d'autonomie économique voire d'autarcie afin de s'assurer un approvisionnement satisfaisant : on cherche à produire sur place tout ce qui est nécessaire. Tout ceci entraîne des gaspillages et les cas de double emploi sont innombrables.

— **L'extensivité** est la conséquence des caractéristiques précédentes : le principal indice retenu pour mesurer la réussite de l'entreprise est la production brute *Val* (abréviation du russe *valovaja produkja*), seule la mise en valeur de ressources toujours plus abondantes permet de pallier les gaspillages et la faible productivité. Or après la guerre on constate une raréfaction progressive des facteurs de production, la démographie est moins dynamique en raison des classes creuses, il ne reste plus guère de bonnes terres et les réserves minérales ou énergétiques se trouvent de plus en plus loin en Sibérie. Le passage à un système plus intensif est devenu indispensable.

— **L'immobilisme :** l'entreprise ne dispose d'aucune liberté d'action, à l'amont elle est liée par le *Tekhprofinplan* (plan technique, industriel et financier) dans lequel tout est défini (emploi, investissements, fournisseurs, clients...) ; à l'aval elle est soumise au contrôle du ministère, de la Banque d'État et du Soviet suprême. Privés d'autonomie mais menacés de sanctions les responsables cherchent à se couvrir en négociant avec les ministères une réduction des objectifs du plan et une allocation plus généreuse des ressources qui se raréfient ; à défaut ils concluent des accords occultes avec d'autres entreprises. Les dirigeants sont poussés à négliger les coûts de fabrication et à refuser l'innovation par crainte d'une baisse temporaire de la production pendant la période de mise au point et d'adaptation.

— **La démotivation :** depuis les années trente, le salaire aux pièces s'est généralisé ainsi que le recours aux stimulants matériels (les primes), mais comme le souligne Jacques Sapir les « occasions d'améliorer le niveau de vie en dépensant le pouvoir d'achat accumulé sont rares » : l'offre est à la fois insuffisante en qualité et en quantité. À quoi bon dès lors travailler mieux et davantage pour accumuler une épargne déjà pléthorique et inutilisable ? Le recours au taylorisme et au fordisme se trouve donc freiné par la pénurie de biens de consommation, la sous-productivité se perpétue, le cercle vicieux est fermé.

Face à ces problèmes, Staline recourait à la contrainte et à la mobilisation idéologique de la population. Ses successeurs au profil de gestionnaires en chapeaux mous n'ont rien qui puissent engendrer cet enthousiasme et la répression va à l'encontre de leur politique de retour à la légalité socialiste. La réforme du système économique est la seule voie possible : il s'agit de faire évoluer la direction centralisée de l'économie et la gestion des entreprises sans remettre en cause les choix économiques et politiques fondamentaux qui ont conduit dans l'impasse. Cette politique contradictoire débouche sur l'anarchie totalitaire.

▸ **Khrouchtchev attaque de front la bureaucratie qu'il tient pour responsable des difficultés.** Malgré deux tentatives en 1957 et en 1962, il échoue.

En 1957 Khrouchtchev propose une déconcentration de la planification industrielle. Les ministères économiques fédéraux et nationaux (sauf ceux liés à la

Défense) sont remplacés par 104 Sovnarkhozes (conseils de l'économie nationale) chargés de gérer la production au niveau d'une région ou d'une république. En remettant en cause le centralisme administratif, Khrouchtchev prend le risque de réveiller les particularismes ethniques et régionaux que Staline avait muselé avec constance depuis 1921. Parallèlement on tente d'améliorer l'efficacité des entreprises par la mise en place de Conseils et d'Unions de production destinés à sensibiliser les travailleurs et à rationaliser les investissements. De manière contradictoire le Gosplan et la planification centralisée conservent l'essentiel de leurs pouvoirs malgré des ajustements successifs.

La réforme de 1957 s'enlise. Conscient de l'hostilité de la bureaucratie, Khrouchtchev tente de mobiliser la population pour ébranler l'appareil soviétique. C'est l'objectif du **XXIIe Congrès du PCUS** en décembre 1961.

> Sur le plan idéologique, Khrouchtchev déclare que la construction du socialisme est achevée en URSS ; il faut passer à l'étape suivante l' « édification interne de la société communiste ». En d'autres termes la période de transition caractérisée par la dictature du prolétariat est terminée du fait de la disparition des antagonismes de classe. L'État prolétarien doit devenir « l'État du peuple tout entier » et tendre vers l' « autogestion sociale et communiste » avec pour conséquence le dépérissement de l'État centralisé stalinien au profit des organisations de base (soviets locaux, syndicats, collectifs de travailleurs, organisations de citoyens...). En quête de symbole, il cherche à relancer la déstalinisation, mais n'obtient que le retrait nocturne de la dépouille de Staline placée dans le mausolée de la Place Rouge. Jouant la politique du pire, le Congrès accepte de mettre le « passage au communisme » au centre du nouveau programme du parti (le précédent datait de 1919) et rédige de nouveaux statuts qui rendent obligatoire la rotation des cadres aux échelons moyens et inférieurs. En novembre 1962 le Comité Central admet une séparation des organes du Parti, des syndicats et des komsomols en deux branches, l'agriculture et l'industrie, à chaque niveau de la pyramide territoriale. En même temps les structures du Parti et de l'État sont fusionnées pour que ne subsiste qu'une seule bureaucratie.

Anticipant sur les résultats, Khrouchtchev fait des promesses mirifiques : les États-Unis seront dépassés vers 1980 malgré la réduction de la journée de travail à six heures. Cette forfanterie amuse le peuple mais effraie l'Appareil. Fuite en avant improvisée, les réformes khrouchtchéviennes débouchent sur l'anarchie administrative et la paralysie économique aggravée par des récoltes catastrophiques en 1963 et 1964 : pour la première fois l'URSS doit importer 10 millions de tonnes de céréales canadiennes et malgré tout abattre une part importante du cheptel qu'elle ne peut nourrir. Le destin de Khrouchtchev est scellé.

Contesté au sein de la direction du parti et privé du soutien de la bureaucratie fondement du pouvoir depuis Staline, contrairement à 1957 Khrouchtchev ne peut plus compter sur l'aide de l'armée humiliée par la reculade de Cuba. Le 12 octobre 1964, il est sommé de démissionner par le *Politburo* et contrairement à son attente le Comité central accepte son départ « en raison de son grand âge et de l'aggravation de son état de santé ». Le 17 octobre la *Pravda* publie un réquisitoire sans fard où l'on reproche à Khrouchtchev ses traits de caractère et son style de gouvernement qualifié d'infantile, subjectif et autoritaire. On lui reproche surtout la désorganisation économique engendrée par ses réformes et les échecs politiques enregistrés à l'extérieur (crise de Cuba, rupture avec la Chine). Il passe sa retraite en résidence surveillée dans sa datcha, soignant ses fleurs et enregistrant ses *Mémoires* qui parviennent clandestinement en Occident. Il meurt le 11 septembre 1971, quelques mois avant la rencontre de ses deux vieux adversaires, Nixon et Mao Zedong.

Premier et unique prolétaire authentique à diriger l'URSS, Khrouchtchev donne une image contradictoire de rigidité et de détente, mais les échecs dominent dans le bilan de son action. Il a cependant eu le mérite de poser les problèmes, mais incapable de sortir du moule stalinien, il le fait d'une manière à la fois inefficace et insupportable pour la bureaucratie du Parti. Il s'est également heurté à l'irrépressible passivité de la population que la terreur et le volontarisme stalinien étaient parvenus à dissimuler jusqu'alors.

II. La stagnation brejnévienne ou l'impossible changement dans la continuité

La destitution de Khrouchtchev est l'œuvre de l'Appareil inquiet de l'instabilité engendrée par l'accumulation de réformes profondes, contradictoires et improvisées. Aussi l'arrivée au pouvoir de Brejnev ouvre une période de vingt années de stabilité politique qui évolue vers l'immobilisme et la « stagnation » selon le terme choisi par M. Gorbatchev.

1. La stagnation est d'abord politique

► **La direction collégiale contrôle étroitement l'action de Brejnev.** Il peut écarter Podgorny, président du Praesidium du Soviet suprême, il peut cumuler les fonctions et les honneurs (il reprend en 1966 le titre de secrétaire général porté par Staline, devient chef de l'État en 1977, reçoit un nombre considérable de distinctions) mais ce n'est qu'une parodie de culte de la personnalité dont le ridicule est bien perçu par le peuple qui le brocarde, et le Parti qui laisse faire. Brejnev partage les clefs du pouvoir avec Kossyguine (chef du gouvernement jusqu'à sa mort en 1980), Souslov (responsable de l'idéologie, mort en 1982), Gromyko (indéracinable ministre des Affaires étrangères de 1956 à 1986), Kirilenko (Défense jusqu'en 1981). Les cadres se renouvellent lentement en fonction des quelques sanctions et des disparitions. L'URSS devient une gérontocratie (en 1985, la moyenne d'âge du *Politburo* dépasse soixante-treize ans, elle est de soixante-huit ans au Comité central).

La nouvelle équipe fait le tri dans les innovations de Khrouchtchev. La division du parti et le thème du passage au communisme sont abandonnés. En 1966 le XXIIIe congrès définit le « socialisme avancé » qui n'est que l'habillage de la situation concrète de l'Union soviétique à mi-chemin entre la dictature du prolétariat dont la page est tournée et du communisme ramené sans qu'on le dise au rang d'utopie.

La constitution soviétique de 1977 remplace celle de 1936, à l'occasion du 60ᵉ anniversaire de la Révolution. Sur le plan idéologique l'« État du peuple tout entier » remplace la « dictature du Prolétariat » car il n'y a plus que deux classes alliées, le prolétariat et les paysans. La constitution insiste sur le retour à la légalité et à la « démocratie socialiste » (renforcement du contrôle populaire sur l'administration et consultation de la population par voie de presse ou de référendum). L'URSS reste un « État multinational fédéral uni » dans lequel chaque nationalité possède une organisation politique propre, mais elle est incluse dans une entité plus large, l'Union soviétique, dont les intérêts prédominent. Le Parti communiste est défini comme la « forme supérieure d'organisation politique et sociale, il est la force qui oriente et dirige la société soviétique. Il est le noyau central du système politique et de toutes les organisations sociales de l'État ». De ce fait le Parti choisit les responsables du sommet jusqu'aux agents de maîtrise, il est présent à tous les niveaux dans les administrations et ses avis l'emportent, enfin il est le parti unique et exerce le rôle de législateur : le Soviet suprême n'est donc qu'un organe d'enregistrement.

En définitive, la constitution de 1977 ne fait qu'entériner vingt années d'évolution, elle renforce le poids du parti dans la vie du pays, mais ne résout pas la crise larvée du pouvoir poststalinien.

Le parti est devenu une énorme administration : de 7,2 millions en 1956 il passe à 11 millions en 1964 et 17,5 en 1981 (soit 10 % des adultes). La déstalinisation n'est pas revenue sur le « centralisme démocratique » hérité de Lénine. Pyramidal, le Parti comporte cinq niveaux : à la base se trouvent 400 000 cellules d'entreprise ou de quartier qui dépendent d'environ 4 000 comités de districts *(Raïon)* subordonnés à 160 comités de régions et 20 comités de républiques ou de territoires autonomes. Les militants élisent les délégués au Congrès qui se réunit tous les cinq ans, c'est l'organe législatif du parti mais en fait il approuve les rapports et élit au Comité central les hommes qu'on lui présente. Le Comité central « Parlement du Parti » entre les congrès élit le *Politburo* (13 titulaires et 9 suppléants) et le « Secrétariat » (9 membres dont le secrétaire général). Le Secrétariat est depuis Staline l'organe le plus important car il dirige un ensemble de 25 départements qui supervisent les ministères.

La sociologie du Parti reflète très imparfaitement celle de la société soviétique. Dans cet organisme hiérarchisé trois niveaux fortement cloisonnés se dégagent.

Les militants ont un rôle d'information et pour les « activistes » d'encadrement des collectifs de travailleurs et de citoyens. Ce sont des hommes pour 73 % même si le poids des femmes tend à augmenter de 15 % en 1934 à 27 % en 1980 ; des Slaves (80 %) et surtout des Russes (61 %). Ce sont majoritairement des gens formés constituant une sorte de réservoir pour l'élite dirigeante (25 % ont fait des études supérieures en 1977 alors que 13 % seulement en sont restés au niveau primaire et sont en général âgés), cela explique que les ouvriers soient sous-représentés (43 % contre 62 % dans la population) alors que les employés sont 44 % (contre 23 %), les paysans restent les parents pauvres 13 %.

À l'échelon intermédiaire les 150 000 permanents du Parti *(Apparatchiks)* constituent l'ossature administrative du pays : ils contrôlent les administrations et sont chargés de préparer la liste des candidats aux postes de responsabilité pour lesquels le parti doit donner son aval *(Nomenklatura)*. **La Nomenklatura** date de l'époque stalinienne, mais elle rappelle la « table des rangs » fixant l'ordre hiérarchique des fonctions administratives de l'époque tsariste et comme celle-ci, elle définit les avantages attachés à chaque poste.

Les véritables privilégiés du régime se trouvent parmi les 1 500 à 2 000 hauts fonctionnaires du Parti, tous ont fait des études de 3e cycle et sont passés par des fonctions de terrain mais ils semblent assez peu intéressés par les questions idéologiques : ce sont les grands commis de l'État soviétique avec cette nuance qu'ils se placent à l'interface entre les responsables politiques et les grands organes économiques, administratifs et militaires qui constituent des états dans l'État avec leurs propres moyens d'information et de répression, leur appareil de production et leurs objectifs. Le KGB, le Gosplan et le complexe militaro-industriel et le complexe énergétique sont les plus importants, avant même le Parti. Ces hommes partagent leurs privilèges avec les responsables des ministères et des *glavki,* ceux des républiques, des très grandes entreprises ainsi que les scientifiques ou intellectuels distingués par le régime. Ils peuvent bénéficier de magasins et d'hôpitaux spéciaux, mais surtout leurs enfants accèdent à des écoles réservées qui les préparent à prendre la relève s'ils en ont les capacités. C'est un processus classique de reproduction des élites qui naturellement va à l'encontre du principe d'égalité des chances proclamé par le régime. Plus grave, c'est au cours des années soixante-dix que se constituent au sein de la technocratie soviétique, des réseaux fondés sur l'appartenance ethnique et régionale comme la fameuse « mafia ouzbèke » à laquelle appartenait Iouri Tchourbanov, gendre de Brejnev.

Le Parti brejnévien est ainsi l'aboutissement des évolutions amorcées sous Staline : c'est un lieu de passage et de sélection pour la technocratie soviétique, où la discussion politique étouffée par Staline n'a jamais repris. Les fonctions d'encadrement à la base (petits chefs) et la pyramide des privilèges expliquent l'indifférence voire la méfiance et l'hostilité de la majorité de la population d'autant que les possibilités d'ascension sociale rapide, réelles sous Staline du fait des épurations périodiques, s'amenuisent ensuite. La dépolitisation des plus hauts responsables annonce leur rapide ralliement au capitalisme après 1991. On peut semble-t-il leur appliquer l'autoportrait du président polonais Kwasiewski : « Ceux qui entraient au parti (dans les années quatre-vingt) étaient des technocrates, des réformateurs ou des opportunistes. » Dans cet univers confiné, à la moralité de plus en plus incertaine, il n'est pas si paradoxal de voir les hommes du KGB, faire figure d'incorruptibles aux yeux du petit peuple russe.

► **Les dissidences ne pèsent pas très lourd face à ce système.** La dissidence est la fille de la déstalinisation puisque ses premières manifestations remontent à 1953. Le dissident Vladimir Bukovski affirme préférer « le terme *résistance* à celui imprécis de *dissidence* » : selon lui les dissidents « ne sont que de simples hommes qui ont appris à penser par eux-mêmes [...]. Mais penser n'est pas plus dangereux à l'Est qu'à l'Ouest. Ce qui fait le dissident, c'est l'harmonie entre ses paroles et sa vie d'une part et ses convictions de l'autre ». Il semble qu'il faille distinguer la dissidence et les diverses formes de la résistance populaire.

Les dissidents soviétiques sont en majorité des intellectuels qui ont rompu avec le régime et la *nomenklatura* dont ils sont issus. Andreï Sakharov en est un exemple. Malgré les risques personnels qu'ils prennent, leur notoriété et leur influence dans le pays semblent faibles car le peuple s'en méfie ou les méprise, c'est une différence avec les dissidents des pays satellites comme Vaclav Havel. Ils tirent leur influence politique de la reconnaissance de l'Occident qui en fait une des conditions de la coopération après la signature de l'Acte final d'Helsinki en 1975. Cela conduit les autorités soviétiques à adapter la répression : les moins connus croupissent en prison ou dans les hôpitaux psychiatriques (Chtcharanski, Pliouchtch, Bukovski...) et lorsqu'ils sont connus la déchéance de la nationalité soviétique et l'expulsion (Soljenitsyne) sanctionnent les campagnes internationales de soutien.

La résistance populaire prend des formes multiples, parfois dangereuses, qui traduisent surtout le malaise global de la société soviétique. Les manifestations les plus répandues sont l'indifférence politique, la fuite devant le travail, l'alcoolisme, voire la drogue à la suite de la guerre d'Afghanistan, la recherche d'objets et de comportements symbolisant l'Occident capitaliste. Dans certains cas la résistance va jusqu'au terrorisme (bombes dans le métro de Moscou en 1976, détournements d'avions). Il faut faire une place particulière à la résistance religieuse qui se développe particulièrement en Asie centrale (Islam) et parmi les Juifs qui se voient refuser le visa de sortie et en paient les conséquences.

2. L'immobilisme économique et social se retrouve dans le domaine économique

Rétrospectivement les deux décennies qui précèdent l'arrivée au pouvoir de Gorbatchev donnent le sentiment d'un immobilisme en rapport avec les convictions et les intérêts des bureaucrates soviétiques. À l'époque, l'étranger se montre surtout sensible aux succès diplomatiques qui contrastent avec les difficultés des États-Unis.

► **Le principe des réformes est posé par l'économiste Liberman.** Dès la fin des années cinquante, les réformes de Khrouchtchev avaient ouvert un grand débat théorique d'où émerge en 1962 l'article intitulé *Plan, Profit, Primes* de E. Liberman qui sert de fondement théorique à la *Loi de perfectionnement de l'économie soviétique* (ce titre est en soi tout un programme) adoptée à l'initiative de Kossyguine en 1965.

Au niveau macro-économique la planification doit être maintenue mais il faut remplacer le *Val* par la « production commercialisée » et la « rentabilité » afin d'inciter les entreprises à se préoccuper des besoins de l'économie et à innover. Selon Liberman une bonne exécution du plan passe par la plus large autonomie de gestion des entreprises compatible avec le Plan. Elles doivent pouvoir fixer leurs prix, répartir les primes, conclure des contrats interentreprises pour la fourniture et la commercialisation. **Au niveau micro-économique** la répartition des bénéfices dans l'entreprise doit satisfaire les besoins d'investissements et la stimulation des travailleurs. Des essais discrets sont faits dans deux entreprises de confection à Moscou en 1964, mais leur généralisation se heurte à des résistances administratives et à l'impossibilité d'associer la planification et la liberté de conclure des contrats de sorte que Kossyguine maintient une forte tutelle administrative notamment sur les prix, ce qui la vide de son contenu le plus novateur.

Le succès de la réforme supposait surtout la bonne volonté des responsables d'entreprises qui est loin d'être acquise, aussi des expériences complémentaires sont-elles entreprises dans les années suivantes : l'usine chimique de Chtchekino dans l'Oural tente de supprimer les emplois inutiles, mais l'expérience se heurte au problème du reclassement car le droit au travail est inscrit dans la loi ; en 1983, Iouri Andropov lance la réforme *Experiment* qui se fixe les mêmes objectifs que Liberman mais cherche à obtenir la participation active des collectifs de travailleurs. Ces relances périodiques du processus traduisent la nécessité de réformer le système et l'impossibilité d'y parvenir.

► **Au début des années quatre-vingt, les faiblesses du système se sont aggravées.** L'intensification de l'économie est un échec avec pour conséquence un ralentissement du taux de croissance (de 10 % dans les années cinquante à 4,4 % à la fin des années soixante-dix) en raison de l'épuisement des richesses aisément exploitables.

Le système de gestion de l'économie a su résister aux réformes et s'est adapté à leur éventualité par le développement du clientélisme et de la corruption à tous les niveaux. Les directeurs d'usine doivent soudoyer les responsables des ministères mais aussi les employés qui acceptent de falsifier les comptes, la vénalité s'étend aux organes de contrôle et à la police. Une sorte de consensus se dessine entre les cadres et les salariés en faveur de l'immobilisme car chacun y trouve son intérêt : les cadres ont la certitude d'accomplir le plan, les salariés bénéficient d'une grande indulgence en matière de discipline (retard, absence, petits larcins, alcoolisme, etc.). **La sous-productivité** est un phénomène social autant qu'économique et technique que résume la formule semi-humoristique « vous faites semblant de nous payer et nous faisons semblant de travailler ». Le développement d'une économie parallèle, à laquelle tous sont mêlés peu ou prou, est la conséquence de ce phénomène. La défaillance de l'économie soviétique est le reflet de la défaillance de la société tout entière.

Les pénuries contraignent l'URSS à s'ouvrir vers l'Occident. Cette soupape de secours est remise en cause par le renouveau des tensions internationales à partir de 1979 (cf. L'embargo céréalier imposé par le président Carter en 1979-1980 à la suite de l'invasion de l'Afghanistan). La réponse au projet américain de « Guerre des étoiles » ainsi que le coût imprévu des aventures en Afrique et en Afghanistan amènent une croissance des dépenses militaires deux fois plus rapide que celle de l'économie (4 % contre 2 %).

► **Il faut toutefois prendre garde de ne pas noircir le tableau.** La *médiocrité* du système a des avantages auxquels les Soviétiques sont très attachés. L'ignorer conduit à méconnaître les réactions négatives de la population aux réformes de M. Gorbatchev. Le système soviétique peut s'enorgueillir de ses réalisations sociales (gratuité des soins, sécurité de l'emploi, avantages sociaux dispensés par l'intermédiaire des entreprises) ; et même si l'égalité des chances n'est pas parfaite, le système scolaire très sélectif ouvre de réelles perspectives de promotion aux meilleurs élèves dans tous les domaines. Des progrès ont été accomplis depuis les années soixante dans le domaine de la consommation, du logement (20 % des foyers seulement vivaient dans des appartements collectifs contre 80 % en 1960) ; l'équipement des foyers en électroménager courant est satisfaisant. Il existe bien des retards considérables sur l'Occident mais ils sont moins ressentis en URSS qu'en Europe de l'Est en raison du manque d'information.

En définitive le bilan n'est pas bon lorsque Brejnev disparaît, mais il n'a rien de catastrophique. Pour beaucoup de Soviétiques des changements radicaux, susceptibles d'avoir des effets positifs à moyen et long terme, apparaissent surtout comme une menace certaine et immédiate sur leur quotidien. Les promesses antérieures et leurs échecs ne favorisaient pas une mobilisation en faveur d'un pouvoir considéré au mieux avec indifférence.

► **La succession de Brejnev s'étale sur plus de cinq ans.** La mort de Brejnev le 10 novembre 1982 n'est une surprise pour personne, il en va différemment de l'élection de Iouri Andropov deux jours plus tard, alors que l'on attendait le « dauphin » désigné, Konstantin Tchernenko.

Iouri Andropov (1914-1984) est issu d'une famille d'ouvriers mais il fait des études grâce au Komsomol. Il entre au Parti en 1940 et s'élève rapidement en raison des saignées opérées par la guerre. Ambassadeur à Budapest en 1956 il organise la répression, ce qui lui vaut de superviser les relations avec les pays de l'Est jusqu'à sa nomination à la tête du KGB en 1967. D'une rare intégrité, il fait de cet organisme contesté un des piliers du retour à la légalité socialiste ce qui a un double aspect : la lutte infatigable et impitoyable contre toutes les dissidences et, à la fin du règne de Brejnev la répression contre la corruption qui atteint les sommets du pouvoir. Il a donc le profil d'un haut fonctionnaire formé dans l'ambiance stalinienne, efficace et sincèrement attaché au système.

À l'extérieur, A. Gromyko, conservant la haute main sur la politique étrangère, on ne constate aucun changement : c'est alors l'apogée de ce qu'il est convenu d'appeler la « guerre fraîche ». À l'intérieur, Andropov tente d'associer la restauration de la morale et de la discipline socialiste (lutte contre l'absentéisme et l'alcoolisme au travail, remplacement par des officiers du KGB de certains dirigeants corrompus) et une plus grande participation des citoyens de base à la vie du pays : on consulte la population sur la réforme de l'enseignement et celle des collectifs de travailleurs. Quatre ans avant la *Glasnost*, la presse fait une place accrue aux réclamations des Soviétiques. Il s'agit bien de corriger des dysfonctionnements ponctuels et non pas de changer de système : la répression se durcit contre les dissidents que les tensions Est-Ouest dispensent de ménager, on s'attaque aux plus célèbres comme le cinéaste A. Tarkovski ou A. Sakharov ; cette reprise en main s'étend à l'ensemble des pays de l'Est. La cohésion nationale est renforcée par une reprise de la lutte antireligieuse et de la russification : « La politique des nationalités a pour but non seulement de rapprocher les nationalités mais de réaliser leur fusion » affirme-t-il. Il poursuit les réformes économiques sans beaucoup plus de succès que Brejnev, pourtant son influence a sans doute été plus profonde que la brièveté de son passage au pouvoir ne le laisserait penser : on doit noter qu'il a accéléré l'ascension de Gorbatchev et qu'il a distingué le jeune V. Poutine qui se réclame aujourd'hui de son exemple.

L'élection de Konstantin Tchernenko le 13 février 1984, deux jours après la mort d'Andropov marque le début d'une année de transition essentiellement consacrée à un retour en force du conformisme idéologique. Gravement malade dès l'été 1984, Tchernenko laisse la gestion des affaires courantes à M. Gorbatchev qui préside de plus en plus souvent les différentes instances à sa place.

3. Perestroïka : de la réforme au chaos

► **La rupture avec le stalinisme ne suit pas immédiatement la nomination de M. Gorbatchev.** Exemple parfait d'apparatchik, le nouveau secrétaire général n'envisage pas une révolution politique remettant en cause le rôle du Parti et de l'idéologie marxiste-léniniste.

> **Mikhail Sergueïevitch Gorbatchev** naît en 1931 dans une famille paysanne de la région de Stavropol (au pied du Caucase). C'est un juriste formé à l'Université de Moscou d'où sortent tous les cadres importants, il voyage un peu en Occident (France, RFA, Belgique...) avant de rentrer dans sa région d'origine où une carrière exceptionnellement rapide fait de lui le plus jeune secrétaire régional de l'URSS entre 1970 et 1978. Origines familiales et problèmes régionaux aidants, il acquiert une image de spécialiste de l'agriculture mais plus encore de gestionnaire efficace apte à résoudre des problèmes concrets sans mettre en cause les bases idéologiques du régime. Ce pur produit de l'appareil sait se faire apprécier de hauts responsables venus en villégiature dans la station thermale de Stavropol comme Souslov (Armée) et Andropov (KGB). Membre du Comité central depuis 1971, il est appelé en 1978 au Secrétariat du PCUS pour s'occuper de l'agriculture (sans grand succès en raison notamment de l'embargo américain). Son ascension devient météorique : il est le plus jeune titulaire du *Politburo* en 1980, soutient la candidature d'Andropov contre Tchernenko en 1982, avant d'être choisi comme numéro deux du Parti et successeur désigné de Tchernenko. Son élévation, le 11 mars 1985 est le fruit de tractations entre les factions du Comité central, le soutien de Gromyko et du KGB semble avoir été déterminant autant que la volonté des cadres du Parti de ne pas désigner un nouvel octogénaire. Jeune, selon les critères soviétiques et sans réel passé politique dans les allées du pouvoir, Gorbatchev apparaît bien seul : ses protecteurs ont disparu, sa carrière provinciale le prive d'une clientèle solide alors que son élévation suscite des rancœurs. Sa « garde rapprochée » ne paraît ni très homogène ni très soudée, certains de ces membres les plus éminents se retourneront contre lui (B. Eltsine, E. Chevarnadze, A. Aganbegian). Bien qu'isolé il ne peut agir seul ni laisser en dehors du gouvernement les représentants des autres factions, il doit donc promouvoir à des postes essentiels des hommes qui ne lui sont pas réellement favorables comme Egor Ligatchev (responsable de l'idéologie puis de l'agriculture), et plus tard les principaux acteurs du putsch de 1991. Cet isolement pèse lourdement sur son action politique et constitue une des raisons de son échec.

Lorsqu'il accède à la tête de l'URSS, M. Gorbatchev incarne une figure bien connue des régimes totalitaires, l'homme providentiel capable de remédier aux maux du régime sans en menacer les bases idéologiques ni remettre en question les privilèges de la bureaucratie. Il n'a pourtant ni plan d'ensemble ni même, semble-t-il, une vision claire de l'objectif à atteindre : en 1982, il évoquait devant le Plénum du Comité central « la nécessité de prendre en compte les lois objectives de l'économie en ce qui concerne la planification et les prix ». On reste dans la logique soviétique des réformes impulsées par le haut visant à « perfectionner » l'économie, en clair relancer la croissance grâce à l'intensification de la production, rattraper le retard technologique sur l'Occident et développer la production des biens de consommation afin d'élever le niveau de vie de la population. Il ne s'agit en aucun cas de remettre en cause le système ni de préparer une quelconque transition vers le capitalisme, il le redit en 1987 dans *Perestroïka* un ouvrage surtout destiné aux Occidentaux : « Pour faire taire les spéculations qui se multiplient à l'Ouest, j'aimerais une fois de plus faire remarquer que [...]. C'est dans le cadre du socialisme, et non pas à l'extérieur, que nous cherchons les réponses aux problèmes qui se posent. » Quelques pages plus loin il précise « La Perestroïka est venue du Parti communiste, et c'est le parti qui la dirige. Il est assez fort et audacieux pour élaborer une nouvelle politique. »

L'originalité du projet politique gorbatchévien se situe donc au niveau de la méthode. À ses yeux l'échec des réformes de ses prédécesseurs et la stagnation qui en résulte ont des causes politiques : la confusion entre le Parti et l'État est responsable de la défiance et de la passivité du peuple qui reproche au premier les dysfonctionnements du second. Le projet politique, tel qu'il est présenté rétrospectivement par Gorbatchev lui-même en 1987 puis dans son discours d'adieu, présenterait quatre axes majeurs : la revitalisation du Parti, la réforme de l'État, une participation accrue de la population à travers la *Glasnost,* enfin une restructuration de l'économie à travers la *Perestroïka.*

L'histoire des années 1985-1991 est beaucoup moins claire que cette reconstitution ne le dit. Jusqu'en 1988 la *Perestroïka,* en phase ascendante est à peu près contrôlée par le Kremlin ; ensuite la situation lui échappe de plus en plus : Gorbatchev multiplie les initiatives et les changements de cap, mais ce sont autant de coups tactiques dans une partie dont l'enjeu est la consolidation de son pouvoir. Au bout de six ans ses ennemis en sont réduits au coup d'État, mais pour lui comme pour eux, ce n'est déjà plus qu'un combat d'arrière-garde. Les années Gorbatchev se divisent donc en deux phases contrastées.

► **De 1985 à 1988 M. Gorbatchev consolide son emprise sur le pouvoir.** Il procède à partir de 1985 au plus vaste renouvellement des instances dirigeantes depuis les années trente : 5 membres du *Politburo* sur 14, 70 % des ministres et 50 % des responsables de républiques et 80 % des responsables de quartier sont remplacés. Le mouvement s'étend au Gosplan et à l'Armée. Le clan brejnévien est décapité mais ce « rajeunissement » a laissé beaucoup d'amertume, le putsch d'août 1991 est pour une part la révolte des brejnéviens de second plan.

Sous le vocable de *glasnost,* Gorbatchev relance la déstalinisation sur une grande échelle au nom d'un retour à Lénine et à la NEP, ce qui permet à la fois de critiquer la période brejnévienne et d'en appeler à la population.

La *glasnost* (publication des informations sincères et véridiques et non pas transparence !) est définie par le premier secrétaire à la tribune du XXVIIe congrès du PCUS « la direction du Parti estime de son devoir de parler franchement et sans détour à notre peuple de nos négligences dans la vie politique et pratique, des tendances négatives dans l'économie et la sphère sociale [...] des causes de ces phénomènes ». Il s'agit de rendre les citoyens juges des actions de l'administration. L'acceptation par Gorbatchev du principe d'un « état socialiste de droit » aux contours nécessairement flous, fraie la voie à une « libération de la parole » sans précédent en URSS : les *Nouvelles de Moscou,* les *Izvestia,* la revue *Ogoniok* publient des informations inouïes (au sens propre) sur la criminalité, l'alcoolisme et la drogue, la corruption ; les médias occidentaux sont invités à Tchernobyl et sur les lieux du tremblement de terre d'Arménie. Enfin les journaux accordent une très large place aux doléances des Soviétiques. Après la libération en 1986 de plusieurs centaines de dissidents dont A. Sakharov, la déstalinisation prend une tournure idéologique avec la réhabilitation en 1987 de Kamenev, Zinoviev et Boukharine (mais pas Trotsky), ainsi que l'organisation d'une grande exposition officielle sur les crimes de Staline. Cette révision de l'histoire sort dès lors du cadre balisé par Khrouchtchev, elle ouvre la voie à une interrogation angoissée sur la place du stalinisme dans l'histoire soviétique et conduit à une réévaluation de la NEP et du communisme de guerre ; seuls la Révolution et Lénine demeurent tabous.

L'Occident a voulu voir dans la *Glasnost* une volonté politique de démocratiser le régime et d'instaurer un État de droit libéral. En fait ce dégel, voulu par le Kremlin porte en lui ses propres limites : l'État conserve la maîtrise des médias et la liberté de la presse n'est pas reconnue. En 1987, Yakolev rédacteur en chef des *Nouvelles de Moscou* et l'une des figures de proue du Gorbatchévisme « continue à penser que notre Parti a le droit de décider ce qui doit être publié et ce qui ne doit pas l'être ». Pour le pouvoir il s'agit seulement d'une consolidation de la légalité socialiste dans la plus pure tradition khrouchtchévienne.

Comme le souligne J.-F. Soulet, tout n'est pas dit, « la *glasnost* est une sorte d'immense récit d'amertume, permettant d'exorciser collectivement les souffrances passées et de justifier les difficultés présentes ». En d'autres termes on cherche à canaliser la parole populaire suivant la logique d'une politique imposée d'en haut pour faire pression sur la bureaucratie. La réforme économique présente au début les mêmes caractères.

▸ **Le tournant des réformes économiques n'est réellement pris qu'en juin 1987.** Pendant un peu plus d'un an, Gorbatchev s'est borné à prolonger la politique inaugurée par Andropov, mais il est bien conscient depuis les années soixante-dix, que l'URSS doit impérativement accomplir le « passage à la société de consommation » raté par Brejnev. Pour cela, la réduction des dépenses militaires (20 à 25 % du budget réel en 1985) et l'aide de l'Occident sont indispensables : « L'URSS, dira-t-il en 1991, n'est plus en mesure de porter le terrible fardeau de la militarisation à outrance. » En moins de trois ans l'héritage stratégique de Staline et de Brejnev est soldé : retrait d'Afghanistan, désengagement dans le Tiers Monde, début du désarmement en Europe avec la signature du Traité de Washington en 1987. En échange, il est persuadé d'obtenir une aide économique et technologique massive de l'Occident, ce en quoi il se trompe. La *Perestroïka* marque bien une rupture mais ceci doit être nuancé.

La *perestroïka* (restructuration ou reconstruction) n'est pas un mot nouveau. À la fin du XIXe siècle, *perestroïka* évoque une reconstruction spirituelle du croyant à la suite d'une introspection ; Staline, ancien séminariste, l'utilise pour désigner un changement radical. C'est donc un mot lourd de sens que Gorbatchev oppose sans nuance à la « stagnation » lors du XXVIIe congrès : « L'inertie, l'immobilité des formes et méthodes de gestion, la baisse du dynamisme dans le travail, la montée de la bureaucratie, tout cela a porté un tort considérable à notre pays. » Même s'il dénonce plus tard un système social « emmailloté dans l'idéologie jusqu'à en être pétrifié », l'économie est prioritaire mais il ne s'agit pas de préparer un retour vers le capitalisme, la *perestroïka* va moins loin que les réformes que Deng Xiaoping conduit en Chine au même moment. Comme il le dit lui-même, en janvier 1988, il doit trouver un juste milieu entre « conservateurs » et « impatients ».

En dix-huit mois (juin 1987 - janvier 1989) une dizaine de décrets mettent en place un secteur privé coopératif dans le commerce, l'artisanat et surtout l'agriculture que l'on tente de décollectiviser. Le système de planification est bouleversé par la généralisation des liens contractuels interentreprises. Gorbatchev va beaucoup plus loin que ses prédécesseurs : une véritable autonomie de gestion est instaurée, ce qui implique la création d'un système de crédit, la libération des prix (prévue pour 1992) et la possibilité de liquider les entreprises durablement déficitaires – c'est alors le cas de 60 % des entreprises soviétiques ! La mise en œuvre des réformes devait s'étaler sur cinq ans, le Gosplan devant coordonner les anciennes et des nouvelles structures durant cette période... La suppression de 16 millions de postes en quinze ans, dont un bon nombre dans l'administration suffit à expliquer l'opposition passive mais déterminée de toute la bureaucratie, du haut en bas de l'échelle, mais les ouvriers ne sont pas moins méfiants et hostiles : l'opposition aux réformes se traduit à partir de 1988 par des grèves illégales qui débutent en Sibérie avant de s'étendre à l'ensemble du pays. À la campagne, les rares paysans qui ont essayé de quitter les kolkhozes sont traités de *koulaks* avec tout ce que cela implique en cas de changement de politique, des récalcitrants voient leurs récoltes et leurs datchas incendiées. Globalement l'anarchie économique et sociale croissante ouvre la voie à tous les trafics et à une hausse vertigineuse de la criminalité (+ 36 % entre 1988 et 1989 selon les statistiques officielles du ministère de l'Intérieur, il est vrai peu gorbatchévien). Ces résistances expliquent pour une bonne part la présidentialisation croissante du régime.

► **En décembre 1988, Gorbatchev fait adopter une réforme constitutionnelle renforçant les pouvoirs de l'État aux dépens du Parti.** La constitution de 1988 prévoit la création d'un Congrès de 2 250 députés chargé d'élire les 542 membres du Soviet suprême ainsi que son président. Les candidatures multiples sont encouragées mais on est loin du pluralisme puisque les candidats doivent être acceptés par le Parti qui se réserve en outre un tiers des sièges : en définitive la très grande majorité des candidats sont issus du Parti communiste.

Les élections russes du 26 mars 1989 constituent le tournant politique de la Perestroïka. Malgré les limites qui lui sont imposées, un véritable débat politique s'engage dans le pays et dans le Parti où, pour la première fois depuis 1928, deux factions s'opposent : les « Conservateurs », conduits par Egor Ligatchev et les « Réformateurs » dont le leader officieux est Boris Eltsine. M. Gorbatchev qui veut incarner le pragmatisme commet l'erreur tactique de se tenir en retrait malgré l'enjeu du scrutin. La rue prend alors la parole : dans les grandes villes des manifestations de plusieurs dizaines de milliers de personnes soutiennent les réformateurs ; là où les responsables locaux du Parti ont cherché à « décourager » les candidatures multiples, des citoyens font connaître leurs doléances à la presse moscovite. Les résultats sont un camouflet pour les conservateurs balayés à Leningrad (élection d'Anatoli Sobtchak), à Moscou où Eltsine est plébiscité par 89,4 % des électeurs et dans de nombreuses villes. Pour Gorbatchev ce n'est qu'un demi-succès : il a été élu au Congrès sur le contingent réservé au Parti alors qu'Eltsine est le député du peuple de Moscou ; et il y a davantage de communistes au Soviet suprême de 1989 (85 %) que dans le précédent (70 %), tous ont fait profession de réformisme, mais tous ne sont pas gorbatchéviens ! Le nouveau président ne dispose ainsi ni d'une légitimité indiscutable ni d'une majorité fiable.

L'irruption de la société dans la vie politique est la principale leçon des élections de mars 1989. Jusque-là la *Glasnost* était restée une affaire d'intellectuels proches du pouvoir et donc suspects aux yeux de la population. Pour les milieux réformateurs l'élection de 1989 constitue la première étape sur la voie de la démocratie et la reconnaissance de l'universalité des libertés individuelles réputées bourgeoises jusqu'alors. Comme prévu Gorbatchev est porté à la présidence par le Congrès, il dispose de pouvoirs exceptionnellement étendus : il préside les séances du Soviet suprême, désigne le vice-président, le Premier ministre, les ministres, les membres de la Cour suprême, les responsables régionaux, il préside le Conseil de sécurité... Ce formidable arsenal reflète seulement la fragilité du pouvoir de Gorbatchev dans la guerre d'usure qui l'oppose désormais à coalition hétéroclite de ses adversaires.

Dans la rue et dans la presse la contestation s'amplifie jusqu'aux insultes qui l'obligent à quitter la tribune officielle lors du défilé du 1er mai 1990 sur la Place Rouge. Au Soviet suprême, la faiblesse des Conservateurs le place en première ligne face aux surenchères libérales des Réformateurs conduits par B. Eltsine. La situation politique se dégrade irrésistiblement jusqu'au putsch de 1991.

Dès 1990, l'échec des réformes est patent, l'économie est paralysée, les pénuries s'aggravent : il faut instaurer des tickets de rationnement ; en 1989 le gouvernement accepte l'aide alimentaire internationale pour l'Arménie puis la sollicite pour l'ensemble du pays durant l'hiver 1990-1991. Naturellement l'inflation se développe alors que le recul des exportations d'hydrocarbures, engendre un déficit de la balance des paiements. Pour la première fois depuis 1917 un emprunt international est lancé en janvier 1988. Finalement Gorbatchev sollicite une aide de 100 milliards de dollars (l'équivalent du plan Marshall aux taux de change actuels) lors de la conférence du G7 à Londres en juillet 1991, mais il ne reçoit que de bonnes paroles. Cela constitue un argument de plus pour les putschistes du mois d'août. Mais l'essentiel se joue ailleurs.

4. La fin du communisme en URSS sanctionne la décomposition de l'État

La décomposition du régime et celle du pays sont exactement concomitantes ; elles interviennent dans un double contexte : l'éclatement du bloc socialiste et le développement de la violence nationaliste dans les républiques allogènes.

▸ **Les conflits nationalistes resurgissent dans ce contexte malgré soixante-dix années de russification intensive et de soviétisation.** Dans un contexte très différent de celui des années 1917-1921 ils échappent à tout contrôle. Selon J.-M. Chauvier (*Le monde diplomatique,* décembre 1988) il convient de distinguer trois types de situation :

> **Les problèmes « culturels, ethniques et linguistiques »** sont particulièrement prégnants dans le Caucase (oppositions entre chrétiens, chiites et sunnites) et en Moldavie. Dans l'ensemble du pays les chiffres montrent que la soviétisation est loin d'être achevée : en 1988 moins de la moitié des non-russes parlent cette langue couramment et

75 à 90 % des habitants de l'URSS considèrent comme maternelle la langue autochtone de leur région (ceci inclut naturellement les russophones en Russie). C'est dire que l'*Homo sovieticus* reste largement mythique. Les nationalistes s'appuient sur cette faiblesse pour revendiquer au moins un bilinguisme obligatoire ainsi que la fin de la répression culturelle et religieuse. L'existence de fortes minorités russes en Ukraine, Biélorussie, Moldavie, dans le Kazakhstan et les pays baltes, résultat des transferts systématiques de populations poursuivis depuis la guerre, complique le problème.

Le second type concerne **« les rapports centre/périphérie ».** Il existe une double cassure, une cassure de type « Nord-Sud » entre l'Asie centrale et le reste de l'Union d'une part, entre les républiques baltes et l'ensemble slave d'autre part.

Le problème des **républiques baltes** constitue le troisième cas : indépendantes durant l'entre-deux-guerres, non-slaves et non-orthodoxes, leur originalité est évidente.

Les premières émeutes éclatent au Kazakhstan en décembre 1986 à la suite de la nomination d'un Russe à la tête de la république, mais le mouvement prend vraiment de l'ampleur en février 1988 en Arménie et en Estonie, puis en septembre dans les autres pays baltes. Il gagne ensuite l'ensemble des républiques d'Asie centrale et la Moldavie.

Le conflit entre les Azéris (ethnie turque musulmane) et les Arméniens chrétiens éclate au sujet des enclaves du Haut-Karabakh, région du Caucase peuplée d'Arméniens mais rattachée à l'Azerbaïdjan par Staline au lendemain de la guerre, et du Nakhitchevan qui se trouve dans la situation inverse. Le 28 février 1988 une manifestation nationaliste à Soumgaït (Azerbaïdjan) se termine par un véritable pogrom causant la mort de 32 Arméniens. Le tremblement de terre de Leninakan (Arménie) donne l'occasion aux Occidentaux de se rendre sur place et de constater l'ampleur des tensions. Dès lors, la situation échappe au pouvoir central : il ne parvient pas à trouver de compromis tant les deux camps sont désireux d'en découdre, et il ne peut davantage recourir à la répression en raison des menaces occidentales de suspendre toute aide économique à l'URSS. Des milices s'organisent de part et d'autre et attaquent les forces soviétiques pour se procurer des armes, les minorités russes quittent la région. Mal engagée pour les Arméniens confrontés à une intervention soviétique et soumis à un blocus par les Azéris, la guerre du Haut-Karabakh tourne à leur avantage à partir de la fin de 1992 et le départ des troupes russes. Durant l'année 1990 les troubles s'étendent à la Géorgie qui est elle-même une mosaïque ethnique. La presse occidentale évoque alors la « libanisation » du Caucase.

Le conflit balte est en apparence moins violent mais il est plus lourd de conséquences pour l'URSS. De septembre 1988 à janvier 1991 les républiques baltes s'acheminent par étapes vers la déclaration de souveraineté qui intervient au printemps 1990. Le Kremlin qui redoute la contagion éprouve de grandes difficultés à réagir : la mauvaise conscience de l'Occident qui avait sacrifié les pays baltes à Yalta, l'amène à condamner le blocus de la Lituanie (avril-juin 1990) et plus encore l'intervention sanglante des troupes spéciales en janvier 1991. Gorbatchev qui a besoin de l'aide internationale doit reculer : la Lituanie proclame son indépendance en février, l'Estonie et la Lettonie font de même le 21 août 1991, au lendemain du putsch.

► **La Russie de B. Eltsine donne le coup de grâce à l'Union soviétique.** Le 8 juin 1990, B. Eltsine, élu triomphalement au suffrage universel à la présidence de la Russie, fait adopter le principe de la supériorité des lois russes sur les lois soviétiques.

Cela revient à récuser le lien fédéral en vigueur depuis le Traité de l'Union de 1922. Dans les semaines suivantes cette décision est imitée par toutes les républiques fédérées et certaines républiques autonomes (Carélie, Yakoutie...). En novembre 1990, M. Gorbatchev propose la signature d'un nouveau Traité de l'Union dont la négociation s'éternise. À partir du mois de janvier 1991, une lutte sans merci s'engage avec B. Eltsine qui mobilise la rue et demande la démission de Gorbatchev. Faute de mieux celui-ci s'allie avec les conservateurs, ce qui inquiète l'Occident, mais sans oser aller au bout de cette logique en recourant à la force contre ses adversaires. Malgré un référendum organisé en mars 1991, qui montre que 80 % des Soviétiques sont favorables au maintien d'une « Union rénovée », le processus de décomposition s'accélère. En mai et juin les différentes républiques élisent leurs présidents au suffrage universel dans des conditions parfois douteuses mais pas en Russie où B. Eltsine remporte 57 % des suffrages. La légitimité et la crédibilité du président de l'URSS, désigné par un Soviet suprême discrédité sont remises en question. En refusant de soutenir financièrement la *perestroïka* lors du G7 de Londres en juillet 1991, les Occidentaux lui ôtent son dernier atout et ses dernières illusions.

> **Le putsch communiste du 18 au 22 août 1991,** réunit les membres conservateurs du gouvernement sous la direction du vice-président Ianaev et du premier ministre Pavlov. Imitant le coup de force qui avait réussi contre Khrouchtchev, ils isolent Gorbatchev dans sa résidence de vacances à Sotchi et annoncent que son « état de santé l'empêche d'assumer ses fonctions ». Des blindés prennent position dans Moscou, mais 60 000 partisans d'Eltsine les immobilisent devant le Parlement, permettant au président russe de se jucher sur un char devant les caméras du monde entier pour lancer un appel à la grève générale et à la désobéissance. La neutralité d'une grande partie de l'Armée, notamment des parachutistes du général Lebed, a raison du coup d'État. Les putschistes sont arrêtés le 21 août ; Gorbatchev très affecté rentre à Moscou dans la nuit en vaincu lui aussi. Dès le lendemain, Eltsine demande une réorganisation politique de l'Union, l'interdiction du PCUS et des organisations annexes ; un peu partout en URSS on déboulonne les statues des héros de la Révolution d'Octobre. Quatre mois plus tard l'URSS disparaît en même temps que démissionne M. Gorbatchev le 25 décembre 1991.

Avec le recul, les Russes portent un regard désabusé sur le putsch : vécu au moment des faits comme l'acte fondateur de la démocratie et le gage d'une amélioration rapide des conditions de la vie matérielle ; il apparaît aujourd'hui à la majorité comme le début du chaos et de l'humiliation de la Russie, un sondage réalisé en août 2001 révèle même que 47 % des Russes pensent alors que leur vie serait meilleure si le putsch avait réussi.

III. Les démocraties populaires

L'expression « démocratie populaire » est employée par les PC pour désigner les régimes politiques mis en place, au lendemain de la Seconde Guerre mondiale, en Europe centrale et orientale (Albanie, Bulgarie, Hongrie, Pologne, Roumanie, Tchécoslovaquie, Yougoslavie puis, après 1949, la RDA). Pendant près de cinquante ans, la propagande aidant, on avait pris l'habitude de les considérer comme un ensemble homogène, un bloc, reflet et extension de L'URSS oubliant un passé riche de différences et de déchirements. La prochaine intégration de ces pays dans l'Union européenne a fait prendre conscience que cette diversité a subsisté malgré et à cause des tendances uniformisatrices de la soviétisation.

1. Staline met l'Europe orientale au service de la reconstruction de l'URSS

► **L'installation des régimes communistes se fait en plusieurs étapes entre 1945 et 1953.** Staline et les Soviétiques n'ont pas confiance dans la sécurité collective proposée par Roosevelt, à travers l'ONU. Ils sont obsédés par les événements de l'Entre-deux-guerres : de l'intervention occidentale dans la guerre civile à l'invasion allemande en passant par le Cordon sanitaire. Comme on l'a vu (chap. 10) ils se donnent pour objectif la constitution à leurs frontières d'un glacis défensif dans lequel l'Armée rouge pourra se déployer durablement ; le célèbre marchandage du 9 octobre 1944 entre Churchill et Staline montre que pour ce dernier le processus était irréversible. La *Déclaration sur l'Europe libérée* souscrite lors de la conférence de Yalta, l'a seulement retardé. Pourtant que la constitution de ce glacis n'implique pas nécessairement une soviétisation qui se heurte aux réticences de Tito en Yougoslavie et de Hodja en Albanie, la Finlande constituant un autre cas. Ailleurs, et si l'on met à part la Tchécoslovaquie marquée par l'ombre de Munich et la Bulgarie où Dimitrov jouit d'une certaine popularité, les partis communistes sont très minoritaires dans l'opinion publique (10 % des voix en Hongrie).

Lorsque l'URSS signe les différents armistices avec les pays d'Europe orientale, elle doit encore tenir compte des réactions de ses alliés au sein de la « Grande Alliance ». Afin de donner une façade démocratique à sa prise de contrôle, elle adopte la stratégie des « fronts nationaux » qui regroupent tous les partis antinazis. Les communistes occupent les ministères clés (comme l'Intérieur) afin de préparer les élections ; ils n'hésitent pas à attiser les sentiments anti-allemands qui agitent les populations en juin 1945, un haut responsable tchèque, Nejedly affirme « nous *purifierons* la région de Prague et les régions frontières [parce que] nous disposons du puissant secours de l'Armée rouge ». Le début de la guerre froide est marqué par l'élimination des partis dits « bourgeois », d'abord le long des frontières soviétiques : disparition du gouvernement de coalition polonais en janvier 1947, abdication forcée des rois de Bulgarie (août) et de Roumanie (décembre). À peine créé le Kominform décide en septembre 1947 de mettre fin aux fronts nationaux : Rakosi s'empare du pouvoir en Hongrie grâce à la « tactique du salami » ; Gottwald utilise la menace d'un coup d'État sanglant pour contraindre Benès à démissionner (coup de Prague le 25 février 1948). La naissance de la RDA en octobre 1949 parachève la formation du glacis soviétique.

► **Trois outils permettent ensuite la stalinisation et la soviétisation des pays de l'Est.** En 1948 la rupture avec la Yougoslavie marque la première étape de la stalinisation. Jusqu'à sa dissolution en 1956, le Kominform est l'instrument privilégié de mise au pas des différents partis communistes d'Europe orientale. C'est le temps des épurations de masse et des grands procès contre les dirigeants suspectés de nationalisme ou de « titisme ». Ainsi que le raconte dans *L'aveu,* A. London, un des accusés du procès Slansky en 1952, les victimes des procès sont soumises à d'effroyables pressions physiques et psychologiques pour les amener à confesser des crimes et des trahisons aussi fantastiques qu'imaginaires de la part de communistes ayant maintes fois prouvé leur fidélité. En fait à travers eux d'autres cibles sont visées : Tito dans le cas de Rajk en 1949, le « sionisme » au moment où la politique soviétique de pro-israélienne devient pro-arabe dans le cas de Slansky. Comme dans les années trente la répression ne se limite pas à quelques hauts dignitaires, quelques 130 000 personnes (sur 14 millions de Hongrois) sont condamnées à la suite de Rajk. La plupart seront réhabilitées ou relâchées dans le cadre de la déstalinisation, certains comme Kadar et Gomulka accéderont même au pouvoir suprême. Parallèlement la soviétisation se développe par l'adoption d'institutions calquées sur celles de l'URSS, valorisation de la langue et de la culture soviétiques au détriment des langues nationales. En Pologne notamment, les attaques contre la religion catholique sont très mal ressenties.

Sur le plan économique les accords de 1945 donnent le droit à l'URSS de récupérer les intérêts allemands en Europe orientale. Moscou commence par réquisitionner les stocks disponibles et transférer les usines vers son propre territoire. Ensuite l'URSS met en place des sociétés mixtes (les entreprises restent dans leurs pays d'origine mais l'URSS prend le contrôle de 51 % du capital et dirige la production en fonction de ses besoins). En Roumanie la *Sovrom-petrol* contrôle 44 % de la production en 1948, dispose des meilleurs gisements, du matériel et des personnels les plus efficaces. D'autres compagnies assurent la totalité des transports fluviaux, 80 % de la production d'acier. Cette domination est renforcée par le poids exorbitant de l'URSS dans le commerce extérieur de ces pays (66 % des exportations bulgares, 60 % pour la Pologne en 1946). Devant cette exploitation sans vergogne des ressources des « pays frères », Tito affirme le droit des États socialistes à avoir une politique et un modèle de développement économique propres ; c'est une des causes de la rupture de 1948.

Les économies des démocraties populaires n'en sont pas moins alignées sur celle de l'Union soviétique. La création du CAEM en 1949 renforce les liens : la planification quinquennale, la priorité donnée à l'industrie lourde et la collectivisation des terres sont imitées. Comme en URSS des efforts considérables sont demandés aux ouvriers et la discipline devient rigide.

▸ **La soviétisation est pratiquement achevée lorsque meurt Staline,** la signature du Pacte de Varsovie permet de donner une base juridique à la présence de l'Armée rouge dans les pays frères.

Le Pacte de Varsovie est signé le 14 mai 1955 par l'URSS et ses sept alliés dont l'Albanie qui s'en retire en 1968. Ce traité d'« amitié, de coopération et d'assistance mutuelle » est une réponse aux accords de Paris permettant le réarmement de la RFA et son intégration dans l'OTAN. Il se substitue aux multiples accords militaires bilatéraux conclus à partir de 1943 (avec les Polonais du Comité de Lublin). Les institutions du Pacte de Varsovie démarquent celles de l'OTAN : la direction politique est assurée par les chefs de Parti et de gouvernement réunis au sein Comité politique consultatif qui se tient une fois par an et lors des crises, ils sont assistés par un Secrétariat et un conseil des ministres des Affaires étrangères. Le Commandant suprême des forces armées du Pacte, toujours un maréchal soviétique dépendant directement et uniquement du Kremlin, supervise les aspects militaires. En principe chargé d'assurer la sécurité extérieure des pays d'Europe de l'Est dans le contexte de la guerre froide, les forces du Pacte de Varsovie sont intervenues en Hongrie (1956) et en Tchécoslovaquie (1968) ; en 1980, le Comité politique apporte solennellement son soutien au coup de force du général Jaruselski ce qui est reçu comme une menace implicite d'intervention. La chute du mur de Berlin lui ôte toute signification militaire, Gorbatchev qui souhaitait préserver au moins la structure politique pour faire contrepoids à l'UEO, échoue. Le Pacte est officiellement dissous le 1er juillet 1991, la plupart de ses membres ont intégré l'OTAN.

La décomposition du Bloc socialiste s'étale sur quatre décennies. Elle est la conséquence non seulement de la stagnation soviétique mais aussi de l'échec des différentes variantes nationales du communisme qui fleurissent à partir des années soixante.

2. **La déstalinisation partielle et les « voies nationales vers le communisme »**

Le 26 mai 1955, le « nouveau cours » est consacré par la spectaculaire réconciliation entre Moscou et Belgrade : les Yougoslaves ont alors le plaisir de recevoir les excuses sans ambiguïtés présentées par Khrouchtchev : « Cher camarade Tito [...] nous regrettons sincèrement ce qui s'est passé [...] les documents sur lesquels se fondaient les graves offenses proférées à l'époque contre les chefs de la Yougoslavie ont été forgés de toutes pièces. » Au-delà des mots et de l'espoir d'attirer la Yougoslavie dans le Pacte de Varsovie, la direction soviétique admet implicitement les arguments de Tito sur la diversité des situations nationales et sur la nécessité d'adapter le modèle soviétique. Le monolithisme stalinien a vécu, mais la liberté d'action des gouvernants et des populations reste étroitement encadrée.

► **En 1956, le XXe Congrès ébranle profondément le monde communiste.** Passées les scènes de deuil ostentatoire mais souvent sincère, la nouvelle direction soviétique fait l'inventaire de l'héritage stalinien : elle maintient l'essentiel, c'est-à-dire la construction d'un glacis soviétisé à l'ouest de son territoire et se borne à souligner auprès des Partis frères la nécessité d'une restauration de la « légalité socialiste ». Les directions staliniennes restent donc en place, elles acceptent sans enthousiasme d'atténuer les manifestations du culte de la personnalité : Matyas Rakosi, secrétaire du Parti des travailleurs hongrois s'adjoint deux collègues et nomme Imre Nagy à la tête du gouvernement ; de même en Tchécoslovaquie une troïka remplace Gottwald, mort d'une pneumonie contractée lors de l'enterrement de Staline. Comme en URSS, on libère des prisonniers politiques : 135 000 en Hongrie, 30 000 en Pologne, quelques milliers ailleurs ; certaines victimes des purges sont réhabilitées et réintégrées dans leur parti, Janos Kadar, Gustav Husak et Wladyslaw Gomulka par exemple. Peu de choses en définitive, car les dirigeants des Démocraties populaires sont sensibles à la montée des tensions sociales et politiques qui annoncent les crises de 1956.

Le soulèvement de Berlin Est (16-17 juin 1953) n'est pas un effet direct de la disparition de Staline. Depuis sa création en octobre 1949 à la suite de l'échec du blocus de Berlin, la RDA subit une émigration massive vers l'Ouest. Ces départs concernent surtout de jeunes diplômés notamment des ingénieurs et des professions libérales dont les enfants font l'objet d'une discrimination scolaire, des techniciens et ouvriers qualifiés mécontents des bas salaires, des paysans hostiles à la collectivisation, ceci à pour conséquence une stagnation de la production et une aggravation des pénuries. Le 28 mai 1953, malgré les conseils de Moscou, le très stalinien Walter Ulbricht décrète une augmentation des normes de production sans compensation. L'entrée en vigueur de ce décret le 15 juin déclenche une grève quasi insurrectionnelle à Berlin et dans les grandes villes. Le décret est suspendu dès le 16 juin, mais le lendemain les manifestations continuent et dégénèrent en émeute anticommuniste et antisoviétique : les manifestants lacèrent et brûlent le drapeau soviétique de la Porte de Brandebourg. En milieu de journée les chars soviétiques tirent sur la foule, il y a plusieurs centaines de morts, 20 000 arrestations. Paradoxalement Ulbricht, directement responsable de la crise, apparaît à Moscou comme le meilleur garant de la stabilité. Il reste au pouvoir jusqu'à sa mort en 1973.

On retrouve des problèmes analogues en Tchécoslovaquie, en Hongrie et en Pologne. Ils ne sont pas nouveaux, mais les premières mesures de déstalinisation intervenant *après* la répression de l'insurrection berlinoise, donne aux populations concernées le sentiment qu'elles peuvent faire valoir leurs revendications. Dans ce contexte, la vague soulevée par la diffusion clandestine du rapport de Khrouchtchev est d'une ampleur imprévue en Pologne et surtout à Budapest.

En Pologne, la mort de Bierut fin février 1956 suscite un lent dégel qui n'a guère d'effet sur la vie quotidienne. Une nouvelle fois, l'augmentation sans contrepartie des normes de production déclenche l'insurrection des 15 000 ouvriers de Poznan le 28 juin 1956, au moment de la foire internationale qui a attiré de nombreux Occidentaux. L'ordre est rétabli par l'armée polonaise (53 morts) mais l'agitation perdure pendant tout l'été notamment lors du pèlerinage de Czestochowa, le 15 août, où un fauteuil vide souligne l'absence du Primat, le cardinal Wyszinski incarcéré. L'avertissement est reçu par le Parti, le 18 octobre Wladyslaw Gomulka, une victime du stalinisme relativement populaire, est nommé secrétaire général du POUP. La direction soviétique qui n'apprécie pas Gomulka a été prise de vitesse ; à Varsovie, les staliniens envisagent un coup de force avec le soutien de l'armée. Alors que des chars se préparent à faire mouvement vers les villes polonaises, Gomulka négocie avec la délégation russe dirigée par Khrouchtchev en personne. Il parvient à le convaincre que la Pologne sera d'une fidélité sans faille au Pacte de Varsovie mais que des concessions religieuses (création d'une commission mixte pour régler les problèmes en suspens) et économiques (possibilité de quitter les kolkhozes) étaient nécessaires.

La reconnaissance des Polonais auxquels il a épargné une sanglante intervention militaire, permet à Gomulka de vider progressivement de leur contenu les concessions de 1956. Les conditions de vie et de travail restent médiocres, et l'on assiste à des révoltes récurrentes à partir de la grande grève des ports de la Baltique de 1970. Cas unique cependant, le communisme polonais doit tolérer avec un contre-pouvoir puissamment structuré, bénéficiant du soutien indéfectible de la population et de la personnalité exceptionnelle de l'archevêque de Cracovie Karol Wojtyla (Jean-Paul II). L'affrontement permanent avec le pouvoir renforce le crédit de l'Église dans la population, à de nombreuses reprises elle l'utilise pour rétablir un pont entre l'État et le peuple afin d'éviter un bain de sang, avec un succès certain : le bilan des multiples soulèvements polonais fort lourd est cependant sans commune mesure avec la répression du soulèvement de Berlin, du Printemps de Prague et plus encore de la révolte hongroise.

Le soulèvement de Budapest 1956 est l'aboutissement d'une crise amorcée en 1953. Depuis la mort de Staline, une lutte ouverte oppose au sein du PC hongrois, le secrétaire général Rakosi tenant de l'ordre stalinien et Imre Nagy favorable à l'adaptation du modèle soviétique aux réalités locales : ministre de l'Agriculture, puis de l'Intérieur entre 1944 et 1946, il avait organisé le partage des grandes propriétés avant d'être écarté car il désapprouvait la collectivisation forcée tout en s'y pliant par discipline. Bénéficiant de l'appui de Malenkov, il devient premier ministre de 1953 à 1955. Contre la volonté de Rakosi et des staliniens du Parti, il accompagne la déstalinisation de mesures en faveur de la petite propriété agricole, de la production de biens de consommation et des professions libérales. Malgré sa popularité Rakosi parvient à le faire destituer et chasser du Parti à la fin de 1955. En juin et juillet 1956, le conflit passe dans la rue où des intellectuels et la jeunesse manifestent contre Rakosi qui accepte de céder la place à l'un de ses proches, Erno Gerö flanqué de Janos Kadar. La déception de la population qui attendait le retour d'Imre Nagy, entretient l'effervescence. La nouvelle de la « victoire » de Gomulka, le 23 octobre suscite une manifestation de soutien qui tourne à l'émeute après un discours maladroitement prosoviétique de Gerö : les locaux du Parti sont saccagés, on brûle des livres écrits en russe, la monumentale statue de Staline est renversée, des soldats distribuent leurs armes à la foule. Nagy est alors rappelé avec l'aval de Moscou. Entre le 24 octobre et le 3 novembre, il s'efforce de contenir l'insurrection en promettant des élections libres et pluralistes, le retrait des troupes soviétiques... poussé par la foule, il en arrive à proclamer la neutralité de la Hongrie le 1er novembre avant de s'adresser à l'ONU alors dominée par les États-Unis. C'est inacceptable pour Moscou : Kadar en accord avec l'ambassadeur soviétique Iouri Andropov, déclenche l'intervention soviétique le 4 novembre. Le peuple hongrois l'affronte les armes à la main huit jours durant. Le bilan est très lourd : plusieurs dizaines de milliers de morts, de blessés, de prisonniers. Les occidentaux qui avaient encouragé le peuple hongrois à poursuivre son action, se contentent de déclarations platoniques car la crise de Suez et les menaces soviétiques de bombarder Paris et Londres occupent les esprits.

À la fin de 1956, l'ordre est partout rétabli mais cette année de crise n'en marque pas moins un tournant pour l'ensemble du monde communiste. À l'Ouest, l'image de l'Union soviétique et celle de Staline sont écornées. Thorez en France et Togliatti en Italie ont beau dénoncer un complot de la CIA, une partie des jeunes et des intellectuels communistes s'interrogent ; les compagnons de route s'éloignent ; Trotski dont on oublie l'action « énergique » durant la guerre civile russe revient à la mode parce qu'il associe le marxisme et l'antistalinisme. À brève échéance les effets électoraux sont insignifiants, à plus long terme, les crises de 1956 favorisent l'émergence d'une « nouvelle gauche » (PSU et mouvance trotskiste en France, Parti radical italien) dont le ralliement à la social-démocratie dans les années soixante-dix précipitera le déclin des PC occidentaux bien avant la chute du Mur de Berlin.

À l'Est, les révoltes de 1956 révèlent la fragilité des deux piliers du glacis : l'appartenance intangible au camp socialiste dirigé par Moscou et le monopole politico-idéologique du Parti communiste dans chacune des démocraties populaires.

► **La consolidation et la cohésion du Bloc socialiste constituent dès lors un souci permanent pour la direction soviétique.** Dans la foulée du XXe congrès, Khrouchtchev prend le risque de mettre en place une forme de direction collégiale du mouvement communiste international : le Kominform, dissout en août 1956, est remplacé par des conférences périodiques dont les décisions doivent se prendre à l'unanimité. Certes, le « rôle dirigeant de l'URSS au sein du bloc socialiste » est réaffirmé lors de la première conférence en 1957, mais dès l'année suivante la Chine met fin à la soviétisation de son économie et lance le *Grand bond en avant*. En 1960, Khrouchtchev doit supporter les accusations de déviationnisme que lui lance l'Albanais Enver Hodja avant de quitter la conférence pour se placer sous la protection de la Chine. Finalement la conférence de 1963 consacre la rupture avec la Chine, pourtant Khrouchtchev ne parvient pas à obtenir une condamnation du schisme maoïste : les chefs des PC européens se souviennent de la condamnation du titisme en 1948 et de la palinodie de 1955. En substituant la concertation à la coercition, le « nouveau cours » rend plus aléatoire le contrôle politique et idéologique de Moscou sur ses satellites.

Après la destitution de Khrouchtchev en 1954, la direction brejnévienne cherche à concilier la cohésion de bloc et la prise en compte des différentes situations nationales. Sur le plan économique, le CAEM est relancé pour devenir « noyau économique » du monde communiste.

Le CAEM (ou COMECON) est créé en janvier 1949 par Staline pour être le pendant oriental du Plan Marshall et de l'OECE. À l'origine, le Conseil d'aide économique mutuelle regroupe autour de l'URSS toutes les démocraties populaires d'Europe à l'exception de la Yougoslavie (associée en 1964). Après 1956, le CAEM s'élargit à la Mongolie, à Cuba (1972), au Viêt-Nam (1972) tandis que l'Albanie s'en est retirée en 1960. L'expansionnisme soviétique en direction du Tiers Monde dans les années soixante-dix conduit Moscou à admettre quelques pays au rang d'observateur (Afghanistan, Angola, Éthiopie, Laos, Mozambique, Nicaragua, Sud Yémen) sans qu'ils n'en tirent grand profit.

Jusqu'au début des années soixante, le CAEM repose sur une collection d'accords bilatéraux privilégiant nettement les relations économiques avec Moscou qui complète ainsi son approvisionnement en matières premières et produits industriels. La rédaction de la Charte du CAEM en 1959 ouvre la voie à la DIST (Division internationale socialiste du travail) : chaque pays (sauf l'URSS en raison de sa taille et de son rôle stratégique) est appelé à se spécialiser, on envisage une planification concertée calquée sur le plan soviétique et l'on met en place divers organismes dont une banque internationale. Devant la résistance passive que rencontre ce programme, la direction soviétique doit rabattre ses ambitions : en 1971 on parle encore d'« approfondir la coopération », en 1984 il ne s'agit plus que de « renforcer la concertation économique ». Instrument de la satellisation de l'Europe de l'Est le CAEM disparaît en 1991.

Ainsi, à la différence de l'Union européenne, le CAEM n'a pas permis une intégration économique de l'Europe de l'Est, faute d'une « infrastructure » économique solide, la cohésion du bloc soviétique repose essentiellement sur l'idéologie délaissée par les peuples et sur la force dans les cas les plus graves. Justifiant la répression du Printemps de Prague en 1968, Brejnev est sans ambiguïté : les Démocraties populaires, bien qu'indépendantes et souveraines, appartiennent à une communauté qui leur est supérieure et qui peut donc intervenir en cas de besoin « pour la défense des conquêtes du socialisme », en d'autres termes les intérêts stratégiques du bloc socialiste, ceux de l'URSS en premier lieu, passent avant l'intérêt des États membres et de leurs peuples.

Cette « doctrine Brejnev » en vigueur jusqu'en 1989, entre cependant en contradiction avec la logique de la Détente et de l'ouverture à l'ouest concrétisée par la conférence d'Helsinki et notamment la « troisième corbeille » sur les droits de l'homme et les libertés démocratiques : le problème de la cohésion du bloc socialiste se déplace ainsi des relations interétatiques vers les rapports entre les partis communistes et les peuples qu'ils prétendent diriger.

► **Après les crises yougoslave, polonaise et hongroise, les successeurs de Staline concèdent une certaine latitude aux différents PC.** On admet l'existence de situations nationales différentes mais elles ne peuvent justifier que des adaptations mineures du système soviétique : plus de liberté économique en Hongrie et en Tchécoslovaquie, plus de tolérance pour l'Église en Pologne, plus d'initiative diplomatique pour la Roumanie ; la Bulgarie et l'Allemagne de l'Est n'ont guère profité de cette possibilité. Sur le plan politique et idéologique les dirigeants d'Europe orientale apparaissent nettement plus conservateurs que la direction soviétique elle-même. Ceci est dû pour partie à leur extrême longévité : Todor Jivkov (Bulgarie) et Janos Kadar (Hongrie) restent aux commandes de 1956 à 1989, Nicolae Ceaucescu (Roumanie) de 1965 à son exécution en décembre 1989, la stabilité des équipes dirigeantes est à peine moindre ailleurs. Mais la rigidité idéologique s'explique surtout par l'hostilité latente de la population à l'égard du régime, la résistance passive aux initiatives de la direction (notamment chez les paysans collectivisés), la dépolitisation et la fuite dans l'alcoolisme des jeunes sont les fruits du manque de liberté d'autant plus difficile à supporter que l'on accède plus facilement aux nouvelles de l'Occident qu'en URSS. Pour beaucoup de dirigeants, le bien-être matériel devient un enjeu majeur et le moyen d'éviter les explosions sociales. La Hongrie de Janos Kadar est exemplaire de ce point de vue.

La réforme économique hongroise, lancée en 1968, est le fruit d'une double évolution. Arrivé au pouvoir dans les fourgons du Pacte de Varsovie pour ramener l'ordre à Budapest, Janos Kadar met un terme à la phase de normalisation en 1961 en proclamant « ceux qui ne sont pas contre nous sont avec nous ! » : des mesures d'amnistie permettent la libération des prisonniers de 1956 et le ralliement d'intellectuels non communistes comme l'économiste Laszlo Nyers ; les échanges avec l'étranger sont rendus plus faciles. Dans le domaine économique l'accent est mis dès 1958 sur l'agriculture : les coopératives agricoles (93 % des terres) reçoivent une large autonomie (fin des livraisons obligatoires, possibilité de choisir fournisseurs et clients) et l'on favorise l'exploitation des lopins individuels et le petit élevage. En quelques années la Hongrie devient autosuffisante et commence à exporter vers le reste du CAEM et même vers l'Occident (du vin de

Tokay notamment). Fort de ces succès, le « nouveau mécanisme économique » est mis en place le 1er janvier 1968. Comme la réforme Liberman en Union soviétique, il s'agit d'accroître la productivité du travail et l'efficacité des investissements, mais la réforme hongroise va beaucoup plus loin. La répartition des tâches entre l'État et les entreprises est redéfinie : le premier est chargé d'orienter et de réguler l'économie grâce au plan, aux investissements, à la fiscalité ; les entreprises industrielles dotées d'une réelle autonomie sont responsables de leur production et de leur politique salariale (la faillite est possible et les primes dépendent des profits réalisés). Comme dans l'agriculture, l'artisanat individuel et certaines activités libérales sont admises généralement sous la forme d'un second emploi. La cohérence de l'ensemble est assurée par une réforme radicale de la fixation des prix : si les prix d'un petit nombre de produits jugés sensibles restent fixés administrativement, pour la majorité des produits le prix est seulement encadré par une fourchette ou tout simplement libre. « Le NME hongrois proposait bel et bien un nouveau modèle économique fondé sur l'association hardie d'une direction planifiée et de mécanismes de marché » (J.-F. Soulet). Les résultats sont très positifs durant les premières années mais la Hongrie plus ouverte sur le monde que ses partenaires du CAEM subit de plein fouet les conséquences de la crise mondiale des années soixante-dix : inflation, dégradation de la balance commerciale et endettement, écarts salariaux croissants, faillites de quelques entreprises. La réforme hongroise s'enlise à la fin des années soixante-dix en attendant une brutale dégradation de la situation au milieu de la décennie suivante en raison du poids de la dette extérieure.

L'Allemagne de l'Est, la Tchécoslovaquie et même la Pologne engagent elles aussi des réformes économiques mais elles tournent court par excès de bureaucratisme ou d'improvisation. Une situation de blocage s'est installée dans le courant des années soixante-dix suscitant de nouvelles poussées de contestation motivées par les mauvaises conditions d'approvisionnement. En profitant de la Détente et de la crise énergétique qui frappe l'Occident, on cherche une solution dans une plus grande ouverture vers l'Ouest, c'est le principal intérêt des accords d'Helsinki aux yeux des dirigeants d'Europe de l'Est. Et, en effet, les exportations d'énergie (Pologne) et de produits industriels (Tchécoslovaquie, RDA) permettent de financer dans un premier temps les importations en provenance de l'Occident (elles passent de 26 % à 34 % du commerce extérieur polonais entre 1970 et 1975), mais l'endettement extérieur puis le renouveau des tensions y mettent fin. Les pénuries sont à l'origine des émeutes de Gdansk et de l'apparition de *Solidarnosk,* qui annoncent, on le sait aujourd'hui, l'implosion des démocraties populaires.

À partir de 1985, la cohésion économique et idéologique des démocraties populaires est ébranlée par la relance des réformes voulue par M. Gorbatchev. Confrontés à l'hostilité des responsables communistes nationaux, les peuples au bord de la révolte se tournent vers le président soviétique auquel ils réservent un accueil enthousiaste et ambigu (en Hongrie et en Tchécoslovaquie notamment). L'effondrement se produit de manière inopinée en 1989, lorsque les difficultés internes de l'URSS et la politique d'ouverture du leader soviétique lui interdisent d'employer la force pour mettre fin aux mouvements d'émancipation (révolution de velours en Tchécoslovaquie, manifestations de masses en RDA, émeutes en Roumanie, révolution de palais ailleurs). Les démocraties populaires entrent ainsi dans le postcommuniste et d'une certaine manière dans le XXIe siècle avant la Russie.

Approfondir

LECTURES

- Pour commencer par une approche complète et synthétique mais rapide, M. A. Prigent et M. Naigeon, *L'Europe de l'Est depuis 1945,* Paris, PUF, « Major », 1997 ; l'ensemble des problématiques en 128 pages.
- Sur l'URSS, l'ouvrage de M. Laran et J.-L. Van Regemorter, *La Russie et l'ex-URSS de 1914 à nos jours,* Paris, A. Colin, 1996, est la base jusqu'à la chute du communisme, mais on peut utiliser R. Girault et M. Ferro, *De la Russie à l'URSS, histoire de la Russie de 1850 à nos jours,* Paris, Nathan-Université, 1989. Sur la place de la Russie dans les Relations internationales, J.-L. Van Regemorter, *La Russie et le monde au XXe siècle,* Paris, A. Colin, 1996. Sur le Parti communiste on peut consulter le « Que sais-je ? » de P. Gélard, *Le Parti communiste de l'Union soviétique,* Paris, PUF, 1991.
- L'histoire des démocraties populaires est retracée par Henri Bogdan, *Histoire des pays de l'Est des origines à nos jours,* Paris, Hachette-Pluriel, 1995. Centré sur la problématique des réformes et les facteurs de l'effondrement du communisme, J.-F. Soulet, *La mort de Lénine : l'implosion des systèmes communistes,* Paris, A. Colin, 1991. Concernant les problèmes actuels, J.-Y. Potel, *Les 100 portes de l'Europe centrale et orientale,* Paris, Les Éditions de l'Atelier, 1998, n'oubliez pas de commencer par l'introduction !

THÈMES DE RÉFLEXION

- Le parti communiste soviétique depuis 1917 ?
- L'étranger proche : Soviétiques, Russes et Allogènes depuis 1880.
- La question des réformes en Union soviétique depuis la mort de Staline.
- La Russie des années quatre-vingt-dix est-elle une « grande puissance humiliée » ?
- Les citoyens soviétiques face au pouvoir après la mort de Staline.

Utiliser

Pourquoi l'échec du socialisme en URSS ?

PRÉSENTATION

L'effondrement pacifique de la puissance soviétique et la remise en question imprévue des réalisations de soixante-dix ans de régime communiste ont suscité deux types d'analyses : celles qui mettent en avant le système politique et celles qui invoquent un contexte difficile et des politiques inadéquates des derniers dirigeants. Mais la question qui se trouve en arrière plan est toujours de savoir s'il s'agit ou non d'un échec du marxisme en tant qu'idéologie et projet global de société. Il faut commencer par noter que la notion d'échec est relative aux objectifs que l'on s'était fixés ainsi qu'aux résultats des pays et systèmes concurrents ; ceci conduit à mettre en avant un faisceau de facteurs plutôt qu'une causalité unique forcément simpliste.

En 1979, lors de l'invasion de l'Afghanistan, Georges Marchais déclenchait un tollé en parlant du « bilan globalement positif » de soixante ans de communisme en URSS. Une décennie plus tard, la seconde superpuissance mondiale s'effondrait pratiquement sans effusion de sang et dans la stupeur générale. Aujourd'hui, le parti communiste est redevenu dans les urnes, la première force politique de Russie et la nostalgie de la période stalinienne s'affiche ouvertement. Ces contrastes reflètent les évolutions contradictoires d'un peuple et d'un système que l'Occident croyait monolithique.

I. Un bilan globalement négatif ?

1. D'indéniables réussites qui ont fait de l'URSS un modèle social et économique

► **Vue de l'extérieur, l'URSS a relevé le défi du développement économique et de l'industrialisation.** Les années trente ont vu l'URSS passer du stade de pays sous-développé à l'agriculture archaïque au rang de troisième puissance industrielle capable de vaincre l'Allemagne nazie ; la reconstruction d'une économie détruite à 60 % puis les avancées techniques dans le cadre de la guerre froide montrent la persistance de ce dynamisme jusqu'au milieu des années soixante-dix au moins (+ 8,8 % par an en moyenne de 1928 à 1980).

► **Sur le plan social,** le système soviétique assure aux citoyens une sécurité de vie appréciable surtout après 1955 : chômage inexistant, protection sociale et éducation gratuite, accès aux services sociaux des entreprises, prix très bas pour les denrées et les services de base. C'est beaucoup mieux qu'en Occident dans les années trente et que dans le Tiers Monde.

► **Ces réussites font de l'URSS la seconde superpuissance mondiale,** capable d'offrir un modèle de substitution au capitalisme libéral. Pour les ouvriers du Nord soumis au tayloro-fordisme, l'URSS apparaît comme le modèle d'une société plus juste et le communisme comme une contre-culture (cf. le cas de la France dans les années trente à soixante). Au sud, la voie soviétique permet de valoriser rapidement les atouts dont disposent les pays en développement (le sol, le sous-sol et la main-d'œuvre peu qualifiée) sans avoir recours aux pays capitalistes volontiers identifiés à l'impérialisme.

2. Incapacité à relever les défis que l'URSS a elle-même lancés au capitalisme occidental

► **Les limites du modèle soviétique sont mal perçues** à l'intérieur comme à l'étranger. Malgré des investissements très lourds, la productivité reste très inférieure à celle de l'Occident d'où un retard croissant. Ceci s'accompagne de l'incapacité à relever les défis technologiques sauf dans les secteurs liés à la défense (encore cela devient-il de moins en moins vrai dès les années soixante-dix). C'est à la fois une des causes et la conséquence de l'incapacité à renoncer aux choix de 1928 en faveur de l'industrie lourde et de la gestion centralisée de l'économie. En conséquence la croissance de l'économie officielle est en baisse constante (10 % de 1950 à 1959 contre 3 % entre 1975 et 1979) alors que perdure une économie de pénurie. L'URSS reste vouée à un mode de développement extensif particulièrement coûteux en termes de facteur de production (richesses naturelles pillées, main-d'œuvre sacrifiée, capital gaspillé).

► **Une incapacité à satisfaire les besoins de la population.** Au cours des années soixante-dix, les citoyens soviétiques prennent conscience de leur important retard de niveau de vie par rapport à l'Occident, certes le revenu des Soviétiques s'est élevé de 3,5 % par an de 1957 à 1985, mais 45 % sont consacrés à l'alimentation contre seulement 25 % en Europe cela tient notamment à la hausse des prix sur le marché kolkhozien (de 135 % du prix officiel en 1965 à 235 % en 1985). Les biens de consommation courante absorbent la plus grande partie du solde en raison de leur coût relatif deux fois plus élevé qu'à Paris : 42 heures de travail pour une robe en rayonne en 1980 et 62 heures pour un costume d'homme (contre 20 et 36 heures), la qualité en moins. Le problème du logement, posé dès 1921 et aggravé par la guerre, n'a jamais été résolu. À ceci s'ajoute le temps perdu dans les files d'attente (190 heures par an et par adulte, soit l'équivalent de cinq semaines de travail). Le sentiment d'injustice est aggravé par l'écart qui se creuse entre le peuple et les privilégiés du régime.

► **Malgré un regain d'expansionnisme à la fin de l'ère Brejnev, la puissance soviétique est minée par la dépendance** de l'URSS à l'égard des pays capitalistes. En 1959, l'OCDE représentait 11,5 % du commerce extérieur soviétique, mais 31 % en 1975, cette explosion cache un déclin qualitatif : les produits manufacturés ont diminué en raison d'une qualité insuffisante, alors que celle des produits bruts (énergies et métaux raffinés comme le cuivre, le chrome, l'aluminium) augmente. C'est une évolution inverse de celle du Tiers Monde, Chine comprise. À l'inverse l'URSS doit importer des produits alimentaires et des biens d'équipements alors que leur production constitue le pivot de son modèle de développement. Les risques politiques sont importants comme le montrent l'action du COCOM et l'embargo de 1979. Sur le plan militaire et stratégique l'URSS ne parvient pas à suivre l'effort américain ni à s'imposer face aux maquisards Afghans.

II. *Le dilemme des réformes au centre de l'échec soviétique*

1. L'échec par l'absence de réforme

► **La nécessité des réformes est énoncée dès le lendemain de la mort de Staline en 1953.** Aux yeux de ses successeurs le système est en effet voué au blocage du fait de l'épuisement des facteurs (terres et main-d'œuvre surtout) et de la faible productivité.

► **L'échec du volontarisme Khrouchtchévien.** Il s'agit pour Khrouchtchev de « perfectionner » le système et seul le parti peut le faire. D'emblée la déstalinisation est donc encadrée (retour à la « légalité socialiste », libération de certains prisonniers politiques, libéralisation partielle de la pensée et de l'expression), mais on évite de remettre en cause les choix économiques, sociaux et idéologiques de 1928 (selon le rapport du XXe congrès en 1956, les erreurs de Staline ne commencent qu'en 1934). Les solutions aux problèmes concrets proposées par Khrouchtchev sont également incomplètes. L'agriculture et le monde paysans bénéficient d'un changement réel, sans que cela fasse disparaître la méfiance à l'égard de la ville et du régime. Le niveau de vie des citadins s'améliore mais l'écart commence à se creuser avec l'Occident malgré les promesses. Surtout Khrouchtchev se heurte à l'hostilité de la bureaucratie qui lui reproche ses réformes brouillonnes (création des Sovnarkhozes) et la remise en cause de ses privilèges (réformes de 1962). Le bilan est négatif ce qui entraîne son éviction en 1964.

► **Pendant deux décennies, la direction brejnévienne cherche une voie médiane** compensant le dogmatisme idéologique (printemps de Prague, répression des dissidences) et le conservatisme social permettant de préserver les avantages de la *Nomenklatura* par des tentatives de réformes économiques visant l'intensification de la production. Des relances périodiques montrent que le mouvement des réformes s'enraye facilement, preuve qu'il est mal adapté aux réalités et qu'il est mal accepté tant par les cadres que par l'ensemble de la population.

2. L'échec par la réforme

► **La *Glasnost* et la *Perestroïka* déstabilisent l'État à un moment crucial.** Gorbatchev doit entreprendre des réformes politiques de plus en plus profondes pour appuyer les réformes économiques : l'équilibre des pouvoirs entre le Secrétaire général et le Parti, le Parti et la société civile, le Centre et les périphéries, les Russes et les populations allogènes est bouleversé mais comme il le reconnaît en démissionnant, Gorbatchev n'a pas le temps de construire un système de substitution : le chaos s'installe d'autant plus vite que la bureaucratie d'un côté, les Réformateurs de l'autre choisissent la politique du pire.

▸ **Le plus grave est la montée des nationalismes dans les républiques allogènes :** dans le Caucase, les Pays baltes et en Moldavie surtout ; mais les responsables de l'Extrême-Orient font également preuve d'une indépendance croissante. La rupture vient de la proclamation de l'indépendance de la Russie par Boris Eltsine quelques mois après l'échec peu glorieux pour les conservateurs comme pour Gorbatchev du coup d'État d'août 1991. La négociation en dehors du pouvoir central du traité de la CEI impose la démission de Gorbatchev qui enterre l'URSS en quelques minutes le 25 décembre 1991.

Conclusion

Malgré l'éclat de ses réalisations, le système soviétique s'est effondré tout comme le régime tsariste, parce qu'il ne disposait plus de la confiance nécessaire pour convaincre, ni de l'autorité pour imposer. Sa chute a remis en cause, sans doute de manière temporaire, l'héritage de soixante-dix ans de communisme et plus de trois siècles de domination russe sur l'est de l'Europe et le nord de l'Asie.

24

L'Europe expression géographique ou futur grand ?

LA CONSTRUCTION EUROPÉENNE DE 1945 À 1989

Connaître

1946	Discours de Churchill à Zurich sur les États-Unis d'Europe
1948-1949	Plan Marshall. Création de l'OECE, de l'OTAN et du Conseil de l'Europe
1950	Déclaration Schuman sur la CECA. Plan Pleven sur la CED
1954	La France rejette la CED. Création de l'UEO
1957	Traités de Rome créant la CEE et l'Euratom
1960	Création de l'AELE
1961-1962	Plan Fouchet. Accord sur les principes de la PAC
1963	Premier veto français à l'adhésion britannique Convention de Yaoundé
1965-1966	Crise de la « chaise vide » et compromis de Luxembourg
1967	Second veto français à l'adhésion britannique
1968	Achèvement du désarmement douanier (1er juillet)
1969	Sommet de La Haye : la France accepte l'adhésion britannique
1972	Premier élargissement. Création du Serpent monétaire
1979	Création du SME et de l'ECU. Élection du Parlement européen
1981	Entrée de la Grèce dans la CEE
1985	Acte unique européen. Accords de Schengen (juin)
1986	Entrée de l'Espagne et du Portugal dans la CEE
1989	Chute du mur de Berlin (9 novembre)
1990	Libération totale des mouvements de capitaux Réunification de l'Allemagne

La question de l'identité européenne est posée depuis longtemps mais le déclin de l'Europe consécutif aux deux guerres mondiales lui a conféré une profondeur nouvelle. Pour l'Union européenne, qui se construit avec la bénédiction des États-Unis d'abord puis sans eux, ce n'est pas la seule question cruciale. L'œuvre n'a pas de précédent puisqu'il faut rapprocher des nations étrangères : quelle organisation doit-on lui donner (fédérale, confédérale, ou autre chose à définir) ? La Grande-Bretagne en raison de son empire et l'URSS par idéologie se tiennent à l'écart, avec qui construira-t-on une Europe équilibrée ? Quels objectifs faut-il lui assigner ?

Quelle Europe, avec qui et pourquoi faire ? Il n'a jamais été répondu de manière claire et définitive à ces trois questions quasi ontologiques. L'Europe s'est pourtant construite, ou du moins cela que par commodité de langage on a pris l'habitude de désigner ainsi : la Communauté européenne coincée entre l'Atlantique et le rideau de fer. Cette phase est dépassée, une grande Europe s'étendant jusqu'en Pologne est envisagée avant 2010, mais les ambiguïtés subsistent.

I. Le projet européen émerge durant la guerre froide

L'Europe géographique des lendemains de la guerre est un espace sans unité écartelé entre les blocs. L'Union européenne, que la plupart des alliés des États-Unis appellent de leurs vœux, se fait essentiellement dans un contexte de guerre, elle en conserve un trait apparemment indélébile, l'atlantisme, ce qui est une forme de remise en cause de l'identité européenne.

1. Qu'est-ce que l'Europe ?

▸ **L'histoire et la géographie ne fournissent que des réponses insatisfaisantes.** L'Europe des géographes est une petite péninsule de l'Eurasie située à l'ouest de l'Oural et du Bosphore. Ce « bornage » qui traverse plusieurs États n'a pas de réelle signification humaine, économique ou politique. L'histoire fournit aussi des indications contradictoires.

Hérodote s'interroge déjà au Ve siècle av. J.-C. sur la légende d'Europe, princesse tyrienne séduite par Zeus qui s'était changé en taureau pour l'occasion, et dont le nom désigne alors un espace situé au nord et à l'est de la Grèce. Le terme n'a qu'un succès limité jusqu'à la fin du Moyen Âge où se confondant avec la Chrétienté latine il s'oppose à l'Orient orthodoxe et à l'Islam. Avec l'émergence et la consolidation des monarchies nationales de plus en plus homogènes sur le plan culturel et linguistique, l'Europe devient essentiellement une idée façonnée par des penseurs politiques. En 1464 le roi de Bohème Georges de Podébrady est le premier à proposer la formation d'une ligue des princes chrétiens dont la puissance formidable serait capable de refouler la menace ottomane. Ensuite, jusqu'à la Première Guerre mondiale, des systèmes de paix perpétuelle de plus en plus raffinés sont élaborés par des hommes éminents comme Thomas Moore au XVIe siècle, Sully et le juriste Grotius au XVIIe ou encore l'abbé de Saint-Pierre et Kant au XVIIIe siècle. Tous ces systèmes vont à contre-courant de l'idée nationale et du patriotisme qui s'affirment dans le sillage de la Révolution française et de l'Empire. Le désastre de la Première Guerre mondiale leur redonne une nouvelle actualité. Dans les années vingt plusieurs mouvements apparaissent, le plus riche d'avenir est le **Mouvement paneuropéen.**

> **Le Mouvement paneuropéen est fondé en 1923 par le comte Coudenhove-Kalergi.** Celui-ci imagine la création d'un bloc régional européen au sein de la SDN, l'indépendance nationale serait respectée mais on créerait trois institutions chargées de régler les conflits internationaux : un Conseil des chefs de gouvernements, une Assemblée formée de parlementaires délégués par chaque pays et une Cour de justice. L'originalité de Coudenhove-Kalergi est d'avoir cherché à intéresser des hommes influents (Blum, Briand, Herriot, Adenauer, Rilke, Claudel...) plutôt que de s'adresser aux peuples. Cette approche sera reprise par J. Monnet avec son Comité pour l'Europe dans les années cinquante et soixante.

La réussite de l'effort de construction européenne de l'après-guerre doit beaucoup à cette longue maturation, notamment lorsqu'il a fallu plusieurs fois relancer le processus en train de s'enrayer.

► **Au lendemain de la guerre l'Europe qui était le centre du système-monde depuis le XVIe siècle devient alors une périphérie contestée.** Les destructions s'étendent de Brest à Moscou ; même les neutres comme la Suisse et la Suède ont souffert des conséquences économiques de la guerre. La vie politique nationale est le plus souvent désorganisée. Sur le plan international la Grande-Bretagne a épuisé ses forces pour vaincre mais le continent a été finalement libéré par des puissances extra-européennes qui se découvrent entre 1945 et 1947 des ambitions planétaires rivales. L'Europe est plus que jamais réduite à la situation « d'expression géographique ».

Devant l'ampleur des pertes humaines et matérielles les pays d'Europe occidentale prennent conscience que la reconstruction des économies nationales et la mise en place d'une large coopération doivent aller de pair afin d'éviter les erreurs funestes des années vingt, les États-Unis les encouragent dans cette voie.

2. Les États-Unis protègent les premiers pas de l'Union européenne

► **De 1945 à 1950 environ une sorte de consensus se dégage en faveur de l'Union européenne.** Les opinions publiques se détournent pour quelques années des nationalismes qui ont précipité le continent dans deux guerres mondiales. À l'exception des communistes, les forces politiques dominantes des différents pays y sont favorables : les partis socialistes ou sociaux-démocrates et surtout la démocratie chrétienne, que l'on retrouve pratiquement partout, voient dans l'union le moyen de préserver définitivement leurs valeurs contre un éventuel retour du fascisme et surtout contre la poussée du communisme.

Les hommes existent aussi, ils se sont côtoyés dans la résistance au nazisme ou bien à Londres dans les différents gouvernements en exil ; des réseaux se sont ainsi créés autour de quelques personnalités comme Paul Henri Spaak, Alcide de Gasperi et surtout Jean Monnet :

Jean Monnet (1888-1979) originaire de Cognac entame sa carrière durant la Première Guerre mondiale comme représentant français dans les organismes économiques interalliés. Nommé secrétaire général adjoint de la SDN il démissionne rapidement et se consacre à la finance internationale tout en conseillant plusieurs gouvernements (Pologne, Roumanie), il participe à l'élaboration du plan de modernisation de la Chine en 1933. Durant la Seconde Guerre mondiale il représente la Grande-Bretagne lors de la préparation du *Victory Programme* américain. Il est envoyé à Alger par Roosevelt afin de concilier Giraud et de Gaulle, il entre alors au CFLN. À la Libération de Gaulle lui confie le Commissariat général au Plan, mais Jean Monnet se voue surtout à la réalisation des États-Unis d'Europe : il est à l'origine de la CECA dont il préside la Haute Autorité jusqu'à sa démission en 1955, mais il n'est guère favorable au projet de CED qu'il juge prématuré. Il fonde et anime jusqu'en 1975 le Comité d'action pour les États-Unis d'Europe qui regroupe des responsables politiques et économiques capables d'influencer les prises de décision.

► **La guerre froide fournit le ferment de l'union.** Il appartient à Winston Churchill de poser le problème dans deux discours prononcés en 1946 : en mars à Fulton il constate qu'un rideau de fer est tombé sur l'Europe ; en septembre à Zurich il invite les Européens à construire des *États-Unis d'Europe*. Churchill souhaite que l'URSS et ses alliés y prennent part (mais non la Grande-Bretagne qui doit rester une puissance planétaire selon lui), il espère surtout l'aide américaine. La doctrine Truman énoncée en mars 1947 répond à cette attente largement partagée : pour la première fois les États-Unis renoncent à la doctrine Monroe pour prendre la tête du monde libre en temps de paix ; le retrait des troupes américaines, commencé avec la fin de la guerre, est suspendu et la confiance accordée aux mécanismes collectifs de l'ONU est remise en question.

C'est un soulagement pour les pays européens mais les États-Unis attendent d'eux qu'ils mettent fin à leurs querelles et à leurs divisions. La leçon des négociations de Versailles a été retenue, Marshall le dit sans détour avec même un peu de condescendance : « Il faut que les pays européens se mettent d'accord sur leurs besoins [...] et sur l'effort qu'ils devront eux-mêmes fournir. » Le Congrès subordonne la poursuite de l'aide américaine au maintien de la coopération entre Européens. De manière empirique trois organismes sont mis en place successivement.

L'OECE (Organisation européenne de coopération économique), instituée le 16 août 1948, est la contrepartie de l'aide économique. Elle a son siège à Paris au château de la Muette où sont installés le secrétariat et les experts des différents pays. Durant une douzaine d'années d'existence, elle a permis la répartition de l'aide Marshall mais également la relance du commerce intra-européen grâce à l'Union européenne des paiements (UEP) et à la libéralisation des échanges. Elle perd sa raison d'être avec le redressement des économies européennes qui sont dans l'ensemble plus dynamiques que celle des États-Unis au début des années soixante. Elle se transforme alors en OCDE et intègre les principales puissances économiques capitalistes.

L'OTAN (Organisation du traité de l'Atlantique Nord) est l'organisme intégré du **Pacte Atlantique d'avril 1949**. Sur le plan militaire le SHAPE *(Superior Headquaters of Allied Powers in Europe)* confié à Eisenhower intègre une pyramide de commandements régionaux ; il est flanqué d'un organe politique, le Conseil Atlantique qui réunit les chefs d'État et de gouvernement de l'Alliance. L'Europe occidentale s'arrime donc solidement et volontairement aux États-Unis : l'atlantisme n'est pas alors un péché contre l'indépendance nationale. Toutefois l'OTAN insère les pays européens dans une vaste communauté européo-atlantique (Ch. Zorgbibe) où chacun se retrouve en définitive seul face aux États-Unis.

Le Conseil de l'Europe est créé le 5 mai 1949 dans le sillage du congrès des mouvements favorables à l'Union européenne réunis à La Haye en 1948. Le Conseil de l'Europe installé à Strasbourg comporte de trois organes : le *Conseil des ministres* débat et statue à l'unanimité sur les propositions de l'*Assemblée parlementaire* (réunissant des délégués des Parlements nationaux), enfin une centaine de *comités intergouvernementaux* traitant de problèmes spécifiques faisant l'objet de conventions internationales dont la ratification est facultative. Le Conseil de l'Europe n'a pas joué un rôle direct dans la construction de la CEE en revanche il a servi de forum de réflexion et de lien entre la Communauté et le reste des pays d'Europe. La Convention européenne des droits de l'homme (1950) et la Cour européenne des droits de l'homme sont ses principales réalisations.

► **Le fonctionnement de l'OECE et du Conseil de l'Europe révèle deux conceptions antithétiques de l'Union européenne.** La *conception confédéraliste ou unioniste* n'envisage qu'une simple coopération intergouvernementale sur des points d'intérêt commun n'empiétant en rien sur la souveraineté nationale. Les organismes communs éventuels (secrétariat ou autre) ne doivent disposer d'aucun pouvoir propre de type supranational et les décisions sont prises à l'unanimité. C'est le pivot de la politique européenne de la Grande-Bretagne. De Gaulle et les gaullistes sont d'un avis semblable mais admettent l'existence d'institutions confédérales pour la défense et la politique extérieure notamment, dans un avenir indéfini mais lointain.

La *conception fédéraliste* implique la création d'une entité politique supranationale contrôlée par un Parlement élu si possible au suffrage universel direct et agissant de concert avec le Conseil des ministres. La possibilité pour l'organisme supranational de prendre des décisions politiques et le vote à la majorité au sein du Conseil sont des critères décisifs. Cette vision de l'Europe est portée par le courant social-démocrate au sein de la mouvance socialiste, une large partie de la droite libérale ainsi que par le courant démocrate-chrétien omniprésent au lendemain de la guerre (le MRP et ses descendants en France, la CDU en Allemagne, la Démocratie chrétienne en Italie). Il existe cependant des nuances sur les moyens à employer pour ménager les transferts de souveraineté entre les États et l'organisation supranationale. Dans un premier temps on tente de trouver une solution juridique globale ressemblant à une Constitution européenne. On choisit ensuite une intégration progressive, secteur par secteur, presque insensible et pourtant plus acceptable par les Parlements et les peuples.

3. La CECA puis la CED marquent l'apogée et l'échec du fédéralisme entre 1950 et 1954

► **L'indispensable rapprochement franco-allemand est à l'origine des initiatives françaises de 1950.** Jusque-là la France avait recherché le démembrement de l'Allemagne et l'instauration d'une administration internationale sur la Ruhr ; la création de la RFA, imposée par les Anglo-Saxons en 1949 l'oblige à réviser sa politique : il lui faut désormais trouver les moyens d'une réconciliation définitive. La voie choisie est celle d'une coopération économique dans le secteur stratégique du charbon et de la sidérurgie. Un projet de Communauté franco-allemande du charbon et de l'acier ouverte à d'autres pays est préparé par J. Monnet en avril 1950 et transmis au ministre des Affaires étrangères Robert Schuman. Il comporte une affirmation de principe qui demeure aujourd'hui la pierre angulaire de la construction européenne : « L'Europe ne se fera pas d'un coup, ni dans une construction d'ensemble : elle se fera par des réalisations concrètes créant d'abord une solidarité de fait. Le rassemblement des nations européennes exige que l'opposition séculaire de la France et de l'Allemagne soit éliminée. »

L'objectif de la CECA est clairement défini par R. Schuman le 5 mai 1950. C'est une organisation à vocation supranationale qui constitue « les premières assises concrètes d'une Fédération européenne ». Six pays participent aux négociations, la Grande-Bretagne s'étant récusée. Le traité signé à Paris en avril 1951 entre en vigueur le 25 juillet 1952. Son originalité vient de la création d'une Haute Autorité de neuf membres nommés d'un commun accord par les gouvernements mais indépendants de ceux-ci, elle dispose seule du pouvoir de décision et d'un financement propre assis sur un impôt européen représentant 1 % de la valeur des produits sidérurgiques et miniers. Elle collabore avec le Conseil des ministres et l'Assemblée parlementaire consultative, une cour de justice est instituée pour trancher les différends. En quelques années la CECA a mis en place une union douanière dotée d'un tarif extérieur commun ; elle a participé à la reconversion des régions industrielles en crise. En revanche elle n'a pu empêcher que chaque pays définisse sa propre politique énergétique (pour le pétrole notamment).

La CECA sert de banc d'essai aux politiques d'intégration sectorielle qui caractérisent la construction de la CEE. Elle est également le modèle du projet d'union politique et militaire lancé par René Pleven 1950.

► **La CED cherche à concilier deux objectifs politiques contradictoires.** En juillet 1950, à la suite du déclenchement de la guerre de Corée, les États-Unis qui ont dégarni le front européen au profit de l'Asie, souhaitent réarmer l'Allemagne qui se situe à la charnière du dispositif de l'OTAN. Pour la France une armée nationale allemande dotée d'un État-major est totalement inacceptable même si elle est intégrée dans l'OTAN.

La CED naît le 24 octobre 1950 lorsque René Pleven improvise un projet inspiré par la CECA en cours de négociation. L'idée centrale est la création d'une armée européenne intégrée dans laquelle les différents pays verseraient des unités du niveau d'un corps d'armée (3 ou 4 divisions), un ministre de la Défense et un État-major européen dirigeraient l'ensemble qui serait mis à la disposition du commandement intégré de l'OTAN.

Cette solution permet de faire participer des Allemands à la défense commune sans pour autant recréer une armée allemande. Comme pour la CECA le *plan Pleven* prévoit de réunir le Conseil des ministres mais de doter l'Assemblée parlementaire de pouvoirs plus étendus.

Tout d'abord la proposition française est mal accueillie : les Britanniques n'en veulent pas, les Américains dénoncent une manœuvre dilatoire. De longues négociations entre les Six aboutissent au traité de Paris signé le 25 mai 1952 instituant la CED (Communauté européenne de défense). En cours de route est apparu le besoin d'une Union politique partielle pour les affaires de défense et de politique extérieure. Un nouveau projet de traité est préparé par l'Assemblée de la CECA rebaptisée pour l'occasion Assemblée *ad hoc*.

L'ensemble est rejeté le 30 août 1954 par les députés français. Le MRP reprochera toujours à P. Mendès-France auréolé par les accords de Genève sur l'Indochine, de ne pas avoir défendu la CED. La réalité est plus complexe. Alors que la guerre froide avait poussé à oublier les difficultés, la mort de Staline bientôt suivie des débuts de la coexistence pacifique fait prendre conscience des risques. D'un organisme technique aux objectifs limités, la CECA, on est passé en quelques mois à la préparation d'un gouvernement européen essentiellement chargé de décider de la paix et de la guerre. C'était sous-estimer le poids des réflexes nationaux. L'échec de la CED ouvre la voie à la création de la *Bundeswehr* et à son intégration dans l'OTAN par le biais de l'UEO.

L'Union de l'Europe occidentale créée par les accords de Paris le 24 octobre 1954, est un pacte défensif intégré dans l'OTAN. L'Allemagne obtient l'égalité des droits et la fin du statut d'occupation ; elle entre dans l'OTAN le 5 mars 1955 ; en contrepartie l'Allemagne renonce à fabriquer et à détenir des armes nucléaires, bactériologiques et chimiques. L'organisation est pilotée par un Conseil des ministres siégeant à Londres, une assemblée parlementaire et un secrétariat situés à Paris. L'UEO avait la possibilité de se doter d'organes militaires, mais de peur de concurrencer le commandement (américain) de l'OTAN cette évolution vers une défense authentiquement européenne est refusée par les pays membres trente ans durant. Depuis 1985 l'UEO, connaît un certain renouveau car elle demeure le seul organisme spécifiquement européen dans le domaine de la défense, mais malgré la création de l'Eurocorps opérationnel en décembre 1995, la route est encore longue.

4. La conférence de Messine en 1955 relance le processus européen et débouche sur les traités de Rome

Malgré l'UEO la construction européenne est en panne au début de 1955. J. Monnet décide alors de forcer le destin : il démissionne de la Haute Autorité de la CECA afin de précipiter une réunion des ministres des Affaires étrangères pour lui trouver un successeur. La rencontre qui se tient à Messine le 1er juin 1955 étudie également un mémorandum belgo-néerlandais (plan Beylen) proposant une union douanière ainsi que la création d'organismes sectoriels sur le modèle de la CECA. Le principe est accepté et l'on décide d'inviter la Grande-Bretagne aux négociations : une nouvelle fois elle refuse de s'engager. Après dix-huit mois de négociations techniques deux traités sont signés le 23 mars 1957 à Rome sur le Capitole.

► **Le traité instituant la Communauté économique européenne (CEE)** est un long document de plus de 200 articles, mais il ne comporte ni clause de retrait ni limite de durée : d'emblée la construction européenne est conçue comme un processus irréversible. En revanche l'élargissement à d'autres pays est prévu.

Les principes sont posés dans l'article 2 : « La Communauté a pour mission, par l'établissement d'un marché commun et par le rapprochement progressif des politiques économiques des États membres, de promouvoir un développement harmonieux des activités économiques dans l'ensemble de la Communauté, une expansion continue et équilibrée, une stabilité accrue, un relèvement accéléré du niveau de vie, et des relations plus étroites entre les États qu'elle réunit. »

Le Marché commun est la pierre angulaire de la CEE. Il repose sur la libre circulation des marchandises, des services, des capitaux et des personnes. Toutefois, seule la libération des échanges de marchandises industrielles bénéficie d'un calendrier détaillé comportant trois étapes de quatre ans sanctionnées par un vote unanime du Conseil des ministres ; les produits agricoles doivent faire l'objet de négociations particulières. Le traité prévoit un **Tarif extérieur commun (TEC)** ainsi que l'institution d'une **politique de la concurrence** (art. 85 et 86) pour empêcher les ententes illicites et les concentrations abusives. La **Politique agricole commune** mise à part, les autres politiques sectorielles sont seulement évoquées et les questions monétaires totalement absentes.

La CEE est dotée d'institutions politiques aux pouvoirs supranationaux plus limités que ceux de la CECA mais bien supérieurs à ceux d'un simple secrétariat. **La Commission et le Conseil des ministres** constituent l'exécutif. La Commission siégeant à Bruxelles dispose d'un pouvoir de décision qui prend différentes formes : les **règlements** ont valeur de lois s'appliquant à tous ; les **directives** fixent un but à atteindre mais les États conservent le choix des moyens ; les **décisions** visent un pays ; la Commission formule également des recommandations. **Le Conseil des ministres** prend les décisions politiques, l'unanimité requise dans les premières années devait faire place à la majorité qualifiée dès 1965. **L'Assemblée parlementaire** et **la Cour de justice** sont celles de la CECA. D'autres organes sont prévus : le Conseil économique et social, la Banque européenne d'investissement.

Signé en même temps, le traité instituant la **Communauté européenne de l'énergie atomique (CEEA ou Euratom)** a pour objet de favoriser la recherche et le développement technique par des échanges de compétences et la création de centres de recherche communs ; un Marché commun des matériels et des produits nucléaires doit être mis en place. L'Euratom est un échec car il s'est heurté à la mauvaise volonté des gouvernements du Général de Gaulle.

► **Les traités de Rome constituent un ensemble extensible et adaptable.** Le Marché commun n'est pas une organisation internationale banale. Il se distingue d'une zone de libre-échange où l'on se contente d'abaisser les tarifs douaniers. Il va plus loin qu'une union douanière qui n'exige pas un appareil institutionnel complet. Il s'agit selon la formule de l'économiste J. Rueff d'« un marché institutionnel » qui laisse passer les marchandises mais ne laisse pas faire la concurrence sauvage. La finalité économique est prioritaire, mais les auteurs du texte se donnent pour objectif implicite l'intégration politique. Afin d'éviter un nouvel échec, les rapports entre la Commission et le Conseil sont volontairement laissés dans un certain flou, cependant le fédéralisme a les faveurs des artisans du traité : la structure institutionnelle prévoit la séparation des trois pouvoirs démocratiques ainsi que des formes atténuées de supranationalité dont le vote à la majorité dans certains domaines.

Le traité introduit une dose de concurrence assez forte pour imposer dans les faits une convergence des politiques économiques et éliminer ainsi une des sources du nationalisme. Aux yeux des fédéralistes les négociations communautaires doivent servir d'école politique pour les responsables et pour les peuples. Tout un style de diplomatie et de diplomates naît à Bruxelles : la recherche permanente de solutions partielles aux litiges par les experts de la Commission et ceux des différents pays empêchent que les oppositions politiques fréquentes se cristallisent sur des points de détails. L'impossibilité de quitter la communauté et la définition de calendriers très stricts font de la recherche du compromis une sorte d'obligation institutionnelle, l'inconvénient est qu'ils sont presque toujours techniques, abscons et opaques.

Au plan mondial la constitution de la CEE soulève quelques inquiétudes et récriminations de la part de la Grande-Bretagne qui refuse l'intégration économique et s'en tient au principe du libre-échange et suscite l'Association européenne de libre-échange (AELE). **Les États-Unis et les pays du GATT** exigent des négociations commerciales car ils craignent une fermeture du marché européen : en 1960, le premier *round* de négociation du GATT *(Dillon Round)* admet le TEC en échange d'un abaissement des droits de douanes européens.

De l'appel de Zurich à l'échec de la CED le rêve d'une grande Europe politique a sous-tendu les premiers pas de l'Union européenne. Il est aisé avec quarante ans de recul de souligner ce que cela avait de prématuré et d'irréaliste dans le contexte de l'époque. Le choix d'une petite Europe aux objectifs limités lors de la conférence de Messine n'est donc pas un renoncement mais la poursuite d'une même politique par d'autres moyens : les *États-Unis d'Europe* restent l'horizon de la construction européenne.

II. La construction de la « petite Europe » 1957-1985

Hormis le Marché commun les traités de Rome étaient un ensemble de potentialités, les trois questions initiales restaient posées : l'Europe à Six n'étant qu'un noyau, comment l'élargir ? Comment aller au-delà des objectifs initiaux ? Sur le plan politique quel type de relations établir entre la Commission et le Conseil, entre le fédéralisme et le confédéralisme ?

1. Le retour de De Gaulle au pouvoir transforme les données du problème

▸ **L'hypothèque d'un retrait français est rapidement levée.** Quelques semaines après la ratification des traités par le Parlement français, le général de Gaulle revient au pouvoir à la faveur de la crise algérienne. Son hostilité à l'égard de la CED fait craindre le retrait de la France. Il n'est pas question de cela, la France ne pouvant reprendre sa parole sans déshonneur. La dévaluation du franc en décembre 1958 (plan Pinay-Rueff) permet à la France de respecter d'emblée tous les engagements du traité ce qui n'était pas envisagé au début de l'année 1958. De Gaulle a ainsi fait la preuve de sa volonté de jouer le jeu européen, mais à sa manière et selon des règles qu'il entend fixer.

► **L'Europe est la clef de voûte de la politique gaullienne.** Elle doit être pour la France le moyen de maintenir son rang de grande puissance malgré la perte de l'Empire, de Gaulle le martèle devant les officiers d'Algérie en 1959 : « Messieurs, il n'y a pas que l'Algérie, il y a l'Europe, il y a le monde ! ». Ce rôle est une source de difficultés car de Gaulle souhaite que la Communauté participe à la politique française de coopération avec l'Afrique. Il souhaite de même qu'elle se rallie à sa politique d'indépendance face aux blocs et notamment à l'OTAN (la France s'en retire progressivement entre 1959 et 1966) mais cela heurte de front les intérêts de nos partenaires au premier rang desquels se trouve l'Allemagne. De manière contradictoire de Gaulle entend faire du rapprochement franco-allemand l'épine dorsale d'une grande Europe confédérale allant peut-être, comme il le dit en 1966, de l'Atlantique à l'Oural. Il s'en ouvre à de nombreuses reprises notamment devant le chancelier Erhard en 1965 : « Nous entreprenons, vous et nous, la construction de l'Europe occidentale. Ah ! Quelle cathédrale... Elle a une fondation et c'est la réconciliation de la France et de l'Allemagne. Elle a ou elle aura des piliers, et ces piliers c'est la Communauté européenne qui doit les constituer. Et puis quand ce sera fait, il y aura à placer les arceaux et le toit, c'est-à-dire la coopération politique. » De Gaulle espère beaucoup du **traité de l'Élysée** signé dix jours après le premier veto à l'adhésion de la Grande-Bretagne qui n'a guère de place dans cette Europe-là, dans l'immédiat tout au moins.

Le traité de l'Élysée (23 janvier 1963) organise les sommets réguliers entre les gouvernements et les militaires l'objectif final étant un accroissement de l'indépendance européenne dans l'esprit de De Gaulle. Un ambitieux programme de coopération est tracé portant sur les affaires étrangères, la coopération au sein de la CEE et la défense. À plus long terme on vise à rapprocher les jeunes gens des deux pays par l'enseignement des langues, l'équivalence des diplômes et la mise en place de l'OFAJ (Office franco-allemand de la jeunesse). Dès sa ratification le *Bundestag* vide le traité de son sens aux yeux de De Gaulle en l'affublant d'un préambule unilatéral réaffirmant la fidélité de la RFA à l'Alliance atlantique.

Cette déception confirme l'isolement relatif de la France face à ses cinq partenaires déjà sensibles en 1962 lors de l'échec du plan Fouchet d'union politique. Pour de Gaulle « les États sont les seules entités qui aient le droit d'ordonner et le pouvoir d'être obéis », ce dogme a pour conséquence immédiate le rejet de toute construction supranationale qualifiée de « chimères » ou de « Volapück intégré ». La France s'oppose aux tentatives de glissement vers le fédéralisme : les institutions communautaires sont des instruments techniques mais « n'ont et ne peuvent avoir d'autorité et d'efficacité politique », la décision appartient aux États seuls. De Gaulle répond donc sans ambages à la question « quelle Europe ? », ce sera une Europe confédérale.

Le plan Fouchet (1961-1962) se propose de fonder une confédération européenne. En 1960 les six avaient accepté d'ouvrir des discussions sur une union politique européenne et avaient confié à Christian Fouchet le soin de préparer des propositions. Le premier projet, présenté en novembre 1961, prévoit une Union d'États avec à sa tête un Conseil réunissant trimestriellement les chefs d'État ou de gouvernement et décidant à l'unanimité ; l'Assemblée parlementaire est celle du traité de Rome et conserve son mode de désignation et son rôle purement consultatif ; la Commission politique siégeant à Paris à une vocation purement technique. Les premiers objectifs de cette Union seront d'établir une politique étrangère et une politique de défense communes. Enfin le traité est prévu pour trois ans. Les partenaires de la France n'admettent cette structure confédérale que si elle prépare le passage au système fédéral dont le principe doit être inscrit dans le traité. En réponse Fouchet présente un second projet qui élimine la clause de renégociation, ce qui rend plus difficile un glissement progressif vers le fédéralisme. Les discussions sont rompues en avril 1962.

De Gaulle est, semble-t-il, assez amer de cet échec, il n'en poursuit pas moins la construction de l'Europe économique qui s'inscrit désormais dans un contexte plus large.

2. L'Europe des Six repose sur deux piliers : le Marché commun et la Politique agricole commune

► **L'échec du plan Fouchet donne une place centrale à la Politique agricole commune.** Aux yeux de De Gaulle le Marché commun favorise les pays industriels de la Communauté. La France encore très rurale (23 % de la population active en 1960) doit obtenir une juste compensation à son effort d'ouverture. La France lie donc chaque étape du désarmement douanier à un progrès analogue de la PAC. En décembre 1959 les Six acceptent ce principe qui découle de la lettre du traité de Rome. Pendant deux ans les discussions très techniques se heurtent à un problème politique majeur : la France souhaite aligner les prix européens sur les prix français beaucoup plus élevés que les prix mondiaux, cela augmenterait le coût de la vie chez les grands importateurs comme l'Allemagne et l'Italie ; mais en même temps les prix français étant plus bas que ceux des autres pays de la Communauté les agriculteurs de ces pays seraient pénalisés. De Gaulle est persuadé que les partenaires de la France sont prêts à faire les concessions nécessaires pour trouver un compromis acceptable par tous car, estime-t-il, ils ont un besoin plus pressant de l'Europe que la France. Le 31 décembre 1961 les négociateurs français M. Couve de Murville (ministre des Affaires étrangères) et E. Pisani (ministre de l'Agriculture) déclenchent une crise en refusant de voter le passage à la seconde étape du désarmement douanier prévu par le traité de Rome. Afin de respecter la lettre du traité on arrête la pendule jusqu'au 13 janvier 1962 et l'on s'engage dans le premier « marathon européen ».

L'accord du 13 janvier 1962 définit les principes de la Politique agricole commune (la PAC) :

— **le marché agricole unique** repose sur un système de prix uniques définis lors des négociations agricoles annuelles et un mécanisme de soutien des prix intérieurs.

L'accord prévoit également la mise en place d'organisations communes de marché par produits avant l'entrée en vigueur du Marché commun général ;

— **la préférence communautaire** fondée sur la solidarité financière des membres, oblige chaque pays à acheter de préférence les produits de ses partenaires ou bien à verser des prélèvements ;

— **le FEOGA** (Fonds européen d'orientation et de garantie agricole) participe à la modernisation des structures agricoles (volet *Orientation*). Sa fonction essentielle est de soutenir les prix agricoles (volet *Garantie*) en versant des *restitutions* (subventions pour les exportations vers le reste du monde qui compensent la différence avec les prix mondiaux). Le FEOGA est alimenté par des contributions nationales et les prélèvements (taxes sur les importations compensant la différence entre les prix mondiaux et les prix communautaires plus élevés). Ces principes sont restés en vigueur jusqu'à l'accord du 21 mai 1992 qui réforme les mécanismes de soutien.

Ce système s'inscrit dans une logique productiviste : les agriculteurs sont encouragés à produire à n'importe quel prix puisque les prix des ventes minimum sont garantis sans plafond de récole ni exigence de qualité. En 1962, la CEE est loin d'être autosuffisante, mais dès la fin des années soixante ce mécanisme engendre les premiers excédents : la PAC a rempli son objectif mais elle commence à souffrir de son propre succès. L'indigestion dure vingt ans.

► **La création de la PAC rouvre le débat institutionnel.** Dès 1965 il apparaît que les prélèvements ne peuvent suffire à financer la PAC ; la Commission présidée par l'Allemand Walter Hallstein propose d'utiliser une partie des droits de douanes perçus à l'entrée de la Communauté. Politiquement cela revient à doter l'*Europe* d'une fiscalité propre échappant au contrôle des parlements nationaux. D'une manière très cohérente mais lourde d'arrière-pensées, les cinq partenaires de la France et la Commission exigent alors un renforcement des pouvoirs budgétaires du Parlement européen. De Gaulle ne peut admettre de transférer de cette manière une part de la souveraineté nationale (il appartient à la Nation ou à ses représentants de consentir l'impôt) ; il accepte encore moins que la Commission intervienne dans un domaine purement politique. La France choisit l'épreuve de force afin de régler une question de principes pour laquelle aucun compromis n'est possible.

La crise de la « chaise vide » débute le 30 juin 1965 lorsque les représentants français cessent de participer aux différentes réunions européennes. Très vite le fonctionnement de la Communauté est paralysé. Le gouvernement français refuse d'entrer en discussion avec la Commission pour régler le problème, ce qui place la question au niveau intergouvernemental.

Le « compromis de Luxembourg » (30 janvier 1966) prévoit en substance que les décisions engageant des *intérêts importants* d'un ou plusieurs partenaires les décisions doivent être prises à l'unanimité (et non plus à la majorité comme cela était prévu dans le traité). Il faut attendre l'Acte unique de 1985 pour que cet obstacle soit partiellement levé. En juillet 1966 la fusion des exécutifs de la CECA, de la CEE et de l'Euratom prévue depuis 1963 permet d'évincer le président de la Commission, W. Hallstein.

La solution trouvée en 1965 ne constitue nullement un compromis puisque le texte donne entièrement satisfaction à de Gaulle : l'évolution de la Communauté vers la supranationalité et le fédéralisme est suspendue ; la Commission et le Parlement se voient refuser toute capacité politique. Les partenaires de la France ne l'ont accepté que comme un pis-aller. À court terme la crise de 1965 renforce le blocage politique engendré par le veto opposé à l'adhésion de la Grande-Bretagne.

► **Le double veto français à la candidature britannique paralyse la construction européenne.** L'article 237 du traité de Rome indique que : « Tout État européen peut demander à devenir membre de la CEE », on pensait en 1957 que cela irait de soi et serait assez rapide. C'était négliger les incidences politiques et la complexité croissante des problèmes techniques à résoudre.

Les Britanniques, qui avaient cherché à entraver la création de la Communauté, se ravisent et posent leur candidature en août 1961 en même temps que le Danemark, la Norvège et l'Irlande. Le semi-échec de l'AELE et le relâchement des liens économiques avec le Commonwealth dont la part passe de 40 % à 25 % du commerce britannique, pousse le patronat anglais à demander l'adhésion ; le confédéralisme imposé par de Gaulle lève les obstacles politiques. Cependant, comme le précise le Premier ministre conservateur H. MacMillan devant les Communes : « Si ce n'est pas d'adhérer (en négociant) qu'il s'agit mais seulement de signer le traité de Rome, un point c'est tout, cela est tout à fait impossible. » Trois points sont litigieux le principe de préférence communautaire, la PAC et le TEC pour lequel l'Angleterre demande des aménagements afin de préserver ses liens *spéciaux* avec l'AELE, les États-Unis et le Commonwealth. Les négociations traînent plus d'un an sans que l'on se mette d'accord sur les principes.

De Gaulle prend l'initiative de la rupture le 14 janvier 1963 lors d'une conférence de presse. Les concessions demandées par les Britanniques sont inacceptables puisqu'elles reviennent à transformer le Marché commun en une zone de libre-échange sans politique agricole. Les raisons politiques sont aussi importantes : de Gaulle reproche aux Anglais leur atlantisme qui va à l'encontre de ses propres idées sur l'indépendance de l'Europe à l'égard des États-Unis.

Le second veto en 1967 reprend des arguments semblables : le gouvernement français met en cause le retard de l'économie britannique et émet des doutes sur la volonté britannique de « réellement s'amarrer au continent ». Toutefois le rejet n'est pas total, de Gaulle propose un accord d'association donnant des avantages économiques substantiels à Londres sans le pouvoir politique de négocier, c'est-à-dire dans son esprit de miner la construction européenne. Londres refuse cette solution. Les Européens sont exaspérés par les manières cavalières du Général. Cette troisième crise en cinq ans met en cause la construction européenne dans son ensemble.

► **Le bilan de dix années de construction européenne est déjà considérable.** Les résultats enregistrés en dix ans sont déjà considérables. La croissance est deux fois plus rapide dans la CEE qu'en Grande-Bretagne (environ 5 % contre 2,5 %), la perspective du Marché commun et de la concurrence européenne poussent les différents pays à accélérer la modernisation de leurs structures en France notamment. Sur le plan mondial, la CEE qui regroupe des puissances moyennes, commence à s'imposer. Sa part dans le commerce mondial passe de 23 % à 28 % et les négociations du GATT *(Kennedy round)* lui donnent l'occasion d'affirmer son identité face aux États-Unis. Les accords de coopération signés à Yaoundé en 1963 et 1969 de même que le statut d'associé accordé à certains pays méditerranéens (Grèce, Maroc, Égypte, etc.) lui permettent de s'ouvrir vers le Tiers Monde. Cette réussite est couronnée par l'entrée en vigueur de la PAC et du Marché commun le 1er juillet 1968 avec dix-huit mois d'avance.

Malgré ces succès de nombreux problèmes restent en suspend : le financement de la PAC n'est pas définitivement assuré ; à la veille de la crise mondiale la CEE n'a ni politique industrielle ni politique des transports ou de l'énergie. Il apparaît indispensable d'aller au-delà de ce qui existe déjà, cependant lorsqu'en 1968, M. Debré présente un plan pour relancer la construction européenne par la mise en place de nouveaux mécanismes, il se heurte à une fin de non-recevoir assez sèche du chancelier allemand : « L'Europe n'est pas concevable sans la participation du Royaume-Uni. » De manière très concrète la personne même du général de Gaulle fait obstacle au processus européen, son départ ouvre une nouvelle phase.

3. Malgré la relance de 1969, la crise économique mondiale précipite la communauté dans l'*eurosclérose*

► **L'élection de Georges Pompidou et le changement de style de la politique français débloquent la situation.** Premier ministre puis Président, Pompidou est comme de Gaulle un partisan de l'Europe des États et rejette fermement la supranationalité. Il est en revanche convaincu que l'approfondissement de la construction européenne est indispensable pour l'économie française : l'inachèvement de la PAC et les troubles monétaires le préoccupent particulièrement. La politique intérieure ne doit pas être sous-estimée : G. Pompidou a été élu grâce aux voix des Républicains indépendants de Valéry Giscard d'Estaing et aux centristes de Jacques Duhamel, l'un et l'autre anciens membres du *Comité pour l'Europe* de J. Monnet.

En juillet 1969, Maurice Schumann, ministre des Affaires étrangères présente un « triptyque » pour relancer l'« Europe des réalités » : achever le Marché Commun avant la fin de la période transitoire le 1er janvier 1970, approfondir c'est-à-dire envisager de nouvelles politiques sectorielles, enfin élargir la Communauté puisque c'est la concession essentielle attendue par les partenaires de la France. Ce programme oriente la construction européenne pour quinze ans.

Le Sommet de La Haye (1er-2 décembre 1969) entérine le projet :

— **L'achèvement** grâce à un accord sur le financement de la PAC. Un compromis plutôt favorable aux thèses françaises est adopté : le budget est scindé, la partie non obligatoire (4 %) est du ressort du Parlement le reste découlant des traités relève du Conseil des ministres. Techniquement le financement doit être assuré par les prélèvements agricoles à l'entrée de la CEE, les droits de douanes du TEC et, pour compléter le tout, un prélèvement de 1 % sur les recettes de la TVA. Tout cela devait être mis en place pour 1978.

— Pour **l'élargissement** le sommet exige que les nouveaux membres acceptent en bloc les traités et les accords subséquents.

— La préparation de **l'approfondissement** est renvoyée à la Commission qui doit préparer trois rapports au cours de l'année 1970 : le rapport Werner prévoit de mettre en place une Union économique et monétaire (UEM) pour 1980 ; le rapport Davignon sur l'union politique propose un mécanisme d'information et de consultation en matière de politique internationale, chaque membre accepte de consulter dans la plupart des cas ses partenaires avant toute décision majeure en ce domaine ; le mémorandum Colona définit trois orientations pour une politique industrielle (l'harmonisation fiscale et financière, une politique communautaire de la recherche et la mise en place de politiques de reconversion dans les régions en crise).

► **Le premier élargissement est signé le 22 janvier 1972.** Les discussions entre la CEE et les quatre candidats concernent seulement quelques aménagements (sur le sucre, les produits laitiers de Nouvelle-Zélande et la pêche) et sur l'organisation d'une période de transition plus ou moins longue. Le bilan de cet élargissement est ambivalent. Sur le moment on aperçoit surtout le renforcement de la Communauté. À elle seule la Grande-Bretagne apporte en dot le 1er réseau financier et la 4e flotte mondiaux ainsi que le pétrole de la mer du Nord découvert en 1972. La CEE signe un accord de libre-échange avec l'AELE et la Norvège en juillet 1972 ; les accords de Yaoundé sont élargis aux anciennes possessions britanniques par la Convention de Lomé (1975). L'euphorie surtout entretenue par les médias retombe vite lorsque la ratification est l'occasion de constater que l'Europe intéresse peu les citoyens.

Le peuple norvégien désavoue ses hommes politiques par une très large majorité (58 % des inscrits). En Angleterre les travaillistes de H. Wilson trouvent insuffisantes les concessions financières et demandent un référendum (procédure totalement étrangère à la tradition parlementaire). E. Heath n'obtient qu'une courte majorité (301 voix pour et 284 contre) ce qui incite les travaillistes à annoncer qu'ils exigeront une « renégociation » en cas d'alternance. Ailleurs il n'y a guère de problèmes mais G. Pompidou qui avait organisé un référendum pour sensibiliser l'opinion et renforcer son autorité, doit se contenter d'un demi-succès (les « oui » ne correspondent qu'à 36 % des inscrits). Seuls les Irlandais sont enthousiastes car l'Europe est un moyen de détendre les liens trop étroits avec la Grande-Bretagne.

L'année suivante, la crise mondiale révèle des divergences amplifiées par le principe d'unanimité. Il en résulte une quasi-paralysie de la construction européenne à partir de 1974. Seule la manifestation d'une ferme volonté politique franco-allemande parvient à ébranler cette eurosclérose sur certains points.

► **La CEE est fille des Trente Glorieuses, la crise la prend au dépourvu.** La forte croissance des années soixante avait permis d'atténuer les conséquences de l'ouverture et des ajustements économiques et sociaux qu'elle avait entraînés. Dès 1968 les premiers signes de faiblesse apparaissent : le dollar qui sert d'unité de compte à la Communauté est ébranlé par la spéculation, le franc doit être dévalué en juillet 1969 ce qui engendre des distorsions entre les prix agricoles français et ceux des Huit. On replâtre la PAC en créant des montants compensatoires monétaires (MCM) qui ne sont rien d'autre qu'une taxe douanière interne qui tait son nom. Le sommet de La Haye avait envisagé la mise en place d'une union économique et monétaire (plan Werner accepté en février 1971), mais son application est immédiatement contrariée par la décision américaine de suspendre la convertibilité du dollar le 15 août 1971.

L'accord de Bâle de mars 1972 crée le Serpent monétaire européen : les Dix se mettent d'accord pour contenir les fluctuations de leurs monnaies dans une fourchette de ± 1,125 % cet ensemble baptisé « serpent » variant solidairement par rapport au dollar de ± 2,25 %. Cela ne dure guère plus d'un printemps car la livre soumise à la spéculation ne peut supporter cette discipline et quitte le serpent quelques semaines avant que la Norvège quitte la Communauté. La crise pétrolière surprend la Communauté sans aucune politique méditerranéenne ni politique énergétique. En quelques mois la poussée inflationniste déclenchée par la flambée du brut, met à mal le Serpent : en 1974 le Franc et la Lire quittent le SME qui n'est plus dès lors qu'une zone mark. Le temps des égoïsmes nationaux semble revenu.

► **La demande britannique de « renégociation » cristallise les difficultés de l'*Europe* durant dix ans.** Le retour aux affaires du travailliste Harold Wilson en mars 1974 soulève la question de la renégociation du traité d'adhésion en mettant dans la balance l'organisation d'un référendum dont le résultat serait probablement négatif : la Grande-Bretagne serait amenée à quitter la CEE dont l'avenir serait compromis. Pour Londres, l'enjeu est économique : l'adhésion au Marché commun n'a pas apporté à la Grande-Bretagne l'essor industriel et commercial qui devait compenser le coût de la politique agricole (les importations agricoles en provenance du Commonwealth font l'objet d'importants prélèvements), les Anglais demandent une réduction de leur contribution financière. Juridiquement une « renégociation » est impossible, il s'agit donc surtout de faire reconnaître les difficultés spécifiques de la Grande-Bretagne pour justifier diverses concessions.

Le Conseil européen de Dublin (mars 1975) admet qu'un pays peut demander des compensations financières s'il se trouve dans une « situation inacceptable » (le PNB/tête représente moins de 85 % de la moyenne communautaire alors que sa part dans le budget est nettement supérieure au poids de ce pays dans le PNB communautaire). Dans ce cas la Communauté rembourse le trop-perçu. En outre la Grande-Bretagne obtient la création du FEDER (Fond européen de développement régional) destiné à secourir les Pays noirs les plus durement touchés par la crise. Enfin le Conseil accepte le principe d'une révision des modalités de la PAC. Après ce succès 67 % des Britanniques se prononcent en faveur de la CEE lors du référendum d'avril 1975. En fait rien n'est résolu. Le mécanisme de Dublin n'a pas fonctionné : en 1980 la Grande-Bretagne réalise 16,5 % du PNB communautaire alors qu'elle finance 20,5 % du budget et ne perçoit que 8,5 % des dépenses.

La PAC polarise les dysfonctionnements européens. Londres et Bonn l'accusent d'absorber la plus grande partie du budget pour soutenir des prix artificiellement élevés (donc injustes pour les consommateurs) et d'encourager l'accumulation d'excédents. Ces critiques sont fondées, mais en attaquant sur un ton fort peu diplomatique un des piliers de la CEE, cher aux gouvernants français, elles provoquent des réactions passionnelles. La crise agricole n'est ainsi qu'un avatar de la montée des égoïsmes nationaux. À peine arrivée au pouvoir en 1979, Margaret Thatcher rouvre le dossier en martelant avec vigueur : *« I want my money back ! »* Cette attitude est lourde de conséquences : en introduisant la notion de « juste retour » elle met à mal le principe de la solidarité financière et tend à faire évoluer le Marché commun vers une zone de libre-échange. La solution doit donc être d'ordre politique.

4. La restauration de l'entente franco-allemande et dix ans d'efforts permettent de surmonter ces difficultés

▸ **D'accord sur l'essentiel, le couple franco-allemand pilote la construction européenne pendant quinze ans.** La disparition de G. Pompidou et la démission de W. Brandt au printemps 1974 ont amené au pouvoir Valéry Giscard d'Estaing et Helmut Schmidt, deux anciens ministres des Finances qui s'apprécient et sont des Européens convaincus. Les grands projets de 1970 n'étant plus d'actualité, les deux hommes proposent un ensemble de mesures politiques de portée limitée mais acceptables par tous afin de montrer que l'Europe continue de progresser.

Le sommet de Paris en décembre 1974 décide que les chefs d'État et de gouvernement se réuniront trois fois par an en « Conseil européen ». Ce renforcement du mécanisme intergouvernemental est équilibré par la décision de faire élire le Parlement au suffrage universel en 1979 mais les pouvoirs des parlementaires européens restent limités (ce qui satisfait la France). Pour donner corps à la Coopération politique (politique extérieure de la Communauté dans la ligne du rapport Davignon) et mettre en avant l'identité européenne, les Neuf prennent l'habitude de déléguer le président en exercice pour les représenter à l'Assemblée générale de l'ONU ainsi qu'à la conférence d'Helsinki (1975), c'est un progrès mais on reste très loin d'une diplomatie commune.

Une véritable reprise de la construction européenne suppose que l'on règle trois problèmes : la politique monétaire, le financement de la PAC et la remise à plat de l'ensemble de la politique communautaire.

La monnaie est une priorité. L'inflation, les oscillations de la politique monétaire américaine et les bouffées spéculatives sur le marché monétaire mettent à mal l'ensemble du projet européen en suscitant des distorsions de concurrence qui incitent les États à protéger les producteurs nationaux grâce à tout un arsenal de règles, de normes et mécanismes administratifs entravant les échanges et renchérissant les importations. L'échec du Serpent monétaire en 1974 reflète avant tout le manque de solidarité et de volonté politique des différents gouvernements. En 1978, le Conseil européen décide de relancer la création « d'un îlot de stabilité monétaire » dans le monde.

Le Système monétaire européen (SME) créé en 1979 transpose à l'échelle de la Communauté les trois éléments caractéristiques du système de Bretton Woods :

— un *système de changes fixes* avec une marge de variation des taux de change de ± 1,125 % autour de la parité pivot définie d'un commun accord par les partenaires du système ;

— un *mécanisme communautaire de soutien pour les monnaies* en difficulté grâce au renforcement du FECOM (Fonds de coopération monétaire) créé en avril 1973 ;

— enfin la définition d'une *unité de compte européenne* l'ECU *(European Currency unit)* se substituant au dollar pour les échanges et les négociations intra-européennes. L'ECU est un « panier monétaire » dans laquelle chaque monnaie nationale pèse d'un poids proportionnel à la part du pays dans le PNB et les échanges européens. La livre entre dans la composition de l'ECU bien que la Grande-Bretagne n'ait participé au SME que durant deux ans (octobre 1990 - septembre 1992).

Il faut près de dix ans et 14 ajustements des parités pour que le mécanisme fonctionne de manière satisfaisante grâce au ralentissement général de l'inflation après 1986.

Décidée pour des raisons techniques, cette avancée dans un domaine non prévu par les traités constitue un pas décisif vers la supranationalité puisque la monnaie est l'une des prérogatives régaliennes d'un État souverain. Cela suffirait à expliquer les réticences britanniques mais il s'y ajoute des craintes pour la place financière de Londres confrontée à la concurrence de New York et de Chicago.

Le règlement des autres problèmes pendants réclame cinq ans de négociations tendues. Il s'agit pour Londres d'obtenir une révision des mécanismes de fixation de la contribution britannique au budget de la CEE et un rééquilibrage des différentes politiques européennes. La fermeté et l'imagination du nouveau couple franco-allemand, Helmut Kohl et François Mitterrand permet d'aboutir.

> **Le Conseil européen de Fontainebleau (juin 1984)** admet que les Douze restitueront à la Grande-Bretagne 75 % de sa contribution nette (différence entre ses versements et ce qu'elle reçoit déjà de la Communauté). Malgré cela le Royaume-Uni demeure un contributeur net. M. Thatcher presse d'autant plus les discussions pour obtenir des accords constructifs sur d'autres points : la politique de la pêche (Europe bleue) est mise en forme en 1983, la réforme de la PAC est amorcée au printemps 1984 avec la mise en place de quotas pour la production laitière mais la négociation se prolonge jusqu'en mai 1992. Mais les autres politiques spécifiques (politique industrielle, audiovisuelle, politique régionale, etc.) restent dans les limbes.

Malgré ses imperfections, le compromis de Fontainebleau permet de rouvrir le triptyque pompidolien en menant à son terme le second élargissement de la Communauté européenne.

► **Les objectifs du « second » élargissement sont dans un premier temps plus politiques qu'économiques.** La Grèce en 1974, l'Espagne et le Portugal en 1975 ont posé leur candidature dès le rétablissement de la démocratie, l'adhésion apparaît à tous comme un moyen de consolider une démocratisation chancelante comme le montre en Espagne la « nuit des Cortès » qui voit le lieutenant-colonel Tejero tenter un coup d'État franquiste le 23 février 1981. Paris et Rome espèrent également que ces adhésions permettront un rééquilibrage de la Communauté vers le Sud, l'espace méditerranéen et le Tiers Monde. La réalité économique s'accorde mal avec cette idée : les trois candidats appartiennent à la frange supérieure des pays en voie de développement selon le classement de la BIRD. Le succès de l'élargissement exige donc une véritable « mise à niveau » qui passe notamment par le renforcement de la politique régionale, la définition d'une PAC pour les produits méditerranéens, la définition de mécanismes protégeant tout à la fois les marchés grecs et ibériques du déferlement des produits industriels de la CEE et les industries de main-d'œuvre des Neuf menacées par le faible niveau des salaires chez les nouveaux membres. Pour couronner le tout les membres du GATT, États-Unis en tête, exigent des compensations pour la perte de ces marchés. En définitive le traité d'adhésion de la Grèce est signé en mai 1979 et ceux de l'Espagne et du Portugal en juin 1985.

Près de vingt ans après le second élargissement il est possible d'esquisser un premier bilan bien que le processus soit loin d'être achevé. Le rééquilibrage vers le sud de la CEE n'en a pas bouleversé le fonctionnement, il a cependant introduit une plus grande hétérogénéité qui constitue un obstacle dans la perspective de l'Union économique et monétaire. Des nouveaux membres, la Grèce est celui qui rencontre le plus de difficultés à s'adapter sur le plan économique malgré les efforts de la Communauté (6 % du revenu national grec proviennent de la CEE). En revanche le Portugal et l'Espagne modernisent leur économie à marche forcée et voient les investissements privés prendre le relais des aides communautaires.

► **L'Acte unique symbolise la relance institutionnelle du milieu des années quatre-vingt.** En 1984 le Parlement européen prend l'initiative de présenter un projet de traité (projet Spinelli) renforçant les pouvoirs de l'Assemblée de Strasbourg : celle-ci revendique un pouvoir de codécision avec le Conseil et souhaite introduire le principe de la responsabilité de la Commission selon les formes classiques du parlementarisme. Ce projet est mis entre parenthèses jusqu'en 1991, mais il ouvre un débat fondamental sur le « déficit démocratique » des institutions communautaires (opacité des négociations intergouvernementales, irresponsabilité de la Commission pourtant appelée à passer des règlements ayant force de lois, à les faire appliquer et à sanctionner les infractions, en contradiction avec les principes démocratiques de la souveraineté populaire et de la séparation des pouvoirs). Cette problématique risque de raviver les divisions entre fédéralistes et confédéralistes. Convalescente, l'Europe ne peut se permettre une nouvelle crise : on se met donc d'accord sur une liste hétérogène de mesures à prendre rapidement dont on fait un traité solennel pour bien montrer aux médias, à l'opinion et aux marchés financiers que la construction européenne est repartie.

L'Acte unique européen (3 décembre 1985) regroupe en un seul traité (d'où son nom) des dispositions concernant la politique extérieure de la communauté et des dispositions modifiant le traité de Rome en vue d'instaurer pour le 1er janvier 1993 un marché unique comportant « un espace sans frontières intérieures dans lequel la libre circulation des marchandises, des personnes et des capitaux est assurée [...] ». Ce sont les objectifs du traité de Rome dont la réalisation avait été entravée jusque-là. La mise en œuvre de ce projet représente un considérable effort d'harmonisation des législations nationales. Pour y parvenir les Douze admettent que les décisions seront prises à la majorité qualifiée dans la plupart des cas. En d'autres termes l'arrangement de Luxembourg se trouve sinon annulé du moins étroitement précisé : la possibilité d'invoquer des « intérêts importants » devenant tout à fait exceptionnelle. Pour des raisons pratiques la Commission voit ses possibilités d'action amplifiées afin d'exécuter les décisions de principes incluses dans les traités qu'elle est par conséquent chargée d'interpréter. Le Parlement doit se contenter de recevoir le droit d'amender les décisions du Conseil qui peut passer outre par un vote unanime. Dans le domaine de la politique extérieure le traité se borne à institutionnaliser ce qui a été mis en place depuis 1974.

L'Acte unique est un texte pragmatique dans la plus grande tradition de la « petite Europe » ; sa mise en application est favorisée par l'amélioration de la conjoncture internationale : comme dans les années cinquante et soixante la construction européenne s'appuie sur la croissance économique. La ratification ne soulève guère de difficultés car on met plusieurs années à comprendre sa signification réelle : en neutralisant le compromis de Luxembourg et en augmentant considérablement les prérogatives de la Commission, l'Acte unique marque une étape importante vers la supranationalité sans pour autant combler le déficit démocratique ni séparer clairement ce qui relève de la Commission de ce qui relève des États. De même il faut un certain temps pour comprendre que l'indispensable harmonisation des normes techniques, juridiques et comptables a une influence directe sur les politiques économiques et sociales nationales : la Commission a ainsi hérité de nouveaux pouvoirs sans que l'on ait défini de politique communautaire. Il n'existe que quelques esquisses comme la Charte sociale européenne, adoptée en 1989 à l'initiative du Président français, mais elle est restée lettre morte en raison de blocages de principes de la part de Londres qui refuse de modifier son système de protection sociale plutôt favorable à la compétitivité des entreprises. Pour la France et l'Allemagne, dotée de systèmes d'assurance sociale très généreux le calcul est inverse : une politique sociale européenne est à la fois la contrepartie indispensable de la liberté de circulation des biens et des capitaux et une garantie contre un « nivellement par le bas » de la protection sociale politiquement inacceptable par les populations. Les résultats sont plus positifs dans le domaine scientifique et technique avec les programmes Eureka et Esprit, avec l'Agence spatiale européenne, etc.

Lancé en 1985 Eureka regroupe la CEE, l'AELE, la Turquie et la Hongrie (1992). Il s'agit d'un cadre flexible permettant de développer des projets scientifiques et techniques internationaux (700 depuis 1985). Eureka favorise le partenariat entre des entreprises et des laboratoires de plusieurs nationalités afin d'éviter les concurrences stériles lors de la phase de mise au point d'une technologie, mais chaque partenaire retrouve son indépendance pour développer les produits eux-mêmes. Le JET dans le domaine de la fusion nucléaire et le programme JESSI dans le domaine de l'électronique sont les projets les plus importants.

► **La préparation du Marché unique ouvre la perspective d'une Europe à plusieurs vitesses** en contradiction avec les traités de 1957 et 1985, dans la mesure où l'harmonisation des législations touche des domaines sensibles de la souveraineté nationale : fiscalité, législation financière et bancaire, reconnaissance des diplômes, harmonisation des législations sociales, environnement, droit d'asile...

Margaret Thatcher, prenant en quelque sorte la suite du général de Gaulle exprime les réticences de beaucoup d'Européens. Au Conseil européen de Hanovre (1988), elle met en avant une conception très libérale et libre-échangiste de la CEE associée au refus de tout transfert de souveraineté. Elle le dit sans ambages : « Les États-Unis d'Europe ? Un fantasme irréalisable, né d'esprits farfelus [...] Si nous avons réussi chez nous à faire reculer les frontières de l'État, ce n'est pas pour les voir réimposer au niveau européen, avec un super-État européen exerçant à partir de Bruxelles une domination nouvelle. » Les « petits pays » (Danemark et Luxembourg notamment) redoutent également d'être absorbés dans une Europe trop vaste et trop puissante pour eux. À l'opposé, la conception franco-allemande insiste sur l'harmonisation et veut subordonner la déréglementation à une mise en place de politiques communes dûment définies et négociées. De 1986 à 1991 la création de l'Union économique et monétaire et celle de l'Europe sociale sont au cœur du débat.

Aucune de ces questions n'est résolue, lorsque tombe le mur de Berlin. Dans un contexte politique et économique mondial difficile, l'Europe doit à la fois parachever la mise en place du marché unique un instituant une monnaie unique, préparer dans l'urgence l'intégration des pays d'Europe centrale et orientale (PECO), et réformer les institutions de 1957 devenues obsolètes. Et c'est à ce moment que la réunification allemande multiplie les malentendus entre Bonn et ses partenaires. En Europe comme ailleurs, 1989 marque le début d'une nouvelle époque, peut-être d'un nouveau siècle.

Approfondir

LECTURES

Pour replacer la construction européenne dans un contexte plus général :

- P. Milza et S. Berstein, *Histoire de l'Europe contemporaine,* t. 2 : *Depuis 1914,* Paris, Nathan, 1992, 266 p.
- J. Monnet, *Mémoires,* Paris, Fayard, 1976, 648 p. Cet ouvrage est paru chez Le Livre de Poche. Le chapitre 14 est particulièrement intéressant sur le fonctionnement des « réseaux » européens.
- Deux ouvrages de référence : P. Gerbet, *La construction de l'Europe,* Paris, Imprimerie nationale, coll. « Notre siècle », 1984, 504 p., et H. J. Kasters, *Les fondements de la Communauté économique européenne,* Labore, 1990, 378 p.

THÈMES DE RÉFLEXION

- L'Europe et les Européens dans la guerre froide.
- Les Français et la construction européenne
- La CEE et le Monde.
- L'Allemagne et la France dans la construction européenne : couple, duo ou duel ?

Utiliser

Les problèmes du Royaume-Uni au XXe siècle

PRÉSENTATION

Le sujet illustre un thème classique : le déclin des empires, mais il ne s'agit pas naturellement d'en tirer des leçons de morale historique. Le déclin britannique commence dans le dernier quart du XIXe siècle par une érosion de la compétitivité industrielle ; ce sont ensuite les différents pans de la puissance anglaise qui sont touchés.

Il est rare que l'arithmétique du calendrier coïncide avec la logique des développements historiques, c'est le cas en Grande-Bretagne : la mort de la reine Victoria en 1901 marque la fin du siècle d'or de la puissance britannique qui se trouve alors à son zénith. L'Angleterre est présente sur toutes les mers et tous les continents, la livre-sterling, meilleure que l'or, est la devise mondiale, Londres constitue le cœur de l'économie-monde... En fait *La crise de l'Angleterre au XXe siècle* (A. Siegfried, 1931) est déjà entamée : l'industrie, fondement économique et historique de la puissance est menacée. Ce n'est que progressivement que les mécanismes du déclin sont révélés par les deux guerres et les deux crises mondiales.

I. Le Royaume-Uni triomphant vit ses dernières années (1900-1918)

1. Après l'époque victorienne engluée dans le conformisme, l'époque édouardienne est un moment de détente confiante

En 1901, Édouard VII succède à la reine Victoria. Roi ferme et habile, il s'intéresse surtout à la diplomatie : c'est l'« ambassadeur ambulant » de son pays (1904, Entente cordiale). À sa mort en 1910, son fils George V beaucoup plus effacé le remplace.

• **De 1901 à 1906, les conservateurs** *(tories)* et les libéraux unionistes (en 1886, la question d'Irlande a provoqué la scission des libéraux : les « unionistes », alliés aux conservateurs, sont des adversaires de l'autonomie interne de l'Irlande) gouvernent. A. Balfour et J. Chamberlain ont pris la relève de Disraeli et Lord Salisbury. Le problème irlandais s'apaise, bien que non résolu (l'Irlande est fidèle lors de la guerre des Bœrs) mais un nouveau mouvement, le *Sinn fein* entretient la volonté d'indépendance. En revanche les difficultés économiques grandissent (la houille britannique est trop chère) et les produits allemands envahissent le marché anglais. La détérioration du climat social profite aux syndicats *(trade-unions)* et au mouvement socialiste qui constitue **en 1906 le Labour Party** dirigé par Ramsay Mac Donald, dont l'originalité est d'être étroitement subordonné aux syndicats (Trade Union Congress). Les conservateurs se divisent sur la question du retour au protectionnisme, réclamé par les métallurgistes et les producteurs de blé (Balfour est libre-échangiste, mais Chamberlain protectionniste). La nation attachée au libre-échange, associé à la prospérité de l'ère victorienne, porte le Parti libéral au pouvoir aux élections de 1905.

• **De 1906 à 1914, les libéraux** *(whigs)*, favorables aux réformes sociales, dirigent le pays. Ils développent l'intervention de l'État dans le domaine social. Les nouveaux dirigeants (Asquith, Lloyd George, Churchill transfuge du Parti conservateur) instaurent le salaire minimum et un système d'assurances sociales très en avance pour l'époque, pour financer les dépenses sociales et militaires, Lloyd George taxe les riches (budget de 1909). Adopté par les Communes ce budget est repoussé par les lords, ce qui entraîne une crise institutionnelle : à partir de 1911 les lords ne peuvent plus modifier ou rejeter une loi de Finances. En 1912, les libéraux font adopter aux Communes le *Home Rule* qui doit entrer en vigueur en 1914 (l'Irlande tout entière deviendrait autonome, avec un Parlement responsable à Dublin ; l'armée, la politique extérieure et la monnaie resteraient de la compétence britannique. Le veto des lords et la guerre retardent le projet). Toutefois les libéraux rencontrent des difficultés croissantes (revendications électorales des suffragettes, grèves ouvrières violentes et opposition des protestants de l'Ulster – 1 million contre 3 millions de catholiques). À l'été 1914, la crise s'aggrave. Seule la Première Guerre mondiale épargne au Royaume-Uni une guerre civile.

2. Le Royaume-Uni soutient la guerre avec ténacité (1914-1918)

• **De force plutôt que de gré, le 4 août 1914 le Royaume-Uni entre en guerre contre l'Allemagne** pour défendre l'intégrité belge. Sur mer, il joue un rôle de premier plan (bataille du Jutland, 1916) et sur terre, son armée renforcée par des contingents impériaux est présente sur tous les fronts. En 1915, un gouvernement d'**Union sacrée** (coalition de libéraux, conservateurs et travaillistes) est formé, dirigé par Asquith puis Lloyd George (décembre 1916). Pour financer sa participation militaire, le gouvernement doit emprunter aux banques américaines et suspendre la convertibilité or de la livre, l'inflation apparaît. L'État intervient dans l'économie (contrôle des industries vitales et des prix, mise en place du rationnement). Les conflits sociaux renaissent en 1917, mais surtout le problème irlandais. Pour Pâques 1916, des extrémistes du *Sinn fein* encouragés par l'Allemagne qui fournit des armes, tentent de s'emparer de Dublin. La répression fait 350 morts et l'île est occupée par 80 000 hommes de troupe.

Dans les règlements qui terminent la guerre, le Royaume-Uni ménage l'Allemagne et se méfie d'une France aux désirs hégémoniques en Europe. Il obtient des indemnités (22 % des réparations), des mandats extra-européens et des ex-colonies allemandes.

• **Le Royaume-Uni sort très diminué de la guerre.** La guerre laisse de lourdes séquelles : 610 000 morts, des pertes navales majeures (la flotte commerciale américaine qui représentait en 1914 le dixième de la flotte britannique en représente en 1918 la moitié), des prix qui ont doublé depuis 1914, un fort endettement (l'ensemble des dettes passe de 650 millions de livres en 1914 à 7 400 en 1919). Toutefois le bilan financier est moins lourd qu'en France car les dettes et les créances s'équilibrent. En 1919, le dollar supplante la livre sterling. La guerre amène des avancées démocratiques considérables : en 1918, une loi accorde le droit de vote à tous les hommes de plus de 21 ans et aux femmes de plus de 30 ans (puis 21 ans en 1928). Cet accroissement considérable de l'électorat donne des chances nouvelles aux travaillistes.

II. Les difficultés économiques de l'entre-deux-guerres accélèrent le déclin

1. La guerre a brisé le dynamisme économique

• **Dès les années vingt, l'économie britannique s'essouffle.** Le pétrole et l'électricité concurrencent le charbon britannique, de nouveaux pays (États-Unis et Japon) concurrencent le Royaume-Uni sur le marché mondial et tandis que des pays neufs (Brésil) développent des industries nouvelles, l'équipement des usines britanniques est vieilli et l'organisation du travail ignore la taylorisation. Jusqu'en 1921 la situation économique est euphorique (demande différée par la guerre), puis la dépression s'installe. La crise touche l'agriculture (80 % de l'approvisionnement alimentaire est acheté à l'étranger) et les industries traditionnelles (métallurgie, chantiers navals, textile et surtout secteur charbonnier). Le décalage s'accentue entre les deux « Angleterre » : Angleterre noire des bassins houillers et Angleterre verte (bassin de Londres) en plein essor (chimie avec Unilever et automobile). La priorité est donnée à la livre. En 1925, au prix d'une sévère déflation, Churchill, chancelier de l'Échiquier, rétablit la convertibilité de la livre à sa parité-or de 1913. La livre a de nouveau l'apparence d'une monnaie forte et les capitaux étrangers qui affluent à Londres sont immédiatement réinvestis à l'étranger. Toutefois le prix des marchandises anglaises est surévalué, les exportations chutent, la balance commerciale est déficitaire et les difficultés industrielles s'aggravent. Le chômage progresse (8 à 12 % de la population active dans les années vingt) et les grèves sont nombreuses et dures (en 1926, la grève des mineurs se prolonge durant quinze mois avec une tentative de grève générale qui touche 4 millions de travailleurs) mais leur échec affaiblit les trade-unions.

. À partir du printemps 1930, la crise américaine aggrave les difficultés antérieures. La chute des exportations est dramatique (50 % en valeur 1929-1931) et la balance des paiements à son tour devient déficitaire en 1931. De 1929 à 1932, la production industrielle et les prix de gros baissent respectivement de 16 % et 23 %. Trois millions de Britanniques sont au chômage en 1933, surtout dans les Pays noirs. Les aides aux chômeurs et la baisse des recettes fiscales provoquent un déficit budgétaire. La faillite de la Kredit Anstalt de Vienne (1931) précipite le Royaume-Uni dans la crise monétaire : les avoirs anglais sont bloqués. Le gouvernement abandonne alors les principes du libéralisme économique prévalant depuis le XIXe siècle : suspension de la convertibilité or de la livre (septembre 1931), retour au protectionnisme (droits de douane d'environ 20 % en 1931 et 1932) avec le système de la préférence impériale (accords d'Ottawa, 1932) et développement de l'intervention de l'État dans l'agriculture (subventions, garantie des prix) et l'industrie (il encourage la formation d'ententes dans la sidérurgie). La situation économique s'améliore fortement : la livre retrouve la confiance des milieux d'affaires, les productions agricoles et industrielles (chimie, auto, électronique) s'accroissent et le chômage diminue. Toutefois les inégalités sociales restent très fortes : entre les habitants des Pays noirs et ceux du sud-est de l'Angleterre, relativement épargnés par la crise, et entre la classe ouvrière et l'aristocratie ou la bourgeoisie : en 1937, un tiers des familles britanniques ne possédait aucun capital et un autre tiers disposait de 96 % de la fortune nationale.

2. La fin de la stabilité parlementaire et gouvernementale

Dans l'entre-deux-guerres, le Labour Party, qui était jusqu'alors marginal, devient le second parti du Royaume-Uni au détriment du Parti libéral. Le Parti conservateur est le premier parti mais il n'obtient jamais (sauf en 1931) la majorité absolue aux Communes. Après le bipartisme d'avant guerre, le Royaume-Uni connaît une période de bipartisme boiteux jusqu'en 1935 et trois partis existent et deux doivent s'allier pour diriger le pays. Or le Parti libéral, parti pivot, est divisé entre les partisans de l'entente avec les conservateurs et ceux, plus nombreux, favorables à l'ouverture vers le Labour Party.

. De 1922 à 1940, les conservateurs et les travaillistes alternent au pouvoir. Après le long cabinet Lloyd George (1916-1922), les conservateurs sont brièvement au pouvoir (cabinets Bonar Law et Baldwin, 1922-1923). En 1923 et 1924, le Royaume-Uni est dirigé par le premier cabinet travailliste de son histoire. Privé de son appui libéral, il est rapidement renversé et les conservateurs reviennent au pouvoir de 1924 à 1929 (ministère Baldwin avec Churchill à l'Échiquier). Le succès des travaillistes aux élections de 1929 leur permet grâce au soutien des libéraux de diriger à nouveau le pays jusqu'en 1931. Impuissant à vaincre les difficultés économiques, sociales et monétaires, Mac Donald forme un ministère d'« union nationale », en fait dominé par les conservateurs. Mac Donald, accusé de trahison, est abandonné par les travaillistes. De 1935 jusqu'à la guerre, les conservateurs dirigent des cabinets homogènes (cabinets Baldwin et Chamberlain). Le Royaume-Uni connaît aussi pendant l'entre-deux-guerres une grave crise dynastique. Édouard VII succède à son père George V, mort en janvier 1936. Ce jeune roi soulève de nombreuses polémiques : religieuse (il a fait part de son intention d'épouser une Américaine divorcée) mais aussi politique (il est soupçonné de sympathie pour les régimes fascistes). À la fin de l'année 1936 une forte campagne est déclenchée par le Premier ministre Baldwin et les dignitaires de l'Église anglicane : en décembre, le roi préfère abdiquer au profit de son frère cadet qui lui succède sous le nom de George VI. **La victoire des nationalistes irlandais met fin à un problème devenu insoluble**.

3. Le Royaume-Uni tient bon face à l'Allemagne hitlérienne

III. Le Royaume-Uni s'impose de lourds sacrifices pour tenter de retrouver une position éminente dans le monde (1945-1990)

1. Malgré l'alternance, les travaillistes mettent en œuvre une politique sociale originale

• **La grande surprise en juillet 1945 est la défaite électorale des conservateurs.** Malgré la popularité de Churchill, les Britanniques veulent de profondes réformes économiques et sociales. Pour la première fois le *Labour* dispose de la majorité absolue aux Communes ; Attlee et ses collaborateurs (Bevin) ont voté des nationalisations (Banque d'Angleterre, charbonnages, transports, gaz, électricité) et fondent le Welfare State (système de Sécurité sociale : allocations familiales, gratuité des actes médicaux et des soins hospitaliers ; dans le cadre du National Health suivront une politique de construction et une hausse des salaires). Avec les questions d'outre-mer (décolonisation de l'Inde, du Pakistan, Ceylan) la gravité de la situation financière est le grand souci du gouvernement Attlee. L'instauration d'une lourde fiscalité sur les revenus moyens et élevés ne suffit pas à couvrir les dépenses de l'État (sociales mais aussi militaires avec le début de la guerre froide). Le gouvernement doit pratiquer une politique vigoureuse d'austérité (contrôle des prix, dévaluation de la livre de 30 % en 1949). Si l'industrie retrouve une nette expansion, la balance commerciale reste déficitaire. Aux élections de 1951, la population lasse des restrictions donne le pouvoir aux conservateurs.

De 1951 à 1964, les conservateurs dirigent le pays (Churchill, Eden, Mac Millan et Douglas-Home). Sur le plan intérieur, ils ne remettent pas en question l'État-providence. La « société d'abondance » est favorisée par la disparition du chômage, la hausse des salaires et la stabilité des prix. Toutefois, comparée à l'expansion des autres pays industrialisés, la croissance du Royaume-Uni est faible (taux de croissance annuelle du PIB 2,7 % par an de 1950 à 1962 et 3,1 % de 1962 à 1973, contre 4,8 % et 5,4 % pour la France et 8 % et 4,6 % pour la RFA). Sur le plan extérieur les conservateurs poursuivent la décolonisation en Asie et en Afrique et reviennent sur les positions anti-européennes du Royaume-Uni (la CEE peut revitaliser l'industrie anglaise) : en 1961 Mac Millan demande l'admission à la CEE mais essuie un refus du général de Gaulle.

De 1964 à 1970, les travaillistes reviennent au pouvoir (Wilson), grâce à leur majorité aux Communes ils n'ont pas besoin de faire des concessions aux libéraux. Toutefois ils se comportent en gérants loyaux du système économique. Wilson mène une politique d'austérité ne permettant pas d'éviter une dévaluation de 14 % de la livre. En 1966, Wilson demande à son tour l'entrée du Royaume-Uni dans le Marché commun, souhaitée par les industriels inquiets du marasme économique persistant, il se heurte à un nouveau veto français. Dans le domaine social l'Angleterre victorienne achève de disparaître (lois libéralisant le divorce, l'avortement et l'homosexualité, supprimant la peine de mort, assouplissant la censure littéraire et reconnaissant la place des jeunes dans la société). C'est le temps des *Beatles*, des hippies et des radios pirates. En 1970, les conservateurs, qui dénoncent les abus de la *permissive society* et développent le thème du retour à la loi et à l'ordre remportent les élections.

2. Dans les années soixante-dix le Royaume-Uni est « l'homme malade de l'Europe »

• **La crise est avant tout structurelle.** À la différence des autres pays industrialisés, la mise en exploitation des gisements de la mer du Nord assure une certaine indépendance énergétique. L'économie britannique souffre de langueur depuis un quart de siècle : faiblesse des investissements, obsolescence de l'appareil productif, carence de l'enseignement de la gestion des entreprises, déclin de l'esprit d'entreprise. Les gouvernements successifs se sont cramponnés au statut international de la livre, ce qui rend les produits britanniques moins concurrentiels : les dévaluations de 1949 et 1967 sont vécues comme des revers graves pour le prestige britannique.

• **De 1970 à 1974,** le gouvernement conservateur d'Edward Heath mène une politique libérale. Il lutte en priorité contre l'inflation (une des plus élevée d'Europe), réduit le concours financier de l'État aux entreprises nationalisées, allège la fiscalité et supprime le blocage des prix et des salaires. Convaincu que l'Europe offre des perspectives stimulantes pour l'économie britannique, Heath obtient **l'adhésion du Royaume-Uni au Marché commun** (effective le 1er janvier 1973). Sa dureté face aux mineurs pendant l'hiver 1973-1974 explique le retour des travaillistes au pouvoir en 1974. Les gouvernements Wilson et Callaghan entament un dialogue avec les Trades Unions pour tenter de relancer l'activité économique : c'est le « contrat social » (abrogation de lois antisyndicales, garanties contre les licenciements). Malgré l'hostilité de la gauche du Parti travailliste et des syndicats au Marché commun, le référendum de 1975 tranche définitivement en faveur de la CEE (le oui emporte 67 % des voix). Cependant, travaillistes et syndicats ne parviennent pas à s'accorder sur une politique des revenus qui donnerait satisfaction aux salariés tout en permettant au capitalisme britannique de trouver un nouveau souffle. Après de grandes grèves durant l'hiver 1978, ils sont battus aux élections de mai 1979.

3. Le thatchérisme, une révolution ?

• **La victoire conservatrice de 1979 met fin au consensus idéologique** qui avait prévalu depuis la fin de la guerre, consensus fondé sur l'acceptation par les conservateurs des avantages acquis du « Welfare State » et la non-remise en cause par les travaillistes des structures économiques et sociales. Margaret Thatcher, Premier ministre de 1979 à novembre 1990, démantèle l'État-providence, elle s'attaque aux budgets sociaux, procède à des privatisations (*British Telecom*, entreprises pétrolières et de gestion des eaux), souhaite limiter l'intervention de l'État dans l'économie au contrôle de la monnaie et remet en cause les prérogatives des syndicats. Le bilan du « thatchérisme » économique est nuancé : l'inflation diminue, la productivité progresse, la balance commerciale est positive, le chômage a fortement diminué après 1985, toutefois la misère s'installe dans les quartiers populaires des grandes villes, les tensions ethniques s'accentuent. En politique extérieure, la « dame de fer » fait preuve également de fermeté. Elle gagne la guerre des Malouines (avril 1982) contre l'Argentine. Elle remet en cause le fonctionnement de la PAC au nom du principe du « juste retour » et obtient une forte réduction de la contribution britannique à la CEE. Au nom de la souveraineté britannique, elle refuse une plus grande intégration économique et monétaire. Elle redonne au peuple britannique une certaine fierté.

• **Le Parti travailliste se divise.** En 1981, des travaillistes modérés rejoints par quelques conservateurs hostiles au thatchérisme forment le Parti social-démocrate allié aux libéraux. Ils tentent de remettre en cause le bipartisme. Si les nationalistes écossais et gallois affirment leur identité culturelle et nationale, ce sont toujours les Irlandais qui menacent réellement l'unité du Royaume-Uni. Avec l'IRA le terrorisme se développe et une guerre civile bouleverse l'Ulster depuis les années soixante-dix. Face à l'intransigeance du gouvernement Thatcher (mort de Bobby Sands et de neuf autres militants nationalistes en 1981 après une grève de la faim), le cycle attentats-répression se substitue aux solutions politiques.

Conclusion

En novembre 1990, M. Thatcher lègue à John Major un pays qui s'est considérablement transformé depuis 1979, où l'autorité de l'État a été rétablie à l'intérieur comme à l'extérieur des frontières, un pays dont l'économie modernisée et mondialisée reste néanmoins particulièrement sensible aux cycles (comme l'atteste la dureté de la récession en 1990-1992).

Longtemps désireux d'enrayer son déclin, le Royaume-Uni doit au XXIe siècle assurer son ancrage européen sans renier l'essentiel de ses spécificités nationales.

25

D'Est en Ouest ?

L'EUROPE ENTRE DEUX SIÈCLES

Connaître

1988	Lancement de la Glasnost et de la Perestroïka
1989	Élections « libres » (26 mars)
1990	M. Gorbatchev président de l'URSS
	Souveraineté des différentes républiques soviétiques
	Libération totale des mouvements de capitaux
	Réunification de l'Allemagne
1991	B. Eltsine président de la Russie (juin)
	Putsch contre M. Gorbatchev (18-21 août) : Interdiction du PCUS
	Dissolution du pacte de Varsovie (juillet) et de l'URSS (25 décembre)
	Guerre en Croatie (juin-juillet)
	Traité de Maastricht sur l'UEM (10 décembre)
1992	Guerre entre l'Arménie et l'Azerbaïdjan
	Guerre en Géorgie, au Tadjikistan...
	Ratification de l'UEM par la France (septembre)
1993	Coup d'État « parlementaire » contre Eltsine (septembre)
	1er janvier entrée en vigueur du Marché unique. Affaire Hoover
	Nouvelle crise du SME (août)
1994	Retour de Soljenitsyne.
	1er janvier début de la 2e étape de l'UEM
	Ouverture de l'Eurotunnel (mai)
1995	Les troupes russes interviennent en Tchétchénie
	Négociations de la paix en Croatie à Dayton (États-Unis)
1996	Élections présidentielles, Eltsine réélu
1997	Accord sur les relations entre la Russie l'OTAN
	Traité d'Amsterdam (2 octobre)
1998	Crise monétaire et financière en Russie. Crise du Kosovo
1999	Passage à l'Euro (1er janvier). J. Santer remplacé par R. Prodi
	Pologne, Hongrie et République tchèque adhèrent à l'OTAN
	Intervention de l'OTAN au Kosovo
	Reprise de la guerre en Tchétchénie. Démission de B. Eltsine.
2000	Traité de Nice sur la réforme institutionnelle
	V. Poutine élu président
	Slobodan Milosevic cède le pouvoir à Vojislav Kostunica

De toute évidence, la chute du Mur de Berlin bientôt suivie par l'effondrement du communisme soviétique clôt un court XXᵉ siècle ouvert par la révolution russe. Pour un continent qui a vécu depuis l'aube des années trente avec la guerre chaude ou froide comme horizon, la transition paisible constitue une surprise sans pareille. Le coût social, économique, politique n'en est pas moins impressionnant, l'équivalent d'une troisième guerre mondiale selon les responsables russes. Des progrès considérables ont été accomplis dans la plupart des pays d'Europe centrale et leur prochaine intégration dans l'union européenne en témoigne. L'élection de Vladimir Poutine coïncide également avec le début du redressement de la grande Russie. C'est finalement l'Ouest qui semble mettre le plus de temps pour s'adapter et sortir du cadre simple de la « Petite Europe ».

I. Moscou : nationalisme et reconstruction dans la Russie post-communiste

La démission de Mikhail Gorbatchev le 25 décembre 1991 ne constitue qu'une étape dans le processus de décomposition amorcé dès 1987. Sur le plan politique, les différentes républiques constituant la CEI disposent depuis les élections de 1989 d'une présidence et d'un parlement propres, il n'y aura ainsi ni vacance du pouvoir, ni pouvoir de transition. Le système soviétique entraîne dans sa chute l'ensemble des structures sociales, économiques et sociétales que le Parti communiste et l'État soviétique animaient de concert. On comprend alors que les hommes qui parviennent ainsi sur le devant de la scène ne disposent ni de l'autorité, ni des leviers leur permettant d'agir. Il faut près de dix ans pour que la situation se stabilise et que s'amorce une reconstruction difficile et incertaine.

1. L'implosion de la puissance soviétique

► **La « thérapie de choc » plonge la Russie dans une crise sans précédent.** En janvier 1992, B. Eltsine se choisit Egor Gaïdar pour Premier ministre : en totale rupture avec la tradition russe, c'est un homme de 36 ans particulièrement jeune pour de telles fonctions ; journaliste chargé de la rubrique économique du journal *Komunist* il n'a aucune expérience concrète du fonctionnement de la bureaucratie et des entreprises. Cette inexpérience autant que les luttes politiciennes l'empêchent d'obtenir l'investiture du Parlement, Eltsine le maintient cependant en tant que Premier ministre par intérim totalement dépendant de la seule confiance du président. Sur les conseils de l'économiste américain Jeffrey Sachs, le nouveau chef de gouvernement engage en très peu de temps un ensemble de réformes radicales visant à précipiter le passage du communisme au capitalisme tout en combattant l'inflation.

La thérapie de choc est un plan de stabilisation visant prioritairement à briser l'inflation (190 % pour l'année 1991), il s'inspire des théories monétaristes de l'école de Chicago et plus encore des expériences polonaises et tchèques. Le plan comporte quatre volets :

— la libération des prix dont on espère qu'elle entraînera une reprise rapide de la production est associée à une politique restrictive du crédit destiner à freiner le gonflement de la masse monétaire et la hausse des prix ;

— l'austérité budgétaire (déficit prévu à 3 % du PIB) passe par la suppression des subventions pour les produits de base et les entreprises non rentables (sans doute 80 % de l'ensemble) ;

— des réformes structurelles : privatisation des logements remis gratuitement à leurs occupants qu'il s'agisse d'une HLM ou d'une somptueuse datcha de la périphérie de Moscou, plan général de privatisation des entreprises et des terres : chaque citoyen reçoit un bon de privatisation ou *voucher* (l'anglais semble plus approprié aux responsables de l'opération) de 10 000 roubles soit environ 10 000 $ ou quarante mois de salaire ;

— l'ouverture vers l'Occident est confirmée : en juillet 1992 la convertibilité du rouble est rétablie pour la première fois depuis juillet 1914, la Russie présente sa candidature au FMI ; on attend beaucoup des investisseurs étrangers tout en restreignant leur participation aux privatisations.

Pour les Russes qui imaginaient une économie d'abondance, le réveil est cruel. Entre 1992 et 1994 le PIB baisse de 50 %, le chômage dépasse sans doute un quart de la population active. Loin de réduire les pénuries la thérapie de choc, en précipitant la fermeture d'un grand nombre d'usines, dont celles produisant des engrais et des machines agricoles, débouche sur un effondrement imprévu de la production agricole et du cheptel (– 40 % pour les céréales ; – 30 % pour les bovins ; – 45 % pour les porcs). La population en quête d'autosuffisance alimentaire, se replie sur les jardins privatifs (près d'une famille sur deux en disposerait en 1999) au prix parfois de défrichements sauvages et d'occupations sans titre. Toute une économie de troc et d'entraide se développe entre voisins mais aussi entre les entreprises et leurs salariés qui ne désertent pas leurs postes malgré des mois d'arriérés de salaires ou des paiements en nature : les Russes font encore confiance à l'« appareil » dont on compare la désorganisation à celle qui suivit la Seconde Guerre mondiale, ils attendent seulement l'émergence d'un nouveau leader qui donnera le signal de la reconstruction.

► **Aggravées par l'inflation, les inégalités se creusent.** Même s'il faut admettre le rôle des spéculateurs, les pénuries contribuent largement à l'envolée de l'inflation (1 800 % en 1992, 2 600 % en 1993 et encore 250 % en 1994). La désinflation s'accélère après 1995 mais la confiance dans le rouble est perdue, moins de cinq ans après la chute du communisme une double circulation monétaire s'instaure en Russie : le rouble pour les achats courants, pour le petit peuple des retraités, des fonctionnaires, des militaires, des ouvriers lorsqu'ils sont payés ; le dollar américain, fournit par des distributeurs automatiques dans les plus grandes villes, sert pour transactions un peu plus importantes (100 $), pour l'épargne de précaution, pour ceux qui peuvent y accéder en raison de leurs fonctions ou de leurs activités. Deux monnaies, deux économies, deux mondes : à la fin de 1992 un quart de la population vivait en dessous du seuil de pauvreté, plus de la moitié en 1999 ; selon l'ONU un Russe sur cinq vit alors avec moins de 1 $ par jour avec comme conséquence immédiate une catastrophe sanitaire et démographique (l'espérance de vie a régressé de dix ans en une décennie). À l'opposé une petite minorité (1,5 % suivant l'office russe des statistiques) se partage 35 % du revenu national et s'approprie les plus beaux fleurons de l'économie grâce aux privatisations. Ces nouvelles « élites », même si le mot est contesté par certains auteurs, sont pour l'essentiel issues de l'ancienne *Nomenklatura* : le renouvellement au sommet de l'État ne doit pas faire illusion. À la base, un grand nombre de dirigeants d'entreprises et de présidents de kolkhozes sont restés en place car eux seuls disposaient des relations personnelles permettant de maintenir l'activité et d'obtenir, même avec retard, le paiement des salaires. Au niveau intermédiaire, de la direction des grandes Unions de production, des directions ministérielles, des responsables politiques de province la continuité est également très nette (deux tiers des hommes en place en 1998 occupaient déjà des fonctions importantes avant 1991), la chute du système soviétique a accéléré l'effacement définitif de la vieille garde brejnévienne. C'est finalement au sommet que le renouvellement a été le plus spectaculaire en raison du rythme effréné de la rotation des responsables imposé par B. Eltsine et de son désir de s'entourer d'hommes jeunes (Gaïdar, 36 ans ; Kirienko, Premier ministre en 1998, 37 ans ; Vladimir Poutine, 40 ans...).

La crise économique remet en cause la cohésion même de l'État russe. La dépression entraîne un fort recul des recettes fiscales et une détérioration du fonctionnement de l'administration et des services publics dans les transports notamment (le cas de la compagnie *Aeroflot* est sorti des frontières de la Fédération). Après l'URSS, la fédération russe est menacée d'éclatement, en effet les régions les mieux dotées en ressources naturelles vendent directement sur le marché mondial sans en référer à Moscou tout en retenant la plus grande partie des impôts dus à la fédération (en novembre 1994, 40 des 88 régions de la Fédération de Russie avaient suspendu leurs versements fiscaux au centre). Le prédécesseur du général Lebed à la tête de la région de Krasnoïarsk en Sibérie, entreprend même de créer une monnaie régionale en 1993. En raison de l'interdépendance régionale, minutieusement organisée par Staline et ses successeurs, ce morcellement apparaît parfaitement suicidaire pour tous.

Le renvoi d'Egor Gaïdar remplacé par Viktor Tchernomyrdine en décembre 1992 sanctionne l'échec de la thérapie de choc mais ne met pas fin à la dégradation de la situation qui culmine avec la crise du rouble en août 1998.

▸ **Les raisons de cet échec sont multiples.** La réussite de la thérapie de choc présupposait que l'économie ex-soviétique puisse réagir à des mesures, certes orthodoxes du point de vue de la théorie, mais qu'aucune économie capitaliste ne s'est jamais imposées à cette échelle. On croyait en particulier que les entreprises sauraient s'adapter très rapidement aux changements brutaux des prix alors que l'on supprimait les subventions. Comment attendre une telle « flexibilité » de la part de structures qui avaient montré leur capacité de résistance face aux réformes successivement amorcées depuis la mort de Staline ? Conduites dans le désordre et la confusion les privatisations ont aggravé la situation.

Les privatisations en Russie sont conduites en deux phases. Après la distribution des *vouchers* par Gaïdar, Tchernomyrdine et son équipe entreprennent de vendre la moitié des entreprises industrielles aux enchères, les chèques servant à payer l'achat (juin 1993 - août 1994). Deux types d'acheteurs se sont présentés. Les salariés d'un grand nombre d'entreprises ont racheté leur outil de travail, soit collectivement, soit par l'intermédiaire de groupes financiers constitués autour de l'ancienne direction. Faute de moyens, les nouveaux propriétaires n'ont pas les moyens de recapitaliser pour moderniser ; la gestion concentrée sur la défense de l'emploi ne change pas, la direction n'a d'autre recours que le chantage aux licenciements pour arracher des aides, subventions ou prêts des autorités politiques locales ou fédérales qui cèdent pour éviter un cataclysme social encore plus grand. L'inflation s'en trouve relancée. D'autre part, on voit se constituer des fonds d'investissement associant des capitaux étrangers et les « nouveaux » financiers russes avec pour objectif de racheter à vil prix les *vouchers* afin de participer aux enchères. La présence de ces financiers dans l'entourage de Boris Eltsine (Boris Berezovski, Vladimir Goussinski...), et au sein même du gouvernement (Vladimir Potanine, Viktor Tchernomyrdine...) se traduit par des prix de vente et des conditions financières jugées scandaleusement bas. Par la suite les nouveaux propriétaires se sont bornés à exploiter les parties les plus rentables à court terme de leurs empires tout en limitant les investissements.

Paradoxalement, la privatisation n'a pas débouché sur la mise en place d'un marché capitaliste libéral, mais sur la constitution d'oligopoles qui entravent la concurrence, s'opposent à l'action de l'État et se détournent des produits de bases, indispensables à la population mais peu rentables. On assiste dès lors au retour des subventions, mais privé de ressources fiscales l'État doit s'endetter (le groupe gazier *Gazprom*, détenu à hauteur de 30 % par le Premier ministre V. Tchernomyrdine, accumule plusieurs milliards de dollars d'arriérés au détriment du gouvernement conduit par le même V. Tchernomyrdine). La crise financière et monétaire de l'été 1998 sanctionne une décennie de dérives. Pour Jeffrey Sachs, conseiller de Gaïdar, « L'élément fondamental de notre erreur provient de l'écart énorme entre la rhétorique des réformateurs et leurs activités réelles [...] ils ont considéré que le rôle de l'État se réduisait à servir un cercle restreint de capitalistes se remplissant les poches en un temps record. Il ne s'agit pas d'une *Thérapie de choc* mais bien d'un acte prémédité, parfaitement réfléchi et cynique, visant à concentrer les biens entre les mains d'un petit groupe »[1]. Cet avis avec ce qu'il a certainement d'excessif est très proche de ce que pense la population russe comme le note Jean-Louis van Regemorter « si la vision populaire d'une économie entièrement dominée par les mafias relève du mythe, elle reflète les frustrations de la population ». Pour les Russes habitués à une vie peut-être un peu terne, le traumatisme est effroyable, il conduit à un triple rejet du

1. Cité dans Hélène Blanc et Renata Lesnik, *Le mal russe,* Paris, L'archipel, 2000, p. 26.

capitalisme assimilé au règne des mafias, de la démocratie libérale identifiée à la corruption et à l'impuissance et de l'Occident jugé non sans raison responsable de cet humiliant fiasco.

2. Le sursaut national se place au centre de la reconstruction

► **Boris Eltsine a fondé son ascension au pouvoir sur le démantèlement de l'URSS.** Le choix systématique de la confrontation lorsque ses adversaires recherchaient la négociation et le compromis est le reflet d'une personnalité d'*apparatchik* atypique.

Né en février 1931 dans la région de Sverdlovsk (Ekaterinbourg) **Boris Nikolaïevitch Eltsine** poursuit dans sa région d'origine des études d'ingénieur en bâtiment. De 1955 à 1963 il franchit tous les échelons du *Trust* local du bâtiment, de contremaître jusqu'à directeur général. Tribun né, toujours au contact des hommes il apprend à jouer de sa personnalité chaleureuse mais rude jusqu'à la brutalité. Entré au Parti en 1961 afin poursuivre son ascension, il ne se préoccupe pas d'idéologie mais s'investit dans les problèmes techniques et administratifs de son poste de responsable de la construction pour la région de Sverdlovsk. En 1976, il accède au poste de secrétaire général de la région de Sverdlovsk (seconde région économique de l'URSS), devenu un personnage important mais toujours un technicien provincial, il n'hésite pas à affronter la bureaucratie moscovite du Parti et de l'État dont il finit cependant par bien connaître les rouages. Il est membre du Comité central depuis 1981 lorsque Gorbatchev, qui le connaît peu, le place à la tête de la région de Moscou et le fait entrer au *Politburo.* À ce moment, Eltsine est, semble-t-il, déjà persuadé que le système soviétique est moribond. Au nom de la *Perestroïka,* il attaque de front toute l'aile conservatrice, renouvelle les cadres du Parti de Moscou et s'en prend à l'idéologue du Parti Egor Ligatchev ; gêné par cet activisme Gorbatchev prend ses distances, Eltsine est destitué en octobre 1987 après une séance à huis clos. Un accident cardiaque à la suite de cet épisode achève de le transformer en victime du Parti aux yeux des Moscovites qui l'élisent député avec 89 % des suffrages. Il regroupe autour de lui des cadres et des intellectuels « libéraux » (Routskoï, Khasboulatov...) déçus par la lenteur de la Perestroïka. Fort du soutien populaire il retourne contre Gorbatchev les réformes démocratiques entreprises par celui-ci : élu président du Soviet suprême de Russie en 1990, il impose un référendum sur l'élection des présidents de républiques au suffrage universel et se fait élire à la tête de la Russie en juillet 1991. Sa présence théâtrale durant le putsch du 19 août 1991, alors que Gorbatchev est tenu à l'écart des médias consolide sa popularité à l'intérieur et surtout à l'étranger. C'est dans la plus parfaite illégalité qu'il signe avec l'Ukraine et la Belarus le traité de Minsk (8 décembre 1991) dissolvant l'URSS remplacée par la CEI (Communauté des États indépendants). Gorbatchev, privé du peu de légitimité qui lui restait, démissionne.

Boris Eltsine arrive au pouvoir avec un prestige et une popularité inégalés en Russie, pourtant l'état de grâce ne dure pas. Dès la fin de 1991, le conflit entre une présidence autoritaire et un soviet hérité du régime communiste se noue autour de la thérapie de choc puis de la question des institutions.

► **L'évolution institutionnelle amorcée par Gorbatchev concentre le pouvoir entre les mains du président russe.** Pour Gorbatchev, la présidentialisation correspondait à un transfert de légitimité politique du Parti communiste discrédité vers l'État, mais il s'était efforcé de maintenir un équilibre des pouvoirs entre l'exécutif et le législatif. Eltsine tourne le dos à cette logique, il veut un régime présidentiel (certains comme Routskoï et Khasboulatov parlent déjà de dictature). Comme dans les étapes précédentes il choisit d'imposer sa solution par la force.

Le putsch parlementaire de Moscou (21 septembre - 4 octobre 1993) couronne dix mois de tensions croissantes. Ébranlé par le revers de décembre 1992, B. Eltsine consacre tout le début de l'année 1993 à consolider son pouvoir contre le Parlement. En avril 1993, un référendum « arrangé » lui accorde 58 % des suffrages populaires et réclame de nouvelles élections législatives (67 %). Profitant de ce soutien populaire, B. Eltsine refuse le projet de régime parlementaire présenté par le Soviet et lui oppose une réforme constitutionnelle octroyant d'énormes pouvoirs à la présidence. Le 21 septembre Eltsine engage l'épreuve de force par la dissolution du Soviet qui destitue Eltsine et le remplace séance tenante par le général Routskoï. La tragédie se noue lorsque les troupes fidèles à Eltsine investissent Moscou et bombardent le Parlement (« la Maison-Blanche » de Moscou) dans lequel se sont retranchés le général Routskoï et quelques milliers de civils (4 octobre). Le bilan dépasse les 147 victimes officielles. Le putsch a échoué, mais le président russe y a laissé le plus clair de son crédit tant à l'intérieur qu'à l'extérieur.

À nouveau consulté, le peuple russe ratifie la nouvelle constitution de justesse (l'abstention très importante est sans doute minorée pour permettre la validation du scrutin). Les élections législatives qui se tenaient en même temps voient la débâcle des réformateurs conduits par le Premier ministre Tchernomyrdine (15,4 %), le succès des communistes (12,5 %) et des nationalistes de Vladimir Jirinovski (23 %) montre que le fossé séparant la population et ceux qui la dirigent s'est rouvert.

La constitution russe de 1993 institue pour la première fois la séparation des pouvoirs mais la vide de son sens en instaurant un régime présidentiel de type césarien. Le Parlement bicaméral est composé d'une chambre basse, la Douma, de 450 députés élus pour deux ans, une moitié est élue à la proportionnelle à l'échelon fédéral, l'autre moitié est élue au scrutin uninominal d'arrondissement à un tour. La chambre haute, dénommée Conseil de la fédération, représente les 89 divisions territoriales constituant la fédération, le Conseil comporte 197 membres dont les 89 gouverneurs de région nommés par le Kremlin. Cette complexité garantit l'hétérogénéité du Parlement voué à l'impuissance et ouvert à toutes les manœuvres de coulisses. En face, Le président russe élu pour cinq ans au suffrage universel direct cumule les pouvoirs : chef de l'État, des armées et de la diplomatie, il nomme et révoque les ministres à sa convenance, ils doivent en principe être investis par la Douma, mais celle-ci risque la dissolution si elle persiste dans son refus. Chargé de promulguer la loi, il peut demander une relecture et il peut surtout gouverner par décrets dans de nombreux domaines.

Boris Eltsine et son entourage, la « Famille » dans le langage populaire, ont utilisé à plein tous ces instruments : de 1993 à 1998, ils compensent la présence de Viktor Tchernomyrdine, Premier ministre qu'ils n'ont pas vraiment choisi, en multipliant les organismes relevant directement de la présidence (Conseil de Sécurité, conseil de défense...). L'administration présidentielle gonfle mais les attributions de chacun sont floues et se chevauchent engendrant des conflits byzantins arbitrés par le Président. L'extraordinaire rotation des ministres et autres responsables limogés sans préavis va dans le même sens ainsi que le choix de personnages inexpérimentés ou impopulaires. En réalité ses excès de pouvoir nuisent à l'autorité de la présidence et à l'État dans son ensemble.

► **L'omnipotence du Kremlin est favorisée par l'immaturité politique de la population.** Il est banal de souligner l'absence de références démocratiques d'un peuple passé sans transition de l'autocratie au totalitarisme et maintenu ensuite dans l'ignorance sinon le mépris du fonctionnement de la démocratie libérale. Il faut ajouter que l'échec du putsch de 1991 suivi de l'interdiction temporaire du Parti communiste et de ses annexes (komsomols, syndicats, organisations sociales et professionnelles...) a créé un vide que comble une activité politique vibrionnante. En 1997, le ministère de la Justice a enregistré 5 000 partis et plus de 60 000 associations à vocation civique ce qui ne préjuge pas du nombre d'organismes non déclarés. Beaucoup de ces structures sont éphémères, la plupart des autres se bornent à une action locale mais elles drainent les voix au détriment des formations nationales. Cet esprit de clocher reflète bien la méfiance croissante des citoyens de base à l'égard de ceux qui gouvernent depuis le centre si lointain.

L'élection à la proportionnelle fédérale de la moitié de la Douma a cependant permis l'émergence de quelques courants plus ou moins stables. En tout premier lieu, le **Parti communiste** reconstitué autour de Guenadi Ziouganov associé au Parti agrarien représente environ un quart des voix ; son programme associe le retour aux valeurs traditionnelles du peuple russe, la remise en cause des réformes économiques et la restauration de l'État et de la sécurité sociale ; il recrute dans les campagnes qui ont largement refusé la décollectivisation et parmi les titulaires de revenus fixes (fonctionnaires, militaires, retraités...). Le **Parti libéral démocrate** de Vladimir Jirinovski fédère une partie des très nombreux courants allant de la droite nationaliste slavophile jusqu'à une droite extrême se réclamant ouvertement du nazisme dont elle adopte les insignes et l'antisémitisme ; le déclin régulier du PLD de 24 % en 1993 à 12 % en 1995 et 6 % en 1999 reflète la lassitude des électeurs devant les outrances de Jirinovski et leur attente d'un nouvel homme fort crédible, beaucoup se sont retrouvés derrière V. Poutine en 2000. Au centre, le parti gouvernemental **« Notre maison la Russie »** de Viktor Tchernomyrdine et le **parti Iabloko** du réformateur modéré Grigori Iavlinski ne se sont pas imposés, glanant au mieux 10 % des voix chacun. Au total ces quatre formations ne représentent que les deux tiers des sièges, le reste se répartit entre une vingtaine de formations et de très nombreux candidats indépendants. On peut dès lors parler d'une balkanisation de la vie politique, avec une importante nuance : toutes ces formations, avec des différences dans le vocabulaire plus que dans le fond, mettent en avant le sentiment national russe fondé sur l'Orthodoxie que l'on croit menacée par l'Islam et l'occidentalisation, le passé notamment soviétique et une profonde rancœur à l'égard des pays occidentaux et du FMI.

Les sondages d'opinions montrent une désaffection croissante de la population pour le parlementarisme. En 1998, au lendemain de la crise financière il est vrai, 80 % des électeurs pensaient que « la sécurité du pays et des citoyens est mieux garantie par un homme fort que par la loi » et 83 % estimaient qu'une « plus grande démocratisation n'améliorerait pas leur vie quotidienne ». L'émergence de Vladimir Poutine, surprenante vue de l'étranger, s'inscrit dans ce contexte.

Vladimir Poutine, est né en 1952 à Leningrad (Saint-Pétersbourg). Il s'engage dans le KGB dès la fin de ses études par patriotisme et sens de l'État selon les témoins. Il sert à l'étranger, en RDA notamment, ce qui lui vaut d'être remarqué par Iouri Andropov puis par Gorbatchev. On le retrouve aux côtés du maire de Saint-Petersbourg, Anatoli Sobtchak de 1990 à 1995. il entre alors dans l'Administration présidentielle où il s'occupe des affaires de la « Famille ». En 1998, il est porté à la tête du FSB successeur du KGB. En août 1999, B. Eltsine le nomme Premier ministre. La relance de la guerre en Tchétchénie, à la suite des attentats qui causent la mort de 200 personnes dans la banlieue de Moscou, lui permet de souder derrière lui la classe politique ainsi qu'une grande partie de l'opinion malgré les interrogations formulées par certains dont le général Lebed. Pour la première fois depuis 1991, la coalition gouvernementale remporte les élections législatives de décembre 1999. De manière inattendue, B. Eltsine annonce sa démission et confie l'intérim à V. Poutine. Il est largement élu dès le premier tour par 52,5 % des voix (contre 29 % au suivant G. Ziouganov) avec une forte participation de plus de 70 %.

Malgré un préjugé défavorable en Occident que vient renforcer l'immunité accordée à Eltsine et à son entourage, Poutine a su préserver sa popularité et la cohésion de sa majorité parlementaire. Il a entrepris la restauration de l'État en s'attaquant aux féodalités financières (les « oligarques » et les grands groupes industriels comme *Gazprom*) et territoriales (remplacement des gouverneurs de provinces par des fonctionnaires souvent issus du FSB). Le redressement des finances publiques a permis de verser régulièrement les traitements, soldes et pensions ainsi que d'envisager l'interdiction de la circulation du dollar à l'intérieur de la Russie, ce qui constitue plus qu'un symbole. La restauration de l'influence politique de la Russie à l'étranger constitue le second axe d'une action nécessairement longue.

3. La Russie en quête d'un statut international

► **La stabilisation des relations avec l'étranger proche est l'enjeu central de la politique extérieure de Moscou.** La décomposition de l'URSS a interrompu un processus millénaire de maîtrise des marges territoriales de l'espace russe, sans en abolir l'héritage. En conseillant en 1990 aux présidents des républiques et régions de « prendre autant de pouvoir *[au détriment de l'Union soviétique]* qu'ils pourraient en manger », Boris Eltsine a certes accéléré la décomposition de l'URSS mais également creusé un gigantesque vide politique au centre du continent eurasiatique. Ce faisant il a réveillé les innombrables particularismes locaux et les nationalismes régionaux étroitement imbriqués ce qui rend infiniment complexe la redéfinition pacifique des relations entre le cœur russe, les territoires allogènes de la Fédération de Russie (la Tchétchénie par exemple) et les ex-républiques sœurs comme la Géorgie, les républiques d'Asie centrale et l'Ukraine.

Dans l'urgence du mois de décembre 1991, les traités de Minsk (8 décembre) et Almaty (21 décembre) qui instituent la Communauté des États indépendants (CEI) et l'élargissent à onze puis douze des quinze anciennes républiques socialistes soviétiques, ont transformé en frontières internationales intangibles (elles sont reconnues par l'ONU) des limites administratives arbitraires héritées de la période soviétique. Cette solution, qui avait déjà prévalu lors de la décolonisation de l'Afrique et du Proche-Orient, n'est pertinente qu'en apparence, Staline et ses successeurs se sont en effet ingéniés à créer des interdépendances économiques artificielles, à multiplier des zones de conflits interethniques et à brasser les populations afin d'homogénéiser le peuplement de l'Union (mythe de l'Homme nouveau soviétique) et d'imposer partout l'arbitrage du Centre moscovite. Le cas de la Crimée à côté du Karabagh ou de l'Abkhazie est tout à fait représentatif du problème général des nationalités dans l'ex-URSS.

En 1954, pour commémorer le tricentenaire du rattachement de l'Ukraine à la Russie, Khrouchtchev décide de lui « donner » **la Crimée** que Staline avait précédemment vidée de sa population tatare accusée d'avoir collaboré avec l'Allemagne et qu'il avait remplacée par des Russes. Dès la proclamation d'indépendance de l'Ukraine en juillet 1914, Kiev réaffirme sa souveraineté sur l'Ukraine au grand dam de la population russe à 67 % (contre 24 % d'Ukrainiens et 9 % d'autres origines), les militaires russes craignent également de perdre la base de Sébastopol, port d'attache de la flotte de la mer Noire. La tension est aggravée par la volonté des Tatars de recouvrer leur terre ancestrale, 300 000 sont revenus s'y installer depuis 1989. Entre 1992 et 1997 de longues négociations ponctuées de crises permettent de trouver un terrain d'entente : la Crimée reste à l'Ukraine qui lui donne une large autonomie ; Moscou obtient pour vingt ans la location de Sébastopol pour un loyer annuel 100 millions de dollars. Ceci n'empêche pas une majorité de Russes en Crimée comme en Russie de réclamer encore le retour de la région à la mère patrie.

La disparition du régime communiste a mis fin à l'utopique quête d'un *homo sovieticus* transcendant les identités culturelles, religieuses et géographiques, mais le brassage forcé des populations a fait des chacun des douze membres de la CEI ainsi que des États baltes une sorte de petit Empire austro-hongrois confronté à d'inextricables **problèmes de nationalités** débouchant fréquemment sur la violence civile.

En Russie même vivent 27 millions de non Russes, les Ukrainiens (5 millions) constituant la plus importante minorité slave. Ceci fait de la fédération de Russie un espace étonneamment homogène compte tenu de sa taille d'autant qu'un tiers des 18 % d'allogènes revendiquent le russe comme langue maternelle. Le problème est que les 13 % restant, divisés en plus de 30 nationalités disposant d'institutions plus ou moins autonomes à l'intérieur d'un territoire propre (plus de 50 % du territoire fédéral) s'interposent entre la Russie et l'Europe, l'océan Indien et le Pacifique. Les républiques sibériennes comme la Yakoutie ou la Bouriatie de même que le Tatarstan dans la région de la Volga, ne veulent pas quitter la fédération (la géographie ne s'y prête guère), mais elles entendent bien garder le contrôle de l'exploitation de leurs richesses naturelles et prennent toute la distance possible avec les autorités moscovites. Il n'en va pas de même en Asie centrale et dans le Caucase que tout rattache à l'espace turco-iranien, la religion, le peuplement et la langue, l'économie pétrolière.

À cela s'ajoute le sort des quelque 20 millions de Russes vivant hors de la Fédération de Russie, les **« Pieds Rouges »** : 11 à 12 millions vivent dans l'est de l'Ukraine, en Crimée et à Kiev ; 6 millions sont recensés dans le nord-ouest du Kazakhstan ; 1 million en Belarus, et 1,5 million en Asie centrale. Les communautés d'Estonie (0,5 million soit 30 % de la population) et de Lettonie (34 % de la population soit 0,9 million) sont au centre d'un contentieux aigu avec Moscou. Soumis à une immigration et à une russification accélérées depuis la Seconde Guerre mondiale, les pays Baltes ont cherché à limiter l'accès aux nationalités lettone et estonienne ainsi qu'aux avantages afférant comme la participation aux privatisations ; au début des années quatre-vingt-dix, le gouvernement russe a freiné le retrait des troupes stationnées dans ces pays pour obtenir des garanties comme des permis de résidence de longue durée pour les Russes ou un système de double nationalité. Leur situation n'est pas totalement clarifiée de même que celle de l'enclave russe de Kaliningrad (Königsberg). Dans le Caucase et au Tadjikistan, l'éclatement des conflits nationalistes a conduit près de 300 000 Russes à fuir vers la Russie centrale, l'Oural ainsi que le Nord-Caucase russe, où ils ont été rattrapés par le conflit tchétchène en 1995.

À l'instar de beaucoup de colonisateurs, les Russes ont été stupéfaits par l'intensité de la haine que leur portaient les peuples dominés. Il en résulte depuis le milieu des années quatre-vingt-dix deux attitudes contradictoires que résument assez bien les termes caractérisant l'identité russe. On peut en effet se dire *Rousskoe*, russe au sens ethnique (slave) et religieux (orthodoxe), ce que l'on pourrait peut-être transposer par *Russien* ; on peut aussi être *Rossiikoe,* habitant de Russie. Courant minoritaire et apparemment en déclin, le nationalisme russien, qu'il soit le fait d'intellectuels comme Soljenitsyne ou de politiciens comme V. Jirinovsky, prône une forme de cartiérisme[1] avec l'abandon des confins devenus un fardeau (Transcaucasie et Asie centrale). la majorité des Russes et leurs gouvernants, Eltsine comme Poutine, restent attachés à l'idée de Grande Russie ; dès le mois de décembre 1992, Boris Eltsine le disait sans ambages : « Nous souffrons d'un complexe impérial mais à l'envers, nous n'osons pas parler de nos propres intérêts de peur d'être accusés de tentations impériales même lorsque nos intérêts sont clairement lésés. » La première guerre de Tchétchénie allait suivre.

▸ **Malgré l'apparente disproportion des moyens, la Fédération russe a du mal à faire prévaloir ses intérêts.** Les traités de la CEI n'ont rien prévu de concret pour combler le vide juridique créé par la dissolution de l'URSS et leurs ambiguïtés ne tardent pas à apparaître. L'Ukraine et la majorité des membres de la CEI mettent l'accent sur l'expression « États indépendants », à leurs yeux la communauté n'est qu'une institution transitoire chargée de liquider à l'amiable l'héritage soviétique. De fait, l'Ukraine et la Moldavie lorgnent du côté de l'Union européenne et de l'OTAN ; les républiques d'Asie centrale (Kazakhstan, Turkménistan, Kirghizie, Ouzbékistan et Tadjikistan) ont rejoint l'Iran, la Turquie et le Pakistan au sein de l'Organisation de coopération économique (OCE) tout en adhérant à la Conférence islamique. Le problème de l'Afghanistan, cœur géographique de l'OCE, et le pétrole de la mer Caspienne sont à l'arrière plan de ces choix. Mais dans le même temps ces pays sont dépendants de la Russie pour l'évacuation de leur pétrole et leurs approvisionnements, certains hébergent des troupes russes. À l'inverse, la Russie et la Belarus unies par le traité de la Confédération des républiques souveraines (SSR en russe...) ainsi

1. Du nom du journaliste français prônant dans les années cinquante l'abandon de l'empire au nom des intérêts de la métropole.

que l'Azerbaïdjan attachent la plus grande importance au mot « communauté », ils mettent en avant la géographie des infrastructures[1], les interdépendances économiques découlant de la spécialisation régionale minutieusement organisée à l'époque soviétique. La CEI constitue aux yeux du Kremlin, des politiciens moscovites et de la majorité de la population une « sphère d'intérêts privilégiés » où la Russie se considère comme « l'héritière unique de l'URSS » et s'attribue des « responsabilités particulières », la référence implicite à la doctrine Monroe n'est pas fortuite. La diplomatie russe a comblé la vacuité des traités en tissant un impressionnant cocon d'accords bilatéraux progressivement élargis à d'autres membres de la Communauté. Un pas important a été franchi en 1993 avec la signature d'un accord cadre d'Union économique (une union douanière dans un premier temps) et la création en 1994 d'un Comité économique interétatique dont le siège est significativement installé à Moscou, seuls l'Ukraine et le Turkménistan n'y ont pas adhéré (ils sont seulement associés...). L'économie n'est pas leur seul axe : les multiples interventions diplomatiques ou militaires, ouvertes ou couvertes, dans les conflits qui déchirent l'Asie centrale et le Caucase traduisent également la volonté russe de reconstruire une forme d'hégémonie régionale. Bien que concernant une république autonome de la fédération russe, la guerre de Tchétchénie s'inscrit dans cette logique.

La guerre de Tchétchénie commencée le 11 décembre 1994 fait suite à trois autres conflits : les guerres du Caucase (1830-1854), la reconquête sous les ordres de Staline (1920-1921) et la déportation en masse de 350 000 Tchétchènes (1944). La décomposition de l'URSS redonne vigueur au mouvement nationaliste qui place à sa tête le général Doudaev, celui-ci s'empare du pouvoir à Grozny en août 1991 avec l'appui des clans montagnards. Alors que le FSB et l'armée russe s'efforcent à plusieurs reprises de renverser Doudaev, certains oligarques, on cite Berezovski, participent à la mise en coupe réglée des ressources pétrolières et gazières de la république. Les raisons de la rupture ne sont pas claires. Pour Eltsine il s'agit de « répondre à une menace pour l'intégrité territoriale et la sécurité de la Russie ». L'objectif sous-jacent est sans doute de mettre un frein aux tentations séparatistes des autres régions allogènes en démontrant l'intransigeance de Moscou, à peu de frais pense-t-on à l'État major russe. Déclenchée au cœur de l'hiver la guerre dure deux ans. c'est une sévère défaite pour l'armée russe mal équipée et mal commandée. Le général Lebed signe avec le nouveau président Arslan Maskhadov un accord de paix (31 août 1996) qui reconnaît de fait l'indépendance de la Tchétchénie. Le bilan de cette première phase est accablant : 4 600 soldats russes, 2 000 combattants tchétchènes et 35 000 civils ont péri, il y a plus de 500 000 réfugiés, Grozny est détruit ainsi que les raffineries qui la faisaient vivre. une seconde phase s'ouvre en août 1999 par trois attentats dans la banlieue de Moscou (350 morts) rapidement attribués aux Tchétchènes par le FSB. Les opérations militaires qui s'apparentent à un ratissage systématique commencent à la fin septembre 1999, ils est officiellement terminé en mars 2002...

Les pays occidentaux semblent admettre le point de vue russe : les réticences de l'ONU et de l'OSCE très mollement exprimées, même au sujet de la Tchétchénie,

1. Une simple carte d'Atlas montrent que deux des trois branches du transsibérien passent au Kazakhstan, la ligne du Caucase traverse cinq États, sans parler du réseau d'oléoducs dont dépendent les républiques pétrolières d'Asie centrale.

valent reconnaissance de cette sorte de doctrine Monroe sans aller jusqu'à donner un mandat international aux troupes russes déployées dans le Caucase et à la frontière afghane. Leur prudence se manifeste également en ce qui concerne l'élargissement de l'OTAN aux pays d'Europe centrale. L'évolution brutale de la situation en Asie centrale au lendemain des attentats du 11 septembre 2001 et notamment les facilités militaires accordées aux États-Unis montrent qu'il ne s'agit pas seulement d'enjeu interne à la sphère d'influence russe. Les stratèges internationaux ont dépoussiéré l'expression « Grand jeu » qui désignait au XIXe siècle les rivalités d'intérêts entre l'Empire russe et la Grande-Bretagne dans la région.

► **Le contrôle de l'Etranger proche apparaît comme la clef du retour de la Russie au premier plan.** Depuis Pierre le Grand à la fin du XVIIe siècle, la Russie hésite entre deux grandes stratégies : la volonté de s'imposer comme une puissance européenne malgré l'hostilité des pays plus occidentaux d'une part et d'autre part le désir d'affirmer son identité russe et d'être le pivot de l'Eurasie. La première tendance qui atteint son apogée entre le milieu du XVIIIe siècle et la guerre de Crimée (1854) a connu un bref renouveau entre 1987 et 1993 avec le projet gorbatchévien de « Maison commune européenne » puis le recours aux conseillers occidentaux. La seconde tendance qu'illustrent le panslavisme de la fin de l'Empire et le « socialisme dans un seul pays » de Staline, renaît avec B. Eltsine et son ministre des Affaires étrangères Andreï Kozyrev. Les mécomptes de la transition, la brutalité, voire l'arrogance du FMI et des firmes occidentales accusées par la population de participer au pillage des richesses nationales y contribuent largement. Pour une part la renaissance du vieux débat entre *Slavophiles* et *Occidentalistes,* recoupe la division sociopsychologique entre « eux » – les gouvernants, ceux qui profitent de l'ouverture – et « nous » le peuple qui dans sa grande majorité subit les effets dévastateurs de la transition. Cette division se retrouve dans l'ambivalence de la politique extérieure de la Russie depuis le milieu des années quatre-vingt-dix sans que l'on aperçoive de rupture majeure depuis l'arrivée de V. Poutine. Il s'agit pour la Russie de transformer le strapontin que l'Occident lui a accordé au sein du G8 (en fait un G7 + 1) en un siège de premier plan dans le directoire mondial à égalité avec les États-Unis et loin devant l'Europe et le Japon. Elle est candidate à l'OMC malgré le manque d'intérêt des investisseurs pour l'économie russe (moins de 10 milliards de dollars investis en dix ans contre plus de 100 dans les PECO) ; elle soutient immédiatement et sans nuance la « grande alliance antiterroriste » constituée par George W. Bush après les attentats du 11 septembre 2001 ; elle préfère se résigner à l'abandon du traité ABM (sur les missiles antimissile) voulu par les États-Unis plutôt que d'engager une confrontation perdue d'avance. Pour prix de cette bonne volonté, la Russie attend et obtient des contreparties. À court terme, les Occidentaux lui laissent les mains libres en Tchétchénie, au nom de la lutte contre le « terrorisme islamiste ». À plus long terme, Moscou s'est entremis pour inciter les responsables des républiques d'Asie centrale à ouvrir quelques bases aux troupes de l'OTAN ce qui lui permet de faire reconnaître internationalement son rang de puissance régionale dominante, à ce titre elle reprend pied en Afghanistan au lendemain de la chute du régime Taliban (réouverture de l'ambassade et installation d'un hôpital militaire à Kaboul en décembre 2001).

Elle se montre beaucoup moins accommodante dans ses relations avec l'Union européenne.

II. De la petite à la grande Europe ?

La clarification des problèmes au début des années quatre-vingt a permis de relancer la construction européenne. L'Europe s'engage successivement dans la formation du Marché unique puis de l'Union économique et monétaire (UEM) ; elle esquisse une politique extérieure et une politique de défense commune afin d'affirmer sa présence mondiale ; elle s'élargit aux pays scandinaves et engage les négociations avec les pays d'Europe centrale et orientale. C'est beaucoup en peu de temps ; trop sans doute pour des opinions publiques désorientées qui manifestent leurs réticences croissantes devant des sacrifices et des ajustements dont on ne perçoit pas la nécessité. Dès 1992, il est évident que l'Europe ne peut faire l'économie d'un double *aggiornamento* institutionnel et politique (d'aucuns diraient « citoyen »). C'est l'enjeu du débat diffus entre « Souverainiste » et « Fédéralistes ».

1. La chute inattendue du rideau de fer renouvelle le cadre de la construction européenne

▸ **La réunification allemande en 1989-1990 remet en cause les rapports de force au sein de la Communauté.** La logique de la « petite Europe » vole en éclats le 9 novembre 1989. À partir du rejet du Plan Marshall par Staline, l'Union européenne s'est construite en tournant le dos à l'Est avec, comme on l'a vu, trois caractéristiques fondatrices : l'ancrage atlantique d'une demi-Europe dépendante des États-Unis ; un relatif équilibre économique, démographique et politique entre la France et la RFA ; une dynamique communautaire introduisant une faible dose de fédéralisme dans un processus essentiellement intergouvernemental.

La chute du mur de Berlin est une conséquence indirecte de la Perestroïka. Le point de départ effectif intervient le 2 mai 1989 lorsque le gouvernement hongrois commence à démanteler le rideau de fer avec l'Autriche. Des milliers d'Allemands de l'Est profitent de leurs vacances en Hongrie pour passer à l'Ouest, cet exode qui prolonge un mouvement amorcé depuis 1986 (450 000 personnes d'ascendance allemande provenant de tout le bloc soviétique ont rejoint la RFA), s'amplifie brutalement en août : à partir du 8 août les candidats au départ s'entassent dans les ambassades de RFA à Budapest et Varsovie dans l'attente d'un visa. En septembre, le ministre fédéral des Affaires étrangères, Hans Dietrich Genscher, négocie le transfert de ces « réfugiés » en échange d'une fermeture temporaire des bâtiments diplomatiques ouest-allemand « pour réparations » ; la RDA ferme ses frontières avec les autres pays du CAEM pour mettre fin à une hémorragie qui commençait à perturber visiblement l'économie. À partir de la fin septembre et durant tout le mois d'octobre l'Église protestante est-allemande et des organisations dissidentes comme *Neues Forum,* fondé par Bärbel Bohley et Jan Reish, et *Renouveau démocratique,* organisent des manifestations pacifiques sur le boulevard circulaire de Leipzig puis dans toutes les grandes villes. Venu pour commémorer le quarantième anniversaire de la création de la RDA le 6 octobre, M. Gorbatchev prêche la patience à la foule qui demande son intervention, et la prudence à la direction du SED, à laquelle il refuse son soutien « les affaires de la RDA ne se décident pas à Moscou mais à Berlin », dit-il. Le remplacement temporaire d'Honnecker par Egon Krenz à la tête du SED et l'ouverture de discussions avec l'opposition amorcent une Perestroïka allemande. En témoignage de bonne volonté le gouvernement rouvre les frontières avec les voisins de l'Est : en quelques jours plus de 100 000 personnes en profitent pour passer à l'Ouest mais beaucoup reviennent ensuite dans l'attente des réformes annoncées par Hans Modrow successeur d'Egon Krenz depuis le 8 novembre. À la suite d'un malentendu que le nouveau ministre de l'Intérieur Günther Schabowski annonce l'ouverture de la frontière vers Berlin-Ouest. Elle est effective vers 18 heures.

La disparition du rideau de fer permet un règlement définitif de la Seconde Guerre mondiale, il s'agit de réaffirmer solennellement l'intangibilité des frontières européennes et de régler quelques problèmes ponctuels concernant par exemple la zone des Sudètes. Elle pose surtout la question de la réunification de l'Allemagne.

La réunification allemande s'est opérée à marche forcée en moins d'un an. Quelques jours après la chute du mur de Berlin, Helmut Kohl présente au *Bundestag* un plan en dix points prévoyant d'aider massivement la RDA moyennant une démocratisation irréversible, une réforme de la constitution et la création de tout un ensemble d'organismes commun. S'il ne fixe pas de date précise à la réunification, il indique que « la réunification, c'est-à-dire le retour à une unité étatique de l'Allemagne, reste le but politique du gouvernement fédéral » dans le double cadre européen de la CSCE (Conférence sur la sécurité et la coopération en Europe) et de la CEE. Profitant de l'accueil enthousiaste de la population de Dresde le 18 décembre, le chancelier passe outre aux réticences des partenaires de l'Allemagne, du gouvernement Modrow et même de l'opposition démocratique *(Neues forum)* qui redoute les conséquences sociales d'une réunification précipitée. Les étapes s'enchaînent rapidement : offre de la parité entre les deux marks (7 février), élections libres en RDA, balayant à la fois les communistes et l'opposition démocratique au profit des partis de RFA (18 mars) ; union monétaire le 1er juillet. À ce moment le processus est déjà irréversible. L'été 1990 permet de discuter les traités entérinant la réunification : d'abord le traité interallemand qui prévoit la fusion des deux Allemagne pour le 3 octobre (ce jour devient fête nationale) ; ensuite le 12 septembre le traité « Quatre + Deux » mettant fin à la Seconde Guerre mondiale par-delà quarante-cinq ans de guerre froide. Avec le recul de l'histoire, la réunification juridique apparaît comme l'étape la plus facile d'un processus essentiellement humain qui risque de prendre plus d'une génération.

En bousculant quarante-cinq années d'équilibre européen, le chancelier allemand a suscité des inquiétudes et réveillé de vieilles craintes que n'ont pas manqué d'exprimer Mrs Thatcher et F. Mitterrand : ils redoutent que l'Allemagne réunifiée ne se désintéresse de la construction européenne au profit de l'Europe centrale (on agite le spectre de la *Mitteleuropa,* autant accuser l'Allemagne de vouloir renouer avec la politique extérieure du IIe Reich wilhelminien et du IIIe Reich hitlérien !) ; sans aller aussi loin on craint que l'Allemagne étant redevenue une superpuissance économique comparable au Japon et aux États-Unis, ne s'engage dans une politique mondiale (voici la *Weltpolitik* de retour). On comprend que l'Allemagne, démocratie libérale incontestable depuis sa fondation en 1949 se sente humiliée (le journal *Bild* parle d'insulte) par ces accusations implicites de pangermanisme et d'hégémonisme qui la renvoie à un passé avec lequel elle a rompu sans nuance. Pourtant l'Allemagne, puissance économique mondiale, accepte de sacrifier le Deutsche Mark symbole de sa réussite pour apaiser les craintes de ses partenaires ; le traité de Maastricht devient la preuve de son indéfectible engagement européen. La mésentente franco-allemande s'installe. Une décennie plus tard, malgré les changements d'hommes et de majorité les relations franco-allemandes n'ont encore pas retrouvé leur intensité et leur chaleur d'antan, au détriment de la construction européenne.

▸ **Le traité de Maastricht répond aussi à des nécessités économiques.** Dans le cadre du Marché unique, les dévaluations compétitives comme celles de la livre, de la lire et de la peseta en 1992, engendrent des distorsions de concurrence insupportables pour les pays dotés de monnaies fortes ; inversement, les taux d'intérêts élevés maintenus par l'Allemagne après sa réunification, freinent la reprise et la baisse du chômage dans les autres pays. Une réforme en profondeur du SME s'impose. La France et l'Allemagne ainsi que la Commission proposent d'en revenir au plan Werner de 1972 avec la transformation de l'ECU en une monnaie européenne unique remplaçant les monnaies nationales (plan Delors de 1989). Cela suppose comme l'exige l'Allemagne que la Banque centrale européenne soit totalement indépendante des autorités politiques afin de pouvoir interdire toute dérive inflationniste. Le transfert de souveraineté est énorme car la monnaie, symbole national, ne peut être séparée de la politique économique et budgétaire ni de la politique sociale. John Major préconise au contraire que l'ECU devienne la monnaie commune (c'est-à-dire la 13e monnaie de la Communauté). Cette solution *a minima* peu satisfaisante sur le plan technique est refusée au profit d'un véritable saut dans l'inconnu.

Le Traité sur l'Union économique et monétaire signé le 7 février 1992 à Maastricht comporte quatre « piliers ». Le pilier monétaire est le plus visible, il prévoit l'instauration en trois étapes de la monnaie unique. Le début de la première phase fixé rétroactivement au 1er juillet 1990 correspond à la libération des échanges de capitaux dans la communauté et a la mise en place des politiques de convergence[1] économique par les différents pays. La 2e phase commence le 1er janvier 1994 par la mise en place de l'Institut monétaire européen (IME) installé à Francfort et présidé par A. Lamfalussy, il doit veiller à la convergence et préparer sur le plan technique la mise en place du Système européen de banque centrale (SEBC) constitué, à l'instar du Fed américain par la BCE et les banques centrales des pays membres. Le sommet de Madrid en octobre 1995 choisit le nom de la nouvelle monnaie et fixe au 1er janvier 1999 le passage à l'euro scriptural. On entre alors dans la dernière phase : le passage à l'euro fiduciaire fixé au

1. Il est décidé que les pays volontaires devront respecter cinq « critères de convergences » :
— déficit public et dette publique respectivement inférieur à 3 % et à 60 % du PIB ;
— participation au SME depuis deux ans et stabilité des parités pendant cette période ;
— taux d'intérêts à long terme et taux d'inflation proche de la moyenne des trois pays ayant les taux les plus faibles.

début 2002 le temps de fabriquer les espèces et de préparer les agents économiques à les utiliser.

Le second pilier renforce les institutions européennes : le Parlement européen obtient le pouvoir de codécision avec le Conseil pour l'adoption de certaines directives et règlements ainsi que le droit de participer au choix des Commissaires et le cas échéant de censurer la Commission à la majorité des deux tiers. On élargit le champ d'application du vote à la majorité simple ou qualifiée. Cette modeste inflexion vers plus de supranationalité est contrebalancée par le renforcement du rôle du Conseil européen seul décideur en ce qui concerne l'économie et la politique extérieure. Plus novatrice est la notion de subsidiarité introduite par le traité pour cerner les domaines d'interventions de l'Europe et des États : « La Communauté ne peut agir dans des domaines qui ne relèvent pas de sa compétence que si et dans la mesure où les objectifs de l'action envisagée ne peuvent être réalisés de façon suffisante par les États membres. »

Le troisième pilier, le plus mince prévoit un renforcement des instances européennes dans le domaine des relations extérieures et de la défense (dans le cadre de l'UEO et de l'OTAN).

Le dernier pilier porte sur la citoyenneté européenne qui donne à tout ressortissant communautaire le droit de vote et d'éligibilité dans les élections locales et européennes dans son pays de résidence.

Placée sous le contrôle des marchés financiers internationaux, l'Europe monétaire apparaît comme la nouvelle clef de voûte de la construction européenne. On s'en aperçoit dès l'été 1992, lorsqu'une puissante vague spéculative contraint les monnaies faibles (livre, peseta, escudo, drachme...) de quitter le SME ; en 1993 le franc est attaqué mais le soutien de la Bundesbank et un élargissement des marges de fluctuation (± 15 %) montrent la détermination de Paris et de Bonn, paradoxalement ces crises ont la crédibilité du processus de Maastricht qui s'est poursuivi sans heurt sinon sans efforts.

Le troisième élargissement de l'UE (1er janvier 1995) confirme s'il en était besoin l'attractivité de l'Union européenne, nouveau nom de la CEE. Les traités d'adhésion sont rapidement négociés entre février 1993 et mars 1994 : les quatre candidats (Autriche, Finlande, Suède et Norvège) ont un niveau de développement comparable à celui des Douze. La protection de l'agriculture nordique très largement subventionnée, la pêche dans les eaux norvégiennes ont été les principaux points débattus, mais les petites « obsessions nationales » ont été presque aussi difficiles à satisfaire : les Autrichiens voulaient limiter le trafic routier transalpin ; les Scandinaves, antialcooliques, tenaient à préserver leur législation quant à la Suède elle exigeait de pouvoir continuer à mâcher le *snus*, une sorte de tabac à chiquer que l'UE juge cancérigène et interdit. Une période de transition de un à cinq ans suivant les pays et les secteurs a donc été prévue.

► **En dix ans la construction européenne a enregistré des progrès considérables.** Pour les politiques, la surprise est venue des réactions négatives ou indifférentes de la majorité des citoyens européens appelés à se prononcer par référendum ou par sondage. Alors que la France était à l'origine du traité de Maastricht, le peuple français le ratifie d'extrême justesse après une campagne difficile durant laquelle droite et gauche éclatent. Il en est de même ailleurs, si la Finlande et l'Autriche adhèrent avec enthousiasme à l'Union et à Maastricht qui apparaissent, à ce moment, comme une garantie contre un retour de la menace soviétique, les pays scandinaves sont pour le moins réticents : les Suédois ratifient l'adhésion mais à l'instar des

Danois et des Britanniques refusent de s'engager dans l'UEM. Pour la seconde fois le peuple norvégien refuse l'adhésion en 1994 restant en marge de l'Union européenne au côté de la Suisse, du Liechtenstein et de l'Islande, se contentant des accords de coopération et de libre-échange conclus à partir de 1973 entre l'AELE et la Communauté. Bien qu'ils soient enclavés dans l'espace communautaire, ou au moins dépendant de la politique économique de l'Union avec laquelle ils réalisent plus des trois quarts de leur commerce extérieur sans pouvoir faire entendre leur point de vue, ces pays n'ont donc pas trouvé indispensable d'adhérer. En 1960, les Britanniques avaient conçu l'AELE comme un anti-marché commun, après 1973 l'Association s'était transformée en une sorte d'antichambre de l'adhésion, elle fait aujourd'hui figure d'archipel particulièrement prospère au large d'une Europe.

Dans les autres pays des sondages montrent que l'indifférence et la méfiance à l'égard de l'Union sont largement répandues et probablement majoritaires, c'est un grave désaveu pour les différents gouvernements présents et passés. La plupart des observateurs et des acteurs évitent de parler de nationalisme ou même de renouveau du sentiment national, on observe cependant la montée en puissance d'une majorité hétéroclite composée d'« eurosceptiques » proches des positions de Mrs Thatcher, de « souverainistes » de droite comme de gauche, de partisans d'une « pause » dans la construction européenne et de défenseurs d'une « autre politique » qui réclament au nom de la défense de l'emploi, la fin des politiques de rigueur imposées par le Pacte de stabilité économique. De manière plus radicale, les partis prônant un repli national gagnent du terrain notamment dans les « petits pays » comme l'Autriche (FPÖ), la Belgique (Vlamsblok) ou le Danemark. Dans tous les pays, les partisans d'une Europe intégrée, libérale et ouverte sur le monde sont sur la défensive. À partir de 1998, les crises concernant la sécurité alimentaire et l'environnement en général (crise de la vache folle, crise de la fièvre aphteuse, affaire de l'Erika, problème des OGM, insuffisance de la directive Seveso après la catastrophe de Toulouse...) de même que la découverte d'abus financiers jusque dans l'entourage de la Commission aggravent la méfiance. L'opacité du fonctionnement des institutions, tolérable dans le contexte de la guerre froide et tant que la construction européenne n'impliquait pas vraiment la vie quotidienne des Européens, est devenue anachronique.

2. L'Europe de Brest à Brest-Litovsk : un nouveau grand ?

► **L'effondrement des régimes communistes suit de près la disparition du Mur de Berlin.** La perestroïka ébranle les régimes communistes d'Europe centrale tous plus rigides sur le plan idéologique que celui de Moscou ; la disparition de la RDA, bastion avancé et vitrine du socialisme réel enhardit les populations qui dans la plupart des cas adoptent la même stratégie non violente.

En Bulgarie, Todor Jivkov secrétaire général du PCB depuis 1954 est renversé dès le lendemain 10 novembre ; son successeur, Petar Mladenov, promet des élections pluralistes en mai 1990 (devenu Parti socialiste, l'ex-PCB avec l'aide de ces satellites reste cependant prépondérant).

La « révolution de velours » tchécoslovaque, commence par des manifestations pacifiques du 17 au 19 novembre 1989 à Prague. La démission du bureau politique le 24 puis celle du président de la République Gustav Husak, permettent l'élection à la présidence de Vaclav Havel écrivain mondialement connu et ancien dissident.

La révolution roumaine (22-25 décembre 1989) donne lieu à une série de manipulation de l'information dont les médias occidentaux se rendent complices (pseudo-massacre de Timisoara, procès sommaire et exécution de Nicolae Ceaucescu et de son épouse). Le pouvoir est accaparé par un Conseil du Front de salut national (CFSN) dirigé par un ancien responsable communiste Ion Illescu : le 29 janvier 1990 une manifestation des partis politiques hostiles au CFSN, est dispersée par une contre-manifestation de mineurs amenés en train à Bucarest...

Il ne subsiste plus de l'expérience des démocraties populaires qu'un bilan économique et social catastrophique ainsi que des séquelles politiques plus ou moins lourdes : flambées nationalistes en Roumanie et surtout en Yougoslavie et en Tchécoslovaquie où l'unité fédérale se disloque ; suspicion générale à l'égard de tous ceux qui ont pu collaborer avec les régimes en place ; survie de partis politiques issus des anciens PC. Un autre défi attend désormais ces pays : l'intégration dans les relations économiques européennes et mondiales. Depuis 1990 en effet, les pays d'Europe centrale et orientale sont confrontés au problème de la transition vers le capitalisme et à l'installation de la démocratie. La révolution libérale avait suscité de tels espoirs que la déception était inévitable : les difficultés rencontrées par la RFA pour intégrer la RDA après la réunification d'octobre 1990 témoignent du retard accumulé en moins d'un demi-siècle. Le capitalisme, loin de signifier l'abondance ou du moins le mieux-être pour l'ensemble de la population, s'est traduit une corruption plus ou moins générale, par la résurgence des conflits de nationalités (Yougoslavie, Tchécoslovaquie, Moldavie...) et par le retour sur le devant de la scène des anciens communistes. En 1995, la défaite écrasante de Lech Walesa face à M. Krasnewski est ainsi plus qu'un symbole.

► **Enjeu principal de la guerre froide, l'Europe est la première affectée par l'effondrement du bloc socialiste.** Jusqu'en 1989, les relations entre les deux Européens sont restées très distantes : la CEE et le CAEM se sont mutuellement et consciencieusement ignorés. Il s'agit certes d'un héritage du « partage » de Yalta, du refus du plan Marshall par Staline mais plus encore de la volonté politique d'Adenauer d'ancrer la RFA à l'Ouest à travers l'OTAN et la CEE, pendant plus de trente ans les partenaires de l'Allemagne ont subordonné une véritable ouverture vers l'Est à la résolution de la question allemande (sans pour autant envisager une réunification). Les choses commencent à changer avec *l'Ostpolitik* dans les années soixante-dix, puis la Perestroïka une décennie plus tard : un accord de reconnaissance mutuelle est alors signé en 1988 entre le CAEM et la CEE. Seule la Hongrie a le temps d'en profiter avant la dissolution du CAEM le 28 juin 1991.

L'ouverture des frontières en 1989 permet de découvrir l'étendue des désastres économiques, sociaux, écologiques que la façade du CAEM dissimulait plus ou moins. Les nouveaux dirigeants d'Europe centrale perçoivent immédiatement l'adhésion à l'Union européenne, et avec elle l'accès aux financements communautaires, comme la solution aux difficultés engendrées par la transition vers le capitalisme. Instruits par la très difficile et très coûteuse intégration des *Länder* de l'Est, les membres de la Communauté sont moins enthousiastes. Plus vite que pour la Russie, on comprend que la transition est en réalité une reconstruction d'ensemble des structures et des comportements économiques, sociaux, juridiques... des pays candidats. Au risque de décevoir des populations avides de bien-être, la Communauté impose une démarche progressive en trois étapes qui n'est pas sans rappeler celle imposée par le Plan Marshall ; au terme de ce processus, les Quinze décideront en dernier ressort et à l'unanimité d'accepter la candidature puis l'adhésion.

La première étape met en place des mesures de soutien et d'accompagnement de la transition dans chaque pays. Le pivot du dispositif d'intégration est la signature par chaque candidat d'un accord d'association dit « accord européen » dont le cadre a été défini en 1993 (sommet de Copenhague).

L'accord européen a pour objectif de préparer l'adhésion future à l'Union européenne de l'État associé. Il se fonde sur le respect des principes des droits de l'homme, de la démocratie, de l'État de droit et de l'économie de marché. Il comporte un volet politique, prévoyant des consultations bilatérales et multilatérales sur toute question d'intérêt commun au travers de conférences annuelles. Sur le plan économique et commercial, on prépare l'instauration d'une zone de libre-échange protégeant les deux parties des risques nés d'une ouverture trop rapide (invasion des marchés de l'Est par des produits et des capitaux occidentaux ; concurrence insupportable pour l'Ouest de produits industriels et agricoles à bas prix). Sur un plan plus structurel et qualitatif, l'accord prévoit une coopération culturelle et technique dans tous les domaines de la recherche scientifique (intégration aux programmes Eurêka par exemple) jusqu'à la mise en place de marché financier et d'une législation des affaires impliquant la formation de cadres pour les entreprises comme pour les administrations. Conclu pour une durée illimitée, l'accord européen subordonne ainsi l'ouverture des négociations d'adhésion à une mise à niveau préalable, les Quinze refusent aussi le principe d'une adhésion en bloc.

Après avoir hésité pendant plus de cinq ans, l'Union européenne a décidé en 1998 de passer à la seconde étape en ouvrant les négociations d'adhésion avec chacun des PECO ainsi que Malte et Chypre (mais pas avec la Turquie également candidate). Aux règles définies en 1969, s'ajoute l'acceptation de l'UEM. La signature des traités d'adhésion est subordonnée à la mise en place préalable de la réforme institutionnelle qui a pris beaucoup de retard. Dans un premier temps une partie seulement des candidats pourraient adhérer dès 2004 avant les élections européennes (Pologne, Hongrie, Slovénie et République tchèque sans doute). Commencera alors la phase d'intégration constituant la troisième et dernière étape. Le précédent méditerranéen laisse penser que le processus d'élargissement pourrait s'achever entre 2020 et 2030 lorsque les écarts de développement et de niveaux de vie seront résorbés.

Le financement de ses mesures est assuré pour une part par la Banque européenne pour la reconstruction et le développement (Berd) installée à Londres et dans laquelle les autres pays de la Triade et quelques pays émergents sont également partie prenante. L'essentiel passe toutefois par le programme PHARE disposant d'un budget de 7 milliards d'euros pour la période 1995-1999, porté à 10 milliards pour 2000-2006 ce qui est voisin du budget des accords de Lomé avec les pays en développement. Le parallèle n'est pas neutre car pour beaucoup de pays, l'Allemagne en tête, l'Union n'a pas les moyens de mener de front les deux politiques. La construction de l'Europe de Brest à Brest-Litovsk, ville située à la frontière de la Pologne et de la Belarus, induit une redéfinition des rapports entre l'Union européenne et le reste du monde.

► **À l'égard du Tiers Monde la CEE a fait preuve d'une grande continuité dans son action.** La France, la Belgique, l'Italie puis la Grande-Bretagne, l'Espagne et le Portugal ont cherché à préserver leur passé colonial à travers la politique de coopération prévue dans le traité de Rome. L'ouverture d'un Fond européen de développement en 1958 en est la première manifestation. Certains pays méditerranéens bénéficient d'un traité d'association qui leur donne un accès privilégié au Marché commun dès le début des années soixante, c'est le cas de la Turquie, des pays du Maghreb et de plusieurs pays du Proche-Orient dont Israël et l'Égypte. Au lendemain des indépendances de Gaulle obtient des partenaires européens la signature des accords de Yaoundé (1963 et 1969) avec les pays de l'Afrique francophone et la Somalie. L'adhésion britannique qui intervient au moment du premier choc pétrolier et de la revendication tiers-mondiste d'un NOEI, amène la CEE à mettre en place le système de Lomé (1975-2000) puis le système de Cotonou (2000-2020).

Cinq conventions de Lomé ont été conclues entre 1975 et 2000 par l'Europe et un ensemble de 46 puis 59 pays d'Afrique, des Caraïbes et du Pacifique (ACP). Elles avaient pour objectif de planifier sur cinq ans la coopération et les partenariats commerciaux entre les deux ensemble. Les deux premières conventions mettent l'accent sur des mécanismes de stabilisation des prix d'un certain nombre de produits agricoles (Stabex en 1975) et miniers (Sysmin en 1980) la finalité étant de garantir un revenu minimum aux pays du Tiers Monde exportant vers la CEE des produits aux cours particulièrement instables. À partir de 1985, afin de rééquilibrer les productions vivrières et les productions de rente, Lomé III met l'accent sur l'autosuffisance alimentaire, le développement humain et des progrès en matière de démocratie. Les conventions de Lomé IV et IV *bis* (1990-2000) amplifient cette tendance et mettent l'accent sur le « développement durable » c'est-à-dire auto-entretenu.

La CEE qui faisait jusque-là figure d'espace fermé au Tiers Monde, est la première à accepter le principe d'un Nouvel ordre économique international et adopte généralement des positions favorables aux pays du Sud dans les instances économiques et monétaires dominées par le Nord. Malgré les ambiguïtés du dialogue Nord-Sud c'est une évolution riche de potentialités. Cette lecture doit cependant être nuancée : tout en coopérant avec les pays en développement, la Communauté protège certains secteurs fragiles par des accords d'autolimitation ou plus simplement par des contingentements en ce qui concerne le textile (exclu des accords du GATT). La politique européenne d'aide au développement évolue en profondeur durant les années quatre-vingt-dix. La mondialisation a placé le système de Lomé en porte-à-faux avec la logique libérale résumée par la formule « Trade not Aid » (le commerce plutôt que l'assistance), ainsi les mécanismes Stabex et Sysmin se sont-ils trouvés en contradiction avec les accords de Marrakech (1994) qui prévoyent un accès égal pour tous aux différents marchés.

La Convention de Cotonou, conclue pour vingt ans en février 2000 se propose de réorienter la coopération en l'Union et les pays ACP. L'accord repose sur cinq piliers interdépendants. Il s'agit d'abord d'un « dialogue politique » élargi portant sur la résolution des conflits, la lutte contre les trafics illicites, la corruption et l'immigration clandestine, des sanctions ont été prévues en cas de graves transgressions. Les deux piliers suivants concernent la lutte contre la pauvreté au niveau des États et par l'intermédiaire de la société civile (ONG, Églises, syndicats et autres pouvoirs locaux). Le quatrième pilier se donne pour but d'aider les pays ACP à s'intégrer dans les échanges mondialisés tout en préparant le démantèlement des préférences commerciales accordées aux ACP et désormais condamnées par les accords de 1994. Enfin, en 2008, sera mis en place un système de partenariats économiques entre l'Union européenne et les organisations régionales créées ou réactivées au sein des ACP. Malgré un budget de 13 milliards d'euros sur sept ans (2001-2007), la nouvelle convention est beaucoup moins favorable que celle de Lomé : on comprend la déception et l'amertume des 71 pays du Sud qui l'ont souscrite faute de mieux. L'Union européenne outre la conditionnalité accrue de l'aide, limite ses dépenses en ne finançant plus les déficits de Stabex et Sysmin.

Même s'il faut conserver le sens de la mesure et des nuances, ce désengagement des problèmes du Tiers Monde semble bien refléter le recentrage de la politique européenne sur les problèmes continentaux et les relations au sein de la Triade.

► **Née pour palier les effets conjoints de la guerre froide et de la décolonisation, la CEE n'a jamais eu pour vocation d'agir en tant que telle sur la scène internationale.** L'Europe devenue un géant économique (près de 50 % du commerce mondial des biens et services) est restée un nain politique. La présence internationale de la Communauté s'exerce surtout dans les arènes à vocation économique comme le GATT/OMC, le FMI et les réunions du G8. Bien que les négociateurs européens agissent au nom de la Communauté, les Quinze sont loin de présenter un front uni en raison de leurs divergences d'intérêt.

Ce n'est qu'à partir de 1974, dans le cadre de la Coopération politique européenne (CPE), que des actions communes sont envisagées sans grand effet. En marge de l'Acte unique, F. Mitterrand et H. Kohl s'efforcent de relancer la coopération politique et militaire avec la création de l'*Eurocorps,* embryon d'une armée commune ouverte à des contingents espagnols, belges et italiens, les Britanniques se tenant une fois de plus à l'écart. Les missions de l'*Eurocorps* demeurent floues et son efficacité incertaine comme l'ont montré les opérations de maintien de la paix dans les Balkans. La professionnalisation des armées européenne constitue un atout pour une meilleure intégration technique mais la réussite du projet dépend fondamentalement de la définition d'une stratégie donc d'une politique extérieure commune. Celle-ci reste introuvable. L'Europe ne parvient pas à faire prévaloir ses solutions dans les conflits majeurs (conflits israélo-arabes, conflits libanais et balkaniques, guerre du Golfe, lutte contre le terrorisme). Lorsque les Européens ont agi, c'est soit en tant que membres de l'ONU ou de l'OTAN, soit sur sur une base nationale (interventions françaises en Afrique, guerre des Malouines pour la Grande-Bretagne). Le traité de

Maastricht a imposé le sigle PESC (Politique extérieure et de sécurité commune), par la suite les chefs d'État et de gouvernement ont nommé un « Monsieur PESC » (Javier Solana précédemment secrétaire général de l'OTAN). Les résultats sont minces, mais comment l'Europe, incertaine quant à ses structures et à son avenir, pourrait-elle avoir une vision claire et commune de sa place dans un monde instable et compliqué ?

► **La résolution de ces difficultés passe par une réforme en profondeur du fonctionnement de la Communauté.** La réforme des institutions communautaires est en chantier depuis le milieu des années quatre-vingt-dix. En 1997, la Commission a présenté un document intitulé « Agenda 2000 » faisant le point des problèmes en suspens : réforme du fonctionnement interne de l'Union européenne, réforme de la politique agricole commune, réforme du système de cohésion économique et sociale notamment la politique régionale, réforme du cadre financier pour tenir compte de l'élargissement et des cas de plus en plus fréquents de fraude. Afin de clarifier tous ces problèmes le Conseil européen lance en avril 1996 la sixième Conférence intergouvernementale (CIG). Elle débouche en 1997 sur l'adoption du traité d'Amsterdam dont la relative vacuité témoigne des problèmes soulevés, puis du traité de Nice en juin 2001 qui reste lui aussi très en deçà des attentes.

Le traité d'Amsterdam (16-17 juin 1997) prévoit de modifier la clé de représentation des petits et des grands pays dans les instances de décisions et pour former la majorité qualifiée. On décide que lorsqu'un petit pays préside l'Union et la représente dans les grandes négociations internationales (on pense surtout à l'OMC) il sera assisté par la Commission et des représentants des grands pays. Enfin le plafond des dépenses communautaires est porté à 1,4 % du PIB. le traité d'Amsterdam a été vécu comme un échec nécessitant une nouvelle CIG à partir de l'été 2000 en vue du sommet de Nice en décembre.

Le traité de Nice (12 décembre 2000) intègre la Charte européenne des droits fondamentaux énumérant les droits et libertés que tout pays membre doit garantir à ses habitants sans distinction. En raison de l'opposition britannique et du manque d'enthousiasme de plusieurs autres pays, la Charte se borne à mettre en forme des droits acquis depuis longtemps sans avancée significative dans le domaine social. Dans le domaine institutionnel on fixe la représentation future membres de l'Union élargie : on décide de conserver un Commissaire par pays membre (jusqu'à 27) ; malgré son poids démographique l'Allemagne conserve la même pondération que la France, l'Italie et la Grande-Bretagne dans les votes à la majorité qualifiée mais pour être acquise une décision devra en outre avoir été votée par une ensemble d'états représentant au moins 62 % de la population communautaire, l'Allemagne obtient un plus grand nombre de députés européens.

Le traité de Nice, froidement accueilli en raison de la complexité apparente de la comptabilisation des votes et de l'absence de progrès dans les autres domaines ne met pas un terme à la réforme institutionnelle. Il reflète en revanche les contradictions que rencontrera une Europe élargie à 27 ou 29 pays, parlant 25 langues officielles (sans oublier les langues régionales) : il faut à la fois assurer la cohésion et le fonctionnement de l'ensemble (d'où le vote à la majorité), permettre aux différents sentiments nationaux de s'exprimer et de se faire entendre sur des points pour eux essentiels et enfin de tenir compte du poids économique et démographique très différent (le rapport est de 194 entre le Luxembourg et l'Allemagne, il est seulement de 67 aux États-Unis entre la Californie et le Wyoming). La réforme institutionnelle renvoie donc aux divisions territoriales et à la question des nationalités, le cadre n'est plus celui des empires multinationaux du XIXe siècle mais celui d'une union volontaire explicitement fondée sur les valeurs démocratiques et libérales énumérées dans la Charte des droits fondamentaux.

Au sein de la Communauté la solution aux trois questions de principes ne semble plus pouvoir être éludée très longtemps. L'Europe à « plusieurs vitesses » est d'ores et déjà une réalité, le risque est qu'elle devienne une « Europe à la carte ». Cinquante années de débat montre que la confrontation manichéenne entre « fédéralistes » et « souverainistes » ne permet pas de sortir de l'impasse. L'innovation institutionnelle indispensable n'est pas la plus facile.

La méthode suivie jusqu'ici, qui consiste à étayer le Marché commun par des politiques spécifiques, disjointes, mises en place au gré des circonstances ne permet pas davantage de répondre aux interrogations des peuples. À quoi sert l'Europe ? Le prix à payer pour les services qu'elle rend n'est-il pas en définitive trop élevé ?

L'élargissement aux pays d'Europe centrale n'étant plus qu'une question d'années, la question cruciale n'est plus « Avec qui faire l'Europe ? » mais « Qu'est-ce que l'Europe ? », elle commande toutes les autres.

Approfondir

LECTURES

Comme c'est souvent le cas en matière « d'histoire immédiate », beaucoup de choses ont été publiées sur la Russie et la transition, la qualité n'est pas toujours au rendez-vous. Nous avons privilégié des ouvrages d'orientation comportant d'abondantes bibliographies notamment quelques sites Internet fiables.

- Pour une approche synthétique, M. A. Prigent, M. Naigeon, *L'Europe de l'Est depuis 1945,* Paris, PUF, coll. « Major », 1997. Les auteurs sont deux spécialistes de la région et le contenu de l'ouvrage sans rapport avec la référence au bac sur la couverture.
- J.-F. Soulet, *La mort de Lénine, l'implosion des systèmes communistes,* Paris, A. Colin, 1991. L'ouvrage prend en compte l'ensemble des pays communistes, Chine comprise et analyse leurs évolutions individuelles depuis les années cinquante.
- A. Berelowitch et J. Radvanyi, *Les 100 portes de la Russie, de l'URSS à la CEI, les convulsions d'un géant,* Paris, Éditions de l'Atelier, 1999.
- J.-Y. Potel, *Les 100 portes de l'Europe centrale et orientale,* Paris, Éditions de l'Atelier, 1998. Ces deux ouvrages portent plus particulièrement sur la transition.
- O. Roy, *La nouvelle Asie centrale, ou la fabrication des nations,* Paris, Seuil, 1997. Les quatre derniers chapitres sont centrés sur la période actuelle, mais l'ensemble de l'ouvrage permet de mesurer la complexité de cette zone de contact.
- L'Union européenne a suscité beaucoup d'ouvrages de circonstance sur le passage à l'euro, assez peu de synthèses. J.-F. Drevet, *La nouvelle identité européenne,* Paris, PUF, coll. « Major », 1998. La seconde partie pose les problématiques essentielles.

THÈMES DE RÉFLEXION

- Le retour des nationalismes en Europe orientale depuis le début des années quatre-vingt.
- France et Allemagne dans la construction de l'Union européenne avant et après la réunification.
- L'Union européenne et les États-Unis depuis 1945 entre partenariat et confrontation.
- La Russie et la Chine face au capitalisme depuis la fin des années soixante-dix.